Gutes Deutsch

Gutes Deutsch

Sicher und fehlerfrei in Wort und Schrift

Reader's Digest
Deutschland · Schweiz · Österreich

wissenmedia in der inmediaONE] GmbH
Chefredaktion: Dr. Sabine Krome
Projektleitung: Bernhard Roll
Text: Bernhard Roll, Dr. Anja Steinhauer
Redaktion: Andrea Hensler, omnibooks
Bildredaktion: Ursula Franz, Anka Hartenstein
Satz und Layout: Roman Bold & Black, Köln

Reader's Digest
Projektleitung: Joachim Zeller
Grafik: Peter Waitschies

Chefredakteurin Ressort Buch: Dr. Renate Mangold
Art Director: Susanne Hauser

Produktion
arvato print management: Thomas Kurz

Druck und Binden
Neografia, Slovakia

Genehmigte Sonderausgabe für Reader's Digest – Deutschland, Schweiz, Österreich

GR 1803/L

Printed in Slovakia

ISBN 978-3-95619-009-4

Besuchen Sie uns im Internet
www.readersdigest.de | www.readersdigest.ch | www.readersdigest.at

Vorwort

Wer sich richtig ausdrücken kann und sprachlich gewandt ist, fühlt sich sowohl im Beruf als auch im Privatleben viel sicherer. Dieses umfassende Nachschlagewerk bietet Ihnen alles, was Sie für eine gute Sprachbeherrschung brauchen. Denn die deutsche Sprache hält etliche Fallstricke und Stolpersteine bereit: Heißt es beispielsweise *downgeloadet* oder *gedownloadet*? Hat man *Recht* oder *recht*? Ist die Worttrennung *am meis-ten* richtig oder trennt man *am mei-sten*? Kann man sich die *schnellstmöglichste* Verbindung geben lassen?

Hier hilft Ihnen dieses grundlegende Werk entscheidend weiter: In mehr als 2000 alphabetisch sortierten Einträgen werden die Zweifelsfälle der deutschen Sprache zuverlässig geklärt – gleichgültig ob es um Grammatik, Rechtschreibung, Zeichensetzung oder Stilistik geht. Die Auswahl der Einträge spiegelt die aktuellen Anfragen von Wörterbuch- und Internet-Nutzern wider, empirisch abgesichert durch den Abgleich mit einer umfassenden digitalen Dokumentation der deutschen Gegenwartssprache.

Dieser Band verzeichnet alle gültigen Schreibungen der deutschen Orthografie und verhilft zu fehlerfreiem Schreiben auf der Basis der aktuellen amtlichen Rechtschreibregeln. Auch die sprachlichen Besonderheiten in der Schweiz und Österreich sind berücksichtigt. Zahlreiche lebensnahe Textbeispiele veranschaulichen die Regeln und Sonderfälle unserer Sprache, längere Artikel verhelfen zu einem tieferen Verständnis von Grammatik und Rechtschreibung.

In das A-bis-Z-Verzeichnis integriert sind zahlreiche, oft illustrierte Infokästen, die zu besonders interessanten Wörtern und Ausdrücken Erklärungen und Hintergrundinformationen geben: Oder wussten Sie, woher der Begriff *Abtritt* kommt? Dass das Wort *anzetteln* rein gar nichts mit einem Stück Papier zu tun hat? Und schließlich: Warum sollte man jemanden, der aus Weimar stammt, nicht *Weimaraner* nennen?

So ist dieses Werk nicht nur ein zuverlässiger Ratgeber in allen Fragen zum korrekten und stilsicheren Sprachgebrauch, sondern auch ein Buch, in dem der sprachlich Interessierte gerne stöbert und auf diese Weise erstaunliche Entdeckungen machen kann.

Die Redaktion
Mai 2014

Inhalt

Sonderthemen

Hinweise zur Benutzung

Welche Elemente gibt es im Buch?

Der Band „Gutes Deutsch“ bietet in 2000 Stichwortartikeln und auf über 120 Sonderseiten Lösungen für typische Zweifelsfälle der deutschen Sprache. Das Buch enthält drei Grundbausteine, die ein schnelles Auffinden der konkreten Antwort auf den individuellen Zweifelsfall ermöglichen: das A-bis-Z-Verzeichnis, die Sonderseiten mit Überblicksthemen und die Infokästen.

A-bis-Z-Wörterverzeichnis • Die meisten Zweifelsfälle lassen sich anhand der Wörter identifizieren: Steht *wegen* mit dem Genitiv oder Dativ? Wann kommt ein Komma vor *und*, wann nicht? Hier findet man unter den Stichwörtern *wegen* bzw. *und* die Lösungen für das Sprachproblem.

Sonderseiten mit Überblicksthemen • In den Stichwortartikeln werden die jeweiligen Regeln erklärt, die den konkreten Fall betreffen. Es gibt jedoch zahlreiche Themen, über die man sich im Zusammenhang informieren möchte: Typische Schwerpunkte sind zum Beispiel Zeichensetzung oder die Getrennt- und Zusammenschreibung, aber auch Fragen dazu, wie man den Konjunktiv korrekt einsetzt, wie man richtig zitiert oder einen Geschäftsbrief schreibt. Einen Überblick über die Sonderseiten gibt das Inhaltsverzeichnis. Aber auch im A-bis-Z-Verzeichnis wird auf die passenden Sonderseiten verwiesen.

Infokästen • Was ist eine *Nagelprobe*, gab es wirklich *Tretmühlen?* Warum schreibt man *belämmert* jetzt mit *ä* und nicht mehr mit *e?* Wörter und Wendungen haben oft verblüffende Hintergrundgeschichten, die manchmal weit in die Vergangenheit zurückreichen. Die Infokästen bereichern das Wissen um die deutsche Sprache, sie schaffen ein besseres Verständnis für Zusammenhänge in Grammatik und Rechtschreibung und tragen zu einer größeren sprachlichen Sicherheit bei.

Wie sind die Stichwortartikel aufgebaut?

Die Hauptstichwörter sind durch eine rote Überschrift hervorgehoben. Gibt es zu einem Stichwort mehrere Zweifelsfälle, sind diese durch Unterüberschriften mit rotem Mitte-Punkt voneinander abgegrenzt.

Hinweise im Stichwortartikel • Innerhalb der Stichwortartikel finden sich oft in Großbuchstaben gesetzte Hinweise:

Sprach- und Schreibtipps: Beispielsweise ist neben der Schreibung *Panther* auch die Schreibung *Panter* erlaubt. Im allgemeinen Schreibgebrauch wird aber der Variante *Panther* der Vorzug gegeben. Überall dort, wo es klare Vorlieben im Schreibgebrauch gibt, oder bei anderen Empfehlungen findet man den Hinweis TIPP.

Hilfreiche Faustregeln: Lassen sich zu Sprachphänomenen kurze und eingängige Regeln formulieren, steht der Hinweis REGEL.

Vorsicht Falle: Bei manchen Wörtern schleichen sich schnell Fehler ein. So ist die immer noch beliebte Schreibung *wieviel* (anstelle von *wie viel*) nicht mehr korrekt. Fälle wie diese sind durch ACHTUNG gekennzeichnet.

Regionale Sprachunterschiede: Das Deutsche hat rund 100 Millionen Sprecher. So ist es wenig verwunderlich, dass es regionale Unterschiede im Gebrauch gibt. Auf diese wird mit DEUTSCHLAND, ÖSTERREICH bzw. SCHWEIZ hingewiesen.

Beispielwörter und Zitate • Wortbeispiele sind *kursiv* gesetzt. Zitate sind eindeutig durch Anführungszeichen und Herkunftsangaben gekennzeichnet. In aller Regel wird bei Zitaten die originale Schreibung beibehalten. Sie können beispielsweise in alter Rechtschreibung stehen.

Wie sind die Stichwörter angeordnet?

Es gelten die gleichen Regeln wie bei einem Lexikon. Im Einzelnen sind nur wenige Grundregeln zu beachten: 1. Getrennt geschriebene Ausdrücke wie *zu Stande* werden alphabetisch immer wie **ein** Wort behandelt. 2. Bei den meisten Fällen der Getrennt- und Zusammenschreibung sollte man unter dem ersten Wort nachschlagen: Fälle wie *zusammenkommen/zusammen kommen* finden sich unter dem Stichwort *zusammen*. 3. Die Umlaute *ä, ö, ü* werden in der alphabetischen Reihenfolge wie *a, o, u* behandelt. 4. Infokästen befinden sich immer auf derselben Doppelseite wie das Stichwort, auf das sie sich beziehen.

Welche typischen Zweifelsfälle gibt es und wie findet man sie?

Im Folgenden sind einige typische Zweifelsfälle aufgeführt, an denen das zielsichere Nachschlagen beispielhaft illustriert werden soll.

Rechtschreibung • Bei Fragen zur Groß- und Kleinschreibung, z. B. der Schreibung von *blau* in der Wendung *ins Blaue,* findet man die Antwort unter dem Stichwort *blau.* Bei Fragen zur Getrennt- und Zusammenschreibung, etwa in Fällen wie *Schlange stehen* oder *bunt gefärbt/buntgefärbt,* schlägt man unter dem ersten Stichwort der Verbindung nach: also unter *Schlange* bzw. *bunt.*

Wort und Grammatik • Viele grammatische Fragen zu Wörtern betreffen deren Beugung: Heißt es *der Friede* oder *der Frieden?* Wie lautet der Plural von *Kaktus?* Heißt es *sie wandte* oder *sie wendete ihm den Kopf zu?* Antworten findet man unter den Stichwörtern *Frieden* bzw. *Kaktus.* Auch Fragen zum grammatischen Geschlecht von Wörtern findet man unter dem jeweiligen Stichwort. Bei Verben ist wichtig, dass man unter der Grundform nachschlägt – in diesem Fall also unter *wenden.*

Plural oder Singular? • Heißt es *Zwei Zentner reichen nicht aus* oder *Zwei Zentner reicht nicht aus?* Ist es korrekt, wenn man schreibt: *Du oder ich muss das jetzt sofort erledigen?* Wenn unklar ist, ob ein Verb in den Singular oder Plural gesetzt werden soll, liegt eine Frage zur Kongruenz (grammatischen Übereinstimmung) vor. Hier geben Sonderseiten zu Kongruenz Auskunft. Man kann aber auch unter Stichwörtern nachschlagen: *zwei Zentner Weizen sind/ist* findet man unter dem Stichwort *Zentner.*

Dativ, Genitiv oder Akkusativ? • Bei der Frage „Sagt man *wegen dem* oder *wegen des Wetters?*" findet man die Lösung unter dem Stichwort *wegen.* Bei der Frage „*Beißt der Hund* ***dem*** oder ***den*** *Mann ins Bein?*" schlägt man unter *beißen* nach. Denn hier ist es das Verb, das entweder den Dativ oder den Akkusativ verlangt.

Zeichensetzung • In der Zeichensetzung sind es vor allem Komma, Punkt, Apostroph oder Anführungszeichen, die beim Schreiben immer wieder für Probleme sorgen. In aller Regel stehen aber Konjunktionen im Mittelpunkt der Frage. Hier lohnt es sich, unter den entsprechenden Stichwörtern, also z. B. unter *sowie, und, oder, nachdem* usw. nachzuschlagen. Die wichtigsten Regeln sowie Hilfe bei typischen Fehlern finden sich auf den entsprechenden Sonderseiten. Bei weniger problematischen Satzzeichen wie Semikolon oder Doppelpunkt finden sich Artikel direkt im A-bis-Z-Verzeichnis.

Schreibvarianten • Schreibt man *potenziell* oder *potentiell?* Ist die Schreibung *Fotosynthese* oder *Photosynthese* sinnvoller? Bei Schreibvarianten gibt es im Schreibgebrauch oftmals Vorlieben für eine der möglichen Varianten: Es ist zwar nicht falsch, *Spagetti* ohne *h* zu schreiben. Im allgemeinen Schreibgebrauch wird aber fast ausschließlich *Spaghetti* bevorzugt. Die Redaktion hat diese Fälle mit einem großen digitalen Textkorpus abgeglichen und weist mit dem Element TIPP auf die Variante hin, die im Einklang mit dem Schreibgebrauch steht.

Worauf beruhen die Empfehlungen?

Alle Empfehlungen beruhen auf Häufigkeitsverteilungen in einer umfangreichen elektronischen Textdatenbank. Die Empfehlung für eine Schreibweise spiegelt stets den aktuellen Schreibgebrauch im Deutschen wider.

Welche Sonderzeichen oder Abkürzungen werden verwendet?

In diesem Werk wird bewusst auf Kürzel oder Sonderzeichen verzichtet. Fachwörter sind stets ausgeschrieben, ihre Bedeutung wird in eigenen Stichwortartikeln erläutert. Besondere Lautzeichen werden jeweils im Stichwortartikel erklärt.

Betonung • Bei Wörtern, in denen es auf die Betonung der Silben ankommt, wird die betonte Silbe mit einem Unterstrich unter dem Vokal gekennzeichnet. Dies gilt sowohl für kurz als auch für lang gesprochene Vokale: *die Scherben zusammentragen – eine Bank zusammen tragen.* Bei Wortbeispielen aus der Sprachgeschichte steht der Oberstrich für einen lang ausgesprochenen Vokal, z. B. mittelhochdeutsch *līp.*

A

à

Die im 16. Jahrhundert aus der französischen Kaufmannssprache übernommene Präposition *à* bedeutet „zu (je)". Meist wird mit ihr auf den Preis pro Stück *(zehn Briefmarken à 56 Cent)* oder auf die Stückzahl pro Verpackung *(zwanzig Kisten à 10 Flaschen)* verwiesen. Das auf *à* folgende Substantiv steht immer im Akkusativ: *zehn Briefmarken à einen Euro.*

ä oder e?

Unterscheidungsschreibung • Bei wenigen gleich ausgesprochenen Wörtern unterscheidet man in der Schreibung zwischen *e* und *ä,* um die unterschiedlichen Bedeutungen hervorzuheben:
Äsche (Fisch) – *Esche* (Baum)
Färse (Kuh) – *Ferse* (Körperteil)
Lärche (Baum) – *Lerche* (Vogel)

Neue Rechtschreibung • Für einige Wörter, wie *Stängel* oder *Gämse,* die früher mit *e* geschrieben wurden, ist seit der Rechtschreibreform die Schreibung mit *ä* verpflichtend, da bei verwandten Wörtern der Wortstamm mit *a* geschrieben wird. Dies gilt für: *Bändel* (wegen *Band*); *behände* (wegen *Hand*); *belämmert* (wegen *Lamm*); *Gämse* (wegen *Gams*); *Stängel* (wegen *Stange*); *Quäntchen* (wegen *Quantum*); *überschwänglich* (wegen *Überschwang*). In einigen Fällen sind zwei Schreibungen möglich: *aufwändig* (wegen *Aufwand*), aber auch: *aufwendig* (wegen *aufwenden*); *Schänke* (wegen *Ausschank*), aber auch: *Schenke* (wegen *ausschenken*).

→ auch: *äu oder eu?*

Von *aa* zu *ä* – Umlaute werden nie verdoppelt!
Bei einigen wenigen Wörtern kennzeichnet man die Länge von *a* durch den Doppelvokal *aa: Aal, Haar, Maat, Saal, Saat, Staat.* Umlautbuchstaben wie *ä, ö, ü* werden jedoch nie verdoppelt. Aus diesem Grund schreibt man Pluralbildungen oder Ableitungen, die mit *ä* gebildet werden, nur mit einfachem *ä: Haar* aber: *Härchen; Saal* aber: *Säle; Saat* aber: *säen.*

Wortfamilien mit *a* – von *Gemse* zu *Gämse*
Mit der Rechtschreibreform wurden zahlreiche Schreibungen von *e* zu *ä* geändert: *behende* zu *behände, Stengel* zu *Stängel, Gemse* zu *Gämse.* Änderungen wie diese berufen sich auf ein zentrales Grundelement der modernen Orthografie: das sogenannte morphologische Prinzip. Es bewirkt, dass sich Wörter einer Wortfamilie anhand ihrer äußeren Gestalt leicht identifizieren lassen: Liest man etwa die Wörter *Rad, Räder, Radstation,* lässt sich die Bedeutung leicht auf das *Fahrrad* beziehen. Würde man dem Klang entsprechend schreiben, stünde unter Umständen: *Rat, Reder, Ratstation* – der Bezug wäre weniger deutlich, die Lesegeschwindigkeit herabgesetzt. Das morphologische Prinzip erleichtert aber auch das richtige Schreiben, denn jeder kann sich die richtige Schreibung unter Bezug auf ein Grundwort leicht ableiten: das Wort *Stängel* von *Stange* oder *Gämse* von *Gams.* Bei dem Wörtchen *behende* liegt dieser Bezug allerdings weiter zurück: Ursprünglich handelte es sich um die Redewendung: *bi hende,* das bedeutete wörtlich „bei der Hand".

ab

Groß- und Kleinschreibung • Adverbien wie *ab* schreibt man grundsätzlich klein. Liegt eine Substantivierung z. B. durch einen Artikel wie *das* vor, schreibt man groß: ***Das Auf und Ab** der Aktienkurse macht die Anleger nervös. Die Liebe ist **ein** ständiges **Auf und Ab** der Gefühle.*
Getrennt- und Zusammenschreibung • Verbindungen mit *sein* schreibt man immer getrennt: *Der Bart wird bald ab sein.*
ab Frankfurt / ab Werk • Als Teil einer Ortsangabe vor geografischen Namen steht die Präposition *ab* meist ohne Artikel: *Wir fliegen ab Frankfurt. Ab Hannover wird der Zug leerer.* Auch in der Kaufmannssprache wird *ab* ohne Artikel gebraucht: *Das Fahrzeug kostet 14.990 Euro ab Werk.* Verwendet man *ab* mit Artikel, so steht immer der Dativ: *Ab diesem Bahnhof hält der Zug nicht bis Dresden.*
ab zweitem / zweiten Februar • Wird *ab* bei Zeit- oder Altersangaben verwendet, bestehen oft Unsicherheiten, ob diese im Dativ oder im Akkusativ stehen. Tatsächlich ist beides möglich. Man kann also schreiben: *ab zweitem Februar / ab zweiten Februar; ab nächstem Dienstag / ab nächsten Dienstag; ab Freitag, dem 1. Juni / ab Freitag, den 1. Juni. Der Zutritt ist für Kinder ab sechs Jahren / ab sechs Jahre gestattet.*
ACHTUNG: Stehen solche Angaben mit Artikel oder Pronomen, ist nur der Dativ möglich: *ab dem zweiten Februar, ab dem nächsten Dienstag, ab dem sechsten Lebensjahr.*
→ *von*

Abdruck – Abdrücke / Abdrucke

Der Plural von *Abdruck* wird je nach Bedeutung unterschiedlich gebildet. Ist ein Druckerzeugnis gemeint, wird der Plural ohne Umlaut gebildet: *An der Wand hängen zahlreiche Abdrucke von Paul Klee.*
Ist damit die Form gemeint, die ein Körper in einem weichen Material hinterlässt, bildet man den Plural mit Umlaut: *Die Abdrücke zahlreicher Hufe waren im Morast zu erkennen. Die fossilen Abdrücke sind sehr alt.*

Was hat die Unterscheidung von *Abdrucke* vs. *Abdrücke* mit Gutenberg zu tun?
Dass *Abdrücke* nicht das Gleiche sind wie *Abdrucke,* leuchtet schnell ein, denn das eine lässt sich auf das Wort *drücken* („Druck ausüben"), das andere auf *drucken* („mit beweglichen Lettern drucken") zurückführen. Eigentlich handelt es sich historisch um die Varianten ein und desselben Wortes.

Dass es zu einer Unterscheidung kam, verdanken wir den frühen Buchdruckern. Nach der Erfindung des Buchdrucks durch den Mainzer Johannes Gutenberg breitete sich die Buchdruckerkunst vor allem im Süden Deutschlands, im oberdeutschen Sprachraum, schnell aus. Wichtige Zentren waren die Handelsmetropolen Ulm, Augsburg oder Regensburg. Im oberdeutschen Dialekt (im Bairischen und Alemannischen) sprach man *drucken* statt *drücken.*

So setzte sich das Wort als allgemeiner Fachbegriff für den Druck mit beweglichen Lettern durch.

-abel

Adjektive, die auf *-abel* enden, wie etwa *reparabel*, verlieren das *e* in den gebeugten Formen und bei der Steigerung im Komparativ: *eine blama**ble** Geschichte, ein (in)diskuta**bles** Angebot, ein irrepara**bler** Schaden, eine renta**ble** Anlage, eine passa**ble** Lösung, praktika**ble** Methoden, eine varia**ble** Größe. Diese Vorstellung war noch viel misera**bler** als die letzte.*
Für den Superlativ gilt diese Regel nicht: *Das war deine misera**belste** Vorstellung. Eine Immobilie ist für Familien eine der renta**belsten** Anlagen.*

Abend / abend

heute Abend: Groß- und Kleinschreibung • Nach den Adverbien *vorgestern, gestern, heute, morgen, übermorgen* schreibt man *Abend* immer groß: *vorgestern Abend, gestern Abend, morgen Abend.*
Montag Abend / am Montagabend: Getrennt- und Zusammenschreibung • *Abend* in Verbindung mit Wochentagen schreibt man stets getrennt und groß, wenn kein Artikel davorsteht: *Wir treffen uns **Montag Abend**.*
ACHTUNG: Steht die Verbindung mit einem vorangestellten Artikel, einem Pronomen oder einem Adjektiv, dann muss zusammengeschrieben werden:
***Am Montagabend** veranstalten wir unseren Spieleabend. **Jeden Donnerstagabend** las er seinen Enkeln aus „Räuber Hotzenplotz" vor.*

Abends / abends

Substantive wie *Abend* können durch Anhängen des Suffixes *-s* zu Adverbien werden. Man schreibt sie klein: *abends – sie las **abends** gerne.* Steht *abends* jedoch mit Artikel, schreibt man groß: *Er arbeitet vorwiegend **des Abends**.*
Bei Zusammensetzungen mit *abends* kann getrennt oder zusammengeschrieben werden. Man schreibt dann in beiden Fällen klein: *dienstagabends – dienstags abends*. Steht vor der Verbindung ein Artikel, ein Pronomen oder ein Adjektiv, muss groß- und zusammengeschrieben werden: ***Eines schönen Freitagabends** kam unerwartet die Tante aus Amerika vorbei.*

Abenteuerin / Abenteurerin

Für die weibliche Form von *Abenteurer* gibt es zwei Pluralformen: *Abenteuerin* oder *Abenteurerin.*
TIPP: Im allgemeinen Schreibgebrauch dominiert die Form *Abenteurerin.*

aber

Groß- und Kleinschreibung • Wie andere Konjunktionen auch kann *aber* substantiviert werden, wenn das Wort mit Artikel oder Pronomen verwendet wird: *sein ständiges Aber, trotz ihres Aber(s), ohne Wenn und Aber. Es folgte ein klägliches Aber.*
Zeichensetzung • Wenn *aber* als entgegensetzende Konjunktion Wörter, Wortgruppen oder Sätze verbindet, muss ein Komma stehen:
Tobias wollte euch gern besuchen, aber er hat keinen Urlaub bekommen.
Sie hatte eine leise, aber durchdringende Stimme.
Dies gilt auch für kurze, formelhafte Wendungen: *klein, aber oho; klein, aber gemein; kurz, aber laut; hart, aber fair.*
ACHTUNG: Verbindet die Konjunktion *aber* zwei Sätze, muss sie nicht am Anfang des Satzes stehen, das Komma jedoch steht immer zu Beginn des angeschlossenen Satzes:
Paul hat angerufen, aber Christian meldet sich nicht. Paul hat angerufen, Christian meldet sich aber nicht. Paul hat angerufen, Christian aber meldet sich nicht.
aber weil / aber als • Folgt nach der Konjunktion *aber* eine weitere Konjunktion, an die der Nebensatz anschließt, so setzt man kein weiteres Komma: *Am Nachmittag sollte die Sitzung stattfinden, aber weil der Geschäftsführer verhindert war, musste sie ausfallen. Er war die schnellste Zeit gelaufen, aber als er am Ziel ankam, brach er fast zusammen.*
Aber: *Die Schüler grölten, verstummten aber, als sie den Direktor kommen sahen.*

abergläubisch / abergläubig

Es gibt nur sehr wenige Adjektive, die wie *abergläubisch/abergläubig* sowohl auf *-ig* als auch *-isch* gebildet werden könnten. Von den beiden früher üblichen Formen hat sich im aktuellen Sprachgebrauch die Form auf *-isch* klar durchgesetzt.

Abflugzeit / Abflug(s)ort

Bei Zusammensetzungen mit *Abflug-* wird in der Regel kein Fugen-s gesetzt: *Abflugzeit, Abflugschneise, Abflughafen.* Nur bei der Zusammensetzung *Abflugort* findet sich oft auch die Version mit Fugen-s: *Abflugsort.*

abfragen / abhören

Die Verben *abfragen* und *abhören* können mit zwei Akkusativobjekten stehen:
Er fragt/hört ***den*** *Schauspieler* ***den*** *Text ab.*
Er fragt/hört ***den*** *Schüler* ***die*** *Vokabeln ab.*
Wird nur eines der beiden Objekte gebraucht, so steht es ebenfalls im Akkusativ:
Er fragt/hört den Schauspieler ab. Er fragt/hört den Text ab.

Abgeordnete(r)

Das substantivierte Partizip *Abgeordnete(r)* kann je nach grammatischem Kontext stark oder schwach gebeugt werden.
Schwach (z. B. nach bestimmtem Artikel): *der Abgeordnet**e**; die Rede des Abgeordnet**en**; die Abgeordnet**en**; die Stimmung der Abgeordnet**en**.*
Stark (z. B. ohne Artikel oder nach unbestimmtem Artikel): *ein Abgeordnet**er**; er ist Abgeordnet**er**; viele Abgeordnet**e**; die Stimmung vieler Abgeordnet**er**.*
→ *Sonderseiten „Substantivierte Adjektive", S. 418f.*
ihm als Abgeordneten / ihr als Abgeordneten • Nach *als* wird im Singular stark gebeugt: *Er nimmt seine Rechte als Abgeordnet**er** wahr. Als Abgeordnet**er** ist er durch seine Immunität geschützt.*
Im Dativ steht dagegen oft die schwache Deklination: *Ihm als Abgeordnet**en** kommt eine Aufsichtspflicht zu. Ihr als Abgeordnet**en** konnte das nicht gleichgültig sein.*
Die starke Deklination ist ebenfalls korrekt: *ihm als Abgeordnet**em**, ihr als Abgeordnet**er**.*
beide Abgeordneten / Abgeordnete • Nach *beide* kann sowohl die starke Form *Abgeordnet**e*** als auch die schwache Form *Abgeordnet**en*** stehen: *Beide Abgeordnet**e**/Abgeordnet**en** riefen zur Wachsamkeit auf. Der Aufruf betraf beide Abgeordnet**e**/Abgeordnet**en**.*
Derzeit überwiegt im Schreibgebrauch die Form *Abgeordnet**e***.
Anrede • Amtsträger werden mit ihrem Titel angeredet:
Sehr geehrter Herr Abgeordneter
Sehr verehrte Frau Abgeordnete

Alte Kräuterbücher erzählen Wortgeschichten – *abgefeimt*

Manchmal lässt schon die Form eines Wortes erahnen, dass eine interessante Geschichte dahintersteckt. Im deutschen Wortschatz gibt es etwa die Partizipform *abgefeimt,* z. B. in *der abgefeimte Schurke.* Aber wo ist das dazugehörige Verb geblieben – gab es so etwas wie *abfeimen*? Überraschenderweise führen uns Rezept- und Arzneibücher auf die Spur. So heißt es in einem Arzneibuch des 16. Jahrhunderts:

dasz man wasser und honig in einem kessel sieden lasse und iederzeit abfeime, bis es ganz klar wird.

Damit offenbart sich auch die ursprüngliche Bedeutung: Beim kochenden Sud wurde der Schaum – das alte Wort lautete *Feim* – abgeschöpft, bis das Gebräu klar war. Während Substantiv und Verb mittlerweile praktisch aus dem Wortschatz verschwunden sind, überdauerte die Partizipform *abgefeimt,* wobei die ursprünglich neutrale Bedeutung („rein", „geklärt") immer stärker negativ besetzt wurde. Heute verwendet man *abgefeimt* im Sinne von „besonders durchtrieben".

Abgesandte(r)

Für diese zum Partizip *abgesandt* gebildete Substantivierung gelten dieselben Regeln wie für *Abgeordnete(r).*
→ *Abgeordnete(r)*
→ *Sonderseiten „Substantivierte Adjektive", S. 418f.*

abgesehen

abgesehen davon(,) dass • Die Wendung *abgesehen davon dass* gilt wie *angenommen dass* als mehrteilige Konjunktion. Hier kann der Schreibende selbst entscheiden, ob er vor *dass* ein Komma setzt oder nicht. Der gesamte mit der mehrteiligen Konjunktion eingeleitete Nebensatz wird allerdings durch Komma abgegrenzt:
Abgesehen davon(,) dass ich mich nicht gut fühle…
Wir hatten keine Lust zu wandern, abgesehen davon(,) dass es kühl war.
Morgen soll die Sonne scheinen, angenommen(,) dass der Wetterbericht stimmt.
abgesehen davon(,) • Die Fügung *abgesehen davon* ist eine Partizipgruppe. Nach den Regeln der neuen Rechtschreibung ist es dem Schreibenden freigestellt, Kommas zu verwenden oder nicht. Man kann aber ein Komma setzen, um die Struktur des Satzes zu verdeutlichen: *Abgesehen davon(,) habe ich keine Lust mitzukommen.*

abhauen – er haute ab / ist abgehauen

Das Verb *abhauen* wird im Präteritum nur schwach gebildet: *Er haute ab.* Das Partizip II wird dagegen in der Standardsprache immer stark gebildet *(abgehauen)*. Die schwache Form *(abgehaut)* ist nur in Dialekten üblich.
TIPP: Obwohl die Form *er haute ab* völlig korrekt ist, wird sie oft als umgangssprachlich empfunden. Man sollte sie daher vermeiden.

abhandenkommen

Abhandenkommen zählt zu den Verbverbindungen, deren erster Bestandteil nicht mehr als selbstständiges Wort vorkommt oder in der Verwendung beim Verb nicht mehr einer bestimmten Wortart zugeordnet werden kann. Man schreibt daher zusammen: *Das Vertrauen in sie ist* ***abhandengekommen****. Es ist zu befürchten, dass ihm der Lebensmut* ***abhandenkommt****. Bis ihm der Glaube* ***abhandenkam****,… Ihm drohte das Geld* ***abhandenzukommen****.*
TIPP: Dass zusammengeschrieben werden muss, kann man auch daran erkennen, dass die Hauptbetonung auf *abhanden* liegt: *abhandenkommen.*

abheften

Wenn das Verb *abheften* mit der Präposition *in* verbunden ist, steht das Folgende im Dativ: *Sie hat die Testbogen immer noch nicht im Ordner abgeheftet.*

abhören

→ *abfragen / abhören*

Abkürzungen / Kurzwörter

→ *Sonderseiten „Abkürzungen“, S. 16 f.*

Ablaut – das Vermächtnis Jacob Grimms
Man kennt und bewundert die Brüder Grimm für ihre „Kinder- und Hausmärchen“, durch die sie zu Weltruhm gelangten. Weniger bekannt ist, dass **Jacob Grimm** (Bild) auch zu den herausragenden Sprachwissenschaftlern seiner Zeit zählt. Seine „Deutsche Grammatik“ gilt bis heute als Meilenstein der Sprachgeschichtsschreibung. Grimm beschrieb erstmals die germanische Lautverschiebung, mit der sich die germanischen Sprachen in der Zeit zwischen 500 v. Chr. und dem 3. Jahrhundert n. Chr. vom Indogermanischen trennten. Auch einige bekannte Fachbegriffe der deutschen Grammatik gehen auf ihn zurück, wie z. B. die **starken** und **schwachen Verben** oder der **Ablaut**. Letzteres meint den Vokalwechsel, wie er bei der Konjugation von starken Verben auftritt: *gehen – ging – gegangen; singen – sang – gesungen.* Der Ablaut ist ein altes Erbe der indogermanischen Ursprache, die vor etwa 5000–6000 Jahren gesprochen wurde.

Ableitung

Die Ableitung gehört zu den wichtigen Wortbildungsmitteln im Deutschen. Man spricht von Ableitung, wenn, ein Wortstamm durch ein Präfix (Vorsilbe) oder Suffix (Nachsilbe) ergänzt wird. Es entsteht ein Wort mit einer neuen Bedeutung:
be + fördern → befördern; Schwein + chen → Schweinchen
Oft kann durch eine Ableitung die Wortart oder bei Substantiven das Geschlecht gewechselt werden: *Schatten + ig → schattig; Lehrer + in → Lehrerin.*

abnutzen / abnützen

→ *nutzen/nützen*

Abreißblocks

Das Substantiv *Block* hat die beiden Pluralformen *Blöcke* und *Blocks*. Welche Pluralform richtig ist, hängt von der Bedeutung ab. In der Bedeutung „zusammengeklebte oder -geheftete Papierbogen, die man abreißen kann" lautet der Plural immer *Blocks*. Deshalb werden auch alle entsprechenden Zusammensetzungen mit diesem Plural gebildet: *Abreißblocks, Rezeptblocks, Schreibblocks, Zeichenblocks* usw.
→ auch: *Block*

Absatz (DIN-Norm)

Nach DIN 5008 werden Absätze durch eine Leerzeile voneinander getrennt. Die erste Zeile des folgenden Absatzes wird dabei nicht eingerückt. Diese Regelung gilt besonders für E-Mails, Geschäftsbriefe und offizielle Texte im Geschäftsbereich. Auch Absätze, die als Ganzes eingerückt sind, werden vom vorausgehenden und nachfolgenden Absatz durch eine Leerzeile getrennt.

Abscheu – der oder die Abscheu?

Zu den seltenen Fällen, in denen ein Wort zwischen Femininum und einem anderen Genus schwankt, gehört auch *Abscheu*. Beide Verwendungsformen sind korrekt: *die Abscheu vor jeglicher Ungerechtigkeit; sein Abscheu vor der Gesellschaft.*

Abschlag(s)zahlung

Das Wort kann mit oder ohne Fugen-s geschrieben werden: *Abschlagzahlung* oder *Abschlagszahlung.* Im allgemeinen Schreibgebrauch überwiegt die Schreibung mit Fugen-s deutlich. In der Fachliteratur findet sich vor allem die Schreibung *Abschlagzahlung.*

abseits

abseits des / abseits von • Die Präposition *abseits* regiert im Singular und im Plural den Genitiv, wenn dem Substantiv ein Artikel, ein Pronomen oder ein Adjektiv vorausgeht: *Abseits der Hauptverkehrsstraßen gab es nur wenige Touristen. Abseits seiner Amtspflichten gab er sich locker.*
Folgt auf *abseits* ein Substantiv ohne Artikel, Pronomen oder Adjektiv, dann muss die Präposition *von* mit dem Dativ angeschlossen werden: *Abseits von Hauptverkehrsstraßen gab es nur wenige Touristen. Gebäude, die abseits von Städten errichtet worden sind, haben oft Probleme mit dem Internetanschluss.*
Getrennt- und Zusammenschreibung • Wenn *abseits* in Verbindung mit einem Verb die Hauptbetonung trägt, schreibt man zusammen: *Hier soll keiner abseitsstehen.* Auch die Partizipien und Substantivierungen schreibt man zusammen: *ein abseitsstehender Mitarbeiter; sich um die Abseitsstehenden kümmern.*
In einigen Fällen tritt *abseits* aber als selbstständiges Adverb auf. Man erkennt es daran, dass es nicht die Hauptbetonung trägt und dass man zwischen Adverb und Verb sinngemäß ein oder mehrere Satzglieder einschieben kann: *Während wir hier unser Zelt aufbauen, können die Kinder abseits (auf der Wiese) spielen.*

absenden – absandte – abgesandt

→ *senden*

Kurz und knapp: *Abkürzungen*

Täglich sieht man Abkürzungen und Kurzwörter, deren ursprüngliche Bedeutung man nicht kennt oder bei denen man gar nicht weiß, wofür sie stehen. Und immer wieder wird beklagt, dass es heutzutage von Abkürzungen nur so wimmele. Aber ist das wirklich ein Phänomen der Moderne? Natürlich ist die Menge an täglich neu entstehenden Kurzformen beeindruckend, aber die Idee, Wörter abzukürzen, ist nicht neu. Schon in sehr frühen Schriften findet man abgekürzte Formen – eine der bekanntesten ist die Inschrift auf dem Kreuz Jesu Christi: I.N.R.I. für „Iesus Nazarenus Rex Iudaeorum“ (= Jesus von Nazareth, König der Juden). Wer heute selbst Texte verfasst, steht bei Abkürzungen bisweilen vor Fragen der Rechtschreibung und Grammatik wie: Was wird groß- und was kleingeschrieben? Wann muss ein Bindestrich stehen? Wie setzt man Abkürzungen in den Plural?

Abkürzung oder Kurzwort?

Eine erste Orientierung für die korrekte Schreibung gibt die inzwischen geläufige Unterteilung in Abkürzung und Kurzwort.

- Als **Abkürzungen** bezeichnet man Ausdrücke, die nur im Schriftlichen gekürzt sind und beim Sprechen gleich wieder aufgelöst werden („Hauptbahnhof“ für *Hbf.*, „Million“ für *Mio.*, „zum Beispiel“ für *z. B.*, „Kraftfahrzeug“ für *Kfz.* oder „und so weiter“ für *usw.*).
- Als **Kurzwörter** werden die Kurzformen bezeichnet, die man auch gekürzt ausspricht, gleichgültig, ob als Wort oder mit den einzelnen Buchstaben: *Aids, NATO, ARD, ZDF, Uni, Azubi, BAföG*. Hier kennt man oft gar nicht die lange Form, auch wenn man ziemlich genau weiß, welche Bedeutung sich hinter dem Kurzwort verbirgt.

Die Unterscheidung zwischen Abkürzung und Kurzwort ist schon deshalb wichtig, weil sich Kurzwörter grammatikalisch anders verhalten.

Fachspezifische Kürzel	
Naturwissenschaftliche Einheiten und Größen	*m* = „Meter“, *l* = „Liter“, *s* = „Strecke“, *v* = „velocitas / Geschwindigkeit“
Chemische Elemente	*Ca* = „Kalzium“, *Na* = „Natrium“
Himmelsrichtungen	*O* = „Osten“, *SW* = „Südwesten“
ISO-Ländercodes	*Deutschland = DE, Österreich = AT, Schweiz = CH*
ISO-Währungscodes	*Euro = EUR, Schweizer Franken = CHF*
Fachsprachliche Abkürzungen	*JArbSchG* = „Jugendarbeitsschutzgesetz“

Im Unterschied zu Abkürzungen können sie gebeugt werden.

Plural und Beugung

Abkürzungen ▸ Die reinen Schriftabkürzungen stehen meistens sowohl für den Singular eines Wortes als auch für den Plural (*Hrsg.* kann ein Herausgeber sein oder es steht für mehrere Herausgeber). Früher wurde oft der letzte Buchstabe der Abkürzung verdoppelt, um den Plural anzuzeigen (*Hg.* für einen Herausgeber, *Hgg.* für mehrere), oder es wurde nach dem Abkürzungspunkt eine Endung angehängt (*Jh.* für „Jahrhundert“, *Jh.e* für „Jahrhunderte“). Beides ist heute kaum mehr geläufig.

Kurzwörter ▸ Kurzwörter können gebeugt werden, denn sie werden als eigenständige Wörter aufgefasst. Der Plural wird hier inzwischen meist einheitlich gebildet: Kurzwörter aus Silben erhalten in der Regel ein Plural-s (*Akkus, Kitas*). Auch die Kurzwörter aus Buchstaben werden meistens mit Plural-s versehen (*AGs, Pkws/PKWs*). Manchmal findet man noch die heute veraltete Bildung mit der Endung der Vollform (*AGen* neben *AGs* für „Arbeitsgemeinschaften“).

Groß oder klein?

- Die Schreibung von **Abkürzungen** bereitet normalerweise keine Schwierigkeiten; der erste Buchstabe wird großgeschrieben, wenn die Vollform ein Substantiv ist, dann geht es klein weiter: *Abk.* (Abkürzung), *Hbf.* (Hauptbahnhof), *Subst.* (Substantiv). Wörter anderer Wortarten sind wie sonst kleinzuschreiben: *bzw.* (beziehungsweise), *insg./insges.* (insgesamt), *ges.* (gesetzlich).
- **Kurzwörter aus Buchstaben** sind oft Namen von Institutionen o.Ä., diese legen eine bestimmte Schreibung fest. Bei Kurzwörtern, die als Wort und nicht mit den einzelnen Buchstaben gesprochen werden, bürgert sich oft nach einiger Zeit die übliche Schreibung für Substantive im Deutschen ein – Kleinbuchstaben nach großem Anfangsbuchstaben: *NATO* → *Nato, AIDS* → *Aids, UFO* → *Ufo.*

> **i** ***Ein Castor – zwei …?***
> Einen Sonderfall der Pluralbildung stellt das Kurzwort *Castor* (= „cask for storage and transport of radioactive material“) dar. Hier hat sich inzwischen die Pluralform ***Castoren*** etabliert, *Castor* wird offenbar nicht (oder nicht mehr) als Kurzwort empfunden, so dass der Plural sich an ähnlich ausklingende schon bestehende Wörter anlehnt: *Castoren* wie *Faktoren, Motoren, Sensoren, Vektoren.*

Wann schreibt man mit Punkt?

Abkürzungen ▸ Einen Abkürzungspunkt setzt man in der Regel bei Abkürzungen, und zwar ans Ende (*Dr., Jg., Whg., etc.*). Handelt es sich um die Kürzung von mehreren Wörtern, werden Abkürzungspunkte hinter jedes abgekürzte Wort gesetzt, mit einem Leerzeichen nach den Punkten (*i. A.* = „im Auftrag“, *n. Chr.* = „nach Christus“). Manchmal gibt es auch beide Formen, zum Beispiel *M. f. G.* und *MfG* (= „Mit freundlichen Grüßen“). Bei Abkürzungen von **Maßen, Gewichten** und **Währungen** steht **kein Punkt:** *km, kg, EUR.*

Kurzwörter ▸ Die als Wörter ausgesprochenen Kürzungen werden generell ohne Punkte geschrieben, auch wenn sie aus einzelnen Buchstaben bestehen (*FSME* = „Frühsommer-Meningoenzephalitis“, *HGB* = „Handelsgesetzbuch“). Kurzwörter aus Silben oder Wortteilen haben nie einen Punkt (*Krimi, Azubi*).

absoluter Superlativ

→ *Sonderseiten „Steigerung“, S. 398–401*

abspalten – abgespaltet / abgespalten

Für das Verb *abspalten* gibt es zwei Möglichkeiten, das Partizip II zu bilden: *abgespalt**en*** und *abgespalt**et***. Wird die Partizipform wie ein Adjektiv gebraucht, steht fast immer *abgespalt**en**:*
*Die abgespalt**enen** Unternehmensteile werden verkauft oder abgewickelt.*
In den folgenden Konstruktionen findet sich bisweilen auch die Form *abgespalt**et**,* häufiger ist aber auch hier *abgespalt**en**:*
Mazedonien hat sich 1991 von Jugoslawien abgespalten.
Seltener: *abgespaltet.*
Der radikale Flügel, der sich von der Mutterpartei abgespalten hatte …
Seltener: *abgespaltet hatte …*

abstellen auf / in / hinter

Bei *abstellen auf / in / hinter* setzt man die folgende Wortgruppe in den Dativ. Es heißt also: *Er stellte seinen Wagen in der Garage ab. Das hinter dem Haus abgestellte Auto wurde nicht beschädigt. Er stellte den Sperrmüll auf dem Gehweg ab.*

abstrus – Wie trennt man?

Bei vielen zusammengesetzten Fremdwörtern lassen sich die einzelnen Bestandteile nicht mehr ohne weiteres erkennen. Wörter wie *abstrus* kann man zwischen den einzelnen Bestandteilen trennen: *ab-strus,* doch ist auch die Trennung nach Sprechsilben möglich: *abs-trus.* Darüber hinaus ist auch die Abtrennung des letzten Konsonanten zulässig: *abst-rus.*

Abszess – der oder das Abszess?

Unter Ärzten und in der Standardsprache heißt es für das Eitergeschwür *der Abszess.* In Österreich ist regional auch *das Abszess* im Gebrauch. In der Schriftsprache sollte jedoch nur die maskuline Form verwendet werden. Das Wort *Abszess* leitet sich von lateinisch *abscessus* „Weggang, Absonderung“ ab. Gemeint war damit die Absonderung des Eiters.

Abt / Äbtissin

→ *Anrede von Geistlichen*

Abtönungspartikel

Mit einer Abtönungspartikel wie *aber, doch, ja* kann ein Sprecher das Gesagte modifizieren und eine Gefühlsbeteiligung, eine Abschwächung, einen Widerspruch, eine Zustimmung oder einen gewissen Zweifel zum Ausdruck bringen. In dem Satz *Du bist **aber** groß geworden!* drückt *aber* eine emotionale Anteilnahme des Sprechers aus. Mit *ja* als Abtönungspartikel kann ein Sprecher deutlich machen, dass für ihn keine Zweifel an einem Sachverhalt bestehen: *Da hast du **ja** schönen Mist gebaut!*
Als Abtönungspartikeln finden Wörter Verwendung, die z. B. als Konjunktionen *(aber, auch, denn)* oder als Adverbien *(bloß, doch)* eine andere Funktion und Bedeutung haben. Wurden Abtönungspartikeln früher als überflüssige und unnötige „Füllwörter“ verurteilt, werden sie heute sowohl im mündlichen als auch im schriftlichen Gebrauch positiver beurteilt: *Haben Sie **auch** nichts vergessen? Wo habe ich **bloß** meine Brille? Warum weinst du **denn**? Das musst du **doch** zugeben! Du kannst das **ruhig** zugeben!*

abwägen – abwägte / abwog

Das Verb *wägen / abwägen,* das ursprünglich dieselbe Bedeutung wie *wiegen* hatte, wird heute nur mit der Bedeutung „einschätzen, erwägen, bedenken“ gebraucht. Die Stammformen von *wägen* lauten ebenfalls *wog, gewogen.* Daneben wird jedoch auch die schwache Konjugation verwendet. Beide Formen sind standardsprachlich korrekt und stilistisch angemessen:
Sie wog jedes Wort ab, das gesprochen wurde.
Auch: *Sie wägte jedes Wort ab, das gesprochen wurde.*

Wie Gerüche auf Wörter abfärben – *Abtritt*

Ob *Toilette, stilles Örtchen, Klosett:* Schon immer verwendeten die Menschen für das vermeintlich „Unfeine“ verhüllende Ausdrücke, die eigentlich etwas anderes bedeuteten. So geht *Toilette* auf die französische Verkleinerungsform *toile* „Tuch“ zurück, und *Klosett* bedeutete einfach nur „abgeschlossener Raum“.
Im 18. Jahrhundert waren dagegen die Begriffe *Läublein* (zu *Laube*), *Sprachhaus* (vielleicht nach *Oratorium* im Kloster) und – in sehr vornehmen bürgerlichen Kreisen – *Abtritt* gebräuchlich. Letzteres bedeutete früher entsprechend dem Verb *abtreten* ganz neutral „Rücktritt, Weggang“. Doch mit zunehmendem allgemeinem Gebrauch geriet das Wort in Verruf und wurde nur noch selten in seiner neutralen Bedeutung verwendet. Seitdem die Lesart „Toilette“ aber im Rückgang begriffen ist, zeigen Untersuchungen in Textdatenbanken, dass das Wort wieder etwas häufiger in seiner neutralen Bedeutung verwendet wird. Ganz wird *Abtritt* aber seine anrüchige Bedeutung wohl nicht verlieren.

abwenden – wendete ab oder wandte ab?

Das Verb *abwenden* gehört zu den unregelmäßigen Verben. Im Präsens wird es wie ein schwaches Verb konjugiert. Im Präteritum und Partizip II kann es jedoch wie ein starkes Verb *(wandte ab – abgewandt)* oder wie ein schwaches Verb *(wendete ab – abgewendet)* konjugiert werden.
Im Prinzip sind beide Formen immer korrekt.
TIPP: Je nach Bedeutung werden aber oft unterschiedliche Formen bevorzugt. In der Bedeutung „wegwenden, zur Seite wenden“ und in der übertragenen Bedeutung „sich (von jemandem) zurückziehen“ verwendet man die starke Konjugation:
Sie wandte den Blick ab. Alle Kollegen und Freunde haben sich von ihm abgewandt. Er lebt von der gesellschaftlichen Realität abgewandt.
In den Bedeutungen „etwas (z. B. einen Schlag) ablenken“ oder „etwas (z. B. Unheil) verhindern“ konjugiert man meist schwach:
Der Krieg konnte noch einmal abgewendet werden. In langen Verhandlungen wendete man den drohenden Streik ab.

abzüglich – abzüglich Rabatt

Die Präposition *abzüglich* regiert den Genitiv, wenn dem folgenden Substantiv ein Artikel, ein Pronomen oder ein Adjektiv vorausgeht:
Der Preis beträgt 156 Euro abzüglich eines Rabatts von 5 %.
Steht *abzüglich* direkt vor Substantiven ohne Artikel, Pronomen oder Adjektiv, dann steht das Substantiv im Nominativ Singular: *Der Preis beträgt 156 Euro abzüglich Rabatt von 5 %. Abzüglich Versandkostenanteil liegt der Betrag bei 13 Euro.*
Im Plural hingegen steht es im Dativ: *Die Summe abzüglich Minderheitsanteilen beträgt…*

ach / Ach

Groß- und Kleinschreibung • Das Ausrufewort (Interjektion) *ach* schreibt man klein. Es kann jedoch substantiviert werden. Typisch sind die Wendungen: *das Ach und Weh; mit Ach und Krach.*

Zeichensetzung • Beginnt ein Satz mit einer Interjektion, auf der besonderer Nachdruck liegt, steht unmittelbar danach ein Ausrufezeichen: *Ach! Hier hast du dich versteckt!*
Ist die Interjektion nicht eigens hervorgehoben, wird sie durch Komma abgetrennt: *Ach, hier hast du dich versteckt! Ach, ich hab doch gewusst, dass das schiefgeht.* Ein in den Satz eingeschobener Ausruf wird in Kommas eingeschlossen: *Seine Bitte wurde, ach, nicht erfüllt.*

Acht – Acht geben / achtgeben

achtgeben / Acht geben: Getrennt- und Zusammenschreibung • Bei der Verbindung aus *Acht* und einem Verb ist sowohl Getrennt- als auch Zusammenschreibung möglich, da sich nicht eindeutig entscheiden lässt, ob es sich um eine Zusammensetzung oder um eine Wortgruppe handelt:
achtgeben/Acht geben (aber nur: *sehr achtgeben/größte Acht geben*); *achthaben/Acht haben.*
in Acht nehmen / außer Acht lassen • In festen Wendungen wird das Substantiv großgeschrieben: *sich in Acht nehmen, außer Acht lassen.*

acht / 8 – Acht

acht oder 8? • Wie alle Zahlen unter zwölf kann *acht* sowohl als Ziffer als auch als Zahlwort ausgeschrieben werden. Korrekt und üblich ist beides. In einfachen Zusammenhängen ist das Ausschreiben üblicher: *Im Haushalt lebten acht Personen.*
Im Zusammenhang mit Zahlen über 12 sowie bei Adressen oder Texten, in denen es auf die genaue Menge ankommt, verwendet man die Ziffernschreibweise: *Insgesamt wurden 8 der 24 Personen bei dem Anschlag verletzt. Man nehme 8 Eier, schlage sie auf.*
acht – Kleinschreibung • Wie alle Kardinalzahlwörter unter eine Million wird *acht* kleingeschrieben:
Kapitel acht ist noch nicht fertig.
Ich hole dich um acht zum Essen ab.
Kinder über acht Jahren müssen Eintritt zahlen.
Sie kamen gleich zu acht.

Acht / Achter – Großschreibung • Bei Substantivierung wird großgeschrieben:
Die Acht ist meine Glückszahl.
Du hast eine Acht im Vorderrad.
Ich fahre heute mit der (Linie) Acht in die Stadt.
Er ging als Achter durchs Ziel.
8-prozentig / 80-jährig – Bindestrich • In Zusammensetzungen mit Ziffern muss ein Bindestrich stehen: *8-Tonner, 8-Zylinder, der 80-Jährige 80-prozentig, 800-Jahrfeier.*

achtel – Achtel

Bruchzahlwörter auf -tel und -stel vor Maßangaben • Wenn Bruchzahlwörter auf *-tel* und *-stel* vor Maßangaben stehen, werden sie kleingeschrieben: *ein achtel Liter Rotwein.* Zusammenschreibung mit den Maßangaben ist ebenfalls möglich: *ein Achtelliter Rotwein.*
Liegt jedoch eine Substantivierung vor, z. B. durch einen vorangehenden Artikel, schreibt man groß: *ein Achtel der Bevölkerung.*
ein Achtel der Bevölkerung ist / sind • Steht die Bruchzahl im Singular und folgt ein Substantiv im Genitiv Singular, dann steht das Prädikat ebenfalls im Singular:
Ein Achtel der Bevölkerung dieses Landes ist HIV-positiv.
Steht das folgende Substantiv dagegen im Plural, kann das Prädikat sowohl im Singular als auch im Plural stehen:
Ein Achtel der Leute ist/sind krank.
Folgt einem Bruch im Plural ein Substantiv im Genitiv, steht das Prädikat in der Regel ebenfalls im Plural:
Drei Achtel der Zeitungsleser lesen gelegentlich das Horoskop.
→ *Sonderseiten „Zahlen und Ziffern", S. 492–495*

achtmal / acht Mal

Bei Verbindungen aus Ziffer und *mal* kann zusammengeschrieben werden: *achtmal:*
Sie mussten die Szene achtmal wiederholen.
Bei besonderer Betonung ist jedoch auch die Getrenntschreibung möglich: *acht Mal:*
Sie mussten die Szene acht Mal wiederholen.

Adelstitel

Anrede • Adelstitel werden in der Anrede dem Namen vorangestellt:
Sehr geehrter Herr Freiherr von Burgdorf
Sehr geehrter Baron von Zitzewitz
Sehr geehrte Fürstin von Thurn und Taxis
Sehr geehrter Herr Herzog von Sachsen-Weimar
Zeichensetzung • Bei nachgestellten Adelstiteln steht kein Komma, weil diese seit Abschaffung der Monarchie in Deutschland 1918 als Teil des Namens angesehen werden:
Ernst August Prinz von Hannover
Gloria Fürstin von Thurn und Taxis
... Freiherr / Freifrau / Freiin von Stein
Nachgestellte Beinamen • Beinamen, die einem Personennamen folgen, stehen ohne Komma, wenn sie zum Bestandteil des Namens geworden sind: *Friedrich der Große etablierte Preußen als europäische Großmacht. Wilhelm II. war der letzte deutsche Kaiser. Kurfürst Friedrich der Weise widerstand der kaiserlichen Forderung.*

Adjektiv

→ *Sonderseiten „Adjektive", S. 24–27*

Admiral

Der Plural von *Admiral* kann mit oder ohne Umlaut gebildet werden: *Admirale* oder *Admiräle*. Aktuelle Untersuchungen zeigen, dass im allgemeinen Schreibgebrauch beide Formen mit gleicher Häufigkeit auftreten.

Adresse / Anschrift

Herrn oder Herr Müller? • Die Adresse steht oben links auf dem Briefbogen und zwar im Akkusativ. Es heißt also *Herrn Müller-Lüdenscheid.* Den Nominativ *Herr Müller-Lüdenscheid* sollte man vermeiden. Die früher verwendete Präposition *An* wird, wenn überhaupt, nur noch bei Schreiben an Firmen oder Behörden verwendet. Man kann also einen Brief *An das Standesamt Würzburg-Mitte* richten oder einfach schreiben *Standesamt Würzburg-Mitte.*

Leerzeile nach Straßennamen? • Grundsätzlich gilt bei der Adresse die Reihenfolge Name, Straße, Ort. Ortsnamen werden in gleicher Schrift geschrieben und nicht unterstrichen. Zwischen den Angaben zu Straße und Ort wird **keine** Leerzeile mehr eingefügt:
Knut Osterloe
Osnabrücker Landstraße 12
26721 Emden

Amtsträger und Behörden • Bei Amtsträgern folgt dem Namen des Adressaten seine Funktionsbezeichnung. *Herrn* beziehungsweise *Frau* setzt man in eine eigene Zeile. Titel stehen direkt vor dem Namen. Trägt ein Adressat mehrere Titel, führt man alle auf:
Frau
Annegret Kramp-Karrenbauer MdL
Ministerpräsidentin des Saarlandes

Herrn
Sven-Georg Adenauer
Landrat des Kreises Gütersloh

Treffen sich *Admirale* oder *Admiräle*?
Das Wort *Admiral* stammt wie *Zucker* oder *Magazin* aus dem Arabischen. Am Anfang der Wortgeschichte steht das arabische Wort *amir* für „Befehlshaber" – heute bekannt als *Emir.* Mit diesem Titel wurden die Statthalter in den von den Arabern eroberten Gebieten bezeichnet. Auch im christlichen Europa des 10. Jahrhunderts wurde der arabische Statthalter von Sizilien als *amiratus* bezeichnet. Die in Sizilien ansässigen Normannen übernahmen diese Bezeichnung als Ehrentitel. Unter Einfluss des ähnlich klingenden lateinischen *admirare* („bewundern") gelangte der Buchstabe *d* in das Wort. Ins Deutsche kam das Wort *admiral* erst auf dem Umweg über das Französische. Da es sich um ein Fremdwort handelte, lautete der Plural bis weit ins 19. Jahrhundert nur *Admirale.* Erst langsam kam, ähnlich wie beim Wort *General,* der eindeutschende Plural *Admiräle* auf. Heute werden beide Pluralformen gleich häufig verwendet.

Herrn
Prof. Dr. h. c. Klaus-Dieter Lehmann
Präsident des Goethe-Instituts

Amts- oder Behördenbezeichnung werden insgesamt wie Eigennamen behandelt, Adjektive müssen hier großgeschrieben werden:
Herrn
Klaus Wowereit
Regierender Bürgermeister von Berlin

Bei Briefen ins Ausland müssen Bestimmungsort und -land in Großbuchstaben geschrieben werden. Dabei sollte der Bestimmungsort möglichst in der Landessprache genannt werden, also z. B. *PRAHA* statt *PRAG*, während das Bestimmungsland in deutscher Sprache anzugeben ist:
Penguin Books Ltd.
27 Wrights Lane
LONDON W8 5TZ
GROSSBRITANNIEN

Mehrere Adressaten • Sind mehrere Personen Adressaten eines Briefs, müssen die grammatischen Bezüge beachtet werden:
Herren Ludwig Laut und Siegfried Stark
(also nicht: *Herrn Ludwig Laut und Siegfried Stark*)
Herrn Adam und Frau Eva Schmidt
(und nicht etwa: *Herrn Adam und Eva Schmidt*)
Oder ohne Anrede:
Adam und Eva Schmidt
Bei Paaren kann man jeweils auch den Namen der Frau voranstellen. Die Anrede *Eheleute* gilt als veraltet. Trägt die Frau einen anderen Nachnamen, heißt es:
Herrn Adam Meyer und Frau Eva Anders

A-Dur, A-Dur-Tonleiter

Bindestrichschreibung • Bei Zusammensetzungen aus Einzelbuchstaben und einem Wort muss ein Bindestrich stehen: *A-Dur.* Wenn in einer mehrteiligen Zusammensetzung eine Zusammensetzung mit Bindestrich auftritt, wird der Bindestrich zwischen allen Bestandteilen gesetzt: *A-Dur-Tonleiter.*

Groß- und Kleinschreibung • Zur Kennzeichnung der Tongeschlechter Dur und Moll werden in der Musik Großbuchstaben für Dur und Kleinbuchstaben für Moll verwendet. Diese Groß- bzw. Kleinschreibung bleibt auch in der Rechtschreibung erhalten, unabhängig davon welche Wortart mit der Zusammensetzung gebildet wird: *die a-Moll-Tonleiter, das c-Moll-Konzert.*

Adverb

Die Wortart Adverb (von lat. *adverbium*, „Nebenwort, Umstandswort"), auch als Umstandswort bezeichnet, umfasst Wörter wie *gestern, dort, hoffentlich, besonders, morgens*. Mit Adverbien kann man sich auf Wörter, Satzteile oder Sätze beziehen und diese näher bestimmen. Anders als Adjektive sind Adverbien nicht deklinierbar und in der Regel auch nicht steigerbar.
Ähnlich wie das Adjektiv kann das Adverb mit Substantiven, Adjektiven, anderen Adverbien und Verben gebraucht werden. Zusätzlich kann es auch zu einem ganzen Satz hinzutreten:
Substantiv + Adverb:
Die ***Vorlesung gestern*** war sehr interessant.
Adverb + Adjektiv:
Das Auto fährt ***sehr schnell****.*
Adverb + Adverb:
Das tun wir ***besonders gern****.*
Verb + Adverb:
Sandra ***wohnt nebenan****.*
Satz + Adverb:
Der Winter kommt ***zweifellos****.*
ACHTUNG: Das Adverb sollte nicht mit der adverbialen Angabe bzw. adverbialen Bestimmung verwechselt werden. Beim Adverb handelt es sich um eine Wortart. Bei der adverbialen Angabe handelt es sich dagegen wie beim Subjekt oder Akkusativobjekt um ein Satzglied, das eine bestimmte Funktion im Satz erfüllt.
→ *adverbiale Angabe*
Adverbien aus Substantiven • Viele Adverbien, die auf *-s* oder *-ens* enden, sind von Substantiven abgeleitet. Man schreibt diese Adverbien klein: *abends, anfangs, dienstags, mittags, morgens, nachts.*
Sie hatten sich für sieben Uhr abends verabredet.
Wir hatten anfangs noch nicht viel zu tun.

Geht ein Artikel voran, handelt es sich um ein Substantiv und es wird großgeschrieben: *Des Nachts schlich er sich aus dem Haus.*
ACHTUNG: Hinzu kommen die drei Adverbien *hungers, rechtens, willens,* die nur in festen Verbindungen mit bestimmten Verben vorkommen. Diese Adverbien werden oft fälschlicherweise großgeschrieben, richtig ist aber nur Kleinschreibung:
*Fast wären sie alle **hungers** gestorben.*
*Was Stefan tat, war ganz bestimmt nicht **rechtens**.*
*Niemand ist **willens**, dieser Aufforderung Folge zu leisten.*

Adverbien auf -s in der Umgangssprache • In der Umgangssprache wird das *-s* (fälschlich) an manche Wörter angehängt, die bereits Adverbien sind, also kein *-s* benötigen, um als Adverb markiert zu werden. Solche Adverbien sind:
ferner, öfter, weiter, durchweg
(Falsch: *ferners, öfters, weiters, durchwegs*)
*Wir würden uns freuen, wenn wir **öfter*** (nicht: *öfters*) *zusammenarbeiten könnten.*
*Dem Plan haben **durchweg*** (nicht: *durchwegs*) alle zugestimmt.
ÖSTERREICH: In Österreich sind *durchwegs* und *weiters* („weiterhin") allgemein gebräuchlich. In der Schriftsprache sollten sie dennoch vermieden werden.

Adverbien auf -weise • In der Gegenwartssprache wird zur Bildung von Adverbien im aktuellen Sprachgebrauch oft *-weise* angehängt:
andeutungsweise, auszugsweise, beispielsweise, bruchstückweise, gruppenweise.
Adverbien, die mit *-weise* gebildet werden, können aber auch Substantive genauer bestimmen, die ein Geschehen oder eine Handlung ausdrücken, sie werden dann wie Adjektive dekliniert:
*Nach **teilweiser** Sanierung wurde die Talsperre wieder gefüllt.*
*Die **zwangsweise** Räumung erregte den Protest der Bevölkerung.*
*Die **schrittweise** Verringerung der Kosten bringt die Firma wieder in die schwarzen Zahlen.*
ACHTUNG: Die auf *-weise* gebildeten Adverbien dürfen nicht vor Substantiven stehen, die eine Sache oder einen Zustand bezeichnen.
(Falsch: *der teilweise Neubau; der zwangsweise Umzug; die schrittweisen Kosten.*)

Sein neulicher Anruf • In der Umgangssprache kommt es vor, dass Adverbien vor einem Substantiv stehen und wie ein Adjektiv dekliniert werden. Adverbien sind jedoch grundsätzlich unveränderlich und haben keine deklinierten Formen. Dieser Gebrauch des Adverbs ist also nicht korrekt und sollte auch in der gesprochenen Sprache vermieden werden.
In den meisten Fällen kann anstelle des Adverbs ein bedeutungsgleiches Adjektiv verwendet werden. In manchen Fällen, wie z. B. bei *neulich*, ist es auch möglich, das Adverb dem Substantiv nachzustellen:
Dein Anruf neulich hat mich gefreut. (Falsch: *Dein neulicher Anruf hat mich gefreut.*)
Er verriet niemandem seine heimlichen Absichten. (Falsch: *Er verriet niemandem seine insgeheimen Absichten.*)
Er hämmerte wie wild gegen die geschlossene Tür. (Falsch: *Er hämmerte wie wild gegen die zue Tür.*)
Der anwesende Bürgermeister hielt eine kurze Ansprache. (Falsch: *Der zugegene Bürgermeister hielt eine kurze Ansprache.*)
Das stößt auf unsere tiefste Ablehnung. (Falsch: *Das stößt auf unsere zutiefste Ablehnung.*)

adverbiale Angabe / Adverbial

Eine adverbiale Angabe (auch: adverbiale Bestimmung, Adverbial) ist ein Satzglied, das die näheren Umstände einer Handlung oder eines Geschehens angibt. Man kann adverbiale Bestimmungen durch Fragewörter wie „Wann?", „Wo?", „Warum?" erfragen. Man unterscheidet z. B. adverbiale Bestimmungen der Zeit, des Ortes, der Art und Weise oder des Grundes:
temporal (Zeit): *<u>Nachmittags</u> macht Jonas seine Hausaufgaben. Ich komme <u>morgen</u>.*
lokal (Ort): *Jonas schreibt <u>im Bus</u> eine SMS. Jonas wohnt <u>außerhalb der Stadt</u>.*
modal (Art / Weise): *Jonas schreibt <u>schnell</u> eine E-Mail. Er schaffte den Abschluss <u>mit viel Mühe</u>.*
instrumental (Mittel): *Jonas öffnet <u>mit einem Spezialschraubenzieher</u> sein Notebook. <u>Durch Fleiß</u> erreichte er sein Ziel.*
kausal (Grund): *<u>Wegen eines groben Fouls</u> wird Jonas vom Platz gestellt.*

Adjektive: Verwandlungskünstler der Sprache

Adjektive bringen Farbe in die Sprache, denn sie können Substantive, Verben und andere Adjektive näher beschreiben. Texte werden damit für den Leser lebendiger und Sachverhalte präziser. Zugleich sind sie wahre Verwandlungskünstler, die sich wie ein Chamäleon sprachlich ihrem Gegenüber anpassen. Ob grammatisches Geschlecht, ob Singular oder Plural, ob Nominativ oder Genitiv: Vieles lässt sich an den Endungen der Adjektive ablesen. Und was selbst Muttersprachlern oft Probleme bereitet – Adjektive reagieren sogar darauf, ob sie mit oder ohne Artikel stehen: ***heißer Tee*** ist etwas anderes als ***der heiße Tee***... Viele Zweifelsfälle ergeben sich aber auch, wenn zwei Adjektive aufeinandertreffen: Wann setzt man zwischen zwei Adjektiven ein Komma (z. B. *guter(,) italienischer Wein*), wann setzt man einen Bindestrich (z. B. *blau-grünes Kleid*)? Und wovor sollte man sich beim Gebrauch von Adjektiven besonders in Acht nehmen?

Die starke Adjektivdeklination

Adjektive werden wie ihre zugehörigen Substantive gebeugt; je nach Kontext gibt es also eine starke und eine schwache Deklination. Als Grundregel für die starke Beugung gilt: Stark gebeugt werden muss ein Adjektiv als Eigenschaftswort beim Substantiv, wenn ihm **kein Artikel, Pronomen** oder **Zahlwort** vorangeht oder wenn ein vorangehender Artikel, ein vorangehendes Pronomen oder Zahlwort **endungslos** ist (beispielsweise: *ein, kein, mein, dein, sein, unser, euer, ihr, manch ein, irgendein, etwas, mehr*).

Eine Reihe von Wörtern vor dem in Frage stehenden Adjektiv erfordert ebenfalls, dass das Adjektiv stark gebeugt werden muss. Die wichtigsten sind folgende:

ander- ▸ *anderer abgelieferter Müll*
etlich- ▸ *etliche neue Bestimmungen*
manch ▸ *manch neuer Versuch*
mehrere ▸ *mehrere junge Leute*
solch ▸ *solch alter Kram*
viel ▸ *viel grauer Beton*
wenig ▸ *wenig grauer Beton*
dessen und deren ▸ *an dessen erstem Schultag, wegen deren bedeutender Unterstützung*

Starke Beugung	Singular			Plural
	Maskulinum	**Femininum**	**Neutrum**	
Nominativ	*heiß-er Tee*	*heiß-e Milch*	*heiß-es Wasser*	*heiß-e Getränke*
Genitiv	*heiß-en Tees*	*heiß-er Milch*	*heiß-en Wassers*	*heiß-er Getränke*
Dativ	*heiß-em Tee*	*heiß-er Milch*	*heiß-em Wasser*	*heiß-en Getränken*
Akkusativ	*heiß-en Tee*	*heiß-e Milch*	*heiß-es Wasser*	*heiß-e Getränke*

Schwache Beugung	Singular			Plural
	Maskulinum	**Femininum**	**Neutrum**	
Nominativ	*der heiß-e Tee*	*die heiß-e Milch*	*das heiß-e Wasser*	*die heiß-en Getränke*
Genitiv	*des heiß-en Tees*	*der heiß-en Milch*	*des heiß-en Wassers*	*der heiß-en Getränke*
Dativ	*dem heiß-en Tee*	*der heiß-en Milch*	*dem heiß-en Wasser*	*den heiß-en Getränken*
Akkusativ	*den heiß-en Tee*	*die heiß-e Milch*	*das heiß-e Wasser*	*die heiß-en Getränke*

Die schwache Adjektivdeklination

Ein Adjektiv als Beifügung zum Substantiv muss schwach gebeugt werden, wenn ihm ein **Artikel** mit Endung oder ein **Pronomen mit einer Endung** (beispielsweise: *diese, dieser, dieses*) vorangeht – hier ist die „starke" Endung ja schon vorhanden. Nach folgenden Wörtern wird in der Regel schwach gebeugt.

Artikel ▸ *der heiße Tee, die neuen Bücher, von dem frischen Gemüse*

Pronomen ▸ *dieser heiße Tee, seine neuen Bücher*

all- ▸ *aller heiße Tee, alle neuen Bücher, von allem frischen Gemüse, mit aller unschuldigen Freude*

beide ▸ *Beide alten Männer sind zu Hause. Ich mag beide kalten Getränke.*

sämtlicher / sämtliche / sämtliches ▸ *sämtliches verdiente Geld, sämtliche neuen Kollegen*

solcher / solche / solches ▸ *solcher alte Kram, solche interessanten Überlegungen, solche netten Kollegen*

Schwankende Deklination

Leider ist nicht immer so klar zu sagen, ob das Adjektiv nach einem bestimmten Wort nun stark oder schwach flektiert wird – daher die Unsicherheiten selbst bei Muttersprachlern. Da die Grammatik anders als die Rechtschreibung nicht einer Normung unterworfen ist, zeigt sich Sprachentwicklung hier besonders deutlich. Ganz häufig gelten dann lange Zeit zwei Möglichkeiten als korrekt, was Formulierungen wie „herrscht vor" und „überwiegen" zeigen:

vieler / viele / vieles ▸ Adjektive nach gebeugtem *viel* werden, je nach Geschlecht und Anzahl, teils stark und teils schwach dekliniert. Im Singular herrscht die starke Deklination bei den Formen mit der Endung *-er* vor, also im Nominativ Maskulinum und im Dativ und Genitiv Femininum: *vieler grauer Beton, mit vieler echter Zuneigung.* In allen anderen Fällen überwiegen **im Singular die schwachen Formen:** *vieles herumliegende Werkzeug, mit vielem wichtigen Material.* Im **Plural** ist heute **nur die starke Deklination** üblich: *viele nette Leute, angesichts vieler erlittener Niederlagen.*

einiger / einige / einiges ▸ Adjektive hiernach werden in der Regel **im Plural stark** dekliniert. Im **Singular kommt schwache und starke** Deklination vor. Starke Deklination überwiegt bei den Formen mit der Endung *-er*, also im Nominativ Maskulinum und im Dativ und Genitiv Femininum: *einiger geballter Sachverstand, trotz einiger offenkundiger Abneigung.* In allen anderen Fällen ist **im Singular die schwache** Deklination durchaus üblich: *einiges herumliegende Werkzeug, mit einigem wichtigen Material.* Im Nominativ

Ein *fünfköpfiger Familienvater*?
Vorsicht ist geboten, wenn ein Adjektiv vor einer Zusammensetzung steht, denn es kann sich dann nur auf die Zusammensetzung als Ganzes bzw. auf das Grundwort beziehen (hier: *Vater*). Und damit ist die Formulierung in der Überschrift natürlich Unsinn, denn der Vater ist ziemlich sicher nicht fünfköpfig, sondern seine Familie. Hier hilft also nur, das Ganze auseinanderzuziehen und anders zu formulieren: *Vater einer fünfköpfigen Familie.*

und Akkusativ Neutrum ist **aber auch starke** Deklination möglich: *einiges herumliegendes Werkzeug, einiges wichtiges Material.* Schließlich kommt im Genitiv Plural neben der (sonst im Plural üblichen) starken Deklination auch die schwache Deklination vor: *der Anblick einiger vertrauter Leute,* auch: *der Anblick einiger vertrauten Leute.*

folgender / folgende / folgendes ▸ Adjektive hiernach werden im Allgemeinen **im Singular schwach** dekliniert: *folgender wichtige Rat, bei folgendem bemerkenswerten Ausspruch, in folgender kürzlich erschienenen Zeitschrift.* Dagegen werden sie in der Regel **im Plural stark** dekliniert: *folgende kürzlich erschienene Zeitschriften, wegen folgender kürzlich erschienener Zeitschriften.* Auch die schwache Deklination ist aber korrekt und besonders im Genitiv nicht selten: *folgende kürzlich erschienenen Zeitschriften, wegen folgender kürzlich erschienenen Zeitschriften.*

irgendwelcher / irgendwelche / irgendwelches ▸ Adjektive hiernach können im Singular und im **Plural in allen Fällen sowohl schwach als auch stark** flektiert werden: *irgendwelcher alte/alter Kram, irgendwelches weiße/weißes Pulver, bei irgendwelcher zarten/zarter Versuchung, irgendwelche jungen/junge Männer.*

Rechtschreibfragen beim Adjektiv

Verbindung zweier Adjektive ▸ Ebenfalls immer wieder eine spannende Frage: Was passiert, wenn zwei Adjektive miteinander verbunden werden? Getrennt, zusammen oder Bindestrich? Hier muss man zwischen verschiedenen Fällen unterscheiden.

- In **unübersichtlichen Zusammensetzungen** aus gleichrangigen, nebengeordneten Adjektiven sollte ein **Bindestrich** gesetzt werden: *biologisch-dynamisch, wissenschaftlich-technisch, russisch-deutsch, schaurig-schön*
- Zusammensetzungen von **Farbadjektiven** können nach amtlicher Regelung ohne Rücksicht auf Bedeutungsunterschiede bei der Farbbezeichnung zusammen- oder (zur Hervorhebung der Einzelbestandteile) mit Bindestrich geschrieben werden: *ein blaugrünes Kleid* oder *ein blau-grünes Kleid.* Für weitere Fragen zu Farbadjektiven → *Sonderseiten „Farbbezeichnungen", S. 158f.*
- Verbindungen der Adjektive ***halb, hoch*** und ***voll*** mit einem anderen Adjektiv können in der Regel sowohl getrennt als auch zusammengeschrieben werden. Wenn sie die Bedeutung des zweiten Wortes **verstärken bzw. abschwächen,** wird zusammengeschrieben: *halbamtlich* (aber: *eine halb amtliche, halb persönliche Angelegenheit*), *halblang, halbseiden, halbtrocken; hochbrisant, hochexplosiv, hochgelehrt,*

Weiße Schimmel: Von Tautologien und Pleonasmen

Wenn zwei Adjektive dasselbe aussagen, ist doch eines überflüssig – oder? Nicht unbedingt, denn es kann sich durchaus um einen beabsichtigten „Trick" handeln, um einem Sachverhalt durch mehrere gleichbedeutende Wörter größere Eindringlichkeit zu verleihen (das nennt man Tautologie): *einzig und allein, frank und frei, immer und ewig, lieb und wert, nackt und bloß, Schutz und Schirm/Schild, voll und ganz, gut und gern.*

Aber natürlich kann ein Adjektiv auch tatsächlich überflüssig sein, weil die Eigenschaft schon im Bezugswort per definitionem enthalten ist (hier spricht man von Pleonasmus): *alter Greis, großer Riese, kleiner Zwerg, weißer Schimmel.*

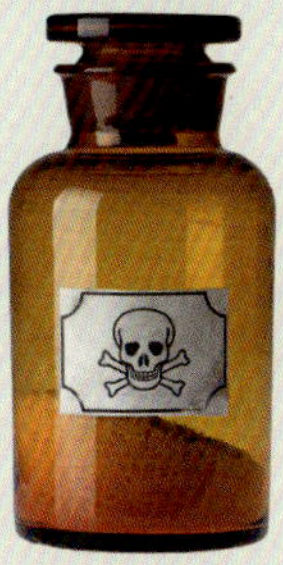

hochgiftig; *vollautomatisch, vollbeschäftigt.* Wenn aber ***halb, hoch*** oder ***voll*** das nachfolgende Adjektiv näher bestimmen, also den Grad der Eigenschaft angegeben wird, sind beide Schreibungen korrekt: *halb blind/halbblind, halb erfroren/halberfroren; hoch dosiert/hochdosiert, hoch kompliziert/hochkompliziert; voll besetzt/ vollbesetzt, voll entwickelt/vollentwickelt.*

Komma zwischen zwei Adjektiven? ▸ Was passiert, wenn zwei (oder gar noch mehr) Adjektive vor einem Substantiv stehen – muss man ein Komma setzen oder nicht? Im Normalfall werden zwei Adjektive als Aufzählungsglieder verstanden, die mit Komma voneinander getrennt werden: *schönes, sonniges Wetter; ein gutes, gesundes Frühstück.* Es gibt aber auch Fälle, in denen das Adjektiv, das direkt vor dem Substantiv steht, mit ihm eine Art Gesamtbegriff bildet. Ist das der Fall, beziehen sich die übrigen Adjektive auf diese „Einheit" und dürfen nicht durch Komma abgetrennt werden: *Er setzt sich mit großem persönlichem Engagement dafür ein. Ich werde die neue wissenschaftliche Literatur berücksichtigen. Sie liebt guten italienischen Wein.* Einen Gesamtbegriff erkennt man daran, dass man die beiden Adjektive nicht sinnvoll durch *und* verbinden oder miteinander vertauschen kann.

Ruhiges Blut? Ungebeugte Adjektive

Einige Adjektive kommen nur in ihrer Grundform vor; sie werden weder flektiert noch gesteigert:

Adjektive in festen Wendungen ▸ In manchen formelhaften Wendungen hat sich noch die früher üblichere nicht gebeugte Form von Adjektiven gehalten; dies sind aber nur einige wenige Ausdrücke: ***ruhig*** *Blut, auf* ***gut*** *Glück, ein* ***gut*** *Teil,* ***lieb*** *Kind, ein* ***gerüttelt*** *Maß*

Bestimmte Adjektive vor Personennamen ▸ ***Klein*** *Erna,* ***Jung*** *Siegfried*

Nachgestellte Adjektive ▸ Besonders in der Sprache der Werbung finden sich immer häufiger ungebeugte nachgestellte Adjektive. Diese erzeugen Aufmerksamkeit, weil sie vom gewohnten Muster abweichen: *Hänschen* ***klein****, Forelle* ***blau****, Sonne* ***pur****, Urlaub* ***total****.*

Manche Farbadjektive ▸ Einige wenige Farbadjektive lassen sich nicht ohne Weiteres beugen: ***lila, rosa, beige, orange*** (→ *Sonderseiten „Farbbezeichnungen", S. 158f.*).

Einzelne Adjektive ▸ Einige vereinzelte Eigenschaftswörter können gar nicht gebeugt werden, zählen aber dennoch zur Klasse der Adjektive: ***prima, klasse, spitze, super.***

i Adjektive und Stil

In vielen Texten sind Adjektive unverzichtbar: Mit ihnen kann man Lebewesen, Dinge, Begriffe oder Handlungen näher beschreiben oder bewerten: *ein bemerkenswerter Film, ein mittelmäßiger Sänger, ein miserables Stück.* In sachlich beschreibenden Texten sorgen Adjektive für eine präzisere Darstellung, in der Werbung für eine positive oder negative Wertung. Aber auch persönliche Briefe erhalten durch Adjektive eine individuelle, lebendige Färbung, da sich mit ihnen besonders gut Gefühle, Stimmungen und Eindrücke vermitteln lassen.

Werbetexte / Produktbeschreibung: *Optisch überzeugt die neue Generation der Kastenwagen durch ein ansprechendes Innenleben, welches eher an ein gehobenes Pkw-Ambiente erinnert. Zugleich sind die Fahrzeuge aber so konstruiert, wie ein Arbeitstier sein sollte: vielseitig, zuverlässig und sparsam.*

Beschreibung: *Unter allen Stürmen können die zerstörerischen Tornados die höchsten Windgeschwindigkeiten erreichen. Bei einem Tornado steigt feuchtwarme Luft in einem Kanal nach oben und beschleunigt sich kontinuierlich bis die spiralförmigen Winde Geschwindigkeiten von über 400 km/h erreichen.*

Der Einsatz von Adjektiven kann aber auch problematisch sein, wenn man von ihnen übertrieben Gebrauch macht oder wenn abgegriffene stereotype Redewendungen (*treusorgende Mutter, liebreizende Gestalt*) verwendet werden.

AG

Plural – die AGs oder die AG? • Bei Abkürzungen wie *AG*, die im Femininum stehen, wird der Plural immer mit *-s* gebildet, da er sonst auch mit Artikel oder Pronomen nicht vom Singular unterschieden werden könnte (Singular: *die AG*, Plural: *die AGs*).
Die Lehmann-Werke AG musste oder mussten? • Steht ein Firmenname im Plural mit einem Zusatz wie *AG*, kann das Prädikat im Singular oder im Plural stehen: *Die Fritz-Lehmann-Werke AG musste/mussten Konkurs anmelden.*
Wird die Abkürzung *AG* jedoch zu *Aktiengesellschaft* aufgelöst und ist damit Teil des Firmennamens, muss der Singular stehen. Hier ist also nur korrekt: *Die Fritz-Lehmann-Werke Aktiengesellschaft musste Konkurs anmelden.*

Ahn – des Ahns oder des Ahnen?

Der Plural von *Ahn* kann im modernen Deutsch im Singular stark oder schwach dekliniert werden. Deshalb sind beide Formen gleichermaßen richtig. Im allgemeinen Schreibgebrauch werden jedoch die schwachen Formen bevorzugt:
des Ahnen (selten: *des Ahns*)
dem Ahnen (selten: *dem Ahn*)
den Ahnen (selten: *den Ahn*)
Im Plural ist nur die schwache Deklination üblich: *die Ahnen, der Ahnen, den Ahnen, die Ahnen.*

ähnlich

Folgt auf *ähnlich* ein Adjektiv, wird dieses parallel gebeugt. Es heißt also:
*ähnlich**er** reich**er** Niederschlag, ähnlich**e** groß**e** Mengen, ähnlich**e** hoh**e** Trefferquoten; ein ähnlich**es** gut**es** Resultat, ein ähnlich**es** journalistisch**es** Selbstverständnis.*
Die schwache Deklination gilt als veraltet und entspricht nicht mehr dem heutigen Sprachgebrauch: *Mit ähnlichem reichen Niederschlag ist zu rechnen.*
Ähnliches/ähnliches: Groß- oder Kleinschreibung • Wie alle Adjektive lässt sich *ähnlich* substantivieren. Es wird dann großgeschrieben: *etwas Ähnliches, das Ähnliche.*
ACHTUNG: Eine Substantivierung kann auch dann vorliegen, wenn *ähnlich* in der Form *Ähnliches* allein steht, also ohne vorangehenden Artikel oder vorangehendes Adjektiv. Die Substantivierung lässt sich daran erkennen, dass man das Pronomen *etwas* davorsetzen kann: *Sie haben (etwas)* ***Ähnliches*** *schon durchmachen müssen. Und (etwas)* ***Ähnliches*** *geschah auch auf dem Revier.*

ai oder ä – Portrait oder Porträt?

Bei einigen Fremdwörtern aus dem Französischen ist neben der Schreibung *ai* auch die eindeutschende Schreibung *ä* zugelassen. Im Allgemeinen Schreibgebrauch wird meist jedoch die fremdsprachliche Schreibung mit *ai* bevorzugt:
Drainage (selten: *Dränage*)
Mayonnaise (selten: *Majonäse*)
Necessaire (selten: *Nessessär*)
Polonaise (selten: *Polonäse*)
Portemonnaie (selten: *Portmonee*)
Eine Ausnahme bildet das Wort *Portrait*. Hier ist nach offizieller Regelung nur die eingedeutschte Schreibung *Porträt* zugelassen und wird entsprechend häufiger verwendet. Die fremdsprachige Schreibung ist aber bis heute nicht ganz aus dem Schreibgebrauch verschwunden.

Akkusativ – Akkusativobjekt

In Sätzen stehen Substantive in einem bestimmten Kasus (einem grammatischen Fall). Das Akkusativobjekt (Akkusativergänzung) antwortet auf die Frage „Wen?" oder „Was?":
Peter sieht einen Reiher. Wen (Was) sieht Peter? – *Einen Reiher.*
Diese Firma dominiert den Markt. Was dominiert die Firma? – *Den Markt.*
Paul liest einen Roman. Was liest Paul? – *Einen Roman.*
Verben mit doppeltem Akkusativ • Es gibt im Deutschen fünf Verben, die zwei verschiedene Akkusativobjekte bei sich haben können. Man spricht bei diesen Verben von einem „doppelten Akkusativ". Die Verben sind:
abfragen/abhören
fragen, kosten, lehren

Da der doppelte Akkusativ eine sehr seltene Konstruktion ist, wird einer der beiden Akkusative häufig durch einen Dativ ersetzt. Inwiefern dies als richtig gelten kann, lässt sich bei den einzelnen Verben nachschlagen.

→ *abfragen/abhören, kosten, lehren*

Aktiv und Passiv

Die beiden Tätigkeitsformen des Verbs sind das Aktiv (früher auch: Tatform, Tätigkeitsform) und das Passiv (früher auch: Leideform):
Aktiv: *Der Räuber hat den Tankstellenpächter schwer verletzt.*
Passiv: *Der Tankstellenpächter wurde von dem Räuber schwer verletzt.*
Aktiv: *Alina fängt den Ball.*
Passiv: *Der Ball wird von Alina gefangen.*

→ *Sonderseiten „Passiv“, S. 338f.*

aktuell – Aktuelle Stunde

Als *Aktuelle Stunde* bezeichnet man im deutschen Parlamentarismus die Debatten zu besonders aktuellen Themen. In der Rechtschreibung gilt daher der Ausdruck als „begriffliche Einheit“ mit fachsprachlichem Charakter. Man kann das Adjektiv in solchen Fällen klein- oder großschreiben: *eine/die aktuelle/Aktuelle Stunde.*
Es empfiehlt sich jedoch die Großschreibung, um die Fügung gegen die nicht fachsprachliche Bedeutung abzusetzen.
Die gleichlautende Fernsehsendung des WDR gilt dagegen als Titel. Hier muss großgeschrieben werden: *Aktuelle Stunde.*

-al/-ell: Adjektive auf -al und -ell

Wenn Adjektive auf *-al* und Adjektive auf *-ell* in Konkurrenz zueinander stehen, dann haben sie im Allgemeinen verschiedene Bedeutungen:
formal: „die Form betreffend, auf einer Form beruhend“
formell: „förmlich, die äußeren Formen, die Umgangsformen (genau) beachtend“
ideal: „vollkommen, mustergültig“
ideell: „nur in der Vorstellung vorhanden“
nominal: „zum Nennwert, in der Art eines Nomens“
nominell: „(nur) dem Namen nach, angeblich“
original: „ursprünglich, echt, urschriftlich“
originell: „eigen, neuartig, treffend, geistreich“
rational: „vernünftig“
rationell: „wirtschaftlich“
real: „tatsächlich, wirklich“
reell: „ehrlich, redlich“

→ *funktional oder funktionell?*

Was Etymologie über Geister erzählen kann – *Albtraum* oder *Alptraum*?
Am Ursprung stand der *Alb,* die weibliche Form lautete *Elbe.* Der *Alb* steht für ein mythisches Wesen, das zwischen Menschen, Göttern und Zwergen existierte. Möglicherweise geht das Wort auf altindisch *rbhu* zurück, das kunstreiche Halbgötter bezeichnet. Tatsächlich werden in der Überlieferung die *Alben* neben den Zwergen als kunstfertige Schmiede beschrieben. Im allgemeinen Sprachgebrauch wurde das Wort nach und nach durch das englischstämmige *Elf* bzw. *Elfe* verdrängt. Erst durch die moderne Fantasy-Literatur wurden die *Elben* wieder „modern“. Frühere Sprachforscher glaubten noch an eine Unterscheidung zwischen *Alp* und *Alb:* hier der *Alb,* der als guter Lichtgeist den Menschen freundlich gesonnen ist; dort der böse *Alp,* der den Menschen nachts üble Träume schickt (Bild: „Der Nachtmahr“ von Johann Heinrich Füssli). Deshalb schrieb man nur *Alptraum* oder *Alpdrücken.* Man ist sich heute sicher, dass dies nicht den Tatsachen entspricht. Um keine Verwechslung mit dem Wort *Alp(e)* für „Bergweide“ zu erzeugen, legte man mit der Rechtschreibreform für das Geistwesen die Schreibung *Alb* fest. Bei den Zusammensetzungen blieben aber auch die alten Schreibungen gültig: *Albtraum/Alptraum, Albdruck/Alpdruck.*

ALG-II-Empfänger

Wenn eine mehrteilige Zusammensetzung eine Wortgruppe (hier: *ALG II*) enthält, wird der Bindestrich zwischen allen Bestandteilen gesetzt: *ALG-II-Empfänger, ALG-II-Antrag.*

all

Groß- und Kleinschreibung • Das Pronomen *all- (alle/aller/alles)* steht zwar oft mit einem Artikel, es gilt trotzdem nicht als substantiviert, man schreibt das Pronomen immer klein: *Er hat dieses alles vergessen. Dies alles hast du erlebt? Ich kann das alles noch nicht so richtig begreifen.*
Nur in der folgenden Wendung wird *all-* großgeschrieben: *Sie war sein Ein und Alles.*
all oder alle? • Das Pronomen *all-* kann vor einem Substantiv mit Artikel sowohl gebeugt als auch ungebeugt sein. Dabei gelten im Einzelnen die folgenden Regeln:
Im Singular wird *all* heute grundsätzlich nicht gebeugt: *All mein Geld ist verloren. Er ließ ihn all seinen Hass spüren. All dieses Gerede über seine Herkunft hat ihm nicht geschadet. Wie konnte sie trotz all dieser Heuchelei freundlich bleiben?*
Im Plural kann neben der ungebeugten auch die gebeugte Form stehen. Diese ist im Dativ oder im Genitiv jedoch selten: *All* (auch: *alle*) *meine Kinder kommen. Wir helfen all* (selten: *allen*) *diesen Menschen. Das Glück all* (selten: *aller*) *dieser Menschen liegt mir am Herzen.*
alle neuen Bücher • Folgt nach *all-* ein Adjektiv oder ein Partizip, so wird dies in aller Regel schwach gebeugt: *von allem frisch**en** Gemüse, mit aller unschuldig**en** Freude, alle neu**en** Bücher.*
aller Ärger • Steht *all-* allein vor einem Substantiv, so wird *all* immer stark gebeugt: *all**e** Milch, all**er** Ärger, all**er** Wahrscheinlichkeit nach, aus all**er** Welt.*
Nur im Genitiv Singular überwiegt beim Maskulinum und Neutrum die schwache Form: *all**en** Ernstes; trotz all**en** Wissens; das Ertragen all**en** Spotts.*
Steht *all-* vor einem substantivierten Adjektiv oder Partizip, so steht immer die starke Form: *die Überprüfung all**es** Geschriebenen.*
dem allen/allem • Das Indefinitpronomen *all-* kann auch nach einem anderen Pronomen stehen, es wird dann stark gebeugt: *das all**es**, dies(es) all**es**, die all**e**, wir all**e**; euer all**er** Verdienst; was all**es**.*
Lediglich nach *dem, diesem* oder anderen Demonstrativpronomen im Dativ Singular findet sich häufiger die schwache Form: *dem all**en*** (auch: *all**em***), *diesem all**en*** (auch: *diesem all**em***).

alle oder die ganzen?

Wendungen wie diese hört man in der gesprochenen Sprache immer wieder: *Die ganzen Schüler mussten aufstehen. Die ganzen Hoffnungen ruhten auf ihm.* Im Geschriebenen gilt dieser Gebrauch jedoch als umgangssprachlich und sollte vermieden werden. Richtig ist nur: *Alle Schüler mussten aufstehen. Alle Hoffnungen ruhten auf ihm.*

allein

allein stehen/alleinstehen • In wörtlicher Bedeutung schreibt man Verbindungen aus *allein* und einem Verb getrennt: *ein Haus, das allein (auf weiter Flur) steht; ein Mann, der seine Kinder allein erzieht.*
In übertragener Bedeutung schreibt man zusammen: *ein Mensch, der alleinsteht* (= ohne Partner lebt).
allein stehend/alleinstehend • Die Schreibung von Partizipien, die wie ein Adjektiv gebraucht werden, richtet sich nach der Schreibung der zugrundeliegenden Verbformen.
Das Partizip eines getrennt geschriebenen Verbs kann als Adjektiv getrennt oder zusammengeschrieben werden: *das allein stehende/alleinstehende Haus; die allein erziehende/alleinerziehende Mutter.* In der übertragenen Bedeutung ist nur die Zusammenschreibung richtig: *die alleinstehende junge Frau.*
Das gilt für die substantivierten Partizipien gleichermaßen. In der konkreten Bedeutung sind beide Schreibungen möglich: *Die Zahl der allein Erziehenden/Alleinerziehenden hat sich verdoppelt.* In der übertragenen Bedeutung ist nur die Zusammenschreibung korrekt: *die Alleinstehenden.*

Kommasetzung • Wird *allein* als Konjunktion verwendet, um einen Widerspruch anzudeuten, muss ein Komma stehen:
Ich habe auf ihn gewartet, allein er ist nicht gekommen. Es waren noch genug Getränke da, allein der Sekt war ausgegangen.
Die Botschaft hör ich wohl, allein mir fehlt der Glaube. (Goethe, Faust I)
Ist *allein* als Adverb in den Ablauf des Satzes einbezogen, steht kein Komma:
Er allein ist an allem schuld.

Was eine „nährende Mutter" mit der Universität zu tun hat – *Alma Mater*
Heute dient *Alma Mater* als übertragene – manchmal auch scherzhafte – Bezeichnung für „Universität". Der lateinische Ausdruck, der wörtlich „nährende Mutter" bedeutet, wirkt dem ersten Anschein nach wie eine neulateinische humanistische Wortschöpfung. Tatsächlich reicht die Bezeichnung bis in vorchristliche, antike Zeiten zurück, denn *alma mater* war der Beiname, den die Römer der Fruchtbarkeitsgöttin Ceres gaben. Im Mittelalter wurde dieses Attribut zunächst auf Maria, später auf die allegorische Figur der Weisheit übertragen, die in den Handschriften auch bildhaft als nährende Mutter dargestellt wurde.
Geändert hat sich im Lauf der Zeit aber nicht nur die Bedeutung. *Alma Mater* ist auch ein gutes Beispiel für eine wichtige Regeländerung der Rechtschreibreform, die nicht selten übersehen wird: Bei mehrteiligen Substantiven aus anderen Sprachen werden heute das erste Wort sowie alle folgenden Substantive großgeschrieben. Die frühere Regel, wonach nur das erste Wort großzuschreiben war (z. B. *Alma mater*), gilt nicht mehr. Man schreibt daher nur: *Alma Mater.*

allerdings – Kommasetzung

Folgen nach *allerdings* ein nebengeordneter Teilsatz oder eine nachgestellte Erläuterung, werden diese durch Komma abgetrennt: *Wir haben eine neue Mitarbeiterin, allerdings ist sie noch sehr jung und unerfahren. Er ist gestern tatsächlich noch gekommen, allerdings wie immer viel zu spät.*
Wird *allerdings* in den Ablauf des Satzes einbezogen, steht kein Komma: *Die neue Mitarbeiterin ist allerdings noch sehr jung und unerfahren.* In Einzelfällen ist je nach Betonung beides möglich:
Er kam, allerdings nicht vor dem Abendessen.
Er kam allerdings nicht vor dem Abendessen.

Alliteration

Die Alliteration, auch Stabreim genannt, dient zur Hervorhebung bedeutungsvoller Wörter durch gleiche Anfangsbuchstaben: *Sie kommen mit **K**ind und **K**egel. Das Schiff ist mit **M**ann und **M**aus untergegangen.*

allzu

Das Adverb *allzu* schreibt man von darauf folgenden Adjektiven oder Adverbien immer getrennt: *allzu bald, allzu sehr, allzu eifrig, allzu schlecht.*

Alp

→ *Albtraum* oder *Alptraum*?

als – ich als Deutscher, er als Beamter

Das als-Attribut • In Konstruktionen wie *Er als Politiker konnte das nicht unterschreiben* handelt es sich bei der Wortgruppe *als Politiker* um ein sogenanntes **als-Attribut**, weil sich diese Wortgruppe auf ein Substantiv oder Pronomen (in diesem Fall: *Er*) bezieht.
REGEL: Das als-Attribut steht meist im selben Kasus wie sein Bezugswort.
Nominativ:
ich als Deutscher; er als Beamter; Herr Professor Lehmann als der Rektor der Universität
Akkusativ:
an ihn als Angestellten; ihn als Beamten; für Martin als den Besten von allen
Dativ:
mit Englisch als erster Fremdsprache; ihm als Beamtem;
bei Dr. Meier als dem Spezialisten

Der Nominativ anstelle des Akkusativs oder des Dativs ist in diesen Fällen nicht korrekt: Konstruktionen wie *mit Englisch als erste Fremdsprache* oder *ihm als Beamter* sollte man vermeiden.

ihn als Christ(en) / ihn als überzeugten Christen • Substantive wie *Christ, Präsident, Soldat* o.Ä., die auch schwach dekliniert werden können (→ *Sonderseiten „Substantiv", S. 410–413*), können im Akkusativ oder Dativ mit oder ohne die Endung *-en* stehen:
ihn als Christ(en) unserer Kirchengemeinde; für Herrn Schulze als Präsident(en) des Fußballclubs; ihm als Soldat(en) der Infanterie.
Geht dem Substantiv ein Artikel, Pronomen oder Adjektiv voran, muss die Endung stehen:
ihn als überzeugten Christen unserer Kirchengemeinde; für Herrn Schulze als würdigen Präsidenten des Fußballclubs; ihm als tapferem Soldaten der Infanterie.

als-Attribut beim Genitiv • Bezieht sich das als-Attribut auf ein Substantiv oder Pronomen im Genitiv, so steht es ebenfalls im Genitiv, wenn es einen Artikel enthält: *die Würdigung Helgas als* ***einer*** *verdienten Mitbürgerin. Wir gedenken dieses Vorfalls als* ***des*** *wichtigsten Ereignisses des Jahres.*
Steht das als-Attribut ohne Artikel, dann steht es im Nominativ: *die Würdigung Helgas als Mitbürgerin. Wir gedenken dieses Vorfalls als wichtigstes Ereignis des Jahres.*
Ausnahme: Bei Substantiven im Femininum ohne Artikel sind beide Konstruktionen korrekt: *die Würdigung Helgas als verdiente* (auch: *verdienter*) *Mitbürgerin. Wir bedürfen ihrer als verdiente* (auch: *verdienter*) *Mitbürgerin.*

als oder wie?

größer als ich • Bei Steigerungen im Komparativ *(größer, älter, schneller)* steht heute nur noch *als*: *Er ist größer als ich. Das linke Haus ist älter als das rechte. Michael fährt schneller als Ralf.*
Die Konjunktion mit *wie* ist in der Umgangssprache zwar weit verbreitet, sollte aber im Schriftlichen vermieden werden.
(Falsch: *Er ist größer wie ich. Das linke Haus ist älter wie das rechte. Michael fährt schneller wie Ralf.*)

als sie kam / wie sie kommt • Wenn ein vergangenes Geschehen geschildert wird, dient die Konjunktion *als* zur Angabe der Gleichzeitigkeit:
Als sie nach Hause kam, kochte er gerade Tee.
Als sie nach Hause gekommen ist, hat er gerade Tee gekocht.
Der Gebrauch von *wie* anstelle von *als* gilt in solchen Fällen als umgangssprachlich. Im schriftlichen Sprachgebrauch sollte man Sätze wie die folgenden vermeiden: *Wie sie nach Hause kam, kochte er gerade Tee.*
Stehen Haupt- und Nebensatz allerdings im Präsens, dann sind *als* und *wie* gleichermaßen korrekt:
Wie sie nach Hause kommt, kocht er gerade Tee.
Ebenso: *Als sie nach Hause kommt, kocht er gerade Tee.*

als – Kommasetzung

Die unterordnende Konjunktion *als* verbindet Haupt- und Nebensätze. Diese werden durch Komma voneinander abgegrenzt:
Als er endlich zu Hause eintraf, waren alle schon längst beim Essen.

Komma vor als bei Vergleichen • Wird *als* bei Vergleichen verwendet steht nur dann ein Komma, wenn *als* einen vollständigen Vergleichssatz mit Subjekt und Prädikat einleitet:
Wir sind im gleichen Hotel, haben aber ein anderes Zimmer, als wir es im vorigen Jahr hatten.
Die Forschungsabteilung gibt mehr Geld aus, als der Vertrieb umsetzen kann.
Er trat nicht als Advokat der freien Markwirtschaft auf, als der er oft gesehen wird.
Vor *als* steht kein Komma, wenn nur ein einfacher Vergleich folgt: *Sven ist größer als Benjamin. Wir sind im gleichen Hotel, haben aber ein anderes Zimmer als voriges Jahr.*

…, als schwimmen zu gehen – Komma vor Infinitivgruppen • Vor Infinitivgruppen, die mit *als* eingeleitet werden, muss ein Komma stehen. Dies gilt auch dann, wenn *als* zwei Infinitivgruppen verbindet:
Sie brauchen nichts zu tun, als abzuwarten.
Bei dieser Hitze gibt es nichts Schöneres, als schwimmen zu gehen. Es ist besser, selbst mit anzupacken, als nur zuzusehen.

Vor einfachen Infinitiven steht dagegen kein Komma:
Es gibt nichts Schöneres als schwimmen.
..., als dass, als ob, als wenn – Komma bei mehrteiligen Konjunktionen • Steht *als dass, als ob* oder *als wenn* am Anfang eines Nebensatzes, setzt man das Komma vor *als:*
Ich hätte mir lieber die Zunge abgebissen, als dass ich ihn verraten hätte. Sie rannte, als ob es um ihr Leben ginge. Er sprach so laut, als wenn wir schwerhörig wären.

..., also – Kommasetzung

Leitet *also* eine nachgestellte Erläuterung ein, wird diese durch Komma abgetrennt:
Er ist immer für seine Patienten da, also auch sonntags. Sie liebte Edelsteine, also Diamanten, und besaß viele davon.
Wenn *also* in den Ablauf des Satzes einbezogen ist, steht kein Komma:
Er ist also auch sonntags für seine Patienten zu sprechen. Wann und wo treffen wir uns also morgen? An wen also soll ich mich wenden?

Alt-68er / Alt-Heidelberg

Alt-68er • Bei Zusammensetzungen aus *alt* und einer Ziffer setzt man nach *alt* einen Bindestrich, nicht jedoch vor der Ableitungssilbe *-er: Alt-68er.* Zusammensetzungen wie *Altbundeskanzler* oder *Altbundespräsident* gelten dagegen als übersichtliche Zusammensetzungen, die ohne Bindestrich stehen.
→ *Sonderseiten „Bindestrich“, S. 86f.*
Alt-Heidelberg / Alt Cosel • Bei Verbindungen aus *alt* und einem geografischen Eigenamen setzt man einen Bindestrich, wenn es sich z. B. um den Altstadtkern einer Stadt handelt:
Alt-Heidelberg, Alt-Wien.
Ist *alt* jedoch Bestandteil des offiziellen Stadtnamens, muss man sich nach der entsprechenden Schreibung richten. In Gebieten mit Deutsch als Amtssprache sind alle Ortsnamen (für Städte und Dörfer) und alle Namen für politische Gebietseinheiten (Regierungsbezirke und Kreise) juristisch normiert. Ihre Schreibungen können deshalb – auch hinsichtlich der Bindestrichsetzung – von den geltenden orthografischen Regelungen abweichen. Dies gilt insbesondere für Ortsnamen mit *Alt* und *Neu*, die oft getrennt oder aber zusammengeschrieben werden:
Alt Cosel, Alt Gaarz
Altkölln, Altreichenau

alt / Alt – älter / der Ältere

alt / Alt – Substantivierung • Als Adjektiv schreibt man *alt* grundsätzlich klein: *das alte Haus, die älteren Herren. Ich fand die Bewohner des Hauses sehr freundlich, vor allem die älteren.*
Als substantiviertes Adjektiv schreibt man *alt* dagegen groß: *beim Alten bleiben; es beim Alten lassen; ganz der Alte sein; am Alten hängen; Alt und Jung; Alte und Junge; Altes und Neues; aus Alt mach Neu; der Älteste* (der Gemeindeälteste); *mein Ältester* (mein ältester Sohn).
alt / älter in Eigennamen • Adjektive in mehrteiligen Eigennamen schreibt man groß. Da die Fügung *der Ältere* als Bestandteil des Namens gilt, wird sie auch nicht mit Komma abgetrennt:
Pieter Bruegel der Ältere.
Auch in den folgenden Verbindungen gilt *alt* als Bestandteil des Namens:
der Alte Fritz (Friedrich der Große); *Alte Geschichte* (Geschichte des Altertums); *Alter Herr* (Mitglied einer Studentenverbindung nach dem Studium); *das Alte Land* (Region in der Elbmarsch); *die Alte Liebe* (Schiffsanleger in Cuxhaven); *das Alte Testament; die Alte Welt* (Europa).
In anderen Verbindungen schreibt man dagegen klein: *das alte Rom, die alten Griechen.*

Alternative

Das Wort *Alternative* bedeutete ursprünglich nur, „die Entscheidung zwischen zwei Wahlmöglichkeiten zu haben“: *Er stand vor der Alternative, entweder einen Kredit aufzunehmen oder auf sein Projekt zu verzichten. Die Vermieterin stellte ihn vor die Alternative, entweder das Rauchen aufzugeben oder das Haus zu verlassen.*
Im modernen Deutsch steht *Alternative* inzwischen aber auch für „die andere von zwei (oder

mehreren) Möglichkeiten": *Jetzt gibt es eine preiswerte Alternative zum teuren Neuwagen: Carsharing. Die neue Technik bietet eine echte Alternative.* Beide Bedeutungen gelten als korrekt.

altsprachlich / altsprachig

Die Bedeutungen von mit den Bestandteilen *-sprachig* und *-sprachlich* zusammengesetzten Adjektiven unterscheiden sich insofern, als die Zusammensetzungen mit *-sprachig* auf den konkreten Gebrauch von Sprachen hindeuten: *Er ist zweisprachig* (= er kann zwei Sprachen sprechen). *Sie ist anderssprachig als ich* (= sie spricht eine andere Sprache als ich).
Die Zusammensetzungen mit *-sprachlich* deuten auf die Bezugnahme auf eine Sprache hin: *ein altsprachliches Gymnasium* (= Gymnasium, an dem alte Sprachen gelehrt werden).

alttestamentarisch / alttestamentlich

Die Wörter *alttestamentarisch* und *alttestamentlich* sind nicht bedeutungsgleich: Man verwendet *alttestamentlich* mit der Bedeutung „das Alte Testament betreffend", also z. B.: *alttestamentliche Schriften, alttestamentliche Lehre.*
Demgegenüber bedeutet *alttestamentarisch* „nach der Art des Alten Testaments": *das alttestamentarische Prinzip von Schuld und Sühne.*

am oder an?

→ *an oder am?*

am größten, am weitesten

Groß- und Kleinschreibung • Es gibt zwei Arten des Superlativs nach *am:*
Nach Superlativen des ersten Typs kann man mit „Wie?" fragen. Das Adjektiv im Superlativ wird dann kleingeschrieben:
Mit dieser Software kommen Sie am einfachsten ins Internet. (Frage: „Wie?")
Mir gefällt dieses Hemd am besten. (Frage: „Wie?")
TIPP: Bei diesem Superlativ kann man *am* **nicht** zu *an dem* auflösen.
Nach Superlativen des zweiten Typs fragt man mit „Woran?" oder „Worauf?". In diesem Fall schreibt man das Adjektiv groß:
Wir dürfen den Lernfortschritt nicht am Dümmsten messen. (Frage: „Woran?")
TIPP: Bei diesem Superlativ kann man *am* zu *an dem* auflösen:
Sie zeigt beim Einkaufen nur am (= an dem) *Auffallendsten und Teuersten Interesse.*

Wo Beamte wiehern – der *Amtsschimmel*
Der seit dem 19. Jahrhundert bekannte *Amtsschimmel* ist ein beliebter Ausdruck für die überbordende Bürokratie. Wem durch eine Behörde Absurdes widerfahren ist, der kleidet dies gerne in die Redewendung *da wiehert der Amtsschimmel.* In der Schweiz kann die Wendung aber auch positiv verstanden werden: Wer den *Amtsschimmel reitet*, der spannt die Behörden für seine Zwecke ein. Sprachgeschichtlich freilich hat der *Amtsschimmel* mit dem Pferd wohl nichts gemein, und auch der naheliegende Bezug auf verschimmelnde Akten führt in die Irre. Sicher ist man sich über den Ursprung des Wortes zwar nicht, zugrunde liegt aber wohl das Wort *Simile.* In Österreich bezeichnete man damit ein vorgedrucktes Musterformular, mit dem wiederkehrende Fälle schematisch abgearbeitet werden konnten. Auch die Grundbedeutung des Wortes aus lateinisch *similis* „ähnlich" zeigt diese Verwendung an. Offenbar wurde das Wort volksetymologisch zu *Schimmel* umgedeutet.

amen / Amen

Wird *amen* wie ein Adverb gebraucht, schreibt man klein. Dies gilt zum Beispiel für die Verwendung als Schlusswort am Ende von Gebeten: *Gelobt sei Jesus Christus, amen.*
In der Verwendung als Substantiv schreibt man dagegen groß: *sein Amen zu etwas geben. Das ist so sicher wie das Amen in der Kirche.*
In der Wendung *zu allem ja / Ja und amen / Amen sagen* kann man klein- oder großschreiben.

Amerikanismen

→ *Sonderseiten „Anglizismen“, S. 40–43*

an oder am?

Grundregel • Zur Angabe der Lage („Wo?“) steht *an* mit dem Dativ, zur Angabe der Richtung („Wohin?“) mit dem Akkusativ:
Das Fahrrad lehnt ***am*** *Gartenzaun.*
Ich lehne das Fahrrad ***an den*** *Gartenzaun.*
In einigen festen Wendungen kommt *an* in der Bedeutung von „auf“ vor: *an Bord; am Boden, am Lager* (neben: *auf dem Boden, auf Lager*).
Besondere Verben mit Akkusativ und Dativ • Bei einigen Verben, insbesondere bei Verben mit der Vorsilbe *an-*, ist sowohl Dativ als auch Akkusativ möglich: *anbauen, anbringen, anklammern, ankleben, anlegen, anleimen, anlöten, anmontieren, anschließen, anschweißen.*
Der Zettel ist an dem Brett / an das Brett angeklebt.

an oder zu Ostern?

Wird *an* zeitlich gebraucht, kann es auch bei Bezeichnungen für Festtage stehen: *an Himmelfahrt, an Fronleichnam, an Weihnachten.*
Im Norden des deutschen Sprachgebiets überwiegt allerdings der Gebrauch von *zu*: *zu Ostern, zu Pfingsten, zu Weihnachten.*

an Stelle

→ *anstelle*

an – von ... an / ab

→ *von*

anbauen an

Nach *anbauen an* kann sowohl der Akkusativ als auch der Dativ stehen: *Wir haben an unser / unserem Haus einen Wintergarten angebaut.*
Wie *anbauen* können auch folgende Verben mit Akkusativ oder Dativ stehen: *anbringen, anklammern, ankleben, anlegen, anleimen, anlöten, anmontieren, anschließen, anschweißen.*

-and / -ant bei Substantiven

Die beiden Nachsilben *-and* und *-ant* sind ein Erbe der lateinischen Sprache. Sie haben eine unterschiedliche Bedeutung.
Die **Endsilbe *-and*** leitet sich vom lateinischen Gerundivum her und hat passivische Bedeutung. Sie zeigt in den meisten Fällen an, dass mit jemandem etwas geschehen soll:
Konfirmand (Person, die konfirmiert werden soll)
Proband (Person, die geprüft werden soll)
Rehabilitand (Person, die nach einer Krankheit oder einem Unfall wieder in das berufliche und private Leben eingegliedert werden soll)
Diplomand (Person, die diplomiert werden soll)
Doktorand (Person, die promoviert werden soll)
Die **Endsilbe *-ant*** stammt vom lateinischen Partizip Präsens und hat aktivische Bedeutung. Sie zeigt in den meisten Fällen an, dass jemand etwas aktiv tut:
Applikant (Bewerber)
Demonstrant (Person, die an einer Demonstration teilnimmt)
Emigrant (ein Auswanderer)
Informant (Person, die Informationen übermittelt)
Intrigant (Person, die Ränke schmiedet)
Immigrant (ein Einwanderer)
Musikant (jemand, der ein Musikinstrument spielt)
Praktikant (jemand, der ein Praktikum macht)
Aber: *Arrestant* (Person, die in Arrest gehalten wird)

Gänsespuren im Text: Die *Anführungszeichen*

Die im Alltag meist als **Gänsefüßchen** bezeichneten Anführungszeichen sind zwar eher unauffällig, haben aber doch in Texten eine ganz entscheidende Funktion: Sie unterscheiden zum Beispiel das vom Autor oder der Autorin selbst Erdachte von den Worten anderer – so mancher Doktorarbeit hätte das Setzen von Anführungszeichen in der Vergangenheit sehr gut getan ... Aber nicht nur im wissenschaftlichen Bereich sind Anführungszeichen wichtig; auch um wörtliche Rede zu kennzeichnen oder Ausdrücke etwa als ironisch gemeint zu kennzeichnen, sind die kleinen Häkchen am Anfang und am Ende von Stellen, die aus dem Text herausgehoben werden sollen, wichtige Hilfsmittel.

Anführungszeichen bei wörtlicher Rede

Am häufigsten werden Anführungszeichen zur Kennzeichnung der wörtlichen Rede verwendet. Sie stehen zu Anfang und Ende der angeführten Aussage: *„Vergiss nicht, die Mailbox abzuhören“, sagte sie zu Julian.* Die wörtliche Rede kann mit einem (auch kommentierenden) Begleitsatz stehen. Dieser kann vor der wörtlichen Rede stehen, hinter ihr oder auch eingeschoben sein.

- *„Vergiss nicht, die Mailbox abzuhören“, sagte sie.*
- *„Vergiss nicht“, sagte sie, „die Mailbox abzuhören.“*
- *Sie sagte: „Vergiss nicht, die Mailbox abzuhören.“*

Folgt der wörtlichen Rede ein Begleitsatz nach einem Komma, erhält sie nur ein Satzschlusszeichen, wenn sie mit einem Fragezeichen oder einem Ausrufezeichen endet; ein Punkt entfällt: *„Hast du die Mailbox abgehört?“, fragte sie.*

Anführungszeichen und Satzzeichen

Sehr häufig steht bei der wörtlichen Rede, aber auch bei Zitaten ein Begleitsatz dabei, der von der direkten Rede abzutrennen ist. Geht er voran, steht ein Doppelpunkt; folgt er, steht ein Komma. Treffen verschiedene Satzzeichen aufeinander, gelten die Regeln der Zeichensetzung.

Zum wörtlich Wiedergegebenen gehörende Satzzeichen ▸ Prinzipiell werden Satzzeichen, die zur wörtlichen Rede gehören, ***vor*** das abschließende Anführungszeichen gesetzt. Nach diesem Schlusszeichen folgt kein Punkt mehr als Abschluss des Gesamtsatzes.

Er las aus dem Brief vor: „Am Montag werde ich schon in Potsdam sein.“ Sie fragte ihn verärgert: „Wo warst du so lange?“

Zum Begleitsatz gehörende Satzzeichen ▸ Wenn die Satzzeichen zum Begleitsatz gehören, stehen sie **nach** dem schließenden Anführungszeichen: *Der Oberbürgermeister sagte, er sehe in der Bewerbung für die Olympischen Spiele „eine große Chance für die ganze Region“. Hat er wirklich gesagt: „Das ist eine Chance für die ganze Region“?*

Frage- und Ausrufezeichen werden als Abschluss eines Frage- bzw. Ausrufesatzes auch dann gesetzt, wenn das wörtlich Wiedergegebene ebenfalls mit einem Frage- bzw. Ausrufezeichen schließt:

*Hat sie wirklich gefragt: „Wo warst du so lange?“***?** *Und sie hat doch laut gerufen: „Das stimmt einfach nicht!“***!**

Das **Komma** steht immer nach dem schließenden Anführungszeichen und dem eingeschobenen Begleitsatz. Es steht auch, wenn die wörtliche Rede mit einem Frage- oder Ausrufezeichen endet.

- **Begleitsatz am Anfang:** *Er sagte: „Bitte rufe mich heute Abend an", und verließ das Haus.*
- **Begleitsatz eingeschoben:** *„Bitte rufe mich heute Abend an", sagte er, „und zwar früh."*
- **Begleitsatz am Ende:** *„Bitte rufe mich heute Abend an", sagte er. „Wann rufst du mich an?", fragte er. „Bitte beeile dich doch!", sagte sie.*

Anführungszeichen bei Titeln und Zitaten

Werden Titel von Büchern, Theaterstücken, Zeitschriften oder einzelnen Artikeln angegeben oder bestimmte (kürzere) Textpassagen wie geflügelte Worte zitiert, setzt man diese auch in Anführungszeichen. Besonders bei der Angabe von Titeln gibt es normalerweise keine Schwierigkeiten mit der Interpunktion.

Titel ▸ Enthält eine Titelangabe einen Artikel, so steht dieser nur im Nominativ innerhalb der Anführungszeichen. Ein gebeugter Artikel steht außerhalb der Anführung. Das gilt auch für Eigennamen von Institutionen oder Waren.

- *Er liest „Die Blechtrommel" von Grass.*
- *Der Erfolg der „Blechtrommel" war riesig.*
- *Die Zeitung „Der Spiegel" erscheint in Hamburg.*
- *Die Auflage des „Spiegels" ist leicht gestiegen.*
- *Die Teilnehmer wohnen in der „Goldenen Gans".*

Zitate ▸ Je nach Länge des Zitats steht es ohne oder mit ankündigendem Doppelpunkt im Satz.

- *Sein ständiges „Eile mit Weile" nervt manchmal.*
- *Sein Motto ist „Eile mit Weile".*
- *Mein Motto ist: „Das Leben ist zu kurz, um schlechten Wein zu trinken."*

Hier sind die Übergänge zur wörtlichen Rede fließend, weshalb es zuweilen auch mehrere Möglichkeiten der Zeichensetzung gibt. Auch das Setzen der Doppelpunkte ist nicht immer zweifelsfrei anzuraten oder abzuraten.

Die halben Anführungszeichen

Halbe Anführungszeichen bekommt eine Anführung, die in einem bereits mit Anführungszeichen versehenen Text steht, also beispielsweise eine wörtliche Wiedergabe innerhalb der wörtlichen Rede:

- *„Und dann hat sie mir noch ‚Macho!' hinterhergerufen", beschwerte er sich.*
- *Sie fragte ihn: „Kannst du mir Umberto Ecos ‚Der Name der Rose' ausleihen?"*

i **Heute gibt's „frischen Fisch" …**

Ob der Händler das bedacht hat? Die Anführungszeichen dienen nicht nur der Kennzeichnung der wörtlichen Rede oder eines Zitats, sondern können auch gesetzt werden, wenn man sich von einer Äußerung **distanzieren** oder etwas Gesagtes deutlich als **ironisch** gemeint kennzeichnen möchte. Ist der Fisch also nicht frisch? Denn sinngemäß lassen sich die Anführungszeichen in solchen Fällen meist durch Wörter wie *angeblich* oder *sogenannt* ersetzen.

- *Die Fusion kostete „nur" 600 Millionen Euro.*
- *Er war wieder mal „krank".*
- *Na, das hast du ja „super" gemacht.*

Wenn der Ausdruck im Text tatsächlich durch ein Wort wie *angeblich, sogenannt, gewissermaßen* oder *sozusagen* gekennzeichnet ist, sind die Anführungszeichen überflüssig: *Ihre angebliche Migräne bekommt sie immer im passenden Moment. Er hat eine sogenannte Risikolebensversicherung abgeschlossen.*

andere(r, -s)

Groß- und Kleinschreibung • Das sogenannte Zahladjektiv *(der, die, das) andere* wird zwar grundsätzlich kleingeschrieben, auch dann, wenn es nach einem Artikel steht. Will der Schreibende jedoch zum Ausdruck bringen, dass das Zahladjektiv wie ein Substantiv gebraucht wird, kann er auch großschreiben:
der, die, das andere/Andere;
die anderen/Anderen;
der eine/Eine und der andere/Andere;
ein anderer/Anderer;
mit jemand anderem/Anderem reden;
niemand anderen/Anderen fragen;
alles andere/Andere;
etwas, nichts anderes/Anderes;
jmdn. eines anderen/Anderen belehren;
sich eines anderen/Anderen besinnen;
einer nach dem anderen/Anderen.
Abkürzungen werden nach wie vor nur kleingeschrieben:
und anderes/Anderes (Abkürzung: *u. a.*),
und anderes/Anderes mehr (Abkürzung: *u. a. m.*),
und vieles andere/Andere (Abkürzung: *u. v. a.*);
unter anderem/Anderem (Abkürzung: *u. a.*).
Deklination des folgenden Adjektivs • Adjektive und Partizipien, die nach *andere/anderer/anderes* folgen, werden in der Regel stark gebeugt: *andere**r** abgeliefert**er** Müll, andere**s** verkauft**es** Gut.*
Lediglich im Dativ Singular Maskulinum und Neutrum überwiegt die schwache Deklination: *mit andere**m** abgeliefert**en** Müll, bei andere**m** verkauft**en** Gut.*
Die starken Formen sind aber in diesen Fällen ebenfalls korrekt: *mit andere**m** abgeliefert**em** Müll, bei andere**m** verkauft**em** Gut.*

andererseits

andererseits/anderseits/andrerseits • Die Adverbien *andererseits/anderseits/andrerseits* sind gleichermaßen korrekt und gebräuchlich. Im allgemeinen Sprachgebrauch überwiegt die Form *andererseits.*
einerseits – andererseits: Kommasetzung •
→ *einerseits*

andernorts/anderenorts/anderorts

Die Adverbien *andernorts/anderenorts/anderorts* gelten gleichermaßen als korrekt. Die sprachgeschichtlich älteste Form *anderorts* ist im allgemeinen Schreibgebrauch allerdings kaum noch vertreten, es überwiegt die Form *andernorts.*

anders denkend/andersdenkend

Das Partizip Präsens zu *anders denken* kann getrennt oder zusammengeschrieben werden, wenn es wie ein Adjektiv gebraucht wird: *anders denkende/andersdenkende Mitbürger.*
Dies gilt auch für die substantivierte Partizipform: *die anders Denkenden/Andersdenkenden.*

anderseits/andererseits/andrerseits

→ *andererseits*

Andorra – Andorraner

Die Einwohner von *Andorra* bezeichnet man als *Andorraner,* das zugehörige Adjektiv lautet *andorranisch.*

aneinander – aneinanderhängen

Man schreibt *aneinander* mit dem folgenden Verb zusammen, wenn die Hauptbetonung auf dem Adverb *aneinander* liegt: *aneinanderreihen, aneinanderhängen, aneinanderfügen, aneinandergeraten.*
Auch die Infinitivformen mit *zu* werden zusammengeschrieben: *Die Teile sind exakt aneinanderzufügen. Er vergaß, die Waggons aneinanderzuhängen.*
Sind sowohl *aneinander* als auch das folgende Verb betont, schreibt man getrennt: *aneinander vorbeireden, aneinander denken.*

-aner

Werden Einwohnerbezeichnungen von Ortsnamen abgeleitet, steht in der Regel die Endung *-er: Berlin – Berliner.* Bei den Ortsnamen, die ohnehin schon auf *-er* enden, wird ein weiteres *-er* jedoch

als störend empfunden. Aus diesem Grunde wird bei diesen Ortsnamen im Allgemeinen statt *-er* meist die Endung *-aner* angehängt: *Hannoveraner, Höxteraner, Jeveraner, Münsteraner, Neumünsteraner, Salzgitteraner;* ebenso auch: *Kasselaner;* aber nur: *Königswinterer.*
Die Regel gilt nicht für Ortsnamen auf *-weiler*, bei denen der Einwohnername meist gleichlautend mit dem Ortsnamen ist: *Ahrweiler – der Ahrweiler; Eschweiler – der Eschweiler.*
ACHTUNG: *Badenweiler – der Badenweilerer.*

Weimarer und _Weimaraner_
Weimarer und *Weimaraner* sollte man heutzutage nicht verwechseln, wenn man sich nicht blamieren möchte. Denn im modernen Sprachgebrauch ist der Fall eindeutig: Mit dem Wort *Weimarer* bezieht man sich auf die Einwohner der bekannten Stadt (beispielsweise Goethe), mit *Weimaraner* dagegen auf die Vertreter einer Jagdhundrasse. Dabei ist der Ursprung eigentlich derselbe. Denn die aristokratischen Jagdhunde mit dem samtig grauen Fell und den intensiven hellen Augen erschienen erstmals in Weimar am Hof des Goethe-Freundes Herzog Karl August von Sachsen-Weimar Eisenach (1757–1828). Sprachlich gesehen kann man die Hunde also durchaus als Weimarer bezeichnen, warum also die unterschiedliche Benennung? Die Antwort liegt schlicht darin, dass im 18. Jahrhundert die Ausdrücke *Weimarer* oder *Weimaraner* gleichberechtigt und gleichbedeutend gebraucht wurden. Erst im modernen Deutsch hat sich die Bedeutungsunterscheidung durchgesetzt.

Weimarer

Weimaraner

Anführungszeichen

→ *Sonderseiten „Anführungszeichen", S. 36f.*

Angehörige

Das substantivierte Adjektiv *Angehörige(r)* kann wie ein Adjektiv stark oder schwach gebeugt werden. (→ *Sonderseiten „Substantivierte Adjektive", S. 418f.*)
Stark (z. B. ohne Artikel oder nach unbestimmtem Artikel): *Er war Angehörig**er** einer Sondereinheit. Angehörig**e** des Bundestages erhoben sich. Ich bin ein Angehörig**er**.*
Schwach (z. B. nach bestimmtem Artikel): *Der Angehörig**e** der Sondereinheit meldete sich. Die Angehörig**en** des Bundestages erhoben sich.*
Steht *Angehörige(r)* nach einem stark deklinierten Adjektiv, wird es ebenfalls stark dekliniert: *ein naher Angehörig**er**. Ihr Mann, ehemaliger Angehörig**er** der Berufsfeuerwehr, erschien ebenfalls.*
Auch im Genitiv Plural überwiegt die starke Deklination: *die Teilnahme aller Angehörig**er**.*
In den folgenden Konstruktionen kommt neben der starken auch die schwache Deklination vor: *Mir als Angehörig**en**/Angehörig**em** steht das nicht zu. Ihr als Angehörig**en**/Angehörig**er** sollte mehr Respekt entgegengebracht werden.*

angenommen(,) dass; abgesehen davon(,) dass

Bei den mehrteiligen Konjunktionen *angenommen(,) dass; abgesehen davon(,) dass,* deren erster Bestandteil besonders hervorgehoben werden soll, kann der Schreibende selbst entscheiden, ob er nach diesem ein weiteres Komma setzt. Der gesamte mit der mehrteiligen Konjunktion eingeleitete Nebensatz wird allerdings durch Komma abgegrenzt:
Morgen soll die Sonne scheinen, angenommen(,) dass der Wetterbericht stimmt.
Angenommen(,) dass sie die Wahrheit sagt…
Wir hatten keine Lust zu wandern, abgesehen davon(,) dass es kühl war.
Abgesehen davon(,) dass ich zu wenig Schlaf hatte, ist mir auch noch übel.

Anglizismen auf dem Weg ins Deutsche

Unter Sprachpflegern haben Anglizismen nicht den allerbesten Ruf. Und wer hat sich tatsächlich nicht schon über die unnötigen *Servicepoints*, *Helpdesks* oder *City-Calls* geärgert. Dennoch: In gewissem Umfang gehören Anglizismen einfach zum Deutschen dazu, in vielen Fachtexten sind sie ohnehin unverzichtbar. Und wer beim Schreiben ein paar einfache Grundregeln beachtet, kann die wesentlichen Hürden der „Integration" der Fremdwörter aus dem Englischen problemlos meistern.

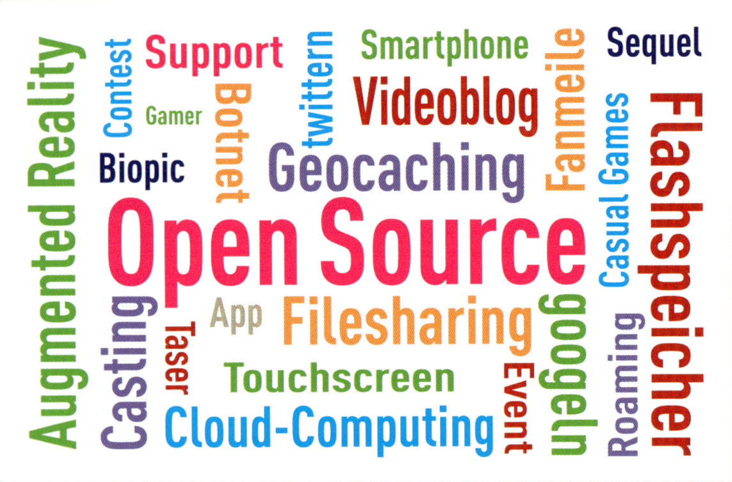

Die Grundregel der Integration

Auch wenn ein Fremdwort aus einer anderen Sprache stammt, so gehört es doch zum Deutschen. Denn es nimmt zahlreiche Eigenschaften der „Gast"-Sprache an, die es in seiner Ursprungssprache nicht hatte. Das gilt besonders für Anglizismen. Hier einige Regeln:

Das grammatische Geschlecht

Maskulinum, Femininum oder Neutrum? Die Frage nach dem grammatischen Geschlecht wird in den Sprachberatungen sehr oft gestellt. Eine eindeutige Regelung gibt es zwar häufig nicht, aber doch einige Orientierungspunkte:

- Das grammatische Geschlecht entspricht in den meisten Fällen dem des bedeutungsverwandten deutschen Wortes: *der Fight* (Kampf), *das Date* (Treffen), *der Coach* (Trainer), *das Cover* (Titelbild), *das Camp* (Lager), *die Power* (Kraft), *die Cloud* (Wolke).
- Formen auf *-ing*: Zu den häufigsten Entlehnungen aus dem Englischen gehören die Bildungen mit *-ing*. Im Deutschen entsprechen sie

Grundregeln der Integration	
Grammatisches Geschlecht bei Substantiven	***der** Manager, **die** Jeans, **das** Cover*
Großschreibung von Substantiven	*der **J**ob, das **S**urfen, das **L**ayout*
Zusammenschreibung	*Carsharing, Swimmingpool, Longdrink*
Konjugation von Verben	*er scann**t** das Blatt,* *das ist gut getim**t***
Bindestrichschreibung	*Knock-out, Make-up, Business-like*
Bedeutungsveränderung	*Public Viewing* (im Deutschen = *Großveranstaltung bei Direktübertragung*)
Neubildung	*Handy, Oldtimer, Pullunder*

den substantivierten Verben. Man vergleiche: *das Wassertreten – das Aqua-Jogging.* Formen auf *-ing* stehen daher fast immer im Neutrum.

- Maskulinum dominiert: Sehr viele Wörter, für die sich keine entsprechende deutsche Bedeutung finden lässt, stehen im Maskulinum. Das gilt besonders für einsilbige Wörter: *der Chip, der Boom, der Stress.*

Unsicheres grammatisches Geschlecht ▸ Bei einigen Wörtern, für die es mehrere deutsche Entsprechungen gibt, schwankt die Zugehörigkeit: *der Release* (auch: *das Release*); *der Cartoon* (weniger: *das Cartoon*); *das Break* (weniger: *der Break*).

In einigen Fällen gibt es regionale Unterschiede:

das Match	SCHWEIZ: *der Match*
die E-Mail	ÖSTERREICH, SCHWEIZ: *das E-Mail*

Getrennt oder zusammen

Hier gilt wie auch sonst im Deutschen: Auf die Wortart kommt es an!

Substantive ▸ Auch für Anglizismen gilt, dass Substantive immer zusammengeschrieben werden: *Airbag, Assessmentcenter, Cashflow, Desktoppublishing, Carsharing, Shareholdervalue.*

ACHTUNG: Die aus dem Englischen übernommene Getrenntschreibung *Desktop Publishing, Shareholder Value* gilt in diesen Fällen **nicht** als standardsprachlich.

TIPP: Bei unübersichtlichen Zusammensetzungen sollte man zur besseren Lesbarkeit einen Bindestrich setzen: *Desktop-Publishing.*

Adjektiv und Substantiv ▸ Bei Verbindungen aus Adjektiv und Substantiv, die zusammen eine begriffliche Einheit bilden, muss man auf die Betonung achten. Liegt die Hauptbetonung ausschließlich auf dem ersten Teil, schreibt man zusammen: *Freestyle, Hardcover, Hotline, Software, Topstar.*

Werden beide Bestandteile betont, muss getrennt geschrieben werden. Oft handelt es sich bei einem der beiden Bestandteile um ein mehrsilbiges Wort: *Compact Disc, Electronic Banking, High Society, Open Air, Public Relations, Running Gag.*

Sind beide Arten der Betonung möglich, ist die Schreibung freigegeben. Bei Getrenntschreibung werden beide Bestandteile großgeschrieben: *Fastfood / Fast Food, Hotdog / Hot Dog, Hotspot / Hot Spot, Longdrink / Long Drink, Shortstory / Short Story, Smalltalk / Small Talk.*

Verbindungen aus Verb und Adverb ▸ Die im Englischen recht häufige Verbindung aus Verbstamm und Adverb wie *take + off, knock + out*, die zusammen ein Substantiv bilden, sind im Deutschen nur selten anzutreffen (z. B. *der Kehraus*). In solchen Fällen kann entweder der Bindestrich stehen oder zusammengeschrieben werden: *Take-off / Takeoff, Black-out / Blackout, Count-down / Countdown, Lay-out / Layout, Show-down / Showdown.*

ACHTUNG: Für *Make-up* sollte aus Gründen der Lesbarkeit nur die Schreibung mit Bindestrich gewählt werden: *Make-up* (nicht: *Makeup*).

i ***Email* oder *E-Mail*?**

Die erste offizielle elektronische Nachricht nach Deutschland traf 1984 in Karlsruhe ein. Erfunden hatte das elektronische Medium der Amerikaner und gebürtige Niederländer Raymond Tomlinson. Obwohl Deutschland damit seit über 30 Jahren an internationale elektronische Post angeschlossen ist und zusammen mit dem neuen Medium auch der Ausdruck *E-Mail* ins Deutsche kam, gibt es einen feinen Unterschied: Im Englischen und Amerikanischen steht für die Elektronische Post *email*, im Deutschen dagegen *E-Mail*.

Dieses Wort ist ein gutes Beispiel dafür, dass auch internationale Anglizismen an hiesige Rechtschreibregeln angepasst werden. Hier gilt nämlich die Regel, nach der Einzelbuchstaben immer mit Bindestrich vom Wort abgegrenzt werden. Man schreibt also nur: *E-Mail*. Nur so lässt sich das Wort orthografisch von der aufgeschmolzenen Glasmasse *Email* bzw. *Emaille* unterscheiden.

Konjugation von Verben aus dem Englischen

Viele Anglizismen kommen als Verben zu uns ins Deutsche. Das aber bringt häufig Schwierigkeiten, denn Verben müssen konjugiert, also gebeugt werden.

Die „normalen" Verben ▸ Bei manchen Verben ist die Beugung überhaupt kein Problem, bei anderen tut man sich schwerer. Die unproblematischen Verben sind die, deren Formenbildung bei der Konjugation im Deutschen nicht anders ist als die der herkömmlichen deutschen Verben:

checken *ich checke – du checkst – er checkt – ich checkte – du checktest – er hat gecheckt*

mailen *ich maile – du mailst – er mailt – ich mailte – du mailtest – er hat gemailt*

scannen *ich scanne – du scannst – er scannt – ich scannte – du scanntest – er hat gescannt*

Nach dem gleichen Muster werden sehr viele Verben gebeugt, zum Beispiel: *bowlen, dealen, designen, rocken, sprayen, surfen.*

Bei Verben, deren **Stamm auf -d oder -t** auslautet, wird, wie bei ursprünglich deutschen Verben, zwischen Stamm und konsonantische Endung ein ***e*** eingeschoben (*rett-en* → *du rettest*):

chatten *ich chatte – du chattest – er chattet – ich chattete – du chattetest – er hat gechattet*

Nach dem gleichen Muster gebeugt werden: *cutten, fighten, outen, skaten.*

Verben aus dem Englischen mit Doppelkonsonant ▸ Hier gibt es einen Unterschied zwischen Verben, die aus dem Englischen ins Deutsche kommen und deutschen Verben. Bei ursprünglich deutschen Wörtern bleibt ein Doppelkonsonant im Wortstamm auch dann erhalten, wenn ein Wortartwechsel stattfindet: So wird beispielsweise *schütten* mit Doppelkonsonant geschrieben und entsprechend auch das davon abgeleitete Substantiv *Schutt*. Für neu aus dem Englischen entlehnte Wörter gilt diese Regel nicht (Ausnahmen sind *Stopp* und *Tipp*). Vielmehr gilt in den meisten Fällen, dass die aus dem Englischen entlehnten **Substantive mit nur einem Konsonanten** geschrieben werden, die zugehörigen **Verben aber mit Doppelkonsonant:**

der Log-in → *einloggen*
der Flop → *floppen*
der Job → *jobben*

Der Doppelkonsonant bleibt **grundsätzlich bei allen Verbformen erhalten.** Es heißt also:

jobben *ich jobbe – du jobbst – er jobbt – ich jobbte – du jobbtest – er hat gejobbt*

Verben mit stummem -e im Stamm ▸ Bei einigen Verben aus dem Englischen kommt es zu Unsicherheiten bei der Konjugation, weil sie mit einem stummen *e* auslauten, wie *time.* Bei der Konjugation im Deutschen ist das *e* immer Bestandteil der Konjugationsendung, es zeigt z. B. die 1. Person Singular an (wie in *ich sing-e*); der eigentliche Verbstamm hingegen endet stets ohne *e* (also *sing-*).

Solche englischen Verben werden bei der Übernahme in die deutsche Sprache den deutschen Verben einfach angeglichen: das *e* im Stamm entfällt. Es heißt also: *Der Einsatz der Polizei war gut getimt.* Die Konjugationsformen des Verbs *timen* („zeitlich gut abstimmen") lautet dementsprechend:

timen *ich time – du timst – er timt – ich timte – du timtest – er hat getimt*

Updaten und downloaden ▸

- Das Verb *downloaden* („aus dem Internet herunterladen" von engl. *to load down*) wird in den gebeugten Formen wie ein untrennbares Verb konjugiert: *ich downloade – du downloadest – er downloadet.* Als Partizip II und als Infinitiv mit *zu* verhält es sich wie ein trennbares Verb: *Hast du dir das Spiel downgeloadet?* (nicht: *gedownloadet*). *Ich bin gerade dabei, sie downzuloaden* (nicht: *zu downloaden*).
- Gleiches gilt für das Verb *updaten* („aktualisieren" von englisch *to update*). In den gebeugten Formen wird es wie ein untrennbares Verb behandelt: *ich update – du updatest – er updatet.* Als Partizip II und als Infinitiv mit *zu* wird es hingegen wie ein trennbares Verb gebraucht: *Ich habe gerade alles upgedatet. Ich empfehle dir, die Software upzudaten.*

Grammatische Einflüsse

Der Einfluss des Englischen auf die Grammatik des Deutschen wird meist überschätzt. Für den Sprachgebrauch sind nur wenige Fälle nachweisbar.

Englands Königin ▸ Die Voranstellung des Genitivattributs (*Englands Königin* statt *die Königin von England, der Verkehr auf Berlins Straßen* statt *der Verkehr auf den Straßen Berlins*) ist eine Konstruktion, die im Gegenwartsdeutschen zurückzugehen schien, schließlich aber durch den Einfluss der englischen Sprache wiederbelebt wurde.

Sagte die Außenministerin ▸ Ähnliches gilt für die Umstellung von Subjekt und Verb (*Sagte die Außenministerin: „Ich bin optimistisch“* statt *Die Außenministerin sagte: …*), deren Gebrauch zwar auch im Deutschen nicht unüblich ist, aber durch den Einfluss des Englischen zugenommen hat.

In 2015 ▸ Die aus dem Englischen übernommene Wendung *in 2015* anstelle von *im Jahre 2015* ist im Standarddeutschen nicht korrekt.

Lehnübersetzungen

Lehnübersetzungen ▸ Lehnübersetzungen sind wörtliche Übertragungen fremdsprachiger Wörter oder Begriffe ins Deutsche, die es bis dahin nicht gab. Von wenigen Fügungen abgesehen, gibt es keine Probleme: *Gehirnwäsche (brainwashing); Gipfelkonferenz (summit conference); Halbleiter (semi conductor); Kabelfernsehen (cable television); Lebensqualität (quality of life); Netzwerk (network); Technologie (technology); schweres Wasser (heavy water); weiche Landung (soft landing); schweigende Mehrheit (silent majority); nicht notwendigerweise (not necessarily).*

Als problematisch gilt die nach englischem Vorbild gebildete Fügung *das macht Sinn (that makes sense).* Sie wird als umgangssprachlich empfunden und sollte im Geschriebenen durch Formulierungen wie *das ergibt Sinn* ersetzt werden.

Wortbildung ▸ Auch die Wortbildung folgt in einigen Fällen nach englischem Muster. Das gilt für Vorsilben und Nachsilben. Sie sind inzwischen fester Bestandteil der Standardsprache:

best-: die bestangezogenen Stars (für: *am besten angezogen*).

Ex-: Ex-Bundeskanzler (für: *Altbundeskanzler*), *Ex-Freund* (für: *früherer Freund*)

Top-: Top-Spiel der Bundesliga (für: *Spitzenspiel*)

super-: superweich (für: *besonders weich*), *superschnell* (für: *besonders schnell*)

-weit (-wide): bundesweit, landesweit, weltweit.

Eine Reihe zusammengesetzter Wörter stellt eine Mischung aus Deutsch und Englisch dar: *Discountmarkt, Livesendung, Popsänger, Werbespot.*

i canceln und abkanzeln

Das englische Verb *to cancel* geht ebenso wie das gleichlautende deutsche Wort *Kanzel* auf das lateinische Wort *cancelli* „Gitter, Schranke“ zurück. Als *cancelli* bezeichnete man im Mittelalter den erhöhten, durch eine Begrenzung eingefassten Platz für die Prediger. Das abgeleitete Verb *cancellare* hatte dagegen die Bedeutung „durchstreichen“, weil die kreuzweisen Federstriche, mit denen die mittelalterlichen Schreiber ein Dokument annullierten, an ein Gitter erinnerten. Sie führten zum englischen Verb *to cancel.* Das Verb *kanzeln* ist dagegen vom Substantiv *Kanzel* abgeleitet. Zunächst bedeutete *kanzeln* oder auch *abkanzeln* „Aufgebote, Trauungen oder Todesfälle bekanntgeben“, später auch „öffentlich vor der Gemeinde tadeln“. Seit dem 18. Jahrhundert wird *abkanzeln* allgemein im Sinne von „jemanden zurechtweisen, heftig tadeln“ gebraucht. Auch das englische Verb *cancel* ist mittlerweile fester Bestandteil des Deutschen. Es wird ähnlich gebeugt wie *abkanzeln*: *Ich kanzle ihn ab - Ich cancle den Flug.*

Angestellte(r)

Das substantivierte Adjektiv *Angestellte(r)* kann wie ein Adjektiv stark oder schwach gebeugt werden. (→ *Sonderseiten „Substantivierte Adjektive", S. 418f.*)
Stark (z. B. ohne Artikel oder nach unbestimmtem Artikel): *Ein Angestellt**er** meldete sich. Angestellt**e** des Bundes und des Landes gingen auf die Straße. Ich bin in diesem Unternehmen Angestellt**er**. Zahlreiche Angestellt**e** wurden entlassen.*
Schwach (z. B. nach bestimmtem Artikel): *Der Angestellt**e** kam heute nicht zum Dienst. Die Angestellt**en** wählten einen Betriebsrat.*
Bezieht sich ein stark dekliniertes Adjektiv auf *Angestellte(r)*, wird dieses ebenfalls stark dekliniert: *ein leitend**er** Angestellt**er**. Die Verantwortung leitend**er** Angestellt**er** wird oft unterschätzt.*
Bei folgenden Wendungen sind sowohl starke als auch schwache Formen im Gebrauch: *Ihm als Angestellt**en**/Angestellt**em** hätte klar sein müssen, ... Ihr als Angestellt**en**/Angestellt**er** konnte man diesen Vorwurf wohl kaum machen.*

Anglizismen

→ *Sonderseiten „Anglizismen", S. 40–43.*

anhand – anhand seines Profils

Nach der Präposition *anhand* steht der Genitiv, wenn dem folgenden Substantiv ein Artikel, ein Pronomen oder ein Adjektiv vorausgeht: *anhand dieser Beispiele; anhand zahlreicher Unterlagen; anhand seiner ausufernden Beschreibung.*
In den anderen Fällen steht die Präposition *von*. Das folgende Substantiv steht dann im Dativ: *anhand von Unterlagen; anhand von Indizien. Er demonstrierte das Problem anhand von zwei Fällen.*

anklagen

Viele Verben, die ein Akkusativobjekt und ein Genitivobjekt regieren, gehören der Sprache der Juristen an. Dazu gehört auch das Verb *anklagen*: *Er klagt ihn des schweren Diebstahls an.*
Anstelle des Genitivobjekts kann aber auch ein Präpositionalobjekt mit *wegen* stehen: *Er klagt ihn wegen schweren Diebstahls an.*

anklammern an, ankleben an

→ *anbauen an*

Wer lässt sich *Angst und Bange* machen?
Die beiden Wörter *Angst* und *Bange* sind nicht nur bedeutungsverwandt, sie haben wortgeschichtlich denselben Ursprung. Zugrunde liegt das althochdeutsche *angust*, das wohl auf ein älteres indogermanisches Wort für „Enge" zurückgeht. Auch *bange* gehört zu dieser Wortfamilie. Gebildet wurde es in althochdeutscher Zeit aus der Vorsilbe *be-* und dem Adjektiv *ango* „ängstlich". Das Wort war zunächst nur im Nieder- und Mitteldeutschen beheimatet und ging erst mit der Bibelübersetzung von **Martin Luther** (Bild) in den Allgemeinwortschatz über.

Luther verwendete es übrigens ausschließlich als prädikatives Adjektiv: „Da fürchtete sich Jakob sehr, und ihm ward bange" (1 Mos. 32,7). Diese prädikative Verwendung führte zu einem orthografischen Problem. Denn auch das Substantiv *Angst* wurde schon bald in dieser Form als Adjektiv verwendet. In manchen modernen Bibelübersetzungen findet sich deshalb auch die Konstruktion: „Da fürchtete sich Jakob sehr, und ihm wurde angst." Gemäß der aktuellen Rechtschreibregelung gilt: In Verbindung mit *sein, bleiben* oder *werden* schreibt man *angst* bzw. *bange* klein. *Mir ist angst. Ihm wird bange.* Ansonsten schreibt man es als Substantiv groß: *Er machte mir (Angst und) Bange. Nur keine Bange.*

ankommen – Akkusativ oder Dativ?

Das Verb *ankommen* in der Bedeutung „ergreifen, übermannen“ steht mit dem Akkusativ: *Ihn kam eine leichte Rührung an.*

anlegen

Das Verb *anlegen an* in der Bedeutung „festmachen“ kann mit Akkusativ oder Dativ stehen: *Das Schiff legte an die/an der Mole an.*
In der Bedeutung „investieren“ steht es dagegen nur mit Dativ: *Er hat sein Geld in Aktienpaketen angelegt.*

anleimen, anlöten, anmontieren

Bei den Verben *anleimen, anlöten, anmontieren* kann das folgende Substantiv sowohl im Akkusativ als auch im Dativ stehen:
Er leimte die Profilleiste an die Kante/der Kante an. Sie lötete die Fassung an den Ring/dem Ring an. Er montierte die Kamera an die Hauswand/der Hauswand an.

anno/Anno

Das lateinische *anno* („im Jahr“) wird wie ein Adverb verwendet und entsprechend kleingeschrieben: *Der betagte Computer von anno 1989 verrichtete noch immer klaglos seinen Dienst.*
Großgeschrieben wird das Wort in der lateinischen Wendung *Anno Domini* („im Jahr des Herrn“).
In den folgenden Wendungen ist sowohl Kleinschreibung als auch Großschreibung zulässig: *anno/Anno dazumal, anno/Anno dunnemals; anno/Anno Tobak.*

Anrede

Groß- und Kleinschreibung • Anreden und Grußformeln, z.B. in Briefen, schreibt man groß.
Wenn die Anrede mit einem Komma endet, wird das nächste Wort kleingeschrieben:
Sehr geehrte Frau Schröder,
entsprechend unserer telefonischen Vereinbarung …
Endet die Anrede mit einem Ausrufezeichen, schreibt man das folgende Wort groß:
Sehr geehrte Frau Schröder!
Entsprechend unserer telefonischen Vereinbarung …
Anrede von Geistlichen • Geistliche werden mit ihrem Titel angeredet. Je nach Rang gibt es aber auch besondere Formen der Anrede:
Sehr geehrter Herr Kardinal
(oder: *Euer Eminenz*)
Sehr geehrter Herr Bischof
(oder: *Euer Exzellenz*)
Wohlehrwürdiger Herr Abt
Sehr geehrter Pater Paulus
(oder: *Euer Hochwürden*)
Ehrwürdige Frau/Schwester/Mutter Oberin
Sehr geehrter Herr Pfarrer
Sehr geehrter Herr Vikar
Sehr verehrte Frau Landesbischöfin
Sehr geehrter Herr Superintendent
Sehr geehrte Frau Superintendentin
Sehr geehrter Herr Rabbiner

Anredepronomen – Sie, du

Die höfliche Anrede • In der höflichen Anrede schreibt man das Anredepronomen *Sie* und das entsprechende Possessivpronomen *Ihr* in allen Formen groß. Dies gilt für alle Textarten, wie Briefe, aufgezeichnete Reden, direkte Rede usw.:
Wenn Sie damit einverstanden sind, setzen Sie Ihre Unterschrift bitte auf die Rückseite.
Ich erlaube mir Ihnen mitzuteilen, dass ich Ihr Angebot annehme.
Bestehen Ihrerseits Bedenken gegen den Vorschlag?
Das Problem haben wir Ihretwegen.
ACHTUNG: Das Reflexivpronomen *sich* schreibt man immer klein: *Haben Sie* ***sich*** *darüber schon Gedanken gemacht?*
Die vertrauten Anrede • In der vertrauten Anrede verwendet man die Anredepronomen *du* und *ihr* und die entsprechenden Possessivpronomen *dein* und *euer* in allen ihren Formen klein:
Wenn du mit deiner Familie in diese Gegend kommst, könnt ihr gerne bei uns übernachten.
Ich habe dich gestern vorbeifahren sehen.
Das war kein Irrtum meinerseits, sondern eurerseits.

Dies gilt grundsätzlich für alle Textsorten wie Kinderbücher, Plakate oder Anleitungstexte. Eine Ausnahme bilden nur Briefe. Hier können die Anredepronomen *du* und *ihr* mit ihren dazugehörigen Formen auch großgeschrieben werden: *Lieber Oliver, ich schreibe dir/Dir heute, um mich endlich für euer/Euer Geschenk zu bedanken.*
Unter diese Regelung fallen auch:
deinerseits, deinesgleichen, deinetwegen, deinetwillen; in Briefen auch: *Deinerseits, Deinesgleichen, Deinetwegen, Deinetwillen.*
Veraltete Pronomen in der höflichen Anrede • Ältere Formen der höflichen Anrede, die formal mit den heute gebräuchlichen Formen der vertrauten Anrede zusammenfallen, schreibt man groß: *Seid Ihr wohlauf, Durchlaucht? Darf ich Euch den Tee servieren, Mylady? Darf ich Eure Exzellenz hinausbegleiten? Kommen Euer Hochwohlgeboren ohne mich zurecht?*

ans oder an das?

Die Folge aus der Präposition *an* und dem Artikel *das* wird oft zur Form *ans* verschmolzen:
Er trat ans (an das) Gartentor, um mit dem Nachbarn zu plaudern.
Diese Verschmelzung gilt heute nicht mehr als umgangssprachlich. In der festen Wendung *ans Werk gehen* kann *ans* auch nicht mehr durch *an das* ersetzt werden.
ACHTUNG: Ein Apostroph darf in diesen Fällen nicht gesetzt werden.

anschließen an, anschweißen an

→ *anbauen an*

anstatt

Komma bei mehrteiligen Konjunktionen • *anstatt dass* gilt als mehrteilige Konjunktion, das Komma wird vor die gesamte Wortgruppe gesetzt:
Sie verreiste an ihrem Geburtstag, anstatt dass sie eine Feier machte.
Komma bei Infinitivgruppen • Werden Infinitivgruppen, also Wortgruppen aus einem mit *zu* gebildeten Infinitiv, mit *anstatt* eingeleitet, so grenzt man mit Komma(s) ab: *Anstatt das Taxi zu nehmen, ist er lieber zu Fuß gegangen. Du solltest lieber in Urlaub fahren, anstatt dir unnötige Gedanken zu machen.*
anstatt Worten, anstatt der Blumen • Als Präposition steht *anstatt* mit dem Genitiv, wenn dem folgenden Substantiv ein Artikel, ein Pronomen oder ein Adjektiv vorausgeht: *Es gab nur Regen anstatt des vorausgesagten Sonnenscheins. Anstatt der Blumen schickte er ihr Pralinen.*
Steht das Substantiv allein, ohne Artikel, Pronomen oder Adjektiv, wird es im Singular nicht gebeugt: *Es gab nur Regen anstatt Sonnenschein.* Im Plural steht der Dativ: *Anstatt Blumen schickte er ihr Pralinen.*

anstelle / an Stelle

Die Verbindung aus der Präposition *an* und dem Substantiv *Stelle* kann man zusammen- oder getrennt schreiben, je nachdem, ob man sie als Zusammensetzung oder als Wortgruppe betrachtet: *anstelle/an Stelle des Direktors.*
TIPP: Beobachtungen zum Schreibgebrauch legen nahe, dass *anstelle* im Allgemeinen als zusammengehörige Präposition empfunden wird. Daher empfiehlt sich die Zusammenschreibung: *Wir bitten daher um eine Spende anstelle von Geschenken.*

-ant / -and

→ *-and/-ant bei Substantiven*

Antibiotikum – Antibiotika oder Antibiotikas?

Die aus den altgriechischen Wortbestandteilen *anti* (= gegen) und *bioteia* (= Leben) gebildete Bezeichnung *Antibiotikum* bildet den Plural mit *-a: Antibiotika.*
Dies gilt auch für die folgenden Substantive:
das Analeptikum – die Analeptika
das Analgetikum – die Analgetika
das Antiseptikum – die Antiseptika
Die umgangssprachlichen Pluralformen *Antibiotikas* oder *Antibiotikums* sind falsch.

Wenn der Anschein trügt – *anscheinend* oder *scheinbar*?
Manche Adjektive klingen sehr ähnlich, weil sie vom gleichen Wortstamm gebildet werden. Sie unterscheiden sich aber in ihrer Verwendung, wenngleich die Grenzen manchmal fließend sind. Wenn etwas *scheinbar* geschieht, passiert es nur zum Schein. *Anscheinend* ist dagegen näher an der Wirklichkeit: Man bringt zum Ausdruck, dass sich etwas offenbar so verhält, wie es den Anschein hat, wie man es beobachten kann. Etwas, das *anscheinend*, also dem Anschein nach, geschah, ist offensichtlich passiert:
Er ist anscheinend in großen Schwierigkeiten; sonst würde er das Haus nicht verkaufen.
Sie sind anscheinend verreist; seit drei Tagen ist der Briefkasten nicht geleert worden.
Dagegen benutzt man das Adjektiv *scheinbar*, um auszudrücken, dass ein Sachverhalt nicht so ist, wie es den *Anschein* hat, d. h., dass das äußere Bild nicht der Wirklichkeit entspricht:
Die Sonne versinkt abends scheinbar im Meer.
Scheinbar lernt er eifrig, doch in Wahrheit liest er Kriminalromane.
Im alltäglichen Sprachgebrauch werden die beiden Wörter oft nicht unterschieden. So findet man häufiger Formulierungen wie die folgende:
Die beiden haben sich scheinbar getrennt; man sieht sie gar nicht mehr zusammen.
Korrekt ist aber nur die Formulierung: *Die beiden haben sich anscheinend getrennt; man sieht sie gar nicht mehr zusammen.*

Antonym

Ein Antonym ist ein Gegensatzwort. Der Gegensatz kann ein Widerspruch sein *(richtig/falsch)*, das Gegenteil aussagen *(Hoch/Tief)* oder eine Ergänzung bedeuten *(Ebbe/Flut)*. Gegensatzwörter werden als Stilmittel verwendet, um einen Text abwechslungsreicher zu gestalten:
Man trifft ihn überall: Man trifft ihn, wo man geht und steht. Alle kamen zum Fest: Jung und Alt/Groß und Klein kamen zum Fest.
→ *Synonym*

an was/woran – an wen

Die Folge aus der Präposition *an* und *was* gilt als umgangssprachlich:
Woran (umgangssprachlich: *An was) glaubst du? Ich weiß nicht, woran* (umgangssprachlich: *an was) er dabei gedacht hat.*
Bezieht man sich dagegen auf eine Person, steht *an* mit einem Pronomen: *An wen* (nicht: *Woran*) *sollen wir denken?*

Anzeige

Neuwertiger/-en Herd zu verkaufen • Da Anzeigentexte meist Sätze in verknappter Form enthalten, sind oft zwei Möglichkeiten der Formulierung korrekt, je nachdem, wie man den Satz sinngemäß ergänzen kann:
*Neuwertig**er** Herd zu verkaufen*
(Nominativ = *Ein neuwertiger Herd ist zu verkaufen*)
*Neuwertig**en** Herd zu verkaufen*
(Akkusativ = *Einen neuwertigen Herd habe ich zu verkaufen*)
Danksagung • Bei Danksagungen, die oft „Statt Karten" in Anzeigenform veröffentlicht werden, hängt die Wahl von Singular oder Plural davon ab, wer unterzeichnet. Wendungen wie ***Ich** danke allen, die mir beistanden …* unterzeichnet man mit einem Namen. Möglich ist auch die Formulierung *Im Namen aller Angehörigen/der Familie/der Hinterbliebenen* gefolgt von einem Namen. Falsch wäre es dagegen, zu schreiben: *Hanna Kaufmann und Angehörige/Familie.* In diesem Fall müsste es nämlich heißen: ***Wir** danken …* Unsinnig ist auch die Formulierung: *Hanna Kaufmann und Hinterbliebene/die Hinterbliebenen*, weil auch Frau Kaufmann zu den Hinterbliebenen zählt.
Todesanzeige • Bei Todesanzeigen müssen die grammatischen Bezüge zwischen dem Verstorbenen und den in der Anzeige genannten Hinterbliebenen stimmen. Zu achten ist also auf korrekte Verwendung von Adjektiven und Pronomen. *Mein lieber Mann, Vater, Bruder und Onkel* ist nur dann korrekt, wenn jeweils nur Ehefrau, ein Kind, ein Bruder oder eine Schwester und ein

Neffe oder eine Nichte genannt werden. Meist werden jedoch mehrere Geschwister oder andere Familienmitglieder aufgeführt. Entsprechend ist zu formulieren:
Mein lieber Mann, unser Vater, mein Bruder und unser Onkel
Richtig wäre in einem solchen Fall auch die Formulierung:
Mein lieber Mann, unser Vater, Bruder und Onkel
Eine solche Anzeige könnte auch statt mit einzelnen Namen allgemein etwa mit *Die trauernden Hinterbliebenen* unterzeichnet sein.

der / das Apostolat

Der theologische Ausdruck *Apostolat* bedeutet „Amt des Apostels, des Bischofs oder des Priesters“ oder „kirchlicher Auftrag“. Im allgemeinen Sprachgebrauch kann es als Maskulinum oder als Neutrum gebraucht werden: *der Apostolat / das Apostolat.* Fachsprachlich, also in Kirchenkreisen, heißt es dagegen nur: *der Apostolat.*

Apostroph

→ *Sonderseiten „Apostroph“, S. 52f*

Apposition

→ *Sonderseiten „Apposition“, S. 60–63*

arbeit(s)suchend / Arbeit(s)suchende

Die Partizipform *Arbeit suchend* kann man getrennt oder zusammenschreiben: *Arbeit suchend / arbeitsuchend.* Dies gilt auch für die substantivierte Form: *die Zahl der Arbeit Suchenden / der Arbeitsuchenden.*
ACHTUNG: Die Verbindung kann auch mit einem sogenannten Fugen-s stehen. Sie muss dann zusammengeschrieben werden: *arbeit***s***suchend; die Arbeit***s***suchenden.*

Architekt – dem Architekt(en)

In der gesprochenen Sprache fällt bei Wörtern wie *Architekt* oft die Endung *-en* weg, wenn das Wort im Dativ steht: *Ich habe das auch dem Architekt geschrieben. Den Architekt habe ich mir selbst ausgesucht.*
Diese Formen gelten jedoch als umgangssprachlich und sollten in der Schriftsprache vermieden werden. Richtig ist daher nur: *dem Architekten; den Architekten.*

Warum *anzetteln* nichts mit einem Stück Papier zu tun hat

Viele bildhafte Wendungen der Alltagssprache gehen auf ganz konkrete handwerkliche Tätigkeiten zurück, wobei deren Ursprung nicht immer klar erkennbar ist. Wenn ein Politiker *einen Deal* ***einfädelt***, ist die dem Sprachbild zugrundeliegende Handlung unter Verwendung von Nadel und Faden noch deutlich. Nicht aber, wenn derselbe Politiker eine *Intrige* ***anzettelt***. Denn mit dem *Zettel*, also einem Stück Papier, hat *anzetteln* nichts zu tun. Das Wort stammt vielmehr aus dem Weberhandwerk: Dort verstand man unter *anzetteln* oder *anzetten* das Spannen der *zettel*, der „Kettfäden“. Dieser Aspekt der Vorbereitung des Werkstücks, bevor mit dem eigentlichen Weben begonnen werden konnte, wurde bald im übertragenen Sinn für „anstiften“ oder „vorbereiten“ gebraucht. Auch das sprichwörtliche *sich verzetteln* für „sich erfolglos in einer Sache verlieren“ geht auf diese Tätigkeit zurück. Wenn ein Weber sich *verzettelte*, also die Fäden nachlässig oder falsch spannte, führte das zu Verwirrung und Verwicklungen – im übertragenen wie im konkreten Sinn.

arg – nichts Arges, im Argen liegen

Wird das Adjektiv *arg* substantiviert, schreibt man es groß: *Sie dachte an nichts Arges.*
Seit der Rechtschreibreform gilt die Großschreibung auch für die feste Wendung *im Argen liegen*.

arm / Arm

Groß- und Kleinschreibung • Das Adjektiv *arm* schreibt man klein: *arme Leute, der ärmere Teil der Bevölkerung.*
Wird *arm* wie ein Substantiv gebraucht, schreibt man dagegen groß: *die Armen; du Armer; der Ärmste.* Groß schreibt man auch am Anfang mehrteiliger Zusammensetzungen, die wie ein Substantiv gebraucht werden: *das Arme-Leute-Essen.*
ACHTUNG: Auch die Paarformel *Arm(e) und Reich(e)* schreibt man groß: *Die Kluft zwischen Arm und Reich wächst. In diesem Bezirk leben Arme und Reiche Tür an Tür* (aber: *In diesem Bezirk leben arme und reiche Bürger Tür an Tür).*
Getrennt- und Zusammenschreibung • Verbindungen mit *sein* schreibt man stets getrennt: *arm sein.* Ebenso: *arm werden.* In der Verbindung mit *machen* kann man getrennt oder zusammenschreiben: *jemanden arm machen / armmachen.*

armdick; zwei Armvoll / Arm voll

armdick, armlang • Die Verbindungen aus Substantiv und Adjektiv *armdick* und *armlang* stehen für eine Wortgruppe (= „dick wie ein Arm"; „lang wie ein Arm"), man schreibt deshalb stets zusammen: *ein armdicker Kabelstrang; eine armlange Metallstange.*
Armvoll / Arm voll • Wenn das Substantiv *Arm* durch ein Attribut erweitert wird, kann man getrennt oder zusammenschreiben: *zwei Armvoll / Arm voll Obst* (aber nur: *zwei Arme voll Obst*).

Aroma – Aromas / Aromata / Aromen

Für das Substantiv *Aroma* sind drei Pluralformen möglich: *die Aromen, die Aromas* oder *Aromata.* Im allgemeinen Sprachgebrauch ist die Pluralform *Aromen* am geläufigsten.

Ergibt *Arm* und *Brust* die *Armbrust*?
Auf den ersten Blick scheint *Armbrust* zu den sogenannten „durchsichtigen Komposita" zu zählen. So bezeichnen Sprachwissenschaftler Wortzusammensetzungen, deren Bedeutungen sich aus den einzelnen Bestandteilen erschließen lassen, wie z. B. bei *Haustür* (= Tür eines Hauses) oder *Orangensaft* (= Saft aus Orangen).
Auch bei der *Armbrust*, die man mit dem Arm hält, während der Schaft auf Schulter oder Brust ruht, erscheint diese Annahme plausibel. Dass diese Annahme schon lange verbreitet ist, zeigt die als Variante akzeptierte Pluralform *Armbrüste*, die analog zu *Brust* gebildet ist.
Tatsächlich hat das Wort aber weder etwas mit *Arm* noch mit *Brust* zu tun. Am Anfang der Wortgeschichte steht eine antike Wunderwaffe, nämlich die von den Römern entwickelte *Arcuballista*, ein Katapult, das Speere oder Steine schleudern konnte. Die im Mittelalter aufkommenden leichten *Armbruste* nannte man in Frankreich in Anlehnung an das lateinische Wort *arbalestre*. Als *arbrost*, auch *armbrost*, wurde es im 12. Jahrhundert ins Mittelhochdeutsche entlehnt. Das Wort hat sich in der eingedeutschten Form so fest etabliert, dass heute beide Pluralformen *Armbruste* und *Armbrüste* als korrekt gelten.

Artikel

Artikel treten im Deutschen immer zusammen mit einem Substantiv auf und stimmen in Genus, Numerus und Kasus mit diesem überein. Man unterscheidet zwischen **bestimmten Artikeln** *(der, die, das)* und **unbestimmten Artikeln** *(einer, eine, eines).*
Der, die, das werden jedoch nicht nur als Artikel gebraucht, sie können auch als Demonstrativpronomen *(**Dem** kann man nichts rechtmachen)* oder Relativpronomen eingesetzt werden *(Die Teilnehmer, **die** protestierten, wurden verletzt).*

Vom unbestimmten Artikel gibt es keine Pluralform, das Substantiv steht dann ohne Artikel: *Ein Schüler mit Abitur hat gute Berufsaussichten. Schüler mit Abitur haben gute Berufsaussichten.*

unbestimmter oder bestimmter Artikel? • Der unbestimmte Artikel steht in der Regel vor Substantiven, wenn sie noch nicht erwähnt wurden, wenn sie in einem Text neu eingeführt werden. Sobald das mit dem Substantiv Bezeichnete jedoch bekannt ist (also in den Text eingeführt ist), steht der bestimmte Artikel: *An der Ecke steht ein Auto. Das Auto ist rot. Draußen spielen Kinder. Ich kenne die Kinder nicht.*

Wenn mit einem Substantiv alle Exemplare der Gattung gemeint sind (hier: *die Katze*), können sowohl bestimmter als auch unbestimmter Artikel, sowohl Singular als auch Plural stehen: *Die Katze ist ein Säugetier. Eine Katze ist ein Säugetier. (Die) Katzen sind Säugetiere.*

Artikelwort

In manchen Grammatiken werden neben dem bestimmten und unbestimmten Artikel auch alle Pronomen, die als Begleiter eines Substantivs auftreten, zur Gruppe der „Artikelwörter" zusammengefasst, z. B.:
Demonstrativpronomen: *dieser, diese, dieses*
Possessivpronomen: *mein, meine, mein*
Interrogativpronomen: *welcher, welche, welches*
Indefinitpronomen: *mancher, manche, manches; einiger, einige, einiges.*

Arzt

Beide sind Arzt / Ärzte • Wird *Arzt* als Prädikativ zum Subjekt verwendet *(Lothar ist Arzt)*, sollte es auch in den Plural gesetzt werden, wenn das Subjekt im Plural steht: *Lothar und Martin sind Ärzte*. Die Konstruktion *Lothar und Martin sind Arzt* gilt zwar ebenfalls als korrekt, wird jedoch nur selten gebraucht.

Arzt / Ärztin • Die Gleichstellung von Männern und Frauen sollte bei Titeln oder Berufsbezeichnungen dadurch zum Ausdruck gebracht werden, dass die weibliche Form gewählt wird, wenn von einer Frau die Rede ist: *Sie ist Ärztin.* Die weibliche Form muss wegen des Umlauts stets ausgeschrieben werden, eine Verkürzung ist nicht möglich: *Arzt/Ärztin* (falsch: *Arzt/-in).*

Ein Bänkelsänger schreibt „Wort"-Geschichte – *Attentat* und *Attentäter*

Manchmal muss man genauer hinsehen, um sich gewisser Ungereimtheiten in der Sprache bewusstzuwerden. So leitet man im Deutschen von dem Wort *Tat* den *Täter* ab. Diesem entsprechend gibt es auch die Bildung *der Atten**täter***. Doch warum heißt es dann ***das** Attentat* und nicht etwa ***die** Attentat?* Natürlich hat das *Attentat* nichts mit der *Tat* zu tun. Dem Wort liegt *attentatum* für „Versuch" zugrunde, das im 15. Jahrhundert aus dem Mittellateinischen entlehnt wurde. Unter Einfluss des französischen *attentat* „Anschlag auf eine Person" erhielt das Wort Anfang des 19. Jahrhunderts seine moderne Bedeutung. Die Bildung *Attentäter* ist wohl die scherzhafte Wortschöpfung eines Bänkelsängers. In einer damals sehr populären Moritat besang dieser den 1844 missglückten Mordanschlag eines Bürgermeisters mit Namen Ludwig Tschech auf den Preußenkönig **Friedrich Wilhelm IV.** (Bild). Dabei reimte er das Wort *Attentäter* etwas gewaltsam auf *Übeltäter:*

War wohl je ein Mensch so frech
wie der Bürgermeister Tschech?
Der verruchte Übelthäter,
Hochverräter, Attentäter!

Fast den König bracht er um
vor dem ganzen Publikum.
Schoß sogar der Landesmutter
durch den Rock ins Unterfutter.

Ass – Asse

Nach der neuen Rechtschreibung wird *Ass* auch im Singular mit *ss* geschrieben: *Ass – Asse.*

Asylant / Asylbewerber

Der Ausdruck *Asylant* ist sprachlich zwar korrekt. Da das Wort in den 1980er Jahren oftmals zur Diffamierung von Flüchtlingen eingesetzt wurde, ist der Gebrauch dieses Wortes stark zurückgegangen. Stattdessen wird in neuerer Zeit die neutralere Bezeichnung *Asylbewerber* bevorzugt.

Attribut

Allgemeines • Attribute (auch: Beifügungen) dienen im Wesentlichen zur näheren Bestimmung von Substantiven. Nach der Form unterscheidet man die folgenden Arten von Attributen:
Adjektiv: *der **alte** Mann.*
Adverb: *der Mann **gestern**; das Buch **hier**.*
Genitivattribut: *der Mann **meiner Freundin**; **Meikes** Anruf.*
Präpositionalattribut: *der Mann **an der Ecke**; die Hoffnung **auf Frieden**.*
Apposition: *eine Flasche **Bier**; das Land **Rheinland-Pfalz**.*
Infinitiv: *das Bedürfnis, **die Wahrheit zu sagen**.*
Relativsatz: *der Mann, **der uns besucht hat**.*
Andere Attributsätze: *die Frage, **ob das alles wahr ist**; am Tag, **als der Regen kam**.*
mit schönem, weißem Haar • Mehrere nebeneinanderstehende attributive Adjektive werden grundsätzlich auf die gleiche Weise dekliniert, sie erhalten also alle die gleiche Endung:
ein hoher, schmaler Turm
mit schönem, weißem Haar
des hohen, schmalen Turms
mit nettem, freundlichem Lächeln
unter schrillem, ohrenbetäubendem Gebrüll
dank aufgeschlossener, liebenswürdiger Bewohner
Die attributiven Adjektive erhalten auch dann die gleiche Endung, wenn das dem Substantiv am nächsten stehende Adjektiv mit diesem eine Einheit bildet (und deshalb nicht mit Komma von weiteren Adjektiven abgetrennt ist): *mit schmackhaftem holländischem Käse / trockenem italienischem Wein.*
Die ältere Vorschrift, nach der in solchen Fällen das dem Substantiv unmittelbar vorangehende Adjektiv schwach dekliniert werden muss, gibt es heute nicht mehr. Dennoch kommt im Dativ Singular Maskulinum und Neutrum die schwache Deklination des zweiten Adjektivs noch vor: *mit schmackhaftem holländischen Käse / trockenem italienischen Wein.*
ich als Deutscher, er als Beamter → *als*

äu oder eu?

Für einige Wörter, die nach alter Rechtschreibung auf *eu* geschrieben wurden, gilt jetzt die Schreibung *äu,* da Wörter der gleichen Wortfamilie mit *au* geschrieben werden:
schnäuzen (früher: *schneuzen*) zu *Schnauze*
verbläuen (früher: *verbleuen*) zu *blau*
→ *verbläuen;* → *ä oder e?*

auch – Kommasetzung

Als vorangestelltes Adverb schließt *auch* einen Nebensatz, einen Zusatz oder eine Erläuterung an, die durch Komma abgetrennt wird:
Sie geht täglich spazieren, auch bei schlechtem Wetter.
Ich freue mich wirklich sehr über Ihren Besuch, auch wenn Sie später kommen.
Er schrieb mir, auch dass du mich am Sonntag besuchen willst, teilte er mir mit.
Ist *auch* in den Ablauf des Satzes einbezogen, steht kein Komma:
Unsere Nachbarin geht auch bei schlechtem Wetter täglich spazieren.
In der Nacht hatten sich der Regen und auch der tosende Sturm gelegt.
auch(,) wenn • Auch kann zusammen mit *wenn, dass, als* u. a. eine mehrteilige Konjunktion bilden, die nicht durch Komma getrennt wird:
Ich freue mich wirklich sehr über Ihren Besuch, auch wenn Sie später kommen.
Gehört *auch* zum Hauptsatz, steht das Komma vor der folgenden Konjunktion: *Ich freue mich auch, wenn du später kommst.*

Vorsicht vor dem *Apostroph*!

Ein so kleines Satzzeichen will hoch hinaus: Durch seine „erhabene“ Position fällt der Apostroph auf – manchen positiv, manchen negativ. Ursprünglich ist der Apostroph dafür da, als Auslassungszeichen anzuzeigen, wenn in einem Wort bestimmte Buchstaben weggelassen worden sind. Das dient der Leserlichkeit ansonsten merkwürdig anmutender Wörter. Aber heute findet man ihn plötzlich überall, und besonders gerne wird ein s von seinem Wort abgetrennt, ob als Genitiv-s (wie fälschlich in den *Brötchen meines Bäcker's*), als Plural-s (wie fälschlich in *DVD's*) oder als Endung eines Adverbs (wie fälschlich in ***sonntag's frische Brötchen***).

Der Apostroph als Auslassungszeichen

So ist es gedacht: Der Apostroph zeigt an, wenn in einem Wort bestimmte Teile ausgelassen sind. Das können zum einen sowohl Einzelbuchstaben sein als auch längere Teile:

- *ew'ge Treue* (ewige Treue)
- *M'gladbach* (Mönchengladbach)

Das kann zum anderen sowohl am Wortanfang sein als auch im Wortinneren als auch (wenn auch selten) am Wortende:

- *'ne* (eine) *schöne Freundin bist du*
- *g'nug* (genug), *mit'm Messer* (mit dem Messer)
- *Kommen S' nur herein!* (Kommen Sie nur herein!)

Besonders bei poetischen Formen ist der Apostroph zu finden, weil dort häufiger aus Gründen des Rhythmus Wortteile weggelassen werden: *Ich fühle junges, heil'ges Lebensglück/Neuglühend mir durch Nerv' und Adern rinnen.* (Goethe, Faust I)
ACHTUNG: Apostrophe zu Beginn eines Ganzsatzes gelten als Satzanfang. Deshalb wird klein weitergeschrieben: *'s ist schade um ihn.*

Warum am, zum, durchs, aber auf'm, auf'n, aus'm?

Im Deutschen kommt es häufig vor, dass Verhältniswörter wie *an, bei, in, von, zu* mit dem nachfolgenden Artikel verschmelzen – mit folgendem Ergebnis:

- *an, bei, in, von, zu + dem* → ***am, beim, im, vom, zum***
- *zu + der* → ***zur***
- *an, auf, durch, für, hinter, in, um, vor + das* → ***ans, aufs, durchs, fürs, hinters, ins, ums, vors***

Auch umgangssprachliche Verschmelzungen dieser Art sind möglich. Selbst wenn man diese in schriftlichen Texten eher selten zu sehen bekommt, so werden sie doch stets **ohne Apostroph** geschrieben:

- *hinter, über, unter + dem* → ***hinterm, überm, unterm***
- *hinter, über, unter + den* → ***hintern, übern, untern***
- *hinter, über, unter + das* → ***hinters, übers, unters***

ACHTUNG: Nur allzu ungewöhnliche umgangssprachliche oder mundartliche Verschmelzungen werden **mit Apostroph** geschrieben, um die Auslassung von Buchstaben zu kennzeichnen. Dazu zählen zum Beispiel: *auf'm, auf'n, aus'm, durch'n, für'n, gegen's, mit'm, nach'm, zu'n.*

Vorsicht vor dem Deppenapostroph! Bei Pluralendungen oder beim Fugen-*s* steht niemals ein Apostroph. Wer hier dennoch das kleine Häkchen setzt, macht sich leicht zum Gespött:

nicht	sondern
viele Auto's	*viele Autos*
die PC's	*die PCs oder PC*
Versicherung's Angebot	*Versicherungsangebot*

Wie geht's, wie steht's? Wie gehts, wie stehts?

Und wieder gibt es einen Fall, in dem die Schreibenden die freie Wahl haben: *e*-Ausfall ohne oder mit Apostroph. Auch wenn das Wörtchen *es* mit einem vorherigen Wort zusammengezogen wird, entfällt ein *e*, so dass man einen Apostroph setzen kann. Allerdings sind diese Zusammenziehungen bereits so geläufig, dass auch die Schreibung ohne Apostroph sich durchgesetzt hat, heute also beides möglich ist: *Wie geht's/gehts dir? Mach's/Machs dir gemütlich.*

Der Apostroph bei Personennamen

Ableitungen von Personennamen auf -(i)sch ▸ Man kann von Personennamen Ableitungen auf *-(i)sch* bilden. Möchte man den Namen bzw. den Namensträger besonders hervorheben, kann man sie mit Apostroph schreiben; der Name bleibt dann normal großgeschrieben:
die Einstein'sche Relativitätstheorie, eine Freud'sche Fehlleistung
ACHTUNG: Man kann diese Ableitungen auch ohne Apostroph schreiben, sie werden dann kleingeschrieben: *die einsteinsche Relativitätstheorie, eine freudsche Fehlleistung.*
Genitiv-s mit Apostroph? ▸ Wenn ein Eigenname auf einen *s*-Laut endet, wäre ein Genitiv-*s* kaum mehr auszusprechen, daher ist es in diesen Fällen korrekt, einen Apostroph zu setzen – er zeigt ja auch an, dass etwas ausgelassen wurde (nämlich die Genitivendung): *Lukas' Auto, Agnes' Handtasche, Schulz' Büro, Honduras' Regierung.*

Nicht so recht üblich, wenn auch inzwischen standardsprachlich als Ausnahme zugelassen, ist der vom Englischen geprägte Gebrauch, ein Genitiv-*s* vom Namen abzutrennen. Das kann hilfreich sein, wenn man Bedenken hat, dass der Name sonst nicht eindeutig wäre: *Luca's Pizza* (im Gegensatz zu *Lukas' Pizza*).
ACHTUNG: In fortlaufenden geschriebenen Texten sollte der Apostroph aber auch in diesem Fällen vermieden werden. **Falsch** ist die Abtrennung des Genitiv-*s* definitiv in allen Fällen, in denen es sich nicht um Namen handelt.

Was ist, wenn bei Verben ein e fehlt?

In den meisten Fällen wird das Wegfallen eines *e* im Verb **nicht** durch einen Apostroph gekennzeichnet, da die Formen auch so gut verständlich sind. Das gilt für verschiedene Fälle:
Verben auf -eln und -ern (z. B. „hobeln") ▸ Bei solchen Verben fällt zwar in manchen Formen ein *e* aus, also *ich hob(e)le*, dennoch wird **kein** Apostroph gesetzt: *ich hoble, ich radle, ich segle.*
Ausfall eines e am Ende in der 1. Person Singular Präsens ▸ Auch hier steht das Wort **ohne** Apostroph: *Ich denk an dich. Ich hab Hunger. Ich wasch mir die Haare. Ich glaub es nicht.*
Umgangssprachlicher Ausfall des e in der 1. und 3. Person Plural Präsens ▸ Hier wird es schon grenzwertiger, denn alles Umgangssprachliche kann unter Umständen schwerer verständlich sein. Dennoch stehen auch diese Formen **ohne** Apostroph: *wir freun uns, sie freun sich, wir gehn, sie gehn.*

Berliner Schnauze und Apostroph: Der Ku'damm (Kurfürstendamm) in Berlin

auf

auf die / auf der Autobahn • Zur Angabe der Lage („Wo?“) steht *auf* mit dem Dativ, zur Angabe der Richtung („Wohin?“) mit dem Akkusativ:
Der Vogel sitzt auf einem Ast.
Der Vogel setzt sich auf einen Ast.
Bei manchen Verben, insbesondere bei Verben mit der Vorsilbe *auf-*, kann *auf* mit dem Dativ oder dem Akkusativ stehen:
Die Farbe wird dünn auf der Oberfläche / auf die Oberfläche aufgetragen.
auf der Post / auf die Polizei(wache) • Bei der Bezeichnung von Ämtern und Institutionen steht bei der Angabe der Lage („Wo?“) meist *auf* statt *in:*
Wir treffen uns auf dem Bahnhof / auf der Polizei(wache) / auf der Post.
Bei der Angabe der Richtung („Wohin?“) steht in diesen Fällen *auf* oder *zu:*
Wir gehen auf den Bahnhof / auf die Polizei / auf die Post / aufs Rathaus.
AUCH: *Wir gehen zum Bahnhof / zur Polizei / zur Post / zum Rathaus.*
Groß- und Kleinschreibung • Bei Substantivierung wird *auf* großgeschrieben: *Es war ein ständiges Auf und Ab / Auf und Nieder.*
Getrennt- und Zusammenschreibung • Verbindungen aus *auf* und *sein* werden stets getrennt geschrieben: *auf sein – Er ist bis Mitternacht auf gewesen.*
ABER: *aufbleiben – Wir sind bis in die Morgenstunden aufgeblieben.*
Als Verbzusatz schreibt man *auf* mit dem folgenden Verb zusammen: *aufdrehen, aufmachen, auf- und absteigen; auf- und abspringen.*
In den folgenden Fällen schreibt man dagegen getrennt: *auf und ab gehen; auf und davon gehen.*

auf … was / worauf

Die Folge aus der Präposition *auf* und *was* gilt als umgangssprachlich: *Worauf* (umgangssprachlich: *Auf was*) *hat niemand die Antwort?*

aufdröseln

→ *dröseln*

_auf_oktroyieren – ein weißer Schimmel?
Wer das Wort ***auf****oktroyieren* verwendet, bekommt dies oft als Fehler angekreidet: Nur das Wort *oktroyieren* sei richtig, heißt es dann, da dieses die Wortbedeutung „aufzwingen“ bereits enthalte. Die Bildung ***auf****oktroyieren* sei ein Pleonasmus, eine überflüssige Anhäufung von Wörtern – oder wie man auch sagt: ein weißer Schimmel. Eine schöne Erklärung – nur leider stimmt sie nicht, oder zumindest nicht ganz. *Oktroyieren* wurde aus dem Französischen übernommen und bedeutet eigentlich „genehmigen“, genauer „das Gewähren staatlicher Privilegien“ durch den König. Die negative Bedeutung erhielt das Wort erst mit den Revolutionsjahren um 1848 (Bild: **Frankfurter Nationalversammlung**). Denn nach deren Scheitern und der Auflösung der Nationalversammlung „genehmigte“ der preußische König eine Verfassung aus eigener Machtvollkommenheit. Dieser Akt wurde vom Bürgertum als beispiellose Anmaßung verstanden und der eigentlich neutrale Ausdruck *oktroyieren* avancierte zum Inbegriff für das sprachlich vornehm verhüllte, darum aber nicht weniger rücksichtslose Machtstreben von Adel und Königtum. Und schon damals gab es gebildete Menschen, die dem Wort die Vorsilbe *auf* als verstärkenden Zusatz beifügten, um sich von der positiven Ursprungsbedeutung abzugrenzen. Auch heute hat *oktroyieren* als zweite, gleichwohl weniger bekannte Bedeutung „genehmigen“. Die Vorsilbe *auf* ist also nicht so überflüssig, wie manche glauben.

aufprallen / aufschlagen / auftragen auf

Die Verben *aufprallen, aufschlagen, auftragen auf* können sowohl mit dem Akkusativ als auch mit dem Dativ stehen:
Der Ball prallte / schlug hart auf den / dem Boden auf.
Er trug weiße Farbe auf die (seltener: *auf der*) *Wand auf.*

aufs oder auf das?

Die Verschmelzung aus der Präposition *auf* und dem Artikel *das* zu *aufs* gilt als standardsprachlich: *Sie haben einen Ausflug aufs* (auch: *auf das*) *Festland hinter sich. Sie kletterte aufs* (auch: *auf das*) *Dach.*
ACHTUNG: Die Form *aufs* wird nie mit Apostroph geschrieben.

aufs / auf das schönste / Schönste

Bei Fügungen aus *aufs* bzw. *auf das* und Superlativ muss man zwei Verwendungsweisen unterscheiden: Ist die Fügung mit „Wie?" erfragbar, kann man sie groß- oder kleinschreiben:
Wir wurden hier aufs Beste / beste (= bestens) *bedient.*
(Frage: „Wie wurden wir bedient?")
Er hat ihn aufs Gröbste / gröbste (= gröblichst) *beleidigt.*
Er war aufs Äußerste / äußerste (= äußerst) *erzürnt.*
Sie müssen die Anweisungen aufs Strengste / strengste (= strengstens) *befolgen.*
Kann man hingegen nach der Fügung nicht mit „Wie?" fragen, ist der Superlativ substantiviert und man schreibt ihn groß:
Er war aufs Äußerste (= auf das Schlimmste) *gefasst.*

aufwändig / aufwendig

Nach neuer Rechtschreibung gelten beide Schreibungen als korrekt: *aufwändig* (wegen *Aufwand*) und *aufwendig* (wegen *aufwenden*).
→ *ä oder e?*

Aufzählungen

Kommasetzung → *Sonderseiten „Komma", S. 260–263.*
Kolumnenartige Aufzählungen • Bei Aufzählungen in Listen- oder Tabellenform, deren Glieder jeweils auf einer Zeile für sich stehen und die sich dadurch deutlich voneinander abheben, muss kein Komma stehen. Steht kein Komma, entfällt jedoch auch der Schlusspunkt.
Über ein Girokonto lassen sich folgende Leistungen abwickeln:
Daueraufträge
Überweisungen
Einzugsermächtigungen
Bareinzahlungen
Bestehen die abgesetzten Aufzählungsglieder aus ganzen Sätzen, so sind die erforderlichen Zeichen zu setzen. Die Verwendung von Spiegelstrichen oder Punkten vor den Aufzählungsgliedern hat keinen Einfluss auf die Zeichensetzung.

Augenzeuge

Wird das Wort *Augenzeuge* als Prädikativ verwendet (z. B. *Er war Augenzeuge*), kann es auch dann im Singular stehen, wenn das Subjekt im Plural steht: *Die drei Männer waren Augenzeuge* (auch: *Augenzeugen*).

Aula – die Aulas / Aulen

Der Plural von *Aula* kann auf zwei Arten gebildet werden: *die Aulen* oder *die Aulas.* Üblich ist im Sprachgebrauch die Pluralform *Aulen.*

aus oder von?

In Verbindung mit Länder- oder Städtenamen steht zur Angabe der Herkunft die Präposition *aus.* Dies gilt insbesondere dann, wenn es sich um den Geburts- oder den Wohnort handelt:
Sie stammt aus Oberfranken.
Er kommt aus Bayreuth.
Von ist in dieser Verwendung nicht standardsprachlich: *Ich bin aus Heidelberg.*
(Falsch: *Ich bin von Heidelberg.*)

Aus wird aber auch zur Angabe der Herkunft verwendet, wenn von einem – in der Regel kürzeren – Aufenthalt die Rede ist. Hier findet zunehmend auch die Präposition *von* Verwendung: *Wir kommen gerade aus Koblenz/von Koblenz und fahren noch heute weiter nach Bonn.*

aus was / woraus

Die Verwendung von *aus was* anstelle von *woraus* gilt als umgangssprachlich und sollte in geschriebenen Texten vermieden werden:
Woraus (umgangssprachlich: *Aus was*) *ist das?*

auseinander – auseinandersetzen

Bei Verbindungen aus dem Adverb *auseinander* und einem Verb entscheidet die Betonung, ob getrennt oder zusammengeschrieben wird:
Trägt *auseinander* in einer Verbindung mit einem Verb den Hauptakzent, so wird zusammengeschrieben: *auseinanderfallen, auseinandersetzen. Es kommt häufig vor, dass unsere Meinungen auseinandergehen.*
ACHTUNG: Die von 1996 bis 2006 gültige Regelung, nach der je nach Bedeutung getrennt oder zusammengeschrieben wurde (*sich mit etwas auseinandersetzen,* aber: *zwei Schüler auseinander setzen*), gilt nicht mehr:
Ich möchte mich damit nicht auseinandersetzen.
Die Lehrerin musste die Schüler auseinandersetzen.
Auch die Partizipform und den Infinitiv mit *zu* schreibt man zusammen: *Sie hatten auseinandergehende Meinungen. Sie hatte den ausdrücklichen Auftrag, sich mit diesem schwerwiegenden Problem auseinanderzusetzen.*
In den wenigen Fällen, in denen das Verb den Hauptakzent trägt, schreibt man getrennt: *zwei Theorien auseinander entwickeln, auseinander herleiten.*

ausgenommen

Leitet *ausgenommen* eine nachgestellte Erläuterung ein, wird diese durch Komma abgegrenzt: *Das Museum hat täglich geöffnet, ausgenommen montags.*
In manchen Fällen lässt sich nicht eindeutig entscheiden, ob eine nachgestellte Erläuterung oder eine nähere Bestimmung vorliegt. Das Komma ist in diesen Fällen freigestellt: *Das Geschäft ist(,) ausgenommen montags(,) täglich geöffnet.*
Leitet *ausgenommen* in Verbindung mit anderen Konjunktionen wie *dass* oder *wenn* einen Nebensatz ein, wird dieser durch ein Komma abgetrennt. Es bleibt dabei dem Schreibenden überlassen, ob er nach *ausgenommen* zusätzlich ein Komma setzt: *Das Baby schreit fast nie, ausgenommen(,) wenn es Hunger hat.*

Was hat *ausgemergelt* mit einer alten Düngemethode zu tun?
Dass man in dem Ausdruck *ausgemergelt* noch das Wort für das Sedimentgestein *Mergel* erkennen kann, ist kein Zufall. Die heutige Bedeutung „abgemagert“ verweist auf eine verhängnisvolle Düngemethode, die in der mittelalterlichen Landwirtschaft praktiziert wurde. Das kalkreiche Gestein, das heute in der Zementherstellung eine wichtige Rolle spielt, setzte man nämlich zur Verbesserung der Böden ein. Der Kalk führte zwar vorübergehend zu höheren Erträgen. Die Methode ließ aber, wenn keine weiteren Nährstoffe zugefügt wurden, ausgelaugte Böden zurück. Ein Umstand, der auch in der Bauernweisheit „Mergel macht reiche Väter und arme Söhne“ zum Ausdruck kommt. Dass das Wort *ausgemergelt* im Sinne von „erschöpft, ausgelaugt“ bereits im 15. Jahrhundert nachweisbar ist, zeigt, dass man diese Zusammenhänge offenbar schon früh begriffen hatte.

Auslassungspunkte

Funktion der Auslassungspunkte • Die Auslassungspunkte (drei nebeneinanderstehende Punkte) stehen für Teile von Wörtern, Sätzen oder Texten, die nicht benannt werden sollen. Am Satzende weisen sie auf die Unvollständigkeit dieses Satzes hin:
Er aber, sag’s ihm, er kann mich…
(Goethe: „Götz von Berlichingen“)

Vor allem bei Zitaten zeigen sie an, dass Teile des Satzes oder ganze Sätze weggelassen wurden.
Das Bauhaus erstrebt… die Wiedervereinigung aller werkkünstlerischen Disziplinen… zu einer neuen Baukunst.
(Gropius: „Programm des staatlichen Bauhauses in Weimar")
Auslassungspunkte in Verbindung mit anderen Satzzeichen • Zu den drei Auslassungspunkten am Ende eines Satzes tritt kein Schlusspunkt:
Sie ist wirklich unverbesserlich…
Wieder ist es ihm gelungen, sein Team auf besondere Weise zu motivieren…
Nach einer Klammer hinter den Auslassungspunkten steht der Satzschlusspunkt:
Herr Berger nimmt alle zentralen Analyse-Aufgaben wahr (Strukturuntersuchung, Trends, Perspektiven…).
Ein vorangehender Abkürzungspunkt wird zusätzlich zu den Auslassungspunkten gesetzt:
Nach der entlastenden Aussage der Zeugin besteht Aussicht auf Freispruch für Annemarie B.…
Ein Komma steht nach Auslassungspunkten, wenn der Satz danach weitergeführt wird und der Satzbau das Komma verlangt:
Nun, also…, ich weiß nicht recht, was ich dazu sagen soll.
Sie öffnete langsam die Tür…, als sie einen lauten Knall hörte.
Auslassungspunkte, Apostrophe oder Ziffern zu Beginn eines Ganzsatzes gelten als Satzanfang. Deshalb wird klein weitergeschrieben:
… und gab keine Antwort.
Auslassungspunkte und Klammern • Nach DIN 5008:2011 „Schreib- und Gestaltungsregeln für die Textverarbeitung" können vor allem in wörtlichen Zitaten die Auslassungspunkte auch in runden oder eckigen Klammern stehen: *(…), […].*

Ausrufe mit Komma

Das Komma steht bei Ausrufen und Ausdrücken der betonten Bejahung, Verneinung oder Bekräftigung sowie der Aufforderung *bitte*, wenn diese als dringender Wunsch verstanden wird:
Ach, ich hab doch gewusst, dass das schiefgeht.
Mensch, Freya, das ist deine Chance!
Mann, oh Mann, das war aber knapp!
Nein, wir haben heute keine Zeit fürs Kino.
Verdammt, das habe ich kommen sehen!
He, was soll das?
Bitte, greifen Sie doch zu!
Wie spät ist es, bitte?
Ein in den Satz eingeschobener Ausruf wird dementsprechend in Kommas eingeschlossen:
Können Sie mir, bitte, helfen?
Dass er alles tut, um rechtzeitig fertigzuwerden, ja, das glaube ich schon.
Ist der Ausruf ohne besondere Betonung in den Satzverlauf einbezogen, so steht er ohne Komma:
Oh wäre ich nur zu Hause geblieben!
Bitte greifen Sie doch zu!
Können Sie mir bitte helfen?
→ *Interjektion*

Ausrufesatz

Ausrufesätze bringen Gefühle, große Anteilnahme oder Verwunderung zum Ausdruck. Nach dem Ausrufesatz steht immer ein Ausrufezeichen. Der Ausrufesatz enthält häufig eine Abtönungspartikel (z.B. *aber, doch*): *Du bist aber groß geworden! Bist du aber groß geworden!*
Der Ausrufesatz kann auch die Form eines Nebensatzes haben. Mit *dass* eingeleitete Ausrufesätze können Aufforderungscharakter haben:
Wie groß du geworden bist!
Dass ich das noch erleben darf!
Dass du mir ja nicht zu spät nach Hause kommst!

Ausrufezeichen

Funktion • Das Ausrufezeichen markiert die Grenze und den Abschluss einer Mitteilung, einer Aufforderung oder eines Befehls. Außerdem verleiht es der Aussage eine besondere Eindringlichkeit und appelliert damit nachdrücklich an die Aufmerksamkeit des Lesers:
Lass das sein!
Betreten verboten!
Komm sofort her!
Ausrufezeichen und Fragezeichen • Ausrufe in Form eines Fragesatzes schließen nicht mit einem Frage-, sondern mit einem Ausrufezei-

chen: *Wie konntest du mich nur so erschrecken! Was soll bloß aus dir werden! Was hat sie sich nur dabei gedacht!*
Soll eine Frage gleichzeitig als Ausruf verstanden werden, so kann nach dem Fragezeichen noch ein Ausrufezeichen stehen: *Kannst du dir das nicht endlich einmal merken?! Hast du heute nicht schon genug Geld ausgegeben?! Warum denn nicht?!*
Ausrufezeichen und Gedankenstrich • Wird ein Ausruf in Gedankenstriche eingeschlossen, so steht das Ausrufezeichen vor dem zweiten Gedankenstrich: *Ich fürchte – hoffentlich zu Unrecht! –, dass er bei dem Geschäft viel Geld verloren hat.*
Ausrufezeichen und Klammern • Bei einem eingeklammerten Ausruf steht das Ausrufezeichen vor der schließenden Klammer:
Unter diesen Umständen (das Gerät ist eindeutig durch einen Bedienungsfehler kaputtgegangen!) gewähren wir keine Garantie.
Ich kann Herrn Schmitt dabei nicht folgen. (Das ist wieder eine seiner seltsamen Theorien!)
Das Ausrufezeichen steht nach der schließenden Klammer, wenn es sich auf den ganzen Satz bezieht:
Ich bestehe darauf, dass du mitkommst (das habe ich dir schon ein paarmal gesagt)!
Das eingeklammerte Ausrufezeichen innerhalb eines Satzes kennzeichnet eine Angabe, die bezweifelt wird oder besonders hervorgehoben werden soll:
Sie soll zehn (!) Tortenstücke gegessen haben.
Er behauptet wieder einmal, davon nicht das Geringste (!) gewusst zu haben.
→ *Anrede*

Aussagesatz

Der Aussagesatz (Deklarativsatz) ist die häufigste Satzart im Deutschen. In ihm wird eine Mitteilung formuliert oder eine Information vermittelt. Der Aussagesatz schließt stets mit einem Punkt:
Er hat mir einen Brief geschrieben.
Sie geht einkaufen.
Das Wetter ist schön.
Ich liebe dich.

ausgepowert – zwei Wörter eine Schreibung
Das Wort *ausgepowert* ist ein sogenanntes Homograph. Von Homographie spricht man, wenn zwei Wörter zwar gleich geschrieben werden, sich aber in der Bedeutung und manchmal auch in der Aussprache unterscheiden. Dies ist bei *ausgepowert* der Fall. Das eine Wort ist eine jüngere Bildung, die auf dem englischen Substantiv *power* „Macht, Kraft“ bzw. dem eindeutschenden Verb *powern* beruht. Wer sich *ausgepowert*, der „verausgabt sich“. Auch die Aussprache entspricht dabei dem englischen *power.* Bei dem anderen Wort handelt es sich dagegen um eine weiter zurückliegende Eindeutschung aus dem französischen Wort *pauvre* für „arm“. Anfang des 19. Jahrhunderts verwendete man das Wort für die Verarmung des Bodens durch falsche Anbaumethoden. Später stand das Wort für das Verarmen der Bevölkerung durch Ausbeutung oder Krieg. Die bekannteste Verwendung findet sich in Erich Maria Remarques „Im Westen nichts Neues“: „Wir kommen zum Beispiel nachts in einen völlig unbekannten Ort, ein trübseliges Nest, dem man gleich ansieht, daß es *ausgepowert* ist bis auf die Mauern.“

ausschließlich

Als Präposition steht *ausschließlich* mit dem Genitiv, wenn dem folgenden Substantiv ein Artikel, ein Pronomen oder ein Adjektiv vorausgeht:
Die Reisekosten ausschließlich der Verpflegung übernehmen wir.
Der Preis beträgt 56 Euro ausschließlich Ihres Versandkostenanteils.
In Kombination mit Substantiven ohne Artikel, Pronomen oder Adjektiv wird das Substantiv im Singular nicht gebeugt:
Ausschließlich Verpflegung übernehmen wir die Reisekosten.
Ausschließlich Versandkostenanteil beträgt der Preis 56 Euro.
Im Plural hingegen steht es im Dativ:
Ausschließlich Versandkostenanteilen beträgt der Preis 56 Euro.

außer wenn / dass / um

Die Fügungen *außer wenn, außer dass* oder *außer um* werden sprachlich wie eine Konjunktion behandelt. Das Komma steht hier immer vor der Wortgruppe:
Er ist der richtige Mann für diese Aufgabe, außer wenn es um Budgetfragen geht. Es geschah wieder nichts, außer dass das Licht ausging. Er hielt sich nie länger in der fremden Wohnung auf, außer um die Pflanzen zu gießen.

äußere(r, -s)

ein nettes Äußeres • Das substantivierte Adjektiv *Äußere(r, -s)* wird nach einem Adjektiv in der Regel wie dieses gebeugt: *ein nett**es** Äußer**es**.*
Groß- und Kleinschreibung • Das substantivierte Adjektiv wird großgeschrieben: *Ministerium des Äußeren; sein Äußeres; sein Äußerstes geben.*

außerdem

Bei der Aufzählung gleichrangiger Satzglieder oder Teilsätze steht vor *außerdem* ein Komma: *Er ist fleißig, außerdem pünktlich und gewissenhaft.* Wenn *außerdem* in den Ablauf des Satzes einbezogen ist, steht kein Komma: *Er ist außerdem pünktlich und gewissenhaft.*

außerhalb

Nach der Präposition *außerhalb* steht die folgende Wortgruppe im Genitiv: *Außerhalb der Ballungszentren sind die Straßen nicht sehr gut ausgebaut. Er befindet sich auf Geschäftsreise außerhalb Berlins. Außerhalb bewachter Parkhäuser wächst die Diebstahlgefahr.*
Will man die Genitivform vermeiden, ist auch die Umschreibung mit *von* möglich: *außerhalb von Berlin.*

außerstande / außer Stande

Die Wortgruppe *außer Stande* wird zunehmend als feste Einheit wahrgenommen. In diesem Fall kann der Schreibende selbst entscheiden, ob er getrennt oder zusammenschreiben will: *Er sah sich außerstande / außer Stande, dem Befehl Folge zu leisten.*
TIPP: Im allgemeinen Schreibgebrauch überwiegt die Form *außerstande* deutlich.

austeilen unter

Das Verb *austeilen unter* steht vorzugsweise mit dem Akkusativ: *Unter die Opfer der Katastrophe wurden Medikamente ausgeteilt.* Der Dativ ist seltener, gilt aber ebenfalls als korrekt: *Unter den Opfern der Katastrophe wurden Medikamente ausgeteilt.*

auszeichnen – sich auszeichnen als

Nach *sich auszeichnen als* steht die folgende Wortgruppe in der Regel im Nominativ: *Er zeichnete sich als zweifacher Torschütze besonders aus. Er hat sich als Journalist und Redakteur ausgezeichnet.*

autogenes Training

Für die Verbindung *autogenes Training* gilt nur die Kleinschreibung als korrekt.

Automat – am Automat(en)

Das Substantiv *Automat* wird schwach dekliniert. Außer im Nominativ lautet die Endung deshalb immer *-en*. Richtig ist: *Zigaretten aus dem Automaten; einen Geldautomaten suchen; die Überwachung des Geldautomaten.*

Autor – des Autors oder des Autoren?

Im Gegensatz zu Substantiven wie *Automat* wird *Autor* stark dekliniert. Es heißt deshalb: *des Autors, dem Autor, den Autor.*
ACHTUNG: Die häufig zu lesenden Formen *des Autoren, dem Autoren* sind nicht korrekt.
Geht *Autor* Zusammensetzungen ein, werden diese fast immer mit dem Fugenelement *-en-* gebildet: *Autorenvereinigung, Autorentreffen, Autorenfilm.*

Ein Strauß rote Rosen: Die *Apposition*

Wie oft steht man vor Fragen wie: Heißt es nun ein ***Strauß rote Rosen*** oder *ein Strauß roter Rosen*? Oder geht gar beides? Und ist es wirklich korrekt zu sagen: „Wir trafen Herrn Müller, den Demokraten", aber: „Wir trafen Herrn Müller, Demokrat seit Ewigkeiten"? Einmal Akkusativ, einmal Nominativ? Bei all diesen Phänomenen geht es darum, dass vorher genannte Bezugswörter näher erläutert werden – und zwar durch sogenannte Appositionen, eine besondere Art des Attributs. Und wie werden diese nun gebeugt?

Appositionen in verschiedenen Ausprägungen

Ganz allgemein dienen Attribute zur näheren Bestimmung von Substantiven: *ein Liter* ***Bier****, eine Stange* ***Geld****, Bäcker* ***Müller****, das Land* ***Rheinland-Pfalz***. Das sind die sogenannten „engen" Appositionen. Als „lockere" Appositionen zählen dagegen nachgestellte Gruppen, die mit Komma oder auch mit Klammern abgetrennt werden: *Frau Merkel,* ***Kanzlerin der Bundesrepublik****; ich sehe Alexander,* ***meinen besten Freund****; Frau Merkel* ***(Kanzlerin der Bundesrepublik)***. Die Apposition steht unmittelbar neben ihrem Bezugswort, d. h. ohne ein verknüpfendes Element wie eine Präposition oder eine Konjunktion. Dabei steht die Apposition **in der Regel im selben Fall wie ihr Bezugswort** – allerdings gibt es davon häufig Abweichungen und damit sprachliche Zweifelsfälle.

An Tagen wie diesen: das *wie*-Attribut

Auch mit *wie* eingeleitete Beifügungen können im weiteren Sinne als Appositionen angesehen werden: *an Tagen* ***wie diesen***.
Das *wie*-Attribut dient zum Ausdruck eines Vergleichs, also in gewisser Weise auch einer näheren Bestimmung des Bezugswortes. Da mit der Konjunktion *wie* aber auch Vergleichs**sätze** eingeleitet werden können, kann das *wie*-Attribut oft auch als ein Vergleichssatz aufgefasst werden, der nur um das Prädikat verkürzt wurde. Man kann also direkt vergleichen:

- **wie-Attribut:** *bei einer Gelegenheit* ***wie dieser****; an einem Tag* ***wie jedem anderen***
- **wie-Vergleichssatz:** *bei einer Gelegenheit,* ***wie diese eine ist****; an einem Tag,* ***wie jeder andere einer ist***

An Tagen wie diesen …	
***wie* + Attribut:**	***bei einer Gelegenheit wie dieser***
	an einem Tag wie jedem anderen
***wie* + Vergleichssatz:**	***bei einer Gelegenheit****[,]* ***wie diese*** *[eine ist]*
	an einem Tag*[,]* ***wie jeder andere*** *[einer ist]*

Das *als*-Attribut		
***als*-Attribut im selben Fall** wie Bezugswort	Bezugswort im Nominativ, Akkusativ, Dativ	• **Nominativ:** *ich als Deutscher, er als Beamter, Herr Professor Lehmann als der Rektor der Universität* • **Akkusativ:** *an ihn als Angestellten, ihn als Beamten, für Martin als den Besten von allen* • **Dativ:** *mit Englisch als erster Fremdsprache, ihm als Beamtem, bei Günther als dem Spezialisten*
***als*-Attribut im Genitiv**	Bezugswort im Genitiv, *als*-Attribut mit Artikel	• *die Würdigung Helgas als einer verdienten Mitbürgerin* • *Wir gedenken dieses Vorfalls als des wichtigsten Ereignisses des Jahres.*
***als*-Attribut im Nominativ**	Bezugswort im Genitiv, *als*-Attribut ohne Artikel	• *die Würdigung Helgas als Mitbürgerin* • *Wir gedenken dieses Vorfalls als wichtigstes Ereignis des Jahres.*

Wird nun ein solcher Vergleichssatz gekürzt (um das Prädikat), dann unterscheidet er sich vom Attribut nur noch im Fall, denn beim Vergleichssatz kommt nach dem „wie" das Subjekt, das immer im Nominativ steht: *bei einer Gelegenheit wie diese, an einem Tag wie jeder andere*. Die Apposition dagegen steht im gleichen Fall wie ihr Bezugswort, also hier im Dativ (*wie dieser, wie jedem anderen*). Also gibt es in solchen Fällen zwei gleichermaßen korrekte Möglichkeiten.

Mir als deinem Freund: das *als*-Attribut

In Ausdrücken wie *Frau Professorin Mayer* ***als Rektorin der Universität*** oder *mir* ***als deinem Freund*** sind die mit *als* eingeleiteten Gruppen Attribute zu den Ausdrücken: *Frau Professorin Mayer* bzw. *mir.* Das *als*-Attribut steht daher in der Regel auch in demselben Fall wie das Substantiv, auf das es sich bezieht. Unsicherheiten treten dann auf, wenn diese Regel durchbrochen wird, meistens beim Genitiv.

Nominativ, Akkusativ und Dativ ▸ Das ist der Normalfall: Tritt das *als*-Attribut zu einem **Bezugswort** im Nominativ, Akkusativ oder Dativ, so steht es stets im selben Kasus: *mit der Blume als schmückendem Element.*

ACHTUNG: Der Nominativ anstelle des Akkusativs oder des Dativs ist in diesen Fällen nicht korrekt (falsch: *an ihn als Angestellter, an ihn als Beamter, bei Günther als der Spezialist*).

Genitiv ▸ Beim Bezugswort im Genitiv gibt es zwei Fälle:

- Hat das *als*-Attribut **einen Artikel** bei sich, so steht es ebenfalls im Genitiv,
- hat es **keinen Artikel**, steht es im Nominativ.

i *Herrn Meiers Auto*

Anders als andere enge Appositionen zu Eigennamen wird das Substantiv *Herr* auch dann dekliniert, wenn es Apposition zu einem Eigennamen ist. Bei der Kombination von *Herr* mit einem Namen werden also beide Bestandteile, ***Herr* und der Name dekliniert:**

- *Ich habe Herrn Schröter gesehen.*
- *Hast du es Herrn Schröter gegeben?*
- *Das ist Herrn Schröters neues Auto.*

Auch wenn *Herr* in Verbindung mit einem oder mehreren Titeln und einem Eigennamen steht, werden *Herr* und der Name dekliniert.
Dagegen werden die **akademischen Titel** (die ebenfalls Apposition zum Eigennamen sind) **nicht dekliniert**. Es heißt also:

- *Ich habe Herrn Professor Schröter gesehen.*
- *Hast du es Herrn Professor Schröter gegeben?*
- *Das ist Herrn Diplom-Ingenieur Dr. Schröters neues Auto.*

Nachgestellte Appositionen

Ein weiterer typischer Fall für eine Apposition ist die sogenannte **lockere Apposition**: eine Beifügung zu einem Substantiv, die diesem ohne eine sonstige Verbindung nachgestellt ist. Ähnlich wie bei der engen Apposition gibt es auch bei der lockeren Apposition Fälle, in denen die Apposition mit dem Kasus (Fall) des Bezugsworts übereinstimmt, und Fälle, in denen die Apposition, unabhängig vom Kasus des Bezugsworts, im Nominativ steht – und manchmal geht beides. Daher herrscht häufig Unsicherheit darüber, welcher Kasus bei einer lockeren Apposition zu wählen ist.

Apposition im gleichen Fall wie Bezugswort ▸ Die lockere Apposition steht im gleichen Fall wie ihr Bezugssubstantiv, wenn sie **mit Artikel** steht:

- *Wir trafen Herrn Müller, **den** Sozialisten, …*
- *Das Wort von Herrn Barthel, **dem** überzeugten Pazifisten, …*

Statt in Kommas kann die lockere Apposition mit Artikel auch in **Klammern** eingeschlossen werden. Auch in diesem Fall steht sie im gleichen Fall wie das Bezugswort:

- *Wir trafen Herrn Müller (**den** Sozialisten) und diskutierten lange mit ihm.*
- *Ich wohnte damals im Taunus (**einem** Gebirge nördlich von Frankfurt).*

Apposition im Nominativ ▸ Wenn die Apposition aber **ohne Artikel** steht, dann steht sie in der Regel im Nominativ, auch wenn sie sich auf ein Wort im Akkusativ oder im Dativ bezieht. Wenn ihr Bezugswort im Genitiv steht, hat man die Wahl zwischen Nominativ und Genitiv. ACHTUNG: Die lockere Apposition ohne Artikel **muss** jedoch im Genitiv stehen, wenn ein falscher Bezug auf ein Substantiv im Nominativ möglich wäre:

- *Der Bekannte meines Freundes, Kindes aus gutem Hause, …* (d. h., der Freund ist Kind aus gutem Hause)
- *Der Bekannte meines Freundes, Kind aus gutem Hause, …* (d. h., der Bekannte ist Kind aus gutem Hause)

> **Erklärender Zusatz**
> Statt der lockeren Apposition kann in Klammern auch ein sogenannter erklärender Zusatz stehen, der von der Grammatik des Gesamtsatzes unabhängig ist und daher im **Nominativ** steht, denn er kann als **verkürzter eingeschobener Satz** verstanden werden:
> *Ich wohnte damals im Taunus (ein Gebirge nördlich von Frankfurt).*
> Der Zusatz ist hier theoretisch verkürzt aus: *Ich wohnte damals im Taunus (das ist ein Gebirge nördlich von Frankfurt).*
>
> Statt in Klammern kann ein solcher erklärender Zusatz (**anders als die lockere Apposition**) auch zwischen **Gedankenstrichen** stehen: *Ich wohnte im Taunus – ein Gebirge nördlich von Frankfurt –, als ich noch zur Schule ging.*

Apposition im gleichen Fall	Apposition mit Artikel	• *Wir trafen Herrn Müller, **den Sozialisten**, …* • *Das Wort von Herrn Barthel, **dem überzeugten Pazifisten**, …*
Apposition im Nominativ	Apposition ohne Artikel + Bezugswort im Nom., Akk., Dat.	• Akkusativ: *Wir trafen Herrn Müller**, Demokrat und Liberaler.*** **(nicht:** *Demokraten und Liberalen***)** • Dativ: *Das Wort von Herrn Barthel**, überzeugter Katholik und Pazifist, …*** **(nicht:** *überzeugtem Katholiken und Pazifisten***)**
Apposition im Nominativ oder Genitiv	Apposition ohne Artikel, Bezugswort im Genitiv	• *Die Äußerungen des Kommissionsvorsitzenden, Professor Weinert, …* • *Die Äußerungen des Kommissionsvorsitzenden, Professor Weinerts, …*

Falscher Dativ!
Die lockere Apposition wird oft in den Dativ gesetzt, obwohl das Substantiv, auf das sie sich bezieht, in einem anderen Kasus steht. Der Dativ ist in diesen Fällen **falsch**!
Dies lässt sich am besten am Beispiel Brasiliens, ***des größten Landes*** (falsch: *dem größten Land*) *des Subkontinents zeigen.*
Sie wurde Chefin des Statistischen Bundesamtes, ***des Vorbildes*** (falsch: *dem Vorbild*) *der Landesämter.*

Ein Glas kühles Bier oder ein Glas kühlen Biers?

Bei der Beugung von Appositionen wie „kühles Bier" gibt es wohl die meisten Schwankungen.

Apposition im selben Fall ▸ Steht nach Maß- oder Mengenangaben ein Substantiv mit einem **Adjektiv im Singular**, dann steht das Gemessene oder Gezählte im selben Fall wie die Maß- oder Mengenbezeichnung:

- Nominativ: *ein Glas kühles Bier*
- Akkusativ: *einen Sack grauen Zement*
- Dativ: *mit einer Fuhre feinem Sand, mit zwei Dutzend frischen Eiern, mit vier Esslöffeln weißem Mehl*
- Genitiv: *angesichts eines Glases kühlen Bieres, eines Sackes grauen Zements, einer Fuhre feinen Sandes*

Früher war es durchaus üblich, anstelle der Apposition ein Genitivattribut zu verwenden; das wird heute aber als gespreizt empfunden und **sollte vermieden** werden: *ein Glas kühlen Bieres, ein Sack grauen Zements, mit einer Fuhre feinen Sandes.*

Apposition im Nominativ oder im Genitiv ▸ Steht nach einer Maß- oder Mengenangabe das Gemessene oder Gezählte im **Plural** (*ein Strauß* ***rote/ roter Rosen***), so kann es im Nominativ oder im Genitiv stehen:

- *einen Strauß rote Rosen/roter Rosen,*
- *eines Pfundes frische Erdbeeren/frischer Erdbeeren*

Das Partizip geborene(r)

In einer Apposition bestehend aus dem Partizip *geborene(r)* und dem Geburtsnamen kann das Partizip verschiedene Formen haben. Im Dativ gibt es drei Möglichkeiten, die alle als korrekt gelten:

- *bei seiner Gattin Frieda,* ***geborene/geborener/geborenen*** *Krögel;*
- *mit ihrem Ehemann Matthias,* ***geborener/geborenem/geborenen*** *Butt*

Am häufigsten kommt der Nominativ vor. Er kann zurückgeführt werden auf einen Nebensatz wie: *bei seiner Gattin Frieda, [die eine] geborene Krögel [ist] …*

Andernfalls fasst man *geboren* als **Apposition** auf. Da dem Partizip kein Artikel oder Pronomen vorangeht, muss nach den Regeln parallel zum Bezugswort und stark flektiert werden:

- *bei seiner Gattin Frieda, geborener Krögel*
- *mit ihrem Ehemann Matthias, geborenem Butt*

Im Dativ Singular aller Geschlechter kommt daneben aber **auch** die schwache Flexion des Adjektivs bzw. Partizips vor:

- *bei seiner Gattin Frieda, geborenen Krögel*
- *mit ihrem Ehemann Matthias, geborenen Butt*

Datum
Das Datum kann nach der Angabe von Ort oder Wochentag als Glied einer Aufzählung angesehen werden. Es steht dann im Akkusativ und wird durch Komma abgetrennt:
Berlin, den 6. Juni 2014
am Freitag den 6. Juni 2014.
In der Regel behandelt man das Datum jedoch als nachgestelltes **Attribut (lockere Apposition) zur Tagesangabe**. Es steht dann im selben Fall wie diese – also im Dativ:
am Freitag dem 6. Juni 2014.

B

Backe / Backen

Backe in der Bedeutung „Wange" wird in der Allgemeinsprache im Femininum gebraucht. In Süddeutschland heißt es auch *der Backen.*

Baby – die Babys

Seit der Rechtschreibreform wird beim Plural von *Baby* nur ein *-s* angehängt: *Baby – die Babys.* Die früher gültige englische Pluralbildung auf *-ies* ist nicht korrekt.

Was hat die *Backe* mit der *Pobacke* zu tun?
Liest man die Wörter *Backe* und *Pobacke*, nimmt man selbstverständlich an, dass das eine Wort aus dem anderen gebildet sein muss. Schließlich zeichnen sich Wange und Gesäßhälfte als gleichermaßen rundliche Körpererhebungen schon rein äußerlich durch eine gewisse Ähnlichkeit aus. Tatsächlich aber hat die *Pobacke* sprachgeschichtlich mit der *Backe* als Ausdruck für „Wange" nichts zu tun. Auf die richtige Spur kommt, wer eine ältere Bibelübersetzung heranzieht. Dort heißt es nämlich im Buch der Richter, dass der biblische Held Samson tausend Philister mit einem ***Eselskinnbacken*** (= Unterkieferknochen eines Esels) erschlug. Auch in Süddeutschland heißt es für die Wange nicht etwa *die Backe*, sondern *der Backen.* Das Wort geht wohl auf das althochdeutsche *backo* „Wange, Kinnlade" zurück, die weitere Herkunft ist unklar. Die *(Po-)Backe* lässt sich dagegen von althochdeutsch *bahho* „Schinken, Speckseite" herleiten.

backen – buk oder backte?

Das Verb *backen* war ursprünglich ein starkes Verb. Die Formen lauteten im Präteritum deshalb nur: *ich buk, du bukst* usw. Diese Formen werden heute vielfach als veraltet empfunden, stattdessen werden oft die schwachen Formen ohne Ablaut gebraucht: *backen – backte. Sie backte jeden Dezember zahlreiche Plätzchen.* Beide Formen gelten als korrekt.
Der Übergang von der starken zur schwachen Konjugation zeigt sich auch in der 2. und 3. Person Singular im Präsens. Neben der starken Konjugation, die mit Umlaut gebildet wird *(du bäckst, sie bäckt)*, sind zunehmend auch die Formen ohne Umlaut gebräuchlich. Beide Formen gelten als grammatikalisch korrekt:
Du bäckst den ganzen Tag.
(Auch: *Du backst den ganzen Tag.*)

Bademeister oder Badmeister?

Bei Zusammensetzungen mit dem Substantiv *Bad* gibt es regionale Unterschiede in der Bildung: In Süddeutschland, in der Schweiz und in Österreich stehen diese Wörter oft ohne das Fugenelement *-e-: Bademeister, Badezimmer.*
ÖSTERREICH / SCHWEIZ: *Badmeister, Badzimmer.*
Auch die in der Schweiz noch vereinzelt für einen einteiligen Badeanzug gebrauchte Bezeichnung *Badkleid* steht ohne das *-e-* zwischen den Wortbestandteilen.

baden gehen

Verbindungen aus zwei Verben werden immer getrennt geschrieben. Dies gilt auch dann, wenn wie bei *baden gehen* eine übertragene Bedeutung vorliegt: *Mit ihren Plänen ist die Koalition gründlich baden gegangen.* Nur Verbverbindungen mit *bleiben* oder *lassen* als zweitem Wortbestandteil können bei übertragener Bedeutung zusammengeschrieben werden.

bairisch

→ *bayerisch*

Balalaika – die Balalaiken / Balalaikas

Der Plural für das dreisaitige russische Zupfinstrument mit dem dreieckigen Klangkörper kann auf zwei Arten gebildet werden: *die Balalaiken / Balalaikas.*

bald … bald

Wenn die Glieder einer Aufzählung durch die Konjunktion *bald … bald* miteinander verbunden werden, setzt man ein Komma:
Bald schläft sie, bald wacht sie.
Bald träumte er lethargisch vor sich hin, bald arbeitete er rastlos.
Bald fiel der Kurs in den Keller, bald stieg er auf 100 Euro.

Balg – der / das Balg

Die Frage, ob *Balg* im Maskulinum oder Neutrum steht, hängt von seiner Bedeutung ab. Steht *Balg* für die abgezogene Haut oder das abgezogene Fell von Tieren, heißt es *der Balg.* Gleiches gilt auch für vergleichbare Bedeutungen, z. B. den *Balg* der Ziehharmonika, den *Blasebalg* oder das ausziehbare Verbindungsteil bei Bussen oder Bahnen.
In der Bedeutung „unartiges Kind" steht *Balg* dagegen im Neutrum: *Das Balg raubt mir noch den letzten Nerv!*

Baletttänzer

Treffen bei Zusammensetzungen drei gleiche Buchstaben aufeinander, so werden alle geschrieben: *Ballett + Tänzer* → *Balletttänzer.* Die früher gültige Schreibung *Ballettänzer* ist nicht mehr korrekt.

Bambus – die Bambusse

Wie bei vielen anderen maskulinen Substantiven, die auf *-us* enden, wird der Plural bei *Bambus* durch Anhängen der Pluralendung *-e* und Verdoppelung des Buchstabens *s* gebildet: *der Bambus – die Bambusse.*

Band – der Band / das Band / die Band

Wird *Band* in der Bedeutung „schmaler Stoffstreifen" gebraucht, steht es im Neutrum: *das Band aufwickeln.* Dies gilt auch für die Verwendung in verwandten oder übertragenen Bedeutungen: *Die Schicht war zu Ende, doch das Band lief weiter. Das Band enthält unveröffentlichte Studioaufnahmen des Songkomponisten. Das Band zwischen ihnen ist endgültig zerschnitten.*
Im Plural wird zusätzlich noch einmal nach verschiedenen Bedeutungen unterschieden. In den konkreten Bedeutungen lautet der Plural *Bänder: Die Bänder aufwickeln. Die Bänder stehen still.*
Nur in der übertragenen Bedeutung „Verbindendes zwischen zwei Menschen" lautet der Plural *Bande: Häufige Treffen haben die Bande zwischen den Partnerstädten gestärkt.*
Band in der Bedeutung „einzelnes Buch" steht im Maskulinum: *der Band. Der erste Band enthält nur die Erzählungen des Autors.* Der Plural lautet *Bände: Ihr Werk umfasst nahezu 15 Bände.*
Der Anglizismus *Band* für „Musikgruppe" wurde schon im 19. Jahrhundert ins Deutsche entlehnt. Hier liegt übrigens das französische Wort *la bande* für „Schar, Trupp" zugrunde. Im Deutschen wird das Wort analog zu *Gruppe,* vielleicht aber auch anknüpfend an den französischen Ursprung, als Femininum gebraucht: *die Band.*

Bändel oder Bendel?

In der neuen Rechtschreibung schreibt man *Bändel, anbändeln,* da es sich von *Band* ableiten lässt. Die frühere Schreibung *Bendel* ist nicht mehr korrekt.

Bange – Bange machen, mir ist bange

In Verbindung mit den Verben *sein, bleiben* oder *werden* wird *bange* wie ein Adjektiv verwendet und muss dementsprechend kleingeschrieben werden: *Ich bin bange. Mir wurde (angst und) bange.* In der Verwendung als Substantiv wird dagegen großgeschrieben: *Er macht mir (Angst und) Bange. Keine Bange, der kommt schon noch!*
→ *Angst und Bange*

Bank: Sitzmöbel und Kreditinstitut

Der Ausdruck *Bank* ist ein gutes Beispiel dafür, wie unterschiedliche Wortgeschichten zu unterschiedlichen Bedeutungen und grammatischen Formen führen können, auch wenn der Ursprung derselbe ist. Für das Wort *Bank* wird als germanischer Ursprung *banki-* vermutet. Offenbar wurde es in derselben Bedeutung wie heute („Sitzmöbel für mehrere Personen") verwendet. Als *banca* wurde es schon früh in die romanischen Sprachen entlehnt, allerdings mit einem folgenreichen Bedeutungsunterschied: Im Italienischen wurde *banca* nicht mehr als Bezeichnung für „Sitzgelegenheit", sondern für die „langen Tische der Geldwechsler" (Bild links: „Der Geldwechsler und seine Frau" von Quentin Massys) gebraucht. In dieser Bedeutung wurde schon in mittelhochdeutscher Zeit ins Deutsche „rückentlehnt", wobei anfangs noch die Schreibung mit *c* vorherrschte: *wehselbanc*. Erst im 17./18. Jahrhundert setzte sich die Schreibung *Bank* durch. Die Entlehnung als vermeintliches Fremdwort führte auch zu einer anderen Pluralbildung als beim Ursprungswort. Während der Plural für *Bank* als „Sitzgelegenheit" mit Umlaut gebildet wird *(die Bänke)*, lautet die Mehrzahl für das Fremdwort *Bank* in der Bedeutung „Geldinstitut" *die Banken*.

Bank – Bänke, Banken

Das deutsche Wort *Bank* zur Bezeichnung des Sitzmöbels hat den Plural *Bänke,* das Wort *Bank* in der Bedeutung „Kreditinstitut" hat den Plural *Banken.* Zusammensetzungen wie *Blutbank, Datenbank, Samenbank* bilden ebenfalls den Plural mit *-banken: Blutbanken.*

bankrott / Bankrott, bankrottgehen

bankrott / Bankrott • In Verbindung mit dem Verb *machen* tritt das aus dem Italienischen entlehnte Wort *Bankrott* als Substantiv auf, man schreibt es groß: *Er hat Bankrott gemacht.* Wird das Wort dagegen mit *sein, bleiben* oder *werden* gebraucht, liegt eine Verwendung als Adjektiv vor, man kann das Wort dann mit „Wie?" erfragen: *Er ist bankrott.*

bankrottgehen • Die Verbindung aus dem Adjektiv *bankrott* und dem Verb *gehen* wird immer zusammengeschrieben, da eine übertragene Bedeutung vorliegt: *bankrottgehen.*

-bar / -fähig

Ein Adjektiv, das mit *-bar* gebildet wird, gibt an, dass mit dem durch das Adjektiv näher beschriebenen Gegenstand etwas getan werden kann: *tragbarer Fernseher* (Fernseher, der getragen werden kann); *lieferbare Ware* (Ware, die geliefert werden kann). Demgegenüber haben Ableitungen auf *-fähig* eine aktivische Bedeutung: *tragfähige Brücke* (Brücke, die etwas tragen kann); *lieferfähige Firma* (Firma, die liefern kann). Vereinzelt kommen Wortbildungen vor, die diesen Regeln nicht entsprechen. So ist ein *strapazierfähiger Teppich* ein Teppich, der strapaziert werden kann, eine *streichfähige Farbe* eine Farbe, die gestrichen werden kann. Ebenso: *ein ausbaufähiger Dachboden* (Dachboden, der ausgebaut werden kann); *eine anbaufähige Pflanze* (Pflanze, die angebaut werden kann).

Diese Adjektive sind fester Bestandteil des Wortschatzes und können in diesen Verwendungen in vielen Fällen nicht durch Bildungen mit *-bar* ersetzt werden (nicht: *streichbar*).

Barock

Der Fachausdruck für den Kunst- und Literaturstil *Barock* geht auf das französische Adjektiv *baroque* „bizarr, grotesk" zurück. Im Französischen bezeichnete man damit ursprünglich unregelmäßig gebildete Perlen. Der schweizerische Kunsthistoriker Jacob Burckhardt (1818–1897)

bezog das Wort auf die sich an die Renaissance anschließende Kunstperiode. In dieser Bedeutung wurde *barock/Barock* international gebräuchlich.
Das grammatische Geschlecht schwankt im Deutschen: Sowohl *der Barock* als auch *das Barock* gelten als korrekt.
Im Genitiv Singular wird standardsprachlich ein *-s* angehängt *(des Barocks)*, in kunstgeschichtlichen Publikationen ist dagegen die Bildung ohne Genitiv-s geläufiger *(des Barock)*. Beide Formen sind korrekt.

Basel – Basler

Die Einwohnerbezeichnung für *Basel* lautet *Basler*. In der Schweiz gilt nur diese Form als korrekt. Außerhalb der Schweiz ist teilweise auch die Schreibung *Baseler* im Gebrauch.

basieren auf

Das Verb *basieren auf* kann je nach Verwendung mit dem Dativ oder mit dem Akkusativ stehen. In der Bedeutung „auf etwas fußen, sich auf etwas stützen" steht es mit dem Dativ: *Die Konzeption basiert auf dem Grundgedanken, dass …*
In der allerdings selten gebrauchten Bedeutung „etwas auf etwas gründen" steht *basieren auf* mit dem Akkusativ: *Er basierte seine Forschungen auf die jüngsten Erkenntnisse der Kognitionspsychologie.*

Bau – Bauten / Baue

Der Plural von *Bau* in der Bedeutung „Bauwerk Gebäude" lautet *Bauten*. Dies gilt auch für die entsprechenden Zusammensetzungen: *Neubau – Neubauten; Zweckbau – Zweckbauten; Plattenbau – Plattenbauten.*
In der Bedeutung „Erdhöhle, die von Tieren gegraben oder genutzt wird" lautet der Plural *Baue: Fuchsbau – Fuchsbaue.*
Auch als Bezeichnung für „Bergwerksanlage" bildet *Bau* den Plural auf *e: Tagebau – Tagebaue; Braunkohletagebau – Braunkohletagebaue; Grubenbau – Grubenbaue.*

bauen auf

Wird das Verb *bauen* zusammen mit der Präposition *auf* in der Bedeutung „sich verlassen auf" verwendet, steht der Akkusativ: *Wir bauen auf die Unabhängigkeit der Justiz. Er baute auf den Rat ausgewiesener Experten.*

Baudenkmal

Analog zu *Denkmal* lautet für *Baudenkmal* der Plural *Baudenkmäler*. Daneben findet sich sehr selten auch die Pluralform *Baudenkmale*.

Bauer – dem Bauern / Bauer

Bauer in der Bedeutung „Landwirt" wurde ursprünglich nur schwach dekliniert. In dieser Deklinationsklasse enden bei *Bauer* außer im Nominativ alle Formen auf *-n*. Es heißt also: *des Bauern, dem Bauern, den Bauern, die Bauern, den Bauern* usw. Daneben sind im Singular selten auch die starken Formen im Gebrauch: *des Bauers, dem Bauer, den Bauer.*

bäuerlich / bäurisch

Die Adjektivbildung *bäuerlich* drückt aus, dass etwas zum Bauern, zu seinem Beruf, zu seiner Lebensweise gehört oder von diesem stammt. Eine positive oder negative Wertung ist damit nicht verknüpft: *bäuerliches Leben; bäuerliche Kunst; eine Wohnung bäuerlich einrichten.*
Dagegen hat die Bildung *bäurisch* eine abwertende Bedeutung. *Bäurisch* steht hier für plumpe, derbe Eigenschaften: *Er zeichnet sich durch eine bäurische Hemdsärmeligkeit aus.*

bayerisch / bayrisch / bairisch

Das zu *Bayern* gebildete Adjektiv lautet standardsprachlich *bayerisch: die bayerischen Landtagsabgeordneten; sein bayerischer Amtskollege; das bayerische Erfolgsduo.* Die Bildung ohne *e* ist zwar ebenfalls im Schreibgebrauch anzutreffen, sie ist jedoch erheblich seltener: *der bayrische Kollege.*

Für das landestypische Weißkohlgericht ist aber nur die Form ohne *e* korrekt, das Adjektiv wird großgeschrieben: *Bayrisch Kraut.*
In der Sprachwissenschaft steht der Fachausdruck *Bairisch* für den größten deutschen Dialektverband, der die Bereiche Bayerns östlich der Lech sowie große Teile Österreichs und Südtirols umfasst. (→ auch: *y*)

Beamte(r)

Dem Wort *Beamte(r)* liegt sprachgeschichtlich eine Partizipform von *beamten* (= mit einem Amt versehen) zugrunde. Es wird deshalb wie ein substantiviertes Adjektiv dekliniert. *Beamte(r)* kann also stark oder schwach dekliniert werden:
Schwach (z. B. nach bestimmtem Artikel): *Der Beamt**e** wurde versetzt. Die Beamt**en** gingen auf die Straße. Die Auskünfte des Beamt**en** reichten nicht aus.*
Stark (z. B. nach unbestimmtem Artikel oder ohne Artikel): *Ein Beamt**er** reichte Klage ein. Viele Beamt**e** gingen auf die Straße. Die Auskünfte mancher Beamt**er** führten sogar in die Irre.*
Nach einem stark deklinierten Adjektiv wird heute parallel gebeugt: *die Besoldung hessisch**er** Beamt**er*** (selten: *Beamt**en***); *die Präsenz deutsch**er** Beamt**er*** (selten: *Beamt**en***). *Nach Ansicht zahlreich**er** Beamt**er** sind Dienstrechtsreformen unumgänglich.*
Im Dativ ist nach einem stark gebeugten Adjektiv dagegen die schwache Deklination üblicher. In einer Zeitungsschlagzeile steht deshalb:
*Fleißig**em** Beamt**en*** (selten: *Beamt**em***) *wurde Bundesverdienstkreuz verliehen*
Bei Konstruktionen mit *als* sind schwache und starke Formen gebräuchlich: *ihm als Beamt**en**/ ihm als Beamt**em**.*

becircen oder bezirzen?

Das Verb *bezirzen/becircen* „bezaubern" ist ein eher scherzhaft gemeinter Rückgriff auf die antike Sagenwelt. Gemeint ist die Zauberin *Kirke* (in anderen Schreibungen *Circe*), welche die Gefährten des Odysseus sämtlich in Schweine verwandelte. Odysseus überwand sie jedoch mit einem Gegenzauber und konnte seine Freunde befreien. *Kirke* wurde sprichwörtlich für eine verführerische Frau, welche die Männer *bezirzt/becirct.* Im aktuellen Schreibgebrauch überwiegt die Variante *bezirzen.*

bedeutend – Bedeutendes

Wird die Partizipform *bedeutend* wie ein Substantiv verwendet, schreibt man groß: *Er hat Bedeutendes geleistet. Sie hat etwas Bedeutendes vorzubringen. Das Bedeutende dieser Ausstellung liegt keinesfalls in der Anzahl der Gemälde. Das Ausbreitungsgebiet hat sich um ein Bedeutendes vergrößert.*

bedeutend oder bedeutsam?

Das Adjektiv *bedeutend* steht bei Personen für die Eigenschaften „wichtig, berühmt, einflussreich". Der Schreibende bringt damit eine besondere Wertschätzung zum Ausdruck: *Sie war eine bedeutende Wissenschaftlerin. Er war der bedeutendste Vertreter der Romantik. Sie haben Bedeutendes geleistet.*
Bezogen auf Gegenständliches steht *bedeutend* für „groß, umfangreich": *Unter dem Eis der Arktis werden bedeutende Vorkommen an Erdöl vermutet. Sein Vermögen war bedeutend.*
Das Adjektiv *bedeutsam* verwendet man dagegen, wenn etwas als „besonders wichtig, voll tieferer Bedeutung oder von großer Tragweite" charakterisiert werden soll. *Bedeutsam* sollte dabei nicht auf Personen bezogen werden: *Die Präsidentin hielt eine bedeutsame Rede. Die Anlage ist für die Sicherheit des Staates bedeutsam. Er hielt die Sache für so bedeutsam, dass er zum Hörer griff. Das Urteil könnte für die Branche bedeutsam sein.*

Bedienstete(r)

Das substantivierte Partizip *Bediensteter* kann stark oder schwach dekliniert werden (→ *Sonderseiten* „Substantivierte Adjektive", *S. 418 f.*).
Schwache Deklination (z. B. nach bestimmtem Artikel): *der Bedienstet**e**; dem Bedienstet**en**; des Bedienstet**en**; die Bedienstet**en** des Strafvollzugs.*

Starke Deklination (z. B. nach unbestimmtem Artikel oder ohne Artikel): *ein Bedienstet**er**; ein kommunal Bedienstet**er**; Bedienstet**e** der Kommunen; zahlreiche Bedienstet**e**.*
Im Genitiv Plural wird *Bedienstete(r)* nach einem stark deklinierten Adjektiv parallel gebeugt: *der Verbleib zahlreich**er** Bedienstet**er**.*
Bei Konstruktionen mit *als* sind heute diese Formen üblich: *ihr als Bedienstet**er**; ihm als Bediensteten.*

Bedingung – unter der Bedingung(,) dass

Leitet *unter der Bedingung(,) dass* eine nachgestellte Erläuterung ein, wird diese durch Komma abgegrenzt. Das Komma vor *dass* ist in diesem Fall freigestellt:
Sie bekommen die Sekretariatsstelle, unter der Bedingung(,) dass Sie sich sofort in unser neues Buchhaltungsprogramm einarbeiten.
Gehört *unter der Bedingung* zum Hauptsatz, steht das Komma vor *dass:*
Sie bekommen die Sekretariatsstelle unter der Bedingung, dass Sie sich sofort in unser neues Buchhaltungsprogramm einarbeiten.

bedürfen – er bedarf der Schonung

Bedürfen gehört zu den wenigen Verben, die mit einem Genitivobjekt stehen:
Er bedarf der Schonung. Dazu bedarf es harter Arbeit. Es bedarf neuer Berechnungen.
In wenigen Fällen steht das Substantiv oder Pronomen ohne vorangehenden Artikel oder vorangehendes Adjektiv. Es erhält dann keine besondere Endung:
Hierfür bedarf es Gespräche. Es bedarf Disziplin, um das angestrebte Ziel zu erreichen. Hier bedarf es einiges an Aufklärung.

beethovensche / Beethoven'sche Symphonie

Beide Möglichkeiten sind zugelassen: *beethovensche/Beethoven'sche Symphonie.*
REGEL: Will man bei Ableitungen von Eigennamen auf *-sch* den Namensträger hervorheben, kann man mit Apostroph schreiben, der Name wird dann großgeschrieben:
die Beethoven'sche Symphonie; die Einstein'sche Relativitätstheorie; die Schiller'schen Dramen; das Gauß'sche Prinzip.
Wird das *-sch* direkt an den Namen angehängt, gilt dieser als Adjektiv und wird entsprechend kleingeschrieben:
die beethovensche Symphonie, die einsteinsche Relativitätstheorie; die schillerschen Dramen; das gaußsche Prinzip.

Beete / Bete – Warum man *Rote Beete* auch mit einem *e* schreiben kann

Dass man neben *Rote Beete* auch *Rote Bete* schreiben kann, hat einen einfachen Grund: Das Wort *Beete* stammt aus dem Lateinischen. Zusammen mit der gesunden Nahrungspflanze übernahmen die Germanen schon früh das entsprechende Wort *beta*. Die Entlehnung befindet sich damit in bester Gesellschaft mit anderen Bezeichnungen für Obst- und Gemüsesorten. So geht das Wort *Kohl* auf lateinisch *caulis*, *Frucht* auf *fructus*, *Kürbis* auf *curbita* und *Pfirsich* auf *persicum* zurück. Dass das Wort *Rote Beete* heute überwiegend mit *ee* geschrieben wird, ist durchaus konsequent, denn auch im Lateinischen hat man das *e* in *beta* lang gesprochen. Mit dem *Pflanzenbeet* hat das Wort daher nichts zu tun. Dieses ist wiederum mit *Bett* verwandt.

befehlen – befähle / beföhle

Das Verb *befehlen* hat zwei verschiedene Formen für den Konjunktiv Präteritum: *befähle* und *beföhle.*
Dies hat sprachgeschichtliche Gründe: Im älteren Deutsch hatten einige Verben im Präteritum unterschiedliche Stammvokale für den Singular und den Plural: *wie uns die Alten sungen* (gegen-

über *er sang*). Im heutigen Deutsch ist bei allen derartigen Verben der Vokal des Plurals durch den Vokal des Singulars ersetzt worden. Im Konjunktiv blieben aber bei einigen Verben diese alten Formen zusätzlich erhalten. Diese Verben haben deshalb zwei mögliche Konjunktivformen, wobei es keine Rolle mehr spielt, ob diese im Plural oder Singular stehen.
Allerdings werden im heutigen Deutsch beide Formen gleichermaßen als gestelzt und veraltet empfunden:
Ein Amtschef, der einen solchen Schritt in letzter Not beföhle/befähle, müsste sofort zurücktreten.
Häufiger ist die Umschreibung mit *würde:*
Ein Amtschef, der einen solchen Schritt in letzter Not befehlen würde, müsste sofort zurücktreten.
Die Befehlsform von *befehlen* lautet nur *befiehl:*
Befiehl den Früchten voll zu sein/Gib ihnen noch zwei südlichere Tage (Rilke).

Befehlsform

→ *Imperativ*

befestigen – an der Wand befestigen

Das Verb *befestigen* wird heute mit dem Dativ (Frage: „Wo?“) gebraucht: *etwas an der Wand befestigen*.

befleißen/befleißigen

Die Verben *befleißigen* und *befleißen* sind Varianten, die bedeutungsgleich verwendet werden können. Sie werden jedoch unterschiedlich konjugiert:
befleißigen – Sie befleißigte sich guter Manieren.
befleißen – Im Buch über seine Familie befliss sich der Autor größter Sachlichkeit.
Das Verb *befleißen* und seine Präteritumformen sind außerhalb der Literatur kaum noch nachweisbar. Anders verhält es sich dagegen mit der adjektivisch gebrauchten Partizipform *beflissen*. Diese findet sich im Sprachgebrauch ausgesprochen häufig:
Der Portier nickte beflissen. Das beflissene Publikum applaudierte.

befriedigend

Das Zensurwort *befriedigend* schreibt man klein: *Mathematik: befriedigend. Er hat die Note „befriedigend“ bekommen. Für diese Leistung gab es leider nur „befriedigend“.*

beginnen

Das Verb *beginnen* hat im Konjunktiv II zwei Formen (zu den Gründen → *befehlen*): *begönne* oder *begänne*. Im allgemeinen Sprachgebrauch tritt die Form *begänne* häufiger auf: *Begänne er seine Amtsgeschäfte unter diesem Vorwurf, würde er kaum etwas erreichen.*

begleiten – auf eine/einer Reise

Wird *begleiten* zusammen mit der Präposition *auf* verwendet, steht der Akkusativ oder der Dativ, je nachdem was man zum Ausdruck bringen möchte. Wenn ein Ziel angegeben ist (Frage: „Wohin?“), steht der Akkusativ: *Er begleitete sie auf die Nordseeinsel.*
Soll betont werden, dass man etwas zusammen unternimmt, steht der Dativ: *Er begleitete sie auf ihrem Trip durch London. Die Familie begleitete ihn auf seinem letzten Weg.*
In der Bedeutung „musikalisch unterstützen“ regiert *begleiten auf* ausschließlich den Dativ: *Er begleitete ihn auf seinem Flügel.*

behände

Die früher gültige Schreibung *behende* ist seit der Rechtschreibreform nicht mehr korrekt. Die Schreibung mit dem Umlaut *ä* wurde eingeführt, da eine Ableitung von *Hand* möglich ist: *behände*.
→ *ä oder e?*

beharren – auf seinem Recht beharren

Wird *beharren* mit der Präposition *auf* gebraucht, steht der Dativ: *Er beharrte auf seinem Recht. Der Ausschuss beharrte auf einer strengen Nachprüfung.* Der Akkusativ ist nicht korrekt.
(Falsch: *Er beharrte auf eine Nachprüfung.*)

behende

→ *behände*

Behinderte(r)

Als *Behinderter* wird jemand bezeichnet, dessen körperliche, geistige oder seelische Funktionen dauerhaft beeinträchtigt sind. Der Begriff *Behinderter* wird teilweise von Betroffenen als unpersönlich und herabsetzend empfunden. Demgegenüber bevorzugte Ausdrücke sind *Menschen mit Behinderungen, behinderte Menschen* oder *Menschen mit Handicap.*

Rätselhafte Behördensprache: *behufs*

Wer sich ergebnislos gefragt hat, woher die veraltete, aus der Behördensprache bekannte Wendung *zu diesem Behufe* und deren Genitivform *behufs* eigentlich kommen und was sie ursprünglich bedeuteten, der befindet sich in bester Gesellschaft. Denn auch Sprachwissenschaftler sind sich über die genauen Entstehungszusammenhänge im Unklaren. Sicher ist, dass *behufs,* welches sich schlicht mit „zwecks, zu diesem Zwecke" übersetzen lässt, nichts mit den *Pferdehufen* zu tun hat. Möglicherweise liegt die Verbform *beheben* zugrunde.

Im Altfränkischen ist immerhin die Form *behof,* was so viel wie „Nutzen" oder „Zweck" bedeutete, belegt. Auch in einigen modernen Sprachen findet sich das Wort. Im Englischen hat die Form *behoof,* im Niederländischen *behoeve* überdauert.

bei

Wird die Präposition *bei* zur Ortsbestimmung gebraucht, kann sie nur zur Angabe einer Lage, nicht zur Angabe einer Richtung verwendet werden. Entsprechend steht *bei* in der Standardsprache nur mit dem Dativ: *Ich bin heute bei meiner Mutter.*

In der Umgangssprache und mundartlich wird *bei* auch mit dem Akkusativ zur Angabe der Richtung verwendet. Dieser Gebrauch ist standardsprachlich falsch.

(Falsch: *Lauf bei den Bäcker Brötchen holen. Morgen fahren wir bei meinen Vetter aufs Land.*)

In der Standardsprache muss hier die Präposition *zu* stehen: *Lauf zum Bäcker Brötchen holen. Morgen fahren wir zu meinem Vetter aufs Land.*

beide

wir beide / wir beiden • Nach einem Personalpronomen wird *beide* meistens stark gebeugt, nur nach *ihr* steht häufiger die schwache Form: *Wir beide* (seltener: *beiden*) *haben hier nichts verloren. Sie beide kommen jetzt mit. Ihr beiden* (seltener: *beide*) *könnt ruhig mal mithelfen. Euch beide kann man auch nicht eine Sekunde allein lassen. Unser beider Leben war in Gefahr. Ihrer beider Interesse beeindruckte. Euch beiden kann man auch nichts recht machen. Uns beiden ist etwas Seltsames passiert. Das Paket war an sie beide adressiert. Ich habe an euch beide gedacht.*

Beziehen sich *wir beide* und *ihr beide* auf ein Substantiv steht die Form *beiden:*

Wir beiden Ältesten fuhren allein in Urlaub.

Ihr beiden Turteltauben solltet endlich heiraten.

beide Abgeordneten • Adjektive und Partizipien nach *beide* werden in der Regel schwach gebeugt. Im Genitiv steht die starke Form:

*Beide alt**en** Männer sind zu Hause.*

*Ich sah beide ehemalig**en** Angehörigen.*

*Das Treffen beider alt**er** Männer.*

Dies gilt auch für substantivierte Adjektive:

*beiden Abgeordnet**en**/Angehörig**en**/Angeklag**ten**/Angestellt**en**/Beamt**en**.*

Groß- und Kleinschreibung • Das Pronomen *beide* wird wie alle Pronomen, die als Stellvertreter von Substantiven gebraucht werden, grundsätzlich kleingeschrieben. Dies gilt auch dann, wenn *beide* z. B. mit Artikel steht:

Die beiden kommen heute zum Abendessen. Wir können nicht beides zugleich erledigen.

beiderseits des Flughafens

Wird *beiderseits* als Präposition gebraucht, steht der Genitiv: *beiderseits der Baustelle.* Auch Ortsnamen müssen im Genitiv stehen: *beiderseits Münchens.* Ersatzweise ist aber auch die Umschreibung mit *von* möglich: *beiderseits von München.*
Daneben kann *beiderseits* auch als Adverb verwendet werden: *Die Trasse wurde beiderseits von Baustellen begrenzt.*

beieinander

In Verbindung mit *sein* schreibt man stets getrennt: *beieinander sein. Man sei schon immer nah beieinander gewesen, hieß es nach der Tarifeinigung.*
Bei Verbindungen mit anderen Verben entscheidet die Betonung, ob getrennt oder zusammengeschrieben wird. Liegt der Hauptakzent auf *beieinander*, schreibt man zusammen: *Die kleine Gemeinde möchte in ihrem eigenen Gotteshaus beieinanderbleiben.*
Er hatte Mühe, seine Truppen beieinanderzuhalten.
Sie ging an den Jungs vorbei, die in Gruppen beieinanderhockten.
Die Partizipien schreibt man entsprechend zusammen: *Man sah Gruppen von beieinanderstehenden Partygästen. Zwischen den nah beieinanderliegenden Ortschaften gibt es schon seit Jahrhunderten Streit.*
Sind dagegen beide Verben der Verbindung betont, schreibt man getrennt: *Ihre Eltern waren dagegen, dass sie beieinander übernachteten.*

beige

Das Farbadjektiv *beige* kann im Gegensatz zu früher als Attribut bei einem Substantiv stehen. Es wird dann entsprechend gebeugt. Die Form *beige* wird in diesem Fall zweisilbig gesprochen, also so, als sei an die jeweils einsilbige Form ein unbetontes *e* angehängt worden. Die folgenden Fälle gelten als standardsprachlich korrekt:
der beige Ordner
das beige Buch
beige Schränke
Auch Formen wie *beiges Hemd, ein beiger Ordner, die beigen Schränke* gelten inzwischen als standardsprachlich.
In diesen wie in allen anderen Fällen sind auch Zusammensetzungen mit *-farben* oder *-farbig* möglich, die es erlauben, das Adjektiv zu deklinieren:
der beigefarbene / ein beigefarbener Ordner
das beigefarbene / ein beigefarbenes Buch
beigefarbene / beigefarbene Schränke

beim

Die Zusammenziehung von Präposition und Artikel zu einem Wort bezeichnet man als Verschmelzung. Die Verschmelzung von *bei* und *dem* zu *beim* wird immer ohne Apostroph geschrieben. Die Form gilt als standardsprachlich.

beisammen

Fügungen aus dem Adverb *beisammen* und einem Verb werden zusammengeschrieben, wenn der Hauptakzent auf dem Adverb liegt: *beisammensitzen, beisammenstehen; in vertrauter Runde beisammensitzen.*
In Verbindung mit *sein* wird jedoch grundsätzlich getrennt geschrieben: *Wir wollten beisammen sein. Wenn wir beisammen sind, …*
Die substantivierten Verbindungen werden, unabhängig von der Schreibung der Verbformen, immer zusammengeschrieben: *Wir wollen unser Beisammensein genießen.*

beißen

Bei einer Reihe von Verben, darunter *beißen*, kann anstelle des Dativs auch ein Akkusativobjekt stehen.
In Sätzen wie den folgenden sind also beide Formen korrekt:
Die Katze hat mir / mich in den Finger gebissen.
Der Hund hat dem / den Mann ins Bein gebissen.

Beiwort

→ *Sonderseiten „Adjektive“, S. 24–27*

bekannt

Verbindungen aus *bekannt* und einem Verb kann man getrennt oder zusammenschreiben, da sich nicht entscheiden lässt, ob eine übertragene Bedeutung vorliegt oder nicht: *Sie haben sich bekannt gemacht/bekanntgemacht. Das Gesetz wurde bekannt gemacht/bekanntgemacht. Sie haben ihre Verlobung bekannt gegeben/bekanntgegeben. Wir sind jetzt erst mit ihnen bekannt geworden/bekanntgeworden.*
Die durch die Presse bekannt gewordenen/bekanntgewordenen Absprachen …
Verbindungen mit *sein* schreibt man dagegen stets getrennt: *bekannt sein.*

Bekannte(r)

Das substantivierte Partizip *Bekannte(r)* kann stark oder schwach dekliniert werden (→ *Sonderseiten „Substantivierte Adjektive", S. 418f.*).
Schwache Deklination (z.B. nach bestimmtem Artikel): *Der Bekannt**e** von Vater hat sich danebenbenommen. Ich habe die Uhr ihres Bekannt**en** gefunden. Die Bekannt**en** seiner Frau waren ebenfalls erschienen.*
Starke Deklination (z.B. nach unbestimmtem Artikel oder ohne Artikel): *An der Kasse saß ein Bekannt**er** von uns. Sie luden Bekannt**e** und Freunde ein. Man braucht in diesem Betrieb einfach Bekannt**e**, wenn man weiterkommen will. Sie sind alte Bekannt**e** meiner Eltern.*
Im Genitiv Plural wird *Bekannte(r)* nach einem stark deklinierten Adjektiv ebenfalls stark dekliniert: *Der Mann und dessen schwerbehindert**er** Bekannt**er** fielen in der Menge sofort auf.*

bekennen – sich bekennen als

Nach *sich bekennen als* steht das Folgende im Nominativ: *Er bekannte sich als begeisterter Anhänger Schlöndorffs. Sie bekannte sich als eine überzeugte Vegetarierin. Er bekannte sich als Sympathisant dieser Partei.*
Der Akkusativ gilt dagegen als veraltet: *Er bekannte sich als begeisterten Anhänger/als überzeugten Vegetarier/als Sympathisanten.*

Stammt *belämmert* wirklich von *Lamm*?
Manche Regeln der neuen Rechtschreibung erscheinen kinderleicht. Man schreibt nicht mehr *bel**e**mmert*, sondern *bel**ä**mmert*, denn es lässt sich ja von *Lamm* ableiten. Streng genommen ist das allerdings falsch: Tatsächlich liegt eher ein Bezug zu *lahm* nahe, denn das ursprüngliche Wort stammt aus dem Niederdeutschen, es lautete *belemen* und trug die Bedeutung „lähmen, belästigen".

Liegt also ein Fehler der Rechtschreibreformer vor? Ganz so ist es nicht - die Reformer haben sich hier das Phänomen der Volksetymologie zunutze gemacht: Oft überdauern Wörter oder Wortbestandteile in der Sprache, während andere Wörter derselben Wortfamilie untergehen. So hat der *Friedhof* ursprünglich gar nichts mit *Frieden* zu tun: Im Althochdeutschen lautete das Wort vielmehr *frithof* „eingehegter Hof". Weil man aber mit dem vom untergegangenen Verb *friten* für „einhegen" abgeleiteten Bestandteil *frit* nichts mehr anfangen konnte, wurde das Wort schließlich – nicht zuletzt in Anbetracht der Bedeutung des Ortes – volksetymologisch der Wortfamilie *Frieden* zugeordnet.

Derlei Umdeutungen haben Sprache und Rechtschreibung seit jeher geprägt. Ein Umstand, den sich die Reformer zugunsten einer stimmigen Neuregelung mit einer schönen Eselbrücke zunutze gemacht haben.

Erfolgreiche *Bewerbungen*

Auch wenn die elektronische Bewerbung in immer mehr Branchen zur gewünschten Form wird, ist das Grundprinzip jedes Bewerbungsschreibens gleich geblieben: Man möchte sich möglichst gut präsentieren und vor anderen Mitbewerbern herausstellen – und dazu ist es unerlässlich, eine formal korrekte und fehlerfreie Bewerbung zu schreiben. Diese kann sich durchaus in einzelnen Punkten von anderen Schreiben abheben, aber der Charakter einer Bewerbung im konservativen Sinne muss im Vordergrund stehen.

Die Form der Bewerbung

Zu einer Bewerbung gehören neben dem Anschreiben ein Lebenslauf mit Foto sowie Zeugnisse über die Ausbildung und die bisherigen Tätigkeiten und gegebenenfalls auch Arbeitsproben – je nachdem, auf welche Art von Stelle man sich bewirbt. Den Unterlagen fügt man keine Originalzeugnisse bei, sondern nur Kopien, die in der Regel auch nicht beglaubigt sein müssen. Das Anschreiben entspricht formal dem Geschäftsbrief (→ *Sonderseiten „Geschäftsbriefe", S. 94–97*), denn es handelt sich um einen offiziellen, geschäftlichen Vorgang.

Adressat ▸ Bewirbt man sich auf eine Stellenanzeige und steht dort der Name eines Ansprechpartners, adressiert man die Bewerbung an diese Person und spricht sie auch in der Anrede persönlich an. Dabei sind sämtliche Titel des Adressaten aufzuführen. Andernfalls lautet die Anrede *Sehr geehrte Damen und Herren*.

Datum ▸ Am besten datiert man ein Bewerbungsschreiben erst, wenn alle Unterlagen vollständig sind und man die Bewerbung abschicken kann, damit zwischen dem Datum und dem Eingang beim Adressaten keine Lücke entsteht. Das Datum des Anschreibens und jenes unter dem Lebenslauf sollten übereinstimmen.

Foto ▸ Ein Bewerbungsfoto muss das gegenwärtige Aussehen des Bewerbers wiedergeben. Man darf die Wichtigkeit des Fotos nicht unterschätzen. Daher ist es sinnvoll, einen professionellen Fotografen aufzusuchen.

Die Kleidung auf dem Foto sollte zum angestrebten Job passen: Wer sich bei einer Bank oder einer Versicherung bewirbt, wird etwas anderes tragen als jemand, der bei einer Werbeagentur arbeiten möchte. Aber immer gilt: lieber etwas zu formal als zu lässig gekleidet.

Das Bewerbungsfoto wird rechts oben auf dem Lebenslauf platziert; die Rückseite des Fotos wird mit dem Namen des Bewerbers versehen.

Unterschrift ▸ Eine Bewerbung muss selbstverständlich unterschrieben werden, und auch unter den Lebenslauf kommt eine eigenhändige Unterschrift. Sie ist Ausdruck der Persönlichkeit, sollte aber nach Möglichkeit auch lesbar sein.

Die Bewerbungsmappe ▸ Die Unterlagen werden nicht einzeln gefaltet oder gar mit Büroklammern zusammengesteckt, sondern in einer Bewerbungsmappe gesammelt. Dabei gilt folgende Reihenfolge: Zuoberst kommt das Anschreiben (meist separat außerhalb der Mappe), dann der Lebenslauf. Danach folgen die Zeugnisse, wobei das jüngste an erster Stelle steht, schließlich folgen eventuelle Arbeitsproben.

Das Anschreiben

Das Anschreiben ist der wichtigste Teil der Bewerbung, denn hier erhält der Ansprechpartner in der Regel einen ersten Eindruck vom Bewerber. Im Anschreiben gilt es also sein Interesse an der Stelle, um die es geht, gut zu begründen und dem Ansprechpartner einen aussagekräftigen Eindruck von sich zu vermitteln.

Für das Interesse an der gewünschten Stelle lassen sich berufliche wie persönliche Gründe ins Feld führen. Die Punkte sollten prägnant zusammengefasst und nicht zu weitschweifig dargestellt werden. Durch den Hinweis auf eine etwaige Stellenanzeige in der Betreffzeile kann man sich abgegriffene Anfangssätze sparen wie z. B.: *Hiermit bewerbe ich mich um die von ihnen ausgeschriebene Stelle, für die ich mich sehr interessiere.* Dass sich jemand bewirbt, sieht der Empfänger nämlich selbst, und dass der Bewerber Interesse an der Stelle hat, wird vorausgesetzt. Für eine Initiativbewerbung, mit der man nicht auf ein Inserat reagiert, eignen sich solche Sätze ohnehin nicht.

Das Anschreiben sollte logisch aufgebaut und strukturiert sein, also aus einer Einleitung, einem Mittelteil und einem Schluss bestehen. Sprachlich ist darauf zu achten, keine zu langen und verschachtelten Sätze zu konstruieren und leere Worthülsen zu vermeiden. Für aufgeführte Kompetenzen sollte man möglichst nachvollziehbare Beispiele bringen. Größte Sorgfalt gilt beim Korrekturlesen; am besten lässt man das Anschreiben noch von jemand anderem Korrektur lesen.

Die Initiativbewerbung ▸ Eine heute sehr verbreitete Form der Bewerbung ist die sogenannte Initiativ- oder Blindbewerbung. Diese erfolgt nicht auf eine ausgeschriebene Stelle, sondern aus Eigeninitiative des Bewerbers. Man kann damit seine persönlichen Stärken und Erfahrungen konkret benennen und so möglicherweise das Interesse eines Arbeitgebers erst wecken.

Typische Fehler im Anschreiben

Es gibt Dinge, die kommen immer wieder vor – auch wenn man meint, man hat gut aufgepasst. Und so gibt es Punkte, auf die man beim Anschreiben größte Sorgfalt verwenden sollte und die man besser einmal zu viel als einmal zu wenig überprüft:

Ich-Sätze ▸ Wer das Anschreiben verfasst, ist klar – also sollte man den übermäßigen Einsatz von „Ich“ unbedingt vermeiden. Das kann sonst schnell arrogant und egozentrisch wirken.

Anredepronomen ▸ Es klingt selbstverständlich, wird aber doch gerne vergessen: Die höfliche Anredeform lautet „Sie“ und wird in allen Pronomen großgeschrieben: *die von **Ihnen** verlangten Eigenschaften, **Ihr** Unternehmen …*

Substantivierungen ▸ Man sollte versuchen, möglichst verbal zu formulieren und Substantivierungen zu vermeiden; das wirkt wesentlich ansprechender und lässt sich leichter lesen.

Komma bei Anrede und Schlussformel? ▸ Nach der Anrede (*Sehr geehrte Frau …*) folgt ein Komma und es wird klein weitergeschrieben. Nach der Grußformel *Mit freundlichen Grüßen* steht dagegen **kein** Komma, auch nicht, wenn sie erweitert ist (*Mit freundlichen Grüßen aus Wiesbaden*)!

Gliederung ▸ Der Text des Anschreibens sollte ansprechend gestaltet sein, also auch mit Absätzen versehen sein.

Floskeln ▸ Auch wenn ein Bewerbungsschreiben gewissen Normen und Erwartungen unterliegt, sollte man sich davor hüten, nichtssagende Floskeln zu benutzen.

Formalia ▸ Dass die Adresse des Unternehmens und der Name der Ansprechperson korrekt geschrieben sind, sollte selbstverständlich sein – und dennoch am Ende nochmals genau überprüft werden.

Der Lebenslauf

Zu jeder Bewerbung gehört ein Lebenslauf. Man fasst ihn in der Regel in tabellarischer Form ab. Der Lebenslauf muss übersichtlich und lückenlos Auskunft über den Bewerber oder die Bewerberin geben. Hier sind Überschriften hilfreich, unter die die Stationen des privaten und beruflichen Lebens jeweils in chronologischer Reihenfolge gegliedert werden können:

- Persönliche Daten
- Ausbildungsweg (oder Bildungsgang)
- Praktika
- Berufstätigkeit
- Kenntnisse / Fähigkeiten
- Interessen (wenn gewünscht)

Für ausführlichere Auskünfte und konkrete Empfehlungen zum Lebenslauf → *Sonderseiten „Lebenslauf", S. 288f.*

Die Zeugnisse

Von Zeugnissen jeder Art genügen ordentliche Kopien für die Bewerbung. Man sollte sich davor hüten, zu viele oder nicht aussagekräftige Zeugnisse mitzuschicken: So reicht zum Beispiel bei Schulzeugnissen das mit dem höchsten Abschluss. Wenn man einen Hochschulabschluss erreicht hat, ist das Abiturzeugnis nicht mehr relevant, denn dieses war ja Voraussetzung für den Besuch der Universität.
Auch nicht jedes Praktikumszeugnis ist für jede Bewerbung sinnvoll. Man sollte gut überlegen, was von den Dingen, die man vorweisen kann, tatsächlich für den potenziellen neuen Arbeitgeber von Belang ist – nicht alles, was man mal gemacht hat, ist für jede Stelle interessant. Das gilt sowohl für Praktika als auch für Weiterbildungen oder sonstige Qualifizierungsnachweise.

Die Online-Bewerbung

Immer üblicher wird die Bewerbung über das Internet – sei es schlicht per E-Mail, sei es über vorgegebene Bewerbungsformulare der Firmen auf ihren Websites oder sei es über Onlinestellenportale, von denen es heute zahlreiche gibt.

i Checkliste Bewerbung

- Ist das Papier in Ordnung (möglichst etwas hochwertiger, sauber, weiß, nicht geknickt)?
- Sind Adresse und Name des Ansprechpartners korrekt?
- Ist das Datum aktuell?
- Ist das Foto aktuell, mit Namen versehen (hinten)?
- Ist die Unterschrift auf Anschreiben und Lebenslauf?
- Sind die Unterlagen vollständig und als Anlagen aufgeführt?
- Befindet sich alles in einer wertigen Bewerbungsmappe?

E-Mail-Bewerbung ▸ Per E-Mail hat man zwei Möglichkeiten, auf den potenziellen Arbeitgeber zuzugehen: Man kann damit ankündigen, dass eine schriftliche Bewerbung unterwegs ist – ob das sinnvoll ist, sollte vorher gut abgewogen werden –, oder die E-Mail selbst als Bewerbung nutzen. Im Normalfall wird man die E-Mail-Bewerbung wie eine herkömmliche Bewerbungsmappe gestalten.
Grundsätzlich gilt: Für eine E-Mail-Bewerbung ist in jedem Fall mindestens die gleiche Sorgfalt aufzuwenden wie für eine herkömmliche Bewerbungsmappe! Das heißt, Rechtschreibung und Grammatik müssen mit der gleichen Akribie geprüft werden, und ein zu umgangssprachlicher Stil, wie er in E-Mails häufig zu finden ist, hat in

einer E-Mail-Bewerbung nichts zu suchen. Es gilt hier zudem Folgendes:

- Die **E-Mail-Adresse** sollte einen seriösen Anschein erwecken, aber nicht die eines (noch) aktuellen Arbeitgebers sein.
- Aus dem **Betreff** sollte klar hervorgehen, dass man sich auf eine bestimmte Stelle bewirbt.
- Das **Anschreiben** kann sowohl in der E-Mail stehen als auch ein Textdokument als Anhang sein – komfortabler für den Empfänger ist eine komplette Bewerbung im Anhang.
- Dieser Anhang sollte wenn möglich als **eine PDF-Datei** gestaltet sein. In diesem Fall genügt in der E-Mail ein kurzer Text, der auf den Anhang verweist. Auf jeden Fall sollte am Schluss der E-Mail die komplette Adresse des Bewerbers oder der Bewerberin stehen (Signatur).

Onlineformulare auf Firmenwebsites ▸ Immer mehr Firmen bieten auf ihren Websites Bewerbungsformulare an, die zum Ausfüllen online bereitstehen. Dies gilt sowohl für ausgeschriebene Stellen als auch für die Möglichkeit einer Initiativbewerbung. In der Regel wird man sich aber auf diesem Weg eher auf eine konkrete ausgeschriebene Stelle bewerben. Zuweilen gibt es auch bei den Onlineformularen die Möglichkeit, Dateien als Anhang hochzuladen; teilweise ist das explizit erwünscht. So haben die Personalverantwortlichen eben doch die herkömmlichen Bewerbungsunterlagen zum Sichten.
Auch hier gilt: Die verschiedenen Dokumente, die den Anhang bilden, sollten möglichst zu einer einzigen PDF-Datei zusammengefasst werden. Dazu müssen die verschiedenen Dokumente wie Zeugnisse und Lebenslauf elektronisch verfügbar gemacht (gescannt) werden, um dann zusammengefügt werden zu können. Außerdem sollten alle Dateien komprimiert werden, damit sie nicht eine bestimmte Größe überschreiten, sonst könnte es mit der elektronischen Übertragung Probleme geben. (Hierzu werden inzwischen zahlreiche Kurse angeboten, die sich besonders für Menschen anbieten, die auf diesem Gebiet noch nicht so versiert sind.)

Onlinestellenportale ▸ Stellenportale im Internet bieten die Möglichkeit, sich kostenfrei auf dem Arbeitsmarkt zu positionieren. Hier ist natürlich Vorsicht geboten, wenn man sich aus einer festen Stellung heraus bewirbt, denn auch der bisherige Arbeitgeber hat unter Umständen Zugriff auf dieses bestimmte Onlineportal. Ähnliches gilt für **Businessnetzwerke** wie Xing oder LinkedIn – auch hier sollte man mit Vorsicht vorgehen, wenn man nicht möchte, dass der Arbeitgeber etwas von den Bewerbungsaktivitäten mitbekommt.
ACHTUNG: Sowohl für Onlineformulare als auch für Onlinestellenportale gilt das Gleiche wie für die E-Mail-Bewerbung: Alle Angaben müssen nicht nur auf inhaltliche Richtigkeit, sondern auch sorgfältig auf korrekte Rechtschreibung und Grammatik geprüft werden!

i ***Checkliste Onlinebewerbung***

- Sind alle Angaben korrekt, ist das Anschreiben fehlerfrei?
- Sind die E-Mail-Adresse und der Name des Ansprechpartners, falls vorhanden, richtig wiedergegeben?
- Sind die Anlagen vollzählig und ordentlich gescannt?
- Sind die Dateien komprimiert, damit sie nicht zu viel Speicherplatz benötigen?
- Habe ich meine Angaben gespeichert oder notiert?
- Ist gewährleistet, dass der Noch-Arbeitgeber keine Einsicht in die Bewerbungsaktivität erhalten kann?

beliebig – jeder Beliebige

Das unbestimmte Zahladjektiv *beliebig* kann substantiviert werden, man schreibt es dann groß: *Jeder Beliebige kann hier mitmachen. Seine Rede verflüchtigte sich ins Beliebige. Seine Kunst hat etwas Beliebiges.*
In seiner Verwendung als Adjektiv wird es kleingeschrieben: *Seine Aussagen sind so beliebig. Fast jede beliebige Information kann heute über das Internet abgerufen werden.*

benutzen oder benützen?

Die Verben *benützen* und *benutzen* wie auch die entsprechenden Substantive *Benützer* und *Benutzer* können bedeutungsgleich verwendet werden. Es gibt allerdings regionale Unterschiede:
Im süddeutschen Raum, in Österreich und in der Schweiz ist neben *benutzen* bzw. *Benutzer* auch *benützen* bzw. *Benützer* im Gebrauch: *Für alle Benützer der Universitätsbibliothek stehen PC-Arbeitsplätze bereit.*
Im allgemeinen Sprachgebrauch dominieren aber die Formen ohne Umlaut: *benutzen, Benutzer.*

bereit

Verbindungen aus *bereit* und einem Verb kann man getrennt oder zusammenschreiben: *sich bereit erklären/bereiterklären. Sie haben sich bereit gemacht/bereitgemacht.*
Bei Verbindungen mit *sein* ist nur die Getrenntschreibung korrekt: *Bereit sein ist alles!*

bereits – wie bereits besprochen

Partizipgruppen, die mit *wie bereits* eingeleitet werden, sind in Geschäftsbriefen sehr häufig anzutreffen: *wie bereits telefonisch besprochen.*
Nach solchen Partizipgruppen kann man ein Komma setzen, es ist jedoch nicht verpflichtend:
Wie bereits besprochen(,) sende ich Ihnen anbei die gewünschten Prospekte.
Wie bereits gestern telefonisch vereinbart(,) erhalten Sie die folgenden Unterlagen.
Steht die Wendung mit einem konjugierten Verb, wird sie durch Komma vom Hauptsatz abgetrennt: *Wie bereits vereinbart wurde, sende ich …*
→ *schon (bereits)*

bergab, bergauf, bergan

Bergab, bergauf und *bergan* werden als selbstständige Adverbien vom folgenden Verb getrennt geschrieben: *bergab steigen, bergauf fahren, bergan wandern.*

bergen – du birgst – birg!

Bergen gehört zu den starken Verben mit einem Vokalwechsel. Die Formen lauten: *ich berge – du birgst – er/sie/es birgt – wir bergen – ihr bergt – sie bergen.*
Im Imperativ lautet die Form: *birg!* Die oft zu lesende Form *berge!* ist falsch. Im Plural lautet die Imperativform: *bergt!*

Berlin – Berliner – berlinisch/berlinerisch

Die von *Berlin* abgeleitete Einwohnerbezeichnung lautet – wie auch das entsprechende Adjektiv – *Berliner.* Das Wort wird immer großgeschrieben: *der Berliner Funkturm, Berliner Weiße, Berliner Schnauze.*
Die Adjektivformen *berlinisch* und *berlinerisch* beziehen sich auf typische Merkmale und Eigenschaften, insbesondere auf den Dialekt der Berliner. Die Form *berlinisch* ist älter und dominiert im Geschriebenen. So lautet die fachsprachliche Bezeichnung für den Dialekt *Berlinisch. Berlinisch* wird auch in historischen Zusammenhängen oder für Einrichtungen und Institutionen verwendet: *berlinische Geschichte, Berlinische Galerie* (= Landesmuseum für Moderne Kunst, Fotografie).
Im mündlichen Gebrauch ist dagegen *berlinerisch* geläufiger: *Er antwortete in kaum verständlichem, schnoddrigem Berlinerisch.*

bersten – es birst

Bersten gehört zur gleichen Gruppe von Verben wie *bergen*. Die Formen lauten: *du birst – es birst; birst!* (Imperativ Plural: *berstet!*).

berüchtigt für / wegen / durch

Wird ein Grund angegeben, warum jemand oder etwas *berüchtigt* ist, kann *für* oder *wegen* stehen: *Pariser Autorfahrer sind für ihren rasanten Fahrstil berüchtigt.*
Nach *wegen* muss das Folgende im Genitiv stehen: *Die Pariser Autofahrer sind wegen ihres rasanten Fahrstils berüchtigt.*
Wird *berüchtigt* mit der Präposition *durch* gebraucht, gibt man nicht den Grund, sondern das Mittel an: *Der Bericht porträtiert einen Mann, der durch seine Kriege berüchtigt wurde. Herzog Alba, berüchtigt durch seine Härte und Grausamkeit, wurde 1567 Statthalter der Niederlande.*

Warum der *Bergfried* nichts mit *Berg* oder *Friede* zu tun hat

Heute versteht man unter *Bergfried* den größten Turm einer Burg, dessen gewaltige Mauern und Höhe eine wirksame Abwehr gewährleisten konnte. Ironischerweise bezeichnet der sprachgeschichtliche Ursprung des Wortes das militärische Gegenstück zur Verteidigungsanlage: Im Mittelhochdeutschen lautete das Wort nämlich *bervride* oder *ber(c)vrit*. So nannte man das fahrbare hölzerne Turmgerüst, mit dem man Burgen oder Städte belagern konnte. Das zugrundeliegende lateinische Wort lautete vermutlich *perfridus*, das seinerseits auf das griechische Wort *pýrgós phoretós* „Tragturm von Elefanten“ zurückgehen könnte. Dass sich Bedeutung und Schreibung des Wortes so veränderten, ist ein typischer volksetymologischer Prozess: Weil die Ursprünge des Wortes nicht mehr erkennbar waren, deutete man *ber(c)* zu *Berg* und *vride* zu *Frieden* (im Sinne von *einfrieden*) um.

beruhen auf

Die Verbindung aus *beruhen* und der Präposition *auf* steht heute ausschließlich mit dem Dativ: *Unsere Überlegungen beruhen auf der Annahme, dass …*

berühmt für / wegen / durch

Wird der Grund für das Berühmtsein einer Person oder Sache genannt, können die Präpositionen *für* oder *wegen* stehen. Nach *wegen* müssen die abhängigen Wortgruppen in den Genitiv gesetzt werden: *Die Landeshauptstadt Graz ist berühmt für ihre außergewöhnliche Küche. Die Landeshauptstadt Graz ist wegen ihrer außergewöhnlichen Küche berühmt.*
Wird dagegen das Mittel angegeben, mit dem jemand oder etwas *berühmt* wird, verwendet man die Präposition *durch: Die Schauspielerin erlangte durch ihre Hitchcock-Filme Weltruhm.*

besagt

Adjektive, die auf *besagt* folgen, werden wie dieses dekliniert: *Auf besagtem neuem* (nicht: *neuen*) *Stück Land wurden Kohlevorkommen entdeckt.*

Bescheid sagen / stoßen

Bescheid ist ein Substantiv, es wird daher immer groß- und vom folgenden Verb getrennt geschrieben: *Hast du ihr Bescheid gesagt? Du kannst ihm ja Bescheid sagen, dass ich erst morgen komme.*
Dies gilt auch für den übertragenen Gebrauch: *Denen muss doch endlich jemand Bescheid stoßen!*

bescheren

Das Verb *bescheren* steht im Allgemeinen mit dem Dativ der Person und dem Akkusativ der Sache. Dies gilt auch für den übertragenen Gebrauch: *Der Weihnachtsmann bescherte dem Mädchen eine Puppe. Das Schicksal hat uns manch herbe Rückschläge beschert.*
Wird nur die Person, nicht aber die Sache genannt, kann *bescheren* auch mit dem Akkusativ

stehen: *Der Weihnachtsmann hat das Mädchen schon beschert.*
(Falsch: *Der Weihnachtsmann hat das Mädchen mit einer Puppe beschert.*)

Beschönigung

→ *Euphemismus*

besinnen – sich besinnen auf

Das reflexive Verb *sich besinnen* wird heute überwiegend mit der Präposition *auf* verwendet: *Endlich besann er sich auf seine Stärke. Nach dem 1:0-Rückstand besann sich die Fortuna auf ihre spielerischen Stärken.*
Anstelle der Präposition *auf* kann die vom Verb abhängige Wortgruppe auch in den Genitiv gesetzt werden. Diese Verwendung ist jedoch seltener und gilt als veraltet: *Er besann sich seiner Stärke. Die Region besinnt sich ihrer bäuerlichen Traditionen.*

besitzanzeigendes Fürwort

→ *Possessivpronomen*

besonders

Wenn *besonders* eine nachgestellte nähere Bestimmung einleitet, wird diese durch ein (ggf. paariges) Komma abgetrennt:
Seine Songs, besonders seine A-capella-Nummern, haben alle begeistert. Ich treibe viel Sport, besonders Fußball.
Ist *besonders* in den Satz eingebettet, setzt man kein Komma: *Besonders ihre Gesangseinlagen haben mir immer gut gefallen. Das war ein besonders geschützter Unterstand.*

besorgniserregend / Besorgnis erregend

Die Verbindung aus Substantiv und adjektivisch gebrauchtem Partizip kann getrennt oder zusammengeschrieben werden: *Sie ergingen sich in Spekulationen über die Besorgnis erregende / besorgniserregende finanzielle Verfassung.*

TIPP: Die vor der Rechtschreibreform obligatorische Zusammenschreibung ist im allgemeinen Schreibgebrauch auch jetzt noch geläufiger.
Ist die Partizipform als Ganzes erweitert oder gesteigert, ist nur die Zusammenschreibung zulässig: *äußerst besorgniserregende Vorfälle. Dies ist umso besorgniserregender, als…* Bezieht sich eine Erweiterung jedoch nur auf das Substantiv, so wird getrennt geschrieben: *große Besorgnis erregende Vorfälle* (= Vorfälle, die große Besorgnis erregen).

besser

besseres oder bessres? • Wird *besser* dekliniert, lässt man das *e* vor der Endung nicht weg: *wider besseres Wissen* (nicht: *wider bessres Wissen*); *in einem besseren* (nicht: *bessren*) *Viertel wohnen.*
Getrennt- und Zusammenschreibung • In der konkreten, wörtlichen Bedeutung schreibt man das Adjektiv *besser* vom folgenden Verb getrennt: *Es ärgert mich, dass sie immer alles besser wissen muss. In diesem Metier ließ es sich schon immer besser leben. Er hat den Wohnort gewechselt, um besser zu verdienen.*
Wenn die Gesamtbedeutung einer solchen Verbindung jedoch nicht aus ihren Einzelbestandteilen ersichtlich ist, sondern sich ein neuer Sinn ergibt, muss sie zusammengeschrieben werden: *Dieses Gesetz würde Alleinerziehende besserstellen.*
In Verbindung mit dem Verb *gehen* kann man getrennt oder zusammenschreiben: *Ihr wird es schon bald besser gehen / bessergehen. Ihr schien es offenbar besser zu gehen / besserzugehen.* In diesem Fall lässt sich nämlich nicht eindeutig entscheiden, ob eine übertragene Bedeutung vorliegt oder nicht. Üblicher ist allerdings die Zusammenschreibung.
Werden Verbindungen aus Adjektiv und Partizip wie ein Adjektiv verwendet, richtet sich die Schreibung nach der zugrundeliegenden Verbform. Ist bei der Verbform die Getrenntschreibung möglich oder verbindlich, kann das Partizip getrennt oder zusammengeschrieben werden: *besser verdienen* → *die besser verdienenden / besserverdienenden Bevölkerungsschichten.*
(Aber nur: *die bessergestellten Stadtviertel.*)

Groß- und Kleinschreibung • Wird *besser* als Substantiv verwendet, schreibt man groß: *Das Gute ist der Feind des Besseren. Er musste sich eines Besseren belehren lassen. Möge der Bessere gewinnen. Sie hat (etwas) Besseres verdient.*

bestangezogen, bestbezahlt, bestmöglich

Die Adjektivverbindungen mit dem Bestandteil *best-* enthalten bereits einen Superlativ und können daher nicht weiter gesteigert werden: *Er avancierte zum bestbezahlten* (nicht: *bestbezahltesten*) *Autor seiner Generation. Sie wurde zur bestangezogenen* (nicht: *bestangezogensten*) *Schauspielerin gewählt. Er organisierte Wandertouren zum bestmöglichen* (nicht: *bestmöglichsten*) *Aussichtspunkt.*

beste(r, -s) – am besten / der Beste

Das substantivierte Adjektiv wird großgeschrieben: *Er ist der Beste. Sie haben ihr Bestes getan. Ich halte es für das Beste. Sie ist die Beste in Algebra. Für Sie haben wir nur das Beste vom Besten im Angebot. Wir haben das nur zu deinem Besten getan. Er muss mal wieder seine abgestandenen Anekdoten zum Besten geben. Willst du mich zum Besten halten?*
Feste adverbiale Wendungen mit *auf das / aufs*, nach denen man mit „Wie?“ fragen kann, können groß- oder kleingeschrieben werden: *Wir wurden stets auf das Beste / beste bewirtet.*
Bei der Frage „Worauf?“ wird dagegen großgeschrieben: *Wir sind auf das Beste angewiesen.*
In den normalen Steigerungsformen nach *am* wird kleingeschrieben: *Ich denke, es ist am besten, wenn du jetzt gehst. Er hat am besten abgeschnitten.*

bestehen

bestünde / bestände • Im Konjunktiv II sind beide Formen korrekt: *Er sagt, es bestünde / bestände Hoffnung.* Die Form *bestünde* ist im allgemeinen Schreibgebrauch häufiger.
Akkusativ oder Dativ? • Nach *bestehen auf* steht im Allgemeinen der Dativ: *Er besteht auf seiner Forderung. Der Arbeitgeber bestand auf einem Lohnverzicht. Die Regierung bestand auf der Einhaltung aller Beschlüsse.*
Daneben kommt vereinzelt auch der Akkusativ vor: *Die Abgeordneten bestanden auf eine breite Debatte zu diesem Thema. Sie bestand auf die strikte Einhaltung der Regeln.*
Getrennt- und Zusammenschreibung • *bestehen bleiben* und *bestehen lassen* werden immer getrennt geschrieben: *Das Monopol der Firma wird noch mehrere Jahre bestehen bleiben. Das Unternehmen soll in einer anderen Rechtsform bestehen bleiben. Die streitenden Parteien sollten die Entscheidung des Gerichts bestehen lassen. Ob die Behörden den Haftbefehl weiter bestehen lassen, ist nicht bekannt.*

Bestellliste

Treffen bei einer Zusammensetzung drei gleiche Buchstaben aufeinander, so werden nach neuer Rechtschreibung alle geschrieben: *Bestellliste.*

bestimmter Artikel

→ *Artikel*

Bete – Rote Beete

→ *Beete / Bete*

Beteiligte(r)

Das substantivierte Partizip *Beteiligte(r)* kann je nach grammatischem Kontext stark oder schwach dekliniert werden (→ *Sonderseiten „Substantivierte Adjektive“, S. 418 f.*).
Schwache Deklination (z. B. nach bestimmtem Artikel): *Der am Unfall Beteiligt***e** *floh vom Unfallort. Die Angehörigen des Beteiligt***en** *meldeten sich. Dem Beteiligt***en** *wird zugutegehalten, dass … Die Beteiligt***en** *haben sich in der Liste eingetragen.*
Starke Deklination (z. B. nach unbestimmtem Artikel oder ohne Artikel): *Ein Beteiligt***er** *meldete sich später. Vier weitere Beteiligt***e** *des Überfalls entkamen der Polizei. Mehrere Beteiligt***e** *wurden verletzt.*

Im Genitiv Plural wird *Beteiligte(r)* nach einem stark deklinierten Adjektiv ebenfalls stark dekliniert: *Die Vernehmung mehrer**er** Beteiligt**er** verlief schleppend.*
In der Konstruktion mit *als* kommen starke und schwache Formen vor: *mir als Beteiligt**em**/Beteiligt**en**; ihr als Beteiligt**er**/Beteiligt**en**.*

Betonblock

→ *Block*

Betrag über oder von?

Gibt man zusammen mit dem Wort *Betrag* einen festen Geldwert an, so darf nur die Präposition *von* stehen: *Er nannte einen Betrag von 17.000 Euro.*
Die Präposition *über* ist nur dann richtig, wenn der gemeinte Geldbetrag tatsächlich über der genannten Summe liegt: *Es ist von einem Betrag (weit) über einer Million Euro die Rede.*
Wird im Zusammenhang mit dem Wort *Scheck* ein konkreter Betrag genannt, ist die Präposition *über* dagegen korrekt: *Er stellte ihm einen Scheck über die Summe von 5.000 Euro aus.*

Betreff – Betreffzeile

In der Betreffzeile fasst man in Geschäftsbriefen das Anliegen des Schreibens stichwortartig zusammen. Die Betreffzeile kann durch Fettdruck oder eine andere Farbe hervorgehoben werden. Sie bekommt keinen Schlusspunkt und sollte keinesfalls mehr als zwei Zeilen umfassen. Die früher üblichen Vermerke *Betreff, Betrifft* oder *Betr.* werden nicht mehr geschrieben. Auch die Unterstreichung der Betreffzeile gilt inzwischen als veraltet.
Auf die Betreffzeile folgt die Anrede. Dazwischen sollten zwei Leerzeilen liegen.

Betttuch

Wenn bei einer Zusammensetzung drei gleiche Buchstaben aufeinandertreffen, werden alle geschrieben: *Bett + Tuch → Betttuch.*

Gut betucht: Jiddisches im Wortschatz

Ob *schummeln, berappen, malochen:* Das Jiddische hat den modernen Wortschatz um zahlreiche Begriffe bereichert. Doch nicht immer ist die Herkunft noch klar erkennbar, denn viele Wörter wurden, weil der Ursprung undurchsichtig war, an deutsche Wortfamilien angeglichen. Dazu gehört auch *betucht*. Mit dem teuren *Tuch*, in das wohlhabende Personen gekleidet sind, hat das Wort nichts gemein. Vielmehr wurde im 17. Jahrhundert das westjiddische *betuche* für „sicher" entlehnt. Das hebräische Ursprungswort *batuach* bedeutete darüber hinaus auch „vertrauensvoll". *Gut betucht* nannte man in der Kaufmannssprache vertrauenswürde Geschäftspartner, die aufgrund ihres Vermögens ausreichende finanzielle Sicherheiten bieten konnten.

Beugung

Beugung (auch: Flexion) nennt man die Veränderung der Form bei den Wortarten Verb, Substantiv, Adjektiv, Artikel und Pronomen. Man sagt, dass die Wörter dieser Wortarten gebeugt (flektiert) werden. Die Beugung des Verbs wird Konjugation, die Beugung von Substantiv, Adjektiv, Artikel und Pronomen wird Deklination genannt. Die Komparation (auch: Steigerung) des Adjektivs wird oft entweder als dritte Art der Beugung der Konjugation und der Deklination zur Seite gestellt oder zur Deklination gezählt.
Die Wörter der übrigen Wortarten (Adverb, Präposition, Konjunktion und Interjektion) können nicht flektiert werden.

Bevollmächtigte(r)

Das substantivierte Partizip *Bevollmächtigte(r)* kann je nach grammatischem Kontext stark oder schwach dekliniert werden (→ *Sonderseiten „Substantivierte Adjektive", S. 418 f.*).
Schwache Deklination (z. B. nach bestimmtem Artikel): *Der Bevollmächtigt**e** ergriff das Wort. Die Unterschrift des Bevollmächtigt**en** fehlt noch. Dem Bevollmächtig**en** wurde massiv widersprochen. Die*

*Bevollmächtigt**en** stimmten über den Vorschlag ab.*
Starke Deklination (z. B. nach unbestimmtem Artikel oder ohne Artikel): *Ein Bevollmächtigt**er** ergriff das Wort. Viele Bevollmächtigt**e** sprachen sich gegen den Vorschlag aus. Hans Meier, erster Bevollmächtigt**er** des Bezirks, stellte sich nicht erneut zur Wahl.*
Im Genitiv Plural wird *Bevollmächtigte(r)* nach einem stark deklinierten Adjektiv ebenfalls stark dekliniert: *Die Eingaben zahlreich**er** Bevollmächtigt**er** wurden missachtet.*
In der Konstruktion mit *als* kommen sowohl starke als auch schwache Formen vor: *mir als Bevollmächtigt**em**/Bevollmächtigt**en**; ihr als Bevollmächtigt**er**/Bevollmächtigt**en**.*

bevor

bevor nicht • Folgt einem verneinten Hauptsatz ein mit *bevor* eingeleiteter Nebensatz, dann darf der *bevor*-Satz nicht gleichfalls verneint werden: *Wir fahren nicht eher in Urlaub, bevor die Ferien begonnen haben.* (Falsch: *Wir fahren nicht eher in Urlaub, bevor nicht die Ferien begonnen haben.*) *Ich werde nicht eher mit meinem Bruder sprechen, bevor er sich entschuldigt hat.* (Falsch: *Ich werde nicht eher mit meinem Bruder sprechen, bevor er sich nicht entschuldigt hat.*)
Steht hingegen der Nebensatz **vor** dem Hauptsatz und gibt der mit *bevor* eingeleitete Nebensatz zusätzlich eine Bedingung an, dann wird der *bevor*-Satz in der Regel verneint:
Bevor er sich nicht entschuldigt hat, spreche ich nicht mehr mit ihm.
Bevor wir das nicht ganz genau wissen, werden wir nichts unternehmen.
In diesen Fällen kann *bevor* meist durch *solange* ersetzt werden:
Solange er sich nicht entschuldigt, spreche ich nicht mehr mit ihm.
Kommasetzung • Leitet *bevor* einen Temporalsatz ein, wird dieser durch Komma abgegrenzt:
Sie zögerte lange, bevor sie klopfte.
Nicht öffnen, bevor der Zug hält!
Bevor man sich die Auswirkungen dieser Aktion vor Augen führt, sollte man überlegen, ob sie überhaupt notwendig ist.
Bildet *bevor* mit anderen Wörtern eine Wortgruppe, so wird das (einleitende) Komma vor die gesamte Wortgruppe gesetzt:
Sie war krank, lange bevor sie zum Arzt ging.
Das schreckliche Unglück geschah, zwei Tage bevor die Brücke repariert wurde.
Er ging, kurz bevor die anderen kamen.

bewähren – sich bewähren als

Nach *sich bewähren als* steht die abhängige Wortgruppe heute im Nominativ: *Der Präsident bewährte sich als erfolgreicher Krisenmanager.*
Der Akkusativ gilt demgegenüber als veraltet: *Der Präsident bewährte sich als erfolgreichen Krisenmanager.*

Bewerbung

→ *Sonderseiten „Bewerbungen“, S. 74–77*

Bewunderer / Bewundrer – Bewunderin

Bewunderer – Bewunderin • Aus maskulinen Personenbezeichnungen auf *-er* können durch Anhängen von *-in* feminine Substantive gebildet werden: *der Partner – die Partnerin.*
Geht der Endung *-er* die Buchstabenfolge *-er* voraus (endet das maskuline Substantiv also auf *-erer*), dann wird die Endung *-er* getilgt und das Suffix *-in* tritt an deren Stelle: *der Bewunderer – die Bewunderin* (nicht: *Bewundererin*).
Bewundrer • Neben der Form *Bewunderer* gilt auch die Form *Bewundrer* als korrekt. Sie wird im Schriftsprachlichen allerdings nur selten verwendet. Die feminine Ableitung lautet für diesen Fall: *Bewundrerin.*

bewusst

Die Verbindung aus *bewusst* und *sein* schreibt man getrennt: *sich einer Sache bewusst sein.*
Verbindungen mit *machen* und *werden* kann man dagegen getrennt oder zusammenschreiben, wenn damit die Bedeutung „etwas ins Bewusstsein rücken“ verbunden ist: *Sie hat ihm die Folgen seines Planes bewusstgemacht/bewusst gemacht.*

Er ist sich dieser Tatsache lange nicht bewusstgeworden/bewusst geworden.
Wird *bewusst* in der Bedeutung „absichtlich“ gebraucht, schreibt man getrennt: *Er hat diesen Fehler (ganz) bewusst gemacht.*

bezahlen oder zahlen?

Die Verben *bezahlen* und *zahlen* werden heute oft unterschiedslos gebraucht. Dabei gibt es einen feinen Bedeutungsunterschied, den zu beachten sich lohnt. Bei *bezahlen* steht der käufliche Erwerb einer Ware oder Dienstleistung im Vordergrund: *Er bezahlte den Hotelaufenthalt. Sie bezahlte die Spielekonsole. Im Friseurgewerbe wird die Arbeit schlecht bezahlt.*
Dagegen steht beim Verb *zahlen* der Preis im Vordergrund, bzw. dass für den Erwerb eines Gegenstandes oder einer Dienstleistung ein bestimmter Geldbetrag entrichtet wird: *Für den Erwerb der Gemäldesammlung zahlte die Stadt einen hohen Preis. Als Entschädigung zahlte ihr der Unfallverursacher 15.000 Euro. Im Durchschnitt zahlt jeder Haushalt für Strom 90 Euro im Monat.*
In einigen Zusammenhängen kann beides gemeint sein: *eine Rechnung zahlen/bezahlen, Steuern zahlen/bezahlen.*

bezeichnen

Nach *sich bezeichnen als* steht die abhängige Wortgruppe heute im Nominativ: *Er bezeichnete sich als überzeugter Anhänger der freien Marktwirtschaft.*
Der Akkusativ gilt demgegenüber als veraltet: *Er bezeichnete sich als überzeugten Anhänger der Marktwirtschaft.*

beziehungsweise – bzw.

Verbindet *beziehungsweise/bzw.* gleichrangige Satzglieder, setzt man kein Komma:
Die acht beziehungsweise/bzw. neun Jahre alten Kinder wurden gestern von der Polizei aufgegriffen. Er behauptete, das Unternehmen habe die Beträge nicht beziehungsweise/bzw. verspätet überwiesen.
Werden zwei gleichrangige Hauptsätze mit *beziehungsweise/bzw.* verbunden, ist die Verwendung des Kommas freigestellt. Der Schreibende entscheidet, ob er darauf verzichtet oder es verwendet, um die Gliederung des Satzes deutlich zu machen:
Der Täter ist flüchtig(,) beziehungsweise/bzw. er versteckt sich. Er hat kein Geld(,) beziehungsweise/bzw. er gibt vor, keines zu haben.

bezirzen

→ *becircen*

Bezug – in Bezug – Bezug nehmen

Groß- und Kleinschreibung • Im Gegensatz zu früher werden eindeutig erkennbare Substantive auch in festen Wendungen großgeschrieben: *In Bezug auf Ihren Brief teile ich Ihnen mit. Mit Bezug auf Ihre Eingabe …*
Getrennt- und Zusammenschreibung • In der Verwendung mit adjektivisch gebrauchtem Partizip kann getrennt oder zusammengeschrieben werden: *Bezug nehmend/bezugnehmend.*
Kommasetzung • Nach der Partizipgruppe um *Bezug nehmend/bezugnehmend* kann man ein Komma setzen, verpflichtend ist dieses jedoch nicht: *Bezug nehmend/Bezugnehmend auf Ihren Bescheid vom 15. Dezember(,) erkläre ich hiermit, dass …*

bezügliches Fürwort

→ *Relativpronomen*

Bibliografie/Bibliographie

Das Wort *Bibliographie* kann nach neuer Rechtschreibung wie alle Wörter mit dem Wortbestandteil *-graph-* auch mit *f* geschrieben werden: *Bibliografie*
Da das häufig gebrauchte Wort in Fachsprachen fast ausschließlich mit *ph* geschrieben wird, ist auch im allgemeinen Schreibgebrauch die fremdsprachige Schreibung mit *ph* vorherrschend: *Bibliographie.*

Biedermeier

Die Bezeichnung für die kunst- und literaturgeschichtliche Stilepoche zwischen 1815 und 1848 steht im Neutrum: *das Biedermeier.* Der Genitiv lautet im allgemeinen Schreibgebrauch: *des Biedermeiers.* In kunst- und literaturhistorischen Werken fällt das Genitiv-s dagegen oft weg: *des Biedermeier.*

Bier

ein Glas Bier → *Sonderseiten „Maße, Mengen, Münzen, Gewichte", S. 304f.*

Billett: Eintrittskarte oder Führerschein?
In der Verwendung des Wortes *Billett* offenbaren sich im deutschen Sprachraum große Unterschiede. In Deutschland gilt der Gebrauch von *Billett* weitgehend als veraltet; wenn überhaupt, dann verwendet man es nur noch im Sinne von Fahrkarte oder Eintrittskarte.
In Österreich und in der Schweiz ist das Wort dagegen durchaus noch im Gebrauch, auch ist der Bedeutungsumfang weiter.
So versteht man in Österreich unter *Billett* auch ein kleines Briefchen oder eine Glückwunschkarte in einem Briefumschlag. Und was für den Autofahrer in der Bundesrepublik sein *Lappen*, also seine amtliche Fahrerlaubnis, ist, das ist für den Schweizer sein *Billett.* In Anlehnung an die französische Herkunft findet sich hier bisweilen auch die Schreibung *Billet.*
Nicht nur in der Bedeutung, auch im Plural gibt es regionale Unterschiede. Allgemein lautet *Billett* in der Mehrzahl *Billetts*, in der Schweiz findet sich dagegen auch die Pluralform *Billette.*

Billion / Billiarde

Zahlwörter ab eine Million werden als Zahlsubstantive betrachtet und großgeschrieben:
Die Rechenleistung des Supercomputers erlaubt mehrere Billiarden Kalkulationen pro Sekunde. Die Versicherungssumme der bestehenden Verträge liegt bei einer Billion Euro.

Bindestrich

→ *Sonderseiten „Bindestrich", S. 86f*

Bindewort

→ *Konjunktion*

Binger

Bei der Bildung von Einwohnerbezeichnungen zu zweisilbigen Ortsnamen auf *-en* bleibt die Endung *-en* in der Regel erhalten: *Aachener, Dresd(e)ner, Singener.*
Bingen gehört zu den Ausnahmen. Hier entfällt das *-en* in der Einwohnerbezeichnung: *Binger.*

binnen

Dativ oder Genitiv? • Nach der Präposition *binnen* kann der Dativ oder der Genitiv stehen:
Dativ: *binnen einigen Tagen, binnen zwei Monaten*
Genitiv: *binnen einiger Tage, binnen eines Monats*
binnen kurzem / Kurzem • Das gebeugte Adjektiv *kurzem* nach *binnen* kann groß- oder kleingeschrieben werden: *Der Auftrag wird binnen kurzem/Kurzem durchgeführt.*

Binnengroßschreibung

Die Verwendung von Großbuchstaben im Inneren von Wörtern wird oft zur besonderen Kennzeichnung von Produkt- oder Firmennamen verwendet: *InterCityNight, PolsterWelt.* Im normalen Schreibgebrauch entspricht die Binnengroßschreibung jedoch nicht den orthografischen Regeln und sollte vermieden werden.
→ *auch Infokasten „Binnen-I", S. 88*

Schafft Verbindung: Der *Bindestrich*

Ein kleines unscheinbares Satzzeichen – und doch von großer Hilfe und manchmal gar unentbehrlich bei der Gliederung komplexer Wörter und Wortverbindungen sowie beim Verdeutlichen bestimmter Bedeutungen (wie *Hoch-Zeit* im Gegensatz zur *Hochzeit*). Allerdings hat man zuweilen den Eindruck, eine regelrechte „Bindestricheritis" sei ausgebrochen. Dabei sind nicht viele Zusammensetzungen so unübersichtlich, dass man sie tatsächlich mit einem Bindestrich gliedern müsste. Wenn aber drei Vokale, wie bei ***Seeelefant*** aufeinandertreffen, kann ein Bindestrich schon aus ästhetischen Gründen ratsam sein. Doch wann setzt man den Bindestrich nun sinnvoll ein, und wann ist der Bindestrich ein Muss? Wenn man ein paar einfache Regeln beherzigt, kann man den Bindestrich als nützliches und hilfreiches Element der Lesefreundlichkeit nutzen.

Der vorgeschriebene Bindestrich

Es gibt Fälle, in denen der Bindestrich nach den Regeln der deutschen Rechtschreibung gesetzt werden muss, ja, es ist ihm sogar ein eigenes Kapitel in der amtlichen Regelung gewidmet.

Bei Abkürzungen und Buchstabenkurzwörtern ▸ Wenn Abkürzungen wie *Abt.* für *Abteilung* oder Kurzwörter aus einzelnen Buchstaben wie *Pkw* oder *WM* mit anderen Wörtern verbunden werden, muss der Bindestrich stehen: *Abt.-Leiterin, Pkw-Maut, Fußball-WM.*

Bei Einzelbuchstaben ▸ Auch wenn Einzelbuchstaben mit anderen Wörtern oder mit Nachsilben zusammentreffen, muss der Bindestrich stehen: *f-Moll, A-Dur, x-beliebig, y-Achse, Fugen-s.*

Bei Ziffern ▸ In Zusammensetzungen mit Ziffern muss ebenfalls der Bindestrich stehen: *7,5-Tonner, 3-Achser, 6-Zylinder, der 80-Jährige, 2-silbig, 50-prozentig, 1,5-zeilig, 80-jährig, 2:0-Sieg, der 3:1-(1:1-)Sieg* (auch: *der 3:1(1:1)-Sieg*), *¾-Takt, 2-dimensional.*

ACHTUNG: Da *fach* sowohl als Teil einer Zusammensetzung als auch als Nachsilbe gesehen werden kann, sind in Verbindung mit Ziffern immer zwei Formen möglich: *4-fach* oder *4fach*, das *20-Fache* oder *20fache*.

Wenn Ableitungen von Ziffern mit anderen Wörtern zusammengesetzt werden, steht der Bindestrich nach der Ableitungssilbe: *12er-Gruppe, 0800er-Nummer.*

Mehrere Bindestriche ▸ Innerhalb eines Wortes kann es sein, dass mehrere Bindestriche gesetzt werden müssen:

- Der eine Teil einer Zusammensetzung ist eine Wortgruppe oder selbst eine Zusammensetzung mit Bindestrich: *EU-Norm-Diskussion, 8-Zylinder-Motor, 800-Jahr-Feier.*
- Zusammensetzungen mit mehrteiligen Eigennamen: *Georg-Büchner-Preis, Johann-Wolfgang-Goethe-Straße.*
- Substantivierungen von Wortreihen: *das Entweder-oder, das Nicht-nur-sondern-auch, das In-sich-Hineinhören, das Auf-die-lange-Bank-Schieben.*

ACHTUNG: Substantivierte Infinitive mit nur zwei Bestandteilen werden ohne Bindestriche zusammengeschrieben: *das Fußballspielen.*

Kein Bindestrich bei Ableitungen

Bei Ableitungen, also Wörtern mit Nachsilben, steht **kein Bindestrich**, wenn der erste Teil aus Ziffern, Zeichen oder Einzelbuchstaben besteht. Man schreibt also: *68er, 80%ig, SPDler*. Im Gegensatz dazu werden Zusammensetzungen mit Ziffern oder Buchstabenwörtern mit Bindestrich geschrieben: *4:0-Sieg, SPD-Parteitag, 8-mal*.

Der Bindestrich nach Wahl

Es gibt eine Reihe von Fällen, in denen der Bindestrich gesetzt werden kann, um zum Beispiel einzelne Bestandteile hervorzuheben oder Wörter besser lesbar zu machen.

Missverständliche Wörter ▸ Wenn eine Zusammensetzung mehrdeutig ist, kann man einen Bindestrich setzen: *Drucker-Zeugnis* oder *Druck-Erzeugnis*, *Musiker-Leben* oder *Musik-Erleben*.

Unübersichtliche Wörter ▸ Bei unübersichtlichen Zusammensetzungen kann man einen Bindestrich setzen, aber auch hier gilt: nur in der Hauptfuge!

- Zusammensetzungen: *Bauspar-Lebensversicherung*,
- Komplexe Adjektive: *russisch-orthodox*
- Zusammengesetzte Farbadjektive: *schmutzig-gelb*
- Unübersichtliche Fremdwörter: *Desktop-Publishing, Midlife-Crisis*

Drei gleiche Buchstaben hintereinander ▸ Wenn in Zusammensetzungen drei gleiche Buchstaben zusammentreffen, kann man zwischen den Bestandteilen einen Bindestrich setzen: *Kaffeeernte* oder *Kaffee-Ernte*, *Kussszene* oder *Kuss-Szene*, *Zooorchester* oder *Zoo-Orchester*.
ACHTUNG: Das gilt nur, wenn es die die Hauptfuge der Zusammensetzung betrifft. Also ***nicht***: *Kuss-Szenebetrachter, Spannbett-Tuch*.

Anglizismen aus Verb + Adverb ▸ Bei substantivischen Zusammensetzungen aus dem Englischen, die aus einem Verb und einem Adverb bestehen, kann man den Bindestrich setzen: *Know-how, Check-in, Coming-out, Play-off*.

i **Gliederung von Zahlenfolgen**
Längere Zahlenfolgen werden der Übersichtlichkeit halber häufig optisch voneinander getrennt – auch hier spielt der Bindestrich eine Rolle.

Telefonnummern
Schon seit einiger Zeit (zuletzt nach DIN 5008:2011) werden Telefonnummern nicht mehr in Zweierschritten von hinten gegliedert, sondern nur noch durch Leerzeichen zwischen Vorwahl und Rufnummer. Ein Bindestrich trennt innerhalb der Rufnummer die Durchwahl ab: ***+49 5241 80-41990.***

Datum
Für die Datumsangabe ist auch die international festgelegte Schreibweise in der deutschen Norm DIN 5008:2011 zu finden. Prinzipiell gilt hier die „absteigende" Anordnung in der Form „Jahr-Monat-Tag", wobei Tag und Monat zweistellig anzugeben sind. Das deutsche Datum „18. Januar 2014" lautet also mit Bindestrichen: ***2014-01-18.***

Immer mit Bindestrich: 1000-jährige Eiche

Das große Binnen-I: erlaubt oder nicht?
Das sogenannte *Binnen-I*, also die Schreibung mit einem großen *I* im Wortinneren, zur Kennzeichnung weiblicher Berufsbezeichnungen, wie z. B. *LehrerInnen, StudentInnen,* entstand in den 1980er Jahren: Mit der Großschreibung sollte die Gleichstellung von Mann und Frau auch sprachlich signalisiert werden. Obwohl sie sich seither einiger Beliebtheit erfreut, entspricht diese Schreibung nicht den orthografischen Regeln. Bei Stellenausschreibungen sollten daher andere Möglichkeiten zur sprachlichen Gleichstellung der Geschlechter gewählt werden.
→ *Sonderseiten „Gleichberechtigung", S. 204 f*
→ *Binnengroßschreibung*

Birma – Myanmar

Die Einwohnerbezeichnung für *Birma* (engl. *Burma*) lautet *Birmaner*. Da der Staat sich bereits mit Inkrafttreten seiner Unabhängigkeit 1948 offiziell als *Myanmar* (Pyidaungsu Myanmar Nain-ngan „Republik der Union Myanmar") bezeichnet, schlägt das Auswärtige Amt als Einwohnerbezeichnung *Myanmarer (Myanmare, Myanmarin)* vor.

Birne / Lampe

Obwohl in der Allgemeinsprache für das Leuchtmittel überwiegend die Ausdrücke *Glühbirne* oder *Birne* gebraucht werden, heißt es in der Fachsprache nur: *Glühlampe*.

bis

bis (Präposition) • Die Präposition *bis* steht mit dem Akkusativ. Dies wird allerdings meist nicht deutlich, da *bis* überwiegend direkt vor Ortsnamen, vor Ortsadverbien oder vor Zeitbestimmungen steht: *Wir fahren bis Bautzen. Sie sind bis hierher gekommen. Ich bleibe bis morgen.*
Der Akkusativ wird nur bei bestimmten Zeitangaben deutlich, wenn nach *bis* ein Adjektiv folgt: *bis kommende Woche, bis nächsten Montag, bis zwölften Januar, bis voriges Jahr.*

bis Mittwoch (Zeitraum) • Man verwendet die Präposition *bis*, wenn man angeben möchte, dass sich etwas räumlich oder zeitlich bis zu einem bestimmten Punkt erstreckt. Bei zeitlichen Angaben besteht dabei oft Unsicherheit darüber, ob der Zeitpunkt, der nach *bis* steht, einbezogen ist oder nicht.
REGEL: Wenn man die Präposition *bis* verwendet, um einen Zeitraum zu kennzeichnen, ist die folgende Zeitangabe eingeschlossen:
Die Hausarbeit kann bis Mittwoch abgegeben werden. (= Man kann diese auch noch am Mittwoch abgeben.)
Die Ausstellung ist noch bis Freitag geöffnet. (= Freitag ist der letzte Tag der Ausstellung.)
TIPP: Um Missverständnisse zu vermeiden, sollte man hier das Adverb *einschließlich* hinzufügen: *Die Hausarbeit kann bis einschließlich Mittwoch abgegeben werden.*
SCHWEIZ: In der Schweiz ist zur Verdeutlichung die Formulierung *bis und mit* üblich: *Der beliebte Zirkus Mirakola gastiert noch bis und mit Freitag, 12. August, in Basel.*
von … bis … • → *von*
bis zu • Die Verbindung von *bis* und *zu* gibt zusammen mit einem Zahlwort die Obergrenze einer Anzahl oder Menge an: *bis zu 100 kg schwer.* In solchen Fügungen bestimmt nicht die Präposition *bis*, sondern die Präposition *zu* den Kasus. Deshalb steht das Folgende im Dativ: *Bis zu zehn Kilometern beträgt die Entfernungspauschale 35 Cent. Kindern bis zu zehn Jahren ist die Teilnahme nicht gestattet.*

Bischof / Bischöfin

→ *Anrede von Geistlichen*

bisher

bisher oder seither? • Die Adverbien *bisher* und *seither* dürfen nicht verwechselt werden. Das Adverb *bisher* bezieht sich auf eine Zeitspanne, die bis zur Gegenwart reicht. Der Anfangspunkt dieser Zeitspanne spielt dabei keine Rolle: *Der Wetterbericht hat Sturm angekündigt. Bisher war das Meer aber ziemlich ruhig.* Bei *seither* oder *seit-*

dem ist im Text immer ein eindeutiger Zeitpunkt genannt, ab dem die genannte Zeitspanne gilt: *Im Oktober hat Elke die neue Stelle angetreten. Seither/Seitdem ist sie sehr zufrieden.*

bisher spielt/bisher spielte • Da man mit *bisher* auf einen zurückliegenden Zeitpunkt verweist, sollte das zugehörige Verb immer in einer Vergangenheitsform stehen:
Bisher wies der Politiker mit großer Entschiedenheit alle Vorwürfe zurück. Bisher hat der Politiker mit großer Entschiedenheit alle Vorwürfe zurückgewiesen. (Falsch: *Bisher weist der Politiker mit großer Entschiedenheit alle Vorwürfe zurück.*)
Will man zum Ausdruck bringen, dass das Geschehen zum Sprechzeitpunkt noch andauert, so muss man dies durch Formulierungen wie *bis heute, bis zu diesem Zeitpunkt, bis zur Stunde* u. Ä. deutlich machen: *Bis heute kann man die Überreste der Befestigungsanlagen erkennen. Bis jetzt spielt er fehlerfrei.*

bisschen – ein kleiner Bissen?
Das Wort *bisschen* kam vermutlich im 15. oder 16. Jahrhundert in der deutschen Sprache auf. Ursprünglich war es eine Verkleinerungsform zu *Bissen*. Ein *Bisschen Brot* bedeutete wörtlich „ein kleiner Bissen Brot“. Erst im 17. und 18. Jahrhundert wurde die Bedeutung zu „ein wenig“ verallgemeinert und aus dem Substantiv *Bisschen* wurde damit das unbestimmte Zahlwort *bisschen*. In Anlehnung an die Wortverwandtschaft zu *Bissen* schreibt man *bisschen* nach der neuen Rechtschreibung heute mit *-ss-*. Seine Eigenschaft als Substantiv hat es jedoch verloren.

bisschen

Das Zahlwort *bisschen* wird nach neuer Rechtschreibung mit *-ss-* geschrieben: *bisschen. bisschen/Bisschen.*

Da *bisschen* heute als unbestimmtes Zahlwort in der Bedeutung „wenig/ein wenig“ verwendet wird, schreibt man immer klein, auch wenn *bisschen* durch einen Artikel oder ein Adjektiv näher bestimmt wird: *ein bisschen Brot, ein kleines bisschen Anstand; du liebes bisschen. Das bisschen wirst du doch schaffen. Ein bisschen wird er noch übrig haben. Er hat kein bisschen Zeit für seine Kinder.*

bitter – bittere/bittre Tränen

Fremdsprachige Adjektive, die auf *-er* enden, verlieren bei der Deklination das *-e-*, z. B.: *makaber – eine makabre Stellungnahme*. Dies gilt jedoch nicht für Adjektive deutschen Ursprungs wie *bitter*. Das Weglassen des *-e-* gilt hier als umgangssprachlich: *bittere* (nicht: *bittre*) *Tränen, bitterer* (nicht: *bittrer*) *Nachgeschmack.*
In poetischen Werken entfällt das *-e-* bisweilen aus rhythmischen Gründen:
Weinen will ich bittre Tränen/Weinen, Minna, über dich (F. Schiller).

Blackout/Black-out

Wenn sich ein mehrteiliger Anglizismus aus Verb (hier: *to black* „schwärzen“) und Adverb zusammensetzt, kann man mit oder ohne Bindestrich schreiben. Da *Blackout* bereits fest im deutschen Wortschatz etabliert ist, dominiert die Schreibung ohne Bindestrich: *Ich hatte einen völligen Blackout.*

blank – blank polieren/blankpolieren

In diesem Fall ist Getrennt- und Zusammenschreibung erlaubt: *blank polieren/blankpolieren.*
REGEL: Allgemein werden Verbindungen aus einem Adjektiv und einem Verb getrennt geschrieben, wenn sie in wörtlicher Bedeutung gebraucht werden: *viel erzählen, gut kochen*. Eine Sondergruppe bilden wörtlich gebrauchte Verbindungen aus Adjektiv und Verb, bei denen das Adjektiv für das Endergebnis des Vorgangs steht, wie z. B. in *die Eier hart kochen* (sie sind am Ende des Kochvorgangs hart). Für Verbindungen dieser

Art ist neben der Getrennt- auch die Zusammenschreibung erlaubt: *das Besteck blank polieren/ blankpolieren* (das Besteck ist anschließend blank bzw. blankpoliert).

blau / Blau

das Blaue vom Himmel • Die Farbbezeichnung *blau* kann wie alle anderen Adjektive auch substantiviert werden, man schreibt dann groß: *das Blaue vom Himmel herunterlügen; die Farbe Blau.*
REGEL: Man erkennt die Substantivierung daran, dass dem Adjektiv ein Artikel (manchmal verschmolzen mit einer Präposition), Adjektiv oder Pronomen vorausgeht, das sich direkt auf das Adjektiv bezieht: *das Blau ihrer Augen* (aber: *ihre blauen Augen*); *ein Kleid in (hellem) Blau* (aber: *ein blaues Kleid*); *eine Fahrt ins Blaue* (aber: *ins blaue Meer eintauchen*).
In einigen Fällen schreibt man klein, obwohl Ähnlichkeit mit substantivierten Adjektiven besteht: *Das Zimmer ist blau in blau gehalten.* (aber: *Sie war ganz in Blau gekleidet.*)
Blauer Planet • In Eigennamen oder namensähnlichen Fügungen wird *blau* großgeschrieben: *der Blaue Planet; der Blaue Nil; das Blaue Band; der Blaue Reiter* (Künstlergruppe des Expressionismus); *Blauer Eisenhut* (Pflanze).
Forelle blau, blaues Wunder • In festen Fügungen wird *blau* kleingeschrieben, wenn kein Eigenname vorliegt: *die blaue Blume* (Sinnbild der Romantik); *jemandem blauen Dunst vormachen; sein blaues Wunder erleben* (aber: die Brücke *Blaues Wunder* in Dresden); *ein blauer Fleck; Aal blau; Forelle blau.*
blauer / Blauer Brief • Die umgangssprachliche Bezeichnung für das amtliche Schreiben, mit dem die Versetzungsförderung eines Schülers angezeigt wird – in Österreich steht diese Bezeichnung für einen Rückscheinbrief –, kann groß- oder kleingeschrieben werden: *blauer/ Blauer Brief.*

blaumachen, blau streichen

Die Verbindung *blaumachen* (= „nicht arbeiten, die Schule schwänzen") wird zusammengeschrieben.
REGEL: Entsteht bei einer Verbindung von Adjektiv und Verb eine neue übertragene Gesamtbedeutung, die sich nicht aus den Bedeutungen der einzelnen Bestandteile erschließen lässt, gilt Zusammenschreibung.
Bei Verbindungen aus *blau* und einem Verb kann getrennt oder zusammengeschrieben werden, wenn das Adjektiv *blau* das Ergebnis des Vorgangs bezeichnet: die *Haare blau färben/ blaufärben; die Wand blau streichen/ blaustreichen.*

blass – blässer / blasser

Die Steigerungsformen von *blass* können sowohl mit als auch ohne Umlaut gebildet werden: *blässer – blässest; blasser – blassest.*
TIPP: Obwohl beide Formen als korrekt gelten, empfiehlt sich der Gebrauch ohne Umlaut. Diese Form ist in der Standardsprache erheblich häufiger: *blasser – blassest.*

bleiben lassen / bleibenlassen

Verbindungen aus zwei Verben werden grundsätzlich getrennt geschrieben: *jemanden in der Wohnung bleiben lassen.*
Liegt eine übertragene Bedeutung vor, kann man bei Verbindungen mit *lassen* als zweitem Bestandteil getrennt oder zusammenschreiben: *Ich finde, das solltest du besser bleiben lassen/ bleibenlassen* (= „nicht tun, unterlassen").
Als Partizip II findet sich neben *bleiben gelassen* seltener auch die Form *bleiben lassen.* Auch in diesen Fällen kann man getrennt oder zusammenschreiben: *Er hat es bleiben lassen/ bleibenlassen. Er hat es bleiben gelassen/ bleibengelassen.*

bleichen – blich oder bleichte?

Das Verb *bleichen* wird heute wie ein schwaches Verb konjugiert: *bleichen – bleichte – gebleicht. Sie bleichten die Leintücher auf der Wiese.* Das gilt auch, wenn man *bleichen* ohne Objekt verwendet. Hier war früher die starke Konjugation üblich: *Die Knochen des Tieres bleichten* (veraltet: *blichen*) *an der Sonne.*

ACHTUNG: Für *ausbleichen, erbleichen, verbleichen* gelten unterschiedliche Regeln: Bei *ausbleichen* kommen sowohl die starken als auch die schwachen Formen vor: *Das Kleid bleichte bei jeder Wäsche mehr aus.*
(Auch: *Das Kleid blich bei jeder Wäsche mehr aus. Ihre Bluse war stark ausgebleicht.*)
(Auch: *Ihre Bluse war stark ausgeblichen.*)
Bei *erbleichen* kommen heute fast nur noch die schwachen Formen vor:
Als sie plötzlich vor ihm stand, erbleichte er.
(Selten: *Als sie plötzlich vor ihm stand, erblich er.*)
Bei *verbleichen* sind nur die starken Formen üblich: *Die Gedanken an den geliebten Verstorbenen verblichen immer mehr. Sie trug einen völlig verblichenen Rock.*

Bleistift

Standardsprachlich ist *Bleistift* maskulin, es heißt daher *der Bleistift.* Die in Süddeutschland bisweilen verwendete Form *das Bleistift* ist standardsprachlich nicht korrekt.

Bestand der *Bleistift* ursprünglich aus Blei?
Das Material für die Mine des Stifts wurde im 17. Jahrhundert in England entdeckt. Man hielt es zunächst für Bleierz, daher auch der frühere Name *Bleiweiß* oder *Bleiweißstifte*. Daraus entwickelte sich verkürzt die heutige Bezeichnung *Bleistift*. Als sich im 18. Jahrhundert schließlich herausstellte, dass das Material eigentlich eine Kohlenstoffverbindung ist und tatsächlich kein Blei enthält, war der Ausdruck *Bleistift* schon im deutschen Sprachgebrauch etabliert.

blendend weiß

Verbindungen aus einem Partizip und einem Adjektiv schreibt man getrennt: *Sie hat blendend weiße Zähne.*

Block – Blöcke oder Blocks?

Das Substantiv *Block* hat die beiden Pluralformen *Blöcke* und *Blocks*. Die Wahl der richtigen Pluralform hängt von der Bedeutung ab, von denen bei *Block* mehrere infrage kommen:
„Großes, ungefüges Stück aus Holz, Metall, Stein usw." • In dieser Bedeutung wird der Plural in der Regel auf *-e* und mit Umlaut gebildet: *Blöcke.* Auch die folgenden Zusammensetzungen mit dem Grundwort *Block* bilden also den Plural mit der Form *-blöcke:*
Beton-, Eis-, Eisen-, Fels-, Gesteins-, Granit-, Holz-, Lava-, Marmor-, Metall-, Motor-, Richt-, Stahl-, Stein-, Zylinderblöcke.
„Zusammengeklebte oder -geheftete Papierbogen, die man abreißen kann" • In dieser Bedeutung wird der Plural in der Regel mit *-blocks* gebildet: *Abreiß-, Brief-, Briefmarken-, Durchschreibe-, Formular-, Kalender-, Karten-, Kassen-, Marken-, Notiz-, Papier-, Rechnungs-, Rezept-, Schreib-, Stenogramm-, Zeichenblocks.*
In diesen Fällen zeigen sich im Schreibgebrauch Schwankungen. So findet sich neben der Pluralform *Briefblocks* häufig auch die Form *Briefblöcke.*
„Gesamtheit mehrerer zusammengebauter Gebäude" • In dieser Bedeutung wird ebenfalls *-blocks* bevorzugt: *Gebäude-, Häuser-, Kasernen-, Miet-, Wohnblocks.* Im Schreibgebrauch lässt sich in geringerem Maße aber auch die Pluralbildung *-blöcke* nachweisen: *Wohnblöcke, Häuserblöcke.*
„Von mehreren Staaten oder Parteien gebildete Einheit" • In dieser Bedeutung sind beide Pluralformen geläufig, die Form *-blöcke* überwiegt hier deutlich: *Bündnis-, Macht-, Militär-, Staaten-, Währungs-, Wirtschaftsblöcke* (seltener: *-blocks*).

blond färben / blondfärben

Die Verbindung kann getrennt oder zusammengeschrieben werden, da das Adjektiv hier das

Ergebnis des Vorgangs bezeichnet: *die Haare blond färben/blondfärben* (sie sind am Endes des Vorgangs blond). Auch das Partizip der Verbindung kann getrennt oder zusammengeschrieben werden: *die blond gefärbten/blondgefärbten Haare.*

bloß – bloßlegen / bloßstellen

Bei Verbindungen aus dem Adjektiv *bloß* und einem Verb kann man oft eine konkrete und eine übertragene Bedeutung unterscheiden. Danach richtet sich die Schreibung der Verbindung:
Beschreibt die Verbindung eine konkrete Handlung und steht das Adjektiv für das Ergebnis der Handlung, kann man getrennt oder zusammenschreiben: *Drähte bloß legen/bloßlegen* (= „von der Ummantelung befreien").
Bei übertragener Bedeutung schreibt man hingegen zusammen: *die Hintergründe der Affäre bloßlegen* (= „aufdecken, ins Bewusstsein rufen").
Entsprechend schreibt man auch: *jemanden bloßstellen.*
Die Verbindung *bloß liegen* schreibt man in konkreter Bedeutung nur getrennt: *Baumwurzeln, die bloß liegen.*
In übertragener Bedeutung kann man hier getrennt oder zusammenschreiben: *Nerven, die bloß liegen/bloßliegen.*
Die Verbindung *sich bloß strampeln* schreibt man nur getrennt.

Blut stillend / blutstillend

Die adjektivisch gebrauchte Partizipverbindung kann sowohl getrennt als auch zusammengeschrieben werden: *eine Blut stillende/blutstillende Tamponade.*
TIPP: Analysen zum Schreibgebrauch zeigen, dass diese Verbindung im Allgemeinen als zusammengehöriges Adjektiv empfunden wird, daher empfiehlt sich grundsätzlich die Zusammenschreibung: *Es kommt ein neues blutstillendes Medikament auf den Markt.*
Wird die Verbindung z. B. durch ein Adverb erweitert, darf nur zusammengeschrieben werden: *Es kommt ein* **besonders** *blutstillendes Medikament auf den Markt.*

Die Bögen oder *die Bogen*? – Eine Pluralform breitet sich aus

Heißt es nun die *Bögen* oder die *Bogen*? Dass viele sich hier unsicher sind, ist kein Zufall, denn derzeit vollzieht sich in dieser Frage ein Sprachwandel. Das Wort *Bogen* ist dabei ein interessantes Anschauungsbeispiel dafür, wie eine sprachliche Veränderung, die zunächst nur auf eine Region begrenzt war, schließlich überregionale Bedeutung gewinnen kann.

Das schon im Althochdeutschen als *bogo* nachweisbare Wort hatte ursprünglich nur einen Plural, nämlich *die Bogen*. Die Form *Bögen* erschien erst im 17. Jahrhundert in Süddeutschland. Entsprechend häufig wird dieser Plural auch heute überwiegend in Süddeutschland und in Österreich verwendet. Im übrigen Deutschland und in der Schweiz gilt dagegen *Bogen* als die eigentlich verbindliche Standardform.
Doch hier macht sich seit einigen Jahrzehnten ein deutlicher Trend bemerkbar. Insbesondere bei Zusammensetzungen wie *Fragebogen* oder *Triumphbogen* haben sich mittlerweile die Formen *Fragebögen* und *Triumphbögen* durchgesetzt – ein Sprachwandel also, der sich gewissermaßen vor aller Augen vollzieht.

Bonbon – der oder das?

Das Wort *Bonbon* kann sowohl im Maskulinum als auch im Neutrum stehen, beide Formen gelten als korrekt: *der/das Bonbon.*
In Österreich und in der Schweiz heißt es nur *das Bonbon*. In Süddeutschland ist *der Bonbon* häufiger.

Bonus – die Boni oder Bonusse

Das Wort *Bonus* kann in allen grammatischen Fällen unverändert bleiben, korrekt ist also: *der Bonus, des Bonus, die Bonus.* Für den Plural sind darüber hinaus zwei Formen im Gebrauch: *Boni* und *Bonusse.*
Im allgemeinen Schreibgebrauch überwiegt *Boni.* Die Form *Bonusse* wirkt umgangssprachlich und sollte im Schriftlichen vermieden werden.

böse / Böse

Als Adjektiv wird *böse* kleingeschrieben: *der böse Blick; böse Überraschungen; eine böse Wunde.*
Die substantivierte Form wird dagegen großgeschrieben: *das Böse; im Bösen auseinandergehen. Es hat sich zum Bösen gewendet. Er kann nicht zwischen Gut und Böse unterscheiden. Man muss Gut und Böse unterscheiden können. Sie haben im Guten wie im Bösen zusammengehalten. Hier kamen Gut und Böse zusammen.*
Großschreibung gilt auch für die Wendung *jenseits von Gut und Böse.*

Bozen – Bozner

Die Einwohnerbezeichnung für *Bozen* lautet *Bozner* (nicht: *Bozener*).

brauchen

Das Verb *brauchen* befindet sich in einer Übergangsphase, denn das ursprüngliche Vollverb wird zunehmend wie ein Modalverb – also wie *dürfen, können* oder *müssen* – behandelt. Dabei handelt es sich um Entwicklungen, die in der gesprochenen Sprache teilweise weit fortgeschritten sind, die für das geschriebene Deutsch aber meist noch nicht als korrekt akzeptiert sind.
er brauch oder er braucht? • Entsprechend der Konjugation der Modalverben (vgl. *er darf, er kann, er muss*) wird die Endung *-t* in der gesprochenen Umgangssprache häufig weggelassen (*er brauch* statt *er braucht*). Diese Form gilt schriftsprachlich nicht als korrekt; es muss also heißen: *Er braucht das nicht (zu) tun.*
er bräuchte oder er brauchte? • Da *brauchen* ein schwaches Verb ist, lautet der Konjunktiv Präteritum standardsprachlich *brauchte.* Im Gesprochenen überwiegen dagegen die Formen mit Umlaut (*ich bräuchte, du bräuchtest* usw.), die analog zu den Konjunktivformen der meisten Modalverben (vgl. *dürfte, könnte, müsste*) gebildet sind. Im Schriftsprachlichen werden diese Formen in vielen Grammatiken noch immer als falsch betrachtet. Gleichwohl belegen aktuelle Sprachuntersuchungen auch für die geschriebene Sprache einen häufigen Gebrauch von *bräuchte:*
Wenn ich nicht teilzunehmen brauchte, wäre mir das recht.
(Auch: *Wenn ich nicht teilzunehmen bräuchte, wäre mir das recht.*)
zu tun brauchen • Steht *brauchen* mit einem Verb im Infinitiv, wird das Perfekt wie bei den Modalverben mit dem sogenannten Ersatzinfinitiv gebildet:
Das hat er nicht (zu) tun brauchen.
(Falsch: *Das hat er nicht zu tun gebraucht.*)
Wer brauchen ohne zu gebraucht … • Wie die Modalverben wird *brauchen* zunehmend mit dem einfachen Infinitiv (ohne *zu*) gebraucht. Dies ist in der gesprochenen Sprache heute schon anerkannt. Neben dem Infinitiv mit *zu* ist auch der bloße Infinitiv erlaubt. In der geschriebenen Sprache steht *brauchen* in der Regel noch mit *zu.*
Geschriebene Sprache: *Du brauchst es nicht noch einmal zu sagen.*
Gesprochene Sprache: *Du brauchst es nicht noch einmal (zu) sagen.*
Die bekannte Regel „Wer brauchen ohne zu gebraucht, braucht brauchen überhaupt nicht zu gebrauchen!“ gilt also nur noch eingeschränkt.

braun

Groß- und Kleinschreibung • In seiner Verwendung als Adjektiv wird *braun* kleingeschrieben. Dies gilt auch für feste Wendungen: *braune Haare, brauner Sumpf, braune Gesinnung.*
Liegt eine Substantivierung vor, schreibt man *braun* groß: *Dieses Braun gefällt mir nicht. Das Zimmer ist in Braun gehalten.*
(Fortsetzung auf S. 98)

Geschäftsbriefe gut und richtig schreiben

Ob Mahnungen, Reklamationen, Widersprüche oder Auskunftsersuchen: Nicht nur im Beruf, auch im privaten Alltag müssen Geschäftsbriefe abgefasst werden. Wer bei einem Schreiben die wichtigsten formalen Normen beachtet, kann davon ausgehen, dass es von den richtigen Adressaten gelesen, besser verstanden und damit schneller bearbeitet wird. Und wer darüber hinaus wichtige kommunikative Grundregeln beachtet, kann seine Erfolgsaussichten verbessern.

Die formalen Normen

Warum Normen? ▸ Normen, wie z. B. die deutsche DIN (Deutsche Industrienorm), setzen Standards für Industrie und Wirtschaft fest, die bekannteste Norm ist vielleicht die Papiergröße DIN A4. Auch für die Gestaltung der Korrespondenz gibt es feste Normen. Für Deutschland regelt die DIN 5008:2011 die Gestaltung von Briefen. Für Unternehmen und Behörden hat dies viele Vorteile: Das Papier passt in den Umschlag, die Adresse erscheint im Adressfenster, Briefe können maschinell verarbeitet werden. Als Privatperson sind Sie natürlich nicht verpflichtet, den Normen zu folgen. Diese erleichtern jedoch in Ämtern und Behörden die Arbeit und tragen zu einer schnelleren Bearbeitung bei.

Die Anschrift

Niemals vergessen: Absender / Briefkopf ▸ Der Briefkopf umfasst vom oberen Blattrand gemessen 5,8 cm. Für die Gestaltung des Briefkopfs mit den Absenderangaben gibt es keine festen Regeln. Name und Adresse sollten jedoch ohne Hervorhebungen und deutlich erkennbar geschrieben werden. Für eine eventuelle Rücksprache ist es immer empfehlenswert, auch Telefonnummer und E-Mail-Adresse anzugeben.
TIPP: Bei einem Textverarbeitungsprogramm kann man eine Kopfzeile von 5,08 cm einrichten.

Anschriftfeld ▸ Das Anschriftfeld umfasst neun Zeilen, wobei die ersten drei Zeilen postalischen Vermerken, wie z. B. *Persönlich, Einschreiben, Nicht nachsenden* usw. vorbehalten sind.
Da Adressfelder maschinell gelesen werden, sollten innerhalb des Anschriftfeldes keine Leerzeilen stehen, auch nicht – wie früher üblich – zwischen Straßenname und Bestimmungsort.

Empfängername ▸ Die korrekte Anrede für einen Mann ist *Herrn*, für die Frau grundsätzlich *Frau*, wobei man nach Möglichkeit auch den Vornamen nennen sollte. Die Präposition *An* ist nicht mehr üblich. Die Anrede kann direkt vor dem Namen oder in einer eigenen Zeile sehen:

Herrn Tim Grünewaldt	*Frau* *Dagmar Hubschmidt*

Ein Ehepaar kann auf folgende Weise angeschrieben werden:

Frau Walli und *Herrn Sven Zobel*	*Frau und Herrn* *Walli und Sven Zobel*
Eheleute *Walli und Sven Zobel*	*Familie* *Walli und Sven Zobel*

Wählt man für Anrede und Namen zwei Zeilen, was aus Platzgründen oft notwendig ist, so unterscheidet man zwischen Titel und Berufsbezeichnung. Die Berufsbezeichnung steht dabei immer direkt nach der Anrede *Herrn* bzw. *Frau*, dagegen schreibt man Titel oder akademische Grade wie *Dr., Dipl.-Ing.* vor den Namen.
Abkürzungen für *Magister* und *Bachelor* stehen hinter dem Namen:

Herrn Rechtsanwalt *Dr. Kurt Schönfelder*	*Frau Direktor* *Prof. Dr. Dagmar* *Zünsler*
Frau *Anna Feldmann M.A.*	*Herrn* *Ulf Winterberg B.A.*

Empfängeradresse ▸ Bei der Empfängeradresse haben sich in den letzten Jahren wichtige Änderungen ergeben: Bestimmungsort und Straßenname werden nicht mehr durch eine Leerzeile voneinander getrennt. Die Postleitzahl wird auch nicht mehr durch Länderkürzel, wie z. B. *D* oder *A*, ergänzt. Will man zur Sicherheit Ortsteilnamen hinzufügen, erfolgt dies in der Zeile über Postleitzahl und Ortsnamen.

Frau Heike Schoeller *Veilchenweg 9* *24789 Torfheyde*	*Frau Sonja Schäfer* *Tulpenweg 7* *Lichterfelde* *12209 Berlin*

Auslandsadresse ▸ Wird der Brief ins Ausland geschickt, so wird das Bestimmungsland in Großbuchstaben in die letzte Zeile gesetzt. Dies ersetzt das früher übliche Länderkürzel vor der Postleitzahl. Da für die Beförderung ins Ausland die heimische Post zuständig ist, sollte man für das Bestimmungsland die deutsche Bezeichnung in Großbuchstaben schreiben. Für den Namen der Stadt setzt man dagegen die landesübliche Bezeichnung in lateinischen Großbuchstaben ein.

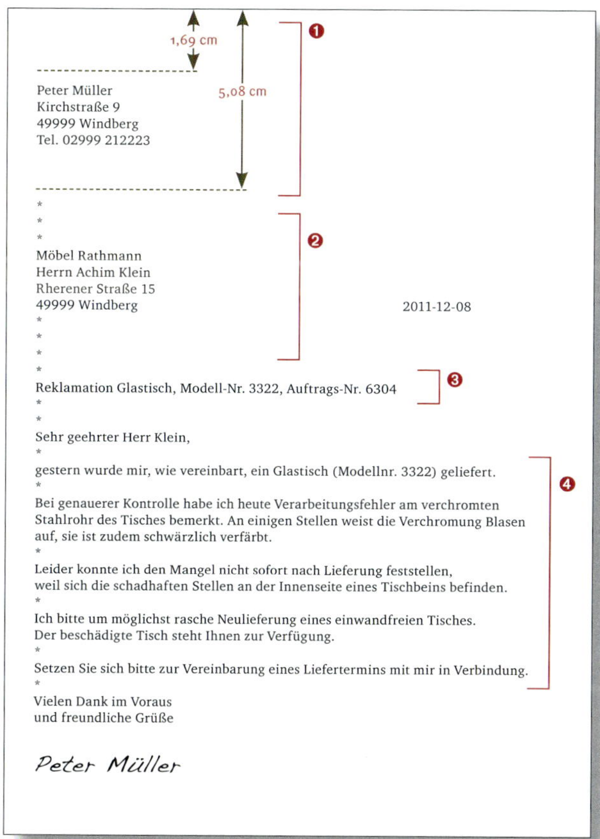

Peter Müller
Kirchstraße 9
49999 Windberg
Tel. 02999 212223

Möbel Rathmann
Herrn Achim Klein
Rherener Straße 15
49999 Windberg

2011-12-08

Reklamation Glastisch, Modell-Nr. 3322, Auftrags-Nr. 6304

Sehr geehrter Herr Klein,

gestern wurde mir, wie vereinbart, ein Glastisch (Modellnr. 3322) geliefert.

Bei genauerer Kontrolle habe ich heute Verarbeitungsfehler am verchromten Stahlrohr des Tisches bemerkt. An einigen Stellen weist die Verchromung Blasen auf, sie ist zudem schwärzlich verfärbt.

Leider konnte ich den Mangel nicht sofort nach Lieferung feststellen, weil sich die schadhaften Stellen an der Innenseite eines Tischbeins befinden.

Ich bitte um möglichst rasche Neulieferung eines einwandfreien Tisches. Der beschädigte Tisch steht Ihnen zur Verfügung.

Setzen Sie sich bitte zur Vereinbarung eines Liefertermins mit mir in Verbindung.

Vielen Dank im Voraus
und freundliche Grüße

Peter Müller

❶ **Der Briefkopf:** Der Abstand zur oberen Blattkante beträgt 1,69 cm • ❷ **Das Anschriftfeld:** Das Anschriftfeld umfasst neun Zeilen. Es beginnt 5,08 cm von der oberen Blattkante. Die eigentliche Adresse beginnt mit der vierten Zeile • ❸ **Der Betreff:** Vor und nach dem Betreff lässt man zwei Leerzeilen frei. • ❹ **Der Brieftext:** Es wird mit einfachem Zeilenabstand geschrieben. Zwischen Absätzen lässt man eine Leerzeile.

Wichtige Maße auf einen Blick:

Linker Seitenrand	2,5 cm
Rechter Seitenrand	1,5 cm
Abstand oben	1,69 cm
Briefkopf	5,08 cm

TIPP: Wenn Sie Ihre Briefe mit dem Computer schreiben: Bei den meisten Textverarbeitungsprogrammen, wie z. B. Word, finden Sie auch Dokumentvorlagen für Geschäftsbriefe.

Geschäftsbriefe mit der Hand schreiben?
Dies ist auch im Computerzeitalter immer noch möglich.

Hotel Sempion
Piazza della Repubblica, 26
20124 MILANO
ITALIEN

Der Brieftext

Betreff ▸ In Geschäftsbriefen hat der Betreff eine wichtige Funktion: In Unternehmen oder Behörden ermöglichen diese Angaben die schnellstmögliche Weiterleitung an den richtigen Sachbearbeiter. Der Betreff gibt in Stichworten präzise Auskunft über Anliegen und Inhalt des Schreibens. Auch wichtige Bezugsdaten, wie zum Beispiel die Kunden-, Rechnungs- oder Steuernummer, sollte man in den Betreff setzen. Er wird mit vier Leerzeilen Abstand vom Anschriftfeld platziert und steht am Ende ohne Punkt. Der Betreff umfasst nicht mehr als zwei Zeilen. ACHTUNG: *Betreff:* oder *Betr.:* werden in der Betreffzeile heute nicht mehr verwendet.

Reklamation Glastisch Modell „Universal"
Kunden-Nr.: 4324/24, Rechnungs-Nr.: 2013-8981

Datum ▸ Bei privaten Geschäftsbriefen positioniert man das Datum rechtsbündig zwei Leerzeilen über dem Betreff. Seit 2005 ist in Deutschland, Österreich und der Schweiz auch international die absteigende Reihenfolge Jahr-Monat-Tag üblich, die jeweils durch einen Bindestrich abgetrennt werden: *2013-05-02*. Da sich diese Form bislang aber in Deutschland nicht durchsetzen konnte, ist auch die aufsteigende Reihenfolge Tag, Monat, Jahr möglich. Dabei werden die Ziffern durch einen Punkt abgetrennt: 02.05.2013. Die Ortsangabe vor dem Datum, z. B. *München, den…*, ist veraltet.

Anrede ▸ Die Anrede folgt dem Betreff mit zwei Leerzeilen Abstand. Die Wahl der Anrede hängt vor allem davon ab, wie vertraut man mit dem Adressaten ist. Ist der Adressat mit Namen bekannt, ist die Anrede *Sehr geehrte… / Sehr geehrter…* am gebräuchlichsten. Besteht bereits ein persönlicher Kontakt, kann man auch mit der Anrede *Liebe / Lieber* beginnen. Durch den lockeren Stil der E-Mails lässt sich inzwischen auch in Briefen die Anrede *Hallo Herr… / Frau…* beobachten. Diese Anredeform sollte jedoch nur dann verwendet werden, wenn man mit dem Adressaten bekannt ist. Ist dies nicht der Fall, schreibt man *Sehr geehrte Damen und Herren*. Diese Anrede ist übrigens auch dann üblich, wenn der Empfängerkreis ausschließlich aus Frauen oder Männern besteht. Nach der Anrede steht ein Komma, und es wird klein weitergeschrieben, wenn kein Substantiv oder die höfliche Anrede *Ihr / Sie* folgt.

i Name und Firma – was steht zuerst?
Bei Briefen, die sich direkt an den Mitarbeiter einer Firma oder Behörde richten, gibt es keine feste Regel, ob zuerst der Name des Empfängers oder der Firmenname stehen sollte. Grundsätzlich gilt aber: Soll nur der mit Namen genannte Empfänger den Brief öffnen, setzt man den Namen vor die Firmenbezeichnung. Zur Sicherheit kann noch der Vermerk *persönlich* in die erste Zeile gesetzt werden. Der früher übliche Vermerk *zu Händen, z. Hd., z. H.* usw. wird nicht mehr verwendet. Man sollte jedoch bedenken: Ist die betreffende Person aus Urlaubs- oder Krankheitsgründen abwesend, bleibt das Schreiben ungeöffnet und unbearbeitet liegen. Möchte man dies vermeiden, setzt man den Namen unter die Firma.

Traumreisen GmbH
Herrn Michael Aslan
Abtl. Kundenservice

Persönlich
Herrn Dr. Kurt Fredel
Kanzlei Stil & Krämer

Offizielle, höfliche Anrede:

Sehr geehrter Herr Müller,

Sehr geehrte Frau Schwan,

Guten Tag(,) Herr Mayer,

Vertrauliche Anrede:

Liebe Frau Kunze,

Grüß Gott(,) Frau Schmidt, (Österreich, Bayern)

Anrede bei persönlicher Bekanntschaft:

Hallo(,) Herr Steiner,

Brieftext ▸ Der Brieftext folgt mit einer Leerzeile Abstand zur Anrede. Er sollte möglichst übersichtlich präsentiert und verständlich formuliert sein. Absätze sind durch eine Leerzeile zu markieren. Den idealen Briefstil im Sinne einer allgemeinverbindlichen Norm gibt es zwar nicht. Gleichwohl lassen sich Prinzipien benennen, die beachtet werden sollten. Obenan steht dabei die Angemessenheit: Sprachlicher Ausdruck und Gegenstand sollten zueinander passen. Stets gilt, dass ein Text für den Leser oder Zuhörer klar verständlich sein sollte. So sind prägnante Formulierungen langatmigen Umschreibungen, in denen bereits Bekanntes ständig wiederholt wird, vorzuziehen.

Hervorhebungen ▸ Sollen im Text einzelne Wörter hervorgehoben werden, so kann man diese entweder durch **Fettungen,** Unterstreichungen oder durch *Kursivierung* hervorheben. Die Verwendung von Grossbuchstaben ist in Briefen noch üblich, wird in E-Mails jedoch als aggressiv empfunden. Das S p e r r e n von Buchstaben gilt als veraltet.

Grußformel ▸ Die Grußformel wird durch eine Leerzeile vom Brieftext getrennt. Üblich ist die neutrale Formel *Mit freundlichen Grüßen* oder *Beste Grüße*, danach folgt der Name ohne trennendes Komma. Am Ende der Grußformel steht kein Punkt. Dies gilt auch dann, wenn man als Grußformel einen vollständigen Satz schreibt.

Mit freundlichen Grüßen...

Einen angenehmen Aufenthalt wünschen Ihnen...

Mit herzlichem Gruß aus Dortmund...

Früher übliche Grußformeln, wie z. B. *Hochachtungsvoll* oder *Mit vorzüglicher Hochachtung,* sind nur noch im diplomatischen Briefverkehr üblich.

Unterschrift ▸ Für die Unterschrift sollte ausreichend Raum zur Verfügung stehen, in der Regel sind dafür drei Leerzeilen ausreichend. Es ist darauf zu achten, dass die eigenhändige Unterschrift bei Kündigungen, Bürgschaften u. Ä. zwingend erforderlich ist.

Anlagen ▸ Wenn man dem Brief Unterlagen beifügt, weist man auf diese im Anschreiben hin. Man kann dies durch die Überschrift *Anlage* bzw. *Anlagen* verdeutlichen. Bei gleichartigen Dokumenten sollte man die Anzahl angeben.

Anlagen
1 Lebenslauf
4 Zeugnisse
2 Referenzschreiben

Checkliste – Das hat sich geändert:
Gegenüber den Gewohnheiten und Normen, die früher üblich waren, haben sich in den letzten Jahren einige Veränderungen ergeben:

Anschrift:
- Zwischen Straßenname und Bestimmungsort steht keine Leerzeile mehr.
- Die Präposition „An" vor dem Namen wird nicht mehr verwendet.
- Das Länderkürzel vor der Postleitzahl ist nicht mehr üblich.

Datum:
- Bei Datumsangaben wird der Ort nicht mehr genannt. Üblich ist neben der herkömmlichen Datumsangabe die sogenannte absteigende Reihenfolge Jahr/Monat/Tag: 2013-12-15.

Betreff:
- Vor der Betreffzeile wird nicht mehr „Betreff" oder „Betr." geschrieben.

(Fortsetzung von S. 93)

Getrennt- und Zusammenschreibung • Bildet *braun* zusammen mit einem Verb eine Verbindung, kann getrennt oder zusammengeschrieben werden, wenn *braun* das Ergebnis der Handlung bezeichnet: *braun streichen/braunstreichen; braun färben/braunfärben.*
Auch in Verbindung mit einem Partizip kann getrennt oder zusammengeschrieben werden: *braun gebrannt/braungebrannt; braun gestreift/braungestreift.*
braun-gelb / braungelb • Verbindungen aus zwei Farbadjektiven schreibt man mit Bindestrich, wenn man beide Farben separat bezeichnet: *ein braun-gelb gestreiftes Hemd.* Liegt dagegen eine Farbmischung vor, schreibt man ohne Bindestrich: *ein undefinierbarer braungelber Farbton.*

Ein Dativ mit tödlichen Folgen: *Den Stab über jemandem brechen*
Die feste Wendung steht gewöhnlich mit dem Akkusativ: *den Stab über jemande**n** brechen. Es wäre ungerecht, auf den bloßen Verdacht hin über diesen Athleten den Stab zu brechen.* Vereinzelt findet sich hier aber auch der Dativ: *den Stab über jemande**m** brechen.* Diese Verwendung mit Dativ, der ja auf die Frage „Wo?“ steht, erinnert an den alten Rechtsbrauch, der dieser Wendung zugrunde liegt: Denn in einigen Regionen war es Brauch, dass ein Richter bei Verkündung eines Todesurteils den Gerichtsstab direkt über dem Kopf des zu Tode Verurteilten mit den Worten zerbrach: „Nun helf dir Gott, ich kann dir nicht ferner helfen.“

Breisgau

Standardsprachlich heißt es *der Breisgau,* regionalsprachlich findet sich aber auch *das Breisgau.*

breit

Groß- und Kleinschreibung • Als Adjektiv wird *breit* kleingeschrieben: *eine breite Straße; die breite Öffentlichkeit; der Stoff liegt doppelt breit; weit und breit.* Liegt eine Verwendung als Substantiv vor, schreibt man groß: *des Langen und Breiten.*
breittreten, breitschlagen • In übertragener Bedeutung schreibt man *breit* in Verbindung mit einem Verb zusammen: *jemanden breitschlagen* (= „überreden“), *sich breitschlagen lassen.* Der Verbindung lag ursprünglich eine konkrete Bedeutung in der Metallverarbeitung zugrunde, so wurden Bleche durch *Breitschlagen* in eine andere Form gebracht.
Auch *breittreten* in der Bedeutung „etwas umständlich und ausführlich besprechen“ wird immer zusammengeschrieben. In konkreter Bedeutung kann man dagegen getrennt oder zusammenschreiben: *die Schuhe breit treten/breittreten.*
breit gefächert / breitgefächert • In Verbindung mit einem adjektivisch gebrauchten Partizip kann man getrennt oder zusammenschreiben: *ihre breit gefächerten/breitgefächerten Interessen.*

Brennnessel

Treffen bei einer Zusammensetzung drei gleiche Buchstaben aufeinander, so werden seit der Rechtschreibreform alle Buchstaben geschrieben: *Brennnessel.*
→ *Sonderseiten „Laute und Buchstaben“, S. 282–285*

Brief

→ *Sonderseiten „Geschäftsbriefe“, S. 94–97*

Brillant (nicht: Brilliant)

Rechtschreibung • Die Schreibung mit *i* bei *Brillant* oder *brillant* gehört wohl mit zu den häufigsten Falschschreibungen im Deutschen. Das aus dem Französischen stammende Wort ist inzwischen so fest im Deutschen etabliert, dass ein unkonzentrierter Schreiber entsprechend der orthografischen Regeln für deutsche Wörter unwillkürlich ein *i* einschmuggelt. Im Französischen und im Spanischen steht das Doppel-l bereits für den Laut [j], im Deutschen zeigt es dagegen nur an, dass der vorangehende Vokal kurz gesprochen wird. Ähnliche Rechtschreibprobleme ergeben sich z. B. für *Kanaille*.

dem Brillant / Brillanten • Das Substantiv *Brillant* gehört zur schwachen Deklination, d. h., außer im Nominativ lauten alle Endungen *-en*. Es heißt also: *der Brillant, des Brillanten, dem Brillanten, den Brillanten, die Brillanten* usw.

Bisweilen wird im Dativ und im Akkusativ die Endung *-en* weggelassen. Dies ist jedoch umgangssprachlich und sollte im Geschriebenen vermieden werden:

Er schenkte den Brillanten (nicht: *Brillant*) *seiner Frau. Mit diesem Brillanten* (nicht *Brillant*) *werden Sie Aufmerksamkeit erregen.*

bruchlanden

Das Verb *bruchlanden* kommt nur im Infinitiv und im Partizip II vor. Es wird immer zusammengeschrieben: *Der Pilot musste bruchlanden. Sie sind in der Wüste bruchgelandet.*

Bruchzahlen

Groß- und Kleinschreibung • Werden Bruchzahlen wie Substantive gebraucht, schreibt man groß: *ein Achtel vom Kuchen; drei Viertel der Summe; ein Hundertstel der Summe. Die Geige beginnt zwei Achtel später zu spielen als die Flöte. Ihm steht ein Fünftel zu. Er verantwortet drei Zehntel des Verlusts. Sie kommt um Viertel vor acht. Trinken wir noch ein Viertel?*

Stehen die Bruchzahlwörter vor Maßangaben, werden sie als Attribute betrachtet und kleingeschrieben: *ein viertel Liter Rotwein, zwei hundertstel Millimeter, eine tausendstel Sekunde.*

Auch in Uhrzeitangaben unmittelbar vor Kardinalzahlen werden Bruchzahlwörter kleingeschrieben: *um viertel sechs, gegen drei viertel sieben.*

Getrennt- und Zusammenschreibung • Bei allgemein gebräuchlichen Maßbezeichnungen ist Zusammenschreibung möglich: *ein Viertelliter Rotwein, zwei Hundertstelmillimeter, eine Tausendstelsekunde.*

Bindestrich • Der Bindestrich steht bei Zusammensetzungen mit Bruchzahlen nur, wenn sie in Ziffern geschrieben werden: *¾-Takt* (aber: *Dreivierteltakt*). Bei Ableitungen mit *-stel* steht der Bindestrich nach dem Suffix: *1000stel-Millimeter.*

Drei Fünftel wird / werden • Folgt einer Bruchzahl im Plural ein Substantiv, das im Nominativ Singular steht (z. B. *drei Fünftel Strom*), kann das Prädikat im Singular oder im Plural stehen: *Drei Fünftel Strom wird/werden atomar erzeugt.*

Steht das Substantiv nach der Bruchzahl im Genitiv, sollte dagegen auch das Prädikat im Plural stehen:

Drei Fünftel des Stroms werden atomar erzeugt.

Drei Viertel der Fläche konnten bereits verpachtet werden.

Drei Viertel der Zeitungsleser lesen gelegentlich das Horoskop.

Daneben kommt umgangssprachlich auch der Singular vor: *Drei Fünftel des Stroms wird atomar erzeugt.*

***Brüder* oder *Gebrüder*?**

Die Wörter *Brüder* und *Gebrüder* werden oft unterschiedslos verwendet, es gibt jedoch einen Bedeutungsunterschied, der sich allerdings über die Jahrhunderte gewandelt hat. Das Wort *Gebrüder* bezeichnet heute alle Brüder einer Familie. Im Geschäftsbereich versteht man unter *Gebrüder*, diejenigen Brüder, die die Leitung einer Firma innehaben, wie z. B. die *Gebrüder Wright*. Vor dem 20. Jahrhundert dagegen verband man mit diesem Ausdruck vor allem den Aspekt einer besonders engen Beziehung zwischen zwei oder mehreren Brüdern.

Dies zeigt sich auch im Wandel der Kollektivbezeichnung für das Brüderpaar Jacob und Wilhelm Grimm. Im Jahr 1858 konnte der Sprachwissenschaftler Rudolf von Raumer noch schreiben: „Hier, im Wörterbuch der ***Gebrüder Grimm***, erhält er [der Leser] ... Auskunft in einer Fülle und Reichhaltigkeit ..."

Heute dagegen gilt nur die Benennung *Brüder Grimm* als korrekt, denn neben Jacob und Wilhelm gehörten mit Ludwig Emil sowie mit Carl Friedrich und Friedrich noch weitere Brüder zur Familie Grimm.

Buchstabenschreibung

→ *Sonderseiten „Laute und Buchstaben", S. 282–285*

Buchtitel

→ *Werktitel*

bummeln – haben oder sein?

Bei *bummeln* in der Bedeutung „trödeln" wird das Perfekt mit *haben* gebildet: *Du hast schon wieder gebummelt!*
In der Bedeutung „ziellos umherwandern, Geschäfte abwandern" bildet man das Perfekt eher mit *sein: Wir sind durch die Fußgängerzonen von Amsterdam gebummelt.*

bunt

Groß- und Kleinschreibung • Als Adjektiv schreibt man *bunt* klein. Dies gilt auch für feste Wendungen: *bekannt wie ein bunter Hund; der bunte Abend; eine bunte Platte.*
Als Substantiv schreibt man *bunt* groß: *in (ein schreiendes) Bunt gekleidet sein; ein Kessel Buntes.*
Getrennt- und Zusammenschreibung • Man kann eine Verbindung aus *bunt* und einem Verb zusammenschreiben, wenn *bunt* das Ergebnis der Verbalhandlung bezeichnet: *Eier bunt färben/buntfärben* (die Eier sind dann bunt).
Aber nur: *bunt schillern.*
Verbindungen mit Partizipien können ebenfalls getrennt oder zusammengeschrieben werden: *bunt gefärbte/buntgefärbte Eier; eine bunt gemischte/buntgemischte Menge.*

Bürgermeister

Anschrift und Anrede im Brief • In der Anschrift wird die Funktion genannt:
Bürgermeisterin von Großstadt
Frau Silke Meyer
Bürgermeister werden mit ihrem Titel angeredet:
Sehr geehrte Frau Bürgermeisterin, …
Sehr geehrter Herr Bürgermeister, …

Die Rede des Bürgermeisters Müller • Steht *Bürgermeister* ohne Artikel oder Pronomen vor dem Namen, wird der Name gebeugt: *Bürgermeister Müllers Einlassung war nicht besonders sachlich.* Steht dagegen die Amtsbezeichnung mit einem Artikel oder Pronomen, dann wird die Amtsbezeichnung, nicht aber der Name gebeugt: *Die Rede des Bürgermeisters Müller war nicht besonders sachlich.*

Burma

→ *Birma – Myanmar*

Büro

Bei der Betonung von *Büro* gibt es regionale Unterschiede. In Deutschland und Österreich wird *Büro* in der Regel auf der zweiten Silbe betont, die darüber hinaus lang gesprochen wird. In der Schweiz betont man dagegen die erste Silbe, die kurz gesprochen wird: *Ich werde wegen dieser Geschichte doch kein Büro aufmachen* (= „keine Umstände machen").

Bursch/Bursche

Regional, vor allem in Südostdeutschland und in Österreich, ist neben *Bursche* im Gesprochenen auch die Form *Bursch* gebräuchlich.
Beide Formen werden schwach dekliniert. Außer im Nominativ lautet die Endung daher immer *-en: des Burschen, dem Burschen, der Burschen.*

Busch

Auch vom Familiennamen *Busch* kann man eine adjektivische Ableitung mit *-sch* bilden. Wird die Endung direkt angehängt, schreibt man klein: *die buschschen Knittelverse.* Will man die Grundform des Namens durch Apostroph hervorheben, schreibt man groß: *die Busch'schen Knittelverse.*

bzw.

→ *beziehungsweise – bzw.*

C

c oder k – c oder z?

c oder k? • Bei einer Reihe von Fremdwörtern aus unterschiedlichen Herkunftssprachen, in denen der Buchstabe *c* für den Laut [k] steht, kann anstelle der fremdsprachigen Schreibung eine eindeutschende Schreibung mit *k* gewählt werden: *Calcium/Kalzium; Calvinismus/Kalvinismus; Casino/Kasino; circa/zirka; Circus/Zirkus; Clementine/Klementine; Club/Klub; Code* (fachsprachlich)*/Kode; contra/kontra; Coupon/Kupon; Couscous/Kuskus; Credo/Kredo; Crêpe/Krepp; Crux/Krux; Rucola/Rukola.*
c oder z? • Bei einigen Fremdwörtern, in denen der Buchstabe *c* für den Laut [ts] steht, ist auch eine eindeutschende Schreibung mit *z* zulässig: *Acetat/Azetat; circa/zirka; Circus/Zirkus.*

Cabrio, Cabriolet

Nur die Schreibung mit C ist richtig. Die zeitweise zugelassenen Varianten *Kabrio/Kabriolett* gelten nicht mehr als korrekt.

canceln

Normalerweise entfällt bei deutschen Verben, die im Infinitiv auf *-eln* enden, in der 1. Person Singular das *e (handeln – ich handle).* Dies ist beim Anglizismus *canceln* ausdrücklich nicht der Fall, es heißt: *ich cancele* (nicht: *ich cancle*).

Caprice – Kaprice/Kaprize

Das aus dem Französischen stammende Wort bedeutet „Laune, Grille“. Es kann sowohl *Kaprice* als auch *Caprice* geschrieben werden. In Österreich gilt zudem die Schreibung *Kaprize* als standardsprachlich.

Ein *Cabrio* macht *Kapriolen*
Die beiden Wörter unterscheiden sich in ihrer Bedeutung und in ihrer Rechtschreibung, dennoch haben sie denselben Ursprung.
Das *Cabrio* ist erstaunlicherweise älter als das Auto. Im Frankreich des 18. Jahrhunderts verstand man darunter – zumindest in seiner Langform *Cabriolet* – ein einspänniges, zweirädriges Pferdefuhrwerk. Die Typenbezeichnung - sie ist von *cabrioler* „Luftsprung“ abgeleitet - verweist schon auf dessen hervorstechendste Fahreigenschaften: Weder Stahlfedern noch Lederriemen dämpften die Unebenheiten der Straße ab. Für Kutscher und Mitfahrer war diese Art der Fortbewegung also eine recht holprige Angelegenheit.
Das französische Wort *cabrioler* seinerseits ist eine Entlehnung aus dem italienischen *capriola*, was so viel wie „Bocksprung“, aber auch „geschickter Sprung“ bedeutete. Das Wort gelangte vermutlich im 16. Jahrhundert als Bezeichnung für die kunstvollen Sprünge italienischer Tänzer ins Deutsche, zunächst in der Bedeutung „Sprünge und Faxen machen“, später im übertragenen Sinne für „einen übermütigen, verrückten Streich“.

Cartoon – der oder das?

Der Anglizismus *Cartoon* steht heute fast ausschließlich im Maskulinum: *der Cartoon*. Der Gebrauch im Neutrum ist zwar selten, gilt aber ebenfalls als korrekt: *das Cartoon.*

CDUler

Ein Einzelbuchstabe, eine Abkürzung, ein Wort oder eine Zahl kann mit einem Suffix (Nachsilbe) verbunden werden. Es entsteht eine Ableitung: *CDU – CDUler*. Zwischen Abkürzung und Suffix steht kein Bindestrich.

Cellulite oder Zellulitis?

Cellulite ist die neuere Bezeichnung für die *Zellulitis*. Dieser Fachausdruck berücksichtigt, dass es sich bei dieser Hautveränderung nicht um eine entzündliche Erkrankung handelt.

Cent / Cents

Aussprache • Aufgrund der englischen Aussprache von *Cent* dominiert auch im Deutschen die Aussprache mit stimmlosem *s* [sent]. In Anlehnung an die deutsche Aussprache von *c* vor *e* oder *i (Cellulite, circa, Circus)* ist auch die Aussprache [ts] (gesprochen wie *z*) möglich.
Cent/Cents • Wird *Cent* als Währungseinheit verwendet, bleibt das Wort unverändert: *Ein Vollkornbrötchen kostet 50 Cent. Die Parkgebühr beträgt 75 Cent pro Stunde.*
Sind jedoch die einzelnen Münzen gemeint, wird im Plural ein *s* angehängt: *Er warf einige Cents in den Klingelbeutel. Dieser Streit um ein paar Cents ist doch absurd!*
Kongruenz • Steht eine Währungsangabe im Plural, wird auch das zugehörige Verb in den Plural gesetzt: *Die 40 Cent als Trinkgeld sind eine Frechheit. Für diesen Einkauf reichen 75 Cent wohl nicht aus.*

Check / Scheck

Bei zahlreichen Fremdwörtern wird die Buchstabenkombination *ch* wie das deutsche *sch* ausgesprochen. Bei *Check* ist daher auch die Schreibung mit *sch* als gleichberechtigte Variante zulässig: *Check – Scheck.*
TIPP: Im allgemeinen Schreibgebrauch wird in der Regel der eingedeutschten Variante mit *sch* der Vorzug gegeben.

Chemie mit [ç] oder [k]?

Die Aussprache variiert regional: Standardsprachlich wird *Chemie* (ebenso auch: *Chemiker, chemisch* usw.) mit dem ich-Laut [ç] ausgesprochen. In Süddeutschland, Österreich und in der Schweiz dominiert dagegen die Aussprache mit [k].

chic / schick

Die ins Deutsche integrierte Schreibweise *schick* ist ebenso zulässig wie die französische Form *chic*.
Im Gegensatz zu *schick* kann man *chic* jedoch nicht beugen: *Das Kleid ist schick / chic. Er hat sich heute besonders schick / chic gemacht.*
Aber nur: *ein schickes Kleid; der schicke Pullover.*
TIPP: Für das Substantiv *der Schick / Chic* wie für das Adjektiv *schick / chic* überwiegt im allgemeinen Schreibgebrauch die Schreibung mit *sch*.

China mit [ç] oder [k]?

Die Aussprache variiert regional: Im Standarddeutschen spricht man *China, Chinese, chinesisch* usw. mit dem ich-Laut [ç]. In Süddeutschland, Österreich und in der Schweiz dominiert dagegen die Aussprache mit [k].

Chor / Korps

Bei den Wörtern *Chor* und *Korps* liegt eine sogenannte Homophonie vor: Sie haben dieselbe Aussprache, unterscheiden sich jedoch nach Schreibung, Bedeutung und Wortherkunft.
Das Wort *Chor* wurde schon im Althochdeutschen aus lateinisch *chorus* für „Sängergruppe, Tanz" entlehnt. Ausgehend von der Bedeutung *Sänger* bezog man das Wort im Mittelhochdeutschen schließlich auch auf den *Chorbereich* einer Kirche, den Ort vor dem Altar, der den Sängern und den Geistlichen vorbehalten war.
Das Wort *Korps* dagegen geht über das französische *corps* auf lateinisch *corpus* „Körper" zurück. Man bezeichnet damit einen durch Beruf oder Gesetz verbundenen Personenkreis, z. B. *Offizierskorps, Armeekorps*.

Chronometer

Chronometer wird heute meist ins Maskulinum gesetzt. Richtig heißt es eigentlich: *das Chronometer*. Die maskuline Form wird daher in vielen Grammatiken noch als umgangssprachlich gewertet.

City

Der Plural von *City* lautet nach der neuen Rechtschreibung *die Citys*.

ck

Die Schreibung *ck* steht für einen Laut: [k]. Nach der neuen Rechtschreibung kommt *ck* bei der Worttrennung als Ganzes auf die neue Zeile: *Ze-cke, dru-cken, fla-ckern*. Die früher gültige Aufspaltung in *k-k* ist nicht mehr korrekt.

Clementine / Klementine

Die kernlose Mandarinensorte kann man *Clementine* oder *Klementine* schreiben. Der Name ist vermutlich vom Ordensnamen des ersten Züchters, dem französischen Trappistenmönch *Père Clément*, abgeleitet.

Club / Klub

Beide Schreibungen, *Club* und *Klub*, sind korrekt. Im allgemeinen Schreibgebrauch sind beide Formen gleich häufig vertreten. In Bezug auf Sportvereine dominiert die Schreibung mit *c: Sportclub, Fußballclub*.

Code / Kode

Das Wort kann mit *C* oder *K* geschrieben werden. Hierbei ist jedoch zu beachten, dass für das Wort zwei Aussprache- und Bedeutungsvarianten vorliegen:
Code / Kode in der französischen Aussprache [co:d] steht, in Anlehnung an das von Napoleon geschaffene französische Zivilgesetzbuch *Code civil*, für „Gesetzbuch“.
Code / Kode in den Bedeutungen „chiffrierte Nachricht“ und „in Programmiersprache abgefasste Programmzeilen“ wird dagegen eher englisch [koʊd] ausgesprochen.

CO_2, CO_2-Fußabdruck

Die chemische Formel für die Verbindung Kohlendioxid lautet *CO_2*.
Wortzusammensetzungen mit dieser Formel schreibt man grundsätzlich mit Bindestrich: *CO_2-Ausstoß; CO_2-Fußabdruck* (= „CO_2-Ausstoß, den ein einzelner Mensch aufgrund seiner Aktivitäten verursacht“).

Comeback / Come-back

Substantivierte Anglizismen aus Verb und Adverb kann man zusammen- oder mit Bindestrich schreiben: *das Comeback / Come-back*.
TIPP: Im allgemeinen Schreibgebrauch besteht eine deutliche Tendenz zur Zusammenschreibung: *Comeback*.

contra / kontra

contra / kontra • Die aus dem Lateinischen übernommene Präposition mit der Bedeutung „wider, gegen“ kann *contra* oder *kontra* geschrieben werden. Im Schreibgebrauch überwiegt die Schreibung mit *c*. Die Schreibung mit *k* ist aber ebenfalls häufig vertreten.
Groß- und Kleinschreibung • Wird *contra / kontra* in der oben genannten Bedeutung wie ein Substantiv gebraucht, schreibt man groß: *das Pro und Contra / Kontra gegeneinander abwägen; in einer Diskussion sowohl das Pro als auch das Contra / Kontra zulassen*.
In den aus dem Skatspiel stammenden Wendungen *Kontra* (selten: *Contra*) *ansagen* und *jemandem Kontra* (selten: *Contra*) *geben* überwiegt hingegen eindeutig die Schreibung mit *k*.

Cordon bleu

Bei mehrteiligen Substantiven aus anderen Sprachen werden das erste Wort sowie alle Substantive im Inneren großgeschrieben. Nichtsubstantivische Wörter im Inneren eines mehrteiligen Substantivs werden dagegen kleingeschrieben: *Cordon bleu.*

Corporate Identity

Bei mehrteiligen Substantiven aus anderen Sprachen werden das erste Wort sowie alle Substantive im Inneren großgeschrieben: *Corporate Identity.* Die früher gültige Regel, wonach das erste Wort groß- und die folgenden Wörter kleinzuschreiben waren, gilt nicht mehr.

Costa Rica

Die Einwohner von *Costa Rica* können ohne oder mit Bindestrich geschrieben werden: *Costa Ricaner/Costa-Ricaner.* Für das Adjektiv *costa-ricanisch* ist hingegen nur die Schreibung mit Bindestrich korrekt.

Countdown/Count-down

Substantivierte Anglizismen aus Verb und Adverb kann man zusammen- oder mit Bindestrich schreiben: *der Countdown/Count-down.*
TIPP: Im allgemeinen Schreibgebrauch überwiegt deutlich die Schreibung ohne Bindestrich: *der Countdown.*

Coupon/Kupon

Das aus dem Französischen stammende Wort *Coupon* bedeutete ursprünglich „Stoffrest“ und wurde nach dem Verb *couper* „schneiden“ gebildet. Für *Coupon* ist auch die eingedeutschte Form *Kupon* zulässig. Obwohl das Wort häufig gebraucht wird, dominiert noch immer die französische Schreibung *Coupon.*

Creme/Crème

Rechtschreibung • Für *Creme* ist nur die Schreibung mit *C* korrekt. Im Zuge der Rechtschreibreform wurde zeitweise auch die Schreibung mit *K (Krem)* zugelassen. Wegen der geringen Akzeptanz dieser Variante wurde sie 2011 jedoch wieder gestrichen.
Zugelassen wurde dagegen die häufige Schreibung mit Gravis-Akzent: *Crème.*
cremefarben • Soll das Farbadjektiv *creme* ein Substantiv als Attribut näher bestimmen, muss es mit *-farbig* oder *-farben* zusammengesetzt werden: *ein cremefarbenes/cremefarbiges Kleid.*

Ganz schön kraus – *Crêpe/Krepp*
Das französische Wort *Crêpe* geht auf das lateinische Adjektiv *crispus* „kraus“ zurück. Dass man das Wort *Crêpe* sowohl auf den Eierkuchen als auch auf die Stoffsorte bezog, liegt wohl an der beiden Dingen gemeinsamen welligen Materialeigenschaft.
Bezüglich der Schreibung ist neben der französischen auch die eindeutschende Schreibweise *Krepp* zugelassen, wobei die Schreibung *Crêpe* überwiegt.

Croquette/Krokette

Der Ausdruck *Croquette* für die in Fett ausgebackenen Kartoffel- und Fleischklößchen geht auf das Verb *croquer* für „knabbern, knuspern“ zurück. Im Deutschen ist auch die Schreibung *Krokette* zugelassen.
TIPP: Im Schreibgebrauch dominiert die eindeutschende Schreibung *Krokette.*

Curry

Richtig sind sowohl *das Curry* als auch *der Curry.* Im Sprachgebrauch dominiert *das Curry.*

D

da oder weil?

Die Konjunktionen *da* und *weil* geben beide einen Grund für ein Geschehen an, in der Verwendung gibt es jedoch Unterschiede: Die Konjunktion *da* steht, wenn der angegebene Grund dem Gesprächspartner schon bekannt ist oder wenn der Sprecher dem angegebenen Grund keine große Bedeutung beimisst. In vielen Fällen können in den mit *da* eingeleiteten Satz sinngemäß Ausdrücke wie *ja, bekanntlich, wie gesagt* o. Ä. eingefügt werden:
Da (ja) heute Pfingsten ist, können wir nicht einkaufen gehen. Mona und Matthias waren zufrieden, da Leon (wie gesagt) endlich angekommen war.
Da (bekanntlich) schon geringe Mengen des Gifts tödlich wirken, ist äußerste Vorsicht angebracht.
Ist die Begründung für den Hörer dagegen neu oder misst ihr der Sprecher eine größere Bedeutung bei, so steht im Allgemeinen *weil:*
Torben muss noch heute zum Zahnarzt, weil er starke Zahnschmerzen hat. Weil viele Kommissionsmitglieder fehlten, konnten keine Beschlüsse gefasst werden. Das Projekt wurde kein Erfolg, weil sich viele Investoren am Ende zurückhielten.
Nach Adverbien wie *darum, deswegen, deshalb* steht nur *weil:*
Wir können diesen Montag darum nicht einkaufen gehen, weil Pfingsten ist. Mona und Matthias sind deshalb so zufrieden, weil Leon gekommen ist. Torben muss deswegen zum Zahnarzt, weil er Schmerzen hat.

da … für, da … gegen, da … mit, da … von

→ *dafür,* → *dagegen,* → *damit,* → *davon*

da – dabehalten, dableiben, da sein …

da behalten / dabehalten • Über die Getrennt- oder Zusammenschreibung entscheidet die Betonung der Wörter. Mit der Betonung geht auch eine Bedeutungsunterscheidung einher:
Getrenntschreibung – beide Bestandteile sind betont: *Sie können ihn da* (= „dort“) *behalten, wo er ist.*
Zusammenschreibung – nur *da* ist betont: *Sie haben ihn gleich dabehalten* (= „bei sich behalten“).
da bleiben / dableiben • Sind beide Bestandteile betont, wird getrennt geschrieben: *Du kannst (genau) da bleiben, wo du jetzt bist.*
Ist nur der erste Bestandteil betont, wird zusammengeschrieben: *Du kannst heute Nacht dableiben* (= „hierbleiben“).
da haben / dahaben • Bei Betonung beider Bestandteile schreibt man getrennt: *Zeig mal her, was du da (in der Hand) hast.*
Ist nur der erste Bestandteil betont, wird die Verbindung in der Bedeutung „bei sich, zu Besuch haben“ oder „etwas vorrätig haben“ gebraucht. In diesem Fall schreibt man zusammen: *Ich bin sicher, dass er noch etwas von dem Paprikapulver dahat. Seit sie die Enkel dahaben, ist es in dem Haus etwas laut.*
da lassen / dalassen • Sind beide Bestandteile betont, wird getrennt geschrieben: *Du kannst deine Mappe da* (= „dort“) *lassen, wo sie ist.* Wird nur der erste Bestandteil betont, schreibt man zusammen: *Er hat seine Mappe einfach dagelassen* (= „zurückgelassen“). *Sie hat versehentlich ihren Schirm dagelassen. Ihre Papiere können Sie gleich dalassen.*
da liegen / daliegen • Auch hier gilt: Bei Betonung beider Bestandteile wird getrennt geschrieben: *Lass die Zeitung bitte da* (= „dort“) *liegen. Ich möchte sie gleich noch lesen.* Wird jedoch nur der erste Bestandteil betont, schreibt man zusammen: *Er sah sie hilflos daliegen. Ich möchte einfach nur daliegen und nichts tun.*
da sein / Dasein • In Verbindung mit *sein* wird getrennt geschrieben: *Ich werde da sein, wenn du kommst. Ich bin leider viel zu selten da gewesen. Das ist alles schon mal da gewesen.*

Bei Substantivierung gilt die Verbindung dagegen als ein Wort: *der Kampf ums Dasein. Dieses doch recht eintönige Dasein ödete sie an.*
Wird die Partizipform *da gewesen* wie ein Adjektiv gebraucht, kann man getrennt oder zusammenschreiben: *Das Ereignis löste eine noch nie da gewesene/dagewesene Kettenreaktion aus.* Auch die Substantivierung einer solchen Verbindung kann man getrennt oder zusammenschreiben: *Das ist etwas noch nie da Gewesenes/Dagewesenes.*
da sitzen / dasitzen • Sind bei dieser Verbindung beide Bestandteile betont, schreibt man getrennt: *Bleib nur da sitzen!* (= „dort, wo du gerade sitzt"). Ist dagegen nur der erste Bestandteil durch Betonung hervorgehoben, schreibt man zusammen: *So wie der schon wieder dasitzt. Er hat die ganze Zeit nur faul dagesessen.*
da stehen / dastehen • Sind bei dieser Verbindung beide Bestandteile betont, schreibt man getrennt: *Bleib erst einmal da stehen!*
Ist bei dieser Verbindung nur der erste Bestandteil durch Betonung hervorgehoben, schreibt man zusammen: *Was glauben Sie, wie ich jetzt dastehe? Ob sie auch in 20 Jahren noch so gut dasteht, bleibt abzuwarten.*

da behalten / dabehalten

→ *da*

dabei – dabei bleiben, dabeistehen, dabei sein

dabei bleiben / dabeistehen • Bei Verbindungen aus *dabei* und einem Verb entscheidet die Betonung, ob getrennt oder zusammengeschrieben wird:
Getrenntschreibung – beide Bestandteile sind betont: *Ich muss dabei bleiben, dass …* (= „an der Meinung festhalten"). *Zum Zwiebelschneiden musst du nicht stehen, du kannst dabei* (= „bei dieser Tätigkeit") *sitzen.*
Zusammenschreibung – nur der erste Bestandteil ist betont: *Er ruft die Polizei, während die anderen untätig dabeistehen* (= „stehend zugegen sind"). *Man sagt, er habe nicht nur dabeigestanden, er habe die Täter auch noch angefeuert.*
dabei sein, dabei gewesen • In Verbindung mit *sein* wird getrennt geschrieben: *Für alle die nicht dabei sein konnten, wiederholen wir die Präsentation noch einmal. Er ist dabei gewesen, als sie ihre Auseinandersetzung hatten. Dabei sein ist alles!*

da bleiben / dableiben

→ *da*

dafür

dafür / Dafür • Das Adverb *dafür* wird bei Substantivierung großgeschrieben: *Sie besprachen das Dafür und Dawider.*
dafür(,) dass • Bei mehrteiligen Konjunktionen, deren erster Bestandteil besonders hervorgehoben werden soll, kann der Schreibende selbst entscheiden, ob er nach diesem ein weiteres Komma setzt. Der gesamte, mit *dafür(,) dass* eingeleitete Nebensatz wird allerdings durch Komma abgegrenzt: *Er spielt recht gut Tennis, dafür(,) dass er kaum geübt hat.*
da … für oder dafür? • In der Umgangssprache wird das Adverb *dafür* oft aufgespalten: ***Da** kann ich nichts **für**!* Dieser vor allem in Norddeutschland übliche Gebrauch gilt jedoch als Merkmal der gesprochenen Sprache und sollte im Geschriebenen vermieden werden: *Dafür kann ich nichts!*

dafür können / dafürkönnen

Die Verbindung aus dem Adverb *dafür* und dem Verb *können* lässt sich unterschiedlich betonen, ohne dass sich an der Bedeutung „Schuld haben" etwas ändert. Entsprechend bleibt es dem Schreibenden überlassen, ob er (je nach Betonung) getrennt oder zusammenschreiben möchte: *Ich habe nichts dafür gekonnt/dafürgekonnt. Ohne etwas dafür zu können/dafürzukönnen, wurde er suspendiert.* Am Satzanfang wird getrennt geschrieben: *Dafür kann sie nichts.*

dafür sprechen / dafürsprechen

Die Verbindung aus *dafür* und dem Verb *sprechen* lässt sich unterschiedlich betonen. Entsprechend bleibt es dem Schreibenden überlassen, ob er je nach Betonung getrennt oder zusammenschreiben möchte: *Es gibt manches, was dafür spricht/dafürspricht.* Am Satzanfang wird generell getrennt geschrieben: *Dafür spricht, dass …*

dagegen

da … gegen/dagegen • In der gesprochenen Sprache, vor allem in Norddeutschland, wird das Pronominaladverb *dagegen* in seine Bestandteile aufgespalten: *Da war er schon immer gegen.* Dieser Gebrauch ist jedoch umgangssprachlich. Richtig muss es heißen: *Dagegen war er schon immer.*

Getrenntschreibung • Bei der Verbindung aus *dagegen* und dem Verb *kämpfen* sind in der Regel beide Bestandteile betont. Entsprechend wird getrennt geschrieben: *Wir werden dagegen kämpfen, dass hier ein Sendemast aufgestellt wird.* Verbindungen mit *sein* werden getrennt geschrieben: *In diesem Staat kann es sich keiner leisten, offen dagegen zu sein. Er war schon immer dagegen gewesen.*

Zusammenschreibung • Bei Verbindungen, in denen nur der erste Bestandteil betont ist, wird zusammengeschrieben: *Du musst nur ein anderes Foto dagegenhalten. Er hat mit seiner Meinung tüchtig dagegengehalten. Sie kann sich nicht ewig dagegenstemmen. Wir wollen mit dieser Aktion etwas dagegensetzen. Wir werden unsere Sicht der Dinge dagegenstellen.*

ACHTUNG: Im Fall der Verbindung mit *haben* sind beide Betonungen und somit auch beide Schreibweisen möglich: *Wer soll schon etwas dagegenhaben/dagegen haben, dass du dein Auto hier abstellst?*

da gewesen/dagewesen

In Verbindung mit *sein* wird getrennt geschrieben. Das gilt auch für dessen Partizipform *gewesen*: *Ich bin leider viel zu selten da gewesen. Das ist alles schon mal da gewesen.*

Wird die Partizipverbindung *da gewesen* wie ein Adjektiv gebraucht, kann man getrennt oder zusammenschreiben: *Das Ereignis löste eine noch nie da gewesene/dagewesene Kettenreaktion aus.* Auch die Substantivierung einer solchen Verbindung kann man getrennt oder zusammenschreiben: *Das ist etwas noch nie da Gewesenes/Dagewesenes.*

da haben/dahaben

→ *da*

daher – Kommasetzung

Leitet *daher* einen nebengeordneten Teilsatz oder einen Nachtrag ein, wird dieser durch Komma abgetrennt: *Er hat eine Prämie bekommen, daher freut er sich so/daher seine Freude.* Ist *daher* in den Ablauf des Satzes einbezogen steht kein Komma: *Er hat sich daher sehr gefreut.*

daher kommen/daherkommen

Ob getrennt oder zusammengeschrieben wird, entscheidet die Betonung. Sind beide Bestandteile betont, schreibt man getrennt. Der Betonungsakzent liegt bei *daher* auf dem *a*: *Das wird daher kommen, dass du nicht ausreichend Sport treibst.* Liegt die Betonung dagegen nur auf dem ersten Bestandteil, schreibt man zusammen. In diesem Fall liegt die Betonung bei *daher* auf dem *e*: *So wie er schon daherkommt, kann das ja nichts werden. Er ist einfach zu anmaßend dahergekommen.*

dahin

Getrenntschreibung • Sind bei der Verbindung aus *dahin* und einem Verb beide Bestandteile betont, schreibt man getrennt: *Es wird noch dahin kommen, dass sie die Lehre abbricht. Könntest du die Tasche bitte dahin legen und nicht dorthin? Die Anordnung wird dahin gehen, dass …*

Getrennt- oder Zusammenschreibung • Wird die Verbindung wie ein adjektivisches Partizip gebraucht, schreibt man getrennt oder zusammen: *dahin gehende/dahingehende Forderungen; sich dahin gehend/dahingehend äußern.*

Zusammenschreibung • Ist bei Verbindungen aus *dahin* und einem Verb nur der erste Bestandteil

betont, schreibt man zusammen. Die Betonung liegt dann auf dem *i: Die Zeit ist schnell dahingegangen. Sie wünschte sich, schwerelos dahinzufliegen. Mehrere Wochen sind sie auf dem Floß dahingetrieben.*
Ebenso auch: *dahinsiechen, dahindämmern, dahinschmelzen, dahinvegetieren.*

dahinter

Getrenntschreibung • Sind bei einer Verbindung aus *dahinter* und einem Verb beide Bestandteile betont, wird getrennt geschrieben: *Noch wissen wir nicht, was dahinter (hinter dem Wald) kommen wird.*
Am Satzanfang wird grundsätzlich getrennt geschrieben: *Dahinter steckt immer ein kluger Kopf. Dahinter stehen zahlreiche Bürgerinitiativen.*
Zusammenschreibung • Liegt die Hauptbetonung auf *dahinter* wird zusammengeschrieben. Die Betonung ist dann auf dem *i: Ich weiß nicht, was dahintersteckt. Sie ist ziemlich schnell dahintergekommen, dass es keinen Weihnachtsmann gibt.*

da lassen / dalassen

→ *da*

da liegen / daliegen

→ *da*

damit

da … mit oder damit? • In der Umgangssprache wird das Adverb *damit* oft aufgespalten: *Da kann ich nichts mit anfangen! Da hat niemand mit gerechnet!* Dieser vor allem in Norddeutschland übliche Gebrauch gilt jedoch als Merkmal der gesprochenen Sprache und sollte im Geschriebenen vermieden werden: *Damit kann ich nichts anfangen! Damit hat niemand gerechnet!*
Kommasetzung • Verbindet *damit* zwei Hauptsätze oder Haupt- und Nebensatz, steht vor *damit* ein Komma: *Dass er trotzdem kommen würde, damit hatten sie nicht mehr gerechnet. Sie hat sich entschuldigt, damit ist der Fall für mich erledigt. Er hat den neuen Kollegen mitgebracht, damit du ihn endlich kennenlernst.*
Ist *damit* in den Ablauf des Satzes einbezogen, steht kein Komma: *Sie hatten nicht damit gerechnet, dass er kommen würde. Sie hat sich entschuldigt und damit ist der Fall für mich erledigt.*

Wo kommt das *Dam* in *Damhirsch* her?
Das Wort für die Hirschart mit dem schaufelartigen Geweih gehört zu den rechtschreibschwierigen Wörtern. Denn obwohl das *a* kurz gesprochen wird, verdoppelt man den folgenden Konsonanten nicht. Die zahlreichen Varianten, die im älteren Deutsch für dieses Wort existierten, wie z. B. *Dannhirsch, Dänhirsch* oder sogar *Tannhirsch*, offenbaren, dass man mit dem Wortbestandteil *Dam* schon immer gewisse Probleme hatte. Im Grunde liegt der Fall einfach, denn es handelt sich bei *Dam* um ein Lehnwort, dem das lateinische *dama* zugrunde liegt. So nannten die Römer alle rehartigen Tiere, einschließlich der Antilopen. Auch der ursprünglich in Kleinasien beheimatete *Europäische Damhirsch* wurde erst von den Römern nach Mitteleuropa eingeführt.

dank

Groß- und Kleinschreibung • Das Substantiv *Dank* und die Präposition *dank* sollten nicht verwechselt werden: *Die Welt hat dank ihrer Forschungen große Fortschritte gemacht. Wir sagen ihm Dank für seinen selbstlosen Einsatz.*
Dativ oder Genitiv? • Die Präposition *dank* kann mit dem Dativ oder dem Genitiv stehen. Im Singular gelten beide Formen als gleichermaßen

korrekt: *dank ihrem Engagement/dank ihres Engagements; dank seinem beherzten Zupacken/dank seines beherzten Zupackens.*
Im Plural wird dagegen überwiegend der Genitiv gewählt: *dank ihrer Kontakte* (selten: *dank ihren Kontakten*); es sei denn, das pluralische Substantiv steht ohne Artikel, Pronomen oder Adjektiv, dann wird der Dativ verwendet: *dank Berichten britischer Korrespondenten.*

danke / Danke

Groß- und Kleinschreibung • Das Adverb *danke* wird kleingeschrieben: *nein danke!; danke schön!; danke sehr!; danke vielmals!* In den folgenden Fällen kann auch großgeschrieben werden: *danke/Danke sagen; danke/Danke schön sagen.*
Getrennt- und Zusammenschreibung • Das Adverb *danke* wird vom folgenden Wort getrennt geschrieben: *danke/Danke schön*. Wird die Verbindung substantiviert, muss zusammengeschrieben werden: *ein herzliches Dankeschön sagen.*

Dank sagen / danksagen

Die Verbindung kann getrennt oder zusammengeschrieben werden: *Dank sagen/danksagen*. In der gebeugten Form sind diese Konstruktionen möglich: *Er sagte allen Teilnehmern Dank für ihr Kommen. Er danksagte allen Teilnehmern für ihr Kommen.* Steht *Dank* mit einem Artikel oder Attribut, schreibt man immer getrennt: *Ich möchte dir herzlichen Dank sagen.*

dar-

Von den mit *dar-* gebildeten Adverbien (z. B. *darauf, darum, darüber*) können auch verkürzte Varianten gebildet werden. Dabei wird der erste Bestandteil *dar-* zu *dr-* zusammengezogen: *daran* → *dran; darauf* → *drauf; daraus* → *draus; darein* → *drein; darin* → *drin; darüber* → *drüber; darum* → *drum; darunter* → *drunter.*
Diese Formen stehen regelmäßig in festen Wendungen wie den folgenden: *drauf und dran sein (etwas zu tun), sich etwas/nichts draus machen, drunter und drüber gehen.*
In allen anderen Fällen gelten diese verkürzten Formen als Merkmale der gesprochenen Sprache; sie sollten zumindest im Geschriebenen vermieden werden:
Bitte denkt dran (besser: *daran*), *dass wir heute noch einkaufen müssen.*
Es gibt viele Fragen und niemand hat eine Antwort drauf (besser: *darauf*).
Wir müssen alles dransetzen (besser: *daransetzen*), *um diesen Auftrag zu bekommen.*
In der nächsten Stunde werde ich dich zum Vorlesen drannehmen (besser: *aufrufen*).
Verbindungen aus einer so verkürzten Form und einem Verb werden meist zusammengeschrieben: *drannehmen, draufkommen, drunterliegen* usw.

daran

Getrenntschreibung • Sind beide Bestandteile der Verbindung betont, wird getrennt geschrieben: *Wir müssen immer daran denken, dass … Du solltest nicht daran rühren. Er wird sich nicht davon trennen, schon weil er daran hängt.*
Zusammenschreibung • Ist nur der erste Bestandteil betont, wird zusammengeschrieben: *Wir können jetzt endlich darangehen, die Wand zu streichen. Er wird sich demnächst daranmachen, die Steuererklärung zu bearbeiten.*
daran oder dran? • Die verkürzte Form *dran-* gilt als umgangssprachlich, so z. B. *dranbleiben, drangehen, dranhängen*. Verbindungen mit *dran-* werden in der Regel zusammengeschrieben: *drankommen, dranbleiben.*
Worttrennung • Es kann *da-ran* oder *dar-an* getrennt werden.

darauf

Getrenntschreibung • Bei Betonung beider Bestandteile der Verbindung wird getrennt geschrieben: *Du wirst nie darauf kommen, wer angerufen hat. Er ist darauf losgegangen. Ich würde nicht viel darauf geben. Ich habe großen Wert darauf gelegt, dass …*
Zusammenschreibung • Ist nur der erste Bestandteil betont, wird zusammengeschrieben: *Er hat einen Stein daraufgelegt. Einfach die Soße anrich-*

ten und den Spargel darauflegen. Sie hat sich einfach daraufgesetzt, ohne zu fragen.
darauf oder drauf? • Die verkürzte Form *drauf-* gilt als umgangssprachlich. Verbindungen mit *drauf-* werden in der Regel zusammengeschrieben: *draufgehen, draufhämmern, es draufhaben.*
Worttrennung • Es kann *da-rauf* oder *dar-auf* getrennt werden.

daraus

daraus oder draus? • Die verkürzte Form *draus-* gilt zwar als umgangssprachlich. Wendungen wie *sich nichts draus machen* sind aber mittlerweile auch im Geschriebenen häufig anzutreffen: *Sie hoffte auf Medaillenränge, es wurde aber nichts draus.*
Worttrennung • Es kann *da-raus* oder *dar-aus* getrennt werden.

darein

Das Adverb *darein* hat die Bedeutung: „in diese Sache, in diese Angelegenheit hinein“. Es wird heute fast nur in gehobener Sprache verwendet: *sich in etwas dareinfinden, sich dareinfügen, sich dareinflüchten, sich dareinsteigern.*
Getrennt- und Zusammenschreibung • Ist nur der erste Bestandteil betont, wird zusammengeschrieben: *sich dareinfinden.* Sind beide Bestandteile betont, schreibt man getrennt: *sich darein vertiefen.*
darein oder drein? • Die verkürzte Form *drein-* wird in manchen Grammatiken als umgangssprachlich gewertet. Formen wie *dreinblicken, dreinschauen, dreinreden* oder *dreinschlagen* sind aber auch im Geschriebenen häufig vertreten.
Worttrennung • Es kann *da-rein* oder *dar-ein* getrennt werden.

darin

Getrenntschreibung • Bei Betonung beider Bestandteile der Verbindung wird getrennt geschrieben: *Die Größe des Kindersitzes ist wichtig, denn das Kind muss bequem darin sitzen können.*
Zusammenschreibung • Ist nur der erste Bestandteil betont, wird zusammengeschrieben: *Wenn man darinsitzt, spürt man die Geschwindigkeit kaum.*
darin oder drin? • Die verkürzte Form *drin-* gilt in manchen Grammatiken als umgangssprachlich. Formen wie *drinbleiben* oder *drinsitzen* sind aber auch im Geschriebenen häufiger vertreten als die entsprechenden Verbindungen mit *darin.*
Worttrennung • Es kann *da-rin* oder *dar-in* getrennt werden.

darüber

Getrenntschreibung • Bei Betonung beider Bestandteile der Verbindung wird getrennt geschrieben: *Sie müssen einen Bericht darüber schreiben. Ihm schwante, dass es besser gewesen wäre, darüber hinwegzusehen.*
Zusammenschreibung • Ist nur der erste Bestandteil betont, wird zusammengeschrieben: *Die Sätze enthielten einige Ungenauigkeiten, ich habe meine Bemerkungen jeweils darübergeschrieben.*
darüber oder drüber? • Die verkürzte Form *drüber-* gilt in manchen Grammatiken als umgangssprachlich. Auch im allgemeinen Schreibgebrauch überwiegen Verbindungen mit *darüber: darüberfahren, darüberwischen, darübersteigen.* Verbindungen mit *drüber-* werden in der Regel zusammengeschrieben: *drübergehen, drüberklettern, drüberstolpern, drübersteigen.*
Worttrennung • Es kann *da-rüber* oder *dar-über* getrennt werden.

darüber hinaus / hinausgehen

Da bei diesem mehrteiligen Adverb die Bestandteile noch deutlich erkennbar sind, schreibt man getrennt: *Sie hat ihre Autobiografie veröffentlicht und darüber hinaus noch einen Film gedreht.*
Die Fügung aus *darüber* und *hinausgehen* wird ebenfalls getrennt geschrieben: *Forderungen, die darüber hinausgehen, werden nicht weiter berücksichtigt.* Als adjektivisch gebrauchtes Partizip kann die Verbindung getrennt oder zusammengeschrieben werden: *darüber hinausgehende/darüberhinausgehende Forderungen.*

darum

Getrenntschreibung • Sind bei einer Verbindung aus *darum* und einem Verb beide Bestandteile betont, wird getrennt geschrieben: *Man wird kaum darum herumkommen, ihn zu operieren. Wenn sie schon jetzt ahnt, dass es sich darum handelt …*
Zusammenschreibung • Ist nur der erste Bestandteil betont, wird zusammengeschrieben: *Zwei Schleifen waren darumgebunden, eine in Gelb, die andere in Rot. Er hatte sich ein Handtuch mit viel Eis darumgewickelt.*
darum oder drum? • Die verkürzte Form *drum-* gilt als umgangssprachlich. Auch im allgemeinen Schreibgebrauch sind Formen wie *drumlegen* oder *drumkommen* selten anzutreffen.
Worttrennung • Es kann *da-rum* oder *dar-um* getrennt werden.
Kommasetzung • Wenn *darum* zwei Sätze verbindet, setzt man ein Komma: *„Ich hatte in meinem Leben viele Höhen und Tiefen, darum bin ich für diesen Erfolg dankbar", erklärte der Künstler.*

darunter

Getrenntschreibung • Sind bei einer Verbindung aus *darunter* und einem Verb beide Bestandteile betont, wird getrennt geschrieben: *Geh zum Wohnzimmertisch, darunter liegen bestimmt deine Pantoffeln. Das Zeltdach widerstand dem Hagel; die Zuschauer, die sich darunter befanden, kamen mit dem Schrecken davon.*
Zusammenschreibung • Ist nur der erste Bestandteil betont, wird zusammengeschrieben: *Sie müssen nur die feingehackten Mandeln darunterheben. Bei den schattigen Bäumen in Ihrem Garten sollten Sie einfach eine Bank darunterstellen und dann den heißen Sommer genießen. Ihr Gewicht ist eindeutig zu hoch; Sie sollten in Zukunft versuchen, darunterzubleiben. Weil das Gesetz so schwammig formuliert ist, bleibt unklar, welche Fälle wirklich darunterfallen.*
darunter oder drunter? • Die verkürzte Form *drunter-* gilt als umgangssprachlich, so z. B. *drunterlegen, drunterstellen, drunterbleiben.* Auch im allgemeinen Schreibgebrauch dominieren Zusammensetzungen mit *darunter-: darunterlegen, darunterschieben* usw.
Worttrennung • Es kann *da-runter* oder *dar-unter* getrennt werden.

das

→ *der/die/das*

das und _dass_ haben eine Wurzel
Dass die Konjunktion *dass* leicht mit dem Pronomen bzw. Artikel *das* verwechselt werden kann, ist eine Binsenweisheit. Oft braucht es mehrere Jahre, um den Unterschied zu begreifen.
Die Ähnlichkeit der beiden Wörter kommt tatsächlich nicht von ungefähr: Denn ursprünglich gab es die Konjunktion *dass* nicht, sondern nur das Pronomen *das*. Die Entwicklung vom Pronomen zur Konjunktion vollzog sich in vielen germanischen Sprachen ähnlich: Man verwendete bei Verben des Hörens, Sehens oder Sagens das Pronomen in einer vorausweisenden Funktion auf den Redeinhalt, den der Sprecher mitteilen wollte: *Ich sehe **das**: er kommt. Ich höre **das**: er kommt.* In der weiteren sprachlichen Entwicklung wurde das Pronomen zunehmend als Konjunktion begriffen: *Ich sehe, **dass** er kommt. Ich höre, **dass** er kommt.*
Orthografisch wurde zwischen Pronomen und Konjunktion lange kein Unterschied gemacht: Im Mittelhochdeutschen schrieb man einheitlich meist *daz* und im Mittelniederdeutschen *dat*. Die orthografische Differenzierung zu *das* und *daß* (später: *dass*) setzte erst mit dem 16. Jahrhundert ein. In anderen germanischen Sprachen blieb es dagegen bei der identischen Schreibung: So steht beispielsweise im Englischen *that* gleichermaßen für Konjunktion und Pronomen.

das oder dass?

Auch wenn beide Wörter gleich ausgesprochen werden: Das Relativpronomen *das* schreibt man mit einfachem *s*, die unterordnende Konjunktion *dass* mit doppeltem *s*. Bei der Unterscheidung

kann eine einfache Regel helfen: Das Relativpronomen *das* ist durch *welches* oder *was* ersetzbar, die Konjunktion *dass* nicht.
Relativpronomen das: *Wir kaufen das Haus, das* (auch möglich: *welches) ihr gestern gesehen habt. Er erinnerte sich an etwas, das* (auch möglich: *was) sie ihm zugeflüstert hatte.*
Konjunktion dass: *Ich glaube nicht, dass* (nicht möglich: *welches) diese Vermutung zutrifft.*

***das gleiche* oder *dasselbe*?**
Sofern dadurch keine Missverständnisse entstehen, können das Demonstrativpronomen *dasselbe* und die Fügung *das gleiche* unterschiedslos gebraucht werden:
Martin und Udo arbeiten für das gleiche/dasselbe Unternehmen.
Ich hoffe, sie empfindet das Gleiche/dasselbe für mich.
Sowohl *das gleiche* als auch *dasselbe* stehen gleichermaßen für eine Übereinstimmung, eine Identität. Kann die Bezeichnung einer Identität jedoch in zweierlei Hinsicht verstanden werden, so sollte man bei Identität der Gattung *das gleiche* und bei Identiät des Individuums (eines Stellvertreters der Gattung) *dasselbe* verwenden:

Sie tragen das gleiche Kleid. (Jede Frau trägt ihr eigenes Kleid, aber beide Kleider sind vom selben Modell.)
Sie tragen dasselbe Kleid. (Es gibt nur ein einziges Kleid, das beide abwechselnd tragen.)

das heißt/d.h.; das ist/d.i.

Die Fügungen *das heißt (d.h.)* und *das ist (d.i.)* leiten eine nachgestellte Erläuterung ein, die durch Komma(s) abgegrenzt wird: *Im Sommer, das heißt bei warmem Wetter, fahren wir oft ins Grüne.*

Nach *das heißt* oder *das ist* steht nur dann ein Komma, wenn ein neben- oder untergeordneter Satz folgt:
Im nächsten Jahr, d.h., wenn sie ihr Studium beendet hat, will sie eine Ausbildung als Designerin in den USA machen. Im Juli, d.i., kurz bevor die Werksferien zu Ende gehen, wollen sie noch an die Ostsee fahren.
Folgt nur ein erläuterndes Satzglied, so wird nach *das heißt/d.h.* bzw. *das ist/d.i.* kein Komma gesetzt: *Im nächsten Jahr, d.h. nach dem Ende ihres Studiums, will sie eine Designer-Ausbildung in den USA machen.* Folgt eine Infinitiv- oder eine Partizipgruppe, so kann ein Komma stehen: *Sie versuchte, sich aus dem Staub zu machen, d.h.(,) heimlich zu verschwinden.*

da sitzen/dasitzen

→ *da*

dass – Kommasetzung

Wenn *dass* Nebensätze einleitet, werden diese durch Komma abgetrennt: *Ich danke dir dafür, dass du mir bei meinen Abschlussprüfungen so geholfen hast. Das kommt daher, dass du nie richtig zuhörst. Er rechnet damit, dass er bald wieder gesund ist. Sie erinnerte sich daran, dass er heute vor 20 Jahren angefangen hatte. Dass er anrief, war eine große Überraschung.*
Steht *dass* am Anfang eines Nebensatzes in Verbindung mit einer anderen Konjunktion oder mit anderen Einleitewörtern, dann setzt man das Komma vor die gesamte Wortgruppe: *Ich hätte mir lieber die Zunge abgebissen, als dass ich ihn verraten hätte. Sie verreiste an ihrem Geburtstag, anstatt dass sie eine Feier machte. Er ging vorbei, ohne dass er mich gegrüßt hätte. Sie war sehr empfindlich, so dass sie sich leicht erkältete. Wir liefen immer weiter, ungeachtet dass es dunkel wurde. Außer dass darüber geredet wird, passiert nichts.*
Ist der erste Bestandteil der mehrteiligen Konjunktion besonders betont, kann der Schreibende selbst entscheiden, ob er nach diesem ein weiteres Komma setzt: *Das Baby schreit nie, ausgenommen(,) dass es Hunger hat. Dadurch(,) dass*

wir nicht zu Hause waren, haben wir seinen Anruf verpasst. Sie ist bestimmt pünktlich, es sei denn(,) dass sie wieder im Stau steckt. Er blieb nicht einmal stehen, geschweige denn(,) dass er sich entschuldigte. Ich bin heute Nachmittag beim Kunden, in dem Fall(,) dass jemand anruft. Das Gewitter brach los, kaum(,) dass wir zu Hause waren. Ich komme mit ins Theater, unter der Bedingung(,) dass du die Karten besorgst. Vorausgesetzt(,) dass du die Karten besorgst, komme ich mit ins Theater.

dasselbe oder das gleiche?

→ *das gleiche oder dasselbe?*

da stehen / dastehen

→ *da*

Datenbank

Zusammensetzungen wie *Datenbank,* in denen der Bestandteil *-bank* nicht die Bedeutung „Sitzmöbel" hat, bilden den Plural wie das aus dem Italienischen stammende Fremdwort *Bank* (= „Kreditinstitut"): *die Datenbanken.*

Daten verarbeitend / datenverarbeitend

Wird die Verbindung *Daten verarbeitend* wie ein adjektivisches Partizip gebraucht, kann man getrennt oder zusammenschreiben: *die Daten verarbeitenden / datenverarbeitenden Betriebe.*

Dativ

Der Dativ oder Wemfall ist der dritte Fall (Frage: „Wem?"). Bei den Substantiven der starken Deklination steht im modernen Deutsch im Maskulinum und im Neutrum keine Endung mehr: *dem Weg, dem Sohn, dem Pferd.* Das sogenannte Dativ-e gilt als veraltet: *dem Sohn**e**, dem Pferd**e**.* Bei der schwachen Deklination enden Substantive im Maskulinum auf *(e)n: dem Menschen, dem Helden;* Substantive im Femininum sind dagegen endungslos: *der Frau, der Blume.*

Dativ-e

Die Dativendung *-e* der starken Deklination ist in der deutschen Sprache der Gegenwart kaum noch vorhanden und wirkt meist veraltet: *dem Mann**e**, dem Kind**e**.* Wenn es gesetzt wird, dann in einigen Fällen aus rhythmischen Gründen: *Das ist im wahrsten Sinn(e) des Wortes fabelhaft.* In einigen festen Wendungen kann das Dativ-e nicht weggelassen werden: *zu Buch**e** schlagen; zu Gebot**e** stehen; zu Kreuz**e** kriechen; jemandem zu Leib**e** rücken; zu Rat**e** ziehen; zu Werk**e** gehen.*
Möglich ist das Dativ-e allgemein bei einsilbigen Substantiven im Maskulinum, die auf einen Konsonanten enden, sowie bei Substantiven im Neutrum: *dem Mann**e**, dem Bett**e**, dem Tag**e**.*
Auch bei einigen mehrsilbigen Substantiven kann das *-e* stehen, wenn die letzte Silbe betont ist: *dem Erfolg**e**, dem Gebot**e**, dem Gehalt**e**.*
Daneben kommt das Dativ-e vereinzelt bei mehrsilbigen Substantiven mit unbetonter letzter Silbe vor, sofern diese Silbe kein unbetontes *e* enthält: *dem König**e**, dem Beispiel**e**, dem Eigentum**e**.* In allen anderen Fällen, insbesondere bei Substantiven, deren letzte Silbe ein unbetontes *e* enthält, sowie bei Eigennamen und bei Fremdwörtern darf kein Dativ-e stehen.

Dativobjekt / Dativergänzung

Das Dativobjekt (auch: Dativergänzung) ist ein Satzglied, das auf die Frage „Wem?" antwortet: *Wir helfen den Armen.* Frage: „Wem helfen wir?" – *Den Armen. Er gleicht sich seinen Mitschülern an.* Frage: „Wem gleicht er sich an?" – *Seinen Mitschülern. So etwas passiert nur wenigen.* Frage: „Wem passiert das?" – *Nur wenigen.*

Datum

Form der Datumsangabe • DIN 5008:2011 regelt die Form der Datumsangabe genau. In offiziellen Dokumenten und Geschäftsbriefen sollten die Vorgaben auch befolgt werden.
Wird das Datum numerisch angegeben, gilt die Reihenfolge Jahr, Monat, Tag. Die Datumsangabe wird dabei durch Bindestriche gegliedert, die

Jahreszahl wird vierstellig angegeben, Monat und Tag zweistellig: *2014-12-05.*
Die Reihenfolge Tag, Monat, Jahr ist ebenfalls möglich, wobei die Gliederung durch einen Punkt erfolgt. Auch bei dieser Darstellung werden Tag und Monat zweistellig angegeben: *05.12.2014.*
DIN 5008 lässt auch eine alphanumerische Schreibung zu, wobei die Tagesangabe nicht zweistellig sein muss: *5. Dezember 2014.*
Freitag dem / den • Nach einem Wochentag steht das Datum als Apposition im selben Kasus wie der Wochentag:
Heute ist Samstag, der 8. Dezember. Wir sehen uns Montag, den 7. Januar. Es geschah am Morgen jenes Donnerstags, des 1. Juni 1955.
Steht der Wochentag im Dativ, kann das Datum auch im Akkusativ stehen: *Wir treffen uns am Freitag, dem* (auch: *den*) *19. März.*
Komma bei Datumsangaben • Das Datum kann nach der Angabe von Ort oder Wochentag als Glied einer Aufzählung angesehen werden. Es steht dann im Akkusativ und wird durch Komma abgetrennt: *Berlin, (den) 4. Juli 2014; Berlin, am 4. Juli 2014; Sonntag, (den) 15. April 2014.* Ist die Datumsangabe in einen Satz integriert, kann auch ein schließendes Komma gesetzt werden: *Die Hauptversammlung des Unternehmens findet am Freitag, (den) 1. Juni 2014(,) statt.*
In der Regel behandelt man das Datum jedoch als nachgestelltes Attribut (lockere Apposition) zur Tagesangabe. Es steht dann im selben Fall wie diese – also im Dativ. Auch hier ist das schließende Komma optional: *Die Hauptversammlung findet am Freitag, dem 1. Juni 2001(,) statt.*
Alle dem Datum nachgestellten Zeitangaben, auch die Uhrzeit, gelten als Glieder einer Aufzählung und werden durch Komma abgetrennt: *Am Sonntag, dem 22. April, nachmittags wurde das neue Fußballstadion eröffnet. Am Sonntag, dem 22. April, 15 Uhr wurde das neue Fußballstadion eröffnet.*

davon

davon / da … von • In der gesprochenen Sprache, vor allem in Norddeutschland, wird das Adverb *davon* in seine Bestandteile aufgespalten: *Da weiß ich nichts von.* Dieser Gebrauch ist jedoch umgangssprachlich. Richtig sollte es heißen: *Davon weiß ich nichts.*
Getrenntschreibung • Sind bei einer Verbindung aus *davon* und einem Verb beide Bestandteile betont, schreibt man getrennt: *Das ist davon gekommen, dass …*
Zusammenschreibung • Verbindungen, bei denen der Hauptakzent auf *davon* liegt, treten im Sprachgebrauch recht häufig auf. Es wird zusammengeschrieben: *Sie sind noch einmal davongekommen. Die Heimkinder sind einfach davongelaufen. Es ist keine Lösung, sich einfach davonzustehlen. Er hat von dem Unfall keine ernsthaften Schäden davongetragen.*
ACHTUNG: Einige der Verbindungen können auch substantiviert werden; sie werden groß- und zusammengeschrieben: *Das ist zum Davonlaufen. Die Davongekommenen trafen sich regelmäßig.*

davor

davor / da … vor • In der gesprochenen Sprache wird das Adverb *davor* oft in seine Bestandteile aufgespalten: *Da hat er große Angst vor.* Dieser Gebrauch ist jedoch umgangssprachlich. Richtig sollte es heißen: *Davor hat er große Angst. Er hat große Angst davor.*
Getrenntschreibung • Sind bei einer Verbindung aus *davor* und einem Verb beide Bestandteile betont, schreibt man getrennt: *Ich habe ihn davor gewarnt. Sie müssen davor suchen und nicht dahinter!*
Zusammenschreibung • Sehr häufig treten im Sprachgebrauch Verbindungen aus *davor* und einem Verb auf, bei denen der Hauptakzent auf dem Adverb liegt. Man schreibt zusammen: *Er hat fassungslos davorgestanden. Als sie kurz davorstand, die Korruption der Regierung aufzudecken, wurde sie verhaftet. Wenn sich nicht gerade Wolken davorschieben, ist der Ausblick auf das Gebirgsmassiv wunderschön.*
Wenn die Verbverbindung zusammengeschrieben wird, gilt dies auch für die entsprechenden Partizipverbindungen: *die davorstehende Menschenmenge; der davorliegende Schlossplatz; die davorgeschobene Trennwand.*

dazu

dazu / da … zu • Bei der häufig zu hörenden Wendung *Da kann ich nichts zu sagen* wurde das Adverb *dazu* in seine Bestandteile aufgespalten. Dieser Gebrauch ist jedoch umgangssprachlich und sollte im Geschriebenen vermieden werden. Besser: *Dazu kann ich nichts sagen.*
Getrenntschreibung • Sind bei einer Verbindung aus *dazu* und einem Verb beide Bestandteile betont, schreibt man getrennt: *Das war nicht dazu angetan, meine Stimmung zu heben. Ich habe keine Zeit mehr dazu gehabt. Das ist noch nicht alles, dazu kommen noch weitere Gepäckstücke. Ich weiß nicht wie es dazu gekommen ist.*
Zusammenschreibung • Verbindungen aus *dazu* und einem Verb, bei denen der Hauptakzent auf dem Adverb liegt, schreibt man zusammen. Es ergeben sich zahlreiche Verbindungen: *Er wollte auch einmal dazugehören. Wir müssen den Esstisch ausziehen, es sind noch weitere Gäste dazugekommen. Du kannst dir etwas dazuverdienen. Die Tanzfläche war brechend voll und am Ende haben sich auch die Älteren dazugesellt. Die Splitterparteien haben einige Mandate dazugewonnen. Du solltest noch deine E-Mail-Adresse und eine Telefonnummer dazuschreiben.*
Die entsprechenden Partizipien schreibt man ebenfalls zusammen: *dazugeschaltete Fernsehsender.* Die Verbindung *dazugehörig* wird immer zusammengeschrieben: *die dazugehörigen Unterlagen.*
Großschreibung • Bei Substantivierung wird groß- und zusammengeschrieben: *durch sein Dazutun; die Dazugekommenen; die Dazugehörigen; die Dazugehörenden.*

dazwischen

Getrenntschreibung • Wenn bei einer Verbindung aus *dazwischen* und einem Verb beide Bestandteile betont sind, schreibt man getrennt: *Er hat sich dazwischen ausgeruht. Das Baby schrie fast die ganze Zeit, dazwischen schlief es immerhin ein paar Minuten.*
Zusammenschreibung • Liegt der Hauptakzent der Verbindung auf *dazwischen*, schreibt man zusammen. Verbindungen dieser Art sind sehr zahlreich: *Mir ist etwas dazwischengekommen. Er hat ständig dazwischengeredet. Bei der Entfernung, die dazwischenliegt, solltet ihr besser pendeln. Abgeordnete haben ständig dazwischengerufen.*

de

Der im Spanischen, Französischen und Italienischen häufige Namenszusatz *de* geht auf die gleichlautende lateinische Präposition in der Bedeutung „von" zurück. Im Niederländischen steht *de* als Namenszusatz dagegen für „der". Obwohl *de* zum Namen gehört, schreibt man es klein: *Charles de Gaulle, Simone de Beauvoir; Leon de Winter.*
Nur am Satzanfang und am Anfang mehrteiliger Zusammensetzungen schreibt man groß: *De Gaulle traf 1958 mit Adenauer zusammen. Die neue De-Winter-Veröffentlichung hat Van Gogh zum Thema.*

de facto

Die gegensätzlichen lateinischen Fügungen *de facto* (= „tatsächlich, den Tatsachen entsprechend") und *de jure* (= „von Rechts wegen, auf rechtlicher Grundlage") sind im allgemeinen Sprachgebrauch häufig vertreten. Im Gegensatz zu den meisten fremdsprachigen Verbindungen werden sie jedoch nicht als Substantive, sondern **adverbial** gebraucht. In dieser Verwendung werden auch Substantive (hier: *jure* bzw. *facto*) kleingeschrieben: *Nicht alles, was de jure korrekt ist, ist auch legitim. Dieser Staat besteht nur der Form nach, de facto ist er bereits geteilt. Die Gesetze mögen bestehen, de facto sind im Internet bereits viele Urheberrechte ausgehöhlt.*
Gehen diese Fügungen mit anderen Wörtern eine Verbindung ein, die als Substantiv gebraucht wird, setzt man zwischen allen Bestandteilen einen Bindestrich. Das erste Wort, sowie alle weiteren Substantive werden großgeschrieben. ACHTUNG: Die Wörter *facto* und *jure* gelten aber auch hier nicht als Substantive: *die De-facto-Anerkennung; die De-facto-Niederlage; der De-facto-Gehaltsverzicht; die De-jure-Anerkennung; die De-jure-Koalition.*

Die schwierige Sache mit dem *Dehnungs-h*
Das Dehnungs-h gehört mit einigem Recht zu den gefürchteten Rechtschreibregeln im Deutschen: Wenn der Vokal vor dem *h* lang gesprochen wird und ein *l, m, n* oder *r* folgt, setzt man ein Dehnungs-h: *Kohle, nehmen, wohnen, kehren.* Viel ist mit dieser Regel aber nicht gewonnen, denn nur in der Hälfte der Fälle, in denen den Regeln gemäß ein *h* stehen könnte, kommt es auch tatsächlich vor. Gegenbeispiele sind: *Tor, ölen, garen, gebären, Namen, Tonen, malen.* Für Schüler bedeutet dies, dass die Wörter mit *h* auswendig gelernt werden müssen. Es gibt jedoch einige Regeln, mit denen die Fälle eingegrenzt werden können, in denen kein Dehnungs-h steht:

Das Dehnungs-h steht nie in Fremdwörtern: *Maschine, Symbol.*

Das Dehnungs-h steht nie nach *p* und *t: Pol, Tür, Tal.* Bei Wörtern mit *t* ist der Grund dafür einfach. Früher wurde mit *th* geschrieben: *Thal, Thür.* Ein zweites *h* wollte man vermeiden. Als in der modernen Orthografie das *h* nach dem *t* wegfiel, blieb es bei der Schreibung ohne Dehnungs-h.

Das Dehnungs-h steht auch nicht, wenn zu Anfang der Silbe eine Häufung von konsonantischen Buchstaben auftritt, z. B. *qu, st, sch, sp: quälen, sparen, Krone, spuren.* Hier spielen sprachästhetische Gründe eine Rolle: Man wollte verhindern, dass das geschriebene Wort verglichen mit dem gesprochenen zu lang erscheint. Es gibt im Grundwortschatz des Deutschen nur elf Wörter, die dieser Regel widersprechen: *Stuhl, Strähne, Strahl, stehlen, Stahl, stöhnen, Pfahl, Pfuhl, prahlen, dröhnen, Drohne.*

dein / Dein

Vertraute Anrede • In der vertrauten Anrede verwendet man das dem Anredepronomen *du* entsprechende Possessivpronomen *dein.* Es wird grundsätzlich kleingeschrieben, auch in Anleitungen, Kinderbüchern oder in der wörtlichen Rede: *„Könntest du endlich deine Hausaufgaben machen", rief seine Mutter. Du kannst aus deinem Bleistift auch einen elektrischen Widerstand herstellen, dazu …*
Nur in Briefen ist neben der Kleinschreibung auch die Großschreibung zugelassen: *Lieber Oliver, ich schreibe dir / Dir heute, um mich endlich für dein / Dein Geschenk zu bedanken.*
Die Möglichkeit, in Briefen großzuschreiben, gilt auch für Ableitungen von *dein:*
deinerseits / Deinerseits, deinesgleichen / Deinesgleichen; deinesteils / Deinesteils; deinethalben / Deinethalben; deinetwegen / Deinetwegen; deinetwillen / Deinetwillen. Kannst du / Du dich / Dich noch an den Urlaub erinnern? Erinnert ihr / Ihr euch / Euch noch an den Urlaub?
Substantivierung • Normalerweise werden Pronomen auch dann kleingeschrieben, wenn sie als Stellvertreter von Substantiven gebraucht werden: *Nimm dir das deine* (= *deine Sachen*). Stehen Possessivpronomen wie *dein* jedoch mit Artikel können sie auch als substantiviert betrachtet und somit großgeschrieben werden: *Nimm dir das Deine.* Ebenso: *Wann hast du die deinen / Deinen zuletzt gesehen? Du hast das deine / Deine dazu beigetragen.* Als Teil der Paarformel *Mein und Dein* wird das Possessivpronomen ebenfalls großgeschrieben: *Sie konnte Mein und Dein nicht unterscheiden. Er teilte alles in Mein und Dein ein. Die Grenzen zwischen Mein und Dein sind bisweilen fließend.*
Ich gedenke dein / deiner • Der Genitiv des Possessivpronomens *dein* lautet *deiner.* Diese Form wirkt veraltet und wird nur selten gebraucht: *Sie gedenken deiner. Er spottet deiner.* Stattdessen werden heute meist Präpositionalobjekte eingesetzt: *Sie denken an dich. Er spottet über dich.* Möglich ist teilweise auch die endungslose Form *dein.* Diese ist jedoch auf wenige feste Wendungen beschränkt: *Ich gedenke dein.*

Dekan

Dekan einer Universität • In der Anschrift werden Funktion, Fachbereich und Universität genannt. Dabei wird nach Geschlecht unterschieden. Vor dem Namen stehen die akademischen Titel:

Dekan/Dekanin der Fakultät/des Fachbereichs der Universität XZ
Herrn Prof. Dr. XY/Frau Prof. Dr. XY
Beispiel:
Dekanin des Fachbereichs Gestaltung der Fachhochschule Bielefeld
Frau Prof. Dr. Stefanie Müller
Die Anrede lautet:
Sehr geehrte Frau Dekanin/Sehr geehrter Herr Dekan
Evangelische Kirche • In der Anschrift wird die Funktion dem Namen vorangestellt:
Frau Dekanin Gesine Schwarz
Herrn Dekan Felix Strobel
Die Anrede lautet:
Sehr geehrter Herr Dekan/Sehr geehrte Frau Dekanin

Delfin / Delphin

Das Wort leitet sich aus dem altgriechischen *delphys* für „Gebärmutter“ ab. Da der Ausdruck schon lange Bestandteil des Deutschen ist, wurde wie bei *phon/phot/graph* die Schreibung mit *f* zugelassen: *Delphin/Delfin.*
TIPP: Bei *Delfin* empfiehlt sich die Schreibung mit *f*. Beobachtungen zum Schreibgebrauch zeigen, dass in den letzten Jahren ein deutlicher Anstieg der Schreibung mit *f* zu verzeichnen ist.

Demonstrativpronomen

Allgemeines • Die Demonstrativpronomina werden auch als hinweisende Fürwörter bezeichnet. Mit ihnen verweist ein Sprecher auf einen Gegenstand, einen Sachverhalt oder eine Person. Zu den Demonstrativpronomen gehören: *der; dieser, jener; derjenige, derselbe.*
Alle Demonstrativpronomen können sowohl als Begleiter wie auch als Stellvertreter eines Substantivs verwendet werden.
Begleiter eines Substantivs: *Diese Katze ist grau, jene Katze ist schwarz. Ich suche denjenigen Herrn, der mir gestern geholfen hat. Das ist dasselbe Auto.*
Stellvertreter eines Substantivs: *Diese ist grau, jene ist schwarz. Ich suche denjenigen, der mir gestern geholfen hat. Das ist dasselbe wie gestern.*
der / die / das • Es gilt allgemein als unhöflich, mit den Demonstrativpronomen *der/die/das* auf Personen zu verweisen: *Er ist Vertrauenslehrer, mit dem* (besser: *mit ihm*) *solltest du mal reden.*
→ *deren,* → *dessen*

denk / denke

In der 1. Person Singular (Ich-Form) enden Verben standardsprachlich auf *-e: ich denke, ich schlafe, ich esse.*
Das Weglassen der Endung ist ein typisches Merkmal der gesprochenen Sprache und sollte im Geschriebenen vermieden werden: *ich denk, ich sag, ich bleib, ich fass.*
Wenn die gesprochene Sprache durch Formen wie diese im Schriftlichen nachempfunden werden soll, steht kein Apostroph: *„Ich denk an dich“, flüsterte sie in ihr Handy.*

Denkmal

Das Wort für „Gedenkstein, Monument“ hat zwei mögliche Pluralformen: *die Denkmäler/Denkmale;* ebenso: *Ehrenmäler/Ehrenmale; Grabmäler/Grabmale; Mahnmäler/Mahnmale.*
Die Pluralformen mit *-mäler* sind heute die üblicheren, die Zusammensetzungen mit *-male* gelten als gehoben. Nur bei *Mahnmal* lautet die häufigere Pluralform *Mahnmale.*

denn

denn bei Vergleichen • Ebenso wie *als* kann *denn* als Vergleichsadverb bei Vergleichen herangezogen werden: *Er ist größer denn ich.* Dieser Gebrauch gilt jedoch als veraltet und ist heute auf einen gehobenen Sprachstil beschränkt. Üblich ist *denn* in dieser Funktion aber noch in der Wendung *denn je:*
Wir sind mehr denn je entschlossen zu kämpfen.
Daneben wird *denn* statt *als* benutzt, um die unschöne Anhäufung von *als* zu vermeiden: *Als Präsident hat er mehr erreicht denn als Künstler.*
Kommasetzung • Leitet *denn* begründende Sätze ein, werden diese durch Komma abgetrennt. *Denn* verbindet dabei in der Regel zwei Haupt-

sätze miteinander: *Ich liege seit Tagen im Bett, denn ich habe eine Grippe.* Es kann aber auch zusammen mit einer anderen, unterordnenden Konjunktion einen Nebensatz einleiten: *Denn als es so weit war, versteckte sie sich.*
Auch wenn *denn* vergleichende Infinitivgruppen mit *zu* einleitet, trennt man diese mit Komma ab: *Es ist angenehmer zu fahren, denn als Fußgänger nass zu werden.*
Wird *denn* in den Satzverlauf einbezogen, steht es ohne Komma: *Das Betriebsergebnis war besser denn je. Er ist als Wissenschaftler bedeutender denn als Schriftsteller. Wo ist denn die Kantine?*

dennoch

Kommasetzung • Verbindet *dennoch* gleichrangige Teilsätze oder Satzglieder, trennt man diese mit Komma ab: *Tobias wollte euch gern besuchen, dennoch hat er keinen Urlaub bekommen. Sie wollte eigentlich gar nicht nach Kenia reisen, dennoch ließ sie alle Impfungen über sich ergehen. Marion hasste Überstunden, dennoch war sie immer länger im Büro anzutreffen.*
Worttrennung • Das Adverb wird wie folgt getrennt: *den-noch.*

Deodorant / Desodorant

Das Fremdwort für das Duftspray existiert in zwei Varianten: *Deodorant* und *Desodorant.* Die ältere Form *Desodorant* wird heute allerdings nur noch selten verwendet.

deplatziert oder deplaziert?

Da bei *deplatziert* wie bei *platzieren* ein Bezug zu *Platz* besteht, wird seit der Rechtschreibreform mit *tz* geschrieben. Die Schreibungen *deplaziert* oder *deplaciert* sind nicht mehr zulässig.

der / die / das (Artikel)

Allgemeines • Der bestimmte Artikel *der / die / das* richtet sich in Genus, Kasus und Numerus nach dem Substantiv, bei dem er steht: *der Baum, die Straße, das Haus, die Bäume / Straßen / Häuser.*
Artikel in mehrteiligen Eigennamen • Artikel in mehrteiligen Eigennamen schreibt man klein: *Pieter Bruegel der Ältere, Friedrich der Große*
Ein vorangestellter Artikel ist in der Regel nicht Bestandteil des Eigennamens und wird kleingeschrieben: *der Deutsche Bundestag, die Sozialdemokratische Partei Deutschlands.*
Ist der vorangestellte Artikel Bestandteil des Eigennamens, wird großgeschrieben: *Die Zeit* (Wochenzeitung), *Der Spiegel* (Magazin). Wird der Artikel im Satzzusammenhang gebeugt, wird er kleingeschrieben: *Das hat er in der „Zeit" gelesen.*

der / die / das (Demonstrativpronomen)

Das Demonstrativpronomen *der / die / das* kann als Begleiter des Substantivs und als Stellvertreter des Substantivs verwendet werden. Bei Verwendung als Begleiter des Substantivs wird es genau wie der bestimmte Artikel gebeugt. Es unterscheidet sich aber von diesem vor allem dadurch, dass es stets betont ist:
Bestimmter Artikel (unbetont, nicht durch anderes Wort ersetzbar): *Sie ist jetzt 65 geworden. Und sie hatte immer Angst vor dem Alter.*
Demonstrativpronomen (betont, ersetzbar durch *dieser / diese / dieses*): *Sie ist jetzt 65 geworden. Und sie hatte immer Angst vor dem* (= *diesem*) *Alter.*

derem

Die Form *derem* ist falsch. Bei *deren* handelt es sich um die Genitivform des Demonstrativpronomens *der / die / das.* Es kann nicht weiter dekliniert werden, daher ist der Dativ nicht möglich: *bei deren* (falsch: *derem*) *reizendem Anblick.* Falsch ist auch der Gebrauch von *derem* als Relativpronomen: *die Stadt, an deren* (falsch: *derem*) *anderem Ende der Hafen lag.*

deren

Wenn zwischen einem Demonstrativpronomen und dem nachfolgenden Substantiv, auf das es sich bezieht, ein Adjektiv steht, wird dieses schwach dekliniert: *bei diesem reizende**n*** (falsch: *reizendem*) *Mann.*

Dies gilt aber nicht für die Genitivform *deren*. Diese hat die Funktion eines Genitivattributs und bezieht sich auf das vorangehende Substantiv. Das folgende Adjektiv wird deshalb immer stark gebeugt:
*Die Tante, deren begeistert**e*** (falsch: *begeisterten*) *Briefe eingetroffen sind, hat wieder geschrieben. Sie schickte ihrer Nichte und deren reizend**em*** (falsch: *reizenden*) *Mann einmal im Jahr ein großes Fresspaket.*

deren oder derer?

Gebrauch als Demonstrativpronomen • Bei *deren* oder *derer* handelt es sich um Genitivformen des femininen Demonstrativpronomens *die*. Welche der beiden Formen man verwendet, hängt davon ab, ob man sich auf einen im Satz vorhergehenden oder nachfolgenden Sachverhalt bezieht.
Die Form *deren* wird sowohl im Femininum als auch im Plural als vorangestelltes Attribut eines Substantivs gebraucht. Sie ist rückweisend: *Der Vorstand ist der **Mitgliederversammlung** verantwortlich und an **deren** Beschlüsse gebunden. Erste **Erfolge** zeichnen sich ab, und **deren** Früchte werden allen nutzen.*
Dagegen wird die Form *derer* fast ausschließlich im Plural gebraucht. Sie dient als nachgestelltes Attribut und ist vorausweisend: *Die Situation **derer, die** an erster Stelle stehen, sollte uns zu denken geben. Die Kräfte **derer, denen** wir vertrauen, sind nicht unerschöpflich.*
Gebrauch als Relativpronomen • Das Relativpronomen *der/die/das* hat sowohl im Genitiv des Femininums als auch im Genitiv Plural die beiden Formen *deren* und *derer*. Die Form *derer* wird überwiegend nach Präpositionen gebraucht: *Wir haben eine Theorie, mittels derer* (selten: *mittels deren*) *wir alles erklären können.*
Geht keine Präposition voran, ist *deren* gebräuchlicher: *Bertold ersann immer neue Ausreden, deren* (selten: *derer*) *er sich dann auch gerne bediente.*

derselbe

derselbe oder er? • Gelegentlich wird *derselbe* anstelle eines Personalpronomens benutzt: *Sobald der Star eingetreten war, wurde derselbe* (statt: *er*) *von seinen Verehrern umlagert.*
Auch anstelle des Possessivpronomens kommt *derselbe* vor: *Als der Star auf die Bühne trat, jubelten die Verehrer desselben* (statt: *seine Verehrer*) *ihm zu.* Beide Verwendungen werden oft als veraltet empfunden.
derselbe oder der gleiche? • → *das gleiche oder dasselbe?*

deshalb

Kommasetzung • Mit *deshalb* kann man begründende Hauptsätze einleiten. Diese werden durch Komma abgegrenzt: *Er war krank, deshalb konnte er nicht kommen. Er hatte Angst vor Entlassung, deshalb hat er die Daten gefälscht.*
In diesen Fällen kann aber auch ein Punkt oder ein Semikolon stehen: *Er hatte Angst vor Entlassung. Deshalb hat er die Daten gefälscht. Er war krank; deshalb konnte er nicht kommen.*
Ist *deshalb* in den Ablauf des Satzes einbezogen, steht kein Komma: *Die Straßen sind verschneit und glatt, du musst deshalb vorsichtig fahren. Er hat nur deshalb die Daten gefälscht, weil er Angst vor Entlassung hatte.*
deshalb ..., weil • Folgt auf einen Hauptsatz mit *deshalb* ein Nebensatz, der eine Begründung enthält, verwendet man als Einleitung für den Nebensatz immer die Konjunktion *weil*. Die Konjunktion *da* ist in diesen Fällen nicht korrekt: *Mona und Matthias sind deshalb so zufrieden, weil* (nicht: *da*) *Leon gekommen ist. Er beteiligte sich deshalb an der Finanzierung, weil* (nicht: *da*) *er sich profilieren wollte*

Desodorant

→ *Deodorant/Desodorant*

dessem

Die Form *dessem* gibt es nicht, ihre Verwendung ist daher falsch. Tatsächlich existiert nur die Form *dessen*. Es handelt es sich um die Genitivform des Demonstrativpronomens *der/die/das*, die nicht weiter dekliniert werden kann. Bisweilen wird *dessen* aber fälschlicherweise in den Dativ gesetzt: *Anmerkungen zu dessen* (falsch: *dessem*) *interessantem Vortrag.* Falsch ist auch der Gebrauch von *dessem* als Relativpronomen: *der Redner, von dessen* (falsch: *dessem*) *interessantem Vortrag alle begeistert waren.*

desinfizieren – Desinfektion: Wörter künden vom Schrecken der Cholera

Es waren dramatische Umstände, unter denen die Wörter *infizieren* und *desinfizieren* in den deutschen Wortschatz gelangten: Die Cholera breitete sich 1830/31, aus Asien kommend, erstmals nach Europa aus und schockierte mit ihrer hohen Sterblichkeitsrate Regierungen und Mediziner. Die Wissenschaft vermutete damals als Erreger eine Art Gift, das sich durch Berührung eines Erkrankten auf den Gesunden übertrug. Diese Vorstellung liegt auch dem Wort *infizieren* zugrunde, das auf lateinisch *inficere* „(mit Gift) benetzen, vergiften" zurückgeht. Um die Krankheit aufzuhalten, wandte man ein Verfahren an, das man *desinficiren* nannte: Menschen mussten sich mit einem aggressiven Chlor-Soda-Gemisch Haare und Hände waschen. Wohnungen, Kleidung, ja selbst Briefe, die über die Grenze gelangten, wurden mit einem Chlorgemisch ausgeräuchert.

Tragischerweise übersah man die eigentliche Quelle der Cholera-Infektion – das mit den **Bakterium Vibrio cholerae** (Bild) verunreinigte Wasser. So blieben die Maßnahmen zur Desinfektion nur eine stumpfe Waffe gegen die Epidemie. Die Wörter überdauerten dagegen im Wortschatz, wobei die fremdsprachige Schreibung *(des)inficiren* bis 1900 dominierte. Erst mit der Orthographischen Konferenz von 1901 wurde die eingedeutschte Form *(des) infizieren* als verbindliche Schreibung festgelegt.

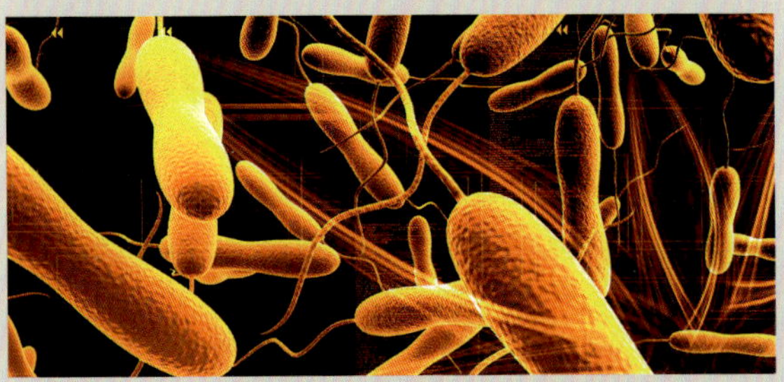

dessen

Wenn zwischen einem Demonstrativpronomen und dem nachfolgenden Substantiv, auf das es sich bezieht, ein Adjektiv steht, wird dieses schwach dekliniert: *vor diesem neu**en*** (falsch: *neuem*) *Haus.*

Dies gilt nicht für die Genitivform *dessen.* Diese hat die Funktion eines Genitivattributs und bezieht sich auf das vorangehende Substantiv. Das folgende Adjektiv wird deshalb immer stark dekliniert:

*Unser Sohn, an dessen erst**em*** (falsch: *ersten*) *Schultag wir teilnahmen, war sehr aufgeregt.*

*Der erste Anruf aus dessen neu**em*** (falsch: *neuen*) *Haus galt seiner Mutter.*

desto – je … desto

Je … desto verbindet als anreihende Konjunktion gleichrangige Glieder einer Aufzählung. Man grenzt sie durch Komma ab:

Je näher sein Auftritt rückt, desto nervöser wird er.

Je selbstbewusster du hinter deiner Aussage stehst, desto eher wird man dir Glauben schenken.

Desubstantivierung

Ebenso wie Wörter fast aller Wortarten als Substantive verwendet werden können, können auch Substantive durch Desubstantivierung zu Adjektiven, Adverbien oder Präpositionen werden:

zu Adjektiven (in Verbindung mit *sein, bleiben, werden*): *angst, bankrott, gram, leid, pleite, not, recht, unrecht, schnuppe, schuld, spitze, weh* (aber: *Bankrott gehen, Schuld haben*);

zu Adverbien (durch Anhängen eines *-s*): *abends, anfangs, mittags;*

zu Präpositionen: *dank, kraft, statt.*

deswegen

Wenn *deswegen* Sätze verbindet, trennt man diese durch Komma ab: *Eine Million Besucher waren in der Ausstellung, deswegen wurde diese um einen Monat verlängert.* Anstelle des Kommas kann man auch ein Semikolon setzen.

des Weiteren

→ *weit*

deucht – mich deucht oder mich dünkt?

Das Verb *dünken* für „scheinen" wurde früher unregelmäßig gebeugt: *dünken – deuchte – gedeucht.* Diese Formen gelten jedoch als veraltet und sind inzwischen durch die regelmäßigen Formen ersetzt worden: *dünken – dünkte – gedünkt.* Das Verb wird unpersönlich und meist nur in literarischen Zusammenhängen gebraucht: *Mich dünkt, dass … / Mir dünkt, dass …*
Bei der Formulierung *mich deucht / mir deucht* handelt es sich eigentlich um eine Präteritumsform, die fälschlich auf das Präsens übertragen wurde. Sie ist ebenfalls veraltet und nicht mehr in Gebrauch.

deutsch / Deutsch

Kleinschreibung • Als Adjektiv schreibt man *deutsch* auch in mehrteiligen Fügungen klein: *das deutsche Parlament; die deutsch-französischen Kriege* (aber: *der Deutsch-Französische Krieg von 1870/71*); *nach deutschem Recht; die deutsche Schweiz; die deutsche Sprache; ein deutsch-italienisches Wörterbuch; die deutsche Mentalität; die deutsche Romantik; der deutsche Idealismus; der deutsche Michel; die deutsche Geschichte; in deutscher Sprache unterrichten; das Schreiben ist deutsch gehalten; er ist deutscher Meister geworden* (aber der Titel: *Deutscher Meister im Zehnkampf*).
Großschreibung bei Titeln und Namen • Ist *deutsch* Bestandteil von Titeln, Eigennamen, zoologischen oder botanischen Fachbegriffen sowie von Jahrestagen schreibt man groß: *Deutsche Angestellten-Krankenkasse; Deutsche Angestellten-Gewerkschaft; Deutsches Arzneibuch; Deutsche Bahn AG; Deutsche Bibliothek* (früher für: *Deutsche Nationalbibliothek*); *Deutsches Bundespatent; Deutsche Demokratische Republik; Deutsche Forschungsgemeinschaft; der Deutsche Wetterdienst; Deutscher Gewerkschaftsbund; der Deutsch–Französische Krieg 1870/71; Deutsches Institut für Wirtschaftsforschung; Institut für Deutsche Sprache; Deutsche Jugendherberge; der Deutsche Krieg 1866* (aber: *ein deutscher Krieg*); *Deutsche Lebens-Rettungs-Gesellschaft; Deutsche Mark; Deutsche Post AG; der Deutsche Orden; das Deutsche Reich; Deutsches Rotes Kreuz; Deutscher Schäferhund; Verein Deutscher Bibliothekare; die Deutsche Küchenschabe.*
Großschreibung bei Substantivierung • Bei Substantivierung schreibt man groß: *das Deutsche, im Deutschen. Sie hat den Text ins Deutsche übersetzt. Er hat vom Deutschen ins Englische übersetzt.* Auch nach den Präpositionen *auf, in* und *zu* wird großgeschrieben: *in Deutsch; auf Deutsch. Eine Zusammenfassung auf Deutsch finden Sie am Ende des Artikels. Das ist auf gut Deutsch ein Armutszeugnis. Sie schreibt alle ihre Gedichte auf Deutsch. Der Slogan „come in and find out", zu Deutsch etwa: „komm herein und finde es heraus", wurde selten im Sinne der Werbetexter verstanden.*
Man schreibt das substantivierte Adjektiv groß, wenn es mit „Was?" (auch: „Wovon?", „Worin?") erfragbar ist. Gemeint ist dann *Deutsch* als Sprache: *Sie unterrichtet Deutsch* (Frage: „Was unterrichtet sie?"). *Er spricht ein gutes Deutsch. Sie lernt Deutsch als Fremdsprache. Meine Muttersprache ist Deutsch.*
In einigen Fällen kann aber auch mit „Wie?" gefragt werden. In diesen Fällen ist Groß- oder Kleinschreibung möglich: *Sie spricht deutsch* (Frage: „Wie spricht sie?"). *Sie spricht Deutsch* (Frage: „Was spricht sie?").
Das Schulfach *Deutsch* wird immer großgeschrieben. *Sie hatte in Deutsch immer gute Noten.*

wir Deutsche / Deutschen

Wird das substantivierte Adjektiv *deutsch*, in der ersten oder zweiten Person gebraucht, sind zwei Formen möglich: *wir Deutschen / Deutsche; ihr Deutschen / Deutsche.* Im allgemeinen Sprachgebrauch überwiegt die Form *wir / ihr Deutschen.*
ACHTUNG: Im Akkusativ Plural heißt es nur *für uns / euch Deutsche.*

deutschsprachig oder deutschsprachlich?

Von *deutschsprachig* spricht man, wenn jemand etwas auf Deutsch spricht oder etwas in deutscher Sprache abgefasst ist: *der deutschsprachige Unterricht* („Unterricht, der auf Deutsch erfolgt"), *die deutschsprachige Literatur des Mittelalters.* Das Adjektiv *deutschsprachlich* bedeutet „die deutsche Sprache betreffend". Ein *deutschsprachlicher* Unterricht etwa hat die deutsche Sprache zum Thema, kann aber z. B. auf Englisch erfolgen.

Dezimalzahlen

Folgt einer Dezimalzahl ein Substantiv im Nominativ Singular, kann das Prädikat im Singular oder im Plural stehen: *112,3 Liter Wasser wird/werden durchschnittlich pro Kopf verbraucht.* Steht das folgende Substantiv dagegen im Genitiv, steht das Prädikat in der Regel im Plural. Der Singular gilt in diesen Fällen als umgangssprachlich: *60,5 Liter des verbrauchten Wassers werden* (umgangssprachlich: *wird*) *verschwendet.* Bei Dezimalzahlen, die kleiner als eins sind, wird standardsprachlich nur der Plural verwendet: *0,1 g dieser Substanz reichen aus, die Bevölkerung einer Großstadt zu vergiften. Ganze 0,8 Tonnen dieser Erde wurden gestern geliefert.*

dick

Groß- und Kleinschreibung • Feste Fügungen aus Präposition und nicht gebeugtem Adjektiv ohne vorangehenden Artikel werden kleingeschrieben: *Sie haben durch dick und dünn zusammengehalten. Sie sind gemeinsam durch dick und dünn gegangen.* Kleingeschrieben wird auch in festen Verbindungen: *Das dicke Ende kommt noch! Sie sind dicke Freunde. Ich habe die Faxen langsam dicke. Er hat es nicht so dicke.* Bei Substantivierung schreibt man groß: *Vom Volk wurde der Vater des Wirtschaftswunders, Ludwig Erhard, liebevoll „der Dicke" genannt. Die Dicke beträgt an dieser Stelle vier Meter.*
Getrennt- und Zusammenschreibung • Die Verbindung aus *dick* und *machen* kann man getrennt oder zusammenschreiben: *dick machen/dickmachen.* Die Verbindung *dick auftragen* wird immer getrennt geschrieben, auch wenn sie im übertragenen Sinn für „übertreiben" gebraucht wird.

Dienstag

Dienstag Abend / Dienstagabend • Steht *Dienstag* in Verbindung mit einer Tageszeit *(Morgen, Mittag, Abend; Vormittag, Nachmittag)* schreibt man getrennt und groß, wenn kein Artikel davorsteht: *Wir treffen uns Dienstag Abend. Der Kurs findet Dienstag Nachmittag statt.* Steht die Verbindung dagegen mit einem Artikel, einem Pronomen oder einem Adjektiv, dann muss zusammengeschrieben werden: ***Am** Dienstagabend veranstalten wir unseren Spieleabend. **Jeden** Dienstagabend lud sie zum Doppelkopf ein. **Eines schönen** Dienstagvormittags stand die Polizei vor der Tür. An **diesem** Dienstagnachmittag war die Hölle los.*
dienstags • Substantive wie *Dienstag* können durch Anhängen von *-s* zu Adverbien werden. Man schreibt sie klein: *Sie hatte vergessen, dass er dienstags immer vegetarisch kochte.* Bei Verbindungen mit Tageszeiten wird, je nachdem, ob der erste Bestandteil auf *-s* endet oder nicht, getrennt oder zusammengeschrieben. Man schreibt in beiden Fällen klein: *Wir treffen uns dienstagabends/dienstag**s** abends* (aber nur: *eines schönen Dienstagabends*).
Dienstag, dem / den • Nach einem Wochentag steht das Datum als Apposition im selben Kasus: *Heute ist Dienstag, der 8. Dezember.*
Wir sehen uns Dienstag, den 7. Januar.
Wir treffen uns am Dienstag, dem 19. März.
Es geschah am Morgen jenes Dienstags, des 1. Juni 1955.
Daneben kann nach dem Wochentag im Dativ (nicht aber im Nominativ und Genitiv) das Datum auch im Akkusativ stehen. Richtig ist also: *Wir treffen uns am Dienstag, den/dem 19. März.*

dies oder dieses?

Neben der gebeugten Form *dieses* kommt auch die Form *dies* vor. Beide Formen sind korrekt, doch überwiegt je nach Verwendung die eine oder andere Form. Bezieht man sich auf ein Substantiv, verwendet man in der Regel *dieses: Dieses* (seltener: *dies) Buch ist grün. Dieses* (seltener: *dies) unglaubliche Ereignis wirst du nie ver-*

gessen. Welches Stück möchtest du? – Ich nehme dieses (seltener: *dies*).
Wenn man sich dagegen auf einen Sachverhalt oder auf einen Satz bezieht, dann steht überwiegend die kurze Form:
Er ist nicht gekommen. Dies (selten: *dieses*) *hatten alle erwartet.*
Auch in Fällen wie den folgenden überwiegt die kurze Form: *Dies* (seltener: *dieses*) *ist die Bibliothek. Dies* (seltener: *dieses*) *sind unsere Nachbarn.*

diese(r, -s)

dieser oder diesen? • Das Demonstrativpronomen *diese(r, -s)* wird in der Regel stark dekliniert. Im Genitiv Singular Neutrum hat es daher die Form *dieses*. Die schwache Form *diesen* gilt in den meisten Fällen als nicht korrekt: *der Anblick dieses* (nicht: *diesen*) *Mannes; die Bewohner dieses* (nicht: *diesen*) *Hauses.*
Bei Zeitangaben ist die schwache Form dagegen häufiger zu beobachten. In Analogie zu korrekten Bildungen wie *im März nächsten Jahres, im Januar letzten Jahres* wird oft die Form *diesen* verwendet: *Ende diesen Jahres; im Februar diesen Jahres.* Sie gilt vielen dennoch als standardsprachlich nicht korrekt: Es empfiehlt sich daher die Form *dieses Jahres: Ende dieses Jahres, im Februar dieses Jahres.*
dieser und jener • Mit den Demonstrativpronomen *dieser* und *jener* kann man auf zuvor genannte Substantive zurückverweisen. Dabei bezieht sich *jener* auf das weiter entfernte (früher genannte) Substantiv, *dieser* auf das näher stehende (später genannte) Substantiv:
Andreas und Paul unterhielten sich. Während jener (= *Andreas*) *laut redete und heftig gestikulierte, hörte dieser* (= Paul) *schweigend zu.*
Diese Verwendung kommt heute nur noch in der geschriebenen Sprache vor, häufiger werden stattdessen *Erstere(r, -s)* und *Letztere(r, -s)* verwendet. Da es sich hier um Adjektive und nicht um Pronomen handelt, werden sie in dieser Verwendung als Substantivierungen großgeschrieben: *Andreas und Paul unterhielten sich. Während Ersterer laut redete und heftig gestikulierte, hörte Letzterer schweigend zu.*

Was hat der *Dienstag* mit *Dienst* zu tun?
Dass *Dienstag* etwas mit „Dienst" zu tun haben müsse, haben die Menschen schon lange geglaubt: Schon im 13. Jahrhundert übersetzte der Bischof Berthold von Regensburg den Wochentag lateinisch als *dies servitii* (wörtlich „Tag der Knechtschaft"). Sprachgeschichtlich aber hat der *Dienst* mit dem *Dienstag* nichts gemein. Die Ursprünge reichen in vorchristliche Zeiten zurück. Die alten Römer gaben den Wochentagen nach orientalischem Vorbild die Namen der Planeten, die wiederum identisch mit Götternamen waren. So benannte man den Wochentag *Martis dies* nach dem Kriegsgott *Mars*. Die Germanen folgten diesem Vorbild, sie benannten aber die Wochentage nach ihren Göttern. So hieß im Althochdeutschen der Name für Dienstag *ziestag* nach der Gottheit *Ziu*, die auf den nicht überlieferten germanischen Namen *Teiwa* zurückgehen dürfte. Unser modernes Wort *Dienstag* hat allerdings einen anderen Ursprung, es geht auf eine niederrheinische Prägung zurück: Im Mittelniederdeutschen nannte man den Wochentag *dingesdach* oder *dinstag*. Der Name basiert wohl auf der latinisierten Form eines anderen Gottes mit Namen *Thingsus*. *Ziestag* und *dinstag* waren im deutschen Sprachraum bis ins 17. Jahrhundert hinein konkurrierende Benennungen. Erst infolge von Luthers Bibelübersetzung, die sich für *dinstag* entschied, setzte sich langsam der *Dienstag* als Bezeichnung für den Wochentag durch.

dieselbe oder die gleiche?

→ *das gleiche oder dasselbe?*

diesseits

Die Präposition *diesseits* steht mit dem Genitiv: *Diesseits der Alpen ist mit Föhn zu rechnen. Diesseits des Atlantiks breitete sich ein gewaltiges Sturmtief aus.* Bei Ortsnamen, die ohne Artikel gebraucht werden, ist oft auch der Anschluss mit *von* möglich: *diesseits von Oder und Neisse; diesseits von Berlin.*

Differential / Differenzial

In einer Reihe von Fremdwörtern mit den Wortbestandteilen *-tial, -tiell -tiar* wird der Buchstabe *t* als der Laut [ts] gesprochen. Diesem Laut entspricht im Deutschen der Buchstabe *z*. In allen Fällen, in denen ein Wort auf *-z* zugrunde liegt, sind beide Schreibungen zulässig, z. B.: *Differential/Differenzial; differentiell/differenziell*
wegen: *Differenz.*
TIPP: Es empfiehlt sich die Schreibung mit *z*. Analysen zum Schreibgebrauch zeigen, dass selbst in der Fachsprache in den letzten Jahren ein deutlicher Anstieg der ans Deutsche angepassten Schreibung zu verzeichnen ist: *Bei dem Krankheitsbild ist eine Differenzialdiagnose notwendig.*

Dingwort

→ *Sonderseiten „Substantiv", S. 410–423*

Diphthong

Als Diphthong bezeichnet man Doppellaute *ei, au, äu* und *eu* sowie *ai* und *ui*. Da Doppellaute einen langen Lautwert haben, folgt auf einen Diphthong in der Regel kein Doppelkonsonant.

Dipl.-Ing.

Die Abkürzung für *Diplomingenieur* wird mit Bindestrich geschrieben: *Dipl.-Ing.*

Diplomat – des / dem / den Diplomaten

Das Substantiv *Diplomat* wird schwach dekliniert. Außer im Nominativ lautet die Endung deshalb immer *-en*. Das Weglassen der Endung gilt als umgangssprachlich:
*Dem Diplomat**en*** (nicht: *Diplomat) wurde eine Stellung angeboten. Der Außenminister entband den Diplomat**en*** (nicht: *Diplomat) von seinem Posten. Das Gepäck des Diplomat**en*** (nicht: *des Diplomats) wurde durchsucht.*

direkte Rede

Allgemeines • Die direkte (auch: wörtliche) Rede gibt etwas Gesprochenes oder Gedachtes wörtlich wieder. Sie wird durch Anführungszeichen markiert. Das erste Wort der wörtlichen Rede schreibt man groß; wird sie angekündigt, steht ein Doppelpunkt: *Charlotte fragte: „Wann kommen Oma und Opa?"*
Schlusspunkt • Endet der Satz mit der direkten Rede, so wird der Punkt vor die schließenden Anführungszeichen gesetzt: *Er las aus dem Brief vor: „Am Montag werde ich schon in Potsdam sein."*
Wird die direkte Rede durch den Begleitsatz eingeschlossen, so entfällt der Punkt am Ende des wörtlich Wiedergegebenen: *Er sagte: „Bitte ruf mich heute Abend an", und verließ das Haus.*
Kommasetzung • Das Komma steht immer nach dem schließenden Anführungszeichen. Es steht auch dann, wenn der Begleitsatz mit *und* bzw. *oder* beginnt. Ist der Begleitsatz in die wörtliche Rede eingeschoben, wird er durch Kommas abgetrennt:
„Bitte ruf mich heute Abend an", sagte er.
Er sagte: „Bitte ruf mich heute Abend an", und verließ das Haus.
„Bitte ruf mich heute Abend an", sagte er, „und zwar möglichst vor 21 Uhr."
„Wann rufst du mich an?", fragte er.
„Bitte beeil dich doch!", sagte sie.
Sie rief: „Ich komme gleich wieder", und rannte aus dem Zimmer.
Fragezeichen, Ausrufezeichen • Frage- und Ausrufezeichen werden als Abschluss eines Frage- bzw. Ausrufesatzes immer gesetzt, auch dann, wenn das wörtlich Wiedergegebene ebenfalls mit einem Frage- bzw. Ausrufezeichen schließt: *Er fragte: „Kommst du endlich?" Und sie hat doch laut gerufen: „Das stimmt einfach nicht!"!*

Dirigent – des / dem / den Dirigenten

Das Substantiv *Dirigent* wird schwach dekliniert. Außer im Nominativ lautet die Endung deshalb immer *-en*. Das Weglassen der Endung gilt als umgangssprachlich: *Der Festredner würdigte den Dirigent**en*** (nicht: *Dirigent*). *Man muss dem Dirigent**en*** (nicht: *Dirigent*) *zugutehalten, dass er sich an ein schweres Stück gewagt hat.*

Diskus

Das Substantiv *Diskus* hat zwei Pluralformen: *Diskusse* und *Disken*. Die Pluralform *Disken* überwiegt im Schreibgebrauch deutlich.

Diva

Das Substantiv hat zwei Pluralformen: *Divas* und *Diven*. Die bildungssprachliche Form *Diven* überwiegt auch im allgemeinen Schreibgebrauch.

doch

Kommasetzung • Wenn *doch* ähnlich wie *aber* oder *jedoch* als Konjunktion Sätze oder Wortgruppen miteinander verbindet, setzt man ein Komma: *Sie schrieben sich regelmäßig, doch der Kontakt riss irgendwann ab. Er versuchte es mit gewaltigen Fernschüssen, doch zu einer ernsthaften Torchance kam es nicht. Sie erholte sich langsam, doch stetig von der Operation.*

Wortstellung nach doch und jedoch • *Doch* und *jedoch* können sowohl als nebenordnende Konjunktionen wie auch als Adverbien (Konjunktionaladverbien) Sätze verbinden. Die Bedeutung bleibt dabei gleich, allerdings ändert sich die Wortstellung im Satz.

Leiten *doch* oder *jedoch* als Konjunktion einen Satz ein, ist die Wortstellung die gleiche wie bei einem normalen Aussagesatz ohne Konjunktion: *Die Sonne scheint, doch / jedoch <u>Rosi</u> <u>geht</u> nicht aus dem Haus.*

Werden sie als Konjunktionaladverbien verwendet, tauschen Subjekt und finites (gebeugtes) Verb die Positionen: *Die Sonne scheint, doch / jedoch <u>geht</u> <u>Rosi</u> nicht aus dem Haus.*

Dogma

Der Plural von *Dogma* lautet *Dogmen*. Die Formen *Dogmas* oder *Dogmata* sind nicht korrekt.

Doktor

Anrede und Anschrift • In Anrede und Anschrift wird der Titel *Doktor* in der Regel abgekürzt: *Herrn Dr. Uwe Schultze.*

In der betont höflichen Anrede kann man den Titel ausschreiben, lässt dann aber den Namen weg: *Sehr geehrter Herr Doktor, …*

Doktor / Doktorin • Anders als bei anderen Titeln und Funktionen ist bei *Doktor* die feminine Form nicht üblich, wenn der Titel vor dem Namen genannt wird: *Frau Doktor* (nicht: *Doktorin*) *Helga Schultze.*

Wird der Titel dem Namen nachgestellt, verwendet man dagegen die feminine Form: *Frau Meier, Doktorin der theoretischen Physik.*

des Doktor Martens • Akademische Titel werden nicht gebeugt, wenn sie in Verbindung mit einem Familiennamen stehen: *Ich habe das Auto des Herrn Doktor Martens gesehen.*

Dollar

Der Plural von *Dollar* lautet *Dollars: Mit dem Schreiben von Zeitungsartikeln verdiente sie ihre ersten Dollars.*

In Verbindung mit Zahlwörtern wird *Dollar* nicht gebeugt: *Ihre ersten 100 Dollar verdiente sie mit dem Schreiben von Zeitungsartikeln.*

Doppelpunkt

Allgemeines • Hauptfunktion des Doppelpunkts ist es, die Aufmerksamkeit auf das Folgende zu lenken. Dies betrifft wörtlich wiedergegebene Textstellen und die direkte Rede, Aufzählungen und Zusammenfassungen oder Schlussfolgerungen aus dem vorher Gesagten:

Die Antwort lautet: „Ja.“

Dosierung: dreimal täglich fünf Tropfen.

Ich habe es mir fest vorgenommen: Von morgen an wird nicht mehr geraucht!

Groß- und Kleinschreibung • Steht der Doppelpunkt vor der direkten Rede, wird das erste Wort der wörtlichen Rede großgeschrieben: *Er rief: „Es ist nicht zum Aushalten!“*
Vor angekündigten Aufzählungen, besonderen Angaben, Erklärungen, schreibt man das erste Wort groß, wenn es sich um ein Substantiv handelt oder wenn ein vollständiger Satz folgt:
Für die Soße braucht man: gehackte Zwiebeln, Tomaten und Sahne.
Familienstand: ledig
Inbetriebnahme: Heben Sie das Gerät vorsichtig aus der Verpackung.
Ich habe es mir fest vorgenommen: Von morgen an wird nicht mehr geraucht!
Steht nach dem Doppelpunkt eine Schlussfolgerung oder eine Zusammenfassung des zuvor Gesagten, kann man nach Doppelpunkt auch dann klein weiterschreiben, wenn ein vollständiger Satz folgt:
Fremdländische Spezialitäten, Musikgruppen, ein Basar mit Gewürzen und Düften: ein Fest für die Sinne erwartet den Besucher.
Doppelpunkt und Gedankenstrich • Der Doppelpunkt kann, wenn er nicht stark genug trennt, durch den Gedankenstrich ersetzt werden: *Skandal bei der Weltmeisterschaft – zwei neue Doping-Fälle! Da hilft nur eines – so schnell wie möglich wegrennen.*

Dorado / Eldorado

Die Ausdrücke *Dorado* und *Eldorado* können bedeutungsgleich verwendet werden. Der Ausdruck wurde aus spanisch *el dorado* „das vergoldete Land“ entlehnt und spielte ursprünglich auf eine Sage von einem Häuptling an, der sich jeden Tag mit Goldstaub bestreut haben soll. Die Schreibung *El Dorado* ist nicht korrekt.

Dorn – Dorne oder Dornen

Das Substantiv *Dorn* hat zwei Pluralformen, die nach der Bedeutung gewählt werden: *Dorne* bezeichnet dornartige Metallstücke oder Werkzeugteile. *Dornen* ist die Bezeichnung für spitze Pflanzenteile.

dortbleiben

Trägt *dort* in einer Verbindung mit einem nachfolgenden Verb den Hauptakzent, so wird zusammengeschrieben: *Ich hoffe, er wird dortbleiben.* Als selbstständiges Adverb trägt *dort* nicht den Hauptakzent und wird vom nachfolgenden Verb getrennt geschrieben: *Wir werden am Abend in P. ankommen und dort (auch) bleiben.*

dorthin

Das Adverb *dorthin* wird vom folgenden Verb immer getrennt geschrieben: *dorthin legen, dorthin fahren, dorthin fliegen.*

Dotter – der oder das?

Dotter kann sowohl im Maskulinum als auch im Neutrum stehen. Beide Formen sind korrekt. In Süddeutschland, in der Schweiz und in Österreich überwiegt der maskuline Gebrauch: *den Dotter unterrühren*. In Nord- und Mitteldeutschland heißt es eher *das Dotter*: *das Dotter unterrühren.*

downloaden

Das Verb *downloaden* („herunterladen“, von englisch *to load down*) wird in den finiten (gebeugten) Formen wie ein untrennbares Verb behandelt: *ich downloade* (nicht: *ich loade down*), *du downloadest, er / ihr downloadet, wir / sie downloaden.* Als Partizip II und als Infinitiv mit *zu* verhält es sich jedoch wie ein trennbares Verb: *Ich habe die Datei downgeloadet* (nicht: *gedownloadet*). *…, um die Datei downzuloaden* (nicht: *zu downloaden*). Anstelle von *downloaden* wird im Schreibgebrauch heute überwiegend *herunterladen* verwendet. Als Bezeichnung für die heruntergeladenen Dateien ist aber weiterhin der Anglizismus *Download* im Gebrauch.
→ *Sonderseiten „Anglizismen“, S. 40–43*

Dozent – des / dem / den Dozenten

Das Substantiv *Dozent* gehört der schwachen Deklination an. Außer im Nominativ lautet die

Endung deshalb immer *-en*. Das Weglassen der Endung gilt als umgangssprachlich: *Nach der Vorlesung wandten sich viele Studenten an den Dozen**ten*** (nicht: *den Dozent*). *Die wissenschaftlichen Arbeiten wurden dem Dozen**ten*** (nicht: *dem Dozent*) *vorgelegt. Die langatmigen Ausführungen des Dozen**ten*** (nicht: *des Dozents*) *waren einschläfernd.*

***Drache* und *Drachen:* Importe aus dem fernen Osten**

Der *Drache* als Fabeltier begegnete den Germanen zuerst in den Kohortenzeichen der römischen Legionäre. Das Wort selbst geht auf das griechische *drákon* zurück und bedeutet eigentlich „der scharf Blickende", denn in Griechenland stellte man sich Drachen als geflügelte Reptilien vor, deren Blicke lähmen konnten.

Auch das Fluggerät *Drachen* steht mit dem Fabeltier in Verbindung. Die ersten europäischen *Drachen,* die als Kinderspielzeug aus den Niederlanden kommend im 16. Jahrhundert in ganz Europa heimisch wurden, hatten die chinesischen Papierdrachen zum Vorbild. Die chinesischen Drachen bestanden aus mehreren Teilen, deren größter die Gestalt eines Drachenkopfes hatte. Und so übertrug man die Bezeichnung *Drache* auf das Fluggerät, wenn auch in der leicht abgewandelten Form *Drachen*.

dran, drauf, draus

→ *daran,* → *darauf,* → *daraus*

drei

drei oder dreier? • Steht das Zahlwort *drei* ohne Artikel, wird es im Genitiv gebeugt. Ein auf *drei* folgendes Adjektiv wird dann stark gebeugt: *die Mutter dreier erwachsener Kinder* (aber: *die Mutter der drei erwachsenen Kinder*).

Groß- und Kleinschreibung • Als Zahladjektiv wird *drei* kleingeschrieben: *wir drei; unter uns dreien; die drei Weisen aus dem Morgenland; die drei Brüder. Sie ist schon drei. Er wird um drei da sein. Der kann für drei arbeiten. Sie sind zu dritt angekommen. Aller guten Dinge sind drei. Er kann nicht bis drei zählen.*

Die substantivierte Form wird großgeschrieben: *Ich habe leider nur eine Drei in Musik.* (Aber: *Ich habe leider nur ein „befriedigend" in Musik.*) *Die Drei* (Bus- oder Straßenbahnlinie) *fährt immer bis zum Elisabeth-Hospital. Wenn du eine Drei würfelst, musst du ausscheiden. Die Drei ist meine Glückszahl.*

drein

→ *darein*

drei viertel

drei viertel Stunde / Liter • Hier sind mehrere Schreibungen möglich:
Ich gehe den Weg in drei viertel Stunden (oder: *drei Viertelstunden*).
Die Kanne umfasst nur drei viertel Liter (oder: *drei Viertelliter*).
Bei einer Substantivierung kann mit der Maßeinheit auch zusammengeschrieben werden: *in einer Dreiviertelstunde; ein Dreiviertelliter Milch;* ebenso: *eine Dreiviertelmillion.*

drei viertel drei • Bei Uhrzeitangaben schreibt man nur getrennt: *drei viertel drei, um drei viertel drei.*

drei viertel / der Viertel • Als normales Attribut schreibt man klein und getrennt: *Der Topf ist drei viertel voll.* Das Adjektiv *viertel* kann jedoch auch als Substantiv gebraucht werden: *Der Topf ist zu drei Vierteln voll. In drei Vierteln aller Fälle kommt es zu Spätschäden. Drei Viertel des Gewinns wur-*

den reinvestiert. Es können auch mehrteilige Substantive gebildet werden: *Dreiviertelmehrheit.*

drin

→ *darin*

dritte / Dritte

Das adjektivische Zahlwort schreibt man klein: *die dritten Zähne; jeder dritte Auszubildende.*
Bei Substantivierung schreibt man groß: *Er ist nun schon der Dritte. Jeder Dritte leidet unter vorübergehenden Schlafstörungen. Er kam als Dritter ins Ziel. Man sollte seine „Dritten" täglich reinigen. Gekündigt werden kann zu jedem Dritten des Monats. Sie ist die Dritte im Bunde.*
Innerhalb von Namen oder namensähnlichen Bezeichnungen wird ebenfalls großgeschrieben: *die Dritte Welt; das Dritte Reich; die Dritte Republik* (in Frankreich); *der Dritte Oktober* (= Tag der deutschen Einheit); *der Dritte Golfkrieg; die Dritte Liga.*

drohen

Wird *drohen* in der Bedeutung „Gefahr laufen, bevorstehen" gebraucht, so setzt man vor einer nachfolgenden Infinitivgruppe kein Komma: *Das Schiff drohte in dem Tropensturm zu kentern.* Der Grund liegt darin, dass *drohen* hier ähnlich wie ein Hilfsverb verwendet wird und zusammen mit dem Vollverb *kentern* das Prädikat bildet.
In der Bedeutung „jemandem etwas Böses ankündigen" wird *drohen* als Vollverb gebraucht, es gelten die normalen Regeln der Kommasetzung. Im folgenden Satz kann daher vor die Infinitivgruppe ein Komma gesetzt werden: *Die Terroristen drohten(,) das Schiff zu versenken.*

Drohn / Drohne

In der Fachsprache der Imker heißt es für die männliche Biene nur: *der Drohn.* In der Allgemeinsprache ist dagegen nur *die Drohne* in Gebrauch. Diese Form gilt auch für das unbemannte, ferngesteuerte Flugobjekt.

dröseln – aufdröseln: Ein Dialektwort wird salonfähig
So manches regional beschränkte Dialektwort gelangte nur deshalb in den Standardwortschatz des Deutschen, weil es durch einen anerkannten Dichter salonfähig gemacht wurde. Dies ist auch bei dem schönen Wort *dröseln* der Fall, vor allem bei *aufdröseln*, das heute im konkreten wie im übertragenen Sinn für „entwirren" gebraucht wird. Zugrunde liegt das niederdeutsche Wort *dröseln,* das auf *triseln* „drehen" – übrigens eng verwandt mit triezen – zurückgeht. Wer z. B. ein Seil *aufdröselte*, der zerlegte es durch „Aufdrehen" in mehrere Einzelfäden. In einem ähnlichen, wenn auch übertragenen Sinn machte Goethe das Wort salonfähig. So schrieb er z. B. über seine mühsame Arbeit am „Goetz von Berlichingen": „... auch habe ich, wie Penelope, nun ein Jahr immer dran gewoben und aufgedröselt." So fand das Dialektwort Eingang in die Standardsprache, der Sinn allerdings veränderte sich zunehmend zu „entwirren".

drüber

→ *darüber*

Druck

Das Wort hat zwei Pluralformen, die je nach Bedeutung gewählt werden: So bezeichnen *Abdrücke* „hinterlassene Spuren", *Ausdrücke* „sprachliche Äußerungen".
Die Pluralform *(Ab-/Aus-)Drucke* hingegen bezieht sich nur auf „gedruckte Bilder oder Texte". Der

Plural *Drücke* – und seine Zusammensetzungen – wird im technischen und anderen Bereichen verwendet, aber nie in Zusammenhang mit Druckerzeugnissen: *Ab-, Achs-, Gas-, Nieder-, Unterdrücke; Fachausdrücke, Händedrücke, Kraftausdrücke; Eindrücke, Gefühlseindrücke.*
→ *Abdruck*

drucken

Das Verb *drucken* kann zusammen mit der Präposition *auf* mit dem Akkusativ oder dem Dativ stehen:
Wir drucken das Foto auf reinweißes/auf reinweißem Papier.

drücken

Bezieht sich *drücken* auf die Person, steht heute ausschließlich der Akkusativ. Der Dativ gilt in diesen Fällen veraltet: *Ihn* (nicht: *ihm*) *drückt das Gefühl, nicht verstanden zu werden. Man weiß nicht, wo ihn* (nicht: *ihm*) *der Schuh drückt.*

drum, drunter,

→ *darum,* → *darunter*

du / Du

Das Anredepronomen der vertrauten Anrede wird kleingeschrieben. Dies gilt auch für die entsprechenden Possessivpronomen *dein* und *euer*: *Wenn du in diese Gegend kommst, kannst du gerne bei uns übernachten. Wenn du dein Buch auf Seite 3 aufschlägst, …*
Dies gilt für alle Textsorten, also auch für Kinderbücher, Plakate oder Anleitungstexte.
Eine Ausnahme bilden nur Briefe. Hier können die Anredepronomen *du* und *ihr* mit ihren dazugehörigen Formen auch großgeschrieben werden: *Lieber Oliver, ich schreibe dir/Dir heute, um mich endlich für euer/Euer Geschenk zu bedanken. Kannst du/Du mich …*
Unter diese Regelung fallen auch:
deinerseits, deinesgleichen, deinetwegen, deinetwillen.

dubios / dubiös

Beide Formen des Fremdworts, das auf lateinisch *dubiosus* „zweifelhaft" zurückgeht, gelten als korrekt. Im allgemeinen Sprachgebrauch wird fast ausschließlich *dubios* verwendet.

Dummejungenstreich

Wird *Dummejungenstreich* in einem Wort geschrieben, wird nur am Ende des Wortes gebeugt, die beiden ersten Bestandteile bleiben unverändert: *ein Dummejungenstreich; des Dummejungenstreichs; die Dummejungenstreiche.*
Sollen auch die beiden ersten Teile der Zusammensetzung gebeugt werden, muss man Bindestriche setzen: *ein Dummer-Jungen-Streich; die Dummen-Jungen-Streiche; des Dummen-Jungen-Streiches.*

Dummy

Der Plural von *Dummy* wird im Deutschen vom Englischen abweichend *Dummys* geschrieben (auch: *Crashtestdummys*). Die Form *Dummies* gilt nicht mehr als korrekt.

dunkel

Getrennt- und Zusammenschreibung • In Verbindung mit einem Verb kann man getrennt oder zusammenschreiben, wenn das Adjektiv *dunkel* das Ergebnis der Handlung beschreibt: *die Haare dunkel färben/dunkelfärben.*
Auch das adjektivisch gebrauchte Partizip kann getrennt oder zusammengeschrieben werden: *dunkel gefärbte/dunkelgefärbte Haare.*
Groß- und Kleinschreibung • Das Adjektiv wird kleingeschrieben: *die dunklen Absichten; eine dunkle Ahnung haben; eine dunkle Bedrohung; ein dunkler Punkt in ihrer Vergangenheit; eine dunkle Stelle* (= „schwer zu deutende Passage in einem literarischen Werk"); *eine dunkle Existenz.*
Wird *dunkel* als Substantiv gebraucht, scheibt man es auch in festen Wendungen groß: *im Dunkeln tappen; im Dunkel der Nacht; etwas im Dunkeln lassen; im Dunkeln ist gut munkeln.*

dünken

Das Verb *dünken* für „scheinen" wird heute regelmäßig gebeugt: *dünken – dünkte – gedünkt.* Das Verb wird unpersönlich und meist nur in literarischen Zusammenhängen gebraucht. Es kann der Akkusativ oder der Dativ stehen: *Mich dünkt, dass…/Mir dünkt, dass…*
Die Formen *mich deucht/mir deucht* sind veraltet.
→ *deucht*

Dur

Die Bezeichnung für das Tongeschlecht geht auf lateinisch *durus* „hart" zurück. Da es sich also ursprünglich um ein Adjektiv handelte, wurde lange kleingeschrieben. Heute gelten *Dur* ebenso wie sein Pendant *Moll* als Substantive.
Da Bezeichnungen für die Dur-Tonarten mit großem Buchstaben geschrieben werden, stehen auch die Zusammensetzungen mit großem Buchstaben: *A-Dur* (aber: *a-Moll*), *C-Dur-Tonleiter, D-Dur-Konzert.*

durch-

Als Verbzusatz kann *durch* sowohl feste als auch unfeste Zusammensetzungen bilden. Der Ausdruck „unfeste Zusammensetzung" bedeutet hier, dass das Verb außer im Infinitiv, in den Partizipien oder bei Endstellung des Verbs im Nebensatz in getrennter Stellung steht: *durchbrechen: er* ***bricht*** *das Brett* ***durch****.* Der Infinitiv mit *zu* wird aber auch bei unfesten Zusammensetzungen mit *durch* zusammengeschrieben: *Er versucht das Brett durchzubrechen.*
In sogenannten „festen Zusammensetzungen" wird in allen Stellungen im Satz zusammengeschrieben: *durchbrechen: Er* ***durchbricht*** *die Barrikade. Er hat die Barrikade* ***durchbrochen****.*
Feste und unfeste Zusammensetzungen mit *durch* unterscheiden sich noch durch weitere Merkmale: In unfesten Zusammensetzungen ist *durch* betont: *ein Brett durchbrechen.* Das Partizip wird mit *-ge-* gebildet: *Er hat das Brett durch****ge****brochen.* In festen Zusammensetzungen ist dagegen das Verb betont: *die Barrikade durchbrechen.* Das Partizip wird ohne *-ge-* gebildet: *Er hat die Barrikade durchbrochen.* Weitere Verbindungen sind z. B. *durchbohren, durchkämmen, durchblättern.* Unfeste und feste Zusammensetzungen unterscheiden sich oft in ihrer Anwendung und in ihrer Bedeutung.

durchbohren

Das Verb *durchbohren* wird je nach Betonung unterschiedlich verwendet:
Ist *durch* betont, wird die Zusammensetzung im Sinne von „durch etwas hindurchbohren, bohrend hindurchdringen" verwendet: *Wir müssen (durch) das Brett ganz durchbohren.*
Ist das Verb betont, steht die Zusammensetzung für: „mit einem spitzen Gegenstand ganz durchdringen": *Er durchbohrte ihn mit dem Speer.*
Die Zusammensetzung wird auch in der übertragen gebrauchten Wendung *jemanden mit seinen Blicken durchbohren* verwendet.
→ *durch-*

durchbrechen

Je nach Betonung *durchbrechen* oder *durchbrechen* unterscheiden sich die Zusammensetzung in ihren Bedeutungen:
durchbrechen (= „entzweibrechen") – *Er bricht das Brett durch.*
durchbrechen (= „gewaltsam überwinden") – *Er durchbricht die Barrikade.*
→ *durch-*

durchdringen

Je nach Betonung *durchdringen* oder *durchdringen* wird das Wort unterschiedlich verwendet:
Wird *durch* betont *(durchdringen),* bedeutet das Verb „mit Mühe, Anstrengung oder Beharrlichkeit durch etwas hindurchgelangen": *das Gerücht, die Nachricht ist bis zu uns durchgedrungen.* In übertragener Bedeutung gibt man mit dem Verb zu verstehen, dass man „gegen anfänglichen Widerstand Zustimmung bei jemandem erreicht hat": *Er ist mit seinem Vorschlag durchgedrungen.*

Wird in der Verbindung das Verb betont *(durchdringen),* bedeutet es „etwas durchstoßen“: *der Pfeil durchdrang den Panzer des Krokodils.*
→ *durch-*

durcheinander

Getrennt- und Zusammenschreibung • Bei Verbindungen aus dem Adverb *durcheinander* und einem Verb trägt in der Regel *durcheinander* die Hauptbetonung. Die Verbindungen werden daher zusammengeschrieben: *durcheinanderbringen, durcheinandergeraten, durcheinanderrufen, durcheinanderpurzeln, durcheinanderwirbeln.*
In Verbindung mit *sein* wird dagegen immer getrennt geschrieben: *Wie kann man bloß so durcheinander sein?*
Groß- und Kleinschreibung • Als Adverb wird *durcheinander* kleingeschrieben: *Er ist ganz durcheinander.* Als Substantiv wird es dagegen großgeschrieben: *Es herrschte ein heilloses Durcheinander.*

durchs

In Wendungen wie *durchs Ziel gehen* kann *durchs* nicht zu *durch das* aufgelöst werden. Die Verwendung von *durchs* gilt daher in solchen Fällen als standardsprachlich. Auf keinen Fall darf ein Apostroph stehen (falsch: *durch's*).

durch was

In der gesprochenen Sprache ist die Fügung *durch was* weit verbreitet: *Ich weiß nicht, durch was die Krankheit verursacht wurde.* Dieser Gebrauch gilt jedoch als umgangssprachlich. Im Geschriebenen sollte stattdessen *wodurch* stehen: *Ich weiß nicht, wodurch die Krankheit verursacht wurde.*

durchwegs oder durchweg?

In Südostdeutschland, in Österreich und in der Schweiz dominiert die Form *durchwegs*. Im übrigen deutschsprachigen Raum wird dagegen meist *durchweg* verwendet.

dürfen

Wird *dürfen* als Hilfsverb verwendet, steht nach einem Verb im Infinitiv auch das Hilfsverb im Infinitiv: *Er hätte in diesem Zustand niemals fahren dürfen.*
Wird *dürfen* dagegen als Vollverb gebraucht, lautet das Partizip II *gedurft: Er hätte nicht ans Steuer gedurft.*

dutzend / Dutzend

Groß- und Kleinschreibung • Bezeichnet *Dutzend* eine unbestimmte Menge, kann nach der neuen Rechtschreibung auch kleingeschrieben werden: *mehrere Dutzend/dutzend Bücher; Dutzende/dutzende von Büchern; einige, viele Dutzend(e)/dutzend(e) Mal(e). Der Stoff wird in einigen Dutzend/dutzend Farben angeboten. Der Stoff wird in Dutzenden/dutzenden (von) Farben angeboten.*
Wird *Dutzend* dagegen in der Bedeutung „zwölf Stück“ verwendet, schreibt man immer groß: *Er kaufte zwei Dutzend Eier.*
ein Dutzend frische Eier • Nach *Dutzend* steht das Gezählte im selben Kasus: *ein Dutzend frische Eier; mit zwei Dutzend frischen Eiern.*
Auch wenn *Dutzend* eine unbestimmte Menge bezeichnet, steht das Gezählte im selben Kasus oder im Genitiv: *Er sprach mit Dutzenden verärgerten* (auch: *verärgerter*) *Kunden.*

dutzendmal / ein Dutzend Mal

Ist die Kollektivzahl *Dutzend* erweitert, schreibt man immer von *Mal* getrennt: *ein Dutzend Mal. Ein Dutzend Mal hat er ihn schon zurückgerufen.*
Bezeichnet *Dutzend* dabei eine unbestimmte Menge, kann groß- oder kleingeschrieben werden: *einige dutzend(e)/Dutzend(e) Male; viele dutzend(e)/Dutzend(e) Male.*
Wird die Verbindung wie ein Adverb verwendet, schreibt man zusammen: *dutzendmal.* Das Adverb steht dabei niemals mit einem Adjektiv, Artikel oder Pronomen: *Ich habe sie schon dutzendmal gewarnt.*
ACHTUNG: Schreibungen wie *ein Dutzendmal, viele Dutzendmal* sind nicht korrekt.

E

e oder ä?

→ *ä oder e?*

e – das Weglassen des e

ich denk(e) an dich • In der gesprochenen Sprache entfällt bei Verben der 1. Person Singular am Ende oft das *e: Ich denk an dich. Ich hab Hunger. Ich wasch dir die Haare.*
Diese Formen gelten im Schriftsprachlichen nicht als korrekt. Richtig muss es heißen: *Ich schick***e** *Ihnen die Datei per Anhang. Ich hab***e** *dem Schreiben nichts weiter hinzuzufügen.*
Die Formen ohne *e* erscheinen vereinzelt auch in literarischen Texten, besonders wenn gesprochene Sprache nachempfunden werden soll. In diesen Fällen wird der Ausfall nicht durch Apostroph angezeigt: *Unsicher sagte er: „Ich seh* (falsch: *seh'*) *dich nicht.“*
sie freu(e)n sich • Endet der Stamm eines Verbs mit einem Vokalbuchstaben oder mit dem Buchstaben *h* (z. B. *freu-, geh-*), lassen viele Sprecher des Deutschen das *e* der Endung *-en* der 1. und 3. Person Plural wegfallen. Dieser Ausfall des *e* gilt nicht als standardsprachlich und sollte im Schriftsprachlichen vermieden werden. Vereinzelt findet dieser sich in literarischen Texten, z. B. aus rhythmischen Gründen. Der Ausfall des *e* wird in diesen Fällen nicht durch Apostroph gekennzeichnet: *O schaurig ist's übers Moor zu* ***gehn.*** (Annette von Droste-Hülshoff)
hoble, liefre • Bei Verben, die auf *-eln* und *-ern* enden, fällt im Imperativ (Befehlsform) das *e* weg: *hobeln – hoble!; radeln – radle!; rudern – rudre!; liefern – liefre!*
bleib hier • Im Imperativ (Befehlsform) werden die meisten Verben ohne *e* gebildet. Folgende Formen sind daher korrekt: *Komm her! Geh weg! Bleib hier! Renn nicht so schnell! Hör endlich auf!*
Nur bei Verben, deren Stamm mit der Buchstabenkombination *-lm, -rm, -ln* oder *-rn* endet (z. B. *film-, wärm-*), kann der Imperativ Singular sowohl mit als auch ohne die Endung *e* gebildet werden: *Bitte film(e) die ganze Feier! Wärm(e) dich am Ofen! Zürn(e) ihm nicht!*
gut getimt • Bei Verben, die als englische Fremdwörter ins Deutsche entlehnt wurden, entfällt das stumme *e*, wenn diese gebeugt werden: *to time* → *ich time – du timst – er timt – gut getimt.*

é – ee

In einer Reihe von Fremdwörtern aus dem Französischen tritt der Buchstabe *é* bzw. die Buchstabenkombination *ée* für den Laut [e:] auf, der im Deutschen mit *ee* wiedergegeben werden kann, wie z. B. in *See.* Diese Schreibung findet sich auch in geläufigen integrierten Fremdwörtern wie *Allee* und *Armee.* In einigen Fällen ist die Schreibung mit *ee* als gleichberechtigte Variante zulässig: *Dekolleté – Dekolletee; Dragée – Dragee; Exposé – Exposee; Frotté – Frottee; Glacé – Glacee; Kommuniqué – Kommunikee; Negligé – Negligee; Pappmaché – Pappmaschee; passé – passee; Rommé – Rommee; Séparée – Separee; Soufflé – Soufflee; Varieté – Varietee.*
Außer bei Wörtern wie *Dragee* oder *Frottee* wird im allgemeinen Schreibgebrauch noch immer die Schreibung mit *é* bevorzugt.
SCHWEIZ: In der Schweiz ist neben *Kommuniqué* auch noch die Schreibung *Communiqué* geläufig.

e-i-Wechsel

Bei den starken Verben mit dem Stammvokal *e* wechselt der Vokal in der 2. und 3. Person Singular Präsens zu *i: geben – du gibst – er gibt; helfen – du hilfst – er hilft.*
Diese Verben bilden auch den Imperativ mit *i: gib!* (nicht: *geb!*); *hilf!* (nicht: *helf!*).

eben – zu ebener Erde

Bei Adjektiven auf *-en* bleibt das unbetonte *e* in allen Formen erhalten: *zu ebener* (nicht: *ebner*) *Erde.*

ebenso

ebenso … wie • In Vergleichssätzen mit *ebenso* benutzt man im heutigen Deutsch *wie* und nicht *als: Dieser Vorschlag ist ebenso unsinnig wie überflüssig. Das Fenster ist ebenso breit wie hoch. Der neue Vorsitzende muss sich ebenso um die Finanzen kümmern wie sein Vorgänger.*
Getrennt- und Zusammenschreibung • Für Verbindungen aus *ebenso* und einem Adjektiv oder Adverb gilt Getrenntschreibung: *Da könnte ich ebenso gut nach Hause fahren. Ebenso wenig lässt sich bei diesem Handy der Akku austauschen.*

echt goldene / echtgoldene Kette

Verbindungen aus zwei Adjektiven, bei denen das erste Adjektiv das zweite beschreibt oder graduiert, können als Wortgruppe oder als Zusammensetzung aufgefasst werden. Entsprechend kann sowohl getrennt als auch zusammengeschrieben werden: *eine echt goldene/echtgoldene Kette. Der Ring ist echt silbern/echtsilbern.*

Eck / Ecke

In der Standardsprache dominiert die Form *Ecke*. Dagegen heißt es in Süddeutschland, in der Schweiz und in Österreich oft *Eck*, besonders in Redewendungen wie: *bei mir ums Eck; jemanden ums Eck bringen.*
In Zusammensetzungen wie *Dreieck, Viereck* oder im Sport *(ins lange Eck schießen)* hat sich die alte Form *Eck* dagegen noch erhalten.

edel – edles Holz

Adjektive, die wie *edel* auf *-el* enden, verlieren das *e,* wenn sie gebeugt werden: *die edlen Speisen*. Auch im Komparativ fällt das *e* weg: *ein edler Tropfen.*

Edelmann

Der Plural von *Edelmann* lautet *Edelleute.*

ee – é

→ *é – ee*

EEG

→ *EKG*

effektiv – effizient

Beide Wörter stehen für die Bedeutungen „wirksam, erfolgreich“. Dennoch ist ein Unterschied im Gebrauch zu beachten: Das Adjektiv *effizient* bezieht sich vorwiegend auf einen Prozess, der schließlich den Erfolg bewirkt: So zeichnet sich ein *effizienter Motor* durch seine wirtschaftliche Arbeitsweise aus, z. B. durch einen geringen Benzinverbrauch. Ein *effizienter Betrieb* arbeitet im Verhältnis zum eingesetzten Personal- und Materialaufwand besonders produktiv.
Dagegen zielt das Adjektiv *effektiv* mehr auf das Ergebnis bzw. auf die Wirkung eines Prozesses oder einer Handlung, und zwar unabhängig vom dafür notwendigen Aufwand: Eine *effektive Klimaanlage* verändert eine Raumtemperatur besonders schnell. Eine *effektive Therapie* erzielt einen nachhaltigen Heilungserfolg.
Darüber hinaus wird *effektiv* auch in der Bedeutung „real, tatsächlich, wirklich“ gebraucht: Eine *effektive Verzinsung* beschreibt den tatsächlichen Ertrag einer Kapitalanlage unter Einbeziehung aller preisbestimmenden Faktoren.

ehe

ehe / ehe nicht • Folgt einem verneinten Hauptsatz ein mit *ehe* eingeleiteter Nebensatz, dann darf der *ehe*-Satz nicht gleichfalls verneint werden:
Wir fahren dieses Jahr nicht in Urlaub, ehe die Ferien begonnen haben. (Falsch: *Wir fahren dieses Jahr nicht in Urlaub, ehe die Ferien nicht begonnen haben.)*

Ich spreche nicht mit ihm, ehe er sich schriftlich bei mir entschuldigt hat. (Falsch: *Ich spreche nicht mit ihm, ehe er sich nicht schriftlich bei mir entschuldigt hat.)*
Steht hingegen der Nebensatz vor dem Hauptsatz und wird in dem mit *ehe* eingeleiteten Nebensatz zusätzlich eine Bedingung angegeben, dann wird der *ehe*-Satz in der Regel verneint: *Ehe er sich nicht entschuldigt hat, spreche ich nicht mit ihm. Ehe ich seine Meinung nicht kenne, tue ich gar nichts.*
In diesen Fällen kann *ehe* meist durch *solange* ersetzt werden: *Solange er sich nicht entschuldigt, spreche ich nicht mit ihm.*
Kommasetzung • Leitet *ehe* einen temporalen (zeitlichen) Nebensatz ein, wird dieser durch Komma abgegrenzt: *Sie wartete zwei Tage, ehe sie zum Arzt ging. Ehe sie die richtige Entscheidung treffen konnte, musste sie noch über viele Dinge nachdenken.*
Bildet *ehe* mit anderen Wörtern eine Wortgruppe, so wird das (einleitende) Komma vor die gesamte Wortgruppe gesetzt: *Das schreckliche Unglück geschah, zwei Tage ehe die alte Brücke repariert wurde.*

Ehrenbezeugung / Ehrenbezeigung

Die Wörter *Ehrenbezeugung* und *Ehrenbezeigung* werden heute weitgehend synonym gebraucht. Bei offiziellen Anlässen stehen beide Ausdrücke für „Gruß und Ehrerbietung gegenüber hochgestellten Persönlichkeiten"; bei militärischen Anlässen hingegen für „Gruß durch Gestellung von Ehrenkompanien oder Salutschießen". Im allgemeinen Schreibgebrauch überwiegt *Ehrenbezeugung.*

Ehrenmal – Ehrenmale oder Ehrenmäler?

Beide Pluralformen, *Ehrenmale* und *Ehrenmäler,* sind korrekt. Im allgemeinen Schreibgebrauch überwiegt die Pluralform *Ehrenmale.*

Eigennamen

→ *Sonderseiten „Eigennamen", S. 138f.*

ein (Zahlwort)

ein / eins • Steht das Zahlwort allein, heißt es *eins* (auch in Verbindung mit *hundert-* oder *tausend-*): *Die Uhr schlägt eins. Eins, zwei, drei hat er alles aufgegessen. Drei weniger zwei macht eins. Das Spiel steht zwei zu eins. Das Ergebnis lautet hundert(und)eins / tausend(und)eins.*
In Verbindung mit Substantiven steht *ein: Es schlägt ein Uhr. Die Kinder sind mein Ein und Alles. Es war ein und derselbe Mann. Sie sind ein Herz und eine Seele. Es war nur ein Mann und eine Frau. Das Märchen ist aus „Tausendundeine Nacht". Sehen Sie den Rückblick auf hundertundein Jahr satirisches Kabarett.*
Es wurden Tausendundein Salutschuss (oder: *tausend(und)eins Salutschüsse) abgefeuert.*
Bruchzahlen • In Rechenoperationen wird *ein* in der Regel nicht gebeugt: *Wenn mit ein Achtel multipliziert wird, muss man …* Dies gilt auch für Wortzusammensetzungen mit Brüchen: *fünfeinhalb, zweieinviertel* usw.
In Texten, in denen es nur auf den Zahlenwert ankommt, ist hingegen die gebeugte Form üblich: *Er musste sich mit einem Drittel der Summe begnügen.*
eines / einen Jahres • Steht das Zahlwort *ein* allein (also ohne Artikel) vor einem Substantiv, wird es stark gebeugt: *Es war die Leistung nur ein**es** Mannes. Binnen ein**es** Jahres verschwanden alle Symptome. Nur ein**er** Mitarbeiterin war es zu verdanken, dass …* Mit Artikel wird *ein* dagegen schwach gebeugt: *Die Leistung dieses ein**en** Mannes überraschte. Die Ernte dieses ein**en** Jahres übertraf alle Erwartungen. Dieser ein**en** Mitarbeiterin war es zu verdanken, dass …*
mit ein / einem Liter • Vor Maß- oder Mengenangaben wird *ein* in der Regel gebeugt: *Das Pulver wird in einem Liter Wasser aufgelöst. Die Staude erreichte eine Höhe von bis zu einem Meter.*
Bei kurzen Fügungen kann *ein* auch ungebeugt bleiben: *Der Anhänger ist einen* (auch: *ein*) *Meter lang.*
Groß- und Kleinschreibung • Bei Zahladjektiven ist Kleinschreibung immer richtig, auch dann, wenn ein Artikel davorsteht: *mehr als einer; zum einen …, zum anderen; einer für alle, alle für*

einen. Wenn besonders betont werden soll, dass *ein* als Substantiv verstanden werden soll, ist neben der Kleinschreibung auch die Großschreibung möglich, sofern *ein* mit Artikel steht: *die einen/Einen sagen dies, die anderen/Anderen sagen das. Sie will das eine/Eine nicht tun und das andere/Andere nicht lassen.*
Großschreibung gilt in Fällen wie den folgenden: *der Eine* (= „Gott"). *Der Garten ist ihr Ein und Alles. Sie ist die Eine.*
→ *eins*

Ein römischer Exportschlager – *eichen*
Einer der erfolgreichsten Exportartikel römischer Lebensart war sicherlich der Garten- und Weinbau. Das bezeugen noch heute Wörter wie *Bottich, pflücken, impfen* oder *pfropfen,* die auf die lateinischen Ausdrücke *apotheca, piluccare, imputare* und *propagare* zurückgehen. Auch *eichen* geht auf diesen Ursprung zurück, mit dem gleichlautenden Laubbaum hat das Wort nichts zu tun. Am Anfang der Wortgeschichte steht das lateinische *aequare,* das vermutlich als *ikon* ins Fränkische entlehnt und durch den Lautwandel mittelhochdeutsch zu *ichen,* später dann zu *eichen* verschoben wurde. Als Fachausdruck im Weinbau verstanden die römischen Winzer unter *aequare* das Ausmessen und Markieren der Gefäße, was zeigt, dass man schon in der Spätantike darauf achtete, dass auch wirklich gut eingeschenkt wurde. Noch heute schreibt die Schankverordnung an Wein- und Biergläsern einen *Eich-* oder Füllstrich vor, der dem Gast Auskunft über das Volumen des jeweiligen Inhalts gibt. Der Bedeutungsumfang blieb allerdings nicht auf den Weinbau beschränkt: Heute versteht man unter *eichen,* dass Maße und Messgeräte durch das *Eichamt* oder den *Eichmeister* geprüft und als *geeicht* gekennzeichnet werden.

ein (unbestimmtes Pronomen)

einer oder eines? • Der Genitiv Maskulinum des unbestimmten Pronomens *ein* lautet *eines.* Richtig muss es daher heißen: *die Unachtsamkeit eines unserer Mitarbeiter; das Produkt eines unserer Konkurrenten.*
Im allgemeinen Schreibgebrauch findet diese Regel gleichwohl immer weniger Beachtung. Die Form *einer* steht hier inzwischen häufiger als *eines: die Unachtsamkeit einer unserer Mitarbeiter.*
TIPP: Da in diesen Fällen die Form *einer* in vielen Grammatiken noch als falsch betrachtet wird, empfiehlt sich die Verwendung von *eines.*
Im Genitiv Femininum ist die Form *einer* dagegen korrekt: *die Unachtsamkeit einer unserer Mitarbeiterinnen.*
einer der Menschen, die / der • In Sätzen wie den folgenden steht das Relativpronomen immer im Plural:
Einer der aufregendsten Menschen, die (nicht: *den*) *ich je kennengelernt habe, war mein Schwager.*
Ich war in einem der interessantesten Museen, die (nicht: *das*) *ich je besucht habe. Das ist eine der letzten Riesenschildkröten, die hier leben* (nicht: *lebt*).
Der Grund dafür ist, dass sich das Relativpronomen in diesen Sätzen stets auf das vorausgehende Substantiv bezieht, das jeweils im Plural steht (hier: *Menschen, Museen, Riesenschildkröten*).
Es bezieht sich nicht auf die Formen *einer/einem/eine.*
das soll einer begreifen • → *man*

einander

Die Kombination von *einander* und *gegenseitig* ist nicht korrekt:
Die Kinder waschen sich gegenseitig die Haare.
(Auch: *Die Kinder waschen einander die Haare.)*
(Falsch: *Die Kinder waschen einander gegenseitig die Haare.)*

einarbeiten

Das Verb *einarbeiten in* steht gewöhnlich mit dem Akkusativ: *Es wird noch dauern, bis er in sein neues Aufgabengebiet eingearbeitet ist. Sie hat sich in die neue Materie eingearbeitet.* In einigen Fällen kann jedoch auch der Dativ stehen: *Er muss sich in diesem Sachgebiet* (= „innerhalb dieses Sachgebiets") *noch einarbeiten.*

einbauen

Das Verb *einbauen* wird zusammen mit der Präposition *in* meist mit dem Akkusativ verwendet, da die Bedeutung eine Richtungsangabe beinhaltet (Frage: „Wohin?"): *Sie haben einen Tresor direkt in die Wand eingebaut. Er hat aus Spaß zahlreiche Fehler in das Bild eingebaut.*
Ist die Frage „Wo?" passender, kann aber auch der Dativ stehen. Dies ist oft bei Passivkonstruktionen der Fall: *In jeder Etage wurden Brandmelder eingebaut.*

einbrechen

In Verbindung mit der Päposition *in* kann das Verb mit dem Akkusativ oder dem Dativ stehen: *Die Räuber brachen in die* (auch: *in der*) *Bank ein.*

eineinhalb

Anstelle von *eineinhalb* kann auch *einundeinhalb* oder *anderthalb* stehen. Das Zahlwort wird nicht gebeugt: *Nach eineinhalb Monaten kamen die ersten Reaktionen auf seinen Artikel.* Nur die aufgelöste Form kann gebeugt werden: *Nach einem und einem halben Monat kamen die ersten Reaktionen.*

einerseits – andererseits

Kommasetzung • Mit *einerseits – andererseits* (auch: *anderseits/andrerseits*) können Hauptsätze oder die Glieder einer Aufzählung verbunden werden. Diese werden mit Komma abgetrennt: *Einerseits gefiel ihm der Bürojob, andererseits langweilte er ihn auf Dauer. Sie ist einerseits tüchtig, andererseits oft auch unzuverlässig.*
Auch bei Sätzen, in denen *einerseits* fehlt, steht vor *andererseits* ein Komma: *Sie ist tüchtig, andererseits ist sie oft aber auch unzuverlässig.*
Wird *einerseits – andererseits* in die Satzmitte verschoben, steht das Komma nicht direkt vor *andererseits*: *Der Bürojob gefiel ihm einerseits ganz gut, auf Dauer langweilte er ihn andererseits aber doch.*
einerseits – andererseits / im anderen Fall • Es handelt sich bei *einerseits – andererseits* um eine mehrgliedrige Konjunktion, deren zweiter Teil nicht durch andere Fügungen, wie z. B. *im anderen Fall*, ersetzt werden kann.

einfügen

Das Verb *einfügen* steht in der Regel mit dem Akkusativ: *Ich habe noch eine Fußnote in den Text eingefügt. Das Mauerstück wurde wieder in die Lücke eingefügt.*
Vor allem beim Zustandspassiv ist gelegentlich neben dem Akkusativ auch der Dativ möglich: *In den* (auch: *In dem*) *Text ist auf Seite 1 eine Fußnote eingefügt.*

einheften

Das Verb kann sowohl mit dem Dativ als auch mit dem Akkusativ stehen: *Sie hat die Testbogen noch nicht in den/in dem Ordner eingeheftet.*

einig – einiggehen, einig sein

In Verbindung mit *sein* wird getrennt geschrieben: *Für den Abschluss müssen sich die Händler einig sein. Trotz jahrelanger Verhandlungen sei man sich nicht einig geworden.*
Die Zusammensetzung *einiggehen* wird dagegen zusammengeschrieben: *Man kann hier mit dem Verfasser völlig einiggehen, dass …*

einige(r, -s)

einiges Gute(s) • Adjektive und Partizipien nach *einiger(r, -s)* werden im Singular unterschiedlich gebeugt.
Die starke Deklination überwiegt bei den Formen mit der Endung *-er*, also im Nominativ Maskulinum und im Dativ und Genitiv Femininum. Das auf *einige(r, -s)* folgende Adjektiv wird dann parallel gebeugt: *einig**er** geballt**er** Sachverstand; trotz einig**er** offenkundig**er** Abneigung.*

In allen anderen Fällen ist im Singular die schwache Deklination durchaus üblich: *einiges herumliegende Werkzeug, mit einigem wichtigen Material.* Im Nominativ und Akkusativ Neutrum ist aber auch die starke Deklination möglich: *einiges herumliegendes* (auch: *herumliegende*) *Werkzeug, einiges wichtiges* (auch: *wichtige*) *Material.* Schließlich kommt im Genitiv Plural neben der (sonst im Plural üblichen) starken Deklination auch die schwache Deklination vor: *der Anblick einiger vertrauter* (auch: *vertrauten*) *Leute.* Im Plural wird das Adjektiv generell stark gebeugt; es hat dann die gleiche Endung wie *einige(r, -s): einige besonnene Teilnehmer; mit Unterstützung einiger besonnener Teilnehmer.*

Groß- und Kleinschreibung • Das unbestimmte Pronomen wird kleingeschrieben: *einige Kinder; mit einigem Engagement; einige Male.* Dies gilt auch, wenn es als Stellvertreter eines Substantivs gebraucht wird: *Sie wusste einiges über diesen Vorfall. Es gab einige, die zur Aussage bereit waren.*

einkehren

Wird das Verb *einkehren* mit der Präposition *in* gebraucht, steht üblicherweise der Dativ. Die Verwendung des Akkusativs ist seltener, gilt aber nicht als falsch: *Er kehrt jeden Tag in der berüchtigten* (seltener: *in die berüchtigte*) *Kneipe ein.*

einleben – sich einleben in

Wird *einleben* mit der Präposition *in* gebraucht, steht der Dativ, sofern eine konkrete Ortsangabe folgt: *Es gelang ihm nicht, sich im Heim einzuleben. Sie hat sich in der Stadt eingelebt.*
Im übertragenen Gebrauch ist dagegen eher der Akkusativ üblich: *Der Schauspieler hat sich schnell in seine Rolle eingelebt. Trotz seiner Herkunft hat er sich gut in die Kölner Verhältnisse eingelebt.*

einlenken

Wird *einlenken* in der Bedeutung „nachgeben" gebraucht, bildet man das Perfekt mit *haben: Er war zunächst wütend, hat dann aber schnell eingelenkt.*

In der Bedeutung „einbiegen" – der Gebrauch ist heute allerdings selten – bildet man das Perfekt dagegen mit *sein: Weil der PKW verbotenerweise in die Goethestraße eingelenkt war, musste der LKW ausweichen.*

Eher einsam als langweilig – *Einöde*
In dem Wort scheinen sich das Bestimmungswort *ein,* das an *einsam* erinnert, und das Grundwort *öde* im Sinne von „leer, verlassen, langweilig" perfekt zu ergänzen. Dennoch hat das Wort einen anderen Ursprung. Bei dem vermeintlichen Bestimmungswort *öde* handelt es sich ursprünglich um das althochdeutsche Suffix (Nachsilbe) *oti,* das an das althochdeutsche *ein* „einzeln, einsam" angehängt wurde. Das Suffix begegnet uns heute noch in vielen Wörtern, und fast immer hat es seine Gestalt verändert, so z. B. in *Klein**od**, Heim**at**, Arm**ut*** und *Zierr**at***.

Mit diesem sprachgeschichtlichen Hintergrund wird so mancher Begriff heutzutage erst verständlich: Die großen Bauernhöfe, die in vielen Regionen Süddeutschlands und Österreichs nicht in Dörfern, sondern verstreut mitten in der Landschaft liegen, bezeichnet man allgemein als *Einödhöfe* (Bild: ein *Einödhof* im Schwarzwald), in Österreich und in Bayern auch als *Einöde.* Und genau das sagt das Wort tatsächlich aus: „einzeln gelegen" bzw. „einzeln gelegene Höfe".

einliefern

Wird *einliefern* mit der Präposition *in* gebraucht, steht der Akkusativ, da mit dem Verb eine Bewegungsrichtung verbunden wird: *Er wurde ins Gefängnis/ins Krankenhaus eingeliefert.*

E

Rechtschreibung individuell: Die *Eigennamen*

Eigennamen schreibt man groß – das ist eigentlich allen klar. Aber was genau sind Eigennamen, was zählt dazu, was nicht? Was ist mit Bezeichnungen für Speisen, was mit fachsprachlichen Begriffen? Da das Deutsche offensichtlich immer weiter zu einer verstärkten Großschreibung tendiert, wird oft mehr großgeschrieben, als es die Regeln zur Rechtschreibung vorsehen. Und weitere Probleme als nur die Groß- und Kleinschreibung tun sich auf beim Sonderfall der Personennamen, insbesondere in Bezug auf den Genitiv: Warum heißt es *die Gedichte Goethes*, aber *die Gedichte des jungen Goethe*?

Groß- und Kleinschreibung

In mehrteiligen Eigennamen mit nicht substantivischen Bestandteilen schreibt man das erste Wort und in der Regel alle weiteren Wörter groß, mit Ausnahme von Artikeln, Präpositionen und Konjunktionen: *Otto der Große, Walther von der Vogelweide, der Atlantische Ozean.* Das gilt also auch für Adjektive in Eigennamen (hierzu zählen auch Bezeichnungen für historische Ereignisse und Epochen): *der Schiefe Turm von Pisa, die Große Mauer* (in China), *der Große Wagen* (Sternbild), *der Westfälische Frieden, die Goldenen Zwanziger.* Wenn Institutionen sich selbst oder eigenen Produkten Namen geben, können sie davon auch abweichen.

ACHTUNG: Zu unterscheiden von den Eigennamen sind feste Gefüge aus Adjektiv und Substantiv, die *keine Eigennamen* sind, in diesen schreibt man die Adjektive in der Regel klein: *das autogene Training, die höhere Mathematik, die innere Medizin.* Nur wenn die Verbindung nicht wörtlich, sondern in einem übertragenen Sinne zu verstehen ist, kann das Adjektiv in einigen ausgewählten Fällen auch großgeschrieben werden: *der Blaue/blaue Brief* (= Mahnschreiben),

Eigennamen	feste Gefüge aus Adjektiv und Substantiv
der Apokalyptische Reiter	*die künstliche Intelligenz*
Bürgerliches Gesetzbuch	*das neue Jahr*
der Deutsche Bundestag	*das römische Recht*
die Schwäbische Alb	*die römisch-katholische Kirche*
die Olympischen Spiele	*das russische Bad*
der Kalte Krieg	*die schwarze Liste*
das Grabmal des Unbekannten Soldaten	*die silberne Hochzeit*

der Falsche/falsche Hase (= Hackbraten), *der Gelbe/gelbe Sack, das Goldene/goldene Zeitalter* (= sagenumwobene Epoche). Hierzu siehe auch → Farbbezeichnungen.

Genitiv-s oder nicht?

Wenn ein Name in den Genitiv gesetzt wird, erhält er gewöhnlich ein *-s: Daniels Hefte, Goethes Gedichte, die Niederlage Napoleons.*
ACHTUNG: Endet ein Name auf einen s-Laut, dann wird das Genitiv-*s* durch einen Apostroph ersetzt: *Moritz' Hefte, Grass' Werke, Strauß' Niederlage.*
Namen mit Artikel ▸ Normalerweise werden Eigennamen (besonders Personennamen) standardsprachlich nicht mit Artikel verwendet (*der Peter* = umgangssprachlich). Wenn sie allerdings durch ein Adjektiv oder Ähnliches erweitert sind, dann steht ein Artikel und entsprechend erhält der Genitiv keine Endung, so dass sich hier auch keine Besonderheiten für auf -s auslautende Personennamen ergeben: *der Brief des lieben Nico, der Brief des lieben Lukas, das Auto der Karin von gegenüber, die Geschäfte des jungen Schulze aus Mannheim.* Der Titel von Goethes Roman „Die Leiden des jungen Werthers" entspricht also nicht den Regeln der Gegenwartssprache. Korrekt müsste es heute heißen: „Die Leiden des jungen Werther".

Zusammenschreibung und Bindestrich

Da Eigennamen zu den Substantiven zählen, werden Verbindungen von bzw. mit Eigennamen grundsätzlich zusammengeschrieben: *Deutschlandfahne, Zugspitzmassiv; Danaergeschenk, Perserteppich.*
Kommen mehrteilige Eigennamen in solchen Verbindungen vor, schreibt man durchgehend mit Bindestrichen: *Kaiser-Joseph-Straße, Max-Planck-Gesellschaft, Thüringer-Wald-Straße.*
ACHTUNG: Ableitungen auf *-er* von geografischen Eigennamen schreibt man grundsätzlich vom folgenden Substantiv getrennt: *Aachener Karlspreis, Basler Straße, Berner Oberland, Versailler Vertrag, Wiener Kongress.*

Einwohnerbezeichnungen

Die Einwohnerbezeichnungen zu den meisten Ländern werden auf *-er/-erin (Ägypten – Ägypter), -aner/-anerin, (Amerika – Amerikaner), -ese/-esin (China – Chinese) und auf -e/-in (Finnland – Finne)* gebildet. Dennoch gibt es von dieser Regel zahlreiche Ausnahmen: *Slowakei – Slowake; El Salvador – Salvadorianer; Eritrea – Eritreer.* In manchen Fällen sind auch mehrere Bezeichnungen möglich: *Färöer – Färöer/Färinger; Ghana – Ghanaer* (veraltet: *Ghanaese*); *Haiti – Haitianer/Haitier.* Weitere Beispiele für ungewöhnliche Bildungen finden sich im Wörterverzeichnis.
Auch für die Einwohnerbezeichnungen deutscher Städte gibt es verschiedene Möglichkeiten, in der Regel auf *-er/-erin* oder *-aner/-anerin.* Die Endungen der Städtenamen bleiben dabei unterschiedlich erhalten, ein paar Faustregeln kann man nennen, aber mit Ausnahmen muss man leben:
Aachener ▸ Bei der Bildung von Einwohnerbezeichnungen auf *-er* zu Ortsnamen auf *-en* bleibt die Endung *-en* des Ortsnamens in der Regel dann erhalten, wenn der Ortsname **zweisilbig** ist: *Aachener, Dresd(e)ner, Essener, Gießener.*
Saarbrücker ▸ Dagegen wird bei Ortsnamen auf *-en,* die **mehr als zwei Silben** aufweisen, das *-en* des Ortsnamens im Allgemeinen getilgt: *Donaueschinger* (statt: *Donaueschingener*), *Erlanger* (statt: *Erlangener*), *Göttinger* (statt: *Göttingener*), *Kirchheimbolander* (statt: *Kirchheimbolandener*).
Friedrichshafener ▸ Bei Ortsnamen auf *-hafen/-haven* bleibt *-en* erhalten: *Friedrichshafener, Bremerhavener, Wilhelmshavener.*
Hannoveraner ▸ Bei den auf *-er* auslautenden Ortsnamen wird die Folge *-erer* als störend empfunden. Aus diesem Grunde tritt bei diesen Ortsnamen bei der Einwohnerbezeichnung im Allgemeinen statt des Suffixes *-er* das Suffix *-aner* an den Ortsnamen: *Hannoveraner, Jeveraner, Münsteraner*; aber: *Königswinterer.* Die Regel gilt **nicht** für Ortsnamen auf *-weiler,* bei denen der Einwohnername meist gleichlautend mit dem Ortsnamen ist: *Ahrweiler – der Ahrweiler; Eschweiler – der Eschweiler,* aber: *Badenweiler – der Badenweilerer.*

einmal oder ein Mal?

Das Adverb *einmal* wird klein- und zusammengeschrieben: *einmal, alles auf einmal; auf einmal; nicht einmal das; und noch einmal; ein- bis zweimal. Er ist einmal zu spät gekommen.*
Bei besonderer Betonung ist auch Getrenntschreibung möglich: *Erst ein Mal ist das passiert! Hör mir doch ein Mal zu! Da passt man ein Mal nicht auf, …*
Ist ein Bestandteil erweitert, schreibt man ebenfalls getrennt: *dies eine Mal.*

einordnen

Nach *einordnen* kann die abhängige Wortgruppe in den Akkusativ oder den Dativ gesetzt werden. Möchte man (auch im übertragenen Sinn) die Richtung betonen, steht der Akkusativ: *Bücher in das Regal einordnen* (Frage: „Wohin?"). *Der Roman lässt sich nicht in die üblichen Kategorien einordnen. Nach der Einfahrt ordnete er sich hinter einen Lastwagen ein.*
Wird dagegen der Ort betont, an dem etwas eingeordnet wird, steht der Dativ: *Bücher in dem Regal einordnen* (Frage: „Wo?"). *Er hatte sich im Verkehr eingeordnet, als der Unfall geschah.*

einreisen

Folgt nach *einreisen in* ein Ländername, der mit Artikel gebraucht wird, steht der Akkusativ: *Zahlreiche Touristen reisen in die* (nicht: *in der*) *Türkei ein.*
Bei Ländernamen, die ohne Artikel gebraucht werden, sind nach *einreisen* die Präpositionen *in* und *nach* korrekt. In beiden Fällen steht die abhängige Wortgruppe im Dativ: *Etliche Touristen reisen in/nach Dänemark ein.*

eins

Das Adjektiv *eins* wird kleingeschrieben, und zwar sowohl in der Verwendung als Kardinalzahl als auch in den Bedeutungen „einig" und „gleichgültig": *halb eins; Artikel eins; eins* (= „einig") *sein. Ihm war alles eins* (= „egal"). *Sie waren eins mit der Welt. Sie haben den Vorschlag eins zu eins umgesetzt. Sie ist wieder die Nummer eins/auf Platz eins der Weltrangliste.*
Die Kleinschreibung gilt auch für das unbestimmte Pronomen: *Ich will dir eins sagen. Sie wollte nur noch eins: nach Hause! Dann setzte er noch eins drauf. Lassen Sie mich eins klarstellen.*
Als Substantiv wird das Zahladjektiv aber großgeschrieben: *Ich habe eine Eins in der Deutscharbeit. Er schloss mit der Note „Eins"* (aber: *mit der Note „sehr gut"*) *ab.*
→ *ein (Zahlwort)*

einschlafen

Wird *einschlafen* mit der Präposition *über* gebraucht, steht die abhängige Wortgruppe im Dativ: *Er ist über seiner* (nicht: *seine*) *Hausarbeit eingeschlafen.*

einschlagen

einschlagen in / im • Nach *einschlagen in* steht meist der Akkusativ, da mit der Bedeutung gewöhnlich eine Bewegungsrichtung (Frage: „Wohin?") verbunden wird: *Der Blitz schlug in den Kirchturm ein.* Soll dagegen der Ort des Einschlags (Frage: „Wo?") betont werden, steht der Dativ: *Die Rakete schlug wegen eines technischen Fehlers im Nachbarland ein.*
In der Bedeutung „einwickeln" steht meist der Akkusativ: *In ein feuchtes Tuch eingeschlagen hält sich der Fenchel über mehrere Tage frisch.*
hat / ist eingeschlagen • In der Regel wird das Perfekt mit *haben* gebildet, seltener dagegen mit *sein: Der Blitz hat* (selten: *ist*) *in den Kirchturm eingeschlagen.*

einschließlich

einschließlich der / die • Die Präposition *einschließlich* steht mit dem Genitiv, wenn dem folgenden Substantiv ein Artikel, ein Pronomen oder ein Adjektiv vorausgeht: *Wir übernehmen die Reisekosten einschließlich der Verpflegung. Einschließlich des Versandkostenanteils beträgt der Preis 56 Euro.*

In Kombination mit Substantiven ohne Artikel, Pronomen oder Adjektiv wird das Substantiv im Singular nicht gebeugt: *Wir übernehmen die Reisekosten einschließlich Verpflegung. Einschließlich Versandkostenanteil beträgt der Preis 56 Euro.*
Im Plural hingegen steht das Substantiv im Dativ: *Einschließlich Versandkostenanteilen beträgt der Preis 56 Euro. Die Kosten für den Straßenbau betragen einschließlich Schallschutzwänden über 5 Millionen Euro.*
Folgen der Präposition Länder- oder Ortsnamen, können diese ungebeugt bleiben oder mit Genitiv-s stehen: *Eine Bilanz der neuen Länder einschließlich Berlin/Berlins offenbart, …*
einschließlich / zuzüglich • Die beiden Präposition dürfen nicht verwechselt werden: Mit *einschließlich* werden die im ausgewiesenen Gesamtbetrag bereits enthaltenen Sonderposten aufgeführt: *Das Buch kostet 15 Euro einschließlich Versandkosten* (= die Versandkosten sind im Preis bereits enthalten). Anstelle von *einschließlich* kann hier auch die Präposition *inklusive* verwendet werden. Die Präposition *zuzüglich* benennt ebenfalls einen besonderen Posten. Dieser muss jedoch zu einem genannten Betrag noch hinzugerechnet werden: *Das Buch kostet 15 Euro zuzüglich* (oder: *zzgl.*) *3 Euro Versandkosten* (15 Euro + 3 Euro Versandkosten = 18 Euro Gesamtbetrag).

Einstein'sche / einsteinsche Relativitätstheorie

Wenn von Eigennamen adjektivische Ableitungen auf *-sch* gebildet werden, können sie mit Apostroph oder ohne Apostroph stehen. Setzt man den Apostroph, wird der Name großgeschrieben: *die Einstein'sche Relativitätstheorie.*
Wird *-sch* direkt an den Namen angehängt, gilt dieser als Adjektiv und wird dann kleingeschrieben: *die einsteinsche Relativitätstheorie.*

einstufen

Wird *einstufen* mit der Präposition *in* gebraucht, kann die abhängige Wortgruppe sowohl im Dativ als auch im Genitiv stehen: *Sie wurde in die* (auch: *in der*) *Besoldungsgruppe A 16 eingestuft.*

einwandern in / nach

Folgt nach *einwandern in* ein Ländername, der mit Artikel gebraucht wird, steht der Akkusativ: *Zahlreiche Vietnamesen wanderten in den 1960er Jahren in die* (nicht: *in der*) *Bundesrepublik ein.*
Bei Ländernamen, die ohne Artikel gebraucht werden, sind nach *einwandern* die Präpositionen *in* und *nach* korrekt. In beiden Fällen steht die abhängige Wortgruppe im Dativ: *Etliche Bürgerkriegsflüchtlinge wanderten in/nach Dänemark ein.*

einwickeln

In Kombination mit der Präposition *in* steht die abhängige Wortgruppe im Akkusativ: *Er wickelte das Buch in blaues Geschenkpapier ein.*

Einwohnerbezeichnungen

Wolfhager / Steinhäger • Für den Umlaut bei Einwohnerbezeichnungen auf *-er* lassen sich kaum Regeln angeben. So kommen nebeneinander vor: *Wernigeröder,* aber: *Ebenroder; Osteroder* neben *Osteröder; Wörishofer,* aber: *Königshöfer* neben *Königshofener; Gelnhäuser, Mühlhäuser, Nordhäuser,* aber: *Heiligenhauser, Oberhausener; Wolfhager* neben *Steinhäger.*
Lediglich bei Einwohnernamen von Orten, die auf *-stadt* enden, wird im Allgemeinen der Umlaut gebildet (nach dem Muster *die Stadt – der Städter*): *Darmstädter, Ingolstädter, Rudolstädter.* Doch gibt es auch hier Ausnahmen: *Neustadter* (zu *Neustadt a. d. Weinstraße*), *Schifferstadter.*
Emden – Emdener • Bei der Bildung von Einwohnerbezeichnungen auf *-er* zu Ortsnamen auf *-en* bleibt die Endung *-en* des Ortsnamens in der Regel dann erhalten, wenn der Ortsname zweisilbig ist: *Aachener, Dresd(e)ner, Emdener* (auch: *Emder*), *Essener, Gießener, Hagener, Münch(e)ner, Siegener, Singener, Uelzener* (auch: *Uelzer*).
Bei einigen zweisilbigen Ortsnamen auf *-en* wird jedoch das *-en* des Ortsnamens getilgt. Zu diesen Ausnahmen gehören: *Barmer, Binger, Bremer, Lüner.*
Dagegen wird bei Ortsnamen auf *-en,* die mehr als zwei Silben aufweisen, das *-en* des Ortsna-

mens im Allgemeinen getilgt: *Donaueschinger* (statt: *Donaueschingener*); *Eisleber* (statt: *Eislebener*); *Erlanger* (statt: *Erlangener*); Ausnahme: *Leverkusener*.
Bei Ortsnamen auf *-hausen, -kirchen* und *-hagen* kommen Bildungen mit und ohne Tilgung von *-en* vor: *Gelnhäuser,* aber: *Oberhausener; Altenkircher,* aber: *Euskirchener; Stadthäger,* aber: *Langenhagener.*
Bei Ortsnamen auf *-hafen/haven* bleibt das *-en* erhalten: *Friedrichshafener, Bremerhavener, Wilhelmshavener.*
Groß- und Kleinschreibung • Ableitungen von geografischen Eigennamen auf *-er* schreibt man groß: *das Basler Münster, die Berliner Weihnachtsmärkte, die Wiener Kulturszene, der Frankfurter Flughafen; die Schweizer* (aber: *schweizerische*) *Uhrenproduktion.*
→ *-aner*

Einzahl

→ *Numerus*

einzeln

Groß- und Kleinschreibung • In der Verwendung als Adjektiv schreibt man *einzeln* klein: *Ich muss sagen, einzelne Dinge haben mir gut gefallen. Die einzelnen Punkte sollten wir noch einmal durchgehen.*
Bei Substantivierung schreibt man groß. Man erkennt die Substantivierung daran, dass ein Artikel (manchmal verschmolzen mit einer Präposition), Adjektive und/oder Pronomen vorausgehen können, die sich nicht auf ein Substantiv, sondern direkt auf *einzeln* beziehen: *Der Einzelne ist machtlos* (aber: *der einzelne Bürger*). *Er erläuterte die Materie vom Einzelnen zum Allgemeinen. Sein Lebenslauf wurde bis ins Einzelne überprüft. Im Einzelnen wären noch die folgenden Punkte zu klären. Jeder Einzelne holt sich ein Blatt.*
Auch wenn sich die gebeugte Form nicht auf ein Substantiv bezieht, liegt eine Substantivierung vor: *Der Vortrag war erhellend, Einzelnes blieb jedoch unklar. Als Einzelner hat man nur geringen Einfluss.*

einzelne bunt gefärbte Blätter • Adjektive oder Partizipien nach *einzeln* werden meist stark gebeugt, wenn ihnen kein Artikel vorausgeht: *einzelne frisch gefallen***e** *Schneeflocken; einzelne bunt gefärbt***e** *Blätter; trotz einzelner unerwartet***er** *Meldungen; wegen einzelner wartend***er** *Patienten.*
Schwache Formen kommen heute nur im Genitiv Plural noch vereinzelt vor. Sie gelten als veraltet: *wegen einzelner wartend***en** *Patienten; trotz einzelner unerwartet***en** *Meldungen.*

Eisbär – dem Eisbären/dem Eisbär

Das Substantiv *Eisbär* gehört der schwachen Deklination an. Außer im Nominativ enden daher alle Formen auf *-en*. Das Weglassen der Endung gilt als umgangssprachlich.
Es heißt also: *Der Tierpfleger spielte mit dem jungen Eisbären* (nicht: *Eisbär*) *im Gehege herum. Dem Eisbären* (nicht: *Eisbär*) *wird im Sommer schnell heiß.*

Eisblock

Der Plural von *Eisblock* lautet nur: *Eisblöcke.*
→ *Block*

eisern

Als Adjektiv wird *eisern* kleingeschrieben. Dies gilt auch für viele feste Wendungen: *eiserne Hochzeit, eiserne Lunge, eiserne Ration, eiserner Wille, eiserner Vorhang* (= „Brandschutzvorrichtung im Theater").
In Eigennamen, die das Adjektiv enthalten, wird großgeschrieben: *Eisernes Kreuz* (= „militärische Auszeichnung"), *das Eiserne Tor* (= „Donaudurchbruch"), *Eiserner Vorhang* („Grenze zwischen Ost und West nach dem 2. Weltkrieg").

eislaufen

In der Verbindung *eislaufen* hat das Substantiv *Eis* seine Eigenständigkeit weitgehend verloren, man schreibt daher zusammen: *Sie sind eisgelaufen.* Auch *kopfstehen, leidtun, standhalten* werden entsprechend zusammengeschrieben.

Sonst schreibt man Verbindungen aus Substantiven und Verben in der Regel getrennt: *Rad fahren, Marathon laufen* usw.

Viel Theater in Europa – *eiserner/Eiserner Vorhang*

Der *eiserne Vorhang* war ursprünglich eine Brandschutzvorrichtung für das Theater, die im Frankreich und im England des 18. Jahrhunderts eingeführt wurde. Diese Neuerung war bitter nötig, denn die Bühnenbeleuchtung mit offenem Gaslicht hatte vielfach entsetzliche Brände zur Folge. Mit dem *eisernen Vorhang* aus Wellblech oder Drahtgewebe konnte man den Zuschauerraum wirksam von der Bühne abtrennen und hatte so wertvolle Zeit zum Verlassen des Gebäudes.

Der Ausdruck *eiserner Vorhang* wurde schon bald außerhalb des Theaters – vor allem in politischen Zusammenhängen – als eine allgemeine Metapher für eine undurchdringliche Grenze gebraucht. Nirgends aber wurde dieser bildhafte Vergleich so treffend gewählt, wie in jenen beiden Reden **Winston Churchills** (Bild) 1945 und 1946, in denen er die beginnende Teilung Europas mit einem *eisernen Vorhang* („iron curtain") gleichsetzte, der sich über Europa gesenkt habe. Der Ausdruck wurde zum feststehenden Ausdruck für die Grenze zwischen Ost und West in der Zeit des Kalten Krieges. In dieser Bedeutung ist er so eng mit dieser geschichtlichen Epoche verknüpft, dass er großgeschrieben werden muss: *Eiserner Vorhang.*

Eisschnelllauf

In der Zusammensetzung werden alle Konsonanten geschrieben: *Eisschne**lll**auf.*

EKG/EEG

Bei Kurzwörtern wie *EKG* (= „Elektrokardiogramm") oder *EEG* (= „Elektroenzephalogramm") wird die Endung *-s* im Genitiv oder im Plural meist weggelassen, sie ist jedoch möglich: *die Auswertung des EKG/EEG* (auch: *EKGs/EEGs*); *für die EKG/EEG* (auch: *EKGs/EEGs*) *zuständig sein.*

El Salvador

Die Einwohnerbezeichnung für *El Salvador* lautet *Salvadorianer/Salvadorianerin*. Entsprechend heißt das Adjektiv *salvadorianisch*.

Eldorado

→ *Dorado*

Elefant

Das Substantiv *Elefant* gehört zur schwachen Deklination. Außer im Nominativ enden daher alle Formen auf *-en*. Es heißt daher nur: *dem Elefanten* (nicht: *Elefant*) *im Gehege zuwinken; das Bein des Elefanten* (nicht: *Elefants*) *war verletzt; den Elefanten* (nicht: *Elefant*) *füttern*.

Elfenbeinküste

Der afrikanische Staat mit dem früheren Namen „Elfenbeinküste" heißt offiziell *Côte d'Ivoire*. Die Einwohnerbezeichnung lautet *Ivorer/Ivorerin*, das entsprechende Adjektiv *ivorisch*.

Ellipse

Als Ellipse bezeichnet man die Auslassung eines weniger wichtigen und aus dem Sinnzusammenhang leicht zu ergänzenden Wortes (bzw. einer derartigen Wortgruppe) innerhalb eines Satzes. Durch einen solchen verkürzten Ausdruck soll Wichtiges hervorgehoben werden: *Was (machen wir) nun? Je schneller (das geschieht), umso besser (ist es). (Wenn das) Ende gut (ist), (ist auch) alles (andere) gut. (Ich habe) Kein Interesse!*

Elsass

Soweit es der amtlichen Festlegung nicht widerspricht, wird den Regeln der deutschen Rechtschreibung entsprechend auch in geografischen Namen nach kurzem Vokal *ss* geschrieben: *Elsass, Elsässer, elsässisch, Elsass.* Ebenso: *Russland* (aber: *Meßkirch, Staßfurt*).

E-Mail

der / das E-Mail • Das Kurzwort für „Electronic Mail" kann sowohl im Femininum als auch im Neutrum stehen. Der Gebrauch variiert regional:
DEUTSCHLAND: *die* (seltener: *das*) *E-Mail*
SCHWEIZ: *das* (oder: *die*) *E-Mail*
ÖSTERREICH: *das* (seltener: *die*) *E-Mail*
E-Mail / Email • In Verbindungen mit Einzelbuchstaben setzt man immer einen Bindestrich, es heißt daher nur: *E-Mail.*
→ *Sonderseiten „Anglizismen", S. 40–43*

Email / Emaille

Den Ausdruck für die aufgeschmolzene Glasmasse gibt es in zwei Varianten: *Email* und *Emaille.* Sie unterscheiden sich nur in Aussprache und grammatischem Geschlecht: *Email* wird [emaɪj] ausgesprochen und steht im Neutrum: *das Email.* Die feminine Form *die Emaille* spricht man dagegen [emaɪjə] oder [emaljə].

Embryo

der / das Embryo • Üblicherweise heißt es *der Embryo,* nur vereinzelt findet sich auch *das Embryo.*
die Embryos / Embryonen • Der Plural von *Embryo* kann auf zwei Arten gebildet werden: *die Embryos / die Embryonen.*

empfehlen

empfehlen – empfiehl • Im Präsens wechselt der Stammvokal von *e* zu *i*. Das Dehnungs-h bleibt dabei erhalten: *ich empfehle, du empfiehlst, er / sie / es empfiehlt.* Im Imperativ heißt es nur: *empfiehl!* (nicht: *empfehle!*).
empfehle / empfähle / empföhle • Zu *empfehlen* gibt es für den Konjunktiv II zwei Formen: *empföhle* und *empfähle.* Im allgemeinen Schreibgebrauch lässt sich *empfähle* zwar etwas häufiger nachweisen. Im Grunde wirken aber beide Formen stilistisch gestelzt und gelten als veraltet. Sie werden oft durch die *würde*-Form umschrieben: *Ich würde folgende Lösung empfehlen.*
→ *Sonderseiten „indirekte Rede", S. 238 f.; „Konjunktiv", S. 274–277.*
sich empfehlen als • Nach *sich empfehlen* steht die folgende Wortgruppe im Nominativ, der Akkusativ wird dagegen kaum noch verwendet: *Er empfiehlt sich als knallharter* (selten: *knallharten*) *Wirtschaftsfachmann. Das Fahrzeug empfiehlt sich als kostengünstiger* (selten: *kostengünstigen*) *Alltagswagen.*

end- oder ent-?

Aufgrund ihrer lautlichen Nähe zueinander werden die Wortbestandteile *end-* und *ent-* häufig miteinander verwechselt. Sie sind jedoch grundverschieden: Bei Wörtern mit *end-* handelt es sich um Zusammensetzungen mit *Ende.* Die Bedeutung dieses Wortbestandteils ist, wie z. B. bei *Endbetrag* (= „Betrag der am Ende fällig wird"), immer noch deutlich erkennbar: *endgültig, im Endeffekt, endlagern, Endzweck, Endspiel.* Dagegen handelt es sich bei *ent-* um eine Vorsilbe (Präfix), die ein Entgegensetzen oder Trennen ausdrückt. Sie dürfte auf die germanische Vorsilbe *anda-* zurückgehen, deren Form noch in *Antwort* und *Antlitz* (= „das Entgegenblickende") erkennbar ist: *entgegnen, entscheiden, entgelten, entsagen.*

Ende

Ende des Jahres / Ende Jahr • Anstelle der in Österreich und Deutschland üblichen Fügung *Ende des Jahres* ist in der Schweiz auch die Wendung *Ende Jahr* üblich: *Bis Ende des Jahres sollen in der Firma über hundert Mitarbeiter eingestellt werden.*
SCHWEIZ: *Bis Ende Jahr sollen in der Firma über hundert Mitarbeiter eingestellt werden.*
Dies gilt auch für andere zeitliche Angaben: *Ende Monat, Ende Woche* und sogar *Ende Saison.*

ohne Ende • In Deutschland wird die Fügung *ohne Ende* auch im Sinne von „sehr, in starkem Maße“ oder „sehr viele“ gebraucht. Dieser Gebrauch ist jedoch auf die Umgangssprache beschränkt: *„Früher war ich arm wie ’ne Kirchenmaus, heute habe ich aber Geld ohne Ende“, bekannte der B-Promi im Interview.*

Energie sparend / energiesparend

Die Verbindung aus Substantiv und adjektivisch gebrauchtem Partizip kann sowohl getrennt als auch zusammengeschrieben werden: *Energie sparend/energiesparend. Die Anleitung gibt Tipps, wie man Haushaltsgeräte Energie sparend/energiesparend einsetzen kann. Der Einbau Energie sparender/energiesparender Wärmepumpen verzögerte sich.*
Ist die gesamte Verbindung z. B. durch ein Adjektiv oder ein Adverb erweitert, ist nur die Zusammenschreibung erlaubt: *Das Haus wurde besonders energiesparend konstruiert. Überdurchschnittlich energiesparende Küchengeräte können den Geldbeutel merklich entlasten.*
Auch Steigerungsformen werden zusammengeschrieben: *Computersteuerung soll die Anlagen noch leistungsfähiger und energiesparender machen. Weitaus energiesparender wäre der Verzicht auf das Fliegen.*
Bezieht sich die Erweiterung nur auf das Substantiv, muss hingegen getrennt geschrieben werden: *besonders wertvolle Energie sparende Haushaltsgeräte.*

eng

Getrennt- und Zusammenschreibung • Die Verbindung aus *eng* und einem Verb wird in der Regel getrennt geschrieben: *eng anliegen, eng schreiben, eng stehen, eng zusammenarbeiten.*
Wenn die Verbindung eine Handlung beschreibt, deren Resultat durch das Adjektiv *eng* ausgedrückt wird, ist auch Zusammenschreibung möglich: *im Fußball die Räume eng machen/engmachen* (aber nur: *ein Kleid enger machen*).
In Verbindung mit einem adjektivisch gebrauchten Partizip kann man getrennt oder zusammenschreiben: *ein eng anliegendes/enganliegendes Kleid; eng befreundet/engbefreundet sein; eng verwandte/engverwandte Meinungen.*
Groß- und Kleinschreibung • Als Adjektiv wird *eng* kleingeschrieben: *enge Schuhe, enge Bindung, enge Verhältnisse.* Als Substantiv schreibt man es groß: *Die Enge der Straßen bedrückte ihn. Die Angriffe trieben ihn in die Enge. Sein ganzes Leben versuchte er, der kleinbürgerlichen Enge zu entfliehen.*
Die Superlativform kann nach *aufs* bzw. *auf das* groß- oder kleingeschrieben werden: *Sie waren schon lange aufs/auf das Engste/engste befreundet.*

englisch / Englisch

Kleinschreibung • Als Adjektiv schreibt man *englisch* auch in mehrteiligen Fügungen klein: *englische Broschur* (ein Bucheinband); *englische Krankheit* (= „Rachitis“); *englischer Walzer; englischer Garten* (aber: *der Englische Garten in München*); *die feine englische Art; englische Woche* (Fußball).
Großschreibung bei Titeln und Namen • Ist *englisch* Bestandteil von Titeln, Eigennamen, zoologischen oder botanischen Fachbegriffen sowie von Jahrestagen schreibt man groß: *der Englische Garten in München; die Englischen Fräulein* („katholische Frauenkongregation“).
Großschreibung bei Substantivierung • Bei Substantivierung schreibt man groß: *das Englische, im Englischen. Sie hat den Text ins Englische übersetzt.* Auch nach den Präpositionen *auf, in* und *zu* wird großgeschrieben: *in Englisch; auf Englisch; eine Zusammenfassung auf Englisch. Im Gegensatz zu Englisch gilt das Finnische als eine schwer zu erlernende Sprache.*
Man schreibt das substantivierte Adjektiv groß, wenn es mit „Was?“ (auch: „Wovon?“, „Worin?“) erfragbar ist. Gemeint ist dann *Englisch* als Sprache: *Sie unterrichtet Englisch* (Frage: „Was unterrichtet sie?“). *Er spricht ein gutes Englisch. Sie lernt seit vier Jahren Englisch. Ihre Zweitsprache ist Englisch.*
In einigen Fällen kann aber auch mit „Wie?“ gefragt werden. In diesen Fällen ist Groß- oder Kleinschreibung möglich: *Sie spricht englisch* (Frage: „Wie spricht sie?“). *Sie spricht Englisch* (Frage: „Was spricht sie?“).

Das Schulfach *Englisch* wird immer großgeschrieben: *Sie hatte in Englisch immer gute bis sehr gute Noten.*
→ *deutsch/Deutsch*

-enser/-aner

→ *-aner*

ent- oder end-?

→ *end- oder ent-?*

enteisent/enteist

Der auf Mineralwasserflaschen zu lesende Vermerk *enteisent* informiert den Verbraucher darüber, dass das Mineralwasser im Zuge der Aufbereitung vom Eisengehalt befreit wurde: *enteisentes Wasser*. Das entsprechende Verb lautet *enteisenen*. Demgegenüber bedeutet *enteist*, dass etwas vom Eis befreit wurde: *enteiste Tragflächen/Windschutzscheibe*. Das entsprechende Verb lautet *enteisen*.

entgegen

Die Präposition *entgegen* steht ausschließlich mit dem Dativ. Der Genitiv ist in diesen Fällen nicht korrekt:
entgegen seinem Versprechen (falsch: *seines Versprechens*); *entgegen ihren Anweisungen* (falsch: *ihrer Anweisungen*).

Stets ein guter Tauschhandel – *Entgelt oder Entgeld?*
Korrekt ist nur die Schreibung *Entgelt,* da sich das Substantiv vom Verb *entgelten* ableiten lässt. Dass aber selbst Profischreibern der Lapsus unterläuft, am Wortende fälschlicherweise *-geld* statt *-gelt* in den Computer zu tippen, dürfte neben der lautlichen Nähe der beiden Schreibungen auch dem Umstand geschuldet sein, dass ein *Entgelt* heute meist in Form von *Geld* geleistet wird. Tatsächlich hängen die Wörter *Geld* und *Entgelt* sprachgeschichtlich enger zusammen, als die Bedeutungen „Zahlungsmittel" bzw. „Gegenleistung" vermuten lassen. Denn das beiden Begriffen zugrundeliegende althochdeutsche Wort lautet *gelt* und stammt aus einer Zeit, in der der Tauschhandel überwog. Entsprechend stand *gelt* in dieser Zeit für „Entgelt, Belohnung". Erst ab dem 14. Jahrhundert verengte sich die Bedeutung von *gelt* hin zu „Zahlungsmittel in Form von Münzen", wobei die Schreibungen *gelt* und *geld* oft nebeneinander gebraucht wurden. (Bild: Brandenburg-Franken Taler 16. Jahrhundert) Erst ab dem 18. Jahrhundert schrieb man einheitlich *Geld*.

Entgelt

Rechtschreibung • Das Substantiv *Entgelt* bezieht sich auf das Verb *entgelten* und wird daher am Ende mit *t* und nicht mit *d* geschrieben: *Das Entgelt war zu gering für den Aufwand.*
der/das Entgelt • Im älteren Deutsch war die Form *der Entgelt* üblich: „Das große Vergessen war gekommen für beide, die lange und einzige Stunde, die *den Entgelt* bietet für die Leiden des Lebens." (J. Wassermann, Melusine).
Heute gilt nur die Verwendung im Neutrum als korrekt: *das Entgelt*

entlang

Die Präposition *entlang* kann dem Substantiv voran- oder nachgestellt werden. Steht *entlang* vor dem Substantiv, dann steht in der Regel der Dativ: *entlang dem Bretterzaun, entlang dem Maisfeld, entlang dem Weg.*
Daneben kommt seltener auch der Genitiv vor: *entlang des Bretterzauns, entlang des Maisfelds.*
Ist *entlang* dagegen nachgestellt, steht das vorausgehende Substantiv im Akkusativ:
den Bretterzaun entlang; das Maisfeld entlang; die Straße entlang.

Entlehnung

Als *Entlehnung* bezeichnet man die Übernahme eines Wortes aus einer Fremdsprache in die eigene Muttersprache. Auch das so übernommene Fremdwort selbst wird allgemein als Entlehnung bezeichnet, und zwar unabhängig davon, ob es in Aussprache und Schreibung der Muttersprache angeglichen wurde (z. B. *Kohl* aus lateinisch *caulis*) oder ob es seine fremdsprachigen Eigenschaften zumindest teilweise behalten hat (z. B. beim aus dem Französischen entlehnte *Aperçu* „geistreiche Bemerkung").

entrinnen

Das Verb *entrinnen* hat im Konjunktiv II zwei Formen: *entränne* und *entrönne*.
Im allgemeinen Schreibgebrauch werden beide Formen nur noch sehr selten gebraucht.
→ *Sonderseiten „indirekte Rede", S. 238 f.; „Konjunktiv", S. 274–277.*

entscheiden

sich entscheiden für / zu • Standardsprachlich steht nach *sich entscheiden* nur die Präposition *für* und nicht *zu*: *Wir haben uns für diese* (nicht: *zu dieser*) *Lösung entschieden. Er hat sich für dieses* (nicht: *zu diesem*) *Modell entschieden.*
entscheiden oder entschließen? • Mit dem Verb *sich entscheiden* kann man sich auf Gegenstände, Sachverhalte oder auf Personen beziehen: *Sie entschied sich für die preiswerteste Lösung. Die Jury hat sich für den jüngsten Teilnehmer entschieden.* Mit dem Verb *entschließen* ist dagegen nur der Bezug auf Sachverhalte oder Handlungen möglich: *Sie entschloss sich zu einem ungewöhnlichen Schritt.*

Entscheidungsfrage

Bei der *Entscheidungsfrage* wird gefragt, ob ein Sachverhalt zutrifft oder nicht. Die möglichen Antworten lauten *ja* oder *nein*:
Ist es schon dunkel? – Ja.
Kommst du mit nach Zypern? – Nein.
Möglich sind als Antwort aber auch sogenannte Modaladverbien wie *anscheinend, scheinbar, vermutlich, vielleicht, wahrscheinlich* usw.
→ *Ergänzungsfrage*

entschließen

Nach *sich entschließen* steht standardsprachlich die Präposition *zu* und nicht *für*: *Wir haben uns zu dieser magelnden* (nicht: *für diese mangelnde*) *Lösung entschlossen.*
→ *entscheiden*

entsinnen

entsänne / entsönne • Das Verb *entsinnen* hat im Konjunktiv II zwei Formen: *entsänne* und *entsönne*. Im allgemeinen Schreibgebrauch wird die Form *entsänne* noch vereinzelt gebraucht. Heutzutage wirken aber beide Formen stilistisch gestelzt und gelten als veraltet.
→ *Sonderseiten „indirekte Rede", S. 238 f.; Sonderseiten „Konjunktiv", S. 274–277*
sich entsinnen • Das Verb *sich entsinnen* kann sowohl mit dem Genitiv als auch mit einem Präpositionalobjekt stehen: *Sie entsann sich des Vorfalls* (auch: *an den Vorfall*).

entsprechend

seinen Anweisungen entsprechend • Das Partizip Präsens des Verbs *entsprechen* steht mit dem Dativ und nicht mit dem Genitiv:
Die Entwicklung verlief seinem Alter (nicht: *seines Alters*) *entsprechend.*
Man handelte entsprechend seinen (nicht: *seiner*) *Anweisungen.*
Unserem Vorschlag (nicht: *Unseres Vorschlags*) *entsprechend sollte man abwarten.*
Kommasetzung • Steht *entsprechend* hinter der Wortgruppe, auf die es sich bezieht, so kann man Komma(s) setzen, wenn man die Partizipialgruppe besonders hervorheben möchte:
Das Projekt konnte(,) den Kalkulationen entsprechend(,) erfolgreich zu Ende geführt werden.
Die Angelegenheit wurde(,) seinen Vorschlägen entsprechend(,) geregelt.

entweder … oder

entweder Jasper oder Hannah hat / haben • Werden zwei Subjekte im Singular durch die Konjunktion *entweder … oder* verbunden, steht das Prädikat in der Regel im Singular: *Den Wagen hat entweder Jasper oder Hannah gefahren. Den Ball hat entweder Lukas oder Bastian geschossen.*
Geht das Subjekt dem Prädikat voraus, steht oft auch der Plural: *Entweder der Angeklagte oder sein Anwalt muss* (auch: *müssen*) *jetzt hierzu Stellung nehmen.*
Stehen die Subjekte im Singular und im Plural, dann richtet sich das Prädikat nach demjenigen Subjekt, das am nächsten steht: *Maria oder die Kinder haben den Fernsehapparat lauter gestellt. Die Kinder oder Maria hat den Fernsehapparat lauter gestellt.*
→ *Sonderseiten „Kongruenz", S. 266–269*
Komma • Wenn *entweder … oder* nebengeordnete Teilsätze oder nachgetragene Wortgruppen verbindet, werden diese durch Komma vom übrigen Satz abgegrenzt. Vor dem *oder* steht dabei kein Komma:
Er hat die Verabredung in der nächsten Woche abgesagt, entweder weil er keine Zeit oder weil er keine Lust hat. Christina wird auf jeden Fall eine Ausbildung machen, entweder als Rechtsanwaltsgehilfin oder als Industriekauffrau.
Bei gleichrangigen Hauptsätzen, die durch *entweder … oder* verbunden sind, kann der Schreibende entscheiden, ob er ein Komma setzen möchte, um damit die Gliederung des Satzes deutlich zu machen:
Entweder gehst du jetzt endlich ins Bett(,) oder du bleibst morgen zu Hause!
Groß- und Kleinschreibung • Bei der Substantivierung von *entweder … oder* schreibt man am Wortanfang groß und setzt einen Bindestrich: *das Entweder-oder.*

Episkopat

Der Ausdruck *Episkopat* steht für die „Gesamtheit der Bischöfe" bzw. für „Amt und Würde des Bischofs". Im allgemeinen Sprachgebrauch kann *Episkopat* im Maskulinum oder Neutrum stehen: *der Episkopat / das Episkopat.* Fachsprachlich, also in Kirchenkreisen, heißt es dagegen nur: *der Episkopat.*

erbarmen

Das reflexive Verb *sich erbarmen* wird heute nur noch mit dem Genitiv gebraucht: *Niemand erbarmte sich der gestrandeten Passagiere.* Im älteren Deutsch war dagegen das Präpositionalobjekt mit *über* geläufig: „Als nun Jesus hervorkam, sah er eine große Menge und *erbarmte sich über sie …*" (Mt. 14,14).

erbleichen

Beim Verb *erbleichen* kommen heute nur noch die schwachen Formen vor: *Als sie plötzlich vor ihm stand, erbleichte* (seltener: *erblich*) *er.*
→ *bleichen*

Erbteil

Das Substantiv kann sowohl im Neutrum als auch im Maskulinum stehen: *der / das Erbteil.* In der Rechtssprache heißt es ausschließlich *der Erbteil*, im allgemeinen Sprachgebrauch dominiert dagegen eindeutig das neutrale Genus: *das Erbteil.*

erfolgversprechend / Erfolg versprechend, erfolgsverwöhnt

Wird die Verbindung aus *Erfolg* und *versprechen* wie ein adjektivisches Partizip gebraucht, kann getrennt oder zusammengeschrieben werden: *die Erfolg versprechenden / erfolgversprechenden Maßnahmen; Erfolg versprechende / erfolgversprechende Strategien.*
Die Verbindung *erfolgsverwöhnt* wird dagegen immer zusammengeschrieben, da die Verbindung für eine Wortgruppe (*vom Erfolg verwöhnt*) steht. Auch das Fugen-s zwischen den Bestandteilen der Verbindung signalisiert, dass es sich um ein Wort handelt: *Die erfolgsverwöhnte Mannschaft vernachlässigte sträflich ihre Verteidigung.*

erfordern oder fordern

Die beiden Verben *erfordern* und *fordern* überschneiden sich zwar in ihrer Bedeutung, sie sollten dennoch nicht verwechselt werden: *Erfordern* bedeutet „unbedingt verlangen, nötig haben". Das Verb *fordern* meint dagegen „verlangen, eine Forderung stellen". Je nach Verwendung ändert sich die Bedeutung:
Der Bau an der Staustufe forderte viele Opfer. (= „Die Arbeit führte zu vielen Todesopfern.")
Der Bau an der Staustufe erforderte viele Opfer. (= „Die Arbeit verlangte den Mitwirkenden eine große Opferbereitschaft ab.")

Ergänzung

Als *Ergänzung* bezeichnet man die vom Verb abhängigen Satzglieder. So regiert das Verb *schenken* ein Akkusativ- und ein Dativobjekt:
Die Eltern schenkten *ihrer Tochter* (Dativobjekt: „Wem schenkten sie?") *ein schickes Notebook* (Akkusativobjekt: „Was schenkten sie?"). *Sie gedachten der Toten* (Genitivobjekt: „Wessen gedachten sie?").
Auch Präpositionalobjekte sind Ergänzungen: *Sie dachte an ihre Kindheit* (Präpositionalobjekt: „An was dachte sie?").

Ergänzungsfrage

Bei der *Ergänzungsfrage* steht an erster Stelle ein Fragewort (Fragepronomen oder Frageadverb), wobei die finite Verbform des Prädikats in diesem Satz unmittelbar an zweiter Stelle folgt. Als Antwort erfordert die *Ergänzungsfrage* meist eine ausführliche Antwort, die aus einem vollständigen Satz bestehen kann. *Ja* oder *nein* sowie Wörter wie *anscheinend* oder *vermutlich* sind keine möglichen Antworten auf Ergänzungsfragen:
Wann wirst du heute kommen? – Das kann ich dir nicht genau sagen.
Wer hat das getan? – Die Katze (hat das getan).
Wo waren Sie gestern Mittag um 12 Uhr? – In Rostock.
Wie geht es Ihnen? – Ich kann nicht klagen, mir geht es gut.

ergeben

Bei Adjektiven deutschen Ursprungs, die auf *-en* oder *-er* enden, bleibt das unbetonte *e* in der geschriebenen Sprache erhalten. Es heißt also: *ergebener* (nicht: *ergebner*) *Diener.*

ergötzen

Das Verb *ergötzen* kann mit Akkusativobjekt stehen. Es kann aber auch reflexiv gebraucht werden: *Er ergötzte sein Publikum durch seine drollige Redeweise. Das Publikum ergötzte sich an diesem Anblick.*

Flucht aus dem Alltag – *ergötzen*
Manche Wörter sind so bildkräftig, dass sie fast zwingend bestimmte Vorstellungen heraufbeschwören. Das Wort *ergötzen* gehört sicherlich dazu: Wer sich an etwas *ergötzt,* sitzt stumm und bewegungslos wie ein *Götzenbild* da, um sich lächelnd an einer Darbietung zu erfreuen. Wer schon mal ältere Texte etwas genauer gelesen hat, weiß, dass eine frühere Form des Wortes *ergetzen* lautet, mithin der Bezug zu *Götze* also nicht stimmen kann. So heißt es in einer berühmten Stelle in Goethes Faust: „Verzeiht! es ist ein groß *Ergetzen,* / Sich in den Geist der Zeiten zu versetzen." (Faust I)

Doch was bedeutet *ergetzen* ursprünglich? Deutlich wird dies erst in der althochdeutschen Form des Wortes: Diese lautete *irgezzen* und war eine sogenannte Veranlassungsform des Verbs *irgezzan* „vergessen". In *ergötzen* steckt also eigentlich *vergessen* und die ursprüngliche Bedeutung war „vergessen machen".

erhöhen – auf oder um?

Werden die Werte von Messergebnissen, die Höhe von Preisen oder andere Zahlenangaben geändert, steht die Präposition *auf* bei dem Endwert: *Der Benzinpreis ist auf 2 Euro erhöht worden.* (= Der Endbetrag ist 2 Euro.)

Die Präposition *um* gibt dagegen den Wert an, um den etwas geändert worden ist.
Der Benzinpreis ist um 3 Cent erhöht worden.
(= Der Betrag ist um 3 Cent gestiegen.)
Will man angeben, wie stark die Erhöhung und wie hoch der Preis nach der Erhöhung ist, verwendet man beide Präpositionen: *Der Benzinpreis ist um 3 Cent auf 2 Euro erhöht worden.*

erinnern

Das Verb *sich erinnern* steht mit der Präposition *an* und dem Akkusativ:
Peter hat mich an den ersten Schultag erinnert.
Peter erinnerte sich an den ersten Schultag.
In gehobener Sprache kann statt *an* + Akkusativ auch ein Genitivobjekt verwendet werden:
Peter erinnerte sich des ersten Schultags.
Anstelle der reflexiven Verwendung wird *erinnern* bisweilen auch nicht reflexiv (also ohne *sich, mich* usw.) mit einem Akkusativobjekt gebraucht. Diese Form ist jedoch nur regional gebräuchlich und gilt standardsprachlich als **nicht korrekt:**
Peter erinnerte den ersten Schultag.
Das erinnere ich nicht.

Eritrea

Die Einwohner von *Eritrea* heißen *Eritreer*, das zugehörige Adjektiv lautet *eritreisch*.

erklären

Nach *sich erklären* steht das folgende Substantiv in der Regel im Nominativ. Der Akkusativ gilt in diesem Fall als veraltet: *Er erklärte sich als strikter* (veraltet: *strikten*) *Befürworter der geltenden Verfassung. Er erklärte sich als loyaler* (veraltet: *loyalen*) *Gefolgsmann des Parteiführers.*

Erlass

Der Plural von *Erlass* lautet heute allgemein *die Erlasse*.
ÖSTERREICH: In Österreich ist daneben auch noch die Pluralform *die Erlässe* gebräuchlich.

erlöschen

Anders als *löschen* gehört *erlöschen* zu den starken Verben, die beim Konjugieren einen Vokalwechsel aufweisen: *erlöschen; du erlischst – er/sie/es erlischt.* Der Imperativ lautet: *erlisch!*

ernst / Ernst

Kleinschreibung • In Verbindung mit den Verben *meinen* und *nehmen* wird *ernst* als Adjektiv gebraucht – es kann dabei mit „Wie?“ erfragt werden und wird in diesen Fügungen klein- und vom Verb getrennt geschrieben: *Er hat es ernst gemeint. Wir müssen diesen Vorschlag ernst nehmen. Die Lage bleibt ernst.*
Großschreibung • In Verbindung mit den Verben *machen* und *werden* liegt jedoch das Substantiv *Ernst* vor; es ist ein mit „Was?“ erfragbares Akkusativobjekt: *Sie wollten endlich Ernst machen. Aus Spaß ist Ernst geworden. Es ist mir (bitterer) Ernst mit diesem Vorschlag. Sie hat es im Ernst gesagt.*
Getrennt- und Zusammenschreibung • Die Verbindung aus *ernst* und einem adjektivisch gebrauchten Partizip kann getrennt oder zusammengeschrieben werden: *ein ernst gemeinter/ernstgemeinter Vorschlag; ein ernst zu nehmender/ernstzunehmender Vorfall.*

erschallen

Im Gegensatz zum Verb *schallen*, das schwach konjugiert wird, ist bei *erschallen* die starke oder die schwache Konjugation möglich. Die starken Formen sind gehoben, die schwache Flexion jedoch ist die gebräuchlichere.
Starke Konjugation: *erschallen – erscholl – erschollen. Zuruf und Gegenruf erscholl und trieb und schwoll.* (H. Caspari)
Schwache Konjugation: *erschallen – erschallte – erschallt. In weiter Ferne erschallte das Horn des Jägers.*

erschrecken – erschrocken / erschreckt

erschrocken / erschreckt • Das Verb *erschrecken* kann transitiv (also mit Akkusativobjekt) und

intransitiv (ohne Akkusativobjekt) gebraucht werden. Je nach Gebrauch werden die Verben unterschiedlich gebeugt. Das transitive *erschrecken wird schwach konjugiert: ich erschrecke – du erschreckst – er/sie/es erschreckt; erschrecke ihn nicht!; er/sie/es erschreckte; er/sie/es hat erschreckt.*
Die Kinder erschreckten den alten Mann. Habe ich dich erschreckt? Erschreck das Tier nicht!
Das intransitive *erschrecken* wird stark konjugiert: *ich erschrecke – du erschrickst – er/sie/es erschrickt; erschrick nicht!; er/sie/es erschrak; er/sie/es ist erschrocken.*
Der alte Mann erschrak, als er die Kinder sah. Bist du erschrocken? Die Passagiere erschraken fast zu Tode, als das Flugzeug absackte.
sich erschrecken • Neben dem transitiven und dem intransitiven Gebrauch wird *erschrecken* auch reflexiv *(sich erschrecken)* gebraucht. Dies gilt jedoch als umgangssprachlich. Es kommen sowohl schwache als auch starke Formen vor: *Der alte Mann erschrak* (umgangssprachlich: *erschreckte/erschrak sich*).
Bist du erschrocken? (umgangssprachlich: *Hast du dich erschreckt/erschrocken?*)

erste(r, -s)/Erste(r, -s)

Kleinschreibung • Als Adjektiv schreibt man *erste(r, -s)* klein, dies gilt auch für viele feste Wendungen: *Er will immer die erste Geige spielen* (aber: *der Erste Geiger*). *Als ich das Buch zum ersten Mal las, schlief ich ein. Sie entschied sich für den ersten Besten* (aber: *der Erstbeste*). *Sie flogen erster Klasse.*
Großschreibung • Das Zahladjektiv *erste* kann als Substantiv verwendet werden und wird dann großgeschrieben: *der/die/das Erste, am Ersten, als Erstes, fürs Erste, zum Ersten, Ersteres, der/die/das Erstere.*
Die Letzten werden die Ersten sein. Er war der Erste, der mich sah. Das ist das Erste, was ich höre. Er ging als Erster durchs Ziel. Als Erstes möchte ich Ihnen mitteilen, dass … Fürs Erste muss das wohl genügen. Der Erste des Monats wurde als Zahlungstermin festgelegt. Er geht am Ersten (des Monats). *Er hat zum Ersten gekündigt.*
Auch bei Titeln, Namen und Kalenderdaten wird großgeschrieben: *Erstes Deutsches Fernsehen; Erster Bürgermeister; die Erste Bundesliga; der Erste Geiger; der Erste Mai* (Feiertag); *der Erste Staatsanwalt; Kaiser Karl der Erste; der Erste Weltkrieg.*
Groß- und Kleinschreibung • Bei bestimmten fachsprachlich gebrauchten Fügungen ist Groß- und Kleinschreibung möglich: *die erste/Erste Hilfe.*

erstere(r, -s) – letztere(r, -s)

Bei erstere(r, -s) und *letztere(r, -s)* handelt es sich formal um Komparativformen. Sie geben jedoch nicht den Zahlenwert bzw. eine Reihenfolge an. Sie dienen vielmehr dazu, auf zuvor im Text genannte Substantive zurückzuverweisen: *Andreas und Paul unterhielten sich. Während Ersterer* (= Andreas) *laut redete und heftig gestikulierte, hörte Letzterer* (= Paul) *schweigend zu.*
Groß- und Kleinschreibung • Wird *erstere(r, -s) – letztere(r, -s)* als Attribut zu einem Substantiv gebraucht, schreibt man klein: *Das erstere Argument hat mich eher überzeugt als das letztere.* Stehen *erstere(r, -s) – letztere(r, -s)* nicht bei einem Substantiv, gelten sie als substantiviert. Es wird allgemein großgeschrieben: *Der Ausschuss machte zwei Vorschläge: Während Ersterer einstimmig angenommen wurde, lehnte das Plenum Letzteren ab.* Der Schreibende kann in solchen Fällen aber auch selbst entscheiden, ob er den Satz als Ellipse versteht und daher kleinschreibt: *Der Ausschuss machte zwei Vorschläge: Während ersterer* (Vorschlag) *angenommen wurde, lehnte das Plenum letzteren* (Vorschlag) *ab.*

erst mal/erstmal

Die Verbindung kann getrennt oder zusammengeschrieben werden: *Sie möchten erst mal/erstmal entspannen.*

erweisen

Nach *sich erweisen* steht das folgende Substantiv in der Regel im Nominativ. Der Akkusativ gilt in diesem Fall als nicht korrekt: *Er erwies sich als treuer* (nicht: *treuen*) *Freund.*

erz- / Erz-

Der Wortbestandteil *erz* (= „sehr“, „erster“) kommt als Wort nicht mehr selbstständig vor. In einer Wortverbindung muss daher immer zusammengeschrieben werden: *erzkonservativ, Erzbistum.*
Für das Substantiv *Erz* („Metall enthaltendes Mineral“) gelten dagegen dieselben Regeln wie für andere Substantive auch: *Erz fördern; Erz verarbeitende/erzverarbeitende Industrie.*

es

es nach Präpositionen • Das Personalpronomen *es* kann in der Regel nicht betont werden. Da ein Pronomen, das auf eine Präposition folgt, nicht gänzlich unbetont sein kann, sollte die Folge Präposition + *es* vermieden werden. Statt *an es, auf es, durch es, neben es, über es* verwendet man besser *daran, darauf, dadurch, daneben, darüber* usw.: *Das Gemälde wurde streng bewacht. Zwei Beamte passten darauf* (nicht: *auf es*) *auf.*
Wenn *es* nach einer Präposition für eine Person steht, muss man das Substantiv noch einmal nennen oder ein geeignetes Synonym einsetzen: *Das Kind tat ihm sehr leid. Er musste noch viele Wochen an dieses Kind* (nicht: *an es*) *denken.*
Auch bei bestimmten Präpositionen, wie z. B. *ohne,* sollte das Substantiv wiederholt oder eine Umschreibung gewählt werden: *Mein Handy habe ich immer dabei. Ich gehe nie ohne den Apparat* (nicht: *ohne es*) *weg.*
es / er ist ein bekannter Ingenieur • Mit dem Pronomen *es* kann man sich unter bestimmten Umständen auch auf ein Substantiv im Maskulinum oder ein Femininum oder auf eine Pluralform beziehen. Diese Verwendung ist vor allem in Sätzen mit *sein, bleiben* oder *werden* üblich. Hier ist *es* das Subjekt: *Kennst du unseren Nachbarn? Es* (auch: *Er*) *ist ein bekannter Ingenieur. Wer ist jene Dame? – Es* (auch: *Sie*) *ist die Frau von Herrn Albrecht. Die jungen Mädchen machten großen Lärm. Es* (auch: *Sie*) *waren die Freundinnen meiner Tochter.*
es ist / sind drei Wochen her • Bezieht sich *es ist* auf einen Zeitraum im Plural, kann *es ist* oder *es sind* stehen. Im allgemeinen Sprachgebrauch ist die Form *es ist* üblicher: *Es ist* (seltener: *sind*) *drei Wochen her, seit …*

Eskimo

Beim Ausdruck *Eskimo* handelt es sich um eine Fremdbezeichnung für die indigenen Völker im nördlichen Polargebiet. Auch wenn frühere Erklärungsversuche des Ausdrucks *Eskimo* als „Rohfleischfresser“ wohl nicht stimmen, sollte anstelle des Ausdrucks *Eskimo* die Selbstbezeichnung *Inuit* gewählt werden.

Herausragende Personen – *Erzengel, Erzfeind*
Das Bestimmungswort *erz-* kommt in zahlreichen Wortzusammensetzungen vor: Historisch überliefert sind beispielsweise *Erzengel, Erzbischof, Erzkanzler, Erzfeind* (für den Teufel). Aber auch in moderneren Ausdrücken findet sich *erz-*, ohne dass dem heutigen Sprecher unbedingt klar ist, wofür der Wortbestandteil tatsächlich steht. In diesen neueren Bildungen hat *erz-* – vor allem bei Adjektiven – nur noch eine verstärkende Funktion: *erzkonservativ* (= „sehr konservativ“), *erzfaul* (= „sehr faul“), *Erzbösewicht* (= „herausragender Bösewicht“). Gleichwohl hatte *erz-* im Mittelalter eine festumrissene Bedeutung. Es geht auf griechisch *archi* „erste, oberste“ zurück und kennzeichnete in der Welt der Kirche und des Hofes die hervorgehobene Stellung einer Position oder eines Amtes. Dem kirchenlateinischen Ausdruck *archangelos* „der erste Engel“ (Bild: Erzengel Michael, Palermo, 12. Jahrhundert) entsprach im Mittelhochdeutschen die Entlehnung *erzengel,* wobei die Bildung *erz-* später auf herrschaftliche Titel, wie z. B. den *Erzherzog* oder *Erzkanzler,* übertragen wurde.

essen

Das Verb *essen* gehört zu den starken Verben mit einem Vokalwechsel: *essen – du isst – er/sie/es isst – du aßest – ihr aßt/aßet.* Die Imperativform lautet nur: *iss!* (nicht *esse!*).

essentiell/essenziell

Da sich ein Bezug zu *Essenz* herstellen lässt, kann man seit der Rechtschreibreform sowohl *essentiell* als auch *essenziell* schreiben. Im allgemeinen Schreibgebrauch hat sich die Form *essenziell* weitgehend durchgesetzt.

Estland

Die Einwohnerbezeichnung für *Estland* lautet *Este/Estin.* Als entsprechendes Adjektiv ist sowohl *estisch* als auch *estnisch* korrekt. Im allgemeinen Sprachgebrauch überwiegt jedoch die Form *estnisch* deutlich: *die estnischen* (seltener: *estischen*) *Fußballfunktionäre.*

Eszett

→ *Sonderseiten „s oder ß oder ss?“, S. 376 f.*

etliche

Folgt auf *etliche* ein substantiviertes Adjektiv (z. B. *Abgeordneter*) oder ein Partizip werden beide Wörter parallel gebeugt: *Die Pension etlich**er** Beamt**er** war in Gefahr. Etlich**e** gut**e** Freunde kamen zu Besuch.*
Im Genitiv wird das folgende Adjektiv teilweise schwach gebeugt: *Wegen etlich**er** klein**er*** (selten: *klein**en***) *Fehler wurde der Antrag zurückgewiesen.*

etwas

etwas … was • Soll in einem Satz auf das Pronomen *etwas* Bezug genommen werden, steht im Allgemeinen *was: Da ist etwas, was ich dir schon lange erzählen wollte.*
ich sehe was/etwas • Anstelle von *etwas* wird in der gesprochenen Sprache häufig die verkürzte Form *was* verwendet. Im Geschriebenen sollte aber nur die Form *etwas* stehen: *Ich sehe etwas* (umgangssprachlich: *was*), *was du nicht siehst. Wir haben neulich vielleicht etwas* (umgangssprachlich: *was*) *erlebt!*
Wird *was* dennoch als verkürzte Form zu *etwas* gebraucht, steht kein Apostroph.
Groß- und Kleinschreibung • Ein Adjektiv oder Partizip, das auf das Wort *etwas* folgt, wird als Substantiv gebraucht und daher großgeschrieben: *Etwas Großes deutete sich an. Es lag etwas Bedeutendes in diesem Augenblick.*
Bei Zahladjektiven ist Groß- und Kleinschreibung zulässig: *etwas Anderes/anderes.*
Ist *etwas* substantiviert, schreibt man es groß: *ein gewisses Etwas.*

Etymologie

Die Lehre von der Herkunft und Entwicklung von Wörtern oder Wortbestandteilen bezeichnet man als *Etymologie*. Auch Herkunft und Geschichte eines Wortes werden als *Etymologie* bezeichnet. Das Wort ist aus griechisch *etymología* entlehnt, das eigentlich „die Lehre vom Wahren“ bedeutet.

et-Zeichen

Das sogenannte Kaufmanns-Und, das im Schriftbild als Zeichen & wiedergegeben wird, geht auf die mittelalterliche Handschriftenpraxis zurück. Es stellt eine verschnörkelte Abkürzung für das lateinische *et* (= „und“) dar. Im Schriftlichen ist das Zeichen heute ausschließlich auf Firmennamen beschränkt: *Müller & Söhne AG.*
Aufgrund dieser Einschränkung ist es in der elektronischen Datenverarbeitung, z. B. in der Tabellenkalkulation, ein sehr beliebtes Steuerzeichen.

eu oder äu?

→ *äu oder eu?*

euer/eu(e)re

Groß- und Kleinschreibung • Das Anredepronomen *ihr*, seine Deklinationsformen *(euer, euch)*

sowie die entsprechenden Possessivpronomen (*euer, eure* usw.) werden kleingeschrieben: *Kennt ihr euch? Wir haben eure Eltern getroffen. Wir freuen uns auf euch. Wir gedenken euer.*
In Briefen können diese Formen auch großgeschrieben werden: *Liebe Eltern, ich habe eure/Eure Karte bekommen.*
Die substantivierte Form des Pronomens kann mit kleinem oder großem Anfangsbuchstaben geschrieben werden: *die euren/Euren, die eurigen/Eurigen, das eure/Eure, das eurige/Eurige.*
eure/euere • Die Genitiv-Plural-Form des Personalpronomens lautet nur *euer*. Bei der Form *eu(e)rer* handelt es sich um ein Possessivpronomen, das in dieser Verwendung nicht als korrekt gilt: *Wir wollen euer* (nicht: *eu(e)rer*) *gedenken.* Vergleiche: *Das Auto eu(e)rer Nachbarin.*

Euphemismus

Als *Euphemismus* bezeichnet man die Umschreibung eines unangenehmen oder anstößigen Sachverhalts durch einen beschönigenden oder mildernden Ausdruck:
Beurlaubung für „Stellenstreichung, Entlassung"
Kurzarbeit Null für „Arbeitslosigkeit"
Preisanpassung für „Verteuerung"
transpirieren für „schwitzen"
die Verlängerung des Rückens für „Gesäß"
Verschlankung eines Unternehmens für „Reduzierung der Mitarbeiter durch Entlassungen"
vollschlank für „dick"
Oft werden auch Tabus durch euphemistische, verhüllende Umschreibungen ausgedrückt:
entschlafen/heimgehen für „sterben"
guter Hoffnung sein für „schwanger sein"
letzte Ruhestätte für „Grab"

euret-/euert-

Sowohl *euret-* als auch *euert-* sind korrekt: *euert-/euretwegen; euert-/eurethalben.*

Euro

Der Plural von *Euro* lautet *Euros: Wegen ein paar Euros solltest du nicht gleich Anzeige erstatten.*
In Verbindung mit Zahlwörtern wird *Euro* nicht gebeugt: *Die ersten 1000 Euro investierte sie klug.*

existentiell/existenziell

Da ein Bezug zu *Existenz* besteht, kann *existentiell* oder *existenziell* geschrieben werden.
TIPP: Es empfiehlt sich hier die Schreibung mit *z*. Analysen zum Schreibgebrauch zeigen, dass in den letzten Jahren ein deutlicher Anstieg der Schreibung mit *z* zu verzeichnen ist.

exklusive

Die Präposition *exklusive* („abzüglich") steht mit dem Genitiv, wenn dem folgenden Substantiv ein Artikel, ein Pronomen oder ein Adjektiv vorausgeht: *Wir übernehmen die Reisekosten exklusive der Verpflegung.*
In Kombination mit Substantiven ohne Artikel, Pronomen oder Adjektiv wird das Substantiv im Singular nicht gebeugt: *Exklusive Versandkostenanteil beträgt der Preis 56 Euro.*

Extrakt

Das aus dem lateinischen *extractum* entlehnte Wort wurde früher entsprechend seinem lateinischen Ursprungswort ausschließlich im Neutrum, später aber auch im Maskulinum gebraucht. Heute sind beide Formen üblich, wobei die maskuline Form häufiger auftritt: *der* (seltener: *das*) *Extrakt.*

extravertiert/extrovertiert

Beide Adjektive haben dieselbe Bedeutung „nach außen gewandt, allen äußeren Einflüssen zugänglich" und können folglich problemlos nebeneinander gebraucht werden. Im allgemeinen Sprachgebrauch ist *extrovertiert* häufiger.

extrem

Das Adjektiv drückt von vornherein einen absoluten Grad aus, es sollte daher nicht weiter gesteigert werden: *Das Material kann extremen* (nicht empfohlen: *extremsten*) *Belastungen standhalten.*

F

f oder ph?

phon, phot, graph • Fremdwörter mit den Wortbestandteilen *phon, phot* und *graph* können gemäß der für deutsche Wörter üblichen Laut-Buchstaben-Zuordnung grundsätzlich auch *fon, fot* und *graf* geschrieben werden: *Mikrophon/Mikrofon; Photozelle/Fotozelle; Orthographie/Orthografie.* Grundsätzlich gilt, dass bei Ausdrücken, die schon länger in Gebrauch sind und sich auf Gegenstände des täglichen Lebens beziehen, die Schreibung mit *f* häufiger auftritt: *Mikrofon* (seltener: *Mikrophon*); *Fotografie* (seltener: *Photographie;* aber nur: *Foto, fotografieren*); *Grafik* (seltener: *Graphik*); *Geografie* (seltener: *Geographie*); *Biografie* (seltener: *Biographie*).
Bei fachsprachlichen Ausdrücken überwiegt demgegenüber allgemein die Schreibung mit *ph: Photosynthese* (seltener: *Fotosynthese*); *Photovoltaik* (seltener: *Fotovoltaik*); *Kartographie* (seltener: *Kartografie*); *Phonologie* (seltener: *Fonologie*).
Delphin, Phantasie • Auch bei *Delphin* und *Phantasie* ist die eingedeutschte Schreibung mit *f* möglich: *Delphin/Delfin; Phantasie/Fantasie.* Bei *Delphin* wird im allgemeinen Schreibgebrauch die Schreibung mit *f* bevorzugt. Bei *Phantasie* empfiehlt sich die Schreibung mit *ph,* um den Ausdruck von *Fantasie* in der Bedeutung „Musikstück in freier Form“ abzugrenzen. Der aus dem Englischen übernommene Ausdruck für das Genre fantastischer Unterhaltungsliteratur wird ebenfalls nur mit *f* geschrieben: *Fantasy.*

f oder v?

→ *v oder f?*

Fabrikant

Das Substantiv wird schwach gebeugt. Außer im Nominativ lauten die Endungen daher immer *-en.* In der gesprochenen Sprache wird vor allem im Dativ oder im Akkusativ die Endung oft unterlassen. Dies sollte im Geschriebenen vermieden werden: *der Fabrikant – dem Fabrikanten* (nicht: *dem Fabrikant*); *den Fabrikanten* (nicht: *den Fabrikant*).
Auch im Genitiv heißt es *des Fabrikanten* und nicht: *des Fabrikants.*

Facette oder Fassette?

Das Fremdwort *Facette* wird heute sowohl in der konkreten Bedeutung „geschliffene Fläche an Edelsteinen oder Glas“ als auch in übertragener Bedeutung für „Aspekt, Gesichtspunkt, Ausdrucksmöglichkeit“ verwendet. Trotz der hohen Gebrauchshäufigkeit dieses Fremdworts hat sich die zeitweise zugelassene eingedeutschte Variante *Fassette* im Schreibgebrauch nicht etabliert. Sie wurde 2011 wieder zurückgenommen. Es heißt daher nur: *Facette; Facettenauge; Facettenschliff.*

-fach/...fach?

Bindestrich oder Zusammenschreibung? • Bei Zusammensetzungen mit Wörtern gilt Zusammenschreibung: *achtfache Olympiasiegerin im Marathon; mit zehnfacher Geschwindigkeit; mehrfach getestet; hundertfach bewährt.*
In Verbindung mit Ziffern kann mit oder ohne Bindestrich geschrieben werden:
4facher/4-facher Torschütze; 150fache/150-fache Vergrößerung; 30fache/30-fache Vervielfältigung.
Groß- und Kleinschreibung • Die Substantivierung von Wortzusammensetzungen mit *-fach* schreibt man groß: *das Zehnfache der bisherigen Umsätze; um das Hundertfache überschrittene Grenzwerte.*
Wird eine Fügung substantiviert, in der *-fach* mit einem Bindestrich an Ziffern angehängt wird, so wird nach dem Bindestrich großgeschrieben: *das 3-Fache* (aber: *das 3fache*) *des jetzigen Steueraufkommens.*

Faden – die Fäden / Faden

Der *Faden* hat zwei Pluralformen, die je nach Bedeutung gewählt werden: In der Bedeutung „dünne, gewirkte Schnur" bildet man den Plural mit Umlaut: *der Faden – die Fäden.* Steht das Wort für das nautische Längenmaß oder für das altdeutsche Raummaß, bildet man den Plural ohne Umlaut: *der Faden – die Faden.*

Immer eine Handbreit Wasser unterm Kiel – der *nautische Faden*

Unter einem *Faden* versteht man im Deutschen in erster Linie eine dünne, gewirkte Schnur. Jeder, der schon einmal einen historischen Seefahrtroman gelesen hat, kennt aber auch den *nautischen Faden:* Mit diesem Längenmaß bestimmte man früher unter Verwendung eines Handlots die Wassertiefe, um sicherzugehen, dass sich noch die sprichwörtliche Handbreit Wasser unterm Kiel befand. Doch wie hängen Schnur und Maßeinheit zusammen? Die Vermutung liegt nahe, dass sich die Bedeutung „Längenmaß" unter Bezug auf die bestimmte Länge einer Schnur entwickelt haben könnte. Tatsächlich ist das Gegenteil richtig.
Einen wichtigen Hinweis liefert bereits die Länge der Maßeinheit *Faden:* Sie beträgt nämlich etwa 1,80 cm (sechs Fuß). Das entspricht ca. der Weite, die ein gut gewachsener Mann mit ausgebreiteten Armen von Fingerspitze zu Fingerspitze misst. In einer weiteren, noch älteren Bedeutung steht *Faden* zudem für ein Raummaß. Ein Faden war etwa so viel, wie ein Mann mit seinen Armen umfassen konnte. Genau das bedeutet das Wort ursprünglich: „Umarmung". In seiner althochdeutschen Form lautete es *fadam.* Die Bedeutung „dünne Schnur" stellte sich erst später ein, offenbar weil zum Messen der Länge oder des Umfangs meist *Fäden* verwendet wurden. Diese Bedeutungsvariante blieb allerdings auf das Deutsche beschränkt; z. B. im Englischen kennt man sie nicht.

fahren

habe / bin gefahren • Wie bei vielen anderen Verben, die für eine Ortsveränderung stehen, wird das Perfekt je nach Verwendung mit *haben* oder *sein* gebildet. Wird mit *fahren* eine zielgerichtete Ortsveränderung verbunden, ist nur das Perfekt mit *sein* korrekt: *Die Familie ist nach Salzburg gefahren. Er ist nach Hause gefahren.*
Steht *fahren* mit einem Akkusativobjekt, bildet man das Perfekt dagegen mit *haben: Sie hat den Wagen nach München gefahren. Die Rekruten haben den Panzer gegen eine Mauer gefahren.*
In einigen Fällen hat der Schreibende die Auswahl: *Sie ist / hat gefahren* (= saß am Steuer). *Er ist / hat ein starkes Rennen gefahren.*
Getrennt- und Zusammenschreibung • In Verbindungen mit einem Substantiv oder Verb als erstem und *fahren* als zweitem Bestandteil gilt in der Regel Getrenntschreibung:
Auto fahren; Rad fahren; spazieren fahren; nach Hause fahren.
Bei Verbverbindungen aus *fahren* und *lassen* kann bei übertragener Bedeutung getrennt oder zusammengeschrieben werden: *alle Hoffnungen fahren lassen / fahrenlassen* (= „aufgeben"); *einen Plan fahren lassen / fahrenlassen* (= „darauf verzichten"); *ein Seil fahren lassen / fahrenlassen* (= „es loslassen"), *einen fahren lassen / fahrenlassen* (derb: „eine Blähung abgehen lassen").
In konkreter Bedeutung wird getrennt geschrieben: *Er hat seine Tochter den neuen Wagen fahren lassen.*
Groß- und Kleinschreibung • Werden Verbindungen mit *fahren* substantiviert, werden sie groß- und zusammengeschrieben: *das Autofahren; das Radfahren.*

Fall

→ *Kasus*

fallen lassen / fallenlassen

Wird die Verbverbindung in konkreter Bedeutung gebraucht, schreibt man getrennt: *das Besteck fallen lassen.*

Wird die Verbindung in übertragener Bedeutung gebraucht, kann die Gesamtbedeutung also nicht aus den Einzelbedeutungen erschlossen werden, bleibt es dem Schreibenden überlassen, ob er getrennt oder zusammenschreiben will:
einen Plan fallen lassen/fallenlassen
(= „aufgeben, nicht weiterverfolgen")
eine Bemerkung fallen lassen/fallenlassen
(= „nebenbei äußern")
jemanden fallen lassen/fallenlassen
(= „nicht mehr unterstützen")
sich fallen lassen/fallenlassen
(= „sich entspannen")
TIPP: Bei übertragener Bedeutung empfiehlt sich die Zusammenschreibung. Sinnunterschiede können auf diese Weise bereits orthografisch angezeigt werden, und dem Lesenden wird das Textverständnis erleichtert.

Familienname

→ *Sonderseiten „Eigennamen", S. 138f.*

Farbbezeichnungen

→ *Sonderseiten „Farbbezeichnungen", S. 158f.*

farbig, farblich, -farben, -farbig

farbig oder farblich? • Die beiden Adjektive unterscheiden sich in Bedeutung und Gebrauch: Das Adjektiv *farbig* bedeutet „bunt" bzw. „mehrere Farben aufweisend" und wird auch als Gegensatz zu *schwarz-weiß* gebraucht: *die farbigen Wandgemälde/Abbildungen; ein deckender farbiger Anstrich.*
Dagegen wird *farblich* im Sinne von „die Farbe, die Farbgebung betreffend" gebraucht: *Die Fluchtwege sind auf diesem Plan farblich hervorgehoben. Die Schattierungen sind farblich aufeinander abgestimmt.*
-farben / -farbig • In Zusammensetzungen mit Farbbezeichnungen ist sowohl *-farben* als auch *-farbig* korrekt. Zusammensetzungen mit *-farben* dominieren im Schreibgebrauch: *eine rosafarbene* (seltener: *rosafarbige*) *Blume; ein orangefarbener* (seltener: *orangefarbiger*) *Stift.*
Zusammensetzungen mit *-farben* bzw. *-farbig* sind vor allem bei solchen Farbadjektiven notwendig, die nicht gebeugt werden können: *eine cremefarbene* (auch: *cremefarbige*) *Wandtapete; ein champagnerfarbenes* (auch: *champagnerfarbiges*) *Hemd.*

Farbige(r)

In einer angemessenen mündlichen und/oder schriftlichen Kommunikation sind diskriminierende oder herabwürdigende Ausdrücke generell zu unterlassen. Man sollte es daher grundsätzlich vermeiden, jemanden sprachlich auf seine Hautfarbe oder Herkunft zu reduzieren.
Bezeichnungen wie *Farbige(r)* bzw. *farbige(r, -s)* gelten für sich genommen zwar nicht unbedingt als diskriminierend, sie sollten aber als Bezeichnung für Menschen auf Zusammenhänge beschränkt werden, in denen es tatsächlich auf die Hautfarbe ankommt. Noch angebrachter ist es hingegen, eher die Staatsangehörigkeit zur Beschreibung einer Person heranzuziehen, also etwa *Afrodeutscher* oder *Afroamerikaner.*

Färöer

Die Einwohner der Inselgruppe *Färöer* heißen *Färöer* oder *Färinger.* Das zugehörige Adjektiv lautet *färöisch.*

Fasching / Fasnacht

→ *Fastnacht oder Fasnacht?*

fassen

Wird das Verb reflexiv gebraucht, kann es sowohl mit dem Akkusativ als auch mit dem Dativ stehen: *Warum fasst du dir/dich dauernd in die Haare?*

Fast Food / Fastfood

Die Verbindung kann getrennt oder zusammengeschrieben werden; bei Getrenntschreibung werden beide Wörter großgeschrieben: *Fast Food/Fastfood.*

Gelbe Karte, Blauer Brief: *Farbbezeichnungen*

Die Farbe *Rot* ist nicht immer gleich *rot:* Farbbezeichnungen sind erst einmal Adjektive – aber wie kommt es zu Großschreibungen, wie man sie immer wieder findet: *das Dunkelbraun seiner Augen, das Gleiche in Grün, eine Hose in Schwarz, eine Fahrt ins Blaue* ...? Auch Farbbezeichnungen können natürlich substantiviert werden, aber die spannende Frage lautet, wann genau das der Fall ist. Und was ist mit festen Verbindungen? Schreibt man *gelbe Karte* oder *Gelbe Karte, schwarzes Brett* oder *Schwarzes Brett*? Aber es bedarf keiner allzu großen Spitzfindigkeit, sich hier zurechtzufinden.

Die gelbe/Gelbe Karte: feste Verbindungen

Als Adjektive werden Farbbezeichnungen grundsätzlich kleingeschrieben. Dies gilt auch für viele feste Verbindungen, wie z.B. *die graue Maus, am grünen Tisch* oder *sein blaues Wunder erleben, einen grünen Daumen haben*. Bei einigen festen Verbindungen mit fachsprachlichem Charakter bleibt es dem Schreibenden freigestellt, ob er groß- oder kleinschreibt.

Der Blaue Planet: Eigennamen

Als Teil eines Eigennamens oder eines ähnlichen festen Begriffs sind Farbbezeichnungen selbstverständlich großzuschreiben wie alle anderen Adjektive in Eigennamen auch. Das betrifft eine Reihe unterschiedlicher Fälle, zum Beispiel:

- **Eigennamen:** *Blauer Planet* (= die Erde), *Roter Platz* (in Moskau), *Rotes Kreuz, Schwarzes Meer, Weißes Haus* (in Washington)
- **historische Ereignisse:** *Schwarzer Freitag*
- **Gattungen und Arten:** *Blauer Enzian, Blauer Eisenhut, Roter Milan, Rote Johannisbeeren, Schwarze Witwe, Golden Delicious, Grüner Veltliner, Grüner Knollenblätterpilz*
- **Kalendertage:** *der Weiße Sonntag*

Verbindungen mit fachsprachlichem Charakter			
blauer Brief	oder	*Blauer Brief*	„Mahnbrief in der Schule“
gelbe Karte	oder	*Gelbe Karte*	„Verwarnung beim Fußball“
gelbes Trikot	oder	*Gelbes Trikot*	„Wertungstrikot beim Radsport“
grüne Lunge	oder	*Grüne Lunge*	„Grünfläche in einer Stadt“
am grünen Tisch	oder	*am Grünen Tisch*	„in der Theorie“
rote Karte	oder	*Rote Karte*	„Platzverweis beim Fußball“
schwarzes Brett	oder	*Schwarzes Brett*	„Anschlagtafel“
weißes Gold	oder	*Weißes Gold*	„Porzellan“

Die Fahrt ins Blaue: Substantivierungen

Farbbezeichnende Adjektive – man kann nach ihnen mit „Wie?“ fragen – werden normalerweise kleingeschrieben: *Er fotografierte vorzugsweise schwarzweiß. Sie fand den Stoff zu rot.*
Sie können aber auch substantiviert sein, dann fragt man mit „Was?“ und schreibt sie groß. Ein Standardruf kleiner Kinder: „Ich brauch mal das Rot“ – gemeint ist beim Malen der rote Stift, eben die Farbe Rot. Oft erkennt man die Substantivierung daran, dass eine Präposition (wie „bei“), ein Artikel oder ein Pronomen vor der Farbbezeichnung steht:

- *Wir gehen nur* ***bei Grün*** *über die Straße.*
- *Die Ampel steht* ***auf Rot****.*
- *Die Ampel springt* ***von Gelb auf Rot****.*
- *Diese Schuhe sind* ***in Schwarz*** *und* ***Blau*** *zu haben.*
- *Er redet gerne* ***ins Blaue*** *hinein.*
- *Sie trifft* ***ins Schwarze****.*
- *Ich liebe* ***das Blau*** *seiner Augen.*
- *Sie sind* ***ins Blaue*** *gefahren.*
- *Ich mag Chagall, besonders* ***sein Blau****.*
- *Ich mag besonders die Farbe* ***Blau*** *bei Chagall.*

ACHTUNG: In einigen Fällen muss man aber kleinschreiben, obwohl die Farbbezeichnung wie eine Substantivierung aussieht: *grau in grau, schwarz auf weiß.*

> **i Gibt es zwei *Blaus*?**
> Nein, das gibt es nicht, zumindest nicht sprachlich in dieser Form. Farbbezeichnungen können zwar den Genitiv mit einem -s anzeigen: *des Blaus*. Aber eine Pluralform wird standardsprachlich nicht markiert: es heißt *die beiden Blau, verschiedene Blau, mehrere Blau.* Stilistisch eleganter wäre insgesamt übrigens: *mehrere Blautöne.*

Steigern und Deklinieren

Ein Standardproblem im sprachlichen Umgang mit Farbbezeichnungen sind Fragen nach ihrer Steigerbarkeit und ihrer Deklination.
Steigern ▸ Ist die eine Blume *röter* als die andere? Ob Farbbezeichnungen steigerbar sind, daran scheiden sich oft die Gemüter. Während für den einen eine Blume *röter* ist als die Blume daneben, hat sie für den anderen nur einen intensiveren Rotton, aber rot ist rot … Formal kann man auch Farbbezeichnungen steigern, und es gibt durchaus Situationen, in denen das auch möglich und sinnvoll erscheint. Das Meer ist bei Sonnenschein eben *blauer* als bei bedecktem Himmel.
Deklinieren ▸ Das *rosa Kleidchen* und das *lila T-Shirt*: Es gibt eine Reihe von Farbbezeichnungen, die aus anderen Sprachen ins Deutsche gekommen sind und oft aus Substantiven abgeleitet sind. Dazu gehören zum Beispiel: **beige, creme, lila, ocker, oliv, orange, rosa, türkis.**
Man kann diese Adjektive nicht steigern und auch nicht so ganz problemlos beugen, es gilt allgemein als umgangssprachlich, wenn man vom *rosanen Kleidchen* oder *lilanen T-Shirt* spricht. Dagegen werden Formulierungen wie *ein beiger Ordner* oder *eine orange Vase* inzwischen als korrekt empfunden. Probleme dieser Art lassen sich leicht umgehen, wenn man die jeweiligen Endungen durch *-farben* oder *-farbig* ersetzt:
das rosafarbene/rosafarbige Kleidchen
das lilafarbene/lilafarbige T-Shirt
die cremefarbene/cremefarbige Bluse
Die Bildungen mit *-farben* sind gebräuchlicher.

Fastnacht oder Fasnacht?

Beide Wörter sind gleichberechtigte Varianten, wobei *Fasnacht* im allgemeinen Sprachgebrauch (vor allem in der Schweiz) häufiger Verwendung findet als *Fastnacht*. Regional sind darüber hinaus in Österreich auch *Fasnat* und in Südwestdeutschland *Fasnet* in Gebrauch.

fechten

Das starke Verb *fechten* weist den sogenannten e/i-Wechsel auf. Die Formen der 2. und 3. Person Singular werden mit *i* gebildet: *fechten – du fichtst* (nicht: *du fechtest*), *er ficht*. Auch der Imperativ lautet entsprechend: *ficht!* (nicht: *fechte!*).

Federlesen

Der Ausdruck *Federlesen*, der heute nur noch in den Wendungen *nicht viel Federlesen(s) machen* und *ohne viel Federlesen(s)* gebraucht wird, ist seit dem 13. Jahrhundert belegt. Offenbar bezog sich das Wort in seiner praktischen Bedeutung auf die Sitte, höhergestellten Personen die Flaumfedern von der Kleidung abzuzupfen. Schon damals wurde das Wort im übertragenen Sinne einerseits für „schmeicheln", andererseits für „umständliche Sauberkeit" gebraucht. Die beiden heute geläufigen, ins Negative gewendeten Redensarten sind seit dem 16. Jahrhundert belegt. Schon damals standen sie für die Bedeutung „keine Umstände machen". Sprachlich stellt die Form *Federlesens* den Genitiv dar. Die beiden Redensarten werden heute aber auch mit dem Akkusativ gebraucht: *ohne viel Federlesens* (seltener: *Federlesen*) / *nicht viel Federlesens* (seltener: *Federlesen*) *machen*.

fein

Eine Verbindungen aus *fein* und einem Verb kann man getrennt oder zusammenschreiben, wenn *fein* das Ergebnis des Vorgangs oder der Handlung bezeichnet: *das Mehl fein mahlen/feinmahlen* (das Mehl ist dann fein); *fein schneiden/feinschneiden; sich fein machen/feinmachen.*

„Tolle Tage" in der Nacht: *Fastnacht/Fasnacht/Fasching* und *Karneval*

Erstmals findet sich der Ausdruck *Fastnacht* um 1200. Wie schon die Wortbestandteile nahelegen, bezog man sich mit dem Wort ursprünglich nur auf den Abend vor Beginn der vorösterlichen Fastenzeit. Vielleicht liegt aber auch eine Umdeutung eines älteren Wortes vor, das auf die nicht belegte indogermanische Wortwurzel *pwos* für „reinigen, läutern" zurückgehen könnte. Am Anfang stünde also ein heidnisches Reinigungsfest, das später an die christlichen Osterbräuche angepasst wurde. Das Wort *Fasching* steht wie *Fastnacht* in enger Verbindung zur *Fastenzeit*. Das ursprüngliche mittelhochdeutsche Wort *vaschanc* bedeutet eigentlich „Ausschenken des Fastentrunks". Man nimmt an, dass es aus *vastganc* für „Beginn der Fastenzeit" umgedeutet wurde.

Der Begriff *Karneval* geht auf das italienische *carnevale* zurück. Seit dem 17. Jahrhundert bezeichnete man die beliebten Redouten und Bälle als *Karneval*. Es ist anzunehmen, dass auch bei diesem Wort ein Bezug zur Fastenzeit besteht: Möglich ist eine Verkürzung aus dem mittellateinischen *carne levare* „Fleisch wegnehmen", was sich auf den anstehenden Fleischverzicht beziehen dürfte.

In fast allen deutschsprachigen Ländern entwickelte sich im Verlauf der Jahrhunderte ein buntes Brauchtum, was sich auch an den zahlreichen Bezeichnungen ablesen lässt: So begeht das Rheinland den *Karneval*, Mainz und Umgebung *Fastnacht* (ober- und mitteldeutsch auch *Fas[s]nacht, Fasenacht* und *Fasinacht*), das Elsass, Baden, die deutschsprachige Schweiz und Vorarlberg die *Fasnet* bzw. *Fasnacht*, Franken die *Fosnat*, Bayern und Österreich den *Faschang* bzw. *Fasching*.

In Verbindung mit adjektivisch gebrauchten Partizipien kann getrennt oder zusammengeschrieben werden: *fein gemahlene/feingemahlene Mandeln; ein fein geschnittenes/feingeschnittenes Gesicht; ein fein geschwungener/feingeschwungener Bogen; fein gesponnenes/feingesponnenes Garn.*

Femininum

Das *Femininum* (auch: weibliches Geschlecht) ist eines der drei grammatischen Geschlechter bei Substantiven. Erkennbar ist es am Artikel *die.*
→ *Genus*

fern

Groß- und Kleinschreibung • Wird *fern* als Adjektiv verwendet, schreibt man klein: *Von nah und fern kamen die Experten angereist. Von fern her hört man noch die Motorengeräusche. Von fern sieht alles klein aus.*
Bei Substantivierungen sowie innerhalb von Eigennamen schreibt man *fern* groß: *Aus der Ferne hörte man Motorengeräusche. Die Gäste aus dem Fernen Osten sind angekommen.*
Getrennt- und Zusammenschreibung • Bei Verbindungen aus *fern* und einem Verb liegt in der Regel eine übertragene Bedeutung vor, man schreibt zusammen: *fernsehen, fernbleiben* (=„nicht teilnehmen"), *fernhalten, fernlenken, fernstehen. Das Thema dürfte ihm fernliegen* (=„hat keine Neigung dazu", „ist ihm nicht vertraut"). *Sie haben sich ferngestanden* (=„hatten keine Beziehung zueinander").
Die entsprechenden Partizipien werden zusammengeschrieben: *einander fernstehende Menschen; die ferngelenkten Waffen; die der Sitzung ferngebliebenen Parlamentarier.*
fern dem/des • Die Präposition *fern* steht mit dem Dativ, nicht mit dem Genitiv: *fern dem Heimathafen* (nicht: *des Heimathafens*).

fertig

Verbindet sich *fertig* mit einem Verb, sind unterschiedliche Schreibungen möglich. Wird die Verbindung als Einheit mit übertragener Gesamtbedeutung angesehen, gilt Zusammenschreibung: *fertigbekommen, fertigbringen* (=„zuwege bringen", „zustande bringen"); *fertigkriegen* (=„über sich bringen"); *jemanden fertigmachen* (=„demütigen"). Manchmal lässt sich jedoch nicht entscheiden, ob sich die Gesamtbedeutung aus den einzelnen Teilen ergibt oder nicht. Daher ist in den folgenden Fällen, in denen *fertig* oft im Sinne von „zu Ende" verwendet wird, sowohl Getrennt- als auch Zusammenschreibung möglich: *eine Hausarbeit fertig bringen/fertigbringen; einen Text fertig kriegen/fertigkriegen; sich für eine Hochzeitsfeier fertig machen/fertigmachen; einen Bau fertig stellen/fertigstellen; mit jemandem fertig werden/fertigwerden.*
Bezeichnet *fertig* das Resultat der Tätigkeit, die das Verb ausdrückt, so ist ebenfalls die Getrennt- und die Zusammenschreibung korrekt: *Reis fertig kochen/fertigkochen, Pläne fertig machen/fertigmachen.*
In Verbindung mit *sein* gilt jedoch Getrenntschreibung: *Ich werde erst morgen fertig sein.*

fest

Verbindungen mit *fest* bilden eine Sondergruppe. Zwar wäre oft die Getrenntschreibung möglich, doch ist in diesen Fällen fast nur die Zusammenschreibung belegt: *festbinden, festnähen, festschnallen, festschrauben, feststecken, festziehen, sich festrennen, feststehen* usw.
Sind Verbindungen mit *fest* jedoch erweitert, so wird vom Verb getrennt geschrieben: *Er hat das Tau ganz fest gebunden.*
Getrenntschreibung gilt auch für die Verbindung mit *sein: fest sein.*
Stehen Verbindungen wie *feststehen* am Satzanfang, wird getrennt geschrieben: *Fest steht auf jeden Fall, dass…*

Fetus/Fötus

Das Wort *Fetus* ist eine seltener gebrauchte Nebenform zu *Fötus*. Sie entspricht dem lateinischen Ursprungswort *fetus*. Der reguläre Plural von *Fetus* bzw. *Fötus* lautet die *Föten*. Die Pluralform *Fötusse* ist im Geschriebenen nur selten und gilt als umgangssprachlich. Im Genitiv Singular heißt es *des Fötus* oder *des Fötusses* (nicht: *des Föten*).

fett

Verbindungen aus *fett* und einem Verb werden meist getrennt geschrieben: *eine Überschrift fett drucken; sich fett fressen.*
Wird die Verbindung als adjektivisches Partizip gebraucht, kann getrennt oder zusammengeschrieben werden: *eine fett gedruckte/fettgedruckte Überschrift; viele fett gefütterte/fettgefütterte Weihnachtsgänse.*

Fetttropfen, fetttriefend

Bei Zusammensetzungen aus *fett* als erstem Bestandteil und einem Wort, das mit *t* beginnt, werden alle drei Konsonanten geschrieben. Dies gilt seit der Rechtschreibreform, sowohl wenn ein Vokal folgt als auch wenn ein Konsonant folgt: *Fetttropfen, Fetttröpfchen, fetttriefend, Fettteilchen, Fetttasche.*

Feuer

Verbindungen aus *Feuer* und einem Verb werden getrennt geschrieben: *Feuer fangen, Feuer speien.*
Wird die Verbindung als adjektivisches Partizip gebraucht, kann getrennt oder zusammengeschrieben werden: *Feuer speiendes/feuerspeiendes Ungeheuer.*

Fidel / Fiedel

Beide Wörter gehen auf ein seit dem späten 8. Jahrhundert weit verbreitetes Instrument zurück, das im Althochdeutschen als *fidula* bezeichnet wurde. Das seit dem 13. Jahrhundert fünfsaitige Streichinstrument mit seinem ovalen, oft eingebuchteten Körper gilt als Vorläufer der Violine. Volkstümlich wurde diese Bezeichnung aber auch scherzhaft auf die Violine bezogen. Heute unterscheidet man orthografisch zwischen *Fidel* für das mittelalterliche Instrument und *Fiedel* als scherzhaften Ausdruck für die Violine.

Fidschi

Die Einwohner der Republik *Fidschi* heißen *Fidschianer.* Das zugehörige Adjektiv lautet *fidschianisch.*

Feuerprobe einer Kaiserin

„Er hat auf glühenden Kohlen gesessen." „Sie hat ihre Feuerprobe bestanden." Redewendungen wie diese sind beliebt, lassen sich doch mit ihnen innere Befindlichkeiten angesichts widriger Umstände bildkräftig in Worte fassen. Dabei haben diese Sprachbilder ihren Ursprung in realen, schmerzhaften Praktiken des mittelalterlichen Rechtswesens. Es musste sich dabei nicht einmal um Strafen handeln. Oft waren es wie im Falle der *Feuerprobe* sogenannte Gottesurteile, mit denen man hoffte, die (Un-)Schuld eines Beklagten feststellen zu können. Das berühmteste Beispiel für eine solche *Feuerprobe* ist die Legende der heiligen Kunigunde (gest. 1033). Die Gemahlin Kaiser Heinrichs II. und spätere Kaiserin (Bild: Holzschnitt) wurde des Ehebruchs beschuldigt und soll ihre Unschuld bewiesen haben, indem sie barfuß über glühende Pflugscharen lief.

Finalsatz

Der Finalsatz wird mit den Konjunktionen *damit, auf dass* und (gelegentlich) *dass* eingeleitet. Mit dem Finalsatz wird ein Ziel oder ein Zweck des im Hauptsatz genannten Geschehens bezeichnet: *Er kam früher nach Hause, damit er den Krimi sehen konnte. Der Vater las dem Kind ein Märchen vor, auf dass es besser einschlafen konnte.*

fingerbreit

fingerbreit, fingerdick • Die Verbindungen aus Substantiv und Adjektiv *fingerbreit* und *fingerdick* stehen für eine Wortgruppe (= „breit wie ein Finger"; „dick wie ein Finger"), man schreibt deshalb stets zusammen: *das fingerbreite Haarband; ein fingerdickes Kabel.*

Fingerbreit / Finger breit • Die substantivierte Fügung kann als ein Wort oder als Wortgruppe aufgefasst werden. Entsprechend kann man getrennt oder zusammenschreiben: *Der Spalt in der Mauer war drei Finger breit/Fingerbreit. Er wich keinen Finger breit/Fingerbreit zurück.*

finite Verbform

Die finite Verbform ist die konjugierte (gebeugte) Form des Verbs. Verben können nach Person *(ich lese, du liest, er liest)*, Numerus *(ich lese, sie lesen)*, Handlungsart *(er schlägt, er wird geschlagen)* und Tempus *(sie geht, sie ging, ist gegangen)* konjugiert werden. Infinite Verbformen sind die Partizipien *(fahrend, gefahren)* sowie der Infinitiv *(fahren)*.

→ *Sonderseiten „Verb", S. 452–455*

finster

finstere / finstre Machenschaften • Bei Adjektiven deutschen Ursprungs, die auf *-er* enden, bleibt das unbetonte *e* in der geschriebenen Sprache erhalten: *finstere* (nicht: *finstre*) *Machenschaften, finstere* (nicht: *finstre*) *Gesellen.* In der Literatur wird das *e* oft aus rhythmischen Gründen weggelassen: „Aber das Mysterium blieb unerfüllt, eine *finstre* Macht zog stark und gewaltig dich zur Erde nieder …" (E. T. A. Hoffmann)

Groß- und Kleinschreibung • Als Adjektiv wird *finster* auch in festen Wendungen kleingeschrieben: *das finstere Mittelalter, der finstere Wald.* Als substantiviertes Adjektiv muss dagegen großgeschrieben werden: *im Finstern tappen.*

Firmennamen

Kongruenz • Nach einem Subjekt, das aus einem Firmennamen im Plural und einem Zusatz wie *AG, GmbH* oder *KG* besteht, kann das Prädikat im Singular oder im Plural stehen: *Die Fritz-Lehmann-Werke GmbH musste/mussten Konkurs anmelden.* Wird *Aktiengesellschaft* oder *Gesellschaft mbH* als Wort ausgeschrieben und ist damit Teil des Firmennamens, muss der Singular stehen: *Die Fritz-Lehmann-Werke Aktiengesellschaft musste Konkurs anmelden.*

Bei mit *und* (oder: &) gebildeten Firmennamen als Subjekt kann das Prädikat im Singular oder im Plural stehen: *Weber & Orschler hat/haben eine beeindruckende Bilanz vorgelegt.*

Beugung von Firmennamen • Auch wenn Firmennamen in Anführungszeichen stehen, werden sie gebeugt: *ein Kredit der „Badischen Beamtenbank".*

Flasche

→ *Sonderseiten „Maße, Mengen …", S. 304 f.*

flattern – haben oder sein?

Je nachdem, ob man mit *flattern* eine zielgerichtete Ortsveränderung oder eine dauerhafte Bewegung verbindet, wird das Perfekt mit *sein* bzw. *haben* gebildet. Dies gilt auch bei übertragener Bedeutung: *Der Vogel ist durchs Fenster geflattert. Ihnen ist eine saftige Rechnung ins Haus geflattert. Der Ball hat geflattert; der Torwart konnte ihn nicht mehr festhalten. Ihm haben die Nerven geflattert. Die Fahne, die über dem Palast geflattert hatte, wurde eingeholt. Die Eule hat trotz eines gebrochenen Flügels noch hektisch geflattert.*

Fleisch fressend / fleischfressend

Die Verbindung kann getrennt oder zusammengeschrieben werden: *ein Fleisch fressendes/fleischfressendes Ungeheuer.*

flektieren, Flexion

Flektieren ist der Oberbegriff für das Beugen von Wörtern. Er umfasst die Deklination (z. B. von Substantiven) und die Konjugation (von Verben). ACHTUNG: Das zugehörige Substantiv lautet *Flexion* (nicht: *Flektion*).

Spaghetti oder Spaghettis? *Fremdwörter* im Deutschen

Das Thema „Fremdwortschreibung im Deutschen" sorgt immer wieder für Aufregung – hier scheiden sich die Geister derjenigen, die sich eine möglichst einfache und verständliche Schreibung wünschen, von denjenigen, die das den Fremdwörtern eigene Fremde auch im Schriftbild erhalten wollen. Die Integration von Fremdwörtern in eine andere Sprache ist ein durchaus üblicher Vorgang – in vielen Sprachen werden Fremdwörter mit einer sehr großen Selbstverständlichkeit „eingebürgert". In der Regel geschieht so etwas jedoch nach und nach:

Je geläufiger ein Fremdwort in der neuen Sprache wird, desto weniger wird es auf Dauer als fremd empfunden und desto mehr neigen diejenigen, die es benutzen, dazu, dieses Wort auch wie ein einheimisches zu behandeln und entsprechend zu schreiben.

Der Plural von Fremdwörtern

Die Pluralbildung von Fremdwörtern ist sehr vielfältig! Es gibt ein paar Grundregeln, aber häufig muss man sich schlicht die korrekte Pluralform einprägen. Es kommt auch gar nicht so selten vor, dass ein Fremdwort zwei mögliche Pluralformen hat.

Plural auf -en ▸ Viele Fremdwörter haben im Deutschen einen Plural auf -en. Das betrifft zum Beispiel:

- **Fremdwörter auf -a:** Die meisten weiblichen Fremdwörter auf *-a* bilden den Plural mit der Endung *-en*, wobei das auslautende *-a* entfällt *(die Krypta – die Krypten)*.

Fremdwörter mit mehreren Pluralformen

Stigma	*Stigmen*	*Stigmata*	*Diva*	*Diven*	*Divas*
Thema	*Themen*	*Themata*	*Pizza*	*Pizzen*	*Pizzas*
Trauma	*Traumen*	*Traumata*	*Razzia*	*Razzien*	*Razzias*
Dilemma	*Dilemmas*	*Dilemmata*	*Sauna*	*Saunen*	*Saunas*
Klima	*Klimas*	*Klimata*	*Globus*	*Globen*	*Globusse*
Koma	*Komas*	*Komata*	*Diskus*	*Disken*	*Diskusse*
Visum	*Visa*	*Visen*	*Cello*	*Celli*	*Cellos*
Kontinuum	*Kontinua*	*Kontinuen*	*Porto*	*Porti*	*Portos*
Vakuum	*Vakua*	*Vakuen*	*Solo*	*Soli*	*Solos*

- **Fremdwörter auf -ma:** Fremdwörter im Neutrum auf *-ma* bilden den Plural mit der Endung *-en* (anstelle des auslautenden *-a*): *das Prisma – die Prismen, das Dogma – die Dogmen, das Drama – die Dramen.*
- **Fremdwörter auf -um:** Die meisten Fremdwörter im Neutrum auf *-um* bilden den Plural mit der Endung *-en*, die an die Stelle von *-um* tritt: *das Album – die Alben, das Pensum – die Pensen.*
- **Fremdwörter auf -ismus:** Bei einigen Substantiven auf *-us* und bei allen Substantiven auf *-ismus* wird die Endung durch *-en* ersetzt: *der Jambus – die Jamben, der Logarithmus – die Logarithmen.*
- **Fremdwörter auf -or:** Wenn die Endung *-or* nicht betont wird, wird der Plural durch Anhängen von *-en* gebildet: *der Autor – die Autoren, der Motor – die Motoren.*

Plural auf -a ▸ Viele Fremdwörter bilden den Plural auf ***-a***: *das Antibiotikum – die Antibiotika, das Analgetikum – die Analgetika, das Antiseptikum – die Antiseptika.* Bei manchen kommen auch zwei Pluralformen vor: *das Neutrum – die Neutra,* auch: *die Neutren.*

Plural auf -i ▸ Auch der lateinische Plural auf *-i* kommt im Deutschen vor: *der Modus – die Modi, der Nukleus – die Nuklei, der Musikus – die Musizi* (auch: *die Musikusse*).

Plural auf -s ▸ Englische Wörter auf *-y* bilden den Plural grundsätzlich auf *-s*: *die Babys, die Ponys.* Bei den Fremdwörtern im Femininum auf *-a* bildet eine kleinere Gruppe den Plural nur auf *-s* (*die Oma – die Omas, die Kobra – die Kobras*), einige können Pluralformen auf *-s* und auf *-en* haben (*die Viola – die Violas* oder *Violen*). Aus dem Italienischen kommen einige Fremdwörter, die hier ein Plural-s erhalten: *die Maestros, die Tempos.* ACHTUNG: Einige Wörter italienischen Ursprungs, die im Singular auf *-o* enden (z. B. *Solo*), haben neben dem Plural auf *-s* (*die Solos*) auch eine Pluralform mit *-i* aus ihrer Herkunftssprache (*die Soli*). Die Formen auf *-i* sind also bereits Pluralformen; eine zweite Pluralendung darf an solche Pluralformen nicht angefügt werden (nicht: *die Solis*)! Andere Substantive aus dem Italienischen kommen im Deutschen ganz oder

überwiegend nur in ihrer Pluralform vor. Dazu gehören u. a.: ***Graffiti*** (Singular: *Graffito*), *Mafiosi* (Singular: *Mafioso*), *Spaghetti* (Singular: *Spaghetto*). Auch an diese Formen kann also keine weitere Pluralendung angefügt werden.

> **i Von *Bureau* zu *Büro*: Einbürgerung von Fremdwörtern**
>
> Am Beispiel *Büro* lässt sich zeigen, wie im Laufe der Zeit ein Wort auch im Schriftbild ins Deutsche integriert wird: 1915 ist im „Duden" unter dem Stichwort *Bureau* erstmals eine Anmerkung zur eingedeutschten Schreibung *Büro* zu finden: „Die Schreibung Büro ist nicht gestattet, da sie der Einbürgerung des ganz entbehrlichen Fremdwortes Vorschub leisten würde." Noch bis 1926 wird *Büro* als „unzulässige Schreibung für Bureau" bezeichnet; 1929 schließlich ist das Stichwort *Büro* ohne Kommentar als ganz „normaler" Eintrag verzeichnet. Heute wird dies von niemandem mehr als ungewöhnlich empfunden.

Der Genitiv von Fremdwörtern

Häufig stellt sich die Frage, wie der Genitiv eines Fremdwortes im Deutschen zu bilden ist: mit -s oder ohne -s oder ganz anders? Meist ist sowohl der Genitiv mit -s als auch der ohne -s möglich:

- die Form *des Genitivs / des Genitiv*
- das Zeitalter *des Barocks / des Barock*

- die Direktorin *des Colleges/des College*
- das Haus *des Detectives/des Detective*
- das Amt *des Deputys/des Deputy*

Bei Fremdwörtern auf *-s, -ß, -x, -st* entfällt entweder die Genitivendung (*des Genus, des Radius*) oder es wird *-es* angehängt (*des Prozesses, des Komplexes*); manchmal gibt es beide Formen (*des Globus* oder *des Globusses, des Narziss* oder *des Narzisses*).

Fremdwörter aus dem Englischen

Wörter aus dem Englischen und Amerikanischen stammen oft aus den Bereichen Sport (*Foul*), Jugend (*Halfpipe*) und Technik (*Smartphone*). Ein paar Faustregeln zur Schreibung kann man sich merken:

- Was wie ein langes *i* klingt, wird oft *ee* oder *ea* geschrieben: *Meeting, Jeans.*
- Was wie *ei* klingt, wird häufig als *y* oder als *i* geschrieben: *Design, live, Recycling.*

ACHTUNG: Die alte Regel, dass Wörter auf *-y* wie im Englischen den Plural mit *-ies* bilden, gilt nicht mehr; sie erhalten nun im Deutschen das bei uns sonst auch übliche **Plural-s**: *Lobbys, Partys, Storys.*

Getrennt- und Zusammenschreibung ▸ Da inzwischen viele oft sehr lange Bezeichnungen aus dem Englischen zu uns kommen, die in ihrer Herkunftssprache in zwei Wörtern geschrieben werden, herrscht oft Unsicherheit über die Getrennt- und Zusammenschreibung solcher Anglizismen. Prinzipiell gilt: Zusammengesetzte Fremdwörter, auch Anglizismen, werden wie deutsche Wörter zusammengeschrieben. Aus **Substantiven** zusammengesetzte Fremdwörter können jedoch der besseren Lesbarkeit halber mit Bindestrich stehen.

- *Assessmentcenter* oder *Assessment-Center*
- *Desktoppublishing* oder *Desktop-Publishing*
- *Midlifecrisis* oder *Midlife-Crisis*
- *Shareholdervalue* oder *Shareholder-Value*
- *Patchworkfamilie* oder *Patchwork-Familie*

Adjektiv + Substantiv ▸ Bei mehrteiligen Anglizismen, die aus einem Adjektiv und einem Substantiv bestehen, ist die Betonung ausschlaggebend für die Schreibung.

- Liegt der Hauptakzent auf dem Erstbestandteil, wird zusammengeschrieben: *Freestyle, Hardcover, Highlight, Hotline, Slowfox, Software, Topstar.*
- Werden Erst- und Zweitbestandteil betont, ist getrennt zu schreiben: *Compact Disc, Electronic Banking, High Society, Open Air, Public Relations, Running Gag, Soft Skills, Standing Ovations, Top Ten.*
- Sind beide Arten der Betonung möglich, ist sowohl Zusammen- als auch Getrenntschreibung erlaubt: *Fastfood/Fast Food; Hotdog/Hot Dog; Hotspot/Hot Spot; Longdrink/Long Drink; Shortstory/Short Story; Smalltalk/Small Talk.*

Fremdwörter aus dem Französischen

Wörter aus dem Französischen findet man häufig in den Bereichen Mode *(Accessoire),* Kultur *(Medaille, Renaissance, Feuilleton)* und Gastronomie *(Biskuit, Fondue, Ragout, Sorbet).*

Die Schreibung weicht oft von der Aussprache ab, aber auch hier gibt es ein paar Faustregeln:

- Ein gesprochenes *u* wird meist *ou* geschrieben: *Souterrain, Tourist.*
- Was ähnlich klingt wie ein deutsches *ä,* wird *ai* geschrieben: *Malaise, Saison.*
- Ein gesprochenes *lj* oder *ij* wird *ill* geschrieben: *Medaille, Emaille.*
- Gesprochenes *ö* schreibt man *eu*: *Kontrolleur, Regisseur.*
- Was wie ein [ʒ] klingt, wird vor *e* oder *i* als *g* geschrieben: *Massage, Passagier.*

Die Bedeutung von Fremdwörtern
Viele fremdsprachige Wortbildungselemente haben eine bestimmte Bedeutung, die sie aus ihrer Herkunftssprache haben. Wenn man diese kennt, kann man die Bedeutung eines Fremdwortes oft herleiten, auch wenn das Wort noch unbekannt ist. Hierzu zählen etwa:

- *bio:* das Leben betreffend
- *demos:* Volk
- *geo:* Erde
- *hyper:* über(mäßig)
- *hypo:* unter
- *logos:* Lehre
- *mono:* allein, einzeln, einmalig
- *poly:* viel, mehr
- *tele:* fern, weit

So kann man also erschließen:

- *Biologie* = Lehre von der belebten Natur
- *Demographie* = Bevölkerungswissenschaft
- *Geologie* = Lehre von der Erde
- *Hypertonie* = Bluthochdruck
- *Hypotonie* = zu niedriger Blutdruck
- *Monokultur* = Anbau nur einer Pflanzenart
- *polyglott* = mehrsprachig
- *Polysemie* = Mehrdeutigkeit
- *Television* = Fernsehen

Fremdwörter aus dem Lateinischen oder Griechischen

Wörter aus dem Lateinischen bezeichnen häufig Dinge bzw. Sachverhalte aus den Bereichen Wissenschaft, Kunst und Militärwesen. Wörter aus dem Griechischen dagegen stammen oft aus den Bereichen Wissenschaft *(Geologie, Physik, Polysaccharid)* und Kultur *(Theater, Peripetie)*. Hierher kommen auch die Bestandteile *phon/fon, phot/fot* und *graph/graf*.
Da sehr viele schon lange im Deutschen heimische Wörter mit diesen Bestandteilen gebildet sind, sind hier generell beide Schreibungen möglich, bis auf wenige Ausnahmen (wie *Telefon*, wo die herkömmliche Schreibung *Telephon* nicht mehr üblich ist): *Fotografie* oder *Photographie*, *Megafon* oder *Megaphon*, *Graphologe* oder *Grafologe*, *Grafiker* oder *Graphiker*.

Auch bei einigen weiteren Fremdwörtern sind *ph* und *f* gleichberechtigte Varianten: *Delphin/Delfin, Phantasie/Fantasie, phantastisch/fantastisch*.
Bei Fremdwörtern mit den Wortbestandteilen *tial, tiell* sind auch die Schreibungen *zial, ziell* erlaubt, wenn ein Bezug zu einem Substantiv mit *z* besteht: *Differential/Differenzial, differentiell/differenziell* (wegen *Differenz*); *essentiell/essenziell* (wegen *Essenz*); *existentiell/existenziell* (wegen *Existenz*).

Das Geschlecht von Fremdwörtern

Die Tatsache, dass es im Englischen für Substantive nur ein grammatisches Geschlecht gibt („the“ oder „a“) und im Französischen oder Italienischen nur zwei, erschwert bei den in die deutsche Sprache übernommenen Fremdwörtern manchmal die Zuweisung eines Geschlechts.
Es gibt keine festen Regeln, nach denen das Geschlecht (Genus) von neuen Fremdwörtern im Deutschen festgelegt wird. In den meisten Fällen wird es nach bereits im Deutschen vorhandenen Begriffen gebildet, z. B. ***der Clog*** analog zu *der Schuh*, *der Backpack* analog zu *der Rucksack*, *der Shop* analog zu *der Laden*.

Wenn die Endung des Fremdwortes im Deutschen bereits fest mit einem Geschlecht verbunden ist, ist die Sache klar. Wörter auf *-ion* sind z. B. immer weiblich *(die Nation, die Explosion, die Kaution)*, deshalb werden neue Wörter auf *-ion* ebenfalls immer weiblich sein.
Manchmal wird auch das in der Ausgangssprache übliche Genus übernommen. Dies ist meist bei fachsprachlichen Ausdrücken der Fall oder wird allgemeinsprachlich gern von Sprechern eingesetzt, die ihre Vertrautheit mit der Originalsprache zeigen möchten: *der ‚Front National‘, die Casa*.

fliegen

Wenn das Verb *fliegen* mit einem Akkusativobjekt gebraucht wird (transitiver Gebrauch), bildet man das Perfekt mit *haben: Es konnte nicht ermittelt werden, wer von den beiden das Flugzeug geflogen hatte. Der Pilot hat die Passagiere wie verabredet nach Amsterdam geflogen.*
Regiert *fliegen* kein Akkusativobjekt (intransitiver Gebrauch), wird das Perfekt in der Regel mit *sein* gebildet, vor allem wenn eine Richtung angegeben wird: *Die ganze Familie ist von Zürich nach Rom geflogen. Sie sind über zwei Stunden geflogen.*
In einigen Fällen sind beide Perfektformen möglich: *Sie ist/hat geflogen. Er ist/hat einen Looping geflogen.*

Von Fliegen und Pilzen
Der Giftpilz mit der roten Kappe und den charakteristischen Schuppen, die sich wie weiße Tupfen vom rötlichen Hintergrund abheben, gilt als älteste halluzinogene Droge der Menschheit. Seiner berauschenden Wirkung wegen fand er bei nordsibirischen Volksstämmen und in einigen Indianerkulturen, vielleicht auch bei den Berserkern Verwendung. Es gab daher immer wieder die Vermutung, dass der Name *Fliegenpilz* auf das rauschhafte Erlebnis des Fliegens zurückzuführen sei. Doch andere volkstümliche Namen wie *Fliegenteufel* oder *Fliegentod* zeigen, dass etwas anderes dahintersteckt. Die giftigen Inhaltsstoffe Ibotensäure und Muskazon setzte man auch als effektives Insektizid ein: Dazu wurden die Pilzstücke mit heißer, manchmal gezuckerter Milch übergossen, die für die hungrigen Insekten zur tödlichen Falle wurde.

flöten gehen

Verbindungen aus zwei Verben werden grundsätzlich auch dann getrennt geschrieben, wenn eine übertragene Bedeutung vorliegt: *Ohne Teilnahme an der WM würden ihm lukrative Werbeaufträge flöten gehen. Ihre Uhr ist beim Sturz flöten gegangen.*

Flussschifffahrt

Bei Verbindungen aus *Fluss* und einem Substantiv, das mit *s* beginnt, werden alle Konsonanten geschrieben: *Flussseite, Flussschifffahrt, Flussspat, Flusssäure, Flusssediment.*

Föhn / Fön

Der Ausdruck *Föhn* für den warmen Fallwind lässt sich bis ins Althochdeutsche zurückverfolgen. Vermutlich liegt dem oberdeutschen *fonno* das lateinische *(ventus) favonius* für „lauer Wind“ zugrunde.
Der Elektrohersteller AEG Haushaltsgeräte leitete 1908 vom *Föhn* die Produktbezeichnung *Fön* für seinen neu entwickelten Haartrockner ab. Entsprechend wurde auch in der Rechtschreibung generell für einen Haartrockner *Fön* bzw. *fönen* geschrieben. Seit der Rechtschreibreform wird einheitlich wieder mit *h* geschrieben: *Föhn, föhnen.* Nur wenn man sich auf das Markengerät bezieht, ist die Schreibung ohne *h* zulässig: *Fön*®.

folgen

In den Bedeutungen „hinterhergehen, nachfolgen“, „sich zeitlich anschließen“ sowie „sich nach etwas richten“ bildet man das Perfekt mit *sein: Er ist ihr bis in die Fußgängerzone gefolgt. Sie sind ihm darin gefolgt, dass … Die Massen sind dem Aufruf gefolgt. Auf Friedrich II. ist Friedrich Wilhelm II. gefolgt.*
Nur wenn *folgen* in der Bedeutung „gehorchen“ gebraucht wird, bildet man das Perfekt mit *haben: Der treue Hund hat seinem Herrchen aufs Wort gefolgt.*

folgend

Groß- und Kleinschreibung • Als adjektivisch gebrauchtes Partizip schreibt man *folgend* klein: *folgendes interessante Beispiel; folgende interessanten Beispiele; folgende Seite.* Bei Substantivierung schreibt man groß: *Nun wurde mir gestern Folgendes berichtet. Bitte machen Sie von Folgendem keinen Gebrauch. Im Folgenden werde ich erklären, wie … Das Folgende ist für Sie uninteressant. Ihr Anruf war Auslöser für alles Folgende.*

folgender wichtige Rat • Adjektive und Partizipien werden nach *folgende(r, -s)* im Singular in der Regel schwach gebeugt: *folgender wichtig***e** *Rat; folgendes interessant***e** *Ereignis; bei folgendem bemerkenswert***en** *Ausspruch; in folgender kürzlich erschienen***en** *Zeitschrift.*

Im Plural werden Adjektive und Partizipien nach *folgend* in der Regel stark gebeugt: *folgende kürzlich erschienen***e** *Zeitschriften; wegen folgender kürzlich erschienen***er** *Zeitschriften.* Auch die schwache Deklination ist aber korrekt und besonders im Genitiv nicht selten: *folgende kürzlich erschienen***en** *Zeitschriften; wegen folgender kürzlich erschienen***en** *Zeitschriften.*

fon / phon, fot / phot

Die Wortbestandteile *phon* und *phot* können immer auch mit *f* geschrieben werden: *fon, fot.* Dies gilt entsprechend z. B. für folgende Wörter: *Mikrophon / Mikrofon; photogen / fotogen; Photographie / Fotografie* (aber nur: *Foto, fotografieren, Fotoapparat*); *Photosynthese / Fotosynthese.*

Bei Gegenständen des täglichen Lebens dominieren meist die Schreibungen mit *f: Fotokopierer, Megafon.*

Bei fachsprachlichen Ausdrücken ist dagegen die Schreibung mit *ph* häufiger: *Photosynthese, Phonologie, Photophobie, Photovoltaik.*

Für *Telefon, Foto, fotografieren* und *Fotoapparat* gilt nur noch die Schreibung mit *f* als korrekt.

formal / formell

Formal und *formell* sind keine Synonyme, auch wenn sie oft als solche gebraucht werden. Das Adjektiv *formal* bedeutet „die Form betreffend, auf einer Form beruhend“: *Formal besteht er auf die Einhaltung des Vertrags. Die formalen Vorgaben wurden nicht eingehalten. Das Urteil wurde wegen sachlicher und formaler Fehler aufgehoben.* Dagegen steht *formell* für „förmlich, die äußeren Formen, die Umgangsformen (genau) beachtend“ oder „nur äußerlich dem Schein nach“: *Sie kommunizieren nur noch formell miteinander. Es war ein formeller Empfang. Nach formellen Protesten des Auslands machte die Regierung einen Rückzieher.*

fot

→ *fon / phon, fot / phot*

Fotograf

Das Substantiv *Fotograf* wird schwach gebeugt. Außer im Nominativ lautet die Endung deshalb immer *-en.* Das Weglassen der Endung sollte im Schriftlichen vermieden werden: *Sie lässt ihre Bewerbungsbilder beim Fotografen* (nicht: *Fotograf*) *machen.*

Fötus

→ *Fetus / Fötus*

Fragesatz

Der Fragesatz kann einen Sachverhalt insgesamt oder unter einem bestimmten Gesichtspunkt infrage stellen. Er schließt mit einem Fragezeichen. Ein Punkt steht am Ende indirekter Fragesätze:

Fährst du nach München? Wann fährst du nach München? Sie fragte ihn, wann er nach München fahre.

Ausrufe in Form eines Fragesatzes • Ausrufe in Form eines Fragesatzes schließen nicht mit einem Frage-, sondern mit einem Ausrufezeichen: *Wie konntest du mich nur so erschrecken! Was hat sie sich nur dabei gedacht!*

→ *Entscheidungsfrage*, → *Ergänzungsfrage*, → *Konjunktiv*

Fragezeichen

Das *Fragezeichen* markiert den Abschluss eines vollständigen Fragesatzes. Darüber hinaus kann es einzelne Wörter, Wortgruppen oder Teilsätze als Fragen kennzeichnen:
Wo warst du?
Hast du schon gehört, was passiert ist?
Morgen Abend?
Tatsächlich?

Fragesätze ohne Fragezeichen • Nach Fragesätzen, die einen Ausruf des Erstaunens oder eine Aufforderung enthalten, steht nicht das Frage-, sondern das Ausrufezeichen: *Wie lange ist das schon her! Warum hast du das nicht gleich gesagt!*

Mehrere Fragewörter • Bei mehreren nebeneinanderstehenden Fragewörtern, die nicht besonders betont werden, setzt man das Fragezeichen in der Regel nur nach dem letzten Fragewort: *Warum, weshalb, wieso? Sprachkultur – warum, wozu?* (Buchtitel)
Soll jedes einzelne Fragewort hervorgehoben werden, so setzt man nach jedem Wort ein Fragezeichen: *Wie? Was? Wo?*

Fragewörter innerhalb eines Satzes • Nach Fragewörtern innerhalb eines Satzes steht nur dann ein Fragezeichen, wenn sie besonders hervorgehoben werden: *Auf die Frage „Wo?" steht im Deutschen der Dativ, auf die Frage „Wohin?" der Akkusativ.*
Wird ein Fragewort nicht unmittelbar in den Fragesatz einbezogen, so wird es durch Komma abgegrenzt:
Wieso, wozu soll das gut sein?
Wie, das hast du nicht gewusst?
Nur bei besonderer Betonung des Fragewortes steht auch hier ein Fragezeichen:
Wieso? Wozu soll das gut sein?
Wie? Das hast du nicht gewusst?

Fragezeichen bei indirekten Fragen • Bei indirekten Fragesätzen ist die Frage als Nebensatz in einen übergeordneten Satz eingebettet. Handelt es sich dabei um einen Aussagesatz, steht kein Fragezeichen:
Ich werde mich erkundigen, wann der nächste Zug nach Bamberg fährt.
Nur wenn es sich beim übergeordneten Satz selbst um einen Fragesatz handelt, kann ein Fragezeichen stehen: *Weißt du, wann der nächste Zug nach Bamberg fährt?*

Fragezeichen und Anführungszeichen • Wird der Fragesatz als direkte Rede in Anführungszeichen eingebettet, steht das Fragezeichen vor dem schließenden Anführungszeichen. Folgt ein Begleitsatz, wird dieser durch Komma abgetrennt und man schreibt klein weiter: *„Gibst du mir eine Zigarette?", fragte sie. „Warum darf ich nicht mitfahren?", fragte er trotzig und ballte die Fäuste.*
Das Fragezeichen steht nach dem schließenden Anführungszeichen, wenn es sich nicht auf die Anführung, sondern auf den ganzen Satz bezieht: *Kennst du den Film „Beste Freunde"? Weißt du den zweiten Teil des Sprichworts „Wer im Glashaus sitzt …"?*
Endet ein Fragesatz mit einem angeführten Fragesatz, der bereits ein Fragezeichen enthält, so muss danach noch ein Fragezeichen gesetzt werden: *Was hältst du von dem Buch „Wie kam der Mensch auf den Hund?"?*

Gedankenstrich und Fragezeichen • Fragezeichen, die zu einem in Gedankenstrichen gesetzten Einschub gehören, setzt man vor dem zweiten Gedankenstrich: *Sie wird – wirklich schon? – 83 Jahre alt. 420 Millionen Euro – kann diese Summe korrekt sein? – könnten jährlich eingespart werden.*

Fragezeichen und Klammern • Bei einer eingeklammerten Frage steht das Fragezeichen vor der schließenden Klammer: *Du wolltest mir (erinnerst du dich noch?) das Buch ausleihen.*
Er konnte die Frage glänzend beantworten. (Weiß er nicht auf jede Frage eine Antwort?)
Das Fragezeichen steht nach der schließenden Klammer, wenn es sich auf den ganzen Satz bezieht: *Würden Sie mir bitte die tatsächlichen Kosten detailliert aufschlüsseln (vgl. mein Schreiben vom 15. März)?*
Ein in Klammern eingeschlossenes Fragezeichen bedeutet eine Infragestellung des Vorangehenden: *Sie sagt, sie sei mit ihrem Bruder (?) in der Diskothek gewesen. Er behauptet, drei (?) Berufe zu haben.*

Ausrufezeichen und Fragezeichen • Soll eine Frage gleichzeitig als Ausruf verstanden werden, so kann nach dem Fragezeichen noch ein Ausrufezeichen stehen: *Kannst du dir das nicht endlich einmal merken?! Hast du heute nicht schon genug Geld ausgegeben?! Warum denn nicht?!*

Frau

Frau in der Anrede • Der Titel *Doktor* wird in der Anrede von Frauen meist unverändert verwendet: *Sehr geehrte (Frau) Dr. Kolumna; Sehr geehrte Frau Doktor* (seltener: *Doktorin*).
Beim Professorentitel findet sich häufiger auch die weibliche Form: *Sehr geehrte (Frau) Professorin* (auch: *Professor*) *Kolumna.*
Bei Berufs- und Amtsbezeichnungen werden in der Regel die weiblichen Formen verwendet, und zwar auch dann, wenn das Protokoll streng genommen diese Form gar nicht kennt. Protokollarisch korrekt wäre z. B. die Anrede: *sehr geehrte Frau Oberbürgermeister.* Gebräuchlich und empfehlenswert ist aber: *Sehr geehrte Frau Oberbürgermeisterin; Sehr geehrte Frau Staatsministerin; Sehr verehrte Frau Ministerpräsidentin; Sehr verehrte Frau Konsulin; Sehr geehrte Frau Oberstudienrätin; Sehr verehrte (Frau) Gräfin Lambsdorff; Sehr geehrte Fürstin von Thurn und Taxis.*
man / frau • Da das Pronomen *man* etymologisch auf das Substantiv *Mann* zurückgeht, ist im Zuge der Diskussionen um die sprachliche Gleichstellung von Frauen und Männern vorgeschlagen worden, *man* durch *man/frau* zu ersetzen *(Das sollte man/frau nicht tun.)* Gelegentlich wird auch die Form *frau* im Sinne von *man* verwendet, wenn sich *man* ausschließlich auf Frauen bezieht: *Wie findet frau den Richtigen?* Beide Formen sind in bestimmten Textsorten gelegentlich anzutreffen, haben sich jedoch nicht generell durchgesetzt. Soll das Pronomen *man* vermieden werden, dann lässt es sich in den meisten Fällen entweder durch das Passiv oder durch *wir* ersetzen: *Man spricht deutsch.* → *Es wird deutsch gesprochen. Mit vollem Munde spricht man nicht.* → *Mit vollem Mund sprechen wir nicht.*
Fräulein • Die Anrede *Fräulein* ist veraltet und wird nicht mehr verwendet.
→ *Sonderseiten „Gleichberechtigung", S. 204 f.*

Frau* und *Fro* – *Herrin* und *Herr
Den Ausdruck *Frau* verwenden wir heute neutral, das heißt ohne positive oder negative Wertung. Doch dies war nicht immer so: Ursprünglich handelte es sich um eine ehrenvolle Bezeichnung für eine hochgestellte adelige Dame. Einen Eindruck vom hohen sozialen Status, der mit diesem Wort verknüpft war, vermitteln noch heute altertümliche Wörter wie *Frondienst* „Herrendienst" oder *Fronleichnam* „Leib des Herrn". Beide Ausdrücke enthalten das untergegangene althochdeutsche *fro* „Herr".
Entsprechend bedeutete die weibliche Ableitung, die sich aus dem althochdeutschen *frouwa* über mittelhochdeutsch *vrouwe* zur Frau entwickelte, „Herrin". Erst im Frühneuhochdeutschen ersetzte *Frau* das bis dahin übliche *Weib* für eine weibliche Person oder Ehegattin.

frei

Groß- und Kleinschreibung • Als Adjektiv wird *frei* auch in festen Wendungen kleingeschrieben: *freie Berufe; der freie Fall; freies Geleit; eine Ware frei Haus liefern; freier Mitarbeiter; freier Schriftsteller; freie Wahlen; der freie Wille; die freie Marktwirtschaft; das Signal steht auf „frei".*
Ist das Adjektiv Bestandteil von Namen oder namensähnlichen Fügungen, schreibt man groß: *Sender Freies Berlin; Freie Demokratische Partei (FDP); Freie Deutsche Jugend; Freie und Hansestadt Hamburg; Freie Hansestadt Bremen; die Freie Reichsstadt Nürnberg* (aber: *die freien Reichsstädte*).
Liegt eine Substantivierung des Adjektivs vor, schreibt man groß: *im Freien; das Freie; ins Freie.*
Getrenntschreibung • Ob *frei* in Verbindung mit Verben getrennt oder zusammengeschrieben wird, hängt von der Bedeutung ab. Wird die Verbindung in konkreter Bedeutung gebraucht, schreibt man vom Verb getrennt: *Er konnte stundenlang ohne Manuskript frei sprechen* (aber: *jemanden freisprechen*). *Sie können die Waren hier frei bekommen.*

Zusammenschreibung • Wird eine Verbindung von *frei* mit einem Verb als Einheit mit übertragener Gesamtbedeutung angesehen, so schreibt man zusammen: *jemanden freihalten* (= „für jemanden bezahlen“); *auf Bewährung freikommen; sich freilaufen* (= „anspielbar sein“); *einen Brief freimachen* (= „frankieren“); *jemanden freipressen; einen Kanal freischalten; sich freischwimmen* (= „selbständig werden und eigene Entscheidungen treffen“); *Umweltgifte freisetzen; sich freispielen; einen Angeklagten freisprechen; freistehen* (= „erlaubt, gestattet sein“); *jemandem eine schwierige Entscheidung freistellen; jemanden von einer Dienstverpflichtung freistellen* (= „davon befreien“).

Getrennt- und Zusammenschreibung • In vielen Fällen ist es allerdings unklar, ob sich die Gesamtbedeutung aus den einzelnen Teilen ergibt oder nicht. Hier bleibt es dem Schreibenden überlassen, ob er getrennt oder zusammenschreibt: *einen Tag frei bekommen/freibekommen; Schülern frei geben/freigeben; einen Tag frei haben/freihaben; einen Termin frei halten/freihalten; sich von Vorurteilen frei machen/freimachen; ein paar Tage frei nehmen/freinehmen.*

Auch wenn *frei* das Resultat der Tätigkeit oder des Vorgangs beschreibt, ist Getrennt- und Zusammenschreibung korrekt: *Geiseln frei bekommen/freibekommen; Gefangene frei lassen/freilassen; Ruinen frei legen/freilegen; sich, den Oberkörper frei machen/freimachen; den Weg frei machen/freimachen; einen Schatz frei schaufeln/freischaufeln.*

Verbindungen mit Partizipien • In Verbindung mit adjektivisch gebrauchten Partizipien hängt es von der Verbverbindung ab, ob getrennt oder zusammengeschrieben wird. Wird die Verbindung mit dem Verb zusammengeschrieben, gilt dies ebenfalls für die Partizipform:

freistellen → *die freigestellten Mitarbeiter.*

Auch bei übertragen gebrauchten Verbindungen wird zusammengeschrieben: *ein freibleibendes Angebot; ein freischaffender Künstler; eine freitragende Treppe.*

Ansonsten ist sowohl die Getrennt- als auch die Zusammenschreibung korrekt: *frei laufende/freilaufende Hunde; frei lebende/freilebende Tiere; ein frei stehender/freistehender Turm; ein frei stehendes/freistehendes Zimmer.*

Freitag

Freitag Morgen / Freitagmorgen • Steht *Freitag* in Verbindung mit einer Tageszeit *(Morgen, Mittag, Abend; Vormittag, Nachmittag)*, schreibt man getrennt und groß, wenn kein Artikel, Adjektiv oder Pronomen davorsteht: *Wir treffen uns Freitag Morgen. Die Untersuchung wird Freitag Morgen durchgeführt.*

Steht die Verbindung dagegen mit einem Artikel, einem Pronomen oder einem Adjektiv, dann muss zusammengeschrieben werden: *Der Freitagabend ist unser Fernsehabend. Jeden Freitagmittag gab es ein traditionelles Fischgericht. An manchen Freitagnachmittagen verließ er schon früh das Büro.*

freitags • Das Substantiv *Freitag* kann durch Anhängen eines *-s* adverbial gebraucht werden. Man schreibt klein: *Sie musste freitags immer zum Lauftreff.*

Bei Verbindungen mit Tageszeiten wird, je nachdem, ob der erste Bestandteil auf *-s* endet oder nicht, getrennt oder zusammengeschrieben. Man schreibt in beiden Fällen klein: *Wir treffen uns freitagmittags/freitags mittags* (aber nur: *eines schönen Freitagabends*).

Freitag, dem / den • Nach einem Wochentag steht das Datum als Apposition im selben Kasus: *Heute ist Freitag, der 9. November. Wir sehen uns Freitag, den 13. Februar. Wir treffen uns am Freitag, dem 21. März. Es geschah am Morgen jenes Freitags, des 15. Juni 1905.*

Daneben kann nach dem Wochentag im Dativ (nicht aber im Nominativ und Genitiv) das Datum auch im Akkusativ stehen. Richtig ist also: *Wir treffen uns am Freitag, den/dem 15. März.*

fremdsprachig oder fremdsprachlich?

Die Bedeutungen der Adjektive *fremdsprachig* und *fremdsprachlich* unterscheiden sich. Zusammensetzungen mit *-sprachig* beziehen sich auf den konkreten Gebrauch einer Sprache.

Freie Tage am *Freitag*?
Die Schweizer verstehen unter dem Wort *Freitag* nicht nur den Wochentag, sondern tatsächlich auch einen (arbeits)freien Tag, was selbstverständlich nicht heißt, dass jeden *Freitag* frei ist. Und sprachgeschichtlich hat der Wochentag einen anderen Ursprung.

In der Benennung der Wochentage orientierten sich die Germanen bekanntlich an den Römern, die den Freitag als *dies veneris* („Tag der Göttin Venus“) bezeichneten. Die Germanen setzten an deren Stelle *Freia*, die Göttin der Liebe und der Fruchtbarkeit. Aus dem althochdeutschen *frijatag* wurde über mittelhochdeutsch *vritac* das moderne Wort *Freitag*. Dennoch ist die Ähnlichkeit zum Adjektiv *frei* nicht ganz zufällig. Denn der Name der Göttin, er lautet übersetzt „Geliebte“, ist etymologisch tatsächlich mit den Wörtern *frei* und *freien* verwandt. Ganz so weit hergeholt ist der freie Tag am *Freitag* also nicht.

Göttin Freia auf ihrem von Katzen gezogenen Wagen

Dementsprechend bedeutet *fremdsprachig* „in einer fremden Sprache“: *fremdsprachiger Unterricht* (= „Unterricht, der in einer fremden Sprache gehalten wird“); *die fremdsprachigen Wortbestandteile -phon, -phot, -graph.*

Die Zusammensetzungen mit *-sprachlich* verweisen auf die Bezugnahme auf eine Sprache. Dementsprechend bedeutet *fremdsprachlich* „eine fremde Sprache betreffend“: *fremdsprachlicher Unterricht* (= „Unterricht über eine fremde Sprache, der auch in der eigenen Sprache gehalten werden kann“); *fremdsprachliches Lehrbuch* (= „Buch über eine fremde Sprache“).
Vereinzelt wird *fremdsprachlich* jedoch auch im Sinne von „aus einer fremden Sprache kommend, zu einer fremden Sprache gehörend“ gebraucht: *fremdsprachliche Redewendungen.*

Fremdwort

→ *Sonderseiten „Fremdwörter“, S. 164–167*

Freund / freund

Das Substantiv *Freund* schreibt man groß: *Sie sind gut Freund miteinander. Er ist ihm ein guter Freund.* Nur in veralteten Wendungen in Verbindung mit *sein, bleiben, werden* gilt *freund* noch als Adjektiv im Sinne von „freundlich gesinnt, zugeneigt“: *jemandem freund sein / bleiben / werden. Er war freund genug, ihn zu warnen.*

Friede oder Frieden?

Friede / Frieden gehört zu den Substantiven, die wie *Same / Samen* oder *Funke / Funken* in einem noch andauernden Veränderungsprozess von der schwachen zur starken Deklination übertreten. Bei *Friede* handelt es sich um die ältere Nominativ-Form von *Frieden*. Beide Formen können gleichberechtigt nebeneinander verwendet werden, wobei die Form *Frieden* in manchen Zusammenhängen häufiger gebraucht wird. *Es ist endlich Frieden* (auch: *Friede*) *eingekehrt. Noch herrscht ein zerbrechlicher Frieden* (auch: *Friede*).
In vielen Wendungen, vor allem in religiösen Formeln, steht noch immer ausschließlich die Form *Friede*: *Friede, Freude, Eierkuchen; Friede den Hütten, Krieg den Palästen. Der Friede des Herrn sei allezeit mit euch.*
Der Genitiv Singular lautet für beide Formen *des Friedens*.

Das *Fugen-s* und andere *Fugenzeichen*

Ein kleines Zeichen, meist nur ein Buchstabe, sorgt gern für Verwirrung: das sogenannte Fugenzeichen. Es heißt zwar *Nachtessen*, aber *Mitternacht**s**essen*, *Schwein**e**grippe*, aber *Vogelgrippe*. Im allgemeinen Sprachgebrauch spricht man von der *Einkommen**s**steuererklärung*, auf dem Amt heißt es dagegen nur ***Einkommensteuererklärung***. Fugenelemente gibt es zwar auch in anderen Sprachen, sie sind im Deutschen aber besonders reich ausgeprägt. Kurios ist auch, dass sich sprachwissenschaftlich oft nicht erklären lässt, warum in einem Wort ein Fugenzeichen steht. Manchen Fugenelementen aber kann man auf die Spur kommen und für einige sogar einigermaßen feste Richtlinien angeben, wann sie gesetzt werden und wann nicht. Das am häufigsten vorkommende und auch am meisten Probleme bereitende Fugenzeichen ist das Fugen-s.

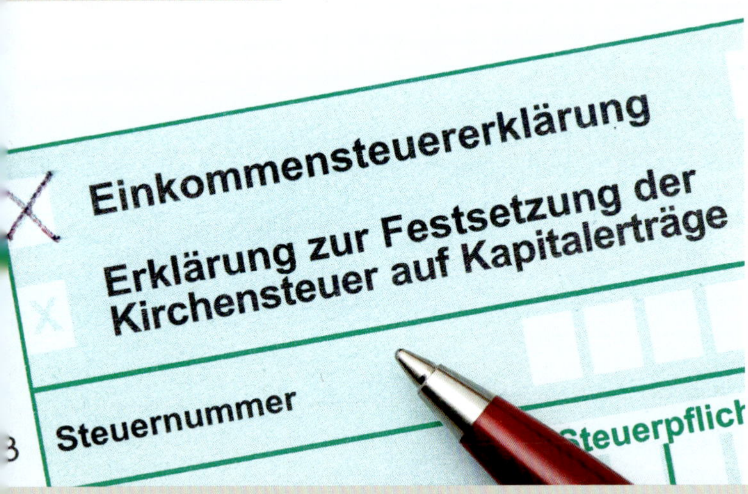

Fugenzeichen allgemein

Zusammengesetzte Substantive sind Substantive, die aus mindestens zwei selbstständigen Wörtern bestehen. Das erste Glied solcher Zusammensetzungen wird Bestimmungswort, das letzte Glied (das stets ein Substantiv ist) Grundwort genannt. Die meisten zusammengesetzten Substantive sind ohne besondere Mittel zusammengefügt: *das Wasserglas, der Hausmeister.* Bei etwa einem Viertel der zusammengesetzten Substantive des deutschen Wortschatzes treten jedoch zwischen Bestimmungswort und Grundwort sogenannte **Fugenelemente**.

Warum gibt es Fugenelemente?

Regeln dafür, in welchen Fällen welches Fugenelement (oder kein Fugenelement) steht, können nur teilweise angegeben werden; oft gibt es keine Erklärung. Häufig sind die Fugenelemente übrig gebliebene Flexionsendungen:

- *des Meeres Rauschen* → *Meeresrauschen*
- *des Tages Anbruch* → *Tagesanbruch*
- *des Bären Fell* → *Bärenfell*
- *des Diplomaten Koffer* → *Diplomatenkoffer*

Die folgenden Fugenelemente kommen vor: ***-s-*** *(Freiheit**s**glocke)*, ***-es-*** *(Bund**es**liga)*, ***-er-*** *(Büch**er**regal)*, ***-(e)n*** *(Bär**en**fell)* und ***-e-*** *(Hund**e**leine).*

Fugenzeichen	Beispiel
-s-	*Lebenszeichen, Mannschaftswettbewerb, Absichtserklärung*
-es-	*Jahreszeit, Meeresrauschen, Tagesanbruch*
-er-	*Kindergeld, Eierschale, Lichterkette, Rinderbraten*
-(e)n	*Diplomatenkoffer, Bienenzucht, Schlangenbiss, Seitensprung*
-e-	*Hundeleine, Pferdewagen, Schweinegrippe*

Heringssalat und Frühlingsgefühle: Zusammensetzungen mit Fugen-s

- Endet das Bestimmungswort auf ***-heit, -keit, -igkeit, -ing, -ling, -sal, -schaft, -ung, -at, -ion, -tät*** oder ***-um***, dann steht im Allgemeinen ein Fugen-s: *Altertumskunde, Fakultätsfeier, Freiheitsglocke, Tapferkeitsmedaille, Genauigkeitsforderung, Frühlingsgefühl, Heringssalat, Hoffnungsschimmer, Schicksalsmacht, Freundschaftsring, Zeitungsjunge, Kommunikationsmittel, Solidaritätszuschlag, Museumsführer.*

- Auch wenn das **Bestimmungswort von einem Infinitiv abgeleitet** ist, folgt in der Regel ein Fugen-s: *Lebenszeichen, Schlafenszeit, Wiedersehensfreude, Vertrauensbruch, Versagensangst.*
- Schließlich steht das Fugen-s oft, wenn das **Bestimmungswort eine Vorsilbe** hat: *Abschlagszahlung, Absichtserklärung, Anfahrtsweg, Anspruchsfrist, Vorfahrtsstraße, Ausfahrtsschild, Geruchssinn.*

Zusammensetzungen ohne Fugen-s

- Kein Fugen-s steht in der Regel, wenn das **Bestimmungswort auf eine der Endungen *-chen, -er, -ler, -ner*** ausgeht: *Mädchenschule, Fahrerausbildung, Sportlerherz, Rentneralltag.*
- Ebenfalls kein Fugen-s steht im Allgemeinen nach **kurzen weiblichen Bestimmungswörtern**: *Handschuh, Luftschloss; Kältebrücke, Säuregrad.*
- Weibliche **Bestimmungswörter auf *-ur* und *-ik*** haben gleichfalls kein Fugen-s: *Kulturwissenschaft, Naturfilm; Fabrikbesitzer, Musikstück, Physiklehrer.*
- Schließlich fehlt das Fugen-s in der Regel auch bei männlichen und sächlichen **Bestimmungswörtern, die mit den Buchstaben oder Buchstabengruppen *-s, -ss, -ß, -z, -tz, -sch, -st* enden:** *Glasscheibe, Schlossterrasse, Fußzeile, Reizthema, Platzverweis, Fleischgericht, Gastgeschenk, Herbstanfang, Obstteller.*

Rinds- oder Rinderbraten?

Die meisten Zusammensetzungen mit *Rind* als Bestimmungswort werden mit *-er-* gebildet: *Rinderbrust, Rinderwahnsinn.*
Bei Bezeichnungen für die Produkte vom Rind kann aber auch das Fugen-s stehen. In Norddeutschland überwiegen Formen mit *-er-*. In Süddeutschland, Österreich und in der Schweiz ist dagegen das Fugen-s beliebter: *Rinderbraten/Rindsbraten, Rindergulasch/Rindsgulasch, Rinderleber/Rindsleber, Rinderzunge/Rindszunge.*
Ohne Fugenelement werden gebildet: *Rindfleisch, Rindvieh.*

> **i** **Fugen-s in fachsprachlichen Texten**
> In der Behördensprache wird, zum Beispiel in allen Zusammensetzungen mit *-steuer*, das Fugenzeichen weggelassen: *Einkommensteuer, Grunderwerbsteuer, Vermögensteuer, Versicherungsteuer.* Neben dem Sprachgebrauch ohne Fugen-s in den Amtsstuben werden diese Verbindungen gleichermaßen korrekt aber auch mit Fugenzeichen verwendet, also *Grunderwerbssteuer, Versicherungssteuer* usw. Umgekehrt findet sich im Bürgerlichen Gesetzbuch ausnahmslos der Begriff *Schadensersatz* mit Fugen-s. Diese Form der Zusammensetzung ist dadurch in allen juristischen Texten gebräuchlich. Genauso richtig ist aber auch die im allgemeinen Sprachgebrauch übliche Form *Schadenersatz.*

Friseurin / Friseuse

Aus den maskulinen Berufsbezeichnungen auf *-eur* können durch Anhängen von *-in* oder durch Ableitung auf *-euse* weibliche Bezeichnungen gebildet werden. Da Bildungen auf *-euse* teilweise als veraltet oder sogar als abwertend empfunden werden, wird die Berufsbezeichnung *Friseurin* (auch: *Frisörin*) inzwischen häufiger gebraucht als *Friseuse*.

Friseur als deutscher Einbürgerungsversuch
Ob Mode, Gastronomie, höfische Kultur oder vornehme Lebensart: Im Zeitalter des Barock war Frankreich das Maß aller Dinge. Auch in sprachlicher Hinsicht war die Anziehungskraft beträchtlich: Nicht nur wurden neue Wörter wie *Fassade, Billet, Etikette, Karaffe, Negligé* übernommen. In den vornehmen Salons oder auf diplomatischem Parkett sprach man ausschließlich Französisch oder ein von zahllosen französischen Fremdwörtern durchsetztes Deutsch. So kam es auch zu Wortschöpfungen, die dem Französischen zwar nachgebildet, in Frankreich selbst aber unbekannt waren. *Friseur* ist eines dieser Wörter. Es wurde aus dem im 17. Jahrhundert übernommenen Verb *friser* („kräuseln“) gebildet. Das *Frisieren* bezog sich auf eine ganz bestimmte Tätigkeit beim Perückenmachen: das Drehen und Einkräuseln der Locken, die zum typischen Erscheinungsbild barocker Prachtperücken beitrugen (Bild: Büste Ludwigs XIV.). Nur im Deutschen nahm das Verb die Bedeutung „Haare herrichten“ an, nur hier kam es zu den Ableitungen *Friseur* (auch: *Frisör*) oder *Frisur*.

frugal

Das Adjektiv *frugal* geht auf lat. *frugalis* „wirtschaftlich, bieder“ zurück. ist das Gegensatzwort zu *opulent* und bedeutet „einfach, bescheiden, genügsam“: *ein frugales Mahl* (= „ein einfaches, karges Mahl“).

Fugen-s

→ *Sonderseiten „Das Fugen-s und andere Fugenzeichen“, S. 174f.*

Fulda – Fuldaer

Die Einwohner von *Fulda* heißen *Fuldaer.* Wie alle Einwohnerbezeichnungen auf *-er* wird *Fuldaer* immer großgeschrieben, auch in adjektivischer Verwendung: *Er lebt in der Fuldaer Innenstadt.*

Fülle

Bildet *Fülle* das Subjekt eines Satzes, wird das Prädikat ebenfalls im Singular gebildet, selbst wenn das Gemessene im Plural steht: *Eine Fülle von Maßnahmen steht zur Auswahl.*
Daneben ist aber auch der Plural zulässig: *Eine Fülle von Maßnahmen stehen zur Auswahl.*

fünf

Als Zahladjektiv schreibt man *fünf* klein: *wir fünf; wir sind zu fünft / zu fünfen. Er ist jetzt fünf. Um fünf lässt er den Hammer fallen. Man sollte fünf(e) gerade sein lassen. Sie können sich an fünf Fingern abzählen, dass… Sie hatte immer ihre fünf Sinne beieinander. Sie hatte mit großem Andrang gerechnet, es kamen aber nur fünf.*
In der Bedeutung als Ziffer, also in substantivischer Verwendung, wird großgeschrieben: *Ich habe leider nur eine Fünf in Französisch.* (Aber: *Ich habe leider nur ein „mangelhaft“ in Französisch.*) *Die Fünf* (Bus- oder Straßenbahnlinie) *fährt nur unter der Woche. Ich würfele immer nur Fünfen.*

Fünfprozentklausel / Fünf-Prozent-Klausel

Wird das Prozentzeichen als Wort ausgeschrieben, kann man zusammenschreiben oder (der besseren Übersicht wegen) zwischen alle Bestandteile der Verbindung einen Bindestrich setzen: *die Fünfprozentklausel / Fünf-Prozent-Klausel / 5-Prozent-Klausel.*
Zwischen Ziffern und Prozentzeichen setzt man üblicherweise keinen Bindestrich: *die 5 %-Klausel.*

fünfte(r, -s) / Fünfte(r, -s)

Das adjektivische Zahlwort schreibt man klein: *das fünfte Rad am Wagen. Fast jeden fünften Urlauber zog es nach Spanien.*
Bei Substantivierung schreibt man groß: *Mit viel Glück wurde sie Fünfte. Jeder Fünfte plant, seinen Stromanbieter zu wechseln. Er ist jetzt schon der Fünfte.*
Innerhalb von Namen oder namensähnlichen Bezeichnungen wird ebenfalls großgeschrieben: *Sie hörten Beethovens Fünfte (Sinfonie); die Fünfte Republik* (in Frankreich).
ACHTUNG: Klein schreibt man die übertragen gebrauchte Wendung *fünfte Kolonne* (= „im Geheimen wirkende feindliche Gruppe im Innern eines Landes").

Funke oder Funken?

Beide Nominativ-Formen können grundsätzlich gleichberechtigt verwendet werden. Es ist jedoch zu beobachten, dass die ältere Form *Funke* im Schreibgebrauch überwiegt: *Ein Funke* (seltener: *Funken) hätte genügt, um das Gemisch zur Explosion zu bringen.*
In übertragen gebrauchten Wendungen mit Bedeutungen wie „(göttliche) Eingebung, außerordentlicher Gedanke" usw., steht fast ausschließlich *Funke: der göttliche Funke; der zündende Funke. Der Funke der Begeisterung sprang über.*
In der Bedeutung „ein kleines bisschen, etwas" verwendet man dagegen die Form *Funken: keinen Funken Verstand. Sie hat keinen Funken Hoffnung mehr.*

funktional oder funktionell?

Beide Adjektive haben die Bedeutung „die Funktion betreffend, auf einer Funktion beruhend" und sie werden oft gleichberechtigt verwendet. Es gibt jedoch wichtige Unterschiede im Gebrauch: Bezieht sich das Adjektiv in der Medizin auf die Leistungsfähigkeit eines Organs oder in der Chemie auf charakteristische Eigenschaften von Atomen und Molekülen, ist nur die Form *funktionell* korrekt: *funktionelle Erkrankung* (= „auf gestörter Funktion eines Organs beruhende Erkrankung"); *funktionelle Gruppe* (= „Atome oder Atomgruppen, die für die Struktur einer organischen Verbindungsklasse charakteristisch sind und deren Eigenschaften weitgehend prägen").
Wird mit dem Adjektiv z. B. ein bestimmter Stil als „zweckmäßig" charakterisiert, verwendet man im Allgemeinen die Form *funktional: Das Konzept favorisiert helle, funktionale Büroräume.*

Funktionsverbgefüge

Unter *Funktionsverben* versteht man Verben, die in enger Verbindung mit einem bestimmten Substantiv verwendet werden. Dabei übernimmt das Substantiv die Aussage, während das Verb selbst lediglich in sinnentleerter Funktion verwendet wird. Bei dieser Art des Nominalstils wirken Texte oft schwerfällig. Häufig lässt sich ein Funktionsverbgefüge durch das einfache Verb ersetzen:
in Erfahrung bringen – erfahren
in Erwägung ziehen – erwägen
Verzicht leisten – verzichten
zum Abschluss bringen – abschließen
den Vorzug geben – bevorzugen
eine Feststellung machen – etwas feststellen
Funktionsverben können aber dann sinnvoll eingesetzt werden, wenn etwa der zeitliche Ablauf eines Vorgangs oder das Geschehen besonders hervorgehoben werden soll: *in Erfahrung bringen* (= „etwas wird allmählich oder mit Rechercheaufwand bekannt"); *Verzicht leisten* (= „Intensivierung der Aussage im Vergleich zum einfachen verzichten").

Fürst

Fürst / Fürsten • Das Substantiv *Fürst* wird schwach gebeugt, außer im Nominativ enden alle Formen auf *-en*. Es heißt also: *des Fürsten – dem Fürsten – den Fürsten*. Das Weglassen der Endung gilt als umgangssprachlich und sollte im Schriftlichen vermieden werden: *Der Wald, der dem Fürsten* (nicht: *dem Fürst*) *gehörte, …*

Fürst als Namensbestandteil • Als Namensbestandteil steht *Fürst* bzw. *Fürstin* hinter dem Vornamen: *Georg Fürst von Waldburg-Zeil; Leontine Fürstin von Radizwill.*

Anrede • Die offizielle Anschrift steht mit *Herr* bzw. *Frau: Herr Fürst von Waldburg-Zeil; Frau Fürstin von Radizwill.* In der brieflichen Anrede wird *Herr* bzw. *Frau* dagegen oft weggelassen: *Sehr geehrter (Herr) Fürst von Waldburg-Zeil; Sehr geehrte (Frau) Fürstin von Radizwill.*

für was / wofür

Die Verwendung von *für was* anstelle von *wofür* gilt als umgangssprachlich und sollte in geschriebenen Texten vermieden werden: *Ich weiß, wofür* (nicht: *für was*) *das gut sein soll.*

Fürwort

→ *Pronomen*

fuß-, Fuß-

fußbreit • Man schreibt *fuß-* mit einem Adjektiv zusammen, da die Verbindung für eine Wortgruppe steht: *fußbreit* (= „breit wie ein Fuß"); *ein fußbreiter Streifen; ein fußhoher Damm.*

Fuß breit / Fußbreit • Wenn das Substantiv *Fuß* durch ein Attribut erweitert wird, kann man getrennt oder zusammenschreiben: *zwei Fuß breit/Fußbreit Boden; keinen Fuß breit/Fußbreit zurückweichen.*

Fußball-EM

Wenn eine Abkürzung mit einem Wort oder einer weiteren Abkürzungen eine Zusammensetzung bildet, muss man einen Bindestrich setzen: *Fußball-EM; EM-Finale.*

Fußboden

Der Plural von *Fußboden* lautet heute die *Fußböden*. Die früher gebräuchliche Form *die Fußboden* ist nicht mehr üblich.

Fußnoten

→ *Sonderseiten „Zitate, Quellen, Fußnoten", S. 506–509*

Futur

Der Begriff Futur bezeichnet allgemein die Zukunftsform des Verbs, eine von mehreren Zeitformen, die das Verb annehmen kann. → *Tempus*

Futur I • Das Futur I wird mit Hilfe einer finiten Form des Hilfsverbs *werden* und dem Infinitiv des Vollverbs gebildet. Das Futur I hat zwei verschiedene Funktionen: Zum einen bezieht es sich auf Ereignisse, die in der Zukunft stattfinden. In dieser Funktion ist das Futur I fast immer mit dem Präsens austauschbar:
Morgen wird sie ihren 45. Geburtstag feiern. (Oder: *Morgen feiert sie ihren 45. Geburtstag.*)
Zum anderen benutzt man das Futur I, um eine Vermutung zum Ausdruck zu bringen:
Was macht Artur gerade? – Er wird arbeiten.

Futur II • Das Futur II setzt sich aus dem Hilfsverb *werden*, dem Partizip II des Vollverbs und *haben* oder *sein* zusammen. So wie das Futur I hat auch das Futur II zwei verschiedene Funktionen: Man kann sich damit auf ein Ereignis beziehen, das in der Zukunft abgeschlossen sein wird. In dieser Funktion kann es fast immer durch das Perfekt ersetzt werden:
Nächstes Jahr um diese Zeit werden wir die Arbeit beendet haben. (Auch: *Nächstes Jahr um diese Zeit haben wir die Arbeit beendet.*)
Außerdem verwendet man das Futur II, um eine Vermutung zum Ausdruck zu bringen, die die Vergangenheit betrifft. Diese Funktion ist heute dominierend: *Schau dir diese Unordnung an: Das wird wieder Kai gewesen sein.*

G

g oder gh?

In einigen wenigen Fremdwörtern steht die Buchstabenkombination *gh* für den Laut [g]. In einigen Fällen ist die Schreibung mit *g* als gleichberechtigte Variante zulässig: *Ghetto/Getto; Joghurt/Jogurt; Spaghetti/Spagetti.*
TIPP: Die Variante mit *gh* überwiegt im allgemeinen Schreibgebrauch deutlich.

gäbe oder gebe?

Bei *gäbe* und *gebe* handelt es sich um zwei verschiedene Konjunktivformen. Die Form des Konjunktivs I *gebe* verwendet man vor allem in der indirekten Rede: *Der Politiker erklärte, es gebe massive Bedenken gegen die Sparpläne.*
Die Form des Konjunktivs II *gäbe* steht vor allem in Bedingungssätzen (Konditionalsätzen): *Wenn du dich endlich klar äußern würdest, gäbe es auch keine dummen Fragen mehr. Ich gäbe viel dafür, wenn er endlich käme.*
Der Konjunktiv II kann aber auch in der indirekten Rede stehen, wenn die Konjunktiv-I-Formen mit dem Indikativ identisch sind: *Die WHO-Experten erklärten, sie gäben* (statt: *geben*) *keine Empfehlung gegen Reisen in dieses Land.*
→ *Sonderseiten „indirekte Rede", S. 238f.; „Konjunktiv", S. 274–277*

Gämse

Für *Gämse* ist seit der Rechtschreibreform nur noch die Schreibung mit *ä* zugelassen, da sich ein Bezug zu *Gams* herstellen lässt: *Gämse.* Die alte Schreibung *Gemse* ist nicht mehr korrekt.

gang und gäbe

Die Zwillingsformel *gang und gäbe* kann niemals wie ein Attribut, sondern nur prädikativ (mit *sein* bzw. *bleiben*) verwendet werden: *Diese Praxis der Kreditvergabe ist gang und gäbe* (nicht: *die gang und gäbe Praxis*).

Woher kommt *gang* und *gäbe*?
Die Wendung *gang und gäbe* („allgemein üblich, gebräuchlich"), die ihrer stabreimenden Form wegen (beide Adjektive fangen mit *g* an) in der modernen Sprache äußerst beliebt ist, war im Mittelalter ein trockener juristischer Fachausdruck mit einem sehr handfesten finanziellen Hintergrund. Das Adjektiv *gang* – es geht über das mittelhochdeutsche *genge* auf althochdeutsch *gangi* zurück – bedeutete ursprünglich „im Stande zu gehen"; später nahm es die Bedeutung „was unter den Leuten umläuft, gängig ist" an. Das Wort *gäbe* stand dagegen für „gut, tüchtig, annehmbar".
In Verträgen war *gang und gäbe* eine übliche Formel, die sich auf die Zahlung in Geldmünzen bezog (Bild: Münzwerkstatt um 1510). Diese sollten nämlich *gang und gäbe*, also „geläufig" und auch „annehmbar" sein – in Zeiten, in denen zahlreiche unterschiedliche Münzen im Umlauf waren, keine überflüssige Phrase. Sie begegnet uns in geradezu ermüdender Gleichförmigkeit in fast allen Urkunden oder Gesetzeswerken. Selbst Luther hat sie in seiner Bibelübersetzung verewigt: „Abraham gehorchte Ephron und wog ihm das Geld dar … vierhundert Lot Silber, das im Kauf *gang und gäbe* war." (1. Mose 23,16)

Gänsefüßchen

→ *Sonderseiten „Anführungszeichen", S. 36 f.*

ganz

Groß- und Kleinschreibung • Als Adjektiv wird *ganz* kleingeschrieben: *ganze Zahlen; ganz Bielefeld; ganz und gar; mein ganzes Geld* (umgangssprachlich); *ganze drei Stunden; die ganze Wahrheit.*
Substantivierte Formen schreibt man groß: *das Ganze; aufs Ganze gehen; als Ganzes; ums Ganze gehen; im (großen) Ganzen; im Großen und Ganzen.*
Getrennt- und Zusammenschreibung • Verbindungen aus *ganz* und einem Adjektiv schreibt man zusammen, wenn die Verbindung ein Substantiv näher bestimmt: *ganztägiger Unterricht; ganzseitige Zeitungsanzeige; ganzleinenes Buch.*
Beschreibt *ganz* dagegen das Adjektiv näher, schreibt man getrennt:
Das war ein ganz schöner Tag.
Die Verbindung mit dem Verb *machen* kann man getrennt oder zusammenschreiben: *eine Spielzeugeisenbahn wieder ganz machen/ganzmachen.*
die ganzen oder alle? • Wendungen wie *die ganzen Schüler* oder *die ganzen Hoffnungen* sind typisch für die gesprochene Sprache. Im Geschriebenen gilt dieser Gebrauch allerdings als umgangssprachlich und sollte vermieden werden: *alle Schüler; alle Hoffnungen.*

gar

Das Adjektiv *gar* („fertiggekocht") kann man in Verbindung mit einem Verb getrennt oder zusammenschreiben, wenn *gar* das Ergebnis der Handlung beschreibt: *er will die Kartoffeln gar kochen/garkochen.*
Verbindungen mit einem Partizip kann man getrennt oder zusammenschreiben: *gar gekochtes/gargekochtes Fleisch.*
Als Adverb in der Bedeutung „sogar, ganz, sehr" schreibt man *gar* immer vom folgenden Wort getrennt: *Gar nichts habe ich getan! Das mache ich gar zu gern.*

gären

Das Verb *gären* kann sowohl stark als auch schwach gebeugt werden. Meist werden die starken Formen verwendet, wenn das Verb in seiner konkreten Bedeutung gebraucht wird: *Die Maische gor in großen Tanks. Die Milch ist durch die Wärme zu Joghurt gegoren.*
In der übertragenen Bedeutung überwiegen dagegen die schwachen Formen: *Im einfachen Volk gärte der Hass. Monatelang hatte es in der Belegschaft gegärt.*
Das Perfekt von *gären* kann mit *haben* oder *sein* gebildet werden: *Der Most hat/ist gegoren.*

Gast/Gästin

Gast gehört zu den Personenbezeichnungen, für die es keine weibliche Ableitung gibt. Zunehmend findet sich aber auch die Form *Gästin.* Diese wird jedoch (noch) nicht als standardsprachlich angesehen.

geb.

Wird einem Nachnamen der Geburtsname mit der Abkürzung *geb.* nachgestellt, kann man selbst entscheiden, ob diese Wortgruppe mit Komma(s) abgrenzt werden soll oder nicht: *Herr Zimmermann(,) geb. Müller(,) hat keine lebenden Verwandten.*
→ *geboren*

gebärden

Das Verb *sich gebärden als* steht mit dem Nominativ. Der Akkusativ gilt in diesen Fällen als veraltet: *Er gebärdete sich als schärfster Kritiker* (selten: *schärfsten Kritiker*) *des Vertrages.*

gebären

Das starke Verb *gebären (gebar, geboren)* wird im Präsens überwiegend ohne Vokalwechsel gebeugt: *du gebärst* (selten: *du gebierst*) – *sie gebärt* (selten: *sie gebiert*).
→ *geboren*

gebe oder gäbe?

→ *gäbe oder gebe?*

geben

geben – gib • Das starke Verb *geben* weist im Indikativ Präsens einen e/i-Wechsel auf: *ich gebe – du gibst – er gibt.*
Auch der Imperativ wird mit *i* gebildet. Die im Gesprochenen verbreitete Form mit *e* ist nicht korrekt: *Gib* (nicht: *Geb*) *mir das Buch!*
sich geben als • Wird *geben* reflexiv in Verbindung mit *als* verwendet, steht die abhängige Wortgruppe im Nominativ. Der Akkusativ an dieser Stelle gilt als veraltet: *Er gab sich als guter Demokrat* (selten: *guten Demokraten*).

geboren

ist / wurde geboren • Bei der Angabe des Geburtsortes verwendet man die Präsensformen von *sein* oder die Präteritumformen von *werden*: *Er ist* (auch: *wurde*) *in Frankfurt geboren.*
Bei der Angabe des Geburtsdatums und anderer Umstände der Geburt sollte man dagegen nur das Hilfsverb *werden* (nicht: *sein*) benutzen:
Er wurde am 12. Mai 1987 in Bonn geboren. Er wurde in ein armes Elternhaus geboren.
(Falsch: *Er ist am 12. Mai 1987 in Bonn geboren. Er ist in ein armes Elternhaus geboren.*)
geborene / geborener / geborenen • Wird die Partizipform *geboren* als Apposition einem Namen nachgestellt, besteht oft Unsicherheit, welche Form zu wählen ist. Im Dativ gibt es drei Möglichkeiten, die alle als korrekt gelten: *bei seiner Gattin Monika, geborene/geborener/geborenen Marquardt; mit ihrem Ehemann Matthias, geborener/geborenem/geborenen Müller.*
Am häufigsten ist der Nominativ. Sinngemäß kann man gedanklich die Apposition zu einem vollständigen Nebensatz ergänzen: *bei seiner Gattin Frieda, [die eine] geborene Krögel [ist].*
→ *geb.*
geboren / gebürtig • Die beiden Wörter stehen mit unterschiedlichen Präpositionen: *geboren in Wien; gebürtig aus Krefeld.*

Gebrüder oder Brüder?

→ *Brüder*

Gedanke / Gedanken

Üblich ist heute im Nominativ die Form *der Gedanke*. Die Form *der Gedanken* gilt demgegenüber als veraltet, in der älteren Literatur findet man sie jedoch häufig: *Einst da ich bittre Tränen vergoß, … nur ein Gedanken des Elends noch …* (Novalis, Hymnen an die Nacht).

Gedankenstrich

Funktionen • Der Gedankenstrich kommt sowohl einfach als auch paarig vor. Der einfache Gedankenstrich kennzeichnet eine Pause zwischen einzelnen Wörtern oder innerhalb eines Satzes, kündigt etwas Weiterführendes, Unerwartetes oder Gegensätzliches an und dient außerdem als Gliederungszeichen bei Wörtern, Wortgruppen und Aufzählungen.
Als paariges Satzzeichen schließt der Gedankenstrich Einschübe ein. Diese Funktion können auch Kommas oder Klammern übernehmen.
Gegenüberstellungen • Der Gedankenstrich steht bei der Gegenüberstellung gegensätzlicher oder zusammengehöriger Begriffe: *bald hier – bald dort; einerseits – andererseits; Der Vergleich Soll – Haben fiel ziemlich ungünstig aus.*
Kommandos • Der Gedankenstrich steht zwischen Ankündigungs- und Ausführungskommando sowie zwischen den einzelnen Teilen eines Kommandos: *Kompanie – stillgestanden! Auf die Plätze – fertig – los!*
Abbruch der Rede • Der Gedankenstrich kann am Ende eines Satzes anstelle von Auslassungspunkten stehen, wenn die Mitteilung abbricht und der Leser sie selbst ergänzen kann oder aber bewusst im Unklaren gelassen werden soll. Der Schlusspunkt entfällt dabei:
„Er aber, sag's ihm, er kann mich –"
(Goethe, Götz von Berlichingen)
Sie rief erschreckt: „Du wirst doch nicht etwa –"
„Es gibt eine weitere Möglichkeit –" Mehr konnte man nicht verstehen, weil er so leise sprach.

Themenwechsel • Zwischen zwei vollständigen Sätzen kann man zusätzlich zum Satzschlusszeichen einen Gedankenstrich verwenden, um damit auf einen Wechsel des Themas oder eines Gedankens hinzuweisen. In diesem Fall ersetzt der Gedankenstrich einen Absatz.
Es geht längst nicht mehr darum, wer Recht hatte. – Sie will einfach nichts mehr von der Sache wissen.
Sprecherwechsel • Bei der Wiedergabe von Dialogen kennzeichnet der Gedankenstrich den Sprecherwechsel:
„Ich würde gerne zum Baden nach Frankreich fahren." – „Ans Mittelmeer oder an die Atlantikküste?"
Gedankenstrich und andere Satzzeichen • Beim Einschub eines vollständigen oder unvollständigen Satzes zwischen Gedankenstrichen müssen die Satzzeichen des umgebenden Satzes so verwendet werden, als gäbe es diesen Einschub nicht.
Folgt auf den Einschub eine direkte Rede, so steht der dafür erforderliche Doppelpunkt nach dem zweiten Gedankenstrich: *Ganz aufgeregt fragte er sie – er zitterte am ganzen Körper –: „Was ist bei dem Unfall passiert?"*
Ist der Einschub ein vollständiger Satz, so wird er ohne Punkt geschrieben: *Meine jüngere Schwester war ein kränkliches Kind – meine Mutter hat früher nächtelang an ihrem Bett gewacht –, bis sie etwa zehn Jahre alt war.*
Ausrufezeichen und Fragezeichen, die zum Einschub gehören, setzt man vor dem zweiten Gedankenstrich: *Sie wird – kannst du dich daran erinnern? – 83 Jahre alt.*
Groß- und Kleinschreibung • Wird ein in Gedankenstrichen eingeschlossener Satz in einen Satz eingeschoben, schreibt man nach dem ersten Gedankenstrich nur Substantive groß. Nach dem zweiten Gedankenstrich schreibt man klein weiter: *Sie hat das – erinnerst du dich? – gestern wieder bestätigt.*

gedenken

Wird *gedenken* in der Bedeutung „die Absicht haben" gebraucht, so kann man vor der folgenden Infinitivgruppe ein Komma setzen: *Sie gedachten(,) ihr Haus zu verkaufen.*
In der Bedeutung „sich erinnern an" folgt dagegen eine notwendige Ergänzung, die nicht in Kommas eingeschlossen wird: *In einer Schweigeminute gedachten die Besucher der Toten.*

Gefahr laufen

Die Verbindung aus Substantiv und Verb wird getrennt geschrieben: *Will das Unternehmen nicht Gefahr laufen, seine Kunden zu verlieren, muss es kräftig investieren.*

gefangen

Wird eine Verbindung aus *gefangen* und einem Verb in konkreter Bedeutung gebraucht, schreibt man getrennt:
Die Polizei hat den Serientäter gefangen genommen (= „festgenommen").
Lässt sich die Bedeutung einer solchen Verbindung nicht aus ihren Einzelbestandteilen erschließen, muss man zusammenschreiben:
Er tauchte in die Menschenmassen ein und ließ sich vom geschäftigen Treiben gefangennehmen (= „ließ sich in den Bann ziehen").

Gefreite(r)

Das substantivierte Partizip *Gefreite(r)* kann je nach grammatischem Kontext stark oder schwach gebeugt werden.
Schwach (z. B. nach bestimmtem Artikel): *der Gefreite; das Beispiel des Gefreiten; die Gefreiten.*
Stark (z. B. ohne Artikel oder nach unbestimmtem Artikel): *ein Gefreiter; er ist jetzt Gefreiter; viele Gefreite; die Perspektiven vieler Gefreiter.*
→ *Sonderseiten „Substantivierte Adjektive", S. 418f.*
ihm als Gefreiten / ihr als Gefreiter • Nach *als* wird im Singular stark gebeugt: *Er nimmt seine Rechte als Gefreiter wahr. Er verpflichtete sich als Gefreiter.*
Im Dativ steht dagegen oft die schwache Deklination: *Ihm als Gefreiten kommt eine große Verantwortung zu. Ihr als Gefreiten schlug Misstrauen entgegen.*
Die starke Deklination ist ebenfalls korrekt: *ihm als Gefreitem; ihr als Gefreiter.*

beide Gefreiten / Gefreite • Nach *beide* kann sowohl die starke Form *Gefreite* als auch die schwache Form *Gefreiten* stehen: *Beide Gefreite/Gefreit**en** wurden beim Anschlag schwer verletzt. Der Angriff betraf beide Gefreit**e**/Gefreit**en**.* Derzeit überwiegt im Schreibgebrauch die Form *Gefreit**e***.
Anrede von Frauen • In der Allgemeinsprache ist für Frauen zwar die Form *Gefreite* verbreitet. In der offiziellen Anrede heißt es jedoch nur: *Frau Gefreiter.*

Was hat *Gefreiter* mit *freien* zu tun?
Hat das Wort *Gefreiter* für den niedrigsten Dienstgrad im Militär tatsächlich etwas mit *freien* zu tun, einem Wort also, mit dem wir etwas völlig anderes verbinden? Formal grammatisch wirkt es wie eine Partizipform zu *freien*. Der Ursprung ist aber doch ein anderer. Entstanden ist das Wort im 16. Jahrhundert als etwas verunglückte Soldatenübersetzung aus dem lateinischen *exemptus*, seinerseits eine Partizipform, die auf das Verb *eximere* („herausnehmen") zurückgeht: Man bezog sich in den Landsknechtsheeren des 16. Jahrhunderts auf erfahrene und zuverlässige Söldner (*gefreyte Knechte*), denen zum Teil besondere Aufgaben übertragen wurden und die deshalb von niederen Diensten wie dem Schildwachendienst *befreit* (oder in der alten Sprache: *gefreyet*) waren. Das heutige Wort *freien* im Sinne von „werben, heiraten wollen" kommt dagegen nicht von *befreien*, sondern ist vielmehr vom altsächsischen Wort *fri* für „Frau" abgeleitet.

gegen

gegen bar • Folgt auf *gegen* ein nicht dekliniertes Adjektiv wie *bar,* wird dieses nicht großgeschrieben: *gegen bar zahlen.* Führen jedoch andere Regeln zu einer Substantivierung, wird auch nach *gegen* großgeschrieben: *Es war der typische Konflikt: Arm gegen Reich.*
gegen das / dagegen • Ein Relativpronomen wie *was* kann sich nicht auf ein Adverb wie *dagegen* beziehen. Anstelle von *dagegen* muss *gegen das* stehen: *Wir haben nichts gegen das, was ihr vorhabt.* (Falsch: *Wir haben nichts dagegen, was ihr vorhabt.*)

gegeneinander

Trägt in einer Verbindung mit einem Verb *gegeneinander* den Hauptakzent, schreibt man zusammen: *gegeneinanderdrücken, gegeneinanderhalten, gegeneinanderprallen, gegeneinanderpressen, gegeneinanderstellen, gegeneinanderstoßen.*
Auch die Partizipien solcher Verbindungen schreibt man zusammen: *Dort waren zwei Lastwagen gegeneinandergeprallt. Sie hat beide Hälften gegeneinandergepresst. Die gegeneinandergestellten Leitern waren verrutscht.*
Man schreibt getrennt, wenn der Hauptakzent auf dem Verb liegt: *gegeneinander kämpfen; gegeneinander spielen.*

gegen's

Die umgangssprachliche Verschmelzung von *gegen das* schreibt man mit Apostroph: *Er trat ihm heftig gegen's Schienbein.* Zum Teil wird diese Verbindung aber schon ohne Apostroph geschrieben: *gegens Schienbein.*

gegenseitig

→ *einander*

gegenüber

gegenüber dem / vom • Die Präposition *gegenüber* steht üblicherweise mit dem Dativ. Der Genitiv an dieser Stelle ist nicht korrekt: *gegenüber dem Rathaus* (nicht: *des Rathauses*); *gegenüber dem neuen Hotel parken; gegenüber dem Vorjahr.*
Bei Ortsangaben im Neutrum oder Maskulinum verwenden viele Schreibende *gegenüber* zusammen mit *vom.* Auch wenn dieser Gebrauch häufig auftritt, wird er in manchen Grammatiken als umgangssprachlich gewertet: *gegenüber vom* (besser: *dem*) *Reichstag; gegenüber vom* (besser: *dem*) *Rathaus.*

Bei geografischen Bezeichnungen oder Namen, die gewöhnlich ohne Artikel verwendet werden, kann nach *gegenüber* die Präposition *von* stehen: *das gegenüber von Frankfurt (Oder) gelegene Slubice; gegenüber von Schloss Bellevue.*
Die Fügung *gegenüber von* sollte nicht vor Pronomen stehen. Dieser Gebrauch gilt zumindest als stilistisch umständlich: *Gegenüber von ihm sitzt die Moderatorin.* (Besser: *Ihm gegenüber sitzt die Moderatorin.*)
Stellung im Satz • Im Gegensatz zu vielen anderen Präpositionen kann *gegenüber* auch nach der abhängigen Wortgruppe stehen: *gegenüber dem Bahnhof – dem Bahnhof gegenüber.*
Bei Pronomen wird *gegenüber* immer nachgestellt: *ihr gegenüber* (nicht: *gegenüber ihr*).

gehabt

doppelt umschriebenes Perfekt • Perfektformen wie *ich habe ihn gesehen* dürfen nicht zusätzlich durch *gehabt* oder *gewesen* ergänzt werden. Diese sogenannte Doppelumschreibung des Perfekts gilt als nicht korrekt. Stattdessen muss das Plusquamperfekt verwendet werden:
Er hatte ihn gesehen. Die Rose war verblüht.
(Falsch: *Er hat ihn gesehen gehabt. Die Rose ist verblüht gewesen.*)
Das doppelt umschriebene Perfekt kommt insbesondere in süddeutscher Umgangssprache und in den oberdeutschen Mundarten vor, wo es das (nicht vorhandene) Plusquamperfekt ersetzt.
Geschrieben findet sich das doppelt umschriebene Perfekt vor allem in Texten, in denen die gesprochene oberdeutsche Umgangssprache imitiert wird:
„Es *hat* einen dumpfen Knall *gemacht*. Ich *habe vergessen gehabt*, daß ich die Zimmertür der Tante *zumache*.“ (L. Thoma)
Standardsprachlich muss es stattdessen heißen: Es *machte* einen dumpfen Knall. Ich *hatte vergessen*, die Zimmertür der Tante *zu schließen*.
doppelt umschriebenes Plusquamperfekt • Im Gegensatz zum Perfekt können die Formen beim Plusquamperfekt durch *gehabt* oder *gewesen* ergänzt werden. Dieses doppelt umschriebene Plusquamperfekt verwendet man gelegentlich, um ein Geschehen zu beschreiben, das zeitlich noch vor einem im Plusquamperfekt geschilderten Ereignis liegt:
Er hatte ihn gesehen gehabt. Die Rose war verblüht gewesen.
Die Konstruktion wird oft als stilistisch unschön wahrgenommen und sollte nach Möglichkeit vermieden werden. Man kann das doppelt umschriebene Plusquamperfekt vermeiden, indem man Vor- und Nachzeitigkeit durch adverbiale Angaben ausdrückt: *Er hatte ihn bereits gesehen. Die Rose war längst verblüht.*
Dennoch findet sich das doppelt umschriebene Plusquamperfekt selbst bei Goethe:
„In dem Augenblick fühlte er sich am linken Arm ergriffen und zugleich einen sehr heftigen Schmerz. Mignon hatte sich versteckt gehabt, hatte ihn angefaßt und in den Arm gebissen.“ (Goethe, Wilhelm Meisters Lehrjahre)

gehen

gehe! / geh! • Der Imperativ von *gehen* wird ohne *e* am Ende gebildet: *geh! Geh nicht bei Rot über die Straße.* Die Form mit *e* kommt aber ebenfalls vor: (im Spiel Monopoly®) *Gehe in das Gefängnis.*
geht nicht zu öffnen • Konstruktionen mit *gehen*, die eine passivische Sichtweise ausdrücken, sollte man vermeiden, sie gelten als umgangssprachlich: *Die Tür geht nicht zu öffnen.* (Besser: *Die Tür ist nicht zu öffnen/kann nicht geöffnet werden.*)
Getrennt- und Zusammenschreibung • Die Verbindung aus *gehen* als erstem und *lassen* als zweitem Bestandteil kann man getrennt oder zusammenscheiben, wenn eine übertragene Bedeutung vorliegt: *jemanden gehen lassen/gehenlassen* (= „sich von ihm trennen“); *sich gehen lassen/gehenlassen* (= „sich nicht beherrschen, verwahrlosen“).
In konkreter Bedeutung wird dagegen getrennt geschrieben: *jemanden gehen lassen* (= „fortgehen lassen“).
Bei Verbverbindungen mit *gehen* als zweitem Bestandteil schreibt man immer getrennt, auch dann, wenn eine übertragene Bedeutung vorliegt: *Lass uns doch mal wieder zusammen einkau-*

fen gehen! Er ist mit seinen Plänen baden gegangen (= „gescheitert"). *Wenn er so weitermacht, wird sein Vermögen flöten gehen* (= „wird er sein Vermögen verlieren").

gehören – er gehört gelobt

Ähnlich wie mit *gehen* lässt sich auch mit *gehören* eine passivische Sichtweise ausdrücken. Der Gebrauch ist vor allem in Süddeutschland verbreitet, gilt aber nicht als standardsprachlich: *Er gehört gelobt für seinen Einsatz.* (Besser: *Er ist für seinen Einsatz zu loben./Er sollte für seinen Einsatz gelobt werden.*)

geistig / geistlich

Die beiden Adjektive unterscheiden sich in ihrer Bedeutung. *Geistlich* bedeutet „religiös, fromm, die Kirche bzw. Religion betreffend": *die geistliche Führung; geistliche Musik; geistlicher Beistand.* Das Adjektiv *geistig* steht für „den Geist betreffend, innerlich, gedanklich (Arbeit, Leistung)": *geistiger Urheber; geistiges Eigentum; geistige Nahrung; geistige Getränke* (scherzhaft für „Alkohol").

Geistliche(r)

Das substantivierte Partizip *Geistliche(r)* kann je nach grammatischem Kontext stark oder schwach gebeugt werden.
Schwach (z. B. nach bestimmtem Artikel): *der Geistliche; die Predigt des Geistlichen; die Geistlichen.*
Stark (z. B. ohne Artikel oder nach unbestimmtem Artikel): *ein katholischer Geistlicher; oberster Geistlicher; viele Geistliche; das Ansehen vieler Geistlicher.*
→ *Sonderseiten „Substantivierte Adjektive", S. 418 f.*
ihm als Geistlichen, ihr als Geistlichen • Nach *als* wird im Singular stark gebeugt: *Er wurde in seiner neuen Gemeinde als Geistlich**er** gut aufgenommen.*
Im Dativ steht dagegen oft die schwache Deklination: *Ihm als Geistlich**en** schlug großes Misstrauen entgegen. Ihr als Geistlich**en** wurde die Leitung der Kommission angetragen.* Die starke Deklination ist ebenfalls korrekt: *ihm als Geistlich**em**; ihr als Geistlich**er**.*
beide Geistlichen / Geistliche • Nach *beide* kann sowohl die starke Form *Geistliche* als auch die schwache Form *Geistlichen* stehen: *Beide Geistlich**e**/Geistlich**en** predigten allgemein. Den Aufruf verfassten beide Geistlich**e**/Geistlich**en**.* Derzeit überwiegt im allgemeinen Schreibgebrauch die Form *Geistliche.*

gekocht

Groß- und Kleinschreibung • Das substantivierte Partizip schreibt man groß: *Man sollte hier nur Geschältes oder Gekochtes essen.*
Getrennt- und Zusammenschreibung • Wird eine Verbindung aus einem Adjektiv und gekocht wie ein Adjektiv gebraucht, kann man getrennt oder zusammenschreiben: *weicht gekochte/weichgekochte Eier; gar gekochte/gargekochte Speisen.*

gelb

Kleinschreibung • Als Adjektiv wird *gelb* auch in vielen festen Wendungen und medizinischen Bezeichnungen kleingeschrieben: *gelbe Blätter* (Baum, Blume); *gelbes Fieber* (= „Gelbfieber"); *gelber Fleck* (= „seitlich vom Sehnerveintritt in der Augenachse gelegene Stelle, die dem scharfen Sehen dient"); *gelb vor Neid werden.*
Gelber Fluss • In Namen und namensähnlichen Bezeichnungen schreibt man das Adjektiv groß: *der Gelbe Fluss* (in China); *Gelbe Rüben; der Gelbe Frauenschuh; die Gelben Seiten®; die Gelben Engel* (vom ADAC).
gelbes / Gelbes Trikot • Bei einigen fachsprachlichen Ausdrücken ist sowohl Groß- als auch Kleinschreibung möglich: *das gelbe/Gelbe Trikot des Spitzenreiters bei der Tour de France; die gelbe/Gelbe Karte* (beim Fußball); *der gelbe/Gelbe Sack* (gelber Beutel für Kunststoffabfälle).
Die Farbe Gelb • Bei Substantivierung schreibt man das Adjektiv groß: *das Gelbe vom Ei; die Farbe Gelb. Das Zimmer ist ganz in Gelb gehalten. Das Foul wurde mit Gelb bestraft. Die Ampel schaltet auf Gelb um.*

Getrennt- und Zusammenschreibung • Verbindungen aus *gelb* und einem Verb kann man getrennt oder zusammenschreiben, wenn *gelb* das Ergebnis des Vorgangs beschreibt: *die Stoffe gelb färben/gelbfärben.* Auch die entsprechenden Partizipien kann man getrennt oder zusammenschreiben: *das gelb gefärbte/gelbgefärbte Laub; ein gelb gestreiftes/gelbgestreiftes T-Shirt.*

Geleise / Gleis

Im Allgemeindeutschen dominiert die Form *Gleis*. Hinsichtlich der Bewertung von *Geleise* gibt es regionale Unterschiede.
SCHWEIZ: Die Form *Geleise* ist gleichberechtigte Variante zu *Gleis*.
ÖSTERREICH: Die Form *Gleis* dominiert, *Geleise* gilt als veraltend.
DEUTSCHLAND: Die Form *Geleise* wird vereinzelt noch im gehobenen Stil verwendet.

Geliebte(r)

Das substantivierte Partizip *Geliebte(r)* kann je nach grammatischem Kontext stark oder schwach gebeugt werden.
Schwach (z. B. nach bestimmtem Artikel): *der Geliebte; die Geliebte; die Briefe des Geliebt**en**; die Geliebt**en**; die Wohnung der Geliebt**en**.*
Stark (z. B. ohne Artikel oder nach unbestimmtem Artikel): *ein Geliebt**er**; er ist Freund und Geliebt**er**; zwei Geliebte; das Leid vieler Geliebt**er**.*
→ *Sonderseiten „Substantivierte Adjektive", S. 418f*
ihm als Geliebten / ihr als Geliebten • Nach *als* wird im Singular stark gebeugt: *Er entpuppte sich als Geliebt**er** der Schauspielerin.*
Im Dativ steht dagegen oft die schwache Deklination: *Mit ihm als Geliebt**en** würde es Probleme geben. Ihr als Geliebt**en** konnte das nicht gleichgültig sein.* Die starke Deklination ist ebenfalls korrekt: *ihm als Geliebt**em**; ihr als Geliebt**er**.*
beide Geliebten / Geliebte • Nach *beide* kann sowohl die starke Form *Geliebte* als auch die schwache Form *Geliebten* stehen: *Beide Geliebte/Geliebt**en** verweigerten die Aussage. Die Kündigung betraf beide Geliebte/Geliebt**en**.* Derzeit überwiegt im Schreibgebrauch die Form *Geliebte*.

Ins rechte *Gleis* gekommen
Das Wort *Gleis* bzw. *Geleise* findet sich in vielen gängigen Redewendungen: *sich in alten Gleisen bewegen; aufs falsche Gleis geraten; ins rechte Gleis zurückkommen.* Fast könnte man annehmen, dass die Erfindung der Eisenbahn mit ihren eisernen Schienenwegen zu diesen beliebten Redewendungen inspiriert hat. Tatsächlich reichen sie aber weit vor die Zeit des 19. Jahrhunderts zurück. Auch bei Goethe heißt es z. B.: „Er (hat) seinen ganzen Einfluss gebraucht, um die jungen Leute ins *Gleis* zu bringen." Auch vor der Zeit der Dampflokomotiven bedeutete *Gleis/Geleise* offenbar so etwas wie ein „vorgebahnter Weg". Dabei ist die Vorsilbe ***Ge-*** in der älteren Wortform *Geleise* für das Verständnis wichtig: Denn wie ***Ge**bälk* zu *Balken* oder ***Ge**wölk* zu Wolken, ist *Geleise* eine sogenannte Kollektivbildung zum mittelhochdeutschen Wort *leis(e)*, das nicht etwa „still", sondern „Furche, Spur" bedeutete. Gemeint waren mit *Geleise* in den Redewendungen also ursprünglich die von Pferdewagen hinterlassenen Radspuren.
Auch wenn die alte Bedeutung verloren ging, so ist *Gleis/Geleise* ein schönes Beispiel für eine gelungene Umwidmung eines alten Wortes für eine innovative neue Technologie. Offenbar bedarf es eben nicht immer eines Fremdworts.

gelten

gelten als / für • Bei dem Verb *gelten* in der Bedeutung „als etwas angesehen werden, für etwas gehalten werden" besteht bisweilen Unsicherheit darüber, ob mit der Präposition *als* oder *für* angeschlossen wird. Möglich sind grundsätzlich beide

Präpositionen, allerdings wirkt *für* in vielen Konstruktionen veraltet: *Er gilt als ein Experte* (selten: *für einen Experten*) *auf diesem Gebiet. Sie gilt als* (selten: *für*) *intelligent.*

gelten – gilt – gölte – gälte • Im Singular Präsens lauten die Formen: *gelten – ich gelte – du giltst – er/sie/es gilt.*

Im Konjunktiv II gibt es zwei Formen: *gälte* und *gölte*. Im allgemeinen Sprachgebrauch ist die Form *gälte* häufiger: *Gälten* (selten: *Gölten*) *die alten Gesetze noch, er müsste sich schuldig bekennen.* Möglich ist aber auch die Umschreibung mit *würde: Würden die alten Gesetze noch gelten …*

gelüsten

Das Verb *gelüsten* wird mit dem Akkusativ verwendet, nicht mit dem Dativ: *Ihn* (nicht: *Ihm*) *gelüstet es nach einem exquisiten Abendessen. Es gelüstet die* (nicht: *der*) *Jugend nach neuen Erfahrungen.*

gemäß

Die Präposition *gemäß* steht mit dem Dativ und kann dem Substantiv voran- oder nachgestellt werden. Der – insbesondere bei Voranstellung der Präposition – gelegentlich anzutreffende Genitiv ist standardsprachlich nicht korrekt: *gemäß den Vorgaben* (nicht: *der Vorgaben*) *des Ministeriums – den Vorgaben des Ministeriums gemäß; gemäß dem Rat* (nicht: *des Rats*) *der Fachleute – dem Rat der Fachleute gemäß; gemäß den* (nicht: *der*) *anliegenden Rechnungen.*

-gemäß / -mäßig

In einigen Verbindungen hat das Wortbildungselement *-mäßig* die Bedeutung „entsprechend, wie es … verlangt“: *fahrplanmäßig* (= „entsprechend dem Fahrplan, wie es der Fahrplan verlangt“), *kalendermäßig, verfassungsmäßig, vorschriftsmäßig, rechtmäßig.*

In dieser Verwendung ist es gleichbedeutend mit *-gemäß* und kann durch dieses ersetzt werden, ohne dass sich Bedeutungsunterschiede ergeben: *ordnungsgemäß/ordnungsmäßig; pflichtgemäß/pflichtmäßig; plangemäß/planmäßig; turnusgemäß/turnusmäßig.*

Hat hingegen das Adjektiv auf *-mäßig* die Bedeutung „in der Art von, wie, in Bezug auf“, ist es nicht gleichbedeutend mit den Formen auf *-gemäß*. Die Adjektive, die auf *-mäßig* und *-gemäß* enden, weisen Bedeutungsunterschiede auf:

ein befehlsmäßiger Ton (= „in der Art eines Befehls“) – *befehlsgemäß handeln* (= „dem Befehl entsprechend“)

die altersmäßige Entwicklung (= „Entwicklung in Bezug auf das Alter“) – *eine altersgemäße Entwicklung* (= „so, wie es für das entsprechende Alter zu erwarten ist“)

gemein

Das Wort *gemein* wurde früher neutral im Sinne von „allgemein, weit verbreitet“ gebraucht. In dieser Bedeutung begegnet es noch in der biologischen Klassifikation und wird dann großgeschrieben: *der Gemeine Stechapfel; der Gemeine Grashüpfer.*

Gemse

→ *Gämse*

genau / Genau

Als substantiviertes Adjektiv schreibt man *genau* groß: *Aber Genaues weiß man nicht. Darüber ist nichts Genaues bekannt. Man sollte dies des Genaueren untersuchen.* Die Superlativform nach *aufs* kann groß- oder kleingeschrieben werden: *Sie haben den Fall aufs genaueste/Genaueste untersucht.*

genau nehmen – genau genommen/genaugenommen

In Verbindung mit *nehmen* schreibt man getrennt: *Wir sollten es genau nehmen. Er hat es mit seinen Plänen genau genommen.* Die Partizipform kann man getrennt und zusammenschreiben, wenn *genau genommen* als Attribut bei einem Substantiv steht: *eine genau genommene/genaugenommene Anweisung.* In anderen Konstruktionen schreibt man getrennt: *Er verhält sich genau genommen anders als gedacht.*

genau so/genauso

Ist in der Verbindung das Adverb *so* betont und hat es die Bedeutung „genau auf diese Weise“, wird getrennt geschrieben: *Genau so stelle ich mir einen gelungenen Vortrag vor. In genau so einem Moment fragt man sich, ob …* Sonst schreibt man zusammen: *Die Schuhe sind zwar billiger, aber genauso schön. Er hat genauso viel bekommen wie du.*
Man schreibt *genauso* vom folgenden Wort getrennt: *genauso gern; genauso groß; genauso viel; genauso wenig.*

General

die Generale/Generäle • Das Substantiv hat zwei Pluralformen *Generale* und *Generäle.* Während im älteren Deutsch die Form *Generale* häufiger verwendet wurde, entscheidet sich heute die Mehrheit der Schreibenden für die Form mit Umlaut: *Die Demonstrationen zwangen die Generäle zum Rücktritt.*
Anrede • *Generäle* werden mit ihrer Amtsbezeichnung angeredet: *Sehr geehrter Herr General; Sehr geehrte Frau General.*

Genie – Geniekorps

Im Allgemeindeutschen steht das Substantiv *Genie* sowohl für die „außergewöhnliche schöpferische Begabung“ – in dieser Bedeutung wird es nur im Singular gebraucht – als auch für den „hochbegabten schöpferischen Menschen“ selbst. Im Schweizerischen hat es darüber hinaus auch die Bedeutung „Ingenieurswesen“. Im schweizerischen Militär steht *Geniekorps* oder auch *Genietruppe* für die Pioniertruppe.

Genitiv

→ *Sonderseiten „Genitiv“, S. 190–193*

Was Äbte mit *Generälen* zu tun haben
Dass dem Wort *General,* das man heute für den militärischen Befehlshaber verwendet, noch eine allgemeinere Bedeutung zukommen muss, kann man an Wortzusammensetzungen wie *Generalschlüssel, Generalvollmacht* oder *Generalprobe* leicht erkennen. Tatsächlich lautet das lateinische Wort, auf das es zurückgeht, *generalis,* was so viel wie „allgemein“ bedeutet.

Zu höchsten militärischen Ehren kam das Wort über kirchliche Umwege: In Mönchsorden nannte man den obersten Abt oder den Ordensoberen kirchenlateinisch *generalis abas.* Die Verbindung wurde oft zu *generalis* oder *general* verkürzt und in dieser Form als Lehnwort ins Mittelhochdeutsche übernommen. Im Zusammenhang mit militärischen Dienstgraden erscheint das Wort allerdings erst im 16. Jahrhundert. Genau wie zuvor in der Kirche taucht es zunächst nur in Verbindung mit anderen Begriffen wie *Generalfeldoberst* oder *Generaloberst* (oder auch als *Generalhauptmann* und *Generalfeldherr*) auf, später dann in der selbstständigen Form *General* und nicht zuletzt in der typisch barocken Steigerung *Generalissimus.* Der bekannteste Vertreter war sicherlich der berühmte Feldherr des Dreißigjährigen Krieges, **Albrecht Wallenstein** (Bild: Porträt mit vier Szenen zu seiner Ermordung). Seit Beginn des 17. Jahrhunderts verwendete man die Bezeichnungen schließlich auch für Führer einzelner Truppengattungen (*General* über das Fußvolk).

Genus

Allgemeines • Das Genus (Nominativ: das Genus, Genitiv: des Genus, Plural: die Genera) bezeichnet man auch als grammatisches Geschlecht. Die drei Genera sind das Maskulinum (Adjektiv: maskulin, auch: männlich), das Femininum (Adjektiv: feminin, auch: weiblich) und das Neutrum (Adjektiv: neutral, auch: sächlich).
Substantive haben (in der Regel) nur ein Genus, dagegen sind Adjektive, Artikel und Pronomen hinsichtlich des Genus veränderlich, d. h., sie werden nicht nur nach dem Kasus und dem Numerus, sondern auch nach dem Genus dekliniert. Das Genus von Adjektiv, Artikel und Pronomen richtet sich nach dem Substantiv, auf das sie sich beziehen: Maskulinum: *der alte Mann*; Femininum: *die junge Frau*; Neutrum: *das kleine Kind*.
Schwankendes Genus • Einige Substantive können mit verschiedenem Genera gebraucht werden. Es handelt sich überwiegend um relativ selten verwendete Substantive, meist Fremdwörter. Schwanken des Genus kommt häufig zwischen maskulinem und neutralem Genus vor. Gründe für das Schwanken liegen im unterschiedlichen regionalen und fachsprachlichen Gebrauch: *der Abszess* (standardsprachlich) / *das Abszess* (österreichisch); *das Erbteil* (standardsprachlich) / *der Erbteil* (fachsprachlich); *der Filter* (standardsprachlich) / *das Filter* (fachsprachlich); *das Marzipan* (standardsprachlich) / *der Marzipan* (österreichisch); *das Virus* (standard- und fachsprachlich) / *der Virus* (umgangssprachlich); *der / das Zölibat* (standardsprachlich) / *der Zölibat* (fachsprachlich).
Häufig geht mit dem Genuswechsel auch eine Bedeutungsveränderung einher: *der Bauer* (= „Landwirt") / das Bauer (= „Vogelkäfig"), *der Schild* (= „Schutzvorrichtung") / *das Schild* (= „Erkennungszeichen").

Geografie / Geographie

Die Schreibungen *Geografie* und *Geographie* sind gleichberechtigte Varianten.
TIPP: Im allgemeinen Schreibgebrauch empfiehlt sich die Schreibung mit *f*. Untersuchungen belegen einen deutlichen Anstieg der ans Deutsche angepassten Schreibung. Im fachsprachlichen Gebrauch dominiert dagegen noch der Gebrauch mit *ph*.

geografische Eigennamen

Schreibungen nicht geschützter geografischer Eigennamen • Die Siedlungsnamen von Einzelhöfen, Mühlen, Sägewerken, Hütten usw. sind im deutschen Sprachgebiet nicht geschützt. Ihre Schreibung legen die für die Namenvergabe zuständigen Personen (z. B. Eigentümer von Liegenschaften) oder Institutionen (z. B. Vermessungs- und Katasterbehörden) fest. Der „Ständige Ausschuss für geographische Namen" empfiehlt eine „sachgerechte Anwendung" der amtlichen Rechtschreibregeln auf geografische Namen. Dies bedeutet nicht, dass alle bestehenden geografischen Namen an die jeweils geltende amtliche Orthografie angepasst werden müssen. Es sind auch Schreibweisen zugelassen, die nicht mit den allgemeinen orthografischen Regeln übereinstimmen. Typische Anpassungen sind aber: *Ablaßbrunnen* → *Ablassbrunnen; Daßtal* → *Dasstal; Schloß* → *Schloss*; *Rauhkopf* → *Raukopf; Dammühle* → *Dammmühle* oder *Damm-Mühle*.
Dagegen sind in Gebieten mit Deutsch als Amtssprache alle Ortsnamen (für Städte und Dörfer) und alle Namen für politische Gebietseinheiten (Regierungsbezirke und Kreise) juristisch normiert. Da ihre Schreibung nur durch einen Rechtsakt geändert und gegebenenfalls den orthografischen Regeln angepasst werden kann, gelten die historisch überlieferten Schreibungen: *Aßlar* (nicht: *Asslar*); *Haßloch* (nicht: *Hassloch*); *Meßkirch* (nicht: *Messkirch*).
Eingedeutschte geografische Eigennamen • Die eingedeutschten geografischen Eigennamen von Orten, Landschaften usw. in Ländern oder Gebieten ohne deutsche Amtssprache unterliegen nicht der juristischen Normierung. Empfehlungen für die Schreibung gibt der „Ständige Ausschuss für geographische Namen".
Eingedeutschte geografische Eigennamen, die an die neue Rechtschreibung angepasst wurden, sind z. B.: *Elsass* (Frankreich), *Parnass* (Griechenland); *Pressburg* (Slowakei); *Russland*.

Noch immer quicklebendig: Der *Genitiv*

Zugegeben, in der Umgangssprache weicht so mancher bisweilen auf den Dativ aus. Und ***Omas Häuschen*** wird zu ***der Oma ihr Häuschen***. Aber ist der Dativ tatsächlich „dem Genitiv sein Tod", wie der Sprachkritiker Bastian Sick vermutete? Ganz so ist es nicht, denn der Genitiv mag in manchen Bereichen seltener anzutreffen sein – in anderen dagegen ist er durchaus sehr präsent und ersetzt sogar den Dativ. Dennoch gibt es auch Probleme mit diesem Kasus, vermutlich gerade weil er doch vielen deutlich weniger geläufig ist als der Dativ oder der Akkusativ.

Das Genitivobjekt

Zunächst einmal muss man klar unterscheiden, was man mit „Genitiv" genau meint. Er ist einer der vier Fälle (Kasus) im Deutschen, neben dem Nominativ, dem Dativ und dem Akkusativ. In einem ganz gewöhnlichen Satz aus Subjekt, Prädikat und Objekt steht das Subjekt immer im Nominativ. Die Objekte richten sich in ihrem Fall nach dem Verb, das diesen verlangt. So gibt es viele Verben, die den Akkusativ „regieren" (man fragt: „Wen?"), etwa *sehen, mögen, fangen*: *Er sieht/mag/fängt sie* … Ebenso gibt es eine Reihe von Verben, die ein Dativobjekt verlangen (man fragt: „Wem?"). Dazu gehören zum Beispiel *danken, geben, applaudieren: Er dankt/gibt/applaudiert ihm* … Aber nur sehr wenige Verben verlangen ein Genitivobjekt (man fragt: „Wessen?"): *bedürfen, sich erbarmen, sich annehmen:*

Verben, die ein Genitivobjekt erfordern	
bedürfen	*Das bedarf großer Sorgfalt.*
gedenken	*Man gedachte der Toten.*
entheben	*Man enthob ihn seines Amtes.*
sich annehmen	*Sie nimmt sich dieser Sache an.*
sich bedienen	*Sie bediente sich des Messers.*
sich bemächtigen	*Er bemächtigte sich der einzigen vorhandenen Waffe.*
sich enthalten	*Der Diplomat enthielt sich jeglichen Kommentars.*
sich erbarmen	*Sie erbarmt sich seiner.*
sich erwehren	*Sie konnte sich seines Drängens kaum erwehren.*
sich rühmen	*Der Revolverheld rühmte sich seiner Verbrechen.*

Verben mit Genitivobjekt oder Präpositionalobjekt	
sich besinnen oder ***sich besinnen auf***	*Endlich besann er sich seiner Stärke.* *Endlich besann er sich auf seine Stärke.*
entbinden oder ***entbinden von***	*Er entband sie ihres Versprechens.* *Er entband sie von ihrem Versprechen.*
sich erfreuen oder ***sich erfreuen an***	*Vera erfreut sich der Blumenpracht in Juttas Garten.* *Vera erfreut sich an der Blumenpracht in Juttas Garten.* Aber nur: *Sie erfreut sich größter Beliebtheit.*
sich erinnern oder ***sich erinnern an***	*Sie erinnert sich dieser Sache genau.* *Sie erinnert sich genau an diese Sache.*
sich schämen oder ***sich schämen für*** oder ***sich schämen wegen***	*Der Vater schämt sich seines missratenen Sohnes.* *Der Vater schämt sich für seinen missratenen Sohn.* *Der Vater schämt sich wegen seines missratenen Sohnes.*

Er bedarf unserer Hilfe. Sie erbarmt sich seiner. Sie nehmen sich der Familie an.
Der Gebrauch des Genitivobjekts nimmt tatsächlich ab, weshalb es auch vielen ungewöhnlich und leicht altertümlich erscheint und manchmal nur noch in überlieferten Formeln lebt: „Herr, erbarme dich unser."

Verben nur mit Genitivobjekt ▸ Es gibt also Verben, die ausschließlich ein Genitivobjekt regieren, eine Liste der gebräuchlichsten findet sich links unten in der Tabelle. Meistens sind das reflexive Verben, also mit dem Zusatz „sich".

Verben mit Genitiv- oder Präpositionalobjekt ▸ Bei manchen Verben kann anstelle des Genitivobjekts auch ein sogenanntes Präpositionalobjekt stehen. Bei einem Präpositionalobjekt benötigt man außer dem Substantiv, um das es geht, noch eine bestimmte Präposition; das Objekt steht dann in dem Fall, den die Präposition verlangt. Auch die Verben, bei denen statt des Genitivobjekts ein Präpositionalobjekt stehen kann, sind überwiegend reflexiv. Das nicht reflexive Verb *spotten* wird heute im Allgemeinen mit der Präposition *über* verwendet: *Die Kinder spotteten über den Jungen mit der Brille.* Die Verwendung mit Genitivobjekt ist veraltet (*Sie spotteten des armen Jungen*), jedoch weiterhin gängig in der festen Wendung *Das spottet jeder Beschreibung.*

Verben mit Genitivobjekt und Akkusativobjekt ▸ Manche Verben benötigen zwei Objekte, damit ein Satz vollständig wird, so zum Beispiel ein Genitivobjekt und ein Akkusativobjekt. Viele dieser Verben gehören der **Sprache der Justiz** an. Dazu gehören: *anklagen, beschuldigen, bezichtigen, überführen* und *verdächtigen*:

- *Der Staatsanwalt klagt ihn des Diebstahls an.*
- *Ulla beschuldigt ihren Nachbarn des Betrugs.*
- *Der Nachbar bezichtigt Ulla der üblen Nachrede.*
- *Der Täter wurde des Einbruchs überführt.*
- *Man verdächtigt den Autor des Plagiats.*

Auch hier ist der Genitiv also durchaus noch verbreitet, wenn auch wieder auf einen Bereich der Sprache beschränkt.

Präpositionen mit Genitiv

Präpositionen (Verhältniswörter) stehen vor Substantiven und regieren wie die Verben immer einen bestimmten Fall. Es gibt nun Präpositionen, die korrekt mit dem Genitiv stehen, und solche, die sowohl mit Genitiv als auch mit Dativ stehen, oft mit Tendenz zu einem der beiden Fälle. Daneben gibt es Präpositionen, die eigentlich des Genitivs bedürfen, aber immer häufiger mit Dativ zu hören sind, und wiederum solche, die statt mit korrektem Dativ mit Genitiv konstruiert werden.

Präpositionen mit Genitiv ▸ Klassische Genitivpräpositionen sind zum Beispiel ***trotz*** und ***wegen***. Diese beiden eignen sich auch hervorragend, den möglichen Wandel zu zeigen: Die Präposition *trotz* regierte ursprünglich den Dativ, man sieht das noch in Wörtern wie *trotzdem* oder der Wendung *trotz allem;* heute steht sie standardsprachlich mit Genitiv. Die Präposition *wegen* dagegen scheint immer häufiger mit Dativ verwendet zu werden – es bleibt abzuwarten, wie lange sich hier der Genitiv als eigentlich korrekte Form noch hält.

Präpositionen vom Typ *betreffs, kraft, zwecks* regieren ebenfalls den Genitiv. Viele dieser Präpositionen gehören der Amtssprache an und sind schwerfällig oder veraltet, andere aber sind durchaus noch geläufig: *ausweislich, behufs, betreffs, kraft, längsseits, namens, rücksichtlich, seitlich, seitens, um … willen, ungeachtet, vermöge, von … wegen, zeit, zwecks.*

- ***Kraft*** *meines Amtes als Richter…*
- ***Seitlich*** *des Rheins…*
- ***Um*** *des lieben Friedens* ***willen****…*
- ***Ungeachtet*** *seiner Müdigkeit…*
- ***Wegen*** *des hohen Aufwands…*

Präpositionen mit Genitiv oder Dativ ▸ Bei einer großen Gruppe geläufiger Präpositionen steht der **Genitiv nur im Singular** oder nur wenn dem Substantiv ein **Artikel** (*mangels der Fachleute*), ein **Pronomen** (*mangels seiner Fachleute*) oder ein **Adjektiv** (*mangels geeigneter Fachleute*) vorausgeht. Sonst steht der **Dativ** (*mangels Fachleuten*). Zu dieser Gruppe gehören zum Beispiel die Präpositionen: *abzüglich, anstatt, ausschließlich, bezüglich, einschließlich, exklusive, hinsichtlich, inklusive, mangels, mittels, minus, plus, statt, vorbehaltlich, während, zugunsten, zuzüglich.*

Bei anderen Präpositionen ist das ähnlich, nur dass hier eine ***von***-Phrase mit Dativ folgt, wenn das Substantiv ohne Artikel, Pronomen oder Adjektiv steht:

- *abseits des Waldes,* aber:
  abseits von Wald und Wiesen
- *angesichts des Hungers,* aber:
  angesichts von Hunger
- *anhand des Stadtplans,* aber:
  anhand von Stadtplan und Wegbeschreibung
- *anstelle der erwarteten Heiterkeit,* aber:
  anstelle von Heiterkeit
- *aufgrund ihres Mutes,* aber:
  aufgrund von Mut
- *infolge der Straßenglätte,* aber:
  infolge von Straßenglätte

Präpositionen mit Dativ ▸ Einige Präpositionen verlangen dagegen grundsätzlich den Dativ, auch wenn sie immer wieder **fälschlich** mit Genitiv zu hören sind:

- *entgegen dem gängigen Bild*
- *entsprechend den Anweisungen*
- *fern dem Hafen*
- *gegenüber dem Hafen*
- *getreu dem Motto*
- *mitsamt dem Inhalt*
- *nahe dem Dorf*

Der **Genitiv** anstelle des Dativs ist bei diesen Präpositionen **nicht korrekt**.

Präpositionen mit Genitiv und Dativ ▸ Bei einigen Präpositionen sind sowohl der Dativ als auch der Genitiv korrekt. Zu diesen Präpositionen gehören *binnen, dank, längs, laut:*

- ***binnen:***
  binnen einiger Tage oder
  binnen einigen Tagen
- ***dank:***
  dank ihres Engagements oder
  dank ihrem Engagement
- ***längs:***
  längs des Zauns oder
  längs dem Zaun
- ***laut:***
  laut des Berichts oder
  laut dem Bericht

Der Genitiv in festen Wendungen

In vielen festen Wendungen hat sich der Genitiv erhalten, weshalb er auch so schnell nicht aussterben wird. Hierzu gehören:

- *Er wurde bald eines Besseren belehrt.*
- *Sie würdigte ihn keines Blickes.*
- *Das spottet jeder Beschreibung.*
- *Herr, erbarme dich unser.*

i ***Im März dieses* oder *diesen Jahres*?** Der Genitiv Singular Maskulinum und Neutrum des Demonstrativpronomens *dieser/diese/dieses* hat in der Regel die starke Form ***dieses***. In der Umgangssprache tritt aber daneben die schwache Form *diesen* auf, und zwar häufig bei solchen Substantiven der starken Deklination, die statt mit Artikel auch mit einem Adjektiv oder Pronomen stehen können. Das ist etwa bei Zeitangaben wie den folgenden zu beobachten, bei denen die Wahl der schwachen Form des Demonstrativpronomens *dieses* wohl von anderen Wörtern wie *letzten/vorigen/nächsten* aus analogen Formulierungen beeinflusst ist:

- *Ende diesen Jahres* (zu *Ende letzten Jahres*)
- *am 15. diesen Monats* (zu *am 15. nächsten Monats*)

Standardsprachlich sollte jedoch nur die starke Form *dieses* verwendet werden:

- ***Ende dieses Jahres***
- ***am 15. dieses Monats***

Genitiv-s – ja oder nein?

Wann setzt man ein Genitiv-s und wann nicht? Die Frage ist nicht immer leicht zu entscheiden. Folgende Regeln können helfen:

Genitiv-s bei Kurzwörtern ▸ Kurzwörter, also Abkürzungen, die wie Wörter gesprochen werden (z. B. *der Pkw, die NATO, das EKG, der IQ, der PC*), erhalten im Genitiv Singular in der Regel kein *-s*. Bei Kurzwörtern im Maskulinum und Neutrum kann es aber auch stehen: *des Pkw* (auch: *des Pkws*); *des EKG* (auch: *des EKGs*); *des IQ* (auch: *des IQs*) *des PC* (auch: *des PCs*).

Fremdwörter ▸ Bei sehr vielen Fremdwörtern im Maskulinum und Neutrum wird heute das Genitiv-s weggelassen. Diese Unterlassung der Deklination findet sich insbesondere bei:

- Bezeichnungen der Kunststile: *des Barock, des Biedermeier, des Rokoko.*
- grammatischen Bezeichnungen: *des Dativ, des Genitiv, des Konjunktiv, des Partizip.*
- vielen weiteren Fremdwörtern, insbesondere, wenn sie als Fachwörter gebraucht werden: *des Dynamo, des Enzian, des Jasmin, des Islam, des Radar.*
- Zusammensetzungen, die als Ganzes aus einer fremden Sprache übernommen sind: *das Anbieten des eigenen Know-how, das Anrichten des Horsd'œuvre.*

In allen diesen Fällen ist daneben auch die Bildung des Genitiv Singular mit der Endung -s möglich: *des Barocks, des Genitivs, des Dynamos, des Know-hows, des Konjunktivs, des Partizips.*

Schwach gebeugte Substantive ▸ Substantive, die der schwachen Deklination angehören, bilden den Genitiv mit *-en*, das Genitiv-s an dieser Stelle ist nicht korrekt: *der Automat – des Automaten* (nicht: *des Automats*); *Barbar – des Barbaren; der Elefant – des Elefanten; der Komet – des Kometen; der Leopard – des Leoparden; der Planet – des Planeten.*

ACHTUNG: Fremdwörter, die auf *-or* enden, werden immer stark gebeugt. Sie erhalten im Genitiv ein *-s*: *Autor – des Autors* (falsch: *des Autoren*); *Doktor – des Doktors* (falsch: *des Doktoren*).

Zum Genitiv bei Eigennamen → *Sonderseiten „Eigennamen", S. 138 f.*

gerade

Als Adverb in der Bedeutung „soeben, genau, passend" schreibt man *gerade* vom folgenden Verb getrennt: *Ich wollte gerade weggehen.*
Gebraucht man *gerade* als Adjektiv in den Bedeutungen „aufrecht, senkrecht, unmittelbar" oder „ehrlich, zuverlässig", hängt es von der Gesamtbedeutung der Verbindung ab, ob man *gerade* mit einem Verb zusammenschreibt oder nicht. Beschreibt die Verbindung einen Vorgang oder eine Handlung, deren Ergebnis durch das Adjektiv ausgedrückt wird, kann man getrennt oder zusammenschreiben: *einen Draht gerade biegen/geradebiegen* (der Draht ist dann gerade); *etwas gerade machen/geradernachen; den Stoff gerade legen/geradelegen.*
Drückt die Verbindung dagegen einen Zustand aus, schreibt man getrennt: *sich gerade halten; den Arm gerade halten; gerade sitzen; gerade stehen.*
Wird die Verbindung in übertragener Bedeutung gebraucht, muss zusammengeschrieben werden: *eine Angelegenheit geradebiegen* (= „in Ordnung bringen"); *für etwas geradestehen* (= „die Verantwortung übernehmen").
TIPP: Außer in übertragener Bedeutung (nur wenige Fälle sind betroffen) ist Getrenntschreibung von *gerade* und dem folgenden Verb immer richtig.

gern / gerne

Steigerung des Adverbs • Obwohl *gern(e)* ein Adverb ist, lässt es sich mit anderen Wortstämmen steigern: *gern(e) – lieber – am liebsten.*
gern oder gerne? • Beide Formen sind korrekt und stilistisch gleichwertig. Im Geschriebenen findet sich die Form *gerne* etwas häufiger als *gern.*

Gesandte(r)

→ *Geliebte(r)*

Geschichts- / Geschichten-

Wenn *Geschichte* die Bedeutung „Erzählung" hat, weisen die Zusammensetzungen mit *Geschichte* als Bestimmungswort das Fugenelement *-n-* auf: *Geschichte**n**erzähler, Geschichte**n**buch* (= „Buch mit Erzählungen").
In der Bedeutung „Historie, historisch" steht das Bestimmungswort *Geschichte* mit Fugen-s: *Geschicht**s**buch* (= „Buch über Historisches"), *Geschicht**s**kunde, Geschicht**s**schreibung, Geschicht**s**unterricht, Geschicht**s**wissenschaft.*

Geschlecht

→ *Genus*

Geschmack

Geschmack gehört zu den wenigen Substantiven, die den Plural mit *-e* bilden: *Geschmäcke.* Diese Pluralform ist selten und wird vor allem fachsprachlich gebraucht.
Der Plural mit *-er* und Umlaut tritt zwar häufiger auf, gilt aber als umgangssprachlich: *Geschmäcker.* In festen Wendungen wie der folgenden ist diese Pluralform gleichwohl akzeptiert: *Die Geschmäcker sind bekanntlich verschieden.*

Geschoss / Geschoß

Das Substantiv in der Bedeutung „Stockwerk" wird regional unterschiedlich ausgesprochen. In Deutschland und in der Schweiz ist das *o* kurz und betont. Entsprechend wird das Wort mit *ss* geschrieben: *das Geschoss, des Geschosses.*
In Österreich wird der Vokal dagegen lang ausgesprochen, entsprechend schreibt man: *Geschoß.*

geschweige denn

Leitet *geschweige (denn)* einen einschränkenden Teilsatz oder Nachtrag ein, wird dieser durch Komma abgegrenzt. Bildet *geschweige (denn)* zusammen mit *dass* eine mehrteilige Konjunktion, bleibt es dem Schreibenden überlassen, ob er vor *dass* ein zusätzliches Komma setzt: *Er hat mich nicht beachtet, geschweige (denn) gegrüßt.*
Er hat mich nicht beachtet, geschweige (denn)(,) dass er mich gegrüßt hätte. Andreas machte nie

gerne Hausaufgaben, geschweige (denn) zusätzliche Übungen.
Andreas machte nie gerne Hausaufgaben, geschweige (denn)(,) dass er gern zusätzliche Übungen gemacht hätte.

gesonnen oder gesinnt?

Die Partizipform *gesonnen* ist vom Verb *sinnen* abgeleitet. In Verbindung mit dem Hilfsverb *sein* hat *gesonnen* die Bedeutung „gewillt sein“:
Er ist nicht gesonnen (nicht: *gesinnt), uns zu helfen. Sie haben auf Rache gesonnen.*
Dagegen ist die Form *gesinnt* nicht das Partizip des Verbs *sinnen*, sondern vom Substantiv *Sinn* abgeleitet und bedeutet „von einer bestimmten Gesinnung“: *Er stand im Ruf nationalistisch gesinnt* (nicht: *gesonnen*) *zu sein.*
Allerdings wird in der allgemeinen Sprachpraxis diese Unterscheidung nicht konsequent gehandhabt. Bei Wendungen wie *freundlich/feindlich/übel gesinnt* wird auch *gesonnen* anstelle von *gesinnt* gebraucht:
Seine Freunde sind alle gleich gesinnt (falsch: *gleich gesonnen*). *Die Männer in den Tarnanzügen waren ihm übel gesinnt* (seltener: *übel gesonnen*). *Er war ein stets freundlich gesinnter* (seltener: *freundlich gesonnener*) *Mensch.*

gespalten / gespaltet

Für das Verb *spalten* gibt es zwei Möglichkeiten, das Partizip II zu bilden. Die Form *gespalten* wird hauptsächlich adjektivisch verwendet: *Schlangen haben eine gespaltene Zunge. Er hatte eine gespaltene Persönlichkeit.*
Die Form *gespaltet* hingegen wird in folgenden Konstruktionen verwendet: *Der Blitz hatte den Baum in zwei Hälften gespaltet. Sie hatte eine Menge Holz gespaltet.*

Geschwister

In der Allgemeinsprache wird *Geschwister* fast ausschließlich im Plural gebraucht: *Die Geschwister sind zerstritten.* Fachsprachlich, z. B. in der Biologie, Statistik oder Rechtswissenschaft, sowie in der Poesie ist auch der Singular in Gebrauch: *das Geschwister.*

gespenstisch / gespenstig

Adjektive, die wie *gespenstisch/gespenstig* sowohl auf *-ig* als auch auf *-isch* gebildet werden können, kommen nur sehr selten vor. Von den beiden früher üblichen Bildungen hat sich in diesem Fall die Form auf *-isch* durchgesetzt: *Die Musik klingt geradezu gespenstisch* (seltener: *gespenstig*).

gestern

Großschreibung nach gestern • Wörter, die als Bezeichnungen von Tageszeiten nach *gestern* stehen, werden als Substantive betrachtet und großgeschrieben: *gestern Abend; gestern Früh; gestern Mittag; gestern Morgen.*
Substantivierung • Wie andere Adverbien auch kann *gestern* substantiviert werden, man schreibt es dann groß: *Er lebte noch ganz im Gestern.*

gesund – gesundes / Gesundes

gesunder / gesünder • Die Vergleichsformen (Steigerungsformen) für das Adjektiv *gesund* können mit oder ohne Umlaut gebildet werden: *gesund – gesünder/gesunder – am gesündesten/gesundesten.*

getimt oder getimed?

Das englische Verb *to time* („etwas zeitlich abstimmen, vorplanen, festlegen“) endet mit einem stummen *e;* dabei wird der Verbstamm *time* geschrieben, aber [taim] gesprochen. Bei der Konjugation im Deutschen ist das *e* dagegen immer Bestandteil der Konjugationsendung, es zeigt z. B. die 1. Person Singular an (wie in *ich sing-e*). Der eigentliche Verbstamm hingegen endet stets ohne *e (also sing – er/sie/es singt).* Entsprechend wird auch das ans Deutsche angeglichene Verb *timen* konjugiert, das *e* entfällt also. Entsprechend heißt es: *ich time, du timst, er/sie/es timt. Der Einsatz der Polizei war gut getimt.*

Getrennt- / Zusammenschreibung

→ *Sonderseiten „Getrennt oder zusammen?", S. 198–201*

Getto / Ghetto

→ *Ghetto*

gewährleisten / Gewähr leisten

Das Verb *gewährleisten* und die Wortgruppe *Gewähr leisten* werden heute ohne Bedeutungsunterschied verwendet. Unterschiede bestehen aber in der grammatischen Konstruktion.
Das untrennbare Verb *gewährleisten* kann auf zwei Arten verwendet werden: mit einem *dass*-Satz oder mit einem Akkusativobjekt: *Wir können gewährleisten, dass die Bestimmungen eingehalten wurden. Sie haben zu gewährleisten, dass alle mit dem Kompromiss leben können. Können Sie die Abwicklung gewährleisten? Wir gewährleisten, dass die Bestimmungen eingehalten wurden. Ich gewährleiste Ihre körperliche Unversehrtheit.*
Die Wortgruppe *Gewähr leisten* steht dagegen immer mit einem Präpositionalobjekt mit *für* oder *dafür: Wir können Gewähr dafür leisten, dass die Bestimmungen eingehalten wurden. Können Sie für die Abwicklung Gewähr leisten?*
Wird die Wortgruppe wie ein finites Verb gebraucht, ändert sich dabei auch die Wortstellung: *Wir leisten Gewähr dafür, dass die Bestimmungen eingehalten wurden.*
ACHTUNG: In getrennter Wortstellung wird *Gewähr* immer großgeschrieben: *wir leisten Gewähr* (nicht: *gewähr*) …

gewesen

→ *gehabt*

gewinnen

Im Konjunktiv II sind sowohl *gewönne* als auch *gewänne* korrekt. Im allgemeinen Sprachgebrauch wird meist die Form *gewänne* gegenüber *gewönne* bevorzugt: *Das Museum gewänne* (seltener: *gewönne*) *durch die neuen Räume ein Mehr an Ausstellungsfläche.*

Gewinn bringend / gewinnbringend

Die Verbindung aus dem Substantiv *Gewinn* und dem adjektivisch gebrauchten Partizip *bringend* kann getrennt oder zusammengeschrieben werden: *Diese Firma ist ein Gewinn bringendes/gewinnbringendes Unternehmen.* Im allgemeinen Schreibgebrauch tritt öfter die Zusammenschreibung auf.

gewohnt oder gewöhnt?

Die beiden Adjektive klingen sehr ähnlich, weil sie vom gleichen Wortstamm gebildet werden. Sie unterscheiden sich jedoch in ihrer Bedeutung und aufgrund der Art des Objektes, mit dem sie auftreten. So steht *gewohnt* stets mit einem Akkusativobjekt *(etwas gewohnt sein): Ich bin Kummer gewohnt. Sie ist es gewohnt, auf ihn zu warten.*
Dagegen steht *gewöhnt* immer mit einem Präpositionalobjekt *(**an** etwas gewöhnt sein): Er hatte sich mit den Jahren **an** seinen Mitbewohner gewöhnt.*
ACHTUNG: Die beiden Adjektive sind hier nicht austauschbar. Die Formulierungen *etwas gewöhnt sein* und *an etwas gewohnt sein* sind demnach nicht korrekt: *Er war es gewohnt* (falsch: *gewöhnt*), *dass jeden Tag Fleisch auf den Tisch kam. Er war an diesen Anblick gewöhnt* (falsch: *gewohnt*).
Ist das Adjektiv gemeint, so ist die Form *gewohnt* korrekt: *in gewohnter Umgebung; gewohnte Speisen verlangen*. Doch darf dies nicht mit der adjektivischen Verwendung des Partizips *gewöhnt* in folgendem Satz verwechselt werden: *Sie ist eine an den Starrummel gewöhnte Schauspielerin.*

gewunken oder gewinkt?

Das Wort *winken* gehört zu den schwachen Verben, es wird deshalb auch schwach gebeugt: *winken – winkte – gewinkt.* Daneben hat sich als Partizip-II-Form *gewunken* etabliert, das im Geschriebenen inzwischen häufiger gebraucht wird als *gewinkt: Er hat mit den Briefen in der Hand gewinkt* (auch: *gewunken*). *Sie haben gerufen und gewinkt* (auch: *gewunken*).

gh oder g?

→ *g oder gh?*

Ghana

Die Einwohner von *Ghana* heißen *Ghanaer*. Das Adjektiv lautet *ghanaisch*. Die ebenfalls anzutreffenden Formen *Ghanaesen* und *ghanaesisch* werden vom „Ständigen Ausschuss für geographische Namen" nicht empfohlen.

Ghetto / Getto

Das aus dem Italienischen entlehnte Wort *Ghetto* kann auch *Getto* geschrieben werden. Analysen zum Schreibgebrauch zeigen allerdings, dass die Mehrheit der Schreibenden nach wie vor der Variante mit *h* den Vorzug gibt. *Simon wuchs im Ghetto* (seltener: *Getto*) *von Chicago auf.*

Glas

zwei Glas / Gläser • Wird *Glas* als Maßeinheit im Plural verwendet, kann es mit oder ohne Endung stehen: *zwei Glas/Gläser Bier.*
Wird *Glas* dagegen nicht als Maßbezeichnung gebraucht, muss die gebeugte Pluralform stehen: *Drei Gläser stehen auf dem Tisch.*
mit zwei Gläsern kühlem Bier • Steht nach *Glas* das Substantiv, das den Inhalt bezeichnet, mit einem Adjektiv, so werden beide in denselben Kasus gesetzt wie *Glas: ein Glas kühles Bier; nach vier Gläsern kühlem Bier; angesichts eines Glases kühlen Bieres.*
Im Nominativ könnte nach *Glas* das Substantiv auch als Genitivobjekt angeschlossen werden. Dieser Gebrauch gilt heute jedoch als gespreizt und sollte vermieden werden: *ein Glas kühlen Bieres.*
ein kühles Glas Bier • Das Adjektiv, das den Inhalt des Glases näher bestimmt, kann oft auch ohne Bedeutungsunterschied vor die Maßbezeichnung gestellt werden. Voraussetzung ist, dass der Sinn erhalten bleibt:
ein Glas kühles Bier – ein kühles Glas Bier; ein Glas kaltes Wasser – ein kaltes Glas Wasser.
ACHTUNG: Dies ist jedoch nicht immer der Fall. In bestimmten Fällen ändert sich mit der Stellung des Adjektivs die Bedeutung der Konstruktion: Gegenüber *ein Glas frisches Wasser* kann ein *frisches Glas Wasser* auch die Bedeutung „noch ein Glas Wasser" haben. Außerdem gibt es Adjektive, die überhaupt nicht als Attribut einer Maßbezeichnung vorangestellt werden können: *ein Glas grüner Tee* (falsch: *ein grünes Glas Tee*).

Glasperlenspiele bei den Germanen
Die technischen Errungenschaften der Römer haben die Germanen tief beeindruckt. Reflexe dieser Bewunderung können wir noch heute in unserer Sprache feststellen: So geht das Wort *Mauer* auf das lateinische *murus* zurück oder *Fenster* auf *fenestra*. Nur das Wort *Glas* ist ein germanisches Erbwort. Mehr noch: Die Römer übernahmen den Ausdruck in der Form *glaesum* sogar in ihre Sprache. Sollten die Germanen etwa das *Glas* erfunden haben? Leider war man nördlich der Alpen noch nicht so innovativ. Das Wort (im Germanischen könnte es *glaza* gelautet haben) stand ursprünglich für den bei den Römern beliebten *Bernstein*. Über rege Handelskontakte gelangte das fossile Harz nach Italien und auf umgekehrtem Wege wurden römische *Glasperlen* und anderer *Glasschmuck* nach Norden geliefert. Die Germanen, denen dieses Material fremd war, bezeichneten es mit ihrem Wort für *Bernstein*. Diese Benennung ist durchaus sinnvoll, denn *Glas* ist wortgeschichtlich mit *glänzen* verwandt.

Am Ende wurde *Glas* ausschließlich für das neue Material gebraucht. Für den Schmuckstein bürgerte sich dagegen aus dem Niederdeutschen kommend das Wort *bernestein* ein. Seine wörtliche Bedeutung „Brennstein" weist auf eine weitere Eigenschaft des *Bernsteins* hin: Man kann ihn anzünden.

Vertrackte Frage: *Getrennt* oder *zusammen*?

In der Antike hatte man es noch leicht: **Die alten Römer** schrieben nicht nur ohne Punkt und Komma, sie meißelten, wie in dem nebenstehenden Bildausschnitt schön zu sehen ist, die Buchstaben direkt hintereinander, gleichgültig ob ein neues Wort begann oder nicht. Erst die mittelalterlichen Mönche grenzten Wörter durch Leerräume voneinander ab und erleichterten uns damit heute das Lesen. Doch für den Schreibenden schafft dies Probleme. Wann beginnt eigentlich ein Wort? Insbesondere im Deutschen, einer Sprache, die die Bildung von Zusammensetzungen begünstigt, fällt diese Entscheidung oft nicht leicht. Immerhin ist seit 1996 dieser Bereich amtlich geregelt, so dass es durchaus klare Vorgaben gibt – und viele Fälle, in denen zwei Möglichkeiten zur Auswahl stehen.

Wie kommt es zur Zusammenschreibung?

Neue Wörter entstehen in den meisten Fällen dadurch, dass sie aus dem Bedürfnis nach einer neuen Benennung entweder von bestehenden Wörtern durch Vor- oder Nachsilben abgeleitet werden (*Freund* → *freundlich*, *Freundchen …*) oder dass zwei unabhängige Wörter zusammengesetzt werden (*Freundesdienst*, *Fußballfreund …*). Ob nun tatsächlich ein neuer Begriff entsteht, wenn die Wörter zusammen auftreten, ist aber nicht immer so ganz eindeutig zu sagen. Dass *krankschreiben* etwas anderes meint als „im kranken Zustand zu schreiben“, ist klar;

Grundsätze der Zusammenschreibung	
Einer der Bestandteile kommt so nicht selbstständig vor	***blauäugig, hartnäckig, letztmalig,*** *die* ***zeitsparendste*** *Lösung …*
Die Verbindung hat eine neue, eigene Bedeutung	***freisprechen, heiligsprechen, krankschreiben …***
Der erste Bestandteil steht für eine Wortgruppe	***angsterfüllt*** *(= von/mit Angst erfüllt)*
Zusammensetzungen aus dem Englischen mit Hauptakzent auf dem ersten Bestandteil	***Cheerleader, Hardware, Highlight, Hotline, Software …***
Verbindungen von Adverb + Verb oder Präposition + Verb mit Hauptakzent auf dem ersten Bestandteil	***abgeben, einschlafen, zusammenzählen, aufeinanderstapeln, mitgehen, aufstehen …***
Zusammensetzungen mit den acht folgenden ersten Bestandteilen: ***heim-, irre-, preis-, stand-, statt-, teil-, wett-, wunder-***	***heimkehren, irreführen, preisgeben, standhalten, stattgeben, teilnehmen, wettmachen, wundernehmen …***
Verbindungen mit *irgend-*	***irgendein, irgendetwas, irgendwoher …***

dass *krank arbeiten* dagegen genau so wörtlich gemeint ist, auch. Bei anderen Verbindungen ist das schon schwerer zu sagen.
Ein paar Faustregeln gibt es aber, wann grundsätzlich zusammengeschrieben wird.

Verbindungen mit Verben

Bei Verbindungen mit Verben als zweitem Bestandteil muss man genau schauen, worum es sich beim ersten Bestandteil handelt. Grundsätzlich getrennt schreibt man jede Verbindung mit dem Verb *sein*.
Verb + Verb ▸ Verbindungen zweier Verben werden **grundsätzlich getrennt** geschrieben: *arbeiten gehen, einkaufen kommen, vorlesen lassen, spazieren gehen*.
Substantiv + Verb ▸ Verbindungen aus Substantiv und Verb werden ebenfalls **meistens getrennt** geschrieben: *Korrektur lesen, Rad fahren, Radio hören*. Wenn das Substantiv aber nicht mehr als eigenständiges Wort empfunden wird, weil es zum Beispiel kein Adjektiv bei sich haben kann (nicht möglich: *er steht großen Kopf*), dann schreibt man zusammen: *eislaufen, teilnehmen, kopfstehen*.
Bei manchen Verbindungen ist sowohl die Zusammen- als auch die Getrenntschreibung korrekt, zum Beispiel: *achtgeben/Acht geben, haltmachen/Halt machen, maßhalten/Maß halten*.
Adjektiv + Verb ▸ Probleme bereiten am ehesten die Verbindungen, bei denen vorne ein Adjektiv oder ein Adverb steht. Bei den Verbindungen mit Adjektiv entscheidet die Bedeutung: Ist sie wörtlich gemeint, wird getrennt **geschrieben** *(schnell gehen, gut zeichnen, glaubhaft machen)*; gibt es eine neue, übertragene Bedeutung, wird **zusammengeschrieben** (*dichthalten* = etwas nicht verraten, *jemanden breitschlagen* = überreden, *jemanden kaltstellen* = ausschalten).
Adverb oder Präposition + Verb ▸ Bei Verbindungen aus Adverb und Verb entscheidet in der Regel die **Akzentplatzierung** über die Schreibung: Sie werden **getrennt geschrieben**, wenn der **Hauptakzent auf dem Verb** oder auf **beiden** Teilen liegt: *das sollte man* ***oben erwähnen****, die schweren Sachen sollten* ***unten liegen****, in Deutschland muss man* ***rechts fahren****, ich bin noch nicht* ***dazu gekommen****, wir könnten morgen* ***zusammen fahren****, sie hat schon* ***wieder gewonnen****.*
Wenn allerdings der vordere Teil allein betont ist, wird **zusammengeschrieben**: *Das wird bald* ***entzweigehen****. Er hat sein Selbstvertrauen* ***wiedergewonnen****.*

Wahlfreiheit bei Verben
In einigen Fällen gibt es bei zwei Verben **zusätzlich** die Möglichkeit zusammenzuschreiben, nämlich bei *kennen* + *lernen* oder wenn eine übertragene Bedeutung vorliegt:
- ***kennen lernen*** oder ***kennenlernen***
- **Verb** + ***bleiben*** oder ***lassen,*** *wenn die* Verbindung eine **neue Bedeutung** hat: *in der Schule sitzen bleiben* oder *sitzenbleiben* (= eine Klasse wiederholen), *jemanden hängen lassen* oder *hängenlassen* (= im Stich lassen).

Es gibt aber auch bei den getrennt zu schreibenden Verbindungen von Adjektiv und Verb die Möglichkeit, **zusätzlich** zusammenzuschreiben, nämlich wenn das Adjektiv das **Ergebnis des Vorgangs** bezeichnet, zum Beispiel:
- *Gemüse* ***klein schneiden*** oder ***kleinschneiden*** (es ist danach klein),
- *Sahne* ***steif schlagen*** oder ***steifschlagen*** (sie ist danach steif),
- *Wäsche* ***bunt färben*** oder ***buntfärben*** (sie ist danach bunt).

Verbindungen mit Partizipien

Die häufigsten Zweifelsfälle betreffen die Partizipien. Wenn aus einer Verbindung mit einem Verb als zweitem Bestandteil (z. B. *oben* ***erwähnen****, fein* ***mahlen****, Hilfe* ***suchen*** oder *auseinander****gehen***) ein Partizip gebildet wird, dann richtet sich diese Schreibung zunächst nach der Schreibung der **zugrunde liegenden Verbverbindung** (also: *oben erwähnt, fein gemahlen, Hilfe suchend, auseinandergegangen*). Allerdings gibt es ein paar Besonderheiten, die es den Schreibenden in vielen Fällen erlauben, neben der Getrenntschreibung **zusätzlich zusammenzuschreiben** (*obenerwähnt, feingemahlen, hilfesuchend*):

Adverb + Partizip ▸ Wenn das Partizip **wie ein Adjektiv gebraucht** wird, ist ebenso die Zusammenschreibung möglich:

- *der oben erwähnte oder obenerwähnte Autor*
- *die unten liegenden oder untenliegenden Bücher*
- *das rechts fahrende oder rechtsfahrende Auto*

Adjektiv + Partizip ▸ Wenn die zugrunde liegende Verbverbindung getrennt geschrieben wird, gilt das auch für das Partizip; aber auch hier kann zusätzlich zusammengeschrieben werden, wenn das Partizip **wie ein Adjektiv gebraucht** wird:

- *weit greifende oder weitgreifende Veränderungen*
- *allgemein bildende oder allgemeinbildende Schulen*

Der fein gemahlene oder feingemahlene Kaffee

Weitere Fälle mit Wahlfreiheit bei der Schreibung	
Verbindungen, die als Präposition verwendet werden	*an Stelle/anstelle, auf Grund/aufgrund, auf Seiten/aufseiten, mit Hilfe/mithilfe, von Seiten/vonseiten, zu Gunsten/zugunsten, zu Lasten/zulasten, zu Ungunsten/zuungunsten*
Verbindungen, die adverbial verwendet werden	*außerstande/außer Stande sein, imstande/im Stande sein, infrage/in Frage stellen, instand/in Stand setzen, zugrunde/zu Grunde gehen, zuleide/zu Leide tun, zustande/zu Stande bringen*
Anglizismen aus Adjektiv und Substantiv, wenn die Betonung nicht eindeutig ist	*Blackbox/Black Box, Fastfood/Fast Food, Hotdog/Hot Dog, Softdrink/Soft Drink*
nicht + Adjektiv oder Partizip	*nicht amtlich/nichtamtlich, nicht ehelich/nichtehelich, nicht geschäftsfähig/nichtgeschäftsfähig, nicht öffentlich/nichtöffentlich nicht leitend/nichtleitend, nicht organisiert/nichtorganisiert, nicht rostend/nichtrostend, nicht zutreffend/nichtzutreffend*
Verbindungen, deren erster Teil ein Adjektiv mit „graduierender“ Bedeutung ist	*eng verwandt/engverwandt, halb automatisch/halbautomatisch, leicht verdaulich/leichtverdaulich, schwer krank/schwerkrank*

Substantiv + Partizip ▸ Auch hier gibt es beide Möglichkeiten, wenn das Partizip **wie ein Adjektiv gebraucht** wird:

- *Feuer speiende oder feuerspeiende Berge*
- *Hilfe suchende oder hilfesuchende Kinder*

Allerdings darf **nur getrennt geschrieben** werden, wenn der erste Teil erweitert wird, es geht also nur: *eine **großes** Aufsehen erregende Vorführung.*

Dagegen wird **nur zusammengeschrieben**, wenn die ganze Verbindung gesteigert wird: *ein **äußerst** kostensparendes Verfahren.*

Verbindungen mit Adjektiven

Bei Verbindungen mit Adjektiven muss man verschiedene Fälle unterscheiden.

Verbindung mit verstärkendem Bestandteil ▸ Adjektive mit verstärkendem erstem Bestandteil schreibt man immer zusammen: *bitterböse, lauwarm, uralt, stockbetrunken, giftgrün.*

Gleichrangige Adjektive ▸ Wenn zwei Adjektive aufeinanderfolgen, die gleichrangig sind, schreibt man zusammen. Man könnte sie auch durch *und* verbinden: *grünblau* (= grün und blau), *nasskalt, dummdreist, feuchtfröhlich.*

Verbindung steht für eine Wortgruppe ▸ Wenn die Verbindung für eine Wortgruppe steht, schreibt man ebenfalls zusammen: *grasgrün* (= grün wie Gras).

Verbindungen mit graduierenden Adjektiven ▸ Bei zahlreichen Adjektivverbindungen hat der erste Bestandteil der Verbindung einen graduierenden Charakter. „Graduierend" bedeutet hier, dass das erste Adjektiv sinngemäß durch ein anderes ersetzt werden kann, das einen anderen Grad ausdrückt: So kann etwas ***schwer** verständlich* sein, es kann aber auch ***leicht** verständlich* sein. In solchen Fällen kann man getrennt oder zusammenschreiben: *halb offen/halboffen; schwer krank/schwerkrank; halb gebildet/halbgebildet; leicht verständlich/leichtverständlich.*

Verbindungen aus Partizipien und Adjektiven ▸ Verbindungen aus dem Partizip Präsens und einem Adjektiv werden immer getrennt geschrieben: *leuchtend grün; strahlend schön; brennend heiß.*

dasselbe und das Gleiche?

Hier muss man sich einfach merken: Die Demonstrativpronomen *derselbe, dieselbe, dasselbe* werden zusammengeschrieben: *Ist das wirklich dasselbe? Wir haben denselben Arzt.*

Das Adjektiv „gleich" ist ein eigenständiges Wort, egal, ob als Attribut oder substantiviert: *Wir lesen das gleiche Buch. Das ist doch nicht das Gleiche.*

zurzeit oder zur Zeit?

Es gibt einige Einzelfälle, die immer wieder zum Kopfzerbrechen führen, dazu gehört *zurzeit.* Dabei ist hier die Regel einfach: So wie *derzeit* bedeutet ***zurzeit*** so viel wie „im Moment": *Zurzeit ist niemand erreichbar.*

Wenn man aber einen bestimmten Zeitpunkt in der Vergangenheit meint (eben „zu der Zeit" – *zur* ist eine Zusammenziehung aus „zu" + „der"), wird getrennt geschrieben: ***Zur Zeit** Goethes …*

i ***sobald, solange, soviel, soweit, sowie* oder *so bald, so lange, so viel, so weit, so wie*?**

Hier sind die Regeln recht klar, man muss nur wissen, welche Funktion die Verbindung im Satz hat. Handelt es sich um eine **Konjunktion**, also ein Bindewort, das einen Nebensatz einleitet, dann wird zusammengeschrieben:

- ***Sobald** er kommt, fangen wir an.*
- ***Solange** er nicht da ist, fangen wir nicht an.*
- ***Soviel** ich weiß, kommt er nicht.*
- ***Soweit** ich weiß, kommt er nicht.*
- ***Sowie** er fertig ist, will er kommen.*

In allen anderen Fällen stehen die Bedeutungen beider Wörter im Vordergrund und es wird getrennt geschrieben:

- *Er kommt **so bald** wie möglich.*
- *Es dauerte wirklich **so lange.***
- ***So viel** kann ich nicht essen.*
- ***So weit** hätte es nicht kommen müssen.*
- *Ich mache das **so wie** du.*

Das gilt auch für Verbindungen mit *gar, wie* und *zu*: ***gar nicht, wie viel, zu wenig.***

glatt

glätter / glatter • Die Komparativ- und Superlativformen können mit oder ohne Umlaut gebildet werden: *glatt – glatter / glätter – am glattesten / am glättesten.*
Im allgemeinen Sprachgebrauch überwiegen in der Regel die Formen ohne Umlaut: *Das Haar wirkt gleich viel glatter* (seltener: *glätter*) *und geschmeidiger.*
Getrennt- und Zusammenschreibung • Wenn *glatt* in einer Verbindung mit einem Verb für das Ergebnis der Handlung steht, kann man getrennt oder zusammenschreiben: *ein Hemd glatt bügeln / glattbügeln; glatt hobeln / glatthobeln; glatt kämmen / glattkämmen; glatt legen / glattlegen; glatt machen / glattmachen; glatt rühren / glattrühren; glatt schleifen / glattschleifen; glatt streichen / glattstreichen; glatt ziehen / glattziehen.*
Beschreibt *glatt* dagegen die Eigenschaft der Handlung, schreibt man getrennt: *die Sache ist glatt abgelaufen.*
Wird die Verbindung aus *glatt* und einem Verb übertragen gebraucht, schreibt man zusammen: *eine Rechnung glattmachen* (= „bezahlen"); *eine Sache wieder glattbügeln* (= „einen Fehler berichtigen").
TIPP: Außer in übertragener Bedeutung ist die Getrenntschreibung immer richtig.

Glaube / Glauben

Im Nominativ sind beide Formen gleichermaßen korrekt. Im allgemeinen Sprachgebrauch wird jedoch die Form *der Glaube* gegenüber *der Glauben* bevorzugt.

glauben – ich glaub / glaube

Der Wegfall der Endung *e* in der 1. Person Singular Präsens gilt nicht als standardsprachlich. Die Form ohne *e* kommt vorwiegend in der gesprochenen Sprache vor, findet sich vereinzelt auch in literarischen Texten, besonders wenn Eigentümlichkeiten der gesprochenen Sprache nachempfunden werden sollen: *Ich glaub es nicht.*
Standardsprachlich korrekt muss es heißen: *Ich glaube es nicht.*
ACHTUNG: Der Ausfall des Vokals *e* wird nicht durch Apostroph gekennzeichnet.

gleich

Groß- und Kleinschreibung • Das Adjektiv *gleich* schreibt man klein: *gleiches Recht für alle.* Wird *gleich* als substantiviertes Adjektiv verwendet, schreibt man es jedoch auch in festen Wendungen groß: *Er hat das Gleiche schon vor Jahren behauptet. Es ist immer das Gleiche mir ihr. Es läuft aufs Gleiche hinaus. Sie haben Gleiches mit Gleichem vergolten. Ich werde ihm ein Gleiches tun. Er lebte dort als Gleicher unter Gleichen. Ich muss Gleiches berichten. Das lateinische „primus inter pares" bedeutet der „Erste unter Gleichen".*
Auch in der Paarformel schreibt man groß: *Es gilt, Gleich und Gleich gesellt sich gern.*
Getrenntschreibung • In konkreter Bedeutung schreibt man vom Verb getrennt: *ich werde gleich gehen; du wirst gleich drankommen; ich werde es gleich machen; das werden wir ja gleich sehen.*
Getrennt- und Zusammenschreibung • Bezeichnet *gleich* das Ergebnis der Handlung, ist neben der Getrenntschreibung auch die Zusammenschreibung korrekt: *zwei Gegenstände gleich machen / gleichmachen* (= „angleichen").
Zusammenschreibung • Es gibt zahlreiche Verbindungen mit *gleich*, die übertragen gebraucht werden und daher zusammengeschrieben werden müssen: *Das dürfte einem Betrug gleichkommen* (= „einem Betrug entsprechen"). *Sie drohten, die Stadt dem Erdboden gleichzumachen* (= „völlig niederreißen"). *Sie forderte ihn auf, es ihr gleichzutun* (= „ihr gleichzukommen"). *Er könnte es ihm gleichtun.* Ebenso werden auch *gleichkommen, gleichschalten, gleichziehen* zusammengeschrieben.
Verbindungen mit Partizipien • Verbindungen mit Partizipien können in der Regel getrennt oder zusammengeschrieben werden: *zwei gleich beschaffene / gleichbeschaffene Dinge; gleich bleibendes / gleichbleibendes Aussehen; gleich geartete / gleichgeartete Verhältnisse; gleich gelagerte / gleichgelagerte Bedingungen; gleich gesinnte / gleichgesinnte Geschwister; gleich lautende /*

gleichlautende Befehle. Bei Substantivierung der Partizipverbindung kann getrennt oder zusammengeschrieben werden: *die gleich Gesinnten/ Gleichgesinnten.*
Verbindungen mit Adjektiven • Folgt auf *gleich* ein Adjektiv, schreibt man getrennt: *gleich alt, gleich groß, gleich gut, gleich hoch, gleich lang, gleich schön, gleich viel, gleich weit.*
dasselbe oder das Gleiche? • → *das gleiche oder dasselbe?*

Gleichberechtigung

→ *Sonderseiten „Gleichberechtigung", S. 204f.*

gleichzeitig / zugleich

Gleichzeitig heißt „zum gleichen Zeitpunkt". Zwei Läufer können beispielsweise *gleichzeitig* ans Ziel gelangen. Weiteres Beispiel: *Die beiden Anträge wurden fast gleichzeitig eingereicht.*
Zugleich bedeutet dagegen „zwei in einem". So kann etwa eine Mutter *zugleich* die beste Freundin ihrer Tochter sein. Weiteres Beispiel: *Das Amt war für ihn zugleich Ehre und Belastung.*

Gleis / Geleise

→ *Geleise*

glimmen – glomm

Das Verb *glimmen* wurde ursprünglich nur stark gebeugt: *glimmen – glomm – geglommen;* Konjunktiv II: *glömme.* Im heutigen Deutsch kann man das Wort daneben auch schwach beugen: *glimmen – glimmte – geglimmt.*
Die Art, wie man das Verb beugt, richtet sich oft nach der Verwendung. In der konkreten Bedeutung überwiegt die schwache, in der übertragenen Bedeutung die starke Konjugation:
konkrete Bedeutung: *Die Kohlen glimmten* (seltener: *glommen*) *unter der Asche. Man sah deutlich, wie seine Zigarette im Dunkeln glimmte* (seltener: *glomm*).
übertragene Bedeutung: *In seinen zu Schlitzen verengten Augen glomm* (selten: *glimmte*) *tiefer Hass. Die Hoffnung glomm* (seltener: *glimmte*) *noch einmal auf.*

Globus

Das Substantiv hat zwei mögliche Pluralformen: *Globusse* und *Globen.* Im Sprachgebrauch überwiegt die Form *Globen.* Die Form *Globusse* gilt aber nicht als umgangssprachlich.

Glühbirne oder Glühlampe

In der Allgemeinsprache überwiegt das Wort *Glühbirne* eindeutig. Fachsprachlich, z. B. unter Elektrikern, gilt nur *Glühlampe* als korrekt.

GmbH

GmbH / GmbHs • Grundsätzlich kann *GmbH* (Gesellschaft mit beschränkter Haftung) ohne Endung gebeugt werden. Der Plural steht aber im Allgemeinen mit *-s,* da sonst selbst mit Artikel oder Pronomen der Singular nicht vom Plural unterschieden werden könnte: *die GmbH* (Singular) – *die GmbHs* (Plural).
die Lehmannwerke GmbH musste / mussten • Folgt nach einem Firmennamen im Plural der Zusatz *GmbH,* kann das Prädikat im Singular oder im Plural stehen: *Die Fritz-Lehmann-Werke GmbH musste/mussten Konkurs anmelden.*

goethesche / goethische / Goethe'sche Gedichte

Bei Personennamen, die auf *-e* enden, kann zur Bildung des Adjektivs das *e* weggelassen und die Endung *-isch* angefügt werden: *goethische Gedichte.* Die Endung mit *-sch* ist aber ebenfalls möglich: *goethesche Gedichte.*
Bei prädikativem Gebrauch (also in Verbindung mit *sein, bleiben, werden*) überwiegt die Bildung mit *-isch: Der Geist des Gedichtes ist goethisch, nicht schillerisch.*
Soll der Name hervorgehoben werden, ist auch die Schreibung mit Apostroph zwischen *e* und *sch* möglich, der Name wird dann großgeschrieben: *die Goethe'schen Gedichte.*

Gleichberechtigung in der Sprache

Diskriminierung durch Sprache? Hier muss man differenzieren: Grammatik ist für sich genommen erstaunlich neutral. Wörter können beispielsweise in Bezug auf das Geschlecht unterschiedliche Funktionen wahrnehmen: So ist das Wort *sie* ein Pronomen, mit dem man sich auf eine weibliche Person bezieht. Mit dem Anredepronomen *Sie* sind dagegen Frauen und Männer gleichermaßen gemeint. Auch die Ableitungssilbe *-er*, die aus Wörtern sogenannte Täterbezeichnungen im Maskulinum macht (z. B. *laufen* → *Läufer*), ist neutraler, als man glaubt, sie ist auch auf Gegenstände anwendbar. Man denke an *Rechner (rechnen)* oder *Schalter (schalten)*. Sprache diskriminiert nicht. Entscheidend ist vielmehr, wie wir sprachlich handeln: höflich respektvoll, wertschätzend oder ausgrenzend und abwertend.

Frauen sind doch „mitgemeint" …

Das Argument gegen die explizite Nennung der Frauen in der Sprache ist immer das gleiche: Frauen sind doch mitgemeint, wenn man von Lehrern, Mechanikern oder Wissenschaftlern spricht. Das Argument derer dagegen, die sich für eine Sichtbarmachung der Frauen einsetzen: Wenn man nur die maskulinen Formen liest oder hört, denkt man zunächst nur an Männer und wenn sich die gesellschaftlichen Umstände ändern sollen, muss dies auch in der Sprache sichtbar gemacht werden. Es haben sich verschiedene Möglichkeiten etabliert, sprachliche Gleichberechtigung umzusetzen.

Geschlechtsneutrale Formen

Eine Idee zur Schaffung sprachlicher Gleichberechtigung ist, geschlechtsneutrale Formen zu nehmen, die von sich aus Männer und Frauen einschließen. Dazu gibt es verschiedene Möglichkeiten:

- Von sich aus **neutrale Benennungen:** *die Person, der Mensch, das Mitglied, das Opfer*
- **Substantivierte Adjektive:** *Jugendliche, Ältere*
- **Substantivierte Partizipien:** *Studierende*

Möglichkeiten der sprachlichen Gleichstellung	
Geschlechtsneutrale Formen	*Jugendliche, Angestellte, Studierende, Person, Opfer*
Doppelnennung	*Bürgerinnen und Bürger, Mitarbeiterinnen und Mitarbeiter*
Schrägstrich	*Bürger/-innen, Mitarbeiter/-innen*
Klammer	*Bürger(innen), Mitarbeiter(innen), Kolleg(inn)en*
Binnen-I	*BürgerInnen, MitarbeiterInnen*
Umschreibungen	*ärztlicher Rat* (statt: *Rat des Arztes*), *wer wählt* (statt: *Wähler*)

Das ist manchmal gewöhnungsbedürftig, aber es funktioniert: Inzwischen hat sich der Ausdruck *Studierende* so weit eingebürgert, dass von *Studierendenausweis, Studierendensekretariat* und Ähnlichem ganz selbstverständlich gesprochen wird.

Die Nennung von Frauen und Männern

In jedem Fall sollte es selbstverständlich sein, die weibliche Form zu wählen, wenn von einer Frau die Rede ist: *Sie* ist also *Ärztin/Redakteurin/Verkäuferin/Auszubildende/Kauffrau* (nicht: *Kaufmann*!). Wenn sowohl Frauen als auch Männer angesprochen werden, ist die Doppelnennung dementsprechend auch die eindeutigste Form der sprachlichen Gleichstellung von Männern und Frauen. Das bedeutet, sowohl die weibliche als auch die männliche Form zu nennen: *Bürgerinnen und Bürger, Mitarbeiterinnen und Mitarbeiter.* Gelegentlich kann es dabei jedoch zu Missverständnissen kommen, die man nur durch eine andere Formulierung des Satzes ausräumen kann: *Sie ist die erste Redakteurin, die sich mit diesem Thema beschäftigt.* Diese Aussage ist doppeldeutig, da man in der schriftlichen Form die Betonung nicht erkennen kann. Wird das Wort *Redakteurin* auf der letzten Silbe betont, bedeutet dies, dass sich vorher möglicherweise schon männliche Kollegen mit dem Thema beschäftigt haben. Ist jedoch gemeint, dass das Thema überhaupt zum ersten Mal aufgegriffen wird, sollte man eine unzweideutige Formulierung wählen. Möglich wäre beispielsweise: *Vor ihr hat sich noch niemand mit diesem Thema in den Medien beschäftigt.* Oder: *Von Redakteursseite aus hat sich noch keiner mit diesem Thema beschäftigt.*

Die Sparformen

Wenn sich in einem Text Doppelformen häufen, kann die Lesbarkeit deutlich erschwert werden.
Die Schrägstrich-Lösung ▸ In solchen Fällen kann man auf sogenannte Sparformen mit Schrägstrich (und ggf. Ergänzungsbindestrich) zurückgreifen, bei denen identische Wortbestandteile weggelassen werden, zum Beispiel: *der/die Vorgesetzte.* Ist die Benennung nicht die gleiche, können identische Teile weggelassen werden: *Politiker/-in, Mitarbeiter/-innen.* Allerdings klappt das nur, wenn sich bei Wegfall des Schrägstrichs korrekte Wörter ergeben, also nicht: *Kolleg/-innen* oder *Kollegen/-innen.* Auch in Fällen, in denen die Formen voneinander abweichen, muss ausgeschrieben werden: *des Schülers/der Schülerin.*
Die Klammer-Lösung ▸ Neben dem Schrägstrich werden auch Klammern für Kurzformen verwendet.

Ob sich hier eine Frau angesprochen fühlt?

Daran wird jedoch oft bemängelt, dass die Einklammerung der femininen Form – wie in *Bürger(innen), Mitarbeiter(innen)* – die Gleichstellung von Mann und Frau nur bedingt erfülle, weil in Klammern üblicherweise Informationen stehen, die nicht unbedingt notwendig sind und weggelassen werden können. Zudem ist auch die Klammerlösung nicht in allen Fällen möglich: *Er vertraut den Ärzten und Ärztinnen* → *Ärzt(inn)en. Er kritisiert die Ärzte und Ärztinnen.* → *Er kritisiert die Ärzte(innen)/Ärzt(innen).*
Das Binnen-I ▸ Nicht offiziell, aber durchaus in vielen informellen Texten zu finden, ist das große *I*, das zeigt, wo die weibliche Form begänne: *BürgerInnen.* Dies entspricht nicht den gültigen amtlichen Rechtschreibregeln – so wie jede Großschreibung im Wortinnern –, ist aber eine kreative Lösung, die anzeigt, dass man wie bei Abkürzungen auflösen muss: „Bürger und Bürgerinnen".

golden

Kleinschreibung • Als Adjektiv wird *golden* auch in vielen festen Wendungen kleingeschrieben: *goldene Hochzeit; die goldene Mitte; goldener Mittelweg; goldene Regel; die goldene Krone; goldener Schmuck; goldene Zeiten; der goldene Händedruck* (= „üppige Abfindung für einen ausscheidenden Arbeitnehmer").
Großschreibung • In Eigennamen oder namensähnlichen Bezeichnungen wird *golden* großgeschrieben:
das Goldene Buch (= „Gästebuch einer Stadt"); *die Goldene Bulle* (= „mit Goldsiegel versehene Urkunde"); *die Goldene Horde* (= „Reich der Nachkommen Dschingis Khans"); *das Goldene Horn* (= „Meerbusen in Istanbul"); *das Goldene Kalb; die Goldene Schallplatte* (eine Auszeichnung); *der Goldene Sonntag* (= „der Sonntag vor Weihnachten, Sonntag nach Pfingsten"); *die Goldene Stadt* (= „Prag"); *das Goldene Vlies* (= „das goldene Fell eines Widders in der Mythologie"); *die Goldenen Zwanzigerjahre; die Goldenen Zwanziger.*
Groß- oder Kleinschreibung • In bestimmten fachsprachlich gebrauchten Verbindungen kann *golden* groß- oder kleingeschrieben werden:
der Goldene/goldene Schnitt (= „Teilung einer Strecke in zwei Abschnitte, sodass sich der größere Abschnitt zur ganzen Strecke so verhält wie der kleine zum größeren Abschnitt"); *das Goldene/goldene Zeitalter* (= „das sagenhafte erste paradiesische Zeitalter der Menschheitsgeschichte").

Grabmal

Grabmäler / Grabmale • Für das Substantiv *Grabmal* sind die beiden Pluralformen *Grabmäler* und *Grabmale* möglich.
Im allgemeinen Sprachgebrauch überwiegt die Form *Grabmäler: Die Stadt wendet große Mittel auf, um die barocken Grabmäler* (seltener: *Grabmale) zu erhalten.*
Grabmal des Unbekannten Soldaten • Das Adjektiv in dieser mehrteiligen namenähnlichen Verbindung schreibt man groß: *Grabmal des Unbekannten Soldaten.*

Grad

Bei Temperaturangaben im Plural steht auch das Prädikat im Plural: *Es herrschen heute im ganzen Land 25 Grad im Schatten.*

Graf

dem Graf / Grafen • Da das Substantiv *Graf* zur schwachen Deklination gehört, lauten die Endungen außer im Nominativ immer *-en: des Grafen – dem Grafen – den Grafen – die Grafen.* In der gesprochenen Sprache wird diese Endung im Dativ oft unterlassen. Im Schriftlichen gilt dies jedoch als umgangssprachlich: *Das Geschenk wurde dem Grafen* (nicht: *dem Graf) überreicht.*
Anrede • Bei der Nennung des vollen Namens wird *Graf* ohne Komma hinter den Vornamen gesetzt: *Josef Graf von Montgelas; Gertrude Gräfin von Schaumburg.*
In der Anrede wird der Grafentitel dem Namen vorangestellt, die Anrede *Herr* wird dabei oft weggelassen: *Sehr geehrter (Herr) Graf (von) Zahl; Sehr geehrte (Frau) Gräfin (von) Zitzewitz.*

Graffiti / Graffito

Das aus dem Italienischen stammende Wort *Graffiti* ist bereits die Pluralform. Das Anfügen eines Plural-s ist zwar weit verbreitet, aber nicht korrekt: *Zahlreiche Graffiti* (nicht: *Graffitis*) *„verzierten" die Wände.*
Die Singularform ist vor allem in der Kunstgeschichte oder Archäologie üblich, sie lautet: *das* (auch: *der*) *Graffito.*

Grafik / Graphik

Da der fremdsprachige Wortbestandteil *graph* auch mit *f* geschrieben werden kann, ist sowohl die Schreibung *Graphik* als auch die Schreibung *Grafik* korrekt: Bei *Grafik* empfiehlt sich die Schreibung mit *f.* Beobachtungen zum Schreibgebrauch zeigen, dass in der Allgemeinsprache in den letzten Jahren ein deutlicher Anstieg der ans Deutsche angepassten Schreibung zu verzeichnen ist: *Diese App enthält fantastische Grafiken.*

gram

Aus dem Substantiv *Gram* wird in Verbindung mit *sein, bleiben, werden* ein Adjektiv, man schreibt es klein: *Sei mir nicht länger gram! Noch nach Jahren war er seiner Frau gram.*

Gramm

100 Gramm Zucker ist / sind • Die Maßbezeichnung *Gramm* bleibt immer ungebeugt, auch wenn sie im Plural steht. Dies führt zu Unsicherheiten darüber, wie das Prädikat zu beugen ist, wenn das Gemessene selbst im Singular steht. Tatsächlich sind in diesem Fall Singular und Plural korrekt: *Hundert Gramm Zucker sind/ist schon zu viel.*
Ein Gramm Kristalle ging / gingen • Steht die Maßbezeichnung *Gramm* im Singular, das Gemessene dagegen im Plural, steht das Prädikat in der Regel im Singular: *Ein Gramm Diamantkristalle ging verloren.* Daneben kommt auch der Plural vor: *Ein Gramm Diamantkristalle gingen verloren.*

grammatikalisch / grammatisch

Beide Wörter sind gleichbedeutend. In der Fachsprache wird nur *grammatisch* verwendet.

Graphik

→ *Grafik*

grau

Kleinschreibung • Als Adjektiv wird *grau* auch in vielen festen Wendungen kleingeschrieben: *der graue Alltag; graue Zellen; graue Haare; graue Schläfen; grauer Star* (Augenkrankheit); *alles grau in grau sehen; der graue Markt* (= „halblegaler Markt"); *sie ist eine graue Maus* (= „unscheinbare Person").
Großschreibung • Als Bestandteil von Namen oder bei Substantivierung schreibt man *grau* groß: *die Grauen Panther* (= „Seniorenschutzbund"); *die Grauen Schwestern* (= „Angehörige einer katholischen Kongregation"); *in Grau; ein Rock in blassem Grau; die Farbe Grau.*
Groß- oder Kleinschreibung • In bestimmten Fügungen kann klein- oder großgeschrieben werden: *die graue/Graue Eminenz* (= „einflussreiche Person, die im Verborgenen wirkt").
Getrennt- und Zusammenschreibung • Drückt *grau* das Ergebnis einer Handlung oder eines Vorgangs aus, kann man in Verbindung mit einem Verb getrennt oder zusammenschreiben: *die Haare grau färben/graufärben.*
Verbindungen mit einem adjektivisch gebrauchten Partizip kann man ebenfalls getrennt oder zusammenschreiben: *ein grau gestreiftes/graugestreiftes Hemd; grau meliertes/graumeliertes Haar.*

Gräuel oder Greuel

Da sich ein Bezug zu *Grauen* herleiten lässt, schreibt man nach neuer Rechtschreibung nur noch *Gräuel*. Die Form *Greuel* gilt nicht mehr als korrekt.

grauen – mich / mir graut

→ *grausen*

Grauen erregend / grauenerregend

Die Partizipverbindung kann getrennt oder zusammengeschrieben werden, wenn sie selbst nicht näher bestimmt wird: *ein Grauen erregender/grauenerregender Vorfall. Das Ganze war Grauen erregend/grauenerregend.*
Ist nur der erste Teil erweitert, schreibt man getrennt: *großes Grauen erregend.* Ist die gesamte Verbindung erweitert, ist nur die Zusammenschreibung korrekt: *sehr grauenerregend; äußerst grauenerregend.*

grausen – mich / mir graust

Wie das Verb *grauen* wird auch *grausen* ohne Subjekt verwendet. Es kann mit dem Akkusativ oder dem Dativ stehen: *Ihn/Ihm graust vor der Prüfung. Mich/Mir graust vor dem Meeting.*

Nicht ohne: Die *Groß- und Kleinschreibung*

Eines der Gebiete der deutschen Rechtschreibung, das oft Fragen aufwirft! Und auch eines, das wir fast exklusiv haben, denn in den meisten Sprachen gibt es die Großschreibung außer am Satzanfang und bei Eigennamen nicht. Aber da das Deutsche auch nach der Rechtschreibreform die Großschreibung der Substantive vorsieht, sollte man sich mit den Regeln vertraut machen – ein durchaus nicht hoffnungsloses Unterfangen, denn die Regeln sind klarer zu fassen als etwa im Bereich der Getrennt- und Zusammenschreibung.

Grundsätze der Großschreibung

Es gelten folgende Grundregeln:
Satzanfang ▸ Das erste Wort eines Satzes wird großgeschrieben: ***Der** Apfel fällt nicht weit vom Stamm.* Das gilt auch für das erste Wort einer Überschrift oder eines Titels: *Büchners „**Der** hessische Landbote“, **Verbotene** Liebe.*

Substantive ▸ Die größte Gruppe der großzuschreibenden Wörter bilden die Substantive: *der **Streit**, eine **Freude**.* Auch Wörter, die wie ein Substantiv gebraucht werden (**Substantivierungen**) werden großgeschrieben: *das **Fußballspielen**, viel **Buntes**, ohne **Wenn** und **Aber**.*
Eigennamen ▸ Diese werden grundsätzlich großgeschrieben. Allerdings bereiten einige mit Eigennamen verwandten Fügungen manchmal Schwierigkeiten.
Wörter aller anderen Wortarten werden im Normalfall kleingeschrieben: Verben, Partizipien, Adjektive, Adverbien, Artikel, Pronomen (Fürwörter), Präpositionen (Verhältniswörter), Konjunktionen (Bindewörter) und Zahlwörter.

Großschreibung	Kleinschreibung
Satzanfang: ***E**s war einmal…*	Adjektive: ***k**leine Kinder, **l**autes Rufen*
Eigennamen: ***J**ulia, **M**ünchen, **S**tiller Ozean*	Verben: ***h**ören, zu **l**esen*
Substantive: *der **A**bend, der **M**ontag*	Adverbien: ***a**bends, **m**ontags, **h**eute*
Substantivierungen: *die **G**rößte, der **D**ritte*	Pronomen: ***s**ie kommt, **m**ein Rad, **s**ich*
Substantivierte Verben: *am **A**rbeiten sein*	Superlativ: *sie kann es am **b**esten*
Zahlwörter ab einer Million: *eine **M**illion, drei **M**illiarden*	Zahlwörter bis 999 999: ***z**wei Flaschen, **h**undert Leute*
Ableitungen von Eigennamen auf *-er*: ***S**chweizer Käse, **B**erliner Kulturszene*	Ableitungen von Eigennamen auf *-(i)sch*: ***h**olländischer Käse, **w**estfälischer Schinken*

Substantivierungen

Wörter aller möglichen Wortarten können zu Substantiven werden, und dann muss man sie auch großschreiben. Häufig erkennt man den Gebrauch als Substantiv leicht: Im Idealfall geht ein Artikel voraus (auch in Zusammenziehungen eines Artikels mit einer Präposition wie *im = in dem, zum = zu dem* etc.), oder es steht ein Pronomen, Adjektiv oder Zahlwort davor (etwa: *alles, etwas, genug, viel, wenig*).

- **substantiviertes Adjektiv:** *die drei **Neuen***
- **substantiviertes Verb:** *regelmäßiges **Turnen***
- **substantiviertes Partizip Perfekt:** *der erste **Abgeordnete***
- **substantiviertes Partizip Präsens:** *Das ist mal etwas **Lohnendes.***
- **substantiviertes Zahlwort:** *Sie hat die Prüfung mit einer **Eins** bestanden.*
- **substantivierte Konjunktion:** *das ewige **Aber***
- **substantivierte Präposition:** *das **Für** und **Wider***
- **substantiviertes Pronomen:** *Es ist eine **Sie,** kein **Er.***
- **substantivierte Interjektion:** *mit großem **Ach** und **Weh***

Auch **Paarformeln zur Bezeichnung von Personen** werden großgeschrieben: *Jung und Alt, Arm und Reich, Groß und Klein.*

Infinitiv: Substantiviert oder nicht?

Bei manchen einfachen Infinitiven ist nicht zu entscheiden, ob sie verbal oder substantivisch gebraucht sind. Man kann sie deshalb sowohl groß- als auch kleinschreiben:

- *Lea lernt **schwimmen**.*
  *= Lea lernt es, zu **schwimmen**.*
- *Lea lernt **Schwimmen**.*
  *= Lea lernt **das Schwimmen**.*
- *Nicht immer ist **weglaufen** klüger als **standhalten**.*
  *= Nicht immer ist **wegzulaufen** klüger als **standzuhalten**.*
- *Nicht immer ist **Weglaufen** klüger als **Standhalten**.*
  *= Nicht immer ist **das Weglaufen** klüger als **das Standhalten**.*

Vorsicht: Scheinsubstantivierungen

In einigen Fällen weisen Adjektive, Partizipien oder Pronomen scheinbar Merkmale der Substantivierung auf. Bei näherem Hinsehen entpuppen sie sich aber als nicht substantiviert. Man spricht deshalb von „Scheinsubstantivierung". Man schreibt diese Wörter klein. Erkennen kann man sie daran, dass sie sich auf ein vorher bzw. später genanntes Substantiv beziehen:

- *Die dicken Stoffe sind schwieriger zu bügeln als die **dünnen** (Stoffe).*
- *Ihr neues Auto war deutlich besser als ihr **altes** (Auto).*
- *Das **gestreifte** gefällt mir besser als das karierte Hemd.*
- *Sie war nicht nur die schönste, sondern auch die klügste aller Prinzessinen.*

Auch die höchsten Steigerungsformen von Adjektiven sind keine Substantivierungen! Sie haben zwar ein *am* vor sich, aber das ist nicht die Zusammenziehung von *an + dem*, also kein Artikel:

- *Es ist am **besten**, wenn du kommst.*
- *Sie ist am **schnellsten** von allen gelaufen.*

> **i Kleinschreibung bestimmter Pronomen**
>
> Es gibt ein paar wenige Pronomen, die auch dann **kleingeschrieben** werden, wenn sie wie ein Substantiv auftreten. Dazu gehören:
>
> - *Wir sprachen über **dieses** und **jenes.***
> - *Das haben wir **alles** schon einmal erlebt.*
> - *Das waren die **beiden.***
> - *Das kann **jeder** gewesen sein.*
> - *Das hat sich schon **mancher** gedacht.*

Eigennamen und feste Begriffe

Viele Fügungen bestehen aus einer Verbindung von Adjektiv und Substantiv.

Eigennamen ▸ Diese werden prinzipiell großgeschrieben. Auch das Adjektiv in mehrteiligen Eigennamen wird großgeschrieben (*die Vereinten Nationen*). Diese klare Regel bereitet nur dann

Probleme, wenn man abgrenzen muss, was als Eigenname oder Ähnliches zählt. In diese Reihe gehören:

- **Titel-, Ehren- und Amtsbezeichnungen:** *der Heilige Vater, der Regierende Bürgermeister*
- **geografische Namen:** *das Tote Meer, der Schiefe Turm von Pisa, die Schwäbische Alb, die Kanarischen Inseln*
- **historische Ereignissen oder Epochen:** *der Zweite Weltkrieg, der Westfälische Frieden, die Goldenen Zwanziger*
- **besondere Kalendertage:** *der Weiße Sonntag, der Heilige Abend*
  ACHTUNG: Aber nur *„ein gutes neues Jahr"*
- **Klassifizierungen in Botanik und Zoologie:** *die **Schwarze Witwe*** (Bild rechts)
- **Sterne und Sternbilder:** *Großer Wagen, Kleiner Bär*

Feste Begriffe ▸ Diese bestehen ebenfalls meist aus Adjektiv und Substantiv – sie bilden eine feste begriffliche Einheit, sind aber keine Eigennamen. In der Regel haben sie eine neue oder eingeschränkte Bedeutung bekommen. In solchen Fällen kann man das Adjektiv der Einheit sowohl groß- als auch kleinschreiben – vor allem fachsprachliche Begriffe schreibt man gewöhnlich groß:

- *der Blaue* oder *blaue Brief*
- *das Schwarze* oder *schwarze Brett*
- *die Erste* oder *erste Hilfe*
- ***die Rote*** oder ***rote Karte*** (im Fußball)
- *die Kleine* oder *kleine Anfrage* (im Bundestag)

Die Anredepronomen

Höfliche Anrede ▸ Die Anredepronomen für Menschen, die man siezt, werden großgeschrieben: *Sie, Ihnen, Ihr* usw.: *Wir werden **Sie** und **Ihren** Mann im Hotel abholen.*

Vertrauliche Anrede ▸ Alle **anderen Anredepronomen** werden kleingeschrieben: *Wir werden **euch** im Hotel abholen. Kannst **du dich** bitte heute Abend melden?*

Nur **in Briefen** kann man auch die vertrauliche Anrede großschreiben: *Ich grüße Dich/dich ganz herzlich und wünsche Euch/euch ein schönes Wochenende.*

Sprachbezeichnungen

Bezeichnungen von Sprachen können sowohl Adjektive als auch Substantive sein. Als Adjektive kann man sie meist mit „Wie?" erfragen, als Substantive mit „was?". Wenn sie als Substantive stehen, haben sie häufig auch eine Präposition bei sich *(auf, in)*.

- *Für diesen Job braucht man **Englisch.*** („Was?")
- *Auch **Deutsch** ist eine Voraussetzung.* („Was?")
- *Dieses Buch ist in **Russisch** geschrieben.*
- *Der Beitrag erscheint auf **Französisch.***

Manchmal ist nicht klar zu entscheiden, ob es sich um ein Adjektiv oder ein Substantiv handelt, dann sind beide Schreibungen korrekt: *Im Unterricht ist englisch* („Wie?")*/Englisch* („Was?") *zu sprechen.*

Kleinschreibung ehemaliger Substantive

Manchmal werden Substantive wie Adjektive gebraucht, dann schreibt man sie klein (das nennt man Desubstantivierung).
So gilt für die Wörter ***angst (und bange), gram, leid, pleite, schuld*** in Verbindung mit den Verben *sein, bleiben* oder *werden* die Kleinschreibung:
Mit wird angst und bange. Sie ist mir gram. Ich bin es leid. Er ist pleite. Das ist (nicht) recht. Wer ist schuld daran?
In Verbindung mit anderen Verben, schreibt man sie meist groß: *Ich habe Angst. Wer trägt die Schuld?* (Zu *recht/Recht* vgl. Tabelle unten.)
Verblasste Substantive, die mit Verben zusammengeschrieben werden, schreibt man in getrennter Stellung ebenfalls klein: *Die Menge stand kopf* (zu: *kopfstehen*). *Ich nehme teil* (zu: *teilnehmen*). *Das tut mir leid* (zu: *leidtun*).
Kleingeschrieben werden auch Substantive, die als Präpositionen gebraucht werden: *dank (dank seiner großen Hilfe); kraft (kraft meines Amtes); laut (laut ihren Ausführungen); zeit (zeit seines Lebens).*

Schreibung nach dem Doppelpunkt

- Nach einem Doppelpunkt schreibt man **groß** weiter, wenn ein **vollständiger Satz** folgt:
*Der Grundsatz lautet: **Wenn** Sie vor einem größeren Publikum stehen, …*
- Wenn nach dem Doppelpunkt **kein eigenständiger Satz** folgt, schreibt man **klein** weiter:
*Er hatte alles verloren: **seine** Frau, seine Kinder und sein ganzes Vermögen.*
- Man kann aber **auch klein weiterschreiben**, wenn man das Folgende als Bestandteil des Ganzsatzes betrachtet, also als eine zum Satz gehörende Folge, Zusammenfassung o. Ä.:
*Der Inhaber schaute zufrieden: **der** Restposten war verkauft.*
Das gilt auch, wenn die Aufzählung vor dem Doppelpunkt steht:
*Eine alte Schreibmaschine, ein zerbrochener Stuhl, ein Bettgestell, zwei kaputte Regenschirme: **all** das landete auf dem Sperrmüll.*
In diesen Fällen könnte man zum Beispiel probeweise den Doppelpunkt durch einen Gedankenstrich ersetzen.

Wahlfreiheit: In einer Reihe von Fällen ist die Groß- und Kleinschreibung freigestellt	
auf das herzlichste grüßen	*auf das Herzlichste grüßen*
auf das schlimmste zugerichtet	*auf das Schlimmste zugerichtet*
hallo sagen	*Hallo sagen*
hurra schreien	*Hurra schreien*
recht behalten/bekommen/geben/haben/tun	*Recht behalten/bekommen/geben/haben/tun*
unrecht behalten/bekommen/geben/haben/tun	*Unrecht behalten/bekommen/geben/haben/tun*
ja sagen	*Ja sagen*
nein sagen	*Nein sagen*
die deinen/meinen	*die Deinen/Meinen*
viele hunderte	*viele Hunderte*
ein paar tausend	*ein paar Tausend*
Sie lernt schwimmen.	*Sie lernt Schwimmen.*
das ohmsche Gesetz	*das Ohm'sche Gesetz*

Greis

Das Substantiv wird heute nur noch stark gebeugt: *Der Greis – des Greises* (nicht: *des Greisen*) – *dem Greis(e)* (nicht: *dem Greisen*) – *den Greis* (nicht: *den Greisen*).

Greuel oder Gräuel?

→ *Gräuel*

groß

Kleinschreibung • Als Adjektiv wird *groß* auch in vielen festen Fügungen kleingeschrieben: *das große Einmaleins; die großen Ferien; auf großem Fuße leben; etwas an die große Glocke hängen; das große Latinum; das große Los ziehen; die große Pause; große Worte.*

Großschreibung • Als Bestandteil von Namen oder namensähnlichen Fügungen schreibt man groß: *Friedrich der Große; der Große Bär, Wagen; die Große Mauer* (in China); *der Große Ozean* (= „der Pazifik"); *die Große Strafkammer; der Große Teich* (scherzhaft: „der Atlantik"); *der Große Rat* (= „Kantonsparlament").

Auch bei Substantivierung schreibt man das Adjektiv groß: *im Großen; im Großen und Ganzen; die Großen und die Kleinen; Groß und Klein; Große und Kleine. Dein Großer* (= „dein ältester Sohn") *hat heute Geburtstag.*

Getrennt- und Zusammenschreibung • In konkreter Bedeutung schreibt man vom Verb getrennt: *jemanden groß herausbringen; groß schreiben* (= „mit sehr großen Buchstaben schreiben"). Auch in Verbindung mit *sein* und *werden* gilt die Getrenntschreibung: *groß sein; groß werden.*

Liegt dagegen ein übertragener Gebrauch vor, schreibt man zusammen: *Leute, die sich großtun* (= „mit etwas prahlen"); *ein Substantiv großschreiben* (= „mit großem Anfangsbuchstaben schreiben"); *ein Kind großziehen* (= „bis zur Selbstständigkeit erziehen").

Verbindungen mit Partizipien • Ob in Verbindung mit Partizipien getrennt oder zusammengeschrieben wird, richtet sich nach der zugrunde liegenden Verbverbindung. Wird diese zusammengeschrieben, gilt dies auch für das Partizip: *Substantive großschreiben – großgeschriebene Substantive.*

In allen anderen Fällen kann bei adjektivisch gebrauchten Partizipien getrennt oder zusammengeschrieben werden: *eine groß angelegte/großangelegte Razzia* (aber nur: *die Polizei hat die Razzia groß angelegt*); *ein groß gewachsener/großgewachsener Baum.*

Groß- und Kleinschreibung

→ *Sonderseiten „Groß- und Kleinschreibung", S. 208–211*

großschreiben / groß schreiben

Je nach Bedeutung wird entweder getrennt oder zusammengeschrieben: *groß schreiben* (= „etwas in sehr großer Schrift schreiben); aber: *großschreiben* (= „mit großem Anfangsbuchstaben schreiben").

ACHTUNG: In der übertragenen Bedeutung „besondere Aufmerksamkeit, Wichtigkeit" wird *großschreiben* ebenfalls zusammengeschrieben: *Hier wird Sauberkeit großgeschrieben.*

grün

Kleinschreibung • Als Adjektiv schreibt man *grün* auch in vielen festen Wendungen klein: *jemandem nicht grün sein* (= „nicht leiden können"); *grüne Hochzeit* (= „Tag der Hochzeit"); *die grüne Hölle* (= „Dschungel"); *ein grüner Junge* (= „unerfahrener Junge"); *grüne Klöße* (= „Klöße aus rohen Kartoffeln"); *ach du grüne Neune!; grüner Salat* (= „Kopfsalat"); *grüner Star* (= „eine Augenkrankheit"); *grüne Versicherungskarte* (= „internationale Versicherungskarte") *grüne Welle; auf keinen grünen Zweig kommen* (= „keinen Erfolg haben").

Großschreibung • Als Bestandteil von Namen oder namensähnlichen Fügungen schreibt man grün groß: *Bündnis 90/Die Grünen* (Partei); *der Grüne Donnerstag* (= „Gründonnerstag"); *das Grüne Gewölbe* (= „Kunstsammlung in Dres-

den“); *die Grüne Insel* (= „Irland“); *Grüner Veltliner; die Grüne Woche* (= „Landwirtschaftsausstellung in Berlin“).
Wird *grün* als Substantiv verwendet, schreibt man ebenfalls groß: *Wiesen in (saftigem) Grün, das ist dasselbe in Grün, ein Häuschen im Grünen, bei Grün fahren.*
Groß- oder Kleinschreibung • Bei bestimmten (fachsprachlich) gebrauchten Fügungen ist Groß- oder Kleinschreibung möglich:
grüne/Grüne Grenze (= „wegeloser Grenzstreifen außerhalb der bewachten Grenzwege“); *die grüne/Grüne Lunge* (= „Grünflächen einer Großstadt“); *der grüne/Grüne Punkt; etwas am grünen/Grünen Tisch entscheiden* (= „nur von der Theorie her“); *das Grüne/grüne Trikot* (= „das Trikot des besten Sprinters bei der Tour de France“).
Getrennt- und Zusammenschreibung • Bezeichnet *grün* das Ergebnis des Vorgangs oder der Handlung, kann man in Verbindung mit Verben getrennt oder zusammenschreiben: *einen Zaun grün streichen/grünstreichen; ein Tuch grün färben/grünfärben.*
Auch in Verbindung mit einem adjektivisch gebrauchten Partizip kann getrennt oder zusammengeschrieben werden: *ein grün gestreiftes/grüngestreiftes Hemd.*
Bindestrich oder Zusammenschreibung • Wird *grün* zusammen mit einem weiteren Farbadjektiv gebraucht, gibt man mit einem Bindestrich zu verstehen, dass es sich um verschiedene Farben handelt:
ein grün-gelber Pullover; ein grün-weiß gestreiftes Hemd.
Will man dagegen ausdrücken, dass es sich um eine Farbmischung handelt, schreibt man zusammen: *ein grüngelber Farbton.*

gründen

In Verbindung mit dem Präposition *auf* steht *gründen* mit dem Akkusativ: *Sie gründete ihre Hoffnungen auf sein Versprechen.*
Im Zustandspassiv steht *gründen auf* auch mit dem Dativ: *Ihre Hoffnungen waren auf sein/seinem Versprechen gegründet.*

Er grünt so grün: der *Grünspan*
Die Farbe *Grün* war im Mittelalter vor allem für die wunderbaren Miniaturen der Buchhandschriften begehrt. Man konnte es aus dem teuren Malachit gewinnen. Doch es gab auch noch einen anderen, etwas preisgünstigeren Weg, nämlich die Herstellung von Kupfersalz. Es entsteht, wenn Essigsäuredämpfe in Gegenwart von Luft auf Kupfer oder Messing einwirken. Die mäßig giftige Verbindung eignete sich gut als Pigment zur Farbherstellung. Zu Anfang wurde das Kupfersalz offenbar aus Spanien eingeführt, denn der Fachausdruck lautete im mittellateinischen *viride hispanicum* („spanisches Grün“). In einer Lehnübersetzung wurde es zu *Span(isch)grün* und *Grünspan* verkürzt. Heute bezeichnen wir meist nur noch die *grünliche* Patina auf Kupferdächern oder Skulpturen als *Grünspan*. Dabei handelt es sich strenggenommen um einen anderen Stoff, nämlich um Kupfercarbonat.

gruseln – mich/mir gruselt

Das Verb *gruseln* kann mit Akkusativ oder Dativ stehen: *Mich/Mir gruselt in der Dunkelheit.*

Guerilla

Das aus dem Spanischen stammende Wort stellt eigentlich eine Verkleinerungsform zu *guerrea* „Krieg“ dar und bedeutet wörtlich „kleiner Krieg“. Im Deutschen kann *Guerilla* maskulin und feminin gebraucht werden, wobei sich das grammatische Geschlecht nach der Bedeutung

richtet: *die Guerilla* (Plural: *die Guerillas/Guerillen*) steht für „Guerillakrieg".
Dagegen bedeutet *der Guerilla* (Plural: die *Guerillas*) „Guerillakämpfer". Stattdessen kann auch die Form *Guerillero* gewählt werden.

Gulasch

Das aus dem Ungarischen übernommene Fremdwort *Gulasch* kann im Deutschen im Maskulinum oder Neutrum stehen, wobei der Gebrauch regional unterschiedlich ist:
DEUTSCHLAND: *der/das Gulasch*
ÖSTERREICH: *das Gulasch*
SCHWEIZ: *der Gulasch*

Gummi

Ob *Gummi* im Maskulinum oder Neutrum verwendet wird, hängt von der Region ab. Grundsätzlich ist beides zulässig.
Als Material und in der Bedeutung „Gummiband" wird *Gummi* in Süddeutschland, in Österreich und in der Schweiz im Maskulinum gebraucht, in Nord- und Mitteldeutschland im Neutrum.

gut/Gut

gut Freund • In einigen formelhaften Wendungen wird das Adjektiv *gut* vor Substantiven nicht gebeugt: *gut Freund; auf gut Glück; ein gut Teil. Gut Ding will Weile haben.*
Außerhalb solcher festen Wendungen muss das Adjektiv dagegen gebeugt werden.
guten gegen/gut für • Soll die Wirkungsweise von Medikamenten bei Krankheiten beschrieben werden, verwendet man standardsprachlich die Präposition *gegen: Das neu entwickelte Medikament wirkt gut gegen Parasitenbefall.* Umgangssprachlich wird stattdessen oft die Präposition *für* gebraucht: *Der Tee ist gut für Husten.*
Kleinschreibung • Auch in vielen festen Wendungen wird *gut* als Adjektiv kleingeschrieben: *guter Dinge sein; in guten Händen sein; guter Hoffnung sein* (= „schwanger sein"); *guten Mutes sein.*
Großschreibung • Substantivierungen sind beim Adjektiv *gut* besonders häufig zu beobachten, man schreibt groß: *der Gute; du bist ein Guter; meine Gute; jmdm. etwas im Guten sagen; Gutes und Böses; jenseits von Gut und Böse; das hat alles sein Gutes; jmdm. alles Gute wünschen; des Guten zu viel tun; etwas, nichts, viel, wenig Gutes; Gut Holz!* (Keglergruß); *im Guten wie im Bösen.*
Ist *gut* Bestandteil von Namen oder namensähnlichen Fügungen, wird großgeschrieben: *der Gute Hirte* (= „Christus"); *das Kap der Guten Hoffnung.*
Groß- oder Kleinschreibung • Bei dieser alltäglichen Wendung kann groß- oder kleingeschrieben werden: *guten/Guten Abend sagen; guten/Guten Tag sagen.*
Getrennt- und Zusammenschreibung • In konkreter Bedeutung wird getrennt geschrieben: *Ich kann in diesen Schuhen gut stehen. Das Kleid wird ihr gut stehen. Er recherchiert nicht besonders gründlich, aber er kann gut schreiben. Der Hund wird es bei uns gut haben. Man kann es nicht anders sagen, das hat sie gut gemacht.*
In übertragener Bedeutung schreibt man jedoch viele der obigen Verbindungen zusammen: *Ich werde Ihnen den Betrag gutschreiben. Sie hat ihren Fehler wieder gutgemacht. Wir müssen Boden gutmachen. Sie wird bei ihm noch einen Gefallen guthaben. Sie musste für ihre Tochter eine hohe Geldsumme gutsagen* (= „bürgen"). *Er musste mit einem Betrag von über 1000 Euro gutstehen.*
In einigen Fällen lässt es sich nicht eindeutig entscheiden, ob eine übertragene Bedeutung vorliegt. Man kann hier getrennt oder zusammenschreiben: *Lass es dir gut gehen/gutgehen! Das kann nicht gut gehen/gutgehen. Das ist gerade noch gut gegangen/gutgegangen. Die neue Ware wird sicher gut gehen/gutgehen* (= „lässt sich gut verkaufen").
Verbindungen mit Partizipien • In Verbindung mit adjektivisch gebrauchten Partizipien kann in der Regel getrennt oder zusammengeschrieben werden: *gut aussehend/gutaussehend; gut bezahlt/gutbezahlt; gut gehend/gutgehend; gut gekleidet/gutgekleidet; eine gut gelaunte/gutgelaunte Runde; ein gut gemeinter/gutgemeinter Rat; ein gut situierter/gutsituierter Herr; ein gut sitzender/gutsitzender Anzug; gut unterrichtete/gutunterrichtete Kreise; gut verdienende/gutverdienende Mitarbeiter.*

H

haben oder hab?

Auch wenn dies in der gesprochenen Sprache üblich ist: Der Wegfall des *e* in der 1. Person Singular gilt als umgangssprachlich und sollte im Schriftlichen vermieden werden: *Ich habe* (nicht: *ich hab*). Wird das *e* dennoch weggelassen, steht kein Apostroph.

haben oder sein?

Die Frage, ob man das Perfekt mit *haben* oder *sein* bildet, bereitet vor allem Deutschlernenden, in manchen Fällen aber auch Muttersprachlern, Probleme. Es gelten folgende Grundregeln:
Perfekt mit haben • Die folgenden Verben bilden das Perfekt mit *haben:*
alle transitiven Verben, also solche, die mit einem Akkusativobjekt (Frage: „Wen?") stehen: *Albrecht hat den Wagen gewaschen. Die junge Frau hat einen Kuchen gebacken.*
alle reflexiven Verben: *Ich habe mich im Spiegel gesehen. Die Lehrerin hat sich über unseren Sohn beschwert. Das hast du dir so gedacht.*
alle intransitiven Verben (Verben ohne Akkusativobjekt), die keine Zustandsveränderung zum Ausdruck bringen: *Heute hat es den ganzen Tag geregnet. Die Blumen haben lange geblüht. Dann hat Peter gegrinst.*
alle Modalverben *(können, dürfen, sollen, müssen): Wir haben das nicht gewollt. Sie haben nicht gekonnt. Er hat nicht gedurft.*
Perfekt mit sein • Verben ohne Akkusativobjekt, die eine Zustandsveränderung zum Ausdruck bringen (z. B. *verblühen*), und Verben der Bewegung, wenn sie eine zielgerichtete Ortsveränderung bezeichnen (z. B. *gehen*), bilden das Perfekt mit *sein: Die Rosen sind verblüht. Unser Gast ist heute Morgen abgereist. Das Glas ist zersprungen. Wir sind nach Italien gereist.*
Unklare Fälle • Bei fehlender Zielgerichtetheit kann von den meisten Verben der Ortsveränderung das Perfekt gleichermaßen mit *haben* oder *sein* gebildet werden: *Marcel hat/ist den ganzen Tag geklettert. Nils hat/ist im Unterricht sehr schön geschwommen.*
Allerdings setzt sich auch in diesen Fällen das Perfekt mit *sein* mehr und mehr durch. Lediglich das Verb *tanzen* kann bei fehlender Zielgerichtetheit nur das Perfekt mit *haben* bilden: *Carola hat* (falsch: *ist*) *heute Nachmittag mit Heinz getanzt.*
Bei einigen Verben der Ortsveränderung kann das Perfekt nur mit *sein* gebildet werden (unabhängig von einer Zielgerichtetheit). Zu diesen Verben gehören: *gehen, kommen, reisen.*

habilitieren, promovieren

Die Verben *habilitieren* und *promovieren* können (entgegen einer verbreiteten Ansicht) sowohl mit Akkusativobjekt (transitiv) als auch ohne Akkusativobjekt (intransitiv) verwendet werden. Bei transitiver Verwendung stehen die Verben meist im Passiv: *Die Universität Heidelberg hat ihn im Jahre 2007 habilitiert. Er wurde 2007 habilitiert. Er wurde in Berlin promoviert. Er wurde von der Universität München habilitiert.*
Die intransitive Verwendung kann wie folgt aussehen: *Er hat 2001 in Bonn habilitiert. Sie hat bei Herrn Professor Ehlenbracht in Berlin promoviert.*
Habilitieren kann anstelle der intransitiven Verwendung auch reflexiv verwendet werden *(sich habilitieren): Ich habe mich bei Herrn Professor König in Bonn habilitiert.*

Haff – die Haffs/Haffe

Der Ausdruck *Haff* bildet nach niederdeutschem Muster den Plural mit *s: Haffs.*
Daneben kommt seltener auch die Pluralform *Haffe* vor.

haften bleiben / haftenbleiben

In übertragener Bedeutung (= „im Gedächtnis eingeprägt bleiben") kann man die Verbindung getrennt oder zusammenschreiben: *Ich hoffe, das ist jetzt bei dir haften geblieben / haftengeblieben.*

haha!

→ *Interjektion*

Hahn – die Hähne / Hahnen

Allgemein lautet der Plural von *Hahn:* die *Hähne.* Daneben ist aber fachsprachlich für den *Wasserhahn* und regional für den Vogel auch die Pluralform *Hahnen* in Gebrauch. In der Schweiz lautet der Ausdruck für Wasserhahn auch: der *Hahnen.*

halb

Beugung von halb • Grundsätzlich wird *halb* wie ein Adjektiv gebeugt: *eine halbe Pizza; ein halbes Stück Torte.* Nach *alle* wird *halb* im Plural eher schwach gebeugt: *alle halben Stunden; alle halben Jahre; alle halben Meter.* Im Singular heißt es: *alle halbe Stunde.*
Steht *halb* in Zahlwörtern nach *ein*, wird *halb* bei Getrenntschreibung gebeugt, bei Zusammenschreibung nicht: *ein und eine halbe Stunde; drei und ein halber Tag; eineinhalb Stunden; dreieinhalb Tage.*
Groß- und Kleinschreibung • Vor Zahlwörtern Adjektiven und Substantiven wird *halb* kleingeschrieben: *halb eins; die Uhr zeigt, schlägt halb; der Zeiger steht auf halb; die Uhr schlägt um voll und halb; 5 Minuten nach halb vier; halb und halb; halb krank vor Sorge sein; jede halbe Stunde; auf halber Höhe; mit halber Kraft; zum halben Preis.*
In der substantivierten Form schreibt man nur in wenigen Fällen groß: *eine Halbe trinken. Das ist nichts Halbes und nichts Ganzes.*
Getrennt- und Zusammenschreibung • Zusammensetzungen des Adverbs *halb* mit einem Adjektiv schreibt man zusammen, wenn *halb* als bedeutungsabschwächend verstanden wird: *halbleinen, halbamtlich, halbgebildet, halblang, halbseiden, halbtrocken, halbwild, halbgebildet.*
In den anderen Fällen kann man in der Regel getrennt oder zusammenschreiben: *halb automatische / halbautomatische Waffen; ein halb blinder / halbblinder Mann; eine halb erfrorene / halberfrorene Frau; ein halb fertiges / halbfertiges Bild; halb gares / halbgares Fleisch; ein halb leeres / halbleeres Haus. Er spielt halb links / halblinks. Du musst halb links / halblinks abbiegen. Das Kind ist halb nackt / halbnackt. Das Hemd ist halb offen / halboffen. Sie spielt halb rechts / halbrechts. Das halb reife / halbreife Obst war ungenießbar. Ein halb toter / halbtoter Vogel lag auf der Straße. Halb verhungerte / halbverhungerte Tiere liefen in die Stadt. Eine halb volle / halbvolle Tasse stand auf dem Tisch. Das Glas ist halb voll / halbvoll. Sie war noch in halb wachem / halbwachem Zustand.*

halber

Die Präposition *halber* wird dem Substantiv nachgestellt und steht mit dem Genitiv: *Ich muss dringender Geschäfte halber verreisen. Der guten Ordnung halber möchte ich festhalten, dass …*
Wenn *halber* zusammen mit einem Substantiv ein Adverb bildet, schreibt man zusammen: *vorsichtshalber, sicherheitshalber, spaßeshalber, probehalber, umständehalber, ehrenhalber.*

halbjährig / halbjährlich

Die beiden Adjektive dürfen nicht verwechselt werden. Die Zeitangabe *halbjährig* gibt die Dauer eines halben Jahres an: *eine halbjährige Probephase; halbjährige Ausbildung.*
Zeitangaben mit *halbjährlich* drücken die Wiederholung eines Vorgangs nach einem halben Jahr aus: *halbjährlich stattfindende Konferenzen; halbjährliche Kontrollen; halbjährliche Berichte; halbjährliche Treffen.*

Hallenser / Haller

Die Einwohner von *Halle* in Sachsen-Anhalt heißen *Hallenser*, die Einwohner von *Halle* in Westfalen dagegen *Haller.*

Vom *Hahn* zum *Wasserhahn*
Fast sollte man meinen, dass sich die Gemeinschaft der Deutschsprechenden in diesem Fall ausnahmsweise einig wäre: Im gesamten Sprachraum nennt man das Absperrventil allgemein *Wasserhahn* oder verkürzt *Hahn*.
Dennoch: Auch in diesem Fall gibt es regionale Varianten, die sich infolge von Kontakten mit anderen Sprachgemeinschaften eingebürgert haben. So spricht man in Westdeutschland, besonders im Ruhrgebiet, vom *Wasserkran* oder kurz *Kran*. Dies passiert offenbar in Anlehnung an das niederländische *waterkraan*. Der Ausdruck gibt auch einen deutlichen Hinweis, wie es zur Bezeichnung *Wasserhahn* gekommen sein dürfte. Denn das Substantiv *Kran* ist nicht vom Hebewerkzeug für Lasten abgeleitet, sondern eine Kurzform von *Kranich*.
Tatsächlich gehen Sprachhistoriker davon aus, dass in beiden Fällen die Ähnlichkeit der technischen Vorrichtung mit den Vögeln *Hahn* und *Kranich* zur Benennung geführt hat. Dass es auch anders geht, lässt sich in Österreich und Teilen Südtirols beobachten. Hier wird anstelle von *Wasserhahn* das eigentümlich norddeutsch klingende *Pipe* oder *Pipen* verwendet. Abgeleitet ist es aber vom italienischen *pipa* („Pfeife, Röhre“).

Halleyscher / Halley’scher Komet

Zur Hervorhebung des Eigennamens kann die adjektivische Endung *-sch* mit einem Apostroph abgetrennt werden. Da es sich bei der Verbindung um einen Eigennamen handelt, wird immer großgeschrieben: *Halleyscher / Halley’scher Komet*.

hallo / Hallo

Groß- und Kleinschreibung • Das Ausrufewort (Interjektion) *hallo* schreibt man klein: *Ja, hallo, hier spricht Michael.* Wird *hallo* mit einem vorangehenden Artikel, Pronomen oder Adjektiv verwendet, liegt eine Substantivierung vor, die eine Großschreibung zur Folge hat: *ein großes Hallo. Er wurde mit einem lauten Hallo begrüßt.* In Wendungen wie der folgenden kann man groß- oder kleinschreiben: *hallo / Hallo rufen.*
Kommasetzung • Üblicherweise trennt man die Interjektion *hallo* durch Komma vom übrigen Satz ab: *Hallo, ist jemand zu Hause? Ach, hallo, ich habe dich gar nicht bemerkt.* In der vertraulichen Anrede in Briefen hat sich die Kommasetzung erst nach dem Namen durchgesetzt:
Hallo Herr Müller,
Hallo Petra,

halt!

Als Ausrufewort (Interjektion) schreibt man *halt* klein: *Doch, halt!, erst einmal müssten Sie die Folie entfernen.* Steht *halt* in Verbindung mit Artikeln, Pronomen oder Adjektiven, schreibt man groß, da eine Substantivierung vorliegt: *Es folgte ein donnerndes Halt!*

halten – du hältst

Das starke Verb *halten* bildet die 2. und 3. Person Singular Präsens mit Umlaut. Auch in der 2. Person behält das Verb das *t* im Wortstamm: *halten – du hältst* (nicht: *hälst*) *– er hält.*

Halt machen / haltmachen

In Verbindung mit dem Verb *machen* kann getrennt oder zusammengeschrieben werden: *Halt machen / haltmachen.*

Hämorrhoiden

Das aus dem Griechischen entlehnte und meist im Plural gebrauchte Fremdwort *Hämorrhoide* setzt sich ursprünglich aus den Wörtern *haima*

(„Blut“) und *rhoe* („Fluss“) zusammen. In der Rechtschreibung ist neben *Hämorrhoide(n)* auch die Schreibung *Hämorride(n)* zugelassen.
Im allgemeinen Schreibgebrauch überwiegt (noch) die fremdsprachige Schreibung: *Busfahrer bekommen vom vielen Sitzen oft Hämorrhoiden* (seltener: *Hämorriden*).

handarbeiten

Das Verb *handarbeiten* wird im allgemeinen Sprachgebrauch nur im Infinitiv verwendet: *Man sieht einige Kinder, die begeistert handarbeiten, während andere spielen.* Daneben ist auch die Form *hat gehandarbeitet* möglich, sie wird jedoch selten verwendet: *Ich habe gehandarbeitet.*
In anderen Fällen muss die Konstruktion aufgelöst werden: *Sie macht Handarbeiten. Ich habe Handarbeiten gemacht.*

Handel treibend / handeltreibend

Wird die Verbindung als adjektivisches Partizip verwendet, kann getrennt oder zusammengeschrieben werden: *die Handel treibenden / handeltreibenden Völker der Antike.*

handhaben

Das Verb *handhaben* ist eine untrennbare Verbindung, die immer zusammengeschrieben wird: *handhaben – ich handhabe – ich habe gehandhabt.* Auch beim Infinitiv mit *zu* bleibt die Verbindung unverändert: *Das ist schwer zu handhaben* (nicht: *handzuhaben*).

Handy

Der Ausdruck *Handy* ist in dieser Bedeutung nur im Deutschen in Gebrauch. Er gilt daher, wie *Slip, Oldtimer* (für Autos), *Pullunder* oder *Showman*, als sogenannte Scheinentlehnung. Im Englischen steht das Adjektiv *handy* für „handlich, bequem, geschickt“. Die Schweizer verwenden neben *Handy* auch den Ausdruck *Natel*. Der Plural von *Handy* wird im Deutschen nur auf *s* gebildet: *Handys* (nicht: *Handies*).

Wenn das Exotische alltäglich wird – von *hamaco* zur *Hängematte*

Das Wort *Hängematte* ist ein schönes Beispiel dafür, wie sich Wörter für alltägliche Gebrauchsgegenstände durch häufige Nennung verändern können: Zunächst wandelt sich ihre Aussprache, dann die Schreibung. Schließlich werden sie umgedeutet und erneut verändert, bis am Ende ein Wort erscheint, dessen äußere Gestalt mit seinem Ursprung wenig gemein hat. So wirkt *Hängematte* auf den ersten Blick wie eine simple, Form und Funktion beschreibende Wortzusammensetzung. Die Wortgeschichte ist aber deutlich komplizierter: Schon Kolumbus lernte auf Haiti die in ganz Süd- und Mittelamerika sowie in Neuguinea verbreiteten Ruhenetze der indigenen Völker kennen.
Portugiesische Matrosen übernahmen nicht nur die praktische Erfindung, sondern auch das einer karibischen Sprache entstammende Wort *hamáka*. Ganz ähnlich führt ein deutscher Reisebericht fast gleichlautend das Wort *hamaco* auf. In den Niederlanden bürgerte sich das Wort zunächst als *hangmak* ein, bis der Gelehrte Arnold Montanus (1625–1683) – vermutlich angeregt durch den ähnlichen Klang – das Wort geeigneten niederländischen Wortfamilien zuordnete. So wurde *hangmak* zu *hangmat* („Hänge-Matte“) umgedeutet. Eine populäre Übersetzung ließ die deutsche Entsprechung *Hängematte* auch hierzulande heimisch werden. Zwingend sind solche Entwicklungen freilich nicht. In England blieb es beispielsweise beim exotischen Begriff, hier spricht man von *hammock*.

hängen

Ursprünglich gab es zwei verschiedene Verben: das alte (intransitive) Zustandsverb *hangen – hing – gehangen* und das mit Akkusativobjekt (transitiv) gebrauchte *hängen – hängte – gehängt*. Im modernen Deutsch sind die Infinitivformen zu *hängen* zusammengefallen. Dennoch wird das Verb je nach Gebrauch unterschiedlich gebeugt, was im Sprachalltag bisweilen zu Problemen führt.

hangen / hängen • In älteren Texten findet sich bei intransitivem Gebrauch noch die alte Infinitivform *hangen*: „Ach, sie bleiben an dem langen,/ Dürren Ast des Baumes *hangen*.“ (W. Busch, Max und Moritz). Im süddeutschen Sprachraum lässt sich die alte Infinitivform noch beobachten: *Herbstlich hangen die Wolken im Himmel.*

hängen - hing - gehangen • Bei intransitiver Verwendung (ohne Akkusativobjekt) wird das Verb stark gebeugt: *Die Uhr hing* (nicht: *hängte*) *an der Wand. Die Wäsche hat an der Leine gehangen* (nicht: *gehängt*).

hängen - hängte - gehängt • Bei transitivem Gebrauch (mit Akkusativobjekt) wird *hängen* schwach gebeugt: Sie *hängte* (nicht: *hing*) *die Uhr an die Wand. Er hat die Wäsche an die Leine gehängt* (nicht: *gehangen*).

hängen / henken • → *henken*

Hannoveraner

Die Einwohner von *Hannover* heißen *Hannoveraner*. Für die Bildung des Adjektivs gibt es mehrere Möglichkeiten: *hannoverisch, hannöverisch, hannoversch*.

Happy End / Happyend

Die Verbindung aus Adjektiv und Substantiv kann getrennt oder zusammengeschrieben werden. Bei Getrenntschreibung werden beide Bestandteile großgeschrieben: *Happy End/Happyend*.

harmonieren

Das Fremdwort geht auf griechisch *harmonia* („Verbindung, Ebenmaß“) zurück. Da *harmonieren* im Deutschen bereits im Sinne von „gut zusammenpassen“ verwendet wird, wäre ein Gebrauch mit dem Adverb *zusammen* eine überflüssige Doppelung (Pleonasmus). Es heißt also: *Die Farben harmonieren* (nicht: *harmonieren zusammen*). *Es ist eine Freude zu sehen, wie die beiden Künstler auf der Bühne harmonieren* (nicht: *zusammen harmonieren*).

hart

In Verbindung mit adjektivisch gebrauchten Partizipien kann getrennt oder zusammengeschrieben werden: *hart gebrannte/hartgebrannte Ziegel; hart gefrorener/hartgefrorener Boden; ein hart gekochtes/hartgekochtes Ei*. Übertragen gebrauchte Verbindungen wie *hartgesotten* (= „hartherzig, unbelehrbar, durch Erfahrungen abgehärtet“) schreibt man immer zusammen, ebenso Verbindungen mit einem Wortbestandteil, der nicht selbstständig vorkommt: *hartherzig*.

In Verbindung mit Verben kann getrennt oder zusammengeschrieben werden, wenn das Adjektiv *hart* das Resultat der Handlung beschreibt: *Eier hart kochen/hartkochen*.

hauen

haute / hieb • Das Verb *hauen* hat eine starke *(hieb)* und eine schwache Präteritumform *(haute)*. Das Partizip II wird in der Standardsprache dagegen immer stark gebildet *(gehauen)*, die schwache Form *(gehaut)* kommt nur mundartlich vor.

In der Gegenwartssprache verwendet man die starke Form *hieb* vor allem dann, wenn es um das Schlagen mittels eines Gegenstandes geht, z. B. mit einer Waffe, aber auch mit einem anderen zum Schlagen geeigneten Gegenstand: *Er hieb mit dem Säbel wild um sich. Er hieb mit der Peitsche auf den Esel ein. Er hieb alle Äste mit der Axt ab.*

Die schwache Form *haute* steht dagegen, wenn das Schlagen ohne einen Gegenstand, z. B. mit den bloßen Händen, erfolgt: *Sie haute mit der Faust auf den Tisch. Die Kinder hauten sich auf dem Schulhof. Ich haute mit dem Kopf gegen die Scheibe.*

Der Gebrauch der starken Form *hieb* geht mehr und mehr zurück, sodass auch dann, wenn das Schlagen mit einem Gegenstand gemeint ist, zunehmend die schwache Form verwendet wird. Die leicht umgangssprachlich klingende schwache Präteritumform kann in den meisten Fällen durch das Präteritum von *schlagen* ersetzt werden: *Sie haute* (auch: *schlug*) *mit der Faust auf den Tisch. Die Kinder hauten* (auch: *schlugen*) *sich auf dem Schulhof.*
In einigen Redewendungen wird dagegen immer die schwache Präteritumform gebraucht: *Sie haute sich aufs Ohr. Die Nachricht haute ihn um.*
In anderen Wendungen steht dagegen nur die starke Form: *Mit seinem Vorschlag hieb er in die gleiche Kerbe.*
haute ihm / ihn • Ist das Objekt der Handlung ein Körperteil, kann das betroffene Lebewesen im Dativ oder (seltener) auch im Akkusativ stehen: *Er haute ihm* (seltener: *ihn*) *ins Gesicht.*

Hauptmann

Der Plural von *Hauptmann* lautet *Hauptleute*. In der Anrede von Personen im Rang eines Hauptmanns heißt es: *Herr Hauptmann / Frau Hauptmann.*

Haus

Verbindungen mit *Haus*, die wie ein Adverb gebraucht werden, schreibt man meist getrennt: *außer Haus essen; im Hause; von Hause aus.*
In folgenden Fällen ist neben der Getrenntschreibung auch die Zusammenschreibung möglich: *nach Haus(e) / nachhaus(e) kommen; von zu Haus(e) / zuhaus(e); zu Haus(e) / zuhaus(e) sein.*
Bei Substantivierung schreibt man zusammen: *das Zuhause.*

Haus halten / haushalten

Die Verbindung kann getrennt oder zusammengeschrieben werden: *Haus halten / haushalten.*
Je nachdem, ob getrennt oder zusammengeschrieben wird, werden die Formen unterschiedlich gebeugt:
haushalten *– ich haushalte – er / sie / es haushaltet – hat gehaushaltet – um zu haushalten;*
Haus halten *– ich halte Haus – er / sie / es hält Haus – hat Haus gehalten – um Haus zu halten.*

Heer

Auch wenn die Angabe darüber, woraus das *Heer* besteht, im Plural steht, setzt man das zugehörige Verb in der Regel in den Singular, weil es sich auf *Heer* beziehen lässt: *Ein Heer emsiger Weihnachtsmänner strömte auf den Weihnachtsmarkt. Ein Heer von Informatikern arbeitete an dem Computerspiel. Ein Heer von exotischen Faltern hat die Alpen überquert.*
In manchen Fällen setzen die Schreibenden das Verb in den Plural: *Ein Heer von Abgeordneten, die ihren Urlaub abgebrochen hatten, trafen direkt vom Flughafen ein.*

heilig / Heilig

Groß- und Kleinschreibung • In Fällen wie den folgenden schreibt man *heilig* klein: *das heilige Abendmahl; der heilige Antonius* (Schreibung ebenso bei anderen Heiligen); *drei heilige Eide schwören; mit heiligem Ernst; mit heiligem Zorn; die heilige Kommunion; die heilige Messe; das heilige Oster-, Pfingstfest; die heiligen Stätten; die heilige Taufe.*
Als Bestandteil von Namen, Kalenderdaten oder historischen Ereignissen sowie bei Substantivierung schreibt man *heilig* groß: *der Heilige; die Heiligen; der Heilige Abend; die Heilige Allianz* (von 1815); *der Heilige Christ; die Heilige Dreifaltigkeit; die Heilige Familie; der Heilige Geist; das Heilige Grab (Jesu); der Heilige Gral; die Heilige Jungfrau* (= „Maria"); *die Heiligen Drei Könige; das Heilige Land* (= „Palästina"); *die Heilige Nacht* (vom 24. zum 25. Dezember); *das Heilige Römische Reich Deutscher Nation* (= „das Deutsche Reich 962–1806"); *die Heilige Schrift* (= „die Bibel"); *die Heilige Stadt* (= „Jerusalem"); *der Heilige Stuhl* (= „Thron des Papstes, die päpstliche Behörde"); *der Heilige Vater* (= „der Papst").
Im folgenden Fall ist Groß- oder Kleinschreibung möglich: *der heilige / Heilige Krieg.*

Getrennt- und Zusammenschreibung • Die übertragen gebrauchte Verbindung *heiligsprechen* wird nur zusammengeschrieben.

heimleuchten

Da *heimleuchten* zu den intransitiven Verben gehört (es hat kein Akkusativobjekt), kann man mit ihm kein persönliches Passiv bilden. Es muss daher heißen: *Ihr* (nicht: *Sie*) *wurde heimgeleuchtet.*

„Dir werd ich *heimleuchten*" – von der Gefälligkeit zur Drohung
Hört man heute die Wendung *Dir werde ich schon heimleuchten,* versteht man dies als Drohung. Doch sie war freilich nicht immer so gemeint. Wer den ursprünglichen Sinn verstehen möchte, braucht die Redensart nur wortwörtlich zu nehmen. So wird aus *heimleuchten* „nach Hause leuchten". In früheren Zeiten, als Städte und Dörfer nachts gar nicht oder nur spärlich beleuchtet waren, existierte der freundliche Brauch, die Gäste bei der Heimkehr von einem Diener samt Laterne oder Fackel begleiten zu lassen, der ihnen also auf dem Heimweg leuchtete. Doch die positive Bedeutung vom *Heimleuchten* wurde offenbar schon früh als ironische Geste verstanden: Als der Landgraf Konrad von Thüringen die Stadt Fritzlar vergeblich belagerte, sollen einer Chronik des 16. Jahrhunderts zufolge die Bürger Fackeln und Heu angezündet haben, um dem Grafen *zum Abzug zu leuchten.* Diese negative Bedeutung verstärkte sich zunehmend – ein Prozess, der sich parallel auch bei einer anderen typischen Redewendung vollzog: *es jemandem heimzahlen.* Auch diese Wendung hatte eine harmlose und positive Grundbedeutung, nämlich geliehenes Geld wieder *heim-*, also zurückzuzahlen.

heiß

Eine Verbindung aus *heiß* und einem Verb wird in der Regel getrennt geschrieben, wenn sie in konkreter Bedeutung gebraucht wird: *etwas heiß trinken; jemanden heiß lieben; jemanden heiß begehren.*
Drückt in einer solchen Verbindung *heiß* das Ergebnis des Vorgangs aus, kann man auch zusammenschreiben: *das Essen heiß machen/heißmachen.* (Aber nur: *Der Motor hat sich heiß gelaufen.*)
Wird die Verbindung übertragen gebraucht, schreibt man zusammen: *sich die Köpfe heißreden; jemanden heißmachen* (= „motivieren"); *jemandem die Hölle heißmachen* (= „jemanden in Bedrängnis bringen").
hohe / heiße Temperaturen • Das Substantiv *Temperatur* sollte nur mit graduierenden Adjektiven wie *hoch, niedrig, tief* usw. stehen, ein Adjektiv wie *heiß* ist in diesem Zusammenhang nicht korrekt: *hohe* (nicht: *heiße*) *Temperaturen; heißes Wetter.*

heißen

gehießen oder geheißen? • Die Stammformen des starken Verbs *heißen* (= „sich nennen") lauten: *heißen – hieß – geheißen. Das Schiff hatte Susanna geheißen.*
Die Form *gehießen* des Partizips II ist mundartlich und umgangssprachlich verbreitet, doch standardsprachlich ist sie nicht korrekt.
er hieß ihn niederknien • Wird *heißen* (in der Bedeutung „befehlen, auffordern") mit einem Verb im Infinitiv gebraucht, dann steht es in der Regel im Infinitiv am Ende des Satzes. Man bezeichnet diesen Infinitiv auch als Ersatzinfinitiv: *Der Prediger hat die Gläubigen niederknien heißen.* Auch im Nebensatz nimmt der Ersatzinfinitiv die Endstellung ein: *…, da er die Gläubigen hat niederknien heißen.*
Daneben kommt seltener auch das Partizip II vor. Diese Konstruktion ist ebenfalls korrekt, stilistisch ist die Form mit Ersatzinfinitiv vorzuziehen: *Der Prediger hat die Gläubigen niederknien geheißen* (besser: *heißen*).

heißmachen, heißreden

→ *heiß*

Hektar / Hektare

Das Flächenmaß *Hektar* kann im Maskulinum oder Neutrum stehen, wobei der Gebrauch regional variiert: In Deutschland, außer Südwestdeutschland, und in Österreich sind beide Genusformen möglich: *der / das Hektar.*
In der Schweiz und in Südwestdeutschland heißt es nur *der Hektar,* wobei in der Schweiz häufiger die Form *die Hektare* (Plural: *die Hektaren*) verwendet wird.

Held

Das Substantiv *Held* gehört der schwachen Deklination an. Im Akkusativ und Dativ Singular enden die Formen auf *-en.* Das Weglassen der Endung gilt als umgangssprachlich: *den Helden* (nicht: *den Held*) – *dem Helden* (nicht: *dem Held*).

helfen

helfen - hilf • Das starke Verb weist in der 2. und 3. Person Singular einen e/i–Wechsel auf: *helfen – ich helfe – du hilfst – er / sie / es hilft.*
Auch der Imperativ wird mit *i* und ohne *e* am Ende gebildet. Die Formen *helf! / helfe!* sind umgangssprachlich und im Schriftlichen nicht korrekt: *Komm schon, hilf* (nicht: *helf*) *mir ein bisschen in der Küche!*
hälfe / hülfe • Im Konjunktiv II kann zwischen zwei Formen gewählt werden: *hälfe* oder *hülfe.* Die Form *hülfe* findet sich im Sprachgebrauch häufiger: *Es hülfe* (seltener: *hälfe*) *doch sehr, wenn er sich endlich zu seiner Sucht bekennen würde.* Statt *hülfe* oder *hälfe* kann auch die Form mit *würde* gewählt werden: *Es würde doch sehr helfen, wenn …*
renovieren helfen / geholfen • Das Perfekt von *helfen* wird im Allgemeinen mit dem Partizip II gebildet, auch wenn es mit einem Verb im Infinitiv steht: *Marcel hat uns die Wohnung renovieren geholfen.* Daneben ist aber auch der sogenannte Ersatzinfinitiv möglich: *Marcel hat uns die Wohnung renovieren helfen.*
hilft(,) das Zimmer (zu) putzen • Steht nach *helfen* ein Verb im Infinitiv, bildet man diesen ohne *zu*: *Sie hilft ihm putzen.* Wenn das Verb mit einem weiteren Satzglied steht, kann der Infinitiv mit oder ohne *zu* gebildet werden. Hier müssen jedoch die Kommaregeln beachtet werden. Ein Infinitiv ohne *zu* steht ohne Komma: *Sie hilft ihm die Küche putzen.* Beim Infinitiv mit *zu* gelten die Kommaregeln für Infinitivgruppen: *Sie hilft ihm(,) die Küche zu putzen. Sie hilft ihm dabei, die Küche zu putzen.*

hell leuchtend / hellleuchtend

Wird die Verbindung wie ein Adjektiv gebraucht, kann getrennt oder zusammengeschrieben werden. Bei der Zusammenschreibung werden alle drei Konsonanten geschrieben: *die hell leuchtenden / hellleuchtenden Sterne.*

henken / hängen

Das Verb *henken (henkte – gehenkt)* wurde ursprünglich zu *hängen* gebildet und meinte im Althochdeutschen „hängen machen, aufhängen" und auch „kreuzigen". Vom früheren Bedeutungsumfang zeugen noch die von *henken* abgeleiteten Substantive *Henker* und *Henkel.* Heute wird *henken* ausschließlich im Sinne von „durch den Strang hinrichten" verwendet. Daneben tritt an dessen Stelle oft auch das transitiv gebrauchte Verb *hängen: Nachdem man ihm den Prozess gemacht hatte, wurde er gehenkt* (auch: *gehängt*).

her / hin

her oder hin? • In der Regel wird *her* benutzt, um die Bewegungsrichtung zum Sprecher hin auszudrücken: *Als ich in den Flur trat, kam sie auch schon die Treppe herab. Er stieg zu mir auf das Dach herauf.*
Dagegen meint *hin* die Bewegungsrichtung vom Sprecher weg: *Du gehst in die Empfangshalle hinein und dann zur Rezeption. Der Bus fuhr die Straße hinunter und war bald nicht mehr zu sehen.*

In der Gegenwartssprache wird diese Unterscheidung häufig nicht mehr gemacht. Meist wird stattdessen unterschiedslos *her* verwendet, manchmal aber auch *hin* für beide Richtungen. Häufig kann gar nicht entschieden werden, welche Richtung anzunehmen ist, da der Standpunkt des Sprechers nicht bekannt ist. So sind im folgenden Satz beide Formen korrekt: *Als das Gewitter einsetzte, begaben sich alle Gäste wieder hinein/herein.*
In Verbindung mit Verben kommen in übertragener Bedeutung fast nur Zusammensetzungen mit *her* vor: *über jemanden herziehen; über jemanden herfallen; etwas herausgeben. Die Kollegen ziehen ständig über sie her. Die Banditen fielen über den Geldtransporter her. Wir haben ein wichtiges Buch zu diesem Thema herausgegeben.*
herunter/runter • Die verkürzten Formen von *her* gelten als umgangssprachlich und sollten im Geschriebenen vermieden werden: *Der Bus fuhr die Straße runter* (besser: *herunter*). *Die Gäste kamen rein* (besser: *herein*).
Groß- und Kleinschreibung • In substantivierter Form schreibt man *her* groß, meist in der Wendung: *ein ewiges Hin und Her.*
Worttrennung • Verbindungen wie *herab, heran* usw. waren ursprünglich zwar Wortzusammensetzungen, werden aber oft nicht mehr als solche empfunden. Man kann deshalb sowohl nach Wortbestandteilen als auch nach Sprechsilben trennen: *her-ab/he-rab; her-an/he-ran; her-auf/he-rauf; her-aus/he-raus; her-ein/he-rein; her-über/he-rü-ber; her-um/he-rum; her-un-ter/he-run-ter.*
hin und her • → *hin*

herausstellen – sich herausstellen als

Das Verb *sich herausstellen als* wird mit dem Nominativ gebraucht. Der früher mögliche Akkusativ gilt nicht mehr als korrekt:
Der vermeintlich grobschlächtige Alte stellte sich als junger, feingliedriger (nicht: *jungen, feingliedrigen*) *Mann heraus.*

herein/hinein

→ *her/hin*

Herr

Beugung • Die Formen für *Herr* lauten: *Herr – des/dem/den Herrn* (nicht: *Herren*) – *die Herren* (nicht: *Herrn*).
Herrn Professor Müller • Das Substantiv *Herr* wird vor einem Eigennamen gebeugt: *Ich habe Herrn Müller gesehen. Hast du es Herrn Müller gegeben?* Im Genitiv werden *Herr* und Name gebeugt: *Das ist Herrn Müllers neues Auto.*
Die Anrede *Herr* wird auch dann gebeugt, wenn sie in Verbindung mit einem oder mehreren Titeln und einem Eigennamen steht. Im Genitiv erhält auch der Name eine Endung. Dagegen werden die akademischen Titel (die ebenfalls Apposition zum Eigennamen sind) nicht dekliniert. Es heißt also: *Ich habe Herrn Professor Schröter gesehen. Hast du es Herrn Professor Schröter gegeben? Das ist Herrn Diplom-Ingenieur Dr. Schröters neues Auto.*
den Herrn Meyer • Steht *Herr* mit einem Artikel, dann wird der nachfolgende Name nicht gebeugt. Es muss also heißen: *Haben Sie den Herrn Meyer gesehen? Das neue Auto des Herrn Meyer ist ein Polo. Ich habe dem Herrn Meyer oft geholfen.*
Steht zwischen *Herr* mit Artikel und dem Namen ein Titel oder eine Berufsbezeichnung, so kann dieser entweder, wie *Herr*, gebeugt werden, oder, wie der Name, ungebeugt bleiben. Häufiger wird der Titel gebeugt: *Haben Sie den Herrn Staatssekretär Weber gesehen? Das neue Auto des Herrn Staatssekretärs Weber* (auch: *des Herrn Staatssekretär Weber*) *ist verschwunden.*
Wird *Herr* mit Artikel nicht mit einem Namen, sondern nur mit Titel, einer Verwandtschafts- oder einer Berufsbezeichnung verbunden, dann werden alle Teile gebeugt: *die Aussagen des Herrn Bürgermeisters; die Berechnungen des Herrn Ingenieurs; das Benehmen Ihres Herrn Bruders.*
Adresse, Anrede • Die Anrede *Herr* steht in der Adresse im Akkusativ: *Herrn Müller-Sieweke* (nicht: *Herr Müller-Sieweke*).
Sind mehrere männliche Personen Adressaten eines Briefs, müssen die grammatischen Bezüge beachtet werden: *Herren Ludwig Laut und Siegfried Stark* (nicht: *Herrn Ludwig Laut und Siegfried Stark*).

Herr / Herren der Lage sein • Die Wendung *Herr der Lage sein* bleibt auch dann im Singular, wenn das Subjekt im Plural steht: *Gebt doch zu, dass ihr nicht mehr Herr* (nicht: *Herren*) *der Lage seid!* Auch wenn das Subjekt durch eine feminine Form gebildet wird, tritt in der Regel keine Veränderung ein: *Sie ist in jeder Situation Herr* (seltener: *Herrin*) *der Lage.*

herunter / hinunter

→ *her / hin*

herum oder umher?

Das Adverb *herum* drückt ursprünglich eine kreisförmige Bewegung um einen Mittelpunkt herum aus: *Weil vorne niemand auftauchte, ging er um das Haus herum. Er fuhr einmal um den Häuserblock herum, um vielleicht doch noch einen Parkplatz zu finden.*
Dagegen bedeutet *umher* „ziellos nach allen Seiten, hierhin und dahin": *Da es ihm wieder besser ging, wollte er heute etwas im Park umhergehen. Der Vogel flatterte aufgeregt im Käfig umher.*
In der Alltagssprache und selbst in der Standardsprache wird *herum* jedoch zunehmend auch im Sinne von *umher* benutzt: *Er ging stundenlang im Park herum. Der Vogel flatterte im Käfig herum.*
Wenn die Richtung der beschriebenen Bewegung oder Handlung nicht eindeutig bestimmt werden kann, ist die Verwendung beider Wörter möglich: *Sie führte ihre Gäste im Haus herum / umher.*

Herz – am Herz / Herzen

Herz gehört zu den Substantiven, die unregelmäßig gebeugt werden: *Herz – des Herzens – dem Herzen – das Herz – die Herzen – der Herzen* usw.
In der Umgangssprache sowie im Geschriebenen wird besonders im Dativ die Endung *-en* weggelassen. Dieser Gebrauch ist jedoch nicht standardsprachlich: *Sie wurde am Herzen* (nicht: *Herz*) *operiert. Das liegt mir am Herzen* (nicht: *am Herz*).
In der medizinischen Fachsprache ist neben dem standardsprachlichen Genitiv *Herzen* auch *des Herzes* korrekt.

Auf *Herz* und Nieren geprüft

Das *Herz* galt und gilt in vielen Kulturen als Zentrum menschlicher Lebenskraft, darüber hinaus als Ort des Gewissens, als Sitz der Seele sowie der Gefühle und des Mutes. In diesen Bedeutungen wurde das Wort *Herz* zum Kernstück unzähliger Redewendungen, deren wichtigste Quelle im westlichen Kulturkreis wohl die Bibel darstellt. Besonders einflussreich war dabei die Vorstellung vom *Herzen* als ein Gefäß, das gefüllt werden und durchaus auch überlaufen kann: „Wes *Herz* voll ist, des Mund quillt über", heißt es im Matthäus-Evangelium (Matth. 12,34). Auch wenn jemand ehrlich seine Gefühle zu erkennen gibt, also *sein Herz ausschüttet,* nimmt er unbewusst auf das Alte Testament Bezug. Hier spricht die biblische Frauengestalt Hanna die Worte: „Wein und starkes Getränk habe ich nicht getrunken, sondern habe mein Herz vor dem Herrn ausgeschüttet." (1 Sam. 1,15)

Das Gegenstück, *aus seinem Herzen eine Mördergrube machen,* findet sich wiederum bei Matthäus: „Mein Haus soll ein Bethaus sein, ihr aber habt eine Mördergrube daraus gemacht." (Matth. 21,13). Dass neben dem *Herzen* auch anderen Organen eine große Bedeutung zukam, erkennt man an der Wendung *jemanden auf Herz und Nieren prüfen.* Neben dem *Herzen* galten die *Nieren* als Sitz der Lebenskraft und der Persönlichkeit. Wenn es also in den Psalmen heißt „Es prüft ja *Herzen* und *Nieren* der gerechte Gott" (Ps. 7,10), bedeutete dies, dass jemand durch und durch geprüft wird.

herzerweichend

Die Partizipform wird zusammengeschrieben, da sie für eine Wortgruppe steht. Man kann dies daran erkennen, dass man bei getrennter Stellung des Verbs einen Artikel ergänzen muss: *Dieser Film erweicht* ***das*** *Herz* (nicht möglich: *erweicht Herz*). *Es gab ein herzerweichendes Wiedersehen.*

Herzog

die Herzoge / Herzöge • Der Plural von *Herzog* wird heute im Allgemeinen mit Umlaut gebildet. Die Form ohne Umlaut ist zwar nicht falsch, wird aber nur noch selten verwendet: *die Herzöge* (selten: *die Herzoge*).
Anrede • In der Anrede nennt man den Titel vor dem Namen: *Sehr geehrter Herr Herzog von Sachsen-Weimar.* In einigen Familien (vor allem bei ehemals regierenden Herzögen) wird auch die Anrede *Königliche Hoheit* erwartet.

heute

heut / heute • Die verkürzte Form *heut* – sie steht ohne Apostroph – ist in der gesprochenen Sprache, vor allem im oberdeutschen Raum, weit verbreitet. Im Geschriebenen gilt jedoch nur die Form *heute* als standardsprachlich.
heute / Heute • Wie die meisten Adverbien kann auch *heute* substantiviert werden: *im Hier und Heute. Das Heute ist mir wichtiger als das Morgen.*
heute Früh / früh • Bezeichnungen von Tageszeiten werden nach *heute* großgeschrieben: *heute Abend; heute Vormittag; heute Nachmittag usw.* Die einzige Ausnahme bildet *früh*. Hier kann nach *heute* groß- oder kleingeschrieben werden: *heute Früh* (in der Bedeutung „in der Früh = am Morgen") oder: *heute früh* (in der Bedeutung „heute zu früher Stunde").

hier

Je nach Betonung schreibt man getrennt oder zusammen. Mit der Betonung geht auch eine Bedeutungsunterscheidung einher:
Getrenntschreibung • Beide Bestandteile sind betont: *Sie können hier* (= „an diesem Ort") *bleiben, wo Sie grade sind.*
Zusammenschreibung • Nur *hier* ist betont: *Sie können gleich hierbleiben* (= „sich hier aufhalten").
In gleicher Weise wird bei entsprechender Betonung zusammengeschrieben: *Sie können die Unterlagen hierlassen. Wir sollten die Schmuckstücke besser hierbehalten.*
In Verbindung mit *sein* wird immer getrennt geschrieben: *Ich werde nicht mehr hier sein, wenn du zurückkommst. Ich denke, er ist hier gewesen.*

hier zu Lande / hierzulande

Das mehrteilige Adverb kann getrennt oder zusammengeschrieben werden. Im allgemeinen Schreibgebrauch dominiert die Zusammenschreibung: *Hierzulande* (seltener: *Hier zu Lande*) *beträgt das Trinkgeld meist mindestens 10% der Rechnungssumme.*

Hilfe

Hilfe leisten • Das Substantiv schreibt man vom folgenden Verb getrennt: *Hilfe leisten; Hilfe bringen; erste/Erste Hilfe leisten.*
mit Hilfe / mithilfe, zu Hilfe • Die präpositionale Fügung *mit Hilfe* kann auch als ein Wort aufgefasst werden; man kann daher getrennt oder zusammenschreiben: *mit Hilfe/mithilfe.*
In Verbindung mit *zu* schreibt man getrennt: *zu Hilfe kommen.*
Hilfe suchend / hilfesuchend • Als adjektivisch gebrauchtes Partizip kann man getrennt oder zusammenschreiben: *Sie sah sich Hilfe suchend/ hilfesuchend um. Ein Hilfe suchender/hilfesuchender Blick ließ jeden Widerstand dahinschmelzen.*

Hilfsverb

Die Verben, die zur Bildung zusammengesetzter Verbformen benötigt werden, nennt man *Hilfsverben*. Die Gruppe der Hilfsverben besteht aus: *haben, sein, werden.*

Das Hilfsverb *haben* wird bei der Bildung der Zeiten (Tempora) Perfekt, Plusquamperfekt und Futur II verwendet: *Er hat gesungen/hatte gesungen/wird gesungen haben.*
Das Hilfsverb *sein* dient ebenfalls zur Bildung von Perfekt, Plusquamperfekt und Futur II: *Er ist gekommen/war gekommen/wird gekommen sein.*
Außerdem wird *sein* zur Bildung des Zustandspassivs verwendet: *Die Tür ist geöffnet/war geöffnet/wird geöffnet sein.*
Auch das Hilfsverb *werden* hat zwei Funktionen. Einmal dient es zur Bildung der Tempora Futur I und Futur II: *Er wird singen. Er wird gekommen sein.*
Zum anderen wird *werden* zur Bildung des Vorgangspassivs verwendet: *Die Tür wird geöffnet/wurde geöffnet/wird geöffnet werden.*

hin

hin oder her? • Man benutzt das Adverb *hin*, um die Bewegungsrichtung vom Sprecher weg auszudrücken. Entsprechend werden viele Zusammensetzungen mit *hin* gebraucht: *Du gehst in die Empfangshalle hinein und dann zur Rezeption.*
Vergleiche aber → *her/hin.*
Getrennt- und Zusammenschreibung • In der Fügung mit *sein* wird getrennt geschrieben: *Das Fahrrad dürfte hin sein* (= „kaputt sein"). *Sie wird völlig hin (und weg) sein* (= „begeistert sein").
ACHTUNG: Man schreibt auch getrennt, wenn *hin* zusammen mit einer Präposition (auch im übertragenen Sinn) eine Richtung angibt. In diesem Fall zählt das Betonungskriterium nicht: *vor sich hin arbeiten; vor sich hin murmeln; vor sich hin dösen; vor sich hin plätschern; vor sich hin schnarchen.*
Als Verbzusatz wird *hin* mit dem nachfolgenden Verb zusammengeschrieben: *hinfahren, hingehen, hinsehen, (auf etwas) hinzielen, etwas hinstellen.*
hin und her/hin- und her... • In der Bedeutung „sich ziellos im Raum bewegen" schreibt man *hin und her* vom folgenden Verb getrennt: *Sie sind ziellos hin und her gefahren/gelaufen/gegangen.*
In der Bedeutung „hin und wieder zurück" schreibt man dagegen zusammen: *Wir sind hin-* (= „hingefahren") *und hergefahren; sich hin- und herbewegen* (= „hin- und zurückbewegen").

hinsichtlich

Die Präposition *hinsichtlich* steht im Singular mit dem Genitiv, wenn dem folgenden Substantiv ein Artikel, ein Pronomen oder ein Adjektiv vorausgeht: *Hinsichtlich des Verfahrens besteht kein Anlass zur Sorge. Hinsichtlich seines Gesundheitszustandes habe ich Bedenken.* Steht das Substantiv allein, bleibt es ungebeugt: *Hinsichtlich Umsatz und Gewinn kann sich das Unternehmen sehen lassen.*
Im Plural steht *hinsichtlich* mit dem Dativ: *Hinsichtlich Besuchern ist dieses Museum Weltspitze.*

hinter

hinter dem/das • Zur Angabe der Lage („Wo?") steht *hinter* mit dem Dativ, zur Angabe der Richtung („Wohin?") mit dem Akkusativ:
Sie steht hinter dem Tor.
Sie geht hinter das Tor.
Bei einigen Verben steht *hinter* nur mit einem der beiden Kasus, so z. B. nach *verstecken* nur mit Dativ: *Karl versteckte sich hinter einem großen Baum.*

hintereinander

Getrennt- und Zusammenschreibung • In Verbindung mit *sein* wird immer getrennt geschrieben. Sind in der Verbindung aus *hintereinander* und einem Verb beide Teile betont, schreibt man ebenfalls getrennt: *sich hintereinander aufstellen; hintereinander hergehen.*
Liegt die Hauptbetonung jedoch auf *hintereinander*, schreibt man zusammen: *zwei Widerstände hintereinanderschalten.*
hintereinanderweg • Man schreibt dieses mehrteilige Adverb zusammen, aber vom folgenden Verb getrennt: *Sie hat alle Folgen der Staffel hintereinanderweg gesehen.*

hinterm/hintern/hinters

hinter dem/hinterm • Die Verschmelzung der Präposition mit dem Artikel *(hinter + dem → hinterm)* gilt in manchen Grammatiken noch als umgangssprachlich. Sie ist im Geschriebenen aber schon sehr häufig anzutreffen: *Er arbeitet noch immer in seinem Garten hinterm Haus.* ACHTUNG: Diese Verschmelzung wird ohne Apostroph geschrieben: *mit etwas hinterm Berg halten.*

hinter den / hintern • Im Gegensatz zu *hinterm* ist die Verschmelzung aus *hinter* + *den* im Schreibgebrauch kaum nachweisbar. Sie gilt als umgangssprachlich.

hinter das / hinters • Die Verschmelzung *hinters* (aus: *hinter* + *das*) ist bereits fester Bestandteil der Redewendung *jemanden hinters Licht führen.* Auch in typischen Wendungen wie *sich hinters Steuer setzen* entscheidet sich die Mehrzahl der Schreibenden inzwischen für die Verschmelzung. Gleichwohl wird sie von manchen noch als umgangssprachlich wahrgenommen.
ACHTUNG: Die Verschmelzung steht ohne Apostroph.

hinzu

Als Verbzusatz schreibt man *hinzu* mit dem folgenden Verb zusammen: *hinzukommen, hinzutreten, hinzubitten, hinzufügen.* Steht die gebeugte Form am Satzanfang, schreibt man dagegen getrennt: *Hinzu kommt noch, dass er …* Dies gilt nicht für ungebeugte Formen (Partizipien und Infinitive); sie schreibt man weiterhin zusammen: *Hinzugekommene Teilnehmer nehmen sich bitte eine Tagungsmappe. Hinzuzufügen wäre noch …*

hitzefrei / Hitzefrei

In Verbindung mit *haben* und *bekommen* kann man groß- oder kleinschreiben. *Wir haben heute hitzefrei/Hitzefrei bekommen. Sie bekamen wegen der hohen Temperaturen hitzefrei/Hitzefrei.* Liegt aber eine Substantivierung vor, z. B. durch ein Pronomen, schreibt man groß: *Sie haben heute kein Hitzefrei bekommen.* Auch in Verbindung mit *geben* schreibt man groß: *Die Lehrer gaben Hitzefrei.*

hoch

Verbindungen mit Verben • In der Bedeutung „nach oben, empor" – wenn es also eine Richtung angibt – gilt *hoch* als Adverb. Es wird mit dem folgenden Verb zusammengeschrieben: *Ich muss noch die Koffer hochbringen. Heute hat sie sich die Haare kunstvoll hochgekämmt.*
In dieser Form können zahlreiche Verben gebildet werden: *sich hocharbeiten, hochbinden, hochfahren, hochgehen, hochhalten, hochheben, hochkrempeln, hochlegen, hochsteigen, hochwerfen.* Wenn *hoch* in übertragener Bedeutung verwendet wird, schreibt man ebenfalls zusammen: *Er wird noch ein paar Dateien hochladen. Kannst du das Ergebnis hochrechnen?*

Die *Hoch-Zeit* der Liebe
In der Sprachgeschichte gibt es Wörter, anhand derer gut demonstriert werden kann, in welcher Weise sich Wortbedeutungen über die Jahrhunderte wandeln können: So erfuhr der ursprünglich neutrale Ausdruck *Weib* eine **Bedeutungsverschlechterung**, während *Marschall* – das Wort bezeichnete zunächst den „Pferdeknecht" – für eine **Bedeutungsverbesserung** steht. Auch *Hochzeit* zählt zu diesen charakteristischen Wörtern: Hier führte die Entwicklung allerdings zu einer **Bedeutungsverengung**. Was ursprünglich gemeint war, verrät das Nibelungenlied, wo es nach den berühmten Eröffnungszeilen heißt: „von freuden, *hôchgezîten*, von weinen und von klagen". Das mittelhochdeutsche *hôchgezîte* bedeutete im wörtlichen Sinne „Hoch-Zeit". Gemeint waren die hohen kirchlichen Festtage Weihnachten, Ostern, Pfingsten und Allerheiligen sowie alle weltlichen Feste, darunter eben auch die Trauung. Zunehmend verengte sich der Bezug des Wortes auf die *Hochzeitsfeierlichkeiten*, die seit dem 13. Jahrhundert auch in kirchlichem Rahmen gefeiert wurden. In seiner neuen Bedeutung löste es das Wort *Brautlauf* ab. Vermutlich bezog sich dieser Ausdruck auf die feierliche Heimführung der Braut – ein Trauungsritual, das ebenso verschwand wie das Wort selbst.

Getrennt- und Zusammenschreibung ist möglich im Falle von: *hoch achten/hochachten, hoch schätzen/hochschätzen.*
Wird dagegen *hoch* in der Bedeutung „oben, in der Höhe" gebraucht – wird also keine Richtung, sondern ein Ort, eine Position angegeben –, so gilt Getrenntschreibung. In diesen Fällen kann man einen oder mehrere Satzteile zwischen hoch und dem Verb einsetzen: *Die Schwalben werden heute schon wieder hoch (über unseren Köpfen) fliegen.*
Verbindungen mit Adjektiven und Partizipien • Wenn *hoch* in Verbindung mit einem Adjektiv oder Partizip die Bedeutung verstärkt, schreibt man zusammen. Dies gilt für: *hochanständig, hochbetagt, hochbrisant, hochempfindlich, hochexplosiv, hochgeistig, hochgelehrt, hochgefährlich, hochgestellt* (Persönlichkeit), *hochgiftig, hochintelligent, hochtrabend, hochgestochen.*
In den folgenden Fällen kann dagegen getrennt oder zusammengeschrieben werden:
hoch begabt/hochbegabt (auch: *höchst begabt/höchstbegabt*); *hoch gelegen/hochgelegen; hoch dosiert/hochdosiert; hoch kompliziert/hochkompliziert; hoch stehend/hochstehend; höchst gefährlich/höchstgefährlich.*
Groß- und Kleinschreibung • Wird *hoch* als Adjektiv gebraucht, gilt auch in vielen festen Fügungen Kleinschreibung: *der hohe Adel; das hohe C; hohes Gericht; die hohe Jagd* (= „Jagd auf Hochwild"); *ein hoher Preis.*
In Paarformeln, die Personen bezeichnen, wird *hoch* sowohl in gebeugter als auch in ungebeugter Form großgeschrieben: *die Hohen und die Niedrigen/Niederen; es trafen sich Hoch und Nieder/Niedrig.*
In namensähnlichen Fügungen und Eigennamen schreibt man ebenfalls groß: *die Hohe Messe in h–Moll von Bach; die Hohe Pforte* (= „bis 1922 Sitz der osmanischen Regierung"); *die Hohe Tatra; die Hohen Tauern; das Hohe Haus* (= „Parlament"); *das Hohe Lied* (auch: *Hohelied*); *der Hohe Priester* (auch: *Hohepriester*).
In dem folgenden Fall ist die Groß- oder Kleinschreibung möglich: *die hohe/Hohe Schule* (= „im Reitsport: eine bestimmte Art der Reitkunst").

hochachtungsvoll/Hochachtungsvoll

Als Schlussformel am Ende eines Briefes wird immer großgeschrieben. Wie auch die Schlussformel *Mit vorzüglicher Hochachtung* gilt *Hochachtungsvoll* inzwischen als veraltet.

höchst

Getrennt- und Zusammenschreibung • Von Ausdrücken *wie hochbezahlt/hoch bezahlt, leichtbekleidet/leicht bekleidet* u.Ä. können in der Regel zwei verschiedene Superlativ-Konstruktionen gebildet werden: *der höchstbezahlte Künstler/der am höchsten bezahlte Künstler.*
Da die Superlativformen auf *-st* in der Regel nicht als eigenständiges Wort auftreten können, müssen die erstgenannten Konstruktionen immer zusammengeschrieben werden.
Bestimmt *höchst* als Adverb ein Adjektiv oder Partizip näher, schreibt man in der Regel getrennt: *Ich war höchst erstaunt. Der Politiker war höchst erfreut. Der Vorschlag ist mir höchst willkommen. Das ist meine höchst persönliche Meinung.*
In folgenden Fällen schreibt man zusammen: *höchstpersönlich* (= „in eigener Person"), *höchstwahrscheinlich, höchstrichterlich.*
höchstbezahlter/höchstbezahltester • Da bei zusammengesetzten Adjektiven in der Regel der letzte Bestandteil die Superlativendung aufweist, wird fälschlicherweise häufig auch bei Verbindungen wie *höchstbezahlt, höchstgelegen, höchstbelasteten* zusätzlich eine Superlativendung angehängt. Solche Formen gelten aber als nicht korrekt: *der höchstbezahlte* (nicht: *höchstbezahlteste*) *Manager; der höchstgelegene* (nicht: *höchstgelegenste*) *Berggipfel; die höchstbelasteten* (nicht: *höchstbelastetsten*) *Müllhalden.*

höchste(r, -s)

Wird *höchste(r, -s)* als Adjektiv verwendet, schreibt man klein: *die höchsten Gipfel; in höchster Tonlage; höchste Zeit; im höchsten Grade.* Bei Substantivierung schreibt man groß: *der Höchste* (= „Gott"). *Das war das Höchste, was sie sich erträumte. Das ist das Höchste der Gefühle.*

Die Superlativform nach *auf das* bzw. *aufs* kann man groß- oder kleinschreiben: *Sie waren aufs/auf das höchste/Höchste gespannt.*

hoch stehend / hochstehend

In konkreter Bedeutung kann man die Verbindung getrennt oder zusammenschreiben: *die Abschirmung vor der hoch stehenden/hochstehenden Sonne; ein hoch stehender/hochstehender Kragen.* In der Bedeutung „eine höhere gesellschaftliche oder kulturelle Stellung einnehmend" schreibt man dagegen nur zusammen: *eine geistig hochstehende Person. Von der hochstehenden Zivilisation zeugen noch Bodenfunde.*

Hode / Hoden

Das Wort gehört zu den Substantiven, die dazu tendieren, von der schwachen zur starken Deklination zu wechseln. Es existieren deshalb im Nominativ Singular zwei Formen: *der Hode* und *der Hoden.* Auch im Genitiv gibt es zwei mögliche Formen: *des Hoden* oder *des Hodens.* Daneben kann *Hode* auch im Femininum stehen: *die Hode* (Genitiv: *der Hode*).
Im allgemeinen Sprachgebrauch wird das Wort allerdings überwiegend im Plural verwendet: *die Hoden.* Wenn das Wort dennoch im Singular gebraucht wird, ist die übliche Form *der Hoden.*

höher-

In Verbindung mit einfachen Verben schreibt man zusammen. In diesen Fällen liegt der Hauptakzent auf dem Verbzusatz *höher: höhersetzen, höherschrauben, höherstufen.*
Bei Zusammensetzungen mit Verben, die eine Vorsilbe aufweisen, tragen beide Wörter den Hauptakzent, man schreibt daher auch getrennt: *jemanden höher einschätzen; jemanden höher einstufen; jemanden höher bezahlen.*

höhere(r, -s)

Als Adjektiv *höhere(r, -s)* wird auch in vielen festen Fügungen kleingeschrieben: *höhere Gewalt* (= „Naturgewalt"); *höhere Mathematik; höhere Schule.* Als Bestandteil von Eigennamen und namensähnlichen Verbindungen schreibt man groß: *Höhere Handelsschule.*

höherstufen

→ *höher-*

Hohn lachen / hohnlachen

Die Substantiv-Verb-Verbindung kann man als Wortgruppe oder als feste Verbindung auffassen und entsprechend getrennt oder zusammenschreiben. Je nach Getrennt- oder Zusammenschreibung weist die Verbindung in gebeugter Form eine andere Wortstellung auf: *hohnlachen (er hohnlacht; er hohnlachte mir)/Hohn lachen (er lacht Hohn; er lachte mir Hohn).*

Holz verarbeitend / holzverarbeitend

Die Verbindung kann als adjektivisch gebrauchtes Partizip getrennt oder zusammengeschrieben werden: *die Holz verarbeitende/holzverarbeitende Industrie.*

Honduras

Die Einwohner von *Honduras* heißen *Honduraner.* Das zugehörige Adjektiv lautet: *honduranisch.*

Hopfen und Malz

Bei der folgenden formelhaften Wendung steht das Prädikat im Singular, obwohl das Subjekt durch zwei mit *und* verbundene Substantive gebildet wird: *Bei ihm ist* (nicht: *sind*) *Hopfen und Malz verloren.*
Außerhalb der festen Wendung steht dagegen der Plural: *Hopfen und Malz stehen* (nicht: *steht*) *weltweit für das Reinheitsgebot beim Bier.*

hören

Wird das Verb zusammen mit einem Verb im Infinitiv gebraucht, kann das Perfekt sowohl mit dem sogenannten Ersatzinfinitiv als auch mit dem Partizip II gebildet werden: *Ich habe dich die ganze Nacht husten hören/gehört.*

***Hospitäler* – Stätten der Barmherzigkeit**
In Deutschland wird *Hospital* nur noch selten für „Krankenhaus" verwendet (meist in Namen wie *Katharinen-* oder *Elisabethhospital*). In der Schweiz ist *Spital*, eine Verkürzung aus *Hospital*, immer noch ein geläufiger Ausdruck für Krankenhaus. Allerdings waren *Hospitäler* ursprünglich weit mehr: Sie waren eine der erstaunlichsten und bedeutendsten Institutionen, die das Mittelalter hervorgebracht hat. Schon die eigentliche Bedeutung von *hospital*, das Wort geht auf lateinisch *hospitalium* („Gastzimmer") zurück, zeigt, dass am Anfang nicht das Krankenhaus stand: Es waren von Laienbrüdern unterhaltene Herbergen, in denen fromme Pilger übernachten konnten und bei Krankheit auch gepflegt wurden. Durch Stiftungen von Bürgern und Adeligen erlangten *Hospitäler*, wie das bereits 1286 erbaute **Heiligen-Geist-Hospital in Lübeck** (Bild), Reichtum und Besitz. Anders als Klöster blieben sie jedoch meist unter Kontrolle der Städte und übernahmen als Waisen-, Armen- oder Arbeitshäuser sowie als frühe Altersheime die rudimentäre Sozialfürsorge der Einwohner. Auch wenn durch Säkularisation im 19. sowie Inflation und Krieg im 20. Jahrhundert die *Hospitäler* aus den Stadtbildern und aus unserem Bewusstsein verschwunden sind: Der durch diese Institutionen geförderte Gedanke einer kommunal verankerten und verwalteten Sozialfürsorge blieb bis heute lebendig.

Hospital

Das Substantiv hat zwei mögliche Pluralformen: *die Hospitäler* und *die Hospitale.*

hundert

Groß- und Kleinschreibung • Als Zahlwort schreibt man *hundert* klein: *drei von hundert; hundert Plätze; an die hundert Briefe; mehr als hundert Gewinner.* In substantivierter Form schreibt man dagegen groß: *das erste Hundert.* Das gilt auch für die substantivierte Ordnungszahl: *der/die/das Hundertste, vom Hundertsten ins Tausendste kommen.*
Wenn *hundert* eine unbestimmte Menge angibt, kann es als Adjektiv oder aber als substantiviert betrachtet werden. Es ist deshalb Groß- oder Kleinschreibung möglich: *Es waren hunderte/Hunderte (von) Menschen im Kino. Auf der Wiese lagen hunderte/Hunderte (von) Flugblätter(n). Sie kamen zu hunderten/Hunderten. Es waren viele hundert/Hundert auf der Veranstaltung. Doch hunderte/Hunderte wollten die Stars sehen. Hier sangen hunderte und aberhunderte/Hunderte und Aberhunderte auf der Straße.*
Getrennt- und Zusammenschreibung • In Verbindung mit Zahlen gilt Zusammenschreibung: *einhundert, zweihundert, hunderteins, hundertundeins, hundertachtzig, hundertundachtzig, einhunderteins.* Die Verbindung mit *aber* wird immer zusammengeschrieben: *aberhundert. Es waren aberhunderte/Aberhunderte gekommen.*

hundertste(r, -s)

→ *hundert*

hurra/Hurra

Das Ausrufewort *hurra* schreibt man klein: *Hurra, hurra, es ist hitzefrei!* Bei Substantivierung schreibt man groß: *ein dreifaches Hurra; jemanden mit einem Hurra begrüßen.*
In Verbindungen mit den Verben *rufen* oder *schreien* kann man groß- oder kleinschreiben: *hurra/Hurra rufen; hurra/Hurra schreien.*

I

-ia

Fremdsprachige Substantive, die auf *-ia* enden, bilden den Plural oft mit der Endung *-ien*. In einigen Fällen hat sich auch der Plural mit *-s* etabliert: *Cafeteria – Cafeterien; Pizzeria – Pizzerien* (auch: *Pizzerias*); *Razzia – Razzien* (auch: *Razzias*); *Tertia – Tertien*.

-ibel

Adjektive, die auf *-ibel* auslauten, wie etwa *flexibel,* verlieren das *e* in den gebeugten Formen und im Komparativ: *ein kompatibles Programm; eine penible Detektivarbeit; ein plausibler Vorschlag; ein sensibler Schriftsteller.*

i. A. / I. A.

Ob die Abkürzung *i. A. / I. A.* (= „im Auftrag") groß- oder kleingeschrieben wird, hängt von der Stellung im Text ab. Folgt die Abkürzung einer Bezeichnung für eine Behörde, Firma oder Ähnlichem, schreibt man klein: *Der Minister für Inneres i. A. Meyer.*
Steht die Abkürzung dagegen nach einem abgeschlossenen Text oder allein vor einer Unterschrift, wird großgeschrieben: *I. A. Meyer.*

ich

Wegfall des Ichs • Früher war die Angewohnheit, in Telegrammen oder Briefen das Wort *ich* am Satzanfang wegzulassen, weit verbreitet und akzeptiert: *Bin soeben in Salzburg eingetroffen… Habe Ihr Schreiben erhalten.*
Im heutigen Deutsch gilt diese Unterlassung von *ich* dagegen als umgangssprachlich. Zwar erfährt diese Konstruktion in den auf wenige Zeichen beschränkten SMS- und Twitter-Nachrichten eine erstaunliche Renaissance. In ausführlichen schriftlichen Texten, Briefen und E-Mails (besonders in geschäftlichen Zusammenhängen) sollte man sie jedoch vermeiden.
auch ich, die ich älter bin • Soll das Pronomen *ich* durch einen Relativsatz näher bestimmt werden, stellt man den Bezug mit dem Relativpronomen *der* bzw. *die* her. Wird das Personalpronomen wiederholt, steht erneut *ich: Auch ich, der ich im Osten Deutschlands aufgewachsen bin, würde mich nicht mehr als Ossi bezeichnen. Auch ich, die ich so viel älter bin, kann mithalten.*
ich / Ich, Ichs • Das Pronomen *ich* kann substantiviert werden und wird dann großgeschrieben: *Damit stärkt er sein Ich.*
Der Plural lautet die *Ichs.*
Ichform / Ich-Form • Bei Zusammensetzungen aus dem Personalpronomen *ich* und einem Substantiv ist sowohl die Zusammenschreibung als auch die Schreibung mit Bindestrich möglich: *der Icherzähler / Ich-Erzähler; die Ichform / Ich-Form; der Ichlaut / Ich-Laut; die Ichsucht / Ich-Sucht.*
ich oder du musst • → *Sonderseiten „Kongruenz", S. 266–269*

ideal / ideell

Die beiden Adjektive haben eine unterschiedliche Bedeutung und sollten nicht verwechselt werden; *ideal* meint „vollkommen, mustergültig", wohingegen *ideell* zum Ausdruck bringt, dass etwas „gedacht" und „nur der Vorstellung nach vorhanden" ist: *Der Schauspieler ist ein ideale Besetzung für die Serie. Das Bild ist eine ideale Ergänzung zu unserer Einrichtung. Er leistete nur ideelle Hilfe. Der ideelle Wert der Antiquität übersteigt den materiellen bei weitem.*

i / ie / ieh / ih

Das lang gesprochene *i* kann in der deutschen Orthografie auf verschiedene Arten wiedergegeben werden:

ie • In den Wörtern des deutschen Wortschatzes wird das lange *i* meist als *ie* geschrieben: *die, spielen, viel*. Bei Fremdwörtern kommt das *ie* meist nur im Suffix (Nachsilbe) *-ie* vor: *Chemie*. ACHTUNG: Bei Wortformen, die auf *-ie* enden, wird kein weiteres *e* angehängt: *Knie – knien* (nicht: *knieen*); *er schrie – sie schrien* (nicht: *schrieen*); *er spie – sie spien* (nicht: *spieen*). Dies gilt genauso für Fremdwörter: *Jalousie – Jalousien*.

i statt ie • Bei sehr wenigen Wörtern des Kernwortschatzes wird das lange *i* nur mit einem einfachen *i* geschrieben: *Biber, Brise, Fibel, Igel, Iris, Mine, Nische, Primel, Tiger, Wisent*.
Dies gilt auch für die Pronomen *dir, mir, wir*. Ansonsten steht generell in Fremdwörtern (außer am Wortende) nur *i*: *Apfelsine, Maschine, Turbine*.
In einigen Fällen muss man die Unterscheidungsschreibung beachten:
Lid (Auge) – *Lied* (Musik); *Mine* (Bergbau, Bleistift, Sprengkörper) – *Miene* (Gesichtsausdruck); *wider* (gegen) – *wieder* (erneut).

ieh • Bei Verben der starken Deklination bleibt das Dehnungs-h auch beim e/i-Wechsel erhalten: *befehlen – er befiehlt; stehlen – er stiehlt*. Auch ein silbentrennendes *h* bleibt erhalten: *fliehen – er flieht; ziehen – er zieht*.

ih • Nur in wenigen Wörtern wird das lang gesprochene *i* als *ih* wiedergegeben. Betroffen sind vor allem Pronomen: *ihnen, ihr, ihre*.

-ieren – -ung / -ation

Bei vielen Verben auf *-ieren* ist sowohl die Ableitung auf *-ung (klassifizieren/Klassifizierung)* als auch die Ableitung auf *-ation (klassifizieren/Klassifikation)* möglich. Es kommt vor, dass beide Ableitungen dieselbe Bedeutung haben, doch besteht meist eine Bedeutungsdifferenzierung. Oft bezeichnet die Ableitung auf *-ung* eher einen Vorgang, die Ableitung auf *-ation* das Ergebnis eines Vorgangs oder einen Gegenstand, der durch den Vorgang entstanden ist: *Assoziierung – Assoziation; Automatisierung – Automation; Formierung – Formation; Installierung – Installation; Spezialisierung – Spezialisation*

Köni[ç], Köni[g] oder *Köni[k]*? – Wie spricht man das *ig* aus?

Goethe konnte als gebürtiger Hesse noch die Zeilen „Ach **neige**, / Du Schmerzen**reiche**" reimen. Denn das, was wir heute als Hochdeutsch hören können, war im 18. und 19. Jahrhundert eine reine Schreibsprache. Über das Theater versuchte man, gewisse Regeln durchzusetzen. Doch erst mit der 1889 veröffentlichten „Deutschen Bühnenaussprache" des Germanistikprofessors Theodor Siebs schien endgültig die Norm gefunden, die man schon bald als verbindlich nicht nur für das Theater, sondern auch für Schulen und (seit den 1920er Jahren) für den Rundfunk erklärte. Dabei hatte das Werk große Schwächen: Der von der Insel Wangerooge stammende Siebs - er selbst hatte Hochdeutsch wie eine Fremdsprache gelernt - stützte sich bei seiner Abfassung größtenteils auf Repräsentanten des norddeutschen bzw. preußischen Theaters, während der süddeutsche Raum außer Acht blieb. So wurde das in den Kasernen so beliebte, mehrfach gerollte Zungen-r (wie in *Brrrrr!*) ebenso zur Norm wie die unnatürliche Überbetonung der Unterschiede zwischen *p, t, k* und *b, d, g*. Auch der *König* sollte nach norddeutscher Manier am Wortende mit dem Ich-Laut [ç] ausgesprochen werden. Der Erfolg der Normierung war durchwachsen. Im schnarrenden Ton der deutschen Wochenschauen der Dreißiger- und Vierzigerjahre bleibt die Siebs'sche Bühnensprache zwar bis heute konserviert. Aber weite Teile des deutschsprachigen Raums verweigerten sich (bis heute) der nach „preußischem Schnabel geschliffenen Aussprache". So bleibt die Frage nach einer generellen Aussprachenorm bis heute offen.

-ig / -lich / -isch

-ig und -lich • Die Endungen *-ig* und *-lich* sind die häufigsten Endungen, mit denen sich Adjektive aus Substantiven ableiten lassen: *König – königlich; Wolken – wolkig.*
In der Regel ist nur entweder die Bildung mit *-ig* oder mit *-lich* möglich. Aber es gibt auch den seltenen Fall, dass eine Ableitung auf *-ig* und auf *-lich* von einem Substantiv existieren. Dabei unterscheiden sich die beiden Adjektive gewöhnlich in ihrer Bedeutung.
Die Bildungen auf *-ig* drücken meist eine Eigenschaft, die Bildungen auf *-lich* hingegen einen Bezug auf etwas aus: *geistig* („den Geist betreffend") – *geistlich* („fromm, die Kirche betreffend"); *geschäftig* („umtriebig, eilig") – *geschäftlich* („das Geschäft betreffend"); *gütig* („voller Güte, freundlich") – *gütlich* („einig, ohne Streit"); *herzig* („zu Herzen gehend") – *herzlich* („von Herzen kommend"); *verständig* („mit Verstand") – *verständlich* („das Verstehen betreffend"); *zeitig* („früh, frühzeitig") – *zeitlich* („die Zeit betreffend, vergänglich").
-ig- und -lich bei Zeitangaben • Mit Zeitangaben auf *-ig* wird eine Dauer ausgedrückt, mit Zeitangaben auf *-lich* hingegen die Wiederholung eines Vorgangs o. Ä. nach der angegebenen Frist: *eine fünfstündige Operation* („eine Operation von fünf Stunden Dauer") – *fünfstündlich 20 Tropfen einnehmen* („alle fünf Stunden 20 Tropfen einnehmen"); *ein vierzehntägiges Fest* („ein 14 Tage währendes Fest") – *seine vierzehntägliche Grillparty* („eine Grillparty, die alle 14 Tage stattfindet"); *dreiwöchiger Arbeitseinsatz* („Arbeitseinsatz von drei Wochen Dauer") – *dreiwöchentlicher Arbeitseinsatz* („alle drei Wochen stattfindender Arbeitseinsatz"); *eine vierjährige Stute* („eine vier Jahre alte Stute") – *ein jährliches Ereignis* („ein jedes Jahr wiederkehrendes Ereignis").
-ig oder -isch? • Bildungen eines Adjektivs sowohl auf *-ig* als auch auf *-isch* kommen nur sehr selten vor. Gegenüber der früher häufigeren Bildungen auf *-ig* hat sich heute meist die Form auf *-isch* durchgesetzt: *abergläubig* und *abergläubisch; aufständig* und *aufständisch; gespenstig* und *gespenstisch.*
Zum Teil unterscheiden sich die auf *-ig* und *-isch* gebildeten Wörter auch in ihrer Bedeutung: *launig* („humorvoll, heiter") – *launisch* („wechselnden Launen, Stimmungen unterworfen").

ihr / Ihr, ihrige / Ihrige

Vertraute Anrede • In der vertrauten Anrede verwendet man in der 2. Person Plural das Pronomen *ihr.* Man schreibt es ebenso wie das Pronomen *du* klein: *Wenn ihr euch gleich daransetzt, seid ihr bald fertig. Warum nur, ihr Lieben, habt ihr nicht besser aufgepasst?* Die Kleinschreibung gilt für alle Textsorten, wie z. B. Kinderbücher, Plakate, Anleitungen, Aufgabenstellungen usw. Nur in Briefen ist neben der Klein- auch die Großschreibung zugelassen: *Liebe Thekla, lieber Torben, könnt ihr / Ihr morgen vorbeikommen?*
Ihr in der höflichen Anrede • Als Anredepronomen war *Ihr* in der älteren Kommunikation sozial höhergestellten Personen vorbehalten und wird heute nur noch in bestimmten Zusammenhängen verwendet. In dieser Funktion wird *Ihr* immer großgeschrieben: *Seid Ihr wohlauf, Durchlaucht?*
ihr / Ihr, ihrerseits / Ihrerseits, ihretwegen / Ihretwegen • Das Possessivpronomen *ihr* wird im normalen Satzzusammenhang kleingeschrieben. *Sie erklärte die Verspätung damit, dass ihr Auto nicht angesprungen sei.* Wird das Possessivpronomen im Rahmen der höflichen Anrede mit *Sie* gebraucht, schreibt man *ihr* und die entsprechenden Ableitungen *ihrerseits, ihretwegen* groß: *Wenn Sie damit einverstanden sind, setzen Sie Ihre Unterschrift bitte auf die Rückseite. Bestehen Ihrerseits Bedenken gegen den Vorschlag? Das Problem haben wir Ihretwegen.*
ihre / Ihre, ihrige / Ihrige • Man schreibt grundsätzlich klein. Wenn die Pronomen mit einem Artikel stehen, können sie auch als substantiviert betrachtet werden. Dann ist Klein- oder Großschreibung möglich: *Sie steuerten das ihre / Ihre zum Erfolg bei. Die ihren / Ihren kamen nicht zur Feier. Die ihrigen / Ihrigen haben sich verspätet.* ACHTUNG: Wenn sich *das ihre* bzw. *das ihrige* auf ein vorangehendes Substantiv bezieht, liegt keine Substantivierung vor. Man schreibt klein.

Erkennbar ist dies daran, dass man das Substantiv, auf das Bezug genommen wird, noch einmal sinngemäß wiederholen kann: *Wir haben alle Verpflichtungen. Lisa sollte die ihren/ihrigen* (= ihre Verpflichtungen) *erkennen.*
Als Bestandteil der höflichen Anrede mit *Sie* schreibt man immer groß: *Wir haben alle Probleme, doch Sie haben die Ihren/Ihrigen noch nicht einmal wahrgenommen.*
ihr oder sein? • Die beiden Possessivpronomen *ihr* und *sein* werden nach dem grammatischen Geschlecht ihres Besitzers gewählt: *Lena liebt ihre Mutter. Das Kind liebt seine Mutter.* Diese grammatische Übereinstimmung (Kongruenz) wird in der Praxis häufig nicht beachtet, wobei fast immer fälschlich *sein* für *ihr* steht: *Eine unbekannte Schönheit zieht Jean in ihren* (nicht: *in seinen*) *Bann. Die Reduktion auf das Akustische bzw. das Visuelle hat ihren* (nicht: *seinen*) *Grund in…* Fehler dieser Art treten umso häufiger auf, je weiter das Possessivpronomen vom zugehörigen Substantiv oder Pronomen entfernt steht.
Das Adverb *seinerzeit* ist zur Formel erstarrt und wird auch dann nicht verändert, wenn das Bezugswort feminin ist: *Sie war seinerzeit* (nicht: *ihrerzeit*) *eine der bekanntesten Sängerinnen.* Möglich ist aber: *Sie war zu ihrer Zeit eine der bekanntesten Sängerinnen.*

illegal – illegitim

Beide Wörter bedeuten „ungesetzmäßig", beziehen sich aber auf unterschiedliche Arten von Gesetzen. Eine Sache oder Handlung, die *illegal* ist, bricht bestehende Gesetze: *die illegale Einfuhr bedrohter Tierarten.*
Illegitim ist etwas, das moralischen oder sittlichen Gesetzen widerspricht. Der Ausdruck wird aber auch verwendet, wenn etwas als der gesetzlichen Ordnung widersprechend beurteilt wird: *ein illegitimer Sohn* (= „außerehelicher Sohn").

illuster

Fremdsprachige Adjektive, die auf *-er* enden, verlieren das *e* in den gebeugten Formen: *illuster – ein illustrer Kreis.*

im

im / in dem • Bei *im* handelt es sich um eine Verschmelzung aus der Präposition *in* und dem im Dativ stehenden Artikel *dem.* Sie gilt als standardsprachlich.
ACHTUNG: Eine Verschmelzung von Präposition und Artikel sollte nicht gewählt werden, wenn der Artikel durch ein Demonstrativpronomen wie *dieser* oder *jener* ersetzt werden kann und das Bezeichnete besonders hervorgehoben werden soll: *Er arbeitet in dem* (nicht: *im*) *Garten, der seinem Vater gehörte.* (= *Er arbeitete in jenem Garten, der…*)
im Allgemeinen, im Nachhinein • Substantivierte Adjektive und adjektivisch gebrauchte Partizipien nach *im* werden mit großem Anfangsbuchstaben geschrieben. Dies gilt auch für jene festen Fügungen, in denen vor der Rechtschreibreform noch kleingeschrieben wurde: *Sie schrieb eine Abhandlung über die Universität im Allgemeinen und im Besonderen. Das liegt leider im Argen. Die Fahnder tappen im Dunkeln. Im Folgenden möchte ich noch diese Punkte nennen. Im Großen und Ganzen hat er Fortschritte gemacht. Sie schieden im Guten. Er hat seine Schäfchen im Trockenen. Im Übrigen bleibt alles beim Alten. Alles lag im Ungewissen. Niemand wird im Weiteren daran zweifeln.*
Auch Infinitive nach *im* werden großgeschrieben: *im Gehen sein; im Schwinden begriffen sein.* Das gilt auch für *im Nachhinein.*

immer

Das Adverb schreibt man meist vom folgenden Wort getrennt: *Immer wieder fiel er hin.* In Verbindung mit adjektivisch gebrauchten Partizipien kann man getrennt oder zusammenschreiben: *der immer währende/immerwährende Kalender; die immer gleichen/immergleichen Fragen.*
Dagegen wird *immergrün* nur zusammengeschrieben: *die immergrüne Pflanze; die immergrünen Hits der Gruppe.*

im Nachhinein

→ *im*

Imperativ

Grundlagen • Der Imperativ (auch: Befehlsform) ist die Form des Verbs, mit der ein Befehl, eine Aufforderung, eine Bitte oder eine Warnung zum Ausdruck gebracht wird.

Imperativ Singular und Plural • Es gibt zwei Imperativformen: Imperativ Singular und Imperativ Plural.

Imperativ Singular: *Hör zu! Lauf nicht weg! Iss alles auf!* Unsicherheiten mit dem Imperativ im Singular resultieren häufig aus der Frage, ob am Wortende ein *e* steht oder nicht. Zahlreiche Fehler entstehen daher, dass bei unregelmäßigen Verben der Wechsel von *e* zu *i* nicht durchgeführt wird: *Hilf!* (falsch: *Helf!*)

Imperativ Plural: *Hört zu! Lauft nicht weg! Esst alles auf!*

Die Formen des Imperativ Plural sind grundsätzlich identisch mit der 2. Person Plural im Präsens: *Ihr kommt – Kommt her! Ihr bleibt – Bleibt hier! Ihr rennt – Rennt nicht so schnell!* Dies gilt auch für die starken Verben mit e/i–Wechsel: *Befehlt!, Esst!, Fresst!, Gebt!, Helft!, Lest!, Seht!, Sprecht!, Sterbt!, Trefft!, Tretet!, Vergesst!*

Imperativ ohne e • Von den meisten Verben wird der Imperativ Singular in der Gegenwartssprache ohne *e* am Ende gebildet. Dies gilt gleichermaßen für starke, schwache und unregelmäßige Verben: *Komm* (nicht: *Komme*) *her! Geh weg! Renn nicht so schnell! Hör auf!*

Imperativ mit e • Verben, deren Infinitiv auf *-eln* oder *-ern* endet, bilden den Imperativ Singular standardsprachlich mit der Endung *e*. Bei den Verben auf *-eln* fällt in der Regel das *e* im Wortstamm aus *(radeln – Radle!)*, bei den Verben auf *-ern* bleibt es hingegen meist erhalten: *Hoble! Radle! Segle!* (selten: *Hobele! Radele! Segele!*); *Stöbere! Rudere! Liefere!* (selten: *Stöbre! Rudre! Liefre!*)

Formen dieser Verben ohne auslautendes *e* im Imperativ kommen in der Umgangssprache zwar vor, sollten aber im Geschriebenen vermieden werden: *Radle!* (umgangssprachlich: *Radel!*); *Liefre!* (umgangssprachlich: *Liefer!*)

Bei den Verben, deren Stamm auf *-d* oder *-t* endet, wird der Imperativ Singular in der Regel ebenfalls mit der Endung *e* gebildet. Formen ohne *e* kommen jedoch gelegentlich vor. Diese Formen werden ohne Apostroph geschrieben: *Bitte* (auch: *Bitt*) *ihn doch einfach darum! Bade* (auch: *Bad*) *nicht in diesem Fluss! Lade* (auch: *Lad*) *alle Freunde ein!*

Verben, deren Stamm auf einen Konsonant gefolgt von einem *m* oder *n* endet, können den Imperativ Singular nur mit auslautendem *e* bilden: *Atme tief ein! Rechne mit dem Schlimmsten! Wappne dich!*

Bei kurzen Verben mit *lm, rm, ln, rn* am Wortende kann der Imperativ Singular aber sowohl mit als auch ohne die Endung *e* gebildet werden: *Bitte film(e) die ganze Feier! Wärm(e) dich am Ofen! Zürn(e) ihm nicht!*

Imperativ der Höflichkeitsform • Eine Imperativform für die höfliche Anrede mit *Sie* gibt es nicht. Anstelle der fehlenden Imperativform verwendet man die folgenden Konstruktionen mit dem Konjunktiv I: *Kommen Sie! Gehen Sie! Hören Sie auf! Seien Sie gegrüßt!*

Da bei allen Verben der 3. Person Plural (außer *sein*) der Konjunktiv I die gleichen Formen wie der Indikativ hat, wird oft auch das Hilfsverb *sein* fälschlich in den Indikativ gesetzt. Es heißt aber: *Seien Sie* (falsch: *Sind Sie*) *jetzt bitte still! Bitte seien* (falsch: *sind*) *Sie so gut und beachten Sie das Rauchverbot!*

Imperativ bei Verben mit e/i-Wechsel • Die starken Verben mit e/i-Wechsel (z. B. *sehen – ich sehe – du siehst; treten – ich trete – du trittst*) bilden den Imperativ Singular grundsätzlich mit dem Vokal *i* im Stamm und ohne auslautendes *e*. Es muss also heißen: *Befiehl!, Birg!, Birst!, Iss!, Friss!, Gib!, Hilf!, Lies!, Sieh!, Sprich!, Stich!, Stirb!, Triff!, Tritt!, Vergiss!*

erschrecke! / erschrick! • Das Verb *erschrecken* führt im Imperativ den Wechsel von *e* zu *i* durch, je nachdem ob es transitiv (mit einem Akkusativobjekt) oder intransitiv (ohne ein Akkusativobjekt) gebraucht wird: *erschreck(e) ihn nicht!* (transitiv); *erschrick nicht!* (intransitiv).

Imperfekt

→ *Präteritum*

Zum Wohle der Menschheit – *impfen*
Bekanntlich ist Obstanbau nur durch Gehölzveredelung möglich: Es waren die Römer, die Techniken wie das Pfropfen einführten. Das entsprechende Fachwort *imputare* veränderte sich zwar über die Jahrhunderte über althochdeutsch *impiton* zu *impfen*. Die auf den Gartenbau beschränkte Bedeutung blieb dagegen über Jahrhunderte unverändert. Erst im 18. Jahrhundert erhielt das Wort einen völlig neuen Begriffsinhalt. 1717 berichtete die englische Schriftstellerin und Reisende Lady Mary Montagu (1689–1762) in einem Brief Erstaunliches aus der Türkei: Dort fügten heilkundige Frauen Kindern kleine Schnitte zu und infizierten diese mit der Lymphflüssigkeit von Pockenkranken. Die Infizierten erkrankten daraufhin nur leicht, blieben aber nach der Genesung lebenslang immun. Lady Montagu, die diese frühe Form der Immunisierung auch in ihrem Heimatland einzuführen versuchte, nannte das Verfahren *engraft* („aufpfropfen“).
Im deutschsprachigen Raum, wo man ebenfalls auf ein Mittel gegen die gefürchteten Pocken hoffte, übersetzte man *engrafting* mit dem ebenfalls aus der Gärtnersprache stammenden *impfen*. In der englischsprachigen Fachwelt hat sich allerdings der Ausdruck *Vaccination* („Vakzination“) durchgesetzt. Er geht auf den englischen Arzt Edward Jenner (1749–1823) zurück, der seinen weit sichereren Impfstoff aus den harmlosen Kuhpocken gewann und diesen als *vaccine* (nach lateinisch *vaccinus* „von Kühen stammend“) bezeichnete.

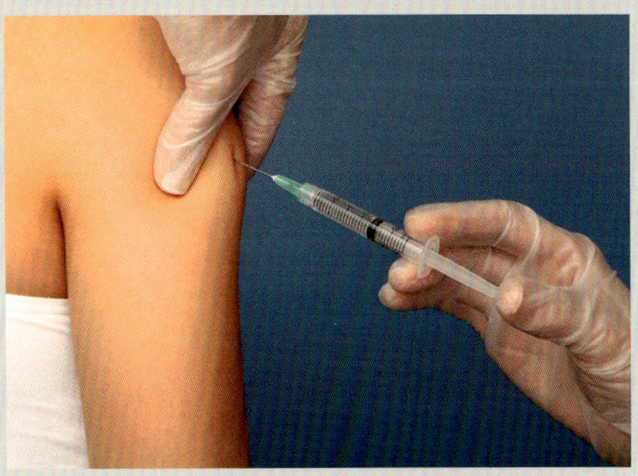

Impfung / Vakzination

Auch in der medizinischen Fachsprache wird *Impfung* bzw. *Schutzimpfung* gegenüber *Vakzination* häufiger gebraucht.

im Stande / imstande

Es kann sowohl getrennt als auch zusammengeschrieben werden. *Sie waren nicht im Stande/imstande, die Katze zu befreien.*
TIPP: Im allgemeinen Schreibgebrauch lässt sich die Zusammenschreibung häufiger belegen als die Getrenntschreibung.

in

in mit Akkusativ oder Dativ • Die Präposition *in* kann mit dem Dativ oder dem Akkusativ stehen. Zur Angabe der Lage / Position (Frage: „Wo?“) steht *in* mit dem Dativ: *Wo sitzt du? – Ich sitze in dem grünen Sessel.* Zur Angabe der Richtung (Frage: „Wohin?“) steht *in* dagegen mit dem Akkusativ: *Wohin setzt du dich? – Ich setze mich in den grünen Sessel.* In einigen Fällen sind beide Kasus möglich: Dativ: *Kai wird in der neuen Schule aufgenommen.* Akkusativ: *Kai wird in die neue Schule aufgenommen.*
Auch bei manchen Verben, insbesondere bei Verben mit dem Präfix *ein-*, kann *in* mit dem Dativ oder dem Akkusativ stehen: *Er kehrt jeden Tag in die berüchtigte/in der berüchtigten Kneipe ein. Die Männer brachen in die/in der Bank ein.*
in Grau, in Englisch • Farbbezeichnungen, die direkt auf *in* folgen, werden als substantiviert betrachtet und großgeschrieben: *ein Zimmer in Blau streichen; das Sofa ist in Beige gehalten.* Dies gilt jedoch nicht für Fügungen wie die folgenden: *etwas grau in grau sehen; Farbtöne blau in blau halten.*
Auch bei Wortgruppen mit *in* und einem Substantiv wird großgeschrieben: *in Anbetracht; in Bälde; in Betracht; in Betreff; in Bezug auf; in Erwägung; in Hinsicht auf.*
in 2014 • Die Präposition *in* sollte nicht mit einer Jahreszahl gebraucht werden. Dieser aus dem Englischen kommende Gebrauch gilt als nicht

korrekt. Standardsprachlich korrekt ist nur die Angabe der Jahreszahl ohne Präposition oder *im Jahr(e)* + Jahreszahl:
Das Bruttoinlandsprodukt soll 2007 um 3 % wachsen./Das Bruttoinlandsprodukt soll im Jahr(e) 2007 um 3 % wachsen.
FALSCH: *Das Bruttoinlandsprodukt soll in 2007 um 3 % wachsen.*

-in/-innen

→ *Sonderseiten „Gleichberechtigung", S. 204f.*

in oder nach?

Bei Richtungsangaben, die sich auf geografische Namen beziehen, bestehen manchmal Probleme, ob *in* oder *nach* steht.
Die Präposition *nach* wird ausschließlich mit geografischen Namen verwendet, wenn diese ohne Artikel gebraucht werden: *Der Zug fährt nach Schwerin. Im Urlaub fliegen wir nach Spanien. Er lädt mich nach Manchester ein.*
Bei geografischen Namen, die mit Artikel verwendet werden, steht dagegen *in: Der Zug fährt in die Slowakei/in das schöne Schwerin. Im Urlaub fliegen wir in die USA/in das sonnige Spanien.*

in Bälde, in Betracht, in Bezug

→ *in*

indem

Die Konjunktion *indem* schreibt man zusammen. Sie leitet einen Nebensatz ein, der durch Komma vom Hauptsatz getrennt wird: *Indem er seine Fragen nur behutsam stellte, gewann er ihr Vertrauen zurück. Er grüßte freundlich, indem er mir zuwinkte.*

in der Annahme/Erwartung/Hoffnung

Die formelhaften Fügungen *in der Annahme, in der Erwartung, in der Hoffnung* werden durch Komma von der Konjunktion *dass* abgetrennt: *In der Annahme/Erwartung, dass sie meinem Vorschlag zustimmen, ... Immer in der Hoffnung, dass er noch auftauchen würde, ...*

indes, indessen

Indes und *indessen* verbinden gleichrangige Hauptsätze oder Haupt- und Nebensätze. In allen Fällen steht ein Komma: *Der Boxer hatte sich einen leichten Kampf erhofft, indes/indessen wehrte sich der Gegner verzweifelt. Sie saßen auf der Terrasse, indes* (selten: *indessen*) *der Kaffee serviert wurde.*
Auch wenn *indes* oder *indessen* als sogenannter Auslassungssatz steht, setzt man ein Komma. In diesem Fall ist *indes/indessen* besonders betont: *Indes/Indessen, der Gegner wehrte sich verzweifelt.*
Ist *indes/indessen* in den Ablauf des Satzes einbezogen, steht kein Komma: *Der Gegner wehrte sich indes/indessen verzweifelt.*

Indikativ

Der Indikativ ist die Wirklichkeitsform des Verbs: *er geht; sie kam; er ist gekommen*. Neben dem Indikativ gibt es noch zwei weitere Aussageweisen des Verbs: den Konjunktiv und den Imperativ.
→ *Modus*

indirekte Rede

→ *Sonderseiten „indirekte Rede", S. 238f.*

indiskutabel

Das Adjektiv *indiskutabel* verliert das *e* in den gebeugten Formen und im Komparativ: *ein indiskutabler Vorschlag.*

ineinander

Trägt *ineinander* in einer Verbindung mit einem Verb den Hauptakzent, so schreibt man zusammen: *ineinanderbauen, ineinanderfließen, ineinanderfügen, ineinandergreifen, ineinanderstecken.*
Getrennt schreibt man dagegen, wenn der Hauptakzent auf dem Verb liegt: *ineinander aufgehen, ineinander übergehen.*

Fremdes wiedergeben: Die *indirekte* Rede

In Fernsehnachrichten hört man oft Sätze wie: *Der Minister erklärte, man* ***habe*** *dies oder jenes unternommen.* Wenn Korrespondenten berichten, geben sie Äußerungen anderer Personen oft indirekt wieder. Aber nicht nur für Journalisten gehört die indirekte Rede zum Handwerkszeug. Auch im normalen Sprachalltag begegnet sie immer wieder. Aber was muss wie umgewandelt werden? Was passiert mit dem Verb? Muss denn zwingend der Konjunktiv stehen? Es gibt einiges, was bedacht werden muss, aber die Regeln sind überschaubar.

Konjunktiv oder nicht?

Bei der indirekten Rede gibt es zum Gebrauch des Konjunktivs einige Richtlinien, von denen aber in vielen Fällen mit gutem Grund auch abgewichen werden kann. Grundsätzlich ist für die indirekte Rede der Konjunktiv I (→ *Sonderseiten „Konjunktiv, S. 274–277“*) zu wählen. Wenn jedoch klar ist, dass die Aussage eines anderen zitiert wird (*sie glaubt, dass … / er behauptet, dass …*) oder wenn eine Tatsache dargestellt wird, kann ebenso der Indikativ gewählt werden.

Der Konjunktiv II als Ersatz

Wenn sich die Formen des Konjunktivs I nicht von den Formen des Indikativs unterscheiden, dann werden die entsprechenden Formen des Konjunktivs II verwendet. Steht die indirekte Rede zum Beispiel in der 3. Person Plural oder (seltener) in der 1. Person Singular oder Plural, dann kann bei vielen Verben nicht erkannt werden, ob Indikativ oder Konjunktiv I gemeint ist, denn die Formen gleichen sich:

- *Sie sagten, sie* ***haben*** *den ganzen Abend an dem Buch gearbeitet. Jetzt seien sie müde und* ***freuen*** *sich aufs Bett. Morgen* ***werden*** *sie sich wieder an die Arbeit machen.*

Mit Ausnahme des Konjunktivs I von *sein* (*seien* bzw. *sei*) sind die Verbformen in diesen Sätzen nicht als Konjunktive erkennbar; sie werden daher in der Regel als Indikativ gelesen.

	Direkte Rede	Indirekte Rede
Gegenwart	*Lisa: „Er* ***muss*** *arbeiten.“*	*Sie sagt, er* ***müsse*** *arbeiten.* *Sie sagt, dass er arbeiten* ***müsse****.* *Sie sagt, dass er arbeiten* ***muss****.*
Vergangenheit	*Lisa: „Er* ***musste*** *arbeiten.“*	*Sie sagt, er* ***habe*** *arbeiten* ***müssen****.* *Sie sagt, dass er arbeiten* ***musste****.*
Zukunft	*Lisa: „Er* ***wird*** *arbeiten* ***müssen****.“*	*Sie sagt, er* ***werde*** *arbeiten* ***müssen****.* *Sie sagt, dass er wird arbeiten* ***müssen****.*

Um deutlich zu machen, dass indirekte Rede vorliegt und dass die Verben im Konjunktiv stehen, wählt man in diesen Fällen den **Konjunktiv II als Ersatzform:**

- *Sie sagten, sie **hätten** den ganzen Abend an dem Buch gearbeitet. Jetzt seien sie müde und **freuten** sich aufs Bett. Morgen **würden** sie sich wieder an die Arbeit machen.*

würde-Form als Ersatz

Bei allen schwachen Verben und bei einigen starken Verben sind die Formen des Konjunktivs II nicht von den Formen des Indikativs im Präteritum zu unterscheiden:

- *Ich sagte, ich freue mich./ Sie sagten, sie freuen sich.*
- *Ich sagte, ich freute mich./ Sie sagten, sie freuten sich.*

Will man in diesen Fällen den Konjunktiv eindeutig markieren, dann muss die **Umschreibung mit *würde*** gewählt werden:

- *Ich sagte, ich würde mich freuen.*
- *Sie sagten, sie würden sich freuen.*

Außerdem wird die Umschreibung mit *würde* verwendet, wenn die Form des Konjunktivs II ungebräuchlich oder veraltet ist:

- *Sie sagten, sie **sterben** vor Angst.* (Konjunktiv I = Indikativ)
  → *Sie sagten, sie **stürben** vor Angst.* (Konjunktiv II = veraltet)
  → *Sie sagten, sie **würden** vor Angst **sterben**.* (*würde*-Form als Ersatz)

Umwandlung

Bei der indirekten Rede muss eine Reihe von Informationen der direkten Rede an die neue Perspektive angepasst, also umgewandelt werden. Im Einzelnen handelt es sich um:

Personen ▸ Die Personalpronomen müssen der Aussage angepasst werden:
*Die Tochter sagte: „**Ich** komme."*
→ *Die Tochter sagte, **sie** komme.*

Zeit ▸ Auch die Zeitangaben müssen an die neue Perspektive angepasst werden:
*Sie sagte: „Ich komme **morgen**."*
→ *Sie sagte, sie komme **am folgenden Tag**.*

Ort ▸ Und schließlich muss der Ort umgewandelt werden:
*Sie sagte: „Ich komme **hierher**."*
→ *Sie sagte, sie komme **dorthin**.*

Der indirekte Fragesatz

Auch Fragen können als indirekte Rede wiedergegeben werden. Es gibt zwei Arten von Fragesätzen:

Ergänzungsfragen ▸ Diese haben immer ein Fragewort vorangestellt, das auch den indirekten Fragesatz einleitet: *Er fragt, **was** er tun müsse und **wann** er kommen solle.*

Entscheidungsfragen ▸ Diese mit „ja" oder „nein" zu beantwortenden Fragen werden als indirekte Fragesätze mit der Konjunktion *ob* eingeleitet: *Er fragt, **ob** er etwas tun müsse und **ob** er kommen solle.*

> **i Der Imperativ in der indirekten Rede**
> Der Imperativ der direkten Rede muss in der indirekten Rede umschrieben werden, und zwar mit den Modalverben *sollen* oder *mögen*.
>
> - *Der Bankräuber befahl dem Kassierer: „Gib mir das Geld!" → Der Bankräuber befahl, der Kassierer solle ihm das Geld geben.*
> - *Der alte Mann bat die Frau: „Helfen Sie mir bitte über die Straße." → Der alte Mann bat, die Frau möge ihm (bitte) über die Straße helfen.*

infinite Verbformen

Die infiniten (nicht konjugierten / gebeugten) Verbformen sind Infinitiv (*lesen*), Partizip I (*lesend*) und Partizip II (*gelesen*). Sie dienen vor allem zur Bildung zusammengesetzter Verbformen:
Er kann das Buch nicht lesen. Lesend verbrachte sie die Nacht in der Zelle. Wir haben die Zeitung im Unterricht gelesen.
→ *Sonderseiten „Verb", S. 452–455*

Infinitiv

→ *Sonderseiten „Infinitiv", S. 242f.*

in flagranti

Die Fügung *in flagranti* (wörtlich: „in brennendem Zustand") wird im Deutschen adverbial gebraucht. Man schreibt sie deshalb klein:
Sie haben ihn in flagranti ertappt.

infolge

Die Präposition steht mit dem Genitiv, wenn dem folgenden Substantiv ein Artikel, ein Pronomen oder ein Adjektiv vorausgeht: *Infolge der schwachen Konjunktur verringerte sich die Kauflust. Auf der Autobahn kam es infolge zahlreicher Unfälle zu kilometerlangen Staus.*
Folgt auf diese Präpositionen ein Substantiv ohne Artikel, Pronomen oder Adjektiv, dann muss die Präposition mit dem Dativ angeschlossen werden: *Es besteht infolge von Bauarbeiten Staugefahr. Sie konnte sich infolge von Alkoholkonsum an nichts mehr erinnern.*

in Frage / infrage

Die Verbindung kann man getrennt oder zusammenschreiben; vom folgenden Verb wird sie stets getrennt geschrieben: *einen Bericht in Frage/ infrage stellen.*
In Verbindung mit einem adjektivisch gebrauchten Partizip ist daneben auch Zusammenschreibung möglich: *die infrage kommenden/ infragekommenden Paragrafen.*

inklusive

Die Präposition steht mit dem Genitiv, wenn dem folgenden Substantiv ein Artikel, ein Pronomen oder ein Adjektiv vorausgeht: *Inklusive der Versandkostenanteile beträgt der Preis 56 Euro.*
Steht das zugehörige Substantiv ohne Artikel, Pronomen oder Adjektiv, bleibt es im Singular ungebeugt: *Inklusive Versandkostenanteil beträgt der Preis 56 Euro.*
Im Plural steht dagegen der Dativ: *Inklusive Versandkostenanteilen beträgt der Preis 56 Euro.*
Wird *inklusive* nachgestellt, hat es keinen Einfluss auf den Kasus des Substantivs: *Versandkostenanteile inklusive, Vorspeise und Nachtisch inklusive.*

in Kraft treten – Inkrafttreten

Die Fügung *in Kraft treten* schreibt man getrennt und das Substantiv groß: *Das Gesetz wird dieses Jahr in Kraft treten.* Die substantivierte Form schreibt man ohne Bindestriche zusammen: *nach Inkrafttreten des Gesetzes.*

inmitten

Die Präposition *inmitten* schreibt man zusammen. Sie steht mit dem Genitiv, wenn dem Substantiv ein Artikel, ein Pronomen oder ein Adjektiv vorausgeht: *Der kleine Park war eine Oase der Ruhe inmitten des Chaos.*
Folgt auf diese Präposition ein Substantiv ohne Artikel, ein Pronomen oder Adjektiv, dann muss die Präposition mit dem Dativ angeschlossen werden: *eine Oase der Ruhe inmitten von Chaos.*
Abweichend von dieser Regel kann bei geografischen Namen (insbesondere Ortsnamen), die immer ohne Artikel stehen, auch die Genitivform gebraucht werden: *inmitten Kölns.* Um die Genitivform zu vermeiden, ist die Bildung mit *von* möglich: *inmitten von Köln.*

innehaben, innehalten, inne sein

Den Wortbestandteil *inne-* schreibt man in Verbindung mit anderen Verben, wie z. B. *haben, halten* oder *wohnen,* zusammen: *Das wäre ein*

guter Augenblick, um innezuhalten. Er ist der Mitarbeiter, der zuletzt die Position eines Chefredakteurs innehatte. Man sollte dieser Vorstellungen innewerden. Dies ist der Zauber, der manchem Augenblick innewohnt.
In Verbindung mit *sein* wird dagegen getrennt geschrieben: *inne sein. Sie wird sich ihres Irrtums inne sein.*

in puncto

Wie *in flagranti* wird auch die fremdsprachige Fügung *in puncto* (wörtlich: „im Punkte") adverbial gebraucht und daher kleingeschrieben. Das nachfolgende Substantiv wird in der Regel nicht gebeugt: *Das Unternehmen muss in puncto Kundenservice noch manches dazulernen.*

ins

Die Verschmelzung aus der Präposition *in* und dem Artikel *das* wird ohne Apostroph geschrieben: *ins.* Sie wird in den meisten Grammatiken nicht mehr als umgangssprachlich eingestuft. Sie kann auch in vielen festen Wendungen (z. B. *ins Leere gehen*) nicht mehr zu *in das* aufgelöst werden.

in Sachen

Die Fügung *in Sachen* wird meist im Zusammenhang mit einem Substantiv ohne vorangehenden Artikel gebraucht. Es steht dann im Nominativ: *In Sachen Widerstand haben sich viele Bürger dieser Stadt besonders hervorgetan.*
Steht das Substantiv mit Artikel, setzt man es in der Regel in den Genitiv: *In Sachen des Friedens sollte man konsequent sein.*
Steht vor dem Substantiv ein Adjektiv, kommen sowohl der Genitiv als auch der Nominativ vor: *In Sachen englische* (auch: *englischer*) *Sprache gilt sie als Autorität.*

insbesondere

Kommasetzung • Das Adverb *insbesondere* kann eine nachgestellte Fügung einleiten, die den Inhalt des Satzes erläutert. Die Fügung wird durch Komma vom Satz abgetrennt: *Kriminalromane, insbesondere von Patricia Highsmith und Ingrid Noll, lese ich gern.*
insbesondere / insbesonders • Es heißt nur entweder *insbesondere* oder *besonders*. Die oft zu lesende Form *insbesonders* gilt als falsch. Meist wird *insbesonders* anstelle des korrekten *besonders* verwendet: *Das Pflegepersonal, besonders* (falsch: *insbesonders*) *Krankenschwestern, leidet unter der Arbeitsüberlastung.*

insgeheim

Das Adverb *insgeheim* kann nicht wie ein Adjektiv gebeugt werden. Ein entsprechender Gebrauch sollte auch in der gesprochenen Sprache vermieden werden.
Er verriet niemandem seine heimlichen Absichten. (Falsch: *Er verriet niemandem seine insgeheimen Absichten.*)

insofern, insoweit

Die Wörter *insofern* und *insoweit* können auf verschiedene Weisen gebraucht werden. Steht *insofern* bzw. *insoweit* im Hauptsatz, wird der Nebensatz mit *als* eingeleitet:
Der Ausgang des Verfahrens ist insofern/insoweit keine Überraschung, als die Staatsanwaltschaft ihre Anklage zurückgezogen hat.
Insofern bzw. *insoweit* kann darüber hinaus als zusammengesetzte Konjunktion einen Nebensatz einleiten:
Wir sind mit ihm zufrieden, insofern/insoweit als er seine Arbeiten pünktlich erledigt. Wir begrüßen die Reformen, insofern/insoweit als keine Stellen abgebaut werden.
In diesen beiden Fällen muss *insofern / insoweit* mit *als* verbunden werden. Die Konjunktionen *dass* und *weil* anstelle von *als* sind nicht korrekt:
FALSCH: *Wir sind insofern/insoweit mit ihm zufrieden, dass/weil er seine Arbeiten pünktlich erledigt.*
FALSCH: *Wir sind mit ihm außerordentlich zufrieden, insofern/insoweit dass er seine Arbeiten pünktlich erledigt.*

Die Grundform der Verben: Der *Infinitiv*

Schreibt man nun *der kleine Max lernt* ***Rechnen*** oder *der kleine Max lernt* ***rechnen***? Muss nach ***brauchen*** der Infinitiv tatsächlich immer mit ***zu*** stehen? Der Infinitiv ist die Grundform des Verbs und gehört damit (neben dem Partizip I und dem Partizip II) zu den drei unveränderlichen Verbformen. Dennoch kommt es ab und an zu Zweifelsfällen beim Gebrauch des Infinitivs – sei es bei der Groß- und Kleinschreibung oder bei der Kommasetzung. Auch die Frage, ob der Infinitiv mit *zu* bei mehrteiligen Verben getrennt oder zusammengeschrieben wird (*heimzukommen* oder *heim zu kommen*), ist immer wieder Thema sprachlicher Zweifelsfälle.

Infinitiv mit oder ohne „zu"

Der Infinitiv als Grundform des Verbs hat immer die Endung *-en* oder *-n*, die an den Verbstamm tritt (*lach-en, lächel-n*). In manchen Zusammenhängen wird der reine Infinitiv verwendet (*das kann warten; probieren geht über studieren*); in anderen hat er noch ein *zu* bei sich (*die Veränderung war zu sehen; er versuchte zu helfen*). Dies hängt davon ab, mit welchem Verb der Infinitiv steht oder welche Funktion er im Satz hat.

- Nach **Modalverben** etwa steht immer der reine Infinitiv: *Sie muss lachen. Er kann tanzen.*
- Nach manchen Verben, wie ***helfen*** oder ***lernen***, kann der reine Infinitiv oder der Infinitiv mit *zu* stehen:
  Er lernt kochen/zu kochen.
  Sie hilft ihm kochen/zu kochen.
- Wenn der Infinitiv mit seinen Zusätzen das **Subjekt** des Satzes ist, kann er mit oder ohne *zu* stehen:
  Ein Menü kochen/zu kochen ist toll.

Wenn ein Verb mit einem Verbzusatz eine sogenannte trennbare Zusammensetzung bildet (*entgegenkommen, emporfliegen*), dann wird es auch im Infinitiv mit *zu* zusammengeschrieben: *entgegenzukommen, emporzufliegen*. (Sonst ist das nur in den Partizipien – *emporgeflogen* – und im Nebensatz bei Endstellung des Verbs der Fall – *... weil er emporflog*. Aber: *Er flog empor.*)

> **i** **„Wer *brauchen* ohne *zu* gebraucht, braucht *brauchen* überhaupt nicht zu gebrauchen."**
> So hieß es sehr lange Zeit und auch heute noch wird verneintes oder einschränkendes „brauchen" – vor allem in der Schriftsprache – nur so verwendet: *Du brauchst nicht zu kommen.* In der gesprochenen Sprache scheint sich dieses Verb jedoch allmählich in ein **Modalverb** (wie *müssen, dürfen, sollen*) zu verwandeln. Denn es wird zunehmend, wie für ein Modalverb typisch, mit dem reinen Infinitiv (ohne *zu*) verbunden: *Du brauchst nicht putzen = Du musst nicht putzen.* Geschuldet ist das wohl der hohen Bedeutungsähnlichkeit von *nicht brauchen* und *nicht müssen*.

Der substantivierte Infinitiv

Infinitive lassen sich wie andere Wörter auch substantivieren; man schreibt sie entsprechend groß: *das Laufen, beim Lernen, zum Weinen*.

ACHTUNG: Bei manchen einfachen Infinitiven kann man oft nicht entscheiden, ob sie verbal oder substantivisch gebraucht sind. Man kann sie deshalb groß- oder kleinschreiben: *Der kleine Max lernt rechnen.* (= Der kleine Max lernt es, zu rechnen.) *Der kleine Max lernt Rechnen.* (= Der kleine Max lernt das Rechnen.)
Bei komplexeren Infinitiven gilt es für die korrekte Schreibung zu differenzieren:
Infinitive mit zwei Bestandteilen ▸ Sind diese substantiviert, schreibt man groß und zusammen: *das Skifahren, das Kartenspielen.*
***nicht* oder *nichts* plus Infinitiv** ▸ Auch solche substantivierten Verbindungen schreibt man, wenn die Infinitive nicht erweitert sind, zusammen: *das Nichtstun, das Nichtwissen, das Nichtwollen.*
Erweiterte Infinitive ▸ Entstehen sogenannte Aneinanderreihungen, setzt man der Übersichtlichkeit halber Bindestriche. Außer den ohnehin substantivischen Bestandteilen wird sowohl das erste Wort der Gruppe großgeschrieben als auch der substantivierte Infinitiv: *das Etwas-nicht-auf-die-Reihe-Kriegen, das Auf-die-lange-Bank-Schieben, das In-den-Tag-Hineinträumen.*

> i **Nominalstil**
> Bei manchen Substantivierungen entsteht allerdings ein sogenannter „Nominalstil“, der schwerfällig und umständlich wirkt. Oft sind sie ohne weiteres durch einfache Infinitivgruppen oder Nebensätze zu ersetzen:
> - *Das Sich-Zurechtfinden dauerte eine Weile.* → *Es dauerte eine Weile, bis man sich zurechtfand.*
> - *Das Inkrafttreten des Gesetzes erfolgt zum 1. April.* → *Das Gesetz tritt zum 1. April in Kraft.*
> - *Sie hasst das Sich-Gehenlassen der Eltern.* → *Sie hasst es, dass sich die Eltern gehenlassen.*
> - *Das ewige Von-der-Hand-in-den-Mund-Leben ist nicht mehr zu ertragen.* → *Es ist nicht mehr zu ertragen, ewig von der Hand in den Mund zu leben.*

Ersatzinfinitiv statt Partizip II

Modalverben stehen häufig mit dem Infinitiv eines Vollverbs (*er darf nicht kommen*). Wenn von diesen Formen **Perfekt** oder **Plusquamperfekt** gebildet werden, geschieht dies nicht mit dem Partizip II, sondern mit dem Ersatzinfinitiv. Dieser steht immer nach dem Infinitiv des Vollverbs:
- *Du hättest nicht kommen dürfen.*
- *Ich habe es einfach nicht sehen können.*
- *Wir haben sie nicht gehen lassen mögen.*

Dieser Ersatzinfinitiv nimmt immer die **Endstellung** ein. Dies gilt auch für den Nebensatz. Es heißt also korrekt:
- *Du weißt, dass du nicht hättest kommen dürfen.*
- *Ich sagte doch, dass ich es nicht habe sehen können.*
- *…, obwohl wir sie nicht haben gehen lassen mögen.*

Werden die Verben *fühlen, hören, lassen* mit einem Infinitiv gebraucht, kann ihr Perfekt sowohl mit dem sogenannten Ersatzinfinitiv als auch mit dem Partizip II gebildet werden: *Ich habe dich die ganze Nacht husten* ***hören/gehört.*** Beide Perfektbildungen sind gleichermaßen korrekt. Der Ersatzinfinitiv steht auch hier immer in Endstellung: *…, weil du deine Brille hast liegen lassen.*

Zusammenschreibung bei Substantivierung:
Karten spielen → *das Kartenspielen*

Installation

Da bei *Installation* und *installieren* die fremdsprachigen Wortbestandteile nicht mehr deutlich erkennbar sind, sind sowohl die Trennungen *In-stal-la-ti-on, in-stal-lie-ren* als auch *Ins-tal-la-ti-on, ins-tal-lie-ren* möglich.

Vom *Stall* zur *Installation*

Nicht immer führt eine neue Technologie auch zwangsläufig zu einem neuen Wort. Als man im Amerikanischen das Einrichten von Computerprogrammen mit dem Verb *to install* belegte, benötigte man im Deutschen keinen neuen Anglizismus. Denn mit *installieren* existierte bereits ein entsprechendes Wort, dem nun einfach die neue Lehnbedeutung hinzugefügt wurde. Genauer betrachtet kommen *installieren* erstaunlich viele Bedeutungen zu: Man verwendet es für das Einbauen technischer Anlagen und als Substantiv bezeichnet *Installation* in der bildenden Kunst die Anordnung von Gegenständen als Kunstwerk. Im Kirchenrecht steht das Wort für die Einweisung von Geistlichen in ihr Amt.

Der wortgeschichtliche Ursprung, der all diesem zugrunde liegt, ist erstaunlicherweise das Wörtchen *Stall*, das wir heute nur noch für ein Gebäude zur Tierhaltung verwenden. Im Germanischen und Althochdeutschen hatte das Wort dagegen eine abstraktere Bedeutung im Sinne von „Standort“ oder „Stelle“. (Auch Letzteres geht wie *stellen* auf *Stall* zurück.) Das althochdeutsche Wort füllte im Mittelalter offenbar eine Bedeutungslücke, sodass es in der Form *stallus* ins Mittellateinische entlehnt wurde. Daraus bildeten sich nicht nur die Ableitungen wie *installare* oder *Installatio*. Das Verb *installare* wurde auch in praktisch alle europäischen Sprachen entlehnt.

Intendant

Das Substantiv gehört der schwachen Deklination an; außer im Nominativ enden die Formen daher immer auf *-en*. Das Weglassen der Endung, insbesondere im Dativ und Akkusativ, gilt als umgangssprachlich und sollte vermieden werden: *Wir möchten dem Intendanten* (nicht: *Intendant*) *für seine Worte danken. Der Verwaltungsrat hat den Intendanten* (nicht: *Intendant*) *wiedergewählt.* Auch in Verbindung mit *Herr* sollte *Intendant* gebeugt werden: *dem Herrn Intendanten.*

Interessenkonflikt, Interessenvertretung

Da in Zusammensetzung mit *Interesse* der Wortbestandteil *-en-* bereits das Fugenelement bildet, gelten Formen mit zusätzlichem Fugen-s als nicht korrekt. Es heißt also: *Interessenkonflikt* (nicht: *Interessenskonflikt*), *Interessenvertretung* (nicht: *Interessensvertretung*).

Interjektion

Interjektionen (von lateinisch *interiectio* „Dazwischenwerfen“) – sie werden auch als Ausrufe- oder Empfindungswörter bezeichnet – gelten traditionell als eigene Wortart. Von anderen Wortarten unterscheiden sie sich vor allem dadurch, dass sie entweder isoliert im Satz stehen (*Ich aber,* ***ach****, kam wieder zu kurz.*) oder für sich allein den Wert eines Satzes haben: *Wir haben geheiratet. –* ***Oh!*** *Das freut mich für euch.*
Die Interjektionen können in zwei Klassen untergliedert werden: Empfindungswörter im engeren Sinne und Wörter, mit denen Laute nachgeahmt werden.
Beispiele für Empfindungswörter im engeren Sinne sind: *ach, ah, ätsch, au, aua, autsch, auweia, hallo, hoppla, hurra, igitt, na, nanu, oh, oje/o je, pfui, uff.*
Beispiele für lautnachahmende Wörter sind: *haha, hihi, hatschi, kikeriki, klingeling, mäh, miau, muh, peng, quak, tatütata, ticktack, wau wau.*
Interjektionen werden nur am Satzanfang oder bei Substantivierung großgeschrieben: *Mit einem lauten Hoppla! landete er auf dem Asphalt.*

Interpunktion

→ *Punkt, Komma, Semikolon, Doppelpunkt usw.*

Interrogativsatz

→ *Fragesatz*

intransitive Verben

Unter intransitiven Verben versteht man alle Verben, die kein Akkusativobjekt regieren können und die nicht zu den reflexiven Verben gehören. Intransitive Verben sind also sowohl solche, die ein Dativobjekt regieren, als auch solche mit Präpositionalobjekt und Verben, die nur ohne Objekt vorkommen: *Wir helfen dir gern. Ich habe nur an dich gedacht. Der Krokus blüht.*

Irak, Iran

Ländernamen mit maskulinem Genus stehen in der Regel mit dem bestimmten Artikel: *der Irak, der Iran.* Der Genitiv wird in dieser Verwendung ohne *-s* gebildet: *die Regierung des Irak; die geistliche Führung des Iran.*
Die Namen dieser Staaten werden heute zunehmend im Neutrum und ohne Artikel gebraucht: *der Krieg zwischen Iran und Irak.*

irgend-

Mehrteilige Pronomen mit *irgend-* schreibt man zusammen: *irgendetwas, irgendjemand, irgendwas, irgendwelcher, irgendwer, irgendwie, irgendwo, irgendwohin.*
Getrennt geschrieben wird jedoch, wenn *irgend* durch *so* erweitert ist: *irgend so ein, irgend so etwas.*

Iris

Das Substantiv, das sowohl die Blume als auch die Regenbogenhaut des Auges bezeichnet, bleibt im Plural und im Genitiv unverändert: *eine Iris; viele Iris.* In der medizinischen Fachsprache lautet der Plural für *Iris* jedoch *Iriden.*

Iris – ein Regenbogen im Auge
Das Wort *Iris* hatte schon in der Antike mehrere Bedeutungen: Zunächst stand *Iris* einfach für „Regenbogen". Auch die Göttin, die in der griechischen Mythologie als Personifikation des Regenbogens darstellte, führte den Namen *Iris*, der so zum beliebten Frauennamen wurde. Die Griechen bezogen das Wort generell auf vielfarbige, schillernde Gegenstände, so z. B. auf die Blume der Gattung Schwertliliengewächse, die für ihr buntes Erscheinungsbild beliebt war. Als *Iris* bezeichnete man auch den Augenfleck in der Schmuckfeder des Pfaus. Diese „Pfauenaugen" waren es offenbar auch, die Mediziner dazu anregten, der Regenbogenhaut im menschlichen Auge den Fachausdruck *Iris* zu verleihen.

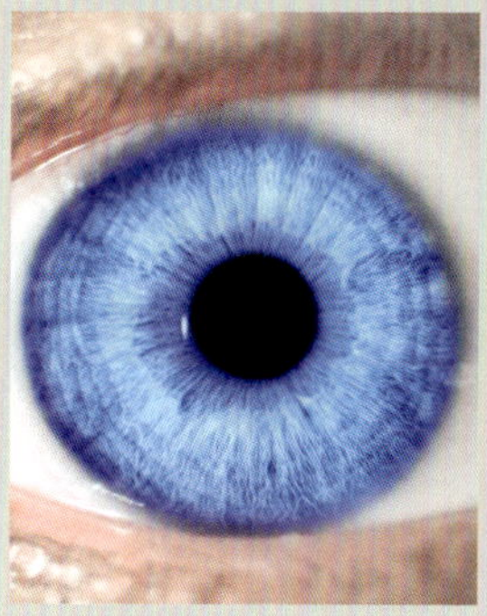

Ironie

Mit der Stilfigur der Ironie wird ein Gegenstand oder auch eine Person unter dem Mantel der Ernsthaftigkeit ins Lächerliche gezogen, indem man das Gegenteil von dem sagt, was man eigentlich meint oder sich die Argumente der Gegenpartei scheinbar zu eigen macht, seine wirkliche Meinung aber durchblicken lässt: *Du bist mir ein schöner Freund. Das ist ja eine feine Gesellschaft.*
→ *Sonderseiten „Rhetorik", S. 368–371*

irreparabel

In den gebeugten Formen verliert das Adjektiv *irreparabel* sein zweites *e: irreparable Schäden; ein irreparabler Verlust.*

-isch

→ *-ig/-lich/-isch*

Islam

Vom Substantiv *Islam* wird der Genitiv im allgemeinen Sprachgebrauch oft ohne *s* gebildet. Die Bildung mit Genitiv-s ist jedoch auch korrekt: *das Alkoholverbot des Islam/Islams.*

-ismus

Bei Fremdwörtern auf *-ismus* wird die Endung *-us* im Plural in den meisten Fällen durch *-en* ersetzt: *Automatismus – Automatismen; Exorzismus – Exorzismen; Mechanismus – Mechanismen; Organismus – Organismen; Rheumatismus – Rheumatismen.* Die Pluralform *-ismusse* ist dagegen nicht korrekt.
Bei vielen Fremdwörtern auf *-ismus* ist allerdings keine Pluralform in Gebrauch: *Buddhismus, Kapitalismus, Optimismus, Patriotismus, Symbolismus, Tourismus.*

Israeli

Die Einwohnerbezeichnung für den Staat *Israel* lautet für Männer und Frauen *Israeli.* Der Genitiv kann im Maskulinum mit oder ohne Genitiv-s gebildet werden: *des Israeli/Israelis.*
Das zugehörige Adjektiv *israelisch* bedeutet „den Staat Israel betreffend, aus dem Staat Israel stammend".
Dagegen bezieht sich die Bezeichnung *Israelit/Israelitin* auf die Angehörigen des Volkes *Israel* im Alten Testament.
Das Adjektiv *israelitisch* bedeutet „die Israeliten, deren Geschichte und Religion" betreffend:
israelische Staatsbürgerschaft
Mitglieder der Israelisch-Deutschen Gesellschaft
Präsident der israelitischen Kultusgemeinde
israelitisches Glaubensbekenntnis

ist oder sind?

→ *Sonderseiten „Kongruenz", S. 266–269*

Ist-Aufkommen

Bei Zusammensetzungen, die mit *ist* gebildet werden, wird zwischen die einzelnen Bestandteile ein Bindestrich gesetzt: *Ist-Aufkommen; Ist-Soll-Analyse; Ist-Zustand.*

italienisch/Italienisch

Kleinschreibung • Als Adjektiv schreibt man *italienisch* auch in mehrteiligen Fügungen klein: *die italienische Schweiz; ein italienisches Pastagericht.*
Großschreibung bei Titeln und Namen • Als Bestandteil von Titeln, Eigennamen, zoologischen oder botanischen Fachbegriffen schreibt man groß: *die Italienische Republik; die Italienische Sinfonie* (= „Sinfonie Nr. 4 von Felix Mendelssohn Bartholdy"); *die Italienische Nacht* (Veranstaltung).
Großschreibung bei Substantivierung • Bei Substantivierung schreibt man groß: *das Italienische; im Italienischen. Sie hat den Text ins Italienische übersetzt.* Auch nach den Präpositionen *auf, in* und *zu* wird großgeschrieben: *in Italienisch; auf Italienisch. Die Begleittexte im Katalog sind auf Italienisch.*
Man schreibt das substantivierte Adjektiv groß, wenn es mit „Was?" (auch: „Wovon?", „Worin?") erfragbar ist. Gemeint ist dann *Italienisch* als Sprache: *Sie unterrichtet Italienisch* (Frage: „Was unterrichtet sie?"). *Er spricht ein flüssiges Italienisch. Ihre Muttersprache ist Italienisch.*
In einigen Fällen kann aber auch mit „Wie?" gefragt werden. In diesen Fällen ist Groß- oder Kleinschreibung möglich:
Sie spricht italienisch. (Frage: „Wie spricht sie?")
Sie spricht Italienisch. (Frage: „Was spricht sie?")
Das Schulfach *Italienisch* wird immer großgeschrieben: *Sie hatte ab der 7. Klasse Italienisch.*
→ *deutsch/Deutsch*

Itzehoer

Bei der Bildung von Einwohnerbezeichnungen auf *-er* zu Ortsnamen, die wie *Itzehoe* auf einem unbetonten bzw. stummen *-e* enden, wird dieses *-e* getilgt: *Itzehoer.*

J

j oder y?

In einer Reihe von Fremdwörtern aus unterschiedlichen Herkunftssprachen tritt der Buchstabe *y* für den Laut [j] auf. In einigen Fällen ist die Schreibung mit *j* als gleichberechtigte Variante zulässig: *Mayonnaise – Majonäse; Yacht – Jacht; Yak – Jak; Yen – Jen; Yoga – Joga; Yo-Yo – Jo-Jo.*

ja

Groß- und Kleinschreibung • Als sogenannte Partikel wird *ja* kleingeschrieben: *Die Antwort ist ja. Das ist ja nicht zu glauben.* Die substantivierte Form, z. B. mit Artikel, wird dagegen mit großem Anfangsbuchstaben geschrieben: *Wir brauchen das uneingeschränkte Ja aller Demokraten zur Verfassung.*
Im folgenden Fall bleibt es dem Schreibenden überlassen, je nach Interpretation groß- oder kleinzuschreiben: *Er sagte zu ihrem neuen Angebot ja/Ja.*
Kommasetzung • Wenn *ja* als Ausdruck der Steigerung einen Nachtrag oder einen Nebensatz einleitet, wird dieser durch Komma abgegrenzt. Das Komma muss auch verwendet werden, wenn *ja* als Ausdruck einer Stellungnahme außerhalb des Satzes steht: *Tausende, ja Zehntausende sind gekommen. Sie mochte ihn nicht, ja sie hasste ihn geradezu. Ja, ich komme schon. Du hast doch noch etwas Zeit, ja?*
Ist *ja* in den Ablauf des Satzes einbezogen, steht kein Komma: *Ich komme ja schon. Dass mir das ja nicht wieder vorkommt! In diesem Jahr hatten wir ja so viel Regen!*

Jacht/Yacht

Für die aus dem Englischen übernommene Wortform *Yacht* ist auch die Schreibung *Jacht* korrekt. Gegenwärtig wird die Schreibung *Yacht* noch bevorzugt.

Jahr – im März diesen/dieses Jahres

Bei Substantiven im Neutrum, die wie *Jahr* den Genitiv mit *-es* am Wortende bilden, hat auch das Demonstrativpronomen die starke Form: *dieses: im März dieses Jahres; Ende dieses Jahres.*
Viele wählen jedoch beeinflusst von Wendungen wie *im März nächsten Jahres* die schwache Form des Demonstrativpronomens: *diesen: im März diesen Jahres, Ende diesen Jahres.* Diese Form gilt in vielen Grammatiken jedoch als nicht standardsprachlich.

Jahreszahlen

Apostroph bei Jahreszahlen • Häufig wird, wie im Englischen, ein Apostroph bei der Abkürzung von Jahreszahlen verwendet. Dafür ist im Deutschen jedoch kein Auslassungszeichen erforderlich: *im Sommer 99* (nicht: *'99*); *die deutsche Literatur nach 45* (nicht: *'45*); *die Zeit vor 89* (nicht: *'89*).
in 2014 • Die Präposition *in* darf standardsprachlich nicht mit einer Jahreszahl verwendet werden. Dieser Gebrauch, der aus dem Englischen übernommen ist, ist nicht korrekt. Standardsprachlich ist nur die Jahreszahl ohne Präposition oder *im Jahr(e)* + Jahreszahl: *Das Bruttoinlandsprodukt soll im Jahr(e) 2014* (nicht: *in 2014*) *um 3 % wachsen./Das Bruttoinlandsprodukt soll 2014* (nicht: *in 2014*) *um 3 % wachsen.*
→ *Datum*

-jährig/jährlich

Mit Zeitangaben auf *jährig* wird die Dauer ausgedrückt, mit Zeitangaben auf *jährlich* hingegen die Wiederholung eines Vorgangs: *eine vierjährige Stute* („eine vier Jahre alte Stute") – *ein jährliches Ereignis* („ein jedes Jahr wiederkehrendes

Ereignis“). Gleiches gilt für Zusammensetzungen wie *halbjährlich/halbjährig* und *vierteljährlich/vierteljährig*.

Jalousie

Im Schweizerischen bezieht sich der Ausdruck *Jalousie* (neben dem Sichtschutz) auch auf die lamellenartig eingeschnittenen Blätterteigtaschen: *Apfeljalousie, Sauerkrautjalousie.*

Jalousie – Lamellen der Eifersucht
Es gibt in der Wissenschaft zur Herkunft und Entwicklung von Wörtern bisweilen Rätsel, für die zwar eine Erklärung in greifbarer Nähe zu liegen scheint, die sich aber am Ende nicht auflösen lassen. Dazu gehört wohl auch der aus dem Französischen stammende Ausdruck *Jalousie* für den Licht- und Sonnenschutz aus beweglichen Lamellen. *Jalousie* bedeutet wörtlich „Eifersucht“. Der Bezug des Wortes auf den Gegenstand vollzog sich offenbar in Venedig, wo diese neue Form des Sichtschutzes aus dem Orient erstmals eingeführt wurde. Ob die Begriffsprägung daher zustande kam, dass man von innen durch eine *Jalousie* zwar hindurch-, von außen aber nicht hineinblicken kann, ist zwar plausibel. Nachgewiesen ist es freilich nicht.

Jamaika

Die Einwohnerbezeichnung von *Jamaika* lautet *Jamaikaner*, das zugehörige Adjektiv *jamaikanisch.*

Jambus

Der Plural von *Jambus* lautet *Jamben*. Neben *Jambus* ist, wenn auch seltener, die feminine Form *Jambe* in Gebrauch. Sie wird ebenso gebeugt wie *Blume*.

je

Einwohner je Quadratmeter • Das auf die Präposition *je* folgende Substantiv steht häufig im Akkusativ, doch ist auch der Nominativ möglich: *Angaben je angemeldeten* (auch: *angemeldeter*) *Haushalt; ein Willkommensgeschenk je Kunden* (auch: *Kunde*).
In den meisten Fällen ist ohnehin nicht erkennbar, welcher Kasus steht: *1000 Einwohner je Quadratkilometer; 20 Euro je Stammaktie.*
je … desto / je … umso / je … je • Die mehrteiligen Konjunktionen *je … desto* und *je … umso* sind bedeutungsgleich und können beliebig ausgetauscht werden: *Je später es wurde, desto/umso munterer wurde Günther.*
Die Konjunktion *je … je* anstelle von *je … desto/je … umso* ist veraltet und kommt heute nur selten vor. Falsch ist *je … je* jedoch nicht: *Je länger sie las, je besser gefiel ihr der Roman.*
In kurzen Verbindungen von zwei Adjektiven im Komparativ ist *je … je* allerdings üblich: *je länger, je lieber; je größer, je besser.*
Kommasetzung bei je … desto / umso / je • Sätze oder Satzteile, die durch *je … desto/umso/je* miteinander verbunden sind, werden immer durch Komma abgetrennt: *Je mehr man etwas verbietet, desto attraktiver wird es. Sein Motto war: je eher, je lieber.*
je ein Spieler wurde / wurden • Nach einem mit *je ein* eingeleiteten Subjekt steht das Prädikat im Singular. Die Verwendung des Plurals ist falsch: *Je ein Spieler beider Mannschaften wurde* (nicht: *wurden*) *auf die Strafbank versetzt. An den Standorten Osnabrück und Erlangen ist* (nicht: *sind*) *je eine Stelle ausgeschrieben.*
je nachdem(,) ob / wie • Bei der mehrteiligen Konjunktion *je nachdem ob/wie* kann man selbst entscheiden, ob nach dem ersten Teil der Konjunktion ein Komma stehen soll oder nicht:

Je nachdem(,) ob er hartnäckig oder sachlich ist, werde ich ihm gegenüber abweisend oder freundlich sein. Sie wird persönlich kommen oder anrufen, je nachdem(,) wie sie Zeit und Lust hat.

jede(r, -s)

am 15. jedes / jeden Monats • Das Indefinitpronomen *jede(r, -s)* wird wie die Demonstrativpronomen *diese(r, -s)* und *jene(r, -s)* gebeugt. Im Genitiv des Maskulinums und des Neutrums ist sowohl die starke Form *jedes* als auch die schwache Form *jeden* möglich. Vor Substantiven im Maskulinum, die die Genitivform mit *-s* bilden, sind beide Formen korrekt: *bar jedes / jeden Gefühls; am 15. jedes / jeden Monats*
Bei schwach gebeugten Substantiven im Maskulinum – sie enden im Genitiv auf *-en* – kann dagegen nur die starke Form stehen: *das größte Glück jedes* (nicht: *jeden*) *Menschen.*
Steht vor dem Substantiv ein Adjektiv, ist ebenfalls nur die starke Form möglich: *die Lebensgeschichte jedes* (nicht: *jeden*) *alten Mannes.*
Dagegen muss die schwache Form stehen, wenn *jeder* auf den (stark gebeugten) unbestimmten Artikel folgt: *das größte Glück eines jeden* (nicht: *jedes*) *Mannes / Menschen.*
jeder Bürger und jede Bürgerin hat / haben • Besteht das Subjekt aus zwei Subjektteilen, die in Verbindung mit *jede(r, -s)* gebraucht werden, steht das Prädikat in der Regel im Singular. Daneben ist aber auch der Plural möglich: *Jeder Bürger und jede Bürgerin hat* (auch: *haben*) *das Recht, eine Petition einzureichen. Jeder Roman und jedes Drehbuch ist* (auch: *sind*) *geistiges Eigentum des Autors.*
Getrennt- und Zusammenschreibung • Das mehrteilige Adverb *jederzeit* und das Pronomen *jedermann* werden zusammengeschrieben. Getrennt schreibt man aber: *zu jeder Zeit.* Auch die Fügung *jedes Mal* wird getrennt geschrieben.
Groß- und Kleinschreibung • Zahlwörter nach *jede(r, -s)* werden immer großgeschrieben, sofern sie sich nicht auf ein Substantiv beziehen: *Jeder Fünfte leidet unter Pollenflug.* (Aber: *Jeder fünfte Erwachsene leidet unter Pollenflug.*) Großschreibung gilt auch für die Fügung *jedes Mal.*

jedoch

Hat *jedoch* in einem Satz die Funktion einer nebenordnenden Konjunktion, bleibt die Wortstellung im dem mit *jedoch* eingeleiteten Satz unverändert: *Die Sonne scheint, jedoch Lea geht nicht aus dem Haus.*
Dabei ist die Konjunktion *jedoch* nicht auf die Position am Anfang des Satzes festgelegt: *Paul hat angerufen, Jan meldet sich jedoch nicht. Paul hat angerufen, Jan jedoch meldet sich nicht.*
Daneben kann das Wort *jedoch* auch als Konjunktionaladverb verwendet werden. Man kann es daran erkennen, dass es am Anfang des eingeleiteten Satzes steht. Im Unterschied zur Verwendung als Konjunktion tauschen Subjekt und finites Verb die Positionen, sodass das Verb nun vor dem Subjekt steht: *Paul hat angerufen, jedoch meldet sich Jan nicht.*

jedwede(r, -s)

Das Pronomen *jedwede(r, -s),* das heute auf die gehobene Sprache beschränkt ist, hat dieselbe Bedeutung wie *jede(r, -s),* drückt aber eine besondere Betonung aus. Im Genitiv des Maskulinums und des Neutrums bildet *jedwede(r, -s)* die starke Form auf *jedwede***s** und die schwache Form auf *jedwede***n**.
Dabei steht die schwache Form *jedwede***n** vor Substantiven im Maskulinum und Neutrum, die den Genitiv mit *-s* bilden, also der starken Deklination angehören: *die Leistungen jedwede***n** *Spieler***s***; die Verbindungsdaten jedwede***n** *Telefongespräch***s**.
Vor Substantiven, die den Genitiv mit *-en* bilden, steht dagegen die starke Form *jedwede***s***: die Vorstellungen jedwede***s** *Mensch***en***; die Pläne jedwede***s** *Architekt***en**.
Vor einem Adjektiv kann *jedwede(r, -s)* sowohl stark als auch schwach gebeugt werden: *jedweden / jedwedes teuren Geschenks.*

jegliche(r, -s)

Das Indefinitpronomen *jeglicher,* das heute auf die gehobene Sprache beschränkt ist, hat dieselbe Bedeutung wie *jeder.* Im Gegensatz zu *jeder* und *jedweder* hat *jeglicher* im Genitiv des Maskulinums und des Neutrums nur die schwache Form auf *-n*. Diese Form steht also auch vor einem Adjektiv: *die Einstellung jeglichen hilfreichen Programms.*

jemand

jemand / jemanden, jemandes / jemands • Das Pronomen *jemand* kann im Akkusativ und im Dativ sowohl mit als auch ohne Endung stehen. Die folgenden Formen sind also alle korrekt: *Ich habe jemanden/jemand getroffen, der dich kennt. Mit Blumen kann man jemandem/jemand* (falsch: *jemanden) Freude schenken.*
Dabei werden im Akkusativ die endungslosen Formen bevorzugt, während im Dativ beide Formen gleichberechtigt sind.
Der Genitiv kann nicht ohne Endung stehen. Korrekt sind dabei die Formen *jemandes* und, wenn auch seltener gebraucht, *jemands: Er würde sich nie in jemandes* (selten: *jemands*) *Abhängigkeit begeben.*
jemandes Brief • Die Genitivform von *jemand* ist relativ selten. Wird sie als Genitivattribut verwendet, muss sie stets vor dem Substantiv stehen, auf das sie sich bezieht: *Er hat jemand(e)s Brief gelesen.* (Falsch: *Er hat den Brief jemandes gelesen.*)
jemand anders • In Konstruktionen mit *jemand* vor *anders* oder einem substantivierten Adjektiv kann *anders* bzw. das Adjektiv in Akkusativ und Dativ ungebeugt bleiben: *an/bei jemand anders/Anders. Sie liebt jemand Jüngeres.*
Die gebeugten Formen sind hier jedoch gebräuchlicher: *Sie liebt jemand Jüngeren. Wir vertrauen nur jemand Erfahrenem. Sie liebt jemand anderen/ Anderen. Wir vertrauen jemand anderem/Anderem.*
Nicht korrekt ist die maskuline Form des substantivierten Adjektivs im Nominativ: *Das ist jemand Neues* (nicht: *Neuer*).

Jena

Die Einwohner von *Jena* heißen *Jenaer* oder *Jenenser*. Die Form *Jenaer* kann auch die Funktion eines Adjektivs einnehmen und wird dabei wie alle Einwohnerbezeichnungen auf *-er* großgeschrieben: *Jenaer Innenstadt.*

je nachdem

→ *je*

jener

→ *diese(r,-s)*

jenseits

Die Präposition *jenseits* steht mit dem Genitiv, wenn dem folgenden Substantiv ein Artikel, ein Pronomen oder ein Adjektiv vorausgeht: *Jenseits dieser Dörfer fängt der Urwald an. Die Theorie liegt jenseits unserer Vorstellungen.*
Steht das Substantiv dagegen allein, schließt man mit der Präposition *von* und dem Dativ an: *jenseits von Eden; jenseits von Frankfurt; jenseits von Gut und Böse.*
Abweichend von dieser Regel kann bei geografischen Namen (insbesondere Ortsnamen), die immer ohne Artikel stehen, auch die Genitivform gebraucht werden: *jenseits Kölns.*

jetzt … jetzt

Gleichrangige Glieder einer Aufzählung werden durch ein Komma abgegrenzt, wenn sie durch *jetzt … jetzt* miteinander verbunden sind: *Jetzt hebt sich der Vorhang, jetzt hat der erste Schauspieler seinen Auftritt.*

Joghurt / Jogurt

Joghurt / Jogurt • Für das aus dem Türkischen entlehnte Wort *Joghurt* ist neben der fremdsprachigen Schreibung mit *gh* auch die eingedeutschte Schreibung mit *g* zulässig: *Joghurt/Jogurt.*
TIPP: Im allgemeinen Schreibgebrauch überwiegt die fremdsprachige Schreibung *Joghurt*.
der / das Joghurt • Ob *Joghurt/Jogurt* im Maskulinum oder Neutrum gebraucht wird, ist regional unterschiedlich: In Deutschland heißt es überwiegend *der Joghurt/Jogurt*, in Österreich und in der Schweiz dagegen *das Joghurt/Jogurt.*
In Teilen Österreichs ist daneben sogar das Femininum *die Joghurt/Jogurt* in Gebrauch.

Jubiläum

Jubiläum wird wörtlich im Sinne von „Gedenktag nach einer runden Zahl von Jahren“ gebraucht. Insofern sind Fügungen wie *fünfzigjähriges Jubiläum* streng genommen problematisch, da ja nicht das *Jubiläum* 50 Jahre alt ist, sondern nur das *Jubiläum* des 50. Jahrestages eines Ereignisses gefeiert wird. Dennoch gilt die Fügung inzwischen als korrekt.

Vom *Jubeljahr* zum *Jubiläum*

Die schöne Redewendung *nur alle Jubeljahre* im Sinne von „sehr selten“ trifft den ursprünglichen Hintergrund des Wortes *Jubeljahr* recht gut. Denn das bei Israeliten stattfindende sogenannte *Jobeljahr* fand tatsächlich nur alle 50 Jahre statt. Besonders war es aber auch deshalb, weil in diesem Jahr alle Schulden erlassen wurden. Die Bezeichnung geht zurück auf die feierliche Einführung des Jahres unter dem Klang der als Posaunen genutzten Widderhörner (hebräisch *jovel*).
In Anlehnung an diesen Brauch schuf Papst Bonifatius VIII. im Jahre 1300 eine christliche Entsprechung, das *jubilaeus annus* (zu Deutsch „Jubeljahr“). Das Wort scheint sich zwar lautlich an das Hebräische anzulehnen. Bonifatius leitete es aber aus dem Lateinischen *jubilare* („jauchzen“) ab. Im *Jubeljahr* sollten zwar keine Schulden, dafür aber alle Kirchenstrafen erlassen werden. Der Papst legte als Zeitraum alle 100 Jahre fest, wobei seine Nachfolger diesen auf 50, später auf 33 und zuletzt auf 25 verkürzten. Das Beispiel machte Schule, sodass auch im weltlichen Bereich die feierliche Wiederkehr eines Ereignisses mit einem Fest begangen wurde. Der Ausdruck wurde allerdings zu *Jubiläum* verkürzt.

jung / Jung

Das Adjektiv *jung* schreibt man klein*: ich kenne sie von jung auf; sie ist die jüngere von meinen Schwestern.*
Bei Substantivierung wird dagegen großgeschrieben: *die Jungen; Jung und Alt* (= „jedermann“); *Junge und Alte. Junge und Alte waren da. Die Feier gefiel Jung und Alt. Es gab Musik für Jung und Alt. Er ist der Jüngere von beiden. Sie ist die Jüngste von uns. Er ist unser Jüngster. Er ist nicht mehr der Jüngste.*
Als Bestandteil von Eigennamen schreibt man *jung* groß: *Hans Holbein der Jüngere; Jung Siegfried; das Junge Deutschland* (= „eine revolutionäre Dichtergruppe nach 1830“); *Junge Union; Junge Liberale; das Jüngste Gericht; der Jüngste Tag.*

Junge / Knabe / Bub

Der Gebrauch von *Junge/Knabe/Bub* für ein männliches Kind variiert regional: In Deutschland, vor allem in Nord- und Mitteldeutschland, wird *Junge* allen anderen Bezeichnungen vorgezogen. Dagegen wird teilweise in Süddeutschland, vor allem aber in Österreich und in der Schweiz häufiger *Bub* gebraucht.
Das in Deutschland meistens als veraltet empfundene *Knabe* ist in der Schweiz und in Österreich hingegen ein normaler Bestandteil des Wortschatzes.

Juni / Juno

Der Name des Monats lautet zwar *Juni*. Am Telefon wird zur lautlichen Abgrenzung gegenüber dem ähnlich klingenden *Juli* oft die Form *Juno* gewählt.

justitiabel / justiziabel

Da ein Bezug zu einem Substantiv mit *z* am Wortende (*Justiz*) herstellen lässt, ist neben *justitiabel* auch die Schreibung *justiziabel* korrekt. Im allgemeinen Schreibgebrauch überwiegt die Schreibung *justiziabel* deutlich.

K

k oder qu – k oder c?

k oder qu in Fremdwörtern • In einer Reihe von Fremdwörtern, vor allem aus dem Französischen, tritt die Buchstabenkombination *qu* für den Laut [k] auf. In einigen Fällen ist neben der Schreibung mit *qu* die Schreibung mit *k* zulässig: *Croquette/Krokette; Kommuniqué/Kommunikee.*
k oder c? • → *c oder k?*

Kabrio / Cabrio

Die zwischenzeitlich zugelassene Schreibung *Kabrio* bzw. *Kabriolett* für *Cabrio/Cabriolet* gilt nicht mehr als korrekt.

Kajak

Das Substantiv kann im Maskulinum oder Neutrum gebraucht werden: *der/das Kajak.*

Kakerlak / Kakerlake

Im allgemeinen Sprachgebrauch ist die feminine Form *die Kakerlake* häufiger in Gebrauch als die maskuline Form *der Kakerlak.*

Kaktus

Das Wort Kaktus geht auf griechisch *kaktós* zurück, das einst eine andere stachelige Pflanze bezeichnete. Der Genitiv lautet allgemein *des Kaktus.* Im Plural heißt es standardsprachlich *die Kakteen.* Die Form *Kaktusse* gilt als umgangssprachlich. Im Singular steht neben *Kaktus* fachsprachlich auch *Kaktee* (gesprochen: [-teːə]).

Kalkül

Das vom lateinischen *calculare* („mit Rechensteinen rechnen“) abgeleitete Substantiv *Kalkül* steht je nach Bedeutung im Maskulinum oder im Neutrum. Im allgemeinsprachlich gebrauchten Sinn „Berechnung, strategische Planung“ heißt es *das Kalkül.* In der mathematischen Bedeutung „System von Regeln und Zeichen für mathematische Berechnungen“ heißt es dagegen *der Kalkül.*

kalt

Groß- und Kleinschreibung • Als Adjektiv wird *kalt* auch in vielen festen Fügungen kleingeschrieben: *kalter Blitz/Schlag* (= „nicht zündender Blitz“); *kaltes Blut bewahren; kalte Fährte; kalte Küche; kalte Miete* (= „Kaltmiete“); *auf kalt und warm reagieren; das kalte Büfett; ein kalter Krieg* (= „ein zwischenstaatlicher Konflikt, der nicht militärisch eskaliert“); *kalte Progression.* Als Bestandteil von Namen für Personen, Institutionen, historische Ereignisse oder Epochen schreibt man *kalt* groß: *der Kalte Krieg* (= „Epoche politischer Spannungen zwischen den USA und der UdSSR“). Auch die substantivierte Form schreibt man groß: *Ich hätte gern etwas Kaltes.* Das Getränk aus Sekt und Orangensaft kann man groß- oder kleinschreiben: *kalte/Kalte Ente.*
Getrennt- und Zusammenschreibung • Wird eine Verbindung aus *kalt* und einem Verb in konkreter Bedeutung gebraucht, schreibt man meist getrennt: *kalt lächeln; jemanden kalt erwischen; kalt bleiben. Sie können die Pizza kalt lassen, ich esse sie so.* Bezeichnet das Adjektiv *kalt* das Ergebnis einer Handlung, ist neben der Getrennt- auch die Zusammenschreibung zulässig: *Sie können den Sekt schon kalt stellen/kaltstellen.* In der übertragenen Bedeutung „jemanden ausschalten“ schreibt man nur zusammen: *Der Minister will alle Rivalen kaltstellen.* Zusammen schreibt man auch die übertragen gebrauchten Verbindungen *kaltlassen* (= „nicht beeindrucken“) und *kaltmachen* (= „töten“): *Das hat mich kaltgelassen. Sie haben ihn kaltgemacht.* Des Weiteren gilt Zusammenschreibung für die fachsprachlichen Ausdrücke *kaltschweißen* und *kaltwalzen.*

Bei Verbindungen mit adjektivisch gebrauchten Partizipien kann getrennt oder zusammengeschrieben werden: *kalt lächelnd/kaltlächelnd; kalt geschleuderter/kaltgeschleuderter Honig; kalt gepresstes/kaltgepresstes Olivenöl; die kalt gestellten/kaltgestellten Getränke.* Übertragene Verbindungen werden auch als Partizip immer zusammengeschrieben: *der kaltgestellte Politiker.*

kalt und warm Wasser • In einigen formelhaften Wendungen können Adjektive vor Substantiven auch ungebeugt bleiben: *kalt und warm Wasser. Wir haben fließend kalt und warm Wasser.*

Kamerad

Das Substantiv gehört der schwachen Deklination an. Außer im Nominativ enden alle Formen auf *-en*. Das Weglassen dieser Endungen, insbesondere im Akkusativ oder Dativ, gilt als umgangssprachlich: *Ich habe dem Kameraden* (nicht: *dem Kamerad*) *schon Bescheid gesagt.*

Kamin

Das Substantiv *Kamin* wird allgemeindeutsch im Maskulinum gebraucht: *der Kamin*. In der Schweiz ist daneben *Kamin* auch im Neutrum möglich: *das Kamin.*

Känguru

Analog zu den Substantiven *Emu, Kakadu* und *Gnu* wird *Känguru* ohne *h* am Wortende geschrieben.

kaputt

das kaputte Fahrrad • *Kaputt* gehörte ursprünglich zu den Adjektiven, die nur prädikativ (mit *sein, bleiben, werden*) verwendet werden durften: *Mein Fahrrad ist kaputt. Die Beziehung ist kaputt.* Der Gebrauch als attributives Adjektiv, der früher als umgangssprachlich galt, wird inzwischen als korrekt und standardsprachlich akzeptiert: *der kaputte Auspuff; die kaputte Beziehung.*

kaputt machen/kaputtmachen • Wird die Verbindung übertragen im Sinne von „erschöpfen, zugrunde richten" gebraucht, schreibt man zusammen: *Die Vorwürfe haben ihn kaputtgemacht. Das Land wurde kaputtgespart.*

In konkreter Bedeutung kann man getrennt oder zusammenschreiben, da das Adjektiv das Ergebnis der Handlung beschreibt: *eine Maschine kaputt machen/kaputtmachen* (sie ist dann kaputt); *einen Stuhl kaputt treten/kaputttreten; etwas kaputt kriegen/kaputtkriegen; etwas kaputt schlagen/kaputtschlagen.*

Karamell

In Deutschland und Österreich ist nur die Schreibung *Karamell* üblich. Das Wort wird im Maskulinum gebraucht. In der Schweiz ist dagegen auch die Schreibung *Caramel* verbreitet, sie steht im Neutrum: *das Caramel.*

Olle Kamellen* – alte *Karamellbonbons?

Wenn in den Fastnachtshochburgen zur fünften Jahreszeit die Rosenmontagszüge rollen, werden sie mit lautem, vielstimmigem *„Kamelle!"* begrüßt. Was heute von Umzugswagen herunterregnet, sind zwar Blumensträuße sowie allerlei Leckereien. Früher jedoch waren es tatsächlich *Karamellbonbons*, bzw. *Karamellen*, die im Rheinischen zu *Kamellen* verkürzt wurden. Die Wendung *olle Kamellen* würde zwar gut in diesen Rahmen passen. Dennoch handelt es sich bei diesen *Kamellen* nicht etwa um die Karamellbonbons vom letzten Jahr. Die Wendung war ursprünglich in Norddeutschland beheimatet und bezog sich auf die *Kamille* und den Umstand, dass die Heilpflanze Geruch und Wirkung verliert, wenn sie zu lange gelagert wird. Allgemein bekannt wurde die Wendung durch den Mundartdichter Fritz Reuter (1810–1874), dessen Werke, darunter der Erzählband „Olle *Kammellen*", in ganz Deutschland bekannt waren.

Kaplan

Zu *Kaplan* ist nur die Pluralform mit Umlaut korrekt: *die Kapläne* (nicht: *die Kaplane*).

Kap Verde

Die Einwohner von *Kap Verde* heißen *Kapverdier*. Das zugehörige Adjektiv lautet *kapverdisch*.

Kardinalzahlwörter

Kardinalzahlen oder Grundzahlen antworten auf die Frage „Wie viele?". Mit ihnen wird die Anzahl von etwas angeben: *zwei, hundert, eine Million*.

Groß- und Kleinschreibung • Kardinalzahlwörter unter eine Million werden kleingeschrieben. Dies gilt auch, wenn sie als Stellvertreter von Substantiven gebraucht werden: *Die drei gingen gern abends aus. Kapitel acht ist noch nicht fertig. Ich hole dich um sieben zum Essen ab. Wer über fünfzig ist, findet nicht so leicht wieder Arbeit. Das Barometer sank in dieser Nacht unter null. Das Jahr 1945 wird häufig als „Stunde null" bezeichnet. Der SC gewann drei zu eins. In null Komma nichts war alles geregelt. Er kroch auf allen vieren nach Hause.*

Bei Substantivierung z. B. mit *der/die/das* wird dagegen großgeschrieben: *Die Acht ist meine Glückszahl. Er hat eine Fünf in der Klausur. Ich fahre heute mit der (Linie) Elf in die Stadt.*

Zahlwörter ab eine Million werden als Zahlsubstantive betrachtet und großgeschrieben: *eine Million Euro, zwei Millionen fünfhunderttausend Einwohner, sechs Milliarden Menschen.*

Getrennt- und Zusammenschreibung • Mehrteilige Kardinalzahlwörtern unter eine Million werden zusammengeschrieben: *achtzehn, fünfhundert, einhundertvierundsiebzigtausend; einundachtzig Jahre.* Mehrteilige Kardinalzahlwörter über eine Million gelten als Zahlsubstantive. Man schreibt getrennt: *drei Millionen Euro; zwei Millionen einhunderttausend Einwohner; sechs Milliarden siebenhundertdreißigtausend Menschen.*

zwei, drei - Genitiv • Lediglich die beiden Kardinalzahlwörter *zwei* und *drei* verfügen über eine Form für den Genitiv. Daher können Substantive mit den Zahlwörtern *zwei* und *drei* im Genitiv ohne Artikel oder Pronomen stehen: *der Gewinn zweier Medaillen; die Abenteuer dreier unzertrennlicher Freunde.*

Geht dem Zahlwort ein Artikel oder Pronomen voraus, so wird das Zahlwort nicht gebeugt: *der Gewinn dieser zwei Medaillen; die Abenteuer der drei unzertrennlichen Freunde.*

sieben • Anders als von den Kardinalzahlen bis *sechs* und von *acht* bis *zwölf* kann von dem Zahlwort *sieben* keine Dativform gebildet werden. Es heißt also: *Er war einer von sieben* (nicht: *siebenen*). *Wir waren zu sieben* (nicht: *siebenen*) *im Urlaub.* Die Form auf *-t* lautet *siebt* oder *siebent: Sie kamen zu siebt/siebent.*

siebzehn, siebzig • Die Zahlwörter für die Zahlen *17* und *70* lauten *siebzehn* und *siebzig: Wir wohnen in Haus Nummer siebzehn. Mit siebzig fängt das Leben erst an.* Die Formen *siebenzehn* und *siebenzig* sind veraltet und heute nicht mehr gebräuchlich.

→ *Ordinalzahlwörter*

karg

Die Komparativ- und Superlativformen für das Adjektiv *karg* können mit oder ohne Umlaut gebildet werden: *karg – karger – am kargsten/kärger – am kärgsten.*

Karussell

Das aus dem französischen Wort *carrousel* entlehnte Wort geht ursprünglich auf das „Ringelstechen" zurück. Bei diesem Spiel versuchten Reiter im vollen Galopp, Ringe an einem sich drehenden Gestell zu treffen. Im Deutschen hat das Wort zwei Pluralformen: *Karusselle* oder *Karussells.* Im allgemeinen Schreibgebrauch findet sich die Form mit *s* häufiger: *die Karussells.*

Kasper/Kasperle/Kasperl/Kasperli

Für den Namen der beliebten Puppenspielfigur mit der roten Zipfelmütze gibt es zahlreiche regionale Varianten: In Deutschland, außer Südostdeutschland, sind die Formen *Kasper* und *Kasperle* üblich. In Österreich und Südostdeutschland heißt es dagegen *Kasperl* oder auch *Wurstel*. In der Schweiz ist die Form *Kasperli* verbreitet. Der Name *Kasperle* kann im Maskulinum oder Neutrum verwendet werden: *der/das Kasperle*. Dagegen heißt es meist nur: *der Kasper, der Kasperli, der Kasperl* sowie *der Wurstel*.

Kassel

Die Einwohner von *Kassel* heißen *Kasselaner* oder *Kasseler*. Wie alle Einwohnerbezeichnungen auf *-er* wird *Kasseler* auch dann großgeschrieben, wenn es wie ein Adjektiv gebraucht wird: *Kasseler Innenstadt*.

Kasten

Das Substantiv *Kasten* hat zwar zwei Pluralformen: *die Kasten/die Kästen*. Die Form mit Umlaut ist aber im Sprach- und Schreibgebrauch die üblichere: *die Kästen*.

Kasus

Alle Wörter der deklinierbaren Wortarten (Substantive, Adjektive, Artikel und Pronomen) werden nach dem Kasus dekliniert (gebeugt). Der Kasus kennzeichnet die grammatische Funktion, die das Substantiv im Satz innehat. Im Deutschen unterscheidet man die folgenden vier Kasus: Nominativ (auch: Werfall, 1. Fall) – *der alte Mann;* Genitiv (auch: Wesfall, 2. Fall) – *des alten Mannes*; Dativ (auch: Wemfall, 3. Fall) – *dem alten Mann(e);* Akkusativ (auch: Wenfall, 4. Fall) – *den alten Mann*.
Das Wort *Kasus* selbst hat den Plural *die Kasus,* wobei das *u* betont und lang gesprochen wird. Der Genitiv lautet *des Kasus*.

Katapult

Sowohl der Gebrauch im Maskulinum als auch im Neutrum ist korrekt: *der/das Katapult*. Im allgemeinen Sprachgebrauch überwiegt die Form im Neutrum: *das Katapult*.

Katarrh

Das im 16. Jahrhundert aus dem lateinischen Wort *catarrus* für „Schnupfen" entlehnte Wort wird im Deutschen nur *Katarrh* geschrieben. Die zwischenzeitlich zugelassene Variante *Katarr* gilt nicht mehr als korrekt.

Vom *Katarrh* zum *Kater*

Wer morgens nach durchfeierter Nacht mit einem Brummschädel erwacht, spricht von einem *Kater*. Sprachlich eleganter waren die Studenten im Leipzig des 19. Jahrhunderts. Hier hieß es ironisch vornehm: *einen Kater spazieren führen*. Erklärungsversuche zur Herkunft gab es viele. Sprachforscher fanden sogar heraus, dass es im 16. Jahrhundert ein als *Kater* bezeichnetes Bier gab, von dem es hieß „es kratzet dem Menschen, der sein zu viel getrunken hat, des morgens im Kopff". Der Bezug von Kratzen zur Katze bzw. zum *Kater* scheint zwar nahezuliegen. Diese Vermutung kann aber nicht erklären, warum *Kater* in dieser Bedeutung erst im 19. Jahrhundert aufkam. Insofern gehen die Etymologen davon aus, dass das Wort wohl eine Verballhornung von *Katarrh* ist, die vielleicht unter Einfluss des sprichwörtlichen „Katzenjammers" zustande kam. *Katarrh*, das aus lateinisch *catarrus* für „Schnupfen" entlehnt wurde, geht auf das griechische *catárrous* zurück, was wörtlich „das Herabfließen" bedeutet. Nach antiker Vorstellung war der herabfließende Nasenschleim die eigentliche Ursache der Erkältung. Bei diesem Krankheitsbild spielte der Alkohol allerdings keine Rolle.

Katheder / Katheter

der / das Katheder • Das Substantiv kann im Neutrum oder im Maskulinum stehen: *der/das Katheder.* Im allgemeinen Sprachgebrauch überwiegt die Verwendung im Neutrum: *Der Saal brodelte, als der Professor an das Katheder trat.*
Katheder / Katheter • Trotz lautlicher Ähnlichkeit dürfen die Substantive nicht verwechselt werden: Das Wort *Katheder,* das wir heute in der Bedeutung „Podium, Lehrerpult" und für den „Lehrstuhl an Hochschulen" verwenden, geht wie *Kathedrale* auf lateinisch *cathedra* („Sitz, Stuhl, Lehrstuhl") zurück. Zugrunde liegt das gleichbedeutende griechische Wort *kathédra.*
Das medizinische Fachwort *Katheter* wird in der Bedeutung „Röhrchen zum Einführen in Körperhöhlen" gebraucht. Dieses Wort geht wiederum auf griechisch *kathetos* („Senkblei") zurück, das zum Verb *kathienai* („herablassen") gebildet ist.

kaufen

Das schwache Verb *kaufen (kaufte, gekauft)* wird in der 2. und 3. Person nicht mit Umlaut gebildet. Es heißt also: *du kaufst; er kauft.* Die Formen *du käufst; er käuft* sind mundartlich und gelten standardsprachlich nicht als korrekt. Dasselbe gilt für die von *kaufen* abgeleiteten Verben: *abkaufen, ankaufen, aufkaufen, verkaufen.*

Kauffrau / Kaufmann

In der Berufsbezeichnung wird nach Männern und Frauen unterschieden: *Sie ist Kauffrau* (nicht: *Kaufmann*).

kaum(,) dass

Das Komma muss vor der gesamten Wortgruppe stehen; zur Hervorhebung kann vor *dass* ein weiteres Komma gesetzt werden: *Der Kurs fiel stetig, kaum(,) dass die AG an der Börse war. Sie reisten überstürzt ab, kaum(,) dass sie das Nötigste mitnahmen.*
Gehört *kaum* zum Hauptsatz und leitet *dass* den Nebensatz ein, steht zwischen beiden ein Komma: *Ich glaube kaum, dass das passieren wird. Sie spürte kaum, dass sie vom Regen nass wurde.*

Kausalsatz

Der Kausalsatz (auch: Begründungssatz) wird mit den Konjunktionen *weil* oder *da* eingeleitet. Mit dem Kausalsatz wird der Grund des im Hauptsatz genannten Geschehens angegeben: *Ich bleibe zu Hause, weil es regnet. Da Sonntag war, waren alle Geschäfte geschlossen.*
Der Hauptsatz kann ein auf den Nebensatz verweisendes Adverb wie *darum, deswegen, deshalb* enthalten. In diesem Fall darf der Kausalsatz nur durch *weil* (nicht: *da*) eingeleitet werden: *Ich bleibe darum zu Hause, weil* (nicht: *da*) *es regnet. Die Geschäfte sind deswegen geschlossen, weil* (nicht: *da*) *heute Sonntag ist. Er beteiligte sich deshalb an der Finanzierung, weil* (nicht: *da*) *er sich profilieren wollte.*

kehren

Die Wendung *sich nicht an etwas kehren* (= „sich nicht um etwas kümmern, etwas nicht beachten") steht mit dem Akkusativ: *Sie kehrte sich nicht an seinen Zorn.*

kein

Groß- und Kleinschreibung • Kennzeichen der Pronomen wie *keine(r, -s)* ist, gerade im Unterschied zu den Substantiven, die Kleinschreibung. Das heißt, auch wenn sie als Stellvertreter von Substantiven deren Aufgabe im Satz als Subjekt oder Objekt übernehmen, werden Pronomen kleingeschrieben, gleichgültig, ob sie die Kriterien der Substantivierung erfüllen oder nicht: *In diese Falle ist noch keiner getappt. Ich kannte hier keinen. Es hat sich keine gemeldet.*
kein / nicht • Das Indefinitpronomen *kein* dient zur Verneinung von Substantiven mit unbestimmtem Artikel oder Substantiven ohne Artikel: *Ich habe ein Auto. – Ich habe kein Auto. Wir verkaufen Zeitungen. – Wir verkaufen keine Zeitungen.* Statt der Verneinung mit *kein* ist in bestimmten Fällen auch die Verneinung mit *nicht*

möglich. Ein solcher Fall liegt etwa vor, wenn das verneinte Substantiv mit einem anderen kontrastiert wird: *Ich habe nicht ein Auto, sondern eine Jacht. Wir verkaufen nicht Zeitungen, sondern Tabakwaren.*

Ohne eine derartige Kontrastierung ist die Verneinung mit *nicht* nur bei Substantiven mit dem betonten Zahlwort *ein* möglich. Sie ist besonders nachdrücklich: *Er hat nicht eine Zeitung verkauft* (= „nicht eine einzige").

Adjektive nach kein / keine(r, -s) • Wenn *kein* vor Substantiven im Maskulinum oder Neutrum keine Endung aufweist, werden Adjektive oder substantivierte Adjektive immer stark gebeugt: *Er ist kein gut**er** Freund. Kein Angehörig**er** ließ sich blicken. Es war kein schön**es** Geschenk.*

Ist *kein* gebeugt, haben die folgenden Adjektive und substantivierten Adjektive die schwachen Formen: *Hier findest du kein**en** gut**en** Freund. Was hier kein**en** Angehörig**en** interessiert. Das bedarf kein**er** besonder**en** Erwähnung. Das bedarf kein**es** besonder**en** Kommentars.*

in keinster / keiner Weise • Das Wort *kein* zählt zu den Pronomen und kann als solches nicht gesteigert werden. Davon abgesehen wäre die Steigerung einer Negation auch sinnlos. Die freilich häufig zu lesende Wendung *in keinster Weise* gilt zumindest als umgangssprachlich. In der Standardsprache ist nur die Formulierung *in keiner Weise* korrekt: *Dies ist in keiner Weise befriedigend.*

Keks

Das von englisch *cake* („Kuchen") abgeleitete Wort *Keks* wird in Teilen Österreichs nur im Neutrum gebraucht: *das Keks.* Im übrigen deutschsprachigen Raum heißt es in der Regel *der Keks.* Der Genitiv lautet *des Keks* oder *des Kekses.*

kennen lernen / kennenlernen

Grundsätzlich werden Verbindungen aus zwei Verben getrennt geschrieben. Eine der Ausnahmen ist *kennen lernen / kennenlernen.* Hier hat der Schreibende die Wahl, ob er getrennt oder zusammenschreiben möchte.

kentern

Das Perfekt von *kentern* wird mit *sein* gebildet: *Das Boot ist* (nicht: *hat*) *gekentert.*

Ketchup / Ketschup

Beide Formen, *Ketchup* und die eingedeutschte Variante *Ketschup,* sind korrekt.

Kfz

Verbindungen mit der Abkürzung *Kfz* werden mit Bindestrich geschrieben: *Kfz-Mechaniker.*

Kiefer – der / die Kiefer

Bei dem Wort *Kiefer,* das für die Bedeutungen „Kinnbacken" und „Nadelbaum" steht, handelt es sich um zwei Wörter mit unterschiedlicher Herkunft, die auch unterschiedlich gebeugt werden: Das maskuline *Kiefer* in der Bedeutung „Kinnbacken" hat die Genitivform *des Kiefers* und die Pluralform *die Kiefer.* Beim femininen Substantiv *Kiefer* für den Nadelbaum lautet der Genitiv *der Kiefer,* die Pluralform *die Kiefern.*

kiesen

→ *küren*

Kilogramm

→ *Sonderseiten „Maße, Mengen, Münzen, Gewichte", S. 304f.*

kindlich / kindisch

Das Adjektiv *kindlich* wird neutral in der Bedeutung „so wie ein Kind, in der Art eines Kindes" gebraucht. Mit dem Wort *kindisch* bringt man dagegen eine deutliche Abwertung zum Ausdruck, es wird in der Bedeutung „albern, unreif" gebraucht: *Sein kindlich-offenherziges Wesen machte den Umgang mit ihm sehr angenehm. Ihr kindisches Verhalten fiel allen unangenehm auf. Sein Benehmen ist unreif und kindisch.*

kk – ck

In nicht entlehnten Wörtern des deutschen Wortschatzes schreibt man *ck* statt *kk*, während in Fremdwörtern die Konsonanten doppelt geschrieben werden: *Brokkoli, Kokke, Mokka, Sakko.* Das *ck* wird beim Trennen nicht mehr zu *k-k* aufgelöst. Es kommt als Ganzes auf die neue Zeile: *Glo-cke* (nicht: *Glok-ke*); *ab-spe-cken* (nicht: *ab-spek-ken*).

Klafter

Das alte Raummaß *Klafter* geht auf althochdeutsch *klaftra* zurück. Der einstige Gebrauch im Femininum ist heute selten, häufiger wird das Wort im Maskulinum gebraucht: *der Klafter.*

Klammern

Funktion • Klammern heben einzelne Wörter, Satzteile oder Sätze aus einem Text heraus und kennzeichnen sie als zusätzliche Information: *Münster (Westfalen). Die Vorliebe für exquisite (meist französische oder italienische) Restaurants hatte ihm zu einer beträchtlichen Leibesfülle verholfen.* Als Bildunterschrift: *Der Oberbürgermeister (links) bei der Begrüßung der Delegation aus der Partnerstadt.*
Als erklärender Zusatz kann eine eingeklammerte Angabe vom Gesamtsatz grammatisch unabhängig sein: *Ich wohne* ***im*** *Taunus (****ein*** *Gebirge nördlich von Frankfurt).*
Neben: *Ich wohne* ***im*** *Taunus (****einem*** *Gebirge …).*
Einschübe • Klammern können als paariges Satzzeichen wie Gedankenstriche Einschübe einschließen: *Die Vortragsreihe heißt (etwas schwammig formuliert) „Neue Vertriebswege für international tätige Unternehmen". Nehmen Sie häufiger kleine Zwischenmahlzeiten ein (z. B. Joghurt, Früchte oder Müsliriegel), das ist besser bekömmlich als ein großes Menü.*
Klammern und Satzschlusszeichen • Die Satzschlusszeichen Punkt, Fragezeichen und Ausrufezeichen stehen nach der schließenden Klammer, wenn sie sich auf den ganzen Satz beziehen: *In Zweifelsfällen schlagen Sie im Beiheft nach (Kap. 15, Absatz 2). Würden Sie mir bitte die tatsächlichen Kosten detailliert aufschlüsseln (vgl. mein Schreiben vom 15. März)?*
Die schließende Klammer steht nach dem Satzschlusszeichen, wenn ein selbstständiger Satz eingeklammert ist: *Die beiden bekamen eine Strafarbeit. (Freches Benehmen war ihm zuwider.)*
Er hat die Frage glänzend beantwortet. (Weiß er nicht auf jede Frage eine Antwort?)
Klammern und Komma • Wird ein Teilsatz oder Nachtrag in runden Klammern eingeschoben, müssen die Satzzeichen im einschließenden Satz genauso stehen, als gäbe es den Einschub nicht. Das zum einschließenden Satz gehörende Komma steht nach der Klammer.
Sie sagte mir (ich kann mich noch genau erinnern), dass sie vor vier Wochen hier gewesen sei.
Gliederungen • Verwendet man Zahlen und Buchstaben zur Kennzeichnung von Abschnitten in Gliederungen, sollte man Klammern nur nach den Kleinbuchstaben verwenden und ansonsten Punkte setzen: *I., A., 1., a), b).*
Eckige und runde Klammern • Erläuternde Zusätze zu einem bereits eingeklammerten Text werden zur Unterscheidung in eckige Klammern gesetzt: *Die Orange (oder Apfelsine [„Sina" ist die alte Form des Landnamens China]) wurde um 1500 von den Portugiesen aus China eingeführt.*
In wissenschaftlichen Texten benutzt man eckige Klammern, um bei Zitaten eigene Zusätze oder Ergänzungen nicht lesbarer oder zerstörter Stellen kenntlich zu machen: *„Die Absicht der Unterscheidungszeichen [Satzzeichen] ist, die verschiedenen Pausen anzudeuten", heißt es in Johann Christoph Adelungs [Umständlichem Lehrgebäude der Deutschen Sprache].*
→ *Auslassungspunkte*
Zitatangaben • Quellenangaben zu angeführten Zitaten setzt man in Klammern hinter das schließende Anführungszeichen: „Die Zukunft war früher auch besser." (Karl Valentin)
In fortlaufenden Texten macht das Satzschlusszeichen kenntlich, wohin die Quellenangabe gehört. Steht die Angabe hinter dem Satzschlusszeichen, bezieht sie sich auf den ganzen Satz: *Der Wissenschaftsminister sprach von einem „großen Tag für die Forschung". (Süddeutsche Zeitung)*

Folgt dem schließenden Anführungszeichen ein Satzzeichen des Begleitsatzes, so wird der eingeklammerte Hinweis zwischen beide gesetzt: *Er zitierte den Ausspruch „Die Zukunft war früher auch besser“ (Karl Valentin).*

Wie viel sind fünf *Klafter* Holz?

In früheren Zeiten hatte die Maßeinheit *Klafter* eine große Bedeutung, heute begegnet sie uns nur noch im Märchen. So unterbreitete der Sage nach der Berggeist Rübezahl einem geizigen Bäcker das Angebot, er wolle ihm fünf Klafter Brennholz schlagen und als Belohnung nur so viel mitnehmen, wie er in seiner Hucke wegtragen könne. Natürlich war am Ende der geschäftstüchtige Bäcker der Betrogene, der mit ansehen musste, wie sich der seltsame Holzhacker die gesamten fünf *Klafter* auflud und damit verschwand. Aber von welcher Menge ist hier die Rede?

Das Wort *Klafter* war ursprünglich ein Längenmaß, das (ähnlich wie der → *Faden*) genau der Länge entsprach, die ein Mann mit ausgebreiteten Armen von Hand zu Hand maß. Das Verb *umklaftern* bedeutete „umarmen“ und „mit ausgestreckten Armen messen“. Die Maße variieren allerdings regional: In Baden betrug die Länge eines *Klafters* 1,8 m, in Österreich 1,9 m und in der Schweiz sogar 3 m. Vor allem wurde *Klafter* aber als Volumeneinheit verwendet – meist für gestapeltes Holz –, die in der Regel über drei Kubikmeter betrug. Heute hätte man für die 16 bis 19 Kubikmeter, die Rübezahl mitgehen ließ, einen voluminösen Transporter anmieten müssen.

klar

Groß- und Kleinschreibung • Als Adjektiv wird *klar* kleingeschrieben: *klare Antworten verlangen; klares Bewusstsein; ein klares Signal; ein klarer Kopf. Alles klar?*
Das substantivierte Adjektiv wird dagegen großgeschrieben: *sich über etwas im Klaren sein. Er ist sich über seine Fehler im Klaren. Sie trinken einen Klaren* (= „Schnaps“).
Getrennt- und Zusammenschreibung • In Verbindung mit *sein* schreibt man getrennt: *Es dürfte dir klar sein, dass …* Immer wenn *klar* in seinen Bedeutungen wie „hell“, „durchsichtig“, „verständlich, deutlich“, „rein, wohlklingend“, „nüchtern, rational“ verwendet wird, schreibt man vom Verb getrennt: *Er kann klar denken. Er konnte durch dieses Fernglas klar sehen. Sie hat klar gesprochen.*
Die entsprechenden Partizipformen kann man in diesen Fällen getrennt oder zusammenschreiben, wenn sie wie ein Adjektiv gebraucht werden: *ein klar denkender/klardenkender Mensch; eine klar blickende/klarblickende Patientin.*
In manchen Verbindungen hat *klar* seine Eigenschaften eingebüßt, diese werden dann übertragen gebraucht: *Bei dieser Vorbereitung sollte bei der Premiere alles klargehen* (= „klappen, in Ordnung sein“). *Du brauchst dir keine Sorgen zu machen, ich werde schon klarkommen* (= „damit fertig werden“). *Ich hoffe, dass du das klarkriegst* (= „bewältigst“). *Der Anwalt hat seine Prozessstrategie klargelegt* (= „deutlich erklärt“). *Man hat ihm klargemacht, dass er mit dem Trinken aufhören muss* (= „deutlich zu verstehen gegeben, begreifbar gemacht“). *Die Matrosen haben das Schiff klargemacht* (= „bereitgemacht“).
In einer Woche werden wir klarsehen, wie es weitergeht (= „erkannt haben, verstanden haben“; aber nur: *mit der Brille klar sehen*). *In dem Schreiben wurde klargestellt, dass der Warenersatz nur aus Kulanzgründen erfolgte* (= „irrtümliche Vorstellungen beseitigt, richtiggestellt“).
In Verbindung mit *werden* kann getrennt oder zusammengeschrieben werden: *klar werden/klarwerden. Ihm ist klar geworden/klargeworden, dass er sich entschuldigen muss.*

Kleiner Strich, große Wirkung: Das *Komma*

Das Komma ist ein Zeichen, das das Lesen von Texten erleichtern soll – und doch bereitet es vielen Kopfzerbrechen. Richtig eingesetzt, ist es eine große Hilfe beim Erfassen von komplexen Sätzen, wenn es aber an der falschen Stelle steht, kann es auch passieren, dass der Sinn des Satzes verkehrt wird. Die Reform der Rechtschreibung hat einige Erleichterungen für diejenigen gebracht, die unsicher beim Setzen des Kommas sind; für diejenigen, die mit den Regeln auch vorher vertraut waren, hat sich so gut wie nichts geändert, da die Änderungen fast ausschließlich Kann-Bestimmungen sind.

Nicht immer muss ein Komma stehen!

Kommas sind wichtige Gliederungshilfen innerhalb von Sätzen, aber trotzdem muss man aufpassen, im Eifer des Gefechts nicht zu viele zu setzen. Nicht bei jeder möglichen Sprechpause kommt ein Komma in einen Satz! Wenn zum Beispiel zu Beginn eines Satzes ein längerer Satzteil steht oder wenn mehrere gleichrangige Satzteile hintereinander stehen, setzt man trotzdem kein Komma. So darf in folgenden Sätzen an keiner Stelle ein Komma stehen:

- *Aufgrund meiner heutigen Leistungen beim großen Sportfest unseres Turnvereins anlässlich der Jubiläumsfeier bin ich wirklich müde.*
- *Ich bin heute bedeutend schneller gelaufen als noch vor einer Woche im Training.*
- *Ich laufe bei gutem Wetter jeden Tag zur gleichen Zeit im Wald mit meinem Hund fünf Kilometer.*

Die wichtigsten obligatorischen Kommas	
Hauptsatz + Hauptsatz	*Ich bin müde, (aber) ich gehe (nicht) ins Bett.*
Hauptsatz + Nebensatz	*Ich gehe ins Bett, weil ich müde bin.*
Aufzählung	*Ich bin müde, erschöpft, traurig und verärgert.*
Aufzählung (von Haupt- oder Nebensätzen)	*Ich bin müde, ich putze mir die Zähne, ich gehe ins Bett.* *Ich sagte, dass ich müde bin, dass ich morgen früh raus muss, dass ich mir die Zähne putze und dass ich ins Bett gehe.*
vor „aber“, „(je)doch“, „sondern“ (Gegensatz)	*Ich bin müde, aber zufrieden. Ich bin nicht müde, jedoch traurig.* *Ich bin nicht müde, sondern traurig.*
Infinitivgruppen in bestimmten Fällen	*Sie hatte das Gefühl, beobachtet zu werden.* *Er hatte ein Taxi genommen, um nicht zu spät zu kommen.* *Er hatte nicht daran gedacht, ein Taxi zu nehmen.*

Das Komma zwischen Sätzen

Sätze sind meist komplexe Gefüge. Wenn sich Hauptsätze aneinanderreihen, spricht man von einer Satzreihe; sind Hauptsätze mit Nebensätzen verbunden, spricht man vom Satzgefüge.

Hauptsatz + Hauptsatz ▸ Das Komma trennt Hauptsätze voneinander, wenn sie nicht durch Konjunktionen wie *und, sowie, oder* miteinander verbunden sind (in diesen Fällen darf ein Komma stehen, muss aber nicht): *Ich spiele Tennis, ich trainiere jeden Tag(,) und ich bin eine der besten in unserem Verein.*

Hauptsatz + Nebensatz ▸ Ein Nebensatz wird durch ein Komma vom Hauptsatz abgetrennt. Man erkennt einen Nebensatz daran, dass die gebeugte Form des Verbs an letzter Stelle steht; in der Regel beginnt er auch mit einer Konjunktion (*obwohl, weil, wenn*…). Ist in den Hauptsatz ein Nebensatz eingeschoben, muss man diesen mit Kommas vom Hauptsatz abgrenzen.

- *Ich gehe ins Bett, weil ich müde bin.*
- *Weil ich müde bin, gehe ich ins Bett.*
- *Ich gehe, weil ich müde bin, ins Bett.*

Ein Nebensatz kann nicht nur von einem Hauptsatz, sondern auch von einem anderen Nebensatz abhängen, auch dann steht ein Komma: *Ich gehe ins Bett, weil ich müde bin, da ich viel Sport getrieben habe, damit ich fit bleibe.*

Das Komma bei Infinitivgruppen

Infinitivgruppen werden mit dem Infinitiv eines Verbs mit „zu" gebildet. Eine Infinitivgruppe muss in folgenden Fällen vom restlichen Satz durch Komma abgetrennt werden:

- Sie wird mit ***als, (an)statt, außer, ohne*** oder ***um*** eingeleitet: ***Anstatt*** *nur faul zu Hause zu sitzen, solltest du Sport treiben. Ich mache das,* ***um*** *fit zu bleiben.*
- Sie hängt von einem **Substantiv** ab: *Mein* ***Wunsch****, fit zu bleiben, hilft mir sehr. Ich hatte nicht die* ***Absicht****, dir wehzutun.*
- Sie wird durch ein hinweisendes Wort **angekündigt** oder **wieder aufgenommen**: ***Es*** *ist mir wichtig, Sport zu treiben. Fit zu bleiben,* ***das*** *war mir schon immer wichtig.*

In allen anderen Fällen muss man kein Komma setzen, man darf es aber, um den Satz deutlicher zu gliedern oder um Missverständnisse zu vermeiden:
Ich hoffe(,) durch Sport fit zu bleiben.
Fit zu bleiben(,) war mir schon immer wichtig.
Er riet mir(,) abzuwarten.
Sie hat Angst(,) zu verlieren.
ACHTUNG: In machen Konstruktionen kann die Infinitivgruppe gar nicht als Ganzes vom Satz abgetrennt werden, weil sie quasi mit dem übrigen Satz verschränkt ist. Normalerweise steht sie dann zwischen den Bestandteilen eines mehrteiligen Prädikats. In solchen Fällen darf kein Komma stehen!

- *Wir wollen euch das zu erläutern versuchen.*
  aber: *Wir wollen versuchen(,) euch das zu erläutern.*
- *Er hat nicht einmal an die Tür zu klopfen gewagt.*
  aber: *Er hat nicht einmal gewagt(,) an die Tür zu klopfen.*
- *Am Ende fing sie bitterlich zu weinen an.*
  aber: *Am Ende fing sie an(,) bitterlich zu weinen.*

i Missverständnisse vermeiden!
Es gibt Sätze, in denen das Komma den gemeinten Sinn erst deutlich werden lässt. In diesen Fällen sollte auf jeden Fall ein Komma gesetzt werden (auch wenn es sich um ein freigestelltes Komma handelt), um kein Missverständnis aufkommen zu lassen:

- *Der Arzt empfiehlt dem Patienten, zu folgen.*
- *Der Arzt empfiehlt, dem Patienten zu folgen.*
- *Ich rate, ihm zu helfen.*
- *Ich rate ihm, zu helfen.*

Das gilt nicht nur für Infinitivkonstruktionen. Auch in anderen Sätzen kann das Komma den Sinn eines Satzes verändern:

- *die oberen zerstörten Stockwerke*
  = die unteren sind auch zerstört
- *die oberen, zerstörten Stockwerke*
  = nur die oberen Stockwerke sind zerstört

Partizipgruppen

Bei Partizipialgruppen ist es grundsätzlich freigestellt, ob man sie mit einem Komma vom Rest des Satzes abtrennt oder nicht. Nur wenn sie als Zusatz oder Nachtrag angesehen werden, muss ein Komma stehen:

- *Fröhlich singend(,) zogen wir durch die Straßen.*
- *Er drückte mir(,) sichtlich erfreut(,) die Hand.*
- *So gesehen(,) ist das natürlich kein Problem.*
- *Er hat sich(,) wie besprochen(,) angemeldet.*
- *Wie gewünscht(,) habe ich mich angemeldet.*
- *Ihrem Wunsch entsprechend(,) sende ich Ihnen das Paket per Nachnahme.*
- *Sie haben, dich ausgenommen, zu wenig getan.*
- *Er ging weg, aufs Äußerste verärgert.*

Das Komma bei Aufzählungen

Das Komma trennt gleichrangige Glieder einer Aufzählung voneinander, wenn sie nicht durch Konjunktionen wie *und, sowie, oder* miteinander verbunden sind.
Aber: Ein Komma steht bei den entgegenstellenden Konjunktionen *aber, doch, jedoch, sondern.*
Wörter ▸ Das können Wörter verschiedener Wortarten sein: *Ich springe, turne, schwimme und spiele Tennis. Ich esse Steak, Salat, Gemüse* **und** *Obst gern. Du solltest gesunde, frische, biologisch angebaute,* **aber** *nicht zu teure Waren kaufen.*
Wortgruppen ▸ Kommas trennen auch komplexere aufgezählte Wortgruppen:
Er ist bekannt für seine guten sportlichen Leistungen, sein ehrenamtliches Engagement, hervorragende Kontakte zur Wirtschaft **und** *eine dennoch bescheidene Art.*
Gleichrangige Sätze ▸ Dies betrifft die Reihung von Hauptsätzen und die von Nebensätzen:
Ich bin müde, ich putze Zähne, ich gehe ins Bett. Ich sagte, dass ich müde bin, dass ich morgen früh raus muss, dass ich Zähne putze **und** *dass ich ins Bett gehe.*

Komma bei mehrteiligen Konjunktionen

Steht am Anfang eines Nebensatzes eine Konjunktion in Verbindung mit einer anderen oder mit anderen Einleitewörtern, dann setzt man das Komma **vor die gesamte Wortgruppe**, die mehrteilige Einleitung wird also nicht ihrerseits durch ein Komma getrennt:

- *Ich würde lieber lesen,* ***als dass*** *ich Tennis spiele.*
- *Er macht oft Späße,* ***außer wenn*** *es um Sport geht.*
- *Er kam zurück,* ***lange nachdem*** *das Spiel zu Ende war.*

ACHTUNG: Bei mehrteiligen Konjunktionen, deren einer Bestandteil besonders hervorgehoben werden soll, kann man selbst entscheiden, ob man ein weiteres Komma setzt:

- ***Abgesehen davon(,) dass*** *ich mich nicht gut fühle …*

> **i Gesamtbegriff aus Adjektiv und Substantiv**
>
> Wenn mehrere Adjektive vor einem Substantiv stehen, kann das auch etwas anderes als eine Aufzählung sein. Denn wenn das letzte von mehreren Adjektiven mit dem folgenden Substantiv einen Gesamtbegriff bildet, beziehen sich die übrigen Adjektive auf diese ganze Verbindung und dürfen von diesem letzten Adjektiv nicht durch Komma abgetrennt werden. Einen Gesamtbegriff erkennt man in der Regel daran, dass man die Adjektive nicht sinnvoll durch *und* verbinden oder miteinander vertauschen kann: ***alter holländischer*** *Käse.* → Es ist nicht möglich zu sagen: *alter* ***und*** *holländischer Käse* oder: ***holländischer, alter*** *Käse.*
>
> 

- *Das Spiel findet statt, **egal(,) ob** es regnet oder nicht.*
- ***Dafür(,) dass** er kaum geübt hat, spielt er gut Tennis.*

Zusätze und Nachträge

Zusätze und Nachträge sind genauere Bestimmungen und werden **immer mit einem Komma** abgetrennt. Zu dieser Gruppe zählen:
Einschübe ▸ Diese sind in den Satz eingeschoben – sie könnten zum Beispiel auch in Klammern oder Gedankenstrichen stehen:
*Am Sonntag, **es ist der 1. Juni,** findet das Turnier statt.*
Appositionen ▸ Solche Beifügungen (➞ *Sonderseiten „Apposition", S. 60–63*) sind einem Substantiv, auf das sie sich beziehen, nachgestellt:
*Am Sonntag, **dem ersten Sommertag,** findet das Turnier statt.*
Nachgestellte Erläuterungen ▸ Diese werden zum Beispiel mit ***also, besonders, das heißt, insbesondere, nämlich, und zwar, vor allem, zum Beispiel*** eingeleitet:
*Im Sommer, **vor allem bei gutem Wetter,** spiele ich viel Tennis.*

Datums- und Zeitangaben

Immer wieder stellt sich die Frage: „am Freitag, **dem** …" oder „am Freitag, **den** …"? Um es vorwegzunehmen: Beides ist korrekt. Dass es überhaupt zwei Möglichkeiten gibt, liegt daran, dass man das Datum nach der Angabe von Ort oder Wochentag entweder als nachgestelltes Attribut (lockere Apposition) zur Tagesangabe oder als Glied einer Aufzählung ansehen kann – und das zieht jeweils einen anderen Fall nach sich. Das schließende Komma nach dem Datum ist übrigens freigestellt, unabhängig davon, für welchen Fall man sich entscheidet:

- *Die Hauptversammlung des Unternehmens findet am Freitag, (den) 6. Juni 2014(,) statt.*
- *Die Hauptversammlung des Unternehmens findet am Freitag, dem 6. Juni 2014(,) statt.*

ACHTUNG: Alle dem Datum nachgestellten Zeitangaben, auch die Uhrzeit, gelten allerdings als Aufzählung und müssen durch Komma abgetrennt werden:

- *Am Sonntag, dem 1. Juni, nachmittags wurde das neue Fußballstadion eröffnet.*

Auch hinter der Uhrzeit ein Komma zu setzen, ist dem Schreibenden freigestellt:

- *Am Sonntag, dem 1. Juni, 15 Uhr(,) …*
- *Am Sonntag, dem 1. Juni, um/gegen 15 Uhr(,) …*

Anreden und Ausrufe

Anreden und Ausrufe werden grundsätzlich vom Rest des Satzes durch ein Komma abgetrennt, denn sie stellen kein Satzglied dar.
Anreden ▸ Als Anreden gelten besonders Namen. Wenn die Anreden eingeschoben sind, werden sie von Kommas eingeschlossen:

- ***Nina,** ich bin hier.*
- ***Ihr Langschläfer,** wollt ihr endlich aufstehen?*
- *Wollt ihr endlich aufstehen, **ihr Langschläfer**?*
- *Ich habe euch, **liebe Kinder,** eine Geschichte mitgebracht.*
- *Er redete und redete, **du,** der hörte überhaupt nicht mehr auf.*

Ausrufe ▸ Zu dieser Gruppe zählen auch Ausdrücke der betonten Bejahung, Verneinung oder Bekräftigung sowie der Aufforderung *bitte*, wenn diese als dringender Wunsch verstanden wird. Als Ausrufe (Interjektionen) gelten besonders Gefühlsäußerungen. Auch hier werden eingeschobene Ausrufe in Kommas eingeschlossen:

- ***Ach,** ist das schön!*
- ***Au,** das hat wehgetan!*
- ***Igitt,** wie ekelhaft.*
- ***Hm,** ich weiß nicht recht.*
- ***Nein,** wir haben heute keine Zeit fürs Kino.*
- ***He,** was soll das?*
- *Können Sie mir, **bitte**, helfen?*
- *Wie spät ist es, **bitte**?*

ACHTUNG: Ist der Ausruf ohne besondere Betonung in den Satzverlauf einbezogen, dann steht er ohne Komma.

- *Bitte greifen Sie doch zu!*
- *Können Sie mir bitte helfen?*
- *Oh wäre ich nur zu Hause geblieben!*
- *Und das hat er verflixt noch mal nicht bemerkt?*
- *Lassen Sie mich doch bitte in Ruhe!*

klasse / Klasse

Das Substantiv *Klasse* verhält sich in der Bedeutung „großartig, toll" wie ein Adjektiv und wird dann kleingeschrieben: *Das ist klasse. Der Film war klasse. Sie kann klasse Fußball spielen.*
Das Adjektiv *klasse* kann auch Substantive näher bestimmen. Im Unterschied zu normalen Adjektiven kann es aber nicht gebeugt werden: *ein klasse* (nicht: *klasses*) *Haus, ein klasse* (nicht: *klasser*) *Lehrer.*
Wird *Klasse* jedoch durch andere Adjektive näher bestimmt, handelt es sich eindeutig um ein Substantiv und es muss großgeschrieben werden: *Der Lehrer war einsame Klasse. Das ist große Klasse. An der Gitarre ist sie große Klasse.*

kleben bleiben / klebenbleiben

In der konkreten Bedeutung „haften bleiben" schreibt man getrennt, in der übertragenen Bedeutung „nicht versetzt werden" kann man getrennt und zusammenschreiben: *Die Falle ist so konstruiert, dass alle Insekten kleben bleiben. Wenn du dich nicht anstrengst, wirst du dieses Jahr kleben bleiben/klebenbleiben.*

klein

Groß- und Kleinschreibung • Als Adjektiv schreibt man *klein* mit kleinem Anfangsbuchstaben: *ein klein wenig; von klein auf* (= „von Kindheit an"); *das sind kleine Fische; der kleine Grenzverkehr; der kleine Mann von der Straße* (= „Durchschnittsmensch").
In der Paarformel *Groß und Klein* schreibt man dagegen groß: *Groß und Klein; Kleine und Große; die Großen und die Kleinen.*
Bei Substantivierung z. B. durch Artikel, Pronomen oder Adjektiv schreibt man groß. Auch die Verschmelzung aus Präposition und Artikel (z. B. *im, zum, ins*) gilt als Merkmal für eine Substantivierung: *im Kleinen; im Kleinen wie im Großen; bis ins Kleinste; die lieben Kleinen* (= „die Kinder"); *die Kleine; mein Kleiner; das ist mir ein Kleines; sie erwartet was Kleines* (= „ein Kind").
Ist *klein* fester Bestandteil von Namen, schreibt man groß: *Pippin der Kleine; Klein Erna; Klein Jörn; die Kleinen Antillen; der Kleine Bär/Wagen* (Sternbild); *der Kleine Belt; das Kleine Walsertal.*
Das auf wenige Punkte beschränkte Auskunftsersuchen von Parlamentariern an die Regierung kann groß- oder kleingeschrieben werden: *kleine/Kleine Anfrage.*
Getrennt- und Zusammenschreibung • Wird die Verbindung aus *klein* und einem Verb in konkreter Bedeutung gebraucht, schreibt man in der Regel getrennt: *Willst du das alles auf der Postkarte unterbringen, musst du (sehr) klein schreiben. Er hat am Ende klein beigegeben.*
Bezeichnet die Verbindung eine Handlung, deren Endergebnis durch das Adjektiv *klein* ausgedrückt wird, kann man auch zusammenschreiben: *Zwiebeln klein schneiden/kleinschneiden* (sie sind dann klein); *Kräuter klein hacken/kleinhacken; Holz klein machen/kleinmachen; sich klein machen/kleinmachen* (= „bücken"); *etwas klein mahlen/kleinmahlen.* Die Paarformel *alles kurz und klein schlagen* wird nur getrennt geschrieben.
Wird die Verbindung in übertragener Bedeutung gebraucht, schreibt man zusammen: *einen Hunderter kleinmachen* (= „in Kleingeld bzw. in kleinere Scheine wechseln"); *jemanden kleinkriegen* (= „unterkriegen, seinen Widerstand brechen"); *einen guten Vorschlag kleinreden* (= „abwerten"); *ein Wort kleinschreiben* (= „mit kleinem Anfangsbuchstaben schreiben").
In Verbindung mit adjektivisch gebrauchten Partizipien kann man getrennt oder zusammenschreiben. Ausgenommen sind natürlich die Fälle, in denen die zugrunde liegende Verbverbindung nur zusammengeschrieben wird: *eine klein gemusterte/kleingemusterte Decke; klein geschnittenes/kleingeschnittenes Gemüse; ein klein gewachsener/kleingewachsener Hund; klein karierte/kleinkarierte Stoffe* (aber nur: *kleinkarierte Ansichten*); *der klein gedruckte/kleingedruckte Absatz; das klein Gedruckte/Kleingedruckte beachten.*

Klementine

→ *Clementine*

klettern

Das Verb *klettern* kann je nach Bedeutung das Perfekt mit *haben* oder *sein* bilden. Bezeichnet das Verb im Satz nur den Vorgang als solchen, steht das Perfekt eher mit *haben: Wir haben am Sonntag geklettert.* Dient das Verb zur Bezeichnung einer zielgerichteten Ortsveränderung (in der Regel mit Angabe des Ziels), dann wird das Perfekt mit *sein* gebildet: *Christine ist auf den Gipfel geklettert. Svenja ist über den Zaun geklettert.*

Das *Kleinod* – (k)eine *kleine* Sache?

In einer Zeit, in der oft genug die Größe zählt, hat das Wort *klein* eine nicht unbedingt positive Nebenbedeutung. Das ist schon daran zu erkennen, dass zur Hervorhebung erfreulicher Eigenschaften einer *kleinen* Sache das Wörtchen *aber* benötigt wird. Es heißt daher: *klein, **aber** fein.*
Im Mittelalter hätte man in *klein* und *fein* keinen Widerspruch gesehen. Denn *klein* bedeutete damals eben nicht „gering an Größe", sondern „fein, zierlich, fein gearbeitet".
Die Bedeutungen im Althochdeutschen sind noch weiter von den unsrigen entfernt: Zu dieser Zeit beschrieb das Adjektiv *klein(i)* Gegenstände als „glänzend, sorgfältig, zierlich". Dass dieses Wort zur Beschreibung kostbaren Geschmeides und fein ziselierter, kunsthandwerklicher Arbeiten verwendet wurde, verwundert demnach nicht. Ein *Kleinod* etwa bezeichnete einen zierlich gearbeiteten, vor allem aber wertvollen Gegenstand. So wird es sehr leicht nachvollziehbar, dass man auch das Wertvollste, was das Heilige Römische Reich zu bieten hatte, nämlich den Reichsschatz samt Kaiserkrone, Krönungsornat, Reichsevangeliar, Reichsapfel und weiteren Kostbarkeiten, als die *Reichs**kleinodien*** bezeichnete.

Klima – Klimas / Klimata / Klimate

Das Substantiv *Klima* hat drei Pluralformen: Allgemeinsprachlich überwiegen die Pluralformen *Klimas* und *Klimata*. Im fachsprachlichen Rahmen ist die Pluralform *Klimate* die Regel.

klopfen

ihm / ihn auf die Schulter klopfen • Bezieht sich die Handlung des Klopfens auf eine Person, steht meist der Dativ. Der Akkusativ ist zwar ebenfalls möglich, findet sich im Sprachgebrauch aber seltener: *Er klopfte ihr* (seltener: *sie*) *freundschaftlich auf den Arm. Er klopfte ihm* (seltener: *ihn*) *auf die Schulter.*
klopfen an • Die Verbindung aus *klopfen* und der Präposition *an* steht üblicherweise mit dem Akkusativ, da mit dem Anklopfen eine Richtung verbunden wird: *an die Tür klopfen; auf den Busch klopfen.* Soll dagegen die genaue Stelle des *Klopfens* betont werden (Frage: „Wo?"), kann auch der Dativ stehen: *Sie müssen an dieser Tür klopfen.* Bei unpersönlichem Gebrauch steht ebenfalls der Dativ: *Es klopft an der Tür.*

Klub / Club

→ *Club*

klug

Groß- und Kleinschreibung • Als Adjektiv wird *klug* kleingeschrieben: *Er ist der klügste Junge der Klasse.* Bei Substantivierung gilt dagegen Großschreibung: *Es wäre das Klügste, jetzt zu schweigen. Der Klügere gibt nach.* Der Superlativ mit *am* gilt jedoch nicht als Merkmal einer Substantivierung: *Es wäre wohl am klügsten, einfach aufzuhören.*
Getrennt- und Zusammenschreibung • In Verbindung mit *sein* wird immer getrennt geschrieben:
Das mag ja ehrenhaft und klug sein, …
Er kann (sehr) klug reden.
Bei übertragener Bedeutung schreibt man zusammen: *Außer klugreden* (= „es besser wissen wollen") *hat er nicht viel zur Diskussion beigetragen.*

Alles im Gleichgewicht: *Kongruenz*

In der Sprache ist alles fein austariert und im Gleichgewicht, fast so wie bei einer Balkenwaage: Steht das Subjekt im Plural, muss auf der anderen Seite das Prädikat gleichfalls in den Plural gesetzt werden. Nimmt man auf ein Substantiv im Femininum Bezug, müssen auch die Pronomen das gleiche grammatische Geschlecht aufweisen. Artikel richten sich in Geschlecht, Numerus und Kasus nach ihrem Bezugswort. All diese Formen der grammatischen Übereinstimmung bezeichnet man als Kongruenz. Normalerweise stellt die Kongruenz kein Problem dar. Anders verhält es sich etwa, wenn das Subjekt aus verschiedenen Teilen mit unterschiedlichem Numerus besteht *(ein Fünftel der Schüler ist/sind krank)* oder wenn ein Subjektteil im Singular einen anderen Subjektteil der Bedeutung nach einschließt *(sie und alle Welt glaubte fest daran)*. In solchen Fällen kann es auch für Muttersprachler knifflig werden.

Singular oder Plural?

Meistens ist vollkommen klar, ob das Prädikat im Singular oder im Plural stehen muss – es richtet sich nach dem Subjekt. Wenn also das Subjekt aus mehreren Personen etc. besteht, muss das Prädikat im Plural stehen: *Der Sohn und die Tochter* ***kommen*** *nach Hause.*

Manchmal allerdings gibt es Fälle, in denen das Subjekt aus mehreren Teilen besteht und sich aus verschiedenen Gründen keine klare Lösung anbietet. Im Folgenden ein paar Faustregeln für einige solche Fälle.

sowohl ... als auch ▸ Werden Subjektteile im Singular mit *sowohl ... als auch* verbunden, steht das Prädikat in der Regel im Plural, wie es die

	Singular als Normalfall	Plural ebenfalls möglich
eine Reihe von	*eine Reihe von Leuten* ***meint****...*	*eine Reihe von Leuten* ***meinen****...*
die Hälfte	*die Hälfte der Äpfel* ***blieb*** *übrig*	*die Hälfte der Äpfel* ***blieben*** *übrig*
ein Drittel	*ein Drittel der Befragten* ***sagte****...*	*ein Drittel der Befragten* ***sagten****...*
ein Dutzend	*ein Dutzend Eier* ***kostet****...*	*ein Dutzend Eier* ***kosten****...*
% + Singular	*50 % Zucker* ***wird*** *entzogen.*	*50 % Zucker* ***werden*** *entzogen.*
Liter + Singular	*100 Liter Wasser* ***wird*** *verbraucht.*	*100 Liter Wasser* ***werden*** *verbraucht.*
Rechenaufgaben, wenn das Ergebnis nicht gleich eins ist	*Vier und vier* ***ist*** *acht.* *Sieben minus vier* ***ist*** *drei.* *Zwölf geteilt durch drei* ***ist*** *vier.*	*Vier und vier* ***sind*** *acht.* *Sieben minus vier* ***sind*** *drei.* *Zwölf geteilt durch drei* ***sind*** *vier.*

Kongruenzregel eigentlich verlangt. Der Singular kommt jedoch auch vor und ist ebenfalls korrekt:

- *Sowohl der Schiedsrichter als auch der Linienrichter **hätten/hätte** das Abseits bemerken müssen.*

oder / entweder ... oder ▸ Werden **Subjektteile im Singular** mit der Konjunktion *oder* oder mit *entweder ... oder* verbunden, steht das Prädikat in der Regel im Singular, denn es ist ja ein Subjektteil ausgeschlossen:

- *Den Wagen **hat** der Sohn oder die Tochter zu Schrott gefahren.*
- *Entweder der Angeklagte oder sein Anwalt **muss** jetzt Stellung nehmen.*

Wenn allerdings das Subjekt vor dem Prädikat steht, steht oft **auch der Plural** (hier gilt also beides als korrekt):

- *Entweder der Angeklagte oder sein Anwalt **müssen** jetzt Stellung nehmen.*

Steht **ein Subjektteil im Singular und einer im Plural**, dann steht das Prädikat in der Regel im Plural; manchmal richtet es sich auch nach demjenigen Subjektteil, dem es am nächsten steht:

- *Maria oder die Kinder **haben** das Radio lauter gestellt.*
- *Die Kinder oder Maria **haben*** (auch: ***hat***) *das Radio lauter gestellt.*

weder ... noch ▸ Werden **Subjektteile im Singular** mit *weder ... noch* verbunden, kann das Prädikat **im Singular oder im Plural** stehen. Steht das Subjekt vor dem Prädikat, überwiegt der Plural, steht es nach dem Prädikat, überwiegt der Singular:

- *Weder Sturm noch Regen **können*** (auch: ***kann***) *mich von meinem Plan abhalten.*
- *Von meinem Plan **kann*** (auch: ***können***) *mich weder Sturm noch Regen abhalten.*

Wenn **ein Teil des Subjekts im Plural** steht, dann steht das Prädikat im Allgemeinen auch im Plural:

- *Weder meine Eltern noch mein Bruder **können** mich trösten.*

Subjekt und Apposition ▸ Wenn das Subjekt eine Apposition hat, muss diese zwar im gleichen Fall (Kasus) stehen – auch das ist Kongruenz: *Das ist der Mannschaft, vorrangig den Stürmern, zu verdanken.* Es kann aber durchaus sein, dass Subjekt und Apposition nicht denselben Numerus haben. In diesem Fall kann das Prädikat sowohl mit dem Numerus des Subjekts als auch mit dem Numerus der Apposition kongruieren, es sind also Singular und Plural korrekt:

- *Die Mannschaft, vorrangig die Stürmer, **ist/sind** zu loben.*
- *Das Ende des Films, die Verfolgungsszenen, **ist/sind** gut gelungen.*
- *Viele Menschen, eigentlich das ganze Land, **haben/hat** unter der Katastrophe gelitten.*
- *Die Kinder, oder besser die Familie, **sollen/soll** im Zentrum unserer Politik stehen.*

i Kongruenz bei Maß- und Mengenangaben

Bei Maß- und Mengenangaben kann die Kongruenz zum Problem werden, da nicht immer klar ist, ob das Prädikat auf die Maß- bzw. Mengenbezeichnung oder auf das Gemessene Bezug nimmt. Am einfachsten liegt der Fall, wenn beides entweder im Singular oder im Plural steht:

- *Ein Liter Bier **macht** mich nicht betrunken.*
- *Zwei Säcke Kartoffeln **fielen** vom Wagen.*

Wenn das Subjekt eine Maß- oder Mengenbezeichnung im Singular ist und das Gemessene bzw. das Gezählte im Plural steht, setzt man das Prädikat in der Regel in den Singular. Daneben kommt aber auch der Plural vor:

- *Ein Zentner Kartoffeln **wurde*** (auch: ***wurden***) *eingekellert.*
- *Ein Korb Eier **wurde*** (auch: ***wurden***) *auf dem Markt verkauft.*

Steht dagegen die Mengen- oder Maßbezeichnung im Plural, das Gemessene aber im Singular, sollte das Prädikat im Plural stehen:

- *Zwei Liter Bier **machen** mich nicht betrunken.*
- *Ganze vier Liter Eis **wurden** für den Geburtstag gekauft.*

Korrekt formulierte Anzeigen
Auch in Anzeigentexten muss wie in jedem Satz die Kongruenz beachtet werden. Je nachdem, wie formuliert wird, muss der Anschluss grammatisch mit dem vorher Gesagten übereinstimmen. Falsch wäre etwa: „Die Hochzeit unserer Kinder freuen sich bekanntzugeben ..."
Korrekt heißt es:
- *Die Hochzeit ihrer Kinder freuen sich bekanntzugeben ...*
- *Die Hochzeit unserer Kinder freuen wir uns bekanntzugeben ...*
- *Die Geburt ihres ersten Enkels freuen sich mitzuteilen ...*
- *Die Geburt unseres ersten Enkels freuen wir uns mitzuteilen ...*

Kongruenz in der Person

Fragen tauchen immer wieder auf, wenn das Subjekt aus verschiedenen Teilen besteht, die **unterschiedliche grammatische Personen** sind. Im Normalfall stimmt die grammatische Person mit dem gebeugten Teil des Verbs überein: *Ich lache, du lach**st**, sie lach**t**, wir lach**en*** ... Wenn nun zwei verschiedene grammatische Personen das Subjekt bilden, gibt es einige Faustregeln zur korrekten Beugung des Prädikats.

Subjektteile mit *und* verbunden ▸ Wenn ein Subjekt aus mehreren durch *und* o. Ä. verbundenen Subjektteilen besteht, die verschiedene grammatische Personen aufweisen, dann steht das Prädikat immer im **Plural** und die **1. und 2. Person** rangieren immer vor der 3. Person.

- Steht also ein Subjektteil in der 1. Person Singular oder Plural, dann steht das Prädikat in der **1. Person Plural**:
  *Du und ich **müssen** das jetzt sofort erledigen.*
  *Katja und ich **haben** lange telefoniert.*
  *Ihr und wir **haben** keine Zeit für diesen Unsinn.*
  *Kai und wir **sind** derselben Meinung.*
- Steht ein Subjektteil in der 2. Person Singular oder Plural und ein Subjektteil in der 3. Person (Singular oder Plural), dann steht das Prädikat in der **2. Person Plural**:
  *Du und er **müsst** das jetzt sofort erledigen.*
  *Katja und du **habt** lange miteinander telefoniert.*
  *Ihr und sie **habt** keine Zeit für diesen Unsinn.*
  *Kai und ihr **seid** derselben Meinung.*

Stilistisch schöner ist es allerdings, wenn man das Pronomen ***wir*** (im ersten Fall) bzw. ***ihr*** (im zweiten Fall) hinzufügt – allerdings dann mit Komma:

- *Du und ich, **wir** müssen das jetzt sofort erledigen.*
- *Katja und ich, **wir** haben lange miteinander telefoniert.*
- *Du und er, **ihr** müsst das jetzt sofort erledigen.*
- *Katja und du, **ihr** habt lange miteinander telefoniert.*

Stehen zwei Subjekte in der 3. Person Singular, steht das Verb in der 3. Person Plural: *Sowohl Klaus als auch Irma (= sie) **waren** krank.*

Subjektteile mit *oder* verbunden ▸ Wenn ein Subjekt aus mehreren durch *oder* o. Ä. verbundenen Subjektteilen besteht, die verschiedene grammatische Personen aufweisen, dann stimmt das Prädikat in der Person mit demjenigen Subjektteil überein, dem es **am nächsten steht**:

- *Du oder ich **muss** das jetzt sofort erledigen.*
- *Ich oder du **musst** das jetzt sofort erledigen.*
- *Entweder Ulla oder du **sagst** die Unwahrheit.*
- *Entweder du oder Ulla **sagt** die Unwahrheit.*

ACHTUNG: Diese Konstruktionen werden allerdings oft als unschön empfunden, auch wenn sie korrekt sind. Man kann sie vermeiden, indem man das Pronomen ***einer*** (evtl. erweitert mit *von uns, von euch*) einfügt:

- *Du oder ich, **einer von uns muss** das jetzt sofort erledigen.*
- *Entweder Ulla oder du, **einer sagt** die Unwahrheit.*

Singular trotz mehrteiligen Subjekts

Es gibt von der allgemeinen Kongruenzregel noch eine Reihe von Ausnahmen.

Alle Subjektteile im Singular ▸ Wenn zum Beispiel alle Subjektteile im Singular stehen, kommt (**selten**) auch das Prädikat im Singular vor. Der Singular ist insbesondere dann möglich, wenn die Subjektteile **Abstrakta** sind:

- *Seine Beredsamkeit, sein Charme* ***haben*** (auch: *hat) mich tief beeindruckt.*
- *Das Gelächter, die Heiterkeit* ***klangen*** (auch: *klang) aufgesetzt.*

Mehrere Infinitive als Subjekt ▸ Besteht das mehrteilige Subjekt aus einer Reihe von Infinitiven, steht das Prädikat im Allgemeinen im Singular:

- *Herumschreien und Zetern* ***hilft*** *dir auch nicht.*

Dagegen steht bei **substantivierten Infinitiven** mit Artikel häufiger der Plural; der Singular ist jedoch ebenfalls möglich:

- *Das Lachen und das helle Leuchten* ***hatten*** (auch: ***hatte***) *den Wanderer herbeigelockt.*

Kongruenz im Genus?

Prinzipiell herrscht auch Übereinstimmung im grammatischen Geschlecht (Genus), wenn Bezüge hergestellt werden sollen oder Satzteile wieder aufgenommen werden: ***das*** *Auto,* ***das*** *er fährt…* Es gibt aber auch Wörter, deren grammatisches nicht notwendigerweise mit dem natürlichen Geschlecht übereinstimmt, wie ***die*** *Person* (das Genus ist Femininum, es kann aber auch ein Mann gemeint sein) oder ***das*** *Mädchen:* dieses

ist vom natürlichen Geschlecht her weiblich, das Genus aber ist Neutrum.

Nimmt man das Substantiv mit einem Pronomen (Fürwort) wieder auf, geschieht das normalerweise in Kongruenz, also im gleichen grammatischen Geschlecht:

- *Das Mädchen sucht* ***seinen*** *Bruder.*
- *Das Mädchen,* ***es*** *war sehr traurig,…*
- *Das Mädchen,* ***das*** *sehr traurig war,…*

Oft kann man sich heute aber bei einer Wiederaufnahme zwischen grammatischem und natürlichem Geschlecht entscheiden, vor allem, wenn ein Prädikatsnomen (Gleichsetzungsnominativ) folgt oder das Pronomen *(es/sie, sein/ihr)* erst deutlich später folgt, sich also vom Bezugswort (hier: *Mädchen*) weit entfernt hat:

- *Das Mädchen ist eine gute* ***Schülerin.***
- *Das Mädchen kam zu spät in den Unterricht. Sofort entschuldigte* ***es/sie*** *sich.*
- *Das Mädchen hat gestern* ***seine*** (auch: ***ihre***) *Hefte vergessen.*
- *Das Zimmermädchen hat aufgeräumt. Es* (auch: *Sie*) *hat jedoch vergessen, zu saugen.*

i ***Einen roten Kopf*** **oder** ***rote Köpfe*?**
Sie alle bekamen einen roten Kopf.
Müssten sie nicht alle „rote Köpfe“ bekommen haben – jeder seinen eigenen? Nein, denn in diesem Fall steht der Singular für die übertragene Bedeutung, die impliziert, dass man sich schämt oder ein schlechtes Gewissen hat. Wenn tatsächlich der Plural gebraucht wird, ist in der Regel ein wirklich roter Kopf gemeint – etwa vor Aufregung oder Anstrengung: *Sie bekamen vor Aufregung rote Köpfe.* Natürlich sind die Übergänge hier wie so oft fließend …
Ähnlich ist es mit dem sogenannten **„einteilenden/distributiven Singular“**. Der besagt, dass die Bezeichnung für eine Sache, die sich auf mehrere Personen etc. bezieht, meistens im Singular steht – auch wenn der Plural oft ebenfalls korrekt ist:

- *Viele verloren im Krieg* ***ihr Leben.***
- *Die Hunde wedelten mit* ***dem Schwanz.***
- *Alle hoben* ***ihre Hand.***

Knäuel

Das Substantiv kann im Maskulinum oder im Neutrum gebraucht werden: *der/das Knäuel.* Im allgemeinen Sprachgebrauch überwiegt die Verwendung im Neutrum.

Knie – die Knie, knien

Das Substantiv *Knie* wird im Plural, auch in den gebeugten Formen, nur mit einem *e* geschrieben: *die Knie; auf den Knien meines Herzens.* Das Wortende kann einsilbig mit langem *i* oder zweisilbig mit *i* und unbetontem *e* gesprochen werden: [kniː] / [kniːə].
Auch das Verb *knien* wird in allen Formen nur mit einem *e* geschrieben. Wie beim Substantiv kann die Aussprache ein- oder zweisilbig erfolgen: [kniːn] / [kniːən].

Knock-out / Knockout

Die Verbindung kann mit oder ohne Bindestrich geschrieben werden. Im allgemeinen Schreibgebrauch überwiegt die Schreibung ohne Bindestrich: *Er schickte seinen Gegner mit einem Knockout auf die Bretter.*

k. o.

Bei Verbindungen mit Abkürzungen wird zwischen allen Bestandteilen ein Bindestrich gesetzt. Wird die Zusammensetzung als Substantiv gebraucht, werden der erste Buchstabe sowie alle Substantive innerhalb der Zusammensetzung großgeschrieben: *k. o.* → *K.-o.-Schlag.* Auch bei Substantivierung wird der erste Buchstabe der Abkürzung großgeschrieben: *der K. o.*

Kodex

Das Substantiv hat zwei Pluralformen, die oft nach der jeweiligen Bedeutung gewählt werden. In der Bedeutung „mittelalterliches handgeschriebenes Buch" lautet der Plural: *die Kodizes.* In der Bedeutung „Gesamtheit der Regeln einer Gruppe" heißt es im Plural meist: *die Kodexe.*
Für *Kodex* ist auch die Schreibung mit *C* zugelassen, sie ist jedoch selten: *Codex – die Codices.*

Kollektivum

Ein Kollektivum ist ein Substantiv, das im Singular eine Mehrzahl gleichartiger Lebewesen oder Dinge bezeichnet, z. B. *Vieh, Lehrerschaft, Gemeinde.*

Komma

Das *Komma* hat zwei Pluralformen: *Kommas* oder *Kommata.* Die Pluralformen werden in etwa mit gleicher Häufigkeit gewählt.
ACHTUNG: Falsch ist die Form *Kommatas.*
→ *Sonderseiten „Komma", S. 260–263*

Komparativ

Der Komparativ ist die erste Steigerungsstufe des Adjektivs: *kalt – kälter; groß – größer.*

Kompositum

Ein Kompositum ist ein aus zwei oder mehreren selbstständigen Wörtern zusammengesetztes Wort, z. B. *Tischbein, Grünschnabel.*

Konditionalsatz

Der Konditionalsatz (auch: Bedingungssatz) wird mit den Konjunktionen *wenn* oder *falls,* gelegentlich auch mit *sofern* eingeleitet. Mit dem Konditionalsatz wird eine Bedingung benannt, die erfüllt sein muss, damit das im Hauptsatz genannte Geschehen stattfindet: *Falls es regnet, bleiben wir zu Hause. Es werden erst Gegenmaßnahmen ergriffen, wenn Beweise vorliegen.*

Kongruenz

Als Kongruenz bezeichnet man die Übereinstimmung zusammengehöriger Satzteile in Genus, Numerus oder Kasus, z. B. des Subjekts mit dem Prädikat im Numerus.
→ *Sonderseiten „Kongruenz", S. 266–269*

König

Zur Aussprache → *ig/*

Konjugation

Die Konjugation ist die Beugung (Flexion) des Verbs. Ein Verb kann konjugiert werden nach Person (1., 2., 3. Person), nach Numerus (Singular und Plural), nach Modus (Indikativ, Konjunktiv und Imperativ), Tempus (Präsens, Präteritum, Perfekt, Plusquamperfekt, Futur I und II) sowie nach Aktiv und Passiv.
→ *Sonderseiten „Verb", S. 452–455*

Konjunktion

Konjunktionen sind unveränderbare Wörter, die Wörter, Satzteile oder Sätze miteinander verbinden können:
Verbindung von Sätzen: *Sandra kommt* ***und*** *Kai geht.*
Verbindung von Wortgruppen: *Manuel von gegenüber* ***und*** *sein Bruder Sebastian*
Verbindung von Wörtern: *Kai* ***und*** *Sandra eilen zum Unfallort.*
Es gibt zwei Gruppen von Konjunktionen: nebenordnende (koordinierende) und unterordnende (subordinierende) Konjunktionen.
Nebenordnende Konjunktionen verbinden Hauptsätze, unterordnende Konjunktionen leiten Nebensätze ein:
Nebenordnend: *Kai fährt zu seinem Freund,* ***aber*** *Sandra kommt uns besuchen.*
Unterordnend: *Kai fährt zu seinem Freund,* ***obwohl*** *Sandra uns besuchen kommt.*

Konjunktiv

Der Konjunktiv (auch: Möglichkeitsform) ist einer der drei Modi (Aussageweisen) des Verbs. Die Gesamtheit der Konjunktivformen wird nach ihrer Bildung in zwei Gruppen unterschieden: Diejenigen Konjunktivformen, die vom Präsensstamm des Verbs abgeleitet sind, bilden den Konjunktiv I (z. B. *singen* → *er singe; haben* → *er habe gesungen*).
Die Konjunktivformen, die vom Präteritum abgeleitet sind, bilden den Konjunktiv II (z. B. *sang* → *er sänge; hatte* → *er hätte gesungen*).
→ *Sonderseiten „Konjunktiv", S. 274–277*

Konsekutivsatz

Der Konsekutivsatz (auch: Folgesatz) wird mit den Konjunktionen *so … dass, so dass, als dass* eingeleitet. Mit dem Konsekutivsatz wird eine Folge des im Hauptsatz genannten Geschehens bezeichnet: *Er hatte so starke Kopfschmerzen, dass er nicht zur Schule gehen konnte. Er hatte starke Kopfschmerzen, so dass er nicht zur Schule gehen konnte.*
Die Konjunktion *als dass* erfordert im Hauptsatz das Wort *zu*. Steht der Hauptsatz im Präsens, dann muss im Nebensatz der Konjunktiv II stehen: *Das Wetter ist zu schlecht, als dass man einen Spaziergang machen könnte.*

Konzessivsatz

Der Konzessivsatz (auch: Einräumungssatz) wird mit den Konjunktionen *obwohl, obgleich, obschon, obzwar, wennschon, wenngleich, wiewohl* eingeleitet. Mit dem Konzessivsatz wird eine Einräumung oder ein Gegengrund des im Hauptsatz genannten Geschehens bezeichnet: *Obwohl es regnete, gingen sie spazieren. Das Angebot ist interessant, wenngleich es nicht preiswert ist.*

kopfstehen

In der Verbindung *kopfstehen* gilt das Substantiv als verblasst, man schreibt daher im Infinitiv, in den Partizipformen und am Ende eines Nebensatzes zusammen: *Er wird kopfstehen, wenn er das hört. An Unterricht war nicht zu denken, weil fast die gesamte Klasse kopfstand.*
In getrennter Wortstellung schreibt man das verblasste Substantiv klein: *Die Stadt stand kopf.*

kosten

Das Verb *kosten* steht mit doppeltem Akkusativ, wenn angegeben wird, wem die Kosten (auch im

übertragenen Sinn) entstehen: *Jeder Liter Benzin kostet mich einen Euro. Die Arbeit kostet mich einen ganzen Tag. Sein Übermut kostete ihn das Leben.*
In der Umgangssprache wird das Objekt der Person oft auch in den Dativ gesetzt, insbesondere wenn *kosten* in übertragenem Sinne gebraucht wird. Standardsprachlich ist der Dativ der Person bei *kosten* aber nicht korrekt: *Sein Übermut kostete ihn* (falsch: *ihm*) *das Leben.*
Lediglich in der Fügung *sich eine Sache etwas kosten lassen* kann das Reflexivpronomen im Akkusativ und im Dativ stehen: *Diesen Wagen hast du dir/dich aber etwas kosten lassen!*

kraft

Die vom Substantiv *Kraft* abgeleitete Präposition schreibt man klein: *kraft*. Die Präposition steht mit dem Genitiv: *Ich befreie euch kraft meines Amtes.*

Kragen

Im Allgemeindeutschen heißt die Pluralform *die Kragen*. Die Pluralform mit Umlaut ist vor allem in Österreich und in der Schweiz in Gebrauch: *die Krägen.*

Kran

Der Plural lautet allgemein *die Kräne*. Die Pluralform *die Kranen* ist fachsprachlich.
→ *Hahn*

krank

In konkreter Bedeutung wird *krank* vom folgenden Verb getrennt geschrieben: *krank sein, bleiben, werden; sich krank fühlen; krank liegen; sich krank stellen.*
In Verbindung mit *machen* kann in konkreter Bedeutung getrennt oder zusammengeschrieben werden: *Der Baulärm wird mich noch krank machen/krankmachen.*
Wird die Verbindung in übertragener Bedeutung gebraucht, wird zusammengeschrieben: *sich krankärgern; krankfeiern; sich krankmelden; Wild krankschießen; jemanden krankschreiben.*

Um *Kopf* und *Kragen*

Im „Nils Holgersson" spricht Klaurina, die Hauskatze, zu Jarro, der Wildente, den schönen Satz: „Warte nur, bis du ordentlich fett bist, dann *drehen sie dir den Kragen um.*" Nun ist die Vorstellung einer Ente mit vornehmem *Kragen* seit Walt Disney durchaus populär. Aber auch in den Redensarten *es geht um Kopf und Kragen* oder beim sprichwörtlichen *Geizkragen* scheint sich das Kleidungsstück nicht wirklich in das Sprachbild einzufügen. Denkbar wäre natürlich ein übertragener Gebrauch, bei dem die den Hals umschließende Kleidung sinnbildlich für den Körperteil selbst steht. Aus sprachgeschichtlicher Perspektive verhält es sich allerdings genau anders herum: Das seit dem Mittelhochdeutschen belegte Wort *krage* meinte ursprünglich nur „Hals, Kehle und Nacken". Auch bei verwandten Wörtern in älteren Sprachen ist dieser Bezug eindeutig. So bedeutet das altirische *bragae* „Hals, Nacken", das griechische *brónchos* „Luftröhre, Kehle". Tatsächlich bezogen sich die Wendungen *es geht um Kopf und Kragen* oder *es geht ihm an den Kragen* auf die (mittelalterlichen) Hinrichtungsformen des Köpfens oder Hängens. Und einer Ente wurde eben wortwörtlich *der Hals umgedreht.*

krumm

Wird die Verbindung aus *krumm* und einem Verb in konkreter Bedeutung gebraucht, schreibt man vom Verb getrennt. Getrenntschreibung gilt auch für Verbindungen mit *sein: Die Drähte sollten gebogen werden, dürfen aber nicht krumm sein.*

Generell sollte man am Arbeitsplatz nicht krumm sitzen.
Wenn *krumm* das Ergebnis der durch das Verb ausgedrückten Handlung beschreibt, ist neben der Getrennt- auch die Zusammenschreibung erlaubt: *einen Draht krumm biegen/krummbiegen* (er ist am Ende krumm).
Beide Schreibweisen sind auch bei der übertragen gebrauchten Wendung *keinen Finger krumm machen/krummmachen* erlaubt. Bei den folgenden übertragen gebrauchten Verbindungen gilt dagegen nur Zusammenschreibung: *sich für eine Sache krummlegen* (= „hart dafür arbeiten"); *sich krummlachen* (= „sehr lachen"); *eine Sache krummnehmen* (= „übelnehmen").

küren

Das Verb *küren* („wählen") kann stark oder schwach gebeugt werden. Die starken Formen waren ursprünglich Formen des Verbs *kiesen (kiesen – kor – gekoren),* das untergegangen ist. Die Formen von *küren* lauten seltener: *küren – kor – gekoren;* häufiger: *küren – kürte – gekürt.*
Wie *kiesen* ist auch das Präfixverb *erkiesen* („erwählen") untergegangen. Die Präteritum- und Partizip-II-Formen sind jedoch erhalten und noch gebräuchlich. Die Formen von *erküren* werden wie zu *küren* gebildet, allerdings werden die starken Formen häufiger gebraucht:
erküren – erkor – erkoren;
seltener: *erküren – erkürte – erkürt.*
Die Jury erkor (seltener: *erkürte*) *ihn zum Mann des Jahres.*
Er erkor (seltener: *erkürte*) *sie zu seiner neuen Begleiterin.*
Wir haben dieses Dorf zum Altersruhesitz erkoren (seltener: *erkürt*).
Anstelle des Partizips II *erkoren* kommt auch die Form *auserkoren* vor, zu der es keine weiteren Formen gibt: *Wir hatten dieses Dorf als Altersruhesitz auserkoren.*

kurz

Groß- und Kleinschreibung • Das Adjektiv wird kleingeschrieben: *Die Strecke ist sehr kurz. Sie ist heute kurz angebunden.* Das gilt ebenso bei festen Verbindungen aus Präposition und nichtdekliniertem Adjektiv ohne Artikel: *über kurz oder lang.* Ist das Adjektiv einer solchen Fügung jedoch dekliniert, kann es sowohl klein- als auch großgeschrieben werden: *vor kurzem/Kurzem; binnen kurzem/Kurzem; seit kurzem/Kurzem.*
Die substantivierte Form schreibt man immer groß: *Er zog den Kürzeren. Sie tranken erst einmal zwei Kurze* (= „Schnäpse").
Getrennt- und Zusammenschreibung • Wird die Verbindung aus *kurz* und einem Verb in konkreter Bedeutung gebraucht, schreibt man getrennt. Getrenntschreibung gilt auch für Verbindungen mit *sein: Die Haare sollten nach dem Schneiden kurz sein. Ich will es heute kurz machen und gleich zum Punkt kommen. Könntest du kurz kommen?*
Bezeichnet *kurz* eine Eigenschaft als Ergebnis dessen, was das Verb ausdrückt, so kann man sowohl getrennt als auch zusammenschreiben: *einen Text kurz fassen/kurzfassen* (der Text ist dann kurz); *die Fingernägel kurz schneiden/kurzschneiden.*
In vielen Fällen ist das Adjektiv *kurz* erweitert. In diesen Fällen muss getrennt geschrieben werden: *jemandem die Haare sehr kurz schneiden. Er glaubt, er sei wieder einmal zu kurz gekommen. Sie müssen kürzer arbeiten.*
Bei adjektivisch gebrauchten Partizipien kann man in der Regel getrennt oder zusammenschreiben: *ein kurz gebratenes/kurzgebratenes Steak; die kurz geschnittenen/kurzgeschnittenen Haare; die kurz entschlossenen/kurzentschlossenen Käufer. Die kurz Entschlossenen/Kurzentschlossenen buchten sofort die freien Plätze.*
Wenn sich die Gesamtbedeutung der Verbindung aus *kurz* und einem Verb nicht aus den Einzelbestandteilen ergibt, sondern eine neue Bedeutung entsteht, wird die Verbindung zusammengeschrieben: *kurzarbeiten* (= „aus Arbeitsmangel in reduziertem Stundenumfang arbeiten"); *(sich) kurzfassen* (= „etwas knapp erzählen"). *Sie sollten kürzertreten* (= „weniger arbeiten"). *Die Diebe haben den Wagen kurzgeschlossen. Er hat seine Kinder kurzgehalten* (= „ihnen wenig Geld bzw. Nahrung gegeben"). Getrennt geschrieben wird jedoch: *kurz angebunden sein.*

„Wenn ich einmal reich wär“: Der *Konjunktiv*

Das Lied „Wenn ich einmal reich wär“ aus dem Musical „Anatevka“ repräsentiert vieles, wofür der Konjunktiv steht: Wünsche, Sorgen, Hoffnungen, Aufforderungen. Es zeigt aber auch, dass der Konjunktiv uns bisweilen Probleme bereiten kann. Denn schon in der zweiten Liedzeile beginnen die ersten Schwierigkeiten: Heißt es nun *bräuchte ich nicht* oder *brauchte ich nicht zur Arbeit?* Darüber hinaus gibt es im Konjunktiv zahlreiche Doppelformen wie z. B. *gewänne* oder *gewönne*, die so altertümlich klingen, dass sie kaum noch benutzt werden. Andere Formen – das betrifft den Konjunktiv I – sind wiederum identisch mit den normalen Verbformen im Indikativ, so dass man auf andere Formen, den Konjunktiv II oder die *würde*-Form, ausweichen muss. Doch mit Hilfe einiger Grundregeln lässt sich der Konjunktiv gut in den Griff bekommen.

Die beiden Formen des Konjunktivs

Der Konjunktiv (auch: Möglichkeitsform) ist eine der drei Aussageweisen (Modi, Singular: Modus) des Verbs (die anderen beiden sind der Indikativ – die Wirklichkeitsform – und der Imperativ – die Befehlsform). Zu jeder gebeugten Form eines Verbs im Indikativ kann eine Konjunktivform gebildet werden. Die Gesamtheit der Konjunktivformen wird nach ihrer Bildung in zwei Gruppen unterschieden:

- Diejenigen Konjunktivformen, deren gebeugter Teil vom **Präsens**stamm des Verbs oder vom Infinitiv abgeleitet ist, werden als Formen des **Konjunktivs I** zusammengefasst (z. B. *singen:* ***er singe****; haben:* ***er habe***).
- Diesen stehen die Formen des **Konjunktivs II** gegenüber, deren gebeugter Teil sich von der **Vergangenheits**form (Präteritum) des Indikativs ableitet (z. B. *sang:* ***er sänge****; hatte:* ***er hätte***).

Von beiden Konjunktivarten gibt es Formen, die mit Vergangenheitsformen zu tun haben; sie werden daher auch beim Konjunktiv I als **Konjunktiv Perfekt** (***er habe gesungen***) und beim **Konjunktiv II als Konjunktiv Plusquamperfekt** (***er hätte gesungen***) bezeichnet.

Außerdem gibt es noch die ***würde*-Form**, die bei Bedarf statt des Konjunktivs II stehen kann. Die Indikativformen und die Formen von Konjunktiv I und Konjunktiv II des starken Verbs *singen* lauten in der 3. Person Singular Aktiv:

	Indikativ	Konjunktiv I	Konjunktiv II	*würde*-Form
Gegenwart	*er singt*	*er singe*	*er sänge*	*er würde singen*
Vergangenheit	*er hat gesungen*	*er habe gesungen*	*er hätte gesungen*	*er würde gesungen haben*
Zukunft	*er wird singen*	*er werde singen*		*(er würde singen)*

Der Konjunktiv I

Der Konjunktiv I steht in folgenden Fällen:
Indirekte Rede ▸ Wenn Aussagen anderer wiedergegeben werden, geschieht das gewöhnlich im Konjunktiv, der eine gewisse Distanz deutlich macht. Das ist auch die häufigste Verwendungsweise des Konjunktivs I:

- *Sie sagte, sie gehe morgen ins Theater.*
- *Er behauptete, er sei ins Kino gegangen.*
- *Sie sagte, sie werde es sich überlegen.*

Wünsche, Aufforderungen ▸ Wenn man freundliche Aufforderungen oder Wünsche formulieren möchte, bietet sich häufig der Konjunktiv I an:

- *Man folge mir.*
- *Es möge euch gelingen.*
- *Friede sei mit euch.*

Feste Wendungen ▸ Es gibt einige feste Wendungen, in denen sich der Konjunktiv I erhalten hat, beispielsweise in Kochbüchern. Aber auch in der Fachsprache der Mathematik ist der Konjunktiv I üblich:

- *Gegeben sei das rechtwinklige Dreieck ABC …*
- *Gegeben sei eine Parallelenschar …*

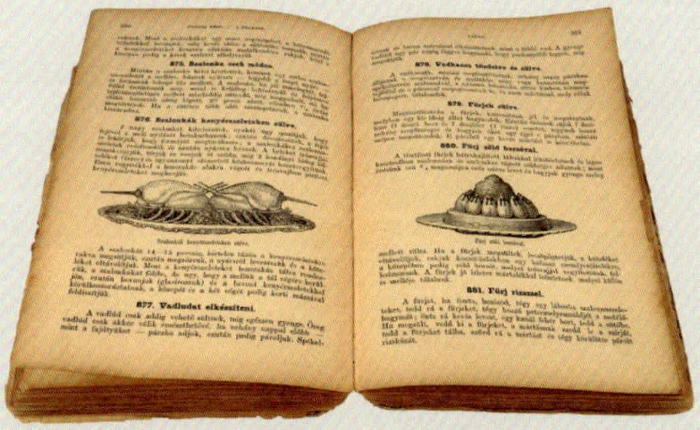

Schon in alten Kochbüchern beliebt – der Konjunktiv I: *Man nehme fünf Eier.*

Bildung der Formen des Konjunktivs I

Gegenwart ▸ Zur Bildung der Formen des Konjunktivs I der Gegenwart tritt (im Unterschied zum Indikativ) zwischen Verbstamm und Personalendung ein *e* (*du lebst – du lebest*). Enthält die Personalendung bereits ein *e*, kann allerdings kein zweites *e* hinzutreten. Aus diesem Grunde fallen sowohl bei den schwachen als auch bei den starken Verben in der 1. Person Singular sowie in der 1. und 3. Person Plural die Formen von Präsens Indikativ und Konjunktiv immer zusammen:

Schwaches Verb: *leben*
Starkes Verb: *sehen*

	Indikativ	Konjunktiv I
ich	***lebe***	***lebe***
du	*lebst*	*lebest*
er / sie / es	*lebt*	*lebe*
wir	***leben***	***leben***
ihr	*lebt*	*lebet*
sie	***leben***	***leben***
ich	***sehe***	***sehe***
du	*siehst*	*sehest*
er / sie / es	*sieht*	*sehe*
wir	***sehen***	***sehen***
ihr	*seht*	*sehet*
sie	***sehen***	***sehen***

Gleiche Formen in der 1. Person Singular und Plural:

- *Ich **lebe** in München. Wir **sehen** den Gipfel.*
  → *Er behauptete, ich **lebe** in München*
  → *Er behauptete, wir **sehen** den Gipfel.*

Unterschiedliche Formen in der 2. Person Singular und Plural:

- *Du **lebst** in Hamburg. Ihr **seht** ein Schiff.*
  → *Er behauptete, du **lebest** in Hamburg.*
  → *Er behauptete, ihr **sehet** ein Schiff.*

Vergangenheit und Zukunft ▸ Die zusammengesetzten Perfekt- und Futurformen des Konjunktivs I werden wie beim Indikativ mit den Hilfsverben *haben* und *werden* gebildet – nur stehen diese dann im Konjunktiv (*er habe gelebt, er habe gesehen; er werde leben, er werde sehen*).
ACHTUNG: Auch hier fallen, wie bei den anderen Verben, einige Formen mit dem Indikativ zusammen, d. h., dass beispielsweise die Formen *ich habe gelebt* und *ich werde leben*, *wir haben gesehen* und *wir werden sehen* jeweils sowohl Indikativ als auch Konjunktiv sein können.

Der Konjunktiv II

Der Konjunktiv II steht in folgenden Fällen:
Nichtwirkliches ▸ Als Ausdruck des Nichtwirklichen bei irrealen Wunsch- oder Bedingungssätzen wird ausschließlich der Konjunktiv II gebraucht, der daher auch als Irrealis bezeichnet wird:

- ***Hätte*** *er nicht so viel geraucht,* ***würde*** *er jetzt noch leben.*
- ***Wäre*** *er doch schon am Dienstag zu mir gekommen! Wenn doch endlich die Prüfung* ***käme****.*

Wünsche, Bitten ▸ Den Konjunktiv II nimmt man für eigene Wünsche, die (noch) nicht real sind; er gilt zudem als Höflichkeitsform:

- *Ich* ***wünschte****, die Prüfung* ***wäre*** *schon vorbei.*
- ***Hätte*** *ich die Prüfung nur schon bestanden.*
- ***Könnten*** *Sie mir helfen?*
- ***Wärst*** *du so nett, mir zu helfen?*

Ersatz für den Konjunktiv I ▸ Der Konjunktiv II wird als Ersatzform für den Konjunktiv I verwendet, wenn sich dieser nicht vom Indikativ Präsens unterscheidet:
Er sagte, sie alle ***trügen*** (statt: *tragen*) *in gleichem Maße zur Umweltverschmutzung bei.*

Bildung der Formen des Konjunktivs II

Der Konjunktiv II wird grundsätzlich vom Stamm der Vergangenheitsform eines Verbs gebildet. Bei den schwachen Verben sind daher Konjunktiv II und Indikativ Präteritum in allen Formen gleich (*ich setzte, du lebtest, sie spielte …*).

> **i** ***bräuchte*** **oder** ***brauchte*****?**
> Wenn man sich die Regeln zur Bildung des Konjunktivs II betrachtet, bleibt offen, warum denn neben der Form ***brauchte*** zum Verb *brauchen* auch eine Form mit Umlaut existiert: ***bräuchte***. Und tatsächlich ist diese Form **nicht korrekt**, es handelt sich um eine umgangssprachliche Variante. Ob man da wohl auf diese Weise versucht, den Konjunktiv deutlich zu machen und vom Indikativ Präteritum abzugrenzen?

Bei den starken Verben tritt (im Unterschied zum Indikativ) im Konjunktiv II zwischen Verbstamm und Personalendung ein *e*. Hier sind nur wenige Formen gleich dem Indikativ (*ich fiel* → *ich fiele, du fielst* → *du fielest;* aber *wir fielen* → *wir fielen*). Bei starken Verben mit Vokal *a, o, u* im Präteritum tritt im Konjunktiv immer der Umlaut *ä, ö, ü* auf. Bei den Verben dieser Gruppe sind somit die Formen des Konjunktivs II immer von den Formen des Indikativs unterschieden:

- *ich kam* → *ich käme*
- *du kamst* → *du käm(e)st*
- *er/sie/es kam* → *er/sie/es käme*
- *wir kamen* → *wir kämen*
- *ihr kamt* → *ihr käm(e)t*
- *sie kamen* → *sie kämen*

Verschiedene Konjunktiv-II-Formen

Einige starke Verben hatten im Präteritum Plural früher andere Formen als die, die wir heute kennen (z. B. *sungen* statt *sangen*). Daher weisen eine Reihe von Verben neben Konjunktivformen, die vom heutigen Präteritum abgeleitet sind, noch solche auf, die auf den älteren Präteritum Plural zurückgehen:

befehlen:	**befähle**	oder:	**beföhle**
beginnen:	**begänne**	oder:	**begönne**
empfehlen:	**empfähle**	oder:	**empföhle**
entrinnen:	**entränne**	oder:	**entrönne**
gelten:	**gälte**	oder:	**gölte**
gestehen:	**gestände**	oder:	**gestünde**
gewinnen:	**gewänne**	oder:	**gewönne**
heben:	**höbe**	oder:	**hübe**
helfen:	**hälfe**	oder:	**hülfe**
rinnen:	**ränne**	oder:	**rönne**
schwimmen:	**schwämme**	oder:	**schwömme**
stehen:	**stände**	oder:	**stünde**
stehlen:	**stähle**	oder:	**stöhle**

Im allgemeinen Sprachgebrauch werden die Formen der linken Spalte häufiger gebraucht. In vielen Fällen wirken aber beide Varianten dieser Konjunktiv-Präteritum-Formen ungewöhnlich oder werden als stilistisch gespreizt empfunden. Man kann sie dann durch die *würde*-Form ersetzen. In der gesprochenen Sprache sind diese Ersatzbildungen mit *würde* der Normalfall.

Die würde-Form bei unüblichen Konjunktiven

Wenn eine Konjunktiv-II-Form heute etwas altertümlich anmutet oder sehr ungewöhnlich klingt, dann wird sie gerne umgangen. Um aber trotzdem den konjunktivischen Modus (die Aussageweise) zu erhalten, wird auf die Umschreibung mit „würde“ zurückgegriffen. So lautet zum Beispiel der Konjunktiv II der unregelmäßigen Verben *brennen, kennen, nennen, rennen, senden, wenden* in der 3. Person Singular Aktiv: *brennte, kennte, nennte, rennte, sendete, wendete*. Diese Formen werden jedoch sehr selten gebraucht. Stattdessen wird im Allgemeinen die Umschreibung mit *würde* gewählt:

- *wenn es brennte* → *wenn es brennen würde*
- *wenn ich ihn kennte* → *wenn ich ihn kennen würde*
- *wenn er seinen Namen nennte* → *wenn er seinen Namen nennen würde*
- *wenn er rennte* → *wenn er rennen würde*

Eine weitere auffällige Konjunktiv-II-Form, die in der Regel durch *würde* ersetzt wird, ist die des Verbs *schwören:*

- *Wenn er es schwüre, glaubte man ihm/ würde man ihm glauben.* → *Wenn er es schwören würde, glaubte man ihm/ würde man ihm glauben.*

Die würde-Form bei nicht eindeutigen Konjunktiven

Auch wenn in der indirekten Rede der Konjunktiv nicht eindeutig ist, weil er gleich einer Indikativ-Form ist, kann man auf die *würde*-Form ausweichen. Das betrifft zum Beispiel Sätze wie die folgenden, die ein schwaches Verb in der 1. Person Singular bzw. 3. Person Plural aufweisen. Hier ist weder der Konjunktiv I noch der Konjunktiv II formal vom Indikativ unterschieden:

- *Ich sagte, ich freue mich.*
- *Sie sagten, sie freuen sich.*
- *Ich sagte, ich freute mich.*
- *Sie sagten, sie freuten sich.*

Wenn man in diesen Fällen den Konjunktiv eindeutig markieren möchte, dann muss die Umschreibung mit *würde* gewählt werden:

- *Ich sagte, ich würde mich freuen.*
- *Sie sagten, sie würden sich freuen.*

Außerdem sollte die *würde*-Form zum **Ausdruck der Irrealität** gebraucht werden, wenn der Konjunktiv II sich nicht vom Indikativ unterscheidet, da sonst unklar ist, ob nicht eine normale Erzählsituation im Präteritum vorliegt:

- *Wenn es regnete, spielten wir zu Hause Schach.*
- *Das machte ich aber anders.*

In solchen Fällen muss statt des Präteritums die *würde*-Form stehen:

- *Wenn es regnen würde, würden wir zu Hause Schach spielen.*
- *Das würde ich aber anders machen.*

ACHTUNG: Normalerweise genügt es in solchen Fällen, wenn nur ein Verb in den Konjunktiv gesetzt wird, denn damit ist schon ausgedrückt, dass hier eine Möglichkeit gemeint ist. Die zweite Verbform wird dann ebenfalls als Konjunktiv verstanden – und man erspart sich die doppelte *würde*-Form.

i Konjunktiv I und II von *sein*

Das einzige Verb, dessen Formen im Konjunktiv I und II in allen Personen sowohl im Singular als auch im Plural von den Indikativformen verschieden sind, ist das Verb ***sein***, dessen Konjunktiv I mit dem Stamm ***sei-*** und dessen Konjunktiv II mit dem umgelauteten Stamm ***wär-*** gebildet wird:

	Indikativ	Konj. I	Konj. II
ich	*bin*	*sei*	*wäre*
du	*bist*	*sei(e)st*	*wär(e)st*
er / sie / es	*ist*	*sei*	*wäre*
wir	*sind*	*seien*	*wären*
ihr	*seid*	*seiet*	*wär(e)t*
sie	*sind*	*seien*	*wären*

Entsprechend sind auch die Konjunktiv-Vergangenheitsformen derjenigen Verben, die ihr Perfekt mit *sein* bilden, immer eindeutig als Konjunktiv zu erkennen.

L

lachen / Lachen

Den Infinitiv schreibt man klein: *Du hast gut lachen! Wir haben bei ihm nichts zu lachen. Über diese Witze konnte er Tränen lachen.*
Den substantivierten Infinitiv schreibt man groß: *Das ist nicht zum Lachen. Sein Lachen ging ihm auf die Nerven. Ein lautes Lachen war die Antwort.*
Steht der Infinitiv ohne Artikel oder nähere Bestimmung, ist in Einzelfällen unklar, ob eine Substantivierung vorliegt. Man kann daher groß- oder kleinschreiben: *Lächeln Sie, denn lachen/ Lachen ist ja bekanntlich gesund.*

lacken / lackieren

Beide Formen sind korrekt. Allgemeinsprachlich ist *lackieren*, fachsprachlich *lacken* geläufiger.

Laden / Lade – die Läden / Laden

Der Plural des femininen Substantivs *die Lade* („Schublade, Kasten") lautet *die Laden*. Für das Substantiv *der Laden* lautet der Plural in der Bedeutung „Geschäft" nur *die Läden*, in der Bedeutung „Fensterladen" ist daneben auch die Form *die Laden* möglich.

laden

Es gibt zwei Verben, deren Infinitiv *laden* lautet: 1. „etwas/eine Last aufladen", 2. „jemanden auffordern zu kommen". Das Verb mit der ersten Bedeutung wurde ursprünglich stark und das Verb mit der zweiten Bedeutung schwach konjugiert. Dieser Unterschied ist jedoch in der Gegenwartssprache aufgehoben. Die starke Konjugation *laden – lud – geladen* hat sich für beide Verben durchgesetzt: *Die Bäuerin lud das Gemüse in den Karren. Der Zeuge wurde vom Gericht zur mündlichen Verhandlung geladen.*
Folglich lauten die Formen der 2. und 3. Person Singular Präsens: *du lädst; er/sie/es lädt.*
Die früher geläufigen Formen ohne Umlaut *(du ladest; er ladet)* mit der Bedeutung „jemanden auffordern zu kommen" sind veraltet. Die schwachen Formen *ladete* und *geladet* sind falsch.

Lady – die Ladys

Im Deutschen wird die Pluralform *Ladys* geschrieben.

Lager

Der Plural von *Lager* lautet *die Lager.* In der Kaufmannssprache ist auch der Plural mit Umlaut *die Läger* üblich.
In der Bedeutung „vorrätig" ist sowohl die Präposition *auf* als auch *am* korrekt: *Wir haben die Stiefel noch in Größe 38 auf/am Lager.*

Lampe

→ *Birne*

lang

Groß- und Kleinschreibung • Als Adjektiv schreibt man *lang* klein: *lang und breit. Ich habe es ihr lang und breit erklärt. Lang, lang ist's her.*
Dies gilt auch für die feste Fügung aus Präposition und ungebeugtem Adjektiv: *über kurz oder lang.*
Ist *lang* dagegen gebeugt, ist auch die Großschreibung zulässig: *seit langem/Langem; seit längerem/Längerem.*
Bei Substantivierung, z. B. durch einen vorangehenden Artikel, ein Adjektiv oder Pronomen, schreibt man groß: *des Langen und Breiten; des Längeren; der Lange dort drüben; sich des Längeren über etwas auslassen.*
Groß schreibt man auch, wenn *lang* Bestandteil von Eigennamen ist – dazu zählen Namen histo-

rischer Ereignisse: *der Lange Marsch* (in China, 1934/35; aber nur: *der lange Marsch durch die Institutionen*); *der Lange Eugen* (= „ehemaliges Haus der Abgeordneten in Bonn"); *Lange Kerls* („Riesengarde König Friedrich Wilhelms I."; aber nur: *ein langer Kerl/lange Kerle*); *das Lange Parlament* (= „1640 in England einberufenes Parlament, das über 20 Jahre bestand").

Getrennt- und Zusammenschreibung • In konkreter Bedeutung schreibt man *lang* vom Verb getrennt: etwas *lang ausrollen*.
Bezeichnet *lang* das Ergebnis der Handlung, die mit dem Verb ausgedrückt wird, kann auch zusammengeschrieben werden: *das Band lang ziehen/langziehen*. Das gilt auch für die Redewendungen *jemandem die Ohren/Hammelbeine lang ziehen/langziehen*.
In Verbindung mit adjektivisch gebrauchten Partizipien kann man ebenfalls getrennt oder zusammenschreiben: *lang anhaltender/langanhaltender Regen; die lang ersehnte/langersehnte Freiheit; der lang gehegte/langgehegte Wunsch; die lang gestreckte/langgestreckte Rechtskurve; ein lang gezogener/langgezogener Ton*.
In den folgenden Fällen schreibt man zusammen: *Sie müssen dort langgehen* (umgangssprachlich für: *entlanggehen*). *Können Sie mir bitte sagen, wo es hier langgeht? Papa hat sich langgelegt* (= „sich hingelegt", „ist hingefallen").

Langeweile/Langweile

Beide Wortformen sind korrekt. Im allgemeinen Sprachgebrauch lässt sich die Variante *Langeweile* erheblich häufiger nachweisen.

längs

Die Präposition *längs* steht gewöhnlich mit dem Genitiv: *längs des Flusses; längs des Zauns*.
Auch der Dativ ist zwar korrekt, wird aber seltener gewählt: *längs dem Fluss; längs dem Zaun*.

Lappalie/lapidar

Trotz der fremdsprachlichen Endung handelt es sich bei *Lappalie* um ein Wort deutscher Herkunft.

Humor in der Sprache: die *Lappalie*
Sprachwitz hat viele Quellen: Komik kann entstehen durch Unsinnswörter und -reime wie in den Gedichten Christian Morgensterns („Das Wasser rann mit Zasch und Zisch"; Der Walfafisch) oder durch schräge Wortzusammensetzungen wie *Warmduscher* oder *Frauenversteher*. Selbst aus etwas so Trockenem wie der Grammatik lassen sich humorvolle Funken schlagen: Ein Beispiel dafür ist die scherzhafte, seit dem 17. Jahrhundert belegte Wortbildung *Lappalie*. An das profane deutsche Wort *Lappen* (entsprechend dem Adjektiv *läppisch* synonym für alles Nebensächliche gebraucht) hängte man in Anspielung an die Verwaltungssprache eine latinisierende Endung an. So wurde analog zur *Personalie* aus dem *Lappen* die *Lappalie*. Beliebt war diese Form der Sprachkreativität vor allem unter den Studenten des 17. bis 19. Jahrhunderts. Zahlreiche lustige Wortschöpfungen, von denen viele bis heute populär sind, gehen auf sie zurück: In ironischer Anspielung auf gelehrte Berufsbezeichnungen wie *Mathematicus* bildete man aus dem Adjektiv *schwach* den *Schwachmaticus* (heute verkürzt zu *Schwachmat*).

An das niederdeutsche Dialektwort *sammelsur* für „Resteessen" fügte man eine lateinische Endung an – es entstand das schöne Wort *Sammelsurium*. Das Ganze funktionierte auch mit deutschen Wortbildungselementen prächtig: So sind die Ausdrücke *Schlauberger* oder *Drückeberger* scherzhaft an die Einwohnerbezeichnung *-berger* (wie bei *Nürnberger*) angelehnt.

Es wird daher nach deutscher Laut-Buchstaben-Zuordnung mit doppeltem Konsonanten geschrieben. Dagegen geht *lapidar* auf lateinisch *lapidarius* („zu den Steinen gehörend") zurück und wird somit trotz des kurz gesprochenen Vokals nur mit einem Konsonanten geschrieben.

Laos

Die Einwohnerbezeichnung für *Laos* lautet *Laote/Laotin*, das entsprechende Adjektiv *laotisch*.

Lapsus

Das Substantiv geht auf das gleichlautende lateinische *lapsus* („Fehltritt“) zurück. Abgeleitet ist das Wort aus dem Verb *labi* („ausgleiten“).
Der Plural des Substantivs lautet: *die Lapsus*.
Der Plural unterscheidet sich in diesem Fall vom Singular dadurch, dass das *u* der Endung lang gesprochen wird: *der Lapsus – die Lapsus*.

lassen

liegen lassen / liegen gelassen • Wird das Verb *lassen* mit einem weiteren Verb im Infinitiv gebraucht (z. B. *liegen lassen*), kann man das Perfekt sowohl mit dem Infinitiv als auch mit dem Partizip bilden: *Du hast deine Brille hier liegen lassen/gelassen.*
Beide Perfektbildungen sind gleichermaßen korrekt. Der Infinitiv mit *lassen* steht in der Regel in Endstellung. Dies gilt auch für den Nebensatz: *…, weil du deine Brille hast liegen lassen.*
Getrennt- und Zusammenschreibung • Verben werden von anderen Verben grundsätzlich getrennt geschrieben (z. B. *spielen gehen*). Nur bei Verbindungen mit *bleiben* oder *lassen* als zweitem Bestandteil ist auch die Zusammenschreibung möglich. Voraussetzung ist, dass eine übertragene Bedeutung vorliegt.
Konkrete Bedeutung: *Er war so unterhaltsam, dass sie ihn nicht gehen lassen wollten. Sie hat die Terrine fallen lassen. Er will sich das neue Kapitel vorlesen lassen. Sie haben alle Luftballons platzen lassen. Die Kinder haben Drachen steigen lassen. Sie hat es ihn spüren lassen, dass etwas nicht in Ordnung war.*
Übertragene Bedeutung: *Er sollte sich nicht so gehen lassen/gehenlassen. Der Präsident hat seinen Minister fallen lassen/fallenlassen. Die Polizei hat den Verbrecher laufen lassen/laufenlassen. Sie haben ihn mit seinen Problemen hängen lassen/hängenlassen* (aber nur: *die Ohren hängen lassen*). *Sie hat sie wie Luft behandelt und einfach links liegen lassen/liegenlassen. Der Veranstalter hat den Termin platzen lassen/platzenlassen. Die Belegschaft hat in der Adventszeit eine Party steigen lassen/steigenlassen.*
TIPP: Es empfiehlt sich bei diesen Varianten, bei konkretem Gebrauch getrennt und bei übertragenem Gebrauch zusammenzuschreiben, um durch die Schreibung die Bedeutung zum Ausdruck zu bringen.
In Verbindung mit Adjektiven wird in der Regel getrennt geschrieben: *Du hast mir nichts übrig gelassen.* In einigen Fällen ist aber auch die Zusammenschreibung zugelassen: *einen Gefangenen frei lassen/freilassen; etwas offenlassen* (= „etwas noch nicht entscheiden“).
In Verbindung mit Adverbien wird in der Regel zusammengeschrieben: *zurücklassen, hierlassen, herunterlassen*. Dies gilt auch für *beiseitelassen*. Hier hat der Verbbestandteil *beiseite* die Eigenschaften eines eigenständigen Wortes verloren, so dass zusammengeschrieben werden muss: *Das können wir erst einmal alles beiseitelassen.*

Lasso – der/das Lasso

Das aus dem spanischen *lazo* („Schnur, Schlinge“) abgeleitete Substantiv *Lasso* kann sowohl im Maskulinum als auch im Neutrum gebraucht werden: *das/der Lasso*. Im allgemeinen Sprachgebrauch überwiegt allerdings die Form im Neutrum deutlich.

laufen

habe / bin gelaufen • Das Verb *laufen* bildet das Perfekt im Allgemeinen mit *sein: Wir sind die ganze Strecke ohne Pause gelaufen. Die Prüfungen sind gelaufen, die Ergebnisse werden nächste Woche bekannt gegeben. Ihm ist ständig die Nase gelaufen.*
Bei Verbindungen mit Substantiven wie *Ski laufen, Schlittschuh laufen, eine Strecke laufen* ist die Perfektbildung mit *haben* oder *sein* möglich. Im Sprachgebrauch überwiegt aber die Bildung mit *sein: Er ist* (seltener: *hat*) *einen neuen Weltrekord gelaufen. Wir sind* (seltener: *haben*) *Schlittschuh*

gelaufen. Wir sind (seltener: *haben*) *die Strecke in 30 Minuten gelaufen.*
Bei reflexivem Gebrauch bildet man das Perfekt mit *haben: Ich habe mir eine Blase gelaufen. Sie hat sich erst einmal warm gelaufen.*
Getrennt- und Zusammenschreibung • In Verbindung mit Substantiven oder Adjektiven wird in der Regel getrennt geschrieben: *Schlittschuh laufen; Gefahr laufen; Amok laufen; Probe laufen; Kür laufen; sich eine Blase laufen; sich warm laufen. Der Motor hat sich heiß gelaufen.*
ACHTUNG: Davon zu unterscheiden sind die Verbindungen, die als Substantiv gebraucht werden, sie werden groß- und zusammengeschrieben: *das Schaulaufen, das Eierlaufen, das Schlittschuhlaufen, das Spießrutenlaufen.*
In Verbindungen mit Adverbien wird zusammengeschrieben: *davonlaufen, zuwiderlaufen, zurücklaufen. Es wird darauf hinauslaufen, dass …*
Marathon laufen / marathonlaufen • Die Verbindung des Substantivs *Marathon* mit *laufen* kann getrennt oder zusammengeschrieben werden, je nachdem, ob sie als Zusammensetzung oder als trennbare Wortgruppe aufgefasst wird. Im Falle der Getrenntschreibung wird das Substantiv immer großgeschrieben: *Sie werden im Spätsommer Marathon laufen / marathonlaufen.*
wettlaufen / totlaufen • Auch Verbindungen mit Wortbestandteilen, die ihre Eigenständigkeit verloren haben, werden zusammengeschrieben: *Er lässt die Pferde auf der Strecke wettlaufen. Die Sache hat sich totgelaufen.*
Groß- und Kleinschreibung • Der substantivierte Infinitiv wird großgeschrieben: *das Laufen, das Schaulaufen.* Dies gilt auch für das substantivierte Partizip: *Könnten Sie mich bitte auf dem Laufenden halten?*
Auf-und-davon-Laufen • Die mehrteilige Verbindung wird mit Bindestrichen durchgekoppelt. In der Verbindung wird *laufen* großgeschrieben, da das Verb hier substantiviert ist: *Es ist zum Auf-und-davon-Laufen* (aber nur: *zum Davonlaufen*).

Wie ein *Lauffeuer*
Man bezeichnet heute treffend als *Lauffeuer*, wenn sich Flammen, begünstigt durch trockene Vegetation und Winde, rasend schnell ausbreiten. Meist wird der Begriff aber übertragen gebraucht, wenn man zum Ausdruck bringen will, dass ein Gerücht oder eine Meldung in „Windeseile" in der ganzen Stadt herumerzählt wird und sich dabei in alle Richtungen hin ausbreitet.

Dabei hatte das Wort im 17. Jahrhundert eine sehr viel enger gefasste Bedeutung: Das *Lauffeuer* bezog sich auf die bei barocken Festlichkeiten so beliebten **Feuerwerke**. Um Raketen und Böller in schneller Abfolge fernzünden zu können, füllte man Schießpulver in Röhrchen oder streute es in langen Linien auf die Erde. Einmal angezündet, bewegte sich die Flamme - das *Lauffeuer* - in hoher Geschwindigkeit dem Ort der Explosion entgegen. Auch in der übertragenen Bedeutung, belegt ist sie seit dem 18. Jahrhundert, war zunächst noch dieser Bezug auf ein Ziel enthalten: So schrieb der Schriftsteller Johann Jakob Wilhelm Heinse (1746–1803): „Alles dies und mehr ging aus meinem Munde wie ein *Lauffeuer*, leis, aber mächtig in ihr Ohr."

launig / launisch

Die beiden Adjektive können nicht synonym verwendet werden. *Launig* wird in der Bedeutung „humorvoll, heiter" gebraucht: *Wir verbrachten einen launigen Abend. Der Weltenbummler erzählte launig von seinen Reiseerlebnissen.*
Das Adjektiv *launisch* bedeutet dagegen „launenhaft, wechselnden Stimmungen unterworfen, wechselhaft": *So launisch wie in dieser Woche habe ich meinen Vater noch nie erlebt. Das launische Wetter hat vielen den Urlaub verdorben.*

Laute und *Buchstaben* in der Rechtschreibung

Die Schreibung beruht im Deutschen auf der Beziehung von Lauten und Buchstaben. Laute sind das, was man hört bzw. spricht; Buchstaben sind das, was man schreibt. Zwischen beiden muss eine Beziehung bestehen, damit man Wörter einigermaßen zweifelsfrei zu Papier bringen kann. Daher sind bestimmten Lauten bestimmte Buchstaben zugeordnet, wodurch die meisten Wörter problemlos geschrieben werden können. Allerdings gibt es eben auch den Fall, dass derselbe Laut durch verschiedene Buchstaben repräsentiert wird: So wird zum Beispiel der Laut [ks] durch den Buchstaben *x* und durch die Kombinationen *chs, cks, ks, gs* wiedergegeben oder der Zwielaut [ai] durch die Buchstabenkombinationen *ei* oder *ai* oder das kurze offene [e] als *e* (*Wende*) oder *ä* (*Wände*).

Krise, ahnen, leer – lange Vokale

Was häufig als Dehnung bezeichnet wird, ist die Kennzeichnung lang gesprochener Vokale im Schriftbild, denn im Deutschen gibt es keine eigenen Buchstaben für lange bzw. kurze Vokale. Deshalb kann ein Vokalbuchstabe für einen langen und für einen kurzen Vokal stehen:

- langer Vokal [a:] in *mal*;
  kurzer Vokal [a] in *Ball*
- langer Vokal [i:] in *Krise*;
  kurzer Vokal [ɪ] in *Liste*
- langer Vokal [o:] in *Los*;
  kurzer Vokal [o] in *voll*
- langer Vokal [u:] in *Uhu*;
  kurzer Vokal [u] in *Bus*

In manchen Wörtern werden die langen Vokale nicht weiter als solche gekennzeichnet, in anderen aber wird die Länge durch Vokalverdopplung oder ein Dehnung-h angezeigt.

Das Dehnungs-h ▸ Oft steht auch ein ***h*** nach dem Vokal, um die Länge anzuzeigen, häufig vor den Konsonanten *l, m, n, r: Mühle, stehlen, lahm, Ruhm, Bahn, Bohne, fahren, führen.*

Wichtig sind vor allem die Fälle, in denen das Dehnungs-h eine **bedeutungsdifferenzierende Rolle** spielt:

- *Mahl – Mal*
- *mahlen – malen*
- *dehnen – denen*
- *lehren – leeren*
- *mehr – Meer*
- *Sohle – Sole*
- *Uhr – Ur*
- *währen – (sie) wären*

i Der *ks*-Laut

Für den Laut [ks] gibt es im Deutschen mehrere Schreibungen: Er kann als *x*, als *ks*, als *cks*, als *gs* und als *chs* geschrieben werden. Eine Regel gibt es dazu nicht, die Wörter sollte man sich einprägen.

x	*Fax, fix, Hexe*
ks	*Keks, Koks*
cks	*Klacks, Klecks, Knicks*
gs	*anfangs, sonntags*
chs	*Dachs, Fuchs, Lachs*

Doppelvokale ▸ Bei einigen Wörtern – es handelt sich nur um etwa 60 Wortstämme – kennzeichnet man die Länge von [a:], [e:] oder [o:] durch Verdoppelung der Buchstaben (*aa, ee, oo*):

- *aa: Aal, Haar, Maat, Saal, Saat, Staat*
- *ee: Beere, Beet, Heer, leer, Meer, Schnee, Seele, See*
- *oo: Boot, doof, Moos, Zoo*

ACHTUNG: **Nicht verdoppelt** werden ***i*** und ***u*** sowie die Umlautbuchstaben ***ä, ö*** und ***ü***.

Das lange [i] ▸ In den meisten Fällen wird der Langvokal [i:] durch *ie* wiedergegeben. Das gilt auch für die Endungen vieler (fremdsprachiger) Wörter: *-ie, -ier, -ieren*. Nur in Einzelfällen schreibt man *ih* oder *ieh*. Ebenfalls nur in Einzelfällen schreibt man *i*, allerdings betrifft dies einige häufig vorkommende Wörter sowie einige geläufige Fremdwörter:

- ***ie:*** *Niere, schier, vier; Manie, Phobie; planieren*
- ***ih:*** *ihm, ihn, ihnen, ihr*
- ***ieh:*** *Vieh*
- ***i:*** *dir, mir, wir; du gibst, er gibt; Bibel, Igel, (Augen-)Lid, Krise, Liter, Mine, Stil, Tiger, wider*

Matte, Jacke, Tatze – kurze Vokale

Im Deutschen gibt es einen Zusammenhang zwischen der Länge des Vokals im Wortstamm und den nachfolgenden Lauten.

- Wenn im Wortstamm auf einen betonten Vokal **zwei oder mehr Konsonanten** folgen, dann wird der Vokal in der Regel kurz gesprochen (*Gips, Strumpf, saftig*).
- Folgt **kein Konsonant** (Gemeint ist hier der Konsonant als Laut, nicht als Buchstabe!), wird der Vokal meist lang gesprochen (*roh, Gnu, da, nah, Floh*).
- Folgt **nur ein Konsonant**, kann der Vokal lang (*der Weg*) oder kurz (*Geh weg!*) sein.

Konsonantenverdopplung ▸ Die Kürze des Vokals muss also nur dann gekennzeichnet werden, wenn ein einzelner Konsonant folgt. Dies geschieht, indem der Buchstabe für den Konsonanten verdoppelt wird: *Ebbe, Paddel, Affe, Kontrolle, wann, Galopp, starr, Hütte*.
ACHTUNG: In einigen einsilbigen Wörtern wird der Buchstabe nicht verdoppelt: *am, bis, bin, im, man, was …*

Die Schreibung mit doppeltem Konsonantenbuchstaben bleibt auch in abgeleiteten Formen erhalten: *brennbar, brennt* (von *brennen*); *Dümmchen, dümmste* (von *dumm*). Das gilt auch, wenn sich die Betonung ändert: *Galopp – galoppieren, Kontrolle – kontrollieren, Nummer – nummerieren*.

ck / kk, tz / zz ▸ In nicht entlehnten Wörtern des deutschen Wortschatzes schreibt man *ck* statt *kk* und *tz* statt *zz*; nur in Fremdwörtern kommen auch die Konsonanten *k* und *z* doppelt vor:

- ***ck:*** *abrackern, Glocke, wacker, Socke*
- ***tz:*** *hetzen, Ritze, Schmutz*

aber: *Mokka, Sakko, Pizza, Razzia, Skizze*

i ***Brennnessel*** **– drei gleiche Konsonanten**

Wenn Wörter zu neuen Wörtern zusammengesetzt werden, kann es passieren, dass drei gleiche Buchstaben aufeinandertreffen. Dabei bleiben grundsätzlich die Buchstaben der einzelnen Wortbestandteile erhalten *(roh + -heit = Rohheit)*. Das gilt auch, wenn drei gleiche Konsonanten (Mitlaute) aufeinandertreffen; hier sind einige frühere Sonderregeln bzw. Ausnahmen entfallen. Wer möchte, der kann bei drei gleichen Konsonanten auch einen Bindestrich setzen, wenn es die Hauptfuge der Zusammensetzung betrifft. Es heißt also korrekt:

Balletttänzer (oder: *Ballett-Tänzer*)
Brennnessel (oder: *Brenn-Nessel*)

ACHTUNG: *dennoch, Drittel* und *Mittag* werden geschrieben wie bisher, weil es sich schon um feste Bestandteile des Wortschatzes handelt, die nicht mehr als Zusammensetzungen empfunden werden.

Die Schreibung fällt nicht weit vom Stamm

Gleiche Laute – andere Buchstaben ▸ Im Gegensatz zum Lautprinzip (einem Laut entspricht ein Buchstabe) steht im Deutschen das sogenannte **Stammprinzip**. Das Stammprinzip besagt, dass alle Wortformen oder abgeleiteten Wörter, die sich demselben Wortstamm zuordnen lassen, auch so geschrieben werden sollten, dass man den Wortstamm als identisch erkennt. Dabei kommt es zu auf den ersten Blick vielleicht widersinnigen Schreibungen, denn derselbe Laut wird unterschiedlich verschriftlicht:
Felder – Wälder
Wende – Wände
Wer hier bei der Schreibung unsicher ist, sollte immer versuchen, an verwandte Wörter zu denken.

ä / e und **äu / eu** ▸ Die meisten Wörter mit *ä* oder *äu* werden nach dem Stammprinzip geschrieben und haben verwandte Wörter mit *a* bzw. *au*. Es gibt nur wenige Wörter mit *ä* oder *äu*, die sich nicht ableiten lassen, dazu gehören zum Beispiel *Bär, Käfer, dämmern, gähnen, Knäuel*. In der Regel aber lassen sich verwandte Wörter finden, so dass man die Schreibung ableiten kann:

- *Hände* → *Hand*
- *Wälder* → *Wald*
- *lächerlich* → *lachen*
- *Gewässer* → *Wasser*
- *Häuptling* → *Haupt*
- *Häuschen* → *Haus*

In manchen Fällen sind beide Schreibungen möglich, da es Ableitungsmöglichkeiten mit *e* und mit *a* gibt:

- *aufwendig* wegen *aufwenden*
- *aufwändig* wegen *Aufwand*

ai / ei ▸ Der Laut [ai] wird im Deutschen meist *ei* geschrieben; nur wenige Wörter werden mit ***ai*** wiedergegeben. Diese Wörter prägt man sich am besten ein; sie lassen sich nicht ableiten: *Hai, Hain, Kai, Kaiser, Laib, Laich, Mai, Mais, Saite, Waise.*
Bei manchen Wörtern ist die Schreibung hier auch bedeutungsdifferenzierend, das heißt, die Schreibung entscheidet über die Bedeutung.

Seite oder Saite? – Die Unterscheidungsschreibung im Deutschen

Als sich im Deutschen Reich ab dem 16. Jahrhundert allgemeine Regeln für die Orthografie, wie z. B. das Stammprinzip, langsam herausbildeten, führte man auch die sogenannte Unterscheidungsschreibung ein: Gleich klingende Wörter mit unterschiedlicher Bedeutung sollten unterschiedlich geschrieben werden, um dem Leser das Verständnis zu erleichtern. Die Festlegungen erfolgten im Einzelfall jedoch eher willkürlich, so dass die Schreibungen heute gelernt werden müssen.

Bai (Meeresbucht)	*bei* (Präposition)
das (Artikel)	*dass* (Konjunktion)
Laib (Brot)	*Leib* (Körper)
leeren (ausgießen)	*lehren* (unterrichten)
Lerche (Vogel)	*Lärche* (Baum)
malen (Kunst)	*mahlen* (Getreide)
mehr (Adjektiv)	*Meer* (Gewässer)
Seite (Buch)	*Saite* (beim Instrument)
Uhrzeit (Zeitpunkt)	*Urzeit* (Zeitalter)
Waise (elternlos)	*Weise* (Art)
wären (Form von *sein*)	*währen* (gültig sein)
wider (gegen)	*wieder* (erneut)

Dennoch blieben auch in der Orthografie einige „Teekesselchen" erhalten, wie z. B. *Bauer* (Landwirt / Käfig) oder *die Flucht* (die Zimmerflucht / das Entweichen).

Die Auslautverhärtung

Im gesprochenen Deutsch unterscheidet man zwischen stimmhaften und stimmlosen Konsonanten, z. B.:
[b] in *backen* = stimmhaft
[p] in *packen* = stimmlos
[t] in *Tag* = stimmlos
[d] in *Dose* = stimmhaft
In der Regel werden diese auch in der Schrei-

bung unterschieden, so im vorstehenden Beispiel durch die Buchstaben *b* bzw. *p*. Doch geschieht dies nicht in allen Fällen, denn in der gesprochenen Sprache werden die stimmhaften Laute [b], [d] und [g] am Silbenende und vor weiteren Konsonanten zu den stimmlosen Lauten [p], [t] und [k]. Man bezeichnet diese Erscheinung als **Auslautverhärtung:**
*Lo**b***, gesprochen [lo:p]
*Wal**d***, gesprochen [valt]
*Schla**g***, gesprochen [ʃla:k]
Diese Auslautverhärtung wird in der Schrift nicht ausgedrückt, man schreibt trotzdem *b, d* oder *g*, denn das Stammprinzip setzt hier das Lautprinzip außer Kraft.
Es gibt ganze Silbengruppen, die aufgrund der Auslautverhärtung beim korrekten Schreiben zu Zweifelsfällen führen.

-and / -ant ▸ Wenn die Silben *-and* und *-ant* am Ende eines Wortes auftauchen, kann man aufgrund der Auslautverhärtung keinen Unterschied hören. Die Endsilbe *-and* leitet sich vom lateinischen Gerundivum her und hat passivische Bedeutung. Sie zeigt bei Substantiven in den meisten Fällen an, dass mit jemandem etwas geschehen soll. Die Endsilbe *-ant* stammt vom lateinischen Partizip Präsens und hat aktivische Bedeutung. Sie zeigt in den meisten Fällen an, dass jemand etwas aktiv tut.
Auch hier hilft der Verlängerungstrick: man sollte eine gebeugte Form bilden, um die korrekte Schreibung abzuleiten:
Konfirmand ➞ *Konfirmanden*,
Demonstrant ➞ *Demonstranten*.

Konfirmanden der Lutherischen Kirche in Finnland

-end / -ent und end- / ent- ▸ Die Silben *end/ent* kommen sowohl am Ende von Wörtern als auch zu Beginn vor. Stehen sie am Ende des Wortes, gilt das Gleiche wie bei *-and* und *-ant*. Man bildet gebeugte Formen: *Präsident* ➞ *Präsidenten*, *beklemmend* ➞ *beklemmende Zustände*.
Stehen die Silben zu Beginn des Wortes, muss man auf den Sinn achten: *end-* hat immer etwas mit einem Ende, einem Schlusspunkt zu tun; *ent-* hat häufig etwas mit der Bedeutung „weg" zu tun.
– *endgültig, endlich, Endspiel, Endergebnis, Endspurt, Endurteil, Endverbraucher, Endziffer, Endziel, Endzweck*
– *entbinden, entblättern, entdecken, enteignen, enteisen, enterben, entkoppeln, entscheiden, entweihen, entzückt*

tod- / tot- ▸ Auch bei Wörtern mit diesen Bestandteilen gibt es immer wieder Zweifelsfälle, zumal sie nicht unterschiedliche Bedeutungen haben. Aber es gibt eine Faustregel die in vielen Fällen hilft:
- Zusammengesetzte Verben meist mit *tot: totschlagen, totkriegen, totlaufen, totschweigen, totreden*
- Zusammengesetzte Adjektive meist mit *tod: todernst, todkrank, todmüde, todsicher, todunglücklich*

Der Verlängerungstrick
In vielen Fällen kann man die Schreibung aus der Aussprache erweiterter Formen oder verwandter Wörter ableiten, in denen der betreffende Konsonant am Silbenanfang steht:

b: *Lob* trotz Aussprache [p] wegen *des Lobes*
trüb wegen *trübe*
lieblich wegen *lieben*

d: *Rad* trotz Aussprache [t] wegen *des Rades*
Tod wegen *die Tode*
endlich wegen *Ende*
Tag wegen *Tage*

g: *Sieg* trotz Aussprache [k] wegen *des Sieges*

laut

Bedeutung und Gebrauch • Das ursprüngliche Substantiv *Laut* hat hier die Funktion einer Präposition übernommen und wird kleingeschrieben: *Es heißt, laut seinen Ausführungen bestehe keine Gefahr mehr.*
Da die Präposition die Bedeutung „gemäß dem Wortlaut, entsprechend, aufgrund" trägt, sollte sie im Zusammenhang mit mündlichen oder schriftlichen Äußerungen gebraucht werden und nicht in Bezug auf visuelle Informationen: *laut Bericht; laut Vertrag; laut Beschreibung* (nicht: *laut Abbildung*).
laut ihres Testaments / ihrem Testament • Die Präposition *laut* steht mit dem Genitiv. Zunehmend findet jedoch auch der Dativ Verwendung: *laut diesjährigen Berichts / laut dem diesjährigen Bericht; laut ihres Testaments / laut ihrem Testament.*
Folgt auf die Präposition ein Substantiv ohne Artikel, Pronomen oder Adjektiv, so steht im Singular stets die ungebeugte Form: *laut Befehl der Einsatzleitung; laut Bericht unseres Korrespondenten; laut Testament.* Im Plural hingegen wird der Dativ verwendet: *laut Befehlen von oben; laut Berichten unseres Korrespondenten.*

Laut

Der Laut (Phonem) ist die kleinste Einheit der menschlichen Sprache und Bestandteil von Silben und Wörtern. Man unterscheidet zwischen Vokalen (Selbstlauten) und Konsonanten (Mitlauten). Im Geschriebenen wird ein Laut durch einen oder mehrere Buchstaben wiedergegeben.
→ *Sonderseiten „Laute und Buchstaben", S. 282–285*

Layout / Lay-out

Anglizismen aus Verb und Adverb schreibt man in der Regel mit Bindestrich: *Make-up.* Verbindungen, die bereits länger in den deutschen Wortschatz integriert sind, können aber darüber hinaus auch zusammengeschrieben werden: *Lay-out / Layout.* Untersuchungen zum allgemeinen Schreibgebrauch zeigen, dass die Schreibung ohne Bindestrich deutlich überwiegt: *Layout.*

Laute – arabische (Wort-)Klänge
„Musik", so dichtete Wilhelm Busch treffend, „wird störend oft empfunden, weil stets sie mit Geräusch verbunden". Insofern erscheint es plausibel, dass der Ausdruck *Laute* für das Zupfinstrument in einem engen Bezug zum Adjektiv *laut* stehen sollte. Doch das ist nicht der Fall: Der Name, wie auch das Instrument selbst, sind arabischen Ursprungs. Aufgrund der vielen Entlehnungsstationen hat sich die Wortform nach dem Stille-Post-Prinzip allerdings stark verändert: So geht das mittelhochdeutsche *lute* (das Wort entspricht dem modernen *Laute*) auf das französische *lëut* zurück, das seinerseits über das Spanische auf dem arabischen *al-'ūd* beruht, eigentlich eine allgemeine Bezeichnung für ein aus Holz gefertigtes Musikinstrument.
Die Geschichte des Instruments selbst reicht aber noch weiter zurück: Der älteste Lautentyp, die Langhalslaute, ist in Mesopotamien seit dem 3. Jahrtausend v. Chr. nachweisbar und kam um 1650–1540 v. Chr. nach Ägypten. Die europäische *Laute* entwickelte sich im 13. / 14. Jahrhundert in Spanien aus der *al-'ūd*, die mit den Arabern im Hochmittelalter dorthin gelangt war. Sie hatte zu dieser Zeit nur vier, später sechs Saiten.

Moderne arabische Kurzhalslaute

lebenslang / lebenslänglich

Die beiden Adjektive werden trotz ähnlicher Bedeutung in unterschiedlichen Zusammenhängen verwendet. *Lebenslänglich* wird in der Regel ausschließlich auf die *lebenslange* Dauer einer Haftstrafe bzw. die Haftstrafe auf unbestimmte Zeit bezogen (wobei diese in Deutschland bereits nach 15 Jahren enden kann): *Der Mörder erhielt lebenslänglich. Er wurde zu lebenslänglicher Haft verurteilt.* Bezogen auf Personen schreibt man groß: *Die Lebenslänglichen waren in einem besonderen Gefängnistrakt untergebracht.*
In wenigen Fällen wird das Adjektiv auch auf die Dauer einer Rentenzahlung bezogen: *Die Frau erhielt eine lebenslängliche Rente von 789 Euro zugesprochen.*
Soll in allgemeiner Bedeutung die Dauer eines Lebens zum Ausdruck gebracht werden, steht in der Regel das Adjektiv *lebenslang: eine lebenslange Freundschaft; eine lebenslange Haftstrafe; eine lebenslange Sperre.*

Lebenslauf

→ *Sonderseiten „Lebenslauf“, S. 288f.*

leer

In Verbindung mit *sein* wird immer getrennt geschrieben: *Das Glas wird schon leer sein.* Auch in Verbindung mit anderen Verben wird in konkreter Bedeutung in der Regel getrennt geschrieben: *leer ausgehen; leer stehen.* Wenn *leer* das Ergebnis der durch das Verb ausgedrückten Handlung beschreibt, kann man auch zusammenschreiben: *den Kühlschrank leer essen / leeressen; das Glas leer trinken / leertrinken.* Dies gilt auch für Wendungen wie *die Tanzfläche leer fegen / leerfegen.*
Werden diese Verbindungen als adjektivisches Partizip gebraucht, hat der Schreibende ebenfalls die Wahl, ob er getrennt oder zusammenschreiben möchte: *das leer stehende / leerstehende Haus; die leer gefegten / leergefegten Regale; die leer getrunkenen / leergetrunkenen Pfandflaschen.*
Die folgenden Verbindungen werden als übertragen betrachtet, es wird zusammengeschrieben: *eine Badewanne leerlaufen lassen* (= „das Wasser aus der Wanne laufen lassen“); *den Motor leerlaufen lassen.*

Lehnwort, Lehnübersetzung, Lehnübertragung, Lehnschöpfung, Lehnbedeutung

Lehnwort • Als Lehnwort bezeichnet man eine Entlehnung aus einer anderen Sprache, die sich in Aussprache, Orthografie und Grammatik an das Deutsche angepasst hat, wie z. B. *Spiegel* aus lateinisch *speculum*. Demgegenüber hat ein Fremdwort die fremdsprachigen Eigenschaften weitgehend beibehalten, wie z. B. *Factoryoutlet*. Der Übergang vom Fremdwort zum Lehnwort ist jedoch fließend: So lassen sich mit dem Anglizismus *Manager* nach deutschen Regeln problemlos Zusammensetzungen wie *Managergehalt* oder Ableitungen wie *managen* bilden. In der Sprachwissenschaft wird deshalb meist auf die Unterscheidung zwischen Fremdwort und Lehnwort verzichtet und nur noch von Lehnwort gesprochen.
Lehnübersetzung • Als Lehnübersetzung bezeichnet man Ausdrücke, die wortwörtlich übersetzt wurden, wie z. B. *Volkslied* aus englisch *popular song* oder *Eselsbrücke* nach lateinisch *pons asinorum.*
Lehnübertragung • Die Lehnübertragung ist im Unterschied zur Lehnübersetzung eine frei gehaltene Übertragung, z. B. *Gabelstapler* nach englisch *forklift.*
Lehnschöpfung • Eine Lehnschöpfung ist durch das Vorbild eines Fremdworts zwar angeregt, von diesem aber unabhängig. Meist sollen Lehnschöpfungen Fremdwörter ersetzen: So war nach dem Versailler Vertrag 1918 den deutschen Brennereien die Bezeichnung *Cognac* verboten. Es entstand aus der Not heraus die Lehnschöpfung *Weinbrand.*
Lehnbedeutung • Wird eine aus einer anderen Sprache übernommene Bedeutung einem bereits vorhandenen Wort zugefügt, bezeichnet man diese als Lehnbedeutung. So wurde der „Duft des Weins“ entsprechend dem lateinischen Vorbild (nach lateinisch *flos*) mit dem Substantiv *Blume* bezeichnet, das so eine neue Lehnbedeutung erhielt.

Der *Lebenslauf*

Der Lebenslauf ist Bestandteil jeder Bewerbung – egal, ob es sich um eine klassische Bewerbung mit einer Bewerbungsmappe oder um eine elektronische Bewerbung handelt. In gewisser Weise ist der Lebenslauf sogar der Kern der Bewerbung, denn er gibt nicht nur Auskünfte über Fähigkeiten, die im Zusammenhang mit der angestrebten Stelle stehen, sondern zeichnet ein recht genaues Gesamtbild des Bewerbers über einen längeren Zeitraum – eben seinen Werdegang –, und das ist für viele Personalabteilungen und Arbeitgeber von großer Bedeutung.

Aufbau des Lebenslaufs

In der Regel wird der Lebenslauf tabellarisch erstellt und umfasst ein bis zwei Seiten. Er wird mit dem Computer (oder maschinenschriftlich) geschrieben und der Übersichtlichkeit halber mit Überschriften versehen, unter denen die entscheidenden Stationen des beruflichen und privaten Lebens aufgeführt werden (s. Tabelle unten und Muster rechts). Inhaltlich sollte der Lebenslauf nach Möglichkeit keine Lücken aufweisen.
Bei der **chronologischen Ordnung** sind zwei Varianten möglich. Die **erste Variante** entspricht der klassischen Ordnung: Man beginnt mit den zeitlich am weitesten zurückliegenden Stationen, also der Schulbildung, und arbeitet sich schrittweise bis zum gegenwärtigen Zustand vor. Bei der **zweiten Variante** läuft die chronologische Ordnung rückwärts. Man beginnt jeweils mit

Aufbau eines Lebenslaufs	
Persönliche Daten	Name, Anschrift, Geburtsdatum und Geburtsort, in der Regel Familienstand
Bild	Bewerbungsfoto vom Fotografen
Ausbildungsweg (Bildungsgang)	Schule, Ausbildung, Studium, Volontariat
Praktika	Hospitanz, Praktikum, Aushilfstätigkeit
Berufstätigkeit	feste und freie Mitarbeit
Weiterbildung	Kurse, Veranstaltungen, Qualifikationsmaßnahmen
Auslandsaufenthalte	längere Zeiten, die der Aus- und Weiterbildung dienten
Besondere Qualifikationen	Sprachen, IT, besondere Fähigkeiten
Interessen	wenn sie einen Bezug zur angestrebten Stelle haben

der aktuellen Situation. Das kann vor allem für ältere Bewerber von Vorteil sein, denn je mehr Erfahrung man aufweisen kann, desto weniger wichtig werden länger zurückliegende Stationen.

Persönliche Daten

Hauptsächlich gliedert sich der Lebenslauf in die persönlichen und die berufsrelevanten Daten. Bei den persönlichen Daten darf Folgendes nicht fehlen:

- der **Vor- und Zuname,**
- die **Anschrift** sowie
- **Geburtsdatum** und **Geburtsort**.

Angaben zu Familienstand, Beruf der Eltern, Religionszugehörigkeit, Name und Beruf des Ehepartners sind freiwillig. Sie empfehlen sich vor allem dann, wenn sie in einem Zusammenhang zur angestrebten Tätigkeit stehen, etwa wenn sich eine Erzieherin bei einem konfessionellen Kindergarten bewirbt und als Religionszugehörigkeit „katholisch" angibt.

Bildungsgang und Berufstätigkeit

Auch für diese Punkte gilt, dass die wichtigsten Eckdaten möglichst knapp und lückenlos aufgeführt werden, das heißt, auf Überflüssiges sollte man verzichten. So sind Angaben zum Grundschulbesuch in der Regel entbehrlich. Und dass zum Beispiel ein Bewerber mit Hochschulabschluss auch das Abitur abgelegt hat, versteht sich von selbst. Je länger solche nicht mehr relevanten Abschlüsse her sind, desto eher kann auf diese Abgaben verzichtet werden.

Jedoch sollten diejenigen Fähigkeiten, Kenntnisse oder Qualifikationen etwas ausführlicher behandelt werden, die den Bewerber für die Stelle besonders geeignet erscheinen lassen, auf die er sich bewirbt.

Wichtig ist ein **lückenloser Lebenslauf**! Sollte es längere Zeiten der Nichtbeschäftigung geben, ist es sinnvoll, diese nicht zu vertuschen, sondern zu begründen und vor allem mit „relevanten" Beschäftigungen während dieser Zeit aufzufüllen, etwa dem Auffrischen von Sprach- und PC-Kenntnissen.

Lebenslauf

Persönliche Daten		Foto
Name		Daniela Muster
Anschrift		Schillerstraße 9 41777 Dreisen
geboren am	20.09.1981	in Köln
Ausbildung		
	1999	Abitur Staatliches Gymnasium Lübeck
	01/2000–08/2001	Journalistisches Volontariat beim "Lübecker Boten"
	2001-2008	Magisterstudium mit den Fächern Germanistik, Politologie und Soziologie an der Universität München
	2008	Abschluss als Magister Artium
Berufserfahrung/Praktika		
	08-12/1999	Auslandsaufenthalt als Au-pair in Bristol, GB
	01/2009	Hospitanz: Zweites Deutsches Fernsehen (ZDF), Mainz
	03-04/2009	Praktikum: Gesellschaft für deutsche Sprache (GfdS), Wiesbaden
	05/2009	Praktikum: Mainzer Zeitung
	seit 2010	freie Mitarbeit: Wiesbadener Nachrichten
Sonstige Kenntnisse		
Sprachen		Englisch: fließend Spanisch: gut Französisch: Grundkenntnisse
Computer		Windows, Standard-Office-Software
Persönliche Interessen		Basketball, Computer, Lesen

Dreisen, den 12. Mai 2014

Daniela Muster

Formales

Nach wie vor gehört zum Lebenslauf auch ein **Foto**, das auf der ersten Seite oben rechts aufgeklebt wird; die Rückseite des Fotos sollte mit dem Namen des Bewerbers versehen werden, damit eine einfache Zuordnung möglich ist, falls das Bild abfällt. Das Bewerbungsfoto muss aktuell sein, darf auf keinen Fall etwa ein Urlaubsfoto oder ein Ausschnitt daraus sein und sollte von einem professionellen Fotografen stammen – nicht aus einem Automaten! Das klassische Format für ein Bewerbungsfoto ist 6,5 mal 4,5 Zentimeter. Die Kleidung auf dem Foto sollte zur angestrebten Stelle passen: Banken oder Versicherungen legen mehr Wert auf seriöse Kleidung als Werbeagenturen. Professionelle Fotografen wissen in der Regel, was angemessen ist.

Zum Schluss wird der CV – Curriculum Vitae, wie der Lebenslauf auch genannt wird – ausgedruckt (auf gutem weißem Papier) mit **Ort** und **Datum** versehen und **unterschrieben**.

lehren

lehren + Akkusativobjekte • Das Verb *lehren* kann mit zwei Akkusativobjekten stehen: *Sie lehrt die Schüler den Umgang mit Wörterbüchern.* Statt des Akkusativs der Person (im Beispiel: *die Schüler*) wird häufig auch ein Dativobjekt gewählt, doch ist dies standardsprachlich **nicht korrekt**: *Sie lehrt den Schülern den Umgang mit Wörterbüchern.*
Wird nur eines der beiden Objekte gebraucht, steht es in jedem Fall im Akkusativ: *Sie lehrt die Schüler des ganzen Dorfes. Sie lehrt den Umgang mit Wörterbüchern.*
Sowohl der Akkusativ der Person (im Beispiel: *die Schüler*) als auch der Akkusativ der Sache (im Beispiel: *den Umgang mit Wörterbüchern*) kann zum Subjekt eines Passivsatzes werden. Ist der ursprüngliche Akkusativ der Person Subjekt des Passivsatzes, bleibt der Akkusativ der Sache erhalten: *Die Schüler werden den Umgang mit Wörterbüchern gelehrt.*
sie lehrte ihn lesen • Nach *lehren* steht das Verb im Infinitiv ohne *zu*, wenn es allein steht: *sie lehrte ihn lesen/schreiben/rechnen.* Ist das Verb erweitert, steht der Infinitiv in der Regel mit *zu: Man lehrte ihn, den Fuhrpark zu warten.*
Chinesisch sprechen gelehrt • Das Perfekt von *lehren* wird im Allgemeinen auch dann mit dem Partizip II gebildet, wenn diese Verben mit einem Infinitiv gebraucht werden: *Frau Wang hat mich Chinesisch sprechen und schreiben gelehrt.*
Der Infinitiv anstelle des Partizips II gilt in manchen Grammatiken als nicht korrekt und sollte vermieden werden: *Frau Wang hat mich Chinesisch sprechen lehren.*
→ *lernen*

Leiche

Im allgemeinen Sprachgebrauch bedeutet *Leiche* „toter menschlicher oder tierischer Körper". Im oberdeutschen Sprachraum kann es sich aber auch auf die „Beerdigung" beziehen. In Zusammensetzungen wie *Leichenschmaus* wird dieser Bezug deutlich. In Österreich ist für diese Bedeutung mundartlich auch die Variante *Leich* üblich.

Leichenbittermiene – eine vergessene Berufstugend
Alles, was für den Menschen schmerzlich ist, kann mit dem Adjektiv für die Geschmacksempfindung *bitter* belegt werden. Fügungen wie *bittere Not, bittere Tränen, bitterer Ernst* belegen dies deutlich. Dass sich Geschmacksempfindungen begrifflich auch auf die menschliche Mimik beziehen können, lässt sich aus der Wendung *ein saures Gesicht machen* ersehen. Insofern passt der Ausdruck *Leichenbittermiene* gut in dieses metaphorische Gesamtbild. Doch das ist zumindest vom Wortursprung her falsch: Denn der Bestandteil *bitter* ist nicht von der Geschmacksrichtung abgeleitet, sondern vom Verb *bitten*. Auch der Ausdruck *Leiche* bezieht sich nicht auf den toten Menschen, sondern auf das Begräbnis. Es gab im Volksbrauch tatsächlich professionelle *Leichenbitter*, die von Tür zu Tür gingen und die Freunde und Bekannten des Toten zum Begräbnis – zur *Leiche* – baten. Dass sie dabei einen professionell traurigen Gesichtsausdruck aufsetzten, versteht sich von selbst.

leicht

Groß- und Kleinschreibung • Als Adjektiv wird *leicht* auch in vielen festen Wendungen kleingeschrieben: *leichte Krankheit; leichte Musik; leichte Muse; leichten Herzens.*
Wird *leicht* als Substantiv gebraucht, schreibt man groß: *Ich habe nur Leichtes zu mir genommen. Die Tests waren ihr ein Leichtes. Der Roman verknüpft Leichtes mit Schwerem.*
Verbindungen mit Verben • Im Allgemeinen schreibt man *leicht* vom folgenden Verb getrennt: *Er hat sich nur leicht verletzt. Die Aufgaben lassen sich leicht lösen. Sie dürfen den Schalter nur leicht berühren.*
Die folgenden Verbindungen werden, da sie in übertragener Bedeutung gebraucht sind, zusammengeschrieben: *Das ist ihm leichtgefallen. Er hat die Sache leichtgenommen. Auf diesem Feld wird man sich mit der Entwicklung neuer Ideen nicht leichttun.*

ACHTUNG: Ist das Adjektiv erweitert, schreibt man getrennt: *Sie sollten dies nicht zu leicht nehmen. Das ist ihr sehr leicht gefallen.*
In Verbindung mit *machen* kann man getrennt oder zusammenschreiben: *Sie hat sich die Aufgaben nicht leicht gemacht/leichtgemacht.*
Verbindungen mit Adjektiven • In Verbindung mit Adjektiven kann man meist getrennt oder zusammenschreiben: *leicht behinderte/leichtbehinderte Menschen; leicht entzündliches/leichtentzündliches Benzin; eine leicht verdauliche/leichtverdauliche Speise; ein Buch in leicht verständlicher/leichtverständlicher Sprache.*
In den folgenden Fällen schreibt man dagegen zusammen: *leichtblütig, leichtfüßig, leichtgängig, leichtgewichtig, leichtgläubig, leichthändig, leichtherzig, leichtlebig.*
Verbindungen mit Partizipien • In Verbindung mit adjektivisch gebrauchten Partizipien ist in der Regel Getrennt- oder Zusammenschreibung möglich: *leicht bekleidete/leichtbekleidete Mädchen; leicht beschwingte/leichtbeschwingte Musik; leicht bewaffnete/leichtbewaffnete Soldaten; leicht verletzte/leichtverletzte Touristen; leicht verwundete/leichtverwundete Personen.*

Leid / leid

Groß- oder Kleinschreibung • In seiner Funktion als Substantiv wird *Leid* großgeschrieben: *Ihm ist großes Leid widerfahren. Man hat ihr ein Leid angetan. Er hat ihr sein Leid geklagt.*
In festen Wendungen mit *sein* und *werden* liegt der Gebrauch als Adjektiv vor: *etwas leid sein. Ich bin es leid. Sie wurde es leid.*
zu Leide / zuleide tun • In der adverbial gebrauchten Wendung kann man getrennt oder zusammenschreiben: *jemandem etwas zu Leide/zuleide tun.*
→ *leidtun*

leidig / leidlich

Die beiden Adjektive haben eine unterschiedliche Bedeutung: So ist *leidig* von *Leid* abgeleitet und wird im Sinne von „lästig, unangenehm“ verwendet: *Ich bin froh, wenn ich diese leidige Sache los bin.*
Das Adjektiv *leidlich* geht dagegen auf das Verb *leiden* zurück und bedeutet „erträglich, annehmbar, weder richtig gut noch ganz schlecht“: *„Wie fühlen Sie sich?“ – „Danke, ganz leidlich.“ Sie hat gut gespielt und leidlich gesungen.*

leidtun – es tut mir leid

In einigen Verbindungen aus Substantiv und Verb ist die Bedeutung des Substantivs so stark verblasst, dass es nicht mehr als selbstständiges Wort betrachtet wird. Man behandelt diese Verbindungen als Zusammensetzungen und schreibt sie zusammen: *leidtun. Das wird dir noch leidtun. Das braucht dir nicht leidzutun.*
ACHTUNG: Auch in getrennter Stellung gilt *leid* nicht mehr als Substantiv, man schreibt es klein: *Es tut mir leid.*

leise

leis / leise • Im adverbialen Gebrauch ist neben *leise* auch die Form *leis* möglich. Sie wird im allgemeinen Sprachgebrauch eher selten verwendet und erscheint vor allem in poetischen Texten. In diesen Fällen steht kein Apostroph: „So seltsam fremd wird dir die Welt, / Und *leis* verläßt dich alles Hoffen …“ (Theodor Storm, Beginn des Endes).
Groß- und Kleinschreibung • Als Adjektiv wird *leise* kleingeschrieben: *leise auftreten; eine leise Andeutung; nicht die leiseste Ahnung haben.*
Liegt eine Substantivierung vor, schreibt man groß: *Ich zweifle nicht im Leisesten daran.*
Getrennt- und Zusammenschreibung • Man schreibt in fast allen Fällen vom Verb getrennt: *Kannst du das Radio leise stellen? Könnt ihr nicht ein bisschen leise sein?*
Die übertragen gebrauchte Verbindung *leisetreten* (= „sich unauffällig, duckmäuserisch verhalten“) wird dagegen zusammengeschrieben.

lernen

Getrennt- und Zusammenschreibung • Verbindungen aus *lernen* und einem weiteren Verb schreibt man getrennt: *lieben lernen; schreiben*

lernen; schwimmen lernen. Nur in Verbindung mit *kennen* ist auch die Zusammenschreibung möglich: *kennen lernen/kennenlernen. Wir haben uns beim Chatten kennen gelernt/kennengelernt.*
lehren oder lernen? • In der Umgangssprache wird häufiger anstelle von *lehren* das Verb *lernen* benutzt. Dieser Gebrauch von *lernen* ist falsch. Es muss also heißen: *Frau Wang lehrt mich Chinesisch.* (Falsch: *Frau Wang lernt mir Chinesisch.*) *Die Lehrerin lehrt sie den Umgang mit Wörterbüchern.* (Falsch: *Die Lehrerin lernt ihnen den Umgang mit Wörterbüchern.*)
sie lernte lesen • Nach *lernen* steht das Verb im Infinitiv ohne *zu,* wenn es allein steht: *sie lernte lesen/schreiben/rechnen.* Ist das Verb erweitert, kann der Infinitiv mit oder ohne *zu* stehen: *Sie lernte, die Druckerpatronen zu wechseln./ Sie lernte die Druckerpatronen wechseln.*
Chinesisch sprechen gelernt • Das Perfekt von *lernen* wird im Allgemeinen auch dann mit dem Partizip II gebildet, wenn diese Verben mit einem Infinitiv gebraucht werden: *Ich habe sie mit der Zeit schätzen gelernt. Ich habe Chinesisch sprechen und schreiben gelernt.*

letzte(r, -s)

Groß- und Kleinschreibung • Als Zahladjektiv wird *letzte(r, -s)* auch in festen Fügungen kleingeschrieben: *die letzten Dinge; jemandem die letzte Ehre erweisen; letzten Endes; eine Ausgabe letzter Hand; das letzte Mal; zum letzten Mal; immer das letzte Wort haben wollen.*
In zahlreichen Fällen wird *letzte(r, -s)* allerdings als Substantiv gebraucht, man schreibt groß: *als Letzte das Ziel erreichen; der, die, das Letzte* (der Reihe nach). *Er ist so ziemlich der Letzte, den ich darum bitten würde. Das ist doch das Letzte! Er ist der Letzte seines Stammes. Den Letzten beißen die Hunde. Er hat sein Letztes hergegeben. Die Ersten werden die Letzten sein. Zahlungstermin ist der Letzte des Monats. Es geht ums Letzte. Die Vorwürfe müssen bis ins Letzte aufgeklärt werden. Er wurde bis zum Letzten ausgenutzt. „Zum Dritten und Letzten!“* (bei Versteigerungen).
Bei der Verbindung *der letzte/Letzte Wille* ist Groß- oder Kleinschreibung möglich, da es sich um eine Verbindung mit fachsprachlichem Charakter handelt.
Großgeschrieben werden auch Eigennamen aus Religion und Mythologie: *das Letzte Gericht; die Letzte Ölung.*
ersterer - letzterer • → *erstere(r, -s)*

Level

Das Substantiv Level kann sowohl im Maskulinum als auch im Neutrum gebraucht werden: *der/das Level.*

Lexikon – Lexika/Lexikons

Lexikons/Lexika • Bei diesem Substantiv sind zwei Pluralformen korrekt: *Lexikons* und *Lexika,* wobei die Form *Lexika* im allgemeinen Sprachgebrauch deutlich überwiegt.
ACHTUNG: Die oft zu hörende Form *Lexikas* ist nicht korrekt.

-lich/-bar

Von vielen Verben kann sowohl ein Adjektiv mit der Endung *-bar* als auch ein Adjektiv mit der Endung *-lich* abgeleitet werden. Dabei haben in den meisten Fällen die beiden Ableitungen dieselbe Bedeutung, so dass beide Bildungen unterschiedslos verwendet werden können. Keine nennenswerten Bedeutungsunterschiede liegen bei Adjektiven wie *erklärbar/erklärlich* und bei einer Reihe von Bildungen mit dem Präfix *un-* vor: *ein unerklärbares/unerklärliches Phänomen; unersetzbare/unersetzliche Verluste; ein unfassbares* (seltener: *unfassliches*) *Geschehen; unsagbares/unsägliches Glück; unüberwindbare/ unüberwindliche Ängste; eine unverletzbare/ unverletzliche Vorschrift; gewisse unvermeidbare/unvermeidliche Schwierigkeiten.*
In einigen Fällen gibt es jedoch auch große Bedeutungsunterschiede:
ausführbar (eine ausführbare Idee) – ausführlich (ein ausführlicher Brief); lösbar (eine lösbare Aufgabe) – löslich (lösliches Pulver); verantwortbar (ein verantwortbares Urteil) – verantwortlich (der verantwortliche Mitarbeiter); undenkbar

(diese Vorstellung ist undenkbar) – *undenklich (vor undenklichen Zeiten).*
→ *-ig/-lich/-isch*

Licht – Lichte/Lichter

Im allgemeinen Sprachgebrauch steht als Plural des Substantivs *Licht* die Form *Lichter*. In der Bedeutung „Wachskerze" ist daneben noch vereinzelt der Plural *Lichte* in Gebrauch. In der Zusammensetzung *Teelicht* ist diese Pluralform noch weithin üblich: die *Teelichte* (auch: *Teelichter*).

(K)ein großes *Licht*
Manche Ehrenbezeichnungen oder Titel verlieren ihre positive Wertung so gründlich, dass sie fast nur noch in einem negativen Zusammenhang gebraucht werden können. Das sprichwörtliche *Licht* oder *Kirchenlicht* gehört sicher dazu. Im Matthäus-Evangelium spricht Jesus zu den Jüngern: „Ihr seid das *Licht* der Welt." Noch Luther bezeichnete in seinen Tischreden den Kirchenvater **Augustinus** (Bild) als *lumen ecclesiae*, als das „Licht der Kirche". Aber fast zur selben Zeit setzte die ironische Umwidmung ein: 1517 erschienen die „Dunkelmännerbriefe", eine beißend ironische Satire. In dem fingierten Briefwechsel, der scholastische Gelehrte unfreiwillig ihre Unwissenheit, Heuchelei und Unmoral vor aller Öffentlichkeit enthüllen lässt, erscheint mehrfach die Bezeichnung *Licht der Theologen*.
Im Anschluss daran wird auch *Licht* in Bezug auf Personen anfangs ironisch gebraucht, später erscheint es nur in der negativen Wendung *kein großes (Kirchen-)Licht sein*.

lieb

Getrennt- und Zusammenschreibung • Vom Verb *sein* schreibt man *lieb* getrennt: *lieb sein; lieb werden*. Die Verbindungen mit *behalten, gewinnen* und *haben* können getrennt und zusammengeschrieben werden: *lieb behalten/liebbehalten; lieb gewinnen/liebgewinnen; lieb haben/liebhaben*. Dies gilt auch für die entsprechenden Partizipverbindungen, sofern diese wie ein Adjektiv gebraucht werden: *lieb gewonnene/liebgewonnene Angewohnheiten; eine lieb gewordene/liebgewordene Tradition* (aber nur: *die neue Heimat ist ihr lieb geworden*).
Verbindungen mit Bestandteilen, die nicht selbstständig vorkommen, schreibt man immer zusammen: *liebäugeln, liebkosen*.
Groß- und Kleinschreibung • In seiner Funktion als Adjektiv schreibt man klein: *lieb Kind; du lieber Himmel!; die lieben Verwandten*.
Bei Substantivierung schreibt man das Adjektiv groß: *Er ist mir der Liebste von allen. Es wäre mir das Liebste, wenn .... Möchtest du deiner Tochter etwas Liebes tun, spendiere ihr einen Reiturlaub. Er hatte ihnen nur wenig Liebes zu sagen. Hier irrst du, meine Liebe/mein Lieber. Meine Lieben, hiermit ... Er hat seiner Liebsten einen Ring geschenkt. Sie hat einen Liebsten, den Namen kennt man nicht. Sie ist mir das Liebste, was ich habe.*
lieb Kind • In dieser formelhaften Wendung kann das Adjektiv ungebeugt vor einem Substantiv stehen: *sich bei jemandem* ***lieb Kind*** *machen*. Außerhalb dieser festen Wendung ist der ungebeugte Gebrauch von *lieb* als attributives Adjektiv nicht möglich: *ein liebes Kind*.

liegen

Das Perfekt von *liegen* wird je nach Sprachregion unterschiedlich gebildet. Im norddeutschen Sprachraum wird zur Bildung überwiegend das Hilfsverb *haben* verwendet: *Er hat im Garten gelegen*. Die Bildung mit dem Hilfsverb *sein* *(Er ist im Garten gelegen.)* findet sich dagegen eher in Süddeutschland, Österreich oder der Schweiz.

liegen bleiben / liegenbleiben, liegen lassen / liegenlassen

Die Frage, ob eine Verbverbindung aus *liegen* mit *bleiben* oder *lassen* getrennt oder zusammengeschrieben wird, hängt von der Bedeutung ab: Wenn die Gesamtbedeutung dieser Verbindungen nicht aus ihren Einzelbestandteilen ersichtlich ist, sondern sich ein neuer Sinn ergibt, ist neben der Getrennt- auch die Zusammenschreibung zulässig: *Diese Arbeit darf nicht liegen bleiben/ liegenbleiben* (= „unerledigt bleiben"). *Er hat seine Freundin einfach links liegen gelassen/ liegengelassen* (= „nicht beachtet, ignoriert").
Bei konkretem Gebrauch schreibt man getrennt: *Lass mich bitte noch fünf Minuten liegen bleiben. Sie haben Ihren Mantel hier liegen lassen.*
ACHTUNG: Bei Substantivierung schreibt man generell zusammen: *das Liegenbleiben; das Liegenlassen.*

lila

dein lila Kleid • Anders als die meisten Adjektive wird *lila* nicht gebeugt, wenn es als Attribut vor einem Substantiv steht: *dein lila* (umgangssprachlich: *dein lilanes*) *Kleid.* Von *lila* können auch keine Steigerungsformen (Vergleichsformen) gebildet werden.
Groß- und Kleinschreibung • Als Farbadjektiv schreibt man *lila* klein: *der lila Farbton; eine lila Bluse.* Ist dagegen die Farbe gemeint oder liegt eine Substantivierung vor, schreibt man groß: *die Farbe Lila; ein in Lila gehaltener Farbton; ganz in Lila gekleidet sein; ein helles/ dunkles Lila. Es heißt, Lila ist die Farbe des Flieders.*

linke(r, -s) / Linke(r, -s)

Als Adjektiv schreibt man *linke(r, -s)* klein: *linker Hand; eine Ehe zur linken Hand* (= „nicht standesgemäße Ehe"). Die substantivierte Form schreibt man groß: *Er hat die Linke* (= „die linke Hand") *verstaucht. Er sitzt zur Linken des Gastgebers. Der Präsident der extremen Linken trat zurück. Die Linke lehnt eine private Finanzierung des Projekts ab.*

links

Das Adverb *links* wird praktisch immer kleingeschrieben: *links außen; links des Baumes; links von mir; nach links; von links; links abbiegen; links gehen; er verwechselt rechts und links; eine Hose links bügeln; etwas mit links erledigen.*
Eine Substantivierung liegt nur in dem scherzhaften Spruch vor: *Nein, ich meinte das andere Links!*
Von Verben wird *links* getrennt geschrieben: *links gehen; links fahren; links sitzen.*
Nur bei adjektivisch gebrauchten Partizipien ist auch Zusammenschreibung möglich: *links stehend/ linksstehend; links fahrend/ linksfahrend.*
Bei Verbindungen mit Substantiven, Adjektiven oder Wortbestandteilen, die nicht mehr selbstständig vorkommen, sowie bei Substantivierungen ist die Zusammenschreibung die Regel: *linksextremistisch, linksläufig, linksseitig, der Linksaußen.*
Auch der Fachausdruck aus der Chemie wird zusammengeschrieben: *linksdrehend* (= „die Ebene des polarisierten Lichts nach links drehend"); *linksdrehende Milchsäuren.*
→ *rechts*

Liter

der / das Liter • Im allgemeinen Sprachgebrauch wird *Liter* im Maskulinum gebraucht: *der Liter.* Daneben ist aber außer in der Schweiz auch die neutrale Form möglich: *das Liter.*
zwei Liter Bier machen / macht • Steht die Maßangabe *Liter* im Plural, setzt man das Prädikat in den Plural, auch wenn das Gemessene im Singular steht: *Zwei Liter Bier machen* (nicht: *macht*) *mich nicht betrunken.* Nur wenn sich das Prädikat eng auf das Gemessene bezieht, ist auch der Singular möglich. Dies gilt für Prädikate wie: *(aus)reichen, genügen, ausreichend/ genug/ viel/ wenig/ eine Menge sein: Zwei Liter Bier reichen* (auch: *reicht*) *nicht aus, um mich wirklich betrunken zu machen.*
→ *Sonderseiten „Maße, Mengen, Münzen, Gewichte", S. 304f.*

Lobby

Der Plural von *Lobby* wird im Deutschen *Lobbys* geschrieben.

Ungewöhnliche Wortverwandtschaften: *Lobby* und *Laube*

Zu den Wörtern, die ursprünglich aus dem Germanischen in andere Sprachen entlehnt und über mehrere Zwischenstationen wieder zurück ins Deutsche gelangten, gehört auch *Lobby*. Heute versteht man darunter die Wandelgänge und Vorhallen in Parlamentsgebäuden und – davon abgeleitet – die Gesamtheit aller Interessengruppen. Die Bedeutungsübertragung kam zustande, weil sich im britischen Unterhaus die Parlamentarier zu Gesprächen mit Interessenvertretern in den Wandelhallen des Parlaments trafen. Seinen Ursprung hat *Lobby* in dem mittellateinischen Wort *laubia* oder *lobia*, das unter anderem die Galerien der klösterlichen Kreuzgänge bezeichnete. Doch handelt es sich hier nicht um einen originär lateinischen Ausdruck. Er wurde seinerseits aus einem westfränkischen Wort entlehnt, das vermutlich *laubja* gelautet hat. Es bedeutete Schutzdach aus *Laub*. Das entsprechende althochdeutsche Wort *louba* („Hütte, Vorhalle") entwickelte sich im modernen Deutsch zur *Laube*. So gehören *Lobby* und *Laube* wortgeschichtlich aufs Engste zusammen, während sich die Bedeutungen weit voneinander entfernt haben.

locker

In Verbindungen mit *sein* wird getrennt geschrieben. Auch von anderen Verben wird getrennt geschrieben, sofern die Verbindung in konkreter Bedeutung gebraucht wird: *Sie sollten ganz locker sein. Es empfiehlt sich, locker zu bleiben. Wir sollten das Seil locker lassen* (= „nicht straffen").
Getrennt- oder Zusammenschreibung gilt für die Verbindung *locker machen/lockermachen* in der Bedeutung „lösen, lockern": *Sie müssen diesen Knoten locker machen/lockermachen.*
Lässt sich die Gesamtbedeutung der Verbindung nicht aus ihren einzelnen Bestandteilen erschließen, schreibt man zusammen: *Der Vorstand wollte für das Bauprojekt kein Geld mehr lockermachen* (= „hergeben, bereitstellen"). *Er hat einfach nicht lockergelassen* (= „nicht nachgegeben").

los

Man schreibt nur in wenigen Fällen vom Verb getrennt. Dazu zählen Verbindungen mit *sein* sowie mit *haben* in der Bedeutung „es weghaben": *Selbst um Mitternacht wird dort nicht viel los sein. Er will es endlich los haben.* In fast allen anderen Fällen schreibt man *los* mit dem Verb zusammen, z. B. *loslegen, losfahren, loskommen, loslassen, loslaufen* usw. Zusammengeschrieben wird auch die Verbindung mit *werden*: *Sie möchte alle ihre Sorgen loswerden.*

Löss / Löß

Ähnlich wie bei *Mass/Maß* führt auch bei *Löss/Löß* (= „kalkhaltiger Lehmstaub als Ablagerung") die unterschiedliche Aussprache zu einer unterschiedlichen Schreibung: Wird wie im süddeutschen Raum das Substantiv mit langem Vokal gesprochen, schreibt man *Löß*. Wird der Vokal kurz gesprochen, was überwiegend in Norddeutschland der Fall ist, schreibt man *Löss*. Der Ausdruck wurde 1821 von Karl Cäsar von Leonhard zur Beschreibung des charakteristischen Bodens eingeführt. Als Vorlage für die Bildung diente offenbar das schweizerische Wort *Lösch* für „lockerer Boden".

M

M. A. / MA / Mag.

Abkürzungen für die akademischen Magistergrade bzw. Mastergrade, wie z. B. *M. A.* (Magister Artium / Master of Arts) werden – anders als der Doktortitel – hinter den Namen gesetzt, wobei zwischen dem Namen und dem Grad in der Regel kein Komma steht: *Clara Müller M. A.*
Dies gilt in Deutschland auch für die Abkürzungen der seit der Bologna-Reform gültigen Grade: *M. Sc.* (Master of Science); *M. Eng.* (Master of Engineering); *M. A.* (Master of Arts); *LL. M.* (Master of Laws).
ÖSTERREICH: Hier wird die Abkürzung *MA* ebenfalls dem Namen nachgestellt. Nur *Mag.* bzw. die weibliche Form *Mag.a.* steht vor dem Namen.
→ *Magister*

Machtblock

Der Plural von *Machtblock* kann auf zwei Arten gebildet werden: *Machtblocks / Machtblöcke.*
Im allgemeinen Sprachgebrauch überwiegt die Form *Machtblöcke* deutlich.
→ *Block*

Machtwort

Der Plural von *Machtwort* lautet *Machtworte* (nicht: *Machtwörter*).

Madagaskar

Die Einwohnerbezeichnung zu *Madagaskar* lautet *Madagasse / Madagassin*. Das entsprechende Adjektiv ist *madagassisch*.

Mädchen

Mädchen gehört neben *Weib* und *Fräulein* zu den Wörtern, bei denen das grammatische Geschlecht nicht mit dem natürlichen Geschlecht übereinstimmt. Es besteht daher oft Unsicherheit, mit welchem Pronomen (*sie* oder *es?* / *die* oder *das?*) man sich auf das neutrale Substantiv *Mädchen* bezieht.
Allgemein gilt: Bei Relativsätzen muss das grammatische Geschlecht beachtet werden. Das Relativpronomen steht also immer im Neutrum: *das Mädchen, das* (nicht: *die*) *am Dienstag in der Klasse fehlte.*
Demjenigen Mädchen, welchem (nicht: *welcher*) *die Lösung gelingt, schenkt der Direktor einen Gutschein.*
Bezieht man sich über ein Personal- oder Possessivpronomen auf das Substantiv, ist sowohl die neutrale als auch die feminine Form möglich:
Das Mädchen hat beharrlich geschwiegen, doch kann man ihm (auch: *ihr*) *daraus keinen Vorwurf machen.*
Das Mädchen hat seinen (seltener: *ihren*) *Schal im Bus vergessen.*
Es handelt sich beim Bezug auf das natürliche Geschlecht keinesfalls um eine moderne Entwicklung. Bereits Johann Wolfgang Goethe wählte in seinen Werken regelmäßig die feminine Form:
„Ich seh, so ists ein liebes Mädchen; / Ich frage <u>sie:</u> Wie heißt du? ‚Käthchen!'"
(Goethe, Rettung)

Maestro

Der Plural von *Maestro* kann *Maestros* oder *Maestri* lauten.
ACHTUNG: Die doppelte Pluralform *Maestris* ist falsch.

Mafioso – Mafiosi

Der Genitiv des Substantivs *Mafioso* kann auf zwei Arten gebildet werden: des *Mafioso / Mafiosos.*
Der Plural lautet nur *Mafiosi.*
ACHTUNG: Die doppelte Pluralform *Mafiosis* ist falsch.

Magen

Der Plural von *Magen* kann mit oder ohne Umlaut gebildet werden: *der Magen – die Mägen/Magen.*

mager

Bei Adjektiven deutschen Ursprungs, die auf *-er* enden, bleibt das unbetonte *e* in der geschriebenen Sprache erhalten: *mager – ein magerer* (nicht: *magrer*) *Boden.*
(vergleiche aber → *makaber*)

Magister

Wird zum akademischen Grad *Magister* die weibliche Form gebildet, lautet diese *Magistra.*

Magnet

Magnet gehört zu den Substantiven, die sowohl im Singular als auch im Plural stark oder schwach gebeugt werden können. Beide Formen gelten als standardsprachlich: *der Magnet – des Magnets/des Magneten – dem Magnet/Magneten – den Magnet/Magneten; die Magnete/Magneten; der Magnete/Magneten; den Magneten/Magneten; die Magnete/Magneten.*

Magnifizenz

Der Rektor einer Universität hat die besondere Ehrenanrede *Magnifizenz*. In der Anschrift steht jedoch nur die Funktionsbezeichnung:
Rektor/Rektorin der Universität XY
Herr/Frau Professor XY.
In der Anrede schreibt man: *Sehr geehrter Herr Rektor; Sehr geehrte Frau Rektorin.*
Möglich ist aber auch die Anrede *Magnifizenz!*

Mahl

Der Plural des Substantivs *Mahl* und seinen Zusammensetzungen kann mit oder ohne Umlaut gebildet werden: *Mahl, Gastmahl – die Mahle, die Gastmahle/die Mähler, die Gastmähler.*

Vom *Magister* zum *Master*

Im alten Rom war *Magister* die Berufsbezeichnung für Lehrer, die Lesen, Schreiben und Rechnen unterrichteten. Zum Titel wurde der *Magister* erst durch die mittelalterlichen Universitäten. Die Basis der Universitätsausbildung bildete die Artistenfakultät, so benannt nach den sieben freien Künsten (den „Artes liberales", s. u. Darstellung von 1504). Sie umfassten Grammatik, Rhetorik und Dialektik sowie Arithmetik, Geometrie, Musik und Astronomie.
Magister Artium („Lehrer der Künste") war der höchste Abschluss, den die Artistenfakultät vergab. Das Wort *Magister* wirkte aber auch in die Alltagssprache hinein. Im 8. Jahrhundert wurde es zunächst als *meistar*, später *meister*, ins Deutsche entlehnt. In England wurde der *magister* zum *master*. Doch während im Deutschen der *Meister* zunehmend auf das Handwerk bezogen wurde, blieb beim englischen *master* die Verbindung zur Universität. Ab dem 14. Jahrhundert wurde auch der Magister-Grad als *master's degree* bezeichnet. Seit der Bologna-Reform ist dieser *Master* auch bei uns angekommen.

mahlen / malen

Die gleichklingenden Wörter unterscheiden sich nicht nur nach Bedeutung und Schreibung, sondern auch nach ihrer Wortherkunft. Das Verb *malen* („mit Pinsel und Farbe hervorbringen, darstellen") hatte im Althochdeutschen die Form *mālōn* oder *malēn* und wurde bereits in der Bedeutung „malen, schreiben" verwendet. Verwandt ist es mit *Mal* („Flecken, Zeichen").
Das Verb *mahlen* zeigt die große Bedeutung dieser landwirtschaftlichen Technologie für die indogermanische Gesellschaft, denn es lässt sich in vielen indogermanischen Sprachen weit zurückverfolgen. Sogar im ausgestorbenem Hethitisch wurde das Wort *malla* „zermalmen, mahlen" nachgewiesen.

Mai / Maie / Maien

Die Bezeichnung für den Monat wird heute stark gebeugt, wobei die Endung im Genitiv auch unterlassen wird: *des Mai(e)s / des Mai – im Mai – die Maie.* Die früher übliche schwache Deklination kommt heute nur noch selten vor und wenn, dann in poetischen Zusammenhängen: *des Maien – im Maien – die Maien.*
Das feminine Substantiv *die Maie* bezeichnet heute nur noch die grünen Birkenzweige, mit denen man im Frühling das Haus schmückt. Früher wurde *die Maie* als Singular des femininen Substantivs auch auf den Monat bezogen.

Mail

→ *E-Mail*

mailen

Wie viele andere Verben aus dem Englischen kann auch *mailen* wie ein deutsches Verb konjugiert werden: *mailen – ich maile – du mailst – er / sie / es mailt – wir mailen – ihr mailt* usw.

Majonäse

→ *Mayonnaise*

makaber

Bei Fremdwörtern, die wie *makaber* auf *-er* enden, fällt das *e* in den gebeugten Formen weg: *makaber – ein makabrer Brief.*
(vergleiche aber → *mager*)

Make-up

Einen mehrteiligen Anglizismus, der sich aus Verb und Adverb zusammensetzt, schreibt man mit Bindestrich, der in einigen Fällen auch entfallen kann: *Take-off / Takeoff.*
Bei *Make-up* ist dagegen nur die Bindestrichschreibung zugelassen, da anderenfalls die Lesbarkeit nicht mehr gegeben wäre: *Make-up* (nicht: *Makeup*).
Wird *Make-up* Teil einer Zusammensetzung, setzt man zwischen alle Bestandteile einen Bindestrich: *Make-up-Tipps*.

Makkaroni

Der aus dem Italienischen stammende Ausdruck für die Pastasorte wird im Deutschen ausschließlich im Plural gebraucht: *Die neuen Makkaroni schmecken sehr gut.* Die doppelte Pluralform *Makkaronis* ist daher **nicht** korrekt.

Mal („Zeichen; Gedenkstein")

Das Substantiv *Mal* kommt überwiegend in Zusammensetzungen vor. Als einfaches Wort hat es den Plural *Male*, in Zusammensetzungen hat es die beiden Pluralformen *Male* und *Mäler*, die teilweise in Abhängigkeit von der Bedeutung gewählt werden. In der Bedeutung „Zeichen, Fleck (auf der Haut)" und in Zusammensetzungen mit dieser Bedeutung steht in der Regel der Plural mit *-e: die Male; die Brandmale; die Muttermale; die Wundmale.*
In Zusammensetzungen mit *Mal* in der Bedeutung „Gedenkstein, Monument" ist hingegen sowohl der Plural mit *-er* als auch mit *-e* möglich: *die Denkmäler / Denkmale; die Ehrenmäler / Ehrenmale; die Grabmäler / Grabmale; die Mahnmäler / Mahnmale.*

Die Zusammensetzungen mit dem Plural *-mäler* sind heute meist die üblicheren, die Zusammensetzungen mit *-male* gelten als stilistisch gehoben. Der Plural *Mahnmäler* ist jedoch seltener als *Mahnmale*.

Mal/mal („Zähleinheit")

Groß- und Kleinschreibung • Wird das Adverb *mal* wie ein Substantiv gebraucht, wird es großgeschrieben. Man erkennt die Substantivierung daran, dass ein Artikel oder Pronomen davorsteht oder eine Erweiterung vorliegt: *dies eine Mal; das erste Mal; das letzte Mal; ein einziges Mal; zum achten Mal; mit einem Mal; einige Mal(e); etliche Mal(e); manches Mal; mehrere Mal(e); Dutzend(e) Mal(e); viele Mal(e); Millionen Mal(e); von Mal zu Mal; zum wiederholten Mal.*
Man schreibt klein, wenn *mal* für die Multiplikation in Rechnungen steht: *Fünf mal acht sind vierzig.* In der Umgangssprache wird *mal* auch als sogenannte Abtönungspartikel verwendet. Man erkennt sie daran, dass sie durch das gehobenere *einmal* ersetzt werden kann: *Das ist nun mal (= einmal) so. Dort bin ich schon mal gewesen. Das ist mal was anderes. Komm mal her!*
Getrennt- und Zusammenschreibung • Mehrteilige Adverbien schreibt man zusammen, wenn Wortart, Wortform oder Bedeutung der einzelnen Bestandteile nicht mehr erkennbar ist. Unter diese Regelung fallen auch alle Adverbien mit dem Zweitbestandteil *-mal: diesmal, dutzendmal, einmal, keinmal, manchmal, paarmal, zweimal.*
In Verbindung mit Zahladjektiven ist bei besonderer Betonung jedoch auch die Getrenntschreibung möglich: *ein Mal; ein paar Mal; acht Mal; hundert Mal; kein Mal.*
Ist ein Bestandteil erweitert, schreibt man immer getrennt und groß: *dies eine Mal; das erste/letzte Mal; ein einziges Mal; ein für alle Mal; zum achten Mal(e); mit einem Mal; so manches Mal; einige/etliche/mehrere/viele Mal(e); ein paar Hundert/hundert Mal; Millionen Mal(e).*

malen

→ *mahlen*

Mallorca

Die Einwohner von *Mallorca* heißen *Mallorquiner*, während das zugehörige Adjektiv *mallorquinisch* lautet.

Malta

Die Einwohner von *Malta* heißen *Malteser*, das zugehörige Adjektiv lautet *maltesisch*.

man

man/einer • Das Indefinitpronomen *man* kommt nur im Nominativ Singular vor und kann nicht dekliniert werden. Akkusativ und Dativ werden durch die entsprechenden Formen von *einer* ersetzt: *Wenn man das einmal verstanden hat, stört es einen nicht mehr. Das sollte man nicht tun; es würde einem nicht guttun.*
Eine Ersatzform für den fehlenden Genitiv von *man* gibt es nicht.
In manchen Fällen muss auch im Nominativ *man* durch *einer* ersetzt werden, da man auch bezüglich der Wortstellung eingeschränkt ist. So ist in dem folgenden Satz nur *einer*, nicht *man* möglich: *Diesen Unsinn soll noch einer* (nicht: *man*) *begreifen!* (Möglich ist aber: *Diesen Unsinn soll man noch begreifen!*)

man/frau

→ *Frau*

manche(r, -s)

Adjektive und Partizipien nach *manche(r, -s)* folgen im Singular der schwachen Deklination: *mancher alt**e** Kram; manches weiß**e** Pulver; mit manchem bunt**en** Stoff; bei mancher zart**en** Versuchung.*
Nach *manch-* im Plural kann das Adjektiv oder Partizip dagegen sowohl schwach als auch stark gebeugt werden: *manche klein**en**/klein**e** Kinder; trotz mancher schön**en**/schön**er** Tage.*
Nach ungebeugtem (endungslosem) *manch* ist ausschließlich die starke Deklination möglich:

*manch neu**er** Versuch; manch bekannt**es** Programm; manch ausgewechselt**em** Trainer; trotz manch gelungen**er** Revanche; manch ausgesucht**e** Höflichkeiten.*

→ *Sonderseiten „Adjektive“, S. 24–27*

manchenorts / mancherorts / mancherorten

Die Adverbien, für die sich etwa seit Mitte des 19. Jahrhunderts eine Zusammenschreibung belegen lässt, können gleichbedeutend verwendet werden. Im allgemeinen Sprachgebrauch überwiegt die Schreibung *mancherorts* deutlich.

Mangel

Mangel in der Bedeutung „Knappheit, Fehlen von etwas“ ist vom Verb *mangeln* abgeleitet und steht im Maskulinum: *der Mangel.*
In der Bedeutung „Maschine zum Glätten“ steht *Mangel* dagegen im Femininum: *die Mangel.*

mangels

Die Präposition *mangels* steht üblicherweise mit dem Genitiv, wenn dem folgenden Substantiv ein Artikel, Pronomen oder Adjektiv vorausgeht: *Mangels ausreichender Besatzung konnten zahlreiche Schiffe nicht auslaufen. Mangels eines Verlags veröffentlichte er seine Machwerke online. Mangels öffentlicher Mittel wurden keine neuen Bauprojekte bewilligt.*
In Kombination mit Substantiven ohne Artikel, Pronomen oder Adjektiv wird das Substantiv im Singular nicht gebeugt: *Mangels Eigenkapital ist kein Börsengang möglich. Mangels Angebot konnte die Nachfrage nicht gedeckt werden. Die Gesellschaft wird mangels Nachwuchs überaltern.*
Im Plural steht es dagegen im Dativ: *Ein Schuldspruch war mangels Beweisen nicht möglich. Mangels Dokumenten musste er aufgeben.*

Mann

Männer / Mannen / Mann • Der Plural von *Mann* lautet allgemein *Männer: Die drei Männer verabredeten sich zum Skatabend.* Der früher übliche Plural *Mannen* gilt zwar grundsätzlich als veraltet. Mit leicht ironischem Unterton ist er aber immer noch in Gebrauch: *Jogi Löw zog sich mit seinen Mannen vor dem Spiel erst einmal ins Trainingslager zurück.*
Wenn *Mann* in Verbindung mit einem Zahlwort für eine zusammengehörige Gruppe von Personen steht, bleibt es ungebeugt: *Die Truppenstärke dürfte bei über 1000 Mann liegen. Das Schiff mit 50 Mann Besatzung geriet in Seenot. Sie alarmierte die Feuerwehr, die mit 50 Mann ausrückte.*
-männer / -leute • Es gibt eine Reihe von zusammengesetzten Substantiven, die im Singular den zweiten Wortbestandteil *-mann* haben, ihren Plural jedoch auf *-männer* und *-leute* bilden: *Amtmann: Amtmänner / Amtleute; Bergmann: Bergmänner / Bergleute; Dienstmann: Dienstmänner / Dienstleute; Fachmann: Fachmänner / Fachleute; Feuerwehrmann: Feuerwehrmänner / Feuerwehrleute; Fuhrmann: Fuhrmänner / Fuhrleute; Geschäftsmann: Geschäftsmänner / Geschäftsleute; Obmann: Obmänner / Obleute; Schutzmann: Schutzmänner / Schutzleute; Steuermann: Steuermänner / Steuerleute.*
Zu beachten sind jedoch die Ausnahmen:
Edelmann: nur: *Edelleute* (falsch: *Edelmänner*);
Ehrenmann: nur: *Ehrenmänner* (falsch: *Ehrenleute*);
Hauptmann: nur: *Hauptleute* (falsch: *Hauptmänner*);
Seemann: nur: *Seeleute* (falsch: *Seemänner*).

-männin / -frau

Die feminine Ableitung auf die maskuline Personenbezeichnung *-mann* kann zwar auch mit *-männin* gebildet werden: *Amtmännin.* Entsprechend lautet auch ein Beleg im „Deutschen Wörterbuch“ der Brüder Grimm: „unsere sel. mutter (der sel. vater war hessischer *amtmann* zu Steinau an der strasze, † 10 jan. 1796) hiesz beim volk nur … frau *amtmännin.*“
Die Ableitung mit *-männin* entspricht aber nicht mehr dem aktuellen Sprachgebrauch. Ableitungen sollten mit *-frau* gebildet werden: *Ombudsmann – Ombudsfrau; Obmann – Obfrau.*

Katapulte zu Wäschemangeln!
Falls man Gegenständen oder Werkzeugen überhaupt so etwas wie Sympathie entgegenbringen kann, gehörte die *Mangel* sicher nicht dazu. Deren Hauptfunktion, Wäsche unter hohem Druck glatt- oder trockenzupressen, ruft eher zweifelhafte Gefühle wach und inspirierte zu Redewendungen wie in die *Mangel nehmen* oder *durch die Mangel drehen*. Hierin ist sie durchaus dem Fleischwolf verwandt.
Auch die Wortgeschichte trägt nicht unbedingt zu höherer Wertschätzung bei, denn der Ausdruck *Mangel* geht auf das Kriegswesen zurück. Der Grund dafür liegt im Konstruktionsprinzip der ersten *Mangeln*: Wo heute Stahlfedern oder Motoren für den Andruck der Glättrollen sorgen, erfüllten in der frühen Neuzeit schwere, mit Steinen gefüllte Kisten diesen Zweck. Ein ähnliches Prinzip lag den Katapulten zur Belagerung von Städten zugrunde. Auch hier waren es Steinkisten, die allerdings den Wurfarm antrieben. Ein solches Katapult nannte man im Mittelhochdeutschen *mange*. Das Wort geht über das mittellateinische *manganum* oder *manga* auf das griechische *mánganon* („Wurfmaschine") zurück. Etwa ab 1500 bezeichnete man auch die *Wäschemangel* als *mange*. In Analogie zu anderen Gerätschaften wie *Schlegel* oder *Meißel* wurde aus *mange* schließlich die *Mangel*.

Manometer

Das Genus von *Manometer* ist Neutrum: *das* (nicht: *der*) *Manometer*.

Maskulinum

Das Maskulinum (auch: männliches Geschlecht) ist eines der drei grammatischen Geschlechter bei Substantiven. Erkennbar ist es am Artikel *der*.
→ *Genus*

Maß / Mass

Das Substantiv in der Bedeutung „Flüssigkeitsmenge (heute: ein Liter)" steht im Femininum und kann je nach Aussprache *Maß* oder *Mass* geschrieben werden. Wird das *a* lang gesprochen – überwiegend in Mittel- und Norddeutschland sowie in einigen Teilen Österreichs – schreibt man *die Maß*. Gemäß süddeutscher Aussprache mit kurzem *a* schreibt man *die Mass*.

Maße

→ *Sonderseiten „Maße, Mengen, Münzen, Gewichte", S. 304 f.*

Masseurin / Masseuse

Aus den maskulinen Berufsbezeichnungen auf *-eur* können durch Anhängen von *-in* feminine Bezeichnungen gebildet werden. Daneben gibt es noch ältere Ableitungen mit *-euse* (z. B. *Souffleuse*). Die Form *Masseuse* statt der Form *Masseurin* sollte jedoch vermieden werden, denn *Masseuse* wird heute meist in der Bedeutung „Prostituierte" in einem Massagesalon verwendet.

mäßig

Bedeutung „in der Art wie" • Mit dem Wortbildungselement *-mäßig* lassen sich von Substantiven Adjektive ableiten. Adjektivbildungen auf *-mäßig* bringen u. a. einen Vergleich oder eine Ähnlichkeit zum Ausdruck. Adjektive mit dieser Bedeutung sind überwiegend von Personen- und Tierbezeichnungen abgeleitet: *bärenmäßig* („in der Art eines Bären, wie ein Bär"); *heldenmäßig* („in der Art eines Helden, wie ein Held"). Ableitungen von Sachbezeichnungen und abstrakten Begriffen sind in dieser Bedeutung selten: *geschäftsmäßig* („wie im Geschäftsleben"); *lehrbuchmäßig* („in der Art eines Lehrbuchs, wie ein Lehrbuch").

Bedeutung „in Bezug auf" • Heute wird vor allem in der gesprochenen Sprache *-mäßig* in der Bedeutung „in Bezug auf, was… betrifft" verwendet. Adjektive auf *-mäßig* in dieser Bedeutung sollten, wenn möglich, durch andere Konstruktionen ersetzt werden, da diese in stilistischer Hinsicht vorzuziehen sind:
Sie hat sich berufsmäßig verbessert. (Besser: *Sie hat sich im Beruf verbessert.*)
Das Haus entspricht wohnflächenmäßig unseren Vorstellungen. (Besser: *Das Haus entspricht hinsichtlich der Wohnfläche unseren Vorstellungen.*)
Es gibt geschmacksmäßige Unterschiede. (Besser: *Es gibt Geschmacksunterschiede.* Oder: *Es gibt Unterschiede im Geschmack.*)
Sie klagen über eine wettbewerbsmäßige Benachteiligung. (Besser: *Sie klagen über eine Benachteiligung im Wettbewerb.*)

-mäßig oder -gemäß? • → *-gemäß/-mäßig*

maßregeln

Bei *maßregeln* handelt es sich um ein untrennbares Verb. Die Reihenfolge seiner Bestandteile ändert sich nie: *Er maßregelt alle und jeden* (nicht: *regelt… maß*). Untrennbare Verben schreibt man grundsätzlich zusammen.

Matador

Das Substantiv *Matador* kann (sowohl im Singular als auch im Plural) stark oder schwach gebeugt werden. Beide Formen gelten als standardsprachlich:
der Matador – des Matadors/Matadoren – dem Matador/Matadoren – den Matador/Matadoren; die Matadore/Matadoren – der Matadore/Matadoren – den Matadoren/Matadoren – die Matadore/Matadoren.

Maulwurfshügel/Maulwurfhügel

Auch wenn Zusammensetzungen mit *Wurf* als erstem Bestandteil ohne Fugen-s geschrieben werden (z. B. *Steinwurfweite*), haben Zusammensetzungen mit *Maulwurf* meist das *s* in der Fuge: *Maulwurfshügel, Maulwurfsloch.*

Maulheld *Maulwurf?*

Das Wort *Maulwurf* fehlt in fast keinem Werk zur Etymologie. Warum? Weil an ihm exemplarisch gezeigt werden kann, wie sich ein Wort unter dem Einfluss der sogenannten Volksetymologie verändert. Im Verlauf der Wortgeschichte wurde das Wort für den erdbewohnenden Insektenfresser mit dem schwarzen Pelz gleich zwei Mal umgedeutet. Die althochdeutsche Form lautete noch *muwerf*, wobei der Bestandeil *mu* „Haufen" bedeutete, wörtlich also: „der Haufenwerfer" – eine sehr treffende Bezeichnung für die Tätigkeit des Höhlenbewohners. Als der Wortbestandteil *mu* im mittelhochdeutschen Wortschatz nicht mehr vorkam, lehnte man die Zusammensetzung

an das Wort *molt* „Erde, Staub" an, aus dem althochdeutschen *muwerf* wurde nun *multwurf*, der „Erdwerfer". Auch diese Bezeichnung stimmte noch mit der Lebensweise des Tiers überein. Aber das Wort *molt* schwand bereits im 13. Jahrhundert aus dem Wortschatz, so dass auch die Bedeutung der Bezeichnung *multwurf* unklar wurde. Man glaubte, in *mult* das Wort *mul* („Maul") zu erkennen, so dass *multwurf* nun zu *mulwurf* verändert wurde. Interessanterweise führte die sprachliche Umdeutung zu dem Glauben, dass der *Maulwurf* die Erde mit dem *Maul* aufwerfe. Tatsächlich nutzt er dazu aber seine zu Grabschaufeln umgebildeten Vorderextremitäten.

Mayonnaise / Majonäse

Seit der Rechtschreibreform ist neben der fremdsprachigen Schreibweise *Mayonnaise* auch die eingedeutschte Schreibung *Majonäse* zulässig. Diese Variante ist im allgemeinen Schreibgebrauch seltener vertreten. Gleiches gilt für die Kurzformen der beiden Varianten: *Mayo / Majo*.

Megaphon / Megafon

Da der Wortbestandteil *phon* auch in der eingedeutschten Form *fon* geschrieben werden kann, ist sowohl die Schreibung *Megaphon* als auch *Megafon* korrekt.

mehr als

Steht das Adverb *mehr* zusammen mit einem Attribut im Plural, das mit *als* eingeleitet ist, steht auch das Prädikat in der Regel im Plural. Daneben kommt seltener auch der Singular vor, wenn *mehr* besonders betont ist: *An den letzten Wahlen haben* (seltener: *hat*) *mehr als die Hälfte der Stimmberechtigten teilgenommen.*
Mehr als ein Dutzend Randalierer wurden (seltener: *wurde*) *festgenommen.*

mehrere

Adjektive und Partizipien sowie substantivierte Adjektive nach *mehrere* werden stark gebeugt: *mehrer**e** jung**e** Leute; mehrer**e** leer**e** Gläser; mehrer**e** gut**e** Filme; mehrer**e** Abgeordnet**e**. Der Chef feuerte mehrer**e** Angestellt**e**.*
Im Genitiv ist neben der starken auch die schwache Deklination möglich: *in Begleitung mehrer**er** jung**er*** (auch: *jung**en***) *Leute; das Verhalten mehrer**er** Abgeordnet**er*** (auch: *Abgeordnet**en***).

Mehrheit

Bildet das Substantiv *Mehrheit* das Subjekt im Singular, steht auch das Prädikat im Singular, auch wenn das Gezählte selbst im Plural steht: *Die Mehrheit der neuen Parlamentarier blieb* (nicht: *blieben*) *der Sitzung fern.*

Mehrzahl

Wenn *Mehrzahl* das Subjekt eines Satzes bildet, steht das Gezählte im Singular: *Die Mehrzahl aller Patente wird* (nicht: *werden*) *von privat tätigen Erfindern eingereicht.*
Eine Mehrzahl der Befragten stimmte (nicht: *stimmten*) *für keine der Parteien.*
→ *Numerus*, → *Sonderseiten „Plural", S. 342 f.*

Mehrzahl oder Einzahl

→ *Sonderseiten „Kongruenz", S. 266–269*

mein

Normalerweise werden Pronomen auch dann kleingeschrieben, wenn sie als Stellvertreter von Substantiven gebraucht werden: *Ich werde meines* (= *meinen Beitrag*) *dazu leisten.*
Stehen Possessivpronomen wie *mein* jedoch mit Artikel, können sie auch als substantiviert betrachtet und somit großgeschrieben werden: *Ich werde das Meine dazu beitragen, dass wir gut miteinander auskommen.*
Ebenso: *Die meine / Meinen sind noch nicht angekommen. Ich habe als Autor versucht, das meine / Meine dazu auszusprechen.*
Als Teil der Paarformel *Mein und Dein* wird das Possessivpronomen ebenfalls großgeschrieben: *Sie konnte Mein und Dein nicht unterscheiden.*
Er teilte alles in Mein und Dein ein. Die Grenzen zwischen Mein und Dein sind bisweilen äußerst fließend.

meiner

Die Genitiv-Singular-Form des Personalpronomens *mein* lautet *meiner: Sie erinnern sich meiner.*
Im älteren Deutsch konnte anstelle der Genitivformen auf *-er* auch die endungslose Form *mein* gebraucht werden. Diese Form ist jedoch veraltet und auf feste Wendungen beschränkt:
veraltet: *Erbarme dich mein!*
heute: *Erbarme dich meiner!*
Zu *meiner Oma ihr Häuschen* → *Sonderseiten „Genitiv", S. 190–193*

Maße, Mengen, Münzen, Gewichte

Bei Angaben, in denen es um Maße, Mengen, Münzen oder Gewichte geht, gibt es im Normalfall eben diese Größenangabe (etwa *Glas* oder *Zentner*) sowie das Gemessene, Gezählte, Gewogene usw. (also die Angabe dessen, worum es geht, etwa *Wein* oder *Kartoffeln*): *ein Glas Wein, drei Zentner Kartoffeln*. Diese Einheiten richtig miteinander zu kombinieren, bereitet immer wieder Schwierigkeiten, denn es ist zwar klar, dass die Größenangabe das Gezählte etc. näher bestimmt, aber in welchem grammatischen Verhältnis beide zueinander stehen, kann unterschiedlich gesehen werden – und außerdem ist abzuwägen, wonach sich etwa das Verb richten soll, ob es also zum Beispiel im Singular steht, weil es sich auf die Größenangabe *Zentner* bezieht, oder im Plural, weil es sich auf die gewogenen *Kartoffeln* bezieht wie im folgenden Beispiel: *Ein **Zentner Kartoffeln** **wurde** oder **wurden** eingekellert*?

2 Stück Kuchen, 3 Glas Sekt für 9 Euro?

Was zunächst kaum auffällt, ist doch eigentlich erstaunlich: Viele Maß-, Mengen- oder Münzangaben stehen im Singular, auch wenn ihnen eine Zahl größer als 1 vorausgeht. Das liegt daran, dass es sich um so etwas wie eine physikalische Einheit handelt – und diese werden grundsätzlich im Singular verwendet:

Maskulinum und Neutrum ▸ Bei allen grammatisch männlichen und sächlichen Substantiven ist es so, dass sie in der Regel in einer endungslosen Form stehen, wenn sie die Größenangabe von etwas zu Messendem darstellen:

*3 **Dutzend**, 4 **Fass**, 5 **Fuß**, 6 **Paar**, 7 **Zoll**,*
*2 **Stück** Kuchen, 10 **Schuss** Munition*
*Er hat drei **Glas** (auch: Gläser) Wein getrunken.*
*Ich wiege neunzig **Kilo**.*
*Das kostet 5 **Euro**/60 **Cent**/10 **Dollar**/20 **Pfund**.*

ACHTUNG: Diese Wörter können auch anders als als Maßbezeichnungen verwendet werden (also nicht als Einheit vor dem Gemessenen, Gezählten, Gewogenen auftreten). Dann bilden sie als gewöhnliche Nomina das Subjekt oder Objekt eines Satzes und müssen wie üblich in einer **flektierten Pluralform** verwendet werden:

- ***Dutzende** kamen zu spät.*
- *Er sicherte sich mehrere wertvolle **Stücke**.*

Maßangabe als Einheit	Nomen als Subjekt oder Objekt
Er wiegt neunzig Kilo.	*Die Kilos purzeln.*
Ich brauche zwei Pfund Hackfleisch.	*Die Pfunde purzeln.*
Das macht zwanzig Dollar.	*Ich habe noch ein paar Dollars.*
Die Gruppe ist zehn Mann stark.	*Zehn Männer kamen hinzu.*

Femininum ▸ Bei weiblichen Substantiven dagegen wird immer die Pluralform verwendet, unabhängig davon, ob sie als Maßbezeichnung verwendet werden oder nicht:
*2 **Ellen**, 6 **Sekunden***
*3 **Flaschen** Bier, 4 **Tassen** Tee, mehrere **Kannen** Kaffee*
*Das kostet zehn **Kronen**.*
*Sie schafft die Strecke in 13 **Minuten**.*

Eine Flasche frisches Wasser gefällig?

Gemessenes mit Adjektiv ▸ Steht nach der Maß- oder Mengenangabe ein Substantiv, dem ein **Adjektiv vorangeht**, dann steht das Gemessene oder Gezählte als Apposition **im selben Fall** wie die Maß- oder Mengenbezeichnung:

- Nominativ: *eine Flasche frisches Wasser*
- Genitiv: *einer Flasche frischen Wassers*
- Dativ: *einer Flasche frischem Wasser*
- Akkusativ: *eine Flasche frisches Wasser*

ACHTUNG: Das anstelle der Apposition mögliche Genitivattribut wird heute als gespreizt empfunden und **sollte vermieden werden**:

- Nom./Akk.: *eine Flasche frischen Wassers*
- Gen./Dat.: *einer Flasche frischen Wassers*

Gemessenes ohne Adjektiv ▸ Wenn nach einer Maß- oder Mengenangabe ein einzelnes Substantiv **ohne Adjektiv im Singular** steht, dann steht dieses Substantiv gewöhnlich **im Nominativ** – egal, in welchem Fall die Maß- oder Mengenbezeichnung steht:

- Nominativ: *eine Flasche Wasser*
- Genitiv: *einer Flasche Wasser*
- Dativ: *einer Flasche Wasser*
- Akkusativ: *eine Flasche Wasser*

ACHTUNG: Das Gezählte oder Gemessene als Genitivattribut anzuhängen, ist in diesem Fall grundsätzlich **nicht mehr üblich**:

- Nom./Akk.: *eine Flasche Wassers*
- Gen./Dat.: *einer Flasche Wassers*

Plural: „Ein Topf gekochter Kartoffeln"

Steht nach einer Maß- oder Mengenangabe das Gemessene oder Gezählte im **Plural**, so kann es die Form der Apposition oder die des Genitivattributs haben, das Gemessene oder Gezählte steht also entweder **im selben Fall oder im Genitiv**:

- Nominativ: *ein Topf gekochte/gekochter Kartoffeln*
- Akkusativ: *einen Topf gekochte/gekochter Kartoffeln*
- Genitiv: *wegen eines Topfes gekochter Kartoffeln*

ACHTUNG: Steht die Maß- oder Mengenangabe im **Dativ**, dann kann das Gemessene oder Gezählte zusätzlich auch im Nominativ stehen, im Dativ wird es dafür seltener gebraucht. Es sind also gleichermaßen korrekt:

- *mit einem Topf gekochter/gekochte/gekochten Kartoffeln*

i ***In 1000 Metern/Meter Höhe***
Auch die Angabe *1000 Meter* ist eine Maßangabe, sie misst eine Höhe oder eine Distanz. Wenn hinter der Maßangabe das Gemessene (hier „Höhe") folgt, wird üblicherweise die endungslose Form der Maßangabe verwendet:

- *Ich war im Harz auf dem Brocken in 1000 Meter Höhe.*

Möglich ist aber ebenfalls die Form mit ihrer Beugungsendung: *in 1000 Metern Höhe.*

Wenn das Gemessene nicht hinter der Maßangabe steht, dann wird ohnehin die gebeugte Form verwendet, ebenso wenn ein Artikel vorausgeht:

- *Der Weg endet in 1000 Metern.*
- *Mit den 1000 Metern habe ich nicht gerechnet.*

meinige / Meinige

Wenn das Possessivpronomen *meinige* mit Artikel steht, kann man es als substantiviert betrachten und entsprechend großschreiben.
Da Pronomen als Stellvertreter von Substantiven grundsätzlich kleingeschrieben werden, ist auch Kleinschreibung möglich: *Ich werde das meine/ Meine zur Erhaltung unseres Ökosystems beitragen. Ich werde das meinige/Meinige tun, um den Erfolg zu sichern.*

Die nicht so vornehme Wortgeschichte des *Porzellans*
An europäischen Fürstenhöfen und im gehobenen Bürgertum war *Porzellan* Ausdruck gehobener, verfeinerter Lebensart. Von der Begriffsgeschichte her sieht es aber anders aus.
Die Schönheit der besonderen Keramik beruht auf dem weißen, porenfreien, halbtransparenten und - bei Glasur - glänzenden Scherben. In dieser Eigenschaft glich das *Porzellan* einer Art tropischer Kaurischnecken, der *Porcellana*, deren Schale mit einer glänzenden Schmelzschicht überzogen ist. Weil viele (wie z.B. auch Marco Polo) glaubten, auch die feinen chinesischen Keramikerzeugnisse seien aus pulverisierten Schalen der *Porcellana* hergestellt, nannte man auch diese Keramik *porcellana*. Die Bezeichnung wurde im 15. Jahrhundert ins Deutsche und in zahlreiche europäische Sprachen entlehnt. Das Wort *porcellana* ist von *porcella* „kleines weibliches Schweinchen", das auch für die „weibliche Scham, Vagina" steht, abgeleitet. Wie es im Einzelnen zu dieser Übertragung kam, ist allerdings unklar.

Meißen – Meißener / Meissener Porzellan®

Die Einwohnerbezeichnung zu *Meißen* lautet *Meißner* oder *Meißener*. Das entsprechende Adjektiv *Meißner / Meißener* wird immer großgeschrieben: *Meißner/Meißener Innenstadt.*
Das eingetragene Warenzeichen für das *Porzellan* wird statt mit *ß* mit *ss* geschrieben: *Meissener Porzellan®.*
Im allgemeinen Sprachgebrauch ist aber auch die Bezeichnung *Meißner* bzw. *Meißener Porzellan* möglich.

meisten / Meisten

Groß- und Kleinschreibung • Superlativformen mit *am*, die mit „Wie?" erfragt werden können, schreibt man klein: *Er verdient am meisten.*
Auch wenn *meisten* mit Artikel steht, ist Kleinschreibung der Normalfall: *Die meisten haben die Prüfung bereits bestanden. Die meisten stimmten seiner Meinung zu.*
Wenn der Schreibende besonders zum Ausdruck bringen will, dass das Zahladjektiv substantivisch gebraucht wird, kann er es auch großschreiben: *Die Meisten haben die Prüfung bereits bestanden. Die Meisten stimmten seiner Meinung zu.*
mei-stens oder meis-tens? • Die bekannte alte Regel „Trenne nie *st* ..." gilt nach der neuen Rechtschreibung nicht mehr. Auch beim *st* kann wie gewohnt nach Sprechsilben getrennt werden. Dies gilt entsprechend auch für gebeugte Formen: *meist – meis-tens, am meis-ten.*

meistgelesener Roman

Verbindungen mit *meist-* drücken bereits einen Superlativ aus. Es ist daher nicht notwendig, auch dem zweiten Bestandteil eine Superlativendung anzufügen. Solche Formen mit doppeltem Superlativ kommen im Sprachgebrauch zwar häufig vor, sie gelten jedoch nicht als korrekt: *der meistgelesene* (falsch: *meistgelesenste*) *Roman; der meistgesuchte* (falsch: *meistgesuchteste*) *Begriff; der meistgespielte* (falsch: *meistgespielteste*) *Song; das meistverkaufte* (nicht: *meistverkaufteste*) *Produkt.*

melken

Das Verb *melken* befindet sich im Übergang von der starken zur schwachen Konjugation. In der 2. und 3. Person Singular Präsens sowie im Imperativ werden bereits nur noch die Formen ohne e/i-Wechsel gebraucht: *du melkst* (veraltet: *du milkst*) – *er melkt* (veraltet: du *milkst*) – *melk(e)!* (veraltet: *milk!*).
Im Präteritum überwiegt die schwache Form *melkte* gegenüber der veralteten Form *molk*. Lediglich das stark gebildete Partizip II *gemolken* ist heute noch gegenüber *gemelkt* gebräuchlicher. Die Form *gemelkt* gilt aber nicht als falsch.

Mengen

→ *Sonderseiten „Maße, Mengen, Münzen, Gewichte", S. 304f.*

Mensch

dem Menschen / Mensch • Das Substantiv *Mensch* gehört der schwachen Deklination an. Außer im Nominativ enden alle Formen auf *-en*. Das Unterlassen dieser Endung insbesondere im Akkusativ gilt als umgangssprachlich und sollte im Schriftlichen vermieden werden: *Was den Menschen* (nicht: *Mensch*) *zum Menschen* (nicht: *Mensch*) *macht, ist die Sprache.*
Ein Großteil der Reize, die auf den Menschen (nicht: *Mensch*) *einwirken, sind optischer Natur. Was dem Tier guttut, wird dem Menschen* (nicht: *Mensch*) *wohl nicht schaden, dachte er.*
Mensch, pass doch auf! • Wird *Mensch* als saloppe Anrede oder in Ausrufen des Erstaunens, des Ärgers oder der Bewunderung gebraucht, wird das Wort durch Komma abgegrenzt: *Mensch, pass doch auf! Mensch, Carolin, das ist deine Chance!* Die Wendung *Mensch Meier!* wird dagegen als Einheit betrachtet: *„Mensch Meier, du bist heute aber schlecht gelaunt!"*

Mentor

Das Substantiv *Mentor* gehört der gemischten Deklination an. Im Singular folgen die Formen der starken Deklination: *der Mentor – des Mentors* (nicht: *des Mentoren*) – *dem Mentor* (nicht: *dem Mentoren*) – *den Mentor* (nicht: *den Mentoren*).
Im Plural steht dagegen wie bei den Substantiven der schwachen Deklination nur die Endung *-en: die / der / den Mentoren.*

messen – du misst

Das starke Verb *messen* hat in der 2. und 3. Person den sogenannten e/i-Wechsel: *messen – du misst – er / sie / es misst.*
Auch im Imperativ steht das *i: miss!* Die Form *messe!* gilt als umgangssprachlich und sollte vermieden werden.

Metall verarbeitend / metallverarbeitend

Das adjektivisch gebrauchte Partizip kann getrennt oder zusammengeschrieben werden: *die Metall verarbeitenden / metallverarbeitenden Betriebe.*

Metapher

Allgemeines • Die Metapher ist eine Stilfigur, bei der das Gemeinte durch eine Vorstellung (meist ein Bild) ersetzt wird. Einige Eigenschaften des gewählten Bildes werden auch für den Gegenstand (Geschehen, Person), den man metaphorisch umschreiben will, als zutreffend empfunden: *der Gesang des Windes* für: *das Geräusch des Windes* (das sich wie Gesang anhört).
Zwei Besonderheiten grenzen die Metapher von ähnlichen Stilfiguren ab:
1. Das gewählte Bild hat keine reale Beziehung zum Gemeinten. Die Metapher unterscheidet sich damit von der Metonymie, bei der diese Beziehung gegeben ist. Bei der Metonymie steht der Name eines Komponisten für sein Werk oder die Bezeichnung eines Gefäßes für dessen Inhalt u. Ä.: *Sie hören Wagner. Wir trinken noch ein Glas.*
2. Der Vergleich zwischen der Metapher und dem eigentlich Gemeinten wird nicht explizit ausgesprochen. Das Wort *wie* fehlt. Bei dem Satz *Das Geräusch des Windes klingt wie Gesang* liegt ein Vergleich vor, keine Metapher.

Die Metapher wird oft zur Veranschaulichung abstrakter Begriffe benutzt: *Sie ist der Stachel in seinem Fleisch. Sie ist ein Fels in der Brandung.*
„tote" Metapher • Viele Metaphern werden wegen ihres ständigen Gebrauchs in der Alltagssprache überhaupt nicht mehr als solche wahrgenommen. Zu diesen „toten" Metaphern zählen Wendungen wie:
Autoschlange; eine saubere Weste haben; Hüter des Gesetzes; schreiende Farben; eine faule Ausrede; Lebensabend, Gardinenpredigt, Wolkenkratzer.

Meter

der / das Meter • Die Maßbezeichnung *Meter* kann sowohl im Maskulinum als auch im Neutrum gebraucht werden: *der/das Meter.*
ein / einen Meter fünfundachtzig • Wird in Verbindung mit *Meter* das Zahladjektiv *ein* gebraucht, kann sowohl die gebeugte als auch die ungebeugte Form stehen: *Er ist ein/einen Meter fünfundachtzig groß.*
zwei Meter ist / sind genug • Steht die Maßangabe *Meter* im Plural, setzt man in der Regel das Prädikat in den Plural, auch wenn das Gemessene im Singular steht: *Zehn Meter Abstand sind* (nicht: *ist*) *vorgeschrieben.*
Nur wenn sich das Prädikat eng auf das Gemessene bezieht, ist auch der Singular möglich. Dies gilt für Prädikate wie *(aus)reichen, genügen, ausreichend/genug/viel/wenig/eine Menge sein: Fünfzehn Meter Abstand reichen* (auch: *reicht*) *als Bremsweg aus.*
in 1000 Meter / Metern Höhe •
→ *Sonderseiten „Maße, Mengen, Münzen, Gewichte", S. 304 f.*
meterhoch, meterdick, meterlang • Zusammensetzungen aus Substantiv und Adjektiv, bei denen der erste Teil für eine Wortgruppe steht, werden zusammengeschrieben: *ein meterhohes* (= *einen oder mehrere Meter hohes*) *Gerüst; eine meterdicke* (= *einen oder mehrere Meter dicke*) *Wand; eine meterlange Schlange.*
Bei einer Erweiterung wird dagegen getrennt geschrieben: *ein zwei Meter hohes Gerüst; eine mehrere Meter dicke Wand; eine drei Meter lange Schlange.*

Miene / Mine

Für die gleich ausgesprochenen Wörter gilt in der Orthografie das Prinzip der Unterscheidungsschreibung: In der Schreibung mit *ie* wird *Miene* in der Bedeutung „Gesichtsausdruck" gebraucht. Mit einfachem *i* steht *Mine* für „Sprengkörper", „Bergwerksgang", „Lagerstätte" sowie „Füllung von Bleistiften und Kugelschreibern".

Mikrophon / Mikrofon

Da der aus dem Griechischen stammende Wortbestandteil *phon* im Deutschen auch *fon* geschrieben werden kann, ist sowohl die Schreibung *Mikrophon* als auch *Mikrofon* korrekt.
Im allgemeinen Schreibgebrauch überwiegt die eingedeutschte Variante *Mikrofon* deutlich.

Militär

Das Substantiv wird je nach Bedeutung mit unterschiedlichem Genus (grammatischem Geschlecht) gebraucht. *Das Militär* bedeutet die Gesamtheit der Streitkräfte. *Der Militär* bezeichnet einen ranghohen Offizier. Im Genitiv und Plural hat das Substantiv in beiden Bedeutungen ein *-s: des Militärs; die Militärs.*

Milliarde / Million

Zahlwörter ab *eine Million* werden als Zahlsubstantive betrachtet und großgeschrieben: *eine Million Euro; sechs Milliarden Menschen.* Mehrteilige Kardinalzahlwörter über *einer Million* schreibt man darüber hinaus getrennt: *zwei Millionen einhunderttausend Einwohner; sechs Milliarden siebenhundertdreißigtausend Menschen.*

mindeste / Mindeste

Steht *mindeste* mit vorangehendem Artikel bzw. vorangehender Verschmelzung aus Präposition und Artikel, kann groß- oder kleingeschrieben werden: *Das ist das mindeste/Mindeste, was ich verlangen kann. Das stört mich nicht im mindesten/Mindesten.*

Gute *Miene* – böse *Mine*

Das Wortpaar *Miene/Mine* ist ein gutes Beispiel dafür, dass die im Deutschen so beliebte orthografische Unterscheidungsschreibung in anderen Sprachen weniger strikt gehandhabt wird.
Denn: Beide Wörter gehen auf die französische Wortform *mine* zurück, doch handelt es sich auch im Französischen nicht um ein, sondern um zwei Wörter mit unterschiedlicher Bedeutung und Herkunft, die, weil sie gleich lauten, auch gleich geschrieben werden. Das Wort *Miene* für den „Gesichtsausdruck" beruht auf *mine* in gleicher Bedeutung, dessen Ursprung aber unsicher ist. Auch *der Mine* liegt im Französischen *mine* zugrunde. Dieses Wort ist offenbar keltischen Ursprungs. Es wurde im 16. Jahrhunderts mit der Bedeutung „Pulvergang, Sprenggrube" ins Deutsche entlehnt. Das Wort verweist auf die Kriegstechnik der frühen Neuzeit, Stadtmauern oder feindliche Stellungen zu untergraben, um dann die mit Schießpulver gefüllten Stollen in die Luft zu jagen. Hierauf beruht die moderne Bedeutung „Sprengkörper". Später wurde *Mine* in der Bedeutung „Erzgang" im Bergbau gebraucht und dann auch auf die *Bleistiftmine* übertragen. Die deutsche Unterscheidungsschreibung mit *i* bzw. *ie* setzte sich im 18. Jahrhundert durch.

Minister/Ministerin

Bei Amtstiteln wie *Minister* wird, wenn von einer Frau die Rede ist, in der Regel auch die weibliche Form gewählt: *Die Bundesministerin für Verteidigung, Frau XY, erklärte in der Pressekonferenz…*

minus

minus als Präposition • Wird *minus* wie eine Präposition gebraucht, steht meist der Genitiv, wenn dem folgenden Substantiv ein Artikel, Pronomen oder Adjektiv vorausgeht: *die Auszahlungssumme minus des geleisteten Beitrags; die Summe minus der Versandkostenanteile.*
In Kombination mit Substantiven ohne Artikel, Pronomen oder Adjektiv wird das Substantiv im Singular nicht gebeugt: *Die Auszahlungssumme minus Zulage beträgt…*
Im Plural hingegen steht der Dativ: *Der Preis minus Versandkostenanteilen beträgt 56 Euro.*
Groß- und Kleinschreibung • In Rechenaufgaben oder in der Bedeutung „Minuszeichen" schreibt man klein: *Zehn minus drei macht sieben. Sie erhielt eine Zwei minus in Mathematik. Die Jahresdurchschnittstemperatur liegt bei minus zwei Grad.*
In der Bedeutung „Fehlbetrag, Verlust" liegt dagegen ein Substantiv vor: *Das ist ein klares Minus; das Minus in der Staatskasse.*
fünf minus drei sind/ist • Bei Rechenaufgaben steht das Prädikat bei allen Zahlen im Singular: *Zehn minus drei ist/gibt/macht sieben.*
Nur beim Verb *sein* kann das Prädikat auch im Plural stehen, solange das Ergebnis nicht eins ist: *Zehn minus drei sind sieben.*

miserabel

Bei *miserabel* entfällt in den gebeugten Formen das *e* am Wortende: *miserabler. Das war eine miserable Vorstellung.*

mit

mit und Dativ • Die Präposition *mit* steht mit dem Dativ. Bei vielen Maßbezeichnungen kann *mit* auch ein sogenanntes Präpositionalattribut einleiten: *eine Flasche mit kaltem Bier.*
mit und Superlativ • Der Superlativ nach *mit* gilt als umgangssprachlich und sollte im Geschriebenen durch *eine(r, -s) der* ersetzt werden: *Er war einer der schnellsten Läufer.* (Umgangssprachlich: *Er war mit der schnellste Läufer.*)
bis und mit? • → *bis*

mit Hilfe / mithilfe

Die Verbindung kann getrennt oder zusammengeschrieben werden: *Es gelang ihm, mit Hilfe / mithilfe seines Spickzettels die Prüfung zu bestehen.*
Die substantivierte Verbindung wird dagegen nur zusammengeschrieben: *Die Einigung kam unter tätiger Mithilfe des Schlichters zustande.*
Entgegen der allgemeinen Tendenz, bei ähnlichen Fügungen zusammenzuschreiben, zeigen Analysen zum Schreibgebrauch von *mit Hilfe* eine klare Bevorzugung der Getrenntschreibung: *Ihr Schmerz wurde mit Hilfe starker Medikamente gelindert.*

Mitleid erregend / mitleiderregend

Die adjektivisch gebrauchte Partizipverbindung kann man getrennt oder zusammenschreiben: *Der Zustand des Patienten war Mitleid erregend / mitleiderregend. Die Erklärungen offenbarten eine Mitleid erregende / mitleiderregende Hilflosigkeit.*

Mittag

Groß- und Kleinschreibung • Nach den Adverbien *vorgestern, gestern, heute, morgen* und *übermorgen* schreibt man *Mittag* immer groß: *vorgestern Mittag; gestern Mittag; morgen Mittag.*
Getrennt- und Zusammenschreibung • *Mittag* in Verbindung mit Wochentagen schreibt man stets getrennt und groß, wenn kein Artikel davorsteht: *Wir treffen uns Montag Mittag.*
ACHTUNG: Steht die Verbindung mit einem vorangestellten Artikel, einem Pronomen oder einem Adjektiv, schreibt man stets zusammen: *Am Dienstagmittag hat der Laden geschlossen. Jeden Freitagmittag kam Fisch auf den Tisch.*

Mittags / mittags

Substantive wie *Mittag* können durch das Anhängen des Suffixes *-s* zu Adverbien werden. Man schreibt sie klein: *mittags – sie schlief mittags gerne.*
Steht *mittags* jedoch mit Artikel, schreibt man groß: *Des Mittags machte er meist ein Nickerchen.*
Bei Zusammensetzungen mit *mittags* kann getrennt oder zusammengeschrieben werden. Man schreibt dann in beiden Fällen klein: *dienstagmittags – dienstags mittags.*
Steht vor der Verbindung ein Artikel, Pronomen oder Adjektiv, muss stets groß- und zusammengeschrieben werden: *Eines normalen Freitagmittags gab der Wagen seinen Geist auf.*

mittels

Die Präposition *mittels* steht üblicherweise mit dem Genitiv, wenn dem folgenden Substantiv ein Artikel, Pronomen oder Adjektiv vorausgeht: *Die Polizei schnappte den Telefonbetrüger mittels einer Fangschaltung. Die Verbraucherwünsche wurden mittels eines raffiniert gestalteten Fragebogens erhoben.*
Steht *mittels* mit Substantiven ohne Artikel, Pronomen oder Adjektiv, wird das Substantiv im Singular nicht gebeugt: *Die Daten wurden mittels Computer erhoben.*
Im Plural hingegen steht das Substantiv dagegen im Dativ: *Die Daten wurden mittels Computern erhoben.*

Mittwoch

Zu *Mittwochabend* → *Abend*
Zu *Mittwoch, den / dem* → *Dienstag*

mit was / womit

Die Verbindung aus der Präposition *mit* und dem Pronomen *was* gilt als umgangssprachlich. Im Geschriebenen sollte stattdessen das Adverb *womit* gebraucht werden: *Womit* (umgangssprachlich: *Mit was*) *hast du den Fleck entfernt? Ich weiß nicht, womit* (umgangssprachlich: *mit was*) *ich das vergleichen soll.*

Mob / mobben

Obwohl das Verb *mobben* mit doppeltem Konsonanten geschrieben wird, schreibt man das entsprechende Substantiv *Mob* wie viele andere einsilbige Anglizismen (z. B. *Bus, Hit, Pep*) nur mit einem Konsonanten: *der Mob* (aber: *der Mopp*).

Mobbing – wenn Menschen einen Vogel haben

Wenn in Amerika oder England Mitarbeiter schikaniert, belästigt, also: *gemobbt,* werden, beklagen sie sich über *bullying*, was für „tyrannisieren, piesacken, einschüchtern" steht. Im Deutschen und im Skandinavischen spricht man dagegen vom *Mobbing*, ebenfalls einem englischen Begriff. Wie kommt es zu diesem unterschiedlichen Wortgebrauch?

Am Anfang steht der Verhaltensforscher Konrad Lorenz. In seinem Werk über Aggression beschrieb er ein oft zu beobachtendes Verhalten von Kleinvögeln: Wird eine Drossel (Bild) eines Raubvogels ansichtig, greift sie ungeachtet der Größen oder Kräfteverhältnisse im Sturzflug an, pickt nach den Augen oder bespritzt ihn mit Kot. Das Verhalten kann in spektakulären Massenangriffen ganzer Schwärme auf die bedauernswerten Raubvögel münden. Der Fachbegriff für dieses Verhalten lautet in der deutschen Verhaltensforschung *hassen,* in der englischen *mobbing* („das Angreifen in Gruppen"). Psychologen wie der Deutsch-Schwede Heinz Leymann und der Schwede Peter-Paul Heinemann übernahmen Lorenz' Konzept und bezogen es auf den Psychoterror in menschlichen Gemeinschaften, wie z.B. in Schulklassen oder Büros. Sie gebrauchten dabei den entsprechenden englischen Ausdruck *Mobbing*, der unter ihrem Einfluss zum Fachterminus in der Forschung wurde. Doch während sich im Skandinavischen und Deutschen *Mobbing* in dieser neuen Bedeutung auch im Alltagswortschatz etablierte, blieb es im Englischen bei *bullying*.

möchte

→ *mögen*

Modalsatz

Modalsätze werden mit den Konjunktionen *indem, dadurch … dass, wobei* eingeleitet. Mit dem Modalsatz wird die Art und Weise des im Hauptsatz genannten Geschehens näher bezeichnet: *Er grüßte freundlich, indem er mir zuwinkte. Sie bereitete sich dadurch auf den Vortrag vor, dass sie die Unterlagen durchlas. Er führte ein Gespräch, wobei er sehr viel gestikulierte.*

Modalverb

Zu den Modalverben gehören: *dürfen, können, mögen, müssen, sollen, wollen.*

Modalverben werden mit dem reinen Infinitiv (ohne *zu*) eines Vollverbs verbunden und drücken Erlaubnis, Fähigkeit, Möglichkeit, Notwendigkeit oder Willen bzw. Vermutung oder verschiedene Grade von Zweifel aus:

*Hier **darf** man spielen.* (Erlaubnis, Recht)
*Er **dürfte** jetzt in England sein.* (Vermutung)
*Ich **kann** Rad fahren.* (Fähigkeit)
*Das **kann** passieren.* (Möglichkeit)
*Du **kannst** (= **darfst**) dich hier wie zu Hause fühlen.* (Erlaubnis)
*Das **kann** er doch nicht wirklich getan haben.* (Vermutung)
*Ich **möchte** dich kennenlernen.* (Wunsch)
*Du **musst** heute um acht zu Hause sein.* (Zwang, Notwendigkeit)
*In der Stadt **muss** jetzt einiges los sein.* (Vermutung)
*Du **sollst** die Jacke anziehen.* (Aufforderung)
*Ich **soll** dieses Paket hier abliefern.* (Auftrag)
*Er **soll** an jenem Abend viel getrunken haben.* (Behauptung)
*Wir **wollen** ein Haus bauen.* (Wille, Absicht)
*Er **will** am Samstag hier gewesen sein.* (Behauptung)

Wie ein Modalverb wird zunehmend auch *(nicht) brauchen* immer häufiger mit dem reinen Infinitiv verwendet.

Modus

Der Modus (Genitiv: des Modus, Plural: die Modi; lat. „Art und Weise") ist die Aussageweise des Verbs. Im Deutschen gibt es drei Modi:
Indikativ (Wirklichkeitsform): *Ihr singt ein Lied.*
Konjunktiv (Möglichkeitsform): *Es hieß, sie kämen heute.*
Imperativ (Befehlsform): *Singt ein Lied!*

mögen / möchte

Die einfachen Formen von *mögen* lauten in der 3. Person Singular Indikativ und Konjunktiv wie folgt:
Indikativ Präsens: *er / sie / es mag;*
Indikativ Präteritum: *er / sie / es mochte.*
Konjunktiv Präsens: *er / sie / es möge;*
Konjunktiv Präteritum: *er / sie / es möchte.*
Die Formen des Konjunktiv Präteritum werden heute im Allgemeinen nicht mehr als Formen von *mögen* aufgefasst, sondern so benutzt, als seien sie Indikativ-Formen eines von *mögen* verschiedenen Verbs. Es wird dann in der Bedeutung von *wollen* gebraucht, unterscheidet sich von diesem aber dadurch, dass es höflicher ist: *Ich möchte* (statt: *will*) *zu Hause bleiben. Möchtest* (statt: *Willst*) *du noch ein Glas?*
ACHTUNG: Die manchmal verwendete Infinitivform *möchten* ist falsch: *Das kann doch keiner ernsthaft wollen* (nicht: *möchten*).

möglich

möglicher / möglichst • Von *möglich* kann keine Komparativform gebildet werden, stattdessen setzt man ein gesteigertes Adjektiv vor *möglich: Der Zugang zur Sportanlage wird so leichter / besser / schneller möglich sein.*
Die Superlativform *möglichst* ist ein Adverb und sollte nicht als Attribut vor einem Substantiv stehen: *Er bemühte sich um möglichst hohe Vollständigkeit.* (Nicht: *Er bemühte sich um möglichste Vollständigkeit.*) *Das Ganze sollte möglichst unter uns bleiben.*
Groß- und Kleinschreibung • Das Adjektiv *möglich* wird kleingeschrieben: *mögliche Termine.*
Groß schreibt man die substantivierte Form: *das Mögliche; sein Möglichstes tun; Mögliches und Unmögliches verlangen. Er tat alles Mögliche. Er hat sein Möglichstes getan. Wir haben uns über alles Mögliche unterhalten.*

Moll

Die Bezeichnung für das Tongeschlecht geht auf lateinisch *mollis* („weich") zurück. Im Gegensatz zum früheren Gebrauch wird *Moll* (ebenso wie sein Pendant *Dur*) als Substantiv betrachtet und großgeschrieben.
Die Bezeichnungen für die einzelnen *Moll*-Tonarten selbst werden dagegen in Abgrenzung zu den Dur-Tonarten mit kleinem Buchstaben geschrieben. Die Kleinschreibung bleibt auch in substantivischen Zusammensetzungen bestehen: *Clara Schumanns Klavierkonzert in a-Moll; eine a-Moll-Sonate.*

Moment

Das Substantiv *Moment* wird je nach Bedeutung im Neutrum oder im Maskulinum gebraucht:
Der Moment bezeichnet einen „Augenblick" oder „kurzen Zeitabschnitt": *Für einen kurzen Moment sagte niemand etwas.*
Das Moment steht dagegen für die Bedeutungen „Kraftwirkung" sowie „Merkmal, Umstand": *das entscheidende Moment; das Drehmoment; das Moment der Überraschung.*

monatig / monatlich

Mit Zeitangaben auf *monatig* wird die Dauer ausgedrückt, mit Zeitangaben auf *monatlich* dagegen die Wiederholung eines Vorgangs o. Ä. nach angegebener Frist: *eine dreimonatige Kur* (= „eine drei Monate dauernde Kur"); *die monatliche Miete* (= „die jeden Monat erhobene Miete").

Monatsnamen

Die Bezeichnungen für die Monate haben Eigenschaften von Gattungsnamen wie auch von Eigennamen. Einerseits ist *Januar* der Name für

einen Monat, mit dem dieser von anderen, gleichartigen Zeitabschnitten (z. B. *März*) unterschieden wird (Charakter eines Eigennamens). Andererseits gibt es verschiedene *Januare*, die sich durch verschiedene Eigenschaften unterscheiden (Charakter eines Gattungsnamens). Diese Zwischenstellung spiegelt sich auch in der Deklination: Die Monatsnamen können wie Gattungsnamen den Genitiv Singular auf *-s* oder wie manche Gruppen von Eigennamen ohne *-s* bilden, wobei die letztere Form heute überwiegt: *des Februar(s), des April(s), des Juli(s)* usw.
Der Monat *März* steht im Genitiv meist ohne Endung: *des März*. Daneben ist auch die Form *des Märzes* möglich, während die schwache Form *des Märzen* als veraltet gilt.

Montag

Zu *Montagabend* → *Abend*
Zu *Montag, den/dem* → *Dienstag*

montieren

Das Verb *montieren* kann mit dem Akkusativ oder dem Dativ stehen: *Die Armatur wird auf die/den Wandfliesen montiert.*

Mopp

Das Substantiv *Mopp* wird wie das Verb *moppen* mit doppeltem Konsonanten geschrieben: *der Mopp* (aber nur: *der Mob*).

Morgen/morgen

Groß- und Kleinschreibung • Nach *vorgestern, gestern, heute, übermorgen* wird *Morgen* als Substantiv immer großgeschrieben: *vorgestern Morgen, gestern Morgen, heute Morgen.*
Als Adverb schreibt man *morgen* und *morgens* dagegen klein: *Ich komme leider erst morgen. Wenn er morgens aufsteht, ist es noch dunkel.*
Steht das Adverb *morgen* vor einer Bezeichnung für eine Tageszeit wie *Mittag, Abend* usw., wird diese großgeschrieben: *Er will uns morgen Mittag besuchen kommen.*
Bei *früh* ist dagegen auch die Kleinschreibung korrekt: *morgen früh/Früh um fünf.*
Getrennt- und Zusammenschreibung • Steht *Morgen* in Verbindung mit Wochentagen als zweiter Bestandteil, schreibt man stets getrennt und groß, wenn kein Artikel davorsteht: *Wir haben uns Freitag Morgen gesehen.* Steht die Verbindung mit einem vorangestellten Artikel, Pronomen oder Adjektiv, schreibt man zusammen: *Am Sonntagmorgen veranstalten wir einen Brunch.*

Morgens/morgens

Das Adverb *morgens* kann in Verbindung mit Wochentagen getrennt oder zusammengeschrieben werden. Man schreibt dann in beiden Fällen klein: *dienstagmorgens; dienstags morgens.*
Steht vor der Verbindung ein Artikel, Pronomen oder Adjektiv, muss groß- und zusammengeschrieben werden: *Im Verlauf des frühen Montagmorgens wird die Sturmfront die Küste erreichen.*

Muff/Muffe

Obwohl beide Substantive den gleichen Ursprung haben, unterscheiden sie sich nicht nur nach Form und Bedeutung, sondern auch nach dem grammatischen Geschlecht: *Die Muffe* steht in der technischen Fachsprache für das „Verbindungsstück". *Der Muff* bezeichnet den Handpelz. Das Wort ist nicht mit *Muff* in der Bedeutung „modriger Geruch" verwandt.

Münchener/Münchner

Die Einwohnerbezeichnung für die Stadt *München* kann *Münchener* oder *Münchner* lauten.
Im allgemeinen Schreibgebrauch überwiegt die Form *Münchner.*
Wie alle Einwohnerbezeichnungen auf *-er* wird *Münchener/Münchner* immer großgeschrieben: *die Münchener/Münchner Innenstadt.*

Mündel

Das Substantiv *Mündel* kann im Maskulinum oder im Neutrum stehen: *der/das Mündel.*

Im juristischen Zusammenhang heißt es meist nur *der Mündel*. Der Plural lautet für beide Genusformen *die Mündel*.
Bezieht sich *Mündel* auf eine weibliche Person, ist vereinzelt auch *die Mündel* in Gebrauch. In diesem Fall lautet der Plural *die Mündeln*.

münden

Das Verb *münden* in der Ursprungsbedeutung „in etwas fließen" steht nur mit dem Akkusativ: *Der Main mündet bei Mainz in den Rhein.*
In der Bedeutung „enden, auslaufen" kann in Verbindung mit *auf* und *in* neben dem Akkusativ auch der Dativ stehen: *Mehrere Straßen münden auf den/dem Savignyplatz.*

Mund voll/Mundvoll

Die Fügung kann sowohl als ein Wort als auch als Wortgruppe aufgefasst und demnach entweder getrennt oder zusammengeschrieben werden: *Noch ein paar Mund voll/Mundvoll, dann ist es genug.* Getrennt schreibt man aber: *Er hat den Mund voll mit Vanilleeis.*

Münster

Das Substantiv *Münster* wird heute im Allgemeinen im Neutrum gebraucht: *das Münster*. Daneben lässt sich vereinzelt noch die maskuline Form *der Münster* nachweisen.

Münster, Munster

Die Einwohner von *Münster* in Westfalen heißen *Münsteraner*, die von *Munster* in der Lüneburger Heide *Munsteraner*. Wie alle Einwohnerbezeichnungen auf *-er* wird *Münsteraner* bzw. *Munsteraner* großgeschrieben.

-mut

Obwohl das Substantiv *Mut* ein Maskulinum ist, gibt es unter den Zusammensetzungen mit *-mut* als letztem Bestandteil Wörter, die im Femininum stehen: *die Anmut, Armut, Demut, Großmut, Langmut, Sanftmut, Schwermut, Wehmut.*
Diese sind keine Zusammensetzungen mit dem Substantiv *Mut*, sondern jeweils vom Adjektiv zurückgebildet, z. B. *die Demut* aus *demütig.*

Mundtote Mündel

Die Wendung *jemanden mundtot machen* wird heute nicht mehr in ihrem ursprünglichen Sinn verstanden. Die heutige Bedeutung „jemanden zum Schweigen bringen" ergibt sich zwar ganz selbstverständlich, wenn der *Mund* bildlich für das Sprechen steht. Ursprünglich war aber der gleichklingende, jedoch nicht verwandte Ausdruck *die mund* oder *munt* gemeint. Im mittelalterlichen Lehenswesen begab sich der Lehensmann in die *Munt* (unter den Schutz) des Lehensherrn (Bild: Belehnung Friedrich VI., des Burggrafen von Nürnberg, durch König Sigismund). Die *Mundschaft* war im Mittelalter ein wichtiger Rechtsbegriff, der gleichermaßen Schutz und Herrschaft beinhaltete. So begründete die *Vatermunt* eine umfassende Fürsorge- und Herrschaftsgewalt über das Kind. Obwohl das Wort *mund/munt* im modernen Deutsch untergegangen ist, ist es in den Zusammensetzungen *Vormund, Mündel* und sogar in dem Verb *bevormunden* erhalten geblieben. Jemand, der *mundtot* war, galt als *entmündigt* und durfte sich vor Gericht nicht verteidigen.

Myrrhe

Korrekt ist nur die Schreibweise *Myrrhe*.
Die Schreibung *Myrre* ist nicht mehr gültig.

N

nach

nach Schweden / in die USA • Die Präposition *nach* zur Angabe der Richtung wird ausschließlich in Verbindung mit geografischen Namen verwendet, die ohne Artikel stehen: *Der Zug fährt nach Schwerin. Sie reisen an Weihnachten nach Sizilien.*
Bei geografischen Namen, die mit Artikel verwendet werden, steht dagegen *in: Der Zug fährt in die Slowakei. Im nächsten Urlaub fliegen wir in die USA.*
Bei Namen von Inseln steht bei Gebrauch mit dem Artikel *auf: Sie reisen an Weihnachten auf die Balearen/auf das sonnige Sizilien.* (Aber: *Sie fliegen nach Kreta.*)
nach dem / zum Bäcker • Verwendungen von *nach* zur Angabe einer Richtung **ohne** Bezug auf einen geografischen Namen sind standardsprachlich nicht korrekt. Entsprechend muss anstelle des im Norddeutschen gebräuchlichen *nach* standardsprachlich *zu* stehen:
Ich gehe mal eben zu (nicht: *nach*) *Tante Frieda. Er schickte mich zum* (nicht: *nach dem*) *Bäcker.*
nach was / wonach • Die Folge aus der Präposition *nach* und *was* gilt als umgangssprachlich und sollte im Geschriebenen durch *wonach* ersetzt werden: *Nach was* (besser: *Wonach*) *riecht es denn hier? Nach was* (besser: *Wonach*) *hat er dich gefragt?*

Nachbar

Das Substantiv *Nachbar* kann im Singular stark oder schwach gebeugt werden. Im allgemeinen Sprachgebrauch überwiegen allerdings die schwachen Formen: *der Nachbar – des Nachbarn* (seltener: *des Nachbars*) *– dem Nachbarn* (seltener: *dem Nachbar*) *– den Nachbarn* (seltener: *den Nachbar*).
Im Plural lauten hingegen alle Formen gleich: *die Nachbarn, den Nachbarn, der Nachbarn.*

Hallo *Nachbar*
Wörter sind oft für Überraschungen gut: So steckt in *Nachbar*, auch wenn man es kaum erkennen kann, das Wort *Bauer!* Die Wortform wird etwas deutlicher, wenn man die mittelhochdeutsche Wortform *nāchgebūre(e)* betrachtet. Bedeutete *Nachbar* also ursprünglich „der am *nächsten* wohnende *Bauer*"? Im Prinzip ja, nur es ist eben das Wort *Bauer*, das sich im Laufe der Jahrhunderte verändert hat: Es bezeichnete ursprünglich nicht den „Landmann", sondern den „Mitbewohner eines Ortes", also jemanden, der im selben *bur* („Ort") wohnte. Zusammen mit *nach* („nächste") wird die Wortform *nāchgebūre(e)* deutlich. Gemeint war also – durchaus vergleichbar mit der heutigen Bedeutung – der „nächste Ortsmitbewohner".

Dass sich die Bedeutung des Wortes *Bauer* so tiefgreifend veränderte, dürfte mit dem Wandel der mittelalterlichen Gesellschaft zu einer hierarchisch gegliederten Ständegesellschaft zusammenhängen. Die Bezeichnung für den Dorfbewohner verengte sich nun zunehmend zur Standes- und Berufsbezeichnung, wobei ein *Bauer* in der ländlichen Sozialordnung noch eine hohe Position einnahm. Im Wort *Nachbar* blieb dagegen die alte Bedeutung des Wortes *Bauer* erhalten.

nachdem

Kommasetzung • Leitet *nachdem* einen Nebensatz ein, wird dieser durch Komma abgegrenzt: *Er hat ihr gekündigt, nachdem sie fast zehn Jahre bei ihm gearbeitet hat. Nachdem sie mehr als acht Jahre befreundet waren, haben sie sich plötzlich getrennt.*
Ist *nachdem* Teil einer Fügung, die als Einheit empfunden wird, wird das Komma vor die gesamte Fügung gesetzt: *Gleich nachdem sie mit ihm telefoniert hatte, verließ sie wütend das Haus. Sie verließ, gleich nachdem sie mit ihm telefoniert hatte, wütend das Haus. Er kehrte zurück, lange nachdem es dunkel geworden war. Das Unglück ist passiert, zwei Tage nachdem die Brücke repariert worden war.*
→ *je nachdem*

nach Hause

→ *Haus*

Nachmittag

Groß- und Kleinschreibung • Nach den Adverbien *vorgestern, gestern, heute, morgen* und *übermorgen* schreibt man *Nachmittag* immer groß: *vorgestern Nachmittag; gestern Nachmittag; morgen Nachmittag.*
Getrennt- und Zusammenschreibung • *Nachmittag* in Verbindung mit Wochentagen schreibt man stets getrennt und groß, wenn kein Artikel davorsteht: *Wir treffen uns Montag Nachmittag. Er ist Freitag Nachmittag im Vereinsheim.*
ACHTUNG: Steht die Verbindung mit einem vorangestellten Artikel, Pronomen oder Adjektiv, schreibt man zusammen: *Die Polizei nahm den Täter am späten Freitagnachmittag fest. Diesen Freitagnachmittag werde ich nie vergessen.*

nachmittags

Substantive wie *Nachmittag* können durch Anhängen des Suffixes *-s* zu Adverbien werden. Man schreibt sie klein: *Ihre Schicht begann nachmittags.*
Steht *nachmittags* jedoch mit Artikel, schreibt man groß: *Des Nachmittags kam sie mit einem Fresskorb vorbei.*
Bei Zusammensetzungen mit *nachmittags* kann getrennt oder zusammengeschrieben werden. Man schreibt dann in beiden Fällen klein: *donnerstagnachmittags – donnerstags nachmittags.*
Steht vor der Verbindung ein Artikel, Pronomen oder Adjektiv, muss groß- und zusammengeschrieben werden: *Eines gewöhnlichen Donnerstagnachmittags wich sie von ihrer Routine ab.*

nächste(r, -s)

Groß- und Kleinschreibung • Die Superlativform von *nah* schreibt man klein: *nächste Woche; nächsten Monat; im März nächsten Jahres; das nächste Mal.* Dies gilt auch für den Superlativ nach *am: Er steht mir am nächsten. Die am nächsten gelegene Schule erreicht man nur mit dem Bus.*
Bei Substantivierung schreibt man dagegen groß: *Das Nächste, was zu tun ist… Als Nächstes bringen wir die Jacht auf Vordermann. Die Nächste, bitte! Liebe deinen Nächsten wie dich selbst. Fürs Nächste ist es genug, wenn…*
nächsten / diesen Freitag • Im Allgemeinen bezieht man sich mit *nächste(r, -s)* auf das zeitlich oder räumlich unmittelbar Folgende: *der nächste Ort; die nächste Woche.*
ACHTUNG: Auch in Verbindung mit Wochentagen meint *nächst* den unmittelbar folgenden Wochentag: *nächsten* (= den direkt folgenden) *Freitag.* Manche Sprecher allerdings verstehen darunter nicht den unmittelbar folgenden, sondern den Tag der folgenden Woche.
TIPP: Es empfiehlt sich daher, wenn der unmittelbar folgende Wochentag gemeint ist, das Demonstrativpronomen *dieser* oder die Form *kommender* zu wählen: *Wir treffen uns diesen/kommenden Freitag.*
Für den Wochentag der nächstfolgenden Woche empfiehlt sich die nachgestellte Fügung *nächster Woche: Wir treffen uns Freitag nächster Woche.*

nachstehend / Nachstehendes

→ *nebenstehend*

Nacht

Groß- und Kleinschreibung • Das Substantiv *Nacht* schreibt man immer groß, auch nach den Adverbien *vorgestern, gestern, heute, morgen* und *übermorgen: vorgestern Nacht; heute Nacht; gestern Nacht. Bei Nacht sind alle Katzen grau.*
Getrennt- und Zusammenschreibung • In Verbindung mit Wochentagen schreibt man getrennt und groß, wenn kein Artikel davorsteht: *Die Wehen setzten Montag Nacht ein.*

nachts

Substantive wie *Nacht* können durch Anhängen des Suffixes *-s* zu Adverbien werden. Man schreibt sie klein: *Er kam spät nachts zu ihr.* Steht *nachts* jedoch mit Artikel, schreibt man groß: *des Nachts.* Bei Zusammensetzungen mit *nachts* kann getrennt oder zusammengeschrieben werden. Man schreibt dann in beiden Fällen klein: *donnerstagnachts – donnerstags nachts.*

nachtwandeln

Das Verb *nachtwandeln* wird in der Regel wie ein festes (untrennbares) Verb konjugiert: *ich nachtwandele* (nicht: *ich wandele nacht*) *– er nachtwandelte – sie glaubt zu nachtwandeln* (nicht: *nachtzuwandeln*). Nur das Partizip Perfekt verhält sich wie das eines trennbaren Verbs: *ich habe/bin nachtgewandelt* (nicht: *genachtwandelt*).
→ *trennbare Verben,* → *untrennbare Verben*

Nagelbett

Der Plural von *Nagelbett* lautet *Nagelbetten.* Die in einigen Grammatiken ebenfalls als korrekt erwähnte Form *Nagelbette* ist im Sprachgebrauch nicht nachweisbar.

nahe

nahe dem Haus • Die Präposition *nahe* steht mit dem Dativ und nicht mit dem Genitiv: *Die Demonstration findet nahe dem Palast* (nicht: *nahe des Palastes*) *statt.*

Groß- und Kleinschreibung • Als Adjektiv schreibt man *nahe/nah* klein: *eine nahe Verwandte. Sie standen sich sehr nahe. Sie waren der Verzweiflung nahe.* Auch Fügungen aus Präposition und ungebeugtem Adjektiv werden kleingeschrieben: *von nah und fern.*

Trink, trink, Brüderlein, trink – die *Nagelprobe*
Wenn es um Trinkrituale geht, war die Gesellschaft schon immer ausgesprochen erfinderisch: Wer heute Kunstgewerbemuseen besucht, kann die oft aufwendig in Silber getriebenen, in den absonderlichsten Formen gestalteten Trinkpokale bewundern, die man „Wilkomm" nannte. In Schlössern und anderen vornehmen Häusern wurde früher jedem Gast ein solch wertvolles Trinkgefäß gereicht – randvoll gefüllt mit Wein. Der so Geehrte stand nun in der Pflicht: Ein kurzes Nippen oder genießerisches Schlürfen war nicht gefragt! Er musste, wollte er den Gastgeber nicht beleidigen, den Willkomm in einem Zug austrinken. Auch wenn jemand auf die Gesundheit eines Anwesenden trank, erforderte es die Etikette, das Glas bis auf den letzten Tropfen zu leeren. Dabei war das Austrinken – wie so vieles in der frühen Neuzeit – keine private Angelegenheit, denn am Ende gab es die *Nagelprobe*: Zum Zeichen, dass kein Tropfen übrig geblieben war, hielt man das umgedrehte Trinkgefäß für alle sichtbar über den linken *Daumennagel.* Überliefert ist die *Nagelprobe* seit dem 16. Jahrhundert und sie geht auf skandinavische Trinkrituale zurück.

Ist das Adjektiv dagegen gebeugt, ist Groß- oder Kleinschreibung erlaubt: *Von nahem/Nahem konnte man die Lichter gut erblicken. Er hatte die junge Schauspielerin noch nie von nahem/Nahem gesehen.*
Substantiviert schreibt man *nahe* groß: *Das/Alles Nähere erfahren Sie in der Sitzung.*
Getrennt- und Zusammenschreibung • In konkreter Bedeutung werden *nahe* und die Komparativform *näher* vom folgenden Verb getrennt geschrieben: *Weil das Auto dem Abgrund bedrohlich nahe kam, riss der Fahrer das Steuer nach links. Sie dürfen ruhig näher treten. Dieser Tisch müsste näher stehen, um mehr von der Bühne zu sehen.*
Die entsprechenden adjektivisch gebrauchten Partizipien kann man getrennt oder zusammenschreiben: *die nahe gelegenen/nahegelegenen Häuser; der näher kommende/näherkommende Wagen.*
Wenn sich die Gesamtbedeutung der Verbindung aus *nahe* bzw. *näher* und einem Verb nicht aus den einzelnen Bestandteilen bestimmen lässt, sondern eine neue Bedeutung entsteht, schreibt man zusammen: *Behutsam versuchten wir, ihr den schmerzlichen Gedanken nahezubringen* (= „verständlich zu machen"). *Sie sind sich auf der Feier nähergekommen* (= „miteinander vertraut geworden"). *Durch den genannten Einwand ist es doch naheliegend* (= „plausibel"), *dass… Das Ganze ist ihm nahegegangen* (= „hat ihn bedrückt"). *Die Anwälte haben ihren Mandanten nahegelegt, auf den Vergleich einzugehen* (= „dringend empfohlen").
Auch die entsprechenden Partizipien werden zusammengeschrieben: *ein naheliegender Gedanke. Das Naheliegendste wäre, den Vertrag aufzulösen.*

Name / Namen

Das Substantiv hat im Nominativ zwei Formen: *Name* und *Namen*. Im modernen Sprachgebrauch überwiegt die Form *Name*: *Der Name bürgt für Qualität. Es müssen angegeben werden: Name, Adresse, Geburtsdatum.*
Die Form *Namen* ist dagegen veraltet.
Außer im Nominativ sind alle weiteren Formen für *Name/Namen* identisch: *des Namens – dem Namen – den Namen – die Namen – der Namen* usw.

nämlich

Leitet *nämlich* eine nachgestellte Erläuterung ein, wird diese durch Komma abgegrenzt: *Einige sehr schmackhafte Pilzarten wachsen erst spät im Jahr, nämlich im Oktober. Wir sind bei Verwandten, nämlich meiner Schwägerin, im Sauerland eingeladen.*
Auch nach *nämlich* kann ein Komma gesetzt werden, wenn es Bestandteil einer mehrteiligen Konjunktion ist, die einen Nebensatz einleitet: *Sie besucht uns nur wenige Male im Jahr, nämlich(,) wenn sie eine Geschäftsreise nach Österreich macht.*
Ist *nämlich* in den Ablauf des Satzes einbezogen, steht kein Komma: *Einige sehr schmackhafte Pilzarten wachsen nämlich erst im Oktober.*

nass

nässer / nasser • Die Vergleichsformen (Steigerung) von *nass* können mit oder ohne Umlaut gebildet werden: *nass – nasser/nässer – am nassesten/nässesten.*
Getrennt- und Zusammenschreibung • Grundsätzlich schreibt man in konkreter Bedeutung das Adjektiv *nass* vom folgenden Verb getrennt: *Ich habe heute nass gewischt. Sie sind bei dem Wetter tüchtig nass geworden.* Beschreibt das Adjektiv *nass* das Ergebnis der Handlung, die mit dem Verb ausgedrückt wird, ist auch Zusammenschreibung möglich: *sich die Haare nass machen/nassmachen; ein Hemd nass schwitzen/nassschwitzen; jemanden nass spritzen/nassspritzen.*
Auch die entsprechenden Partizipien kann man getrennt oder zusammenschreiben: *die nass geschwitzten/nassgeschwitzten Hemden; die nass gewordenen/nassgewordenen Handtücher.*
ACHTUNG: In übertragener Bedeutung schreibt man dagegen nur zusammen: *Sie haben den FC mit fünf Toren regelrecht nassgemacht* (umgangssprachlich für „überlegen geschlagen").

Navi

Das Kurzwort für das Navigationssystem kann im Maskulinum oder Neutrum gebraucht werden: *das/der Navi.* Im Schreibgebrauch überwiegt derzeit die neutrale Form: *das Navi.*

neben

Die Präposition *neben* kann je nach Verwendung mit dem Dativ oder dem Akkusativ stehen. Wird *neben* in seiner lokalen Bedeutung gebraucht, dann steht der Dativ auf die Frage „Wo?" zur Angabe einer Lage: *Er saß die ganze Zeit neben mir* (Frage: „Wo saß er?"). *Der Fahrradfahrer fuhr neben der Hauptstraße.*
Der Akkusativ zur Angabe einer Richtung steht auf die Frage „Wohin?": *Sie setzte sich neben mich* (Frage: „Wohin setzte sie sich?"). *Er schoss leider neben das Tor.*

nebeneinander

Getrennt- und Zusammenschreibung • In Verbindung mit *sein* wird immer getrennt geschrieben. Sind in der Verbindung aus *nebeneinander* und einem Verb beide Teile betont, schreibt man ebenfalls getrennt: *nebeneinander hergehen; nebeneinander aufwachen.*
Liegt die Hauptbetonung jedoch auf *nebeneinander*, schreibt man zusammen: *Er wollte die Bücher nebeneinanderstellen. Sie wollten nebeneinandersitzen. Könntet ihr bitte die Tische nebeneinanderstellen?*

Nebensatz

Der Nebensatz ist stets Teil eines Satzgefüges. Es gibt drei Arten von Nebensätzen: Adverbial-, Relativ- und Ergänzungssätze.
Der Adverbialsatz ist eine adverbiale Angabe und tritt zu einem Hauptsatz hinzu: *Nachdem die Fernsehsendung zu Ende war, gingen wir zu Bett.*
Der Relativsatz ist ein Attribut zu einem Substantiv: *Das Buch, das ich gelesen habe, war so spannend, dass ich danach nicht einschlafen konnte.*
Der Ergänzungssatz ist ein Nebensatz, der die Funktion eines Satzgliedes (eines Subjekts oder eines Objekts) hat: *Sie fürchtet, dass morgen die Straßen glatt sind.*
REGEL: Bei Nebensätzen steht das gebeugte Verb immer am Schluss des Satzes.

nebenstehend

Die Partizipform *nebenstehend* wird immer zusammengeschrieben. Liegt keine Substantivierung vor, schreibt man klein. *Wie Sie anhand der nebenstehenden Skizze sehen können, … Näheres finden Sie im nebenstehenden Artikel.*
Bei Substantivierung schreibt man groß: *Im Nebenstehenden finden sich die Erläuterungen. Bitte beachten Sie Nebenstehendes.*

Necessaire / Nessessär

Das aus dem Französischen entlehnte Substantiv *Necessaire* kann auch *Nessessär* geschrieben werden. Diese Variante ist jedoch selten.

Neger

Die Bezeichnung *Neger* gehört zu den Ausdrücken, die historisch und sozial belastet sind und allgemein als diskriminierend und herabsetzend empfunden werden. Sie sollte deshalb unbedingt vermieden werden. Generell sollte die Herkunft statt der Hautfarbe zur Beschreibung einer Person herangezogen werden: *Afrodeutsche, Afroamerikaner, Schwarzafrikaner.*

Negligee / Negligé

Das aus dem Französischen übernommene Substantiv *Negligé* kann auch in der eingedeutschten Form *Negligee* geschrieben werden. Im Schreibgebrauch überwiegt die *Negligé* deutlich.
SCHWEIZ: Hier ist die Schreibung *Négligé* üblich.

nehmen

Das starke Verb weist in der 2. und 3. Person Singular einen e/i-Wechsel auf: *nehmen – ich nehme – du nimmst – er/sie/es nimmt.*

Auch der Imperativ wird mit *i* und ohne *e* am Ende gebildet: *Nimm* (nicht: *Nehm*) *endlich den Finger aus der Nase!*
In Wunschsätzen steht hingegen die Form des Konjunktivs I *nehme: Man nehme drei Eier und trenne das Eiweiß ab.*

nein / Nein sagen

In Verbindung mit Verben wie *sagen* oder *rufen* ist nicht klar zu entscheiden, ob *nein* adverbial gebraucht ist oder eine Substantivierung vorliegt. Es kann daher groß- oder kleingeschrieben werden: *Zu dieser Entscheidung kann man nur Nein / nein sagen / rufen.*

neu

Groß- und Kleinschreibung • In der Regel werden Adjektive auch in festen Verbindungen mit Substantiven kleingeschrieben: *die neue Armut; die neuen Bundesländer; das neue Jahr; die neue Linke; neuer Wein.*
In Eigennamen hingegen schreibt man Adjektive groß: *Neu Lübbenau; Neue Musik* (= „verschiedengestaltige Richtung der Musik im 20. Jahrhundert"); *Neue Sachlichkeit* (= „Kunstrichtung in Malerei, Baukunst und Literatur nach 1920"); *das Neue Testament; die Neue Welt* (= „Amerika").
Wie andere Adjektive auch ist *neu* substantivierbar und wird dann großgeschrieben: *aufs Neue; auf ein Neues; das Alte und das Neue; aus Alt mach Neu; nichts Neues; viel Neues; das Neueste vom Neuen. Haben sie schon das Neueste gehört?*
In den folgenden Fällen kann groß- oder kleingeschrieben werden: *seit neuestem / Neuestem; von neuem / Neuem.*
Getrennt- und Zusammenschreibung • In Verbindung mit Verben wird in der Regel getrennt geschrieben: *ein Geschäft neu eröffnen; das Layout neu gestalten; etwas neu machen.*
Die Partizipien solcher Verbindungen kann man getrennt oder zusammenschreiben: *zweite, neu bearbeitete / neubearbeitete Auflage; das neu einstudierte / neueinstudierte Stück; ein neu eröffnetes / neueröffnetes Geschäft; ein neu gegründetes / neugegründetes Heim; das neu geschaffene / neugeschaffene Bauwerk; ein neu gestaltetes / neugestaltetes Kunstwerk; das neu verheiratete / neuverheiratete Paar.*

Wer kennt schon den *Neumanntaler*?
Imagebewusste Zeitgenossen nutzen heute Englisch, um Tätigkeiten, Berufe oder Unternehmen interessanter zu verpacken. Davon zeugen die unzähligen neuen Bezeichnungen wie *Sales-* und *Creative Manager* oder *Beauty-Salons* und *Back-Factorys*. Neu ist dieses Verhalten keineswegs. Nur waren es früher vor allem Latein und Griechisch, die anstelle des Englischen für Prestige sorgten. Auch waren es vor allem Familiennamen, die mit dem fremden Idiom etwas aufgehübscht wurden: Sei es, dass man einfach eine Endung anhängte und *Karl Müller* zu *Carolus Müllerus* wandelte oder man den Namen gleich komplett übersetzte. Wer wollte bestreiten, dass beispielsweise das griechische *Melanchthon* bedeutsamer klingt als der Name *Schwarzerd*. Zu denjenigen, die ihren Namen gräzisierten („ins Griechische übersetzten"), gehörte auch ein Theologengeschlecht, das in den Kirchenbüchern unter dem Namen *Neumann* verzeichnet war und sich griechisch zu *Neander* übersetzte. Der Name sollte weltberühmt werden. Denn nach einem Spross der Familie, dem Kirchenlieddichter Joachim *Neander*, gestorben 1680, benannte man ein malerisches Tal in der Nähe von Düsseldorf: das *Neandertal*. Dort fand man 1856 bei Steinbrucharbeiten die Knochen einer bis dahin unbekannten Spezies der Gattung Mensch. Benannt wurde das Fossil nach dem Fundort, Homo *Neanderthalensis* oder kurz: *Neandertaler*. Das klingt etwas interessanter als *Neumanntaler*.

Neubau

Der Plural von *Neubau* lautet *Neubauten* (nicht: *Neubaue*).
→ *Bau*

Neutrum

Das Neutrum (auch: sächliches Geschlecht) ist eines der drei grammatischen Geschlechter bei Substantiven. Die Adjektivform dieses Ausdrucks lautet *neutral* (z. B. *neutrales Genus*). Erkennbar ist das Neutrum am Artikel *das*.
→ *Genus*

nicht

Stellung im Satz • Das Adverb *nicht* drückt aus, dass der im Satz genannte Sachverhalt unzutreffend ist. Allerdings können je nach Stellung im Satz mit *nicht* unterschiedliche Aussagen gemacht werden: ***Nicht*** *alle Kinder konnten kommen. – Alle Kinder konnten* ***nicht*** *kommen.* Während der erste Satz nur so verstanden werden kann, dass einige Kinder kommen konnten und andere nicht, kann der zweite Satz auch bedeuten, dass kein Kind kommen konnte. Bei starker Betonung von *alle* und *nicht* kann der zweite Satz aber auch dieselbe Bedeutung wie der erste haben.
Getrennt- und Zusammenschreibung • Verbindungen von *nicht* mit einem Adjektiv oder Partizip können getrennt oder zusammengeschrieben werden: *eine nicht amtliche/nichtamtliche Mitteilung; eine nicht berufstätige/nichtberufstätige Person; nicht eheliche/nichteheliche Lebensgemeinschaft; ein nicht flektierbares/nichtflektierbares Adjektiv; eine nicht öffentliche/nichtöffentliche Versammlung.*
Auch bei den substantivierten Verbindungen hat man die Wahl, ob man getrennt oder zusammenschreibt; zu beachten ist aber die Groß- und Kleinschreibung: *ein nicht Berufstätiger/Nichtberufstätiger; das nicht Gewünschte/Nichtgewünschte; der nicht Sesshafte/Nichtsesshafte; das nicht Zutreffende/Nichtzutreffende. Bitte nicht Zutreffendes/Nichtzutreffendes streichen.*
nicht - sondern • Die mehrteilige Konjunktion verbindet gleichrangige Glieder einer Aufzählung, die durch Komma abgegrenzt werden. Ist die Aufzählung nachgetragen, steht vor beiden Teilen ein Komma. In Verbindung mit anderen Konjunktionen kann nach *nicht* zur besonderen Hervorhebung ein zusätzliches Komma gesetzt werden: *Er fuhr nicht mit dem Wagen, sondern ging zu Fuß. Er brauchte dringend diesen Job, nicht(,) damit er endlich sein Haus abzahlen, sondern(,) damit er seine unehelichen Kinder unterstützen konnte.*
nicht nur - sondern auch • *Nicht nur – sondern auch* verbindet gleichrangige Glieder von Aufzählungen. Man setzt vor *sondern auch* ein Komma, unabhängig davon, ob Wörter, Satzteile oder ganze Sätze verbunden werden: *Sie ist nicht nur im Hochsprung Siegerin, sondern auch im Speerwerfen. Sie ist nicht nur im Hochsprung Siegerin, sondern auch im Speerwerfen die Beste. Sie ist nicht nur im Hochsprung Siegerin, sondern auch im Speerwerfen ist sie die Beste.*
Sind die mit *nicht nur – sondern auch* verbundenen Glieder der Aufzählung nachgetragen, setzt man auch vor *nicht nur* ein Komma: *Sie war Siegerin, nicht nur im Hochsprung, sondern auch im Speerwerfen.*
nicht - noch • Zwischen gleichrangigen Gliedern einer Aufzählung steht kein Komma, wenn sie durch die Konjunktionen *weder/nicht – noch* verknüpft sind: *Ich kann weder stehen noch liegen. Der Arzt riet ihm, nicht zu rauchen noch Alkohol zu trinken.* Wird der zweite Teil einer der oben genannten Konjunktionen wiederholt, so setzt man auch davor kein Komma: *Ich kann nicht gehen noch stehen noch liegen.*

nichts

nichts + als / wie • In der Standardsprache steht *nichts* mit der Präposition *als*. Die Präposition *wie* an dieser Stelle gilt als umgangssprachlich: *Man hat nichts als* (nicht: *wie*) *Ärger mit diesem Typen!* In Vergleichen, die auf die Fügung *nichts so* folgen, steht die Präposition *wie: Weil nichts so einfach ist, wie es scheint, sollte man mit den leichten Dingen beginnen.*

Singular oder Plural • Bei der Verbindung von *nichts* mit einem mit *als* eingeleiteten Attribut im Plural kann das Prädikat sowohl im Singular als auch im Plural stehen: *Nichts als ein paar Zuschauer ließ/ließen sich blicken. Nichts als kleinere Geldbeträge ging/gingen auf dem Konto ein.*
Getrennt- und Zusammenschreibung • *Nichts* wird vom folgenden Verb getrennt geschrieben: *nichts unterschreiben; nichts unternehmen; nichts wissen.*
In Verbindung mit Partizipien kann getrennt oder zusammengeschrieben werden: *nichts ahnend/ nichtsahnend; nichts bedeutende/nichtsbedeutende Vorkommnisse; eine nichts sagende/nichtssagende Floskel.*
Groß- und Kleinschreibung • In der Bedeutung „nicht etwas, kein Ding, kein Lebewesen" schreibt man das Pronomen *nichts* klein: *Viel Lärm um nichts. Ich mache mir nichts daraus. Um nichts in der Welt werde ich das tun. Er spricht von nichts anderem. Es ist nichts dergleichen geschehen. Von nichts kommt nichts.*
In der Bedeutung „Fehlen alles Seienden, Leere" liegt das Substantiv *das Nichts* vor: *Am Anfang war das Nichts. Sie hat es gewissermaßen aus dem Nichts erschaffen.*

nichtsdestotrotz, nichtsdestoweniger

Die mehrteiligen Adverbien *nichtsdestotrotz* und *nichtsdestoweniger* schreibt man zusammen.

Niederlande

Der Ländername steht im Plural und hat stets den bestimmten Artikel bei sich: *die Niederlande; Ausfuhren in die Niederlande.*
Im Dativ steht die Endung *-n: Von den Niederlanden kommend(,) breitet sich der Sturm südwärts aus.*

niemand

sie kennt niemand / niemanden • Das Pronomen *niemand* kann im Akkusativ und im Dativ sowohl mit als auch ohne Deklinationsendung stehen. Die folgenden Formen sind also alle korrekt: *Sie hat niemand/niemanden gesehen. Ihr könnt wohl niemand/niemandem vertrauen.*
Dabei werden im Akkusativ die endungslosen Formen bevorzugt; im Dativ sind beide Formen gleichberechtigt. Der Genitiv kann nicht ohne Endung stehen: *Ich hasse keinen Menschen, beneide niemandes* (selten: *niemands*) *Glück.*
niemand / niemanden anders • In Konstruktionen mit *niemand* und *anders* kann *anders* in Akkusativ und Dativ ungebeugt bleiben: *Ich dachte an niemand anders als … Sie war bei niemand anders zu Besuch als …*
Die gebeugten Formen, in denen auch die Großschreibung korrekt ist, sind jedoch gebräuchlicher: *Ich kenne niemand anderen/Anderen.*
Diese Regeln gelten auch für substantivierte Adjektive nach *niemand*. Im Gegensatz zu *anders* werden diese nur großgeschrieben: *Ich kenne niemand Besseres/Besseren. Sie übergeben es niemand Unberechtigtes/Unberechtigtem.*
ACHTUNG: Die maskuline Nominativform nach *niemand* ist falsch: *Das ist niemand anderes/ Anderes* (falsch: *anderer/Anderer*) *als mein Bruder.*
Vor einem gebeugten substantivierten Adjektiv und vor *andere (r, -s)* kann im Akkusativ und im Dativ auch die gebeugte Form von *niemand* stehen, sie ist jedoch selten: *Liebst du niemand* (selten: *niemanden*) *anderen/Anderen? Frage nach niemand* (selten: *niemandem*) *anderem/Anderem.*

niesen

Die Stammformen des schwachen Verbs *niesen* lauten: *niesen – nieste – geniest.* Die Form *genossen* als Partizip II von *niesen* ist falsch: *Er hat in sein Taschentuch geniest* (falsch: *genossen*).
Die Form *genossen* ist das Partizip II des Verbs *genießen: genießen – genoss – genossen.*

Niete / Niet

In der Bedeutung „Metallbolzen" wird in der Fachsprache anstelle von *die Niete* auch die Form *der Niet* (Genitiv: *des Niets;* Plural: *die Niete*) gebraucht. In der Bedeutung „Los, das nicht gewonnen hat" heißt es dagegen nur: *die Niete.*

Niet- und nagelfest

Heute wird die Wendung *niet- und nagelfest* meist im Zusammenhang mit Diebstählen oder Plünderungen gebraucht, wenn es z. B. heißt: *Die Diebe nahmen alles aus der Wohnung mit, was nicht niet- und nagelfest war.* Dabei hatte die Wendung ursprünglich einen seriösen, privatrechtlichen Charakter, denn sie diente zur Unterscheidung von beweglicher und unbeweglicher Habe. In Kaufverträgen über Häuser hieß es oft, dass alles was *erd-, niet- und nagelfest sei,* dem Käufer gehöre und deshalb im Hause verbleiben müsse.

Unter dem Wort *Niete* – heute steht es für eine unlösbare Verbindung aus zwei Metallstiften – verstand man im Mittelalter einen „breitgeschlagenen Nagel", wobei das Wort eine Ableitung aus dem Verb *pihniutit* „befestigen" darstellte. Mit der *Niete* im Glücksspiel hat das Wort nichts zu tun. Dieses geht auf das niederdeutsche *niet* zurück und bedeutet schlicht „nichts".

Niger

Die Einwohnerbezeichnung zu *Niger* lautet *Nigrer* bzw. *Nigrerin,* das entsprechende Adjektiv lautet *nigrisch.*

Nigeria

Die Einwohnerbezeichnung für *Nigeria* lautet *Nigerianer* bzw. *Nigerianerin,* die Adjektivform *nigerianisch.*

Nikolaus

Die Pluralform des Namens *Nikolaus* lautet standardsprachlich *Nikolause.*
Für die als *Nikolaus* verkleidete Person bzw. die entsprechenden figürlichen (Schokoladen-)Darstellungen ist allerdings die Pluralform *die Nikoläuse* üblicher. Sie hat sich ungefähr seit den 1980er Jahren gegenüber der eigentlich korrekten Form *Nikolause* durchgesetzt.

Nomen

→ *Sonderseiten „Substantiv", S. 410–413*

Nominalstil

Substantive, die gelegentlich auch als Nomen im engeren Sinne bezeichnet werden, beziehen sich sowohl auf konkrete Lebewesen oder Dinge als auch auf abstrakte Eigenschaften, Empfindungen, Erscheinungen oder Handlungen. Sie können damit viele Wörter anderer Wortarten ersetzen. Die Häufung derartiger Substantive kann einen Text jedoch schwerfällig und hölzern erscheinen lassen. Ein solcher vom Gebrauch von Substantiven geprägter Nominalstil findet sich häufig in der Behördensprache oder in wissenschaftlichen Texten.
TIPP: Die häufige Verwendung von Substantiven lässt sich leicht umgehen, insbesondere bei substantivierten Verben:
Die Durchführung der Ablesung der Zähler erfolgt nächste Woche. (Besser: *Die Zähler werden nächste Woche abgelesen.*)
Aufgrund des häufigen Auftretens von Mängeln … (Besser: *Da häufig Mängel auftreten …*)
Substantivierte Infinitive • Infinitive lassen sich ebenfalls in Substantive verwandeln. Doch auch dieser Nominalstil wirkt schnell schwerfällig und umständlich. Das gilt nicht zuletzt für Zusammensetzungen mit substantivierten Infinitiven, die mit Bindestrichen zu schreiben sind. Meistens sind sie ohne weiteres durch einfache Infinitivgruppen oder Nebensätze zu ersetzen:
Das Sich-Zurechtfinden dauerte eine Weile. – Es dauerte eine Weile, bis man sich zurechtfand.

Nominativ

In Sätzen stehen Substantive in einem bestimmten Kasus (einem grammatischen Fall). Das Substantiv im Nominativ antwortet auf die Frage „Wer?“ oder „Was?“: *Peter kommt zu Besuch.* („Wer kommt zu Besuch?“ – Peter.)
Im Satz übernimmt ein Substantiv oder Pronomen im Nominativ meist die Funktion eines Subjekts: ***Martha** tippte die Mail in den Computer. **Sie** kommt heute Abend vorbei.*
Auch das sogenannte Prädikatsnomen steht im Nominativ: *Er ist **der beste Arzt**, den ich kenne.*

nördlich

Wird *nördlich* als Präposition gebraucht, steht der Genitiv, wenn dem Substantiv ein Artikel, Pronomen oder Adjektiv vorausgeht: *Nördlich des Ballungszentrums befindet sich die grüne Lunge der Stadt. Der Tanker lief nördlich der Niederlande auf Grund.*
Bei geografischen Namen, die in der Regel ohne Artikel gebraucht werden, ist der Anschluss mit *von* gebräuchlich, der Genitiv findet sich seltener: *nördlich von Westfalen* (selten: *nördlich Westfalens*); *nördlich von Wien* (selten: *nördlich Wiens*).

not / Not, nottun

Groß- und Kleinschreibung • Das Substantiv *Not* wird immer großgeschrieben: *Hier ist Not am Mann. Mit dem Welpen hatten sie ihre liebe Not.* Davon zu unterscheiden ist jedoch der Verbbestandteil *not-* in *nottun*; dieser wird bei getrennter Verbstellung kleingeschrieben: *Wirtschaftspolitische Erneuerung tut not.*
Auch in der (selten gebrauchten) Wendung mit *sein* gilt *Not* nicht mehr als Substantiv und wird kleingeschrieben: *Es ist not, dass …*
Getrennt- und Zusammenschreibung • Mit Ausnahme von *nottun* wird *Not* vom folgenden Verb getrennt und großgeschrieben: *Not leiden; mit jemandem Not haben.* In Verbindung mit adjektivisch gebrauchten Partizipien kann getrennt oder zusammengeschrieben werden: *die Not leidende / notleidende Bevölkerung.*

notlanden

Das Verb *notlanden* wird in den finiten (gebeugten) Formen wie ein untrennbares Verb behandelt: *er notlandet* (nicht: *landet not*). Als Partizip II und als Infinitiv mit *zu* verhält es sich hingegen wie ein trennbares Verb: *notgelandet* (nicht: *genotlandet*) – *notzulanden* (nicht: *zu notlanden*).
→ *trennbare Verben,* → *untrennbare Verben*

Notizblock

Der Plural von *Notizblock* lautet in der Regel *Notizblocks.* Im Sprachgebrauch findet sich die Form *Notizblöcke* jedoch auch häufig.
→ *Block*

Nougat / Nugat

Neben der fremdsprachigen Schreibung *Nougat* ist auch die eingedeutschte Form *Nugat* zugelassen. Im allgemeinen Schreibgebrauch überwiegt derzeit die Form *Nougat.* Das Substantiv kann sowohl im Maskulinum als auch im Neutrum gebraucht werden: *der / das Nougat / Nugat.*

null / Null

Groß- und Kleinschreibung • Das Zahlwort *null* schreibt man klein: *Die Erfolgsaussichten sind gleich null. Der 1. FC Nürnberg hat mit eins zu null gesiegt. Durch null darf man nicht dividieren. Mit null Komma sechs Sekunden Vorsprung schlug die Schwimmerin an. Er war in null Komma nichts oben. Es ist drei Grad unter null. 1945 gilt als Stunde null. Der Zeiger steht auf null. Es ist null Uhr. Zehn minus drei minus sieben ergibt null.*
Das substantivierte Zahlwort für die Ziffer *Null* schreibt man groß. Großgeschrieben wird auch in der Bedeutung „Versager“: *Diese Zahl wird mit drei Nullen geschrieben. Er ist in Physik eine absolute Null.*
0,1 Gramm ist / sind • Bei Dezimalzahlen, die kleiner als eins sind – also eine *Null* vor dem Komma haben – wird standardsprachlich nur der Plural verwendet: *0,1 g dieser Substanz reichen aus. 0,8 Tonnen dieser Erde wurden geliefert.*

Nullerjahre

Die Bezeichnung *Nullerjahre* steht für das erste Jahrzehnt eines Jahrhunderts oder Jahrtausends, z. B. 1800–1809, 2000–2009. Anders als *Zwanzigerjahre/zwanziger Jahre* wird *Nullerjahre* nur zusammengeschrieben: *Gegen Ende der Nullerjahre setzten sich Smartphones durch.*

Numerale

→ *Sonderseiten „Zahlen und Ziffern", S. 492–495*

Numerus

Im Numerus (lateinisch für „Zahl") unterscheidet man nach Singular (auch: Einzahl) und Plural (auch: Mehrzahl). Ein Substantiv steht im Singular, wenn nur ein Gegenstand bezeichnet wird, im Plural, wenn mehrere Gegenstände bezeichnet werden. Auch Adjektiv, Artikel und Pronomen werden nach dem Numerus dekliniert, wobei sich hier der Numerus nach dem Numerus des Substantivs richtet, auf das sie sich beziehen: Singular: *der alte Mann;* Plural: *die alten Männer* Auch die gebeugten Verben werden nach den Numerus-Kategorien Singular und Plural konjugiert. Ihr Numerus richtet sich nach dem des Satzsubjekts: Singular: *Der alte Mann kommt.* Plural: *Die alten Männer kommen.*

Nürnberger

Die Einwohnerbezeichnung wird immer großgeschrieben, auch wenn sie als Attribut ein Substantiv näher bestimmt: *die Nürnberger Innenstadt; die Nürnberger Fußgängerzone.*

nutzen / nützen

Die beiden Formen können ohne Bedeutungsunterschied verwendet werden und gelten auch stilistisch als gleichwertig. In Süddeutschland, Österreich und in der Schweiz ist die Variante mit Umlaut häufiger: *Das wird dir nichts nutzen/nützen.* Die substantivierten Formen stehen ohne Umlaut: *Nutzer, Nutzung.*

Der Traum vom *Nürnberger Trichter*

Nürnberger Tand geht durch alle Land, hieß es früher, denn Nürnberg war im Mittelalter und in früher Neuzeit eines der wichtigsten Handels- und Kulturzentren (Bild: Bergfried der **Nürnberger Kaiserburg**). Die Bedeutung der Reichsstadt schlug sich auch in zahlreichen, nicht immer positiv gemeinten Redensarten nieder. Man denke an den Spruch: *Die Nürnberger hängen keinen, es sei denn, sie hätten ihn.* Schlechtes oder unschickliches Tun kommentierte man mit der Wendung: *ich gloub, dass mans zuo Nürnberg thuot* – womit der Sprecher auf die Freiheiten anspielte, die Nürnberg angeblich seinen Bürgern gewährte. Am bekanntesten ist aber sicher der *Nürnberger Trichter.* Die Wendung *etwas mit dem Trichter eingießen* war schon früher geläufig. Die Verbindung mit der Reichsstadt kam durch ein berühmtes Poetik-Lehrbuch des Nürnberger Barockschriftstellers Georg Philipp Harsdörffer (1607–1658) zustande. Der Titel lautete: „Poetischer Trichter, die Teutsche Dicht- und Reimkunst, ohne Behuf der lateinischen Sprache, in VI Stunden eingießen zu können." Auch wenn der Autor das schier unglaubliche Versprechen eines Dichter-Schnellkurses in seiner Vorrede noch einschränkte: Die Vorstellung eines Lernverfahrens, bei dem wie mit einem Trichter der Lernstoff eingefüllt werden kann, ohne dass es dazu der eigenen Anstrengung bedürfte, beflügelt noch heute mehr oder weniger seriöse Ratgeber.

O

O-/o-

In Zusammensetzungen mit Einzelbuchstaben muss man zwischen dem Einzelbuchstaben und der übrigen Zusammensetzung einen Bindestrich setzen.
Bei mehrteiligen Zusammensetzungen wird mit Bindestrichen durchgekoppelt: *O-Beine, o-beinig, O-Bein-Arthrose, O-Ringe, O-Saft, O-Ton.*

ob (Konjunktion)

Kommasetzung • Leitet *ob* einen indirekten Fragesatz ein, wird dieser durch Komma abgegrenzt: *Ich fragte sie vorsichtig, ob ich ihr bei der Renovierung der Wohnung helfen könne. Ich weiß nicht, ob diese Erklärung wirklich zutrifft.*
Verbindet *ob* gleichrangige Glieder einer Aufzählung, werden diese gleichfalls durch Komma abgegrenzt: *Ob Hund, ob Katze, ob Meerschweinchen oder Fisch, in dieser Wohnung werden keine Tiere geduldet.*
Ist *ob* Teil einer mehrteiligen Fügung, die als Einheit empfunden wird, steht davor kein Komma: *Weißt du, wie das geht? Und ob! Wir vermuten das, aber ob es wirklich so kommt, wissen wir auch nicht.*

ob (Präposition)

ob mit Genitiv • In der Bedeutung „wegen" wird *ob* als Präposition mit dem Genitiv gebraucht. In dieser Verwendung ist *ob* zwar weitgehend dem gehobenen Sprachstil zuzurechnen, wird aber auch im allgemeinen Schreibgebrauch – mit bisweilen ironischem Unterton – erstaunlich häufig verwendet: *In seiner Heimatstadt erhielt er ob seiner Locken den Spitznamen „Gottschalk".*
ob mit Dativ • In der Bedeutung „über, darüber" steht *ob* mit dem Dativ. Diese Verwendung tritt jedoch fast nur noch in Ortsnamen auf: *Rothenburg ob der Tauber.*

oben

Getrennt- und Zusammenschreibung • Das Adverb *oben* wird vom folgenden Verb getrennt geschrieben: *oben bleiben; oben stehen; oben sein.* In Verbindung mit adjektivisch gebrauchten Partizipien ist auch die Zusammenschreibung möglich: *die oben erwähnten/obenerwähnten Sätze; der oben genannte/obengenannte Paragraf; der oben stehende/obenstehende Absatz.*
Groß- und Kleinschreibung • Als Adverb wird *oben* kleingeschrieben: *die Erde von oben; nach oben schauen; nach oben hin; oben herum; oben ohne; von oben her; weder oben noch unten. Es sind oben und unten schwarze Streifen zu erkennen.* Eine Substantivierung des Adverbs kommt nur selten vor: *Der Film thematisiert das Oben und Unten der Gesellschaft.* Die Substantivierung der Partizipverbindungen ist dagegen häufiger: *das oben Genannte/Obengenannte; das oben Stehende/Obenstehende.*

oberste(r, -s)

Als Adjektiv wird *oberste(r, -s)* kleingeschrieben: *das oberste Prinzip; oberste Priorität; den obersten Knopf drücken.* Die substantivierte Form wird großgeschrieben: *das Oberste zuunterst kehren. Die Obersten der Parteispitze trafen sich zu Verhandlungen.*
In zahlreichen Fällen ist *oberst* Bestandteil des Namens für Behörden und Institutionen sowie deren Vertreter. Auch in diesen Fällen wird großgeschrieben: *der Oberste Gerichtshof; die Oberste Baubehörde; die Oberste Volksversammlung; die Obersten Richter.*

Obfrau

→ *Obmann*

Wasser von oben: *Oberwasser bekommen*

Die Redewendungen *Oberwasser bekommen* oder *Oberwasser behalten* verwendet man heute ausschließlich in der übertragenen Bedeutung „seinen Vorteil aus etwas ziehen / in der besseren Position sein“. Ihr ursprünglicher Sinn ist völlig verblasst. Es existiert jedoch eine weitere Redensart mit ähnlicher Bedeutung, die die eigentlichen Zusammenhänge ins Blickfeld rückt: *Das ist Wasser auf seine Mühlen!* Beide Wendungen gehen auf ein besonderes Konstruktionsprinzip der Wassermühlen zurück: So können deren Mühlräder von unten durch das vorbeitreibende oder von oben durch das herabfallende Wasser angetrieben werden. Bei Letzterem wird der Fluss in einem Wehr gestaut und über den Mühlkanal auf die Schaufeln geleitet, um als *Oberwasser* die Mühle anzutreiben. Ein Müller, der *Oberwasser* bzw. *Wasser auf seiner Mühle* hatte, konnte also (wieder) mahlen. Bekannt ist der Ausdruck seit dem 15. Jahrhundert, doch erst im 19. Jahrhundert ist er als übertragene Redewendung in der Schriftsprache nachweisbar.

obgleich

→ *obwohl*

obig / Obig

In der Funktion als Adjektiv schreibt man *obig* immer klein: *Bitte wählen Sie die obige Nummer. Zu obigem Artikel wurde folgende Vereinbarung getroffen.* Bei Substantivierung wird großgeschrieben: *Da Obiges nicht befolgt wurde, sehen wir uns gezwungen … Das Obige sollte als Erklärung ausreichen.*

Objekt

Objekte sind Ergänzungen, die vom Verb gefordert werden. Man unterteilt die Objekte in:

Akkusativobjekt (auch: Akkusativergänzung): *Das Kind sah den Mann* (Frage: „Wen?“ oder „Was?“).

Dativobjekt (auch: Dativergänzung): *Er begegnete der Frau seines Lebens* (Frage: „Wem?“).

Genitivobjekt (auch: Genitivergänzung): *Diese Pflanze bedarf besonderer Pflege* (Frage: „Wessen?“).

Präpositionalobjekt (auch: Präpositionalergänzung): *Wir denken an Albrechts Geburtstag. Sie warteten auf den verspäteten Bus.* Die Frage nach einem Präpositionalobjekt enthält die Präposition: *Auf wen wartet Oliver? – Er wartet auf seinen Sohn.*

obliegen

In der Regel wird *obliegen* als untrennbares Verb gebraucht, das auch in den gebeugten Formen zusammengeschrieben wird: *Er obliegt seinen Pflichten mit großer Gewissenhaftigkeit. Die Innenausstattung oblag einer Hamburger Designerin.* Die Verwendung als trennbares Verb gilt zwar nicht als falsch. Sie ist jedoch selten und wird als ungewöhnlich empfunden: *Es liegt ihm ob* (besser: *Es obliegt ihm*), *die eingehenden Mails zu prüfen.*

Obmann / Obfrau / Obleute

Die weibliche Form von *Obmann* ist *Obfrau*. Die feminine Ableitung *Obmännin* sollte vermieden werden. Wenn ausschließlich Frauen bzw. Männer die Funktion des *Obmanns* bzw. der *Obfrau* wahrnehmen, steht als Pluralform entweder *Obmänner* oder *Obfrauen*. Am gebräuchlichsten ist jedoch die beide Geschlechter umfassende neutrale Form: *Obleute*.

Obolus – Obolusse / Obolus

Das Substantiv *Obolus* hat zwei mögliche Pluralformen: *die Obolus / Obolusse.*
Im Genitiv hat *Obolus* keine Endung: *Die Höhe des Obolus bleibt jedem selbst überlassen.*
ACHTUNG: Die oft zu lesende Form *Obulus* ist falsch.

Mit dem *Obolus* in die Unterwelt
Wer heute seinen *Obolus*, also seinen oft wohltätigen Zwecken gewidmeten finanziellen Beitrag, *entrichtet*, ist sich über den scherzhaft-morbiden Ursprung der Redewendung meist nicht mehr im Klaren. Das Wort *Obolus* selbst geht auf das griechische *obolós* zurück. Im antiken Griechenland war dies eine kleine Silbermünze, deren Wert einem Sechstel der Drachme entsprach. Eigentlich bedeutet *obolós* – das Wort ist mit *Obelisk* verwandt – „spitziger Stab“, was sich vielleicht auf die ursprüngliche Form dieses Zahlungsmittels bezog.
Dass der *Obolus* aber nicht nur Numismatikern, sondern auch dem gebildeten Bürgertum ein Begriff wurde, verdankt er einer besonderen Erwähnung in der griechischen Mythologie: In Epen des 7. / 6. vorchristlichen Jahrhunderts wird berichtet, dass die Seelen der Toten dem Fährmann Charon eine kleine Münze, einen *obolós,* zahlen mussten, damit er sie auf seinem Kahn über den Unterweltfluss Acheron setzte (Bild: „Die Barke des Charon“, Fresko von Luca Giordano). Tatsächlich fand man in zahlreichen antiken Gräbern kleine Münzen als Grabbeigaben, die man als solche Fährpfennige interpretierte.

obschon

→ *obwohl*

obwohl, obgleich, obschon

Kommasetzung • Leitet *obwohl / obgleich / obschon* einen Nebensatz ein, wird dieser durch Komma abgegrenzt, und zwar auch, wenn er verkürzt ist: *Obwohl sie gern über dieses Thema redete, schwieg sie diesmal dazu. Er hatte nie Geld, obgleich er gut verdiente und überaus sparsam war. Er blieb, obschon todmüde, bis zum Schluss aufmerksam.*
Ist *obwohl / obgleich / obschon* Teil einer Fügung, die als Einheit empfunden wird, steht davor kein Komma: *Aber obgleich er gut verdiente und überaus sparsam war, hatte er nie Geld. Doch obwohl sie die gleichen Interessen und Ideale hatten, verliefen die Lebenswege völlig unterschiedlich.*
Verbstellung im Nebensatz • Die Konjunktion *obwohl* ist eine unterordnende Konjunktion. Sie leitet einen Konzessivsatz ein, d. h. einen Nebensatz, der ein Zugeständnis ausdrückt. Die gebeugte Form des Verbs steht dabei am Ende: *Ich gehe zu der Party, obwohl ich eigentlich gar keine Lust habe.*

ocker

Die Farbbezeichnung *ocker* darf als Attribut nicht allein vor einem Substantiv stehen. Sie muss mit *-farben* oder *-farbig* zusammengesetzt werden: *ein ockerfarbenes / ockerfarbiges Regal.*

oder

Verbindet *oder* in einer Aufzählung gleichrangige Wörter oder Teilsätze, steht kein Komma: *Ich könnte die Stelle in München oder die in Stuttgart annehmen. Persönliche Beratung oder allgemeine Informationen erhalten Sie in unserer Dienststelle.*
Dies gilt auch, wenn eine Infinitivgruppe oder ein Nebensatz als Glied einer Aufzählung angeschlossen wird: *Vor Wut oder weil er einfach traurig über das Verhalten seines Freundes war, zerriss er den Brief. Um sich weiterzubilden oder um der Langeweile zu entgehen, las er Fachbücher.*

Verbindet *oder* Nebensätze, die vom gleichen übergeordneten Hauptsatz abhängen, setzt man ebenfalls kein Komma: *Das Formular für den Dauerauftrag erscheint, wenn man den Bildschirm berührt oder den entsprechenden Knopf drückt.*
Bei gleichrangigen Hauptsätzen, die mit *oder* verbunden sind, ist die Verwendung des Kommas freigestellt: *Wollen wir zum Strand gehen(,) oder willst du lieber in der Stadt spazieren gehen?*
Ein Komma muss vor *oder* stehen, wenn dadurch ein vorausgehender, eingeschobener Nebensatz, ein Zusatz oder ein Nachtrag abgeschlossen wird: *Sie können die Appartements mieten, die über einen separaten Wohnbereich verfügen, oder die einfacheren Gästezimmer.*

offen

Groß- und Kleinschreibung • In vielen festen Verbindungen wird das Adjektiv *offen* kleingeschrieben: *offener Brief; mit offenen Karten spielen; eine offene Hand haben* (= „freigebig sein"); *ein offenes Ohr für jemanden haben; der Tag der offenen Tür; offene Tuberkulose; das offene Meer; eine Rede am offenen Grab; offene Immobilienfonds.* Ist *offen* Teil eines Eigennamens, wird großgeschrieben: *Offene Handelsgesellschaft* (in Firmennamen).
Getrennt- und Zusammenschreibung • In Verbindung mit *sein* schreibt man immer getrennt: *Die Tür sollte offen sein, wenn du kommst.*
Man schreibt *offen* in der Regel vom folgenden Verb getrennt: *Wir können hier offen sprechen. Offen gesagt(,) bin ich anderer Meinung. Offen gestanden(,) war das mein Fehler. Die Tür soll offen bleiben. Wir sollten die Augen offen halten. Könnten Sie mit bitte die Tür offen halten?*
Bildet *offen* allerdings zusammen mit dem nachfolgenden Verb eine neue, übertragene Gesamtbedeutung, dann wird zusammengeschrieben: *Wir müssen diese Frage leider offenlassen* (= „unentschieden lassen"). *Es sollte ihr offenstehen, das selbst zu entscheiden* (= „erlaubt, möglich sein"). *Der Schuldner wurde angewiesen, seine Vermögensverhältnisse offenzulegen* (= „wahrheitsgemäß mitzuteilen"). *Diese Option möchte ich mir offenhalten* (= „weiter als Möglichkeit in Betracht ziehen").

oft – öfter(s) – am häufigsten / öftesten

öfter(s) - am häufigsten / öftesten • *Oft* gehört zu den wenigen Adverbien, die gesteigert werden können. Der Superlativ *am öftesten* wird allerdings nur selten gebraucht. Stattdessen findet die Ersatzform *am häufigsten* Verwendung: *oft – öfter – am häufigsten* (selten: *am öftesten*). *Wir sehen uns jetzt wieder oft. Wir sehen uns jetzt wieder öfter(s). Verglichen mit anderen Freunden sehe ich ihn am häufigsten* (selten: *am öftesten*).
öfter / öfters • Im allgemeinen Sprachgebrauch wird die Form *öfter* meist vorgezogen.
ÖSTERREICH/SCHWEIZ: Hier wird die Form *öfters* als gleichberechtigte Variante mit gleicher Häufigkeit verwendet.

oh / o

Das Ausrufewort (Interjektion) wird je nach Verwendungsweise mit oder ohne *h* geschrieben.
Oh wird meist verwendet, um dem Ausruf Nachdruck zu verleihen. Steht die Interjektion allein, muss das *h* stehen: *Oh! Oh, wie schön, sie ist auch gekommen. Oh, Verzeihung, das wollte ich nicht.*
In Verbindung mit anderen Wörtern steht sie ohne *h*: *o je; o weh!; o ja!; o wie schön!*

ohne

ohne ihn • Als Präposition steht *ohne* heute immer mit dem Akkusativ: *Wir können nicht ohne ihn anfangen.* Im früheren Deutsch war noch der Dativ üblich.
Davon zu unterscheiden ist die Konjunktion *ohne.* In den mit *ohne* eingeleiteten Nebensätzen hängt der Kasus des Substantivs vom Verb ab: *Er ging auf den Tipp ein, ohne dem Arzt zu vertrauen.*
Kommasetzung • Leitet *ohne* als Konjunktion eine Wortgruppe aus einem mit *zu* gebildeten Infinitiv ein, wird diese durch Komma abgetrennt: *Er hatte, ohne die Vertragsbestimmungen im Einzelnen zu kennen, sofort unterschrieben.* Das Komma steht auch dann, wenn die mit *ohne* eingeleitete Wortgruppe nur aus einem Infinitiv mit *zu* besteht: *Er griff, ohne zu zögern, nach seinem Handy.*

ohne dass • Die Fügung *ohne dass* wird als Einheit empfunden und nicht durch Komma getrennt. Dieses steht vor der Fügung: *Er bot seine Hilfe an, ohne dass man ihn erst bitten musste.*

oje / o je

→ *oh / o*

oktroyieren / aufoktroyieren

→ *aufoktroyieren*

oliv

Die Farbbezeichnung *oliv* wird zwar schon vereinzelt als Attribut zu einem Substantiv gebraucht, dies gilt aber (noch) als umgangssprachlich: *ein olivener Pullover.*
TIPP: Im Schriftlichen sollte man die Anhänge *-farbig* oder *-farben* verwenden: *ein olivfarbener / olivfarbiger Pullover.*

Olympiade

In der griechischen Antike bezeichnete *Olympiade* den Zeitraum von vier Jahren zwischen den Olympischen Spielen. Heute versteht man unter dem Ausdruck die Spiele selbst.

olympisches Dorf / Olympische Spiele

Wo *olympisch* als normales Adjektiv gebraucht wird, schreibt man klein: *olympisches Dorf; olympischer Eid; olympisches Gold.*
Ist *olympisch* dagegen Bestandteil von Eigennamen, schreibt man groß: *Internationales Olympisches Komitee; Olympische Spiele.*

Onkel

In der Standardsprache hat die Personenbezeichnung *Onkel* im Plural keine besondere Endung: *die Onkel.* In der gesprochenen Sprache ist besonders in Norddeutschland der Plural mit *s* geläufig: *die Onkels.* Diese Form gilt jedoch als umgangssprachlich.

Familiär französisch: *Onkel, Tante, Cousin*
Wer spricht heute noch von *Muhme, Base, Oheim* oder *Vetter?* Wie stark das Französische auf die deutsche Sprache gewirkt hat, können wir auch an den Verwandtschaftsbezeichnungen *Onkel, Tante* und *Cousin* erkennen, die Anfang des 18. Jahrhunderts ins Deutsche entlehnt wurden. Doch warum fand dieser Austausch statt? Neben dem höheren Sozialprestige des Französischen dürfte ein Grund gewesen sein, dass die deutschen Ausdrücke – so erstaunlich das klingen mag – zu präzise waren. Sie unterschieden nämlich nach Vater- oder Mutterseite: *Muhme* nannte man im Mittelalter die Tante mütterlicherseits, also die Schwester der Mutter. Die Tante väterlicherseits war – anders als heute – die *Base*. Der Onkel väterlicherseits war, ebenfalls vom heutigen Gebrauch abweichend, der *Vetter*, der Onkel mütterlicherseits der *Oheim*. Als nach dem Verfall der mittelalterlichen Rechtsordnung die Unterscheidung nach väterlicher oder mütterlicher Seite ihre erbrechtliche Bedeutung verlor, geriet das Bedeutungsgefüge dieser Begriffe durcheinander. Und dies scheint die Entlehnung der französischen Ausdrücke begünstigt zu haben. Mit der Entlehnung von *oncle, tante* und *cousin* veränderte sich auch die Bedeutung der deutschen Wörter. Während das Wort *Muhme* unterging, versteht man heute unter der *Base* die Tochter des *Onkels*: die Cousine. Der *Vetter* entspricht dem Cousin.

Online-

Zusammensetzungen aus *online* und einem Substantiv schreibt man zusammen oder mit Bindestrich: *Onlinehandel / Online-Handel* (nicht: *Online Handel*); *Onlinebanking / Online-Banking* (nicht: *Online Banking*). Zusammensetzungen mit Adjektiven schreibt man zusammen: *onlinesüchtig.*

optimal

Das Adjektiv *optimal* (= „am besten") ist aus dem Lateinischen bereits in seiner Superlativform entlehnt worden. Vergleichsformen (Steigerungsformen) mit diesem Adjektiv sollten daher vermieden werden: *Lassen Sie das Lenkrad in die optimale* (nicht: *optimalste*) *Position einrasten. Die Ausstellungsräume könnten wirklich besser/sinnvoller* (nicht: *optimaler*) *genutzt werden, als dies jetzt der Fall ist.*

Opus

Das aus dem Lateinischen entlehnte Substantiv *Opus* („Werk, künstlerisches Werk") hat den Plural *die Opera*. Der Genitiv lautet: *des Opus*.

orange

Das Farbadjektiv *orange* kann im Gegensatz zu früher als Attribut bei einem Substantiv stehen. Es wird dann entsprechend gebeugt. Die Form *orange* wird in diesem Fall zweisilbig gesprochen, als sei an die jeweils einsilbige Form ein unbetontes *e* angehängt worden. Die folgenden Fälle gelten als standardsprachlich korrekt: *die orange Vase; das orange Buch; der orange Stift; orange Schränke.*

Auch Formen wie *oranges Hemd; ein oranger Ordner; die orangen Schränke* gelten inzwischen als standardsprachlich.

In diesen wie in allen anderen Fällen sind auch Zusammensetzungen mit *-farben* oder *-farbig* möglich, die es erlauben, das Adjektiv zu deklinieren: *der orangefarbene/ein orangefarbener Ordner; das orangefarbene/ein orangefarbenes Buch; der orangefarbene/ein orangefarbener Stift; die orangefarbenen/orangefarbene Schränke.*

Ordinalzahlwörter

Die Ordinalzahlwörter (auch: Ordnungszahlwörter) geben eine Stelle in einer bestimmten Reihenfolge an: *erste(r, -s), zweite(r, -s), dritte(r, -s), zwölfte(r, -s), hundertste(r, -s), tausendste(r, -s), zweitausendzweite(r, -s).*

Ein Ordinalzahlwort wird wie jedes Adjektiv dekliniert, wenn es als Attribut gebraucht wird: *ein erster Schritt; nach der zweiten Hürde; an ein drittes Haus.*

Ordnung ist das halbe (Römer-)Leben

Wörter wie *Ordnung, ordnen* oder *ordentlich* mögen vertraut klingen, doch stammen sie allesamt vom lateinischen Wort *ordo* ab. Das Wort hat einen „textilen" Ursprung; als *ordo* bezeichnete man in der Webersprache die vorgespannten **Kettfäden im Webstuhl**. Die Vorstellung, die sich mit dem Bild der schnurgerade aufgereihten Fäden verknüpfte, übertrugen die Römer auch auf andere Bereiche: etwa auf die in Reih und Glied angetretenen Legionäre, auf die Ruderbänke der Galeeren, die Sitzreihen im Theater, ja selbst auf die in Klassen gegliederte Gesellschaft.

Davon ausgehend gewann das Wort eine abstrakte Bedeutung. Es stand nicht nur für die äußere Erscheinung, die „Ordnung" der Dinge selbst, sondern auch für die „Regel", die einer solchen *Ordnung* zugrunde lag. Auch auf andere Völker scheint das Wort eine eigentümliche Faszination ausgeübt zu haben, denn es wurde in viele europäische Sprachen entlehnt, dort umgebildet und erhielt neue Bedeutungen: Im Althochdeutschen kennen wir die Ableitung *ordenlihho* („ordentlich"; englisch: *orderly*; französisch: *ordonné*; schwedisch: *ordentlig*) und *ordinōn* („ordnen"), aus dem später das Substantiv *Ordnung* entstand. Seit dem Mittelalter bezeichnet man auch die religiösen und weltlichen Gemeinschaften, die nach einer (*Ordens-*)Regel zusammenleben, als *Orden*. Der *Orden* als Ehrenzeichen geht auf die christlichen Ritterorden zurück. Die Verleihung eines solchen Erkennungszeichens, wie z. B. das Malteserkreuz, drückte ursprünglich nur die Aufnahme in den *Orden* aus, später hieß auch das Ehrenzeichen selbst *Orden*.

Groß- und Kleinschreibung • Ordinalzahlwörter können substantiviert werden und müssen entsprechend großgeschrieben werden: *Er ging als Dritter durchs Ziel. Das ist schon der Fünfte heute.*
Schreibweise • In Ziffern schreibt man grundsätzlich mit einem Punkt: *1. Platz; an 2. Position; 3. Klasse.* Die Schreibweise mit Suffix ist **nicht** üblich: *1ste Wahl; 2te Position.*
→ *Kardinalzahlwörter*

Orthografie / Orthographie

Das aus dem Griechischen übernommene Wort *Orthographie* kann auch *Orthografie* geschrieben werden.
TIPP: Im allgemeinen Schreibgebrauch überwiegt die eingedeutschte Schreibung: *Orthografie.*

Ortsangabe

Kommasetzung • Nebeneinanderstehende Orts- oder Wohnungsangaben gelten als Aufzählung, deren Glieder durch Komma zu trennen sind: *Ihre Adresse lautet: Mainstraße 2, II. Stock, Apartment 17, 13403 Berlin.*
Ist die Ortsangabe in den Satz einbezogen, so steht am Ende der Aufzählung kein Komma: *Ich bitte, die Post an meine Urlaubsanschrift Pension Niobe, 23570 Lübeck-Travemünde nachzusenden.*
Nachgestellte Ortsangaben • Folgt die Ortsangabe dem Namen unmittelbar, also ohne Präposition, so kann sie als nachgestellte nähere Bestimmung zum Namen aufgefasst werden und muss in Kommas eingeschlossen werden: *Herr Helmut Neumann, Braunschweig, Raabestraße, schreibt…*
Ist die Ortsangabe dagegen mit einer Präposition an den Namen angeschlossen, so wird sie in den Satz einbezogen, man setzt kein Komma.
Der Schreibende kann aber auch nach der Ortsangabe ein Komma setzen und damit ihren zweiten Teil als einen Einschub kennzeichnen: *Herr Helmut Neumann aus Braunschweig, Raabestraße(,) schreibt…*

Ortsnamen

→ *Sonderseiten „Eigennamen", S. 138f.*

Ostern

Singular oder Plural? • Heute wird das Substantiv *Ostern* meist im Neutrum Singular gebraucht: *Ich wünsche dir ein schönes Ostern.* Sprachhistorisch handelt es sich allerdings um eine Pluralform, deshalb wird das Wort in einigen Zusammenhängen auch im Plural gebraucht: *Frohe Ostern! Dieses Jahr hatten wir weiße Ostern.* Auch wenn *Ostern* mit dem Pronomen *diese* gebraucht wird, steht meist der Plural: *Diese Ostern kann ich leider keinen Urlaub nehmen.*
an / zu Ostern • Im Norddeutschen und in Österreich wird *Ostern* bevorzugt mit der Präposition *zu* verbunden, im Süddeutschen häufig mit *an*: *Zu Ostern schneite es. An Ostern gibt es Ferien.*

östlich

→ *nördlich*

ou oder u?

In einer Reihe von Fremdwörtern aus dem Französischen kann die Buchstabenkombination *ou* auch *u* geschrieben werden. Im allgemeinen Schreibgebrauch überwiegt in der Regel die fremdsprachige Variante mit *ou: Bouclé / Buklee; Bravour / Bravur; Coupon / Kupon; Courtage / Kurtage; Cousine / Kusine; Gouache / Guasch; Nougat / Nugat.*

Oxyd / Oxid

Neben der heute generell üblichen Schreibung *Oxid* kann außerhalb der Fachsprache auch die früher übliche Schreibung *Oxyd* verwendet werden. Sie gilt jedoch als veraltet. Ebenso: *oxidieren / oxydieren; Oxidation / Oxydation.*

Oxymoron

Das Oxymoron ist die Verbindung zweier widersprüchlicher, sich gegenseitig ausschließender Begriffe zu einer pointierten Aussage: *beredtes Schweigen; eine bittersüße Geschichte; alter Knabe; schaurig-schön; Hassliebe; trockener Humor.*

P

paar / Paar

Groß- und Kleinschreibung • Das unbestimmte Zahlwort *ein paar* in der Bedeutung „einige, wenige" schreibt man klein, weil *paar* hier seine substantivischen Merkmale eingebüßt hat: *ein paar Leute; die paar Euro; vor ein paar Wochen.* In der Bedeutung „zwei" liegt der Gebrauch als Zahlsubstantiv vor, das großgeschrieben werden muss und gebeugt werden kann: *ein Paar Schuhe; das Paar zu 100 Euro. Sie kamen zu Paaren.*
ein Paar alter Socken / ein altes Paar Socken • Bildet die Maßbezeichnung *Paar* und das folgende Substantiv eine enge Einheit, kann ein zusätzliches Adjektiv ohne Bedeutungsveränderung vor oder hinter der Maßbezeichnung stehen: *ein altes Paar Socken/ein Paar alte/alter Socken.*
ein Paar alte / alter Socken • Nach *Paar* kann das Gemessene entweder die Form einer Apposition oder die eines Genitivattributs haben: *ein Paar alte/alter Socken.* Steht *Paar* im Dativ, kann die Apposition im Nominativ oder im Dativ stehen. Statt der Apposition ist auch hier ein Genitivattribut möglich. Es sind also gleichermaßen korrekt: *mit einem Paar alte/alten/alter Socken.*

Pakistan – Pakistaner / Pakistani

Die Einwohnerbezeichnung für *Pakistan* lautet nach der Empfehlung des Auswärtigen Amtes *Pakistaner* bzw. *Pakistanerin*. Die früher übliche Bezeichnung *der/die Pakistani* wird nicht empfohlen, ist aber ebenfalls korrekt. Die Form *Pakistani* bleibt im Plural und im Genitiv ohne Endung: *die Pakistani* (nicht: *Pakistanis*) – *des/der Pakistani* (nicht: *des/der Pakistanis*).

Panther / Panter

Für das Fremdwort *Panther* ist auch die Schreibung mit *t* zulässig: *Panter*. Im Schreibgebrauch dominiert die Variante mit *th*.

Papierblock

→ *Block*

Pappmaché / Pappmaschee

Für den zweiten Bestandteil des Substantivs ist neben der fremdsprachigen Schreibung *-maché* auch die eindeutschende Schreibung *-maschee* zugelassen. Im allgemeinen Schreibgebrauch dominiert die Variante *Pappmaché*.

Nicht von *Pappe*: der *Pappenstiel*
„Das ist kein *Pappenstiel!*", sagt man, wenn eine Aufgabe oder eine Geldsumme keine Kleinigkeit mehr darstellt. Von der vermeintlichen Bedeutung der Wortbestandteile her ergeben sich keine Probleme, denn ein *Stiel* aus *Pappe* kann durchaus als Inbegriff des Wertlosen angesehen werden. Aber mit *Pappe* hat das Wort nichts zu tun. Vielmehr ist mit dem *Pappenstiel* ursprünglich der „Stängel der Pappenblume" gemeint, das niederdeutsche Wort für „Löwenzahn". Wörtlich lässt es sich mit „Pfaffenblume" übersetzen. Man erklärt sich die Herkunft des Namens damit, dass die abgeblasenen Blütenstände eine gewisse Ähnlichkeit mit den kahlgeschorenen Köpfen bzw. der Tonsur von Klerikern aufwiesen.

Zugleich galt der Samenstand des Löwenzahns, der schon durch einen Windhauch weggeblasen werden kann, als Sinnbild für alles Vergängliche und Nichtige. Ein „leerer" *Pappenstiel* war also nicht mehr viel wert.

Immer gut gestaubsaugt? Das *Partizip*

Die Verben im Deutschen haben drei Formen, die zunächst unveränderlich sind, also nicht nach der Person bestimmt sind: das sind der Infinitiv (die Grundform: *singen, lachen*) und die beiden Partizipien, das Partizip Präsens (Partizip I: *singend, lachend*) und das Partizip Perfekt (Partizip II: *gesungen, gelacht*). In ihrer einfachen Form bereiten sie meist keine Schwierigkeiten, aber wenn das zugrundeliegende Verb eine Zusammensetzung ist oder gar eine Wortgruppe, dann kann es leicht zu Unsicherheiten sowohl in Bezug auf die korrekte Bildung (***gestaubsaugt*** oder ***Staub gesaugt***?) als auch in Bezug auf die Getrennt- und Zusammenschreibung kommen (*Erfolg versprechend* oder *erfolgversprechend*?). Und auch die Kommasetzung bei Partizipgruppen ist immer wieder Thema von sprachlichen Zweifelsfällen.

Das Partizip I und das Partizip II

Das Partizip I ▸ Das Partizip der Gegenwart, auch Partizip Präsens genannt, wird gebildet, indem an den Stamm des Verbs die Endung ***-(e)nd*** angehängt wird: *lach-end, lächel-nd.*

Das Partizip II ▸ Das Partizip der Vergangenheit, auch Partizip Perfekt genannt, wird gebildet, indem bei den schwachen Verben ***-(e)t*** angehängt wird (*ge-lach-t, ge-red-et*), bei den starken Verben ***-en*** (*ge-sung-en*); meist tritt davor noch ***ge-*** (aber nicht immer: *studiert*).

Verwendungsweisen ▸ Beide Partizipien haben mehrere Funktionen:

- Sie können wie ein Adjektiv gebraucht werden: *das* ***lachende*** *Kind, die Tür blieb* ***geschlossen.***
- Sie können den Kern einer Partizipgruppe bilden, die die Funktion eines Nebensatzes hat (→ *Sonderseiten „Komma", S. 260–263*):
  Herzlich ***lachend,*** *kam das Kind auf mich zu.*
  In 1000 Teile ***zerbrochen,*** *lag das Glas am Boden.*
- Das Partizip II wird zur Bildung komplexer Verbformen benötigt: *sie* ***hat gelacht,*** *es* ***ist zerbrochen,*** *die Tür* ***wird geschlossen,*** *das* ***wird*** *morgen* ***erledigt sein.***

Rechtschreibung: Substantiv + Partizip

Eine Verbindung von Substantiv und Partizip wird in der Regel genauso geschrieben **wie die zugrundeliegende Substantiv-Verb-Verbindung.** Das heißt:

Verb-Verbindung zusammengeschrieben ▸ In einem solchen Fall wird auch die Partizip-Verbindung zusammengeschrieben: *eislaufend* wegen: *eislaufen*; *teilgenommen* wegen: *teilnehmen.*

Verb-Verbindung getrennt geschrieben ▸ In dem Fall gilt zunächst dasselbe für die Partizip-Verbindung: *wir sind Auto gefahren* wegen: *Auto fahren; sie haben Energie gespart* wegen: *Energie sparen.*

ACHTUNG: Eine Substantiv-Partizip-Verbindung, die auf eine getrennt geschriebene Substantiv-Verb-Verbindung zurückgeht, kann man **auch zusammenschreiben**, wenn sie **als Adjektiv gebraucht** wird:

Führen Sie Energie sparende/energiesparende Lampen?

Diese Lampen sind Energie sparend/energiesparend.

Ebenso: *Aufsehen erregend/aufsehenerregend, Gewinn bringend/gewinnbringend, Not leidend/not-*

Wann schreibt man getrennt und wann zusammen?		
getrennt	a) Substantiv-Verb-Verbindung getrennt: *Korrektur lesen*	*Sie hat den Satz bereits Korrektur gelesen.*
	b) Substantiv erweitert:	***großen Erfolg** versprechend, **hohen Gewinn** bringend, **viel Zeit** raubend*
getrennt + zusammen	Verbindung wird als Adjektiv verwendet	*Korrektur gelesene/korrekturgelesene Texte* (aber nur: *Korrektur lesen*)
zusammen	a) Substantiv-Verb-Verbindung zusammen	*eislaufend* (zu: *eislaufen*), *kopfgestanden* (zu: *kopfstehen*)
	b) Verbindung als Ganzes ist erweitert oder gesteigert	***sehr** erfolgversprechend, **höchst** gewinnbringend, am zeitraubendsten*
	c) Substantiv der Verbindung steht für eine Wortgruppe	*herzerweichend* (= **das Herz** *erweichend*), *mondbeschienen* (= **vom Mond** *beschienen*)

leidend, Wasser abweisend/wasserabweisend, Zeit raubend/zeitraubend

Verb-Verbindung zusammen- und getrennt geschrieben ▸ Wenn eine Substantiv-Verb-Verbindung sowohl in der Getrennt- als auch in der Zusammenschreibung gebräuchlich ist, so sind für die entsprechenden Partizipien immer auch **beide Schreibweisen möglich**: *Acht gebend/achtgebend* wegen: *Acht geben/achtgeben* und *Halt gemacht/haltgemacht* wegen: *Halt machen/haltmachen.*

Entsprechend kann man von *staubsaugen/Staub saugen* verschiedene Partizipien bilden: *staubsaugend/Staub saugend* und *gestaubsaugt/Staub gesaugt.*

ACHTUNG: Verbindungen aus einem Substantiv und einem adjektivisch gebrauchten Partizip, die normalerweise sowohl getrennt als auch zusammengeschrieben werden dürfen, sind **in jedem Fall getrennt** zu schreiben, wenn **der Erstbestandteil, d.h. das Substantiv, erweitert** ist:

- *ein **größtes** Aufsehen erregender Skandal*
- *eine **viel** Energie sparende Methode*
- *eine einen **hohen** Gewinn bringende Investition*
- *eine **wertvolle** Zeit raubende Aufgabe*

ACHTUNG: Bei **Erweiterung oder Steigerung der gesamten Verbindung** gilt hingegen ausschließlich die **Zusammenschreibung**:

- *ein **höchst** aufsehenerregender Skandal*
- *eine energiesparend**ere** Methode*
- *eine gewinnbringend**ere** Investition*
- *eine **sehr** zeitraubende Aufgabe*

Verben ohne gebeugte Formen

Einige mit einem Substantiv zusammengesetzte Verben können nur im Infinitiv und im Partizip I und Partizip II gebraucht werden. Zu diesen Verben gehören: *bauchreden, handarbeiten, handwaschen, nutznießen, sandstrahlen, verkehrsberuhigen, wertberichtigen, wurzelbehandeln, zwangsumsiedeln.*

Anstelle der fehlenden gebeugten Formen dieser Verben müssen andere Konstruktionen gewählt werden:

- **zusammengesetztes Verb**
  Fritz hat bauchgeredet.
  Sie hat in der Schule gehandarbeitet.
  Die Bluse ist handgewaschen.
- **andere Konstruktion**
  *Er betätigt sich als **Bauchredner.***
  Sie macht Handarbeiten.
  Ich wasche die Bluse mit der Hand.

Paragraf / Paragraph

Schreibung • Neben der fremdsprachigen Schreibung *Paragraph* ist auch die eindeutschende Schreibung mit *f* möglich: *Paragraf.*
TIPP: Analysen zum Schreibgebrauch zeigen, dass sowohl in der Fach- wie in der Allgemeinsprache die Schreibung mit *f* bevorzugt wird.
Paragraf / die Paragrafen 9–12 • Bei Hinweisen auf Gesetzestexte, die mehrere *Paragrafen* umfassen, bleibt das Substantiv *Paragraf* ungebeugt, wenn es ohne Artikel steht: *Die Regelungen beziehen sich auf Paragraf 9–12.* Mit Artikel wird *Paragraf* gebeugt: *Die Regelungen beziehen sich auf die Paragrafen 9–12.*
§ / §§ • Das einzelne Paragrafenzeichen steht nur in Verbindung mit einer Ziffer: *§ 9.* Sind mehrere Paragrafen aufgeführt, verdoppelt man das Zeichen: *§§ 9–15; §§ 3, 4 und 17; §§ 3 ff.*

Paraguay

Die Einwohner von *Paraguay* heißen *Paraguayer.* Das entsprechende Adjektiv dazu lautet: *paraguayisch.*

Parenthese

Als Parenthese bezeichnet man einen Einschub (z. B. ein Wort, einen Ausruf, einen Satz), der außerhalb des eigentlichen Satzverbandes steht. Eine Parenthese wird entweder durch Kommas oder Bindestriche vom umgebenden Satz abgetrennt. Das erste Wort einer Parenthese schreibt man klein, sofern es sich nicht um ein Substantiv handelt: *Eines Morgens, er war gerade ins Büro gekommen, traf der Brief ein. Er glaubte – so eine Dummheit! –, die Geschäfte würden wieder besser gehen.*

Parfum / Parfüm

Die beiden Schreibvarianten *Parfum / Parfüm* unterscheiden sich auch hinsichtlich ihrer Aussprache und Deklination voneinander: Der französischen Schreibung *Parfum* entspricht die Aussprache [parˈfœ̃:]. Der Genitiv lautet *des Parfums,* der Plural *die Parfums.* Die eingedeutschte Form *Parfüm* wird [parˈfy:m] ausgesprochen und hat die Pluralform *die Parfüme* sowie die seltener gebrauchte Form *die Parfüms.* Der Genitiv wird mit -s gebildet: *des Parfüms.*

Partikel

das Partikel / die Partikel • Als Fachbegriff der Grammatik wird *Partikel* immer im Femininum gebraucht: *die Partikel.* Der Plural lautet: *die Partikeln.*
Als physikalischer Fachausdruck kann *Partikel* auch im Neutrum stehen: *die / das Partikel.* Der Plural für die Verwendung im Neutrum lautet *die Partikel,* im Femininum *die Partikeln.*
Grammatik • Der Begriff Partikel wird in der Grammatik nicht einheitlich gebraucht. Im weiteren Sinne umfasst Partikel alle unbeugbaren Wortarten, also Präpositionen, Konjunktionen, Adverbien und Interjektionen. Im engeren Sinne fasst man darunter nur die Wörter, die nicht gebeugt werden können und – im Gegensatz zu Adverbien, Präpositionen, Interjektionen und Konjunktionen – nicht als selbstständiges Satzglied stehen können. Darunter fallen: Abtönungspartikeln *(aber, denn, doch, wohl, eben);* Gradpartikeln *(nur, einzig, auch, ferner, sogar, selbst, noch, erst);* Negationspartikeln *(nicht, kein);* Steigerungspartikeln *(außergewöhnlich, höchst, ziemlich, weitaus).*

Partizip

→ *Sonderseiten „Partizip“, S. 334 f.*

Party

Seit der Rechtschreibreform wird beim Plural von *Party* nur ein *-s* angehängt: *die Partys.* Die früher gültige englische Pluralbildung auf *-ies* ist, sofern das Wort nicht als Zitatwort gebraucht wird, nicht korrekt.

Passiv

→ *Sonderseiten „Passiv“, S. 338 f.*

Pastor

Im Singular lauten die Formen: *der Pastor – des Pastors* (nicht: *des Pastoren*) – *dem Pastor* (nicht: *dem Pastoren*) – *den Pastor* (nicht: *den Pastoren*). Im Plural enden hingegen alle Formen auf *-en: die Pastoren – der Pastoren – den Pastoren* usw. Regional sind auch die Formen *die Pastöre* oder *die Pastore* verbreitet.

Pater

Der geistliche Titel *Pater* hat im Plural die Form *Patres*, kann aber auch ohne Endung bleiben: *die Pater.*
Die Anschrift lautet: *Herrn Pater XY.* Als Anrede in Briefen schreibt man *Sehr geehrter Herr Pater* (oder: *Euer Hochwürden/Hochwürdigster Herr Pater*).

Patient

Das Substantiv *Patient* gehört der schwachen Deklination an. Außer im Nominativ lautet die Endung deshalb immer *-en.* Das Weglassen der Endung gilt als umgangssprachlich: *Der Arzt wandte sich mit den Ergebnissen der Untersuchung an den Patient**en*** (nicht: *den Patient*). *Die Ergebnisse wurden dem Patient**en*** (nicht: *dem Patient*) *mitgeteilt.*

Pauschalbetrag / Pauschbetrag

In Deutschland und Österreich ist neben der Form *Pauschalbetrag* (auch: *Pauschale*) die verkürzte Form *Pauschbetrag* üblich.

peinlich / peinsam / peinvoll

Das Adjektiv *peinlich* wird heute vor allem in den Bedeutungen „beschämend" und „pedantisch" gebraucht (aber: siehe Kasten).
Die Bedeutung des Adjektivs *peinvoll* orientiert sich am Substantiv *die Pein.* Es wird im Sinne von „schmerzhaft" verwendet.
Das Adjektiv *peinsam* ist umgangssprachlich und wird im Sinne von „beschämend" gebraucht.

Oh, wie *peinlich*!

Es gibt Wörter, deren Bedeutungsumfang außerordentlich groß ist. Das Adjektiv *peinlich* gehört mit Sicherheit dazu. Man denke nur an den Teenager, der seine Eltern als *peinlich* empfindet, oder an den Steuerprüfer, der eine Buchführung *peinlich* genau kontrolliert. Auch gibt es das Wort in der Bedeutung „schmerzhaft", wie z. B. in einem Werk Wilhelm Buschs, in dem ein lästiger Zeitungskritiker mit einem Bleistift malträtiert wird: „Und Hinterstich, der sehr rumort, / Wird mehrfach *peinlich* angebohrt." Und schließlich gibt es noch das Gesetzeswerk der frühen Neuzeit: die „*Peinliche* Gerichtsordnung" **Kaiser Karls V.** (Bild). Wie hängt das alles zusammen? *Peinlich*, die Adjektivbildung von *Pein*, geht auf das spätlateinische *pena* zurück. Mit diesem Wort bezeichneten die irischen Mönche und Missionare die Höllenstrafen, die auf ungetaufte Sünder warteten. Ursprünglich liegt das lateinische *poena* für „Strafe, Buße" zugrunde. Dominierend blieb zunächst die Bedeutung „Strafe". Die „*Peinliche* Gerichtsordnung" war also nichts anderes als eine Strafgesetzbuch bzw. eine Strafprozessordnung. Die Bedeutungen von *peinlich* im Sinne von „pedantisch" und „schmerzhaft" dürften hier ihren Ausgang genommen haben: So waren die nach römischem Recht geführten Prozesse für ihre pedantischen Verfahrensweisen berüchtigt. Und sie waren fast immer mit Schmerzen verbunden. Die *peinliche Befragung* war ein Verhör unter Folter. Nicht weniger qualvoll verliefen die Leib- und Todesstrafen. Auch die moderne Bedeutung „beschämend" hat wohl noch etwas mit dem Ursprung zu tun. Wem etwas wirklich *peinlich* ist, der kann durchaus Höllenqualen leiden.

Jetzt wird etwas untersucht: Das *Passiv*

Eine Passivform **kann** von den meisten Verben **gebildet werden.** Früher **wurde** der Ausdruck „Leideform" für diese Verhaltensrichtung des Verbs **gelernt**. Während beim Aktiv derjenige, der „aktiv" handelt, in den Vordergrund **gestellt wird, wird** zum Passiv **gegriffen**, wenn die Handlung, der Vorgang oder der Zustand in den Mittelpunkt **gerückt wird** oder wenn es für gleichgültig **gehalten wird**, von wem der Vorgang **ausgelöst worden ist.** Man sieht: Passivformulierungen wirken oft schwerfällig oder stilistisch unschön – dennoch haben sie in verschiedenen Kontexten ihre Berechtigung. Aber welche Verben sind passivfähig, welche nicht? Was hat es mit der Unterscheidung von Vorgangspassiv und Zustandspassiv auf sich? Wird das Bein des Patienten *von*, *durch*, oder *mit* der Hand bewegt?

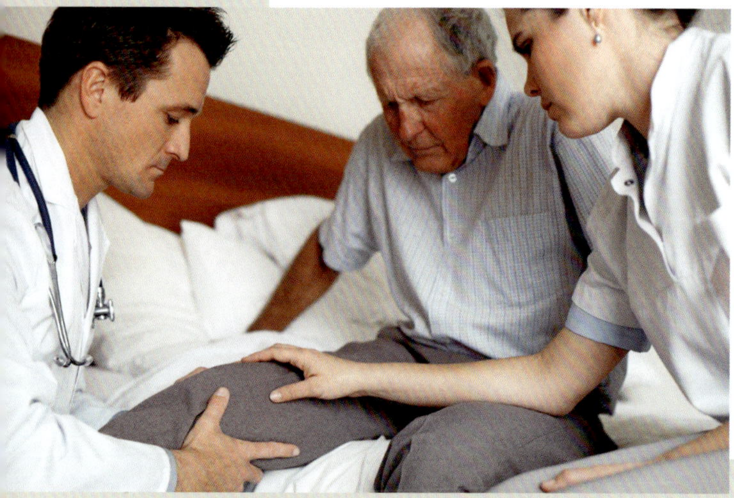

Bildung des Passivs

Die Passivformen gibt es in allen Zeiten; sie werden gebildet, indem man eine gebeugte Form des Hilfsverbs *werden* oder *sein* mit dem Partizip II des entsprechenden Verbs kombiniert. Das Objekt eines Aktivsatzes wird im Passivsatz zum Subjekt, die im Aktivsatz als Subjekt handelnde Person kann ganz verschwinden oder sie wird zum (Präpositional-)Objekt: *Der Arzt untersucht mich.*
→ *Ich werde (von dem Arzt) untersucht.*

- Präsens: *ich werde untersucht*
- Imperfekt: *ich wurde untersucht*
- Perfekt: *ich bin untersucht worden*
- Plusquamperfekt: *ich war untersucht worden*
- Futur I: *ich werde untersucht werden*
- Futur II: *ich werde untersucht worden sein*

Vorgangspassiv ▸ Bei der weitaus häufigeren Form des Vorgangspassivs (= *werden*-Passiv) wird die Handlung betont: *Die Tür* ***wird*** *geschlossen.* Hier kann auch der im Hintergrund stehende Täter benannt werden:
Die Tür wird von Nico geschlossen.
Das Licht wird von Lena angeschaltet.
Zustandspassiv ▸ Bei der Form des Zustandspassivs (*sein*-Passiv) wird das Resultat der Handlung betont; der Täter kann hier nicht benannt werden:
Die Tür ***ist*** *geschlossen. Das Licht* ***ist*** *angeschaltet.*

Die Funktion des Passivs

Häufig findet sich das Passiv in der Behördensprache oder in Anleitungstexten wie Gebrauchsanweisungen oder Kochrezepten, Lagebeschreibungen

Aktiv	Vorgangspassiv	Zustandspassiv
Er öffnet die Tür.	*Die Tür* ***wird geöffnet.***	*Die Tür* ***ist geöffnet.***
Er stiehlt das Mofa.	*Das Mofa* ***wird gestohlen.***	*Das Mofa* ***ist gestohlen.***
Nico führt den Hund aus.	*Der Hund wird von Nico ausgeführt.*	____

oder Berichten, denn durch Passiv-Konstruktionen wird die Handlung oder das Ereignis in den Vordergrund gestellt und nicht das handelnde Subjekt:
Der Park wird bei Einbruch der Dunkelheit geschlossen.
Daher wird ein Ordnungsgeld gegen Sie verhängt.
Sie werden aufgefordert, bis zum 15. Mai zu zahlen.
Der Nippel ist durch die Lasche zu ziehen.
Die Rückwand ist mit den Seitenteilen zu verleimen.
Solche Konstruktionen wirken, besonders bei häufiger Verwendung, oft **unpersönlich**. Sie lassen sich in vielen Fällen durch Aktivsätze mit ***man*** ersetzen:
Das Mehl wird mit drei Eiern vermischt.
→ *Man mischt Mehl mit drei Eiern.*
ACHTUNG: Die Möglichkeit, das handelnde Subjekt in den Hintergrund treten zu lassen, kann auch der **Verschleierung** dienen: *Durch die Umstrukturierung werden 300 Arbeitsplätze abgebaut.* Dieser Satz sagt nichts darüber aus, wer die Arbeitsplätze abbaut!

Wann gibt es kein Passiv?

Nicht von allen Verben kann man Passivformen bilden. **Nicht möglich** ist das zum Beispiel **bei reflexiven Verben** mit dem Pronomen *sich* (*sich waschen*) oder bei Verben, die ihr **Perfekt mit *sein*** bilden. Auch bestimmte Verben mit Akkusativobjekt oder mit Dativobjekt können kein Passiv bilden (etwa: ***bekommen, erhalten, kosten, gelten, erstaunen, freuen, schmerzen, gehören, entsprechen, gefallen, schmecken, gelingen***) – in der Regel sagt einem das auch die Sprachlogik im jeweiligen Kontext:
Falsch: *Ein Geschenk wird bekommen.*

Kein Passiv möglich:
- *Sie drehte sich um.*
- *Alle sind gleichzeitig angekommen.*
- *Aufgrund der Verzögerung kamen alle zu spät.*
- *Er bekommt eine Belohnung.*
- *Das Fahrrad gefällt ihr sehr gut.*

i **Wer / was war es? *von, durch* oder *mit*?**

Manchmal wird anstelle der üblichen Präposition *von* im Passiv auch eine andere Präposition gewählt, nämlich *durch* oder *mit*. Wichtig dabei ist, dass man zwischen Täter und Mittel unterscheidet.

1. *von:* Meist schließt man im Passivsatz den **Täter** oder **Urheber** einer Handlung, der im Aktivsatz Subjekt wäre, mit ***von*** an.
- *Die Frage wird von ihr beantwortet.*
- *Das Buch wird von uns herausgegeben.*
- *Das Auto wird vom Wasser mitgerissen.*

2. *durch:* Möglich ist oft auch die Präposition ***durch***, die allerdings nicht den Täter, sondern das **Mittel** angibt, durch das etwas geschieht. Dies schließt nicht aus, dass gelegentlich auch Personen als Mittel auftreten können.
- *Er wurde durch die Nachbarn benachrichtigt.*
- *Er wurde durch einen Querschläger getötet.*
- *Die Baugrube wurde durch einen Bagger gegraben.*

Wenn es um Personen geht, ist also manchmal ein Anschluss sowohl mit ***von*** als auch mit ***durch*** möglich:
Die Auszeichnung wurde ***vom Bürgermeister / durch den Bürgermeister überreicht.***

3. *mit:* Wenn eine **Sache** (keine Person!) als **Mittel** angegeben wird, kann man auch die Präposition ***mit*** nehmen:
Das Loch wurde ***durch einen Bagger / mit einem Bagger gegraben.***
Das Bein des Patienten wird ***durch die Hand / mit der Hand*** *bewegt.*

PC

Das Kurzwort *PC* für Personal Computer wird meist ohne Endung verwendet. Im Plural und im Genitiv ist aber auch die Form mit *-s* möglich: *die PC* (auch: *die PCs*); *die Rechenleistung des PC* (auch: *des PCs*).

Perfekt

Das Perfekt (auch: vollendete Gegenwart, Vorgegenwart) wird mit einer gebeugten Form der Hilfsverben *haben* oder *sein* und dem Partizip II gebildet: *Er hat sie gesehen. Sie ist eingeschlafen.*

→ *Sonderseiten „Zeiten", S. 502f.*

Person

Im Deutschen werden bei der Konjugation des Verbs drei Personen (als grammatische Kategorien) unterschieden: die 1., die 2. und die 3. Person. Die 1. Person bezeichnet den Sprecher oder (im Plural) eine Gruppe von Individuen unter Einschluss des Sprechers; die 2. Person bezeichnet den Angesprochenen oder (im Plural) eine Gruppe von Individuen unter Einschluss des Angesprochenen; mit der 3. Person bezieht man sich auf eine oder mehrere Personen oder Sachen, von denen die Rede ist.
1. Person: *Ich komme. – Wir kommen.*
2. Person: *Du kommst. – Ihr kommt.*
3. Person: *Er/Sie/Es kommt. – Sie kommen.*

Personalpronomen

Die Personalpronomina (persönliche Fürwörter) sind: *ich* (Plural *wir*), *du* (Plural *ihr*), *er/sie/es* (Plural *sie*) sowie das Pronomen der höflichen Anrede *Sie*, das in Singular und Plural gleich lautet und sich vom Personalpronomen der 3. Person Plural nur durch die Großschreibung unterscheidet. Probleme ergeben sich vor allem im Genitiv.
Genitiv der Personalpronomen • Die Genitiv-Singular-Formen der Personalpronomina sind: *meiner, deiner, seiner/ihrer/seiner.* Diese Genitivformen sind jedoch selten: *Wir gedenken seiner. Sie erinnern sich meiner. Er spottet deiner.*
Im älteren Deutsch konnten anstelle der Genitivformen auf *-er* auch die endungslosen Formen *mein, dein, sein* gebraucht werden. Diese Formen sind veraltet und heute auf feste Wendungen beschränkt: *Erbarme dich mein!*, heute: *Erbarme dich meiner!*
Die Genitiv-Plural-Formen der Personalpronomina sind: *unser, euer, ihrer.*
ACHTUNG: Die Formen *uns(e)rer und eu(e)rer* sind nicht Formen der Personalpronomen, sondern der Possessivpronomen. Es heißt demnach also: *Wir wollen euer* (nicht: *eur(e)rer*) *gedenken. Erbarme dich unser* (nicht: *uns(e)rer*)! *Es waren ihrer zwölf.*

Personennamen

→ *Sonderseiten „Eigennamen", S. 138f.*

persönliches Fürwort

→ *Personalpronomen*

Pfarrer

Geistliche werden brieflich grundsätzlich mit ihrem Titel angeschrieben und angeredet.
Die Anschrift (kath.) lautet: *Herrn Pfarrer XY.* Als Anrede in Briefen schreibt man: *Sehr geehrter Herr Pfarrer.*

pflichtgemäß/pflichtmäßig

→ *-gemäß/-mäßig*

Pfund

In Verbindung mit Zahlwörtern hat die Maßbezeichnung *Pfund* keine Pluralendung: *2 Pfund Hackfleisch.* In Verbindung mit einem Adjektiv kann *Pfund* jedoch gebeugt werden: *Er bringt leider einige Pfunde zu viel auf die Waage.*

→ *Sonderseiten „Maße, Mengen …", S. 304f.*

ph oder f?

→ *f oder ph?*

Philosophie / philosophisch

Für das Fremdwort *Philosophie* und seine Ableitungen und Zusammensetzungen mit dem Wortbestandteil *soph* ist nur die Schreibung mit *ph* zugelassen: *Philosophie, philosophisch, Sophismus.*

Philippinen

Die Einwohnerbezeichnung für die *Philippinen* lautet nach der Empfehlung des Auswärtigen Amtes *Philippiner* bzw. *Philippinerin*. Das entsprechende Adjektiv lautet: *philippinisch*.
Die früher übliche Einwohnerbezeichnung *Filipino* bzw. *Filipina* wird nicht empfohlen, ist aber ebenfalls korrekt. Deren Pluralformen lauten *die Filipinos* bzw. *die Filipinas*. Im Genitiv bleiben die Formen ohne eine besondere Endung: *des Filipino* bzw. *der Filipina*.

Phonem

→ *Laut*

phon- / fon-

→ *fon/phon, fot/phot*

Photosynthese

Der fremdsprachige Wortbestandteil *phot* kann auch *fot* geschrieben werden: *Photosynthese/ Fotosynthese*.
Doch während sich bei vielen auch in der Allgemeinsprache gebräuchlichen Fremdwörtern inzwischen die eingedeutschte Variante durchgesetzt hat, wird für fachsprachliche Begriffe wie *Photosynthese* meist die fremdsprachige Schreibung bevorzugt: *Bei der Photosynthese entsteht durch chemische Prozesse Sauerstoff.*

Piazza

Die Pluralform von *Piazza* lautet *Piazze*, aber auch der Plural auf *-s* findet Verwendung: *die Piazzas*.

Ein feiner Pinkel in *Pink*

Das Wort für die Farbe *Pink* wird oft als neumodischer Anglizismus abgetan, doch die Farbbezeichnung ist im Deutschen schon länger ein Begriff. So weiß 1836 ein Beitrag zu den „Annalen der Physik und Chemie" zu berichten: „Die englischen Fayencemacher verzieren seit mehreren Jahren ihre schöne Fayence ... durch Figuren, die mit einer sehr angenehmen purpurnen Rosenfarbe, genannt *Pink*-colour, darauf gedruckt werden. Sie halten aber die Zusammensetzung dieser Farbe geheim." Auch wenn die Farbzusammensetzung heute noch immer geheim sein sollte: Über die Etymologie des Wortes *Pink* lässt sich einiges berichten.
Pink war im Englischen zunächst keine Bezeichnung für die Farbe, sondern eine volkstümliche Bezeichnung für die Nelke, die als Inbegriff der Blume schlechthin galt. Das blasse Rosa mancher Nelkensorten dürfte zur Farbbedeutung geführt haben. Der Name *Pink* aber rührt wohl von feinen, lanzettförmigen Blättern der Nelke her, die entfernt an Finger erinnerten. Tatsächlich bedeutet das als *pinky* aus dem Niederländischen entlehnte Wort *pink* „kleiner Finger". Im Deutschen geht der sprichwörtliche feine *Pinkel* auf das niederländische *pink* zurück. Die genauen Zusammenhänge sind jedoch nicht geklärt.

pink

Die Farbbezeichnung *pink* sollte nicht als Attribut vor einem Substantiv stehen. Im Geschriebenen setzt man in diesen Fällen die Farbbezeichnung mit *-farbig* oder *-farben* zusammen: Er trägt *ein pinkfarbenes/pinkfarbiges* (umgangssprachlich: *pinkes*) *T-Shirt*.

Aus eins mach viele: Der *Plural*

Alle Wortarten, die man verändern (flektieren) kann, können auch in den Plural gesetzt werden, also Artikel, Adjektive, Verben, Pronomen und natürlich Substantive. Schwierigkeiten ergeben sich am ehesten bei Letzteren, denn es gibt zahlreiche verschiedene Formen der Pluralbildung – und es gibt Wörter, die keinen Plural haben (etwa Abstrakta wie *Hass* oder *Fröhlichkeit*), und solche, die es ausschließlich im Plural gibt (Eltern oder *Ferien*). Doch wo genau liegen die Probleme? Sie erstrecken sich auf ungewöhnliche oder abweichende Pluralformen, auf Fremdwörter und auch auf die Grammatik, wenn zum Beispiel nicht eindeutig ist, nach welchem Subjektteil sich das Prädikat richten muss.

Die Pluralbildung

Die meisten Substantive haben eine vom Singular unterschiedene Pluralform. Bei den grammatisch weiblichen (femininen) Substantiven ist der Plural immer formal vom Singular unterschieden, bei den männlichen und sächlichen im Allgemeinen ebenfalls, aber sie können auch dem Singular gleichen *(das Messer – die Messer, der Läufer – die Läufer, das Zeichen – die Zeichen)*.

Feminina ▸ Die meisten weiblichen Substantive bilden den Plural mit der Endung ***-(e)n*** *(Frauen, Damen)*. Daneben gibt es eine kleine Gruppe von Feminina, die den Plural auf ***-e*** bilden *(Kräfte)*. Die beiden Pluralformen *Mütter* und *Töchter* sind endungslos, sie haben nur den Umlaut; einige Feminina bilden den Plural auf ***-s*** *(die Omas)*.

Maskulina und Neutra ▸ Die meisten männlichen und sächlichen Substantive bilden den Plural mit der Endung ***-e*** *(Tage, Bäche)* bzw. endungslos, wenn sie im Singular auf ***-el, -en*** oder ***-er*** enden *(Adler, Äpfel)*. Daneben gibt es eine kleine Gruppe von Maskulina und Neutra, die den Plural auf ***-er*** bilden *(Kinder, Wälder)*, einige mit dem Plural auf ***-(e)n*** *(Menschen, Augen)* und einige mit dem Plural auf ***-s*** *(Opas, Autos)*.

Fremdwörter

Besonders kompliziert ist die Pluralbildung eigentlich nur bei Wörtern, die aus anderen Sprachen ins Deutsche gekommen sind, denn dann steht man oft vor der Wahl: Gelten die ursprünglichen Pluralformen der Herkunftssprache oder müssen diese Wörter mit deutschen Pluralbildungen ausgestattet werden? Glücklicherweise gibt es in diesen Fällen aber meistens beide Möglichkeiten, sodass verschiedene Pluralformen als korrekt gel-

Plural	auf -e	auf -(e)n	auf -er	auf -s	endungslos
Mask. + Neutr.	*Bäch-e, Jahr-e*	*Mensch-en, Auge-n, Held-en*	*Ei-er, Kind-er, Wäld-er*	*Opa-s, Auto-s, Kakadu-s*	*Adler, Äpfel, Zeichen*
Fem.	*Kräft-e, Mächt-e*	*Frau-en, Dame-n*	-	*Oma-s, Kobra-s*	-

Fremdwort	Plural (häufiger)		Plural (seltener)
Atlas	***Atlanten***	oder	***Atlasse***
Examen	***Examen***	oder	***Examina***
Globus	***Globen***	oder	***Globusse***
Kaktus	***Kakteen***	oder	***Kaktusse***
Komma	***Komma***	oder	***Kommata***
Lexikon	***Lexika***	oder	***Lexiken***
Pizza	***Pizzen***	oder	***Pizzas***
Schema	***Schemas, Schemen***	oder	***Schemata***
Spektrum	***Spektren***	oder	***Spektra***

ten, wie den Beispielen der Tabelle oben entnommen werden kann.

Zwei Blöcke oder zwei Blocks?

Es gibt Substantive, bei denen bei der Pluralbildung der Vokal *a, o* oder *u* zum Umlaut ***ä, ö*** oder ***ü*** wird. Bei manchen Substantiven existieren sogar beide Formen. In der Regel ist dann eine der beiden Formen eher umgangssprachlich oder regional geprägt *(die Wagen – die Wägen)* – es gibt aber auch Fälle, in denen es zwei standardsprachliche Pluralformen nebeneinander gibt *(Zwiebacke oder Zwiebäcke)*. Interessant ist die Entwicklung beim Wort ***Block***. Hier haben sich die zwei verschiedenen Pluralformen ***Blocks*** und ***Blöcke*** durchgesetzt, wobei man meist (aber nicht immer) folgendermaßen differenziert:

- ***Blöcke* in der Regel** bei großen, ungefügen Stücken aus Holz, Metall, Stein o. Ä.: *Beton-, Eis-, Eisen-, Fels-, Granit-, Holz-, Marmor-, Metall-, Stahl-, Stein-, Zylinder**blöcke***
- ***Blocks* in der Regel** bei mehreren Gebäuden: *Gebäude-, Häuser-, Miet-, Wohn**blocks***
- ***Blocks* überwiegt** bei abreißbaren Papierbogen: *Abreiß-, Brief-, Formular-, Kassen-, Notiz-, Papier-, Rechnungs-, Rezept-, Zeichen**blocks***
- ***Blöcke* überwiegt** bei Staaten etc: *Bündnis-, Macht-, Militär-, Staaten-, Währungs-, Wirtschafts**blöcke***

Kongruenzprobleme?

Häufig stellt sich die Frage, wonach sich das Prädikat richten soll, wenn das Subjekt es nicht eindeutig vorgibt. Aber keine Sorge: In den allermeisten Fällen gibt es tatsächlich zwei korrekte Möglichkeiten:

- *Ein Fünftel der Leute **ist/sind** krank.*
- *Ein Dutzend Eier **kostet/kosten** vier Euro.*
- *Vier und vier **ist/sind** acht.*
- *Weder Sturm noch Regen **können/kann** …*

Aber nur:

- *Da ist* (nicht: *sind*) *Hopfen und Malz verloren.*

i Fachsprachliche Pluralformen
In den Fachsprachen gibt es Pluralformen, die einem in der Alltagssprache nicht begegnen und die daher zunächst sehr ungewöhnlich anmuten. Bei näherem Hinsehen jedoch wird klar, warum Fachleute manches unterscheiden müssen, von dem es für „normale" Menschen keine Mehrzahl gibt: es handelt sich meist um Stoffbezeichnungen mit einem „Sortenplural" (verschiedene *Stähle* = verschiedene Sorten von Stahl):

- *Gelder* (z. B. Sponsorengelder)
- *Stäube* (verschiedene Sorten von Staub)
- *Verbräuche* (Verbrauchsdaten im Vergleich)
- *Wässer* (z. B. Mineralwassersorten)

Pizza

Die Bezeichnung für den belegten und mit Käse überbackenen Hefeteigfladen hat mehrere mögliche Pluralformen: *die Pizzas* oder *die Pizzen.*

Pkw

Das Kurzwort *Pkw* für Personenkraftwagen wird meist ohne Endung verwendet. Im Plural und im Genitiv ist aber auch die Form mit *-s* möglich: *die Pkw* (auch: *die Pkws*); *die Geschwindigkeit des Pkw* (auch: *des Pkws*).

plangemäß / planmäßig

→ *-gemäß / -mäßig*

Platz

In Verbindung mit Verben schreibt man getrennt: *Platz finden; Platz greifen; Platz nehmen; Platz sparen.* In Verbindung mit einem adjektivisch gebrauchten Partizip kann man getrennt oder zusammenschreiben: *eine Platz greifende / platzgreifende Anlage; eine Platz sparende / platzsparende Maßnahme.*
Aber: *eine viel Platz sparende Maßnahme; eine platzsparendere Maßnahme.*

Platzangst

Die Bedeutung von *Platzangst* wird widersprüchlich gebraucht: Ursprünglich entspricht die Bedeutung von *Platzangst* derjenigen der *Agoraphobie*, also der krankhaften Angst, einen größeren Platz zu überqueren. Im allgemeinen Sprachgebrauch wird *Platzangst* aber überwiegend in der Bedeutung von *Klaustrophobie* verwendet, also der übersteigerten Angst vor dem Aufenthalt in geschlossenen, beengten Räumen. Diese Verwendung ist inzwischen so allgemein, dass man nicht mehr von einem fehlerhaften Gebrauch sprechen kann. Wer sich also sprachlich eindeutig auf eine der Erkrankungen festlegen möchte, sollte die Fachausdrücke *Agoraphobie* und *Klaustrophobie* verwenden.

platzieren

Seit der Rechtschreibreform schreibt man mit *tz: platzieren; eine Anzeige platzieren.* Die frühere Schreibung *plazieren* ist nicht mehr korrekt.

pleite / Pleite

Pleite machen / pleite sein • In Verbindung mit dem Verb *machen* tritt das Wort *Pleite* als Substantiv auf. Es handelt sich um ein Akkusativobjekt, das mit „Was?" erfragbar ist. Dementsprechend schreibt man groß und vom Verb getrennt: *Das Geschäft hat Pleite gemacht.* In Verbindung mit den Verben *sein, bleiben* oder *werden* wird *pleite* hingegen meist als Adjektiv verwendet. Es ist in diesem Fall mit „Wie?" erfragbar und muss kleingeschrieben werden: *pleite sein. Das Unternehmen ist praktisch pleite.* (Aber: *Der Sonderverkauf war eine große Pleite.*)
pleitegehen • In Verbindung mit *gehen* kann die Gesamtbedeutung der Verbindung dagegen nicht mehr aus ihren Einzelbestandteilen erschlossen werden, es muss daher zusammengeschrieben werden: *Es würde mich nicht wundern, wenn der Laden pleitegeht* (= „zahlungsunfähig wird").
ACHTUNG: In getrennter Verbstellung schreibt man *pleite* dann klein: *Das Unternehmen geht, wenn sich der Prozess weiterhin in die Länge zieht, unweigerlich pleite.*

Pleonasmus

Als Pleonasmus bezeichnet man den inhaltlich überflüssigen Zusatz zu einem Wort oder die Häufung sinngleicher Wörter. Sie sollten im Schriftlichen vermieden werden: *alter Greis; Einzelindividuum; kleiner Zwerg; schwarzer Rappe.*
Ich muss zu meinem Bedauern leider absagen.
Sie wollen höchstens nur zwei Tage bleiben.
Es kann möglich sein. Schon bereits nach einem Tag konnte er wieder frei durchatmen.

Plural

→ *Sonderseiten „Plural", S. 342 f.*
→ *Sonderseiten „Kongruenz", S. 266–269*

plus

plus Verpflegung • Steht das Substantiv nach *plus* ohne Artikel, Pronomen oder Adjektiv, bleibt es im Singular ungebeugt: *Wir übernehmen die Reisekosten plus Verpflegung.*
Wird *plus* wie eine Präposition gebraucht, sind Dativ oder Genitiv möglich: *die Reisekosten plus dem üblichen Vorschuss / des üblichen Vorschusses.* Außerdem kann *plus* auch wie eine Konjunktion verwendet werden. Der Kasus des folgenden Substantivs richtet sich dann nach dem des vorangehenden Bezugswortes: *des Betrags plus der üblichen Auslagen; dem Betrag plus den üblichen Auslagen.*

Plusquamperfekt

Das Plusquamperfekt (auch: vollendete Vergangenheit, Vorvergangenheit) wird mit einer Präteritumform der Hilfsverben *haben* oder *sein* und dem Partizip II gebildet: *Er hatte sie gesehen. Sie war eingeschlafen.*
→ *Sonderseiten „Zeiten“, S. 502 f.*

Polizist

Das Substantiv *Polizist* gehört der schwachen Deklination an. Außer im Nominativ lautet die Endung immer *-en*. Das Weglassen der Endung gilt als umgangssprachlich: *dem Polizist**en*** (nicht: *den Polizist*); *den Polizist**en*** (nicht: *den Polizist*).

Pony

Seit der Rechtschreibreform wird beim Plural von *Pony* nur ein *-s* angehängt: *die Ponys.* Die früher gültige englische Pluralbildung auf *-ies* ist nicht korrekt.

Portemonnaie / Portmonee

Seit der Rechtschreibreform ist neben der französischen Schreibweise von *Portemonnaie* auch die eindeutschende Schreibung *Portmonee* zugelassen. Im allgemeinen Schreibgebrauch überwiegt allerdings die fremdsprachige Schreibweise.

Porto

Zum Substantiv *Porto* ist neben der üblichen Pluralform *Portos* auch die (selten gebrauchte) Form *die Porti* möglich.

Porträt / Portrait

Im amtlichen Regelwerk zur deutschen Rechtschreibung ist nur die eindeutschende Schreibung *Porträt* verzeichnet. Diese Schreibung dominiert auch im Sprachgebrauch. Die französische Schreibweise *Portrait* wird zwar in einigen Wörterbüchern nicht als falsch angesehen, sollte aber vermieden werden.

Positiv

→ *Sonderseiten „Steigerung“, S. 398–401*

Possessivpronomen

Grundlagen • Die Possessivpronomen (auch: besitzanzeigende Fürwörter) sind: *mein, dein, sein / ihr / sein, unser, euer, ihr;* und in der höflichen Anrede: *Ihr.* Sie zeigen nicht nur Besitz an, sondern sie haben auch die Funktion, ganz allgemein eine Zugehörigkeit zum Ausdruck zu bringen. Mit einem Ausdruck wie *meine Frau / mein Mann* wird also ebenso wenig ein Besitz angezeigt wie mit den Ausdrücken *dein Chef* oder *unsere Heimatstadt.*
Die Possessivpronomen können sowohl als Begleiter eines Substantivs *(Das ist meine Tasse)* als auch als Stellvertreter eines Substantivs *(Das ist meine)* verwendet werden.
Groß- und Kleinschreibung • Wenn Possessivpronomen mit Artikeln oder Pronomen stehen, können sie als substantiviert betrachtet und großgeschrieben werden. Entsprechend der Regel, nach der Pronomen auch als Stellvertreter von Substantiven kleingeschrieben werden, kann man sie aber auch kleinschreiben: *Wann hast du die Deinen / deinen zuletzt gesehen? Ich werde das Meine / meine / Meinige / meinige tun, um den Erfolg zu sichern. Sie trug das Ihrige / ihrige zum Gelingen der Party bei.*

aus, von, in: Die *Präposition*

Eisenbahner und Normalbürger scheinen nicht immer dieselbe Sprache zu sprechen: Heißt es nun ***der Zug*** fährt ***aus*** oder ***von Gleis 3?*** Warum geben Zugbegleiter manchmal die Durchsage: *Verspätung wegen Personen* ***im*** *Gleis.* Worüber hier Unstimmigkeiten herrschen, sind die Präpositionen: Sie werden – wie der lateinische Name sagt („prä" = „vor" und „ponere" = „setzen, stellen, legen") – vor ein anderes Wort, meist ein Substantiv, gestellt. Die verschiedenen Präpositionen ziehen jeweils ganz bestimmte Fälle (Kasus) nach sich, so folgt zum Beispiel nach der Präposition *wegen* der Genitiv, nach der Präposition *von* der Dativ und nach *ohne* der Akkusativ. Und hier beginnen die Zweifel: Was passiert, wenn mehrere Präpositionen, die einen unterschiedlichen Kasus verlangen, vor einem Substantiv stehen?

Akkusativ oder Dativ?

Präpositionen geben Verhältnisse an. Oft „regieren" sie einen bestimmten Fall, aber eine Reihe von Präpositionen kann **sowohl mit dem Dativ als auch mit dem Akkusativ** stehen – je nach Bedeutung. Diese sogenannten **„Wechselpräpositionen"** machen Angaben zum Ort, aber es ist zu unterscheiden, ob sie eine **Richtung** oder eine **Lage** meinen. Man kann sie also mit „Wohin?" oder mit „Wo?" erfragen und muss entsprechend den Akkusativ oder den Dativ setzen:

- Akkusativ („Wohin?"): *Ich gehe* ***in die*** *Stadt.*
- Dativ („Wo?"): *Ich bin* ***in der*** *Stadt.*

Manchmal geht auch beides. „Er hat seine Hände über mich/über mir gehalten": Der Akkusativ betont die Richtung, der Dativ die Lage.

Wechselpräpositionen: Dativ („Wo?") und Akkusativ („Wohin?")		
an	Das Bild hängt *an der Wand.*	Ich hänge das Bild *an die Wand.*
auf	Die Katze ist *auf dem Baum.*	Die Katze klettert *auf den Baum.*
hinter	Das Auto steht *hinter dem Haus.*	Das Auto fährt *hinter das Haus.*
in	Das Auto steht *in der Garage.*	Das Auto fährt *in die Garage.*
neben	Der Ball liegt *neben dem Auto.*	Der Ball fliegt *neben das Auto.*
über	Die Lampe hängt *über dem Tisch.*	Ich hänge die Lampe *über den Tisch.*
unter	Das Buch liegt *unter dem Bett.*	Ich lege das Buch *unter das Bett.*
vor	Ich parke *vor dem Geschäft.*	Ich fahre *vor das Geschäft.*

Genitiv oder Dativ?

Es gibt klassische Genitivpräpositionen, zum Beispiel ***trotz*** und ***wegen***, und klassische Dativpräpositionen wie ***entgegen, entsprechend, fern, getreu, mitsamt, nahe.*** Allerdings wird es nicht immer konsequent gehandhabt, in welchem Fall ein Substantiv nach einer Präposition zu stehen hat. Das liegt zum Beispiel daran, dass man den Kasus nicht eindeutig erkennt, wenn das Substantiv ohne Begleiter steht, und dann auf andere Fälle ausweicht.

Schwankender Gebrauch ▸ Bei vielen Präpositionen **schwankt der Gebrauch** des Falles, der folgt: mal steht der Genitiv, mal der Dativ. Zu dieser Gruppe gehören zum Beispiel: ***abzüglich, anstatt, ausschließlich, bezüglich, einschließlich, exklusive, hinsichtlich, inklusive, mangels, mittels, minus, plus, statt, vorbehaltlich, während, zugunsten, zuzüglich.*** Aber ein paar Faustregeln zum Einsatz des richtigen Falles kann man nennen:

- **Genitiv:** So steht der **Genitiv,** wenn dem Substantiv ein **Artikel** (*anstatt der Bücher*), ein **Pronomen** (*anstatt seiner Bücher*) oder ein **Adjektiv** (*anstatt guter Bücher*) vorausgeht.

- **Dativ:** Wenn der Genitiv nicht erkennbar ist, steht der **Dativ** (*anstatt Büchern*).
- **ohne Flexionsendung:** Wenn ein Substantiv im **Singular** ohne jeden Begleiter, also ohne Artikel oder Adjektiv folgt, steht es oft ganz ohne eine Beugungsendung: *anstatt Bargeld, wegen Geschäftsaufgabe.*

Bei anderen Präpositionen als den oben genannten ist das ähnlich, nur dass hier eine ***von***-Phrase mit Dativ folgt, wenn das Substantiv ohne Artikel, Pronomen oder Adjektiv steht:

- ***abseits*** *des Waldes*, aber: ***abseits von*** *Wald und Wiesen*
- ***angesichts*** *des Hungers*, aber: ***angesichts von*** *Hunger*
- ***aufgrund*** *ihres Mutes*, aber: ***aufgrund von*** *Mut*

Zu dieser Gruppe zählen zum Beispiel noch: ***anhand, anstelle, infolge.***

i ***Aus*** **oder** ***von*** **Gleis 3?**

Ein bekannter Sprachkritiker meinte einmal: „Ich kann vielleicht ***aus*** der Haut fahren, aber nicht ***aus*** dem *Gleis*!" Hat er damit Recht? Es ist wohl eher eine Frage der Perspektive: Die meisten Bahnkunden verwenden das Wort *Gleis* gleichbedeutend mit „Bahnsteig". So gesehen muss es natürlich heißen: *der Zug fährt* ***von*** *Gleis 3.* Für den Lokomotivführer ist das *Gleis* dagegen ein Schienenweg. Und so wie ein Autofahrer ***aus*** einer Nebenstraße ***in*** die Hauptstraße abbiegt, so fährt der Zug ***aus*** *Gleis 3* ***ins*** eigentliche Hauptgleis. Korrekt sind also beide Präpositionen.

Dass sich Personen ***im*** *Gleis* befinden, hat wohl damit zu tun, dass die *Gleise* juristisch als Gefahrenzone betrachtet werden, ***in*** der sich keine unbefugten Personen aufhalten dürfen.

Sowohl Genitiv als auch Dativ

Bei einigen Präpositionen gibt es auch standardsprachlich tatsächlich beide Möglichkeiten nebeneinander: Man kann sie mit Dativ oder mit Genitiv benutzen. Hierzu gehören ***binnen, dank, längs, laut.***

• ***binnen***	**Genitiv:** *binnen einiger Tage*
	Dativ: *binnen einigen Tagen*
• ***dank***	**Genitiv:** *dank ihres Engagements*
	Dativ: *dank ihrem Engagement*
• ***längs***	**Genitiv:** *längs des Zauns*
	Dativ: *längs dem Zaun*
• ***laut***	**Genitiv:** *laut des Berichts*
	Dativ: *laut dem Bericht*

> **Sprachwandel greifbar nah**
> Anhand der Präpositionen *trotz* und *wegen* kann man gut einen bereits vollzogenen und einen möglichen Wandel im aktuellen Sprachgebrauch zeigen.
> • ***trotz:*** Die Präposition *trotz* regierte ursprünglich den Dativ, man sieht das noch ganz deutlich in Wörtern wie ***trotzdem*** oder der Wendung ***trotz allem;*** heute steht sie standardsprachlich mit Genitiv. Hier war also der Genitiv „dem Dativ sein Tod" ...
> • ***wegen:*** Die Präposition *wegen* dagegen scheint immer häufiger mit Dativ verwendet zu werden – es bleibt abzuwarten, wie lange sich hier der Genitiv als eigentlich korrekte Form noch hält.

Mehrere Präpositionen vor einem Substantiv

Manchmal können vor einem Substantiv auch mehrere Präpositionen stehen. Das bereitet dann keine Probleme, wenn die Präpositionen denselben Kasus regieren, also denselben Fall nach sich ziehen. Sie können mit Konjunktionen *(und/oder)* verbunden werden:

- *Die Demonstranten protestierten **vor, hinter** und **auf** den Bahngleisen.*
- *Das Logo wird **auf** oder **in** das Buch gedruckt.*

Bei Präpositionen, die verschiedene Fälle regieren, braucht das Substantiv ebenfalls nur einmal gesetzt zu werden, wenn sich die Substantive in ihrer Form nicht unterscheiden*: **mit** oder **ohne** Hilfe der Behörden, **in** und **um** Nürnberg.*
ACHTUNG: Haben die gebeugten Substantive aber **verschiedene Formen**, weil sie jeweils in einem anderen Kasus stehen müssen, dann richtet sich der Kasus des Substantivs stets nach der **letzten ihm vorausgehenden Präposition**. Dieser Fall tritt besonders häufig bei den Präpositionen ***mit*** und ***ohne*** auf; *mit* erfordert den Dativ, *ohne* erfordert den Akkusativ: *Kommen Sie **mit** oder **ohne Ihren Mann**? Kommen Sie **ohne** oder **mit Ihrem Mann?***
Alternativ kann man natürlich auch das Substantiv wiederholen oder bei der zweiten Präposition durch ein Pronomen ersetzen:

- *Kommen Sie **mit Ihrem Mann** oder **ohne Ihren Mann**?*
- *Kommen Sie **mit Ihrem Mann** oder **ohne ihn**?*

Verben mit bestimmten Präpositionen

Normalerweise legt das Verb fest, in welchem Fall ein nachfolgendes Objekt stehen muss: *fragen* + Akkusativ („Wen?"), *antworten* + Dativ („Wem?"), *gedenken* + Genitiv („Wessen?"). Nun gibt es aber auch Verben, die eine Präposition bei sich haben, die dann wiederum die Beugung des Substantivs bestimmt *(warten **auf**, glauben **an** …)*. In diesem Fall wird das folgende Objekt **„Präpositionalobjekt"** genannt. Das Präpositionalobjekt (auch: Präpositionalergänzung) ist eine Ergänzung des Verbs wie das Akkusativobjekt oder das Dativobjekt, nur dass das Verb eben eine ganze Präpositionalgruppe „regiert", beispielsweise das Verb *warten* eine mit *auf*: *Lea wartet **auf ihren Freund.*** Beim Präpositionalobjekt erscheint die Präposition dann auch immer in der Frage: ***Auf wen** wartet Lea?* Es gibt eine ganze Reihe solcher Verben, die mit einer Präposition auftreten. Manchmal herrscht Unsicherheit darüber, mit welcher Präposition das Präpositionalobjekt angeschlossen wird. Hier eine Übersicht über die häufigsten **Verben + Präposition**:

- ***an* + Dativ oder Akkusativ:** *anbauen, anbringen, anklammern, ankleben, anlegen, anleimen, anlöten, anmontieren, anschließen, anschweißen*
- ***auf* + Akkusativ:** *auftreffen, bauen auf* („sich verlassen auf"), *stehen* auf (umgangssprachlich für: „gut finden"), *sich stützen auf*
- ***auf* + Dativ:** *ausbreiten, beharren, beruhen, bestehen, fußen, insistieren*
- ***auf* + Dativ oder Akkusativ:** *aufprallen, aufschlagen, auftragen, drucken, sich niederlassen*
- ***in* + Akkusativ:** *aufteilen, auslaufen, eindringen, einfügen, einhüllen, einliefern, einnähen, sich einschalten, einschlagen, einteilen, eintreten, einweihen, unterteilen*
- ***in* + Dativ:** *abheften, anlegen* („investieren"), *sich einleben, sich eingewöhnen, einrichten*
- ***in* + Dativ oder Akkusativ:** *ausmünden,*

einbauen, einbrechen, einheften, einkehren, einpflanzen, einschlagen, sich einschleichen, (sich) einschließen, einstufen, eintragen, münden („auslaufen, enden"), *nachtragen, vergraben, sich verlieren, verschließen, versinken, verschwinden, verstauen*

ACHTUNG: Bei den folgenden Verben mit der Präposition *in* gibt es eine Bedeutungsveränderung, wenn Dativ bzw. Akkusativ stehen:

- *aufgehen* + Akkusativ (=„sich auflösen"): *in Luft aufgehen*
- *aufgehen* + Dativ (=„Erfüllung finden"): *in einer Aufgabe aufgehen*
- *auflösen* + Akkusativ (=„in einen anderen Zustand übergehen"): *Das Wachs löste sich in Brei auf.*

Häufung von Präpositionen

Wenn in einem Satz mehrere Präpositionen hintereinanderstehen, die sich aber auf verschiedene Substantive beziehen, wirkt dieser Satz schnell sehr kompliziert, weil man erst die Bezüge durchschauen muss. Daher sollte man nach Möglichkeit mehrere Präpositionen hintereinander vermeiden, um das Verständnis nicht zu erschweren. In solchen Fällen empfiehlt es sich also, den Satz anders zu formulieren:

- statt: *Sie stand zwischen vor Freude jubelnden Kindern.*
  besser: *Sie stand zwischen Kindern, die vor Freude jubelten.*
- statt: *Infolge von durch den Bundestag beschlossenen Gesetzen …*
  besser: *Infolge von Gesetzen, die der Bundestag beschlossen hat, …*
- statt: *Er meldete sich aus von ihm selbst zu verantwortenden Gründen nicht bei seinem Arbeitgeber zurück.*
  besser: *Die Gründe, weshalb er sich nicht bei seinem Arbeitgeber zurückmeldete, hatte er selbst zu verantworten.*
- statt: *Er sieht mit über die Brille gerichteten Blicken in die Runde.*
  besser: *Er blickt über die Brille in die Runde.*
  oder: *Die Blicke über die Brille gerichtet, sieht er in die Runde.*

i Knifflige Satzgliedbestimmung

Präpositionalobjekte sind oft nur schwer von adverbialen Bestimmungen zu unterscheiden, denn auch adverbiale Bestimmungen treten oft als Gruppen von Wörtern auf, die mit einer Präposition eingeleitet werden. Adverbiale Bestimmungen machen nähere Angaben zum Ort, zur Zeit, zum Grund oder zur Art und Weise. Präpositionalobjekte sind vom Verb gefordert, ihre Präposition gehört zum Verb (wie bei: *warten auf, sich freuen über, sich fürchten vor*). Man muss also genau auf die Art der Frage achten: Beim Präpositionalobjekt ist die Präposition vom Verb gefordert, bei der adverbialen Bestimmung nicht. Daher ist beim Präpositionalobjekt die Präposition in der Frage enthalten.

- **Präpositionalobjekt:**

Sie freut sich ***über die Geschenke.***
→ **Worüber** freut sie sich?
Er fürchtet sich ***vor Schlangen.***
→ **Wovor** fürchtet er sich?
Lea wartet ***auf ihren Freund.***
→ **Auf wen** wartet Lea?

- **Adverbiale Bestimmung:**

Lea wartet ***auf dem Bahnhof.***
→ **Wo** wartet Lea?
Sie wohnt ***über ihren Eltern.***
→ **Wo** wohnt sie?
Ich komme ***vor dem Essen.***
→ **Wann** komme ich?

Und ab geht die *Post*
In Zeiten des Internets und des E-Mail-Verkehrs wird die Briefpost oft als „Snailmail", als Schneckenpost verspottet. In der frühen Neuzeit aber war *Post* der Inbegriff für Geschwindigkeit und Effizienz. Schon mit dem Ausdruck *Post* ist eine fortschrittliche Neuerung verbunden, die gegen Ende des 15. Jahrhunderts das Nachrichtenwesen revolutionierte: In Italien, Frankreich, in der Schweiz und zunehmend auch im Deutschen Reich wurden feste Reitpostlinien installiert, wobei die Botenreiter nicht mehr die ganze Strecke abritten, sondern zwischen Stationen verkehrten, an denen Personal und Pferde gewechselt werden konnten. So konnten die Sendungen erheblich schneller, regelmäßiger und zuverlässiger als früher befördert werden. In Italien nannte man eine solche Station *posta*, eigentlich nur das Wort für „einen festgelegten Ort". Im Deutschen Reich wurden erstmals im Herzogtum Tirol ähnliche *Posten* eröffnet. Der Ausdruck *Post* bezog sich zunächst nur auf die Station, später jedoch auf das Unternehmen und die Sendungen selbst.

Fürstlicher thurn- und taxisscher Postillion

posthum / postum

Für das lateinische Fremdwort in der Bedeutung „nach jemandes Tod geschehen" gibt es die Varianten *posthum* und *postum*. Beide Formen sind heute korrekt. Ursprünglich gab es nur das lateinische Wort *postumus* in der Bedeutung „letzter, letztes (Werk)". Um den Aspekt des Todes zu verdeutlichen, hängte man statt der Superlativendung *-umus* das Wort *humus* („Erde", zu *humare:* „beerdigen") an. Diese Umdeutung des Fremdwortes vollzog sich nicht nur im Deutschen. Im Englischen heißt es *posthumous* und im Französischen *posthume*.

Potemkin'sche / potemkinsche Dörfer

Groß- und Kleinschreibung • Ableitungen von Eigennamen auf *-(i)sch* werden wie gewöhnliche Adjektive behandelt und in der Regel kleingeschrieben. Da es sich in diesem Fall jedoch um eine feste Verbindung mit übertragener Bedeutung handelt, ist auch die Großschreibung möglich: *potemkinsche Dörfer / Potemkinsche Dörfer.* Wird die Endung mit Apostroph vom Namen getrennt, schreibt man dagegen immer groß: *Potemkin'sche Dörfer.*
Aussprache • Die standardsprachliche Aussprache der ersten beiden Silben orientiert sich an der russischen Lautung: [pat'jɔm-]. Daneben ist aber auch die Aussprache nach deutscher Lautung verbreitet: [pɔt'(j)ɛm-].

Potential / Potenzial / potentiell / potenziell

In einer Reihe von Fremdwörtern mit den Wortbestandteilen *-tial, -tiell, -tiar* wird der Buchstabe *t* als der Laut [ts] gesprochen. Diesem Laut entspricht im Deutschen der Buchstabe *z*. In allen Fällen, in denen ein Wort auf *-z* zugrunde liegt, sind beide Schreibungen zulässig, z. B.: *Potential / Potenzial; potentiell / potenziell,* wegen: *Potenz.* TIPP: Es empfiehlt sich die Schreibung mit *z*. Analysen zum Schreibgebrauch zeigen, dass selbst in der Fachsprache in den letzten Jahren ein deutlicher Anstieg der ans Deutsche angepassten Schreibung zu verzeichnen ist: *In dem neuen Team steckt ein großes Potenzial.*

Prädikat

Das Prädikat (auch: Satzaussage) enthält entweder nur das gebeugte Verb (einteiliges Prädikat) oder eine gebeugte und eine ungebeugte Verbform (mehrteiliges Prädikat).

Einteiliges Prädikat: *Sie dankte allen Gästen für ihr Kommen. Irren ist menschlich.*
Bei den zusammengesetzten Zeitformen (Perfekt, Plusquamperfekt, Futur I und Futur II) und bei den Passivformen gehören auch die ungebeugten Bestandteile (Infinitiv, Partizip II) zum Prädikat: *Der neue Gast ist heute angekommen. Der Brief wurde gestern bereits abgeschickt.*
Bei trennbaren Verben bilden beide Teile das Prädikat: *Alles Weitere hängt jetzt von dir ab. Das kommt in den besten Familien vor.*
→ *Sonderseiten „Kongruenz", S. 266–269*

Präfix

Ein Präfix (auch: Vorsilbe) ist das kleinste bedeutungstragende Wortbildungselement, das einem Wortstamm vorausgeht, z. B. *ge-, ent-, un-, ver-: geläufig, entgehen, untrüglich, Vergangenheit.*
ACHTUNG: Bei Verben werden nur die nicht abtrennbaren Bestandteile als Präfixe bezeichnet: *entgehen – er entgeht seinem Schicksal.* Abtrennbare Bestandteile bezeichnet man dagegen als Verbzusätze oder Verbpartikel: *untergehen – das Schiff geht in einer Stunde unter.*

Praktik, Praktikum

Der Plural des Neutrums *das Praktikum* in der Bedeutung „berufspraktischer Teil einer Ausbildung" lautet *die Praktika.*
Die Form *Praktiken* ist der Plural des Femininums *die Praktik*, das die Bedeutungen „Ausübung (einer Tätigkeit), Handhabung (eines Werkzeugs), Verfahren" und „Kunstgriff, Kniff" hat. Der Plural *die Praktiken* kann daneben auch die Bedeutung „Machenschaften, nicht einwandfreies Tun" haben.
ACHTUNG: Bisweilen wird auch das Femininum *die Praxis* im Sinne von „Praktik" verwendet. Es hat in dieser Bedeutung ebenfalls den Plural *die Praktiken.* Die *(Arzt-)Praxis* hat dagegen den Plural *die (Arzt-)Praxen.*

Präposition

→ *Sonderseiten „Präposition", S. 346–349*

Einprägend prägnant
Viele geistige Tätigkeiten sind mit Ausdrücken belegt, die sich in ihrer Grundbedeutung auf materielle Vorgänge oder körperliche Tätigkeiten beziehen. Nicht zufällig ist *lesen* ursprünglich identisch mit dem Wort *auflesen;* in *erwägen* steckt das Wort *Waage.* Und wenn ein Erlebnis großen *Eindruck* hinterlassen hat, bezeichnet man es als *prägend.* Das Vorbild war die *Münzprägung,* bei der ein Münzbild auf einen Rohling aufgeschlagen wurde (Bild: Münzprägung 17. Jh.).

Man sollte annehmen, dass auch *prägnant* zur selben Wortfamilie gehört. Zu dieser Vorstellung trägt nicht nur die Ähnlichkeit der Wortstämme, sondern auch eine gewisse Bedeutungsverwandtschaft bei. Denn wenn etwas kurz und *prägnant* mitgeteilt wird, ist es besonders *einprägsam.* Das Wort hat jedoch einen anderen Hintergrund: Zugrunde liegt das französische Wort *prégnant* und das bedeutet „schwanger, trächtig" sowie „inhaltsvoll, gedankenschwer". Entlehnt wurde es im 17. Jahrhundert, wobei sich seine Bedeutung durch die lautliche Nähe zur Wortfamilie *prägen* zu „kurz, treffend" veränderte.

Präpositionalergänzung / -objekt

Das Präpositionalobjekt (auch: Präpositionalergänzung) ist eine Verb-Ergänzung. Anders als bei Subjekt, Akkusativ-, Dativ- und Genitivobjekt, wo das Verb den Kasus der Ergänzung festlegt (regiert), regiert es beim Präpositionalobjekt eine Präposition, der ein Substantiv bzw. Pronomen folgt. So regiert beispielsweise das Verb *warten* die Präposition *auf: Oliver wartet auf seinen Sohn.*

Bei Präpositionen, die den Akkusativ und den Dativ regieren können, legt das Verb in der Regel auch fest, mit welchem Kasus die Präposition steht: *warten* + *auf* + Akkusativ: *Oliver wartet auf seinen* (falsch: *seinem*) *Sohn.*

Präsens

Das Präsens (auch: Gegenwart) ist die am häufigsten vorkommende Zeitform des Verbs (Tempus). Es kann mit allen Zeitbezügen verwendet werden, vor allem aber steht es mit Bezug auf die Gegenwart: *Das Kind schläft.*

→ *Sonderseiten „Zeiten", S. 502f.*

Präsident – den Präsidenten / Präsident

Das Substantiv *Präsident* gehört der schwachen Deklination an. Außer im Nominativ lautet die Endung deshalb immer *-en*. Das Weglassen der Endung gilt als umgangssprachlich: *des/dem/den Präsiden**ten*** (nicht: *Präsident*).

Präteritum

Das Präteritum (auch: Imperfekt) signalisiert, dass ein Geschehen vor der Sprechzeit liegt und der Vergangenheit angehört. Es ist das bevorzugte Tempus schriftlicher Erzählungen und Berichte, unabhängig davon, ob es um Reales oder Fiktives geht:

Vor einem großen Walde wohnte ein armer Holzhacker mit seiner Frau und seinen zwei Kindern. Das Bübchen hieß Hänsel und das Mädchen Gretel. (Brüder Grimm)

→ *Sonderseiten „Zeiten", S. 502f.*

preisgeben

Verbverbindungen, deren erster Bestandteil keiner bestimmten Wortart mehr zugeordnet werden kann, schreibt man im Infinitiv, als Partizip sowie am Ende eines Nebensatzes zusammen: *Sie haben das Geheimnis preisgegeben.* Den auf das Substantiv *Preis* zurückgehenden ersten Teil der Fügung schreibt man auch in getrennter Satzstellung klein: *Ich gebe das Geheimnis nicht preis.*

Prinz / Prinzessin

dem Prinz / Prinzen • Das Substantiv *Prinz* wird schwach gebeugt. Außer im Nominativ enden alle Formen auf *-en*. Das Weglassen der Endung (vor allem im Dativ) gilt als umgangssprachlich: *Dem Prin**zen*** (nicht: *dem Prinz*) *wurde ein großartiger Empfang zuteil.*

Stellung • Als Bestandteil des Familiennamens wird *Prinz/Prinzessin* dem Vornamen nachgestellt: *Michael Prinz zu Salm-Salm/Tatjana Prinzessin zu Hohenlohe.*

In Verbindung mit dem Vornamen sind im Genitiv zwei Konstruktionen möglich: *Die Yacht Prinz Michaels/Prinzessin Tatjanas* oder *die Yacht des Prinzen Michael/der Prinzessin Tatjana.*

Prise

→ *Sonderseiten „Maße, Mengen, Münzen, Gewichte", S. 304f.*

Prisma

Der Plural von *Prisma* lautet nur *die Prismen*. Andere Pluralformen sind nicht korrekt.

privat

Groß- und Kleinschreibung • Als Adjektiv wird *privat* kleingeschrieben. Dies gilt auch dann, wenn *privat* mit einer Präposition steht: *an privat abzugeben; von privat; eine private Mitteilung; meine private Meinung.*

Liegt eine Substantivierung vor, schreibt man groß: *In einem totalitären System gibt es nichts Privates. Man sollte in der Öffentlichkeit Privates außen vor lassen. Ein Rückzug ins Private war für diese Künstlerin keine Option.*

Getrennt- und Zusammenschreibung • Man schreibt *privat* vom folgenden Verb getrennt: *sich privat versichern; jemanden privat sprechen.* In Verbindung mit einem adjektivisch gebrauchten Partizip kann getrennt oder zusammenschrieben werden: *die privat versicherten/privatversicherten Patienten. Im letzten Jahr mussten privat Versicherte/Privatversicherte höhere Beiträge bezahlen.*

Kleine und große *Prisen*
Eine *Prise* Salz und eine *Prise* Pfeffer sind die typischen Gewürzmengen in Rezepten – oder besser gesagt, waren: Zunehmend werden sie durch die Maßangabe „Teelöffel“ ersetzt. Gemeint ist mit *Prise* die Menge an Gewürzen, die man mit drei Fingern fassen kann. Wobei es im 18. Jahrhundert weniger Gewürze waren, sondern vor allem kleine Mengen Schnupftabaks, die auf diese Weise aus der Dose in die Nase befördert wurde. Im 16. Jahrhundert hatten *Prisen* allerdings ganz andere Dimensionen: Gemeint waren die Schiffe bzw. die Ladung, die von Piraten gekapert und zur Beute gemacht wurden. Aus diesem Zusammenhang stammt übrigens auch das Wort *preisgeben*, das nichts mit dem Wort *Preis* zu tun hat. Es ist vielmehr eine Übersetzung der französischen Redewendung *donner en prise*, was „zur Beute geben“ bedeutet. Im Französischen meint das Substantiv *prise* zum einen „Beute, Fang“, zum anderen auch „das Ergriffene, das Genommene“, denn es ist eine Ableitung zum Verb *prendre* („nehmen, ergreifen“). Tatsächlich stecken im Wort *Prise* also beide Bedeutungen: das „Genommene“ ebenso wie das „Weggenommene“.

pro

Das auf *pro* folgende Substantiv steht häufig ohne Artikel, so dass sein Kasus nicht erkennbar ist: *1000 Einwohner pro Quadratkilometer.*
Dass *pro* meist mit dem Akkusativ steht, wird jedoch deutlich, wenn das Substantiv durch ein Adjektiv oder einen Artikel erweitert ist. Daneben ist aber auch (wenngleich deutlich seltener) der Dativ oder Nominativ möglich:
Abgaben pro angemeldeten (seltener: *angemeldetem/angemeldeter) Haushalt.*

Probe

Wenn es sich bei einem Substantiv, das von einem Verb begleitet wird, um ein eigenständiges Wort handelt, wird getrennt geschrieben: *Probe singen; ein Auto Probe fahren; wir sind Probe gefahren; eine Maschine Probe laufen lassen; mit einem Füller Probe schreiben; wir sollten Probe singen; sie haben Probe geturnt.*
ACHTUNG: Bei Substantivierung schreibt man zusammen: *das Probeturnen; beim Probesingen; ein Auto zum Probefahren ausleihen.*

Professor

Der Professorentitel wird in der Anrede ausgeschrieben: *Sehr geehrter Herr Professor Hartmann.* In der Anschrift kann der Titel dagegen abgekürzt werden: *Herrn/Frau Prof. Dr. Meyer.*
Bei einer Professorin sollte die weibliche Form des Titels gewählt werden: *Sehr geehrte Frau Professorin Kolumna.*

Pronomen

Ein Pronomen (Plural: die Pronomen/die Pronomina; auch: Fürwort) ist ein deklinierbares Wort (Ausnahmen: *man, etwas, nichts*), das entweder bei einem Substantiv oder anstelle eines Substantivs steht. Man unterscheidet üblicherweise die folgenden Pronomen:
1. Demonstrativpronomen (auch: hinweisende Fürwörter): *der; dieser, jener, derjenige; derselbe, ein solcher, solch ein*
2. Possessivpronomen (auch: besitzanzeigende Fürwörter): *mein, dein, sein, unser, euer, ihr*
3. Indefinitpronomen (auch: unbestimmte Fürwörter): *jeder, etwas, jemand, irgendwelche, irgendwas, irgendjemand, nichts, man*
4. Interrogativpronomen (auch: Fragefürwörter): *wer/was; welcher/welche/welches*
5. Personalpronomen (auch: persönliche Fürwörter): *ich, du, er/sie/es; Sie*
6. Reflexivpronomen (auch: rückbezügliches Fürwort): *mich/mir, dich/dir, sich, uns, euch*
7. Relativpronomen (auch: bezügliche Fürwörter): *der/die/das; welcher/welche/welches; wer/was*

Jetzt mach aber mal ’nen *Punkt*!

Es gibt viele Redewendungen, die den „Punkt“ zum Thema haben: etwa *der springende Punkt, ein wunder Punkt, auf den Punkt genau*. Aber nur wenige beziehen sich wie der Ausspruch „Jetzt mach aber mal ’nen Punkt!“ tatsächlich auf das kleinste aller Satzzeichen: auf den unscheinbaren Schlusspunkt, der klassischerweise einen Satz beendet. Dabei hat der Punkt außer als Satzschlusszeichen noch weitere Anwendungsgebiete, wie in dreifacher Ausfertigung als Auslassungszeichen oder zur Kennzeichnung einer Abkürzung.

Der Punkt als Satzschlusszeichen

Die Hauptfunktion des Punktes ist es, das Ende eines Satzes zu kennzeichnen. Er gilt daher (neben dem Ausrufezeichen und dem Fragezeichen) als Satzschlusszeichen. Der Punkt als Satzschlusszeichen steht gewöhnlich in folgenden Fällen:

- einfache und komplexe Aussagesätze: *Mein Bruder kommt heute Abend zu Besuch.*
- Auslassungssätze: *Doch. Wahrscheinlich.*
- indirekte Fragesätze: *Ich frage mich, ob er kommt.*

Kolumnenartige Aufzählungen

Anders ist das zum Beispiel bei Aufzählungen, Listen und Tabellen, deren Glieder jeweils auf einer Zeile für sich stehen und die sich dadurch deutlich voneinander abheben. Genau wie bei einem **Einkaufszettel** können diese ohne Komma und entsprechend auch ohne Schlusspunkt stehen. Das gilt auch dann, wenn der sogenannte Spiegelstrich (–) vor abgesetzten Aufzählungsgliedern steht.

Über ein Girokonto lassen sich folgende Leistungen abwickeln:
– Daueraufträge
– Überweisungen
– Einzugsermächtigungen
– Bareinzahlungen
– Barauszahlungen

ACHTUNG: Bestehen die abgesetzten Aufzählungsglieder aus ganzen Sätzen, sind in der Regel die jeweils erforderlichen Zeichen zu setzen.

Mit Punkt	Ohne Punkt
Aussagesätze	Aufzählungen
Auslassungssätze	Überschriften
indirekte Fragesätze	Anschriften, Unterschriften
viele Abkürzungen	Betreffzeilen

Frei stehende Zeilen

Ebenfalls **ohne Schlusspunkt** stehen frei stehende Zeilen, die im geschriebenen oder gedruckten Text deutlich hervorgehoben sind – auch wenn diese einen vollwertigen Satz bilden. Das können Titel und Überschriften sein wie auch Datumsangaben (außer natürlich den Punkten bei den Ordnungszahlen wie ***1.** November*) oder Betreffzeilen.

- **Überschriften:**
  Mein schönstes Ferienerlebnis
  Borkenkäfer wieder aktiv: Wälder in Gefahr
  Steuerreform passiert Bundestag
- **Buch-, Zeitungs- oder Veranstaltungstitel:**
  Der Ehrliche ist der Dumme (Buchtitel)
  Vom Winde verweht (Filmtitel)
  Jugend musiziert (Wettbewerb)
- **Titel von Gesetzen und Verträgen:**
  Grundgesetz für die Bundesrepublik Deutschland
- **Datumsangaben:**
  Montag, der 3. Februar
- **Betreffzeilen:**
  Ihre Reklamation vom 26.4.2014
- **Anschriften und Unterschriften in Briefen**
- **Inhaltsverzeichnisse, Gliederungen und Tabellen**

Abkürzungspunkte

Wörter und Wortgruppen können aus Gründen der Sprachökonomie abgekürzt werden. Bestimmte Abkürzungen werden mit einem Punkt gekennzeichnet, andere nicht.

Abkürzungen mit Punkt ▸ Mit einem Punkt versehen werden solche Abkürzungen, die beim Sprechen in die Vollform aufgelöst werden: *Hbf.* (= Hauptbahnhof), *usw.* (= und so weiter), *i.A.* (= im Auftrag), *Mio.* (= Million). Weibliche Formen erhalten oft noch nach dem Abkürzungspunkt die Endung *-in*: *Prof.in* (= Professorin).
ACHTUNG: Stehen solche Abkürzungen am Satzende, wird kein gesonderter Schlusspunkt gesetzt: *Gerhard Schröder, Bundeskanzler a. D. Die Stadt erlebte ihre Blütezeit im 18. Jh. Seine Mutter ist Professorin h. c.*

Abkürzungen ohne Punkt ▸ Nach folgenden Abkürzungen steht dagegen im Allgemeinen kein Punkt:

- **Maße, Gewichte und Währungen:**
  *Im Urlaub radeln sie etwa 40 **km** am Tag.*
  *Sie kauft noch 2 **kg** Äpfel.*
  *Sie kaufen für mehr als 100 **EUR** Geschenke.*
  *Bei 100 °**C** kocht Wasser.*
- **Chemische Elemente und Verbindungen:**
  *Das chemische Zeichen für Natrium ist **Na**, dagegen steht **NaCl** für Natriumchlorid.*
- **Fachsprachliche Kürzungen, z. B. Gesetze und Verordnungen:**
  StGB (Strafgesetzbuch), ***MuSchG*** (Mutterschutzgesetz), ***EStDV*** (Einkommensteuer-Durchführungsverordnung)
- **Kurzwörter, die beim Sprechen kurz bleiben:**
  ARD, NATO, Pkw, Ufo, Kripo, Akku.

ACHTUNG: Steht eine Abkürzung ohne Punkt am Satzende, muss aber ein Schlusspunkt stehen: *Er wiegt 80 **kg.** Das chemische Zeichen für Natrium ist **Na.***

i Drei Pünktchen – die Auslassungspunkte

Drei nebeneinanderstehende Punkte können als Auslassungspunkte Teile von Wörtern, Sätzen oder Texten ersetzen. Am Satzende weisen sie auf die Unvollständigkeit dieses Satzes hin. In der Mitte oder am Anfang eines Satzes zeigen sie (zum Beispiel bei Zitaten) an, dass ein Teil des Satzes weggelassen ist. Zu den drei Auslassungspunkten am Schluss eines Satzes tritt kein Schlusspunkt.

- *Er aber, sag’s ihm, er kann mich **...***
  (Goethe: „Götz von Berlichingen“)
- *Das Bauhaus erstrebt **...** die Wiedervereinigung aller werkkünstlerischen Disziplinen **...** zu einer neuen Baukunst.* (Gropius: „Programm des staatlichen Bauhauses in Weimar“)

Wenn den Auslassungspunkten eine Abkürzung vorangeht, wird der Abkürzungspunkt zusätzlich gesetzt: *Ich liebe Bücher aus dem 19. Jh. **...***

Protokoll

Das Protokoll ist die schriftliche Wiedergabe einer Veranstaltung, sei es eine Sitzung, ein Vortrag oder eine Diskussionsrunde. Dabei unterscheidet man verschiedene Formen: Wort-, Verlaufs-, Kurz- und Ergebnisprotokoll.
Gemeinsam sind ihnen folgende Merkmale: Am Anfang eines jeden Protokolls stehen Ort und Datum einer Veranstaltung sowie die Uhrzeit ihres Beginns und ihres Endes. Genannt werden die Teilnehmer, wobei auch vermerkt wird, wer fehlt, und die Tagesordnung. Am Ende stehen die Unterschriften des Versammlungsleiters (links) und des Protokollführers (rechts). Ein Protokoll verfasst man in der Regel im Präsens oder im Präteritum und in indirekter Rede (Ausnahme: Wortprotokoll). Die Zusammenfassung soll die Gesprächsbeiträge neutral wiedergeben.

Prozent

Kongruenz • Hat die Prozentangabe den Wert 1 und steht das folgende Substantiv im Singular, dann steht auch das Prädikat im Singular: *Ein Prozent der Bevölkerung ist HIV-positiv.*
Folgt der Prozentangabe im Singular ein Substantiv im Genitiv Plural, kann das Prädikat sowohl im Singular als auch im Plural stehen: *Ein Prozent der Abwesenden war/waren entschuldigt.*
Bei Prozentangaben, die nicht der Zahl 1 entsprechen, steht das Prädikat im Plural: *0,2 Prozent machten ungültige Angaben. 4 Prozent wählten Splitterparteien.*
Wenn der Prozentangabe im Plural ein Substantiv im Singular folgt, kann das Prädikat auch im Singular stehen: *50 Prozent des Zuckers werden/wird dem Produkt entzogen.*
Fünfprozenthürde / 5 %-Hürde • Bei Wortzusammensetzungen mit Prozentangaben sind je nach Schreibweise verschiedene Möglichkeiten gegeben: Bei einer reinen Wortzusammensetzung schreibt man in der Regel zusammen: *die Fünfprozenthürde, Dreiprozentklausel.* In Verbindung mit Ziffern wird die Zusammensetzung mit Bindestrichen durchgekoppelt: *die 5-Prozent-Hürde.* In Verbindung mit dem Prozentzeichen sollte zwischen Ziffer und Zeichen dagegen aus ästhetischen Gründen kein Bindestrich gesetzt werden: *5 %-Hürde* (nicht: *5-%-Hürde*).

Immer gut geleimt: das *Protokoll*
Das Wort *Protokoll* erscheint heute in mehreren Bedeutungen: Ein Polizist nimmt eine Zeugenaussage zu *Protokoll*, in Vereinssitzungen wird ein *Protokoll* geführt. Bei Staatsbesuchen gilt das diplomatische *Protokoll*. Und ohne das Internet-*Protokoll* würde im World Wide Web nichts funktionieren.

Das altehrwürdige Wort *Protokoll* begleitet die Welt der Schriftlichkeit schon lange – es geht auf die Zeiten zurück, als man auf Papyrusrollen schrieb. Zugrunde liegt das griechische Wort *prōtócollon*, das sich aus *protos* („der Erste“) und *kolla* („Leim“) zusammensetzt. Gemeint war das einer Papyrusrolle „vorgeleimte Blatt“ mit Angaben über Titel, Verfasser und Entstehungszeit des Papyrus. Als man Akten auf Papier und Pergament führte, war das *Protokoll* ein vorgeheftetes Blatt mit Angaben zum Inhalt der Akte. So war es nur ein kleiner Schritt zur Bedeutung der Mitschrift einer Gerichtsverhandlung. In dieser Bedeutung wurde es im 14. und 15. Jahrhundert in die europäischen Volkssprachen entlehnt. In Frankreich bezeichnete man auch die Formularbücher der Notare als *protocole*.

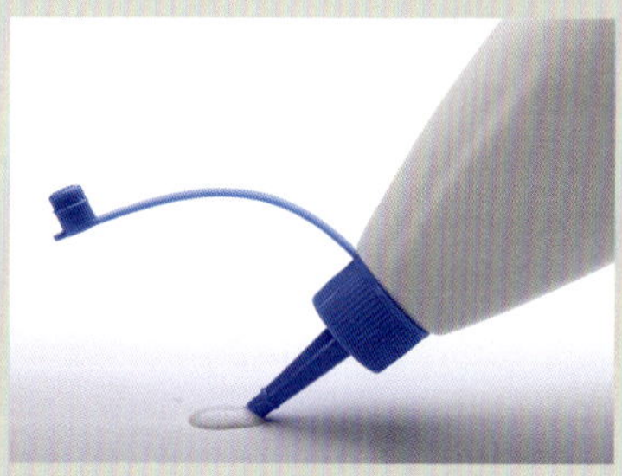

Zunehmend wurde der Ausdruck außerhalb von Recht und Gesetz auf Regeln und Normen für sozial und politisch adäquates Verhalten bezogen. Damit wurde das Wort in der Welt der Diplomatie hoffähig. Auch diese Bedeutung wurde spätestens im 19. Jahrhundert ins Deutsche entlehnt.

Punkt

→ *Sonderseiten „Punkt“, S. 354 f.*

Q

qu oder k?

→ *k oder qu?*

Quäntchen oder Quentchen?

Da sich beim Wort *Quäntchen* ein Bezug zu *Quantum* herstellen lässt, schreibt man seit der Rechtschreibreform mit *ä: Quäntchen*. Die Schreibung *Quentchen* ist nicht mehr korrekt.

Quarz oder Quartz?

Auch wenn man auf Zifferblättern häufig die englische Wortform *Quartz* lesen kann, schreibt man nach deutscher Orthografie *Quarz* bzw. *Quarzuhr*.

quer

Verbindungen aus Adverb und Verb werden zusammengeschrieben, wenn das Adverb den Hauptakzent trägt. Meist wird die Verbindung übertragen gebraucht: *Der Plan ist quergegangen* (= „es hat nicht geklappt"). *Er hat sich wieder quergelegt* (= „er war dagegen"). *Wenn ihm jemand querkam* (= „ihn behinderte, störte"), *geriet er außer sich. Er hat das Buch nur quergelesen* (= „flüchtig gelesen, überflogen"). *Es hilft nichts, wenn du dich querstellst* (= „dagegen sträubst"). *Typisch, dass Sie wieder querschießen* (= „destruktive Einwände machen").
Kann hingegen zwischen Adverb und Verb ein Satzteil eingefügt werden, so wird getrennt geschrieben: *Sie sind quer (über die Straße) gelaufen. Der Demonstrant hatte sich quer (über die Schienen) gelegt.*

Verbindungen aus Adverb und adjektivisch gebrauchtem Partizip können sowohl getrennt als auch zusammengeschrieben werden: *ein quer gestreiftes/quergestreiftes Hemd.*

Quarz: Ein Wort geht um die Welt
Im Mittelalter und in der frühen Neuzeit genoss die deutsche Bergbautechnik europaweit einen hervorragenden Ruf. Davon zeugen die aus dem Deutschen ins Englische übernommenen Lehnwörter *quartz, nickel, cobalt, wolfram* und *zinc*. Verantwortlich für das hohe Ansehen war nicht nur das Erfahrungswissen der Bergleute über Anlage, Belüftung oder Entwässerung von Stollen. Die Technik ging zunehmend mit einer wissenschaftlichen Beschäftigung einher, die eng mit Georgius Agricola (eigentlich Georg Bauer; 1494–1555) verbunden ist. Er schuf wesentliche Grundlagen der Bergbaukunde, Geologie und Mineralogie. Sein Werk „De natura fossilium" (1546) war das erste Handbuch der Mineralogie und wurde in zahlreiche Sprachen übersetzt. Agricola war auch der Erste, der das Mineral *Quarz* in seiner reinsten Form, dem Bergkristall, systematisch beschrieb. Das Wort *Quarz* ist im 14. Jahrhundert erstmals als Fachwort des böhmischen Bergbaus erwähnt. Möglicherweise ist es eine Koseform zum mitteldeutschen Wort *querch* („Zwerg"). Früher glaubten die Bergleute, dass Berggeister wertlose „Metalle" und Mineralien erschufen.

Quiz

Das Substantiv wird im Deutschen im Neutrum gebraucht: *das Quiz*. Im Genitiv und Plural hat *Quiz* keine besondere Endung: *des Quiz; die Quiz* (nicht: *die Quize*). Obwohl korrekt, werden die Genitiv- und Pluralformen im Sprachgebrauch meist vermieden.

R

r oder rh?

In einigen Fremdwörtern aus dem Altgriechischen, wie z. B. *Rhythmus*, tritt die Buchstabenkombination *rh* für den Laut [r] auf. Aber nur bei *Hämorrhoiden* kann *rh* auch als *r* geschrieben werden: *Hämorriden.*
Sonst bleibt es bei der fremdsprachigen Schreibweise: *Rhythmus, Katarrh, Rhesusfaktor, Rhodium, Myrrhe.*

Rad fahren

Die Verbindung aus Substantiv und Verb schreibt man getrennt: *Rad fahren. Die ganze Familie fährt Rad. Sie ist gestern Rad gefahren.*
Liegt dagegen eine Substantivierung vor, schreibt man stets zusammen: *das Radfahren; beim Radfahren.*

Radar

In der Fachsprache wird *Radar* nur im Neutrum gebraucht: *Das Radar konnte die Flugbewegungen nicht erfassen.* In der Schweiz und in Deutschland ist allgemeinsprachlich auch die maskuline Verwendung verbreitet: *der Radar.*

Radiergummi

Standardsprachlich heißt es *der Radiergummi.* Dies gilt auch, wenn die verkürzte Form *Gummi* in derselben Bedeutung verwendet wird: *der Gummi.* Die Verwendung im Neutrum *(das Gummi/das Radiergummi)* gilt dagegen als umgangssprachlich.

Ich fühle mich wie *gerädert*

Der Ausdruck *radebrechen* und die Wendung *sich wie gerädert fühlen* lassen kaum noch den Schrecken erahnen, der einst mit ihnen verbunden war. Die Hinrichtung mit dem *Rad*, das *Rädern* bzw. *Radebrechen,* war im Spätmittelalter und in der frühen Neuzeit eine besonders grausame Hinrichtungsart: Dem Verurteilten wurden die Glieder einzeln mit einem *Rad* gebrochen. Anschließend wurde der Getötete auf das *Rad* geflochten und zur Schau gestellt. Die Strafe verschwand erst Anfang des 19. Jahrhunderts im Schreckenskabinett der Rechtsgeschichte. Die Ausdrücke selbst blieben dagegen in der Sprache lebendig: Wenn jemand eine Fremdsprache durch seine mangelnde Beherrschung „grausam misshandelte", nannte man dies schon im 16. Jahrhundert *radebrechen.* Auch die Partizipform *gerädert* erfreute sich großer Beliebtheit. Doch während man mit der Wendung *sich wie gerädert fühlen* zunächst starke Schmerzen zum Ausdruck brachte, wurde sie zunehmend im ironischen Sinn etwa für die Unbequemlichkeiten einer Kutschfahrt verwendet.

Radio

Das grammatische Geschlecht von *Radio* unterscheidet sich regional: In Österreich, in der Schweiz und in Süddeutschland wird *Radio* oft im Maskulinum gebraucht: *der Radio.*
Allgemein gilt aber die Form im Neutrum als standardsprachlich: *das Radio.*

Rally oder Rallye?

In der Bedeutung „kurzzeitiger starker Anstieg der Börsenkurse“ sind beide Formen korrekt: *Rally/Rallye.* Das Wort kann im Neutrum oder Femininum gebraucht werden: *Der Auslöser des Rallys/Rallyes* (oder: *der Rally/Rallye*) *waren positive Wirtschaftsdaten in China.*
In der Bedeutung „Motorsportrennen“ ist nur die Form *Rallye* korrekt. Auch in dieser Form kann das Substantiv im Neutrum oder Femininum gebraucht werden: *die Rallye/das Rallye. Den Teilnehmern der Rallye/ des Rallyes wurde auf diesem Kurs alles abverlangt.*

Rat suchen

Die Verbindung aus Substantiv und Verb schreibt man getrennt: *Rat suchen. Er hat bei ihr Rat gesucht.* In Verbindung mit einem adjektivisch gebrauchten Partizip ist neben der Getrennt- auch die Zusammenschreibung möglich: *Die Einrichtung der Wohlfahrtsverbände soll Rat suchenden/ratsuchenden Eltern weiterhelfen.* Auch die substantivierten Formen können getrennt oder zusammengeschrieben werden: *Viele Rat Suchende/Ratsuchende griffen zum Telefon. Alle Rat Suchenden/Ratsuchenden können sich ab heute an die neu eingerichtete Beratungsstelle wenden.*
TIPP: Aus Analysen des Schreibgebrauchs geht hervor, dass diese Substantiv-Partizip-Verbindungen sowohl in der adjektivischen als auch in der substantivischen Form als zusammengehörig empfunden und daher bevorzugt zusammengeschrieben werden: *die ratsuchenden Eltern; die Ratsuchenden.*

rational/rationell

Die beiden Adjektive *rational* und *rationell* werden in unterschiedlicher Bedeutung gebraucht. Dabei bedeutet *rational* „vernünftig, begrifflich fassbar“: *eine rationale Begründung; ein rationaler Mensch.*
Das Wort *rationell* wird dagegen in der Bedeutung „zweckmäßig, wirtschaftlich, sparsam“ gebraucht: *eine rationelle Fertigung; rationelle Energienutzung.*

rau

Analog zu den Adjektiven *blau, grau, genau* und *schlau* schreibt man seit der Rechtschreibreform *rau.* Dies gilt auch für die entsprechenden Zusammensetzungen: *raubeinig, Raufasertapete, rauhaarig, Rauputz, Raureif, Raunacht.*
Die gebeugten Formen werden auch ohne *h* geschrieben: *rau – rauer – am rau(e)sten. Hier weht ein rauer Wind.*
ACHTUNG: Die früher übliche Schreibung *rauh* ist nicht mehr korrekt.

Ravioli

Der aus dem Italienischen stammende Ausdruck für die mit Fleisch u. Ä. gefüllten Nudeltaschen liegt bereits in der Pluralform vor. Die zusätzliche Pluralendung *-s* ist daher nicht korrekt: *Die Ravioli* (falsch: *Raviolis*) *schmecken gut.*

Razzias/Razzien

Der Plural von *Razzia* kann auf zwei Arten gebildet werden: *die Razzias/Razzien.* Im allgemeinen Schreibgebrauch überwiegt die Pluralform *Razzien* deutlich.

real/reell

Das Adjektiv *real* wird in den Bedeutungen „der Realität entsprechend, gegenständlich vorhanden, auf die Wirklichkeit bezogen“ verwendet: *reales Wirtschaftswachstum; eine reale Gefahr; ein reales Verbrechen.*
Das Adjektiv *reell* bedeutet „wirklich, echt, redlich“: *ein reelles Geschäft* (= „Geschäft, bei dem der Käufer nicht übervorteilt wird“); *reelle Preise verlangen; reelle Chancen haben.*

Rechenaufgaben

Wenn das Ergebnis ungleich eins ist, kann das Prädikat einer Rechenaufgabe im Singular oder Plural stehen: *Vier und vier ist* (auch: *sind*) *acht. Sieben minus vier ist* (auch: *sind*) *drei. Acht und drei macht* (auch: *machen*) *elf.*

Vom Referat zum *Relativsatz*

Wendungen wie *Alles ist **relativ!*** oder *Das ist **relativ** gut gewesen* haben dazu beigetragen, dass *relativ* im Alltagswortschatz eine eher unscharfe Bedeutung angenommen hat. Doch das führt in die Irre. Denn das Adjektiv geht auf das lateinische Verb *referre* zurück, das wir auch von den Wörtern *Referat, Referendum* oder *Referent* her kennen. Es bedeutet „berichten" und „sich beziehen auf". Genau diese Funktion übernimmt auch ein Relativsatz: Er bezieht sich auf ein Substantiv im Satz, über das weitere Informationen gegeben werden. Doch wie wird diese Beziehung hergestellt? Ganz einfach: mit Hilfe eines Relativpronomens, das den Relativsatz einleitet. Und welche Relativpronomen gibt es? Wann darf man *wo* benutzen? Wann ist *wo* umgangssprachlich? Sagt man noch *welcher/welche/welches*? Was ist ein weiterführender Relativsatz?

Die Relativpronomen

Das Relativpronomen (auch: bezügliches Fürwort), das am häufigsten gebraucht wird, ist ***der/die/das***. Daneben wird (selten) auch *welcher/welche/welches* als Relativpronomen gebraucht und in bestimmten Fällen *wer/was*. Das Relativpronomen leitet einen Relativsatz ein. Relativsätze haben die Funktion eines Attributs zu einem Substantiv.

der / die / das ▸ Der in den folgenden Beispielen mit dem Relativpronomen *der* bzw. *das* eingeleitete Nebensatz gibt eine Eigenschaft des zugehörigen Substantivs *Mann* bzw. *Gericht* an:

- *Der Mann, **der gestern angerufen hat.***
- *Das ist ein Gericht, **das sich besonders leicht zubereiten lässt.***

was ▸ Bei ***was*** kann der Bezug auch auf ein Indefinitpronomen oder auf den ganzen Satz erfolgen:

- *Heute gibt es nichts zu essen, **was** die Kinder überhaupt nicht mögen.*
- *Elstern fressen nahezu alles, **was** ihnen vor den Schnabel kommt.*

ACHTUNG: Erspart werden darf eines von zwei Relativpronomen nur, wenn es im Fall (Kasus) mit dem anderen übereinstimmt: *Ich lese die Bücher, **die*** (= Akkusativ) *ich geschenkt bekommen und [die]* (= Akkusativ) *[ich] mitgenommen habe.*

	Singular			**Plural**
	Maskulinum	Femininum	Neutrum	
Nominativ	*der*	*die*	*das*	*die*
Genitiv	*dessen*	*deren/derer*	*dessen*	*deren/derer*
Dativ	*dem*	*der*	*dem*	*denen*
Akkusativ	*den*	*die*	*das*	*die*

„deren“ oder „derer“?

Das Relativpronomen *die* hat im Genitiv Singular und Plural die **beiden Formen *deren* und *derer*.** Das heißt, es sind in Zweifelsfällen beide Formen korrekt. Allerdings hat sich eine bevorzugte Verwendung herausgestellt:

derer ▸ Die Form *derer* wird ganz überwiegend nach Präpositionen gebraucht:

- *Wir haben eine Theorie,* ***mittels derer*** *wir alles erklären können.*
- **selten:** *Wir haben eine Theorie, mittels deren wir alles erklären können.*

deren ▸ Dagegen überwiegt die Form *deren*, wenn das Relativpronomen zugleich ein Genitivobjekt des Prädikats im Relativsatz ist. Die Form *derer* ist hier selten, aber nicht ausgeschlossen:

- *Bertold ersann immer neue Ausreden,* ***deren*** *er sich dann auch gerne bediente.*
- **selten:** *Bertold ersann immer neue Ausreden, derer er sich gerne bediente.*

„wo“ als Relativadverb

Das Relativadverb *wo* kann als relativischer Anschluss verwendet werden, wenn ein zeitlicher oder räumlicher Bezug besteht.

wo bei räumlichem Bezug ▸ Insbesondere bei räumlichem Bezug kann in der Regel *wo* anstelle von Präposition und Relativpronomen stehen:

- *der Ort, wo* (oder: *an/in dem*) *ich geboren wurde*
- *die Stadt, wo* (oder*: in der*) *er wohnt*
- *das Zimmer, wo* (oder*: in dem*) *der Schrank steht*

Nach Ortsnamen ohne Artikel ist der Relativsatz nur mit *wo*, nicht mit Präposition und Relativpronomen möglich:

- *Wiesbaden, wo ich arbeite*
  (**nicht:** *Wiesbaden, in dem ich arbeite*)

wo bei zeitlichem Bezug ▸ Bei einem zeitlichen Bezug kann in der Regel das Adverb *wo* anstelle von Präposition und Relativpronomen stehen. Das bekannteste Beispiel findet sich wohl im Märchen vom **Froschkönig**: „In alten Zeiten, *wo* das Wünschen noch geholfen hat.“ Die folgenden Konstruktionen mit *wo* sind ebenfalls korrekt:

- *der Augenblick,* ***wo*** *er sie sah*
  (oder: ***in dem*** *er sie sah/****als*** *er sie sah*)

- *in dem Moment,* ***wo*** *du kommst*
  (oder: ***in dem*** *du kommst*)

Alle anderen Bezüge sind nicht korrekt bzw. sehr stark umgangssprachlich und sollten in der geschriebenen wie der gesprochenen Sprache vermieden werden. In diesen Fällen muss das Relativpronomen ***der/die/das*** gewählt werden.

Falsch: *der Mann, wo angerufen hat*
das Buch, wo ich neulich gelesen habe
eine Idee, wo man nicht weiß, was sie soll

Richtig: *der Mann, der angerufen hat*
das Buch, das ich neulich gelesen habe
eine Idee, von der man nicht weiß, was sie soll

Der Relativsatz

Der Relativsatz ist ein Nebensatz, der mit einem Komma vom Hauptsatz abgetrennt wird. Meis-

tens handelt es sich dabei um einen Attributsatz. Eingeleitet wird ein Relativsatz durch ein Relativpronomen (*die Frau, **die** dort steht*) – manchmal zusammen mit einer Präposition (*der Baum, **auf dem** die **Katze** sitzt*) – oder durch ein Relativadverb (*die Stelle, **wo** der Baum stand*).

Relativsatz als Attributsatz ▸ Ein **Attributsatz** hat die Funktion, das Substantiv oder Pronomen, auf das er sich bezieht, näher zu beschreiben:

- *Der Mann, **der gestern angerufen hat,** kommt uns heute besuchen.*
- *Diejenigen, **die (welche) zugesagt hatten,** kamen auch.*
- *Wir kaufen das Haus, **das wir uns als Erstes angesehen haben.***

Das Relativpronomen muss in Geschlecht (Genus) und Fall (Kasus) immer dem Substantiv oder Pronomen, auf das es sich bezieht, gleichen.

Relativsatz als Satzglied ▸ Relativsätze können aber nicht nur als Attribute vorkommen, sondern auch in der Funktion eines Satzgliedes. Sie können zum Beispiel sowohl das Subjekt eines Satzes bilden als auch ein Objekt. In solchen Fällen steht dann das Relativpronomen *wer/was*, wobei sich der Relativsatz auf ein Pronomen wie *der* oder *derjenige* bezieht; dieses Pronomen wird dann jedoch weggelassen:

- **Subjekt:** ***Wer nicht hören will,*** *muss fühlen.* (= *Derjenige, der nicht hören will, muss fühlen.*)
- **Dativobjekt:** *Ich danke, **wem ich möchte.*** (= *Ich danke demjenigen, dem ich danken möchte.*)
- **Akkusativobjekt:** *Ich treffe, **wen ich will.** Ich tue, **was ich will.*** (= *Ich treffe denjenigen, den ich treffen will. Ich tue dasjenige, das ich will.*)
- **Präpositionalobjekt:** *Ich rede, **mit wem ich will.*** (= *Ich rede mit demjenigen, mit dem ich reden will.*)

Solche mit *wer* oder *was* eingeleiteten Relativsätze werden manchmal auch als „freie Relativsätze“ bezeichnet, da sie frei von der Bindung an ein Substantiv oder Pronomen sind.

ACHTUNG: Auch solche Relativsätze werden vom übergeordneten Satz durch ein Komma abgetrennt – dass sie eine Satzgliedfunktion innehaben, ändert nichts an ihrem Status als Nebensatz.

> **i** ***der, die, das*** **oder** ***welcher, welche, welches*?**
>
> In der gesprochenen Sprache kommen die Relativpronomen ***welcher, welche, welches*** nur noch **selten** vor. In der geschriebenen Sprache wird *welcher/welche/welches* vor allem verwendet, um eine Folge von mehreren gleichklingenden Pronomen- oder Artikelformen zu vermeiden *(der Junge, **der der** Mutter half).* Die Verwendung des immer ein wenig schwerfällig wirkenden Relativpronomens *welcher* ist jedoch nicht unbedingt als stilistisch besser zu werten als die Folge mehrerer gleichlautender Wörter. Anstelle von *welcher, welche, welches* kann also auch hier ebenso gut *der, die, das* stehen:
>
> *Das ist der Patient, welcher der Krankenschwester das Leben schwermacht.*
> **auch:** *Das ist der Patient, der der Krankenschwester das Leben schwermacht.*
>
> *Die, welche die Veranstaltung besuchen wollten, wurden vorbeigelassen.*
> **auch:** *Die, die die Veranstaltung besuchen wollten, wurden vorbeigelassen.*

Der Relativsatz bei Personalpronomen

Wenn sich Relativsätze auf ein **Personalpronomen der 1. oder 2. Person** (*ich, du; wir, ihr*) beziehen, muss im Relativsatz das **Personalpronomen wiederholt werden:**

- *Ich, der* ***ich*** *keine Zeit habe, soll euch zum Flughafen fahren?*
- *Du, die* ***du*** *so viel für uns getan hast, hast eine Belohnung verdient.*
- *Wir, die* ***wir*** *bald verreisen, müssen noch viel vorbereiten.*
- *Ihr, die* ***ihr*** *bald verreist, müsst noch viel tun.*

Dies gilt auch für die **höfliche Anrede mit *Sie:***

- *Sie, der* ***Sie*** *immer so gut Bescheid wissen, können mir bestimmt helfen.*

Bei den **Personalpronomen der 3. Person** (*er, sie; sie*) wird das Personalpronomen hingegen **nicht wiederholt:**

- *Er, der mit allen Wassern gewaschen war, scheiterte an dieser Aufgabe.*
- *Sie, die sich in der Gegend auskannten, haben uns den Weg gewiesen.*

Die Stellung des Relativsatzes

Relativsätze, die sich auf ein Substantiv beziehen, sollten in der Regel unmittelbar bei diesem Substantiv stehen – nur so ist gewährleistet, dass der Bezug eindeutig ist. Dies ist besonders wichtig, wenn der übergeordnete Satz weitere Substantive mit demselben Geschlecht enthält:

- *Er gab den* ***Brief, der sehr wichtig war,*** *seinem Sohn.*
- **nicht:** *Er gab den Brief seinem Sohn, der sehr wichtig war.*

ACHTUNG: Wenn jedoch mehrere Attribute sich auf dasselbe Substantiv beziehen oder wenn Satzteile eng zusammengehören, dann sollte der Relativsatz diese nicht trennen, sondern als letztes Attribut stehen:

- *Sie empfand eine besondere* ***Zuneigung*** *für den jungen Mann,* ***die sie sich nicht erklären konnte****.*
- **nicht:** *Sie empfand eine besondere Zuneigung, die sie sich nicht erklären konnte, für den jungen Mann.*

Weiterführender Relativsatz

Der sogenannte weiterführende Relativsatz ist ein Satz in der Form eines Relativsatzes, der jedoch nicht ein Substantiv im eigentlichen Sinne näher bestimmt, sondern Informationen enthält, die den Text (Geschichte, Erzählung) inhaltlich fortführen.

Der weiterführende Relativsatz ist eine stilistische Besonderheit, deren Anwendung eine gewisse Übung erfordert. In Fällen wie den folgenden ist die Verwendung des weiterführenden Relativsatzes möglich:

- *Sie suchte verzweifelt nach dem Schlüssel zu diesen Ereignissen,* ***den sie jedoch erst Monate später fand.***
- *Wir warteten auf eine Entschuldigung,* ***die aber nie erfolgte.***

TIPP: Ohne Elemente wie *aber, jedoch* und andere, mit denen angezeigt wird, dass die Handlung des Relativsatzes zeitlich auf die Hauptsatzhandlung folgt, sind solche Relativsätze zu vermeiden:

- *Sie suchte nach dem Schlüssel, den sie Monate später fand.*
- *Wir warteten auf eine Entschuldigung, die nicht erfolgte.*

i Relativpronomen nach *einer der*

In Konstruktionen wie den folgenden steht das **Relativpronomen im Plural**:

- *Einer der aufregendsten Menschen,* ***die*** (nicht: *den*) *ich je kennengelernt habe, war mein Schwager.*
- *Ich war in einem der interessantesten Museen,* ***die*** (nicht: *das*) *ich je besucht habe.*
- *Das ist eine der letzten Riesenschildkröten, die hier* ***leben*** (nicht: *lebt*).

Das Relativpronomen bezieht sich in diesen Sätzen stets auf das vorausgehende Substantiv, das jeweils im Plural steht (hier: *Menschen, Museen, Riesenschildkröten*). Es bezieht sich nicht auf die (singularischen) Formen *einer/eine/eines*.

Recht / recht

Kleinschreibung • Als Adjektiv in der Bedeutung „richtig, dem Recht entsprechend“ schreibt man *recht* in der Regel klein. Dies gilt besonders in Verbindung mit den Verben *sein, bleiben* und *werden: Er war der rechte Mann am rechten Ort. Er hat das Herz auf dem rechten Fleck. Es ist recht so. Das ist recht! Das ist mir recht. Ich habe wohl nicht recht gehört? Sie hat es ihm niemals recht machen können. Das ist nur recht und billig.*
Klein schreibt man auch das Adverb *recht* („sehr, ganz; einigermaßen“): *recht gut; recht schön.*
Klein- oder Großschreibung • Wird das Adjektiv *recht* in Verbindung mit den Verben *behalten, bekommen, geben, haben* oder *tun* gebraucht, ist Groß- oder Kleinschreibung möglich: *Er wollte immer recht/Recht haben. Und meist wurde ihm auch recht/Recht gegeben. Doch wer bekommt wohl beim nächsten Mal recht/Recht? Er hat wieder einmal recht/Recht gehabt.*
TIPP: Aus Analysen zum Schreibgebrauch geht hervor, dass die Wahl dort, wo Groß- und Kleinschreibung möglich sind, wesentlich häufiger auf die Großschreibung fällt: *Sie hat wieder einmal Recht behalten.*
Großschreibung • Das Substantiv *Recht* schreibt man groß: *Wer gibt dir das Recht dazu? Sie hatte nicht das Recht, so etwas zu tun. Du hast kein Recht dazu. Er will nur sein Recht bekommen. Das ist mein gutes Recht. Der Präsident hat noch einmal Gnade vor Recht ergehen lassen. Er hat das mit Recht behauptet. Ihre Forderungen bestehen zu Recht. Von Rechts wegen sollte man das verbieten. Sein Anspruch besteht zu Recht.*

rechte(r, -s) / Rechte(r, -s)

Als Adjektiv schreibt man *rechte(r, -s)* klein: *auf der rechten Seite (liegend); rechte Hand; jemandes rechte Hand sein; rechter Hand* (= „rechts“); *auf der rechten Seite.*
Die substantivierte Form schreibt man groß: *Er hat sich die Rechte* (= „die rechte Hand“) *verstaucht. Er sitzt zur Rechten des Gastgebers. Die Rechte* (= „rechtskonservative Partei / Fraktion“) *lehnt eine private Finanzierung des Projekts ab.*

rechtens

Das Adverb wird immer kleingeschrieben: *Es ist rechtens (so), dass er diese Strafe auf sich nimmt. Sie hat das immer für rechtens gehalten.*

rechts

Das Adverb *rechts* wird immer kleingeschrieben: *rechts außen; nach rechts abbiegen; rechts der Mauer; rechts von ihnen; nach rechts schauen; von rechts kommen; er verwechselt rechts und links; zwei rechts, zwei links stricken.*
Eine Substantivierung liegt nur in dem scherzhaften Spruch vor: *Nein, ich meinte das andere Rechts!*
In Verbindung mit Verben schreibt man getrennt: *rechts fahren; rechts sitzen; rechts stehen.*
Nur bei adjektivisch gebrauchten Partizipien ist auch Zusammenschreibung möglich: *rechts stehend/rechtsstehend; rechts fahrend/rechtsfahrend.*
Bei Verbindungen mit Substantiven, Adjektiven oder Wortbestandteilen, die nicht mehr selbstständig vorkommen, sowie bei Substantivierungen ist die Zusammenschreibung die Regel: *rechtsextremistisch, rechtsseitig, rechtslastig, der Rechtsaußen, rechtsdrehend* (Chemie: „die Ebene des polarisierten Lichts nach rechts drehend“), *rechtsdrehende Milchsäuren.*

recyclen / recyceln

Für dieses aus dem Englischen entlehnte Verb stehen zwei unterschiedlich stark ans Deutsche angepasste und daher leicht abweichende Schreibungen zur Auswahl. Die dem englischen Verb *to recycle* entsprechende Form lautet *recyclen*. Die dazugehörigen gebeugten Formen sind: *ich recycle – du recyclest – er recyclet – wir recyclen – ihr recyclet – sie recyclen.*
Die an das Deutsche angepasste Form lautet *recyceln: ich recyc(e)le – du recycelst – er recycelt – wir recyceln – ihr recycelt – sie recyceln.*
Im allgemeinen Schreibgebrauch überwiegt die an das Deutsche angepasste Form *recyceln* inzwischen deutlich.

reden / Reden

Im Infinitiv schreibt man *reden* klein: *von sich reden machen; du hast gut reden.* Ist der Infinitiv substantiviert, schreibt man groß: *von etwas viel Redens machen. Sie gebraucht beim Reden immer ihre Hände. Das Reden fällt ihm noch schwer.*

Rede und Antwort stehen

„Eines Mannes *Rede* ist keines Mannes *Rede*", heißt es im mittelalterlichen Rechtsbuch der „Sachsenspiegel", und weiter: „man soll sie billig hören beede." Das alte Rechtsprichwort bringt einen wichtigen juristischen Grundsatz auf den Punkt: Keine Anklage ohne Verteidigung – beide Parteien müssen gehört werden. Die Wendung lässt vermuten, dass das Wort *Rede*, das man heute für „Ansprache", „Sprechen" bzw. das „Gesprochene" gebraucht, früher weitere Bedeutungen hatte. Erkennen kann man dies in den Wendungen *Rede und Antwort stehen* oder *jemanden zur Rede stellen*. Tatsächlich bedeutete das zugrunde liegende althochdeutsche Wort *redia* bzw. *radia* eigentlich „Rechenschaft". Am Tag des Jüngsten Gerichts, so der Glaube, müsse man für alle Worte und Werke *Rede stehen*, also „Gott gegenüber Rechenschaft ablegen". *Rede* hatte im Althochdeutschen noch die Bedeutungen „Vernunft, Verstand" sowie „Gespräch, Erzählung, Sprache". Damit weist das Wort in Bedeutung und Form starke Übereinstimmung mit lateinisch *ratio* auf. Sprachforscher gehen dennoch nur von einer „Urverwandtschaft" der beiden Wörter aus.

reell / real

→ *real*

reflektieren

Je nachdem mit welcher Präposition *reflektieren* steht, verändert sich die Bedeutung: *Er reflektiert* ***über*** *sein Leben* (= „er denkt über sein Leben nach"). *Er reflektiert* ***auf*** *ihre Hilfe* (= „er rechnet, hofft auf ihre Hilfe").

reflexive Verben

Zahlreiche Verben können nur mit einem Reflexivpronomen verwendet werden (sogenannte echt reflexive Verben). Dabei hat nur die 3. Person des Reflexivpronomens eine eigene Form, nämlich *sich*. Die 1. und 2. Person der reflexiven Verben werden mit den Formen des Personalpronomens gebildet (*mich, mir, uns, euch*):
beeilen: Sie beeilt sich. – Ich beeile mich. –
Ihr müsst euch beeilen.
schämen: Er schämt sich. – Ich schäme mich. –
Ihr solltet euch schämen.
Einige Verben haben eine Variante mit obligatorischem Reflexivpronomen (bzw. Personalpronomen) und eine Variante ohne. Die beiden Varianten unterscheiden sich meist in ihrer Bedeutung:
ärgern: sich ärgern (= „Ärger empfinden") –
jemanden ärgern (= „in Ärger versetzen");
verlassen: sich verlassen auf (= „vertrauen auf") –
jemanden verlassen (= „im Stich lassen").
Schließlich gibt es Fälle, in denen das Reflexivpronomen anzeigt, dass Subjekt und Objekt sich auf dieselbe Person oder denselben Gegenstand beziehen. Es handelt sich dann um eine reflexive Verwendung von Verben, die unecht reflexive Verben heißen: *Ich sehe ihn. – Ich sehe mich im Spiegel. Du wäschst das Auto. – Du wäschst dich.*

Reflexivpronomen

Das Reflexivpronomen (auch: rückbezügliches Fürwort) hat eine auf das Subjekt zurückweisende Funktion. In den meisten Fällen zeigt es an, dass das Objekt einer Handlung mit dem Subjekt iden-

tisch ist. Als Reflexivpronomen existiert nur eine einzige Form, nämlich *sich*, die in der 3. Person für Akkusativ und Dativ aller drei Genera im Singular und Plural gleichermaßen verwendet wird:
Hans sieht sich im Spiegel. (Akk.)
Sie kann sich (selbst) helfen. (Dat.)
Sie denken nur an sich. (Akk.)
Für die 1. und 2. Person ist kein besonderes Reflexivpronomen nötig, denn hier reichen die üblichen Personalpronomina aus, um anzuzeigen, dass Objekt und Subjekt identisch sind. Man spricht von einer reflexiven Verwendung der Personalpronomina: *Ich sehe* ***mich****. Du kannst* ***dir*** *(selbst) helfen. Wir rasieren* ***uns****. Ihr denkt nur an* ***euch****.*
Groß- und Kleinschreibung • Das Reflexivpronomen *sich* wird auch in Anreden immer kleingeschrieben: *Haben Sie sich darüber schon Gedanken gemacht? Sind Sie sich dessen eigentlich bewusst?*
Stellung im Satz • Häufig bestehen Unklarheiten darüber, welche Stellung das Reflexivpronomen im Satz einnimmt. In Hauptsätzen, die mit dem Subjekt beginnen, steht das Reflexivpronomen in derselben Position wie ein Personalpronomen: *Der Junge fragte sich den ganzen Abend, was geschehen war.* (Vgl.: *Der Junge fragte ihn/uns usw. den ganzen Abend …*)
In Hauptsätzen, deren erstes Glied nicht das Subjekt ist, sowie in Nebensätzen kann das Reflexivpronomen vor oder hinter dem Subjekt stehen: *Den ganzen Abend fragte sich der Junge, was geschehen war.* (Auch: *Den ganzen Abend fragte der Junge sich, was geschehen war.*) Beide Stellungen des Reflexivpronomens sind korrekt.

Regierender Bürgermeister

In Titeln und Amtsbezeichnungen wird das Adjektiv großgeschrieben: *der Regierende Bürgermeister* (ebenso: *der Technische Direktor; der Erste Beigeordnete; der Heilige Vater*).

Reihe

eine Reihe von Leuten hat/haben • Wenn das Subjekt eine Maß- oder Mengenbezeichnung im Singular ist, steht das Prädikat in der Regel im Singular, auch wenn das Gemessene bzw. das Gezählte im Plural steht: *Eine Reihe von Leuten hat sich beschwert.* Daneben kommt auch der Plural vor: *Eine Reihe von Leuten haben sich beschwert.* Diese sogenannte „constructio ad sensum" (Konstruktion dem Sinne nach) ist ebenfalls korrekt, da der Plural des Gemessenen z. B. die Vorstellung „mehrere Personen in einer Reihe" hervorruft.
Eine Reihe Angestellter/Angestellte • Nach *Reihe* kann das folgende Substantiv im Genitiv stehen, wenn es mit einem Artikel oder einem Adjektiv steht: *eine Reihe junger Leute.* Es kann aber auch im Allgemeinen durch die Apposition und in vielen Fällen durch ein Präpositionalattribut ersetzt werden: *eine Reihe junge Leute* (Apposition); *eine Reihe von jungen Leuten* (Präpositionalattribut). Dies gilt genauso für substantivierte Adjektive, die ja ebenfalls über Genitivendungen verfügen: *eine Reihe Angestellter; eine Reihe Angestellte; eine Reihe von Angestellten.*
In anderen Fällen, in denen das allein stehende Substantiv im Plural keine Genitivendung hat, besteht nur die Wahl zwischen Apposition und Präpositionalattribut: *eine Reihe Leute; eine Reihe von Leuten.*

rein

Groß- und Kleinschreibung • Das Adjektiv schreibt man klein: *reines Gold; jemandem reinen Wein einschenken; jemandem die reine Wahrheit sagen.* Wird *rein* substantiviert, z. B. durch einen Artikel, schreibt man groß: *mit jemandem im Reinen sein; etwas ins Reine bringen; mit etwas ins Reine kommen; etwas ins Reine schreiben.*
Getrennt- und Zusammenschreibung • In Verbindung mit einem Verb schreibt man in der Regel getrennt: *etwas rein halten; die Gewässer rein erhalten; du solltest das Zimmer rein halten.*
Drückt die Verbverbindung eine Tätigkeit aus, deren Ergebnis mit dem Adjektiv *rein* beschrieben wird, kann man auch zusammenschreiben: *etwas rein waschen/reinwaschen; etwas rein machen/reinmachen.*
Eine im übertragenen Sinn gebrauchte Verbindung schreibt man dagegen zusammen: *jemanden reinwaschen* (= „von Vorwürfen befreien"). *Er hat sich von allen Vorwürfen reingewaschen.*

reinseiden • Werden die Substantive für Materialien wie *Gold, Seide, Leinen* u. Ä. wie Adjektive gebraucht, schreibt man sie mit *rein* zusammen: *reingolden, reinseiden, reinleinen, reinwollen; ein reinwollener Mantel; ein reinseidenes Hemd. Der Umschlag ist reinleinen.* In der Kaufmannssprache bleibt die Materialbezeichnung in der Kombination mit *rein* manchmal auch als Substantiv bestehen: *Der Gürtel ist rein Leder.*

Was *Reisen* mit „sich erheben" zu tun hat

Reisen (→ *Routine*) ist heute den meisten ein Inbegriff für Bildung und Erholung, schlimmstenfalls eine mehr oder weniger lästige Pflicht. Doch in Mittelalter und früher Neuzeit hatte das Wort eine weitere, ungleich gefährlichere Bedeutung. *Reise*, im Althochdeutschen lautete es *reisa*, wurde im Sinne von „Heerfahrt" gebraucht - der *reisige zeug* war ein „Kriegszug". In vielen Städtechroniken ist von den *Reisigen* die Rede, umherziehenden Soldaten, die Höfe und Weiler in Brand steckten und Lebensmittel requirierten. Auch Luther gebrauchte in seiner Bibelübersetzung das Wort *Reisigen* im Sinne von „bewaffneten Soldaten": „Und Salomo hatte vierzig tausent Wagenpferde / vnd zwelff tausent *Reisigen* (1. Könige 5,6)." Verwandt ist das Wort mit dem im Deutschen untergegangenen gemeingermanischen Wort *risen* (noch englisch: *to rise*), das „sich erheben, nach oben steigen" bedeutete.

reisen

Das Verb *reisen* wird im Perfekt heute nur noch mit dem Hilfsverb *sein* gebraucht: *Wir sind nach Südafrika gereist. Er ist früher viel gereist.* Früher gab es auch die Bildung mit *haben.*

reiten

Wird mit dem Verb *reiten* eine zielgerichtete Ortsveränderung verbunden, bildet man das Perfekt mit *sein: Rosi ist ins nächste Dorf geritten. Sie sind durch den Wald geritten.* Bezeichnet das Verb nur den Vorgang als solchen, kann man das Perfekt mit *haben* bilden. Oft überwiegt auch hier das Perfekt mit *sein: Ich habe* (auch: *bin*) *als Kind viel geritten.*
Wird *reiten* (oft in übertragener Bedeutung) mit einem Akkusativobjekt gebraucht, bildet man das Perfekt mit *haben: Ich weiß nicht, welcher Teufel ihn geritten hat, so etwas zu schreiben. Er hat in seiner Rede Attacken auf den Gegner geritten.*

Relativsatz, Relativpronomen

→ *Sonderseiten „Relativsatz", S. 360–363*

relaxt / relaxed, relaxen

Das aus dem Englischen übernommene Adjektiv *relaxed* („entspannt, locker") wird zunehmend in der dem Deutschen angeglichenen Form *relaxt* verwendet. Wird das Adjektiv gebeugt, ist nur die eingedeutschte Form korrekt: *eine relaxte* (nicht: *relaxede*) *Stimmung.*
ACHTUNG: Die Formen des Verbs *relaxen* werden nach deutschem Konjugationsmuster gebeugt: *ich relaxe – du relaxt – er / sie / es relaxt – sie haben relaxt* (nicht: *relaxed*).

Rentier

Das aus dem Schwedischen entlehnte Wort *Ren* bzw. *Rentier* hat nichts mit der Wortfamilie *rennen* gemein und wird nur mit einem *n* geschrieben.
→ *auch Damhirsch*

rh oder r?

→ *r oder rh?*

Rhetorik, rhetorische Frage

→ *Sonderseiten „Rhetorik", S. 368–371*

R

Gut gesagt – besser gesagt: *Rhetorik*

Wenn eine Persönlichkeit des 21. Jahrhunderts die Macht der Sprache verkörpert, dann **Barak Obama.** Der Mann, dem es gelang, ohne finanzielle Reichtümer, ohne politische Hausmacht binnen weniger Jahre vom Provinzpolitiker zum Präsidenten aufzusteigen, verdankt seine erstaunliche Karriere auch seinen herausragenden rhetorischen Fähigkeiten. Aber auch abseits der großen politischen Bühne ist Sprache als Mittel der Überzeugung gefragt: Ein Schüler möchte einen guten Aufsatz schreiben, eine Referentin mit ihrer Präsentation überzeugen, ein Bewerber im Vorstellungsgespräch punkten. Sie alle müssen kommunikative Ziele erreichen. Die Rhetorik stellt dafür die Mittel bereit.

Was ist Rhetorik?

Rhetorik eine Kunst? ▸ Das Wort *Rhetorik* geht auf griechisch *rhetorike techne* zurück, das gemeinhin mit „Redekunst" übersetzt wird. Der zweite Bestandteil *techne*, von dem auch unser Wort *Technik* abstammt, zeigt dabei auf, dass „Kunst" hier pragmatisch zu verstehen ist: Es geht darum, mit bewusst eingesetzten Mitteln kommunikative Ziele zu erreichen. Diese können darin bestehen, Informationen in einem Vortrag zu vermitteln, in einer Diskussion zu überzeugen oder in einer Festrede jemanden zu loben. Natürlich kann auch die Unterhaltung des Publikums dazuzählen. In der Antike war die Rhetorik wichtiger Bestandteil der Schulbildung, sie umfasste eine sorgfältige sprachliche Ausbildung, vermittelte Kenntnisse in Logik und Psychologie, selbst außersprachliche Aspekte wie Gestik oder Mnemotechnik („Gedächtniskunst") wurden gelehrt. Vieles davon findet sich auch heute in Rhetoriklehrbüchern oder Seminaren wieder. Im Folgenden liegt der Schwerpunkt aber auf den sprachlichen Mitteln.

Grundprinzipien

Angemessenheit ▸ Die Angemessenheit – die Römer bezeichneten diese als *aptum* – ist nicht nur ein Grundprinzip jeder menschlichen Kommunikation. Sie gilt auch als Grundvoraussetzung für die Rhetorik: Sprachlicher Ausdruck und Gegenstand sollen zueinander passen, wobei gleichzeitig die Kommunikationssituation zu berücksichtigen ist. Stets gilt, dass ein Text für den Leser oder Zuhörer klar verständlich sein sollte. Das betrifft zum einen den logischen, gedanklich nachvollziehbaren Aufbau und zum anderen die treffende, anschauliche Ausdrucksweise.

Verständlichkeit ▸ Das Grundprinzip der Verständlichkeit wird oft nicht beachtet, weil sich die Redner oder Schreiber nicht ausreichend auf ihre Hörer oder Leser einstellen. Inhalte können leichter verarbeitet und behalten werden, wenn Sätze klar aufgebaut sind:

- **Klarer Satzbau:** Geeignet für Vorträge sind eindeutige Hauptsätze.
- **Fremdwörter**: Wenn es sich nicht um ein Fachpublikum handelt, sollte man Fremdwörter nach Möglichkeit unterlassen oder diese in einem Nebensatz erläutern.
- **Nominalstil:** Die Verwendung von Substantivierungen sowie von zahlreichen zusammen-

gesetzten Substantiven lassen einen Text oder Vortrag schwerfällig erscheinen: *Die Häufung negativer Kundenreaktionen aufgrund des neuerlichen Auftretens von Mängeln …*

Struktur geben

Gliederung ▸ Einen Text zu schreiben oder eine Rede zu halten, heißt, Gedanken beziehungsweise eine Aussage in eine bestimmte syntaktische, argumentative und stilistische Ordnung zu bringen. Zwar gibt es keine allgemeinverbindliche Norm für den Textaufbau, dennoch sollte man bestimmte Bauformen einhalten, damit ein Text oder eine Rede für den Leser oder Zuhörer verständlich bleibt und die Kommunikation gelingt. Ganz allgemein sind dies Einleitung, Hauptteil und Schluss, die jeweils unterschiedlich ausgeprägt sein können.

Einleitung ▸ Die Einleitung hat verschiedene Funktionen. Der Redner kann um Sympathien werben, er kann Interesse für sein Thema wecken und den Hörern auch einen Einblick in den Aufbau oder die Struktur seines Textes geben. Folgende Möglichkeiten ergeben sich als Einleitungsformen:

- Die **formelhafte Einleitung** findet sich vor allem bei offiziellen Festreden: *Sehr geehrte Damen und Herren, ich eröffne hiermit…*
- Die Einleitung mit **Informations- und Gliederungsvorgabe** eignet sich besonders für längere Vorträge oder Texte, die der Informationsvermittlung dienen. Die wichtigsten Elemente der Gliederung werden vorab mitgeteilt. Dies steigert die Aufmerksamkeit, der Hörer bzw. Leser findet sich im Vortrag oder Text leichter zurecht.
- **Zitate, Beispiele, Anekdoten** oder **szenische Einleitungen** lassen die Hörer oder Leser über Ziele der Rede zunächst im Dunkeln. Sie erzeugen jedoch Spannung und Aufmerksamkeit.

Hauptteil ▸ Der Aufbau des Hauptteils hängt entscheidend vom **Thema**, von der Art des Beitrages bzw. von der Zielsetzung des Redners ab. Die Ausführungen sollten insgesamt stringent sein und schlüssig aufeinander folgen. Für die Wirkung auf den Hörer oder Leser ist auch entscheidend, wie die einzelnen Informationen oder Argumente angeordnet und wie sie zueinander in Beziehung gesetzt werden. Begriffe, Gegenstände oder Problemkomplexe lassen sich in ihre Bestandteile gliedern, Geschehen nach Ursache und Wirkung näher bestimmen; es lassen sich Alternativen aufzeigen, indem man Gründe des Für und Wider anführt.

Schluss ▸ Im Schlussteil der Rede bündeln sich die verschiedenen Stränge der Argumentation. Es empfiehlt sich, die Hauptthesen oder Hauptaussagen noch einmal in komprimierter Form auf den Punkt zu bringen. Dient die Rede einer Handlungsaufforderung, so sollte diese am Schluss in Form eines Appells stehen.

Stil

Rhetorische Figuren ▸ Für Texte und Reden gilt gleichermaßen: Es zählen nicht nur Argumente und Fakten. Auch die Art, wie sie verbalisiert, wie sie angeordnet werden, dient der Zielsetzung des Autors. Dazu stehen dem Redner oder Autor sogenannte rhetorische Figuren zur Verfügung. Mit rhetorischen Figuren lassen sich Argumente wirksam anordnen, trockene Sachverhalte durch Beispiele, Vergleiche oder Metaphern visualisieren und verständlich machen. Die Aufmerksamkeit des Zuhörers oder Lesers kann auf die zentrale Aussage gerichtet werden.

Ein wichtiges Prinzip ist dabei die sogenannte **Amplifikation** („Häufung, Vermehrung"). Ein Sachverhalt wird dabei in verschiedene Bestandteile zergliedert: Dies kann zum Beispiel geschehen, um Empathie für menschliche Schicksale zu wecken, die hinter nackten Zahlen stehen.

Rhetorische Figur	Beispiel
Alliteration: Wiederholung desselben Anlauts	*Man muss die <u>F</u>este <u>f</u>eiern, wie sie <u>f</u>allen*
Anapher: Wiederholung eines oder mehrerer Wörter am Satzanfang	*<u>Es ist nicht immer</u> eine gerade Linie. <u>Es ist nicht immer ein</u> leichter Weg.* (B. Obama)
Chiasmus: Zwei Sätze erscheinen in der umgekehrten Reihenfolge.	*Die Stadt ist groß, klein ist das Gehalt.* (E. Kästner)
Epipher: Wiederholung eines oder mehrerer Wörter am Ende aufeinanderfolgender Sätze.	*Er will <u>alles</u>, kann <u>alles</u>, tut <u>alles</u>.*
Euphemismus: Ein beschönigender Ausdruck anstelle eines unangenehmen oder anstößigen Sachverhalts	*Preisanpassung* (statt *Verteuerung*) *entschlafen* (statt *sterben*)
Hyperbel: Übertreibung des Ausdrucks	*In Berlin gibt es junge Unternehmen wie <u>Sand am Meer</u>.*
Litotes: Abschwächung eines Ausdrucks, indem das Gegenteil verneint wird	*Er ist <u>nicht gerade</u> ein Held. Das war <u>keine leichte</u> Aufgabe.*
Metapher: Ersetzung eines Begriffs durch einen anderen Begriff, der aus einem anderen Zusammenhang stammt	*Fenster zur Seele* (statt *Augen*) *dunkle Schatten* (statt *trauriger Gedanken*)
Metonymie: Ersetzung eines Wortes durch einen Begriff, der in unmittelbarer Beziehung zum Wort steht.	*Ich kann <u>den Goethe</u> (= das Werk Goethes) nicht ausstehen. <u>Moskau</u> (= die russische Regierung) stellt sich stur.*
Synekdoche: Ein Teil steht für das Ganze, ein Oberbegriff für das Individuum.	*Gläser* (statt *Brille*); *ein guter Tropfen* (statt *Wein*); *Katze* (statt *Löwe*)

Eine nüchterne Information ist beispielsweise die Aussage, dass im Jahr 1943 auf deutscher Seite 243 U-Boote verloren gingen. Mit dem Prinzip der Amplifikation lässt sich der Sachverhalt auch so vermitteln: *Sie sanken, von Wasserbomben zerfetzt, von Schiffsgranaten getroffen oder von Flugzeugen gebombt, mit mehr als 10 000 jungen Seeleuten an Bord, die einen schrecklichen Tod erlitten.* (H. Leopold, Die Zeit).
Wichtig ist stets, dass man derartige Figuren maßvoll einsetzt. Auch bei Barak Obama sind rhetorische Figuren kein Selbstzweck. Sie dienen oft dazu, seine Hauptthese vorzubereiten. Im folgenden Beispiel kombiniert er gleich mehrere Stilmittel: *Dieses Land hat mehr Reichtum als jede andere Nation, <u>aber das macht uns nicht reich</u>. Wir haben die stärkste Armee der Welt, <u>aber das macht uns nicht stark</u>.* Die Satzstruktur wird wiederholt, dies bezeichnet man als **Parallelismus**. Zugleich sind die Aussagen als Gegensätze angeordnet, dies nennt man **Antithese**. Und schließlich spielt Obama mit der Mehrdeutigkeit von Begriffen: So kann *reich* bzw. *Reichtum* sowohl für materiellen Reichtum als auch für innere Werte stehen (Gleiches gilt für das Adjektiv *stark*). Diese Differenzierung von Bedeutungen bezeichnet man als **Definitio**. Mit Hilfe dieser rhetorischen Stilmittel kann er die Werte hervorheben, auf die es ihm in seiner Rede ankommt.

Rhetorische Strategien

Mit einigen rhetorischen Figuren lassen sich bestimmte kommunikative Strategien verfolgen. Sie dienen dazu, das Denken der Hörer oder Leser in eine bestimmte Richtung zu lenken, die eigene Position glaubwürdiger bzw. die der Gegenseite unglaubwürdiger erscheinen zu lassen. In Gesprächen können Strategien eingesetzt werden, um das Gespräch bzw. die Partner zu lenken.

Gradatio ▸ Die Figur Gradatio gilt allgemein für die gedankliche Steigerung gleichartiger Satzglieder: *Ich kam, ich sah, ich siegte* (Caesar). Das Prinzip ist aber auch für größere argumentative Zusammenhänge gültig. Vor allem dann, wenn die Argumentation in einen Schlussappell mündet.

Antithese ▸ Die Antithese (s.o.) ist als Figur meist auf Satzglieder bezogen: *Egal, ob du schwarz oder weiß bist, Latino oder Asiate oder Indianer, jung oder alt … du kannst es in Amerika schaffen.* (B. Obama) In diesem Beispiel wird durch die Gegenüberstellung vermeintlicher Gegensätze das übergeordnete Gleichheitsprinzip betont. Eine antithetische Anordnung von Argumenten kann aber auch eingesetzt werden, um den Zuhörer vor eine Alternative zu stellen, wobei die Entscheidung für eine der Optionen bereits vorweggenommen wird: *Wollen wir in unserem vertrauten Hamsterrad bleiben? Oder wollen wir uns aufschwingen und Neues wagen?*

Rhetorische Frage ▸ Rhetorische Fragen sind Scheinfragen an das Publikum, die keine Antwort erfordern, da diese schon klar ist. Sie kann auch einen verdeckten Appell enthalten: *Warum verweigert ihr mit Trillerpfeifen diese Diskussion, wenn ihr euch als Linke oder gar Linksradikale bezeichnet?* (J. Fischer)

Strategische Fragen ▸ Besonders in Gesprächen und Diskussionen werden Fragen strategisch eingesetzt, denn sie eignen sich schon durch ihre Struktur dazu, das Verhalten des Kommunikationspartners zu lenken: Die **Entscheidungsfrage** lässt dem Partner nur die Antworten ja oder nein. Die **Ergänzungsfrage** ist zwar offener, aber sie kann eine Wertung, eine ironische Verfremdung oder eine Alternative beinhalten und so die Antwort in eine bestimmte Richtung lenken. Mit Fragen lassen sich weitere kommunikative Strategien verbinden.

- Die **Motivationsfrage** verbindet eine Frage mit einem Lob. Damit können zwei Ziele erreicht werden. Ein zurückhaltender oder unsicherer Gesprächspartner kann zu einem Beitrag motiviert werden. Sie kann aber auch als Aufforderung für einen Gefallen verwendet werden: *Sie kennen sich doch so toll in Word aus, könnten Sie mir bitte …?*
- Die **Szenariofrage** konfrontiert den Partner gedanklich mit einer bestimmten Situation: *Stellen Sie sich vor, wir würden Ihre Vorschläge umsetzen, …?* Sie kann eine Zustimmung vorwegnehmen und bereits eine Wertung enthalten: *Sie sind doch auch dafür, dass unsere Kinder eine Zukunft in einer intakten Umwelt erleben?*
- Die **interpretierende Frage** greift einen Gesprächsbeitrag noch einmal auf und verbindet die scheinbare Verständnisfrage mit einer Bewertung des Gesagten: *Verstehe ich Sie richtig, wenn … ?*

> **i** **Oft unterschätzt: Die *Ironie***
> Die Ironie ist fester Bestandteil der Alltagssprache. In dem Satz *Du bist mir ein schöner Freund* meint der Sprecher das Gegenteil, von dem, was er inhaltlich äußert, wobei Tonfall und Mimik die tatsächliche Bedeutung offensichtlich machen. Diese Alltäglichkeit verdeckt, dass Ironie ein mächtiges rhetorisches Mittel darstellt: Als Bundeskanzler Gerhard Schröder gegen die Steuerpläne des ehemaligen Verfassungsrichters Paul Kirchhof polemisierte, bezeichnete er ihn als *diesen Professor aus Heidelberg*. Inhaltlich ist der Satz neutral, allgemein gilt ein Professor als achtbare Person. In diesem Zusammenhang war die Bezeichnung jedoch massiv abwertend gemeint. Die Fügung *dieser Professor* wurde umgewertet zum Inbegriff für eine weltfremde und unsoziale Steuerpolitik. Auch Lob, eine Zustimmung oder Unterwerfung können ironisch verfremdet werden. Ironie ist deshalb auch die Waffe der Schwachen oder Angegriffenen. Wird jemand in einer Diskussion in die Enge gedrängt, kann er seine Gefühlslage ironisch übertreibend kommentieren: *Wenn Sie mich weiter so bedrängen, kann ich die nächsten Wochen nicht in den Spiegel sehen.*

Rhythmus

Der Plural von *Rhythmus* lautet *die Rhythmen.* Im Genitiv heißt es: *des Rhythmus.*

richtig

Groß- und Kleinschreibung • Als Adjektiv schreibt man *richtig* klein: *die richtige Antwort; die richtigen Fragen stellen; eine richtige Gänsehaut bekommen.* Wird *richtig* z. B. durch einen Artikel, ein Pronomen oder Adjektiv substantiviert, schreibt man groß: *Sie hat nichts Richtiges zu essen bekommen. Er hat die Richtige noch nicht gefunden. Das ist genau das Richtige für mich. Sie haben sechs Richtige im Lotto. Bei ihm ist sie an den Richtigen geraten. Sie hat das einzig Richtige getan. Sie ist für diese Aufgabe die Richtige.*
Getrennt- und Zusammenschreibung • In Verbindung mit einem Verb schreibt man in konkreter Bedeutung getrennt: *Du sollst richtig schreiben. Bist du sicher, dass die Uhr richtig geht? Sie hat alles richtig gemacht.*
Drückt *richtig* das Ergebnis einer Handlung aus, kann man getrennt oder zusammenschreiben: *eine Uhr richtig stellen/richtigstellen.*
Auch in Verbindung mit einem adjektivisch gebrauchten Partizip kann man getrennt oder zusammenschreiben: *eine richtig gehende/richtiggehende Uhr.*
In einigen Verbindungen liegt ein übertragener Gebrauch vor, sodass die Gesamtbedeutung nicht aus den einzelnen Bestandteilen erschlossen werden kann. In diesen Fällen schreibt man zusammen: *mit einer Einschätzung richtigliegen; er hat seinen Irrtum richtiggestellt.*

ringsum/rings um

Man schreibt zusammen, wenn *ringsum* als Adverb in der Bedeutung „um … herum, im Umkreis" verwendet wird: *Ich konnte ringsum nichts entdecken.*
Bei *rings um* liegt eine andere Verwendung vor: *rings* ist dabei Adverb, *um* eine Präposition, die den Kasus (hier: Akkusativ) des nachfolgenden Substantivs bzw. Pronomens bestimmt: *rings um mich her; das Gewebe rings um den Zahn.*

roh

Das *h* am Ende von *roh* bleibt auch in den gebeugten Formen erhalten: *eine rohe Behandlung; roher Schinken.*
Dies gilt auch für Ableitungen mit *-heit: Rohheit.*
Der Superlativ von *roh* kann sowohl mit *-st* als auch mit *-est* gebildet werden: *die rohste/roheste Behandlung.*

Rollladen

Da es sich bei diesem Substantiv um eine Zusammensetzung aus *roll* + *Laden* handelt, werden alle drei Konsonanten geschrieben: *Rollladen.*

römisch

Sofern das Adjektiv nicht Bestandteil eines Eigennamens oder substantiviert ist, schreibt man klein: *römisches Recht; römische Zahlen; römisch-katholische Kirche; die römischen Kaiser.* Groß schreibt man hingegen z. B. *das Römische Reich; die Römischen Verträge.*

rosa

Das auf *-a* endende Adjektiv *rosa* kann in der ungebeugten Form als Attribut vor einem Substantiv stehen: *ein rosa Haus; eine rosa Bluse.* Dieser Gebrauch gilt inzwischen als standardsprachlich. Daneben sind auch Zusammensetzungen mit *-farben* oder *-farbig* möglich, die es erlauben, das Adjektiv zu beugen: *ein rosafarbenes/rosafarbiges Hemd.*
TIPP: Bildungen wie *das rosane Haus* sollten in geschriebenen Texten nicht verwendet werden.

Ross

Das Substantiv *Ross* hat zwei Pluralformen *die Rosse* und *die Rösser.* Ursprünglich war die Pluralform *Rösser* auf Süddeutschland, Österreich und die Schweiz begrenzt und galt teilweise sogar als umgangssprachlich. Sie wird inzwischen aber auch in anderen Regionen oft der Pluralform *Rosse* vorgezogen.

Routine – Routinen

In der Bedeutung „Geschicklichkeit, Erfahrung, Gewohnheit“ hat das Substantiv keinen Plural. In der Bedeutung „programmierte Abläufe“ (z. B. Computerprogramm) oder „regelmäßig stattfindende Sitzung“ kann das Wort auch im Plural verwendet werden: *die Routinen.*

Der Weg zum Erfolg: *Routinen*
Reisen bildet. Zumindest sprachlich scheint dieser Zusammenhang eindeutig. Gleich zwei Wörter, mit denen wir jemandem geistige Qualifikationen bescheinigen, gehen auf Verben der Ortsveränderung zurück: Das Adjektiv *erfahren* („reich an Erfahrung“) ist aus dem gleichlautenden Verb *erfahren* gebildet, das „durchreisen, durch Reisen kennenlernen“ bedeutete. Und Gleiches lässt sich für das Adjektiv *bewandert* (aus: *bewandern*) feststellen. Auch die Bedeutung des im 18. Jahrhundert aus dem Französischen entlehnten Ausdrucks *Routine* steht in diesem Zusammenhang. Ausgangswort ist das französische Wort *route* („Straße, Weg“). Dessen Ableitung *routine* wurde im Französischen zunächst im Sinne von „Wegerfahrung besitzen“ verwendet. Wobei auch hier der Schritt zum übertragenen Gebrauch im Sinne von „Erfahrung“ naheliegt.
Bei *Routine* liegt allerdings der Bedeutungsaspekt auf der Tatsache, dass man beim Erwerb von Kenntnissen vorgebahnten Wegen folgt, also Kenntnisse durch Anleitung, Übung und Wiederholung erwirbt. Dies liegt im Ursprung des Wortes *Route* begründet, das aus lateinisch *via rupta* entlehnt ist, eine Bezeichnung für einen „durch den Wald gebrochenen, vorgebahnten Weg“.

rot

Kleinschreibung • Als Farbadjektiv wird *rot* auch in zahlreichen festen Wendungen kleingeschrieben: *der rote Faden; rote Grütze; keinen roten Heller besitzen; rote Blutkörperchen. Das wirkt auf ihn wie ein rotes Tuch* (= „das reizt ihn zum Zorn“). *Ich sehe rot. Sein neuer Sportwagen ist rot.*
Großschreibung • Ist *rot* Bestandteil von Eigennamen, schreibt man das Adjektiv groß: *der Rote Baron; die Rote Armee* (= „die Armee der UdSSR“); *das Rote Kreuz; Rote Liste* (der vom Aussterben bedrohten Arten); *das Rote Meer; der Rote Milan; der Rote Planet* (= „Mars“); *die Rote Beete/Bete.*
Groß- oder Kleinschreibung • Die *Rote Karte* im Fußball gilt als begriffliche Einheit mit fachsprachlichem Charakter. Man kann hier groß- oder kleinschreiben: *Der Schiedsrichter zückte die rote/Rote Karte.* Von dieser Grundbedeutung ausgehend kann auch im übertragenen Gebrauch groß- oder kleingeschrieben werden: *Der Chef hat ihm die rote/Rote Karte gezeigt.*
TIPP: Es empfiehlt sich in beiden Fällen die Großschreibung, um die Fügung gegen die nicht fachsprachliche Bedeutung bzw. wörtliche Bedeutung abzusetzen.
Getrennt- und Zusammenschreibung • In Verbindung mit Verben wird getrennt geschrieben: *rot glühen; rot werden. Er hoffte, dass niemand bemerkte, dass er rot wurde.* Drückt *rot* in einer solchen Verbindung das Ergebnis einer Handlung aus, kann auch zusammengeschrieben werden: *sich die Lippen rot schminken/rotschminken. Eine Wand rot streichen/rotstreichen.*
Dies gilt auch, wenn *rot* in Verbindung mit einem adjektivisch gebrauchten Partizip steht: *ein rot gestreiftes/rotgestreiftes Hemd.*
Wird eine Verbindung in übertragener Bedeutung gebraucht, wird zusammengeschrieben: *rotsehen* (= „wütend werden“).

Rückenschwimmen/Rücken schimmen

Die Verbindung von *Rücken* und dem Verb *schwimmen* kann zusammen- oder getrennt geschrieben werden: *Er will heute lieber rücken-*

schwimmen/Rücken schwimmen. Die gebeugte Form schreibt man hingegen immer getrennt und das Substantiv groß: *Sie schwimmt meist Rücken*.

rückwärts

Das Adverb *rückwärts* wird mit einem Verb zusammengeschrieben, wenn es in der Verbindung den Hauptakzent trägt: *rückwärtsfahren, rückwärtsgehen, rückwärtsdrehen, rückwärtsfallen, rückwärtslaufen*.
Sind beide Wörter betont, schreibt man getrennt: *rückwärts einparken; sich rückwärts umsehen*.
Die Schreibung der Partizipien richtet sich nach der entsprechenden Verbverbindung. Wird diese zusammengeschrieben, schreibt man auch das Partizip zusammen: *ein rückwärtsfahrendes Auto*.

Rucola / Rukola

Das in der italienischen Form übernommene Wort *Rucola* kann eindeutschend auch *Rukola* geschrieben werden. Im allgemeinen Schreibgebrauch überwiegt die fremdsprachige Schreibweise *Rucola*.

rudern

Wird mit dem Verb *rudern* eine zielgerichtete Ortsveränderung verbunden, bildet man das Perfekt mit *sein: Sie sind über den See gerudert*.
Bezeichnet das Verb nur den Vorgang als solchen, kann man das Perfekt auch mit *haben* bilden. Oft überwiegt auch hier das Perfekt mit *sein: Er hat* (auch: *ist*) *die ganze Strecke gerudert. Ich habe* (auch: *bin*) *jetzt eine Stunde gerudert, jetzt bist du an der Reihe*.

rufen

In der Allgemeinsprache steht das Verb *rufen* mit dem Akkusativ: *Sie rief ihren Sohn zu sich. Sie rief ein Taxi*. Regional ist in der Bedeutung „zu sich rufen" auch der Dativ in Gebrauch: *Der Gast rief dem Kellner*.
Standardsprachlich muss hier die Präposition *nach* stehen: *Er rief nach dem Kellner*.

rund

runder / ründer • Die Vergleichsformen (Steigerungsformen) von *rund* werden nicht mit Umlaut gebildet: *rund – runder* (falsch: *ründer*) *– am rundesten* (falsch: *am ründesten*).
Groß- und Kleinschreibung • Das Adjektiv *rund* wird auch in festen Verbindungen mit Substantiven kleingeschrieben, wenn es sich nicht um Eigennamen handelt: *eine runde Summe; eine runde Sache*.
In einigen Fällen hat die Verbindung aus Adjektiv und Substantiv neben der wörtlichen auch eine übertragene Bedeutung, die nicht aus ihren Einzelbestandteilen ersichtlich ist. Deshalb ist in der Verbindung *runder Tisch* auch die Großschreibung des Adjektivs zulässig: *der runde/Runde Tisch* (= „Verhandlungstisch").

runter

Das Adverb *runter* ist eine umgangssprachliche Verkürzung von *herunter* und sollte im Geschriebenen vermieden werden. Wird die Form dennoch verwendet, um beispielsweise die Merkmale gesprochener Sprache nachzuahmen, steht kein Apostroph: *Komm bitte sofort runter!*

Russland, russisch

Russland • Die eingedeutschten geografischen Eigennamen von Orten, Landschaften usw. in Ländern oder Gebieten ohne deutsche Amtssprache unterliegen nicht der juristischen Normierung. Deshalb wird der Eigenname seit der Rechtschreibreform *Russland* (nicht: *Rußland*) geschrieben.
russisch / Russisch • Das Adjektiv *russisch* schreibt man auch in vielen festen Verbindungen klein: *russisches Bad; russisch-römisches Bad; russisches Brot*. In der Bezeichnung für das Eiergericht kann *russisch* groß- oder kleingeschrieben werden: *russische/Russische Eier*.
Ist *russisch* Bestandteil von Eigennamen schreibt man groß. Dies gilt auch für bestimmte historische Ereignisse und Epochen: *der Russisch-Japanische Krieg (1904/05); der Russisch-Türkische Krieg (1877/78); die Russische Föderation*.

S

s- / S- – S-Kurve, S-förmig

Man setzt einen Bindestrich in Zusammensetzungen mit Einzelbuchstaben: *S-Kurve, s-Laut, s-förmig / S-förmig*. Ein Bindestrich steht zudem zwischen allen Bestandteilen mehrteiliger Zusammensetzungen, in denen eine Zusammensetzung mit Bindestrich auftritt: *S-Kurven-reich*.

s-Laut / ss / ß

→ *Sonderseiten „s oder ß oder ss?", S. 376 f.*

sächlich

→ *Genus*

Sack

zwei Sack / Säcke • Wird *Sack* als Maßeinheit im Plural verwendet, kann es mit oder ohne Endung stehen: *zwei Sack / Säcke Kartoffeln*. Wird *Sack* dagegen nicht als Maßbezeichnung gebraucht, muss die gebeugte Pluralform stehen: *Er trug die drei Säcke in den Keller.*

ein Sack feinster Zucker / feinsten Zuckers • Steht nach *Sack* das Substantiv, das den Inhalt bezeichnet, mit einem Adjektiv, so werden beide in denselben Kasus gesetzt wie *Sack: ein Sack feinster Zucker; mit fünf Säcken feinstem Zucker; der Preis eines Sackes feinsten Zuckers.*

Im Nominativ könnte nach *Sack* das Substantiv auch als Genitivattribut angeschlossen werden. Dieser Gebrauch gilt heute jedoch als gespreizt und sollte vermieden werden: *ein Sack feinen Zuckers* (besser: *ein Sack feiner Zucker*).

Saite / Seite

Bei einigen gleichlautenden Wörtern wird wegen der unterschiedlichen Bedeutung auch unterschiedlich geschrieben: *Saite* (beim Musikinstrument) – *Seite* (beim Buch).

Neue *Saiten / Seiten* aufziehen

Bei manchen Wörtern, die heute gleich ausgesprochen werden, ergab sich die Gefahr einer Verwechslung erst im Verlauf der Wortgeschichte. Das Wort *Seite*, das man heute im Sinne von „Buchseite" sowie einer ganzen Reihe weiterer Bedeutungen verwendet, lautete im Althochdeutschen noch *sīta*, im Mittelhochdeutschen *sīte*. Erst mit der neuhochdeutschen Diphthongierung, die von Kärnten ausging und ungefähr im 12. Jahrhundert einsetzte, änderte sich Grundlegendes. Langvokale wandelten sich zu Diphthongen und aus Wörtern wie *m**ī**n* wurde *m**ei**n*, aus *h**ū**s* das *H**au**s* und aus *s**ī**te* eben die *S**ei**te*. So fiel es lautlich mit einem Ausdruck zusammen, mit dem es sprachgeschichtlich nicht verwandt war: der *Saite*. Das Wort – im Mittelhochdeutschen wurde es meist *seite*, im Althochdeutschen *seita* geschrieben – stand ursprünglich für „Schlinge, Fessel", aber auch für „feiner Darm". Im *Saitling* oder in der *Saitenwurst* hat sich dieser Sinn noch erhalten. Die Bedeutung des Wortes verengte sich jedoch bereits im Mittelalter auf die Instrumenten*saite*, da diese (wie dies teilweise bis heute geschieht) aus Tierdarm hergestellt wurden.

Erst im 17. Jahrhundert setzte sich schließlich die Unterscheidungsschreibung durch, die zwischen *Saite* und *Seite* trennt.

s oder *ß* oder *ss*?

... ein Klassiker unter den sprachlichen Zweifelsfällen, obwohl die Regeln eindeutig und auch nicht zu komplex sind. Die richtige Schreibung des s-Lautes bereitet nicht nur Schülerinnen und Schülern Kopfzerbrechen, sondern auch vielen Erwachsenen. Im Zuge der Einführung der amtlichen deutschen Rechtschreibung Ende des letzten Jahrhunderts wurde auch wieder einmal diskutiert, das „ß" ganz abzuschaffen (wie es die Schweizer schon vor langer Zeit getan haben) – aber es blieb (außer eben in der Schweiz und Liechtenstein) erhalten, auch wenn wir dieses originelle, auch „scharfes s" genannte Zeichen nach wie vor nicht als Großbuchstaben schreiben können.

Schweizer Sonderregelung beim ß

In der Schweiz (und in Liechtenstein) wird statt *ß* ausschließlich *ss* geschrieben. Es steht also, anders als sonstige Doppelkonsonanten, nicht nur nach kurzen, sondern auch nach langen Vokalen und nach Doppellauten (Diphthongen). Damit kann man nicht erkennen, ob der vorangehende Vokal lang oder kurz ausgesprochen wird, im Zweifelsfall also, welche Bedeutung ein geschriebenes Wort hat: *Masse* kann sowohl das bundesdeutsche *Maße* als auch *Masse* sein, *Busse* kann außer dem Plural für *Bus* auch bundesdeutsch *Buße* bedeuten.

Wichtig: Wie spricht man das s aus?

Für die Schreibung des s-Lautes gibt es im Deutschen drei Möglichkeiten: *s* oder *ß* oder *ss*. Eine große Hilfe bei der korrekten Schreibung stellt die Aussprache des betreffenden Wortes dar.

Das stimmhafte s ▸ Es gibt weiche, summende s-Laute (wie in *Sonne, Wiese*). Jeder stimmhafte s-Laut wird immer mit einfachem *s* geschrieben.

Das stimmlose s ▸ Ein *s* kann auch hart, zischend ausgesprochen werden. Dieses stimmlose *s* kann prinzipiell alle drei Schreibungen nach sich ziehen.

- **ß**: Wenn davor ein langer und betonter Vokal steht oder ein Diphthong (Doppellaut) wie *au, ei, eu,* dann folgt in der Regel *ß: Floß, Fuß, Spaß, draußen*. Nach amtlicher Regelung schreibt man für das scharfe (stimmlose) [s] nach langem Vokal oder Diphthong ein *ß*, wenn im Wortstamm kein weiterer Konsonant folgt.
- **s**: Durch die sogenannte Auslautverhärtung im Deutschen sind alle s-Laute am Ende eines Wortes stimmlos zu sprechen, auch wenn sie innerhalb eines verwandten Wortes stimmhaft sind: *Häuser – Haus*. So kann auch ein stimmloses *s* als einfaches *s* geschrieben werden. Außerdem steht ein einfaches *s* nach Konsonanten: *Linse, Hamster, Herbst*.
- **ss**: Nach einem kurzen betonten Vokal steht in der Regel *ss* für den stimmlosen s-Laut: *küssen, Fässer, Fluss*.

Ein Missverständnis? – Ausnahmen bestätigen die Regel

Nicht immer kann man die Richtlinien, die für die Schreibung des s-Lautes gelten, auch konsequent anwenden – mit Ausnahmen muss man leben.

Die Vorsilbe *Miss-* wird grundsätzlich mit Doppel-s geschrieben, so wie es die Regel vorsieht, dass nach kurzem betontem Vokal der stimmlose s-Laut als Doppel-s geschrieben wird.
Die Nachsilbe *-nis* dagegen ist eine Ausnahme; sie wird mit einfachem *s* geschrieben – nur wenn die Wörter auf *-nis* in den Plural gesetzt werden, verdoppelt sich das *s*: *Bündnis – Bündnisse*.
Es gibt einige meist kurze Wörter, die nach kurzem Vokal ein einfaches *s* haben und (wenn es sich um Substantive handelt) erst im Plural das Doppel-s bekommen. Allerdings sind das meist so geläufige Wörter, dass die Schreibung nur wenigen Menschen Schwierigkeiten bereitet: *bis, das, was, Bus (Busse).*

Wieso fließen, aber floss?

Auch wenn es dabei zu einem Wechsel von *ß* und *ss* kommen kann, finden bei der Konjugation von Verben die grundsätzlichen Regeln Anwendung. Verben, deren Infinitiv mit *ß* geschrieben wird (weil etwa ein lang gesprochener Vokal dem s-Laut vorangeht), haben trotzdem ein *ss* in anderen Flexionsformen, wenn sich der Vokal bzw. dessen Aussprache ändert:

- *fließen – fließt – floss – geflossen,*
- *genießen – genießt – genoss – genossen* (und *Genuss*).

i Wieso schreibt man *Litfaßsäule*?
Das Wort *Litfaßsäule* hat ganz eindeutig ein kurz auszusprechendes *a* vor dem s-Laut und dennoch wird ein *ß* geschrieben – wie kommt das? Eigennamen sind von der amtlichen Regelung der deutschen Rechtschreibung nicht betroffen. Und die *Litfaßsäule* geht auf einen Eigennamen zurück, nämlich auf den Berliner Drucker **Ernst Theodor Amandus Litfaß** (1816–1874). Dieser hatte die Idee zum Errichten von Säulen als Reklameträgern und ließ die ersten 1855 aufstellen. Ihm zu Ehren nannte man sie *Litfaßsäulen*.

Und warum dann SPASS?

Nach wie vor gibt es den Buchstaben *ß* nur als kleinen Buchstaben; verwendet man Großbuchstaben, muss das *ß* durch Doppel-S ersetzt werden:
SPASS, GRUSS, SÜSS.
Nur in der elektronischen Datenverarbeitung ist die Speicherung des *ß* als Großbuchstabe inzwischen als internationaler Standard (ISO/IEC 10646) zugelassen, um Verwechslungen, etwa bei Namenschreibungen, auszuschließen.

i *das* oder *dass*?
Um diese beiden Wörter nicht zu verwechseln und sie entsprechend korrekt zu schreiben, sollte man sich darüber klar sein, welche grammatische Funktion sie haben. Zur Sicherheit kann man eine **Ersatzprobe** machen. Wenn man das fragliche Wort ersetzen kann durch *dies(es), jenes* oder *welches*, dann handelt es sich um *das* mit einfachem *s*. Die Konjunktion *dass* kann man nicht ersetzen.

Das/das als **bestimmter Artikel**	***Das*** *Buch ist super.*
Ersatzprobe	*Dieses Buch ist super.*
Das/das als **Relativpronomen**	*Das Buch,* ***das*** *ich mir ausgeliehen habe, ist super.*
Ersatzprobe	*Das Buch, welches ich mir ausgeliehen habe, ist super.*
Das/das als **Demonstrativpronomen**	***Das*** *ist nicht dein Ernst.*
Ersatzprobe	*Dies ist nicht dein Ernst.*
Dass/dass = **Konjunktion**	***Dass*** *das Buch super ist, dachte ich mir.*
	Ich hoffe sehr, ***dass*** *das Buch spannend ist.*
Aber (*das* = Artikel):	*Ich hoffe sehr,* ***das*** *Buch ist spannend.*

Sakko

Das aus dem Italienischen *sacco* (eigentlich: „Sack“) übernommene Fremdwort *Sakko* kann im Maskulinum oder Neutrum gebraucht werden, wobei sich der Gebrauch und auch die Aussprache regional unterscheiden:
DEUTSCHLAND: kurzes betontes *a: das Sakko* (selten: *der Sakko*)
ÖSTERREICH: langes betontes *o: das Sakko*
SCHWEIZ: kurzes betontes *a: der Sakko*

Saldo

Das Substantiv *Saldo* wird nur im Maskulinum gebraucht. Es heißt: *der Saldo* (nicht: *das Saldo*). Das Substantiv hat drei mögliche Pluralformen: *Salden/Saldos/Saldi.*
Im allgemeinen Sprachgebrauch wird die Form *die Salden* am häufigsten verwendet.

Same / Samen

Das Substantiv hat zwei mögliche Nominativformen: *der Same/der Samen.* Die ältere Form *der Same* findet nur noch selten, vor allem in religiösen Zusammenhängen, Verwendung. Für beide Formen lautet der Genitiv *des Samens* und der Plural *die Samen.*

Samstag

→ *Sonntag*

samt

Die Präposition *samt* steht immer mit dem Dativ: *Der Passagier wurde samt seinem Handgepäck durchsucht.*

sämtliche(r, -s)

Adjektive und Partizipien nach *sämtliche(r, -s)* werden im Singular grundsätzlich schwach gebeugt: *sämtlich**er** ständig wiederholt**e** Unsinn; sämtlich**es** verdient**e** Geld; mit sämtlich**em** grau**en** Stoff.*
Auch im Plural überwiegt im Nominativ und Akkusativ die schwache Deklination, die starke Deklination ist seltener: *sämtlich**e** neu**en*** (selten: *neue*) *Kollegen; für sämtlich**e** neu**en*** (selten: *neue*) *Kollegen.*
Häufiger dagegen ist die starke Deklination im Genitiv Plural: *angesichts sämtlich**er** überstanden**er*** (seltener: *überstanden**en***) *Gefahren; die Glückwünsche sämtlich**er** neu**er*** (seltener: *neu**en***) *Kollegen; der Verkauf sämtlich**er** grün**er*** (seltener: *grün**en***) *Tomaten.*

Sanftmut

Dieses Substantiv steht nicht im Maskulinum, sondern im Femininum: *die Sanftmut. Er war die Sanftmut in Person.* Das liegt daran, dass es sich nicht um eine Zusammensetzung mit dem Substantiv *Mut* handelt. Vielmehr liegt eine sogenannte Rückbildung aus dem Adjektiv *sanftmütig* vor.

Sankt / St.

Groß- und Kleinschreibung • Obwohl das Wort *Sankt* dem lateinischen Adjektiv *sanctus* („heilig“) entspricht, wird es immer großgeschrieben, da es nur als Bestandteil von Namen vorkommt. Dies gilt auch für die Abkürzung *St.: Sankt Andreas/St. Andreas; Sankt Andreasberg/St. Andreasberg.*
Bindestrich • Bildet man von Heiligen- oder Ortsnamen mit *St./Sankt* Ableitungen, kann man getrennt schreiben oder einen Bindestrich setzen: *die Sankt Galler/Sankt-Galler Klosterschätze; St. Galler/St.-Galler Klosterschätze.*
Ist der Heiligen- oder Ortsname Bestandteil einer mehrteiligen Aneinanderreihung, muss man Bindestriche setzen: *Sankt-Lorenz-Strom; Sankt-Peters-Kirche/St.-Peters-Kirche.*

satt

bin/habe es satt • Wird *satt* in übertragener Bedeutung (= „einer Sache überdrüssig sein“) gebraucht, kann es sowohl mit *haben* als auch mit *sein* stehen. Das Objekt steht in beiden Fällen im Akkusativ: *Ich habe/bin diesen Streit so satt.*

Getrennt- und Zusammenschreibung • Wird die Verbindung aus *satt* und einem Verb in konkreter Bedeutung gebraucht, schreibt man in der Regel getrennt: *Ich hoffe, du bist satt geworden. Sie hat sich tüchtig satt gegessen.* In Verbindung mit *machen* ist auch Zusammenschreibung erlaubt, da *satt* hier das Ergebnis einer Handlung beschreibt: *Schon das bisschen Salat hat die Kinder satt gemacht/sattgemacht.*
Stets getrennt geschrieben werden Verbindungen mit *sein: Es ist ein schönes Gefühl, satt zu sein. Ich hoffe, dass ihr alle satt seid. In bin gegangen, weil ich es satt bin, immer die zweite Geige zu spielen.*
Wenn sich die Gesamtbedeutung einer Verbindung aus Adjektiv und Verb nicht aus ihren einzelnen Bestandteilen bestimmen lässt, sondern eine neue Bedeutung entsteht, so schreibt man (außer mit *sein*) zusammen: *Ich glaube, dass er seinen Job satthat* (= „dessen überdrüssig ist“). *Sie hat es sattbekommen* (= „ist es leid geworden“), *hinter den Kindern aufzuräumen. Er kann sich an der neuen CD einfach nicht satthören.*

Satz – Satzarten

Die folgenden fünf verschiedenen Satzarten können unterschieden werden:
Aussagesatz (auch: Deklarativsatz):
Es ist schon dunkel.
Aufforderungssatz (auch: Imperativsatz):
Mach bitte das Licht an!
Ausrufesatz (auch: Exklamativsatz):
Wie dunkel es ist!
Fragesatz (auch: Interrogativsatz):
Ist es schon dunkel?
Wunschsatz (auch: Desiderativsatz):
Es werde Licht.
Formal unterscheiden sich diese Satzarten hauptsächlich durch die Stellung des Verbs, teilweise auch durch den Modus, in dem das gebeugte Verb steht (Indikativ, Konjunktiv, Imperativ), und teilweise durch die Satzschlusszeichen. Inhaltlich stimmt der Gebrauch jedoch nicht immer mit diesen Kategorien überein. Der Satz *Machst du bitte das Licht an?* ist zwar als Fragesatz formuliert, tatsächlich verbindet der Sprecher damit jedoch eine Bitte oder Aufforderung.

„Schreckliche deutsche Sprache?“ – Die *Satzklammer*

Deutsche Sprache – lustige Sprache: Als **Mark Twain** (s. Abbildung unten) sich 1880 in seinem Aufsatz „The Awful German Language“ humorvoll über das deutsche Idiom ausließ, war es vor allem die Satzklammer, die er mit einem erstaunlichen Satzbeispiel aufspießte:

*Er **reiste**, als die Koffer fertig waren und nachdem er Mutter und Schwester geküsst und nochmals sein angebetetes, einfach in weißen Musselin gekleidetes, mit einer frischen Rose in den sanften Wellen ihres reichen braunen Haares geschmücktes Gretchen, das mit bebenden Gliedern die Treppe herabgeschwankt war, um noch einmal sein armes gequältes Haupt an die Brust desjenigen zu lehnen, den es mehr liebte als das Leben selber, ans Herz gedrückt hatte, **ab**.*

Die sogenannte Satzklammer ist ein typisches Merkmal des Deutschen. Gemeint ist damit die

Umklammerung bestimmter Satzteile, in diesem Fall durch mehrteilige Verbformen: *Wir **fangen** morgen mit der Renovierung **an**. Er **wird** wohl nicht noch einmal zu Besuch **kommen**.* Bei Satzklammern etwa in Vorträgen, Reden oder Gesprächen sollte man es möglichst vermeiden, zu viel Informationen in die Satzklammer zu packen, um den oder die Hörer nicht zu überfordern. Richtschnur sollte immer die Übersichtlichkeit des Textes sein. Diese wäre in Twains Satz etwa dadurch zu erreichen, dass der Nebensatz (mitsamt aller darin enthaltenen Nebensätze) **ausgeklammert** wird: *Er **reiste ab**, als die Koffer fertig waren und nachdem er Mutter und Schwester geküsst und …*

Satzgefüge

Ein Satzgefüge ist ein komplexer Satz, der aus mindestens einem Hauptsatz und einem oder mehreren Nebensätzen besteht. Nebensätze können auch die Funktion einer Ergänzung haben (Ergänzungssatz).
Hauptsatz + Nebensatz: *Überall gehen die Lichter an, weil es dunkel wird.*
Nebensatz + Hauptsatz: *Weil es dunkel wird, gehen überall die Lichter an.*
Nebensatz als Ergänzungssatz: *Ich glaube, dass es heute Nacht sehr kalt wird.*
Im Hauptsatz steht die finite Verbform in der Regel an zweiter Stelle, im Nebensatz steht sie in Letztstellung, also am Ende des Satzes.

Satzglied

Satzglieder sind: das Prädikat, die Ergänzung (d. h. ein von einem Verb gefordertes Satzglied: Subjekt, Objekt) und die (adverbiale) Angabe (auch: Adverbial, adverbiale Bestimmung).
Prädikate: *Günther **kommt**. Anna **musste** die ganze Wohnung **säubern**.*
Ergänzungen: ***Günther** kommt. **Der alte Mann** gab **dem Jungen einen Ball**.*
Adverbiale Angaben: *Günther kommt **morgen.** Günther kommt **nach Berlin**.*

sauber

Verbindungen aus *sauber* und einem Verb werden in der Regel getrennt geschrieben, wenn sie in konkreter Bedeutung gebraucht werden: *etwas sauber halten; sauber bleiben.* In Verbindung mit *machen* ist Getrennt- und Zusammenschreibung erlaubt, da *sauber* das Resultat der durch das Verb ausgedrückten Handlung beschreibt: *etwas sauber machen / saubermachen* (es ist anschließend *sauber*); *den Monitor sauber wischen / sauberwischen.*
TIPP: Für *saubermachen* und *sauberwischen* empfiehlt sich die Zusammenschreibung, da diese Verbindung gemäß Schreibgebrauch und Bedeutung als zusammengehörig empfunden wird: *Die ganze Familie half, die Küche sauberzumachen.*

saugen

Das Verb *saugen* befindet sich im Übergang von der starken zur schwachen Konjugation. In der Gegenwartssprache kommen sowohl die starken als auch die schwachen Formen vor: *saugen – sog – gesogen; saugen– saugte – gesaugt*
In der Bedeutung „Flüssigkeit aufsaugen“ sind sowohl die starken als auch die schwachen Formen korrekt: *Sie sog den Saft durch den Strohhalm.* (Auch: *Sie saugte den Saft …*)
Die Bienen sogen Honig aus den Blüten.
(Auch: *Die Bienen saugten Honig …*)
Im technischen Bereich wird jedoch allein die schwache Konjugation verwendet: *Ich habe gestern überall Staub gesaugt. Die Feuerwehr saugte die Gase ab.*

Sauna

Der Plural von *Sauna* kann *die Saunen* oder *die Saunas* lauten.

Schaden / Schade / schade

Das Substantiv wird heute fast nur noch in der schwachen Deklination gebraucht. Im Nominativ heißt es *der Schaden.* Die früher übliche Form *der Schade* kommt nur noch in der Redewendung *es soll sein Schade* (auch: *Schaden*) *nicht sein.* In der Funktion als Adjektiv ist *schade* dagegen noch im Sprachgebrauch vorhanden: *Das ist aber schade.*

Schaden(s)ersatz

Im allgemeinen Sprachgebrauch steht zwischen den Wortbestandteilen ein Fugen-s: *Schadensersatz.* In fachsprachlichen Texten wird teilweise auf das Fugen-s verzichtet: *Schadenersatz.*

schaffen – schuf / schaffte

schaffen - schaffst - schafft • Obwohl *schaffen* zu den starken Verben zählt, wird die 2. und 3. Person Präsens ohne Umlaut gebildet:
schaffen – du schaffst – er / sie / es schafft
(vgl.: *fallen – du fällst – er / sie / es fällt*).

schuf / schaffte • Das Verb *schaffen* wird in der Bedeutung „etwas hervorbringen, erzeugen“ stark gebeugt *(schuf, geschaffen): Am Anfang schuf Gott Himmel und Erde. Der Dichter hat ein unsterbliches Werk geschaffen.*
In den Bedeutungen „etwas bewirken, etwas bewältigen, jemanden oder etwas an einen anderen Ort bringen“ wird das Verb hingegen schwach gebeugt *(schaffte, geschafft): Ich habe die ganze Arbeit allein geschafft. Wir schafften alles ins Haus.*
In Verbindung mit einer Reihe von Substantiven sind beide Formen (die starke und die schwache) möglich: *Wir schufen/schafften alle Voraussetzungen. Es wurde Abhilfe geschaffen/geschafft.*

schallen

Das Verb *schallen* wird schwach gebeugt. Die gelegentlich anzutreffende Präteritumform *scholl* ist eine Nebenform: *schallen – schallte* (selten: *scholl*) – *geschallt.*
Dagegen kann das Verb *erschallen* sowohl stark als auch schwach flektiert werden. Die schwache Konjugation ist die gebräuchlichere, die starken Formen sind gehoben.
→ *erschallen*

Schaltsatz

Ein eingeschobener Hauptsatz (Schaltsatz) wird in Kommas eingeschlossen. Die Konstruktion des Satzes wird durch den Schaltsatz unterbrochen und danach unverändert wieder aufgenommen. Statt der Kommas können, außer bei Einschaltungen in die direkte Rede, auch Gedankenstriche oder runde Klammern stehen.
Der Aufsichtsrat, das sage ich Ihnen im Vertrauen, wird dieser Vorlage nicht zustimmen.
Der Aufsichtsrat – das sage ich Ihnen im Vertrauen – wird dieser Vorlage nicht zustimmen.
Der Aufsichtsrat (das sage ich Ihnen im Vertrauen) wird dieser Vorlage nicht zustimmen.

Schänke oder Schenke?

Beide Möglichkeiten sind korrekt: Dem Stammprinzip folgend kann man (in Anlehnung an *ausschenken*) *Schenke* schreiben oder *Schänke* (in Anlehnung an *Ausschank*). Entsprechend verhalten sich: *Schenkwirtschaft/Schänkwirtschaft* (auch: *Schankwirtschaft*).

Sein Leben in die *Schanze* schlagen

Die langsam veraltende Redensart *sein Leben in die Schanze schlagen* ist „semantisch dunkel“, was bedeutet, dass sie sich ihrem unmittelbaren Wortsinn nach nicht mehr erschließt. Am ehesten lässt das Wort *Schanze* noch einen militärischen Zusammenhang vermuten. Doch das ist falsch, denn mit der militärischen *Schanze* (ursprünglich: „Reisigbündel“) hat die *Schanze* der Redewendung nichts zu tun. Sie geht, genau wie die deutlich bekanntere *Chance,* auf das altfranzösische Wort *cheance* zurück. Mit *cheance* – das als *schanze* bereits im 13. Jahrhundert ins Deutsche entlehnt wurde – bezeichnete man den „Glückswurf im Würfelspiel“. Der Wendung *das Leben in die Schanze schlagen* entspricht also im wörtlichen wie im übertragenen Sinn die Redensart *sein Leben aufs Spiel setzen.* Außerhalb der festen Wendung ist das Wort *Schanze* dagegen ausgestorben. Ganz verschwunden ist es gleichwohl nicht: Es begegnet noch in der Wendung *jemandem etwas zu**schanzen***. Gemeint war damit, dass jemand etwas ohne eigene Leistung (also durch glückliche Umstände) zugeteilt bekam. Erhalten blieb *Schanze* auch im Wort *Mummenschanz.* Doch wie es zu dieser Bedeutungsübertragung vom Glücksspiel auf das Maskenfest kam, darüber lässt sich nur mutmaßen. Eine Erklärung besagt, dass während der Fastenzeit, in der ein allgemeines Glücksspielverbot herrschte, das Würfelspielen nur in Verkleidung *(Mumme)* möglich war.

Schar

eine Schar spielender Kinder macht / machten • Wenn das Subjekt eine Maß- oder Mengenbezeichnung im Singular ist, steht das Prädikat in der Regel im Singular, auch wenn das Gemessene bzw. das Gezählte im Plural steht: *Eine Schar spielender Kinder machte großen Lärm.* Daneben kommt aber auch der Plural vor: *Eine Schar spielender Kinder machten großen Lärm.* Diese sogenannte „constructio ad sensum“ (Konstruktion dem Sinne nach) ist ebenfalls korrekt, da der Plural des Gemessenen z. B. die Vorstellung „mehrere Personen in einer Schar“ hervorruft.
eine Schar Angestellter / Angestellte • Nach *Schar* kann das folgende Substantiv im Genitiv stehen, wenn es mit einem Artikel oder einem Adjektiv steht: *eine Schar junger Leute.* Es kann aber im Allgemeinen durch die Apposition und oft durch ein Präpositionalattribut ersetzt werden: *eine Schar junge Leute* (Apposition); *eine Schar von jungen Leuten* (Präpositionalattribut). Dies gilt genauso für substantivierte Adjektive, die ebenfalls über Genitivendungen verfügen: *eine Schar Angestellter; eine Schar Angestellte; eine Schar von Angestellten.*

scharf

In der Regel schreibt man *scharf* vom folgenden Verb getrennt: *jemanden scharf anpacken; scharf nachdenken; scharf schießen; scharf sehen.* Steht die Verbindung für eine Handlung, deren Ergebnis durch das Adjektiv *scharf* ausgedrückt wird, kann man getrennt oder zusammenschreiben: *das Messer scharf machen / scharfmachen* (es ist dann scharf). In der Bedeutung „einen Hund so abrichten, dass er Menschen angreift“, schreibt man zusammen: *einen Hund scharfmachen.*
Groß- und Kleinschreibung • Den Superlativ nach *aufs* oder *auf das* kann man groß- oder kleinschreiben: *etwas aufs Schärfste / schärfste verurteilen.*

schätzen lernen

Man schreibt getrennt: *schätzen lernen. Er hatte die regelmäßigen Kaffeerunden schätzen gelernt.*

REGEL: Man schreibt Verbindungen aus zwei Verben getrennt. Nur in Verbindungen mit *bleiben* oder *lassen* als zweitem Bestandteil ist bei übertragenem Gebrauch die Zusammenschreibung möglich.

Scheck / Check

→ *Check*

scheinbar oder anscheinend?

→ *anscheinend*

scheinen

Steht *scheinen* mit einem Infinitiv mit *zu,* setzt man kein Komma, denn *scheinen* wird hier wie ein Hilfsverb verwendet. In solchen Fällen bilden Infinitiv und Hilfsverb gemeinsam das Prädikat des Hauptsatzes und dürfen deshalb nicht voneinander getrennt werden: *Der Chef scheint wieder einmal schlechte Laune zu haben. Der Skispringer scheint sich von seinem Unfall erholt zu haben.*

Scheit

Der Plural von *Scheit* lautet: *die Scheite;* in Österreich und der Schweiz ist auch *die Scheiter* korrekt.

schelten

Wie die meisten starken Verben mit einem *e* im Stamm bildet *schelten* die Formen der 2. und 3. Person Singular mit dem Vokal *i* (sogenannter e/i-Wechsel): *schelten – du schiltst, er schilt.* Auch der Imperativ wird mit *i* gebildet: *schilt!* (nicht: *schelte!*)

Schenke / Schänke

→ *Schänke*

Scherben / Scherbe

Scherbe und *Scherben* unterscheiden sich in ihrer Bedeutung: Als *Scherbe* bezeichnet man stan-

dardsprachlich ein „Bruchstück eines Gefäßes“. Das Substantiv steht im Femininum: *in eine Glasscherbe treten.*
In der Fachsprache der Keramik oder in der Kunstwissenschaft meint man mit *dem Scherben* (das Wort steht im Maskulinum) den gebrannten Werkstoff (Keramik, Porzellan) unter der Glasur: *Ein dichter Scherben wird auch als gesintert bezeichnet, weil er durch das Brennen glasartig geworden ist.*
In Süddeutschland und Österreich bezeichnet man sowohl ein Bruchstück als auch einen (alten) Blumentopf als *Scherben.*

schick / chic

→ *chic*

schief

Groß- und Kleinschreibung • In der Regel wird *schief* auch in festen Verbindungen mit Substantiven kleingeschrieben: *die schiefe Ebene; schiefe Absätze; auf die schiefe Bahn geraten; in ein schiefes Licht geraten; die schiefe Schlachtordnung.*
Ist *schief* Bestandteil von Eigennamen, schreibt man groß: *der Schiefe Turm von Pisa.*
Getrenntschreibung • In Verbindung mit Verben schreibt man in konkreter Bedeutung meist getrennt: *schief gehen, schief liegen, schief stehen; schief singen* (= „nicht gerade“). *Siehst du nicht, dass der Wohnzimmerteppich schief liegt?*
Getrennt- oder Zusammenschreibung • In der Wendung *die Absätze schief treten* kann auch zusammengeschrieben werden, weil die Verbindung für eine Handlung steht, deren Ergebnis durch das Adjektiv ausgedrückt wird: *die Absätze schief treten / schieftreten.*
Auch in Verbindung mit adjektivisch gebrauchten Partizipien kann getrennt oder zusammengeschrieben werden: *ein schief gewickelter / schiefgewickelter Verband; schief getretene / schiefgetretene Absätze; eine schief gewachsene / schiefgewachsene Tanne.*
Zusammenschreibung • Wird die Verbindung in übertragener Bedeutung gebraucht, schreibt man zusammen: *Die Sache musste ja schiefgehen* (= „misslingen“). *Dass sie mit ihrer Prognose schiefliegen würden* (= „eine falsche, unpassende Meinung / Voraussage haben“), *nahmen sie in Kauf. Sie haben sich über diesen Witz schiefgelacht* (= „sehr heftig und lange gelacht“). *Wenn du das glaubst, bist du schiefgewickelt* (= „bist du im Irrtum“).

Schild

Je nach Bedeutung verwendet man das Substantiv im Maskulinum oder im Neutrum: *der Schild* (= „Schutzvorrichtung“) / *das Schild* (= „Tafel, Platte, Erkennungszeichen“).

Etwas im *Schilde* führen

Die Wendung *etwas im Schilde führen* wird heute meist mit „Hinterlist“ verbunden, weil der Betreffende seine wahren Absichten verbirgt. Ironischerweise war mit der Wendung, die auf das Turnier- und Kriegswesen im Mittelalter zurückgeht, genau das Gegenteil gemeint: Vor Schlachten wurde, um die hochgerüsteten Kämpfer unterscheidbar zu machen, auf Fahnen und *Schilden* die Zeichen der kriegführenden Parteien aufgemalt. Ob ein Ritter Freund oder Feind war, ließ sich also daran erkennen, welches Wappen *er im Schilde führte.*
Diese Funktion des *Schildes* als Erkennungszeichen war so verbreitet, dass auch an Amtsgebäuden und Wirtshäusern *Schilder* als Erkennungszeichen angebracht wurden.

Später wurde die Bedeutung auf Etiketten, Hinweistafeln oder auf Straßenschilder und Wegweiser ausgeweitet, wobei sich im Neuhochdeutschen zur Unterscheidung von *Schutzschild* und *Hinweisschild* eine Unterscheidung nach Maskulinum und Neutrum ausbildete.

schimpfen

Nach *schimpfen* steht der sogenannte Gleichsetzungsakkusativ. Es handelt sich dabei um Konstruktionen mit zwei Akkusativobjekten, von denen das eine das andere näher beschreibt: *Sie schimpfte ihn einen Versager.* Im Passiv werden beide Akkusativobjekte in den Nominativ gesetzt: *Er wurde von ihr ein Versager geschimpft.*

Schlägel oder Schlegel?

Seit der Rechtschreibreform schreibt man *Schlägel*, da sich ein Bezug zu *schlagen* herstellen lässt. Die alte Form *Schlegel* ist nicht mehr korrekt.

schlagen

Ist ein Körperteil Ziel der Handlung, kann das entsprechende Objekt im Akkusativ oder Dativ stehen: *Er schlägt ihm/ihn ins Gesicht.*

Schlagwort

Das Substantiv hat zwei Pluralformen, die aber oft mit unterschiedlichen Bedeutungsaspekten verbunden sind: Die Pluralform *die Schlagwörter* bezieht sich auf mehrere einzelne Wörter: *Ich empfehle Ihnen, heute besonders auf Schlagwörter wie Effizienz und Produktivität einzugehen.* Auch im Bibliothekswesen steht *Schlagwörter* in der Bedeutung „mehrere Stichwörter“: *Die Schlagwörter sind kursiv gedruckt.*
Der Plural *Schlagworte* meint dagegen einen größeren Zusammenhang, meist in Verbindung mit Propaganda: *Außer Schlagworten fiel ihm nicht mehr viel ein.*

Schlange stehen

Die Verbindung aus Substantiv und Verb schreibt man getrennt: *Schlange stehen.*

schlecht

Groß- und Kleinschreibung • Das Adjektiv wird kleingeschrieben: *mehr schlecht als recht; schlechte Bezahlung; schlechte Zeiten; schlechte Noten; ein schlechtes Gewissen haben.*
Wird *schlecht* substantiviert, schreibt man dagegen groß: *im Guten wie im Schlechten. Ich kann über ihn nichts Schlechtes sagen. Es ist genug Schlechtes über diesen Roman geschrieben worden. Ich kann nichts Schlechtes dabei fühlen.*
Getrenntschreibung • In Verbindung mit einem Verb schreibt man in wörtlicher Bedeutung meist getrennt: *jemanden schlecht bezahlen; schlecht riechen. In diesen Schuhen kann ich nur schlecht gehen.*
Getrennt oder Zusammenschreibung • Wird die Verbindung *schlecht gehen* im Sinne von „sich in einer üblen Lage befinden, krank sein“ oder „sich schlecht entwickeln (Unternehmen)“ gebraucht, kann man getrennt oder zusammenschreiben: *Es ist ihr zuletzt schlecht gegangen/schlechtgegangen. Die Geschäfte werden schlecht gehen/schlechtgehen.* Dies gilt auch für *schlecht stehen* (= „in einer kritischen Verfassung sein“): *Die Angehörigen wussten, dass es um ihren Großvater schlecht stand/schlechtstand.*
Verbindungen aus Adjektiv und adjektivisch gebrauchtem Partizip können ebenfalls getrennt und zusammengeschrieben werden. Voraussetzung ist, dass die zugrunde liegende Verbverbindung getrennt geschrieben werden kann: *eine schlecht bezahlte/schlechtbezahlte Arbeit; schlecht beratene/schlechtberatene Kunden; ein schlecht gelaunter/schlechtgelaunter Vorgesetzter.*
Zusammenschreibung • Wird die Verbindung übertragen gebraucht, schreibt man zusammen: *jemanden schlechtmachen* (= „herabsetzen“); *eine Sache schlechtreden* (= „sie schlechter darstellen, als sie ist“).

schleifen

Das Verb *schleifen* kann sowohl stark als auch schwach gebeugt werden:
stark: *schleifen – schliff – geschliffen*
schwach: *schleifen – schleifte – geschleift*
Als starkes Verb wird es nur in der Bedeutung „einen Gegenstand schärfen/glätten“ verwendet: *Der Metzger schliff seine Messer stets sorgfältig. Auch die Art, wie ein Diamant geschliffen wird, bestimmt seinen Wert.*

Im Sinne von „etwas über den Boden ziehen“ wird die schwache Variante gebraucht: *Gemeinsam schleiften wir unsere Koffer zum Aufzug. Die Burg wurde im Krieg geschleift* (= „niedergerissen“).

schlimm

Als Adjektiv schreibt man *schlimm* klein: *Er hat schlimme Finger* (= „verletzte Finger“). *Er ist ein schlimmer Finger* (umgangssprachlich: „eine kriminelle Person“).
Die substantivierte Form des Adjektivs *schlimm* wird großgeschrieben: *Das Schlimmste haben wir überstanden. Es kam zum Schlimmsten. Er war auf das Schlimmste gefasst.*
Superlative mit *am* werden immer kleingeschrieben. Ein Superlativ liegt vor, wenn die Fügung mit „Wie?“ erfragbar ist: *Die ständigen Migräneattacken waren am schlimmsten.*
Bei Superlativen mit *aufs* oder *auf das* ist neben der Großschreibung auch die Kleinschreibung zulässig, wenn sie ebenfalls mit „Wie?“ erfragt werden können: *Der Hund wurde bei dem gestrigen Unfall aufs/auf das Schlimmste/schlimmste zugerichtet.*

Schlossstraße / Schloss-Straße

In der Regel folgen Straßennamen den im amtlichen Regelwerk festgelegten orthografischen Normen: Entsprechend werden bei *Schlossstraße* alle drei Konsonanten geschrieben. Zur besseren Lesbarkeit kann man aber auch einen Bindestrich setzen: *Schloss-Straße.*

schmal

Die Vergleichsformen (Steigerungsformen) von *schmal* können sowohl mit als auch ohne Umlaut geschrieben werden: *schmal – schmaler/schmäler.* Beim Superlativ wird in der Regel die Form ohne Umlaut bevorzugt: *am schmalsten* (seltener: *am schmälsten*).

Schmand oder Schmant?

Beide Formen sind korrekt: *Schmand/Schmant.*

Schmand: der häufigste Rechtschreibfehler

Der Rechtschreibfehler, der vielleicht am häufigsten – und das über Jahrzehnte hinweg – von Erwachsenen „verübt“ worden ist, findet sich im unscheinbaren Wörtchen *Schmand.* In dieser Form kann man es seit Jahrzehnten auf Plastikbechern und in Rezeptbüchern lesen. Wer jedoch ältere Ausgaben des Dudens zurate zieht, wird sehen, dass immer nur die Schreibung *Schmant* erlaubt war. Doch kaum jemand hielt sich daran.

Die Entscheidung für *Schmant* in den Wörterbüchern hatte etymologische Gründe: Man vermutete, dass *Schmant* wie *schmettern* auf tschechisch *smetana* („Milchrahm“) zurückgeht. Man übersah aber, dass es regional im Bergwerkswesen auch den *Grubenschmand* gab, den weichen, schlammartigen Schmutz, der sich in Höhlen und Gruben absetzte. Das zugehörige Adjektiv lautet *schmandig.* Wie das englische *smooth* könnte *Schmand* daher auf ein germanisches Wort für „weich“ zurückgehen.

Es gibt noch einen weiteren Grund, weshalb viele Schreibende *Schmand* präferierten: Bei allen Wörtern des Kernwortschatzes wie *Rand, Hand* oder *Stand* schreibt man am Wortende mit *and,* obwohl man [ant] hört. Dieses Phänomen ist als Auslautverhärtung bekannt. Wörter, die tatsächlich auch mit *-ant* geschrieben werden, gibt es mit Ausnahme bestimmter Fremdwörter wie *Protestant* oder *Diamant* nicht. Für viele Schreibende dürfte es nahegelegen haben, auch bei *Schmand* eine Auslautverhärtung zu vermuten und *-nd* zu schreiben. Am Ende hat sich hier der Schreibgebrauch durchgesetzt: Der Rat für deutsche Rechtschreibung ließ 2011 neben *Schmant* auch die Schreibung *Schmand* gelten.

schmelzen

Bei dem Verb *schmelzen* wurde ursprünglich eine schwach gebeugte Variante mit Akkusativobjekt *(er schmelzt das Wachs – er schmelzte das Wachs – er hat das Wachs geschmelzt)* von der Variante ohne Akkusativobjekt *(das Wachs schmilzt – das Wachs schmolz – das Wachs ist geschmolzen)* unterschieden.
Im heutigen Deutsch wird dieser Unterschied nicht mehr gemacht. Stattdessen wird *schmelzen* heute allgemein stark gebeugt, unabhängig davon, ob das Verb mit oder ohne Akkusativobjekt verwendet wird: *schmelzen – schmolz – geschmolzen.*
Die Sonne hat das Eis geschmolzen. Das Eis ist in der Sonne geschmolzen. Das Eis schmilzt in der Sonne.

schmerzen

Bezieht man sich mit dem Verb *schmerzen* auf einen Körperteil, kann der Akkusativ oder Dativ stehen: *Mich/Mir schmerzt der Kopf.*
In anderen Fällen steht nur der Akkusativ: *Ihn schmerzt die Erkenntnis, dass sein Vorschlag keine Unterstützung fand.*

schnäuzen oder schneuzen?

Da sich ein Bezug zu *Schnauze* herstellen lässt, schreibt man nach neuer Rechtschreibung *schnäuzen.*

schneiden

Bezieht man sich mit *schneiden* auf einen Körperteil, kann die betroffene Person im Akkusativ oder Dativ stehen: *Hast du dir/dich in den Finger geschnitten? Er schnitt ihm/ihn in die Hand.*

schnellstmöglich oder schnellstmöglichst?

Im zusammengesetzten Adjektiv *schnellstmöglich* weist der erste Bestandteil bereits eine Superlativendung auf. Das Anhängen einer „doppelten" Superlativform an das Grundwort gilt als falsch:
Bitte zeigen Sie mir die schnellstmögliche (falsch: *schnellstmöglichste) Verbindung an. Er benötigt schnellstmöglich* (falsch: *schnellstmöglichst) medizinische Hilfe.*

schnuppe

Das Adjektiv *schnuppe* kann nur prädikativ, also in Verbindung mit *sein, bleiben* oder *werden* verwendet werden: *Das ist mir schnuppe.*
Der Gebrauch als Attribut bei einem Substantiv ist falsch: *eine schnuppe Meinung.*

schon / schon bereits

Die Adverbien *schon* und *bereits* sind bedeutungsgleich. Die gemeinsame Verwendung gilt als Pleonasmus, als inhaltlich überflüssige Häufung sinngleicher Wörter.
TIPP: Konstruktionen wie die folgende sollte man vermeiden: *Schon bereits nach einem Tag konnte er wieder frei durchatmen.*

schön

Groß- und Kleinschreibung • Als Adjektiv schreibt man *schön* auch in vielen festen Wendungen klein: *das ist eine schöne Bescherung; das schöne Geschlecht* (scherzhaft: „das weibliche Geschlecht"); *die schönen Künste.*
Auch die Superlativform nach *am* (Frage: „Wie?") wird kleingeschrieben: *Welcher Pudel ist am schönsten?* Die Superlativform nach *aufs/auf das* kann dagegen groß- oder kleingeschrieben werden: *Sie wurden aufs/auf das Schönste/schönste überrascht.*
Ist *schön* substantiviert, schreibt man groß: *Wer ist die Schönste im ganzen Land? Das Schönste war allerdings, dass ... Die Schönsten der Schönen waren auf der Bühne versammelt. Mir ist heute etwas Schönes widerfahren.*
Ist *schön* Bestandteil eines Eigennamens, schreibt man ebenfalls groß: *Schöne Madonnen* (= „Gruppe von Schnitzwerken aus dem 15. Jh."); *Philipp der Schöne.*
Getrennt- und Zusammenschreibung • Wird die Verbindung aus *schön* und einem Verb in wört-

licher Bedeutung gebraucht, schreibt man getrennt: *(sehr) schön schreiben; das Fest war schön gewesen; sie kann schön malen; du solltest dich schön anziehen. Er hat schön geredet.*
Unter den wörtlich gebrauchten Adjektiv-Verb-Verbindungen bilden solche, bei denen das Adjektiv für das Ergebnis der Handlung steht, eine Sondergruppe. Hier ist neben der Getrennt- auch die Zusammenschreibung erlaubt: *sich schön machen/schönmachen. Sie hat sich schön gemacht/schöngemacht.*
Wird die Verbindung in übertragener Bedeutung gebraucht, kann also die Gesamtbedeutung der Verbindung nicht aus ihren Einzelbestandteilen erschlossen werden, wird zusammengeschrieben: *eine Sache schönreden* (= „besser darstellen, als sie ist"); *schönschreiben* (= „in Schönschrift schreiben"); *schönmachen* (beim Hund: „Männchen machen"); *schönfärben* (= „eine Sache günstiger darstellen, als sie ist").

Schreibblock

→ *Block*

schreiben

Bezieht man sich mit dem Verb *schreiben* auf einen Ort (Frage: „Wo?") steht der Dativ: *Er schrieb den ganzen Artikel auf ihrem Notebook. Sie schrieb immer auf feinem Büttenpapier.*
In Verbindung mit der Frage „Wohin?" steht dagegen der Akkusativ: *Sie schrieb auf feines Büttenpapier.*
ACHTUNG: Gibt man in dem Satz auch an, was geschrieben wird, ist nur der Akkusativ möglich: *Sie schrieb ihre Gedichte immer auf feines Büttenpapier. Sie schrieb ihre Telefonnummer in sein Notizbuch.*

schreien

Unabhängig von der Aussprache (einsilbig oder zweisilbig) werden 1. und 3. Person Plural Präteritum von *schreien* nur *wir/sie schrien* geschrieben. Die Partizip-II-Form lautet *geschrien: Er hat laut geschrien.*

schriftlich

Das Adjektiv *schriftlich* scheibt man klein: *Das kann ich dir schriftlich geben. Sie müssen eine schriftliche Prüfung ablegen.* Ist das Adjektiv substantiviert, schreibt man groß: *Es gibt nichts Schriftliches dazu. Ihre sprachlichen Fähigkeiten haben sich im Schriftlichen stark gebessert.*

Schritt

drei Schritt / Schritte • Als Maßbezeichnung kann *Schritt* auch im Plural ohne Endung bleiben: *zwei Schritt/Schritte nach rechts. Die Entfernung zum Haus betrug 20 Schritt/Schritte.*
Wird *Schritt* nicht als Maßbezeichnung gebraucht oder wird nur eine ungefähre Strecke angegeben, muss im Plural die Endung stehen: *Wir sind ein paar Schritte zusammen gegangen. Ein paar Schritte weiter stößt man auf eine besondere Attraktion.*
Getrennt- und Zusammenschreibung • In Verbindung mit Verben schreibt man getrennt: *Schritt halten; im Schritt fahren.*

schuld / Schuld

In Verbindung mit *sein* wird das Substantiv *Schuld* zum Adjektiv, man schreibt klein: *Er ist schuld. An dem Ganzen bist nur du schuld.*
In Verbindung mit Verben wie *haben, tragen, geben* u. Ä. behält *Schuld* seine Funktion als Substantiv: *Der Fahrer des BMW hat an diesem Unfall Schuld. Sie trägt keine Schuld am Ausgang dieses Verfahrens. Die Spieler gaben dem Schiedsrichter die Schuld am miserablen Spielergebnis.*

schutzimpfen

Das Verb *schutzimpfen* wird immer zusammengeschrieben. Im Sprachgebrauch ist es meist auf die Verwendung im Infinitiv oder im Partizip II beschränkt: *Ihr müsst jeden schutzimpfen. Alle sind schutzgeimpft.* In gebeugter Form wird *schutzimpfen* kaum verwendet. Folgende Formen gelten dennoch als korrekt: *wenn der Arzt schutzimpft; ich schutzimpfe.*

schwach

Groß- und Kleinschreibung • Als Adjektiv wird *schwach* kleingeschrieben: *ein schwaches Ergebnis; das schwache Geschlecht.* Die substantivierte Form schreibt man groß: *Die Organisation setzte sich für Arme, Schwache und Kranke ein. Den sozial Schwachen sollte mit diesem Angebot geholfen werden.*
Getrennt- und Zusammenschreibung • In Verbindung mit *werden* kann man in der Bedeutung „einer Versuchung nachgeben" getrennt oder zusammenschreiben: *Nur nicht schwach werden/schwachwerden!*
In Verbindung mit adjektivisch gebrauchten Partizipien kann ebenfalls getrennt oder zusammengeschrieben werden: *schwach begabt/schwachbegabt; schwach besetzt/schwachbesetzt; schwach besucht/schwachbesucht; schwach betont/schwachbetont; schwach bevölkert/schwachbevölkert; schwach bewegt/schwachbewegt.*

schwache Deklination

Zur schwachen Deklination des Substantivs → *Sonderseiten „Substantiv", S. 410–413;* zur schwachen Deklination des Adjektivs → *Sonderseiten „Adjektive", S. 24–27*

schwache Verben

→ *Sonderseiten „Verb", S. 452–455*

schwarz

Kleinschreibung • Als Adjektiv schreibt man *schwarz* auch in vielen festen Wendungen klein: *schwarze Blattern* (= „Pocken"); *ein schwarzes Geschäft; schwarzer Humor* (= „düsterer, satirischer Humor") *auf der schwarzen Liste stehen; ein schwarzes Loch* (im All); *schwarze Magie; eine schwarze Messe feiern; schwarzer Markt* (= „ungesetzlicher Handel zu überhöhten Preisen"); *das schwarze Schaf der Familie; ein schwarzer Tag; schwarzer Tee.*
Kleinschreibung gilt auch für feste Fügungen aus Präposition und nichtdekliniertem Adjektiv, wenn kein Artikel vorangeht: *jemandem etwas schwarz auf weiß geben; etwas schwarz auf weiß haben.*
Großschreibung • Wird *schwarz* als Substantiv gebraucht, schreibt man groß.
REGEL: Substantivierte Adjektive erkennt man u. a. daran, dass ihnen Artikel (manchmal verschmolzen mit einer Präposition), Adjektive und/oder Pronomen vorausgehen können, die sich nicht auf ein Substantiv, sondern direkt auf das Adjektiv beziehen: *ins Schwarze treffen; das Schwarze anziehen; aus (dunklem) Schwarz (helles) Weiß machen. Man kann nicht aus Schwarz Weiß machen. Sie ist ganz in Schwarz gekleidet. Mit dieser Antwort hat der Kandidat ins Schwarze getroffen.*
Ist *schwarz* Bestandteil von Eigennamen, zoologischen/botanischen Klassifizierungseinheiten oder von Bezeichnungen für historische Ereignisse, schreibt man ebenfalls groß: *Schwarzer Holunder; Schwarze Johannisbeere; die Schwarze Witwe* (= „Giftspinne"); *der Schwarze Freitag* (= „Tag des Börsensturzes in den 1920er Jahren in den USA"); *das Schwarze Meer; der Schwarze Kontinent* (= Afrika).
Groß- oder Kleinschreibung • In einigen Fällen bildet das Adjektiv mit dem Substantiv eine begriffliche Einheit mit fachsprachlichem Charakter. In diesen Fällen ist Groß- oder Kleinschreibung erlaubt: *das schwarze/Schwarze Brett* (= „Anschlagtafel"); *schwarzes/Schwarzes Gold* (= Erdöl); *schwarze/Schwarze Kunst* (= „Zauberei; Buchdruckerkunst"); *der schwarze/Schwarze Mann* (= „Schornsteinfeger"); *schwarzer/Schwarzer Peter* (= „Kartenspiel"); *jemandem den schwarzen/Schwarzen Peter zuschieben* (= „ihm die Verantwortung zuschieben"); *der schwarze/Schwarze Tod* (= „Beulenpest").
Getrennt- und Zusammenschreibung • In Verbindung mit *sein* schreibt man immer getrennt: *Die Wand ist vom Ruß schwarz geworden.* Wenn die Verbindung für eine Handlung steht, deren Ergebnis durch das Adjektiv beschrieben wird, kann man auch zusammenschreiben: *schwarz färben/schwarzfärben.*
In Verbindung mit adjektivisch gebrauchten Partizipien schreibt man getrennt oder zusammen:

schwarz gefärbt/schwarzgefärbt; schwarz gerändert/schwarzgerändert; schwarz gestreift/schwarzgestreift; schwarz glänzend/schwarzglänzend. Wird die Verbindung übertragen gebraucht, kann also die Bedeutung nicht aus den einzelnen Bestandteilen erschlossen werden, schreibt man zusammen: *die Zukunft schwarzmalen* (= „als bedrohlich darstellen"); *schwarzfahren* (= „öffentliche Verkehrsmittel ohne gültigen Fahrschein benutzen; ohne Führerschein fahren"); *schwarzsehen* (= „etwas pessimistisch einschätzen; ohne Gebühren fernsehen").

Warum die *Schwarze* Kunst nicht *schwarz* ist

Im Mittelalter, vor allem in der frühen Neuzeit, stand *Schwarze* (oder *schwarze*) *Kunst* für Hexerei. Jeder, der auch nur in Verdacht geriet, die *Schwarze Kunst* zu praktizieren, wurde gnadenlos verfolgt und grausam bestraft.
Sprachlich liegt allerdings ein Missverständnis vor – zumindest was die Farbe *Schwarz* betrifft: Denn die vermeintlich *Schwarze Kunst* geht tatsächlich auf eine fälschliche Deutung des Fremdwortes *Nekromantie* zurück. Es wurde als *Negromantie* oder *Nigromantie* missverstanden und über das lateinische Wort *niger* („schwarz") als *Schwarze Kunst* übersetzt. Tatsächlich bedeutet das zugrunde liegende griechische *nekromanteia*, das aus *nekros* „Toter" und *mantis* „Wahrsager" besteht, einfach „Totenbeschwörung". Die *Nekromantie* war ein verbreiteter Glaube der Antike: Man hoffte, durch direkte Beschwörung Verstorbener, durch das Gebet an eine dem Toten übergeordnete Gottheit oder durch den „Tempelschlaf" (Inkubation) auf Gräbern Wissen über die Zukunft oder Erkenntnisse über das Jenseits zu erlangen.

Schwarze(r)

In einer angemessenen mündlichen und/oder schriftlichen Kommunikation sollte man es grundsätzlich vermeiden, jemanden sprachlich auf seine Hautfarbe oder Herkunft zu reduzieren. Bezeichnungen wie *Schwarze(r), schwarze(r, -s)* gelten für sich genommen zwar nicht unbedingt als diskriminierend, sie sollten aber als Bezeichnung für Menschen auf Zusammenhänge beschränkt werden, in denen es tatsächlich auf die Hautfarbe ankommt. Noch angebrachter ist es, die Staatsangehörigkeit zur Beschreibung einer Person heranzuziehen, also etwa *Afrodeutscher* oder *Afroamerikaner.*

schwarz-rot-gold/schwarzrotgold

Man kann die Adjektiv- sowie die Substantivverbindung zusammenschreiben oder mit Bindestrichen gliedern: *schwarzrotgold/schwarz-rot-gold; schwarzrotgoldene/schwarz-rot-goldene Fahne; die Farben Schwarzrotgold/Schwarz-Rot-Gold.*

Schweizer/schweizerisch

Die von Orts- oder Ländernamen abgeleiteten Adjektive auf *-er* werden immer großgeschrieben. Dies gilt auch für die entsprechenden Ableitungen von *Schweiz: Schweizer Uhren; Schweizer Käse; malerische Schweizer Berglandschaft.* Möglich ist auch die Ableitung auf *-isch.* Hier wird das Adjektiv kleingeschrieben: *schweizerische Uhrenindustrie; schweizerisches Bankenwesen.* In Eigennamen wird hier großgeschrieben: *Schweizerischer Evangelischer Kirchenbund; Schweizerische Akademie der Naturwissenschaften.*

schwer

Groß- und Kleinschreibung • Als Adjektiv wird *schwer* auch in vielen festen Verbindungen kleingeschrieben: *schweres Geschütz auffahren* (= „sich sehr deutlich und energisch ausdrücken"); *ein schwerer Junge* (= „ein Gewaltverbrecher"); *schweres Wasser* (= „Verbindung von Sauerstoff und Deuterium").

Die substantivierte Form schreibt man groß: *Er hat Schweres durchgemacht. Je nach Art und Schwere der Verfehlung droht ihr eine Freiheitsstrafe. Die Schwere der Verletzung steht noch nicht fest. Das Schwerste wäre schon einmal geschafft.*
Getrennt- und Zusammenschreibung • In Verbindung mit Verben schreibt man in wörtlicher Bedeutung getrennt: *jemanden schwer bestrafen. Das wird sich nur schwer machen lassen. Er hat sich bei dem Unfall schwer verletzt. Man hörte jemanden schwer atmen.*
Im folgenden Fall kann getrennt oder zusammengeschrieben werden: *sich das Leben schwer machen/schwermachen; jemandem das Leben schwer machen/schwermachen.*
In Verbindung mit Adjektiven und adjektivisch gebrauchten Partizipien kann man in der Regel getrennt oder zusammenschreiben: *ein schwer beladenes/schwerbeladenes Fahrzeug; schwer bewaffnete/schwerbewaffnete Truppen; ein schwer erziehbares/schwererziehbares Kind; ein schwer kranker/schwerkranker Patient; schwer lösliche/schwerlösliche Stoffe; schwer verdauliche/schwerverdauliche Speisen; ein schwer verletzter/schwerverletzter Autofahrer; schwer verständliche/schwerverständliche Texte; schwer verträgliche/schwerverträgliche Medikamente; schwer verwundete/schwerverwundete Opfer; ein schwer wiegender/schwerwiegender Fehler.*
schwer behindert / beschädigt • In der Allgemeinsprache kann bei der Verbindung *schwer beschädigt* sowohl in Bezug auf Personen als auch auf Gegenstände getrennt oder zusammengeschrieben werden.
In der Amtssprache ist nur die Zusammenschreibung korrekt: *ein schwer beschädigtes/schwerbeschädigtes Buch; eine schwer beschädigte/schwerbeschädigte Person* (in der Amtssprache nur: *eine schwerbeschädigte Person*).
Auch bei *schwer behindert/schwerbehindert* wird in der Amtssprache stets zusammengeschrieben: *durch einen Unfall schwer behindert/schwerbehindert sein* (in der Amtssprache nur: *schwerbehindert*).
Die substantivierte Form wird in Bezug auf Personen grundsätzlich zusammengeschrieben: *ein Schwerbehinderter; ein Schwerbeschädigter.*

schwimmen

schwämme / schwömme • Das Verb *schwimmen* hat im Konjunktiv II zwei Formen: *schwämme* und *schwömme: Es scheint, als ob er in Geld schwämme/schwömme.* Meist werden die Konjunktivformen aber durch die würde-Form ersetzt: *Es scheint, als würde er in Geld schwimmen.*
habe / bin geschwommen • Wird mit dem Verb *schwimmen* eine zielgerichtete Ortsveränderung verbunden, bildet man das Perfekt mit *sein: Sven ist in wenigen Stunden über den See geschwommen.* Bezeichnet das Verb nur den Vorgang als solchen, kann man das Perfekt mit *haben* bilden. Oft überwiegt auch hier das Perfekt mit *sein: Sie hat/ist die ganze Zeit geschwommen.*

schwindeln

Einige Verben, die wie *schwindeln, grauen* oder *grausen* bestimmte Empfindungen körperlicher oder seelischer Art ausdrücken, können oft ohne Subjekt gebraucht werden. Bei diesen Verben herrscht häufig Unsicherheit, ob sie bei subjektlosem Gebrauch mit einem Akkusativ- oder Dativobjekt stehen. In der Regel ist beides korrekt: *Ihn/Ihm graut vor dem Schulbeginn. Mir/Mich schwindelt bei dem Gedanken daran.*

schwören

Das Verb *schwören* wird stark gebeugt und hat die Stammformen *schwören – schwor – geschworen: Er schwor ihr ewige Treue.*
Mundartlich sind auch die Formen *er schwörte* sowie *er hat geschwört* in Gebrauch.
Die Präteritumform *schwur* ist veraltet. Sie findet sich vor allem in älteren literarischen Texten: *Was Euch/Recht würde dünken, schwuren sie zu tun, Euch schwuren sie bis in den Tod zu folgen.* (F. Schiller, Wilhelm Tell)
Der Konjunktiv Präteritum von *schwören* lautet *schwüre.* Die Form wird jedoch selten gebraucht und gewöhnlich durch die würde-Form ersetzt: *Wenn er es schwüre, würde sie es glauben.* (Häufiger: *Wenn er es schwören würde, würde sie es glauben.*)

sechs

sechsen / sechst • Von *sechs* kann die Dativform gebildet werden. Die Dativendung wird jedoch im heutigen Sprachgebrauch gewöhnlich nicht mehr gesetzt. *Bei sechs* (selten: *sechsen*) *der Patienten stellten sich die Symptome ein.*
Nach der Präposition *zu* kann entweder die Form mit *-t* oder die Dativform gebildet werden: *Sie waren zu sechsen/sechst in Urlaub.*
Groß- und Kleinschreibung • Als Zahladjektiv wird *sechs* kleingeschrieben: *wir sechs; unter uns sechs/sechsen; zu sechsen/sechst; Er wird jetzt sechs. Er wird um sechs da sein. Der kann für sechs futtern. Um Punkt sechs bist du zu Hause.*
Die substantivierte Form wird großgeschrieben: *Ich habe leider nur eine Sechs in Mathematik.* (Aber: *Ich habe leider nur ein „ungenügend" in Mathematik.*) *Die Sechs* (Bus- oder Straßenbahnlinie) *fährt immer bis zum Bahnhof. Wenn du eine Sechs würfelst, darfst du noch einmal würfeln.*

sechste(r, -s) / Sechste(r, -s)

Das adjektivische Zahlwort schreibt man klein: *jeder sechste Bundesbürger.*
Bei Substantivierung schreibt man groß:
Er ist nun schon der Sechste. Er kam als Sechster ins Ziel.
Innerhalb von Namen oder namensähnlichen Bezeichnungen wird ebenfalls großgeschrieben: *die Sechste Zivilkammer.*
Sie spielen die Sechste von Tschaikowsky.

See

Je nach grammatischer Verwendung des Substantivs *See* verändert sich die Bedeutung. Im Femininum hat das Wort die Bedeutung „Meer". Das Wort hat keine Pluralform, diese muss durch *Meere* ersetzt werden: *die See. Er fuhr zur See. Er befuhr viele Meere.*
In der Bedeutung „große, sich brechende Welle" hat das Wort die Pluralform *die Seen.*
Wird das Wort im Maskulinum gebraucht, hat es die Bedeutung „großes stehendes Binnengewässer": *der See.* Auch hier lautet der Plural *die Seen.*

segeln

Wird mit dem Verb *segeln* eine zielgerichtete Ortsveränderung verbunden, bildet man das Perfekt mit *sein: Die Crew ist über den Ärmelkanal gesegelt.* Bezeichnet das Verb nur den Vorgang als solchen, kann man das Perfekt mit *haben* bilden. Im Sprachgebrauch überwiegt aber auch hier das Perfekt mit *sein: Im letzten Urlaub haben* (häufiger: *sind*) *wir viel gesegelt.*
In Verbindung mit einem Akkusativobjekt wird das Perfekt nur mit *haben* gebildet: *Die beiden Frauen haben das Boot allein gesegelt.*

sehen

ich seh / sehe, sieh / siehe • Der Ausfall der Endung *e* der 1. Person Singular Präsens gilt nicht als standardsprachlich. Im Schriftlichen wird diese Form oft verwendet, um die Eigentümlichkeiten der gesprochenen Sprache nachzuahmen. Der Ausfall des *e* wird in diesem Fall nicht durch einen Apostroph angezeigt: *Ich sehe* (umgangssprachlich: *seh*) *schon, wohin das führt.*
Im Imperativ steht am Wortende kein *e: Sieh genau hin!* Als Ausrufewort kann ein *e* gesetzt werden: *Sieh!/Siehe!*
kommen sehen / gesehen • Wird *sehen* mit einem Verb im Infinitiv gebraucht *(er sieht ihn essen),* dann wird das Perfekt in der Regel mit dem sogenannten Ersatzinfinitiv anstelle des Partizips II gebildet. Der Ersatzinfinitiv steht dabei immer am Ende: *Rolf hat ihn einen Burger essen sehen.*
Auch im Nebensatz nimmt der Ersatzinfinitiv die Endstellung ein: *…, weil er ihn einen Burger hat essen sehen.*
Daneben kommt (selten) auch das Partizip II vor: *Rolf hat ihn einen Burger essen gesehen.*
TIPP: Diese Konstruktion ist zwar korrekt, stilistisch ist die Form mit Ersatzinfinitiv vorzuziehen.
sich sehen als • In Verbindung mit *als* kann das Verb *sich sehen* mit dem Nominativ oder Akkusativ stehen. Der Akkusativ gilt in einigen Grammatiken zwar als veraltet. In diesem Fall findet er sich im Sprachgebrauch aber immer noch häufiger als der Nominativ: *Er sieht sich als herausragender* (häufiger: *herausragenden*) *Künstler.*

sehr

Das Adverb *sehr* kann Steigerungsformen mit Hilfe von Ersatzwörtern bilden: *sehr* – Komparativ: *mehr* – Superlativ: *am meisten.*

sein (Hilfsverb)

Verbindungen mit dem Hilfsverb *sein* gelten als Wortgruppen. Man schreibt sie, auch in den Partizipformen, stets getrennt: *an sein; aus sein; außerstande sein* (auch: *außer Stande sein*); *beisammen sein; da sein; dabei sein; fertig sein; hier sein; pleite sein; recht sein; um sein; vonnöten sein; vorbei sein; vorhanden sein; zusammen sein; da gewesen; dabei gewesen; vonnöten gewesen.*
Substantivierungen dieser Verbindungen schreibt man zusammen: *das Beisammensein; das Dasein; das Vorhandensein; das Zusammensein.*
Substantivierungen von Verbindungen mit *sein* als Partizip kann man hingegen zusammen- oder getrennt schreiben: *Das ist etwas noch nie Dagewesenes/da Gewesenes.*

sein (Possessivpronomen)

Das Possessivpronomen *sein* schreibt man mit kleinem Anfangsbuchstaben, wenn es sich auf ein Substantiv bezieht: *Gib ihm deine Tasche, ich habe seine vergessen.*
In Verbindung mit einem bestimmten Artikel kann man *seine* auch als substantiviertes besitzanzeigendes Adjektiv verstehen und großschreiben: *jedem das seine/Seine (seinige/Seinige); für die seinen/Seinen (seinigen/Seinigen) sorgen. Er muss das seine/Seine (seinige/Seinige) dazu tun.*
In der historischen Anredeform und in Adelstiteln schreibt man groß: *Seine Durchlaucht; Seine Königliche Hoheit; Seine Majestät.*

seinerzeit oder ihrerzeit?

Das Adverb *seinerzeit*, das zusammengeschrieben wird, ist zur Formel erstarrt und weist auch in Bezug auf Frauen keine feminine Entsprechung auf: *Sie war seinerzeit* (nicht: *ihrerzeit*) *eine der bekanntesten Sängerinnen.*

„Jetzt *sind* Sie mal bitte still!"

Als **Konrad Adenauer** einmal zu oft unterbrochen wurde, wies er seine Umgebung mahnend zurecht: „Jetzt ***sind*** Sie mal bitte still!". Eigentlich hätte es ja *seien* statt *sind* lauten müssen. Aber auch wenn Politiker wie Adenauer ein ganzes Land regieren, bringen sie in sprachlicher Hinsicht oft die Eigenheiten ihrer Heimatregion mit. Das genannte Beispiel weist dabei auf eine interessante Entwicklung der gesprochenen Sprache hin:
Im Deutschen gibt es zwar für die vertrauliche Anrede eine Imperativform *(Schweig! Iss! Komm!)*, nicht aber für die höfliche Anrede mit *Sie*. Man verwendet stattdessen die 3. Person Plural des Konjunktiv I: ***Seien*** *Sie gegrüßt!* ***Seien*** *Sie still!*
So weit, so gut. Schwierig wird es bei anderen Verben. Beim Hilfsverb *sein* lassen sich die Formen des Indikativs vom Konjunktiv noch gut unterscheiden: Im Indikativ heißt es: *Sie* ***sind*** *still;* im Konjunktiv dagegen: ***Seien*** *Sie bitte still!*
Er sagt, sie ***seien*** *dort gewesen.*
Bei allen anderen Verben sind die Formen des Konjunktivs mit denen des Indikativs identisch:
Indikativ: *Die Leute* ***kommen.***
Konjunktiv I: ***Kommen*** *Sie bitte. Er sagt, sie* ***kommen*** *bald.* Die Folge ist, dass diese Formen von vielen als indikativisch aufgefasst werden. Und dies führt wiederum dazu, dass auch bei dem Verb ***sein***, dem einzigen Verb mit eindeutigen Konjunktiv-Präsens-Formen, fälschlicherweise der Indikativ gewählt wird.
Bitte ***seien*** *Sie so gut und beachten Sie bitte das Rauchverbot!* (Falsch: *Bitte* ***sind*** *Sie so gut und beachten Sie bitte das Rauchverbot!*)

seit

Die Präposition *seit* regiert den Dativ. Mit ihr kann man sich auf einen Zeitpunkt beziehen, zu dem ein Geschehen oder ein Zustand von gewisser Dauer begonnen hat, oder man kann sich auf die Zeitspanne beziehen, die ein Geschehen oder Zustand andauert: *Ich arbeite seit dem 1. April 2001 in Greifswald. Ich arbeite seit sieben Jahren in Greifswald. Er raucht seit Mai nicht mehr. Er raucht seit fünf Monaten nicht mehr.*
ACHTUNG: In Verbindung mit Verben, die ein punktuelles, abgeschlossenes Geschehen bezeichnen, darf *seit* nicht benutzt werden. In diesen Fällen steht korrekt *an* zur Bezeichnung eines Zeitpunkts, *vor* zur Bezeichnung einer Zeitspanne: *Ich habe am 1. April meine Arbeit begonnen.* (Falsch: *Ich habe seit dem 1. April meine Arbeit begonnen.*) *Er ist vor einer Woche verunglückt.* (Falsch: *Er ist seit einer Woche verunglückt.*)
Kommasetzung • Vor *seit* muss ein Komma stehen, wenn es als Konjunktion einen Nebensatz einleitet: *Ich habe sie schon wieder einige Male gesehen, seit sie geschieden ist. Wir haben noch nicht miteinander telefoniert, seit du aus dem Urlaub zurück bist.*
Ist *seit* in den Ablauf des Satzes einbezogen, steht kein Komma: *Ich habe sie seit ihrer Scheidung schon wieder einige Male gesehen.*

Seite oder Saite?

→ *Saite*

Seite – von Seiten / vonseiten

Verbindungen aus Präposition und Substantiv, die auch als Ganzes die Funktion einer Präposition erfüllen, kann man zusammen- oder getrennt schreiben, je nachdem, ob man sie als Zusammensetzungen oder als Wortgruppen betrachtet. Wird *Seite* getrennt von der Präposition geschrieben, schreibt man groß, bei Zusammenschreibung wird mit kleinem Anfangsbuchstaben geschrieben: *auf Seiten / aufseiten der Gegner; von Seiten / vonseiten des Ministeriums; zu Seiten / zuseiten des Ministers.*
TIPP: Beobachtungen zum Schreibgebrauch belegen, dass diese Verbindungen in der Regel als zusammengehörige Präpositionen empfunden werden. Daher empfiehlt sich die Zusammenschreibung: *Aufseiten der Banken ist man zu Kompromissen bereit.*

seitenlang

In der Verbindung aus Substantiv und Adjektiv steht das Substantiv für eine Wortgruppe. Man schreibt es daher zusammen: *Seine seitenlangen (= mehrere Seiten langen) Landschaftsbeschreibungen wirken auf den Leser ermüdend.* Ist das Substantiv durch ein Attribut erweitert, schreibt man dagegen getrennt: *Die mehrere Seiten langen Passagen wirkten ermüdend.*

seitens

Die Präposition *seitens* steht mit dem Genitiv: *Die Gerichte wiesen die Kündigungen seitens des Vermieters ab. Seitens der Politik zeichnete sich keine Handlungsbereitschaft ab.* In Verbindung mit Namen bleiben diese ungebeugt, wenn die Anredeformen *Herr* oder *Frau* davorstehen: *Seitens Herrn / Frau Meyer bestehen keine Einwände.*

seither

→ *bisher*

seitwärts

Da bei diesem mehrteiligen Adverb die Wortformen der einzelnen Bestandteile nicht mehr klar zu erkennen sind, schreibt man zusammen: *seitwärts.* Auch in der Verbindung mit einem Verb gilt die Zusammenschreibung: *seitwärtsgehen.*

selbig

Bei artikellosem Gebrauch werden Adjektive und Partizipien nach *selbig* heute im Allgemeinen stark gebeugt: *selbig**er** hoffnungsvoll**er** Autor; zu selbig**em** verfeinert**em** Gericht; wegen selbig**er** alt**er** Herren.*

Schwache Deklination kommt heute noch vereinzelt im Dativ Singular Maskulinum und Neutrum vor: *selbig***em** *alt***en** *Herrn.*
Darüber hinaus kommt nach *selbig* die schwache Deklination auch gelegentlich noch im Genitiv Plural vor. Die schwache Deklination gilt hier jedoch als veraltet und entspricht nicht mehr dem heutigen Sprachgebrauch: *wegen selbig***er** *alt***en** *Herren.*

selbst

selbst / selber • Die undeklinierbaren Pronomen *selbst* und *selber* können zwar bedeutungsgleich verwendet werden. Doch wird *selber* bisweilen als umgangssprachlich eingestuft. *Ich habe diesen Kuchen selbst* (auch: *selber*) *gebacken.*
Getrennt- und Zusammenschreibung • Verbindungen mit einem Adjektiv oder einem adjektivisch gebrauchten Partizip als zweitem Bestandteil werden zusammengeschrieben, wenn der erste Bestandteil stellvertretend für eine Wortgruppe steht: *selbstbewusst* (= *sich seines / ihres Selbst bewusst*); *selbstkritisch* (= *sich selbst gegenüber kritisch*); *selbstreinigend* (= *sich selbst reinigend*). Es gilt ebenfalls Zusammenschreibung, wenn der Zweitbestandteil in dieser Form oder Bedeutung nicht selbstständig vorkommt: *selbst(st)ändig, selbsttätig.* Lassen sich Verbindungen mit einem adjektivisch gebrauchten Partizip jedoch auf eine getrennt geschriebene Verbverbindung zurückführen, ist sowohl Getrennt- als auch Zusammenschreibung zulässig:
ein selbst gebackener / selbstgebackener Kuchen (zu: *etwas selbst backen*); *selbst ernannt / selbsternannt; selbst geschneidert / selbstgeschneidert; selbst verdient / selbstverdient; selbst zahlend / selbstzahlend.*

selbstständig / selbständig

Die Verbindung kann *selbständig* oder *selbstständig* geschrieben werden: *Selbständige / Selbstständige; selbständiger / selbstständiger Unternehmer.* Im Schreibgebrauch sind beide Formen häufig vertreten, wobei die einfachere Form *selbständig* etwas häufiger gewählt wird.

Semikolon

Das Semikolon hat eine Mittelstellung zwischen Punkt und Komma. Es vertritt in einem Satzgefüge den Punkt, wenn dieser zu stark trennt, und das Komma, wenn dieses zu schwach erscheint. Im Unterschied zum Punkt setzt das Semikolon einen inhaltlichen Zusammenhang (Begründung, Folgerung, Gegensatz) zwischen den beiden von ihm abgegrenzten Sätzen voraus. Es grenzt gleichrangige Teilsätze oder Wortgruppen voneinander ab, kann aber nicht, wie das Komma, zwischen Haupt- und Nebensatz stehen: *Peter kam heute zu spät in die Werkstatt; er hatte den Bus verpasst. Herr Dittrich liebt das Wandern in den Bergen; seine Frau besteht auf ihrem Badeurlaub an der Ostsee.*
Bei längeren Aufzählungen wird das Semikolon verwendet, um inhaltlich zusammengehörende Gruppen des Aufgezählten zu gliedern: *Die Kinder sammelten Muscheln, Kieselsteine; Eicheln und Kastanien; außerdem Zweige.*
In mehrfach zusammengesetzten Sätzen dient das Semikolon der Gliederung in größere Abschnitte: *Wir müssen überlegen, mit welchem Zug wir fahren wollen; wenn wir den früheren nehmen, sollten wir sofort aufbrechen. Er wollte auf den Spuren Goethes reisen; nun hat er sich zu einer Fahrt angemeldet, die nach Italien führt.*

senden – gesandt / gesendet

Das Verb *senden* hat die Stammformen: *senden – sandte – gesandt: Sie sandte ihm ein Päckchen. Der Botschafter wurde in die Hauptstadt gesandt.* Das Verb kann aber auch schwach konjugiert werden: *senden – sendete – gesendet.* Diese Formen finden im Bereich des Rundfunks, des Funkens und der elektronischen Kommunikation Verwendung: *Es wurden zahlreiche Werbespots gesendet. Der Funker sendete ein SOS. Das neue Passwort wurde an Ihre E-Mail-Adresse gesendet.*

Senegal

Die Einwohner von *Senegal* heißen *Senegalese / Senegalesin.* Das Adjektiv lautet *senegalesisch.*

Senkrechte

Der Genitiv Singular des Substantivs *die Senkrechte* ist: *der Senkrechten.* Der Plural lautet: *die Senkrechten.*
Wird das Substantiv ohne vorangehenden Artikel gebraucht, kann es mit oder ohne Plural-*n* stehen: *drei Senkrechte/Senkrechten. Bitte zeichnet drei Senkrechte/Senkrechten in euer Heft.*

Den stell ich in den *Senkel!*
Der Ausdruck *Senkel* ist ein Wort mit klarer Bedeutung, schließlich binden sich die meisten mit Hilfe zweier *Senkel* jeden Morgen die Schuhe zu. Was also kann damit gemeint sein, wenn es heißt, „*den habe ich in den Senkel gestellt!*"?

Tatsächlich hatte das Wort früher eine viel weitergehende Bedeutung: Ursprünglich meinte *Senkel* – die althochdeutsche Form lautete *senkil* – „Anker" oder „Zugnetz". Wie das Substantiv *Schlägel* zum Verb *schlagen*, so ist auch *Senkel* eine sogenannte Instrumentalbildung zum Verb *senken*. Die Funktion der Redewendung und die Entwicklung zum *Schnürsenkel* erklärt sich aus einer besonderen Bedeutung, die das Wort später annahm: Man bezeichnete auch das *Senk*blei zur Kontrolle senkrechter Linien beim Mauern als *Senkel*. Die Redewendung wird damit verständlich: Jemanden, *den man in den Senkel stellte*, den brachte man wieder *ins rechte Lot*, mit anderen Worten: zur Vernunft.
Auch die Schnür*senkel* gehen auf den *Senkel* im Sinne von „Senkblei" zurück. Offenbar war die äußere Ähnlichkeit für die Bedeutungsübertragung ausschlaggebend. Denn es handelte sich um Schnüre, die wie das *Senk*blei an den Enden mit Metall(hülsen) verstärkt waren.

sensibel

Das Adjektiv *sensibel* verliert das *e* in den gebeugten Formen und bei der Steigerung im Komparativ: *ein sensibler Mensch; die sensiblen Bereiche.* Für den Superlativ gilt diese Regel nicht: *die sensibelsten Nerven.*

Séparée / Separee

In einer Reihe von Fremdwörtern aus dem Französischen kann die Buchstabenkombination *ée* im Deutschen auch *ee* geschrieben werden: *Séparée/Separee.* Im Schreibgebrauch überwiegt derzeit noch die Variante *Séparée.*

sequentiell / sequenziell

Man kann *sequentiell* oder *sequenziell* schreiben, da sich ein Bezug zu *Sequenz* herstellen lässt. Im Schreibgebrauch überwiegt mittlerweile auch in fachsprachlichen Texten die Schreibung mit *z*.

Serum

Das Substantiv *Serum* hat zwei Pluralformen: *Seren/Sera.*

Sexus

Im Gegensatz zum Genus, das das grammatische Geschlecht (Femininum, Maskulinum, Neutrum) von Substantiven bestimmt, bezeichnet der Sexus das biologische Geschlecht von Lebewesen, also ob sie weiblich oder männlich sind.
→ *Genus*

Show-down / Showdown

Substantivierungen aus Verb und Adverb, die aus dem Englischen stammen, schreibt man mit Bindestrich und das Adverb klein: *Show-down.* Wenn die Lesbarkeit dadurch nicht beeinträchtigt wird, kann man auch zusammenschreiben: *Showdown.*
TIPP: Beobachtungen zum Schreibgebrauch zeigen eine größere Häufigkeit der Zusammenschreibung: *Der Film gipfelte in einem Showdown.*

sich

Groß- und Kleinschreibung • Das Reflexivpronomen *sich* wird auch in der höflichen Anrede mit *Sie* immer kleingeschrieben: *Sehr geehrter Herr Y, könnten Sie sich bitte bereiterklären, mir beim Umbau zu helfen?*

sich einander / sich gegenseitig • Sowohl das Reflexivpronomen *sich* als auch das Wort *einander* können zur Bezeichnung einer Wechselbeziehung zwischen zwei oder mehreren Personen oder Gegenständen dienen. Sie können nicht beide zugleich stehen: *Die Freunde begrüßten sich stürmisch. / Die Freunde begrüßten einander stürmisch.* (Falsch: *Die Freunde begrüßten sich einander stürmisch.*)

Stellung im Satz • Häufig bestehen Unklarheiten darüber, welche Stellung das Reflexivpronomen im Satz einnimmt. In Hauptsätzen, die mit dem Subjekt beginnen, steht das Reflexivpronomen in derselben Position wie ein Personalpronomen: *Der Junge fragte sich den ganzen Abend, was eigentlich geschehen war.* (vgl.: *Der Junge fragte ihn / uns* usw. *den ganzen Abend, was eigentlich geschehen war.*)

In Hauptsätzen, deren erstes Glied nicht das Subjekt ist, sowie in Nebensätzen kann das Reflexivpronomen entweder vor oder hinter dem Subjekt stehen: *Den ganzen Abend fragte sich der Junge, was eigentlich geschehen war. / Den ganzen Abend fragte der Junge sich, was eigentlich geschehen war. Wir sahen, dass sich der Junge den ganzen Abend mit einer Frage beschäftigte. / Wir sahen, dass der Junge sich den ganzen Abend mit einer Frage beschäftigte.*

Sie

Sie / Ihr • In der höflichen Anrede verwendet man das Anredepronomen *Sie* und das entsprechende Possessivpronomen *Ihr* jeweils mit gebeugten Formen und Ableitungen. Man schreibt diese Pronomen groß: *Wenn Sie damit einverstanden sind, setzen Sie Ihre Unterschrift bitte auf die Rückseite des Formulars. Ich erlaube mir Ihnen mitzuteilen, dass ich Ihr Angebot ohne Bedenken annehme.*

sieben

sieben, siebt / siebent • Anders als von den Kardinalzahlen bis *sechs* und von *acht* bis *zwölf* kann von dem Zahlwort *sieben* keine Dativform gebildet werden. Es heißt also: *Er war einer von sieben* (nicht: *siebenen*). *Wir waren zu sieben* (nicht: *siebenen*) *im Urlaub.*

Die Form auf *-t* lautet *siebt* oder *siebent: Sie kamen zu siebt. / Sie kamen zu siebent.*

Das Ordinalzahlwort zu *sieben* lautet *siebte* oder *siebente*. Beide Formen sind gleichermaßen korrekt: *Ralf kam nur als Siebter / Siebenter ins Ziel. Katja schwebt im siebten / siebenten Himmel.*

Groß- und Kleinschreibung • Das Zahladjektiv *sieben* schreibt man klein: *wir sind sieben; wir sind zu sieben / siebent / zu siebt in Urlaub gefahren. Zur Geburtstagsparty sind nur sieben eingeladen. Es ist schon sieben. Er kam kurz vor sieben. Es geht auf sieben zu. Die Uhr zeigt sieben.* Kleingeschrieben wird auch in vielen festen Verbindungen: *die sieben Bitten des Vaterunsers; die sieben freien Künste; die sieben Sakramente; das ist mir ein Buch mit sieben Siegeln* (= „davon verstehe ich nichts“); *die sieben Todsünden; Schneewittchen und die sieben Zwerge; die sieben Weltwunder.* Ist *sieben* Bestandteil von Eigennamen, schreibt man groß: *die Sieben Schwaben; die Sieben Berge; Sieben gegen Theben*. Bei Substantivierung wird ebenfalls großgeschrieben: *die Zahl Sieben; die glorreichen Sieben. Er ist mit der Sieben zum Bahnhof gekommen.*

siebte(r, -s) / Siebte(r, -s)

siebente / siebte • Beide Formen sind korrekt: *die siebente / siebte Kugel traf endlich ins Ziel.*

Groß- und Kleinschreibung • Das adjektivische Zahlwort schreibt man klein: *jeder siebte Verbraucher.*

Bei Substantivierung schreibt man groß: *Er ist nun schon der Siebte. Er überquerte als Siebter die Ziellinie.*

Innerhalb von Namen oder namensähnlichen Bezeichnungen wird ebenfalls großgeschrieben: *Sie spielen die Siebte von Beethoven; die Siebte Zivilkammer des Oberlandesgerichts.*

sieden

Das Verb *sieden* befindet sich im Übergang von der starken zur schwachen Konjugation. In der Gegenwartssprache kommen sowohl die starken *(sott, gesotten)* als auch die schwachen Formen *(siedete, gesiedet)* vor:
Das Wasser siedete (seltener: *sott) bei weniger als hundert Grad. Ich habe die Eier fünf Minuten gesiedet* (seltener: *gesotten*).
Als adjektivisch gebrauchtes oder substantiviertes Partizip sind nur die starken Formen üblich: *gesottenes Fleisch; gesottenes spanisches Gemüse.* „dafür hatte es auch ein gut Leben bei ihr, kein böses Wort und alle Tage *Gesottenes* und Gebratenes" (Brüder Grimm, Frau Holle).

Wenn es im Magen „kocht" – das *Sodbrennen*
Bei dem Wort *Sodbrennen* handelt es sich genau genommen um einen Pleonasmus, eine Doppelung sinnverwandter Wörter.
Ursprünglich hieß es nämlich nur der *Sod*. Hinter dem Substantiv *Sod*, das nichts mit *Soda* zu tun hat, steckt das Verb *sieden:* Als *Sod* (wir kennen es als *Sud*) bezeichnet man das kochende Wasser und eben das schmerzhafte Brennen im Bauch. „*Mich brennt der Sod!*", hieß es, wenn nach einem überreichlichen Gelage die rückfließende Magensäure die Speiseröhre angriff. Das „Sieden" im Magen war also durchaus ein treffender Ausdruck für die Beschwerden. Doch wurde das Wort schon im 16. Jahrhundert entweder nicht mehr richtig verstanden oder nicht mehr als ausreichend empfunden. Als verdeutlichenden Wortbestandteil fügte man die substantivierte Form von *brennen* hinzu.

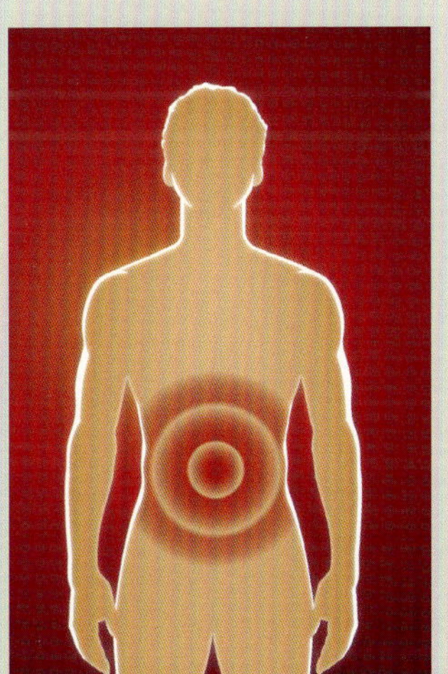

Sims

Das Substantiv *Sims* (= „Mauervorsprung") kann sowohl im Maskulinum als auch im Neutrum gebraucht werden: *der/das Sims.*
Der Plural lautet die *Simse*.

sind

→ *sein (Hilfsverb)*

Singular

→ *Numerus*

Sinn – das macht Sinn

Bei der Wendung *das macht Sinn* handelt es sich um eine Lehnübersetzung des englischen Ausdrucks *that makes sense*. Die Verknüpfung des Substantivs *Sinn* mit *machen* wird häufig als umgangssprachlich empfunden. Die Wendung kann ersetzt werden durch: *Sinn ergeben/Sinn haben/sinnvoll sein,* wie z. B. im folgenden Satz: *Diese Lehrmethode macht Sinn* (besser: *ergibt Sinn/hat Sinn/ist sinnvoll*).

sinnen

sönne / sänne • Für das Verb *sinnen* existieren im Konjunktiv II zwei Formen: *sänne/sönne.* Beide Formen werden jedoch kaum noch gebraucht. Stattdessen wird in der Regel die würde-Form gewählt: *Er sieht aus, als würde er über etwas nachsinnen* (selten: *als sänne/sönne er über etwas nach*).
gesonnen oder gesinnt? • → *gesonnen*

Sinti und Roma

Die Selbstbezeichnung *Sinti und Roma* ersetzt die ältere, als diskriminierend und herabsetzend empfundene Bezeichnung *Zigeuner.*
Sinti und *Roma* sind jeweils die Pluralformen. Im Singular lauten die Formen im Maskulinum *Sinto* bzw. *Rom*. Die femininen Formen sind *Sintiza* bzw. *Roma*.

Schneller, höher, weiter: Die *Steigerung*

Was als olympisches Motto ursprünglich aus dem Lateinischen stammt *(citius, altius, fortius: schneller, höher, stärker)*, ist sprachlich betrachtet nichts anderes als eine Reihung von Steigerungsformen. Und nichts passt besser zu friedlichen Wettkämpfen, die ihren Ursprung in **Olympia** im alten Griechenland haben, als ein Motto, das den Vergleich in den Mittelpunkt stellt – der eine läuft *schneller*, die andere springt *höher*, der Dritte wirft *weiter* als andere. Wenn es dann an die Siegerehrung geht, muss schon die höchste Steigerungsstufe bemüht werden: es gewinnt derjenige, der *am schnellsten* gelaufen, *am höchsten* gesprungen ist oder *am weitesten* geworfen hat.

Die Steigerung des Adjektivs

Fast alle Adjektive können gesteigert werden, das heißt, man kann Vergleichsformen bilden. Diese Eigenschaft hat die Wortart Adjektiv fast exklusiv – nur einige wenige Adverbien können ebenfalls gesteigert werden *(oft – öfter – am häufigsten, wenig – weniger – am wenigsten, sehr – mehr – am meisten)*.

Positiv ▸ Die **Grundstufe** des Adjektivs, also die einfache Form, wird „Positiv" genannt: *kalt, schnell, laut.*

Komparativ ▸ Die **erste Steigerungsstufe** zeigt den Vergleich einer Sache mit einer anderen, indem ***-er*** (bzw. ***-r*** bei den wenigen auf *-e* endenden Adjektiven wie *müde – müde-r*) angehängt wird und in manchen Fällen der Vokal zum Umlaut wird: *kälter, schneller, lauter.*

Superlativ ▸ Die **höchste Steigerungsstufe** wird verwendet, wenn jemand oder etwas mit mehreren anderen verglichen wird; hierzu wird ***-st*** oder ***-est*** an das Adjektiv angehängt: *am kältesten, am schnellsten, am lautesten.* Eine ungebeugte einfache Form gibt es im Superlativ nicht (also **nicht:** *schönst*). Wo Positiv und Komparativ in der ungebeugten Form stehen, steht der Superlativ mit ***am***: *Dieses Haus ist schön. Dieses Haus ist schöner. Dieses Haus ist* ***am schönsten.***

	Positiv	Komparativ: *-er*	Superlativ: *-(e)st*
Normalfall	*schnell*	*schneller*	*am schnellsten*
mit Umlaut	*hoch*	*höher*	*am höchsten*
ohne oder mit Umlaut	*schmal*	*schmaler* *schmäler*	*am schmalsten* *am schmälsten*
mit Superlativ-*e*-	*weit*	*weiter*	*am weitesten*
mit oder ohne Superlativ-*e*-	*neu*	*neuer*	*am neuesten* *am neusten*

ACHTUNG: Bei dieser Steigerungsform handelt es sich **nicht** um Substantivierungen, sondern um adverbiale Verwendungen! Daher muss der Superlativ **kleingeschrieben** werden und darf nicht mit substantivierten Formen nach *„am = an dem“* verwechselt werden: *Wir orientieren uns nicht am Langsamsten der Gruppe.*

Größer als / denn / wie der andere?

Wenig Probleme bereitet der Vergleich, der eine Gleichheit zeigt: Hier wird die Grundform des Adjektivs zusammen mit den Wörtchen **so** und **wie** herangezogen:

- *Er ist **so** groß **wie** ich.*
- *Michael fährt **so** schnell **wie** Ralf.*

Der Vergleich mit einer Steigerungsform, der eine Ungleichheit ausdrückt, wird dagegen mit ***als*** hergestellt:

- *Er ist größer **als** ich.*
- *Michael fährt schneller **als** Ralf.*

Das Wörtchen **denn** anstelle von *als (Er ist größer **denn** ich)* ist veraltet und heute auf einen gehobenen Sprachstil beschränkt. Nur noch in der Wendung ***denn je*** findet es sich heute:

- *Wir sind **mehr denn je** entschlossen zu kämpfen.*
- *Er widmet sich **mehr denn je** seinem Hobby.*

Daneben wird *denn* statt *als* benutzt, um das Aufeinandertreffen von zwei *als* in Fällen wie dem folgenden zu vermeiden:

- *Als Präsident hat er mehr erreicht **denn als** Künstler* (weniger gut: *als als Künstler*).

ACHTUNG: Obwohl der Komparativ standardsprachlich mit als gebildet wird, findet sich in der Umgangssprache häufig die Vergleichsform mit ***wie.*** Sie sollte auf keinen Fall in schriftlicher Form verwendet werden, sie **ist nicht korrekt:**

- *Er ist größer wie ich* (korrekt: ***als ich***).
- *Michael fährt schneller wie Ralf* (korrekt: ***als Ralf***).

Mit oder ohne Umlaut?

Nicht alle Adjektive mit einem umlautfähigen Vokal haben dann auch in den Vergleichsformen einen Umlaut.

Mit Umlaut ▸ Die folgenden einsilbigen Adjektive mit umlautfähigem Vokal bilden den Komparativ und den Superlativ mit Umlaut nach dem Muster *alt – älter – am ältesten: alt, arg, arm, dumm, grob, groß, hart, hoch, jung, kalt, klug, krank, kurz, lang, nahe, scharf, schwach, schwarz, stark, warm.* Hinzu kommt ein zweisilbiges Adjektiv, bei dem Komparativ und Superlativ ebenfalls umgelautet werden können: *gesund – gesünder – am gesündesten* (neben: *gesunder – am gesundesten*).

Mit schwankendem Umlaut ▸ Bei folgenden Adjektiven können die Steigerungsformen sowohl mit als auch ohne Umlaut gebildet werden: *bang, blass, fromm, glatt, karg, krumm, nass, rot, schmal.* Es sind also sowohl die Formen *bänger – am bängsten, blässer – am blässesten* etc. als auch die Formen *banger – am bangsten, blasser – am blassesten* etc. möglich. Dabei werden heute in der Standardsprache meistens die nicht umgelauteten Formen gewählt.

Superlativ auf -st oder -est?

In der Regel wird der Superlativ durch Anhängen von *-st* an den Stamm der Grundform gebildet. Insbesondere werden so die Superlativformen von **mehrsilbigen, nicht auf der letzten Silbe betonten Adjektiven** gebildet: *deutlich-st-, eifrig-st-, eitel-st-, geachtet-st-, gebildet-st-, jüng-st-, schmal-st-, teuer-st-.*

Einsilbige Adjektive sowie **mehrsilbige Adjektive mit Betonung auf der letzten Silbe** bilden den Superlativ in der Regel durch Anhängen von ***-est*** an die Grundform, wenn sie auf ***-d, -s, -sch, -sk, -ss, -ß, -t, -tz, -x*** oder ***-z*** enden *(kurz/kürz-est-): wild-est-, kält-est-, kraus-est-, nervös-est-, morsch-est-, grotesk-est-, blass-est-, weiß-est-, breit-est-, spitz-est-, fix-est-, rasch-est-, stolz-est-, süß-est-.*

Auch die Adjektive auf ***-haft*** und ***-los*** bilden den Superlativ auf ***-est:*** *rätselhaft-est-, hilflos-est-.*

Der Superlativ der Adjektive, die auf **Doppellaut** (Diphthong: *au, eu, ei ...*) oder auf **Vokal + *h*** enden, kann **sowohl mit *-st* als auch mit *-est*** gebildet werden: *frei-st-* oder *frei-est-, lau-st-* oder *lau-est-, neu-st-* oder *neu-est-, roh-st-* oder *roh-est-*. ACHTUNG: Eine Ausnahme stellt die Superlativform *größt-* (statt: *größest*) dar.

Am höchsten bezahlt oder höchstbezahlt?

Ausdrücke wie ***hochbezahlt/hoch bezahlt, leichtbekleidet/leicht bekleidet, schwerwiegend/schwer wiegend, weitverbreitet/weit verbreitet*** können zusammen- oder getrennt geschrieben werden, je nachdem, ob man in ihnen Zusammensetzungen oder Wortgruppen sieht. Bei diesen Verbindungen hat man die Wahl, ob man sie als Ganzes steigern möchte *(**schwerwiegendere** Argumente, der **höchstbezahlte** Künstler)* oder ob man den ersten Bestandteil, der oft die eigentliche Eigenschaft der Verbindung angibt, steigert *(**schwerer wiegende** Argumente, der **am höchsten bezahlte** Künstler)*.

Komparativ ▸ Wenn der erste Bestandteil gesteigert ist, muss grundsätzlich getrennt geschrieben werden (oft gibt es nur diese Möglichkeit):

- *ein **höher bezahlter** Job*
- *ein **leichter bekleidetes** Model*
- ***weiter verbreitete** Ansichten*

Superlativ ▸ Von diesen Ausdrücken können in der Regel zwei verschiedene Superlativ-Konstruktionen gebildet werden:

- *der **höchstbezahlte** Künstler* neben: *der **am höchsten bezahlte** Künstler*
- *das **leichtestbekleidete** Model* neben: *das **am leichtesten bekleidete** Model*
- *die **weitestverbreitete** Zeitung* neben: *die **am weitesten verbreitete** Zeitung*

Weil die Superlativformen auf *-(e)st* (wie *weitest*) in der Regel nicht als eigenständiges Wort auftreten können (außer natürlich formgleiche Adverbien wie *höchst* und *meist*), müssen die erstgenannten Konstruktionen immer zusammengeschrieben werden!
ACHTUNG: Wird eine Verbindung aus Adjektiv und Partizip oder aus Adjektiv und Adjektiv in der Grundform ausschließlich zusammengeschrieben, gilt das Gleiche für die gesteigerten Formen. Häufig ist in diesen Fällen ohnehin vom Sinn her nur die Verbindung als Ganzes steigerbar: ***hochtrabend, leichtfüßig, leichtlebig, schwerfällig, schwermütig.***

i ***Das meistgelesenste Buch?***
Nein, da stimmt etwas nicht, auch wenn man es in den Medien oft hören oder lesen kann. Bei solchen und ähnlichen aus zwei Bestandteilen zusammengesetzten Adjektiven oder Partizipien darf grundsätzlich nur ein Bestandteil gesteigert werden. Es sind also **nicht korrekt**: *der bestbezahlteste Filmstar, das höherwertigere Bauobjekt, mit größtmöglichster Sorgfalt, die nächstliegendste Lösung*. Stattdessen wird nur ein Bestandteil gesteigert; das ist häufig der erste *(der bestbezahlte Filmstar, das meistgelesene Buch)*, es kann aber auch die Verbindung als Ganzes sein:

- *mit größtmöglicher Sorgfalt*
- *das höherwertige Bauobjekt/ das hochwertigere Bauobjekt*
- *die naheliegendste Lösung/ die nächstliegende Lösung*

Meist hat man bei solchen Fügungen die Wahl zwischen den beiden Möglichkeiten der Steigerung; nur bei sehr wenigen Wörtern (wie *dichtmaschiger* oder *altmodischste*) gibt es keine Alternative.

Dreieckiger und maximalst?

Einige Adjektive sind streng genommen nicht steigerbar; das kann verschiedene Gründe haben.
Adjektive ohne Gradunterschied ▸ Dabei handelt es sich um Eigenschaftswörter, die eine **unver-**

änderliche Eigenschaft bezeichnen oder von vornherein einen **absoluten Grad** ausdrücken, also keine Abstufung zulassen (entweder etwas ist so oder eben nicht): ***ausschließlich, hauptsächlich, dreieckig*** etc., ***endgültig, entgegengesetzt, erhöht, erstklassig, extrem, ganz, halb, ideal, maximal, minimal, mündlich, oval, perfekt, schriftlich, schwanger, sterblich, tot, total, unendlich, universal, unmöglich, unrettbar, unvergleichlich, voll, völlig, wörtlich, zweifach.***

Vergleichsformen von Adjektiven, die bereits eine höchste oder niedrigste Stufe ausdrücken, sind aber dann möglich, wenn sie **relativ gebraucht** werden, also im direkten Vergleich:

- *Gestern war die Straße **leerer als heute**.*
- *Das **stillste** Mädchen **der Klasse**.*
- *Heute wirkte alles noch **lebloser als sonst**.*

ACHTUNG: Manchmal werden auch solche Adjektive gesteigert, um sie noch zu verstärken. Das hat jedoch nicht viel mit einem Stilmittel zu tun, weil sie inhaltlich wenig sinnvoll sind; daher sollten diese Bildungen vermieden werden. Also **nicht**: *extremste Belastungen, minimalster Aufwand, zur vollsten Zufriedenheit.*

Adjektive ohne Beugungsformen ▸ Von Adjektiven, die nicht gebeugt werden, können entsprechend auch keine Vergleichsformen gebildet werden. Das gilt für Wörter wie ***prima, klasse, super*** und ***spitze*** sowie für einige Farbadjektive: ***lila, rosa, beige, orange*** sowie ***bleu, chamois, cognac, creme, ocker, oliv, rosé, türkis.***

Bestimmte mehrteilige Adjektive ▸ Vor Adjektive können (oft ursprünglich selbstständige) Wörter treten *(brand-, erz-)*, die dann in solchen Verbindungen die Bedeutung in eine bestimmte Richtung lenken; meistens haben sie eine bedeutungsverstärkende Funktion: ***bierernst, blitzsauber, blutrot, brandgefährlich, erzreaktionär, pechschwarz, quietschgelb, saublöd, saukalt, schweineteuer, steinalt, grundgebildet, pseudogebildet, stinkbesoffen.*** Zu diesen Adjektiven bzw. Partizipien werden in der Regel keine Vergleichsformen gebildet. Ebenfalls nicht gesteigert werden zusammengesetzte Farbadjektive, die einen Farbton bezeichnen: ***himmelblau, lindgrün, rosarot.***

Und zu guter Letzt können absolute Adjektive auf ***-los,*** die nur ein Entweder-oder zulassen, keine Vergleichsformen bilden: ***ärmellos, arbeitslos, blattlos, brotlos, drahtlos, ehelos, flügellos, obdachlos.***

Heftigster Widerspruch

Superlativformen werden auch außerhalb von Vergleichen verwendet, nämlich um zu zeigen, dass etwas in ganz besonderem Maße zutrifft. Man spricht dann vom **absoluten Superlativ** oder auch vom **Elativ**. Die Aussage „Bei der Produktion wird modernste Technik eingesetzt" bedeutet also nicht, dass die modernste Technik eingesetzt wird, die es überhaupt gibt, sondern nur, dass es sich um eine sehr moderne Technik handelt.

- *Ihr Vorschlag stieß auf **heftigsten** Widerspruch.*
- *Er ging mit **äußerster** Brutalität vor.*
- *Schon das **leiseste** Geräusch störte sie bei der Arbeit.*
- *Wir waren über die Antwort aufs **Höchste** erstaunt.*

Auch einige Höflichkeitsformeln werden mit absoluten Superlativen gebildet. Sie gelten jedoch meist als floskelhaft, übertrieben oder unaufrichtig: *ergebenst, gefälligst, gnädigst, gütigst, herzlichst, höflichst.*

Weitere Möglichkeiten der Steigerung

Ein Text kann lebendiger werden, wenn man anstelle des Superlativs andere Möglichkeiten der Vergleichsform wählt. Dazu zählen:

- **dem Adjektiv vorangestellte vergleichende Bestimmungswörter:** *uralt, **stein**alt, **haus**hoch, **turm**hoch, **blüten**weiß, **schnee**weiß, **bein**hart, **knochen**hart, **stein**hart, **tonnen**schwer, **zentner**schwer, **feder**leicht.*
- **die Wiederholung des gleichen Adjektivs:** *eine **alte, alte** Geschichte; die **leise, leise** Hoffnung; eine **schwere, schwere** Aufgabe*
- die Verwendung von **Adverbien oder Adjektiven**, die **steigernde Bedeutung** haben: *Das ist ihm **äußerst** unangenehm. Es war eine **überaus** gelungene Feier.*

sitzen

hat / ist gesessen • Das Perfekt von *sitzen* unterscheidet sich regional: Im norddeutschen Sprachraum wird *sitzen* mit dem Hilfsverb *haben* gebildet: *Er hat im Garten gesessen.* Die Bildung mit dem Hilfsverb *sein* findet sich dagegen eher in Süddeutschland, Österreich oder der Schweiz: *Er ist im Garten gesessen.* Beide Formen gelten als korrekt und standardsprachlich.
Getrennt- und Zusammenschreibung • In Verbindung mit den Verben *bleiben* oder *lassen* schreibt man getrennt, wenn die Verbindung in wörtlicher Bedeutung verwendet wird: *auf einem Stuhl sitzen bleiben; jemanden im Sessel sitzen lassen.* Wenn die Gesamtbedeutung dieser Verbindungen nicht aus ihren Einzelbestandteilen ersichtlich ist, sondern sich ein neuer Sinn ergibt, ist neben der Getrennt- auch die Zusammenschreibung möglich: *auf einer Ware sitzen bleiben/ sitzenbleiben* (= „sie nicht verkaufen können"); *in der Schule sitzen bleiben/ sitzenbleiben* (= „nicht versetzt werden"); *jemanden sitzen lassen/ sitzenlassen* (= „im Stich lassen, verlassen"). *Sie wollte den Vorwurf nicht auf sich sitzen lassen/ sitzenlassen* (= „ohne Verteidigung hinnehmen").
TIPP: Bei übertragener Bedeutung empfiehlt sich die Zusammenschreibung. Sinnunterschiede können auf diese Weise bereits orthografisch angezeigt werden, und dem Lesenden wird das Textverständnis erleichtert: *Paul wird sitzenbleiben, wenn er seine Computerspiele nicht endlich einschränkt. Er ist auf seiner Ware sitzengeblieben.*

Skala

Das Substantiv hat zwei Pluralformen: *Skalen* oder *Skalas*. Die Form *Skalas* wird jedoch nur selten verwendet.

Ski fahren / Schi fahren

Ski / Schi • Das aus dem Norwegischen übernommene Wort *ski* (ursprünglich: „Schneeschuh") kann im Deutschen *Ski* oder *Schi* geschrieben werden. Im Schreibgebrauch überwiegt die fremdsprachige Schreibvariante deutlich.
Getrennt- und Zusammenschreibung • Eine Fügung aus dem Substantiv *Ski/ Schi* und einem Verb schreibt man getrennt: *Ski/ Schi fahren. Sie sind Ski/ Schi gelaufen.*

S-Kurve

→ *s-/ S-*

SMS

Das aus dem englischen *short message service* gebildete Kurzwort für kurze Textnachrichten, die per Mobiltelefon gesendet bzw. empfangen werden, wird regional mit unterschiedlichem Genus gebraucht:
DEUTSCHLAND: *die SMS* (selten: *das SMS*)
ÖSTERREICH/ SCHWEIZ: *das SMS* (selten: *die SMS*)

so

Vor *so* steht ein Komma, wenn es einen Nebensatz oder eine nachgestellte Erläuterung einleitet oder wenn es als hinweisendes Wort einen vorausgegangenen Satzteil wieder aufnimmt: *Ich muss noch arbeiten, so gern ich auch ins Kino ginge. Lauf, so schnell du kannst! Er war, wenn auch nicht gerade reich, so doch durchaus wohlhabend. Viele Läden im Dorf haben geschlossen, so auch der Bäcker und der Schlachter. Die Investitionen in neue Technik, so der Vorstandssprecher, haben sich fast verdoppelt. Wie man sich bettet, so schläft man.*
Bei formelhaften Partizipgruppen ist das Komma freigestellt: *Das ist(,) so gesehen(,) ein gravierender Fehler. So gesehen(,) hat er Recht.*
Ist *so* in den Satzverlauf einbezogen, steht kein Komma: *Ich würde so gern mitkommen. Kommen Sie so schnell wie möglich hierher. Du machst es am besten so, wie du es für richtig hältst. So wie die anderen ging er auch nach Hause.*

sobald / so bald

Als Konjunktion leitet *sobald* einen Nebensatz ein und wird zusammengeschrieben. Die Betonung

liegt dabei auf der zweiten Silbe: *Sobald ich auf die Bühne komme, ist die Aufregung meist schnell verflogen. Er beendete die Sitzung, sobald klar war, dass sich keiner mehr zu Wort melden würde. Die Pflanzen können gesät werden, sobald der Boden frostfrei ist.*
Demgegenüber steht die adverbial gebrauchte Verbindung *so bald*, in der *so* bedeutungsverstärkend wirkt. In diesen Fällen ist auch *so* betont: *Reist er wirklich schon so bald an? Den sehen wir so bald nicht wieder! Ich komme so bald wie möglich.* (Aber: *Ich komme, sobald ich kann.*)

so dass / sodass

Als Konjunktion kann man *so dass / sodass* getrennt oder zusammenschreiben. Sie leitet einen untergeordneten Folgesatz ein, der durch Komma abgegrenzt wird: *Er schrie laut, so dass / sodass ihn jeder hören konnte. Das Scheinwerferlicht blendete ihn, so dass / sodass er kaum etwas sehen konnte.*
Gehört *so* zum Hauptsatz und leitet *dass* einen Nebensatz ein, steht vor *dass* ein Komma. Das *so* ist in diesen Fällen besonders betont: *Er schrie so laut, dass ihn jeder hören konnte. Er schrie so, dass ihn jeder hören konnte. Das Scheinwerferlicht blendete ihn so, dass er kaum noch etwas sehen konnte.*

Soft Skills, Soft Drink / Softdrink, Software

Wenn der Hauptakzent einer aus dem Englischen stammenden Verbindung von Adjektiv und Substantiv nicht auf dem ersten Bestandteil liegt, schreibt man getrennt. Beide Bestandteile werden großgeschrieben: *Soft Drug; Soft Skills.*
Getrennt- oder Zusammenschreibung ist möglich, wenn der Hauptakzent auch auf dem ersten Bestandteil einer solchen Entlehnung liegen kann: *Soft Rock / Softrock; Soft Drink / Softdrink.*
Nur zusammengeschrieben werden hingegen Zusammensetzungen wie *Softeis* und *Software*, die entweder schon in Zusammenschreibung aus dem Englischen übernommen wurden oder allgemein als zusammengehörend empfunden werden.

solange / so lange

Man schreibt *solange* zusammen, wenn das Wort als Konjunktion einen Nebensatz einleitet. Die Betonung liegt dabei auf der zweiten Silbe, das gebeugte Verb steht im Nebensatz an letzter Stelle: *Du kannst bleiben, solange du magst. Er sagte, dass er weitermachen werde, solange die Fans ihn auf der Bühne sehen wollten.*
Die adverbiale Fügung schreibt man dagegen getrennt. In diesen Fällen ist auch *so* betont: *Man wollte die Fans entschädigen, die so lange auf die Karten gewartet hatten. Die Kinder bettelten so lange, bis sie länger aufbleiben durften. Der neue Rechner ist noch nicht gekommen: Ich werde das alte Notebook noch so lange zur Sicherheit aufbewahren.*

solch / solche(r, -s)

solche(r, -s) • Adjektive und Partizipien nach *solche(r, -s)* werden im Singular und Plural in aller Regel schwach gebeugt: *solch**er** alt**e** Kram; solch**es** weiß**e** Pulver; mit solch**em** bunt**en** Stoff; bei solch**er** zart**en** Versuchung; solch**e** interessant**en** Überlegungen.*
Im Singular ist die starke Deklination selten: *solch**er** alt**er** Kram; solch**es** weiß**es** Pulver; mit solch**em** bunt**em** Stoff; bei solch**er** zart**er** Versuchung; angesichts solch**er** eingehend**er** Beobachtung.*
Im Plural kommt die starke Deklination häufiger als im Singular vor: *solch**e** interessant**e*** (seltener: *interessant**en***) *Überlegungen; angesichts solch**er** unterschiedlich**er*** (seltener: *unterschiedlich**en***) *Auffassungen.*
solch • Nach endungslosem *solch* ist ausschließlich die starke Deklination möglich: *solch alt**er** Kram; solch weiß**es** Pulver; mit solch bunt**em** Stoff; bei solch zart**er** Versuchung; solch interessant**e** Überlegungen.*
solchem Abgesandten • Substantivierte Adjektive, wie *Beamter, Abgesandter, Angehöriger* usw., werden nach *solche(r, -s)* gewöhnlich schwach gebeugt: *solch**er** Abgesandt**e**; solch**es** Beamt**en**; solch**em** Angehörig**en**.*
→ auch *Sonderseiten „Substantivierte Adjektive“, S. 418 f.*

sollen

Steht das Modalverb *sollen* mit dem Infinitiv eines Vollverbs *(Er soll nicht kommen),* dann werden Perfekt und Plusquamperfekt nicht mit dem Partizip II, sondern mit dem sogenannten Ersatzinfinitiv gebildet. Dieser steht immer nach dem Infinitiv des Vollverbs: *Vielleicht hat es so kommen sollen. Du hättest nicht kommen sollen. Ihr hättet es doch mitnehmen sollen.*

Solo – Solos / Soli

Das Substantiv *Solo* hat zwei mögliche Pluralformen: *Solos/Soli.* Da die Form auf *-i* bereits eine Pluralform darstellt, darf keine zweite Pluralendung angefügt werden. Die gelegentlich zu beobachtende Pluralform *Solis* ist also falsch.

sondern

Kommasetzung • Sätze, Satzteile oder Wörter, die mit der entgegensetzenden Konjunktion *sondern* verbunden werden, werden immer mit Komma abgegrenzt: *Er war nicht nur als Sänger, sondern auch als Schauspieler erfolgreich. Das Unternehmen ist nicht gemeinnützig, sondern kommerziell ausgerichtet. Sie wird an diesem Freitag nicht zur Arbeit gehen, sondern ihre Wohnung renovieren.*

Verneinung • Die Konjunktion *sondern* kann nur nach einem verneinten Satz oder Satzteil stehen. Dabei muss die Verneinung durch ein explizites Negationswort wie „nicht" oder „kein" ausgedrückt sein: *Sein Auto ist nicht grau, sondern blau. Es regnet nicht, sondern es schneit. Das ist kein Schrank, sondern eine Kommode. Das ist kein Vergehen, sondern ein Verbrechen.*

Bei einer nur sinngemäß enthaltenen Verneinung darf *sondern* nicht stehen: *Ich habe weniger Hunger als vielmehr großen Durst.* (Falsch: *Ich habe weniger Hunger, sondern vielmehr großen Durst.*)

Nach *kaum* ist die Verwendung von *sondern* dagegen korrekt: *Er hat kaum gesprochen, sondern die meiste Zeit geschwiegen. Der Patient nahm von seiner Umgebung kaum Notiz, sondern starrte nur vor sich hin.*

Warum der *Sonnabend* auf den *Samstag* fällt – ein religiöses Vermächtnis

Dass man im Norden am ***Sonnabend***, im Süden dagegen am ***Samstag*** die Sportschau einschaltet, hat historische Gründe, die über 1000 Jahre in die Geschichte zurückreichen.

Bei *Sonnabend* handelt es sich ursprünglich um ein Wort des Altenglischen, das *sunnan-æfen* lautete. Es war wohl die von Britannien ausgehende Missionstätigkeit des „Apostels der Deutschen", **Bonifatius** (ca. 673 - ca. 755; Bild: Relief, 12. Jh.), über die das Wort aufs germanische Festland gelangte. Dort wurde es als *sunnūnāband* ins Althochdeutsche entlehnt. Dem Wortsinn nach bezog es sich zunächst nur auf den „Vorabend vor Sonntag". Im christlichen Verständnis stand schon der Vorabend im Zeichen des folgenden Festtages, da die Nacht bzw. der späte Abend dem folgenden Tag zugerechnet wurde. Noch heute feiert man Heilig***abend*** bzw. Weih***nacht***en am 24. Dezember, also am Vorabend des eigentlichen Feiertages. Die Bezeichnung *Sonnabend* allerdings wurde schon früh auf den ganzen Tag ausgeweitet und breitete sich als Wochentagsname im nord- und mitteldeutschen Raum aus.

Anders verhielt es sich im Südosten, denn dieser stand unter dem Einfluss der arianischen Mission. Die Arianer, die den Glauben an die Dreifaltigkeit ablehnten, brachten als Wochentagsbezeichnung das griechische Wort *sábbaton* (von hebräisch *šabbąt*) mit. Möglicherweise handelt es sich um eine vulgärgriechische Form wie *sámbaton*, die als *sambaztag*, später *sam(e)ztag* ins Deutsche entlehnt wurde.

Sonnabend

Der Wochentagname *Sonnabend* anstelle von *Samstag* ist vor allem in Nord- sowie in Teilen Mitteldeutschlands in Gebrauch: *Am Sonnabend erwarteten sie Besuch.*
Im übrigen deutschsprachigen Raum dominiert die Bezeichnung *Samstag*: *Am Samstag geht sie tanzen.*

Sonntag

Sonntag Morgen / Sonntagmorgen • Steht *Sonntag* in Verbindung mit einer Tageszeit *(Morgen, Mittag, Abend; Vormittag, Nachmittag)*, schreibt man getrennt und groß, wenn kein Artikel, Adjektiv oder Pronomen davorsteht: *Sonntag Morgen gehen wir in die Kirche. Der Film kommt Sonntag Abend.*
Steht die Verbindung dagegen mit einem Artikel, einem Pronomen oder einem Adjektiv, dann muss zusammengeschrieben werden: *Der Sonntagabend ist für Freunde reserviert. Jeden Sonntagmittag wurde ganz traditionell ein Braten aufgetischt. An manchen Sonntagnachmittagen ging sie joggen.*
Sonntags • Das Substantiv *Sonntag* kann durch Anhängen eines *-s* adverbial gebraucht werden. Man schreibt klein: *Sie gingen sonntags immer wandern.*
Bei Verbindungen mit Tageszeiten wird, je nachdem, ob der erste Bestandteil auf *-s* endet oder nicht, getrennt oder zusammengeschrieben. Man schreibt in beiden Fällen klein: *Wir treffen uns sonntagmittags / sonntags mittags* (aber nur: *eines schönen Sonntagabends*).
Sonntag, dem / den • Nach einem Wochentag steht das Datum als Apposition im selben Kasus: *Heute ist Sonntag, der 15. Dezember. Wir sehen uns Sonntag, den 3. März. Wir treffen uns am Sonntag, dem 3. März. Es geschah am Morgen jenes Sonntags, des 15. Juni 1905.*
Daneben kann nach dem Wochentag im Dativ (nicht aber im Nominativ und Genitiv), das Datum auch im Akkusativ stehen. Richtig ist also: *Wir treffen uns am Sonntag, den / dem 15. März.*

sonstig

Bei artikellosem Gebrauch werden Adjektive und Partizipien nach *sonstig* heute im Allgemeinen stark gebeugt. Die schwache Deklination kommt heute noch vereinzelt im Dativ Singular Maskulinum und Neutrum vor. Es heißt also: *angesichts sonstig**er** unbezahlt**er** Rechnungen; von sonstig**em** materiell**em*** (auch: *materiell**en***) *Wohlstand abgesehen; bei sonstig**em** frisch**em*** (auch: *frisch**en***) *Gemüse.*
Darüber hinaus kommt nach *sonstig* die schwache Deklination auch noch im Genitiv Plural vor: *angesichts sonstig**er** unbezahlt**er*** (auch: *unbezahlt**en***) *Rechnungen.*

sooft / so oft

Man schreibt zusammen, wenn *sooft* als Konjunktion einen Nebensatz einleitet. Die Betonung liegt dabei auf der zweiten Silbe: *Mit der Netzkarte kann man in diesem Gebiet fahren, sooft man will. Und sooft er es auch versuchte, es wollte ich nicht gelingen.*
Demgegenüber stehen Verbindungen, in denen *so* bedeutungsverstärkend wirkt. In diesen Fällen ist auch *so* betont: *Der FC Bayern hat so oft Glück. Ich war so oft im Theater, ich kenne die gängigen Stücke in- und auswendig. Wie schon so oft, liegen Wahrheit und Täuschung dicht beieinander. Es ist schade, dass ihr uns nicht mehr so oft besuchen kommt.*
Manchmal sind beide Möglichkeiten gegeben: *Er darf auf dem Klavier spielen, sooft er will. / Er kann auf dem Klavier spielen, so oft (und lange) er will.*

sosehr / so sehr

Man schreibt zusammen, wenn *sosehr* als Konjunktion einen Nebensatz einleitet. Die Betonung liegt dabei auf der zweiten Silbe: *Sosehr sie sich auch bemühte, der Erfolg stellte sich nicht ein. Wir können Ihnen hier nicht weiterhelfen, sosehr wir das auch bedauern. Sosehr der Vorschlag auch kritisiert wurde, Alternativen waren leider nicht in Sicht.*

In den Fällen, in denen *so* bedeutungsverstärkend wirkt, ist auch das *so* betont. Man schreibt getrennt: *Das hat sie sich so sehr gewünscht. Die Ängste blockieren die Schüler so sehr, dass es ihnen schwerfällt, sich zu konzentrieren. Es ist nicht so sehr die fehlende Spannung, die mich an diesem Krimi stört, mir gefällt vor allem die Auflösung nicht.*

soviel / so viel

Es wird nur dann zusammengeschrieben, wenn *soviel* als Konjunktion einen Nebensatz einleitet. Erkennbar ist der Nebensatz daran, dass das gebeugte Verb am Ende steht:
Soviel ich weiß, fährt in dieser Stadt nach 23 Uhr kein Bus mehr. Er ist krank, soviel ich weiß.
ACHTUNG: In allen anderen Fällen schreibt man getrennt: *Sie versuchten, so viel Zeit wie möglich mit ihren Kindern zusammen zu sein. Das Opfer hat so viel Blut verloren, dass Lebensgefahr besteht. Du hast so viel gelernt, es muss einfach klappen. Das kostet ja fast doppelt so viel wie früher. So viel ist sicher: Mit diesem Ersatzreifen kommen Sie nicht weit. Ich mache mir nicht so viel aus Modetrends.*

soweit

Man schreibt zusammen, wenn *soweit* als Konjunktion einen Nebensatz einleitet. Die Konjunktion hat dann die Bedeutung „in dem Maße wie“ und „für den Fall, dass“. In dem mit *soweit* eingeleiteten Nebensatz steht das gebeugte Verb am Schluss: *Soweit ich das beurteilen kann, wird er in der Prüfung keine Probleme bekommen. Soweit ich sehe, ist niemand da, der Einspruch erheben könnte. Soweit erkennbar (ist), wird es keinen Wetterumschwung geben.*
ACHTUNG: In allen anderen Fällen wird getrennt geschrieben: *Es ist wieder so weit: Die Party beginnt. Wie konnte es so weit kommen? Vielleicht waren die Teilnehmer noch nicht so weit. Wenn es so weit ist, werde ich Ihnen Bescheid geben. Und wann ist es bei dir so weit? So weit wollten es die empörten Eltern denn doch nicht kommen lassen. Es geht ihm so weit recht gut.*

sowenig / so wenig

Als Konjunktion leitet *sowenig* einen Nebensatz ein, man schreibt zusammen: *Sowenig er davon auch versteht, …*
In allen anderen Fällen schreibt man getrennt:
Das ist gar nicht so wenig, verglichen mit …
Weil ich mit diesem Gerät so wenig Erfahrung habe, halte ich mich vorübergehend lieber an das Bewährte.

sowie

Kommasetzung • *Sowie* kann einen Nebensatz einleiten, der durch Komma abgegrenzt wird. Man erkennt den Nebensatz daran, dass das gebeugte Verb am Schluss steht: *Er traf seine Vorkehrungen, sowie er die erste Nachricht von dem Vorfall bekam. Sie rannte los, sowie sie den Schuss hörte.*
Wird *sowie* in Aufzählungen gleichrangiger Satzglieder oder Teilsätze anstelle von *und* verwendet, setzt man kein Komma:
Das Beratungsunternehmen verfügt über zahlreiche Bücher zur Personalentwicklung sowie zur Organisationsentwicklung. Dieser Ratgeber ist ausgesprochen nützlich, wenn man rasch ein Stichwort sucht sowie wenn man sich genauer über das Thema Ernährung informieren will. Tagetes sind dafür bekannt, üppig zu blühen, pflegeleicht zu sein sowie fast in jedem Garten zu überleben.
Wenn *sowie* mit anderen Konjunktionen eine Fügung bildet, die als Einheit empfunden wird, steht das Komma vor der gesamten Fügung, jedoch nicht dazwischen: *Sie stand ruhig da, aber sowie sie den Schuss hörte, rannte sie los.*
TIPP: Zur Vermeidung einer zu großen Häufung der Konjunktion *und* kann man auch *sowie* oder *wie* verwenden: *Es kamen Nachbarn und Bekannte, Kollegen und Freunde sowie alle nahen und entfernten Verwandten.*
Bei einer einfachen Koordination von zwei Wörtern (Wortgruppen) ist der Ersatz von *und* durch *sowie* weniger gebräuchlich: *Sie kaufte für ihre Tochter neue Kleider und ein Paar Schuhe.* (Seltener: *Sie kaufte für ihre Tochter neue Kleider sowie ein Paar Schuhe.*)

sowohl … als auch

sowohl als (auch) / wie (auch) • Auf *sowohl* folgt in der Regel im angeschlossenen Satz oder Wort *als auch: Er ist sowohl ein guter Ehemann als auch ein guter Vater. Sie kennt sowohl Berlin als auch Hamburg sehr gut.*
Neben *sowohl … als auch* ist *sowohl … wie auch* ebenfalls korrekt: *Er ist sowohl ein guter Ehemann wie auch ein guter Vater. Sie kennt sowohl Berlin wie auch Hamburg sehr gut.*
Gleichermaßen richtig ist das gelegentlich anzutreffende *sowohl … wie: Er ist sowohl ein guter Ehemann wie ein guter Vater. Sie kennt sowohl Berlin wie Hamburg sehr gut.*
Ein bloßes *als* sollte dagegen **nicht** stehen: *Er ist sowohl ein guter Ehemann als ein guter Vater.*
Ebenso wenig korrekt sind Verbindungen von *sowohl* mit *und, sowie* und *aber auch*:
Sowohl die Lehrer als auch/wie (auch) die Schüler nahmen teil. (Falsch: *Sowohl die Lehrer und die Schüler nahmen teil.*) *Wir haben sowohl Rehe als auch/wie (auch) Hirsche gesehen.* (Falsch: *Wir haben sowohl Rehe sowie Hirsche gesehen.*)
Kommasetzung • Wenn gleichrangige Satzglieder oder Nebensätze durch *sowohl … als (auch)* verbunden sind, so setzt man kein Komma: *Das neue Modell war sowohl technisch als auch ästhetisch ein deutlicher Fortschritt. Wir haben uns sowohl gestern als auch heute getroffen. Susanne hatte schon immer damit angegeben, dass sowohl Englisch für sie kein Problem sei als auch Mathematik für sie keine Schwierigkeit darstellte.*
Mehrere aufeinanderfolgende Infinitivgruppen werden als gleichrangige Satzglieder nicht durch Komma voneinander abgegrenzt, wenn sie durch die Konjunktionen *sowohl … als auch* verbunden sind. Vor den mit *sowohl* eingeleiteten Infinitivgruppen kann bzw. muss je nach Lage ein Komma stehen: *Die Nachbarin hatte versprochen(,) sowohl den Briefkasten zu leeren als auch die Blumen zu gießen. Er entschied sich dafür, sowohl einen Brief als auch eine E-Mail zu schicken.*
→ *Sonderseiten „Infinitiv“, S. 242 f.*
Kongruenz • Werden Subjektteile im Singular mit *sowohl … als auch* verbunden, steht das Prädikat in der Regel im Plural. Der Singular kommt jedoch auch vor und ist ebenfalls korrekt: *Sowohl der Schiedsrichter als auch der Linienrichter hätten/hätte das Abseits bemerken müssen.*

Sozius

Das Substantiv hat den Plural *die Soziusse*. Der Genitiv lautet *des Sozius.*

Spachtel

Das Substantiv kann im Maskulinum oder Femininum stehen. Der Gebrauch unterscheidet sich jedoch regional:
DEUTSCHLAND / SCHWEIZ: *der* (selten: *die*) *Spachtel;* ÖSTERREICH: *die Spachtel.*

Spaghetti / Spagetti

Der aus dem Italienischen stammende Ausdruck *Spaghetti* (eine Verkleinerungsform zu: *spago* „Schnur“) kann im Deutschen auch *Spagetti* geschrieben werden. Im Schreibgebrauch überwiegt die fremdsprachige Schreibung *Spaghetti.*
Da es sich bereits um einen Plural handelt, ist das zusätzliche Anhängen des Plural-s nicht korrekt: *Die Spaghetti/Spagetti* (falsch: *Spaghettis/Spagettis*) *schmecken köstlich.*

Spalt breit / Spaltbreit

Die substantivierte Fügung kann als ein Wort oder auch als Wortgruppe aufgefasst werden. Entsprechend kann man getrennt oder zusammenschreiben: *das Fenster einen Spaltbreit/Spalt breit öffnen.*

spalten – gespalten oder gespaltet?

Für das Verb spalten gibt es zwei Möglichkeiten, das Partizip II zu bilden. Die Form *gespalten* wird hauptsächlich adjektivisch verwendet: *Schlangen haben eine gespaltene Zunge.*
Die Form *gespaltet* hingegen wird in folgenden Konstruktionen verwendet: *Der Blitz hatte den Baum in zwei Hälften gespaltet. Sie hatte eine Menge Holz gespaltet.*

spanisch / Spanisch

Kleinschreibung • Als Adjektiv schreibt man spanisch auch in mehrteiligen Fügungen klein: *spanische Flagge; spanischer Reiter* (= „militärisches Hindernis"); *spanischer Kragen* (= „Form der Vorhautverengung"); *spanisches Rohr* (= „Peddigrohr"); *spanischer Pfeffer* (= „Paprika"); *spanische Stiefel* (= „Folterinstrument").
Großschreibung bei Titeln und Namen • Ist *spanisch* Bestandteil von Titeln, Eigennamen, zoologischen oder botanischen Fachbegriffen sowie von Jahrestagen, schreibt man groß: *die Spanische Fliege* (= „südeuropäischer Käfer"); *die Spanische Flagge* (= „Nachtschmetterling").
Großschreibung bei Substantivierung • → *englisch*

Das kommt mir *spanisch* vor
Die Redewendung, mit der man ausdrückt, dass einen etwas sehr merkwürdig oder seltsam anmutet, stammt wahrscheinlich aus der Zeit, als der aus Spanien stammende Habsburger **Karl V.** (1500–1558) deutscher Kaiser war (→ *peinlich*). Viele bis dahin in Deutschland völlig unbekannte und zum Teil auch als unerhört empfundene Sitten, Bräuche und Moden fanden Eingang und wurden mit Misstrauen betrachtet. Der Kampf, den Karl V. im Rahmen der spanischen Inquisition gegen die Reformation geführt hatte, dürfte seinen Teil zur Ablehnung alles Spanischen beigetragen haben. Eine Haltung, die im Dreißigjährigen Krieg ihre Fortsetzung fand, wie ein literarischer Beleg aus dem „Simplizissimus" von Grimmelshausen (um 1622–1676) verdeutlicht: Der von von Kroaten verschleppte Simplicius äußert sich über seinen neuen Herrn, den Kroatenobristen Cordes: „Bei diesem Herrn kam mir alles widerwärtig und fast *spanisch* vor (...)."

spät

Groß- und Kleinschreibung • Als Adjektiv schreibt man *spät* fast immer klein: *das späte Mittelalter; ein später Apfel* (= „ein spät im Jahr reifender Apfel")*; eine späte Einsicht; spätes Glück; bis spät in die Nacht; späte Reue; von früh bis spät.* Substantivierungen sind äußerst selten: *Dass das Frühe geht nahtlos ins Späte über.*
Getrennt- und Zusammenschreibung • Man schreibt *spät* vom folgenden Verb getrennt: *spät sein; spät aufstehen; zu spät kommen.*
In Verbindung mit adjektivisch gebrauchten Partizipien kann man getrennt oder zusammenschreiben: *spät geboren/spätgeboren; ein spät vollendetes/spätvollendetes Meisterwerk.*
Adverbial gebrauchte Zusammensetzungen schreibt man zusammen: *spätmorgens, spätnachmittags, spätabends.* In der folgenden Wendung schreibt man jedoch getrennt: *von morgens früh bis abends spät.*

spätestens in / in spätestens

Das Adverb kann vor der Präposition oder vor der Wortgruppe stehen, die von der Präposition abhängig ist. Beide Konstruktionen sind korrekt und unterscheiden sich in keiner Weise: *Wenn sie gut durchkam, würde sie spätestens in zwei Stunden hier sein./Wenn sie gut durchkam, würde sie in spätestens zwei Stunden hier sein.*

spazieren

Man schreibt *spazieren* von einem folgenden Verb immer getrennt: *spazieren gehen; spazieren fahren; spazieren reiten.* Die Substantivierung dieser Fügung schreibt man zusammen: *Das Spazierengehen hielt sie bis ins hohe Alter fit.* In Verbindung mit einem adjektivisch gebrauchten Partizip kann man getrennt oder zusammenschreiben: *spazieren gehende/spazierengehende Leute.*

speien

Unabhängig davon, ob man die Wortformen ein- oder zweisilbig ausspricht, schreibt man die

1. und 3. Person Plural Präteritum nur: *wir/sie spien*. Die Partizip-II–Form lautet *gespien: Der Vulkan hat zuletzt vor zehn Jahren Feuer gespien.*

spitz

In vielen Verbindungen wird das Adjektiv vom Verb getrennt geschrieben: *spitz zulaufen. Du bist spitz geworden* (= „du hast ein mageres Gesicht bekommen").
In den Verbindungen mit übertragener Bedeutung schreibt man zusammen: *spitzbekommen, spitzkriegen.*

spitze / Spitze

Das Substantiv *Spitze* verhält sich in der Bedeutung „großartig, toll" wie ein Adjektiv und wird dann kleingeschrieben. Im Unterschied zu normalen Adjektiven kann es aber nicht gebeugt werden: *Das ist spitze. Der Film war spitze. Sie kann spitze Fußball spielen.*
Das Wort *spitze* kann als Adjektiv auch Substantive näher bestimmen. Es wird in dieser Funktion ebenfalls nicht gebeugt: *ein spitze Vorschlag; ein spitze* (nicht: *spitzer*) *Wagen.*
Wird *spitze* jedoch durch ein anderes Adjektiv näher bestimmt, wird immer großgeschrieben: *Der Gitarrist der neuen Rockband war einsame Spitze.*

Spontaneität / Spontanität

Das Fremdwort hat zwei unterschiedliche Formen, ohne dass es einen Bedeutungsunterschied gibt: *Spontanität/Spontaneität* (= „Handeln ohne äußeren Antrieb").

spotten

Das Verb *spotten* wird heute im Allgemeinen mit der Präposition *über* verwendet: *Die Kinder spotteten über den Jungen mit der Brille.*
Die Verwendung mit Genitivobjekt ist veraltet *(Sie spotteten des armen Jungen).* Sie ist aber weiterhin gängig in der festen Wendung *Das spottet jeder Beschreibung.*

sprachlich / sprachig

Die Bedeutungen von mit den Bestandteilen *-sprachig* und *-sprachlich* zusammengesetzten Adjektiven unterscheiden sich insofern, als die Zusammensetzungen mit *-sprachig* auf den konkreten Gebrauch von Sprachen hindeuten:
Er ist zweisprachig. (= Er kann zwei Sprachen sprechen.)
Sie ist anderssprachig als ich. (= Sie spricht eine andere Sprache als ich.)
mehrsprachiger Unterricht (= Unterricht in mehreren Sprachen)
Die Zusammensetzungen mit *-sprachlich* deuten auf die Bezugnahme auf eine Sprache hin:
ein altsprachliches Gymnasium (= Gymnasium, an dem alte Sprachen gelehrt werden)
ein umgangssprachlicher Ausdruck (= ein Ausdruck aus der Umgangssprache)
muttersprachliche Lehrmittel (= Lehrmittel, die in der Muttersprache verfasst sind)

sprechen

Das starke Verb *sprechen* hat in der 2. und 3. Person Plural den e/i-Wechsel: *sprechen – du sprichst – er/sie/es spricht.*
Auch der Imperativ Singular wird mit *i* gebildet: *Es muss also heißen: Sprich!* (nicht: *Sprech!/Spreche!*).

springen

Das Perfekt des Verbs *springen* wird in der Regel mit *sein* gebildet: *Er ist über die Mauer gesprungen. Sie ist über ihren Schatten gesprungen. Der Fehler ist sofort ins Auge gesprungen. Sie ist kurz zur Seite gesprungen. Die Straßenbahn ist aus den Schienen gesprungen.*
Bezogen auf die Sportarten Hochsprung und Weitsprung ist auch das Perfekt mit *haben* möglich: *Er ist/hat die 5-Meter-Marke im ersten Versuch gesprungen.*

ss oder ß?

→ *Sonderseiten „s oder ß oder ss?", S. 376f.*

Im März(en) der Bauer: Das *Substantiv*

Das Substantiv (oder Nomen) wird oft auch Hauptwort genannt, und allein durch die Großschreibung, die es unter den Wortarten des Deutschen exklusiv hat, wird es tatsächlich deutlich hervorgehoben. Doch wo liegen hier die Probleme? Die ergeben sich zum Großteil aus der Tatsache, dass es verschiedene Deklinationen des Substantivs gibt – und sich diese zudem ändern können: ***Im Märzen der Bauer*** …? Nein, so beugt man heute die Monatsnamen auch standardsprachlich nicht mehr, denn es heißt *im März*. Aber wann ist das korrekt und wann nicht – wie bei *dem Patient*, bei dem nach wie vor von *dem Patienten* gesprochen werden sollte? Und wie heißt es eigentlich richtig: *der* oder *das Joghurt* (oder gar *die Joghurt*)?

Die Deklination

Substantive haben im Regelfall ein bestimmtes grammatisches Geschlecht (Genus), und sie können hinsichtlich der Anzahl (Numerus) und des Falles (Kasus) verändert werden. Diese **Formveränderung** des Substantivs heißt Deklination. Es gibt zwei Numeri: **Singular** (Einzahl) und **Plural** (Mehrzahl); und es gibt vier Fälle: **Nominativ** („Werfall"), **Genitiv** („Wesfall"), **Dativ** („Wemfall") und **Akkusativ** („Wenfall"): *der Mann* (Nominativ), *des Mannes* (Genitiv), *dem Mann* (Dativ), *den Mann* (Akkusativ). Außerdem gibt es verschiedene **Deklinationsklassen**, die anhand der unterschiedlichen Formen im Plural und im Genitiv Singular unterschieden werden. Man spricht in der Regel von der **starken**, der **schwachen** und der **gemischten Deklination**. Außerdem verbreitet sich zunehmend **die *s*-Deklinationsklasse**, die als einzige Endung das *-s* hat.

Die starke Deklination ▸ Männliche und sächliche Substantive dieser Deklination enden im Genitiv Singular auf ***-(e)s*** und haben unterschiedliche Formen des Nominativ Plurals; die femininen Substantive haben im Singular keine Endung, der Nominativ Plural endet bei ihnen auf *-**e*** und hat meist einen Umlaut.

Die schwache Deklination ▸ Die Substantive dieser Deklination sind entweder männlich oder weiblich und haben in allen Fällen die Endung ***-e(n)*** außer im Nominativ Singular des Maskulinums und im Singular der Feminina.

Starke Deklination	Maskulinum	Femininum	Neutrum
Nominativ	*der Tag / die Tage*	*die Kraft / die Kräfte*	*das Brett / die Bretter*
Genitiv	*des Tag(e)s / der Tage*	*der Kraft / der Kräfte*	*des Brett(e)s / der Bretter*
Dativ	*dem Tag(e) / den Tagen*	*der Kraft / den Kräften*	*dem Brett / den Brettern*
Akkusativ	*den Tag / die Tage*	*die Kraft / die Kräfte*	*das Brett / die Bretter*

Schwache Deklination	Maskulinum	Femininum
Nominativ	*der Bote / die Boten*	*die Frau / die Frauen*
Genitiv	*des Boten / der Boten*	*der Frau / der Frauen*
Dativ	*dem Boten / den Boten*	*der Frau / den Frauen*
Akkusativ	*den Boten / die Boten*	*die Frau / die Frauen*

Die gemischte Deklination ▸ Gemischt dekliniert werden einige männliche oder sächliche Substantive: Diese haben im Genitiv Singular das ***-(e)s*** der starken und im Plural die ***-(e)n***-Endungen der schwachen Deklination.
Zu den Schwierigkeiten bei der Deklination → substantivierter Adjektive siehe Sonderseiten, S. 418 f.

Veränderungen der Deklination

Manche Wörter verändern ihre Deklinationsmuster im Laufe der Zeit – das kann durch einen Wandel innerhalb der Deklinationsklasse passieren (wie beim Weglassen des Dativ-e) oder durch den Wechsel von einer Deklinationsklasse in eine andere, wenn also Substantive etwa nicht mehr die schwache Beugungsendung ***-en*** aufweisen, sondern die Endung (zunächst umgangssprachlich) ganz entfällt *(dem Fürsten → dem Fürst)* oder im Genitiv durch die starke Endung ***-s*** ersetzt wird *(des Bauern → des Bauers).*
Das Dativ-e ▸ Die **Dativendung** ***-e*** der starken Deklination ist in der deutschen Sprache der Gegenwart in der Regel nicht (mehr) erforderlich, sie wirkt oft auch veraltet *(dem Manne, dem Kinde).* Auch in den meisten festen Wendungen ist das Dativ-e heute fakultativ, das heißt, man kann es verwenden oder auch nicht und beides gilt als korrekt: *im Fall(e), dass er kommt, im Grund(e) genommen, im Sinn(e) des Gesetzes, im Lauf(e) der Woche, bei Hof(e), von Haus(e) aus, zu Haus(e).*
ACHTUNG: In einigen festen Wendungen **kann das Dativ-e nicht weggelassen** werden. Dazu gehören die folgenden:

- *zu **Buche** schlagen*
- *zu **Kreuze** kriechen*
- *jemandem zu **Leibe** rücken*
- *zu **Pferde** sitzen*
- *zu **Rate** / zurate ziehen*
- *zu **Stande**/zustande kommen*
- *zu **Tage** / zutage treten*
- *zu **Werke** gehen*

Weglassen der Endung -en ▸ Bei einigen männlichen Substantiven der schwachen Deklination kommen im Akkusativ und Dativ Singular neben den Formen auf *-en* auch Formen ohne diese Endung vor. Diese Formen werden immer häufiger verwendet, gelten aber als umgangssprachlich und sollten in der Schriftsprache vermieden werden: *Ich helfe dem Mensch**en**. Ich mag den Mensch**en**.* Wie *Mensch* verhalten sich auch die folgenden einsilbigen Maskulina: *Fürst, Graf, Held, Hirt, Prinz, Tor, Zar.*
Darüber hinaus wird bei einer Anzahl von Fremdwörtern manchmal die Akkusativ- und Dativendung ***-en*** weggelassen. Auch hier gilt, dass die Unterlassung der Deklination in der Schriftsprache **vermieden werden sollte**: *Architekt, Brillant, Diplomat, **Dirigent**, Dramaturg, Drogist, Fabrikant, Fotograf, Gendarm, Gnom, Hydrant, Intendant, Jurist, Kamerad, Kommandant, Komponist, Konkurrent, Militarist, Obelisk, Patient, Polizist, Präsident, Prokurist, Regent, Therapeut.*

Das grammatische Geschlecht

Im Deutschen hat ein Substantiv in der Regel eines von drei grammatischen Geschlechtern (= Genera, Singular: Genus): **Maskulinum** *(der Baum)*, **Femininum** *(die Straße)* oder **Neutrum** *(das Haus)*. Im Gegensatz zu anderen deklinierbaren Wörtern (wie dem Adjektiv, dem Artikel oder dem Pronomen) haben Substantive normalerweise ein bestimmtes, festes Genus. Bei Lebewesen muss das grammatische nicht zwingend mit dem biologischen Geschlecht (= Sexus) übereinstimmen (*das Mädchen, das Pferd*). Die drei genannten Geschlechter gibt es nicht nur im Deutschen – viele Sprachen aber kennen kein Genus bzw. nur zwei Genera und andere unterscheiden stattdessen zwischen belebt und unbelebt.

Substantive mit zwei Geschlechtern ▸ Einige wenige Substantive kommen allerdings in verschiedenen Genera vor: *der/das Abszess, die/der Abscheu*. Der Hintergrund für ein solches Schwanken beim grammatischen Geschlecht ist meistens entweder ein regional unterschiedlicher Gebrauch oder es gibt eine besondere fachsprachliche Bedeutung: *der Abszess* (standardsprachlich) und *das Abszess* (österreichisch), *der Extrakt* (standardsprachlich) und *das Extrakt* (fachsprachlich), *das Virus* (standard- und fachsprachlich) und *der Virus* (umgangssprachlich).

Ein solches Schwanken des grammatischen Geschlechts kommt häufig zwischen maskulinem und neutralem Genus vor. Substantive, die sowohl als Maskulinum *(der)* wie als Neutrum *(das)* vorkommen, sind zum Beispiel: *Barock, Bonbon, Curry, Erbteil, Geschwulst, Gulasch, Halfter, Hehl, Joghurt, Katapult, Knäuel, Liter, Meter, Mündel, Poster, Radar, Raster, Sakko, Schlamassel, Schnipsel, Schrot, Silo, Sims, Spind, Verhau, Zepter.*

Zu den seltenen Fällen, in denen das grammatische Geschlecht zwischen Femininum und einem anderen Genus schwankt, gehören: *die/der Abscheu, die/der Fussel, die/der Spachtel, die/der Wulst, die/das E-Mail, das/die Versäumnis.*

Neue Bedeutung durch Genuswechsel ▸ Manchmal geht mit dem Wechsel des grammatischen Geschlechts auch eine Bedeutungsveränderung einher, das heißt, je nach Genus hat ein Wort eine andere Bedeutung – eine klassische Situation für ein „Teekesselchen“:

- ***der Bauer*** (= Landwirt) und ***das*** (auch: ***der***) ***Bauer*** (= Vogelkäfig)
- ***der Tau*** (= Feuchtigkeitsniederschlag) und ***das Tau*** (= starkes Seil)

- ***der Band*** (= einzelnes Buch) und ***das Band*** (= schmaler Stoffstreifen)
- ***der Schild*** (= Schutzvorrichtung) und ***das Schild*** (= Tafel, Platte, Erkennungszeichen)

i ***Das Teil*** **oder** ***der Teil*****?**
Das Substantiv ***Teil*** hat tatsächlich zwei Bedeutungen, die einander aber sehr ähneln. In der Bedeutung **„Stück von einem Ganzen“** wird *Teil* im Allgemeinen als **Maskulinum** gebraucht. In Fällen wie den folgenden ist das Neutrum daher nicht möglich:

- *Dieser Teil der Stadt ist sehr alt.* (**falsch:** *dieses Teil*)
- *Der größte Teil des Waldes ist geschädigt.* (**falsch:** *das größte Teil*)
- *Ein großer Teil der Nacht ist vergangen.* (**falsch:** *ein großes Teil*)

In der Bedeutung **„einzelnes Stück“**, wobei nicht notwendig ein Bezug auf ein größeres Ganzes gegeben sein muss, wird ***Teil*** hingegen in der Regel als **Neutrum** gebraucht:

- *Das defekte Teil muss ausgewechselt werden.*
- *Jedes einzelne Teil wird genau geprüft.*

In den folgenden festen Wendungen kann ***Teil*** **sowohl als Maskulinum als auch als Neutrum** gebraucht werden:

- *seinen/sein Teil dazu beitragen*
- *ich für meinen/mein Teil*

Die Klassen des Substantivs

Für manche grammatischen Überlegungen werden Substantive in Klassen unterteilt: Es gibt 1. Gattungsbezeichnungen, 2. Stoffbezeichnungen, 3. Eigennamen und 4. Maßbezeichnungen.

Gattungsbezeichnungen ▸ Mit den Gattungsbezeichnungen bezieht man sich auf Lebewesen und Pflanzen sowie auf konkrete und abstrakte Größen (z. B. Gegenstände, Eigenschaften, Zustände), die zählbar sind. Gattungsbezeichnungen haben im Allgemeinen Singular- und Pluralformen: *Pferd – Pferde, Stuhl – Stühle, Idee – Ideen.* Im Singular können sie mit bestimmtem, unbestimmtem, **nicht aber ohne Artikel** stehen:

- *Ich sehe den Mann/das Pferd/die Straße.*
- *Ich sehe einen Mann/ein Pferd/eine Straße.*

Stoffbezeichnungen ▸ Mit den Stoffbezeichnungen bezieht man sich auf konkrete oder abstrakte Größen, die nicht zählbar sind. Stoffbezeichnungen haben daher in der Regel keine Pluralform (z. B. *Gold, Milch, Zorn*). Im Singular stehen Stoffbezeichnungen mit dem bestimmten Artikel oder ohne Artikel, **nicht aber mit dem unbestimmten Artikel:**

- *Ich habe den Sand/das Gold/die Milch gesehen.*
- *Ich habe Sand/Gold/Milch gesehen.*

Viele Substantive können sowohl als Gattungs- als auch als Stoffbezeichnungen verwendet werden. Sie haben einen Plural und sie können im Singular mit bestimmtem oder unbestimmtem Artikel oder auch artikellos stehen:

- *Er hat das Brot/das Holz/das Eisen geholt.*
- *Er hat ein Brot/ein Holz/ein Eisen geholt.*
- *Er hat Brot/Holz/Eisen geholt.*
- *Er hat Brote/Hölzer/Eisen geholt.*

ACHTUNG: In fachsprachlichen Wendungen dient der Übergang von Stoff- zu Gattungsbezeichnungen zur Unterscheidung von Arten und Sorten: *die Hölzer, die Salze, die Wässer.*

Eigennamen ▸ Auch Eigennamen (→ auch: *Sonderseiten „Eigennamen“, S. 138 f.*) zählen zu den Substantiven. Man nutzt sie zur sprachlichen Unterscheidung von Individuen, die derselben Gattung angehören. Die wichtigsten Gruppen von Eigennamen sind **Personennamen** und **geografische Namen.** Bei den Personennamen unterscheidet man Vornamen und Familiennamen. Zu den geografischen Namen gehören die Namen der Kontinente, Gebiets- und Ländernamen, die Namen von Städten und Dörfern, von Gewässern, von Bergen und Gebirgen, von Inseln und sonstigen geografischen Einheiten. Weitere Träger von Eigennamen sind Tiere, Institutionen, kulturelle Schöpfungen, Pflanzen.

Maßbezeichnungen ▸ Zur Klasse der Maßbezeichnungen (→ *Sonderseiten „Maße, Mengen, Münzen, Gewichte“, S. 304 f.*) gehören Substantive, die ein Maß oder eine Menge bezeichnen, denen ein Zahlwort vorausgeht und denen ein Substantiv, das das Gemessene bezeichnet, folgt oder folgen kann: *zwei **Meter** Länge; drei **Flaschen** Bier, ein **Pfund** Butter.* Zu den Substantiven, die nur als Maßbezeichnungen vorkommen, gehören die folgenden: ***Grad, Gramm, Liter, Meter, Meile, Pfund, Zentner, Zoll.***

ACHTUNG: Manche Substantive kommen als Gattungsbezeichnungen und als Maßbezeichnungen vor. Dazu gehören vor allem Längenmaße und Behälter: *Elle, Fuß, Schritt, Flasche, Glas.*

i ***Funke* oder *Funken*?**

Einige Substantive tendieren dazu, aus der Klasse der schwachen in die der starken Substantive überzutreten. Dies geschieht in zwei Schritten: Zunächst wird an die schwache Genitivform auf *-n* die *s*-Endung der starken Deklination angehängt: statt *des Funken* heißt es dann im Genitiv ***des Funkens***. In einem zweiten Schritt wird auch im Nominativ das ***-n*** an den Stamm angehängt. *Funke* wird dann etwa wie *Wagen* gebeugt.

• ***n*** **bevorzugt**	**veraltet**
der Funken	*der Funke*
der Frieden	*der Friede*

• ***e*** **bevorzugt**	**seltener**
der Gedanke	*der Gedanken*
der Glaube	*der Glauben*
der Name	*der Namen*
der Wille	*der Willen*

st / s-t (Trennung)

Der alte Merksatz „Trenne nie *-st-*, denn es tut ihm weh" besitzt keine Gültigkeit mehr. Auch für *-st-* gilt jetzt die Regel: Wenn mehrere Konsonanten zwischen zwei Vokalen stehen, kommt der letzte Konsonantbuchstabe auf die neue Zeile: *bas-teln, Clus-ter, Dis-tel, fas-ten, rös-ten.* Dieser Regel folgen auch solche Wörter, in denen eine Trennung von *-st-* erst durch beigefügte Endungen in Frage kommt. Das betrifft z. B. Superlativformen, aber auch deklinierte Wörter, die in ihrer Grundform auf *-st-* enden: *das gerings-te Problem; am liebs-ten; am meis-ten; der schöns-te Mann; aufs Bes-te; die Wenigs-ten.*
→ *Sonderseiten „Worttrennung", S. 488f.*

Star

Bekanntermaßen sind Allgemeinsprache und Medizinersprache getrennte Welten. Der Arzt äußert sich mit Hilfe von Kunstwörtern, die aus lateinischen und griechischen Versatzstücken bestehen. In der Allgemeinsprache verwendet man dagegen noch die alten, traditionellen Ausdrücke und manche sind, wie *Star* für „Glaukom" (= grüner Star) und „Katarakt" (= grauer Star), sehr alt. Es handelt sich in diesem Fall allerdings um eine Rückbildung, denn ursprünglich hieß es bereits in den germanischen Sprachen, z. B. im Fränkischen, *starublind* oder auch *starreblind*. Das althochdeutsche *staren* bedeutete, ähnlich wie das heutige *starren*, „unbeweglich blicken", sodass man den ganzen Ausdruck als *starrblind* übersetzen könnte. Entscheidend für diese Benennung der Krankheit war die Beobachtung, dass die Erkrankten trotz geöffneter (*starrender*) Augen nichts bzw. wenig sahen, ganz im Unterschied zu anderen Formen der Erblindung, bei denen die Augen geschlossen waren.

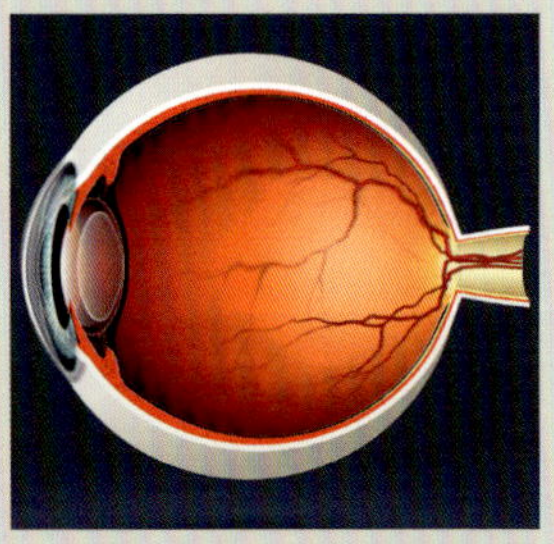

Biomedizinische Illustration des menschlichen Auges

St. / Sankt

→ *Sankt*

Star

Star in der Bedeutung „Augenkrankheit" als auch *Star* in der Bedeutung „ein Singvogel" werden nach demselben Schema dekliniert: Der Plural lautet *die Stare*, der Genitiv Singular *des Stars.* In der Bedeutung „berühmte Persönlichkeit" lautet der Plural *die Stars.*

Stabreim

→ *Alliteration*

Stand – zu Stande / zustande

Man kann folgende Verbindungen getrennt oder zusammenschreiben: *außerstande / außer Stande; imstande / im Stande; instand / in Stand.*
Von einem folgenden Verb schreibt man getrennt: *in Stand / instand halten; in Stand / instand setzen.* Verbindungen mit Partizipien können getrennt oder zusammengeschrieben werden: *die in Stand gesetzten / instand gesetzten / instandgesetzten Werke.*

Stängel

Da sich ein Bezug zu *Stange* herstellen lässt, schreibt man *Stängel*. Die frühere Schreibung *Stengel* ist nicht mehr korrekt.

stark

Getrennt- und Zusammenschreibung • Verbindungen aus einem Adjektiv und einem Verb werden in der Regel getrennt geschrieben, wenn sie in wörtlicher Bedeutung gebraucht werden: *seinen Kaffee stark trinken; etwas stark würzen; sich stark fühlen; stark riechen.*
Wenn das Adjektiv *stark* das Ergebnis der durch das Verb beschriebenen Handlung bezeichnet, kann man auch zusammenschreiben: *jemanden stark machen / starkmachen* (er / sie / es ist

anschließend stark). In Verbindung mit adjektivisch gebrauchten Partizipien kann man getrennt oder zusammenschreiben: *die stark gewürzten / starkgewürzten Speisen.*
Wird die Verbindung in übertragener Bedeutung gebraucht, muss zusammengeschrieben werden: *sich für jemanden starkmachen* (= „sich für jemanden einsetzen"); *jemanden starkreden* (= „jemandem so zureden, dass er sich stark fühlt").

starke Deklination

→ *Sonderseiten „Adjektive", S. 24–27;* → *Sonderseiten „Substantiv", S. 410–413*

starke und schwache Verben

→ *Sonderseiten „Verb", S. 452–455*

statt

statt / Statt • Auch wenn die Präposition *statt* auf das kaum noch gebräuchliche Substantiv *die Statt* (= „Stätte, Platz, Stelle") zurückgeht, wird sie kleingeschrieben. Das gilt auch, wenn sie als Teil der mehrteiligen Präposition *an … statt* auftritt: *Sie nahmen Roger an Kindes statt an. Er gab eine Versicherung an Eides statt.*
statt der gewünschten Blumen • Die Präposition *statt* steht in der Regel mit dem Genitiv, nicht mit dem Dativ:
Sie bekam statt der gewünschten Nelken (nicht: *statt den gewünschten Nelken) nur Gerbera.*
Statt des erwarteten Gewinns (nicht: *dem erwarteten Gewinn) musste das Unternehmen Verluste hinnehmen.*
Im Plural ist dagegen der Dativ korrekt, wenn das Substantiv ohne Artikel steht: *statt Pferden; statt Bleistiften.*
Kommasetzung • Werden Infinitivgruppen, also Wortgruppen aus einem mit *zu* gebildeten Infinitiv, mit der Konjunktion *statt* eingeleitet, so grenzt man mit Komma(s) ab: *Statt ein Taxi zu nehmen, ist er lieber gelaufen. Er hatte, statt zu unterschreiben, erst einmal die Vertragsbestimmungen im Einzelnen gelesen.*
statt dass / anstatt dass • → *anstatt*

stattdessen

Das mehrteilige Adverb *stattdessen* schreibt man zusammen: *Eigentlich wollten wir nach Wien, stattdessen fuhren wir nach Bad Oeynhausen. Ich weiß nicht, wen ich stattdessen anrufen soll. Der Betriebsausflug wurde abgesagt, der Betriebsrat will stattdessen eine Weihnachtsfeier organisieren.*
Als Präposition mit dem Genitiv wird *statt* hingegen vom nachfolgenden Wort getrennt geschrieben: *Das abgesagte Stück, statt dessen* (= *statt dem*) *ein Musical aufgeführt wurde, wurde aus dem Spielplan gestrichen.*

stattfinden, statthaben, stattgeben

In den Verbindungen *standhalten, stattfinden, stattgeben, statthaben* ist die Bedeutung des Substantivs so stark verblasst, dass es nicht mehr als selbstständiges Wort betrachtet wird. Man schreibt daher zusammen.
ACHTUNG: In getrennter Stellung wird *statt* kleingeschrieben: *Die Betriebsversammlung findet Donnerstag Nachmittag statt. Die Versammlung gab dem Antrag statt.*

Status

Der Plural von Status lautet nur: *die Status* (nicht: *die Stati, Statusse*). Das *u* wird im Plural lang gesprochen. Der Genitiv lautet *des Status.*

staubsaugen / Staub saugen

Man kann getrennt oder zusammenschreiben: *staubsaugen / Staub saugen.* Je nachdem, für welche Schreibung man sich entscheidet, verändert sich die Wortstellung und die Bildung der Partizipien.
Im bloßen Infinitiv gibt es nur orthografische Unterschiede: *Er muss staubsaugen / Staub saugen.*
In den gebeugten Formen ergeben sich Unterschiede in der Wortstellung: *Er staubsaugt / staubsaugte. – Er saugt / saugte Staub.*
Das Partizip II von *staubsaugen* wird standardsprachlich wie das Partizip II von untrennbaren Verben gebildet: *gestaubsaugt.* Daneben ist es

aber auch möglich, *saugen* in der Wortgruppe *Staub saugen* ins Partizip II zu setzen. Entsprechendes gilt für den Infinitiv mit *zu:* *Er hat gestaubsaugt/Er hat Staub gesaugt. Er kommt, um zu staubsaugen./Er kommt, um Staub zu saugen.*

stechen

stechen - stich! • Das starke Verb *stechen* weist in der 2. und 3. Person Singular den sogenannten e/i-Wechsel auf: *stechen – du stichst – er/sie/es sticht.* Auch der Imperativ wird mit *i* gebildet: *stich!* (nicht: *stech!/steche!*)
sticht ihm/ihn • Bildet ein Körperteil das Ziel der Handlung, kann der Dativ oder Akkusativ stehen. Im Sprachgebrauch findet sich der Dativ häufiger: *Ich stach mir* (seltener: *mich*) *in den Finger. Er stach ihm* (seltener: *ihn*) *in den Rücken.*

stecken

steckte/stak • Je nach Verwendung wird das Verb unterschiedlich konjugiert. Wird das Verb intransitiv (also ohne Akkusativobjekt) in den Bedeutungen „sich an einer Stelle befinden", „festgemacht sein, festsitzen" oder „enthalten" gebraucht, kann das Verb stark oder schwach gebeugt werden: *Eine Rose stak* (auch: *steckte*) *an seinem Hut. Der Schreck stak* (auch: *steckte*) *ihm noch in allen Gliedern. Ein Ring stak* (auch: *steckte*) *an ihrem Finger.* In der Allgemeinsprache sind die schwachen Formen häufiger. Die starken Formen gelten als gehoben und finden sich vor allem in der Literatursprache.
In der transitiven Variante wird das Verb nur schwach gebeugt: *Er steckte einen Ring an ihren Finger. Sie steckte ihre übermüdete Tochter sofort ins Bett.*
stecken + bleiben/lassen • In Verbindung mit den Verben *bleiben* oder *lassen* wird in wörtlicher Bedeutung getrennt geschrieben: *Das Auto ist im Stau stecken geblieben. Er hat dummerweise den Zündschlüssel stecken lassen.*
Wenn die Gesamtbedeutung dieser Verbindungen nicht aus ihren Einzelbestandteilen ersichtlich ist, sondern sich ein neuer Sinn ergibt, ist neben der Getrennt- auch die Zusammenschreibung zulässig: *Er ist in seinem Vortrag stecken geblieben/steckengeblieben* (= „wusste nicht mehr weiter"). *Du kannst dein Geld stecken lassen/steckenlassen* (= „bei dir behalten"), *ich zahle.*

stehen

haben/sind gestanden • Das Perfekt von *stehen* wird im norddeutschen Sprachraum mit dem Hilfsverb *haben* gebildet: *Er hat im Hof gestanden.* (Ebenso: *Sie hat mir beigestanden.*)
Die Bildung mit dem Hilfsverb *sein (Er ist im Hof gestanden; Sie ist mir beigestanden.)* findet sich dagegen eher in Süddeutschland, Österreich oder der Schweiz.
stehen auf • Die umgangssprachlich gebrauchte Fügung *auf etwas/jemanden stehen* in der Bedeutung „sehr gut finden" wird mit dem Akkusativ verbunden: *Sie steht auf schnelle Autos, er auf coole Klamotten.*
stehen + bleiben/lassen • In Verbindung mit *bleiben* oder *lassen* schreibt man in wörtlicher Bedeutung getrennt: *Es wäre hilfreich, wenn sie einfach weitergingen und nicht stehen blieben. Kannst du das bitte stehen lassen?*
Wenn die Gesamtbedeutung der Verbindung nicht aus ihren Einzelbestandteilen ersichtlich ist, sondern sich ein neuer Sinn ergibt, ist neben der Getrennt- auch die Zusammenschreibung zulässig: *Die Uhr ist stehen geblieben/stehengeblieben. Wo waren wir stehen geblieben/stehengeblieben? Sie hat ihn einfach stehen lassen/stehenlassen* (= „sich von ihm abgewendet"). *Sie haben ihre Aktentasche stehen lassen/stehenlassen* (= „vergessen").

steif

Wenn die Verbindung aus *steif* und einem Verb in übertragener Bedeutung gebraucht wird, schreibt man zusammen. Dies gilt auch für Redewendungen: *die Ohren steifhalten* (= „den Mut nicht verlieren").
In konkreter Bedeutung schreibt man dagegen getrennt: *den Arm steif halten.*

Bezeichnet das Adjektiv *steif* eine Eigenschaft, die das Ergebnis dessen ist, was das Verb ausdrückt, so kann man sowohl getrennt als auch zusammenschreiben: *die Sahne steif schlagen/steifschlagen.*

Was *die Steuer* mit *dem Steuer* zu tun hat

Die Steuer („staatlichen Abgaben") und *das Steuer* („Lenkvorrichtung") sind Ausdrücke, deren Bedeutungen man nicht einmal im Entferntesten als verwandt bezeichnen könnte. Und dennoch gehen beide auf denselben Ursprung zurück. Den gemeinsamen Anfang bildete das althochdeutsche Wort *stiura*, das zum einen „Stütze, stützender Pfahl" und zum anderen beim Boot das „Steuerruder" bedeutete; Steuerruder deshalb, weil man ein Boot im flachen Wasser mit einer Stange fortbewegte und zugleich steuerte.

Schon in althochdeutscher Zeit wurde das Wort übertragen im Sinne von „Unterstützung, Hilfe, Beistand" und „materielle Gabe" gebraucht. Offenbar wurde aber irgendwann aus der freiwilligen *Gabe* die erzwungene Ab*gabe* und so veränderte sich die Bedeutung zu „Zahlungen an die öffentliche Hand".

Die ursprünglich ebenfalls mit dem Wort verbundene Bedeutung „Steuerruder am Schiff" ging dagegen im mittel- und süddeutschen Raum verloren. Sie erhielt sich aber im Niederländischen, Schwedischen sowie als Neutrum in der mittelniederdeutschen neutralen Form *sture*. Ebenfalls als Neutrum erscheint es im 17. Jahrhundert in norddeutschen Texten und breitete sich dann schnell aus.

Steigerung

→ *Sonderseiten „Steigerung", S. 398–401*

Steuer

Je nach grammatischem Geschlecht wird *Steuer* unterschiedlich gebraucht: Im Femininum meint *Steuer* die Abgabe an den Staat *(die Steuer).*
Im Neutrum ist hingegen die Lenkvorrichtung gemeint *(das Steuer).*
Einkommenssteuer • Im amtlichen Sprachgebrauch wird das Fugen-s bei Zusammensetzungen mit dem Grundwort *die Steuer* (= „Abgabe an den Staat") nicht gesetzt, es heißt: *Einkommensteuer, Erbschaftsteuer, Ertragsteuer, Vermögensteuer.*
In nichtamtlichem Gebrauch sind die Formen mit Fugen-s (*Einkommenssteuer, Erbschaftssteuer* etc.) durchaus üblich.

Stichwort

Der Plural von *Stichwort* wird mit unterschiedlicher Bedeutung gebraucht: In der Bedeutung „Wort, das in Nachschlagewerken erklärt wird" hat *Stichwort* den Plural *Stichwörter: Das Lexikon umfasst 20.000 Stichwörter.*
In den Bedeutungen „Bemerkung, auf die hin etwas geschieht" oder „einzelnes als Gedächtnishilfe dienendes Wort" lautet der Plural *Stichworte: Der Beifall setzte auf die immer gleichen Stichworte ein. Das Protokoll wurde in Stichworten verfasst.*

Stiefel

Standardsprachlich lautet der Plural *die Stiefel.* Die Form *die Stiefeln* gilt hingegen als umgangssprachlich.

Stiel / Stil

ie / i • In den Bedeutungen „stabförmiger Griff" oder „Stängel" schreibt man *ie*: *der Stiel; Apfelstiel.*
In der Bedeutung „einheitlicher Charakter künstlerischer Erzeugnisse einer Zeit, einer Persönlichkeit" schreibt man mit einfachem *i: Stil.*
Aussprache • Beide Wörter können standardmäßig mit dem sch-Laut [ʃti:l] ausgesprochen werden. Bei *Stil* ist auch die Aussprache [sti:l] geläufig.

Jung und Alt: *Substantivierte Adjektive*

Unter den Substantiven gibt es eine besondere Gruppe: Die substantivierten Adjektive. Sie werden wie Substantive großgeschrieben, haben aber ein paar Eigenschaften der Adjektive behalten. Sie lassen sich stark oder schwach beugen: So ergeben sich häufig Fragen zur korrekten Deklination, denn prinzipiell bleiben die Unterschiede zwischen starker und schwacher Deklination dieser Wörter erhalten – und unterscheiden sich eben von der Deklination von Substantiven. Wenig Probleme bereitet dagegen die Rechtschreibung substantivierter Adjektive: dass sie großgeschrieben werden, ist eigentlich klar – sie haben ja die Eigenschaften von Substantiven erworben.

Rechtschreibung

Substantivierte Wörter werden großgeschrieben. Dieser Grundregel folgen auch substantivierte Adjektive – und zwar auch (im Gegensatz zur früher üblichen „alten" Rechtschreibung), wenn sie sich in festen Fügungen mit Artikel oder in Paarformeln finden.
ACHTUNG: Nur wenn es sich um feste adverbiale Wendungen handelt, in denen das **Adjektiv nicht dekliniert** ist und **ohne Artikel nach einer Präposition** steht, wird es kleingeschrieben. Es gibt aber auch Wendungen, die genau dazwischenliegen, die zwar eine feste Präposition haben, aber trotzdem eine Flexionsendung aufweisen. In diesen Fällen hat man die Wahl – man kann das Wort als substantiviertes Adjektiv verstehen und großschreiben oder als „normales" Adjektiv kleinschreiben. (Siehe Tabelle.)

Deklination des substantivierten Adjektivs

Substantivierte Adjektive oder Partizipien (z. B. *abgeordnet* → *Abgeordneter*; *angehörig* → *Angehöriger*) verhalten sich im Prinzip wie andere Substantive. Im Unterschied zu diesen werden sie aber wie attributive Adjektive dekliniert. Das bedeutet, dass sie **stark** oder **schwach** dekliniert werden können:
Starke Deklination ▸ Wenn kein Artikel oder Pronomen vorausgeht (und in manchen Fällen nach den Wörtchen ***ein, kein*** oder Possessivprono-

Großschreibung	Kleinschreibung	Wahlfreiheit
Arm *und* ***Reich***	*gegen* ***bar***	*seit* ***Kurzem*** oder *seit* ***kurzem***
Gleich *und* ***Gleich***	*durch* ***dick*** *und* ***dünn***	*seit* ***Langem*** oder *seit* ***langem***
Groß *und* ***Klein***	*von* ***klein*** *auf*	*von* ***Neuem*** oder *von* ***neuen***
Gut *und* ***Böse***	*über* ***kurz*** *oder* ***lang***	*von* ***Weitem*** oder *von* ***weitem***
Jung *und* ***Alt***	*von* ***nah*** *und* ***fern***	*bis auf* ***Weiteres*** oder *bis auf* ***weiteres***

men wie *mein, dein, sein*) – wenn also die starke Endung noch nicht angezeigt ist –, dann ist die starke Deklination die Regel:

- Nominativ: *ein/mein Bekannter, nichts Gutes*
- Dativ: *ihm als Angehörigem, ihr als Angestellter*
- Akkusativ: *ihn als Angestellten, sie als Deutsche*
- Plural: *sie sind Abgeordnete/Deutsche*

Auch nach **endungslosen Formen wie *manch, solch, welch, viel, mehr, wenig*** wird ein substantiviertes Adjektiv stark dekliniert: *manch Abgeordneter, viel Gutes, solch Angehörige*. Und auch in **Verbindungen mit *als*** wird ein substantiviertes Adjektiv stark gebeugt: *mir als Schnellstem, ihr als Deutscher, als Bestes*.

Schwache Deklination ▸ Nach dem bestimmten Artikel und den meisten Pronomina – wenn also die Endung schon angezeigt wird – wird das substantivierte Adjektiv dagegen **schwach dekliniert**:

- Nominativ: *der Abgesandte, die Geliebten, das Böse*
- Genitiv: *des Angehörigen, der Angeklagten, des Guten*
- Dativ: *diesem Angeklagten, dieser Geschädigten*
- Akkusativ: *jene Verstorbene, diese Deutsche*
- Plural: *die Abgeordneten, den Angeklagten*

> **i Von *Parallelen, Geraden, Horizontalen* und *Vertikalen***
> Diese substantivierten Adjektive werden überwiegend nicht mehr stark, sondern **schwach** wie ein normales weibliches Substantiv dekliniert, also im Singular ohne besondere Endung *(die Parallele, Gerade, Horizontale und Vertikale)* und im Plural auf *-n: die Parallelen, Geraden, Horizontalen und Vertikalen*. Wenn kein Artikel steht, sondern zum Beispiel ein Zahlwort, dann kommt gelegentlich auch die Adjektivdeklination vor: *zwei Parallele* (wie *zwei parallele Linien*) neben *zwei Parallelen*.

Schwankende Deklination

Wenn ein substantiviertes Adjektiv **nach einem stark deklinierten Adjektiv** steht, dann wird es in der Regel (aber: keine Regel ohne Ausnahme!) wie dieses, also **ebenfalls stark dekliniert**: *ein junger Abgeordneter, wichtiges Neues, junge und alte Kranke*.

ACHTUNG: Im **Dativ Singular** aller drei Geschlechter ist die **schwache Deklination** üblich: *bei Peters kluger Geliebten, neben interessantem Neuen*. Im Dativ Singular Neutrum ist allerdings auch (!) die starke Deklination nicht selten: *dank bewährtem Bekanntem*.

ACHTUNG: Neben der starken kommt beim **Nominativ und Akkusativ Neutrum** selten auch die schwache Deklination vor, insbesondere bei: *Äußere, Innere, Ganze*:

- **üblich**: *ein nettes Äußeres, ihr verletztes Inneres, ein großes Ganzes*
- **selten**: *ein nettes Äußere, ihr verletztes Innere, ein großes Ganze*

Wir Deutschen oder wir Deutsche?

Auch nach Personalpronomina gelten für das substantivierte Adjektiv dieselben Regeln wie für das „normal" attributiv gebrauchte Adjektiv. Es wird also in der Regel stark gebeugt: ***du Guter, ich Armer, ihr Glücklichen, für uns Deutsche.***

ACHTUNG: Im **Dativ Singular** kommt auch die schwache Deklination vor, besonders im **Femininum**: ***mir Deutschen*** (schwache Deklination) oder ***mir Deutscher*** (starke Deklination). Auch im **Nominativ Plural** ist beides möglich, hier kommt sogar häufiger die schwache Deklination vor: ***wir Deutschen*** (schwache Deklination) oder ***wir Deutsche*** (starke Deklination).

still

Groß- und Kleinschreibung • Wird *still* als Adjektiv gebraucht, schreibt man auch in vielen festen Wendungen klein: *stiller Teilhaber; stiller Ort, stilles Örtchen* (= „Toilette"); *stille Reserven; stille Wasser.*
Ist *still* Bestandteil von Eigennamen, Bezeichnungen für Kalenderdaten usw. schreibt man groß: *Stiller Ozean; Stiller Freitag* (= „Karfreitag"); *Stille Woche* (= „Karwoche"). Auch bei Substantivierung wird großgeschrieben: *im Stillen.*
Getrennt- und Zusammenschreibung • In konkreter Bedeutung wird getrennt geschrieben: *still sein; still bleiben; still (im Bett) liegen; den Kopf still halten; still (am Tisch) sitzen.*
Ist in einer Verbindung aus dem Adjektiv *still* und einem Verb die Gesamtbedeutung nicht aus den Bedeutungen ihrer einzelnen Bestandteile ersichtlich, schreibt man zusammen: *Sie haben den Betrieb stillgelegt* (= „ihn geschlossen"). *Schiffe dürfen nur auf der linken Seite stillliegen* (= „einen Liegeplatz wählen"). *Seit die Produktion stillliegt, warten die Arbeiter auf ihren Lohn* (= „seit nichts mehr gefertigt wird"). *Wir können nicht weiter stillhalten* (= „ohne Widerspruch ausharren"). *Die Maschine hat stillgestanden* (= „ist zum Halt gekommen"). *Stillgestanden!*
Dagegen ist bei der Verbindung *stillsitzen/still sitzen* (= „konzentriert sein") Getrennt- oder Zusammenschreibung möglich, da unklar ist, ob es sich um eine idiomatisierte Fügung handelt oder nicht.

Stillleben

Das aus dem Niederländischen *stilleven* (eigentlich: „Leben ohne Bewegung") übernommene Substantiv wird nach neuer Rechtschreibung mit drei Konsonanten geschrieben: *Stillleben.*

Stopp / STOP / stop

Das aus dem englischen *stop* übernommene Substantiv wird nach neuer Rechtschreibung *Stopp* geschrieben. Dies gilt auch für entsprechende Zusammensetzungen: *Stoppball, Stoppschild, Stoppuhr, Stoppzeichen.* Auch Verben werden mit *pp* geschrieben: *stoppen, stopp!*
Weiterhin mit einfachem *p* schreibt man das internationale Verkehrszeichen *STOP* sowie englischsprachige Zusammensetzungen wie *Stop-and-go-Verkehr* oder *Stop-over.*

Story

Der Plural von *Story* wird im Deutschen *Storys* geschrieben. Ebenso: *Shortstorys.*

stramm

In konkreter Bedeutung schreibt man das Adjektiv vom Verb getrennt: *stramm sitzen* (Kleidung). Steht die Verbindung für eine Handlung, deren Ergebnis durch das Adjektiv ausgedrückt wird, kann man auch zusammenschreiben: *etwas stramm ziehen/strammziehen* (es ist am Ende stramm).
Bei der Verbindung *strammstehen* liegt ein übertragener Gebrauch vor. Man schreibt deshalb zusammen.

Straßennamen

Getrennt- und Zusammenschreibung • Wenn substantivische Verbindungen als Ganzes einen Eigennamen bilden (Straßennamen, Namen für Plätze u. Ä.), schreibt man sie zusammen: *Marktgraben, Mendelssohnstraße, Rathausplatz, Schauinslandbahn.*
Man schreibt getrennt, wenn der Straßenname ein gebeugtes Adjektiv, einen Artikel oder eine Präposition enthält: *Alter Weg; An der Bleiche; Baseler Straße; St.- Petrus/St. Petrus Straße.*
In Zusammensetzungen, deren erster Bestandteil aus einem mehrteiligen Personennamen besteht, setzt man den Bindestrich zwischen allen Bestandteilen der Zusammensetzung: *Kaiser-Joseph-Straße; Ludwig-van-Beethoven-Straße*

Strauß

Sträuße / Strauße • In der Bedeutung „Vogel Strauß" lautet der Plural *die Strauße.* In der ver-

alteten Bedeutung „Streit“ (= „einen Strauß ausfechten“) und „Blumenstrauß“ bildet man die Pluralform *die Sträuße*. Die Genitivform lautet in allen Fällen *des Straußes*.
Strauß weiße Nelken • Steht nach einer Maß- oder Mengenangabe das Gemessene oder Gezählte im Plural, so kann es die Form der Apposition oder die des Genitivattributs haben:
Apposition: *ein Strauß weiße Nelken*
Genitivattribut: *ein Strauß weißer Nelken*
Steht die Maß- oder Mengenangabe im Dativ, dann kann die Apposition im Nominativ oder im Dativ stehen. Statt der Apposition ist auch hier ein Genitivattribut möglich. Es sind also gleichermaßen korrekt:
Er besuchte sie mit einem Strauß weiße Nelken/weißen Nelken/weißer Nelken.

streitig/strittig

Im Allgemeinen Sprachgebrauch wird *streitig* nur in der Redewendung *jemandem etwas streitig machen* (= „behaupten, dass jemand keinen Anspruch auf eine Sache hat“) und in der Verbindung *unstreitig* (= „unbestritten“) gebraucht. Im juristischen Sprachgebrauch versteht man unter einem *streitigen Sachverhalt*, einen Fall „der einem Gericht zur Entscheidung vorgelegt ist“. *Strittig* wird im allgemeinen Sprachgebrauch in der Bedeutung „umstritten“ verwendet: *eine strittige Frage*.

Strom/Strömung

Die Substantive werden mit unterschiedlicher Bedeutung gebraucht: *Strom* steht im Allgemeinen für einen „großen Fluss“. *Sie mussten den reißenden Strom mit einem kleinen Floß überqueren.* Der Ausdruck *Strömung* meint die „fließende Bewegung des Wassers“: *An dieser Stelle war die Strömung des Flusses besonders stark.* In bestimmten geografischen Zusammensetzungen wird *Strom* dagegen auch im Sinne von Strömung gebraucht: *der Golfstrom; Nordatlantischer Strom.* In der Redewendung sind beide Substantive korrekt: *Gegen den Strom/die Strömung schwimmen.*

Stuck – Stuckateur

In Anlehnung an das Substantiv *Stuck* schreibt man nach neuer Rechtschreibung *Stuckateur, Stuckatur*. Die alten Formen *Stukkateur, Stukkatur* sind nicht mehr korrekt.

Stück

→ *Sonderseiten „Maße, Mengen, Münzen, Gewichte“, S. 304f.*

Stundenkilometer/Kilometer pro Stunde

Standardsprachlich ist die Zusammensetzung *Stundenkilometer* korrekt. Fachsprachlich sollten dagegen die Ausdrücke *Kilometer pro Stunde* bzw. *km/h* bevorzugt werden.

Subjekt

Das Subjekt antwortet auf die Frage „Wer?“ oder „Was?“: *Das Kind schläft.* – „Wer schläft?“ – *Das Kind.* Ebenso: *Die laute Musik stört uns sehr.* „Was stört uns sehr?“ – *Die laute Musik.*
Alle Verben können als eine ihrer Ergänzungen ein Subjekt, auch Satzgegenstand, fordern. Eine kleine Anzahl von Verben kann ohne Subjekt stehen: *Mich friert. Ihr graut. Mich schaudert.*
Wenn das Subjekt ein Substantiv, eine Nominalgruppe oder ein Pronomen ist, dann steht es im **Nominativ:**
Substantiv: *Blut ist dicker als Wasser.*
Nominalgruppe: *Der alte Mann kommt.*
Pronomen: *Sie arbeitet heute länger.*
Auch Infinitivgruppen, mit *dass* oder *ob* eingeleitete Nebensätze sowie indirekte Fragesätze können das Subjekt eines Satzes bilden:
Ein Buch zu schreiben, dauert lange.
Dass Peter nicht kam, ärgerte sie sehr.
Ob das Wetter schlecht ist, interessiert uns nicht.
Welche Bäume gefällt werden, muss noch entschieden werden.

Substantiv

→ *Sonderseiten „Substantiv“, S. 410–413*

Substantivierung

Wörter fast aller Wortarten können als Substantive verwendet (substantiviert) werden. Eine Substantivierung liegt vor, sobald ein Wort mit einem vorangehenden Artikel oder Pronomen verwendet wird. Es gibt Substantivierungen bei den folgenden Wortarten:
Verb: *singen* → *Sie üben das Singen der Nationalhymne.*
Adjektiv: *grün* → *Das Grün des Rasens gefällt mir.*
Pronomen: *jemand* → *Dieser Jemand kommt mir sehr verdächtig vor.*
Adverb: *heute* → *Das Heute ist mir wichtiger als das Morgen.*
Konjunktion: *wenn, aber* → *Ich stimme ohne Wenn und Aber zu.*
Präposition: *für, wider* → *Sie überlegte sich das Für und Wider genau.*
Interjektion: *ach* → *Das Ach und Weh unter den Teilnehmern war deutlich zu hören.*
→ *Sonderseiten „Groß- und Kleinschreibung", S. 208–211*

suchen

Wird *suchen* im Sinne von „versuchen" verwendet, steht vor der folgenden Infinitivgruppe kein Komma: *Meyer suchte die Konkurrenz mit allen Tricks auszubooten.*
Wird *suchen* jedoch mit einer Umstandsbestimmung gebraucht, kann man ein Komma setzen: *Meyer suchte vergeblich(,) die Konkurrenz auszubooten.*

südlich

→ *nördlich*

Suffix

Ein Suffix (auch: Nachsilbe) ist ein nicht selbstständig vorkommendes Wortbildungselement (gebundenes Morphem), das an den Wortstamm angefügt wird: *Freude + -ig* → *freudig*; *grün + -lich* → *grünlich*; *frei + -heit* → *Freiheit*; *Kunde + -schaft* → *Kundschaft*.

Sucht und _Suche_

Sucht wird heute in zahlreichen Zusammensetzungen verwendet: *Spielsucht, Alkoholsucht, Tablettensucht*. Als neu gelten *Internet-* und *Computerspielsucht*. Allen gemeinsam ist die körperliche oder psychische Abhängigkeit, die durch ein ständiges Verlangen gekennzeichnet ist. Der Ausdruck *Sucht* erscheint in dieser Bedeutung passenderweise dem Wort *Suche* bzw. *suchen* nahezustehen. *Sucht* erscheint gewissermaßen als *Suche* nach dem nächsten Kick. Tatsächlich wurde diese Verbindung schon länger gesehen; das zeigen ältere Zusammensetzungen wie *Gefallsucht* oder *mondsüchtig*.

Wortgeschichtlich hat der Ausdruck *Sucht* mit *Suche* allerdings nichts gemein. *Sucht* ist vielmehr mit *siech* oder *siechen* und *Seuche* verwandt und bedeutet eigentlich nur „Krankheit": In den Zusammensetzungen, die allerdings zunehmend veralten, klingt noch die alte Bedeutung auf: *Gelbsucht, Nesselsucht* oder *Wassersucht*.

Synonym

Ein Synonym ist ein Wort, das eine Bedeutungsgleichheit oder Sinnverwandtschaft (Synonymie) mit einem anderen Wort aufweist. Oft können Synonyme innerhalb eines Textes ausgetauscht werden: *Er ist klug/intelligent/schlau.* Synonyme können dazu verwendet werden, einen Text abwechslungsreicher zu gestalten; oftmals drücken sie Sachverhalte auch treffender aus. Sagt man beispielsweise von einem Menschen, er sei *gut*, kann er *selbstlos, uneigennützig, gutherzig, liebenswert, gutmütig* oder *mitfühlend* sein.

T

T – T-Eisen, T-Shirt, T-Träger

In Zusammensetzungen mit Einzelbuchstaben setzt man einen Bindestrich: *T-förmig, T-Eisen, T-Träger, T-Shirt.* Dies gilt auch für Abkürzungen: *TV-Programm.* Bei mehrteiligen Zusammensetzungen wird zwischen alle Bestandteile ein Bindestrich gesetzt: *T-Bone-Steak.*

t oder th?

→ *th oder t?*

Tabula rasa, Terra incognita

Man schreibt das erste Wort der Fügungen groß: *Tabula rasa. Er machte Tabula rasa und wollte alles neu erfinden. Für ihn war das Terra incognita* (lateinisch für „unbekanntes Land").
REGEL: Der erste Teil mehrteiliger Substantive aus anderen Sprachen wird großgeschrieben. Die weiteren Bestandteile werden nur großgeschrieben, wenn es sich dabei ebenfalls um Substantive handelt.

Tag / tags

Groß- und Kleinschreibung • Das Substantiv schreibt man groß: *eines Tages; dieser Tage; drei Tage lang; am Tage; bei Tage; Tag für Tag; über/unter Tag(e); unter Tags* (= „tagsüber"); *von Tag zu Tag.* Als Adverb mit der Endung *-s* schreibt man klein: *tags darauf; tags zuvor* (aber nur: *des Tags*). Auch adverbial gebrauchte Verbindungen werden kleingeschrieben: *tagaus, tagein, tagtäglich, anderntags.*

Tabula rasa und der menschliche Verstand

Wisch und weg: Bei Kindern erfreuen sich Zaubertafeln heutzutage großer Beliebtheit. Eine kurze Bewegung mit dem Schieber genügt und das Gemalte oder Geschriebene verschwindet. Neu ist die Erfindung allerdings nicht. Die gesamte Antike hindurch bis ins Mittelalter hinein verwendete man Schreibtäfelchen (lateinisch *tabula* für „Tafel"; auch *tabella* für „Täfelchen"), die dem gleichen Prinzip folgten: Schüler ritzten ihre Hausaufgaben, Dichter ihre Notizen, Händler ihre Verträge in eine Wachsschicht, mit der die Holzplatten beschichtet waren. Mit einem Spachtel ließ sich die Oberfläche glätten und das Geschriebene entfernen. Das entsprechende Verb dazu lautete *radere* („darüberstreichen, kratzen, reinigen"). Wir kennen das Wort heute als *radieren.* Das Partizip von *radere* wiederum lautete *rasus.* In dieser Form wurde es zur Vorlage für *rasieren.* Die gelöschte, zum Beschreiben fertige Tafel war eine *Tabula rasa* (eine geglättete, unbeschriebene Tafel).

Philosophen hat diese *Tabula rasa* zu allen Zeiten fasziniert. Es war aber der englische Philosoph ***John Locke (1632–1704)***, der diese Metapher am wirkmächtigsten einsetzte. In seinem Werk „Versuch über den menschlichen Verstand" verglich er diesen mit einer *leeren Tafel* (*Tabula rasa*), die erst über die Sinne mit Erfahrung gefüllt werde.

Groß oder klein schreibt man die Fügung: *guten/Guten Tag sagen. Er bot ihnen einen guten/Guten Tag.*
tagelang / Tage lang • Wenn die Verbindung wie ein Adjektiv gebraucht wird, schreibt man zusammen: *Sie musste tagelang auf einen Termin warten. Das tagelange Regenwetter ging den Urlaubern auf die Nerven.* Ist *Tag* aber durch ein Adjektiv, ein Zahlwort o. Ä. erweitert, schreibt

man getrennt und *Tag* groß: *Sie wartete viele Tage lang. Nachdem er sich vier Tage lang in der Wohnung aufgehalten hatte, ging er wieder vor die Tür.*
zu Tage / zutage • Die Fügung aus Präposition und Substantiv kann getrennt oder zusammengeschrieben werden. Man schreibt sie stets vom folgenden Verb getrennt: *zu Tage/zutage fördern; zu Tage/zutage treten. Die Motivationsschwäche des Spielers tritt in den Wettkämpfen deutlich zu Tage/zutage.*
TIPP: Im Schreibgebrauch überwiegt inzwischen die Zusammenschreibung: *Es traten bereits die ersten Verfallserscheinungen zutage.*

Tag

Das aus dem Englischen stammende Substantiv *der Tag* (Aussprache: [tæg], eigentlich „Schild, Etikett") wird in zwei Bedeutungen gebraucht: In der elektronischen Datenverarbeitung bezeichnet ein *Tag* eine in spitzen Klammern eingefügte Auszeichnung oder Markierung. Im Jargon der Graffiti-Szene meint *Tag* das unterschriftenartige Kürzel eines Sprayers.

Tageszeiten

Wörter, die als Bezeichnungen von Tageszeiten nach den Adverbien *vorgestern, gestern, heute, morgen, übermorgen* auftreten, werden als Substantive betrachtet und großgeschrieben: *vorgestern Morgen; gestern Nachmittag; morgen Abend.*
Dagegen kann *früh* nach *heute, gestern* usw. je nach Bedeutung groß- oder kleingeschrieben werden: *heute Früh* (= „am Morgen") / *heute früh* (= „heute zu früher Stunde").
→ *Abend*

-tägig / -täglich

Mit Zeitangaben auf *-ig* wird eine Dauer ausgedrückt, mit Zeitangaben auf *-lich* dagegen die Wiederholung eines Vorgangs o. Ä. nach der angegebenen Frist: *ein vierzehntägiges Fest* (= „ein 14 Tage währendes Fest"); *seine vierzehntägliche Grillparty* (= „eine Grillparty, die alle 14 Tage stattfindet").

Take-off / Takeoff

Aus Verb und Adverb gebildete Anglizismen schreibt man in der Regel mit Bindestrich. Bereits stark in den deutschen Wortschatz integrierte Anglizismen werden zusammengeschrieben, wenn die Lesbarkeit nicht darunter leidet: *Take-off/Takeoff.* Derzeit überwiegt noch die Schreibung mit Bindestrich.

tanzen

Bezieht man sich mit dem Verb *tanzen* nur auf den Vorgang als solchen, bildet man das Perfekt mit *haben: Sie haben die ganze Nacht hindurch getanzt. Sie hat ein paar Runden Wiener Walzer mit ihm getanzt.*
Dient das Verb zur Bezeichnung einer zielgerichteten Ortsveränderung (in der Regel mit Angabe des Ziels), dann wird das Perfekt mit *sein* gebildet: *Carola ist über die Kurhausterrasse getanzt.*

tapfer

In den gebeugten Formen von *tapfer* bleibt standardsprachlich das *e* erhalten: *ein tapferer Patient.* Der Wegfall des *e* ist meist auf Dichtersprache beschränkt und wird nicht durch einen Apostroph markiert: „Der ist kein *Tapfrer,* kein Ehrenmann, / Der den Gebieter läßt verachten." (Schiller, Die Braut von Messina)

Tasse

eine Tasse Tee / Tees • Steht die Stoffbezeichnung ohne Attribut heißt es nur: *eine Tasse Tee* (nicht: *eine Tasse Tees*). Es handelt sich hier um eine sogenannte enge Apposition. Steht die Stoffbezeichnung mit einem Attribut, ist anstelle der engen Apposition auch ein Genitivattribut korrekt: *eine Tasse heißer Kaffee* (auch: *eine Tasse heißen Kaffees*). Möglich ist auch ein Präpositionalattribut: *eine Tasse mit heißem Tee.*
eine heiße Tasse Tee / Tasse heißer Tee • Bei besonders engen Verbindungen aus Maßbezeichnung *(Tasse)* und Stoffbezeichnung *(Tee, Kaffee)* kann das Adjektiv, das eigentlich die Stoffbezeich-

nung näher bestimmt, auch vor der Verbindung stehen. Voraussetzung ist, dass der Sinn erhalten bleibt: *eine Tasse heißer Tee/eine heiße Tasse Tee; eine Tasse dampfender Kaffee/eine dampfende Tasse Kaffee.*
Bei Adjektiven, die geeignet sind, auch die Maßbezeichnung näher zu bestimmen, ist die Austauschbarkeit nicht gegeben: *eine Tasse schwarzer Kaffee* (falsch: *eine schwarze Tasse Kaffee*); *eine Tasse grüner Tee* (falsch: *eine grüne Tasse Tee*).

Tatform

→ *Aktiv*

Tätigkeitswort

→ *Sonderseiten „Verb", S. 452–455*

tauchen

Bezieht man sich mit dem Verb *tauchen* nur auf den Vorgang als solchen, kann man das Perfekt mit *haben* oder *sein* bilden: *Sie haben/sind im Urlaub viel getaucht.*
Dient das Verb zur Bezeichnung einer zielgerichteten Ortsveränderung (in der Regel mit Angabe des Ziels), dann wird das Perfekt mit *sein* gebildet: *Das U-Boot ist auf den Grund des Ozeans getaucht.*

tausend(e) / Tausend(e)

Groß- und Kleinschreibung • Als Zahlwort schreibt man *tausend* klein: *zehn von tausend; tausend Besucher; an die tausend E-Mails; mehr als tausend Einsendungen; der tausendste Besucher.* In substantivierter Form schreibt man dagegen groß: *das erste Tausend.* Dies gilt auch für die substantivierte Ordnungszahl sowie Zusammensetzungen mit *-fach: der/die/das Tausendste; vom Hundertsten ins Tausendste kommen; das Tausendfache der festgelegten Grenzwerte.*
Wenn *tausend* eine unbestimmte Menge angibt, kann es als Adjektiv oder aber als substantiviert betrachtet werden. Es ist deshalb Groß- oder Kleinschreibung möglich: *Es waren tausende/Tausende (von) Demonstranten auf der Straße. Sie kamen zu tausenden/Tausenden. Es waren viele tausend/Tausend Hinweise zu bearbeiten. Hier protestierten tausende und abertausende/Tausende und Abertausende.*
Getrennt- und Zusammenschreibung • In Verbindung mit Zahlen gilt Zusammenschreibung: *eintausend, zweitausend, tausendeins, tausendundeins, tausendachtzig, tausendundachtzig, eintausendeins.* Die Verbindung *abertausend* (= „unzählige tausend") wird immer zusammengeschrieben. Sie kann groß- oder kleingeschrieben werden: *Es waren abertausende/Abertausende gekommen.*

Tausendgüldenkraut

Das 40 cm hohe, hellrot blühende Enziangewächs, das heute noch als Bitterkraut bei Magenverstimmungen Anwendung findet, hat einen selten poetischen Namen: *Tausendgüldenkraut* (wobei *gülden* als ältere Form von *golden* zu verstehen ist). Der schöne Name verdankt sich allerdings der Schlampigkeit eines Übersetzers. Der lateinische Fachausdruck lautete *Centaurium.* In diesem glaubte man *centum* für „hundert" und *aurum* für „Gold" herauslesen zu können, was zunächst zum Namen *Hundertgüldenkraut* führte. Tatsächlich handelt es sich bei *Centaurium* um die lateinische Entsprechung des griechischen *kentaúreion* („Zentaur"). Der griechischen Sage zufolge hatte sich der heilkundige Zentaur Chiron eine Wunde mit diesem Kraut geheilt. Das Schicksal des Pferd-Mensch-Wesens verlief gleichwohl tragisch: Ein mit dem Gift der Hydra getränkter Pfeil, abgeschossen von Herakles, verletzte Chiron. Und da die unheilbare Wunde für den unsterblichen Zentaur ewige Qual bedeutet hätte, verzichtete er zugunsten von Prometheus auf seine Unsterblichkeit.

Tautologie

Eine Tautologie ist eine Doppelaussage: Derselbe Begriff, Gedanke oder Sachverhalt wird durch mehrere gleichbedeutende Wörter ausgedrückt, um größere Eindringlichkeit zu erreichen: *einzig und allein; frank und frei; immer und ewig; lieb und wert; nackt und bloß; gut und gern; Schutz und Schirm/Schild; voll und ganz.* Im Gegensatz dazu wird beim Pleonasmus der Aussage nur Überflüssiges hinzugefügt.

Teddy

Anders als im Englischen schreibt man im Deutschen die Pluralform *Teddys* (nicht: *Teddies*).

Tee

Bildet *Tee* als Erstbestandteil eine Zusammensetzung mit einem Wort, das mit *e* beginnt, werden alle drei Vokale geschrieben. Zur Verdeutlichung kann man zwischen Substantiven einen Bindestrich setzen: *Teeei/Tee-Ei; Teeernte/Tee-Ernte; Teeextrakt/Tee-Extrakt; das Teeeinschenken/das Tee-Einschenken.*

eine Tasse/ein Glas Tee • → *Tasse*

Tegernseer

Bei Ortsnamen auf *-ee* wird bei der Bildung des Einwohnernamens kein drittes *e* hinzugefügt: *Tegernseer* (nicht: *Tegernseeer*).

Teil

der/das Teil • Das Substantiv *Teil* hat zwei Bedeutungen. In der Bedeutung „Stück von einem Ganzen" wird *Teil* im Allgemeinen als Maskulinum gebraucht. In Fällen wie den folgenden ist das Neutrum nicht möglich: *Dieser Teil der Stadt ist sehr alt* (falsch: *dieses Teil*). *Der größte Teil des Waldes ist geschädigt* (falsch: *das größte Teil*). *Ein großer Teil der Nacht ist vergangen* (falsch: *ein großes Teil*).
In der Bedeutung „einzelnes Stück", wobei ein Bezug auf ein größeres Ganzes nicht notwendig gegeben sein muss, wird *Teil* hingegen in der Regel als Neutrum gebraucht: *Das defekte Teil muss ausgewechselt werden. Jedes einzelne Teil wird genau geprüft.*
In den folgenden festen Wendungen kann *Teil* als Maskulinum sowie als Neutrum gebraucht werden: *seinen/sein Teil dazu beitragen; ich für meinen/mein Teil.*

der/das -teil • Bei Zusammensetzungen mit *-teil* als letztem Bestandteil ist das Genus im Allgemeinen fest und richtet sich nach der Bedeutung des Grundwortes (*der Anteil,* aber: *das Bauteil*). Es gibt aber auch einige wenige Zusammensetzungen mit *-teil*, die zu den Substantiven mit schwankendem Genus gehören. Diese sind: *der/das Erbteil; der/das Pflichtteil; der/das Oberteil; der/das Unterteil; der/das Vorderteil.*

ein Teil der Bücher stand/standen • Wenn das Subjekt eine Maß- oder Mengenbezeichnung im Singular ist, steht das Prädikat in der Regel im Singular, auch wenn das Gemessene bzw. das Gezählte im Plural steht: *Ein Teil der Bücher stand im Regal.* Daneben kommt aber auch der Plural vor. Er gilt nicht als falsch: *Ein Teil der Bücher standen im Regal.*

Groß- und Kleinschreibung • Das Substantiv *Teil* wird großgeschrieben: *sein Teil dazu beitragen.* Das Adverb *teils* schreibt man dagegen klein. Als Verbzusatz schreibt man auch in getrennter Wortstellung klein: *teilnehmen* → *Sie nahm am Wettbewerb teil.*

teil- – teilhaben, teilnehmen

Fügungen aus *teil* und einem Verb schreibt man zusammen, weil *teil* in diesen Verbindungen nicht mehr als selbstständiges Substantiv angesehen wird: *Wir wollten am Erfolg teilhaben. Sie haben an der Sitzung teilgenommen.*
ACHTUNG: In getrennter Wortstellung schreibt man *teil* klein: *Er nimmt nicht teil.*

teils – teils

Teils – teils verbindet Aufzählungen. Vor dem zweiten und jedem weiteren *teils* steht immer ein Komma. Vor dem ersten wird es nur dann gesetzt, wenn die Aufzählung nachgetragen ist: *Die Sozialleistungen sind teils übertrieben, teils fortschrittlich, teils branchenüblich. Es wurden viele Fragen gestellt, teils einfache, teils schwer verständliche.* Ist *teils – teils* Bestandteil von Fügungen, die als Einheit empfunden werden, grenzt man diese nicht durch Komma ab. Das Komma steht vielmehr jeweils vor *teils: Er besuchte die Schulung, teils weil er es gerne wollte, teils weil er sich dazu verpflichtet fühlte.*

Telefonnummer

Nach DIN 5008 ist zwischen die Landesvorwahl (sofern angegeben), die Ortsnetzkennzahl (bzw. die Kennzahl des Mobilfunknetzes) und die Nummer für den Einzelanschluss jeweils ein Leerzeichen zu setzen. Durchwahlnummern werden mit Bindestrich angefügt: *0171 3957866; 05241 80-2246; 069 2123-3100.*
Bei Angabe einer Landesvorwahl fällt die Null als erste Ziffer der Ortsnetz- bzw. Mobilfunknetzkennzahl weg. Auch der Landesvorwahl selbst wird das Zeichen + und nicht mehr wie früher üblich eine zweifache *0* vorangestellt: *+49 52 41 80-22 46; +49 69 21 23–31 00.*

Tempo – Tempos / Tempi

In der Bedeutung „Geschwindigkeit" wird das Substantiv *Tempo* nicht im Plural gebraucht. In der Musik lautet die Pluralform für *Tempo* als Angabe des Zeitmaßes *die Tempi* (selten: *die Tempos*).

Temporalsatz

Der Temporalsatz bezeichnet ein Geschehen, das zeitlich in Bezug auf das Hauptsatzgeschehen eingeordnet wird. Das im Temporalsatz genannte Geschehen kann zeitlich vor oder nach dem Hauptsatzgeschehen oder gleichzeitig mit dem Hauptsatzgeschehen stattfinden. Man unterscheidet entsprechend Temporalsätze der Gleichzeitigkeit, der Vorzeitigkeit und der Nachzeitigkeit.
Gleichzeitigkeit: *Während sie telefoniert, arbeitet er am Schreibtisch.*
Vorzeitigkeit: *Nachdem er seine Arbeit beendet hatte, ging er in den Garten.*
Nachzeitigkeit: *Bevor ich die Reise nach Schottland antrat, kaufte ich eine Kamera.*

Blick in die Ferne: Das *Teleskop*
Einer netten Legende zufolge geht die Erfindung des *Teleskops* auf spielende Kinder zurück. 1609 sollen die Sprösslinge des holländischen Brillenmachers Jan Lippershey mit Linsen experimentiert haben: Sie hielten dabei eine konvexe und eine konkave Linse hintereinander und sahen zu ihrer Überraschung den weit entfernten Kirchturm ganz nah vor sich. Die entdeckte Methode war so simpel, dass jeder Optiker schon auf die bloße Andeutung hin in der Lage war, eine entsprechende Vorrichtung zu bauen. Auch dem italienischen Astronom und Mathematiker Galileo kam dieses Prinzip gerüchteweise zu Ohren. Er baute die Erfindung kurzerhand nach, verbesserte sie und konnte noch im selben Jahr dem Dogen und den Senatoren der Republik am Lido ein Fernrohr mit neunfacher Vergrößerung präsentieren. Galileo war es auch, der 1611 den Namen prägte: *telescopio* (lateinisch *teleskopion*). Gebildet ist es zum griechischen Partizip *tēlekópos* „weitschauend" (aus *tele* für „fern" und *skopein* für „spähen, schauen, beobachten"). Da *Teleskope* Geräte waren, die man ineinanderschieben konnte, wurde der Begriff bald auf ähnliche technische Vorrichtungen bezogen, wie z. B. *Teleskoparm*, oder *Teleskopantenne.*

Tempus

Das Tempus (Genitiv: des Tempus, Plural: die Tempora [Betonung auf der 1. Silbe]) ist eine der fünf Konjugationskategorien des Verbs. Das Tempus kennzeichnet den zeitlichen Aspekt eines Geschehens oder einer Handlung aus der Perspek-

tive des Sprechers. Daneben kann mit dem Tempus aber auch der modale Aspekt eines Geschehens ausgedrückt werden (z. B. eine Vermutung: *Das wird mal wieder Klaus gewesen sein.*).
Für das Deutsche werden in der Regel sechs Tempora (auch: Zeitformen) unterschieden. Präsens: *(er) singt;* Präteritum (auch: Imperfekt): *(er) sang;* Perfekt: *(er) hat gesungen;* Plusquamperfekt: *(er) hatte gesungen;* Futur I: *(er) wird singen;* Futur II: *(er) wird gesungen haben.*

Terra incognita

→ *Tabula rasa*

Test

Der Plural lautet heute einheitlich *die Tests.* Die früher vor allem in Fachsprachen geläufige Form *die Teste* ist nicht mehr in Gebrauch.

th oder t?

Bei einigen Fremdwörtern, vor allem aus dem Griechischen, kann die Buchstabenkombination *th* für den Laut [t] im Deutschen auch mit *t* wiedergegeben werden: *Kathode/Katode; Panther/Panter; Thunfisch/Tunfisch.*
TIPP: Bei diesen Wörtern dominiert im allgemeinen Schreibgebrauch die Variante mit *th.*

Thailand

Die Einwohnerbezeichnung zu *Thailand* lautet *Thailänder* bzw. *Thailänderin* und das entsprechende Adjektiv *thailändisch.* Die Form *Thai (der Thai, die Thai)* anstelle der Einwohnerbezeichnungen *Thailänder/Thailänderin* sind umgangssprachlich. Für die in Thailand gesprochene Sprache ist der Ausdruck *das Thai* (auch: *Tai*) dagegen standardsprachlich.

Thema

Der Plural von *Thema* lautet *die Themen.* Ebenfalls korrekt ist die Form *Themata* (falsch: *Thematas*), sie wird jedoch seltener gebraucht.

Therapeut

Das Substantiv *Therapeut* gehört der schwachen Deklination an. Außer im Nominativ enden alle Formen auf *-en.* Das Weglassen der Endung gilt als Merkmal des Gesprochenen und sollte im Geschriebenen vermieden werden: *Dem Therapeuten* (nicht: *Dem Therapeut*) *erschien es zu riskant. Für den Therapeuten* (nicht: *den Therapeut*) *ist es deshalb am wichtigsten, den Patienten zu loben.*

Thunfisch

→ *th oder t?*

tief

aufs tiefste / Tiefste • In Verbindung mit *aufs* bzw. *auf das* kann die Superlativform groß- oder kleingeschrieben werden: *Ich bedaure es aufs/auf das tiefste/Tiefste.*
Getrennt- und Zusammenschreibung • In Verbindung mit Verben schreibt man in der Regel getrennt: *tief atmen; tief betrüben. Die Predigt hatte die Gemeinde tief bewegt. Er war tief erschüttert. Ihre Krankheit hat ihn tief betrübt. Ich habe dieses Gefühl tief empfunden.*
In Verbindung mit *bohren* unterscheidet man *(besonders, ganz, sehr) tief bohren* und das fachsprachlich gebrauchte *tiefbohren* (= „bis in große Tiefen bohren, besonders bei Erdöl- und Erdgasförderung"). In Verbindung mit *fliegen* schreibt man getrennt, wenn man sinngemäß *sehr* o. Ä. ergänzen kann: *(besonders, sehr) tief fliegen.* Dagegen schreibt man in der Bedeutung „im Tiefflug fliegen" zusammen: *tieffliegen.*
Zusammengeschrieben wird auch die Verbindung *tiefgefrieren* (= „bei tiefen Temperaturen einfrieren"): *Lebensmittel/Obst/Gemüse tiefgefrieren.* Auch die übertragen gebrauchte Verbindung *tiefstapeln* schreibt man zusammen.
In Verbindung mit adjektivisch gebrauchten Partizipien ist meist Getrennt- oder Zusammenschreibung möglich: *die tief betrübte/tiefbetrübte Mutter; die tief bewegten/tiefbewegten Zuhörer; tief empfundene/tiefempfundene Worte; die tief erschütterten/tieferschütterten Zuschauer; ein tief*

gefühlter / tiefgefühlter Dank; ein tief gehendes / tiefgehendes Gespräch führen; tief greifende / tiefgreifende Veränderungen; ein tief gefühlter / tiefgefühlter Schmerz; eine tief liegende / tiefliegende Wunde (aber nur: *tiefer liegende Hautschichten*); *tief schürfende / tiefschürfende Analysen.*
Getrennt oder zusammen schreibt man *die tief stehende / tiefstehende Sonne*. Dagegen wird in der Bedeutung „moralisch oder sozial auf niedrigem Niveau" nur zusammengeschrieben: *Er ist eine tiefstehende Person.*
tief gefroren / tiefgefroren • In Verbindung mit *gefroren* kann man bei Verbindungen wie *tief gefrorener See / tiefgefrorener See* getrennt oder zusammenschreiben. Man schreibt dagegen zusammen, wenn der Partizipverbindung eine zusammengeschriebene Verbverbindung zugrunde liegt: *tiefgefrorene Lebensmittel; tiefgefrorenes Fleisch* (weil: *Lebensmittel tiefgefrieren; Fleisch tiefgefrieren*).
tiefernst, tiefgründig • In Verbindung mit Adjektiven schreibt man zusammen, da *tief* bedeutungsverstärkend wirkt: *tiefblau, tiefernst, tiefgründig, tiefsinnig.*

timen

Das englische Verb *to time* („etwas festlegen") endet mit einem stummen *e*. Dabei wird der Verbstamm *time* geschrieben, aber [taim] gesprochen; das *e* am Ende bleibt stumm. Bei der Konjugation im Deutschen ist das *e* dagegen immer Bestandteil der Konjugationsendung, es zeigt z. B. die 1. Person Singular an (wie in *ich sing-e*). Der eigentliche Verbstamm hingegen endet stets ohne *e* (also: *sing – er / sie / es singt*). Entsprechend wird auch das ans Deutsche angeglichene Verb *timen* konjugiert, das *e* entfällt, wenn es nicht zur Endung gehört. Es heißt also: *ich time, du timst, er / sie / es timt* (nicht: *timed*). *Der Polizeieinsatz war gut getimt* (nicht: *getimed*).

Tipp, tippen

Das im 19. Jahrhundert aus dem Englischen entlehnte Substantiv (engl. *tip*) wird nach neuer Rechtschreibung wie das Verb *tippen* mit zwei *p* geschrieben: *Tipp; die Tipps.* Dies gilt auch für die entsprechenden Zusammensetzungen: *Tippschein, Tippgemeinschaft, Tippfehler, Tippzettel.*

Titel

Komma bei Namen und Titeln • Namen und Titel, die dem Familiennamen vorangehen, stehen ohne Komma (enge Apposition). Auch mehrere Titel und Berufsbezeichnungen werden nicht durch Komma getrennt: *Aufsichtsratsvorsitzender Prof. Dr. Paul Weigel; Dekan Professor Dr. Heinz Huber; Aufsichtsratsvorsitzende Dr. Klara Meyer.*
In alphabetischen Listen werden die dem Namen nachgestellten Titel und Berufsbezeichnungen vom Namen sowie untereinander durch Komma abgetrennt:
Weigel, Paul, Prof. Dr., Aufsichtsratsvorsitzender.
In fortlaufenden Texten werden dem Namen nachgestellte Titel in Kommas eingeschlossen: *Kardinal Lehmann, Bischof von Mainz, war mehr als 20 Jahre lang Vorsitzender der deutschen Bischofskonferenz. Dr. Hoppenstedt, Präsident des deutschen Sparkassen- und Giroverbands, eröffnete die Internationale Sparkassentagung gemeinsam mit Juan Carlos I., dem König von Spanien.*
Adelstitel, die dem Namen nachgestellt sind, werden nicht durch Komma abgetrennt, weil diese als Teil des Namens angesehen werden:
Ernst August Prinz von Hannover; Gloria Fürstin von Thurn und Taxis; Freiherr / Freifrau / Freiin von Stein.
Groß- und Kleinschreibung • Gehören zum Titel Adjektive, Partizipien, Artikel oder Zahlwörter, werden diese großgeschrieben: *der Erste Vorsitzende; der Regierende Bürgermeister; Seine Magnifizenz; Zweiter Bürgermeister.*
Adjektive, die bei einer Berufsbezeichnung stehen, schreibt man dagegen klein: *technischer Zeichner; biologisch-kaufmännische Angestellte; medizinischer Dokumentar; leitender Arzt.*
In Briefköpfen oder auf Visitenkarten kann das Adjektiv jedoch auch großgeschrieben werden, sofern es allein (in einer eigenen Zeile) beim Namen steht:
Heinz Müller
Technischer Dokumentar

tod- oder tot-?

Man schreibt mit *d,* wenn der erste Teil der Verbindung für das Substantiv *Tod* steht. Die Verbindung lässt sich meist als Wortgruppe mit dem Substantiv *Tod* auflösen: *todbringend* (= den Tod bringend); *todkrank* (= auf den Tod krank); *todgeweiht* (= dem Tode geweiht); *todernst, Todfeind, todlangweilig, todmüde, todschick, todsicher, todtraurig, todunglücklich.*
Mit *t* schreibt man bei Verbindungen, deren erster Teil mit dem Adjektiv *tot* gebildet ist: *sich totarbeiten, sich totärgern, tothetzen, totkriegen, sich totlaufen, sich totlachen, totsagen, totschlagen, totschweigen, totstechen, tottreten.*
→ *tot*

Todesanzeige

→ *Anzeige*

To-do-Liste

Die mehrgliedrige Verbindung wird durch Bindestriche gegliedert: *To-do-Liste* (nicht: *Todo-Liste*).

Tollpatsch

Seit der Rechtschreibreform schreibt man mit zwei *l: der Tollpatsch.* Die früher übliche Schreibung *Tolpatsch* ist nicht mehr korrekt.

Tombola

Das Substantiv *Tombola* hat zwei mögliche Pluralformen: *die Tombolas* oder (seltener) *die Tombolen.*

tot

Bezeichnet *tot* eine Eigenschaft als Ergebnis der Tätigkeit, die das Verb ausdrückt (etwa bei *totfahren*: das Angefahrene ist dann tot), so könnte nach den Regeln getrennt und zusammengeschrieben werden. Jedoch handelt es sich bei Verben mit *tot* als erstem Bestandteil um eine besondere Gruppe von Verben, die reihenbildend sind *(totfahren, tothetzen, totschlagen)* und oft übertragen gebraucht werden *(ein Projekt totsagen).* Daher werden diese Verbindungen im praktischen Schreibgebrauch fast ausschließlich zusammengeschrieben, die Getrenntschreibung ist nicht üblich: *sich totarbeiten, sich totärgern, etwas totschweigen, totschlagen, totstechen, tottrampeln, tottreten.*
Getrennt schreibt man: *sich tot stellen; jemanden tot glauben.*
Fügungen aus Adjektiv und adjektivisch gebrauchtem Partizip schreibt man zusammen, wenn die zugrunde liegende Verbverbindung zusammengeschrieben wird: *der totgetretene Käfer; die totgeschlagene Zeit; das totgeschwiegene Leid; das totgesagte Unternehmen.*
In den folgenden Fällen kann man getrennt oder zusammenschreiben: *ein tot geborenes/totgeborenes Kind; ein tot geglaubter/totgeglaubter Onkel.*

tragbar / tragfähig

Das Adjektiv auf *-bar* gibt an, was mit dem durch das Adjektiv näher beschriebenen Gegenstand getan werden kann:
tragbarer Fernseher (= „Fernseher, der getragen werden kann"); *tragbarer Kompromiss* (= „Kompromiss, der erträglich ist, der von allen (mit) getragen werden kann").
Demgegenüber haben Ableitungen auf *-fähig* eine aktivische Bedeutung:
tragfähige Brücke (= „Brücke, die etwas tragen kann"); *ein tragfähiger Beschluss/Kompromiss* (= „so beschaffen, dass er trägt").
→ *-bar*

Traktat

Das Substantiv *Traktat* kann im Maskulinum oder Neutrum gebraucht werden: *der/das Traktat.*

transitive Verben

Der Begriff transitives Verb wird mit zwei verschiedenen Bedeutungen gebraucht. Zum einen versteht man darunter alle Verben, die ein Akkusativobjekt regieren können. In diesem Sinne sind alle folgenden Verben transitiv:

Tollpatsch

Unverständlichkeit von Wörtern führt bisweilen dazu, dass sie in ihrer Rechtschreibung und Bedeutung instabil werden und sich verändern. Bei *Tollpatsch* ist dies mit Sicherheit der Fall. Es erscheint im 16. Jahrhundert als *tolbatz* im Deutschen. Man glaubte im ersten Teil des Wortes den *Tölpel*, im zweiten Teil das Verb *patschen* zu erkennen: Das Wort wandelte sich zunächst zu *Tolpatsch*, wobei man es als Schimpfwort für ungeschickte Personen verwendete. Im Zuge der Rechtschreibreform wurde das Wort zu *Tollpatsch* geändert: zum einen, weil das *o* vor dem *l* kurz gesprochen wird, und zum anderen, weil sich als leicht zu lernende Regel ein Bezug zu *toll* (im Sinne von „verrückt") herstellen lässt. Tatsächlich hat das Wort aber weder etwas mit *toll*, *Tölpel* noch mit *patschen* zu tun. Zugrunde liegt das ungarische Wort *talpas* für „Bär". Zugleich war der Ausdruck ein Neckname für die ungarischen Fußsoldaten. Denn diese trugen anstelle von Schuhen mit Schnüren befestigte Sohlen, was offenbar an Bärentatzen erinnerte. Das Wort wurde zuerst in Österreich ins Deutsche entlehnt, diente aber zunächst als eher wertneutrale Bezeichnung für „Soldaten, die eine unverständliche Sprache sprechen". Erst durch die zunehmende Angleichung an *Tölpel* und *patschen* erhielt das Wort seine heutige Bedeutung und Schreibung.

backen – Der Bäcker backt Brötchen.
sehen – Wir haben den jungen Mann gesehen.
bekommen – Du bekommst einen neuen Wagen.
Zum anderen versteht man unter transitiven Verben aber auch nur solche Verben, die ein Akkusativobjekt regieren können, welches zum Subjekt eines mit diesem Verb gebildeten Passivsatzes werden kann. In diesem (zweiten) Sinne sind nur Verben wie die folgenden transitiv:
backen – Die Brötchen werden vom Bäcker gebacken.
sehen – Der junge Mann ist von uns gesehen worden.

trauen (sich)

Standardsprachlich steht *sich trauen* mit dem Akkusativ. Der Dativ an dieser Stelle ist mundartlich: *Du traust dich* (mundartlich: *dir*) *wohl nicht, es ihm zu sagen.*
Ist in Verbindung mit *sich trauen* ein Ort genannt, ist der Dativ in jedem Fall falsch: *Ich traute mich* (falsch: *mir*) *nicht, an dieser Stelle abzubiegen.*

Trauma

Das Substantiv *Trauma* hat zwei mögliche Pluralformen: *Traumata* und *Traumen*. Sowohl fachsprachlich als auch allgemeinsprachlich sind beide Pluralformen gleichermaßen üblich.

träumen – mich oder mir träumt?

Das Verb *träumen* kann persönlich *(Er träumte einen schönen Traum.)* oder unpersönlich gebraucht werden. In diesem Fall kann *träumen* mit Dativ oder Akkusativ stehen: *Mir/Mich träumte, dass … Ihm/Ihn träumte, dass …*

trennbare Verben

Trennbare Verben wie *einkaufen* bestehen aus einem Verbstamm als Erstbestandteil (hier: *kaufen*) und einem betonten Verbzusatz (auch: Verbpartikel) als Zweitbestandteil (hier: *ein*). In den gebeugten Formen erscheinen diese Bestandteile voneinander getrennt. Im Infinitiv mit *zu* tritt *zu*, im Partizip II *ge* dazwischen: *einkaufen – Ich kaufe am Samstag ein. Es lohnt sich, morgens einzukaufen. Sie haben am Samstag eingekauft.*
Alle anderen Verben gehören zu den untrennbaren Verben: *belagern – Die Fotografen belagern das Anwesen.*

***Tretmühle* als Strafe**

Dass die bekannte *Tretmühle* für den langweiligen Alltagstrott nicht nur eine bloße Metapher darstellt, sondern einen historischen Kern hat, ist nur den wenigsten bewusst. Tatsächlich gab es schon im Altertum *Tretmühlen*: Wo keine Wind- und Wasserkraft eingesetzt werden konnte, bewegten Menschen große Räder, um beispielsweise in Kränen schwere Lasten zu heben.

Zur Metapher wurde die *Tretmühle* allerdings nur deshalb, weil sie Anfang des 19. Jahrhunderts - vor allem in England - im Strafvollzug eingesetzt wurde. Schon bald berichtete auch in Deutschland der Brockhaus von 1836 über die *stepping mill*, die man akkurat als *Tretmühle* übersetzte: Sie „besteht aus einem oder mehrern cylyndrischen Rändern ... mit hölzernen Tritten in der Breite des Rades. Die Sträflinge werden nebeneinander in eine Reihe gestellt und steigen langsam die Tritte hinan."
Doch gab es schon früh Stimmen, die warnten, die *Tretmühlen* trügen nichts zur moralischen Besserung bei: Den Häftlingen werde nichts beigebracht, sie würden zu bloßen Maschinen herabgewürdigt. Bekannt wurde die *Tretmühle* vor allem durch das Schicksal des englischen Dichters Oscar Wilde. Nachdem er wegen seiner Homosexualität verurteilt worden war, musste er im Zuchthaus regelmäßig jeden Tag sechs Stunden in die *Tretmühle*.

Trennung

→ *Sonderseiten „Worttrennung", S. 488f.*

treten

treten - tritt • Das Verb *treten* hat einen sogenannten e/i-Wechsel. In der 2. und 3. Person Singular bildet es den Stamm mit *i: treten – du trittst – er/sie/es tritt.* Auch der Imperativ wird mit *i* gebildet: *Tritt!* (nicht: *Tret!/Trete!*).
ist/hat getreten • Wird *treten* mit einem Akkusativobjekt verwendet, bildet man das Perfekt mit *haben: Er hat versehentlich einen Hund getreten.* Beim intransitiven Gebrauch (also ohne Akkusativobjekt) steht dagegen *sein: Der Aufsichtsratsvorsitzende ist gestern vor die Presse getreten.*

treu

In Verbindung mit Verben wird getrennt geschrieben: *treu sorgen; treu sein; treu bleiben.* In Verbindung mit adjektivisch gebrauchten Partizipien ist Getrennt- oder Zusammenschreibung möglich: *die treu sorgenden/ treusorgenden Eltern; treu ergebene/treuergebene Fans.*

triefen

Das Verb wurde ursprünglich nur stark konjugiert: *triefen – troff – getroffen.* Inzwischen ist auch die Verwendung als schwaches Verb möglich: *triefen – triefte – getrieft.* Im Schreibgebrauch sind im Präteritum beide Formen gleich häufig vertreten: *Aus dem Maul des Hundes troff/triefte Speichel. Die Rede troff/triefte nur so vor Pathos.*

Trikot

In der Bedeutung „hemdartiges Kleidungsstück" steht *Trikot* nur im Neutrum: *das neue Trikot.* Als fachsprachliche Bezeichnung für eine bestimmte Gewebeart ist neben dem Neutrum auch das Maskulinum möglich: *der/das Trikot.* SCHWEIZ: In der Schweiz ist vereinzelt auch die Schreibung *Tricot* anzutreffen.

trocken

Groß- und Kleinschreibung • Als Adjektiv schreibt man *trocken* klein: *trockener Wein; auf*

einem trockenen Untergrund sitzen; ein trockener Alkoholiker. Liegt eine Substantivierung vor, schreibt man groß. Dies gilt auch für übertragen gebrauchte Wendungen, in denen vor der Rechtschreibreform kleingeschrieben wurde: *auf dem Trockenen sitzen; seine Schäfchen ins Trockene bringen; seine Schäfchen im Trockenen haben. Das Schiff liegt auf dem Trockenen.*
Getrennt- und Zusammenschreibung • Verbindungen aus Adjektiv und Verb kann man getrennt oder zusammenschreiben, wenn das Adjektiv das Resultat dessen bezeichnet, was durch das Verb ausgedrückt wird: *die Scheibe trocken reiben / trockenreiben; Wäsche trocken schleudern / trockenschleudern; das Hemd trocken bügeln / trockenbügeln.*
Ist die Gesamtbedeutung einer solchen Verbindung nicht aus ihren einzelnen Bestandteilen erschließbar, schreibt man hingegen zusammen: *ein Baby / einen Sumpf trockenlegen.*
In allen anderen Fällen schreibt man getrennt: *sich trocken rasieren; die Haare trocken schneiden* (= „in trockenem Zustand schneiden").

trotz

Die Präposition stand ursprünglich mit dem Dativ. Erkennbar ist dies noch an Wörtern wie *trotzdem* oder der Wendung *trotz allem.* Heute steht *trotz* standardsprachlich mit Genitiv: *Trotz des guten Wetters blieb sie zu Hause* (falsch: *Trotz dem guten Wetter …*). *Trotz seiner Kopfschmerzen ging er zur Schule* (falsch: *Trotz seinen Kopfschmerzen …*).
Wenn das nachfolgende Substantiv ohne Artikel oder Pronomen, aber mit einem Adjektiv auftritt, ist neben dem Genitiv auch der Dativ möglich: *Trotz guten Wetters blieb sie zu Hause. / Trotz gutem Wetter blieb sie zu Hause. Trotz starker Kopfschmerzen ging er zur Schule. / Trotz starken Kopfschmerzen ging er zur Schule.*
Folgt auf die Präposition ein Substantiv ohne Artikel, Pronomen oder Adjektiv, so steht im Singular die ungebeugte Form, im Plural der Dativ: *Trotz Geldmangel kaufte sie einen neuen Computer. Trotz Kontakten zur Unterwelt war er sehr hoch angesehen.*

trotzdem

In der Gegenwartssprache wird *trotzdem* fast ausschließlich als Adverb in Hauptsätzen gebraucht, das in verschiedenen Positionen im Satz stehen kann: *Wir haben ihn eingeladen; trotzdem kommt er nicht. Ich habe lange darüber nachgedacht; trotzdem weiß ich nicht, was ich tun soll. Ich habe lange darüber nachgedacht; ich weiß trotzdem nicht, was ich tun soll.*
Daneben wird *trotzdem* gelegentlich auch anstelle von *obwohl* als unterordnende Konjunktion zur Einleitung von Nebensätzen gebraucht. Dabei liegt die Betonung in der Regel auf der zweiten Silbe. Obwohl dieser Gebrauch von *trotzdem* auch in der schönen Literatur anzutreffen ist, gilt er als umgangssprachlich und sollte vermieden werden. Statt *trotzdem* sollte in den folgenden Sätzen *obwohl* verwendet werden.
Obwohl (umgangssprachlich: *Trotzdem*) *ich darüber nachgedacht habe, weiß ich nicht, was ich tun soll. Er wurde verurteilt, obwohl* (umgangssprachlich: *trotzdem*) *er den Diebstahl hartnäckig leugnete.*

tschüs / tschüss

Der vertrauliche Abschiedsgruß kann *tschüs!* oder *tschüss!* geschrieben werden. In Verbindung mit *sagen, rufen* u. Ä. kann groß- oder kleingeschrieben werden: *tschüss / Tschüss rufen* oder: *tschüs / Tschüs rufen.*

Tunfisch

→ *Thunfisch*

Tunnel

Allgemeinsprachlich wird *Tunnel* im Maskulinum gebraucht und auf der ersten Silbe betont: *der Tunnel.* Der Genitiv lautet *des Tunnels.* Im Plural sind zwei Formen möglich: *die Tunnel / Tunnels.* Sehr vereinzelt findet sich im süddeutschen Sprachraum und in Österreich noch die Form *das Tunell.* Hier liegt die Betonung auf der zweiten Silbe. Die Genitivform lautet *des Tunells,* die Pluralform *die Tunelle.*

U

übel

Groß- und Kleinschreibung • Als Adjektiv schreibt man *übel* klein: *üble Nachrede; übler Ruf; etwas übel aufnehmen. Das ist ziemlich übel. Der Film war nicht übel.*
Das substantivierte Adjektiv schreibt man groß: *Ein Abbruch der Verhandlungen wäre von Übel. Ich kann nichts Übles daran finden. Zu allem Übel kam noch eine Erkältung dazu. Wir sollten das kleinere Übel wählen. Ihr schwante Übles. Man hat ihm Übles nachgesagt. Die Leute hatten Übles im Sinn.*
Getrennt- und Zusammenschreibung • Wird eine Verbindung aus Adjektiv und Verb in wörtlicher Bedeutung verwendet, schreibt man getrennt: *übel riechen; übel zurichten; übel werden; übel sein.*
Die auf solchen Verben basierenden Partizipverbindungen kann man getrennt oder zusammenschreiben: *eine übel riechende/übelriechende Brühe.*
Das gilt auch für Fügungen, die wie Partizipien aussehen, aber nicht mehr auf ein bestimmtes Verb zurückführbar sind: *ein übel gelaunter/übelgelaunter Bursche.*
Wird eine Adjektiv-Verb-Verbindung in übertragenem Sinne gebraucht, ist ihre Gesamtbedeutung also nicht aus den Einzelbestandteilen erschließbar, schreibt man zusammen: *Menschen, die einem anderen übelwollen, …*
Entsprechende Partizipformen werden ebenfalls zusammengeschrieben: *übelwollende Menschen.*
Lässt sich keine klare Entscheidung darüber treffen, ob eine idiomatisierte Gesamtbedeutung vorliegt oder nicht, so kann man getrennt oder zusammenschreiben: *etwas übel nehmen/übelnehmen.*

übel - üble(r, -s) • In den gebeugten Formen sowie beim Komparativ fällt das *e* im Stamm weg: *Da könnte ich eine üble Geschichte erzählen. Viel übler kann einem nicht werden.*

über

über den/dem • Die Präposition *über* kann mit dem Akkusativ oder Dativ stehen. Welcher Kasus gewählt wird, hängt davon ab, ob *über* in Verbindung mit einer Lage oder einer Richtung gebraucht wird:
Zur Angabe der Richtung (Frage: „Wohin?“) steht *über* mit dem Akkusativ: *Wir haben die Lampe über den Tisch gehängt. Er streifte eine dunkle Jacke über das Hemd.*
Zur Angabe der Lage (Frage: „Wo?“) muss der Dativ stehen: *Die Lampe hängt über dem Tisch. Er trug eine dunkle Jacke über dem Hemd.* Auch wenn die Lage in einem übertragenen Sinne angegeben wird, steht der Dativ: *Er hockte über seiner Arbeit. Über dem Lesen ist sie eingeschlafen. Über dem Spielen vergessen die Kinder alles andere.*
Wird die Präposition in nicht räumlichen Zusammenhängen gebraucht, steht meist der Akkusativ: *Es geht nichts über einen guten Freund. Er arbeitete über die Literatur der Klassik. Sie blieben über die ganze Mittagspause weg. Über diesen Spaß kann man nicht lachen. Nur Jugendliche über 16 Jahren dürfen dieses Spiel kaufen. Ich liebe dich über alles. Sie war empört über seine Frechheit.*
über + Verben • Als Verbzusatz kann *über* sowohl untrennbare als auch trennbare Verbzusammensetzungen bilden, die sich in ihrer Bedeutung, Betonung und Stellung im Satz unterscheiden.
Bei den trennbaren Verben steht *über* außer im Infinitiv und in den Partizipien vom Verb getrennt. Die Betonung liegt dabei auf *über: übersetzen: Die Fähre **setzt** die Passagiere **über**.*
Im Infinitiv mit *zu* tritt *zu* zwischen *über* und das Verb: *Der Versuch, die Passagiere über**zu**setzen, scheiterte.*
In sogenannten „festen Zusammensetzungen“ wird in allen Stellungen im Satz zusammengeschrieben. In diesen Verbindungen ist immer das Verb betont: *übersetzen: Er **übersetzt** den Text. Er hat mehrere Romane **übersetzt**.*

Unfeste und feste Zusammensetzungen unterscheiden sich meist in ihrer Anwendung und in ihrer Bedeutung.
→ *überführen,* → *überlaufen,* → *übertreten*

über was / worüber • In der gesprochenen Sprache wird anstelle des Adverbs *worüber* häufig die Form *über was* verwendet.
TIPP: Im Geschriebenen sollte dagegen *worüber* stehen: *Ich weiß nicht, worüber* (zu vermeiden: *über was) hier gesprochen wird.*

überdrüssig

Das Adjektiv steht ganz überwiegend mit dem Genitiv: *Für den, der seines Fahrzeugs überdrüssig wird, gibt es eine Rücknahmegarantie. Schon lange des grauen Alltags überdrüssig, plante er, auszusteigen. Sie war seiner überdrüssig geworden.*
In einigen Grammatiken gilt aber auch der Akkusativ nicht als falsch: *einer* (auch: *eine*) *Sache überdrüssig werden.*

übereinander

Trägt *übereinander* in der Verbindung mit einem Verb den Hauptakzent, so schreibt man zusammen: *Sie sollten die Bücher übereinanderlegen; die Beine übereinanderschlagen; die Hemden übereinanderlegen; die Tische übereinanderstellen; Kuchenteig und Sahne übereinanderschichten; Kisten übereinanderstapeln; Papier übereinanderkleben.*
Die entsprechenden Partizipformen schreibt man ebenfalls zusammen: *die übereinandergestapelten Tische; die übereinandergelegten Hemden.*
Getrennt schreibt man dagegen, wenn der Hauptakzent auf dem Verb liegt: *übereinander lachen; übereinander sprechen.*

übereinkommen, übereinstimmen

Verbverbindungen mit *überein* als erstem Bestandteil werden immer zusammengeschrieben: *übereinkommen, übereinstimmen.*
REGEL: Verbverbindungen, deren erster Bestandteil nicht mehr als selbstständiges Wort vorkommt, schreibt man zusammen.

überführen

Das Verb *überführen* kann in der Bedeutung „an einen anderen Ort bringen" sowohl trennbar als auch untrennbar gebraucht werden:
Der Wagen ist nach Dortmund übergeführt worden. / Der Wagen ist nach Dortmund überführt worden.
Die Firma führt den Wagen nach Dortmund über. / Die Firma überführt den Wagen nach Dortmund.
In der Bedeutung „die Schuld nachweisen" ist *überführen* dagegen untrennbar: *Er ist des Diebstahls überführt worden. Der Polizist überführt den Täter des Diebstahls.*

überlaufen

Das Verb *überlaufen* wird je nach Betonung als trennbares oder untrennbares Verb gebraucht:
überlaufen (= „über den Rand laufen", „sich einer gegnerischen Partei anschließen"): *Die Milch läuft über. Ganze Truppenteile laufen zum Gegner über. Viele sind schon zum Gegner übergelaufen. Die Milch ist übergelaufen.*
überlaufen (= „stark in Anspruch nehmen", „überkommen"): *Die Insel ist von Touristen überlaufen. Es überläuft ihn siedend heiß.*

überm, übern, übers

Die Präposition *über* kann mit den Artikelformen *dem, den* und *das* zu *überm, übern, übers* verschmolzen werden. Die Formen werden immer ohne Apostroph geschrieben.
Die Verschmelzungen *überm* und *übern* gelten in der Regel als umgangssprachlich. Sie kommen vor allem in festen Wendungen vor. In Texten, die standardsprachlich hohen Ansprüchen genügen müssen, sollte man diese Verschmelzungen vermeiden: *ein Dach überm* (besser: *über dem*) *Kopf; übern* (besser: *über den*) *Berg sein; die Pläne übern* (besser: *über den*) *Haufen werfen; etwas übern* (besser: *über den*) *Zaun werfen; übern Jordan gehen* (umgangssprachlich für „sterben"); *sich die Decke übern* (besser: über den) *Kopf ziehen; jemanden übern* (besser: über den) *Tisch ziehen.*

Die Verschmelzung *übers* ist im Gegensatz zu *überm* oder *übern* inzwischen häufig im Geschriebenen anzutreffen. Bei vielen festen Wendungen gilt die Verschmelzungsform *übers* als standardsprachlich: *es nicht übers Herz bringen; jemanden übers Ohr hauen; etwas übers Knie brechen; übers Eck miteinander reden.*

übers

→ *überm*

Überschrift

→ *Werktitel*

überschwänglich

Seit der Rechtschreibreform gilt die Schreibung *überschwänglich*, weil sich ein Bezug zu *Überschwang* herstellen lässt.
Die früher gültige Schreibung *überschwenglich* ist nicht mehr korrekt.

übersetzen

→ *über*

übertreten

Das Verb *übertreten* wird je nachdem, ob der erste oder zweite Teil der Verbindung betont ist, als trennbares oder untrennbares Verb verwendet:
übertreten (= „über die Ufer treten (Fluss)", „über eine Markierung treten", „den Glauben, die Konfession wechseln"): *Der Fluss ist übergetreten. Der Diskuswerfer hat/ist übergetreten. Der Fluss drohte überzutreten. Sie ist zum Buddhismus übergetreten.*
übertreten (= „eine Vorschrift missachten bzw. verletzen"): *Sie hat noch niemals das Gesetz übertreten. Diese Vorschrift zu übertreten kann durchaus teuer werden.*

über was

→ *über*

übrig

Groß- und Kleinschreibung • Als Adjektiv schreibt man *übrig* klein: *Für die übrigen Kosten muss der Geschädigte selbst aufkommen. Es ist nichts übrig.* Liegt eines Substantivierung vor, schreibt man groß. Substantivierte Adjektive erkennt man unter anderem daran, dass ihnen Artikel (manchmal verschmolzen mit einer Präposition), Adjektive und/oder Pronomen vorausgehen können, die sich nicht auf ein Substantiv, sondern direkt auf das Adjektiv beziehen: *im Übrigen; alles Übrige. Der scharfe Wettbewerb tat ein Übriges. Die freundliche Atmosphäre tat ihr Übriges. Die Kosten waren unter der Spalte „Übriges" aufgeführt.*
Getrennt- und Zusammenschreibung • Verbindungen aus Adjektiv und Verb werden in der Regel getrennt geschrieben, wenn sie in wörtlicher Bedeutung verwendet werden: *Von dem Eis wird nichts übrig bleiben. Habt ihr von dem Eis etwas übrig gelassen? Ich glaube, dass wir etwas von dem Eis übrig haben.*
Werden sie hingegen in übertragener Bedeutung verwendet, ist ihre Gesamtbedeutung also nicht aus den Bedeutungen der Einzelbestandteile ersichtlich, schreibt man sie zusammen: *Er sagte, dass er für diese Musik nichts übrighat.*
Lässt sich nicht eindeutig entscheiden, ob eine übertragene Bedeutung vorliegt oder nicht, sind beide Schreibweisen möglich: *Es scheint mir nichts anderes übrigzubleiben/übrig zu bleiben. Sie werden mir keine andere Möglichkeit übriglassen/übrig lassen.*
Immer getrennt geschrieben wird in Verbindung mit *sein* als zweitem Bestandteil: *Sie möchte wissen, ob noch etwas vom Kuchen übrig ist.*
Verbindungen aus Adjektiv und adjektivisch gebrauchtem Partizip kann man getrennt oder zusammenschreiben, sofern der dazugehörige Infinitiv nicht ausschließlich zusammengeschrieben wird: *die übrig gebliebenen/übriggebliebenen Zuschauer.*
Das Gleiche gilt für die substantivierten Partizipien, wobei das Adjektiv bei Getrenntschreibung klein bleibt: *Sie zählte die übrig Gebliebenen/Übriggebliebenen.*

Was die *Uhr* geschlagen hat

Als Substantiv hat *Uhr* zwei grundverschiedene Funktionen: Zum einen bezieht man *Uhr* auf den Zeitmesser in seinen vielfältigen Formen als *Sanduhr, Kirchturmuhr, Taschen-* oder *Sonnenuhr.* Zugleich verwendet man *Uhr* aber auch als Maßeinheit, so etwa in dem (gesprochenen) Satz: *Es ist jetzt zwölf Uhr dreißig.* Tatsächlich zeigt die Wortgeschichte, dass darin auch die ursprüngliche Bedeutung des Wortes zu suchen ist. Denn *Uhr* beruht auf altfranzösisch *hore*, das seinerseits auf das lateinische *hora* für „Zeit, Stunde" zurückgeht. Im Deutschen erscheint das Wort in der Form *ūr[e]* im 14. Jahrhundert zunächst am Niederrhein – ebenfalls in der Bedeutung „Stunde".

Zur selben Zeit, in der sich das Wort im Deutschen ausbreitete, wurden *Uhren* als Zeitmesser immer bedeutender: Im 13. Jahrhundert kamen die ersten durch Gewichte angetriebenen Räderuhren auf, und ab Mitte des 14. Jahrhunderts wurden große Turmuhren mit Geh- und Schlagwerk gebaut (Bild: Prager Rathausuhr, 1410). Entsprechend verwendete man zunächst die Bezeichnung *orglucke* („Stundenglocke"), die schließlich zu *Uhr* verkürzt wurde.

Uhrzeit

Schreibweise • Werden Uhrzeiten inklusive der Minuten (und ggf. auch Sekunden) in Ziffern angegeben, dann gilt gemäß DIN 5008, dass jede Einheit (Stunden, Minuten, Sekunden) mit zwei Ziffern wiederzugeben und durch einen Doppelpunkt von der jeweils anderen Einheit abzugrenzen ist: *23:17 Uhr; 07:05 Uhr; 00:38 Uhr. Sie kam exakt um 06:00:28 Uhr ins Ziel.*
Volle Stunden können dagegen auch einstellig angegeben werden: *6 Uhr; 0 Uhr.*
Kommasetzung • Wenn die Zeitangabe drei Bestandteile hat, steht zwischen Datum und Uhrzeit stets ein Komma, und zwar auch dann, wenn die Bezeichnung der Uhrzeit mit einer Präposition *(gegen, um)* gebildet wird. Ob auch hinter der Uhrzeit ein Komma stehen soll, ist jedoch dem Schreibenden freigestellt: *Am Sonntag, dem 22. April, gegen* (oder: *um*) *15 Uhr(,) wurde das neue Fußballstadion eröffnet.*
Sind nur zwei Zeitangaben vorhanden, so können diese als eine einzige Angabe aufgefasst werden, die dann ohne Komma steht: *Am 22. April (um) 15 Uhr wurde das neue Fußballstadion eröffnet. (Am) Sonntag (um) 15 Uhr wurde das neue Fußballstadion eröffnet.*
Die Verbindung von Adverb (z. B. *vormittags, mittags, nachmittags, abends, nachts*) und Uhrzeit gilt als Einheit. Man setzt daher kein Komma zwischen diesen Angaben: *Am Sonntag, dem 22. April, nachmittags (um) 15 Uhr(,) wurde das neue Fußballstadion eröffnet. Erst am Sonnabend, dem 21. April, abends (um) 20 Uhr(,) waren die letzten Vorbereitungen für die Eröffnung abgeschlossen.*

Ultima Ratio

Beide Bestandteile der aus dem Lateinischen übernommenen Fügung *Ultima Ratio* (*ultima* = „die letzte" + *ratio* = „Berechnung; Erwägung; Vernunft") werden großgeschrieben.
REGEL: Bei mehrteiligen Substantiven aus anderen Sprachen werden das erste Wort sowie alle Substantive im Inneren großgeschrieben.

Ultimatum

Das Substantiv hat zwei Pluralformen, von denen jedoch nur eine gebräuchlich ist: *die Ultimaten* (selten: *die Ultimatums*).

um

Als Präposition steht *um* immer mit dem Akkusativ: *Rings um den* (nicht: *dem*) *Spielplatz waren Buden aufgestellt.*

umeinander

Trägt *umeinander* in einer Verbindung mit einem Verb den Hauptakzent, so schreibt man zusammen: *umeinanderdrehen, umeinanderlaufen, umeinanderwirbeln.*
Getrennt schreibt man dagegen, wenn der Hauptakzent auf dem Verb liegt: *sich nicht umeinander kümmern; umeinander herumgehen; umeinander kreisen.*

umfahren

Mit Verben kann *um* ebenso wie *über* sowohl feste als auch unfeste Zusammensetzungen bilden.
Sie unterscheiden sich hinsichtlich ihrer Stellung im Satz, ihrer Betonung und meist auch in ihrer Bedeutung. Bei unfesten Zusammensetzungen ist *um* betont. Das Verb steht außer in den Partizipien und im Infinitiv in getrennter Stellung: *umfahren: Der Fahrer fuhr den Laternenmast versehentlich um.* Im Infinitiv tritt *zu* zwischen Verbzusatz und Verb: *Der Versuch, das Hindernis um**zu**fahren, scheiterte.*
Bei festen Zusammensetzungen ist das Verb betont. Die Verbindung wird immer zusammengeschrieben. Im Infinitiv mit *zu* tritt *zu* vor die Verbindung. *umfahren: Sie umfuhren den Stau weiträumig. Es empfiehlt sich, das Stadtzentrum zu umfahren. Sie haben die Baustelle weiträumig umfahren.*

Umgangssprache

In der mündlichen, direkten und persönlichen Kommunikation wird vornehmlich die Umgangssprache benutzt. Sie ist die Sprachform, die in informellen oder privaten Situationen für angemessen gehalten wird. Dabei zeigen sich im Vergleich zur Standardsprache gewisse Abweichungen. So können im umgangssprachlichen Stil auch derbe bzw. vulgäre Wörter verwendet werden. Ferner werden Bedeutungen oft weniger scharf differenziert. Sprecher sagen zum Beispiel häufig *Sache* oder *Ding,* wenn in einer bestimmten Situation klar ist, um welchen Gegenstand oder Vorgang es sich handelt: *Diese blöde Sache muss ich noch fertig machen.*
Auch im Bereich der Grammatik gibt es Abweichungen, die auf der Stilebene der Standardsprache bzw. bei formellen Anlässen nicht verwendet werden sollten, da sie nicht den Regeln der Standardsprache entsprechen. In der Umgangssprache werden solche Abweichungen jedoch toleriert:
umgangssprachlich: *Ich bin zu Hause geblieben wegen dem Regen.*
standardsprachlich: *Ich bin zu Hause geblieben wegen des Regens.*

umgehen

Das Verb *umgehen* wird je nachdem, ob der erste oder zweite Teil der Verbindung betont ist, als trennbares oder untrennbares Verb verwendet, wobei sich auch die Bedeutung unterscheidet:
Das trennbare Verb *umgehen* wird in mehreren zum Teil übertragenen Bedeutungen gebraucht: „in Bewegung sein", „in Umlauf sein (Gerücht)", „jemanden behandeln": *Er geht gut mit den Kinder um. Es geht das Gerücht um, dass … Sie geht viel zu sorglos mit ihrem Geld um. Man erzählt, sein Geist sei wieder umgegangen.*
Das untrennbare Verb *umgehen* hat die Bedeutungen „um etwas herumgehen", „eine Vorschrift nicht beachten, ohne sich strafbar zu machen": *Die Wandergruppe umging die gefährliche Stelle. Er umging das Gesetz mit einem einfachen Trick. Mit einem einfachen Trick gelang es ihm, das Gesetz zu umgehen.*

umher

→ *herum*

Umlaut

Die Umlaute werden in der deutschen Schriftsprache mit den Buchstaben *ä, ö, ü, äu* wiedergegeben. Ursprünglich wurden die Vokale *a, o* und *u* in den betonten Silben durch ein *i* oder *j* der folgenden unbetonten Silbe zu *ä, ö, ü* umgelautet (althochdeutsch: *turi, scōni, gesti* → neuhochdeutsch: *Tür, schön, Gäste*). Der Umlaut ist besonders bei der Konjugation (*ich laufe* → *du läufst*), bei der Deklination bzw. der Pluralbildung und Vergleichsbildung (*Maus* → *Mäuse; groß* → *größer*) sowie bei der Bildung von Diminutiven (*Platte* → *Plättchen*) von Bedeutung.

ums

Die Verschmelzung der Präposition *um* mit dem Artikel *das* wird immer ohne Apostroph geschrieben: *ums*.
Über die stilistische Einordnung der Form *ums* besteht keine Einigkeit. Die Grenze zwischen standard- und umgangssprachlichen Verschmelzungen ist fließend. In festen Wendungen kann *ums* oft nicht zu *um das* aufgelöst werden. Hier gilt *ums* generell als standardsprachlich: *ums Leben kommen. Ihm wurde warm ums Herz. Jetzt geht es ums Ganze. Ein ums andere Mal stellte er seine Kopfballstärke unter Beweis.*
Außerhalb solcher Verschmelzungen beurteilen manche Grammatiken *ums* als umgangssprachlich.

umso

Zusammenschreibung • Die mehrteilige Konjunktion *umso* wird immer zusammengeschrieben. Von einem folgenden Adjektiv schreibt man immer getrennt: *je schneller, umso besser; umso mehr als.*
Kommasetzung • *Umso* kann zusammen mit einem Komparativ einen nebengeordneten Satz einleiten, der durch Komma abgegrenzt wird: *Je früher wir anfangen, umso eher sind wir fertig. Das Museum interessierte sie nicht, umso lieber wollte sie einen Stadtrundgang machen.*
Ist *umso* mit Komparativ in den Ablauf des Satzes einbezogen, steht kein Komma: *Das Museum interessierte sie nicht, aber sie wollte umso lieber einen Stadtrundgang machen.*
Leitet eine Fügung wie *umso mehr/weniger als* einen Nebensatz ein, kann man vor *als* ein zusätzliches Komma setzen: *Ihre Eltern haben auf einer Lehre vor ihrem Studium bestanden, umso mehr(,) als ihr Fach zu den „brotlosen" Künsten zählt.*
Gehört *umso mehr/weniger* dagegen zum Hauptsatz, setzt man vor *als* ein Komma: *Sein Benehmen ärgert mich und dies umso mehr, als ich ihm immer geholfen habe. Sie war nicht willens, ihm zu helfen. Dies umso weniger, als er selbst selten hilfsbereit auftrat.*

Umstandsangabe / Umstandsbestimmung

→ *adverbiale Angabe*

Umstandswort

→ *Adverb*

um zu

Kommasetzung • Eine mit *um* eingeleitete Infinitivgruppe muss durch Komma(s) abgetrennt werden. *Sie zog nach Berlin, um zu studieren.*
Infinitive als Satzglieder • Der Infinitiv kann als Ergänzung zum Verb stehen. Er kommt als Subjekt, direktes Objekt oder als Präpositionalobjekt vor. In diesen Fällen kann der Infinitiv nur mit *zu* gebildet werden: Subjekt: *Die Straße zu kehren(,) gefällt Lea nicht besonders.* Direktes Objekt: *Jessica lernt(,) ihre Zähne richtig zu putzen.* Präpositionalobjekt: *Klaus denkt daran, einen Mantel zu kaufen.* Ein Infinitiv mit *um zu* ist in diesen Fällen ausgeschlossen. (Falsch: *Um die Straße zu kehren, gefällt Lea.*)
Infinitive können aber auch als adverbiale Angaben auftreten. Sie stehen dann in der Regel mit *um zu, ohne zu* oder *anstatt zu: Lea kehrt die Straße, um ihrer ganzen Familie eine Freude zu machen. Frau Schultze verklagte ihren Nachbarn, ohne die Folgen zu bedenken. Gerd geht in die Diskothek, anstatt sein Zimmer aufzuräumen.*
zu oder um zu? • Anstelle des Infinitivs mit *um zu* kann in Einzelfällen auch der nur mit *zu* gebildete Infinitiv stehen: *Sie gingen ins Restaurant, ihren Bekannten zu treffen. Michael ist zu jung, die Zusammenhänge zu verstehen.*

Dieser adverbial gebrauchte Infinitiv mit *zu* ist jedoch immer mit dem Infinitiv mit *um zu* austauschbar: *Sie gingen ins Restaurant, um ihren Bekannten zu treffen. Michael ist zu jung, um die Zusammenhänge zu verstehen.*

unbekannt

Das Adjektiv schreibt man mit kleinem Anfangsbuchstaben. Dies gilt auch nach Präpositionen: *die unbekannten Fakten; eine unbekannte Größe; eine Anzeige gegen unbekannt erstatten. Der Gesuchte ist nach unbekannt verzogen.*
Die substantivierte Form schreibt man dagegen groß: *Er ist ein Unbekannter. Die große Unbekannte ist das Abstimmungsverhalten einiger Fraktionsmitglieder. Der Unbekannte näherte sich dem Gebäude.*

unbeschadet

Das Wort *unbeschadet* kann als Adverb *(er überstand den Unfall weitgehend unbeschadet)* oder als Präposition verwendet werden *(unbeschadet Ihrer Verdienste).*
Als Präposition steht *unbeschadet* immer mit dem Genitiv. Es wird in den Bedeutungen „ohne Nachteil“ und „trotz“ verwendet. *Unbeschadet des vorangehenden Streits wurde er zum Vorsitzenden gewählt. Unbeschadet ihrer zwielichtigen Vergangenheit, gelang es den Brüdern, ein renommiertes Unternehmen aufzubauen.*

unbestimmter Artikel

→ *Artikel*

Unbill / Unbilden

Das Wort *Unbilden* ist eine Pluralform: *Die Unbilden der Witterung haben uns den Urlaub verleidet. Viele Fastende nehmen diese Unbilden im Kauf.*
Dagegen wird *Unbill* nur im Singular im Sinne von „Ungerechtigkeit“ gebraucht: *Er rächte sich für die erlittene Unbill, indem er …*
Die Pluralform *Unbillen* anstelle von *Unbilden* ist nicht korrekt.

Unbill und *Unbilden*

Das Wort *Unbilden* verwenden wir heute nur noch in festen Wendungen wie *die Unbilden der Witterung*. Man versteht unter *Unbilden* meist „Unannehmlichkeiten“, wobei die Bedeutung der Zusammensetzung unklar bleibt. Überraschenderweise steckt in *Unbilden* tatsächlich das Wort *Bild,* wenngleich in einer älteren Bedeutung: Im Althochdeutschen stand *bilidi* nicht für „Bildnis“ bzw. „Abbild“, sondern für „Muster“ und „Maß“ und wurde oft in rechtlichen Zusammenhängen gebraucht. Das Gegensatzwort *unibilid* wurde dementsprechend auf das „Maßlose, Unförmige“ und auch das „Ungerechte“ bezogen.

Das Substantiv *Unbill* („Unrecht“) ist vermutlich eine Ableitung von *billig*. Das Wort, das wir heute fast nur noch im Sinne von „preiswert“ verwenden, hatte früher ebenfalls eine andere Bedeutung, die der von *Bild* auffällig ähnelt, nämlich „recht, passend, dem Rechtsempfinden angemessen“.
In den Formeln *etwas ist recht und billig* oder *alle billig und gerecht Denkenden* ist diese Bedeutung noch lebendig. Die Ableitung *unbillig* bedeutete also „unpassend, ungerecht“. Das Substantiv *Unbill* erscheint im 16. Jahrhundert in der Schweiz. Es könnte aber auch sein, dass es sich tatsächlich um die Form *Unbild* handelte, die später in Anlehnung an *unbillig* zu *Unbill* umgedeutet wurde.

und

Groß- und Kleinschreibung • Auch als Bestandteil mehrteiliger Eigennamen schreibt man die Konjunktion *und* klein: *Freie und Hansestadt Hamburg, Reit- und Fahrverein Südbaden.*

Peter und Paul rauben / raubt • Mehrteilige mit *und* verbundene Subjekte erfordern in der Regel ein Prädikat im Plural: *Peter und Paul rauben eine Bank aus. Attila und die Hunnen beherrschten weite Teile Europas. CDU, SPD und die Grünen sind in den meisten Parlamenten vertreten.*

Wenn ein Subjektteil im Singular einen anderen Subjektteil (im Singular oder Plural) der Bedeutung nach einschließt, steht das Prädikat häufig im Singular: *Vera und alle Welt glaubte fest daran. Die Experten und jedermann war sicher, dass es zu einer Katastrophe kommen würde.*

Herumschreien und Zetern hilft • Besteht das mehrteilige Subjekt aus einer Reihe von Infinitiven, steht das Prädikat im Allgemeinen im Singular: *Herumschreien und Zetern hilft dir auch nicht weiter.* Dagegen steht bei substantivierten Infinitiven mit Artikel häufiger der Plural; der Singular ist jedoch ebenfalls möglich: *Das Lachen und das helle Leuchten hatten* (auch: *hatte*) *den Wanderer herbeigelockt.*

Haus und Hof ist / sind • Bei manchen formelhaften Wendungen besteht das Subjekt aus zwei Substantiven, die mit *und* verbunden sind. In diesen Fällen steht das Prädikat meist im Singular. Der Plural ist aber oft ebenfalls möglich: *Wenn das so weitergeht, ist* (auch: *sind*) *Haus und Hof verloren.*

Bei den folgenden festen Wendungen steht das Prädikat dagegen nur im Singular: *Essen und Trinken hält* (nicht: *halten*) *Leib und Seele zusammen. Bei ihm ist* (nicht: *sind*) *Hopfen und Malz verloren.*

viel frische Luft und Sonne ist / sind • Bezieht sich ein Attribut auf mehrere Subjektteile zugleich, steht das Prädikat häufig im Singular. Der Plural ist ebenfalls korrekt: *An einem solchen Sandstrand ist* (auch: *sind*) *viel frische Luft und* [viel] *Sonne garantiert. Frisches Obst und* [frisches] *Gemüse ist* (auch: *sind*) *gesund.*

Komma bei gleichrangigen Wortgruppen • Bei gleichrangigen Wortgruppen oder Wörtern (z. B. in Aufzählungen), die durch *und* verbunden sind, steht kein Komma: *Hund, Katze und Wellensittich sind beliebte Haustiere. Das Wetter zeigt sich launisch und unbeständig. Stefan ist in der Schule unkonzentriert und teilweise aggressiv.*

Dies gilt auch, wenn eine Infinitivgruppe oder ein Nebensatz als Glied einer Aufzählung angeschlossen wird: *Vor Wut und weil er einfach traurig über das Verhalten seines Freundes war, zerriss er den Brief.*

Komma zwischen Hauptsätzen • Verbindet *und* Hauptsätze, ist die Verwendung des Kommas dem Schreibenden freigestellt: *Ich arbeite in der Marketingabteilung(,) und meine Frau ist in der Forschung tätig.*

ACHTUNG: Vor *und* steht kein Komma, wenn Hauptsätze miteinander verbunden sind, die ein Satzglied gemeinsam haben, das nur einmal genannt wird: *Klaus studiert Medizin und seine Schwester Anglistik.*

In formelhaften Aufforderungssätzen, in denen die eigentliche Aufforderung mit *und* angeschlossen ist, steht vor *und* kein Komma: *Sei so nett und gib mir die Butter! Bitte haben Sie die Freundlichkeit und machen ein wenig Platz! Seid vernünftig und hört mit dem Krach auf!*

Komma zwischen Nebensätzen • Sind gleichrangige Nebensätze, die vom gleichen übergeordneten Hauptsatz abhängen, durch *und* verbunden, so setzt man kein Komma: *Dass die Wasserhähne tropften und die Toiletten nicht funktionierten, ärgerte die Hotelgäste. Das Formular für den Auftrag erscheint, wenn man den Bildschirm berührt und wenn man den entsprechenden Knopf drückt.*

Komma vor Schaltsätzen und Nachträgen • Vor *und* steht ein Komma, wenn die Konjunktion einen eingeschobenen Schaltsatz oder eine nachgestellte nähere Bestimmung einleitet: *Alle Arten von Sport, und dazu gehört auch das Reiten, fördern die Gesundheit. Sie hat Angst vor Hunden, und das nicht ohne Grund.*

Komma bei vorausgehenden Nebensätzen u. Ä. • Ein Komma muss vor *und* stehen, wenn dadurch ein vorausgehender, eingeschobener Nebensatz, ein Zusatz oder ein Nachtrag abgeschlossen wird. *Da stand er wieder, der alte Mann, und beobachtete die Spaziergänger. Er pfiff nach dem Hund, der irgendwo herumschnupperte, und schloss die Tür auf. Er tat, als interessierten ihn die Bilder, und begann ein Gespräch.*

unendlich

Als Adjektiv schreibt man *unendlich* klein, auch wenn es auf eine Präposition folgt: *unendlich viel; unendlich gern. Das Ergebnis geht gegen unendlich.* Liegt eine Substantivierung vor, schreibt man groß: *bis ins Unendliche.*

unerachtet

Die Präposition *unerachtet* steht immer mit dem Genitiv: *Unerachtet seiner Wissenslücken schaffte er es beim Wissensquiz bis in die letzte Runde.*

unfeste Verbindung

→ *trennbare Verben*

unförmig / unförmlich

Die beiden Adjektive werden mit unterschiedlicher Bedeutung gebraucht.
unförmig (= „aus der Form geraten"): *Eingepackt in den unförmigen Schutzanzug konnte man sie kaum erkennen.*
unförmlich (= „nicht förmlich, informell"): *Der Staatschef gab sich betont locker und unförmlich.*

ungarisch / Ungarisch

In geografischen Namen und Eigennamen schreibt man das Adjektiv *ungarisch* groß: *das Ungarische staatliche Opernhaus; das Ungarische Tiefland.*
→ *deutsch* → *englisch*

ungeachtet

ungeachtet seiner Verdienste • Als Präposition steht *ungeachtet* mit dem Genitiv, wobei die Präposition der Substantivgruppe, auf die sie sich bezieht, auch nachgestellt sein kann: *Ungeachtet ihrer drei Ehen bezeichnete sie sich als gläubige Katholikin. Anderslautender Berichte ungeachtet(,) findet das Konzert am Sonntagabend statt.*
ungeachtet (dass) • Leitet *ungeachtet* eine nachgestellte Fügung ein, wird diese durch Komma abgegrenzt: *Sie pflegte ihn aufopfernd, ungeachtet dessen, dass sie selbst schwer krank war.*
Er trank stets zu viel starken Kaffee, ungeachtet seines hohen Blutdrucks.
Ist *ungeachtet* in den Ablauf des Satzes einbezogen, können Kommas stehen: *Er trank(,) ungeachtet seines hohen Blutdrucks(,) zu viel starken Kaffee.*
Die mehrteilige Konjunktion *ungeachtet dass* wird nicht durch Komma getrennt, wenn sie einen Nebensatz einleitet: *Sie pflegte ihn aufopfernd, ungeachtet dass sie selbst schwer krank war.*

ungeheuer

In den gebeugten Formen verliert das Adjektiv *ungeheuer* das e im Stamm: *Es ereignete sich eine ungeheure Explosion.*

ungenutzt / ungenützt

Beide Wörter können bedeutungsgleich verwendet werden. Im allgemeinen Sprach- und Schreibgebrauch wird fast ausschließlich die Form *ungenutzt* verwendet. Etwas häufiger wird *ungenützt* in der Schweiz verwendet, doch überwiegt auch hier die Form ohne Umlaut.

ungewiss

Das Adjektiv *ungewiss* wird kleingeschrieben: *ein ungewisses Schicksal.* Liegt eine Substantivierung vor, schreibt man groß: *etwas im Ungewissen lassen; im Ungewissen bleiben; ein Weg ins Ungewisse.*

ungezählt, unzählige

Adjektive und Partizipien, die nach *ungezählt* oder *unzählig* folgen, werden heute im Allgemeinen stark gebeugt. Es heißt also: *ungezählte/ unzählige bunt gefärbte Blätter; trotz unzähliger/ ungezählter verspäteter Einsendungen; wegen ungezählter/unzähliger wartender Patienten.*

uni

Die Farbbezeichnung *uni* kann nicht gebeugt werden und sollte nicht allein als Attribut ein

Substantiv näher bestimmen. Soll es attributiv verwendet werden, muss es standardsprachlich mit *-farben* (seltener: *-farbig*) zusammengesetzt werden: *ein unifarbenes* (selten: *unifarbiges*) *Kleid.*

Unke / Kröte

Im volkstümlichen Sprachgebrauch wird *Unke* bisweilen synonym zu *Kröte* gebraucht. Zwar gehören *Kröten* und *Unken* zur Ordnung der Froschlurche. Innerhalb dieser Ordnung bilden *Unken* aber eine eigene Familie, zu der z. B. die *Rotbauchunke* oder *Barbourfrösche* zählen.

Unkenrufe

Das Wort *Unke* ist in seiner Entwicklung bemerkenswert, denn es hat sowohl die Bedeutung als auch die Form mehrfach gewechselt.

Ursprünglich liegt das althochdeutsche *unc* für „Schlange" zugrunde. Das Wort wurde mit dem althochdeutschen Wort *ūcha* für „Kröte" und später mit *eutze* (ebenfalls „Kröte") zu *Unke* verschmolzen. Diese Verschmelzung erklärt man sich damit, dass im Volksglauben *Kröte* und *Schlange* gleichermaßen für das Ekelhafte und Unheimliche standen. Entsprechend unscharf war die Bedeutung: Teils bezog man das Wort auf die Ringelnatter, teils auf die Blindschleiche. Erst spät, nämlich im 19. Jahrhundert, setzte sich volkstümlich die Bedeutung „Kröte" durch. Hinzu kam wohl auch lautmalerische Qualität, die zur Wortbildung *Unke* beigetragen haben könnte. In der Dichtung waren die langgezogenen klagenden Paarungsrufe, das *Unken*, ein beliebtes Thema. So schrieb der Dichter Franz Xaver Unger im 18. Jahrhundert in seinen Fischergedichten: „Horch, wie lustig die Frösche quäcken, und wie melancholisch die Kröten *unken.*" Noch heute nennt man einen Pessimisten scherzhaft *Unke* und bezeichnet zudem das Schwarzmalen als *Unken.*

unklar

Als Adjektiv schreibt man *unklar* klein*: eine unklare Lage; die unklaren Verhältnisse.*
Die substantivierte Form des Adjektivs schreibt man dagegen groß: *Sie befanden sich über ihre Lage im Unklaren. Er war im Unklaren. Man hatte sie im Unklaren gelassen.*

Unrecht / unrecht

Kleinschreibung • In Verbindung mit den Verben *sein, bleiben* und *werden* wird *unrecht* meist als Adjektiv verwendet und muss dann kleingeschrieben werden: *Das ist unrecht. Aller schönen Verlautbarungen zum Trotz: Diese Entscheidung bleibt unrecht.* Auch in Verbindung mit *wie* schreibt man klein: *Wie unrecht er doch wieder hat.*
Klein- oder Großschreibung • In Verbindung mit den Verben *behalten, bekommen, geben, haben* und *tun* lässt sich *Unrecht/unrecht* sowohl als Substantiv wie auch als Adjektiv interpretieren. Daher darf groß- oder kleingeschrieben werden: *Er hat mit seinen vagen Voraussagen meistens unrecht/Unrecht. Du tust mir Unrecht/unrecht. Er gab ihm unrecht/Unrecht. Sie wird unrecht/Unrecht bekommen.*
TIPP: Es empfiehlt sich in den meisten Fällen die Großschreibung, weil der Gebrauch von *Unrecht* dem eines Substantivs näherkommt als dem eines Adjektivs.
Großschreibung • Wenn vor *Unrecht* ein Artikel steht, handelt es sich eindeutig um ein Substantiv, und es ist nur die Großschreibung erlaubt: *Wir haben kein Unrecht getan. Dieses Unrecht kann nicht wiedergutgemacht werden. Es ist ihm (ein) Unrecht geschehen. Mit seiner Behauptung ist er im Unrecht. Sie wurden zu Unrecht verdächtigt. Sie erlitten großes Unrecht.*

unregelmäßige Verben

→ *Sonderseiten „Verb", S. 452–455*

unsagbar / unsäglich

In der Bedeutung „unaussprechlich, außerordentlich" können beide Adjektive gleichermaßen verwendet werden: *Unter unsäglichen / unsagbaren Leiden kämpfte sich die Expedition vorwärts. Sie war unsagbar / unsäglich traurig.*
Daneben wird *unsäglich* vereinzelt auch in der Bedeutung „schlecht, übel, peinlich, unbeschreiblich schlecht" verwendet. In dieser Bedeutung ist es nicht mit *unsagbar* austauschbar: *Die unsägliche* (nicht: *unsagbare*) *Vorstellung wurde mit Buhrufen bedacht. Sie gaben ein unsägliches* (nicht: *unsagbares*) *Bild der Gemeinschaft ab.*

unser

Groß- und Kleinschreibung • Das Possessivpronomen *unser* schreibt man klein: *unsere kleine Tochter; wir sind unser vier.* Als Bestandteil von Namen schreibt man *unser* dagegen groß: *Unsere Liebe Frau* (= „Maria"); *der Stift Unserer Lieben Frau.*
In Verbindung mit dem bestimmten Artikel kann man groß- oder kleinschreiben: *die Unseren / unseren* oder: *Unsren / unsren* oder: *Unsrigen / unsrigen* (= „unsere Angehörigen").
ACHTUNG: Bezieht sich das Possessivpronomen auf ein vorangehendes Substantiv, schreibt man klein, auch wenn es mit bestimmtem Artikel steht: *Dieser Garten ist der unsere / unsre / unsrige.*
unser / unsre • In den folgenden Fällen kann ein unbetontes *e* wegfallen:
unsere / unsre Leidenschaft (Femininum im Nominativ oder Akkusativ Singular)
unseres / unsres Gartens; unserer / unsrer Mutter; unseres / unsres Autos (Maskulinum, Femininum oder Neutrum im Genitiv Singular)
unsere / unsre Gärten; unsere / unsre Leidenschaften; unsere / unsre Autos (Maskulinum, Femininum oder Neutrum im Nominativ, oder Akkusativ Plural)
In den folgenden Fällen weist die Endung zwei unbetonte *e* auf. Es ergeben sich daher jeweils drei Möglichkeiten:
unserem / unsrem / unserm Garten; unserem / unsrem / unserm Auto (Maskulinum oder Neutrum im Dativ Singular)
unseren / unsren / unsern Gärten; unseren / unsren / unsern Müttern; unseren / unsren / unsern Autos (Maskulinum, Femininum oder Neutrum im Dativ Plural)
TIPP: In allen Fällen empfehlen sich die vollständigen Formen.
gedenke unser • Die Genitiv-Plural-Form des Personalpronomens lautet *unser.* Die Form *uns(e)rer* ist das Possessivpronomen. In Fällen, in denen das Personalpronomen verlangt ist, darf nur *unser* stehen: *Erbarme dich unser* (nicht: *uns(e)rer*)*! Wir waren unser* (nicht: *uns(e)rer*) *sieben.*

unten

Verbindungen des Adverbs *unten* mit einem Verb schreibt man getrennt: *unten bleiben; unten erwähnen; unten liegen; unten nennen; unten stehen; unten warten.*
Für Verbindungen mit einem adjektivisch gebrauchten Partizip ist neben der Getrennt- auch die Zusammenschreibung möglich:
der unten stehende / untenstehende Vermerk; die unten erwähnten / untenerwähnten Posten; die unten genannten / untengenannten Personen.
Gleiches gilt für die substantivierten Formen: *das unten Stehende / Untenstehende; im unten Stehenden / Untenstehenden.*

unter

unter den / dem • Die Präposition *unter* kann mit dem Akkusativ oder Dativ stehen. Welcher Kasus gewählt wird, hängt davon ab, ob *unter* in Verbindung mit einer Lage oder mit einer Richtung gebraucht wird:
Zur Angabe der Richtung (Frage: „Wohin?") steht *unter* mit dem Akkusativ: *Wir sollen die Tasche unter das Pult stellen. Er legte sich das Vokabelheft unter das Kopfkissen.*
Zur Angabe der Lage (Frage: „Wo?") muss der Dativ stehen: *Die Tasche steht unter dem Tisch. Er trug ein dunkles T-Shirt unter dem Sakko.*
Der Dativ steht auch, wenn die Präposition nicht in räumlichen Zusammenhängen gebraucht wird: *Das ist unter meiner Würde. Kinder unter 12 Jahren sollten den Film nicht sehen. Die Vorstellung war*

unter aller Kritik. Er arbeitete fast 20 Jahre unter Tage. Alle Teilnehmer der Expedition stöhnten unter der Hitze.

unter was / worunter • Die Folge aus der Präposition *unter* und *was* gilt als umgangssprachlich. Stattdessen wird in der Standardsprache zumeist *worunter* gebraucht:
Worunter (umgangssprachlich: *Unter was*) *soll ich diesen Begriff nachschlagen?*

untereinander

Verbindungen von *untereinander* mit einem Verb schreibt man zusammen, insofern der erste Bestandteil betont wird: *Stoffe untereinanderlegen; verschiedene Formen untereinanderschieben; Zahlen untereinanderschreiben.* Entsprechende Partizipformen schreibt man ebenfalls zusammen: *die untereinandergelegten Stoffe; die untereinandergeschriebenen Zahlen.*
Getrennt schreibt man dagegen, wenn der Hauptakzent auf dem Verb liegt: *etwas untereinander regeln.*

untergraben

Je nach Betonung kann *untergraben* als trennbares oder untrennbares Verb mit jeweils unterschiedlicher Bedeutung gebraucht werden:
untergraben (= „durch Graben mit unteren Schichten vermengen"): *Er gräbt das Unkraut unter. Er hat den Torf untergegraben. Es wird Stunden dauern, das alles unterzugraben.*
untergraben (= „durch grabende Tätigkeit aushöhlen", „langsam zerstören"): *Der Fluss untergräbt die Uferböschung. Der Beschluss hat ihre Autorität untergraben.*

unterhalb

Die Präposition *unterhalb* steht mit dem Genitiv, wenn dem Substantiv ein Artikel, ein Pronomen oder ein Adjektiv vorausgeht: *unterhalb der Armutsgrenze; unterhalb des Gipfelkamms.*
Bei Substantiven ohne Artikel usw. steht in der Regel *von: Die Havel ist unterhalb von Rathenow über die Ufer getreten.*

Unterhalt / Unterhaltung

Die beiden Substantive haben zwar eine ähnliche Bedeutung, werden aber fachsprachlich in unterschiedlichen Zusammenhängen verwendet:
Unterhalt wird in der Bedeutung „Aufwendungen für den Lebensunterhalt" auf Personen, das Substantiv *Unterhaltung* dagegen auf „Pflege und Betriebskosten von Gebäuden" bezogen: *die Unterhaltskosten der Familie; die Unterhaltungskosten von Gebäuden.*
Im Allgemeinsprachlichen wird in Bezug auf Gebäude der Unterschied zwischen *Unterhalt* und *Unterhaltung* meist nicht gemacht.

unterm / untern / unters

Die Präposition *unter* kann mit den Artikelformen *dem, den* und *das* zu *unterm, untern* und *unters* verschmolzen werden. Diese Verschmelzungen stehen ohne Apostroph.
Die Formen *unterm* und *untern* gelten in manchen Grammatiken als umgangssprachlich. In Texten, die standardsprachlich hohen Ansprüchen genügen müssen, sollte man diese Verschmelzungen vermeiden: *ein Buch unterm* (besser: *unter dem*) *Kopfkissen; unterm* (besser: *unter dem*) *Dach stehen; etwas untern* (besser: *unter den*) *Tisch fallen lassen.*
Die Verschmelzung *unters* ist im Gegensatz zu *unterm* oder *untern* inzwischen häufig im Geschriebenen anzutreffen. Bei vielen festen Wendungen gilt die Verschmelzungsform *unters* als standardsprachlich: *sich unters Messer legen; etwas unters Volk bringen; bis unters Dach ausgebucht sein.*

Unterscheidungsschreibung

In manchen Fällen werden Wörter trotz gleicher Aussprache unterschiedlich geschrieben. Man spricht von Unterscheidungsschreibung: Sie soll Wörter mit gleicher Aussprache, aber unterschiedlicher Bedeutung im Schriftbild differenzieren. Unterscheidungsschreibungen sind ab dem 16. Jahrhundert im Zuge der Regelung der deutschen Orthografie unsystematisch eingeführt worden, so dass sie heute einzeln gelernt werden müssen: *das – dass; malen – mahlen; Saite – Seite; Waise – Weise; wider – wieder.*

unterschieben

Das Verb *unterschieben* kommt als trennbares und untrennbares Verb vor. Die beiden Formen unterscheiden sich in der Betonung und zum Teil auch in der Bedeutung.
Beim untrennbaren Verb liegt die Betonung auf dem zweiten Bestandteil der Verbindung: *unterschieben*. Das trennbare Verb hingegen wird auf dem Erstbestandteil betont: *unterschieben*.
Zum Ausdruck der konkreten Bedeutung „unter etwas schieben“ wird das trennbare Verb verwendet: *Man schob ihr ein Kissen unter. Ihm wurde ein Stuhl untergeschoben.*
Die übertragene Bedeutung „heimlich vertauschen oder zuschieben“ kann sowohl mit dem untrennbaren als auch mit dem trennbaren Verb ausgedrückt werden:
Man unterschob ihm unlautere Absichten. / Man schob ihm unlautere Absichten unter.
Man hat ihm unlautere Absichten unterschoben / untergeschoben. Die ihr unterschobenen / untergeschobenen Briefe wurden veröffentlicht.

Untertan

Untertan gehört zu den Substantiven, die im Singular und im Plural stark oder schwach gebeugt werden können. Beide Formen gelten als standardsprachlich.
Singular: *der Untertan – des Untertans / Untertanen – dem Untertan / Untertanen – den Untertan / Untertanen.*
Plural: *die Untertane / Untertanen; der Untertane / Untertanen; den Untertanen / Untertanen; die Untertane / Untertanen.*

Unterteil

Das Substantiv kann im Maskulinum oder Neutrum verwendet werden. Im allgemeinen Sprachgebrauch überwiegt die neutrale Form: *das* (seltener: *der*) *Unterteil.*

unterteilen

In Verbindung mit *in* steht *unterteilen* mit dem Akkusativ. Der Dativ an dieser Stelle ist nicht korrekt: *Das Grundstück ist in vier kleine Parzellen* (nicht: *in vier kleinen Parzellen*) *unterteilt.*

unter was

→ *unter*

untrennbare Verben

Untrennbare Verben sind feste Verbzusammensetzungen, die auch in den gebeugten (finiten) Formen immer zusammengeschrieben werden. Den Erstbestandteil eines untrennbaren Verbs bezeichnet man als Verbpräfix. In untrennbaren Zusammensetzungen ist immer der Verbteil betont, nicht das Verbpräfix: *beliefern – er beliefert – er hat beliefert.* Beim Infinitiv mit *zu* steht *zu* immer vor dem Verb: *zu beliefern.*

unüberwindbar / unüberwindlich

Die beiden Adjektive können in den meisten Fällen bedeutungsgleich verwendet werden: *unüberwindbare / unüberwindliche Hindernisse.*

unvergleichbar / unvergleichlich

Die beiden Adjektive werden mit leicht unterschiedlicher Bedeutung gebraucht: Man verwendet *unvergleichbar*, wenn sich zwei oder mehrere Sachverhalte nicht miteinander vergleichen lassen: *Die beiden Ereignisse sind unvergleichbar. Infolge der unterschiedlichen Rechnungsvorschriften sind die Jahresabschlüsse unvergleichbar.*
Das Adjektiv *unvergleichlich* hingegen bedeutet „so herausragend, dass man es nicht mit anderem vergleichen kann, einzigartig“: *ein unvergleichlicher Abend; ein unvergleichliches Werk.*

unvermeidbar / unvermeidlich

Die beiden Adjektive können bedeutungsgleich verwendet werden. Im allgemeinen Sprachgebrauch überwiegt die Form *unvermeidlich*: *Sie erlitten eine unvermeidliche* (seltener: *unvermeidbare*) *Niederlage. Er ging einen unvermeidlichen* (seltener: *unvermeidbaren*) *Kompromiss ein.*

unweit

Die Präposition *unweit* steht mit dem Genitiv, wenn dem Substantiv ein Artikel, ein Pronomen oder ein Adjektiv vorausgeht: *unweit der deutsch-französischen Grenze; unweit des Hafens.*
Bei Substantiven ohne Artikel usw. steht in der Regel *von: Bei Ascot, dem traditionsreichen Rennen unweit von London, werden vor allem die Damenhüte bewundert.*

unzählig

→ *ungezählt*

updaten

Das aus dem Englischen übernommene Verb *updaten* (von englisch *to update*) wird im Deutschen in den finiten (gebeugten) Formen wie ein untrennbares Verb behandelt: *ich update; du updatest; er updatet.* Als Partizip II und als Infinitiv mit *zu* verhält es sich jedoch wie ein trennbares Verb: *Ich habe heute Morgen alles upgedatet* (nicht: *geupdatet*). *Es lohnt sich, das Programm upzudaten* (nicht: *zu updaten*).

Urlaub

In Verbindung mit *sein* kann *Urlaub* mit Akkusativ oder Dativ stehen, wenn man „Wo?“ fragt: *Ich bin in/im Urlaub.* Auf die Frage „Wohin?“ steht dagegen nur der Akkusativ: *Ich bin in Urlaub gefahren.* Teilweise wird anstelle von *in* die Präposition *auf* verwendet: *Ich bin auf Urlaub. Ich gehe/fahre auf Urlaub.*

Uruguay

Die Einwohnerbezeichnung für *Uruguay* lautet: *Uruguayer, Uruguayerin.* Das entsprechende Adjektiv lautet *uruguayisch.*

Vom Mittelalter bis heute: *Urlaub*

Das Wort *Urlaub* hat im Laufe seiner Wortgeschichte eine zunehmende Bedeutungsverengung erfahren. Das althochdeutsche *urloub*, das erstmals für das 8. Jahrhundert belegt ist, ist die Substantivbildung zum Verb *irlouben* („erlauben“) und bedeutete ganz allgemein „Erlaubnis“. Der Bedeutungswandel deutete sich aber bereits in mittelhochdeutscher Zeit an. In der Minnedichtung und in den Heldenepen bittet der Ritter seine Dame oder seinen Herrn um *urloup*, bevor er davonzieht. Diese Bedeutung findet sich noch bei Heine: „Frau Venus, meine schöne Frau, / Leb wohl, mein holdes Leben! / Ich will nicht länger bleiben bei dir, / Du sollst mir *Urlaub* geben.“

Nach und nach wurde das Wort vor allem beim Militär im Sinne einer vorübergehenden Befreiung von der Dienstpflicht verwendet. Auch in der Arbeitswelt hielt das Wort *Urlaub* Einzug: Um die Wende zum 20. Jahrhundert kam es zu ersten tariflichen Einigungen über bezahlten Urlaub. Gesetzliche Regelungen folgten. Damit veränderte sich die Bedeutung des Wortes endgültig zu „arbeitsfreie Zeit, die der Wiederherstellung und Erholung dienen soll“.

USA

USA ist ein Ländername im Plural und steht immer mit dem bestimmten Artikel: *neue Nachrichten aus den USA* (nicht: *aus USA*); *in die USA in Urlaub fahren. Die USA traten 1917 in den Krieg ein.*

V

v oder f?

Dem Laut [f] entspricht nach der grundlegenden Laut-Buchstaben-Zuordnung der Buchstabe *f* – wie in *Fall.*
Im Präfix *ver-* und in einigen weiteren Wörtern schreibt man aber *v* statt *f: Vater, verbieten, Vers, verschenken, Vetter, Vieh, viel, vielleicht, vier, Vogel, Volk, voll, von, vor, Nerv(en).*

V- / v-

Man setzt einen Bindestrich in Zusammensetzungen mit Einzelbuchstaben. Es sind Groß- und Kleinschreibung möglich, da die durch den Buchstaben beschriebene Form in beiden Fällen die gleiche ist: eine *V-förmige / v-förmige Astgabel.* Ist jedoch konkret die Form des Großbuchstabens gemeint, gilt nur die Großschreibung: *der V-Ausschnitt.*

va banque / Vabanque

Es kann klein- und getrennt geschrieben werden, aber auch die Zusammenschreibung ist zugelassen. In diesem Fall schreibt man mit großem Anfangsbuchstaben: *va banque / Vabanque; va banque / Vabanque spielen; er spielte gerne va banque / Vabanque.*
In der substantivischen Zusammensetzung mit *Spiel* schreibt man groß und zusammen: *das riskante Vabanquespiel.*

Valenz

→ *Verbvalenz*

Vogel-V* und *Doppel-U

Dass *U, V* und *W* nebeneinander im Alphabet erscheinen, hat einen simplen Grund: Im lateinischen Alphabet gab es ursprünglich nur das *V.* Die Römer wandelten das *Y* aus dem etruskischen Alphabet ab und verwendeten es für den w-Laut ([v]) und den Vokal U ([u]). Sie schrieben beispielsweise *VIA* und *SENATVS.* Erst im Mittelalter wurde zur Unterscheidung das *U* gebildet, das sich grafisch am V orientiert, sowie das *W,* das ein doppeltes *V* repräsentiert – im Englischen heißt es bezeichnenderweise *double-u* („doppeltes U").

Im Deutschen (ebenso im Niederdeutschen und im Niederländischen) verwendete man das *V* im Hochmittelalter aber zusätzlich auch für den Laut [f]. Wörter, die im Althochdeutschen noch *fior* („vier"), *fogal* („Vogel"), *filue* („viel") oder *flaska* („Flasche") geschrieben wurden, lasen sich im Mittelhochdeutschen *vier, vogel* bzw. *vlasche.* Die meisten dieser orthografischen „Ausreißer" wurden wieder berichtigt. Bei einigen wenigen Wörtern blieb es jedoch bei der V-Schreibweise. Sie müssen von Schreibanfängern oft mühsam erlernt werden.

van / Van

Die Präpositionen *van* in mehrteiligen Eigennamen schreibt man klein, obwohl sie zum Namen gehört. Dies gilt auch, wenn bei Personennamen der Vorname fehlt: *van Beethoven. Der Maler dieses Bildes ist van Gogh.*
Steht *van* als erstes Wort in einer mit Bindestrichen durchgekoppelten Verbindung, schreibt man groß: *die Van-Gogh-Straße.*
Ebenfalls groß schreibt man *van* am Satzanfang: *Van Allen war der Entdecker des nach ihm benannten Van-Allen-Gürtels.*

Vandale / Wandale

Der Name für das ostgermanische Volk kann *Vandale* oder *Wandale* geschrieben werden. Die Varianten sind auch in den übertragenen Bedeutungen „zerstörungswütiger Mensch“ bzw. „blindwütige Zerstörung“ möglich. Im Schreibgebrauch überwiegen besonders für den übertragenen Gebrauch *Vandale* (selten: *Wandale*) bzw. *Vandalismus* (selten: *Wandalismus*).

variabel

Das Adjektiv *variabel* verliert ein *e* in den gebeugten Formen: *variable Formen; eine variable Einstellung.*

Variable

Das Substantiv kann wie ein substantiviertes Adjektiv oder wie ein Substantiv dekliniert werden. Der Genitiv Singular lautet: *der Variablen.* Im Plural heißt es nach bestimmtem Artikel: *die Variablen.* Nach Zahlwörtern sind im Plural zwei Formen möglich: *drei Variable/Variablen.*

Varianten

Bei Fremdwörtern kann die Laut-Buchstaben-Zuordnung gegenüber deutschen Wörtern abweichen. Bei einigen Fremdwörtern stehen die fremdsprachige und die eingedeutschte (assimilierte) Schreibung gleichberechtigt nebeneinander. Dies betrifft u. a.:

– Ableitungen von fremdsprachigen Substantiven mit *z* am Wortende, z. B.: *existentiell/existenziell; Potential/Potenzial*

– Wörter mit den Wortbestandteilen *phon, phot* und *graph,* z. B.: *Mikrophon/Mikrofon; Photosynthese/Fotosynthese; Geographie/Geografie*

– Wörter wie z. B. die folgenden: *Delphin/Delfin; Ketchup/Ketschup; Spaghetti/Spagetti; Thunfisch/Tunfisch; Varieté/Varietee*

TIPP: Es bleibt dem Schreibenden überlassen, welche Variante er bevorzugt. In ein und demselben Text sollte aber möglichst die gleiche Schreibweise beibehalten werden.

Varieté / Varietee

Neben der fremdsprachigen Schreibung *Varieté* kann auch *Varietee* geschrieben werden. Im Schreibgebrauch überwiegt allerdings *Varieté.*

Vater

Wird *Herr* mit Artikel nicht mit einem Namen, sondern nur mit der Verwandtschaftsbezeichnung *Vater* verbunden, werden alle Teile gebeugt: *die Vorstellungen Ihres Herrn Vaters.*

Der *Vatermörder*

Als Modeaccessoire führt der *Vatermörder* ein ungeliebtes Dasein: Der gesteifte Stehkragen mit den abgeknickten Flügeln, der über das Kinn ragt, gilt als unbequem, verursacht Druckstellen und wirkt bei manchen Personen übertrieben förmlich, bisweilen sogar lächerlich. So wird der *Vatermörder*, abgesehen von Exzentrikern wie Karl Lagerfeld, heute von den meisten nur noch zu besonderen Anlässen mit Frack oder Smoking getragen. Wie es zur Bezeichnung *Vatermörder* kam, war lange ein Rätsel. Die Gartenlaube von 1873 führt eine nicht ganz ernst gemeinte Räuberpistole an: Nach jener soll ein Sohn bei seiner Heimkehr mit solch einem steifgestärkten langen, spitzen Modekragen seinem Vater bei der Umarmung ins Auge gestochen haben, woraufhin dieser an der Verwundung gestorben sein soll.

Die Auflösung ist wohl eher im Französischen zu suchen: In Frankreich bezeichnete man den Stehkragen scherzhaft als *parasite* („Mitesser“). Vielleicht, weil man den Vatermörder auf verschiedene Hemden aufknöpfen konnte oder weil er gerne mit Speiseresten bekleckert wurde. Beim Übersetzen wurde aber offenbar *parasite* mit dem Wort *parricide* („Vatermörder“) übersetzt.

Venezuela

Die Einwohnerbezeichnung für *Venezuela* lautet *Venezolaner* bzw. *Venezolanerin*. Das zugehörige Adjektiv ist *venezolanisch*.

Verb

→ *Sonderseiten „Verb", S. 452–455*

Verbalklammer

→ *Satzklammer*

verballhornen

Obwohl die Bezeichnung *verballhornen* auf den Eigennamen *Balhorn* zurückgeht, schreibt man, da das *a* kurz gesprochen wird, mit zwei *l*.

verbergen

Wie die meisten starken Verben mit einem *e* im Stamm bildet *verbergen* die Formen der 2. und 3. Person Singular mit dem Vokal *i* (sogenannter e/i-Wechsel): *verbergen – du verbirgst – er/sie/es verbirgt*. Auch der Imperativ wird mit *i* gebildet: *Verbirg!* (nicht: *Verberge!*).
Im Konjunktiv II verwendet man heute nur noch die Form *verbärge*. Die älteren Formen *verbörge* und *verbürge* sind nicht mehr in Gebrauch.

verbläuen

Verbläuen wird nach neuer Rechtschreibung mit *äu* geschrieben, da sich als Regel ein Bezug zu *blau (jemanden grün und blau schlagen)* herstellen lässt. Sprachhistorisch besteht allerdings eine Verwandtschaft zum Verb *bläuen* (früher: *bleuen*) für „schlagen", das auf althochdeutsch *bliuwan* zurückgeht. Verwandt ist das Wort auch mit der *Pleuelstange*.

verbleichen

Im Gegensatz zu *bleichen* sind bei *verbleichen* heute nur die starken Formen üblich: *Die Gedanken an den geliebten Verstorbenen verblichen immer mehr.*
Sie lief in einem völlig verblichenen Rock umher.
→ *bleichen*

verblasste Substantive

Einige Substantive sind mit Verben feste Verbindungen eingegangen, ihre Bedeutung ist dabei in den meisten Fällen verblasst. Sie fungieren als Verbbestandteile und man schreibt sie im Infinitiv, in den Partizipformen und im Nebensatz in Endstellung des Verbs mit dem Verb zusammen: *eislaufen, kopfstehen, stattfinden, teilnehmen*.
Sie werden auch in getrennter Stellung kleingeschrieben: *Er gab das Geheimnis nicht preis* (zu: *preisgeben*). *Man sah ihm an, wie leid es ihm tat* (zu: *leidtun*).

verborgen – im Verborgene(n)

Die Partizipform des Verbs wird grundsätzlich kleingeschrieben: *die verborgenen Schätze; verborgene Fähigkeiten.*
Bei Substantivierung schreibt man dagegen groß: *Welche finsteren Pläne er hat, liegt einstweilen im Verborgenen.*

Verbpartikel

→ *Verbzusatz*

Verbpräfix

→ *Präfix*

Verbvalenz

Vollverben haben die Eigenschaft, eine unterschiedliche Anzahl von Ergänzungen verschiedener Form zu fordern. Man spricht hier von der Valenz des Verbs. Verben, die eine Ergänzung (das Subjekt) benötigen, bezeichnet man als einwertig, solche, die zwei Ergänzungen regieren (z. B. Subjekt und Akkusativobjekt), als zweiwertig und Verben mit drei möglichen Ergänzungen als dreiwertig.

einwertig: *schlafen – Das Kind schläft.*
zweiwertig: *sehen – Das Kind sieht den Vater.*
dreiwertig: *geben – Das Kind gibt dem Vater einen Apfel.*

Verbzusatz, Verbpartikel

Als Verbzusatz oder Verbpartikel bezeichnet man bei trennbaren Verben den Erstbestandteil. Dieser ist in der Regel betont: *einkaufen – er kauft ein; kopfstehen – die halbe Welt steht kopf.*
Bei komplexen untrennbaren Verben bezeichnet man den Erstbestandteil als Verbpräfix: *bekommen – er bekommt frei.*
→ *Präfix*

verdächtigen

Das Verb *verdächtigen* regiert ein Akkusativ- und ein Genitivobjekt: *Man verdächtigt Kai der nächtlichen Ruhestörung. Man verdächtigte ihn auch des Diebstahls.*

verderben

verdürbe • Die Konjunktiv-II-Form zu *verderben* lautet *verdürbe.* Diese wird heute eher selten verwendet: *Wenn er das täte, verdürbe er es sich mit seinen Fans.* Meist wird der Konjunktiv durch die würde-Form ersetzt: *Wenn er das täte, würde er es sich mit seinen Fans verderben.*
hat / ist verdorben • Je nach Bedeutung wird das Perfekt mit *haben* oder *sein* gebildet. Als intransitives Verb (ohne Akkusativobjekt) in der Bedeutung „zugrunde gehen" steht *sein: Der Wein ist leider verdorben.*
In transitiver Verwendung (mit Akkusativobjekt) im Sinne von „zunichtemachen" steht dagegen *haben: Ihr Auftritt hat ihm die Feier verdorben.*

vereinzelt

Bei artikellosem Gebrauch werden Adjektive und Partizipien nach *vereinzelt* heute im Allgemeinen stark gebeugt. Es heißt also: *einzelne neue Meldungen; von einzelnen neuen Meldungen abgesehen; trotz vereinzelter neuer Meldungen.*

verfassunggebend / verfassungsgebend

Im allgemeinen Schreibgebrauch wird die Partizipverbindung *verfassunggebend* meist ohne Fugen-s geschrieben: *eine verfassunggebende* (selten: *verfassungsgebende*) *Versammlung.*

vergessen

vergessen - vergiss! • Das starke Verb *vergessen* weist in der 2. und 3. Person Singular den sogenannten e / i–Wechsel: *vergessen – du vergisst – er / sie / es vergisst.* Dementsprechend wird auch der Imperativ mit *i* gebildet: *Vergiss!* (nicht: *Vergesse!*).
vergaß seine / seiner • Im modernen Deutsch steht *vergessen* immer mit dem Akkusativ: *Infolge der turbulenten Ereignisse vergaß sie ihren Auftrag.*
Der Genitiv ist dagegen veraltet: „Aber der heilige Dionysius *vergaß seines guten Freundes* nicht." (Brüder Grimm, Deutsche Sagen)
vergessen über • Wird *vergessen* in Verbindung mit der Präposition *über* gebraucht, steht der Dativ. Der Akkusativ ist dagegen nicht korrekt: *Ich habe über meiner* (falsch: *meine*) *Arbeit die Uhrzeit vergessen.*

vergewissern

sich vergewissern, versichern • Das reflexive Verb *sich vergewissern* steht ebenso wie *sich versichern* („sich Gewissheit, Sicherheit verschaffen") immer mit dem Genitiv: *Immer wieder vergewisserte / versicherte sie sich meiner Gegenwart.*
sich vergewissern, dass / ob • Wird *sich vergewissern* mit einem Nebensatz verbunden, wird je nach dem Grad der Ungewissheit, die Konjunktion *ob* oder *dass* angeschlossen: Soll ausgedrückt werden, dass sich jemand abschließend Gewissheit verschaffen möchte, dass ein Sachverhalt zutrifft, steht *dass: Sie vergewisserte sich noch ein weiteres Mal, dass sie den Gasherd abgestellt hatte.*
Besteht Unsicherheit darüber, ob ein Sachverhalt zutrifft, steht *ob: Sie vergewisserte sich, ob der Gasherd auch abgestellt war.*

Übersetzt oder übergesetzt? Das *Verb*

Es ist der heimliche Chef im Satz: das Verb. Auch wenn man vom Substantiv als „Hauptwort" spricht und sich das Verb nicht mit einem großen Anfangsbuchstaben schmücken kann, so ist man doch in der modernen Sprachwissenschaft davon überzeugt, dass eigentlich das Verb den Satz „regiert": Es gibt Auskunft über das Subjekt – und zwar sowohl zur Anzahl als auch zur Person – und es gibt die Zeit (Gegenwart, Vergangenheit oder Zukunft) und die Art der Handlung (Aktiv oder Passiv) an; außerdem bestimmt es, wie viele Ergänzungen (Objekte) hinzukommen, und im Normalfall natürlich, was überhaupt geschieht. Bei so vielen Aufgaben gibt es auch viel zu bedenken: Welches sind im Einzelfall die korrekten Formen? Wie war das nochmal mit dem Wegfallen des *e*? Wann wird *übersetzt* und wann ***übergesetzt***?

Die Konjugation

Das Verb gehört zu den veränderbaren Wortarten; man nennt die Beugung hier Konjugation. Zunächst wird beim Konjugieren nach der **Person** und der **Anzahl** (Numerus) sowie nach der **Zeit** (Tempus) differenziert. Außerdem gibt es die **Aussageweisen** (Modi, Singular: Modus) des Verbs, nämlich **Indikativ** (Wirklichkeitsform), **Konjunktiv** (Möglichkeitsform, → *Sonderseiten „Konjunktiv", S. 274–277*) und **Imperativ** (Befehlsform). Schließlich kann man noch **Aktiv** und **Passiv** unterscheiden, wobei nicht von allen Verben ein Passiv gebildet werden kann (→ *Sonderseiten „Passiv", S. 338f.*).

Person und Numerus ▸ Es gibt die 1., 2. und 3. Person jeweils im Singular und im Plural. Die gebeugten Formen des Verbs nennt man die Personalformen. Sie werden gebildet, indem man an den Stamm des Verbs (also an den Infinitiv ohne die Endung *-(e)n*) die entsprechende Personalendung anhängt, z. B. *-st* für die 2. Person Singular: *such-en* → *du such-st, lächel-n* → *du lächel-st.* Bei

	Präsens		Präteritum (Imperfekt)	
	schwach	stark	schwach	stark
1. Person Sing.: *ich*	*such-**e***	*schreib-**e***	*such-**te***	*schr**ie**b*
2. Person Sing.: *du*	*such-**st***	*schreib-**st***	*such-**test***	*schr**ieb-st***
3. Per. Sing.: *er/sie/es*	*such-**t***	*schreib-**t***	*such-**te***	*schr**ie**b*
1. Person Plural: *wir*	*such-**en***	*schreib-**en***	*such-**ten***	*schr**ieb-en***
2. Person Plural: *ihr*	*such-**t***	*schreib-**t***	*such-**tet***	*schr**ieb-t***
3. Person Plural: *sie*	*such-**en***	*schreib-**en***	*such-**ten***	*schr**ieb-en***

der Bildung der verschiedenen Verbformen unterscheidet man zwischen **schwachen und starken Verben**; das ist hauptsächlich wichtig bei der Bildung des Präteritums und des Partizips II *(suchen → ge-such-t; schreiben → ge-schrieb-en)*.

Tempus ▸ Es gibt im Deutschen sechs verschiedene Zeiten, wobei im Normalfall die Gegenwart durch das Präsens dargestellt wird, die Vergangenheit (je nach Situation und für weitere Einzelheiten → *Sonderseiten „Zeiten", S. 502f.*) durch **Präteritum (Imperfekt)**, **Perfekt** oder **Plusquamperfekt**, die Zukunft durch **Futur I** und für Ereignisse, die in der Zukunft abgeschlossen sein werden, **Futur II**. Präsens und Präteritum sind dabei einfache Zeitformen, die mit Hilfe von Personalendungen gebildet werden; Perfekt, Plusquamperfekt sowie Futur I und II sind zusammengesetzte Zeitformen, für deren Bildung man außer dem Infinitiv oder dem Partizip des entsprechenden Verbs noch ein **Hilfsverb** *(sein, haben, werden)* benötigt:

Präsens: *ich gehe, ich lache*
Präteritum: *ich ging, ich lachte*
Perfekt: *ich bin gegangen, ich habe gelacht*
Plusquamperfekt: *ich war gegangen/hatte gelacht*
Futur I: *ich werde gehen, ich werde lachen*
Futur II: *ich werde gegangen sein/gelacht haben*

Die Aussageweisen ▸ Der gewöhnliche Modus des Verbs ist der Indikativ, die Wirklichkeitsform. Die Möglichkeitsform wird Konjunktiv genannt und findet in der indirekten Rede und bei Wünschen und Bedingungen ihren Platz. Der Imperativ ist die Befehlsform des Verbs.

Indikativ: *sie geht, sie lacht*
Konjunktiv I: *sie gehe, sie lache*
Konjunktiv II: *sie ginge, sie lachte*
Imperativ: *Geh! Geht! Lach nicht! Lacht nicht!*

Aktiv und Passiv ▸ Die sogenannten „Genera Verbi" lauten Aktiv und Passiv, sind die Verhaltensrichtungen des Verbs. Auch das Passiv ist eine zusammengesetzte Verbform, man benötigt das Hilfsverb *werden* zur Bildung dieser Formen.

- **Aktiv:**
  Präsens: *wir* ***suchen***
  Präteritum: *wir* ***suchten***
  Perfekt: *wir* ***haben gesucht***
  Plusquamperfekt: *wir* ***hatten gesucht***
  Futur I: *wir* ***werden suchen***
  Futur II: *wir* ***werden gesucht haben***
- **Passiv (Vorgangspassiv mit *werden*):**
  Präsens: *wir* ***werden gesucht***
  Präteritum: *wir* ***wurden gesucht***
  Perfekt: *wir* ***sind gesucht worden***
  Plusquamperfekt: *wir* ***waren gesucht worden***
  Futur I: *wir* ***werden gesucht werden***
  Futur II: *wir* ***werden gesucht worden sein***
- **Passiv (Zustandspassiv mit *sein*):**
  Präsens/Präteritum:
  der Beitrag ***ist/war geschrieben***
  Perfekt/Plusquamperfekt:
  der Beitrag ***ist/war geschrieben gewesen***
  Futur I (und Futur II):
  der Beitrag ***wird geschrieben (gewesen) sein***

Passivformen gibt es also in allen Zeiten, wobei beim Zustandspassiv hauptsächlich Präsens und Präteritum vorkommen.

> **i Der „e-Ausfall"**
> Der Ausfall der Endung ***-e*** der 1. Person Singular Präsens Indikativ gilt nicht als standardsprachlich. Formen wie die folgenden kommen überwiegend in der gesprochenen Sprache, vereinzelt auch in literarischen Texten vor: *Ich denk an dich. Ich glaub es nicht.*
>
> Auch der Ausfall des ***-e-*** der Endung ***-en*** in der 1. und 3. Person Plural Präsens ist nicht standardsprachlich: *Wir freun uns. Sie freun sich.* Der Ausfall des Vokals *e* wird in allen diesen Fällen **nicht** durch Apostroph gekennzeichnet!

Schwache und starke Verben

Schwache Verben ▸ Bei den **schwachen Verben** wird zur Bildung des Präteritums der Stamm nicht verändert, es kommt lediglich die Endung *-(e)t* hinzu; das Partizip II (für die Bildung von Perfekt, Plusquamperfekt und Futur II benötigt) wird mit der Vorsilbe *ge-* und der Endung *-(e)t* gebildet: *sagen* → *ge-sag-t*.

Starke Verben ▸ Die **starken Verben** dagegen bilden Präteritum und Partizip II mit dem sogenannten Ablaut, einem Wechsel des Stammvokals. Dabei können alle drei Stammformen einen unterschiedlichen Vokal erhalten oder bei zwei der Formen stimmen die Vokale überein. Das Partizip II erhält darüber hinaus die Endung *-en*: *singen – sang – gesungen, bieten – bot – geboten, fahren – fuhr – gefahren, blasen – blies – geblasen.* Zusätzlich zum Ablaut weisen manche starken Verben auch noch andere Veränderungen auf: *gehen – ging – gegangen, leiden – litt – gelitten, sitzen – saß – gesessen.*

ACHTUNG: Einige Verben, die ursprünglich der starken Konjugation angehörten, werden heute meistens schwach konjugiert: Die starken Präteritumformen des Verbs *backen* zum Beispiel (*buk, bukst* etc.) klingen heute veraltet und werden meist durch die schwachen Formen ersetzt (*backte, backtest* etc.). Das Partizip II hat jedoch nach wie vor die starke Endung *-en*. Die Stammformen lauten also heute: *backen – backte – gebacken.*

Backte oder buk der Bäcker?

Unregelmäßige Verben ▸ Daneben gibt es unregelmäßige Verben, die von beiden Arten der Konjugation (schwach oder stark) abweichen. Zu diesen gehören Verben mit einem ***e*** im Präsensstamm, die wie schwache Verben konjugiert werden, jedoch im Präteritum und im Partizip II den Stammvokal ***a*** erhalten: *brennen – brannte – gebrannt.* Wie *brennen* werden auch folgende Verben konjugiert: *kennen, nennen, rennen.* Die Verben *senden* und *wenden* können sowohl schwach als auch unregelmäßig konjugiert werden: *senden – sendete – gesendet* oder: *sandte – gesandt; wenden – wendete – gewendet* oder: *wandte – gewandt.*

> **i „Iss!" oder „Ess!"? „Wirf!" oder „Werf!"?**
>
> Die meisten starken Verben mit dem Stammvokal *e* bilden die Formen der 2. und 3. Person Singular mit dem Vokal ***i*** (sogenannter **e / i-Wechsel**): *sprechen – du* ***sprichst****, er* ***spricht****.*
>
> Dem gleichen Muster folgen unter anderem *brechen, essen, fechten, flechten, geben, messen, treffen* und auch die Verben *erlöschen* und *gebären*: *erlöschen – du erlischst, es erlischt; gebären – du gebierst, sie gebiert.*
>
> Alle diese Verben bilden **den Imperativ Singular mit dem Vokal *i*** und ohne *e* am Ende, es heißt also ***iss!*** und ***wirf!*** sowie zum Beispiel: ***befiehl!, friss!, gib!, hilf!, lies!, sieh!, sprich!, stirb!, triff!, tritt!, vergiss!***

Verschiedene Arten von Verben

Verben können nach verschiedenen Kriterien in Gruppen eingeteilt werden; eine grundsätzliche Unterscheidung ist die in Vollverben, Modalverben und Hilfsverben:

Vollverben ▸ Vollverben haben eine eigene Bedeutung und können in den Zeiten Präsens und Präteritum allein (als einziges Verb in einem

Satz) das Prädikat bilden: *Paul* ***schläft****. Sie* ***legte*** *das Buch* ***zurück***. Die Vollverben können weiter in Untergruppen unterteilt werden. Eine Sonderstellung haben hier die **reflexiven Verben,** denn von ihnen kann kein Passiv gebildet werden. Verben, die notwendigerweise ein Reflexivpronomen (rückbezügliches Fürwort: *mich/mir, sich* ...) bei sich haben, sind sogenannte **echte reflexive Verben:**

beeilen → *sie beeilt* ***sich; schämen*** → *er schämt* ***sich; verbitten*** → *ich verbitte* ***mir*** *das.*

Einige Verben haben eine Variante mit notwendigem Reflexivpronomen und eine ohne Reflexivpronomen. Sie unterscheiden sich meist in der Bedeutung:

- *sich ärgern* (= Ärger empfinden) und *jemanden ärgern* (= in Ärger versetzen)
- *sich verlassen auf* (= vertrauen auf) und *jemanden verlassen* (= fortgehen)

In den zweiten (nicht reflexiven) Varianten ist dann auch ein Passiv möglich: *jemand wird geärgert/verlassen.*

Modalverben ▸ Zur Klasse der Modalverben gehören die folgenden sechs Verben: ***dürfen, können, mögen, müssen, sollen, wollen***. Modalverben werden mit dem reinen Infinitiv (ohne *zu*) eines Vollverbs verbunden und drücken **Erlaubnis, Fähigkeit, Möglichkeit, Notwendigkeit** oder **Willen** bzw. **Vermutung** oder verschiedene **Grade von Zweifel** aus:

- *Hier* ***darf*** *man rauchen.* (Erlaubnis, Recht)
  Er ***dürfte*** *jetzt in England sein.* (Vermutung)
- *Ich* ***kann*** *Rad fahren.* (Fähigkeit)
  Das ***kann*** *passieren.* (Möglichkeit)
  Du ***kannst*** *(= darfst) das tun.* (Erlaubnis)
- *Ich* ***möchte*** *dich kennenlernen.* (Wunsch)
- *Du* ***musst*** *pünktlich sein.* (Notwendigkeit)
  Da ***muss*** *jetzt einiges los sein.* (Vermutung)
- *Du* ***sollst*** *das Paket holen.* (Aufforderung)
  Er ***soll*** *viel getrunken haben.* (Behauptung)
- *Wir* ***wollen*** *ein Haus bauen.* (Wille, Absicht)
  Er ***will*** *am Samstag hier gewesen sein.* (Behauptung)

Hilfsverben ▸ Diese Verben benötigt man zur Bildung komplexer Verbformen. Die klassischen Hilfsverben sind ***haben, sein, werden***: *Ich* ***habe*** *gerufen. Ich* ***bin*** *gelaufen. Ich* ***werde*** *befördert.* Sie können allerdings auch als vollwertige Verben im Satz stehen; in diesem Fall sind sie keine Hilfsverben: *Sie hat Hunger. Er ist müde. Sie werden Journalisten.*

Von Vorsilben und Zusätzen

Im Rahmen der Wortbildung gibt es sehr viele Verben, denen Teile vorangestellt werden; das können entweder Vorsilben sein *(brechen* → *zerbrechen)* oder selbstständige Wörter *(brechen* → *durch-brechen)*. Und hier kann es knifflig werden – denn manche dieser Zusätze sind untrennbar mit dem Verb verbunden, andere nur in bestimmten Fällen. Meist erkennt man das ganz einfach an der Betonung:

- **Betonung auf dem Verbalteil:** *bebauen*
  → keine Abtrennung in gebeugten Formen: *er* ***be****baut/****be****baute das Land*
  → Partizip II ohne *ge-*: ***be****baut*
  → *zu* vor dem Infinitiv: *zu* ***be****bauen*
- **Betonung auf der Vorsilbe:** *aufbauen*
  → Abtrennung in gebeugten Formen: *er baut/baute das Land* ***auf***
  → Partizip II mit *ge-*: *auf****ge****baut*
  → *zu* zwischen Präfix und Verbalteil: *auf****zu****bauen*

i ***Setzt*** **er** ***über*** **oder** ***übersetzt*** **er?**
Bei manchen Verben kommt ein weiteres Hindernis hinzu, denn während die meisten Verbzusätze entweder nur untrennbar (z. B. *be-, ent-, miss-*) oder nur trennbar (z. B. *ab-, bei-, ein-*) vorkommen, gibt es eine dritte Gruppe von Verbzusätzen, die sowohl untrennbar als auch trennbar auftreten. Dies sind: *durch-, über-, um-, unter-, wider-*. Aber auch hier hilft die Betonung:

Bei ***übersetzen*** im Sinne von **„in eine andere Sprache überragen"** ist der verbale Teil betont, also heißt es: *Er übersetzt.*
Bei ***übersetzen*** im Sinne von **„ans andere Ufer gelangen"** ist der Zusatz betont, also heißt es: *Er setzt über.*

Vergleichsformen

→ *Sonderseiten „Steigerung“, S. 398–401*

vergraben

Wird *vergraben* mit der Präposition *in* gebraucht, steht überwiegend der Dativ, weil meist die Frage nach dem Ort („Wo?“) relevant ist: *Er hatte seine Hände tief in den Jackentaschen vergraben. Sie vergruben den toten Wellensittich im Garten.*
Soll dagegen die Richtung betont werden, kann auch der Akkusativ stehen: *Als die Jugendlichen aus dem Auto steigen, haben sie die Hände tief in die Hosentaschen vergraben.*

Verhau

Das Substantiv *Verhau* wird meist im Maskulinum gebraucht. Korrekt wäre aber auch die Verwendung im Neutrum: *der* (selten: *das*) *Verhau.*

verkrallen

Das Verb *sich verkrallen in* steht standardsprachlich mit dem Dativ: *Paulchens Finger verkrallten sich ängstlich im Arm* (nicht: *in den Arm*) *der Mutter.*

verließ / Verlies

Die Präteritumform von *verlassen* wird mit *ß* geschrieben: *Sie verließ ihn.*
Sie darf trotz gleicher Aussprache nicht mit dem Substantiv *Verlies* verwechselt werden.

verloren

Die Partizipform *verloren* kann mit einem folgenden Verb getrennt oder zusammengeschrieben werden: *Sie mussten das Spiel verloren geben/ verlorengeben. Mein Armband ist verloren gegangen/verlorengegangen. Pass demnächst besser auf, dass dir deine Uhr nicht verloren geht/ verlorengeht.*
Nur in Verbindung mit *sein* wird ausschließlich getrennt geschrieben: *Soll denn alles verloren sein?*

Verlassen im *Verlies*
Bei *Verlies* denkt jeder heute an finstere Kerker in mittelalterlichen Burgen, so wie dies bei Schiller zum Ausdruck kommt: „Gott rette seine Seele vor Verzweiflung. / Zu ihm hinab ins öde Burg*verlies* / Dringt keines Freundes Trost.“ (Schiller, Wilhelm Tell).

Doch handelt es sich hier eher um eine „romantische“ Projektion: Das Wort *Verlies* erscheint erst im 18. Jahrhundert im allgemeinen Wortschatz. Offenbar waren es Ritterromane, die das ursprünglich niederdeutsche Wort populär machten. Auch hat das Wort nichts mit dem Verb *verlassen* zu tun, mag es auch an dessen Präteritumform *verließ* erinnern, mit der es orthografisch gerne verwechselt wird. Zugrunde liegt vielmehr das Verb *verlieren*. Dessen Wortform lautete im Mittelhochdeutschen *verliesen*. Nur im Niederdeutschen bildete sich dazu das Substantiv *Verlies*, das zunächst „Verlust“ bedeutete. Später bezeichnete das Wort abstrakt einen „Zustand, in dem etwas für andere nicht sichtbar ist“. Offenbar wurde *Verlies* als „Raum, der nicht sichtbar ist“ auf einen Keller bezogen, in dem man sich *verliert*.

vermittels / vermittelst

vermittels / vermittelst • Beide Formen sind korrekt. Im allgemeinen Schreibgebrauch dominiert jedoch die Form *vermittels*: *vermittels dieser Apparatur; vermittels seiner Aussage.*
vermittels eines • Die Präposition *vermittels* steht üblicherweise mit dem Genitiv: *In der Klinik soll*

vermittels des Kernspintomographen die Diagnose abgeklärt werden.
Stilistisch wird die Präposition oft als umständlich und bürokratisch gewertet. Sie erfreut sich im allgemeinen Schreibgebrauch mit leicht ironischem Unterton gleichwohl einiger Beliebtheit. Oft wird das Substantiv ohne Artikel, Adjektiv oder Pronomen angeschlossen: *In der 15. Minute legte Müller vermittels Schwalbe die Grundlage für das vierte Tor.*

vermögen

Folgt auf *vermögen* eine Infinitivgruppe, wird kein Komma gesetzt, wenn *vermögen* als Hilfsverb in der Bedeutung von „können" verwendet wird. In diesem Fall bilden Infinitiv und das Hilfsverb gemeinsam das Prädikat des Hauptsatzes und dürfen deshalb nicht voneinander getrennt werden: *Sie vermag ihm nicht zu glauben. Die Showeinlage vermochte den Unterhaltungswert der Sendung nicht zu erhöhen. Er vermochte vor Schmerzen nicht zu laufen.*
Wird *vermögen* jedoch als Vollverb gebraucht und tritt eine Umstandsbestimmung oder ein Objekt hinzu, kann man vor der Infinitivgruppe ein Komma setzen: *Ich vermag beim besten Willen nicht(,) ihm zu glauben.* Wird im Hauptsatz durch ein Wort wie *es* auf die Infinitivgruppe verwiesen, muss ein Komma stehen: *Ich vermag es beim besten Willen nicht, ihm zu glauben.*

verpacken

In Verbindung mit der Präposition *in* kann nach *verpacken* der Akkusativ oder Dativ stehen.
Ist die Richtung betont (Frage: „Wohin?"), steht der Akkusativ: *Die Beute, insgesamt 12.000 Euro, verpackte Günter R. in mehrere Gefrierbeutel.*
Ist dagegen der Ort betont (Frage: „Wo?") steht der Dativ: *Nach der Siegerehrung wurde der Pokal in einer bruchsicheren Kiste verpackt.*

verraten

Nach *sich verraten als* steht das Folgende standardsprachlich im Nominativ. Der Akkusativ gilt dagegen als veraltet: *Mit seinen Aussagen verriet er sich als weltfremder* (nicht: *weltfremden*) *Romantiker.*

Vers

Steht die Angabe *Vers* ohne Artikel unmittelbar vor den Verszahlen, bleibt das Wort ungebeugt: *Johannes 18, Vers 5–10. Die Überlieferung von Vers 7–10 gilt als verderbt.*
Steht *Vers* dagegen mit Artikel, muss gebeugt werden: *Die Interpretation bezieht sich auf die Verse 15–18.*

Versäumnis

Versäumnis wird überwiegend im Neutrum gebraucht: *Das Versäumnis des Arztes hatte juristische Konsequenzen.* Daneben gilt aber auch das Femininum als korrekt: *die Versäumnis.*

verschieden

Adjektive nach verschieden • Adjektive, substantivierte Adjektive und Partizipien nach *verschieden* werden im Allgemeinen stark gebeugt: *Die Schüler haben verschiedene künstlerische Aktionen präsentiert. Das Zusammentreffen verschiedener äußerer Umstände trug zum Erfolg bei. Die gleichlautenden Beschwerden verschiedener Angestellter hatten eine Untersuchung zur Folge.*
Im Dativ Singular Maskulinum kommt gelegentlich noch die schwache Form vor: *Menschen mit verschiedenem kulturellem* (selten: *kulturellen*) *Hintergrund trafen sich.*
Auch im Genitiv Plural kommen vereinzelt noch schwache Formen vor: *die Ausführungen verschiedener Abgeordneter* (selten: *Abgeordneten*).
Groß- und Kleinschreibung • Als Adjektiv schreibt man *verschieden* klein: *verschieden groß; verschiedene Leute; verschiedene Male.*
Liegt eine Substantivierung vor, schreibt man groß: *Das ist etwas Verschiedenes.*
ACHTUNG: Wenn das Adjektiv in gebeugter Form auftritt, ohne ein Substantiv näher zu bestimmen, liegt ebenfalls eine Substantivierung vor, sodass großgeschrieben werden muss.

Dieser Fall tritt bei *verschieden* besonders häufig auf: *Ich kann sagen, dass sich schon Verschiedene gemeldet haben. Ich kann für Sie Verschiedenes tun. Auf der Tombola wurde Verschiedenstes verlost. Es gilt, Ähnliches und Verschiedenes auseinanderzuhalten.*

verschließen

In Verbindung mit der Präposition *in* kann nach *verschließen* der Akkusativ oder Dativ stehen. Ist der Ort betont (Frage: „Wo?"), steht der Dativ, der im allgemeinen Sprachgebrauch deutlich überwiegt: *Er verschloss die Dokumente im Safe. Sie verschloss die Briefe in der Schublade.*
Ist die Richtung betont (Frage: „Wohin?"), steht der Akkusativ. Dieser Gebrauch ist jedoch selten: *Er verschloss den Schmuck in das Kästchen.*

Verschmelzung

Die Zusammenziehung von Präposition und Artikel zu einem Wort bezeichnet man als Verschmelzung. Sie wird ohne Apostroph geschrieben: *an, bei, in, von, zu + dem* → *am, beim, im, vom, zum; zu + der* → *zur.*
Nicht alle Verschmelzungen gelten als standardsprachlich. Allerdings sind die Grenzen fließend. Uneingeschränkt standardsprachlich sind: *am, beim, im, vom, zum, zur.*
Zu den standardsprachlichen Verschmelzungen werden heute auch die Verschmelzungen von einsilbigen Präpositionen mit der Artikelform *das* gerechnet. Manche Grammatiken bezeichnen sie dagegen (noch) als umgangssprachlich: *an, auf, durch, für, in, um, vor + das* → *ans, aufs, durchs, fürs, ins, ums, vors.*
Die zweisilbigen auf *-er* endenden Präpositionen *hinter, über* und *unter* können mit den Artikelformen *dem, den* und *das* verschmolzen werden. Diese Verschmelzungen gelten teilweise als umgangssprachlich:
hinter, über, unter + dem → *hinterm, überm, unterm*
hinter, über, unter + den → *hintern, übern, untern*
hinter, über, unter + das → *hinters, übers, unters*
Ebenfalls als umgangssprachlich werden meist die Formen *vorm* (aus *vor + dem*) und *vorn* (aus *vor + den*) angesehen.
Alle übrigen vorkommenden Zusammenziehungen von Präposition und Artikel sind als umgangssprachlich oder auch als mundartlich zu betrachten. Sie werden, im Gegensatz zu den Verschmelzungen, mit Apostroph geschrieben: *auf'm, auf'n, aus'm, durch'n, für'n, gegen's, mit'm, nach'm, zu'n.*

verschwinden

In Verbindung mit *in* kann nach *verschwinden* der Akkusativ oder der Dativ stehen. Ist der Ort betont (Frage: „Wo?"), steht der Dativ: *Der Koch verschwand in seiner Küche. Die Geldbündel verschwanden in seiner Jackentasche.*
Ist die Richtung betont (Frage: „Wohin?"), steht der Akkusativ: *Der Tiger verschwand geräuschlos in den Dschungel.*

Versehrte(r)

Dem Wort *Versehrte(r)* liegt sprachgeschichtlich eine Partizipform von *versehren* (= „verwunden") zugrunde. Es wird wie ein substantiviertes Adjektiv dekliniert. *Versehrte(r)* kann also stark oder schwach dekliniert werden:
Schwach (z. B. nach bestimmtem Artikel): *Der Versehrt**e** wurde behandelt. Die Auskünfte des Versehrt**en** reichten nicht aus.*
Stark (z. B. nach unbestimmtem Artikel oder ohne Artikel): *Ein Versehrt**er** wandte sich an den Bundestag. Nach Ansicht viel**er** Versehrt**er** reichten die Bezüge nicht aus.*
Nach einem stark deklinierten Adjektiv wird im heutigen Sprachgebrauch parallel gebeugt: *die Ansprüche zahlreich**er** Versehrt**er*** (selten: *Versehrt**en***); *die Präsenz jung**er** Versehrt**er*** (selten: *Versehrt**en***) *in den Medien.*

versichern

Je nach Bedeutung steht das Verb *versichern* mit unterschiedlichen Kasus. In der Bedeutung „beteuern, zusichern" steht das Verb mit dem

Versehrt und _unversehrt_
Soldaten, die im Krieg schwer verwundet werden, gelten nach amtlichem Sprachgebrauch als *Wehrdienstbeschädigte*. Eine Wortwahl, die kalt und inhuman erscheint. Denn *beschädigt* werden im allgemeinen Sprachgebrauch vor allem Häuser, Autos oder andere Gegenstände. Dabei wäre der Ausdruck *Versehrte* weitaus naheliegender. Dieses Wort allerdings fristet im Wortschatz eher ein Schattendasein, denn es wirkt erstens altertümlich, zweitens ist es anders als *beschädigt* in der Bedeutung unklar. Tatsächlich bietet das Wort eine handfeste Überraschung – zumindest aus sprachgeschichtlicher Perspektive: Der Wortbestandteil *-sehr-* ähnelt nicht nur dem Adverb *sehr*, das bei Adjektiven und Verben einen hohen Grad ausdrückt. Beide Wörter gehen auf dieselbe Wurzel zurück. Es handelt sich um ein germanisches Substantiv, das im gotischen als *sair*, im Althochdeutschen als *sēr* belegt ist und „Wunde, Schmerz" bedeutete.
Als Adjektiv und Verb existierten die Formen *sēr* („schmerzlich, wund") und *sēren* bzw. *vērseren* („verwunden"). Die Wortfamilie konnte sich in direkter Konkurrenz zu den Wortfamilien *Wunde* und *Schmerz* aber nicht durchsetzen und ging unter. Zwar blieb das Adjektiv *sēr* übrig, aber es wechselte die Funktion und die Bedeutung: Schon im Mittelhochdeutschen bedeutete eine *sēre wunt* nicht mehr nur „schmerzhafte Wunde" – *sēre* wurde als Adverb im Sinne von „gewaltig, heftig" gebraucht und entsprechend auch auf andere Sachverhalte bezogen. Im ursprünglichen Sinn überdauerten nur die beiden erstarrten Partizipformen *versehrt* und *unversehrt*.

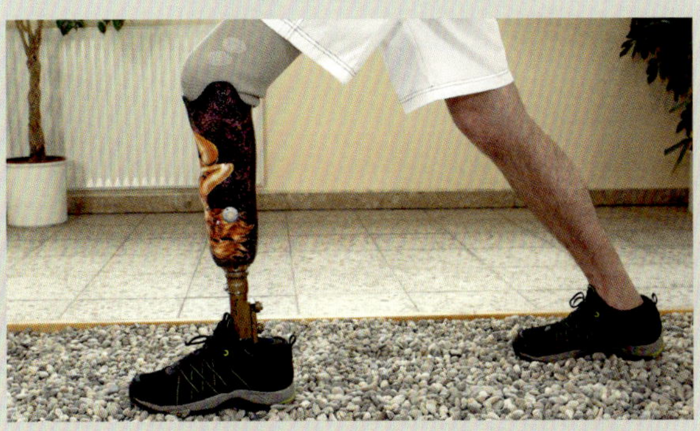

Dativ: *Man versicherte ihm, dass der Arzt ihn gleich aufrufen werde.*
In der Bedeutung „jemandem über eine Sache Sicherheit geben" steht die Person im Akkusativ, der Gegenstand der Versicherung im Genitiv. Diese Konstruktion wirkt heute zunehmend gestelzt: *Der Fremde versicherte ihn seiner Hochachtung.*
Wird *versichern* reflexiv gebraucht („sich davon überzeugen, dass eine Sache so ist, wie sie sein soll"), steht die Sache oder die Person, über die man sich Gewissheit verschafft, im Genitiv: *Er versicherte sich wiederholt der Wertschätzung des Publikums.*
In der Bedeutung „eine Versicherung abschließen" steht die zu versichernde Person oder Sache im Akkusativ und der Gegenstand der Versicherung mit der Präposition *gegen: Er versicherte seinen Hausrat gegen Feuer, Wasserschaden und Einbruch.*

versinken

Das Verb *versinken* kann in Verbindung mit *in* mit dem Akkusativ oder Dativ stehen. Ist der Ort betont (Frage: „Wo?"), steht der Dativ: *Das Land versank im Chaos. Er wollte im Boden versinken vor Scham.*
Ist die Richtung betont (Frage: „Wohin?"), steht der Akkusativ; dies ist manchmal bei übertragener Bedeutung der Fall: *Er versank in minutenlanges* (auch: *minutenlangem*) *Schweigen. Man durchblättert das Buch nicht nur, sondern man versinkt in eine andere* (auch: *in einer anderen*) *Welt.*

verständig / verständlich

Die beiden Adjektive werden mit unterschiedlicher Bedeutung gebraucht: Das Adjektiv *verständig* wird im Sinne von „mit Verstand, vernünftig" verwendet: *Sie hatte sich als verständige und kompetente Fachfrau profiliert.*
Dagegen steht *verständlich* für „das Verstehen betreffend, leicht zu verstehen": *Der Vortrag hatte ein hohes Niveau, war aber durchaus sehr verständlich.*

verstauen

Das Verb *verstauen in* kann mit dem Akkusativ oder Dativ stehen, je nachdem, ob der Ort oder die Richtung betont ist. Auf die Frage „Wo?“ steht der Dativ. Dieser Kasus überwiegt im Sprachgebrauch deutlich: *Er verstaute seine Sportsachen in der Tasche. Sie verstaute den Einkauf im Kofferraum.*
Auf die Frage „Wohin?“ steht der Akkusativ: *Er verstaute die Unterlagen in die einzelnen Schubladen.*

verstecken

In Verbindungen mit Präpositionen wie *in, unter, auf* usw. steht *verstecken* überwiegend mit dem Dativ (Frage: „Wo?“): *Er versteckte die belastenden Papiere im Handschuhfach. Man hatte den Schatz offenbar in der Wand versteckt.*
Ist die Richtung betont (Frage: „Wohin?“), kann auch der Akkusativ stehen: *Die verschreckte Maus versteckte sich in eine dunkle Nische.*

verstehen

Wird *verstehen* in der Bedeutung „können“ ohne Erweiterung gebraucht, steht vor einer nachfolgenden Infinitivgruppe kein Komma: *Er versteht die Menge für sich einzunehmen.*
Ist *verstehen* z. B. durch ein Adjektiv erweitert, kann man ein Komma setzen: *Er versteht ausgezeichnet(,) die Menge für sich einzunehmen.*
Steht *verstehen* mit einem Verweiswort wie *es*, ist das Komma verpflichtend: *Er versteht es, die Menge für sich einzunehmen.*

Vertrauen

Das Substantiv *Vertrauen* steht mit der Präposition *auf: Vertrauen auf die Zukunft setzen. Im Vertrauen auf die mündlichen Zusagen unterschrieben sie den Vertrag.*
In Verbindung mit dem Verb *setzen* kann neben *auf* auch die Präposition *in* stehen: *Sie setzten ihr Vertrauen auf/in die neu entwickelte Organisationsstruktur.*
Die Verbverbindungen *Vertrauen haben/fassen* stehen meist mit der Präposition *zu: Das Meerschweinchen hatte/fasste schnell Vertrauen zu Lea.*

Verwandte(r)

Das substantivierte Adjektiv *Verwandte(r)* kann wie ein Adjektiv stark oder schwach gebeugt werden. (→ *Sonderseiten „Substantiviertes Adjektiv“, S. 418 f.*)
Stark (z. B. ohne Artikel oder nach unbestimmtem Artikel): *Ein Verwandter rief an. Verwandte des Freundes erschienen auf der Feier. Ich bin ein Verwandter. Zahlreiche Verwandte blieben der Beerdigung fern. Als Verwandter hatte er eine gewisse Verantwortung.*
Schwach (z. B. nach bestimmtem Artikel): *Der Verwandte konnte nicht kommen. Die Verwandten legten für das Geschenk zusammen.*
Bezieht sich ein stark gebeugtes Adjektiv auf *Verwandte(r),* wird dieses ebenfalls stark dekliniert: *ein entfernter Verwandter; die Verantwortung naher Verwandter.*
Bei folgenden Wendungen sind sowohl starke als auch schwache Formen im Gebrauch: *Ihn als Verwandten/Verwandtem betrafen die unerhörten Vorwürfe ebenfalls … Ihr als Verwandten/Verwandter konnte man diesen unerhörten Vorwurf kaum machen.*

verwenden

Das Verb *verwenden* kann im Präteritum und im Partizip II stark oder schwach konjugiert werden: *verwenden – er/sie/es verwandte/verwendete – hat verwandt/verwendet.*
In der Bedeutung „benutzen“ sind sowohl starke als auch schwache Formen üblich: *Der Architekt verwandte/verwendete für den Bau den gleichen Sandstein, aus dem auch andere Häuser gebaut waren. Die verwandten/verwendeten Hilfsstoffe stellten sich als gefährlich heraus.*
Als reflexives Verb in der Bedeutung „sich einsetzen für“ sind die starken Formen häufiger: *Er verwandte sich gegenüber dem neuen Arbeitgeber für seinen Neffen.*

V-förmig / v-Förmig

→ *V-/v-*

Der Ruf des *Vielfraß*
Der *Vielfraß*, den Biologen zu den Mardern zählen, ist durchaus kein Kostverächter. Auf dem Speiseplan des Raubtiers stehen Rentiere und Karibus, denen er mit seinen schneeschuhartigen Tatzen im tiefen Schnee überlegen ist. Aber er verschmäht weder Kleinsäuger noch Aas, noch Fisch, und wenn es sein muss, lebt er vegetarisch. So hat er im Volksmund keinen guten Leumund. „*Vielfraß* nennt man dieses Tier wegen seiner Fressbegier", heißt es in einem Kinderreim, den sogar Brehms Tierleben zitiert.

Aber stimmt das? Viele Sprachforscher vermuten beim Wort *Vielfraß* eine volksetymologische Umdeutung:

Ursprünglich habe die Bezeichnung im Norwegischen *fjeldfross* gelautet, was so viel wie „Bergkater" bedeutet. Im 15. Jahrhundert verkauften hanseatische Händler den Pelz des Tieres unter dieser Bezeichnung: Diese wurde alsbald im Norddeutschen zu *veelvratz* oder *velvrat* („Vielfraß") umgedeutet. Damit fiel es im Deutschen mit dem bereits vorhandenen Wort *Vielfraß*, einem älteren Namen für die *Hyäne*, zusammen, das nun auch im Hochdeutschen auf den nordischen Räuber bezogen wurde. Der Ausdruck *Vielfraß* wurde offenbar wieder ins Skandinavische als norwegisch *fjeldfras* und schwedisch *filfras* zurückentlehnt. Selbst die zoologische Terminologie *gulo* (= „Schlemmer"), folgte der volksetymologischen Sichtweise. Wenn sich diese Wortentwicklung so abgespielt hat (ganz sicher ist das allerdings nicht), dann verdankt das Tier den wenig schmeichelhafte Namen und seinen schlechten Ruf einzig der Volksetymologie.

viel / viele(r, -s)

viel grauer Beton • Adjektive und Partizipien nach *viel* und *viele(r, -s)* werden, je nach Genus und Numerus, teils stark und teils schwach gebeugt. Im Singular herrscht die starke Deklination bei den Formen mit der Endung *-er* vor, also im Nominativ Maskulinum und im Dativ und Genitiv Femininum: *vieler grauer Beton; mit vieler echter Zuneigung.*
In allen anderen Fällen überwiegen im Singular die schwachen Formen: *vieles herumliegende Werkzeug; mit vielem wichtigen Material.*
Im Plural ist heute nur die starke Deklination üblich: *viele nette Leute; angesichts vieler erlittener Niederlagen.*
Nach ungebeugtem (endungslosem) *viel* ist ausschließlich die starke Deklination möglich: *viel grauer Beton; viel dummes Gerede; mit viel wichtigem Material.*
Groß- und Kleinschreibung • Bei dem unbestimmten Zahladjektiv *viel* ist Kleinschreibung immer richtig, auch wenn es im Satz die Funktion eines Substantivs übernimmt oder mit einem Artikel steht: *er hat, kann viel mehr als du; ich habe viel erlebt.*
Wenn *viel* mit Artikel steht, kann auch großgeschrieben werden, wenn der Schreibende zum Ausdruck bringen möchte, dass das Zahladjektiv substantivisch gebraucht wird: *die Freude der vielen/Vielen; in vielem/Vielem übereinstimmen; um vieles/Vieles besser.*
wie viel / wievielmal • In Verbindung mit *gar, so, wie* und *zu* schreibt man das Zahladjektiv getrennt: *so viel (Zeit); wie viele (Teilnehmer); zu viel (des Guten); gar viel.*
ACHTUNG: Die alte Schreibung *wieviel* ist nicht mehr korrekt. Man schreibt: *Wie viel kostet das? Wie viel er auch verdienen mag …*
Zusammengeschrieben werden dagegen *wievielmal* und *wievielte: Wievielmal warst du diese Woche im Kino? Zum wievielten Mal warst du in diesem Film?*
viel + Partizip • In Verbindung mit adjektivisch gebrauchten Partizipien kann man in den meisten Fällen getrennt oder zusammenschreiben: *eine viel befahrene/vielbefahrene Straße; ein viel*

beschäftigter/vielbeschäftigter Arzt; ein viel beschworenes/vielbeschworenes Ritual; ein viel besprochenes/vielbesprochenes Theaterstück; eine viel diskutierte/vieldiskutierte Frage; ein viel gebrauchtes/vielgebrauchtes Gerät; eine viel gefragte/vielgefragte Person; eine viel gepriesene/vielgepriesene Koryphäe; ein viel gekauftes/vielgekauftes Modell; ein viel gelesener/vielgelesener Schriftsteller; ein viel gereister/vielgereister Mann; ein viel geschmähter/vielgeschmähter Neubau.

ACHTUNG: Nur Zusammenschreibung ist möglich, wenn die gesamte Fügung gesteigert bzw. erweitert ist: *ein noch vielsagenderer Blick; ein sehr/äußerst vielversprechendes Konzept.*

TIPP: In manchen Fällen sollte nach der Bedeutung getrennt bzw. zusammengeschrieben werden. Bei *viel versprechend/vielversprechend* kann sich ein Doppelsinn ergeben: Um Sinnunterschiede bereits orthografisch anzuzeigen und dem Lesenden das Textverständnis zu erleichtern, empfiehlt es sich daher, in der wörtlichen Bedeutung getrennt und in der übertragenen zusammenzuschreiben: *Viel versprechenden Politikern kann man vor Wahlen leider nur selten glauben. Die Ministerin hält ihn für einen vielversprechenden* (= „viel Erfolg versprechenden, aussichtsreichen") *Politiker.*

vielerorts / vielenorts / vielerorten

Alle drei Formen gelten als korrekt. Im allgemeinen Sprachgebrauch dominiert *vielerorts*.

vielmehr

viel mehr / vielmehr • Die entgegensetzende Konjunktion *vielmehr* in der Bedeutung „besser, eher" schreibt man zusammen: *Es war kein Versehen, vielmehr war es Absicht.*

Davon zu unterscheiden ist die Fügung aus Adverb und der Komparativform *mehr* (= „in höherem Grad, eine größere Menge"): *Sie hat viel mehr gearbeitet als ich.*

Kommasetzung • Die entgegensetzende Konjunktion *vielmehr* kann gleichrangige Wortgruppen oder Teilsätze verbinden, dabei wird ein Komma gesetzt: *Wir begrüßten uns, vielmehr ging ich auf ihn zu und gab ihm die Hand. Er entwickelte ein neues Kühlaggregat, vielmehr ein vollständiges Kühlsystem.*

Ist die entgegensetzende Konjunktion *vielmehr* in den Ablauf des Satzes einbezogen, steht kein Komma: *Ich ging vielmehr auf ihn zu und gab ihm die Hand. Er entwickelte ein neues Kühlaggregat oder vielmehr ein ganzes Kühlsystem.*

vier

zu vieren / zu viert • Von *vier* kann die Dativform gebildet werden. Die Dativendung wird jedoch im heutigen Sprachgebrauch gewöhnlich nicht mehr verwendet: *Bei vier* (selten: *vieren*) *der Patienten stellten sich die Symptome ein.* Nach der Präposition *zu* kann entweder die Form mit *-t* oder die Dativform gebildet werden: *Sie waren zu vieren/viert in Urlaub.*

Groß- und Kleinschreibung • Als Zahladjektiv wird *vier* kleingeschrieben: *wir vier; unter uns vier/vieren; zu vieren/viert; Er wird jetzt vier. Sie wird um vier da sein. Für vier ist noch Platz. Um Punkt vier legt die Fähre ab.*

Die substantivierte Form wird großgeschrieben: *Er bekam wegen seiner Störungen im Mündlichen nur eine Vier.* (Aber: Ich habe leider nur ein „ausreichend" im Mündlichen.) *Die Vier* (Bus- oder Straßenbahnlinie) *fährt immer bis zum Bahnhof. Wenn du eine Vier würfelst, musst du aussetzen.*

vierte(r, -s) / Vierte(r, -s)

Das adjektivische Zahlwort schreibt man klein: *jeder vierte Jugendliche.* Bei Substantivierung schreibt man groß: *Er ist nun schon der Vierte. Er kam als Vierter ins Ziel.*

Innerhalb von Namen oder namensähnlichen Bezeichnungen wird ebenfalls großgeschrieben: *Sie spielen die Vierte von Tschaikowsky; die Vierte Zivilkammer.*

vierteljährig / vierteljährlich

Die beiden Adjektive dürfen nicht verwechselt werden. Die Zeitangabe *vierteljährig* gibt die

Dauer eines Vierteljahres an: *eine vierteljährige Probephase; die vierteljährige Ausbildung, ein vierteljähriges Fahrverbot.*
Zeitangaben mit *vierteljährlich* drücken die Wiederholung eines Vorgangs nach einem Vierteljahr Jahr aus: *vierteljährliche Berichte; vierteljährlich stattfindende Konferenzen; vierteljährliche Kontrollen; eine vierteljährliche Zahlung.*

vierzehntägig / vierzehntäglich

Die Zeitangabe *vierzehntägig* gibt die Dauer von vierzehn Tagen an: *ein vierzehntägiges Trainingsprogramm; vierzehntägige Zahlungsfrist* (= innerhalb von vierzehn Tagen).
Zeitangaben mit *vierzehntäglich* drücken die Wiederholung eines Vorgangs alle zwei Wochen aus: *vierzehntäglich erscheinende Illustrierte; vierzehntäglicher Jour fixe* (= „fester Besprechungstermin"); *vierzehntägliche Berichte.*

Viola

Der Plural von *Viola* kann *Violen* oder *Violas* lauten. Im allgemeinen Sprachgebrauch überwiegt die Form *Violas.*

Virus

Obwohl das Substantiv *Virus* die Endung *-us* aufweist, handelt es sich, wie bei dem zugrunde liegenden lateinischen Wort (*virus* „Schleim, Gift"), um ein Neutrum. Dementsprechend wird es fachsprachlich auch im Neutrum verwendet: *Das Virus hat die T-Helfer-Zellen angegriffen.*
Im Allgemeinsprachlichen überwiegt in manchen Bereichen der Gebrauch im Maskulinum. Dies gilt ganz besonders im Zusammenhang mit Computern oder dem Internet: *Der Virus, der das System befallen hatte, wurde durch eine verseuchte E-Mail eingeschleust.*

Visum

Das Substantiv *Visum* hat zwei Pluralformen: *Visa/Visen.* Im Sprachgebrauch dominiert die Form *Visa.*
ACHTUNG: Wird *Visa* als Singularform verwendet, ist dies falsch: *Sie beantragten ein Visum* (falsch: *ein Visa*).

Vokal

Wenn in Wortzusammensetzungen drei gleiche Vokale aufeinandertreffen, werden nach neuer Rechtschreibung alle drei Vokale geschrieben: *Teeei.*
Zur Verdeutlichung kann zwischen den Bestandteilen ein Bindestrich gesetzt werden: *Tee-Ei.*

Volksetymologie

Unter Volksetymologie versteht man die Umdeutung und Umformung eines nicht mehr vertrauten altertümlichen oder fremdsprachigen Wortes, indem es an ein ähnlich klingendes vertrautes Wort angelehnt wird: So wurde das Wort *Bockbier* in Anlehnung an *Bock* gebildet, geht aber auf das *Einbecker Bier* zurück. Dem Wort *Elfenbein* liegt nicht *Elfe* zugrunde, sondern das althochdeutsche *helfant* für „Elfenbein, Elefant".
→ *belämmert*

voll

vollste Zufriedenheit • Das Adjektiv *voll* ist streng genommen nicht steigerbar, da es bereits eine unveränderliche Eigenschaft bezeichnet bzw. einen absoluten Grad ausdrückt. Besonders in der Geschäftswelt wird es dennoch gesteigert, um die Verstärkung auszudrücken: *zu unserer vollsten Zufriedenheit.*
Diese Bildungen sollten nach Möglichkeit vermieden werden. Doch lassen sie sich gerade in Arbeitszeugnissen nicht immer umgehen.
Groß- und Kleinschreibung • Das Adjektiv schreibt man klein: *voll/voller Freude; ein Fass voll/voller Wein; ein Raum voller Menschen; drei viertel voll.*
Liegt eine Substantivierung vor, schreibt man groß: *ins Volle greifen; aus dem Vollen leben, schöpfen; in die Vollen gehen.*
voll + Verb • In den folgenden Verbindungen schreibt man getrennt: *voll arbeiten* (= auf einer

ganzen Stelle); *jemanden nicht für voll nehmen* (= „nicht ernst nehmen"); *den Mund voll nehmen* (= „prahlen").
In Verbindung mit Verben, die eine Tätigkeit beschreiben, bei der etwas aufgefüllt wird, schreibt man zusammen: *vollfüllen, volllaufen, vollmalen, vollpacken, volltanken.*
Ist in solchen Verbindungen *voll* erweitert, schreibt man jedoch nur getrennt: *den Tank ganz voll füllen.*
Nur zusammen schreibt man Verbindungen mit *voll,* in denen der Verbteil betont ist: *vollbringen, vollenden, vollführen, vollziehen.*
voll + Adjektiv • Wenn *voll* in Verbindung mit Adjektiven bedeutungsverstärkend auf den Zweitbestandteil der Verbindung wirkt, schreibt man zusammen: *vollbeschäftigt, vollelektronisch, vollumfänglich.*
Wenn der zweite Bestandteil der Verbindung in dieser Form oder Bedeutung nicht selbstständig vorkommt, schreibt man ebenfalls zusammen: *vollmundig* (nicht möglich: *mundig*), *vollbusig, vollständig.*
voll + Partizip • Ob die Verbindung aus Adjektiv und Partizip zusammengeschrieben wird, richtet sich nach der zugrunde liegenden Verbindung aus Adjektiv und Verb: *vollgetankt* (zu: *volltanken*), *vollgestellt* (zu: *vollstellen*).
Liegt keine Adjektiv-Verb-Verbindung zugrunde, kann die Verbindung aus Adjektiv und adjektivisch gebrauchtem Partizip sowohl getrennt als auch zusammengeschrieben werden: *ein voll besetzter/vollbesetzter Bus; voll automatisiertes/vollautomatisiertes Parkhaus; voll entwickelte/vollentwickelte Eizellen.*

vollendete Gegenwart/Zukunft

→ *Perfekt,* → *Futur II*

Vollverb

Als Vollverb bezeichnet man das Verb, das in einem Satz im Präsens oder Präteritum allein das Prädikat bilden kann: *Paul schläft. Maren spielt mit ihrem neuen Auto. Der alte Mann gab dem Jungen den Ball zurück.*

Volumen

Im deutschen Sprachgebrauch erscheint *Volumen* als Fremdwort mit einer einzigen, präzise umrissenen Bedeutung, nämlich „Rauminhalt" (Zeichen: V). Daneben tritt es in Zusammensetzungen wie *Handels-, Einspar-* oder *Klangvolumen* auf, die sich aber im übertragenen Sinn mit der landläufigen Bedeutung von *Volumen* gut decken.

Wer allerdings in Bibliotheken seinen Blick über die Buchrücken älterer, mehrbändiger Folianten streifen lässt, wird immer wieder Aufschriften wie *Vol. 1, Vol. 20* begegnen.
Denn *Volumen* bedeutet auch „Buch" bzw. „Band einer Buchreihe". Diese heute nur fachsprachlich relevante Bedeutung kommt der ursprünglichen Verwendung des Wortes weit näher. Dabei reicht diese sogar noch vor die Zeit der Bücher zurück. *Volumen,* das aus dem gleichlautenden lateinischen *volumen* entlehnt ist, bedeutete neben „Kreis" und „Welle" vor allem „Schriftrolle, Schriftwerk" (Bild unten: eine Tora). *Volumen* war damit ein wichtiger Schlüsselbegriff des Altertums, denn die Bedeutung, die das Buch in der Kultur des Mittelalters und der Neuzeit einnahm, hatten im Altertum vor allem die Schriftrollen.

Die beiden neuen Bedeutungen „Buch" und „Rauminhalt" nahm *volumen* in der französischen Sprache an. Sie sickerten in Abständen in die deutsche Sprache ein. Im 16. Jahrhundert taucht das Wort *Volumen* als fachsprachlicher Ausdruck für die Schriftrolle bzw. das Buch auf. Im 18. Jahrhundert verstand man auch im Deutschen schließlich unter *Volumen* (oft in der Form *Volum*) den „Rauminhalt".

vom

Die Verschmelzung aus der Präposition *von* und *dem* wird ohne Apostroph geschrieben. Sie gilt als standardsprachlich: *vom Aufgang der Sonne bis zum Untergang.*

von

von in Namen • Die Präpositionen *von* in mehrteiligen Eigennamen schreibt man klein, obwohl sie zum Namen gehört. Dies gilt auch, wenn bei Personennamen der Vorname fehlt: *Der Altbundespräsident von Weizsäcker gibt ein Interview.* Am Satzanfang schreibt man *von* groß: *Von Weizsäcker äußerte sich in einem Interview.* Als erstes Wort einer mehrteiligen substantivischen Aneinanderreihung schreibt man ebenfalls groß: *das Von-der-Heydt-Museum.*
von + Dativ • Die Präposition *von* steht ausschließlich mit dem Dativ. Im Plural enden die auf *von* bezogenen Substantive fast immer mit *-n: die Ausgabe von Lebensmitteln.*
von an oder von … ab? • Zur Bezeichnung eines Zeitpunkts, *von dem an* ein Sachverhalt gilt, dient die Präposition *von* in Verbindung mit nachgestelltem *an.* Die Verwendung von *ab* anstelle von *an* gilt als umgangssprachlich und sollte vermieden werden: *Von heute an* (nicht: *Von heute ab*) *wird alles anders. Von nun an* (nicht: *Von nun ab*) *geht es bergab. Die Preise gelten vom 1. Februar an* (nicht: *vom 1. Februar ab*). *Von dort an* (nicht: *Von dort ab*) *wird die Reise beschwerlich.*
ab dem / vom … an • Stehen zeitliche Angaben nach *ab dem,* können sie durch *vom … an* ersetzt werden: *ab dem 2. Februar* (auch: *vom 2. Februar an*); *ab dem nächsten Dienstag* (auch: *vom nächsten Dienstag an*); *ab dem sechsten Lebensjahr* (auch: *vom sechsten Lebensjahr an*).
Dies gilt auch für Zeitangaben wie die folgenden: *ab heute/von heute an; ab Weihnachten/von Weihnachten an; ab 2014/von 2014 an.*
von bis • Häufig tritt ein temporales *bis* in Verbindung mit *von* auf. Dabei regiert *von* den Dativ, *bis* den Akkusativ: *vom 6. (sechsten) bis 31. (einunddreißigsten) Mai; von Montag, dem 8. Januar, bis Samstag, den 14. Januar.*
Dabei wird *bis* heute durchweg einschließend verstanden.
→ *bis*
von, vor oder für? • Bei manchen Verben, wie z. B. *beschützen,* herrscht Unsicherheit darüber, ob das Präpositionalobjekt mit *von* oder *vor* angeschlossen wird. Es handelt sich um die folgenden Fälle:
beschützen vor: Er beschützte uns vor (nicht: *von*) *den Angreifern.*
sich entscheiden für: Wir haben uns für diese (nicht: *zu dieser*) *Lösung entschieden.*
sich entschließen zu: Wir haben uns zu dieser (nicht: *für diese*) *Lösung entschlossen.*
retten vor: Sie haben uns vor (nicht: *von*) *einem Insolvenzverfahren gerettet.*
Anders als *retten* kann *erretten* sowohl mit *von* als auch mit *vor* gebraucht werden: *Er hat sie von/vor dem Ertrinken errettet.*
Auch bei *strahlen* und *strotzen* kann sowohl die Präposition *vor* (mit dem Dativ) als auch *von* stehen: *Die Küche strahlt vor/von Sauberkeit. Das Fell des Hundes strotzt vor/von Dreck.*
von Heidelberg oder aus Heidelberg? • → *aus*
Häufungen von Präposition • Nach Möglichkeit sollte man in Sätzen mehrere Präpositionen hintereinander vermeiden, wenn sich diese auf unterschiedliche Substantive beziehen. Derartige Häufungen wirken schwerfällig und erschweren das Verständnis. In solchen Fällen empfiehlt es sich, den Satz anders zu formulieren: *Infolge von durch den Bundestag beschlossenen Gesetzen …* (Besser: *Infolge von Gesetzen, die der Bundestag beschlossen hat, …*)
Er meldete sich aus von ihm selbst zu verantwortenden Gründen nicht zurück. (Besser: *Die Gründe, weshalb er sich nicht zurückmeldete, hatte er selbst zu verantworten.*)

voneinander

In Verbindungen mit einem Verb schreibt man getrennt, wenn das Verb den Hauptakzent trägt: *voneinander hören; voneinander profitieren.* Trägt dagegen *voneinander* den Hauptakzent, schreibt man zusammen: *voneinandergehen, voneinanderscheiden* (= „sich trennen“).

von Seiten / vonseiten

→ *Seite*

vonstattengehen

Das Verb wird zusammengeschrieben. *Was hier vonstattengeht, spottet jeder Beschreibung.*
REGEL: Es gibt Verbverbindungen, deren erster Bestandteil nicht mehr als selbstständiges Wort vorkommt oder in der Verwendung beim Verb nicht mehr einer bestimmten Wortart zugeordnet werden kann. Man schreibt diese Wörter im Infinitiv, in den Partizipien und am Ende von Nebensätzen zusammen: *Ich verlange, dass alles schnell und diskret vonstattengeht.*

vor

Zur Angabe der Lage („Wo?") steht *vor* mit dem Dativ, zur Angabe der Richtung („Wohin?") mit dem Akkusativ: *Vor dem Haus stand eine mächtige Zeder. Vor das Haus hatte man eine Zeder gepflanzt.*
Bei temporalem Gebrauch regiert *vor* nur den Dativ: *Wir sind vor sechs Jahren in dieses Dorf gezogen.*
Vor dem 1. Februar kann ich den Auftrag nicht ausführen.

vor allem(,) wenn / weil / nachdem

Nachgestellte Fügungen, die mit *vor allem wenn/weil/nachdem* eingeleitet werden, werden in Kommas eingeschlossen, oder sie werden durch ein Komma abgegrenzt, wenn sie am Ende eines Satzes stehen. Ist *vor allem* im Satz besonders betont, kann man auch vor der nachfolgenden Konjunktion ein Komma setzen. Wird die Folge dagegen als Einheit betrachtet, kann man das Komma vor der Konjunktion weglassen: *Er hatte morgens oft schlechte Laune, vor allem(,) wenn er schlecht geschlafen hatte. Das Unternehmen hat dieses Jahr höhere Gewinne erwirtschaftet, vor allem(,) weil der Export anzog. Die Mannschaft hat Respekt vor uns, vor allem(,) nachdem wir in München gewonnen haben.*

vorangehend

Wird die Partizipform adjektivisch gebraucht, schreibt man klein: *Den vorangehenden Absatz bitte streichen.* Bei Substantivierung schreibt man groß: *Ich bitte(,) Vorangehendes zu streichen.*

voraus / Voraus

voraus oder vorraus? • *Voraus* ist eine Zusammensetzung aus *vor* und *aus*. Man schreibt deshalb *voraus*.
voraus / Voraus • Das Adverb *voraus* wird bei Substantivierung großgeschrieben: *Ich möchte mich im Voraus sehr herzlich bei Ihnen bedanken.* Das Substantiv *der Voraus* bezeichnet im Erbrecht das einem Erben im Voraus zufallende Erbteil: *der kleine/große Voraus.*

vorausgesetzt(,) dass

Leitet *vorausgesetzt* einen Bedingungssatz ein, wird dieser durch Komma abgegrenzt. Da *vorausgesetzt* dabei einen vollständigen Nebensatz vertritt, kann man es in Kommas setzen. In Verbindung mit *dass* kann man zwischen die beiden Bestandteile der Fügung ein Komma setzen, um *vorausgesetzt* besonders hervorzuheben: *Die Unterlagen kommen rechtzeitig an, vorausgesetzt(,) Sie schicken sie per E-Mail. Vorausgesetzt(,) dass der Zug nicht wieder so viel Verspätung hat, werden wir pünktlich in Gelsenkirchen ankommen. Wir werden pünktlich in Gelsenkirchen ankommen, vorausgesetzt(,) dass der Zug nicht wieder so viel Verspätung hat.*
Ist *vorausgesetzt* als Teil einer Partizipgruppe in den Ablauf des Satzes einbezogen, steht vor *vorausgesetzt* kein Komma. Die gesamte Partizipgruppe kann hingegen durch Komma abgetrennt werden: *Gutes Wetter vorausgesetzt(,) können wir am Wochenende ins Freibad. Wir können, gutes Wetter vorausgesetzt, am Wochenende ins Freibad.*

vorausgehen, vorausHaben, vorauslaufen

Die Fügung aus *voraus* und einem Verb schreibt man zusammen, da die Hauptbetonung auf dem ersten Bestandteil liegt: *Sie wollten vorausgehen. Ich weiß, dass sie mir viel voraushat.* Die substantivierte Form des Partizips wird großgeschrieben: *Ich bitte, Vorausgehendes nicht zu beachten.*

Voraussetzung – unter der Voraussetzung(,) dass

Die Fügung unter *der Voraussetzung(,) dass* kann im gleichen Satz entweder als Abfolge von adverbialer Bestimmung (*unter der Voraussetzung*) und Konjunktion (*dass*) oder insgesamt als mehrteilige Konjunktion betrachtet werden. Im ersten Fall gehört *unter der Voraussetzung* zum Hauptsatz und vor *dass* steht ein Komma: *Sie bekommen die Stelle unter der Voraussetzung, dass …*
Im zweiten Fall leitet *unter der Voraussetzung* eine nachgestellte Erläuterung ein, die mit Komma vom Hauptsatz abzugrenzen ist, das Komma vor dass aber ist optional: *Sie bekommen die Stelle, unter der Voraussetzung(,) dass …*

vordatieren, vorstellen

Das Verb *vordatieren* führt schnell zu Missverständnissen, denn es wird oft in zwei gegensätzlichen Bedeutungen gebraucht: In der ursprünglichen Bedeutung meinte man mit *vordatieren* „mit einem späteren Datum versehen". Heute wird *vordatieren* aber oft in der Bedeutung „mit einem früheren Datum versehen" gebraucht. Der Grund für dieses Missverständnis liegt in der unterschiedlichen Verwendung von *vor*. Als Präposition meint *vor* „zeitlich früher, eher". Als Verbstandteil in *vorgehen, vorlaufen* etc. stellt *vor* eine Verkürzung von *voran* dar und wird im Sinne von „vorwärts, voraus" gebraucht. Um Missverständnisse zu vermeiden, sollte man anstelle von *vordatieren* immer *vorausdatieren* bzw. *zurückdatieren* verwenden.
Ein ähnliches Missverständnis, das regelmäßig bei der Umstellung auf die Sommerzeit auftritt, betrifft die Fügung *die Uhr vorstellen*. Auch hier steht der Verbbestandteil nicht für die Präposition *vor*, sondern stellt eine Verkürzung von *voran* dar. Die Uhr wird also von zwei auf drei Uhr *vorgestellt*.

Vorderteil

Die Zusammensetzung kann im Maskulinum oder im Neutrum gebraucht werden: *der/das Vorderteil.*

Auf Vordermann bringen

Die Redewendung jemanden bzw. etwas *auf Vordermann* bringen stammt aus dem Militär. Für die gleichmäßige Ausrichtung und Bewegung von geschlossenen Formationen war es wichtig, dass sich der einzelne Soldat beim Antreten oder Marschieren stets am *Vordermann* orientierte. In einem preußischen Exerzierreglement für die Artillerie von 1812 hieß es beispielsweise: „Das zweite Glied hält aufgeschlossen *auf den Vordermann*, daß ein Zwischenraum von zwei Fuß statt findet; der Hintermann muss durch den *Vordermann* gedeckt sein." Wenn ein Soldat beim Exerzieren von seinem Offizier *auf Vordermann* gebracht wurde, wurde er in die richtige Position ausgerichtet. Da dies nicht immer sanft geschah, entwickelte sich daraus auch die Bedeutung „unsanft zurechtweisen". Die Redewendung ist erstaunlich spät in den zivilen Wortschatz eingegangen. Erst seit Ende des 2. Weltkriegs wird sie im allgemeinen Sprachgebrauch häufiger verwendet.

Vorgangspassiv

→ *Sonderseiten „Passiv", S. 338f.*

vorher sagen/vorhersagen

In der Bedeutung „voraussagen" schreibt man zusammen, die Betonung liegt auf *-her-: Der Regen wurde vorhergesagt.* In der Bedeutung „früher sagen" schreibt man getrennt, da sich zwischen *vorher* und *sagen* andere Satzteile einfügen lassen: *Sie hatte es vorher (schon mal) gesagt.*

vorhinein

Das Adverb *vorhinein* wird nur noch in der Fügung mit *im* verwendet. Da eine Substantivierung vorliegt, schreibt man groß: *Wir haben das Geld im Vorhinein überwiesen.*

vorig

Als Adjektiv schreibt man *vorig* klein: *der vorige Antrag; das vorige Mal; voriges Jahr.*
Liegt eine Substantivierung vor, schreibt man groß: *das Vorige; die Vorigen; im Vorigen.*

vorliebnehmen

Die Verbindung *vorliebnehmen* wird zusammengeschrieben, da *vorlieb* nicht als selbstständiges Wort vorkommt: *Er musste nach dem verpatzten Lauf mit der Bronzemedaille vorliebnehmen.*

vorliegend

Man schreibt die Partizipform klein, wenn sie adjektivisch gebraucht wird: *die vorliegenden Papiere; das vorliegende Geständnis.*
Man schreibt das Partizip groß, wenn eine Substantivierung vorliegt: *Das Vorliegende genügt in diesem Fall völlig. Wir haben auf das Vorliegende zurückgegriffen.*

Vormittag

Groß- und Kleinschreibung • Nach den Adverbien *vorgestern, gestern, heute, morgen* und *übermorgen* schreibt man *Vormittag* immer groß: *vorgestern Vormittag; gestern Vormittag; morgen Vormittag.*
Getrennt- und Zusammenschreibung • *Vormittag* in Verbindung mit Wochentagen schreibt man stets getrennt und groß, wenn kein Artikel davorsteht: *Mein Arzttermin ist Montag Vormittag. Er ist Freitag Vormittag nicht im Büro.*
ACHTUNG: Steht die Verbindung mit einem vorangestellten Artikel, einem Pronomen oder einem Adjektiv schreibt man zusammen: *Die Aktion findet am Freitagvormittag statt.*

vormittags

Substantive wie *Vormittag* können durch Anhängen des Suffixes *-s* zu Adverbien werden. Man schreibt sie klein: *Ihre Kurse fanden oft vormittags statt.*
Steht *vormittags* jedoch mit Artikel, schreibt man groß: *Des Vormittags lag sie oft noch im Bett.*
Bei Zusammensetzungen mit *vormittags* kann getrennt oder zusammengeschrieben werden. Man schreibt dann in beiden Fällen klein: *donnerstagvormittags – donnerstags vormittags.*
Steht vor der Verbindung ein Artikel, Pronomen oder Adjektiv, muss groß- und zusammengeschrieben werden: *Eines gewöhnlichen Donnerstagvormittags wich sie von ihrer Routine ab.*

vornüber

In Verbindung mit Verben wird meist zusammengeschrieben, da *vornüber* in der Verbindung den Hauptakzent trägt: *vornüberbeugen, vornüberfallen, vornüberkippen.*

vors

→ *Verschmelzung*

Vorsilbe

→ *Präfix*

vorstellen

→ *vordatieren*

vorwärts

Trägt *vorwärts* in Verbindungen mit einem Verb den Hauptakzent, so schreibt man zusammen: *Wir müssen vorwärtsblicken. Die neue Technologie wird unser Unternehmen vorwärtsbringen. Er sagte: „Bitte weiter vorwärtsgehen!“*

Vorzeitigkeit

→ *Temporalsatz*

W

Waagrechte / Waagerechte

drei Waagrechte / Waagrechten • Das Substantiv kann stark oder schwach gebeugt werden. Nach einem bestimmten Artikel stehen nur die starken Formen: *die Waagrechte; mit einer Waagrechten; die Waagrechten.* Wenn *Waagrechte* im Plural ohne Artikel, aber mit einem Zahlwort steht, kann es stark oder schwach gebeugt werden: *drei Waagrechte* (auch: *Waagrechten*).
Waagerechte oder Waagrechte? • Beide Formen sind korrekt. Im Schreibgebrauch finden beide Formen nahezu gleich häufig Verwendung.

wach

Getrenntschreibung • Eine Verbindung aus *wach* und einem Verb wird getrennt geschrieben, wenn die Verbindung in wörtlicher Bedeutung gebraucht wird: *wach bleiben; sich wach halten* (= „nicht einschlafen"); *wach werden* (= „aufwachen").
Getrennt- oder Zusammenschreibung • Bezeichnet *wach* das Ergebnis des mit dem Verb beschriebenen Vorgangs, ist neben der Getrennt- auch die Zusammenschreibung erlaubt: *jemanden wach rütteln/wachrütteln* (= „aufwecken"); *jemanden wach machen/wachmachen.*
Zusammenschreibung • Wird die Verbindung übertragen gebraucht, kann also die Gesamtbedeutung dieser Verbindung nicht aus ihren Einzelbestandteilen erschlossen werden, schreibt man zusammen: *jemanden wachrütteln* (= „zur Besinnung bringen"); *Erinnerungen wachhalten; eine böse Erinnerung wachrufen.*
In Fällen, in denen keine klare Entscheidung darüber möglich ist, ob eine übertragene Bedeutung vorliegt oder nicht, kann getrennt oder zusammengeschrieben werden: *stundenlang wach liegen/wachliegen; Erinnerungen, die allmählich wieder wach werden/wachwerden.*

wägen / wiegen

Das starke Verb *wiegen* mit der Bedeutung „das Gewicht feststellen, ein bestimmtes Gewicht haben" hat die Stammformen *wog, gewogen: Er hat die Wurst genau gewogen. Der Schrank wog ungefähr zwei Zentner.*
Das Verb *wägen (abwägen),* das ursprünglich dieselbe Bedeutung wie *wiegen* hatte, wird heute nur im Sinne von „einschätzen, erwägen, bedenken" gebraucht. Die Stammformen von *wägen* lauten ebenfalls *wog, gewogen.* Daneben wird jedoch auch die schwache Konjugation verwendet: *Sie wog jedes Wort, das gesprochen wurde.* (Auch: *Sie wägte jedes Wort, das gesprochen wurde.*)
Das schwache Verb *wiegen* „jemanden oder etwas in eine schaukelnde Bewegung versetzen" ist ein anderes Verb, das lautlich mit dem oben genannten zusammengefallen ist. Es wird schwach konjugiert: *wiegen, wiegte, gewiegt. Er wiegte das Kind in den Schlaf. Er hat bedenklich den Kopf gewiegt.*

Wagen – die Wagen / Wägen

Das Substantiv *Wagen* hat zwei mögliche Pluralformen: *die Wagen/Wägen.* Allerdings gilt die Form mit Umlaut regional meist als umgangssprachlich:
DEUTSCHLAND: *die Wagen* (umgangssprachlich: *die Wägen*)
SCHWEIZ: *die Wagen* (dialektal: *die Wägen*)
ÖSTERREICH: *die Wagen* (auch: *die Wägen*)

Wache schieben, Wache stehen

Man schreibt die Verbindungen getrennt: *Wache schieben/stehen. Sie haben die ganze Zeit Wache geschoben. Er musste zur Strafe Wache stehen.*
REGEL: Wenn es sich bei einem Substantiv, das von einem Verb begleitet wird, um ein eigenständiges Wort handelt, wird getrennt geschrieben.

Falsche Zungenschläge im *Waggon*
Das Wort *Waggon* wird im Deutschen oft mit einem französischen Zungenschlag versehen – entweder mit dem vornehmen Nasal [õ] oder hilfsweise mit dem ng-Laut [ŋ]. Einen Schönheitsfehler hat das Ganze freilich. Mit dem Französischen hat der Ausdruck nichts gemein. Vielmehr steht am Anfang der Wortgeschichte ein intensiver Sprachkontakt zwischen dem Niederländischen und dem Englischen. Es waren vor allem flämische Einwanderer und holländische Kaufleute, die neben ihrem handwerklichen Können und ihren Handelsgütern zahlreiche niederländische Ausdrücke auf die Insel mitbrachten, darunter Wörter, die wir heute als ur-englisch betrachten, z. B. *clock*, *tattoo* oder *brake* – und eben *waggon*. Letzteres geht auf ein Wort zurück, das im Niederländischen, Niederdeutschen und Hochdeutschen gleich lautete: *Wagen*. Im Englischen wurde es als *waggon* zunächst auf Fuhrwerke und nach Erfindung der Eisenbahn auf offene Güterwagen bezogen. Als 1835 im Deutschen Bund die erste Eisenbahnlinie zwischen Nürnberg und Fürth eröffnet wurde, gelangten auch viele Wörter wie *Lokomotive* und *Waggon* ins Deutsche. Was jedoch nicht eingeführt wurde, war deren englische Aussprache, da das Englische zu dieser Zeit eine exotische, wenigen vorbehaltene Fremdsprache war. So wurde *Waggon* analog zu *Bonbon, Fasson* oder *Salon* französisch artikuliert.

Waggon/Wagon

Neben *Waggon* ist auch die Form *Wagon* in Anlehnung an die französische Form korrekt. Die Aussprache unterscheidet sich regional, womit auch Unterschiede in der Pluralbildung verbunden sind:
DEUTSCHLAND/SCHWEIZ (selten): Aussprache: [vagõ:] oder [vagɔŋ] – Plural: *die Waggons/Wagons.*
ÖSTERREICH: Aussprache: [vago:n] – Plural: *die Waggone/Wagone.*

wahr

Groß- und Kleinschreibung • Als Adjektiv wird *wahr* kleingeschrieben: *wahre Wunder vollbringen.* Liegt eine Substantivierung vor, schreibt man dagegen groß: *Das ist nicht das Wahre. An den Anschuldigungen ist nichts Wahres. Man sollte Wahres von Unwahrem unterscheiden können.*
Getrennt- und Zusammenschreibung • Eine Verbindung aus dem Adjektiv *wahr* und einem Verb wird in der Regel getrennt geschrieben, wenn sie in wörtlicher Bedeutung gebraucht wird: *wahr bleiben; wahr werden.*
Steht *wahr* für das Ergebnis des mit dem Verb beschriebenen Vorgangs ist neben der Getrennt- auch die Zusammenschreibung erlaubt: *etwas wahr machen/wahrmachen.*
Nur zusammen schreibt man, wenn *wahr* in der Verbindung keiner bestimmten Wortart mehr zuzuordnen ist oder die Fügung übertragen gebraucht wird: *etwas nicht wahrhaben wollen* (= „nicht glauben"); *etwas wahrnehmen; jemandem wahrsagen.*

während

Gebrauch als Konjunktion • Die unterordnende Konjunktion *während* kann temporal (zur Bezeichnung der Gleichzeitigkeit) und adversativ (zur Bezeichnung eines Gegensatzes) gebraucht werden:
Temporal: *Er hob das Glas, während er sprach.*
Adversativ: *Während es gestern noch warm war, mussten wir heute heizen.*
In vielen Fällen kann *während* sowohl temporal als auch adversativ verstanden werden. Welche Lesart gemeint ist, kann dann häufig nur aus dem weiteren Zusammenhang erschlossen wer-

den: *Während sie den ganzen Tag telefoniert, sitzt er am Computer. Der Sohn machte Urlaub auf Malta, während die Eltern zu Hause blieben.*
Kommasetzung • Leitet *während* einen Nebensatz ein, wird dieser durch Komma abgegrenzt: *Sie schälte Kartoffeln, während er abwusch. Während er noch die Sachen für die Reise zusammenpackte, stand schon das Taxi vor der Tür.* Ist *während* in den Ablauf des Satzes einbezogen, steht kein Komma: *Sie ist während des Urlaubs krank geworden.* Bildet *während* zusammen mit anderen Wörtern eine mehrteilige Konjunktion, wird das Komma vor die gesamte Fügung gesetzt: *Er hört ständig Musik, auch während er arbeitet.*
Gebrauch als Präposition • Wird *während* als Präposition gebraucht, steht sie überwiegend mit dem Genitiv: *Während der Vorträge bitte nicht stören!*
Im Plural steht der Dativ, wenn das folgende Substantiv ohne Artikel, Adjektiv oder Pronomen steht: *Während Gottesdiensten keine Führung!*

Währungsangaben

→ *Sonderseiten: „Maße, Mengen, Münzen, Gewichte", S. 304f.*

Waidmann / Weidmann

→ *Weidmann*

Waise / Waise

der / die Waise • Im modernen Deutsch wird *Waise* nur noch im Femininum gebraucht: *die Waise.* Früher war dagegen auch der Gebrauch im Maskulinum möglich.
Weise / Waise • Im Alt- und Mittelhochdeutschen wurde *Waise* meist mit *ei* geschrieben (althochdeutsch: *weiso;* mittelhochdeutsch: *weise*). Martin Luther schrieb bereits *Waise.* Er wollte das Wort von *weise* („klug, einsichtig") abgrenzen.

Wales / Wallis

Die Einwohner von *Wales* (Großbritannien) bezeichnet man als *Waliser.* Das entsprechende Adjektiv lautet *walisisch.* Die Einwohner des Schweizer Kantons *Wallis* bezeichnet man dagegen als *Walliser.* Das entsprechende Adjektiv lautet *walliserisch.*

Wandale

→ *Vandale*

Wanderer – Wanderin

Bei Personenbezeichnungen, die in der männlichen Form auf *-erer* enden, wird in der weiblichen Form ein *er* getilgt. Es heißt daher: *der Wanderer – die Wanderin* (falsch: *Wandererin*).

wandern

Das Perfekt von *wandern* wird im Allgemeinen mit dem Hilfsverb *sein* gebildet: *Ich bin viel gewandert, als ich noch mehr Zeit hatte.* Dies gilt insbesondere, wenn mit dem Verb eine zielgerichtete Ortsveränderung verbunden ist: *Wir sind über den Alpenpass gewandert.*
Wenn mit dem Verb nur die Handlung als solche beschrieben wird, kann auch *haben* stehen. Der Gebrauch ist jedoch selten: *Wir haben es uns gut gehen lassen, aber wir haben* (häufiger: *sind*) *auch viel gewandert.*

wann / wenn

Mit dem Frageadverb *wann* fragt man nach Zeitpunkten oder Zeitintervallen. Für Fragen nach der Zeitdauer oder einer Wiederholung steht *wann* in Verbindung mit einer Präposition (z. B. *ab, bis, seit*): *Wann fährst du nach Stuttgart? Seit wann wohnst du in Bonn?*
Das Frageadverb *wann* kann nicht zur Einleitung von Relativsätzen gebraucht werden. Stattdessen gibt es eine Reihe anderer Möglichkeiten:
die Zeit, als / da das Wünschen noch geholfen hat; die Zeit, in der / wo das Wünschen noch geholfen hat (falsch: *die Zeit, wann das Wünschen noch geholfen hat*).
Steht das Verb des Relativsatzes im Präsens, dann ist in manchen Fällen auch ein Anschluss

mit *wenn* möglich: *die Zeit, wenn* (veraltet: *wann*) *das Wünschen wieder hilft; im Winter, wenn* (veraltet: *wann*) *es schneit.*

ward

Anstatt *er/sie/es war* stand früher die Form *ward*. Sie ist zwar veraltet, findet aber vereinzelt noch in Märchentexten bzw. dort Verwendung, wo die Anmutung eines altertümlichen Stils erzeugt werden soll: *Meyer rannte flugs zum Ausgang und ward nicht mehr gesehen. Rapunzel ward das schönste Kind unter der Sonne.*
ACHTUNG: Die Form *ward* darf nicht mit der 2. Person Plural Präteritum von *sein* verwechselt werden: *Wart* (nicht: *Ward*) *ihr nicht im Kino?*

warm

Verbindungen aus *warm* und einem Verb schreibt man getrennt, wenn sie in wörtlicher Bedeutung gebraucht werden: *Ich hoffe, dass es noch eine Weile so warm bleibt. Ich werde das Essen für dich warm halten. Das Bier wird in der Sonne schnell warm werden.*
Beschreibt *warm* in Verbindung mit einem Verb das Ergebnis des durch das Verb beschriebenen Vorgangs, kann man auch zusammenschreiben: *Ich werde dir das Essen warm machen/warmmachen* (das Essen ist dann warm). *Ich habe das Essen warm gestellt/warmgestellt.*
Diese Regel gilt allerdings nicht für die folgenden Verbindungen: *den Motor warm laufen lassen; sich warm laufen; sich warm machen.*
Wird die Verbindung aus *warm* und einem Verb in übertragener Bedeutung gebraucht, kann also die Gesamtbedeutung nicht aus den Einzelbestandteilen der Verbindung erschlossen werden, muss zusammengeschrieben werden: *Die Diskussion wird noch dauern, sie haben sich gerade erst warmgelaufen. Ich habe mir diese Kontakte warmgehalten.*
In einigen Fällen ist nicht eindeutig zu entscheiden, ob eine übertragene oder eine wörtliche Bedeutung vorliegt. Man kann daher zusammen- oder getrennt schreiben: *mit jmdm. warmwerden/warm werden* (= „sich mit jmdm. anfreunden").
TIPP: Es empfiehlt sich, die Verbindung aus *warm* und *werden* in der Bedeutung „sich annähern" zusammenzuschreiben, um sie bereits orthografisch von anderen Verwendungsweisen abzugrenzen und dem Leser so das Textverständnis zu erleichtern: *Es kostete sie viel Zeit und Mühe, miteinander warmzuwerden.*

was

was oder etwas? • Anstelle des Pronomens *etwas* wird in der Umgangssprache häufig die verkürzte Form *was* verwendet. Standardsprachlich muss hier *etwas* stehen: *Ich sehe etwas, was du nicht siehst. Wir haben neulich vielleicht etwas erlebt!* (umgangssprachlich: *Ich sehe was, was du nicht siehst. Wir haben neulich vielleicht was erlebt!*)
Wird *was* als verkürzte Form zu *etwas* gebraucht, steht kein Apostroph.
was für eine(r, -s) oder was für welche(r, -s)? • Anstelle von *welche(r, -s)* oder *was für eine(r, -s)* kommt umgangssprachlich zudem *was für welche(r, -s)* vor: *Wir haben frisch gebrautes Bier getrunken. – Was für eines?* (umgangssprachlich: *Was für welches?*)
Die Fügung *was für eine(r, -s)* kann keine Substantive im Plural ersetzen. Standardsprachlich muss hier das Substantiv wiederholt werden.
In der Umgangssprache wird stattdessen häufig *was für welche* benutzt:
Fritz hat neue Stühle angeschafft. – Was für Stühle? (umgangssprachlich: *Was für welche?*)
welcher oder was für ein? • Das Interrogativpronomen *welcher* und die Fügung *was für ein* werden häufig miteinander verwechselt. Das Pronomen *welcher* hat die Funktion, nach einem Element (im Singular) bzw. nach einer Teilmenge (im Plural) aus einer Gesamtmenge zu fragen:
Welche Hose soll ich anziehen? (z. B. *welche von den Hosen, die ich habe*)
Welchen Wein wünschen Sie? (z. B. *den roten oder den weißen*)
Welche Bücher soll ich kaufen? (z. B. *welche von den angebotenen*)
Demgegenüber fragt man mit der Fügung *was für ein* nach einer Eigenschaft eines Gegenstandes oder Lebewesens: *Was für Schuhe sollen wir mit-*

nehmen? (z. B. *Sportschuhe oder Wanderschuhe*) *Was für ein Hund ist das?* (*welche Hunderasse*) *Was für Bücher soll ich kaufen?* (z. B. *Kriminalromane oder Gedichtbände*)

was + Präposition • Die Folge aus einer Präposition und *was* gilt als umgangssprachlich, und zwar unabhängig davon, ob sie in einem Frage- oder in einem Relativsatz verwendet wird. Stattdessen wird in diesen Fällen in der Standardsprache überwiegend das Pronominaladverb mit *wo(r)-* gebraucht.

Dies gilt für den Gebrauch im Fragesatz: *Womit* (umgangssprachlich: *Mit was*) *hast du denn den Flecken entfernt? Wonach* (umgangssprachlich: *Nach was*) *hat er dich gefragt? Woran* (umgangssprachlich: *An was*) *glaubst du? Worauf* (umgangssprachlich: *Auf was*) *hat niemand die Antwort? Wogegen* (umgangssprachlich: *Gegen was*) *ist das? Woraus* (umgangssprachlich: *Aus was*) *ist das? Wovon* (umgangssprachlich: *Von was*) *hat Fritz keine Ahnung? Worum* (umgangssprachlich: *Um was*) *geht es in dem Artikel? Wovon* (umgangssprachlich: *Von was*) *ist hier eigentlich die Rede? Wovor* (umgangssprachlich: *Vor was*) *fürchtest du dich? Worunter* (umgangssprachlich: *Unter was*) *soll ich diesen Begriff nachschlagen?*

Dasselbe gilt auch für den Gebrauch im Relativsatz: *Da ist etwas, wovon* (umgangssprachlich: *von was*) *du noch nichts weißt. Es gibt viel, worüber* (umgangssprachlich: *über was*) *ich mit dir reden wollte.* usw.

was als Relativpronomen • Bezeichnet das Substantiv, auf das sich das Relativpronomen bezieht, etwas Abstraktes, das nicht zählbar ist, dann wird das Relativpronomen *was* gewählt: *All das Traurige, was in ihren Augen lag …*

Auch nach substantivierten Superlativen im Neutrum steht in der Regel das Pronomen *was: Was du sagst, ist das Überzeugendste, was ich bisher gehört habe.*

Nach dem Demonstrativpronomen *dasselbe* (bzw. *das gleiche*), nach Pronomen und Adjektiven, die eine unbestimmte Menge ausdrücken, steht im Allgemeinen ebenfalls *was: Marion macht heute dasselbe, was ich damals auch gemacht habe. Gibt es denn etwas, was ihn aufrütteln könnte?*

Bezieht sich das Relativpronomen auf den gesamten Inhalt eines Satzes (und nicht auf ein einzelnes Substantiv), dann muss immer *was* stehen: *Gestern habe ich Margret im Krankenhaus besucht, was sie sehr freute.*

das oder was? • Ist das Substantiv, auf das sich das Relativpronomen bezieht, ein Neutrum, dann wird (analog zu den Relativpronomen-Formen *der* und *die*) das Relativpronomen *das* gebraucht: *Das Auto, das* (nicht: *was*) *an der Ecke steht, ist grün* (analog zu: *der Wagen, der an der Ecke steht*).

Auch wenn das Substantiv, auf das sich das Relativpronomen bezieht, ein substantiviertes Adjektiv oder substantiviertes Partizip ist, das etwas Bestimmtes ausdrücken soll, gilt dies in gleicher Weise: *Der Jäger nahm das Junge, das* (nicht: *was*) *er im Wald gefunden hatte, mit nach Hause.*

Nach Präpositionen steht ebenfalls grundsätzlich das Relativpronomen *das,* auch wenn es sich auf ein Pronomen (z. B. *etwas*) oder Adjektiv bezieht, die eine unbestimmte Menge bezeichnen: *Es gibt etwas, für das/wofür ich meilenweit laufen würde.* (Falsch: *Es gibt etwas, für was ich meilenweit laufen würde.*)

Wasser

Der Plural von *Wasser* wird je nach Bedeutung unterschiedlich gebildet. In der Bedeutung „Gewässer, Meer, See; Wassermassen“ lautet die Pluralform *die Wasser* (Dativ Plural: *Wassern*): *Die Wasser des Nils sind die Lebensader Ägyptens. Sie haben Rechte an den Wassern des Nils. Er ist mit allen Wassern gewaschen.*

In der Bedeutung „Flüssigkeit zu Heil- oder kosmetischen Zwecken“ oder „bestimmte Wassersorten“ bildet man den Plural mit Umlaut: *die Wässer; die Abwässer; die Duftwässer; die Gesichtswässer; die Haarwässer; die Mineralwässer.*

weben

Das Verb *weben* kann stark *(weben – wob – gewoben)* oder schwach *(weben – webte – gewebt)* konjugiert werden. Es gibt jedoch Unterschiede im Gebrauch:

Die starken Formen werden meist in übertragener Bedeutung verwendet: *ein fein gewobenes Netz aus Straßen und Autobahnen. Die Dichter und Bänkelsänger woben einen Strauß von Legenden um die Person des Schinderhannes.*
In der konkreten Bedeutung, wenn *weben* also auf die Herstellung von Textilien bezogen ist, verwendet man meist die schwachen Formen: *Der Stoff ist schwer und dicht gewebt* (selten: *gewoben*). *Ihre Mutter entwarf und webte Teppiche.*

weder … noch

Kommasetzung • Verbindet die mehrteilige Konjunktion *weder … noch* Hauptsätze, kann man vor *noch* ein Komma setzen, um die Gliederung des Satzes deutlich zu machen: *Weder hatte er Lust auf einen Kinobesuch(,) noch wollte er an dem gemeinsamen Essen teilnehmen.*
Verbindet *weder … noch* gleichrangige Nebensätze oder Infinitivgruppen, die vom gleichen Hauptsatz abhängen, setzt man vor *noch* kein Komma: *Er war tief enttäuscht, weil er weder in der Lotterie gewonnen noch eine Gehaltserhöhung erhalten hatte. Der Arzt riet ihm, weder zu rauchen noch Alkohol zu trinken.*
→ *Sonderseiten „Infinitiv“, S. 242f.*
Das Komma steht auch nicht, wenn *weder … noch* Satzteile verbindet: *Der Wagen war weder besonders sparsam noch gut gepflegt.*
weder Sturm noch Regen kann / können • Besteht ein Subjekt aus mehreren Teilen, die mit *weder … noch* verbunden sind, kann das Prädikat im Singular oder im Plural stehen. Steht das Subjekt vor dem Prädikat, überwiegt der Plural, steht es nach dem Prädikat, überwiegt der Singular: *Weder Sturm noch Regen können* (auch: *kann*) *mich von meinem Plan abhalten. Von meinem Plan kann* (auch: *können*) *mich weder Sturm noch Regen abhalten.*
Steht ein Teil des Subjekts im Plural, steht das Prädikat im Allgemeinen auch im Plural: *Weder meine Schwestern noch du können mich trösten.*
das Weder-noch • Wird die Konjunktion substantiviert, setzt man zwischen den Bestandteilen einen Bindestrich und schreibt das erste Wort groß: *Dieses Weder-noch führt in eine Sackgasse.*

wegen

Die Präposition *wegen* steht gewöhnlich vor dem Substantiv. In der Standardsprache regiert *wegen* den Genitiv, wenn das Substantiv mit Artikel und / oder Pronomen oder Adjektiv steht: *Wegen des guten Wetters machten wir einen ausgedehnten Spaziergang.*
Umgangssprachlich wird *wegen* auch mit dem Dativ benutzt. Standardsprachlich ist der Dativ aber nicht korrekt: *wegen dem Umbau; wegen den Geschäften; wegen dem Wetter.*
Folgt auf die Präposition *wegen* ein Substantiv ohne Artikel, Pronomen oder Adjektiv, so steht im Singular in der Regel die ungebeugte Form. Möglich ist aber auch die Genitivform auf *-s.* Auch dieser Gebrauch gilt als korrekt und wird vorwiegend auf gehobener Sprachebene verwendet: *Das Hotel ist wegen Umbau* (auch: *wegen Umbaus*) *geschlossen. Die Bundesstraße ist wegen Regen* (auch: *wegen Regens*) *nicht befahrbar. Die Bundesstraße ist wegen Überschwemmung gesperrt.*
Im Plural steht dagegen der Dativ: *Wegen Geschäften, die er zu erledigen hatte, fuhr er nach Bremen.*
des Umbaus wegen • In gehobener Sprache ist auch die Nachstellung von *wegen* gängig. Bei nachgestelltem *wegen* ist grundsätzlich nur der Genitiv möglich: *Des Umbaus wegen bleibt das Hotel geschlossen. Des Regens wegen ist die Straße nicht befahrbar.*
Ein Substantiv ohne Artikel, Pronomen oder Adjektiv ist bei Nachstellung nicht möglich: *wegen Umbau(s)* (falsch: *Umbau(s) wegen*); *wegen Geschäften* (falsch: *Geschäfte(n) wegen*).
wegen was / weswegen • Die Fügung aus *wegen* und dem Pronomen *was* gilt als umgangssprachlich. Sie sollte im Geschriebenen durch *weswegen* ersetzt werden: *Weswegen* (umgangssprachlich: *Wegen was*) *regst du dich so auf?*

wehtun / weh tun

Man kann *wehtun / weh tun* sowohl zusammen- als auch getrennt schreiben, da sich nicht eindeutig entscheiden lässt, ob die Verbindung in einer übertragenen oder einer wörtlichen Bedeutung gebraucht wird: *Ich wollte ihm nicht wehtun/weh tun. Das hat weh getan/wehgetan.*

Weib

Der Ausdruck *Weib* ist veraltet und nur noch in poetischen Zusammenhängen oder umgangssprachlich in Gebrauch. Gegenüber einer weiblichen Person gilt die Bezeichnung *Weib* als herabsetzend und sollte unbedingt durch *Frau* ersetzt werden.

weich

Wird die Verbindung aus dem Adjektiv *weich* und einem Verb in wörtlicher Bedeutung gebraucht, schreibt man getrennt. Dies gilt auch für Verbindungen mit *sein: Hier kann man weich sitzen/liegen. Seine verbindliche Art brachte ihm den Vorwurf ein, zu weich zu sein.*

Beschreibt *weich* das Ergebnis der durch das Verb ausgedrückten Handlung, ist neben der Getrennt- auch die Zusammenschreibung erlaubt: *einen Bissen weich kauen/weichkauen; ein Kotelett weich klopfen/weichklopfen; die Eier weich kochen/weichkochen; hartes Wasser weich machen/weichmachen; Wäsche weich spülen/weichspülen.*

Wenn die Gesamtbedeutung einer Verbindung aus Adjektiv und Verb nicht aus ihren Einzelbestandteilen ersichtlich ist, sondern sich ein neuer Sinn ergibt, muss zusammengeschrieben werden: *jemanden weichkochen/weichklopfen* (= „unter Druck setzen, bis er einwilligt"). *Die Gesetzesvorlage wurde weichgespült.*

Bei der Verbindung aus *weich* und *werden* in der Bedeutung „nachgeben" kann getrennt oder zusammengeschrieben werden: *Bei so viel Charme muss ich wohl weich werden/weichwerden.*

Die dazugehörigen Partizipien richten sich in der Getrennt- und Zusammenschreibung nach den zugrunde liegenden Verben. Kann oder muss die Verbindung getrennt geschrieben werden, ist auch bei der Partizipverbindung die Getrennt- und Zusammenschreibung zugelassen. Wird die Verbverbindung zwingend zusammengeschrieben, gilt dies ebenso für die Partizipverbindung: *eine weich gespülte/weichgespülte Wäsche; eine weichgespülte Gesetzesvorlage; weich geklopftes/weichgeklopftes Fleisch; ein weichgeklopfter Gegner.*

Weib – Frau: Bedeutungsverschlechterung _weiblicher_ Begriffe

Heute wird *Weib* in den Wörterbüchern als umgangssprachliche und abwertende Bezeichnung für „Frau" geführt. Ganz besonders gilt dies für die Pluralform *Weiber.* Dabei hatte der Ausdruck in früherer Zeit eine völlig neutrale Bedeutung. In der Sprachwissenschaft gilt *Weib* deshalb als eines der Paradebeispiele für eine Bedeutungsverschlechterung. Fest steht, dass das Wort *wīb* im Althochdeutschen eine (sozial) neutrale Bezeichnung für „Frau" bzw. „Ehefrau" war. Demgegenüber hatte *frouwa* die wesentlich engere Bedeutung „Herrin", bezog sich also auf eine adelige Dame. Zur Zeit Uta von Ballenstedts (um 1000–1046, Bild: Stifterfigur am Naumburger Dom) war *wīb* also durchaus noch ohne negative Nebenbedeutung. Doch in mittelhochdeutscher Zeit zeichnete sich eine Veränderung ab: *vrouwe* war nun die Bezeichnung für eine adelige verheiratete Frau, während *wīp* oftmals für die nichtadelige Ehefrau stand. Im

Neuhochdeutschen setzte zunehmend eine Bedeutungsverschlechterung ein. Während es in der (religiösen) Literatur oft bei der Zweiteilung von *Weib* und *Mann* blieb, das Wort also seine neutrale Wertung behielt, wurde *Weib* im allgemeinen Sprachgebrauch als Schimpfwort im Sinne von „niedrigstehend, primitiv" gebraucht. Eigentümlicherweise haben die Ableitungen von *Weib* diese Verschlechterung nicht mitgemacht: sowohl die auf Tiere bezogene Bezeichnung *Weibchen* als auch das Adjektiv *weiblich* werden völlig neutral gebraucht.

Weidmann / Waidmann

Allgemeinsprachlich schreibt man den Ausdruck für den Jäger mit *ei: Weidmann.* Dies gilt auch für entsprechende Ableitungen: *Weidmanns Heil; Weidspruch, weidgerecht, Weidmesser.* Fachsprachlich, also unter Jägern, wird oft die Schreibung mit *ai* bevorzugt: *Waidmann; Waidmanns Heil; Waidspruch, waidgerecht* usw.

Weihnachten

Weihnacht oder Weihnachten • Neben dem allgemeinsprachlich üblichen *Weihnachten* ist auch die feminine Form *die Weihnacht* in Gebrauch: *weiße Weihnachten / Weihnacht. Frohe Weihnachten! / Weihnacht!*

das Weihnachten / die Weihnachten • Das Substantiv *Weihnachten* wird allgemeinsprachlich im Neutrum Singular gebraucht. Sprachhistorisch liegt die erstarrte Dativ-Pluralform *ze den wīhen nahten* „an den heiligen Nächten" zugrunde, die zu einem Wort im Neutrum Singular zusammengezogen wurde: *dieses / voriges / nächstes Weihnachten. Wir haben zusammen ein schönes Weihnachten erlebt. Weihnachten steht* (nicht: *stehen*) vor *der Tür.*

Im regionalen Sprachgebrauch (vor allem in Süddeutschland, Österreich und in der Schweiz) wird *Weihnachten* oft als Pluralform interpretiert: *diese / vorige / nächste Weihnachten. Wir wollen uns diese Weihnachten* (statt: *dieses Weihnachten*) *nichts schenken.*

Bei bestimmten Wendungen ist aber allgemein der Plural üblich: *Weiße Weihnachten sind vorhergesagt. Fröhliche Weihnachten!*

weil

Kommasetzung • Die Konjunktion *weil* kann einen Begründungssatz einleiten, der – auch wenn er unvollständig ist – durch Komma abgegrenzt wird. Auch ein durch *weil* eingeleitetes Attribut wird durch Komma abgegrenzt: *Er freute sich, weil er gewonnen hatte. Sie musste, weil der Bus ausgefallen war, ein Taxi zum Bahnhof nehmen. Er ist ein guter, weil kenntnisreicher Reiseleiter.*

Weil kann mit bestimmten Konjunktionen Fügungen bilden, die nicht durch Komma getrennt werden. Das Komma steht vor der ganzen Fügung. In einigen Fällen kann die Fügung – bei besonderer Hervorhebung des ersten Bestandteils – durch ein Komma getrennt werden:

Er half ihm, schon weil er sein Freund war. Sie wollte eigentlich ins Theater gehen, doch weil sie sich nicht sehr wohlfühlte, blieb sie zu Hause. Sie mochte ihre Chefin gern, besonders(,) weil sie stets zu Scherzen aufgelegt war.

Stellung des Verbs nach weil • Die Konjunktion *weil* ist eine unterordnende Konjunktion. Sie leitet einen Nebensatz mit Endstellung des Verbs ein: *Ich gehe nicht zu der Party, weil ich keine Lust habe.*

In der gesprochenen Sprache kommt zunehmend auch Hauptsatzstellung nach *weil* vor, d. h., *weil* wird wie die nebenordnende kausale Konjunktion *denn* verwendet: *Ich gehe nicht zu der Party, weil ich habe keine Lust.*

Diese Wortstellung ist ein Merkmal der gesprochenen Sprache. Im Geschriebenen gilt sie als falsch und sollte unbedingt vermieden werden.

weil oder da? • → *da oder weil?*

Weimaraner / Weimarer

→ *-aner*

-weise

Adverbien, die aus einem Substantiv und *-weise* gebildet sind, werden als Attribute vor Substantiven gebraucht und wie Adjektive gebeugt. Dies gilt jedoch nur dann als korrekt, wenn das Substantiv ein Geschehen oder eine Handlung ausdrückt: *Nach teilweiser Sanierung wurde die Talsperre wieder gefüllt. Die zwangsweise Räumung erregte den Protest der Bevölkerung. Die schrittweise Kostenverringerung bringt die Firma wieder in die schwarzen Zahlen.*

ACHTUNG: Nicht korrekt ist dagegen der attributive Gebrauch von Adverbien auf *-weise* zu Substantiven, die eine Sache oder einen Zustand bezeichnen: *der teilweise Neubau; der zwangsweise Umzug; die schrittweisen Kosten.*

Vom *Weismachen* und *Weißmachen*
Jemandem etwas *weismachen* wurde ursprünglich im Sinne von „jemanden klug, weise machen, belehren, kundtun" verwendet. Die Schreibung mit *s* ist also damit begründet, dass es sich auf *weise* im Sinne von „wissend" zurückführen lässt. Die abwertende Bedeutung „vorschwindeln, vorspiegeln" trat erst ab dem 16. Jahrhundert auf. Lautlich fällt der Wortbestandteil *weis-* wegen der sogenannten Auslautverhärtung mit der Farbbezeichnung *weiß* zusammen. Dieser Begriff wiederum ist mit dem Wort *Weizen* verwandt. Man vermutet, dass das helle Mehl des *Weizens* zur Farbbezeichnung geführt hat. Orthografisch machte man zwischen *weis* und *weiß* lange keinen Unterschied und schrieb in beiden Fällen meist *weiß* oder *weisz* (auch wenn man sich der unterschiedlichen Wortfamilien wohl bewusst war). Die Gelegenheit zu Wortspielen ließ man sich natürlich nicht entgehen. Im Schwäbischen heißt es etwa: „Du machst mir nix *weis* – was schwarz ist."
Auch Johann Wolfgang von Goethe, der mit Isaac Newtons Farbenlehre auf Kriegsfuß stand, nutzte das Wortspiel: „*Weiß* hat Newton *gemacht* aus allen Farben. Gar manches / hat er euch *weisgemacht*, das ihr ein Säkulum glaubt." Das Bonmot bezog sich auf den Umstand, dass Newton in Experimenten das weiße Licht in die Spektralfarben aufgespalten hatte und aus den Farben Grün, Rot und Blau wieder weißes Licht erzeugen konnte (Bild). Goethe wiederum verwandte fast sein halbes Leben darauf, Newtons Experiment zu widerlegen.

weiß

Kleinschreibung • Als Adjektiv schreibt man *weiß* auch in vielen festen Wendungen klein: *weiße Blutkörperchen; die weiße Fahne hissen; ein weißer Fleck auf der Landkarte; weiße Magie; ein weißer Rabe* (= „eine Ausnahmeerscheinung"); *eine weiße Weste haben* (= „ohne Schuld sein"); *etwas schwarz auf weiß besitzen* (= „etwas schriftlich besitzen").
Großschreibung • Liegt eine Substantivierung vor oder ist *weiß* Bestandteil von Eigennamen, biologischen Gattungsnamen, Kalenderdaten oder Bezeichnungen für historische Ereignisse, schreibt man groß: *aus Schwarz Weiß machen (wollen); etwas Weißes; ganz in Weiß gekleidet sein; eine (Berliner) Weiße* (= „Berliner Biergetränk"); der *Weiße Hai; das Weiße Haus* (= „Regierungsgebäude der USA in Washington"); *Weiße Rose* (= „eine Widerstandsgruppe gegen den Nationalsozialismus"); *Weißer Sonntag* (= „Sonntag nach Ostern"). *Weiß opfert einen Bauern* (im Schach).
Groß- und Kleinschreibung • Einige Fügungen mit *weiß* bilden eine feste fachsprachliche Einheit mit übertragener Bedeutung. Hier kann *weiß* groß- oder kleingeschrieben werden: *der weiße/Weiße Sport* (= „Tennis"); *der weiße/Weiße Tod* (= „Lawinentod").
Getrennt- und Zusammenschreibung • Man schreibt *weiß* vom folgenden Verb getrennt, wenn die Verbindung in wörtlicher Bedeutung gebraucht wird: *weiß blühen; weiß übertünchen; weiß strahlen.*
Beschreibt *weiß* das Ergebnis der durch das Verb ausgedrückten Handlung, kann auch zusammengeschrieben werden: *ein Haus weiß kalken/weißkalken; eine Wand weiß streichen/weißstreichen; Wäsche weiß waschen/weißwaschen.*
Wird die Verbindung übertragen gebraucht, schreibt man zusammen: *jemanden weißwaschen* (= „von einem Verdacht befreien").
In Verbindung mit adjektivisch gebrauchten Partizipien kann man getrennt oder zusammenschreiben: *weiß blühende/weißblühende Rosen; weiß gekleidete/weißgekleidete Kinder; die weiß gestrichenen/weißgestrichenen Wände; ein weiß geschminkter/weißgeschminkter Clown.*

weißer Schimmel

→ *Pleonasmus*

weit

Groß- und Kleinschreibung • Als Adjektiv schreibt man *weit* klein: *Da ist weit und breit nichts zu sehen. Mit seinen Rechenkünsten ist es nicht weit her.*
Liegt eine Substantivierung vor, schreibt man groß: *das Weite suchen. Alles Weitere können Sie dem Begleitschreiben entnehmen. Des Weiteren möchte ich Ihnen unsere Weinkarte empfehlen. Im Weiteren beschrieb der Politiker den genauen Verhandlungsablauf. Das Weitere ergibt sich von selbst. Ich möchte noch ein Weiteres hinzufügen. Und damit war ich des Weiteren enthoben.*
ACHTUNG: Steht *weit* ungebeugt nach einer Präposition, gilt dies nicht als Substantivierung: *von weit herkommen.* Wird *weit* nach einer Präposition gebeugt, kann groß- oder kleingeschrieben werden: *bei weitem/Weitem; von weitem/Weitem; ohne weiteres/Weiteres; bis auf weiteres/Weiteres.*
Getrennt- und Zusammenschreibung • In Verbindung mit Verben wird meist getrennt geschrieben: *weit laufen/sein/springen* (aber: *weitspringen*); *(es) weit bringen; zu weit gehen. Er ist in seinem Leben weit gereist. Du wirst es noch zu weit treiben.*
In Verbindung mit adjektivisch gebrauchten Partizipien kann meist getrennt oder zusammengeschrieben werden: *weit blickend/weitblickend; eine weit gehende/weitgehende Forderung; eine weit geöffnete/weitgeöffnete Tür; ein weit gereister/weitgereister Mann; eine weit greifende/weitgreifende Änderung; eine weit hergeholte/weithergeholte Erklärung; eine weit reichende/weitreichende Vollmacht; weit tragende/weittragende Konsequenzen; ein weit verbreiteter/weitverbreiteter Irrtum; eine weit verzweigte/weitverzweigte Verwandtschaft.*
ACHTUNG: Bei Verbindungen mit Partizipien müssen zwei Punkte beachtet werden: 1. Ist *weit* gesteigert oder erweitert, darf nur getrennt geschrieben werden: *ein weiter blickender Politiker; eine ziemlich weit gehende Forderung; eine sehr weit reichende Vollmacht.*
2. Ist die Verbindung als Ganzes gesteigert, schreibt man nur zusammen: *Eine weitblickendere Politikerin hat man selten gesehen. Es sind sogar noch weitgreifendere Veränderungen geplant. Eine noch weitergehende Forderung wurde gestern im Fernsehen verkündet.*
wie weit / wieweit • Man schreibt zusammen, wenn *wieweit* als Konjunktion einen Nebensatz einleitet. Die Konjunktion hat dann die Bedeutung „inwieweit, bis zu welchem Grade". In dem mit *wieweit* eingeleiteten Nebensatz steht das gebeugte Verb am Schluss: *Ich weiß nicht, wieweit das überhaupt stimmt.*
ACHTUNG: In allen anderen Fällen wird getrennt geschrieben: *Wie weit ist es noch? Ich weiß nicht, wie weit es noch ist.*
→ *soweit*, → *weiter*

weiter

Das Wort *weiter* steht für zwei unterschiedliche Wortarten und Funktionen. Als Komparativform zu *weit* ist es ein Adjektiv (z. B. *weiter springen*). Dagegen gehört es in der Bedeutung „außerdem, darüber hinausgehend", „fortfahrend" zu den Adverbien (z. B. *nichts weiter*). Dieser Unterschied ist besonders bei der Getrennt- und Zusammenschreibung relevant.
Getrenntschreibung • Man schreibt vom folgenden Verb getrennt, wenn *weiter* in der Bedeutung „weiter als" (Adjektiv) gebraucht wird: *Mit seinem neuen Fernglas kann er weiter sehen. Er kann weiter springen als ich.*
Zusammenschreibung • Wird *weiter* als Adverb in der Bedeutung „vorwärts, voran, fortfahren" gebraucht und trägt es in der Verbindung den Hauptakzent, gilt die Zusammenschreibung: *weiterarbeiten, weitererzählen, weiterhelfen, weiterkommen, weiterlaufen, weiterreichen* usw.
Getrenntschreibung • Ist in der Verbindung das Verb betont, handelt es sich bei *weiter* um ein selbstständiges Adverb in der Bedeutung „weiterhin". In diesen Fällen schreibt man getrennt: *Er wollte lieber weiter* (= weiterhin) *gehen, nicht fahren.*
ACHTUNG: In einigen Fällen ändert sich mit der Getrennt- bzw. Zusammenschreibung auch die

Bedeutung: *Er wollte weiter (in diesem Betrieb) arbeiten. Er wollte keine Pause machen, sondern weiterarbeiten.*
Groß- und Kleinschreibung • *des Weiteren, ohne weiteres/Weiteres* usw. → *weit*

weiterführender Relativsatz

→ *Sonderseiten „Relativsatz", S. 360–363*

weiters

Regionalsprachlich wird an das Adverb *weiter* ein zusätzliches *-s* angehängt: *weiters*. Dieser Gebrauch ist nur in Österreich standardsprachlich.

weitgehend / weit gehend

→ *weit*

welche(r, -s), welch

welches Kollegen • Steht das Interrogativpronomen *welche(r, -s)* bei einem Substantiv im Maskulinum oder Neutrum, schwankt im Genitiv die Beugung zwischen starker und schwacher Deklination.
Endet das Substantiv im Genitiv auf *-en*, wie z. B. *des Hasen* oder *des Kollegen*, muss die starke Genitivform *welches* stehen: *Das Gehege welches* (nicht: *welchen*) *Hasen ist das? Die Begrüßung welches* (nicht: *welchen*) *Kollegen?*
Gleiches gilt in Kombination mit substantivierten Adjektiven: *Die Rede welches* (nicht: *welchen*) *Abgeordneten hat dir am besten gefallen?*
In allen anderen Fällen sind in der Regel beide Formen gleichermaßen möglich und korrekt: *Die Begrüßung welches/welchen Freundes? Das Gehege welches/welchen Tigers ist das?*
welches ist ...? • Mit der neutralen Form *welches* kann man nach Substantiven im Maskulinum, Femininum und Neutrum fragen: *Welches ist der erste Buchstabe? Welches ist die schönste Blume? Welches ist das höchste Gebäude der Welt?*
In dieser Verwendung lässt sich *welches* mit *was* austauschen: *Was ist der erste Buchstabe? Was ist die schönste Blume?* usw.
ich kenne welche / Leute • Das Interrogativpronomen *welche(r, -s)* wird auch als Pronomen verwendet. Es tritt dann anstelle eines zuvor genannten Substantivs auf. Der Bezug auf Personen gilt jedoch als umgangssprachlich.
Bezug auf Gegenstände: *Wir haben keine Weizenbiergläser. Wir müssen welche kaufen. Ich habe kein Salz mehr. Hast du noch welches?*
Bezug auf Personen: *Ich kenne (einige) Leute, die jeden Unsinn mitmachen.* (umgangssprachlich: *Ich kenne welche, die machen jeden Unsinn mit.*)
der Patient, welcher / der • In der gesprochenen Sprache ist das Relativpronomen *welche(r, -s)* selten. In der Schriftsprache wird *welche(r, -s)* vor allem verwendet, um eine Folge von mehreren gleichklingenden Pronomen- oder Artikelformen zu vermeiden. Die Verwendung des immer ein wenig schwerfällig wirkenden Relativpronomens *welcher* ist jedoch nicht unbedingt als stilistisch besser zu werten als die Folge mehrerer gleichlautender Wörter. Anstelle von *welche(r, -s)* kann also auch hier ebenso gut *der/die/das* stehen: *Das ist der Patient, welcher der Krankenschwester das Leben schwermacht.* (Auch: *Das ist der Patient, der der Krankenschwester ...*)
Die, welche die Veranstaltung besuchen wollten, wurden vorbeigelassen. (Auch: *Die, die die Veranstaltung besuchen wollten ...*)

Wemfall

→ *Dativ*

wenden

Das Verb *wenden* kann stark *(wenden – wandte – gewandt)* oder schwach *(wenden – wendete – gewendet)* konjugiert werden. Ob stark oder schwach konjugiert wird, hängt oft von der Bedeutung ab:
In den Bedeutungen „umdrehen, auf die andere Seite drehen" und „die Bewegungsrichtung ändern" wird *wenden* meist schwach gebeugt: *Er wendete den Wagen. Wird der Braten nicht rechtzeitig gewendet, backt die Kruste fest.*
In der Bedeutung „jemanden oder etwas in eine bestimmte Richtung drehen" sind beide Formen

möglich. Oft wird in dieser Verwendung *wenden* mit einem Verbzusatz wie *ab-, zu-* oder *hin-* verbunden: *Sie wandte/wendete ihm den Rücken. Sie wandte/wendete ihm den Rücken zu. Er wandte/wendete seine Augen nicht von ihr. Sie wandte/wendete ihren Blick ab.*

Wenfall

→ *Akkusativ*

wenige(r, -s)

Adjektive und Partizipien nach *wenige(r, -s)* werden im Singular und im Plural stark gebeugt: *weniger frisch gefallener Schnee; weniges vertrocknetes Laub.*
Lediglich im Dativ Singular Maskulinum und Neutrum wird das Adjektiv oder Partizip nach *wenig-* schwach gebeugt: *bei wenigem frisch gefallenen Schnee; mit wenigem vertrockneten Laub.*
Nach ungebeugtem (endungslosem) *wenig* ist ausschließlich die starke Deklination möglich: *wenig grauer Beton; wenig dummes Gerede; mit wenig wichtigem Material.*
das wenige / Wenige • Das Zahladjektiv *wenig* schreibt man in der Regel klein: *Schenkst du mir noch ein wenig Wasser nach? Mir ist ein wenig mulmig dabei.*
Kleinschreibung ist auch richtig, wenn *wenig* mit einem Artikel steht: *ein weniges; das wenige.*
Möchte man jedoch den substantivischen Charakter hervorheben, kann auch großgeschrieben werden: *Es war nur noch weniges/Weniges zu gebrauchen. Die wenigsten/Wenigsten kannten den Dichter. Die wenigen/Wenigen, die gekommen waren, applaudierten. Es gibt noch ein weniges/Weniges zu tun. Einiges wenige/Wenige muss noch hinzugefügt werden. Es gibt nur wenige/Wenige, die meinen … Das ist das wenigste/Wenigste, was er für sie tun konnte. Die wenigsten/Wenigsten wissen das.*

weniger als

Wird *weniger* mit einem mit *als* eingeleiteten Attribut im Plural verbunden, kann das Prädikat sowohl im Singular als auch im Plural stehen: *An den letzten Wahlen hat/haben weniger als die Hälfte der Stimmberechtigten teilgenommen.*

wenn

Die unterordnende Konjunktionen *wenn* verbindet Haupt- und Nebensätze. Diese werden durch Komma voneinander abgegrenzt: *Wenn es regnet, kommst du sofort nach Hause. Hilfe ist nur dann möglich, wenn sie sofort veranlasst wird.*
Bildet *wenn* mit anderen Konjunktionen oder Adverbien eine Fügung, die als Einheit angesehen wird, setzt man das Komma vor die Fügung: *Er macht täglich einen Spaziergang durch den Stadtpark, selbst wenn es regnet. Er tut so, als wenn er schlafen würde. Sie dürfen in Urlaub fahren, aber erst wenn sie die Anfragen abgearbeitet haben.*
Ähnliche Verbindungen sind z. B. *gerade wenn; immer wenn; wie wenn.*
Wird die Konjunktion oder das Adverb vor *wenn* besonders betont, kann auch vor *wenn* ein Komma gesetzt werden: *Die Hütte ist sehr gemütlich, besonders(,) wenn es draußen stürmt und regnet. Man sollte im Winter größere Menschenansammlungen meiden, insbesondere(,) wenn man eine Erkältung hat.*

wer oder jemand?

Der Gebrauch des Interrogativpronomens *wer* anstelle von *jemand* ist umgangssprachlich und tritt nur in der gesprochenen Sprache auf: *Ist da jemand?* (umgangssprachlich: *Ist da wer?*) *Ich kenne jemand(en), der uns helfen kann.* (umgangssprachlich: *Ich kenne wen, der uns helfen kann.*) *Bist du jemandem begegnet?* (umgangssprachlich: *Bist du wem begegnet?*)

Werfall

→ *Nominativ*

Werktitel

Titel und Überschriften • Das erste Wort von Überschriften und Titeln, z. B. von Büchern,

Theaterstücken oder TV-Produktionen, schreibt man groß:
Streit um Fluglärm am Hochrhein
Die Kunden streiken
Verbotene Liebe
Dabei bleibt die Großschreibung auch dann erhalten, wenn der Titel innerhalb eines Satzes angeführt wird: *Sie lesen Büchners „Der hessische Landbote". Sie lesen Büchners Werk „Der hessische Landbote".*
Wird der Titel verkürzt, schreibt man das nächstfolgende Wort groß: *Sie lesen den „Hessischen Landboten".*
Kongruenz bei Werktiteln • Ist das Subjekt der Titel eines Kunstwerks, eines Buches, einer Zeitung o. Ä. im Plural, steht auch das Prädikat im Plural, wenn zum Titel ein Artikel gehört: *„Die Sonnenblumen" von van Gogh sind für fünf Millionen Dollar versteigert worden. „Die Leute von Seldwyla" gehören zu den bekanntesten Novellenzyklen in deutscher Sprache.*
Wenn dem Titel als Subjekt im Plural kein Artikel vorangeht, dann steht das Prädikat jedoch im Singular: *„Buddenbrooks" war für Thomas Mann der Durchbruch.*
Bei Werktiteln als Subjekt, die aus mehreren mit *und* verbundenen Subjektteilen bestehen, steht das Prädikat hingegen im Singular: *„Narziss und Goldmund" gefällt* (nicht: *gefallen*) *mir von allen Romanen Hermann Hesses am besten.*
Artikel in Zeitungsnamen • Wenn der Artikel Bestandteil des Eigennamens eines Presseorgans ist, wird dieser großgeschrieben: *Die Zeit; Der Spiegel.* Wird der Artikel im Satzzusammenhang gebeugt, wird er kleingeschrieben: *Das hat er in der „Zeit" gelesen.*

Werther – Die Leiden des jungen Werther(s)

Personennamen stehen auch standardsprachlich mit einem Artikel, wenn sie durch ein Attribut erweitert sind. In diesen Fällen erhält der Name im Genitiv keine Endung. Genitivformen auf *-s* gelten nicht als korrekt: *der Brief des lieben Georg* (falsch: *Georgs*); *das Geschäft des jungen Lehmann* (falsch: *Lehmanns*) *aus Mannheim.* Der Titel von Goethes Roman *„Die Leiden des jungen Werthers"* entspricht also ebenfalls nicht mehr den Regeln der Gegenwartssprache. Korrekt müsste es heute heißen: *Die Leiden des jungen Werther.*

wesentlich

Als Adjektiv schreibt man *wesentlich* klein: *die wesentlichen Ursachen; ein wesentlicher Unterschied.* Das substantivierte Adjektiv schreibt man groß: *Im Wesentlichen beklagte er den miserablen finanziellen Zustand der Firma. Das Wesentliche fasste sie in wenigen Worten zusammen. Mir ist gestern nichts Wesentliches aufgefallen.*

Wesfall

→ *Sonderseiten „Genitiv", S. 190–193*

westlich

→ *nördlich*

wetteifern

Es handelt sich bei *wetteifern* um eine untrennbare Verbverbindung, die auch in den gebeugten Formen immer zusammengeschrieben wird:
Sie wetteiferten um die besten Plätze. Die beiden Museumsexponate scheinen regelrecht um die Aufmerksamkeit des Besuchers zu wetteifern.

wettlaufen / wettrennen / wettstreiten / wettturnen

Verbverbindungen mit *wett-* als erstem Bestandteil werden nur im Infinitiv verwendet. *Sie wollten wettlaufen/wettrennen.*
Anstelle der fehlenden gebeugten Formen dieser Verben müssen andere Konstruktionen gewählt werden: *Sie sind um die Wette gelaufen/gerannt. Sie laufen/rennen um die Wette.*

wider

wider oder wieder? • Die Wörter *wider* und *wieder* werden mit unterschiedlicher Bedeutung und

Funktion gebraucht. Bei *wider* handelt es sich um eine Präposition, die in der Bedeutung „gegen" gebraucht wird: *wider alle Vernunft; wider alle Wahrscheinlichkeit.*
Dagegen handelt es sich bei *wieder* um ein Adverb, das in der Bedeutung „nochmal, erneut" gebraucht wird: *immer mal wieder.*
das Für und Wider • Die Präposition *wider* kann substantiviert werden. Man schreibt groß: *das Für und Wider.*

widerspiegeln

Das Verb *widerspiegeln* wird in der Regel als trennbares Verb verwendet: *Im Wasser spiegeln sich die Bäume wider. Dieses Erlebnis scheint sich in seinen Dichtungen widerzuspiegeln.*
Sehr selten wird *widerspiegeln* auch als untrennbares Verb gebraucht: *Diese Darstellung widerspiegelt den Geist der Zeit sehr beeindruckend.*

wie

Kommasetzung • Vor *wie* steht kein Komma, wenn nur eine einfache Vergleichsbestimmung folgt: *Wir sind im selben Hotel wie voriges Jahr. In diesem Urlaub haben wir ähnliches Wetter wie während unserer letzten Reise. Es ist genauso sinnvoll, sich der ersten Gruppe anzuschließen wie der zweiten.*
Vor der vergleichenden Konjunktion *wie* steht aber ein Komma, wenn sie einen vollständigen Vergleichssatz mit Subjekt und Prädikat einleitet: *Die Ertragslage war nicht so schlecht, wie er es noch in der letzten Sitzung dargestellt hatte. Es ging alles so weiter, wie sie es gewohnt war.*
Nachgestellte, mit *wie* in der Bedeutung von „wie z. B." eingeleitete Erläuterungen können in Kommas eingeschlossen werden oder als vergleichende Aufzählungen ohne Kommas stehen. Die Entscheidung bleibt dem Schreibenden überlassen: *In manchen Ländern(,) wie in Deutschland oder Österreich(,) hat das Kaffeetrinken Tradition. Gebühren(,) wie Porto, Telefonkosten oder Depotvergütungen(,) werden gesondert berechnet. Edelmetalle(,) wie Gold und Platin(,) sind im Preis gestiegen.*
Ist die nachgestellte Erläuterung jedoch für das Verständnis des Satzes unerlässlich, so steht kein Komma: *Ich fühle mich genauso wie gestern. Metalle wie Gold und Platin sind Edelmetalle. Für jemanden wie dich ist das doch ein Kinderspiel.*
Einfache Infinitive mit *wie* stehen ohne Komma: *Lesen macht ihm ebenso viel Spaß wie fernsehen. Ich hasse nichts so sehr wie bügeln.*

wieder

Zusammenschreibung • Wenn der Hauptakzent auf dem Adverb *wieder* liegt, schreibt man zusammen: In der Regel trägt *wieder* hier die Bedeutung „zurück": *einen Bewusstlosen wiederbeleben; jemanden wiedererkennen; das Bewusstsein wiederlangen; Geld wiedererstatten; den gestohlenen Schmuck wiederbekommen; etwas wiederkäuen; jährlich wiederkehren; eine Rede sinngemäß wiedergeben; einen Entwurf wiederholen. Sie wollen das Geld wiederbekommen.*
In manchen Fällen liegt der Hauptakzent auf der Vorsilbe des Verbs, wobei auch hier *wieder* die Bedeutung von „zurück" hat: *Man will diese Stoffe wiederaufbereiten. Einen Staat wiederaufbauen. Die Christen glauben, dass alle Menschen nach dem Tod wiederauferstehen werden.*
Getrenntschreibung • Getrennt schreibt man hingegen, wenn der Hauptakzent auf dem Verb liegt: *Wir werden den Preis auch dieses Jahr wieder bekommen.* Hier steht *wieder* für „erneut, von neuem". In vielen dieser Fälle kann man zwischen *wieder* und Verb sinngemäß ein Satzglied einfügen: *Ich kann mich wieder (daran) erinnern.*
Es gilt ebenfalls Getrenntschreibung, wenn das Adverb und die Vorsilbe des Verbs gleichermaßen betont sind: *Die Gemeinde wird die Verordnung wieder aufheben. Sie müssen Ihre Kenntnisse wieder auffrischen. Man sollte Fallengelassenes stets wieder aufheben. Man will die Verordnung wieder aufheben. Hier können Sie Ihren Akku wieder aufladen. Eine so gute Stellung wirst du nie wieder bekommen. Der Verkehr hat sich wieder belebt. Er kann sich wieder erinnern.*
Getrennt- oder Zusammenschreibung • Es gibt eine Reihe von Fällen, in denen beide Betonungsmöglichkeiten oder Bedeutungen zutreffen kön-

nen. Hier stehen Zusammen- und Getrenntschreibung gleichberechtigt nebeneinander: *wiederaufnehmen/wieder aufnehmen; wiederaufrichten/wieder aufrichten; ein Heer wieder bewaffnen/wiederbewaffnen; jemanden wieder einbürgern/wiedereinbürgern. Die Geschwindigkeitsbegrenzung ist wieder eingeführt/wiedereingeführt worden. Die Täter sind wieder eingegliedert/wiedereingegliedert worden. Sie ist in ihr Amt wieder eingesetzt/wiedereingesetzt worden. Der Arzt wird das Gelenk wieder einrenken/wiedereinrenken. Die Firmenleitung will frühere Mitarbeiter wieder einstellen/wiedereinstellen. Sie wollen das Theater wieder eröffnen/wiedereröffnen. Er wird nach seiner Krankheit sicher wieder erstarken/wiedererstarken.*

wiegen/wägen

→ *wägen*

wie viel/der wievielte

Die Verbindung von *wie* mit dem Zahladjektiv *viel* schreibt man seit der Rechtschreibreform getrennt: *wie viel (Zeit); wie viele (Teilnehmer). Wie viel kostet das? Wie viel er auch verdienen mag…* Zusammengeschrieben werden dagegen *wievielmal* und *wievielte: Wievielmal warst du diese Woche im Kino? Zum wievielten Mal warst du in diesem Film?*

wild

Groß- und Kleinschreibung • Als Adjektiv schreibt man *wild* auch in vielen festen Wendungen klein: *wilde Blumen; wilde Ehe* (= veraltet: „Zusammenleben ohne Trauschein"); *wildes Fleisch* (= „an Wunden wucherndes Gewebe"); *den wilden Mann spielen; wilder Streik* (= „von der Gewerkschaft nicht genehmigter Streik"); *wilde Tiere; wilder Wein.*
Ist *wild* substantiviert oder Bestandteil von Eigennamen, schreibt man groß: *das Wilde Heer; die Wilde Jagd* (= in Sagen: „Geisterheer von Toten); *Wilder Jäger* (= „Anführer der Wilden Jagd"); *Wilder Kaiser* (= „des Kaisergebirges in Tirol"); *der Wilde Westen.*

Getrennt- und Zusammenschreibung • In den meisten Fällen schreibt man *wild* von einem folgenden Verb getrennt: *wild sein; wild wachsen.*
In Verbindung mit *machen* kann man getrennt oder zusammenschreiben: *jemanden wild machen/wildmachen.* Ist *wild* jedoch erweitert oder gesteigert, ist nur die Getrenntschreibung korrekt: *jemanden sehr wild machen; jemanden noch wilder machen.*
In Verbindung mit adjektivisch gebrauchten Partizipien kann getrennt oder zusammengeschrieben werden: *wild wachsende/wildwachsende Blumen; ein wild gewordener/wildgewordener Keiler.*

Wildbret

Der zweite Teil des Wortes *-bret* ist wortgeschichtlich mit *Braten* verwandt, man schreibt deshalb am Anfang mit *b* und am Ende nur mit einem *t*. Da der Zusammenhang aber nicht mehr erkennbar ist, blieb es bei der Schreibung mit *e* statt *ä*.

Wilhelmshavener

Bei Ortsnamen auf *-hafen/-haven* bleibt *-en* erhalten: *Bremerhavener, Friedrichshafener, Wilhelmshavener.*

Wille oder Willen?

Als Nominativ-Form ist heute nur *der/ein Wille* üblich. Die ältere Form *der/ein Willen* wird nur noch selten verwendet.

willkommen

Getrennt- und Zusammenschreibung • Man schreibt *willkommen* vom folgenden Verb getrennt: *jemanden besonders willkommen heißen; willkommen sein.*
Groß- und Kleinschreibung • Da es sich bei *willkommen* um ein Adjektiv handelt, schreibt man in der Regel klein: *Sie sind herzlich willkommen. Wir möchten sie herzlich willkommen heißen.*
Liegt eine Substantivierung vor, schreibt man jedoch groß: *jemandem ein herzliches Willkommen bereiten.*

Willkommen / Willkomm • Neben der substantivierten Form *das Willkommen* gibt es noch das maskuline, veraltete Substantiv *der Willkomm: Der Fürstin wurde ein jubelnder Willkomm bereitet.*

winken

Das Verb *winken* wird schwach konjugiert: *winken – winkte – gewinkt.* Daneben hat sich das Partizip II *gewunken* etabliert, das im Geschriebenen inzwischen häufiger gebraucht wird als *gewinkt: Er hat mit den Briefen in der Hand gewinkt.* (Auch: *Er hat mit den Briefen in der Hand gewunken.*)

wir

wir hoffen(,) • Folgt auf *wir hoffen* eine Infinitivgruppe, kann man diese in Kommas einschließen. Ist das erste Komma gesetzt, muss auch das hintere gesetzt werden: *Wir hoffen(,) ihnen mit diesen Informationen gedient zu haben(,) und verbleiben …*

wir Deutsche / Deutschen • → *Deutsche/Deutschen*

wissen

Kommasetzung • Kommt *wissen* in der Bedeutung „können, vermögen" vor, setzt man vor eine folgende Infinitivgruppe kein Komma: *Er weiß sich zu beherrschen.*

Ist *wissen* allerdings durch eine Umstandsangabe erweitert, kann man das Komma setzen: *Er weiß sehr wohl(,) die richtigen Entscheidungen zu treffen.*

wissen über / um • Je nachdem, ob *wissen* mit der Präposition *über* oder *um* verwendet wird, ändert sich die Bedeutung: *Sie weiß viel über deutsche Geschichte.* (= Sie kennt sich in deutscher Geschichte aus.)

Sie weiß um seine Schwächen. (= Sie ist sich seiner Schwächen bewusst.)

wo

wo bei räumlichem Bezug • In bestimmten Fällen kann das Lokaladverb *wo* einen Relativsatz einleiten. Insbesondere bei räumlichem Bezug kann in der Regel *wo* anstelle von Präposition und Relativpronomen stehen: *der Ort, wo* (oder: *an/in dem*) *ich geboren wurde; die Stadt, wo* (oder: *in der*) *er wohnt; das Zimmer, wo* (oder: *in dem*) *der Fernseher steht.*

Nach artikellos verwendeten Ortsnamen ist der Anschluss nur mit *wo*, nicht mit Präposition und Relativpronomen möglich: *Osnabrück, wo ich arbeite …* (falsch: *Osnabrück, in dem ich arbeite …*).

wo bei zeitlichem Bezug • Bei einem zeitlichen Bezug kann in der Regel das Adverb *wo* anstelle von Präposition und Relativpronomen stehen. Die folgenden Konstruktionen mit *wo* sind korrekt: *der Augenblick, wo er sie sah* (oder: *in dem/als er sie sah*); *in dem Moment, wo du kommst* (oder: *in dem du kommst*); *die Zeit, wo das Wünschen noch geholfen hat* (oder: *in der/als das Wünschen noch geholfen hat*).

Falsche Verwendung von wo in Relativsätzen • Das Relativadverb wird nur verwendet, wenn ein zeitlicher oder räumlicher Bezug besteht: *der Ort, wo ich geboren wurde; die Zeit, wo wünschen noch erlaubt war.*

Alle anderen Bezüge sind sehr stark umgangssprachlich und sollten im Geschriebenen wie im Gesprochenen vermieden werden. In diesen Fällen muss das Relativpronomen *der/die/das* gewählt werden: *der Mann, der* (falsch: *wo*) *angerufen hat; das Buch, das* (falsch: *wo*) *ich neulich gelesen habe; eine Idee, von der* (falsch: *wo*) *man nicht weiß, was man damit anfangen soll.*

wo … für, wo … drauf • → *wofür*

Wochentagsnamen

Die Bezeichnungen für Wochentage haben Eigenschaften von Gattungsnamen wie auch von Eigennamen. Einerseits ist *Freitag* der Name für einen Wochentag, mit dem dieser von anderen, gleichartigen Tagen (z. B. *Mittwoch*) unterschieden wird (Charakter eines Eigennamens). Andererseits gibt es verschiedene *Freitage*, die sich durch verschiedene Eigenschaften unterscheiden (Charakter eines Gattungsnamens). Diese Zwischenstellung spiegelt sich auch in der Deklination: Die Wochentage können wie Gattungsnamen den Genitiv Singular auf *-s* bilden, sie werden aber bisweilen wie manche Gruppen von Eigennamen ohne -*s* gebildet. Dieser Gebrauch gilt in manchen Grammatiken als nicht standardsprachlich: *des Freitag(e)s* (nicht: *des Freitag*), *am Morgen des Karfreitag(e)s* (nicht: *des Karfreitag*).

wofür, worauf

In der Umgangssprache werden die Adverbien *wofür* und *worauf* oft aufgespalten: ***Wo** hast du dich **für** entschieden? **Wo** basieren diese Annahmen **drauf?***
Dieser vor allem in Norddeutschland übliche Gebrauch gilt jedoch als Merkmal der gesprochenen Sprache und sollte im Geschriebenen unbedingt vermieden werden: *Wofür hast du dich entschieden? Worauf basieren diese Annahmen?*

wohl

Verbindungen mit Verben • In Verbindungen mit Verben schreibt man meist getrennt: *Es ist ihm nicht wohl gewesen. Er hat es sich wohl sein lassen.* Getrennt oder zusammengeschrieben werden können: *es sich wohl ergehen/wohlergehen lassen; sich wohl fühlen/wohlfühlen.*
Verbindungen mit Partizipien • In Verbindung mit adjektivisch gebrauchten Partizipien kann man meist getrennt oder zusammenschreiben: *ein wohl bedachter/wohlbedachter Plan* (aber nur: *ich habe alle Umstände wohl bedacht*); *ein wohl begründeter/wohlbegründeter Zweifel; eine wohl behütete/wohlbehütete Kindheit; ein wohl bekannter/wohlbekannter Name; ein wohl beratener/wohlberatener Kunde; eine wohl definierte/ wohldefinierte Antwort; eine wohl dosierte/wohldosierte Prise; eine wohl durchdachte/wohldurchdachte Liste; ein wohl erzogenes/wohlerzogenes Kind; ein wohl geformter/wohlgeformter Körper; eine wohl gelaunte/wohlgelaunte Chefin; ein wohl gemeinter/wohlgemeinter Ratschlag; ein wohl genährtes/wohlgenährtes Baby; wohl klingende/wohlklingende Musik; ein wohl lautender/wohllautender Name; eine wohl proportionierte/wohlproportionierte Figur; ein wohl riechendes/wohlriechendes Parfüm; eine wohl situierte/ wohlsituierte Familie; wohl temperiertes/wohltemperiertes Wasser;*

Unsere *Wochentage*
Die Wochentage benannten die Griechen und Römer nach den Namen der wichtigsten Himmelskörper, die meist identisch mit den Götternamen waren. Die Germanen übernahmen die Wochentagseinteilung von den Römern, setzten aber anstelle der lateinischen Wochentagsnamen die Namen ihrer Götter ein.
Montag: Das althochdeutsche Wort für *manatac* („Montag") aus *mano* („Mond") und *tac* („Tag") ist eine direkte Übersetzung des lateinischen Ausdrucks *dies Lunae* („Tag des Mondes, der Göttin Luna"; vgl. frz. *le lundi*, span. *el lunes*).
Der ***Dienstag*** war bei den Römern *Martis dies* („Tag des Mars"). Im Deutschen setzte sich hier die rheinische Bezeichnung *dingesdach* durch, die auf den Gott mit Namen *Mars Thingsus* zurückgehen könnte.
Der ***Mittwoch*** war dem *Merkur* gewidmet und wurde im Germanischen zunächst zum Tag des *Wotan* (englisch: *Wednesday*). Im Deutschen setzte sich jedoch die jüdisch-christliche Bezeichnung „Mitte der Woche" durch.
Bei den Römern war der ***Donnerstag*** der *Iovis dies* („Tag des Jupiter"). An dessen Stelle setzten die Germanen den Donnergott *Donar* (im Schwedischen: *torsdag* und englisch: *Thursday*) ein.
Freitag war bei den Römern *Veneris dies* („Tag der Göttin Venus") gewidmet. Im Germanischen setzte man hier die Göttin *Freia* ein.
Bei den Römern war der ***Samstag*** der Tag des *Saturn* (englisch: *Saturday*). Das deutsche Wort *Samstag* geht auf althochdeutsch *sambaztag* zurück, das auf dem griechischen *sábbaton* bzw. dem hebräischen *sabbat* beruht.
Sonntag: Das althochdeutsche *sunnūntag* geht wiederum auf lateinisch *dies Solis* („Tag des Sonnengottes") zurück.

wohl überlegte/wohlüberlegte Ferienpläne; von wohl unterrichteter/wohlunterrichteter Seite; wohl verstandenes/wohlverstandenes Interesse; wohl verwahrte/wohlverwahrte Papiere.

wohlgesinnt oder wohlgesonnen?

Die Partizipform *gesonnen* ist vom Verb *sinnen* abgeleitet. In Verbindung mit dem Hilfsverb *sein* hat *gesonnen* die Bedeutung „gewillt sein, willens sein": *Er ist nicht gesonnen* (nicht: *gesinnt*), *unseren Forderungen nachzukommen. Sie haben auf Rache gesonnen.* Dagegen ist die Form *gesinnt* nicht das Partizip des Verbs *sinnen*, sondern vom Substantiv *Sinn* abgeleitet und bedeutet „von einer bestimmten Gesinnung": *Er stand im Ruf, nationalistisch gesinnt* (nicht: *gesonnen*) *zu sein.* Es müsste deshalb eigentlich nur *wohlgesinnt* heißen. In der allgemeinen Sprachpraxis wird diese Unterscheidung nicht konsequent gehandhabt, so dass beide Formen verbreitet sind, ohne dass ein Bedeutungsunterschied damit verbunden wird: *wohlgesonnen/wohlgesinnt. Er ist ihm wohlgesinnt/wohlgesonnen.*
→ *gesonnen oder gesinnt?*

Wohnblock

→ *Block*

wollen

Wird das Modalverb *wollen* ohne den Infinitiv eines Verbs gebraucht, wird das Perfekt mit dem Partizip II gebildet: *Das habe ich nicht gewollt.* Steht *wollen* dagegen mit dem Infinitiv *(er will nicht kommen),* dann bildet es Perfekt und Plusquamperfekt nicht mit dem Partizip II, sondern mit dem sogenannten Ersatzinfinitiv. Dieser steht immer nach dem Infinitiv des Verbs: *Das habe ich immer erreichen wollen. Das hatte sie erreichen wollen.*

Worte oder Wörter?

Der Plural von *Wort* kann *Wörter* oder *Worte* lauten. Die beiden Formen unterscheiden sich jedoch in ihrer Bedeutung: *Wörter* sind Einzelwörter, die z. B. in Wörterbüchern übersetzt oder erläutert werden: *Die deutsche Sprache hat über eine Million Wörter. Er verstand leider nur einzelne Wörter.*
Dagegen wird die Pluralform *Worte* für zusammenhängende Gruppen von Wörtern, etwa *Begrüßungsworte* oder *Worte der Anerkennung,* gebraucht: *Sie fasste den Vortrag in eigenen Worten zusammen. Er fand Worte des Bedauerns.*

Wortarten

Die Zahl der Wortarten wird in den heutigen Grammatiken meist mit neun oder zehn angegeben. Wie viele und welche Wortarten angenommen werden, hängt insbesondere davon ab, nach welchen Kriterien die Wortarten bestimmt werden. Meist gilt die folgende Klassifikation:
Die Gesamtheit der Wörter wird zunächst unterteilt in diejenigen, deren Form veränderbar ist, d. h., die gebeugt (flektiert) werden können, und diejenigen, die nicht gebeugt werden können. Die veränderbaren Wörter werden dann noch einmal unterteilt in die konjugierbaren und die deklinierbaren Wörter. Danach ergeben sich die folgenden neun Wortarten:

1. Veränderbare Wortarten

1.1 Konjugierbare:
- Verb *(singen, warten, abwarten, sein, haben; wollen, müssen)*

1.2 Deklinierbare:
- Substantiv *(Haus, Mensch, Gesetzestext, Umleitung, Wiedervorlage)*
- Adjektiv *(grün, schnell, absonderlich, verheiratet, hochbrisant)*
- Artikel *(der/die/das; ein/eine/ein)*
- Pronomen *(dieser, mein[er], wer, du).*

2. Unveränderbare Wortarten
- Adverb *(beinahe, heute, hier, merkwürdigerweise, oft, anders, gern, sehr, vielleicht, leider)*
- Präposition *(auf, bei, in, angesichts, kraft)*
- Konjunktion *(aber, oder, und, dass, obwohl)*
- Interjektion *(ach, au, hallo, hurra, pfui)*

In manchen Grammatiken werden alle Unveränderbaren unter dem Begriff Partikeln zusammengefasst, also Adverbien, Präpositionen, Konjunktionen und Interjektionen. In älteren Grammatiken findet man oft noch eine weitere Wortart, das Numerale (auch: Zahlwort). Nach Form-Kriterien und grammatischen Kriterien gehören die meisten Numeralia zu den Adjektiven, einige zu den Substantiven und zu den Adverbien.

Wortfamilie und Wortfeld

Als Wortfamilie bezeichnet man eine Gruppe von Wörtern, die einen gleichen oder ähnlichen Wortstamm aufweisen, wie z. B. *Schule, Schüler, schulisch, schulen*. Diese Wörter haben eine gemeinsame Herkunft, der Wortstamm hat sich im Laufe der Sprachgeschichte durch Ableitungen manchmal leicht verändert: *backen, Bäcker, Bäckerei; finden, Finder, Fund, findig, Findling; binden, verbinden, Gebinde, Bund, Band.*
Als Wortfeld bezeichnet man eine Gruppe von Wörtern mit einer ähnlichen Grundbedeutung. So lassen sich dem Wortfeld *Auto* die folgenden Wörter zuordnen: *Kraftfahrzeug, Kraftwagen, Personenkraftwagen, PKW, Fahrzeug, Flitzer, Wagen, Automobil, Kiste, Klapperkasten, Schlitten, Ofen, Karre, Kutsche, Untersatz.*

wörtliche Rede

→ *Sonderseiten „Anführungszeichen", S. 36f.*

Worttrennung

→ *Sonderseiten „Worttrennung", S. 488f.*

wundernehmen / Wunder was

Die Fügung aus *wunder* und *nehmen* schreibt man im Infinitiv, Partizip sowie am Ende eines Nebensatzes zusammen, da *wunder* hier die Eigenschaften eines selbstständigen Substantivs verloren hat: *Das sollte uns nicht wundernehmen. Es hat uns wundergenommen, dass …*
ACHTUNG: In getrennter Wortstellung schreibt man *wunder* klein: *Es nimmt mich wunder, dass du hier heute erscheinst.*
Steht *wunder* am Satzanfang, wird allerdings getrennt geschrieben: *Wunder nimmt, dass …*
In den folgenden Fügungen hat *Wunder* dagegen seine Eigenschaften als Substantiv behalten. Es wird großgeschrieben: *Und damit glaubst du nun, Wunder was erreicht zu haben? Er glaubt, er sei Wunder wer. Du meinst doch, Wunder wie klug zu sein.*

Wundmal

Der Plural von *Wundmal* lautet nur: *Wundmale.*

würde

→ *Sonderseiten „Konjunktiv", S. 274–277*

Wunschsatz

Wie der Name sagt, drückt diese Satzart einen Wunsch des Sprechenden oder Schreibenden aus. Anders als der Aufforderungssatz steht der Wunschsatz jedoch im Konjunktiv I. Abhängige Wunschsätze stehen im Indikativ und schließen mit einem Punkt: *Er sei dir ein guter Freund! Man nehme drei Esslöffel Zucker. Gott sei Dank! Ich möchte, dass du schweigst.*
Die Verwendung des Konjunktiv II im Wunschsatz zeigt an, dass es sich um etwas Irreales handelt. Der Wunschsatz erscheint dann entweder als Satz, bei dem das Verb am Anfang steht (Verb-Erststellung), oder als mit *wenn* eingeleiteter Satz, bei dem das Verb an letzter Stelle steht (Verb-Letztstellung): *Hättest du doch geschwiegen! – Wenn du doch geschwiegen hättest! Wären wir nur nicht hierhergekommen! – Wenn wir nur nicht hierhergekommen wären!*

Wurm

Wird das Substantiv auf das Tier bezogen, steht es immer im Maskulinum: *der Wurm*. Seit dem 19. Jahrhundert ist auch der Gebrauch als Neutrum in der Bedeutung „Kind", manchmal auch „hilfloser, armer Mensch" verbreitet: *das arme Wurm*. „Lassen Sie sich doch … den Abschiedsbrief zeigen, den *das arme Wurm* unterwegs im Wirtshaus auf Zettelpapier geschrieben hat." (Fontane, Stechlin)

Zeilenübergreifend: Die *Worttrennung*

Wenn Wörter, die aus mehreren Silben bestehen, nicht vollständig in die laufende Zeile passen, kann man sie am Zeilenende trennen. Die Trennung wird durch den Trennungsstrich angezeigt. Dieser ist ein kurzer Strich (anders als der Gedankenstrich) und sieht genauso aus wie der Bindestrich. Wenn am Zeilenende zufällig ein Bindestrich steht, gilt dieser zugleich als Trennungsstrich. Aber wie und wo darf man ein Wort trennen?

Trennung einfacher Wörter

Zur Trennung einfacher mehrsilbiger Wörter gibt es verschiedene Regeln.

Zerlegung in Sprechsilben ▸ Das Grundprinzip lautet: Geschriebene Wörter trennt man am Zeilenende so, wie sie sich **beim langsamen Sprechen** in Silben zerlegen lassen – eine einfache und gute Methode ist das In-die-Hände-Klatschen. Diese Grundregel führt bei einfachen Silben in den meisten Fällen zu einem eindeutigen Ergebnis: *Bei-ne, Flie-ge, He-xe, Me-di-ka-ment, rei-ßen, Ru-i-ne, spa-zie-ren, Va-se.*

Dabei kommt in der Regel ein einzelner Konsonant, der zwischen zwei Vokalen steht, in die neue Zeile. Auch Einzelbuchstaben dürfen dabei abgetrennt werden, allerdings nur im Wortinnern, nicht am Wortanfang oder am Wortende: *na-ti-o-nal, Le-gu-a-ne, Schrei-e-rei.*

Trennung mehrerer Konsonanten ▸ Gelegentlich ist die Zerlegung in Sprechsilben nicht ganz eindeutig, dann gelten folgende Regeln:

- Stehen **mehrere Konsonantenbuchstaben** hintereinander zwischen zwei Vokalen, so kommt nur der letzte auf die neue Zeile: *El-tern, Hop-fen, Wüs-te, leug-nen, sin-gen, Rech-ner, ber-gig, wid-rig, sit-zen, Städ-te; Bag-ger, Wel-le, Kom-ma, ren-nen, Pap-pe, müs-sen, knusp-rig, Kanz-ler.*
- Wenn Buchstabenverbindungen wie ***ch, ck, sch, ph, rh, sh*** oder ***th*** für einen einzigen Laut stehen, dann trennt man sie nicht – das leuchtet sofort ein, denn es handelt sich um einen einzigen Laut, der sich beim Sprechen nicht zerlegen lässt (damit gilt auch die alte Regel nicht mehr, dass *ck* beim Trennen in *kk* umgewandelt wird): *la-chen, wa-schen, Deut-sche, Sa-phir, Myr-rhe, Fa-shion, Zi-ther; Zu-cker.*

> **i** **Dem *st* tut's nicht mehr weh**
> Abschied vom wohl bekanntesten Merksatz zur deutschen Rechtschreibung: „Trenne nie st, denn es tut ihm weh."
> Diese Regel gilt seit Inkrafttreten der Reform der deutschen Rechtschreibung im Jahr 1996 nicht mehr. Sie stammte noch aus den Zeiten, als im Bleidruck *s* und *t* als eine gemeinsame „Letter", als ein Schriftzeichen benutzt wurden und daher zusammengehörten.
> Nun gilt auch für *-st-* die Regel: Wenn mehrere Konsonanten zwischen zwei Vokalen stehen, kommt der letzte in die neue Zeile: *bas-teln, Dis-tel.* Das betrifft auch Wörter, in denen eine Trennung von *-st-* erst durch beigefügte Endungen in Frage kommt: *meist* → *meis-tens.*

Trennung komplexer Wörter

Zusammensetzungen und Wörter mit Vorsilben ▸ Zusammengesetzte Wörter und auch Wörter, die eine Vorsilbe haben, trennt man zwischen den einzelnen Bestandteilen, wenn man diese erkennen kann: *Heim-weg, Schul-hof, Sams-tag, Sweat-shirt; Ent-wurf, Er-trag, Pro-gramm, Ver-lust.* Manchmal (besonders bei Fremdwörtern) kann man die einzelnen Bestandteile nicht mehr als solche erkennen, dann hat man verschiedene Möglichkeiten der Trennung: *Inter-esse* (nach dem Lateinischen) oder *Inte-resse*.
Nachsilben ▸ Wörter mit Nachsilben wie *-in* oder *-ung* werden dagegen unabhängig von ihrer Bedeutung in die Trennung nach Sprechsilben einbezogen: *Leh-re-rin, Ein-la-dung.*

Nicht trennbare Wörter oder Wortbestandteile

Einzelne Vokalbuchstaben am Wortanfang oder Wortende werden nicht abgetrennt. Das gilt auch für einzelne Buchstaben am Anfang oder am Ende von Wortbestandteilen, die als Teile einer Zusammensetzung erkennbar sind – zumal Wortzusammensetzungen ohnehin zwischen den einzelnen Bestandteilen getrennt werden müssen.

Nicht trennbare Wörter	Nicht trennbare Wortbestandteile
Abend	***Bio**-müll*
Ecke	***Geo**-drei-eck*
oben	***Dia**-gramm*
Uhu	***Rio**-be-such*
über	*The-a-ter-**abend***
Laie	*Voll-**idi**-ot*
Kleie	*Rhein-**ufer***

Irreführende Trennungen

ACHTUNG: Bei der Trennung ist immer auch der Sinn zu beachten. Auf jeden Fall vermeiden sollte man irreführende Trennungen, denn die Worttrennung ist dazu da, das Lesen zu erleichtern. Eine Trennung sollte also nicht zu schwer lesbaren Ergebnissen führen:

An-alphabet	(nicht: *Anal-phabet*)
Altbau-erhaltung	(nicht: *Altbauer-haltung*)
Frus-tration	(nicht: *Frust-ration*)
Gehör-nerven	(nicht: *Gehörner-ven*)
Misch-erzeugnis	(nicht: *Mischer-zeugnis*)
Solllast-ermittlung	(nicht: *Solllaster-mittlung*)
Sprech-erziehung	(nicht: *Sprecher-ziehung*)
Ur-insekt	(nicht: *Urin-sekt*)
Säu-erungsmittel	(nicht: *Säue-rungsmittel*)
Spar-gelder	(nicht: *Spargel-der*)
Stief-eltern	(nicht: *Stiefel-tern*)
be-inhalten	(nicht: *bein-halten*)

Wie trennt man Fremdwörter?

Prinzipiell gelten für Fremdwörter die gleichen Regeln wie für deutsche Wörter – bei vielen weitgehend eingedeutschten Wörtern kann man den Unterschied ohnehin nicht mehr erkennen.
Trennung nach Sprechsilben ▸ Fremdwörter können also im Deutschen nach **Sprechsilben** getrennt werden, auch wenn in der Ausgangssprache andere Regeln gelten: *down-loa-den, Mar-ke-ting, En-tre-pre-neur, La-dy, Ma-na-ger, Re-gle-ment, Up-grade.*
Trennung nach formalen Gesichtspunkten ▸ Wenn in Fremdwörtern auf einen Konsonanten der Buchstabe *l, n* oder *r* folgt, hat man zwei Möglichkeiten:

- Entweder es kommt nach der Grundregel für die Trennung von Wörtern mit mehreren Konsonanten nur **der letzte Konsonant in die neue Zeile:**
  nob-le, zyk-lisch, Mag-net, Feb-ruar, fi-lig-ran, Hyd-rant, Apost-roph
- Oder man kann nach der Regel der **Trennung nach Sprechsilben** oder nach dem Sinn der einzelnen Wortbestandteile auch beide Konsonanten auf die neue Zeile setzen:
  no-ble, zy-klisch, Ma-gnet, Fe-bruar, fi-li-gran, Hy-drant, Apos-troph (auch *Apo-stroph*)

XY

x- / X-

x-fach, x-te • In Zusammensetzungen mit Einzelbuchstaben muss zwischen dem Einzelbuchstaben und der übrigen Zusammensetzung ein Bindestrich stehen: *x-beliebige Frage; x-mal lernen; der x-te; zum x-ten Mal; x-fach wiederholen.*

x-beinig / X-beinig • Steht *x* für „unbekannte Größe“ oder „sehr viel“, schreibt man klein: *x-Achse, x-fach.* Groß schreibt man dagegen: *X-Haken* (zum Bilderaufhängen); *X-Einheit* (bei Röntgenstrahlen); *X-Chromosom, X-Games.* In den folgenden Fällen ist dagegen Groß- oder Kleinschreibung möglich: *ein X-/x-beiniger Mann* (aber nur: *X-Beine*); *ein X-/x-förmiges Stück.*

Ein *X* für ein U vormachen

Die Wendung *jemandem ein X für ein U vormachen* geht auf eine betrügerische Masche zurück, die offenbar vor allem in Wirtshäusern beliebt war. Um den Hintergrund der Wendung zu verstehen, muss man wissen, dass es sich bei dem *U* eigentlich um das *V* handelte, das im Mittelalter im Inneren von Wörtern normalerweise als *U* geschrieben wurde. Das *V* steht hier aber nicht für den Buchstaben, sondern für das lateinische Zahlzeichen „fünf“, während das *X* „zehn“ bedeutet. Aus Sicht eines Betrügers waren die Ziffern für einen Schwindel wie geschaffen: Wer bei einem *V* die Schenkel nach unten verlängerte, erhielt ein *X,* also den doppelten Wert. Ein Wirt konnte mit dieser einfachen Manipulation seinem Gast auf der Schuldentafel doppelt so viel ankreiden, wie dieser eigentlich vertrunken hatte.

Wie die Bayern zum *y* kamen

Heute steht das *y* ausschließlich in Fremdwörtern z. B. aus dem Griechischen *(Gymnasium),* dem Französischen *(Mayonnaise)* oder Englischen *(Party).* Im Frühneuhochdeutschen dagegen wurde das *y* seit der Erfindung des Buchdrucks wegen seiner Unterlänge oft anstelle von *i* verwendet, um Texte in Frakturschrift leichter lesbar zu gestalten. Noch bis ins 19. Jahrhundert waren Schreibvarianten wie *seyn / sein, bey / bei oder Kayser / Kayser* üblich. Sie wurden erst im Zuge der Orthografiereformen vereinheitlicht.

Ein später Reflex dieser Austauschbarkeit von *y* und *i* ist die Schreibung *Bayern.* Sie geht auf eine Anordnung König Ludwigs I. von 1825 zurück. Aus Verehrung für Griechenland verfügte er die Aufnahme des *y* in den Staatsnamen. Seither wird orthografisch zwischen *Bayern* als historische und politische Größe und *Bairisch* als Dialekt unterschieden. Mit *i* geschrieben wird auch der germanische Stamm, der sich im 5. und 6. Jahrhundert aus verschiedenen, nach Bayern eingewanderten Bevölkerungsgruppen herausbildete: *die Baiern.*

y-Achse

Zusammensetzungen mit Einzelbuchstaben schreibt man immer mit Bindestrich: *y-Achse.* Das *y* steht hierbei fachsprachlich für eine unbekannte Größe. Aus diesem Grund wird es in dieser Verbindung als zitierter Buchstabe immer kleingeschrieben.
Groß schreibt man dagegen: *Y-Chromosom.*

y oder j?

In einer Reihe von Fremdwörtern aus unterschiedlichen Herkunftssprachen tritt der Buchstabe *y* für den Laut [j] auf. In einigen Fällen ist die Schreibung mit *j* als gleichberechtigte Variante zulässig: *Mayonnaise / Majonäse; Yacht / Jacht; Yak / Jak; Yams / Jams; Yen / Jen; Yoga / Joga; Yo-Yo / Jo-Jo.*

Z

z oder c?

Bei einigen Fremdwörtern, in denen der Buchstabe *c* für den Laut [ts] steht, ist auch eine eindeutschende Schreibung mit *z* zulässig: *circa/zirka; Circus/Zirkus; Penicillin/Penizillin.* Fachsprachlich wird oft die Schreibung mit *c* bevorzugt.

zäh

In der Superlativform von *zäh* kann ein *e* entfallen: *zäh – zäher – am zäh(e)sten.* Dies gilt auch für die gebeugten Formen: *die zäh(e)sten Geschöpfe.*

Zähheit

Die Schreibung *Zähheit* ergibt sich aus der Anfügung der Endung *-heit* an den Wortstamm *zäh.*

Zahl

Bildet *Zahl* als Mengenangabe im Singular das Subjekt des Satzes, steht auch das Gezählte in der Regel im Singular. Daneben gilt aber auch der Plural als korrekt: *Eine große Zahl österreichischer Autoren ist* (auch: *sind*) *im gesamten deutschsprachigen Gebiet bekannt. Eine große Zahl Radiohörer hatte* (auch: *hatten*) *das fiktive Hörspiel von Orson Welles für bare Münze genommen.*
→ *Sonderseiten „Zahlen", S. 492–495*

zahllos, zahlreich

Adjektive und Partizipien nach *zahllos* oder *zahlreich* werden heute im Allgemeinen stark gebeugt. Es heißt also: *zahllos**e**/zahlreich**e** verärgert**e** Fluggäste; trotz zahllos**er**/zahlreich**er** eingesandt**er** Beschwerden; wegen zahllos**er**/zahlreich**er** wartend**er** Fluggäste.*

zart

zart besaitet / zartbesaitet • In Verbindung mit adjektivisch gebrauchten Partizipien ist Getrennt- oder Zusammenschreibung möglich: *zart besaitet/zartbesaitet; zart fühlend/zartfühlend.* Ist in einer solchen Verbindung das Adjektiv erweitert, schreibt man getrennt: *Es handelt sich hier um einen besonders zart besaiteten Mitarbeiter.*
zartbitter, zartrosa • Man schreibt zusammen: *zartbitter, zartrosa.*
REGEL: Verbindungen mit einem Adjektiv als zweitem Bestandteil schreibt man zusammen, wenn der erste Bestandteil bedeutungsverstärkend oder -abschwächend auf den zweiten Bestandteil wirkt: *eine zartbittere Herrenschokolade. Er hat das Zimmer zartrosa angestrichen.*

Zauberer – Zauberin

Bei Personenbezeichnungen, die in der männlichen Form auf *-erer* enden, wird in der weiblichen Form ein *er* getilgt. Es heißt daher: *der Zauberer – die Zauberin* (falsch: *Zaubererin*). Wird jedoch bei Substantiven auf *-erer* das erste *e* getilgt, so dass das Wort auf *-rer* endet *(Zaubrer)*, gilt die Regel, dass *-in* an *-rer* angehängt wird: *der Zaubrer – die Zaubrerin* (falsch: *Zaubrin*).

z. B.

→ *zum Beispiel*

zehn

zehnen / zehnt • Von *zehn* kann die Dativform gebildet werden. Die Dativendung wird jedoch im heutigen Sprachgebrauch gewöhnlich nicht mehr gesetzt. *Bei zehn* (selten: *zehnen*) *der Patienten stellten sich die Symptome ein.*
Nach der Präposition *zu* kann entweder die Form mit *-t* oder die Dativform gebildet werden: *Sie waren zu zehnen/zehnt in Urlaub.*

Zahlen und Ziffern

Zahlen und Ziffern bestimmen das tägliche Leben – ob beim Datum oder der Uhrzeit, ob beim Einkaufen oder im Sport: Ohne Zahlen könnte eine moderne Gesellschaft nicht existieren. Wenn Zahlen Probleme bereiten, sind es in der Regel mathematische Fragen, über die wir uns den Kopf zerbrechen. Aber Zahlen haben auch eine sprachliche Seite, denn Ziffern lassen sich als Zahlwörter wiedergeben oder sie können mit Wörtern Verbindungen eingehen. Und dies führt durchaus auch zum einen oder anderen Zweifelsfall: Wann schreibt man groß, wann klein? Wann sollte man in Texten eine Zahl durch ein Wort wiedergeben, wann sollte es eine Ziffer sein? Welche Zahlwörter lassen sich beugen, welche nicht? Glücklicherweise halten sich diese Probleme – ganz im Gegensatz zu den mathematischen Schwierigkeiten – in engen Grenzen. Zu beachten sind nur wenige Regeln.

Grundzahlen und Ordnungszahlen

Bei den Zahlwörtern unterscheidet man grundsätzlich zwischen Grundzahlen (Kardinalzahlen) und Ordnungszahlen (Ordinalzahlen). Die Grundzahlen geben eine bestimmte Anzahl an, die Ordnungszahlen eine Reihenfolge:

- **Grundzahlen:** *eins, zwei, drei …*
- **Ordnungszahlen:** *erste, zweite, dritte …*

In Ziffern geschrieben, werden die Ordnungszahlen durch einen Punkt hinter der Ziffer gekennzeichnet: *1., 2., 3.*

Ziffern oder Buchstaben? ▸ Immer wieder steht man beim Formulieren von Texten vor der Frage, ob man eine bestimmte Zahl besser als Wort ausschreiben oder in Ziffern ausdrücken soll. Prinzipiell ist immer **beides möglich** – allerdings gibt es durchaus Faustregeln, an denen man sich orientieren kann, was in welchem Zusammenhang die sinnvollere Lösung sein mag. Früher hieß es im Normalfall, dass man die Zahlen von 1 bis 12 in Buchstaben als Wörter ausschreibt und die Zahlen ab 13 in Ziffern setzt – das gilt heute **nicht** mehr! Dafür setzt man eher inhaltliche Kriterien an. In mathematischen Zusammenhängen, also auch in Statistiken, Tabellen, technischen oder wissenschaftlichen Texten, wird gewöhnlich in Ziffern geschrieben, auch

Kleinschreibung	Großschreibung
*Die **drei** kommen heute zum Essen.*	*Ich würfele jetzt eine **Drei.***
*Wir essen um **acht**.*	*Du fährst mit der **Acht.***
*Ich brauche **zwei** Kilo Äpfel.*	*Er hat eine **Zwei** in der Abschlussarbeit.*
*Das ist mir **drittens** zu viel.*	*Sie kam als **Dritte** hier an.*
*Ein **viertel** Liter Wein reicht mir.*	*Das ist ein **Viertel** der Summe.*

wenn es sich um einstellige Zahlen handelt. Das Gleiche gilt für Zahlen vor bestimmten Einheiten wie Maßangaben, Gewichten, Währungen etc.: *5 m, 7 cm, 3,2 kg, 8 EUR*. Umgekehrt können natürlich auch die größeren Zahlen ab 13 ausgeschrieben werden, wenn sie nicht allzu lang und dadurch unübersichtlich sind.
In Worten schreibt man mehrsilbige Zahlen häufig im Geldverkehr, um Missverständnisse zu vermeiden: *tausendzweihundert Euro, vierhundertdreiundachtzigtausendzweihundertfünfundzwanzig Euro*. Zahlen über einer Million werden dabei getrennt: *vier Millionen neunhundertachtundzwanzigtausenddreihundertvierundneunzig.*

Groß- und Kleinschreibung

In diesem Fall sollte man vielleicht besser von der Klein- und Großschreibung sprechen, denn im Normalfall werden Zahlwörter wie Adjektive behandelt und kleingeschrieben. Aber natürlich gibt es – wie bei allen Wortarten – auch Fälle von Großschreibung.
Kleinschreibung ▸ Grundzahlwörter **unter einer Million** werden kleingeschrieben. Dies gilt auch, wenn sie als Stellvertreter von Substantiven gebraucht werden:

- *Die **drei** gingen gern abends aus.*
- *Kapitel **acht** ist noch nicht fertig.*
- *Ich hole dich um **sieben** zum Essen ab.*
- *Wer über **fünfzig** ist, ist heute meist noch sehr aktiv.*
- *Das Barometer sank in dieser Nacht unter **null**.*
- *Das Jahr 1945 wird oft als „**Stunde null**“ bezeichnet.*
- *Der SC gewann **drei zu eins**.*
- *In **null Komma nichts** war alles geregelt.*
- *Er kroch **auf allen vieren** nach Hause.*

Wenn **Bruchzahlwörter auf *-tel* und *-stel*** in **Uhrzeitangaben** unmittelbar vor Grundzahlen stehen, werden sie kleingeschrieben: *um **viertel sechs**, gegen **drei viertel sieben**.* Und auch wenn sie **vor Maß- und Mengenangaben** stehen, werden sie als Attribute betrachtet und kleingeschrieben: *ein **viertel** Liter Wasser, zwei **hundertstel** Millimeter, eine **tausendstel** Sekunde.*

ACHTUNG: Hier ist auch die Zusammenschreibung mit den Maßangaben möglich – dann ist das Ganze meist substantiviert und muss großgeschrieben werden: *ein Viertelliter Rotwein, zwei Hundertstelmillimeter, eine Tausendstelsekunde.*
Großschreibung ▸ Zahlwörter **ab einer Million** werden als Zahlsubstantive betrachtet und großgeschrieben: *eine **Million** Euro, zwei **Millionen** fünfhunderttausend Einwohner, sechs **Milliarden** Menschen.*
Auch **substantivierte Zahlwörter** (von Grundzahlen, Ordnungszahlen und auch Bruchzahlen) werden großgeschrieben:

- ***Die Fünf** ist meine Glückszahl.*
- *Ich habe **drei Sechsen** gewürfelt.*
- *Er hat **eine Fünf** in der Klausur.*
- *Ich fahre heute mit **der** (Linie) **Elf** in die Stadt.*
- *Sie hat **einen Sechser** im Lotto.*
- *Er ging **als Dritter** durchs Ziel.*
- ***Ein Drittel** des Fußbodens war schon gestrichen.*
- *Ihm steht **ein Fünftel** zu.*
- *Sie kommt **um Viertel** vor acht.*

Zusammen- und Getrenntschreibung

Zahladjektive können zu mehrteiligen Grund- oder Ordnungszahlwörtern verbunden werden.
Zusammenschreibung ▸ Man schreibt mehrteilige Grundzahlwörter unter einer Million sowie alle mehrteiligen Ordnungszahlwörter zusammen: *achtzehn, fünfhundert, einhundertvierundsiebzigtausend; der einundachtzigste Geburtstag, der dreimillionste Besucher, der zweimillionenfünfhunderttausendste Einwohner.*

Getrenntschreibung ▸ Mehrteilige Zahlwörter **über einer Million** gelten als Zahlsubstantive. Man schreibt getrennt: *drei Millionen Euro, zwei Millionen einhunderttausend Einwohner, sechs Milliarden siebenhundertdreißigtausend Menschen*
-mal ▸ Unter die **mehrteiligen Adverbien,** die man **zusammenschreibt**, fallen auch alle Adverbien mit dem Zweitbestandteil ***-mal:*** *diesmal, dutzendmal, einmal, keinmal, manchmal, ein paarmal, zweimal.*
In Verbindung mit Zahladjektiven **ist bei besonderer Betonung aber auch die Getrenntschreibung** möglich: *ein Mal, ein paar Mal, acht Mal, hundert Mal.*
Ist **ein Bestandteil erweitert**, schreibt man immer **getrennt:** *dies eine Mal, das erste/letzte Mal, ein einziges Mal, ein für alle Mal, zum achten Mal(e), mit einem Mal, so manches Mal, einige/etliche/mehrere/viele Mal(e), ein paar Hundert/hundert Mal, Millionen Mal(e).*

Verbindungen von Ziffern und Wörtern

In vielen Fällen ist es nötig, Wörter mit Zahlen zu verbinden, wobei der Einfachheit und Lesbarkeit halber lieber Ziffern als Zahlwörter verwendet werden. Es kann sich dabei um Zusammensetzungen handeln, aber auch um Ableitungen, deren Grundwort eine Ziffer ist.
Zusammensetzungen ▸ Wenn in Zusammensetzungen die Ziffer der erste Bestandteil ist, dann schreibt man **mit Bindestrich:** *7,5-Tonner, 3-Achser, 6-Zylinder, der 80-Jährige, 2-silbig, 50-prozentig, 1,5-zeilig, 80-jährig, 2:0-Sieg, der 3:1-(1:1-)Sieg* (auch: *der 3:1(1:1)-Sieg*), *¾-Takt.*
Wenn in einer mehrteiligen Zusammensetzung eine Zusammensetzung mit Ziffer auftritt, wird der Bindestrich zwischen allen Bestandteilen gesetzt: *100-Euro-Schein, 1000-Jahr-Feier, 6-Zylinder-Motor.*
Ableitungen ▸ Steht eine Ziffer vor einer Ableitungssilbe, wird kein Bindestrich gesetzt, sondern beides wird **direkt verbunden:** *ein 12tel, 68er, 50%ig.*
In Zusammensetzungen mit Ableitungen von Ziffern steht nach der Ableitung, also der Ziffer mit Ableitungssilbe, ein Bindestrich: *1000stel-Millimeter, 12er-Gruppe, 0900er-Nummer, in den 90er-Jahren* (auch: *in den 90er Jahren*). Ausgeschrieben (aber: *die Zwölfergruppe*), *die Neunzigerjahre* (auch: *die neunziger Jahre*).
ACHTUNG: Da ***fach*** sowohl als Teil einer Zusammensetzung wie auch als Ableitungssilbe angesehen werden kann, sind hier in Verbindung mit Ziffern immer zwei Formen möglich: *4-fach* oder *4fach, 100-fach* oder *100fach, das 20-Fache* oder *20fache.*

Gliederung von Ziffern

Längere Ziffern werden häufig der Übersichtlichkeit halber optisch gegliedert. Dafür gibt es keine festen Regeln, aber einige Schreibungen haben sich weitgehend durchgesetzt. Das Deutsche Institut für Normung hat dazu Richtlinien formuliert, die sich teilweise an internationale Gepflogenheiten anlehnen; andere Schreibungen haben sich durch „Gewohnheitsrecht" etabliert.
So werden vier- und mehrstellige Zahlen, ausgehend von der letzten Stelle, jeweils in Dreiergruppen zusammengefasst und jeweils durch ein Leerzeichen getrennt: *3 584; 14 972; 227 056; 1 438 639.*
Telefonnummern ▸ Früher wurden Telefonnummern in Zweierschritten von hinten gegliedert; heute wird meist nur noch zwischen der (Landes-) Vorwahl und der Rufnummer unterschieden, die jeweils mit Leerzeichen voneinander getrennt werden. Bei Angabe einer Landesvorwahl fällt die Null als erste Ziffer der Ortsnetz- bzw. Mobilfunknetzkennzahl weg. Auch der Landesvorwahl selbst wird nicht mehr (wie früher üblich) eine zweifache 0 vorangestellt, sondern nur ein +. Durchwahlnummern werden mit Bindestrich angefügt.

0171 3957866	*+49 171 3957866*
069 2123-3100	*+49 69 2123-3100*

Zeitangaben ▸ Werden Uhrzeiten inklusive der Minuten (und ggf. auch Sekunden) in Ziffern angegeben, dann gilt gemäß DIN 5008 folgende Schreibweise:
23:17 Uhr, 07:05 Uhr, 00:38 Uhr
Sie kam exakt um 06:00:28 Uhr ins Ziel.
In Fließtexten heißt es aber: *17 Uhr, 6 Uhr, 0 Uhr.*

Römische Zahlen

Noch heute werden in manchen Zusammenhängen die römischen statt der üblichen arabischen Zahlen verwendet; sonst kennt man die römischen Zahlen meist von Inschriften auf antiken Funden. Ihnen liegen sieben Zeichen zugrunde, aus denen durch Addition oder Subtraktion weitere Zahlenwerte gebildet werden können.

Zeichen:	***I***	***V***	***X***	***L***	***C***	***D***	***M***
Wert:	***1***	***5***	***10***	***50***	***100***	***500***	***1000***

Dabei gilt immer, dass bis zu drei gleiche Zeichen nebeneinanderstehen können; sie werden dann addiert. Folgt einem Zeichen eines mit kleinerem Wert, dann werden diese ebenfalls addiert; folgt ein größeres, dann wird das kleinere, vorne stehende abgezogen. So kommt man zum Beispiel zu den folgenden Zahlen:

1: ***I***	*2:* ***II*** *(1+1)*	*3:* ***III*** *(1+1+1)*
4: ***IV*** *(5–1)*	*5:* ***V***	*6:* ***VI*** *(5+1)*
7: ***VII*** *(5+2)*	*8:* ***VIII*** *(5+3)*	*9:* ***IX*** *(10–1)*
10: ***X***	*15:* ***XV*** *(10+5)*	*20:* ***XX***
25: ***XXV***	*29:* ***IXXX***	*30:* ***XXX***
40: ***XL***	*50:* ***L***	*60:* ***LX***
70: ***LXX***	*80:* ***LXXX***	*90:* ***XC***

Die Jahreszahl 2014 schreibt man: ***MMXIV***

Auf Zifferblättern steht anstelle von IV manchmal IIII. Es werden verschiedene Gründe dafür vermutet. Einer ist, dass IV in der Antike nicht für weltliche Zwecke genutzt werden durfte, da es auch als Abkürzung für den römischen Gott Jupiter (IVPPITER) gebräuchlich war.

Währungsangaben ▸ Bei Geldbeträgen werden die Zahlenfolgen aus Sicherheitsgründen nicht mit einem Leerzeichen, sondern mit einem Punkt gegliedert: *34.342,56 €, 33.000 $, 1.400 £.*
In Fließtexten werden die Währungseinheiten nachgestellt, wie sie auch in gesprochener Sprache den Zahlenangaben folgen. Dabei kann die Währung entweder ausgeschrieben oder abgekürzt werden. Euro- und Centbeträge werden durch ein Komma voneinander getrennt. Das Gleiche gilt für alle anderen Währungen:
3,68 EUR; 15 Euro; 17,23 €
34,50 sFr.; 24 Schweizer Franken
Vorangestellt wird die Währungsangabe dagegen in der Regel im Geldverkehr und oft auch bei tabellarischen Darstellungen: *Euro 15,65; $ 5,70.*

Die Deklination von Zahlwörtern

Die Grundzahlwörter sind im Allgemeinen nicht deklinierbar: *fünf Katzen, mit diesen drei Hunden, gegen vier Mitspieler.* Die beiden Zahlwörter *zwei* und *drei* verfügen über eine Form für den Genitiv. Daher können Wortgruppen mit den Zahlwörtern *zwei* und *drei* ohne Artikel oder Pronomen im Genitiv stehen:

- *der Gewinn zweier Medaillen*
- *die Abenteuer dreier guter Freunde*

Geht dem Zahlwort ein Artikel oder Pronomen voraus, so wird das Zahlwort nicht dekliniert:

- *der Gewinn* ***dieser zwei*** *Medaillen*
- *die Abenteuer* ***der drei*** *guten Freunde*

Die Grundzahlwörter **ab *vier*** haben keine Genitivform. Daher kann eine Wortgruppe mit einem Kardinalzahlwort ab *vier* **nicht ohne Artikel oder Pronomen** im Genitiv stehen. (**Falsch:** *der Gewinn vier Medaillen, die Abenteuer fünf guter Freunde.*) Anstelle des nachgestellten Genitivs ist bei artikelloser Verwendung nur eine Konstruktion mit **von** möglich:

- *der Gewinn* ***von*** *vier Medaillen*
- *die Abenteuer* ***von*** *fünf guten Freunden*

Als Genitivattribut sind Konstruktionen mit einer Kardinalzahl ab *vier* nur dann möglich, wenn sie **mit Artikel oder Pronomen** stehen:

- *der Gewinn* ***dieser*** *vier Medaillen*
- *die Abenteuer* ***der*** *fünf guten Freunde*

Groß- und Kleinschreibung • Als Zahladjektiv wird *zehn* kleingeschrieben: *wir zehn; unter uns zehn/zehnen; zu zehnen/zehnt. Er wird jetzt zehn. Er wird um zehn kommen. Es fehlen noch Stühle für zehn. Um Punkt zehn bist du zu Hause. Die ersten zehn starten um 12 Uhr.*
Die substantivierte Form wird großgeschrieben: *Auf dem Tisch liegen ein Bube, eine Dame und eine Zehn. Er trägt die Zehn auf dem Rücken. Die Zehn* (Bus- oder Straßenbahnlinie) *fährt immer bis zum Bahnhof.*
Ist *zehn* Bestandteil von Eigennamen, schreibt man ebenfalls groß: *die Zehn Gebote* (aber nur: *das zehnte Gebot*).

zehnte(r, -s) / Zehnte(r, -s)

Das adjektivische Zahlwort schreibt man klein: *Jeder zehnte Patient war betroffen.*
Bei Substantivierung schreibt man groß: *Er kam als Zehnter noch in die Wertung. Sie kam als Zehnte ins Ziel. Sie spielen die Zehnte von Mahler. Der Zehnte* (auch: *der Zehnt*) *stand im Mittelalter der Kirche zu.*

Zeichenblock

Die Pluralform von *Zeichenblock* schwankt. Möglich sind *die Zeichenblocks* und *die Zeichenblöcke*. Im aktuellen Sprachgebrauch wird die Form *Zeichenblöcke* etwas häufiger verwendet.

zeigen

Die Fügung *sich zeigen als* steht im modernen Deutsch mit dem Nominativ. Der Akkusativ gilt als veraltet: *Er zeigte sich als fürsorglicher* (veraltet: *fürsorglichen*) *Vater.*

zeit / Zeit

zeit oder Zeit? • Das Substantiv *Zeit* schreibt man groß: *zu seiner Zeit. Es ist Zeit zu gehen. Sie haben keine Zeit. Von Zeit zu Zeit kann man sich auch etwas gönnen. Sie leben auf Zeit zusammen.*
Dagegen schreibt man die Präposition *zeit* klein. Sie kann sinngemäß durch *während* ersetzt werden: *Sie war zeit ihres Lebens eine begeisterte Leserin. Im Grunde war die Band zeit ihres Bestehens in einer Dauerkrise.*
zurzeit / zur Zeit, zuzeiten / zu Zeiten • Man schreibt *Zeit* groß und von einer Präposition getrennt, wenn das Substantiv in seiner Bedeutung klar erkennbar ist: *zu seiner/ihrer/meiner Zeit. Zur Zeit der Brüder Grimm waren die politische Lage unruhig.* Ist die Form des Substantivs nicht mehr erkennbar, weil die Verbindung eine andere Bedeutung angenommen hat, schreibt man zusammen und die Verbindung klein: *Wir haben zurzeit* (= „momentan“) *geschlossen. Sie können mich jederzeit* (= „immer“) *anrufen.* (Aber: *Sie können mich zu jeder Zeit anrufen.*)
Der berühmte Schriftsteller war ängstlich, schüchtern und zuzeiten auch aufbrausend. (Aber: *Die Meerenge war zu diesen Zeiten wegen der Piratenüberfälle gefürchtet.*)
zeitsparend / Zeit sparend • In Verbindung mit adjektivisch gebrauchten Partizipien kann man getrennt oder zusammenschreiben: *eine Zeit sparende/zeitsparende Methode.*
ACHTUNG: Ist die gesamte Verbindung erweitert oder gesteigert, darf man nur zusammenschreiben: *eine noch zeitsparendere Methode; eine überaus zeitsparende Methode.*
Ist dagegen nur das Substantiv z. B. durch ein Attribut erweitert, schreibt man getrennt: *eine besonders viel Zeit sparende Methode.*

Zeitangaben

→ *Uhrzeit,* → *Datum*

Zeitlauf – Zeitläufte

Bildet man im Rahmen von Sportereignissen den Plural von *Lauf,* heißt es *die Läufe: Die Läufe finden heute Nachmittag statt.* Auch in anderen Zusammensetzungen wird der Plural entsprechend gebildet: *Lebenslauf – die Lebensläufe; Kreislauf – die Kreisläufe.*
Nur bei *Zeitlauf* lautet der Plural *Zeitläufte*. Der Hintergrund ist, dass es früher zum Verb *laufen* die Substantivbildung *Lauft* gab. Das ursprüngliche Wort für „Hochzeit“, *Brautlauf,* weist in den

alten Formen dieses Substantiv noch auf: *brutlouft.* Außer in der Pluralform *Zeitläufte* hat sich die Substantivform *Lauft* nirgends erhalten.

Zeitungsnamen

Auch wenn Zeitungsnamen in Anführungszeichen stehen, werden sie gebeugt. *Er hat diesen Artikel der „Frankfurter Allgemeinen" entnommen.*

Gute *Zeitung* – schlechte *Zeitung*
Das Wort *Nachricht* bedeutet eigentlich „Kunde, Botschaft". Doch wer *die Nachrichten* einschaltet, meint damit die Fernsehsendung, die über das tagesaktuelle Geschehen informiert. Hier hat also eine Bedeutungsübertragung vom Inhalt eines Mediums auf das Medium selbst stattgefunden.

Mit dem Wort *Zeitung* verhält es sich genauso: Das Wort erschien um 1300 im Kölner Raum in der Form *zidung* und ging wohl auf das mittelniederdeutsche Wort *tidinge* (mittelniederländisch ebenfalls: *tidinge*) zurück. Es bedeutete „Botschaft, Nachricht, Meldung". Man sprach von *guter* oder *schlechter Zeitung*, wenn man vorteilhafte bzw. ungünstige Nachrichten erhielt. Um 1500 erschienen die ersten Vorläufer der Tagespresse. Es waren meist kurzgehaltene Drucke mit Informationen zu Themen von allgemeinem Interesse, in deren Titeln damals das Wort *Zeitung* erstmalig auftauchte: „Neue *Zeitung*" oder „Wahrhaftige Neue *Zeitung*". Erst ab ungefähr 1700 wurde der Ausdruck *Zeitung* tatsächlich auf periodisch erscheinende Nachrichtenblätter bezogen.

Gehört zum Zeitungsnamen ein Artikel, steht er nur innerhalb der Anführungszeichen, wenn er nicht gebeugt ist. Man schreibt den Artikel groß: *Ich lese regelmäßig „Die Zeit".*
Ist der Artikel gebeugt, steht er außerhalb der Anführungszeichen und wird kleingeschrieben: *Das hat er in der „Zeit" gelesen.*

Zeitwort

→ *Sonderseiten „Verb", S. 452–455*

Zentimeter

der / das Zentimeter • Die Maßbezeichnung *Zentimeter* wird allgemeinsprachlich im Maskulinum gebraucht. Fachsprachlich ist bisweilen auch der Gebrauch im Neutrum möglich: *der Zentimeter* (selten: *das Zentimeter*).
Wird in Verbindung mit *Zentimeter* das Zahladjektiv *ein* gebraucht, kann sowohl die gebeugte als auch die ungebeugte Form stehen: *Der Strich ist ein/einen Zentimeter lang.*
zwei Zentimeter ist / sind genug • Steht die Maßangabe *Zentimeter* im Plural, setzt man in der Regel das Prädikat in den Plural, auch wenn das Gemessene im Singular steht: *Zehn Zentimeter Abstand sind* (nicht: *ist*) *vorgeschrieben.*
Nur wenn sich das Prädikat eng auf die Maß- oder Mengenbezeichnung bezieht, ist auch der Singular möglich. Dies gilt für: *(aus)reichen, genügen, ausreichend/genug/viel/wenig/eine Menge sein: Fünfzehn Zentimeter Abstand reichen* (auch: *reicht*) *in diesem Fall nicht aus.*

Zentner

ein Zentner Kartoffeln wird / werden • Steht *Zentner* als Subjekt des Satzes im Plural, steht das Prädikat in der Regel ebenfalls im Plural, unabhängig davon, ob das Gemessene im Singular oder im Plural steht: *Drei Zentner Kartoffeln haben wir letzte Woche eingekellert. Fünf Zentner weißer Zucker verteilten sich nach dem Unfall auf der Autobahn.*
Steht *Zentner* dagegen im Singular und das Gemessene im Plural, steht auch das Prädikat im

Singular. Daneben gilt aber auch der Plural als korrekt: *Ein Zentner Kartoffeln wurde* (auch: *wurden*) *eingekellert.*
ein Zentner feinster Zucker • Steht nach *Zentner* das Substantiv, das den Inhalt bezeichnet, mit einem Adjektiv, so werden beide in denselben Kasus gesetzt wie *Zentner: ein Zentner feinster Zucker; mit fünf Säcken feinstem Zucker; der Preis eines Zentners feinsten Zuckers.*
Im Nominativ könnte nach *Zentner* das Substantiv auch als Genitivobjekt angeschlossen werden. Dieser Gebrauch gilt heute jedoch als gespreizt und sollte deshalb vermieden werden: *ein Zentner feinen Zuckers* (besser: *ein Zentner feiner Zucker*).

Zeuge

Bei bestimmten festen Wendungen kann das Prädikat auch dann im Singular stehen, wenn das Subjekt im Plural steht: *Die Schüler der Klasse 10d waren Zeuge* (auch: *Zeugen*) *des schrecklichen Unfalls.*

Ziegel

Bei vielen maskulinen Substantiven, die wie *Ziegel* auf *-el* enden, wird in der Umgangssprache oft der Plural durch Anhängen von *-n* gebildet: *die Bröseln, die Stummeln*; ebenso bei *Ziegel*: *die Ziegeln*. Standardsprachlich muss es jedoch *die Ziegel* heißen.

Zierrat

Nach neuer Rechtschreibung schreibt man mit zwei *r*, da sich als Regel ein Bezug zu *Zier* und *-rat* (wie in *Hausrat*) herstellen lässt. Wortgeschichtlich liegt allerdings keine Verwandtschaft zu *-rat,* sondern zu *-od* (wie in *Kleinod*) vor. Im Frühneuhochdeutschen lautete die Form noch *zierot.*

Ziffer oder Zahl?

Das Wort *Zahl* wird oft bedeutungsgleich mit *Ziffer* verwendet. Dennoch unterscheidet sich die Grundbedeutung beider Substantive: Das Wort *Ziffer* steht für das geschriebene Zahlzeichen. In dieser Bedeutung wird es seit 1400 verwendet.
Im Unterschied dazu steht das Wort *Zahl* für den in *Ziffern* ausgedrückten Wert. So wird der Zahlenwert *zweihundertfünfzig* grafisch durch die aneinandergereihten *Ziffern 2, 5* und *0* wiedergegeben.
→ *Zahl*

zig, zigtausende / Zigtausende

zig • Bei *zig* handelt es sich um ein Suffix (Nachsilbe) zur Bildung von Zehnerzahlen *(zwanzig, vierzig)*. Umgangssprachlich wird *zig* auch selbstständig als unbestimmtes Zahlwort verwendet: *Es waren zig Leute da.* In Verbindung mit Wörtern oder Wortbestandteilen steht kein Bindestrich: *Das habe ich schon zigmal gesehen. Er wurde zigfach überprüft.*
zigtausende / Zigtausende • Da das Zahlwort *zigtausend* für eine unbestimmte Zahl steht, kann es auch als Substantiv interpretiert werden. Es ist Klein- und Großschreibung zugelassen: *zigtausend/Zigtausend; zigtausende/Zigtausende waren am Mittwoch in den Veranstaltungssaal gekommen.*

Zigeuner

→ *Sinti und Roma*

zigtausende / Zigtausende

→ *zig*

Zitat

→ *Sonderseiten „Zitate, Quellen, Fußnoten“, S. 506–509*

Zölibat

Der *Zölibat* wird allgemeinsprachlich überwiegend als Neutrum gebraucht: *das Zölibat.* Fachsprachlich ist allerdings nur die Verwendung im Maskulinum üblich: *der Zölibat.*

Ziffer und Null – aus Indien angereist
Die Geschichte der modernen Ziffernschreibweise, wie auch des Wortes *Ziffer,* beginnt in Indien. Dort kam man auf die geniale Idee, dass sich bei exakter Anwendung eines dezimalen Stellensystems alle ganzen Zahlen durch nur neun Zeichen ausdrücken lassen. Bei größeren Zahlen, z. B. 124, schrieb man die 4 an die Stelle der Einer, die 2 links daneben an die Stelle der Zehner und die 1 wiederum links daneben an die Stelle der Hunderter. Wollte man aber 104 schreiben, so blieb die Stelle der Zehner leer, das heißt, auf sie entfiel keines der neun Zeichen. Um diese Leere kenntlich zu machen, setzten die Inder ein besonderes Zeichen, das sie *shūnya* („Leere“) nannten. Die Araber lernten dieses Zeichen als einen kleinen Kreis kennen und so übernahmen es die Europäer. In Anlehnung an die indische Bezeichnung nannten die Araber das Zeichen für die „Leere“ einer Stelle *sifr* („leer“), woraus in Europa das Wort entstand, das wir als *Ziffer* kennen und das wir heutzutage für alle Zahlzeichen, einschließlich der *Null,* verwenden.

Zooorchester / Zoo-Orchester

In der Zusammensetzung aus *Zoo* und *Orchester* werden alle drei *o* geschrieben: *Zooorchester.* Zur Verdeutlichung der Bestandteile kann jedoch ein Bindestrich gesetzt werden: *Zoo-Orchester.*

zu

Ob der Infinitiv mit *zu* gebildet wird oder nicht, hängt davon ab, mit welchem Verb er steht oder welche Funktion er im Satz hat. Nach Modalverben etwa steht immer der reine Infinitiv: *Sie muss lachen. Er kann tanzen.* Nach manchen Verben, wie *helfen* oder *lernen,* kann der reine Infinitiv oder der Infinitiv mit *zu* stehen: *Er lernt kochen/zu kochen. Sie hilft ihm kochen/zu kochen.*
Wenn der Infinitiv mit seinen Zusätzen das Subjekt des Satzes ist, kann er mit oder ohne *zu* stehen: *Ein Menü kochen/zu kochen ist toll.*
zu oder um zu? • Wird mit einem Infinitiv ein Substantiv näher bestimmt, kann der Infinitiv nur mit *zu,* nicht mit *um zu* eingeleitet werden: *Sie hatte das Bedürfnis, ihm endlich die Wahrheit zu sagen. Der Zeitpunkt, etwas zu ändern, ist günstig.* (Falsch: *Der Zeitpunkt, um etwas zu ändern, war günstig.*)
Getrennt- oder Zusammenschreibung • Wird der Infinitiv eines mehrteiligen Verbs getrennt geschrieben, gilt dasselbe für die Kombination mit *zu: Auto zu fahren* (wegen: *Auto fahren*); *Blut zu spenden; gut zu kochen; schnell zu laufen.*
Wird der Infinitiv ohne *zu* zusammengeschrieben, ist er auch bei Kombination mit *zu* zusammenzuschreiben. Dabei muss man jedoch zwischen trennbaren und untrennbaren Verben unterscheiden:
Trennbare Verben (z. B. *einkaufen – ich kaufe ein*): Hier wird auch der Infinitiv mit *zu* zusammengeschrieben: *einzukaufen, standzuhalten, zusammenzuschreiben, zurückzuzahlen* usw.
Untrennbare Verben (z. B. *handhaben – er handhabt*): Hier bleibt *zu* als selbstständiges Wort erhalten und wird getrennt vom Infinitiv geschrieben. *Zu* steht dabei vor der Verbverbindung: *Das neue Gerät ist schwer zu handhaben. Die Übung ist oft zu wiederholen.*
Bei Verben, die sowohl trennbar als auch untrennbar vorkommen (z. B. *übersetzen – er setzt über; übersetzen – er übersetzt*), wird auch im Infinitiv mit *zu* entsprechend unterschieden:
Bei diesem Sturm wird es schwierig sein, mit der Fähre überzusetzen.
Sie nahm sich eine Woche Zeit, um diesen Text zu übersetzen.
Bei trennbaren Verben, die sowohl in Getrennt- als auch in Zusammenschreibung vorkommen,

sind entsprechend den Regeln verschiedene Schreibweisen möglich: *blank zu polieren/blankzupolieren* (wegen: *blank polieren/blankpolieren*); *Maß zu halten/maßzuhalten.*
→ *staubsaugen/Staub saugen;* → *Gewähr leisten/gewährleisten*

Zubehör

Das Substantiv wird überwiegend im Neutrum gebraucht. Die Verwendung im Maskulinum ist zwar ebenfalls korrekt, kommt aber nur selten vor: *das* (selten: *der*) *Zubehör.*

Zucchini

Das Substantiv *Zucchini* wurde im Plural aus dem Italienischen entlehnt: *Die Zucchini* (falsch: *die Zucchinis*) *schmecken gut.* Ist jedoch nur ein einzelnes Stück gemeint, wird *Zucchini* auch als Singularform gebraucht: *Man nehme eine Zucchini.* Korrekt wäre hier zwar die ursprüngliche Form *Zucchino.* Diese hat sich im Sprachgebrauch jedoch nicht durchgesetzt.

zueinander

Trägt *zueinander* in Verbindungen mit einem Verb den Hauptakzent, so schreibt man zusammen: *zueinanderfinden, zueinandergehören, zueinanderpassen, zueinanderstehen.*
Wenn der Hauptakzent auf dem Verb liegt, schreibt man getrennt: *zueinander finden; zueinander passen; zueinander sprechen; zueinander stehen.*

zufolge

Die Präposition *zufolge* steht überwiegend nach, nur selten vor dem Substantiv, auf das sie sich bezieht. Bei Voranstellung der Präposition steht der Genitiv: *zufolge des Befehls des Oberkommandierenden; zufolge seiner Aussagen; zufolge dieser Informationen.*
Bei Nachstellung der Präposition steht der Dativ: *dem Befehl des Oberkommandierenden zufolge; seinen Aussagen zufolge; diesen Texten zufolge.*

Zubehör* und *Zugehör

Original-Zubehör! Reichhaltiges Zubehör! Der magische Begriff *Zubehör,* mit dem sich Produkte im Kampf um den Kunden erfolgreich vermarkten lassen, passt perfekt in die moderne Warenwelt. Und doch ist das Wort *Zubehör* älter und bürokratischer, als es zunächst den Anschein hat: Wer im 17. oder 18. Jahrhundert einen Garten oder ein Stück Land erwarb, der „erkaufte denselben (garten) nebst allem *zubehör*“. Gemeint waren damit alle Besitzrechte, so z. B. auch Herrschaftsrechte über Menschen.

*Zu**be**hör* war alles, was *dazu**ge**hörte.* Aber müsste es dann nicht eigentlich *Zu**ge**hör* heißen? Tatsächlich hätte der große Sprachwissenschaftler des 18. Jahrhunderts, J. C. Adelung (1732–1806), es lieber gesehen, wenn sich dieses Wort durchgesetzt hätte. Immerhin: In Österreich und in der Schweiz gibt es das Wort *Zugehör* tatsächlich.
An den beiden Begriffen *Zubehör* und *Zugehör* lässt sich zeigen, dass das Neuhochdeutsche eine Ausgleichssprache darstellt, deren Wortschatz sich aus verschiedenen Sprachregionen zusammensetzt. Im Niederdeutschen gab es nämlich die Verben *behören* und *zubehören,* im Mitteldeutschen hieß es dagegen *gehören* und *zugehören.* Überdauert hat die niederdeutsche Wortfamilie nur in *Zubehör* und in einem weiteren Wort: der *Behörde.* Wer sich früher eine offizielle Urkunde oder einen Pass ausstellen lassen wollte, musste dies *an behörigem Orte* tun. Daraus entwickelte sich schließlich die moderne *Behörde.*

zufrieden

In Verbindung mit *sein* und *machen* schreibt man getrennt: *Wir müssen damit zufrieden sein,*

dass ... Die Nachricht sollte sie fröhlich stimmen und zufrieden machen.
In Verbindung mit *stellen* kann man getrennt oder zusammenschreiben. Dies gilt auch für Verbindungen mit adjektivisch gebrauchtem Partizip: *zufrieden stellen/zufriedenstellen. Er hat mich zufrieden gestellt/zufriedengestellt. Wir sind stolz auf diese zufrieden stellende/zufriedenstellende Lösung. Die zufrieden gestellten/zufriedengestellten Kunden äußerten sich positiv.*
Hat *zufrieden* in der Verbindung mit einem Verb seine Eigenständigkeit verloren, schreibt man zusammen: *Sie wollte sich mit dieser Lösung nicht zufriedengeben. Leander wollte seine Schwester nicht zufriedenlassen.*

zugleich oder gleichzeitig?

→ *gleichzeitig*

zu Grunde/zugrunde gehen

Die Verbindung wird als mehrteiliges Adverb gebraucht. Der Schreibende kann selbst entscheiden, ob er getrennt oder zusammenschreiben möchte. Vom folgenden Verb wird immer getrennt geschrieben: *zu Grunde/zugrunde gehen. Die ganze Besatzung ist mit Mann und Maus zu Grunde/zugrunde gegangen. Welche Motive ihrem Verhalten wirklich zu Grunde/zugrunde lagen, werden wir nie erfahren.*
In Verbindung mit einem adjektivisch gebrauchten Partizip ist auch Zusammenschreibung möglich. Es ergeben sich daraus also drei verschiedene Schreibvarianten: *Die zu Grunde liegenden/zugrunde liegenden/zugrundeliegenden Beschwerden entbehren jeder Grundlage.*

zu Gunsten/zugunsten

zu Gunsten/zugunsten • Es bleibt dem Schreibenden überlassen, ob er getrennt oder zusammenschreibt: *zu Gunsten/zugunsten.*
REGEL: Verbindungen aus Präposition und Substantiv, die auch als Ganzes die Funktion einer Präposition erfüllen, kann man getrennt oder zusammenschreiben.

zugunsten des Angeklagten • Die Präposition *zu Gunsten* steht in der Regel mit dem Genitiv: *Die Richter entschieden zu Gunsten/zugunsten des Angeklagten. Zu Gunsten/Zugunsten der besseren Lesbarkeit lässt sich die Hintergrundbeleuchtung regeln.*
Wird nach *zu Gunsten/zugunsten* die Präposition *von* angeschlossen, steht der Dativ: *Spenden von Unternehmen zu Gunsten/zugunsten von gemeinnützigen Vereinen sind steuerlich absetzbar.*
Steht die Präposition nach dem Substantiv, was in der Praxis nur selten vorkommt, setzt man dieses in den Dativ: *Das Gericht ging über alles hinweg, was dem Angeklagten zu Gunsten/zugunsten hätte sein können.*

zu Ungunsten/zuungunsten • Auch die mehrteilige Präposition *zu Ungunsten* kann zusammengeschrieben werden: *zu Ungunsten/zuungunsten.*

zugute-, zuhanden-, zustatten-

Man schreibt Verbverbindungen wie *zugutehalten, zugutekommen, zugutetun* oder *zustattenkommen* im Infinitiv, im Partizip und am Ende von Nebensätzen immer zusammen, weil der Verbbestandteil *zugute* nicht mehr als selbstständiges Wort vorkommt: *Man hat ihm zugutegehalten, dass er über die Hintergründe nicht informiert war. Was ihren Gemälden sicher zugutekommt, ist die abwechslungsreiche Farbpalette. Er sollte sich nichts darauf zugutetun.*

zu Hause/zuhause

Die Fügung *zu Hause* wird im Sprachgebrauch als zusammengehörige Einheit empfunden. Daher ist neben der Getrenntschreibung auch die Zusammenschreibung möglich: *nach Haus(e)/nachhaus(e) kommen; gerne von zu Haus(e)/zuhaus(e); zu Haus(e)/zuhaus(e) sein. Er arbeitet von zu Hause/zuhause aus. Wir werden morgen erst spät zu Hause/zuhause sein.*
TIPP: Im allgemeinen Schreibgebrauch überwiegt die Getrenntschreibung: *nach Hause; zu Hause.*
Bei Substantivierung schreibt man zusammen: *das Zuhause.*

Eins, zwei, drei im Sauseschritt: Die *Zeiten*

Dass Menschen schon sehr lange über das Phänomen Zeit nachgedacht haben, lässt sich auch an der Sprache zeigen. Denn zur zeitlichen Bestimmung der Handlungen oder Zustände, die ein Verb im Satz bezeichnet, gibt es allein im Deutschen sechs verschiedene Zeitformen. Allerdings sind diese in ihren Funktionen nicht immer sehr scharf getrennt, so dass zum einen eine Zeit Verschiedenes bedeuten kann und zum anderen bestimmte Absichten mit verschiedenen Zeiten ausgedrückt werden können. Was also meint etwa der schlichte Satz mit der Präsensform *Sie lacht über diese Begegnung*? Lacht sie in diesem Moment (also in der Gegenwart)? Lacht sie noch morgen darüber (also in der Zukunft)?

Das Präsens

Das Präsens ist die am häufigsten vorkommende Zeit; es kann mit verschiedenen Bezügen verwendet werden.

Gegenwart ▸ Vor allem steht das Präsens bei Bezug auf die Gegenwart: *Überall blühen Rosen.* Es ist dabei nur entscheidend, ob das Ereignis auch in der Gegenwart Gültigkeit hat – egal, ob es auch in der Vergangenheit galt und/oder auch noch in der Zukunft gilt.

Allgemeingültige Aussagen ▸ Daher stehen auch allgemeingültige Aussagen im Präsens: *Die Erde dreht sich um die Sonne. Wasser kocht bei 100 Grad Celsius.*

Zukünftiges ▸ Auch bei einem Bezug auf Zukünftiges kann im Allgemeinen das Präsens verwendet werden: *Nächstes Jahr fliegen wir nach Amerika.*

Vergangenes ▸ Schließlich kann das Präsens als sogenanntes historisches Präsens auch anstelle eines Vergangenheitstempus benutzt werden, wenn etwas besonders lebhaft geschildert werden soll: *Gestern gehe ich ins Kino und da treffe ich doch Alexander.*

	starkes Verb	schwaches Verb	Konjunktiv I und II
Präsens	*er singt*	*sie lacht*	*er singe/lache*
Präteritum	*er sang*	*sie lachte*	*sie sänge/lachte*
Perfekt	*er hat gesungen*	*sie hat gelacht*	*er habe gesungen/gelacht*
Plusquamperfekt	*er hatte gesungen*	*sie hatte gelacht*	*sie hätte gesungen/gelacht*
Futur I	*er wird singen*	*sie wird lachen*	*er werde singen/lachen*
Futur II	*er wird gesungen haben*	*sie wird gelacht haben*	*sie werde gesungen/gelacht haben*

Das Präteritum

Das Präteritum (auch: Imperfekt) signalisiert, dass ein Geschehen vor der Sprechzeit liegt und damit der **Vergangenheit** angehört. Es ist das bevorzugte Tempus von schriftlichen Erzählungen und Berichten, unabhängig davon, ob es um Reales oder Fiktives geht. Dass ein Geschehen der Vergangenheit angehört, bedeutet nicht notwendig, dass der mit dem Verb bezeichnete Zustand nicht mehr gilt: *Wir kamen über die Autostrada nach Florenz, das in einem Tal lag.*

Perfekt und Plusquamperfekt

Das **Perfekt** ist ein Tempus, mit dem man sich in der Regel auf ein Geschehen bezieht, das abgeschlossen ist, dessen Auswirkungen aber zum Sprechzeitpunkt noch relevant sind. Es hat jedoch auch noch andere Funktionen.
Vergangenes ▸ In der Regel liegt das Geschehen, auf das man sich mit dem Perfekt bezieht, in der Vergangenheit: *Gestern ist sie angekommen.*
Gegenwärtiges ▸ Man kann sich mit dem Perfekt aber auch auf Ereignisse beziehen, die in der Gegenwart liegen: *Jetzt hat er den Verstand verloren!*
Zukünftiges ▸ Sogar Ereignisse, die in der Zukunft liegen, können mit dem Perfekt ausgedrückt werden: *Morgen haben wir es überstanden.*
ACHTUNG: In der gesprochenen Sprache steht das Perfekt sehr häufig anstelle des Präteritums.
Das **Plusquamperfekt** (auch: vollendete Vergangenheit, Vorvergangenheit) ist ausschließlich dafür da, sich auf ein Geschehen zu beziehen, das **vor einem anderen Geschehen in der Vergangenheit** liegt: *Als Helga nach Hause kam, hatte ihr Mann bereits den Rasen gemäht.* Dieses Verhältnis nennt man Vorzeitigkeit.

Das Futur I

Das Futur I hat zwei Funktionen:
Zukunft ▸ Es bezieht sich auf Ereignisse, die in der Zukunft stattfinden. In dieser Funktion ist das Futur I fast immer mit dem Präsens austauschbar: *Nächstes Jahr werden wir nach Amerika fliegen. Nächstes Jahr fliegen wir nach Amerika.*
Vermutung ▸ Oft wird das Futur I auch dazu verwendet, um eine **Vermutung** zum Ausdruck zu bringen: *In Kalifornien wird jetzt die Sonne scheinen.*

Das Futur II

Auch das Futur II hat zwei Funktionen:
In der Zukunft Abgeschlossenes ▸ Zum einen kann man sich damit auf ein Ereignis beziehen, das in der Zukunft abgeschlossen sein wird: *Nächstes Jahr um diese Zeit* ***werden*** *wir die Arbeit* ***beendet haben****.* In dieser Funktion ist das Futur II fast immer **mit dem Perfekt austauschbar**: *Nächstes Jahr um diese Zeit* ***haben*** *wir die Arbeit* ***beendet****.*
Vermutung ▸ Zum anderen benutzt man das Futur II, um eine Vermutung über die Vergangenheit zum Ausdruck zu bringen. Diese Funktion ist heute dominierend: *Schau dir diese Unordnung an – das wird wieder Kai gewesen sein.*

i Doppelt gemoppelt
Das doppelt umschriebene **Perfekt** kommt besonders in der Umgangssprache und in manchen Mundarten vor, wo es das Plusquamperfekt ersetzt; es gilt als **nicht korrekt**: *Er hat ihn gesehen gehabt. Die Rose ist verblüht gewesen.* **Richtig** ist nur: *Er hatte ihn gesehen. Die Rose war verblüht.*

Auch das doppelt umschriebene **Plusquamperfekt** kommt gelegentlich vor: *Er hatte ihn gesehen gehabt. Die Rose war verblüht gewesen.* Auch diese Konstruktion sollte man vermeiden.

Zukunft

→ *Futur*

zu Lasten / zulasten

Man kann die mehrteilige Präposition getrennt oder zusammenschreiben. Die folgende Substantivgruppe steht im Genitiv: *Alle entstandenen Kosten gehen zu Lasten/zulasten des Angeklagten.*

zu Leide tun / zuleide tun

Da nicht entschieden werden kann, ob *Leid* in dieser Verbindung seine Eigenschaft als Substantiv verloren hat, kann man getrennt oder zusammenschreiben. Vom folgenden Verb schreibt man immer getrennt: *Er wird dem Hamster schon nichts zu Leide/zuleide tun.*

zuliebe

In dieser Verbindung aus Präposition und Substantiv hat das Substantiv seine Eigenständigkeit aufgegeben, wobei auch seine Bedeutung verblasst ist. Man schreibt daher klein und zusammen: *Er hat es ihr zuliebe getan.*

zum Beispiel / z. B.

Nachgestellte Fügungen, die den Inhalt eines Satzes erläutern, werden in Kommas eingeschlossen, oder sie werden durch ein Komma abgegrenzt, wenn sie am Ende eines Satzes stehen. Dies gilt auch, wenn sie mit *zum Beispiel* oder *z. B.* eingeleitet werden: *Sie könnte sich eine neue Stelle, z. B. im Verkauf, gut vorstellen. Durch ihre zahlreichen Bergwandertouren, z. B. in den Dolomiten, haben sie ihre Höhenangst besiegt.*
Wird die nachgestellte Fügung durch *wie zum Beispiel/wie z. B.* eingeleitet, kann der Schreibende diese in Kommas einschließen: *In manchen Ländern(,) wie z. B. in Deutschland oder Österreich(,) hat das Kaffeetrinken Tradition. Gebühren(,) wie z. B. Porto oder Depotvergütungen(,) werden gesondert berechnet. Edelmetalle(,) wie z. B. Gold und Platin(,) sind im Preis gestiegen.*

zu Mute sein / zumute sein

Man kann getrennt oder zusammenschreiben: *zu Mute/zumute. Man kann nur ahnen, wie ihm zu Mute/zumute ist.*

zu Nutze machen / zunutze machen

Man kann getrennt oder zusammenschreiben. Vom folgenden Verb wird jedoch immer getrennt geschrieben: *zu Nutze/zunutze machen. Sie hatte sich die allgemeine Verunsicherung zu Nutze/zunutze gemacht.*

zur

Die Verschmelzung aus der Präposition *zu* und dem Artikel *der* gilt als standardsprachlich. Bezieht sie sich z. B. auf ein allein stehendes Adjektiv, gilt dieses als substantiviert: *etwas zur Gänze auskosten.*

zu Rande / zurande, zu Rate / zurate

Der Schreibende kann selbst entscheiden, ob er die mehrteiligen Adverbien *zu Rande/zurande* und *zurate/zu Rate* getrennt oder zusammenschreibt. Vom folgenden Verb wird aber immer getrennt geschrieben. *Die Schüler sind mit den Aufgaben nicht zu Rande/zurande gekommen. Sie sollten in diesem Fall einen Fachanwalt zurate/zu Rate ziehen.*

zurück

Mit Ausnahme von *zurück sein* gilt *zurück* in Verbindung mit Verben stets als Verbbestandteil und wird daher mit den Verben zusammengeschrieben: *zurückbekommen, zurückfinden, zurückhaben, zurückkehren, zurückkommen, zurücknehmen, zurückmüssen. Sie sind noch einmal zurückgelaufen, um den Schlüssel zu holen. Es ist Zeit, auf Ihre Frage zurückzukommen.*

zurzeit / zur Zeit

→ *zeit/Zeit*

zusammen

Wenn *zusammen* in Verbindung mit Verben den Hauptakzent trägt, schreibt man zusammen: *die Zähne zusammenbeißen; sich auf einem Ort zusammendrängen; Pappkartons zusammendrücken; lieber getrennt als zusammenleben; Papierfetzen zusammensammeln; jemanden zusammenschlagen; am Abend noch zusammensitzen; eine Verbindung zusammenschreiben* (aber nur: *eine Verbindung getrennt schreiben*); *in eine Wohnung zusammenziehen.*
Wird hingegen das Verb betont, schreibt man getrennt. *Zusammen* hat dann meist die Bedeutung „gemeinsam“: *Sie haben den Tisch/die Verantwortung zusammen* (= „gemeinsam“) *getragen.*
In einigen Fällen ist mit der Getrennt- bzw. Zusammenschreibung ein Bedeutungsunterschied verbunden: *Bei dieser Katastrophe haben viele ungünstige Faktoren zusammengespielt* (= „eine Wechselwirkung aufeinander ausgeübt“). *Die beiden Kinder haben im Sandkasten zusammen gespielt* (= „gemeinsam“).
Sie haben geduldig alle Beweise zusammengetragen. Sie haben die Verantwortung zusammen getragen.
Verbindungen mit dem Verb *sein* schreibt man grundsätzlich getrennt: *zusammen sein.*
ACHTUNG: Liegt eine Substantivierung vor, schreibt man immer zusammen: *Das Zusammensein mit ihrer Oma war eine Bereicherung.*

Zusammen- oder Getrenntschreibung

→ *Sonderseiten „Getrennt oder zusammen?“, S. 198–201*

Zusammensetzungen

→ *Sonderseiten „Substantive“, S. 410–413; „Fugen-s“, S. 174–175; „Getrennt oder zusammen?“, S. 198–201*

zu Schulden / zuschulden

Man kann die Verbindung getrennt oder zusammenschreiben: *Er hat sich in all den Jahren nichts zu Schulden/zuschulden kommen lassen.*

zu Stande / zustande

Da sich nicht entscheiden lässt, ob das Substantiv in der Verbindung seine Eigenständigkeit bewahrt hat oder verblasst ist, kann getrennt oder zusammengeschrieben werden. Vom folgenden Verb wird immer getrennt geschrieben: *Die Einigung ist ohne ihre Mithilfe zu Stande/zustande gekommen. Er wird es schon zu Stande/zustande bringen.*
ACHTUNG: Liegt eine Substantivierung vor, schreibt man groß und zusammen: *das Zustandekommen.*

Zustandspassiv

→ *Sonderseiten „Passiv“, S. 338f.*

zu Tage / zutage

Man kann die Verbindung getrennt oder zusammenschreiben. Vom folgenden Verb wird jedoch getrennt geschrieben: *Bei den Grabungen wurden wertvolle Schmuckgegenstände zu Tage/zutage gefördert. Es traten sehr schwere Differenzen zu Tage/zutage.*

zu Ungunsten / zuungunsten

→ *zu Gunsten/zugunsten*

zuvor

Trägt *zuvor* in Verbindungen mit Verben den Hauptakzent, schreibt man zusammen: *jemandem zuvorkommen. Er hat es mir zuvorgetan.*
Ist dagegen auch das Verb betont, schreibt man getrennt. In diesen Verbindungen hat *zuvor* die Bedeutung „vorher“. *Ich habe ihn nie zuvor gesehen. Wir haben es wie zuvor gemacht.*

zu was

Die Folge aus der Präposition *zu* und *was* gilt als umgangssprachlich. In der Schriftsprache sollte stattdessen *wozu* stehen: *Wozu* (umgangssprachlich: *Zu was*) *benötigt man diese Teile?*

Zitate, Quellen, Fußnoten

2011 hat die Gesellschaft für deutsche Sprache auf Platz 7 ihrer jedes Jahr aufs Neue zu kürenden Wörter des Jahres das Verb *guttenbergen* gesetzt - ein Terminus, der sich auf die Art und Weise bezog, wie der ehemalige Verteidigungsminister Karl Theodor zu Guttenberg seine Doktorarbeit geschrieben hat, die nämlich zu weiten Teilen aus Plagiaten besteht, also ohne Quellenangaben abgeschrieben ist. Dieses neue Verb wurde somit zum Synonym für *abschreiben, abkupfern, plagiieren*. Doch was hat es damit genau auf sich - man darf doch andere zitieren? Selbstverständlich darf man das; man muss nur einiges beachten, vor allem die korrekte Angabe der Quelle, zum Beispiel in einer Fußnote. Außerdem gilt es, zitierte Textstücke klar als Zitate zu kennzeichnen, also zum Beispiel in Anführungszeichen zu setzen.

Korrektes Zitieren

In Deutschland, Österreich, der Schweiz und den meisten anderen Ländern regeln Urheberrechtsgesetze das Zitieren fremder Werke für eigene Zwecke – sei es von Texten, von Musik oder von Bildmaterial. Im deutschen Urheberrechtsgesetz heißt es zum Beispiel: „Wenn ein Werk oder ein Teil eines Werkes [...] vervielfältigt wird, ist stets die Quelle deutlich anzugeben" (§ 63 UrhG).

Gegen das Zitieren selbst ist also nichts einzuwenden; allerdings müssen Zitate erstens **als Zitate kenntlich gemacht** werden; sie dürfen zweitens **nicht verändert werden** (Kürzungen allerdings sind zulässig, wenn sie den Sinn nicht entstellen) und sie müssen drittens **für andere wieder auffindbar** sein, also mittels Quellenangaben eindeutig identifizierbar sein.
In kürzeren Texten werden häufig nur einzelne Phrasen oder kurze Sätze zitiert; dann kann die Quellenangabe in Klammern hinter das Zitat

Zitat aus:	Beispiel für eine Quellenangabe
selbstständigem Buch	Müller, Marie: Die dreisten Drillinge. Anekdoten, die das Leben schrieb. München: Dollverlag, 2014.
Beitrag in Zeitschrift	Müller, Marie: Drillingserleben. Was das Leben bringen kann. In: Das Kalenderjournal 4 / 2014. S. 2–18.
Aufsatz in Sammelband	Müller, Marie: Was Drillinge durchmachen. Untersuchungen zu Mehrlingsgeburten. In: Geburtskunde. Neue Beiträge aus der Forschung. Hrsg. von Almut Meier und Katja Krause. Wien 2014. S. 49–68.
dem Internet	Müller, Marie: Drillingserleben. Zugriff am 04.03.2014: <http://www.xyz-1234.de>.

gesetzt werden. In längeren Texten, also in Aufsätzen, Abhandlungen, eigenen Büchern, können durchaus längere Textpassagen zitiert werden. Bei solchen Publikationen nutzt man in der Regel auch Fußnoten, deren Form bestimmten Konventionen folgt.

Form der Fußnoten

Fußnoten werden nicht nur für die Kenntlichmachung von Zitaten, sondern auch für andere Arten von Anmerkungen genutzt – meist jedoch dienen sie dem Nachweis einer Fundstelle. Dazu wird als Fußnotenzeichen eine arabische Ziffer direkt beim Zitat oder der Stelle, auf die sich die Fußnote beziehen soll, angefügt, und das entsprechende Zeichen findet sich unten am Fuß der Seite (daher **Fuß**note) zusammen mit der nötigen Angabe. (Gelegentlich werden statt der Fußnoten auch Endnoten genutzt, deren „Auflösung" sich dann erst am Ende des Kapitels oder des gesamten Textes findet.) Im Fußnotentext wird dann die vollständige Quellenangabe gegeben oder (besonders bei Büchern mit vielen Zitaten und Verweisen) ein Kurzverweis – dann werden die ausführlichen Quellenangaben erst am Ende des Textes in einem eigenen Literatur- oder Quellenverzeichnis genannt.
Das Fußnotenzeichen im Text wird gewöhnlich **hochgestellt** und **ohne Leerzeichen** gesetzt. Bezieht es sich auf das unmittelbar vorangehende Wort oder die unmittelbar vorangehende Wortgruppe, dann steht es vor einem möglicherweise folgenden Satzzeichen (Komma oder Punkt); bezieht es sich auf den ganzen Satz, steht es nach dem Satzschlusszeichen, also dem Punkt.

So stellt Johann Christoph GOTTSCHED fest, dass die „Kürze eine schöne Tugend an einer Sprache" [1] *sei; er ist sich allerdings nicht ganz sicher, wie die Kürzung mancher Nomina propria – beispielsweise <Franciscus> zu Franz – zu bewerten sei: „Wir wissen nicht zu sagen, ob diese von dem Verfasser allhier so angepriesene Verkürzung, nicht jezuweilen mehr eine Verstümmelung heißen könnte."* [2]

---

[1] *Gottsched 1732–44, S. 580.*
[2] *Gottsched 1732–44, S. 581.*

Das Zitat selbst

Wenn Textstellen wörtlich zitiert werden, müssen diese wie die direkte Rede in → **Anführungszeichen** (S. 36 f.) gesetzt werden, das heißt, zu Beginn des Zitats stehen die öffnenden Anführungszeichen und am Ende die schließenden. Auch die **Zeichensetzung** ist die gleiche wie bei der wörtlichen Rede: 1. Angekündigt wird das Zitat mit einem **Doppelpunkt**. 2. Werden nur einzelne Wörter oder Satzteile zitiert, stehen sie in Anführungszeichen innerhalb des Satzes. 3. Ein Begleitsatz wird mit **Komma(s)** abgetrennt.
1. *Im Protokoll steht:* ***„Ein Beschluss über die Einstellung eines neuen Prokuristen wurde nicht gefasst."***
2. *Im Protokoll wurde nur kurz über die Debatte zur* ***„Einstellung eines neuen Prokuristen"*** *berichtet, da sie ohne Beschluss endete.*
3. ***„Ein Beschluss über die Einstellung eines neuen Prokuristen wurde nicht gefasst",*** *heißt es im Protokoll der Sitzung.*

i Erasmus: Vater des wissenschaftlichen Zitats
Unsere moderne Art des wissenschaftlichen Zitierens geht auf die Humanisten zurück: Hier war es vor allem der Theologe Erasmus von Rotterdam (1466 oder 1469 – 1536), der die korrekte und textgetreue Wiedergabe von Zitaten anmahnte. In seinem Werk „De copia verborum" führte er 26 Arten auf, wie man ein Zitat korrekt einleitet. Auch verspottete er Autoren, die gelehrte Zitate nur deshalb einflochten, um ihre Gelehrsamkeit zu demonstrieren.

Wo steht der Schlusspunkt?

Wenn ein Zitat am Ende des Satzes steht, fragt man sich häufig, wo nun der Schlusspunkt oder ein anderes Satzschlusszeichen gesetzt werden muss – vor oder nach den Anführungszeichen. Das kommt wie so oft auf den Kontext an. Gehört der Schlusspunkt zum Zitat, muss er vor den schließenden Anführungszeichen stehen. Der Schlusspunkt des Gesamtsatzes entfällt: *Am Ende des Kapitels heißt es: „Am Montag werde ich schon in Potsdam sein.“* Ist das Zitat eingebettet, behält der Gesamtsatz seinen Schlusspunkt: *Der Forscher spricht von „niederschmetternden Resultaten“.*
→ *Sonderseiten „Anführungszeichen“, S. 36 f.*

Der Kurzverweis

Gelegentlich finden sich in nicht wissenschaftlichen Texten Herkunftsangaben in Klammern hinter dem angeführten Zitat im Text: *„Die Zukunft war früher auch besser.“ (Karl Valentin)* Das Satzschlusszeichen macht kenntlich, wohin die Quellenangabe gehört: Wenn die Quellenangabe sich nur auf das Zitat bezieht, dann wird der eingeklammerte Hinweis direkt hinter das Zitat gesetzt. *Er zitierte den Ausspruch „Die Zukunft war früher auch besser“ (Karl Valentin).* Steht die Angabe hinter dem Satzschlusszeichen, bezieht sie sich auf den ganzen Satz: *Die Bundesforschungsministerin sprach von einem „großen Tag für die Forschung“. (Süddeutsche Zeitung)*
In wissenschaftlichen Texten **müssen alle Quellenangaben** ausführlich angegeben werden. Damit das nicht den Lesefluss stört, finden sich die ausführlichen Quellenangaben meist in Literaturverzeichnissen am Ende des Textes; beim Zitat gibt es nur einen charakteristischen Kurzverweis (Name des Autors und Erscheinungsjahres des zitierten Werkes) entweder 1. in Klammern hinter dem Zitat oder 2. als Fußnote:
1. *Das Phänomen lexikalischer Kürzung ist alt – ein 1934 erschienenes Kurzwort-Lexikon (KWL) beginnt mit den Worten: „Wort- und Satzkürzungen sind ebenso alt, wie die Schrift selbst“* ***(Pfohl 1934, V).***
2. *Das Phänomen lexikalischer Kürzung ist alt – ein 1934 erschienenes Kurzwort-Lexikon (KWL) beginnt mit den Worten: „Wort- und Satzkürzungen sind ebenso alt, wie die Schrift selbst“*[3]**.**

---

[3] *Pfohl 1934, V.*

Vollständige Quellenangaben

An einer Stelle eines eigenen Textes ist es dann unerlässlich, die **exakten und ausführlichen Quellenangaben** zu präsentieren – zum einen um der wissenschaftlichen Dokumentationspflicht Rechnung zu tragen, zum anderen um dem rechtlichen Urheberrechtsschutz Genüge zu tun. Um ein Zitat für andere auffindbar zu machen, muss also ganz exakt angegeben werden, woher die Textstelle kommt, die zitiert oder auf die verwiesen wurde. Das geschieht je nach Verwendungszweck jeweils etwas anders. Die meisten Verlage haben ihre eigenen Zitiervorschriften, denen man folgen muss, aber grundsätzlich gilt immer Ähnliches. Auch das Deutsche Institut für Normung hat in der DIN 1502-2 einige Richtlinien zu „Titelangaben von Dokumenten“ und zu „Zitierregeln“ festgelegt.
Bücher ▸ Beim Zitieren aus **Büchern** wird in der Regel Folgendes angegeben:

- **Vorname und Familienname** des Verfassers (ist kein Verfasser angegeben, dann „o. V.“ = ohne Verfasserangabe),
- **Titel** des Buches,
- **Auflage** (falls nicht Erstauflage),
- **Verlagsort** (selten auch Verlagsname),
- **Erscheinungsjahr** (ist kein Jahr angegeben, dann „o. J.“ = ohne Jahresangabe),

- **Seitenangabe,** erstreckt sich die zitierte Stelle über mehr als eine Seite, bekommt die Seitenangabe den Zusatz *f.* („folgende") für eine und den Zusatz *ff.* für mehrere folgende Seiten.

Muster:
Verfassername, Vorname: Titel. Nebentitel. Auflage [falls nicht 1. Aufl.]. *Ort[: Verlag,] Jahr. S. y–z.*
Zeitschriftenaufsätze ▸ Bei Aufsätzen wird ähnlich verfahren, nur gehören der **Zeitschriftentitel** und die **Jahrgangsnummer** noch dazu:
Verfassername, Vorname: Titel. Nebentitel. In: Zeitschriftentitel Jahrgangsnummer (Jahr). S. y–z.
Sammelwerke ▸ Ist ein Beitrag in einem Sammelwerk als Aufsatz erschienen, müssen außer dem Autor und dem Titel des Beitrags auch der **Titel des Buches** und die **Herausgeber** des Sammelbandes genannt werden:
Verfassername, Vorname: Titel. Nebentitel. In: Titel des Sammelwerkes. Hrsg. von Vorname Name. Auflage. Ort[: Verlag,] Jahr. S. x–y.
Internet ▸ Bei Beiträgen, die im Internet zu finden sind, ist es ganz wichtig, den **Tag des Zugriffs** auf die Quelle anzugeben, denn solche Quellen können sich prinzipiell ändern. Anzugeben sind also die üblichen Informationen sowie die genaue **Internetadresse** und das Datum:
Verfassername, Vorname: Titel. Nebentitel. (Zugriff am) 04.03.2014: <http://www.xyz-1234.de>.

Unterschiede je nach Disziplin

Trotz vieler grundsätzlicher Hinweise zum korrekten Zitieren gibt es auch jede Menge Unterschiede selbst beim wissenschaftlichen Zitieren. Grundsätzlich verschieden gehen zum Beispiel Natur- und Geisteswissenschaften vor.
Naturwissenschaften ▸ Anders als in den bisher als Richtlinien genannten Beispielen wird es oft in den Naturwissenschaften gehandhabt: So werden in naturwissenschaftlichen Arbeiten wörtliche Zitate oft **nicht in Anführungszeichen** gesetzt und **nicht mit Fußnoten** versehen. Der Bezug wird vielmehr im Text formuliert und der Verweis in eckigen Klammern als fortlaufende Ziffer gesetzt.
Diese Ziffern finden sich dann im Literaturverzeichnis, das entsprechend nicht alphabetisch aufgebaut ist, sondern nummeriert nach der Reihenfolge der Verweise im Text. Außerdem werden in den Naturwissenschaften immer alle Autoren eines zitierten Werkes aufgeführt, egal, wie viele es sind. Bei den Vornamen der Verfasser werden grundsätzlich nur die Initialen angegeben.
Geisteswissenschaften ▸ In den Geisteswissenschaften werden dagegen im Literaturverzeichnis die einzelnen Werke, aus denen im Text zitiert wurde, alphabetisch nach Autoren aufgeführt. Gibt es von einem Autor mehrere Werke, dann werden diese chronologisch nach dem Erscheinungsjahr geordnet. Bis zu drei Verfasser werden jeweils komplett ausgeschrieben, bei mehr als drei Verfassern sind nach dem Erstautor die Abkürzungen *u. a.* oder *et al.* üblich (z. B. *Müller, Michael et al.*).

i Literaturverzeichnis aus einer geisteswissenschaftlichen Arbeit

Adelung, Johann Christoph: Vollständige Anweisung zur Deutschen Orthographie, nebst einem kleinen Wörterbuch für die Aussprache, Orthographie, Biegung und Ableitung. Leipzig 1790.

Bellmann, Günter: Zur lexikalischen Kürzung im Deutschen. In: Kwartalnik Neofilologiczny 24 (1977). S. 141–150.

Bundesministerium der Justiz (Hrsg.): Handbuch der Rechtsförmlichkeit. Empfehlungen des Bundesministeriums der Justiz zur einheitlichen rechtsförmlichen Gestaltung von Gesetzen und Rechtsverordnungen: Bundesanzeiger-Verlag, Köln 1991.

Greule, Albrecht: Kurzwörter in historischer Sicht. In: Sprachliche Kürze. Konzeptuelle, strukturelle und pragmatische Aspekte. Hrsg. von Jochen A. Bär / Thorsten Roelcke / Anja Steinhauer. Berlin et al. 2007. S. 118–130.

Schlosser, Horst Dieter et al.: Hightech im Haushalt. Leitbilder und Sprache der Werbung für Haushaltstechnik. Frankfurt am Main 1996.

zu Wege / zuwege

Man kann die Verbindung getrennt oder zusammenschreiben. Vom folgenden Verb wird jedoch getrennt geschrieben: *etwas zu Wege/zuwege bringen. Sie hat an diesem Tag kaum etwas zu Wege/zuwege gebracht.*

zuwider

seinen Anweisungen zuwider • Die Präposition *zuwider* steht nach dem Substantiv, auf das sie sich bezieht. Das Substantiv steht immer im Dativ: *Sie handelte den Anweisungen der Reederei zuwider und rettete so das Schiff.*
Getrennt- und Zusammenschreibung • Trägt *zuwider* in Verbindung mit Verben den Hauptakzent, schreibt man zusammen. *Zuwider* hat dann die Bedeutung „gegen“: *den Befehlen zuwiderhandeln; den Regeln zuwiderlaufen.*
In Verbindung mit *sein* und *werden* bedeutet *zuwider* „widerwärtig, unangenehm“. Man schreibt getrennt: *Das Essen hier kann einem schnell zuwider werden.*

zu Zeiten / zuzeiten

→ *zeit/Zeit*

zuzüglich

Die Präposition *zuzüglich* regiert den Genitiv, wenn dem folgenden Substantiv ein Artikel, Pronomen oder Adjektiv vorausgeht: *Der Preis beträgt 156 Euro zuzüglich eines Rabatts von 5 %.*
Steht *zuzüglich* direkt vor Substantiven ohne Artikel, Pronomen oder Adjektiv, dann steht das Substantiv im Nominativ Singular: *Der Preis beträgt 156 Euro zuzüglich Rabatt von 5 %. Zuzüglich Versandkosten kostet es 13 Euro.*
Im Plural hingegen steht es im Dativ: *Die Summe zuzüglich Minderheitsanteilen beträgt …*

zwar – und zwar

Nachgestellte Fügungen, die den Inhalt eines Satzes erläutern, werden in Kommas eingeschlossen, oder sie werden durch ein Komma abgegrenzt, wenn sie am Ende eines Satzes stehen. Dies gilt auch, wenn die Erläuterung durch *und zwar* eingeleitet wird: *Höhenangst hat er leider auch, und zwar ziemlich extreme. Im Sommer bereisten sie die USA, und zwar die Staaten Idaho, Iowa und Indiana.*

zwei

zwei oder zweier? • Von *zwei* kann die Dativform gebildet werden. Die Dativendung wird jedoch im heutigen Sprachgebrauch eher selten verwendet. *Bei zwei* (selten: *zweien*) *der Patienten stellten sich die erwarteten Symptome ein.*
Nach der Präposition *zu* kann entweder die Form mit *-t* oder die Dativform gebildet werden: *Sie waren zu zweit/zweien in Urlaub.*
Steht das Zahlwort *zwei* ohne Artikel, wird es im Genitiv gebeugt. Ein auf *zwei* folgendes Adjektiv wird dann stark gebeugt: *die Mutter zweier erwachsener Kinder* (aber: *die Mutter der zwei erwachsenen Kinder*).
Groß- und Kleinschreibung • Als Zahladjektiv wird *zwei* kleingeschrieben: *wir zwei; unter uns zweien; zu zweien; die zwei Brüder. Er wird diesen Monat zwei. Er wird um zwei da sein. Sie sind zu zweit gekommen.*
Die substantivierte Form wird großgeschrieben: *Ich habe eine Zwei in Latein.* (Aber: *Ich habe ein „gut“ in Musik.*) *Die Zwei* (Bus- oder Straßenbahnlinie) *fährt immer bis zum Bahnhof. Wenn du eine Zwei würfelst, scheidest du aus. Die Zwei ist meine Glückszahl.*
zwei / zwo • Um eine Verwechslung mit *drei* zu vermeiden, wird anstelle von *zwei* im (fern-) mündlichen Austausch oft die Ersatzform *zwo* verwendet. Obwohl die Verwechslungsgefahr für die entsprechenden Ordinalzahlen nicht besteht, gibt es zu *der/die/das zweite* auch die entsprechende Form *zwote.* Sowohl *zwo* als auch *zwote* sind im Schriftsprachlichen nicht üblich.

zweite(r, -s)

Das adjektivische Zahlwort schreibt man klein: *jeder zweite Bundesbürger.* Bei Substantivierung

schreibt man groß: *Er ist nun schon der Zweite. Er kam als Zweiter ins Ziel. Das kann er wie kein Zweiter.*
Innerhalb von Namen oder namensähnlichen Bezeichnungen wird ebenfalls immer großgeschrieben: *die Zweite Zivilkammer; Zweites Deutsches Fernsehen; die Zweite Bundesliga; der Zweite Weltkrieg.*

zwicken

Bezieht man sich mit dem Verb *zwicken* auf einen Körperteil, kann das entsprechende Substantiv im Dativ oder Akkusativ stehen. *Er zwickte mich/mir in den Arm.*

Zwieback

Das Substantiv *Zwieback* kann den Plural mit oder ohne Umlaut bilden: *Zwiebacke/Zwiebäcke.* Im allgemeinen Sprachgebrauch dominiert die Form mit Umlaut: *Zwiebäcke.*

zwischen

zwischen die/den • Zur Angabe der Lage („Wo?") steht *zwischen* mit dem Dativ, zur Angabe der Richtung („Wohin?") mit dem Akkusativ: *Zwischen den beiden dicken Büchern lag ein wichtiger Brief. Zwischen die beiden dicken Bücher legte sie einen wichtigen Brief.*
zwischen ... und/von ... bis • Zur Bezeichnung einer Strecke oder eines Zeitraums muss *zwischen* stets mit der Konjunktion *und* verbunden werden: *Der Zug hält nicht zwischen Troisdorf und Köln. Die Prüfungen finden zwischen 8 Uhr und 18 Uhr statt.*
Statt *zwischen ... und* kann auch die Kombination der Präpositionen *von* und *bis* stehen (bei der Zeitangabe mit etwas anderer Bedeutung): *Der Zug hält nicht von Troisdorf bis Köln. Die Prüfungen finden von 8 Uhr bis 18 Uhr statt.*
ACHTUNG: Die häufig anzutreffende Vermischung der beiden Ausdrücke, also die Kombination von *zwischen* mit *bis*, ist nicht korrekt: *Der Zug hält nicht zwischen Troisdorf bis Köln. Die Prüfungen finden zwischen 8 Uhr bis 18 Uhr statt.*

Zweck, zwicken und *Ziel*

Zweck, bezwecken, Zweckbindung: Wörter, die derselben Wortfamilie angehören, haben den Wortstamm und die Wortgeschichte gemeinsam. Darüber hinaus haben sie auch oftmals dieselbe Grundbedeutung. Zwingend ist dies jedoch nicht, wie das Beispiel *der Zweck* und *die Zwecke* zeigt.

Die Funktion der *Reißzwecke* – der erste Bestandteil lautet *Reiß-*, weil man mit diesem Nagel Zeichenblätter auf dem *Reißbrett* befestigen kann – weist tatsächlich auf den Ursprung des Wortes hin: Im Alt- und Mittelhochdeutschen lautete die Form *zwec* („Nagel aus Holz oder Eisen"). Dieser *Zweck* hatte aber noch eine besondere Funktion: Beim Armbrust- und Büchsenschießen war der *Zweck* ein kleiner Holzpflock in der Mitte einer Schießscheibe. Dieser war das eigentliche Ziel, das es zu treffen galt. Aus dieser besonderen Funktion entwickelte sich schließlich die moderne Bedeutung. Heutzutage wird das Substantiv *Zweck* ausschließlich übertragen gebraucht. Es steht nicht nur für das Ziel, das erreicht werden soll, sondern auch für die jeweilige Absicht bzw. den Beweggrund, der hinter einer Handlung steht. Die Bedeutung *Nagel* blieb dagegen nur in der *Zwecke* erhalten.

Übrigens gehen auch *zwacken* und *zwicken* auf den *Zweck* in der alten Bedeutung zurück. Ursprünglich bedeuteten die Verben „etwas mit Nägeln befestigen". Da beide Wörter auch im Sinne von „klemmen, festklemmen" gebraucht wurden, entwickelte sich die Bedeutung „kneifen".

Abbildungsnachweis

Bigstockphoto.com: 63/Bjorn Heller 286/david martyn 368/richardpross Corbis-**Bettmann, New York:** 143/UPI 392/UPI **Fotolia.com:** 7/Christian Schwier 13/khuntapol 27/Jiri Hera 34/Alfred Knapp 36/hansenn 48/Philippe Devanne 52/Butch 53/beetey 66r./sculpies 71/Erwin Wodicka bilderbox 74/detailblick 75/picturia 76/thingamajiggs 77/ColouresPic 87/dieter76 91/Fred 135/VRD 160/Rolf Klebsattel 168/marga 197/Ismael M Verdu 200/Markus W. Lambrecht c/o taula co 205/contrastwerkstatt 208/Christian Schwier 224/Sabine Teichert 238/claudiaveja 243/Bergfee 244r./Alysta 251/imaginando 255/ArtHdesign 266/Alx 267/eyetronic 269/Eléonore H 272/Kelpfish 274/lassedesignen 284r./Reimar Barnstorf 288/eccolo 306/Omika/Harald Lange 315/ArTo 325/DeVIce 346/kameraauge 354u./Gina Sanders 381/p!xel 66 397/ag visuell 411/David Rehner 417/RomX 419/Michael_Homann 454/contrastwerkstatt 485/PeJo 489/scenery1 493/M. Schuppich **Interfoto, München:** 162/Sammlung Rauch **istockphoto.com:** 10/ingmar wesemann 14/ZU_09 16/Darryl Montreuil 26/Bine Sedivy 39l./Nikada 73/Karel Gallas 85/Daniel Schweinert 86/NNehring 137/wepix 156/Thomasz Gulla 167l./Floor S. 191/Elena Romanov 199/R.V. Bulck 213/Alan Goulet 236/André Panneton 242/Don Bayley 245r./Matejay 253/Aimin Tang 279/karam miri 283/magdasmith 302/Tramper2 304/Chris Hill 311/Andrew Howe 323/Ekely 333/Auke Holwerda 339/Creativeye99 342/Sandra Layne 347/2008 Avid Creative, Inc./Jacom Stephens 358/xyno 373/Paweł Aniszewski 379/Denis Kozlenko 395/Urs Siedentop 400/tiridifilm 452/Ian Scott 467/Sean Gallup 492/MBPHOTO 506/clu **mev, Augsburg:** 24/Silke Deidl 511 **photocase.com:** 447/shadowtricks **Pitopia GbR, Karlsruhe:** 230/Renate Krafft **scanstockphoto.com:** 96/Vangelis Thomaidis **shutterstock.com:** 17/Alice Day 37/205108453 39r./Eponaleah 41/Dinga 43/Fabien Monteil 49/Robert B. Miller 60/KAMONRAT 79 89/benicce 92/Crobard 94/Monkey Business Images 120/Creations 158/Luciano Mortula 159/Katarzyna Wojtasik 164/Robyn Mackenzie 166/llaszlo 174/PeJo 176/abxyz 198/Circumnavigation 204/Kzenon 210o./Snowleopard1 217r./Perrush 218/Baudot 227/Brent Walker 232/lanych 244l./Paul Prescott 245l./Nikola Spasenoski 248/ArrowStudio 259/Little_Desire 260/Maridav 265/Angelina Babii 275/Ungor 281/Vakhrushev Pavel 284l./Carmen Martínez Banús 285/withGod 305/Carsten Medom Madsen 309/Ernesto Lopez Albert 320/Marcio Jose Bastos Silva 338/Yuri Arcurs 341r./Ruth Black 349/Chris_Granados 354o./iofoto 357/Howard Sandler 360/Dmitriy Shironosov 362/jkitan 369/olly 375l./JustASC 376/marekuliasz 398/Stefan Schurr 399/Brian McEntire 408/Georgios Kollidas 410/Emese 412l./Kenneth Summers 418/JGW Images 422/Doug Stevens 431/Vishnevskiy Vasily 437/Mary Lane 440/Zastolskiy Victor 443/TiberiuSahlean 453/wrangler 470/Mikhail Starodubov 497/Alexander Raths 499/marekuliasz 508/lightpoet **Ströer, Out-of-Home Media GmbH, Köln:** 377 **The Yorck Project, Berlin:** 29, 66l., 293, 328, 337, 365 **thinkstockphotos.de/Getty Images:** 11/iStockphoto/ZU09 19/iStockphoto/Ryan Tacay 44/Photos.com 69/istockphoto/Mark Skalny 101/istockphoto/AntonSokolov 104/istockphoto/Liv Friis-Larsen 108/istockphoto/CzERTik 112/Hemera/Pavel Losevsky 127l./istockphoto/Jonathan P. Larsen/Diadem Images 128/Hemera 138/istockphoto/xyno 146/istockphoto/Anton Snarikov 152/istockphoto/sedmak 165/istockphoto/elxeneize 167r./istockphoto/sanapadh 173/Photos.com 175/istockphoto/kabVisio 186/iStockphoto/Rade Lukovic 190/Design Pics RF 210u./iStockphoto/kinemero 217l./Digital Vision 221/Ingram Publishing 239/iStockphoto/Andresr 262/iStockphoto/michaklootwijk 295/iStockphoto 301/iStockphoto 317/iStockphoto/Sally Wallis 327/iStockphoto/xyno 331/iStockphoto/RonyZmiri 334/Jupiterimages/Polka Dot 335/Photodisc/Siri Stafford 341l./iStockphoto/DeanFikar 351/Photos.com 353/iStockphoto/percarl 356/iStockphoto/richwai777 375r./iStockphoto 383/iStockphoto 385/iStockphoto/YelenaYemchuk 389/iStockphoto/nkovac 412r./Hemera/Anastasia Kozyreva 414/iStockphoto/Nurbek Sagynbaev 425/Hemera 427/iStockphoto/orcearo 432/Photos.com 448/iStockphoto/Carsten Reisinger 456/iStockphoto 459/iStockphoto/Bela Hoche 461/iStockphoto/KierenWelch 464/iStockphoto/cosmin4000 477/Hemera/Alejandro Mendozar 495/iStockphoto/JulianPalomares 500/iStockphoto/Vlad Kochelaevskiy 502/Photodisc/Jeffrey Hamilton 503/iStockphoto/Maksim Mikhin 507/Photos.com **wissenmedia, Gütersloh:** 6, 50, 54, 123, 127, 179r., 188, 193, 282, 297, 314, 350, 361, 367, 404, 423, 449, 475, 488/Grote

Abbildung auf dem Cover: Lazi + Lazi, Stuttgart